DERECHO ADMINISTRATIVO. ESCRITOS DE JUVENTUD

(1959-1964)

ALLAN R. BREWER CARÍAS

Profesor de la Universidad Central de Venezuela

DERECHO ADMINISTRATIVO
Escritos de Juventud
(1959-1964)

FUNDACIÓN DE DERECHO PÚBLICO

EDITORIAL JURIDICA VENEZOLANA

Caracas, 2014

©   by Allan R. Brewer-Carías
     abrewer@bblegal.com
     www.allanbrewercarias.com

     Hecho el Depósito de Ley
     Depósito Legal: lf5402014301828
     ISBN: 978-980-365-258-6

     Editado por: Editorial Jurídica Venezolana
     Avda. Francisco Solano López, Torre Oasis, P.B., Local 4, Sabana Grande,
     Apartado 17.598 – Caracas, 1015, Venezuela
     Teléfono 762.25.53, 762.38.42. Fax. 763.5239
     http://www.editorialjuridicavenezolana.com.ve
     Email fejv@cantv.net

     Impreso por: Lightning Source, an INGRAM Content company
     para Editorial Jurídica Venezolana International Inc.
     Panamá, República de Panamá.
     Email: editorialjuridicainternational@gmail.com

     Diagramación, composición y montaje
     por: Francis Gil, en letra Times New Roman, 10,5
     Interlineado 11, Mancha 19 x 12.5 cm., libro: 22.9 x 15.2 cm

LIBRO SEGUNDO:
PRIMERAS PÁGINAS EN EL INSTITUTO DE DERECHO PÚBLICO (1960-1961)

Sección Primera: ALGUNAS NOTAS SOBRE LA INTEGRACIÓN E INTERPRETACIÓN DEL DERECHO

Sección Segunda: ESQUEMAS DE ORGANIZACIÓN ADMINISTRATIVA VENEZOLANA

Sección Tercera: SISTEMATIZACIÓN SOBRE INSTITUCIONES MINE-
RAS EN LA LEGISLACIÓN DE MINAS E HIDRO-
CARBUROS

Sección Cuarta: PRINCIPIOS GENERALES DEL DERECHO MINERO
VENEZOLANO

Sección Quinta: NATURALEZA JURÍDICA DE LA CONCESIÓN DE
HIDROCARBUROS

LIBRO TERCERO
PRIMEROS ARTÍCULOS DE OPINIÓN UNIVERSITARIA Y PUBLICADOS COMO ESTUDIANTE (1958-1962)

I. **"¿A DÓNDE VAMOS?"**, *Opinión,* N° 1, Caracas, 24/02/58, p. 4;

II. **"¿OBLIGATORIEDAD DEL VOTO?"** en *Opinión* N° 4, Caracas, 15/04/58, p. 1.

III. **"DISCRIMINACIÓN ESTUDIANTIL. ¡¡NO!! SELECCIÓN,"** en *Vértice.* Revista Universitaria de Ideas, Artes Y Letras, n° 3, caracas, junio 1962, pp. 6-7.

IV. **"LA SELECCIÓN UNIVERSITARIA,"** también en *Vértice*, Revista Universitaria de Ideas, Artes y Letras, N° 19, Caracas, Mayo 1964, pp. 25-29.

V. **"ESTUDIO SOBRE LA LEY DE REGULACIÓN DE ALQUILERES DE 1° DE AGOSTO DE 1960"** en *Revista del Colegio de Abogados del Distrito Federal*, N° 113, Año XXIII, Caracas, Julio-Septiembre 1960, pp. 217-232.

VI. **"EL DERECHO DE HUELGA EN EL CONCEPTO DE LIBERTAD EN EL ESTADO MODERNO"** en *Revista de la Facultad De Derecho*, N° 21, Universidad Central de Venezuela, Caracas 1961, pp. 251-284.

VII. **"EL SERVICIO DE CAJAS DE SEGURIDAD BANCARIAS"** en *Revista del Colegio de Abogados del Distrito Federal*, N° 115, Año XXIV, Caracas, Enero-Marzo 1961, pp. 75-104.

VIII. **"EL PROCESO DE IMPUGNACIÓN EN EL RECURSO DE CASACIÓN"**, en *Revista Rayas*, órgano divulgativo de los estudiantes de la Universidad Católica Andrés Bello, N° 7-8, Caracas, Julio-Agosto 1962, pp. 36-45.

IX. **"CONSIDERACIONES ACERCA DE LA DISTINCIÓN ENTRE DOCUMENTO PÚBLICO O AUTÉNTICO, DOCUMENTO PRIVADO RECONOCIDO Y AUTENTICADO Y DOCUMENTO REGISTRADO"** en *Revista del Ministerio de Justicia*, N° 41, Año XI, Caracas, Abril-Junio 1962, pp. 187-221; y en *Revista de la Facultad de Derecho*, N° 23, Universidad Central de Venezuela, Caracas, Junio 1962, pp. 347-378.

LIBRO CUARTO
CURSO DE DERECHO ADMINISTRATIVO II
(Tercer Año) (1963-1964)

PRIMERA PARTE: **EL RÉGIMEN JURÍDICO ADMINISTRATIVO DE LOS ADMINISTRADOS**

TÍTULO PRIMERO: *EL RÉGIMEN JURÍDICO ADMINISTRATIVO DE LOS DERECHOS*

Capítulo Primero: El derecho al libre desenvolvimiento de la personalidad

Capítulo Segundo: El derecho a la protección de la salud

Capítulo Tercero: El derecho a profesar la fe religiosa y a ejercitar el culto

Capítulo Cuarto: El derecho a la educación y a la cultura

Capítulo Quinto: El derecho al libre ejercicio de las actividades lucrativas

Capítulo Sexto: El régimen Jurídico Administrativo de la propiedad privada

TÍTULO SEGUNDO: *EL RÉGIMEN JURÍDICO ADMINISTRATIVO DE LOS DEBERES*

SEGUNDA PARTE: **EL RÉGIMEN JURÍDICO ADMINISTRATIVO DEL DOMINIO DEL ESTADO**

TÍTULO PRIMERO: *LOS BIENES EN RELACIÓN, A LAS PERSONAS A QUIENES PERTENECEN*

TÍTULO SEGUNDO: *EL DOMINIO PÚBLICO*

A MANERA DE EPÍLOGO
ALGO DE LA HISTORIA DE LA CÁTEDRA DE DERECHO ADMINISTRATIVO

Sección Primera: UNA PINCELADA HISTÓRICA SOBRE EL SISTEMA DE ENSEÑANZA DEL DERECHO ADMINISTRATIVO

Sección Segunda: PERSPECTIVA HISTÓRICA SOBRE EL INSTITUTO DE DERECHO PÚBLICO Y EL DERECHO ADMINISTRATIVO, Y SU ROL EN LA ENSEÑANZA UNIVERSITARIA EN VENEZUELA

Sección Tercera: SOBRE LA RELACIÓN DEL PROFESOR EDUARDO GARCÍA DE ENTERRÍA Y VENEZUELA.

En 2009 se cumplieron cien años de la creación de la "Cátedra de Derecho Administrativo, Código de Hacienda, Código de Minas y demás Leyes sueltas é historia del Derecho" en la Universidad Central de Venezuela, en 1909; cátedra a la cual he tenido el privilegio vital e intelectual de haber estado vinculado desde 1958, es decir, durante la mitad de aquél largo tiempo, durante el cual he tenido igualmente el privilegio de haber contribuido activamente a su desarrollo, escribiendo, conferenciando, guiando y enseñando sobre derecho administrativo.

En ese mismo año 2009, en efecto, se cumplieron cincuenta años de la publicación, en 1959, de mis primeras páginas escritas sobre el derecho administrativo, siendo aún estudiante, las cuales si bien se escribrieron con el sólo propósito personal de estudiar la materia, fueron sin embargo editadas en forma mimeografiada por el Centro de Estudiantes de la Facultad de Derecho de la misma Universidad Central de Venezuela.; y en 2010, además, también se cumplió medio siglo desde que apareció publicado mi primer artículo en una Revista jurídica especializada, como fue el "Estudio sobre la Ley de Regulación de Alquileres de 1° de agosto de 1960," que apareció como "Colaboración estudiantil" en la *Revista del Colegio de Abogados del Distrito Federal*, N° 113, Año XXIII, Caracas, julio-septiembre 1960, pp. 217-232.

También en 2010 se cumplió medio siglo de lo que fue mi primera exposición pública sobre la materia, precisamente sobre "La situación actual del derecho administrativo en Venezuela" la cual le correspondía dictar a un estudiante de la Facultad a continuación de la conferencia que sobre el mismo tema dictó el profesor de la materia -Profesor Gonzalo Pérez Luciani,- durante los actos académicos organizados en la Facultad de Derecho de la Universidad Central de Venezuela, con ocasión de la celebración de la Semana del Abogado. Eso fue el 28 de marzo de 1960.

En 2010 también se cumplió medio siglo desde que me inicié formalmente en la investigación jurídica desde cuando ingresé, en octubre de 1960 como auxiliar de investigación al Instituto de Derecho Público de la misma Facultad. Luego, en agosto de este año de 2012, se cumplió medio siglo de haberme graduado de abogado en la Universidad Central de Venezuela, y en 2013, se cumplió medio siglo desde que terminé de escribir mi Tesis de grado sobre *Las Instituciones Fundamentales del Derecho Administrativo y la Jurisprudencia Venezolanas*, publicadas al año siguiente por la Universidad Central de Venezuela, a además, cincuenta años desde que comencé a dar clases de derecho administrativo en la misma Facultad de Derecho.

Medio siglo, sin duda, es tiempo bastante como para celebrar cualquier actividad humana que se haya realizado continuamente, sobre todo si se la ha cumplido con gusto, entusiasmo, alegría y satisfacción. Pero el haber tenido la ocasión de vivirla y poderla apreciar retrospectivamente, es también tiempo

apropiado para una celebración personal. Y de eso se trata este libro, el cual
además, se configura como un testimonio documental de la época que marcó la
mitad de la vida de la Cátedra de Derecho Administrativo, y en lo personal, de
lo que un joven determinado, buscando claridad de metas en la vida, pudo
hacer en su primera juventud.

Si hay alguna virtud, que a lo largo de este medio siglo de vida académica
siempre he tenido como investigador y docente, además de la regla elemental
de la constancia, disciplina y dedicación, es que en general he tratado de no
guardar manuscritos inéditos producto de mis estudios; y ello, en beneficio de
alumnos y lectores que siempre pueden aprender leyendo, ya que solo leyendo
se puede aprender derecho.

Ello, por supuesto, sé que también muchos lo han considerado como uno de
mis defectos, lo que por supuesto depende del punto de vista que se pueda
adoptar para juzgar y evaluar la función de un docente que ha dedicado toda
su vida a esa función, o de lo que se entienda debe ser la misma. Lo cierto, en
todo caso, es que en el campo de la investigación en ciencias sociales, una vez
realizado el esfuerzo de escribir unas páginas, si no se publican, con el curso de
los años inevitablemente se pierden o se borran, sobre todo cuando los manuscritos eran escritos a mano o a máquina de teclado a presión, en cuyo caso, si es
que el papel era de alta calidad, siempre terminaban amarillentos, guardados -
cuando ha habido orden - en archivos oscuros, olvidados y siempre polvorien-
tos o mohosos. O si se quiere, en tiempos más modernos, se pierden en los discos duros o portátiles, o en respaldos de las computadoras, que generalmente
también se extravían, o caen en el olvido. Y lo cierto es que siempre pensé y
sigo pensando que al contrario, una vez concluido un estudio o una reflexión
plasmada por escrito, la obligación más importante para el docente y el investigador es divulgar sus conocimientos y su trabajo en beneficio de los demás, por
lo que dejar manuscritos inéditos, es un sustraendo respecto de su labor.

Por supuesto, para divulgar y publicar trabajos escritos tiene que haber manuscritos, es decir, tiene que haberse dedicado el tiempo requerido para terminar en una expresión formal escrita, producto de una labor intelectual de comprensión de una realidad, de estudio de sus diversas fuentes disponibles, de
creación, de síntesis y de redacción. Ello, por supuesto, hace cincuenta años se
hacía a mano, escribiendo con pluma fuente y tinta, o a máquina de tecleado
mecánico. El resultado eran siempre manuscritos, aunque diferentes a los contemporáneos, que son el resultado de la mecanografía en ese extraordinario
invento de las procesadoras de palabras, en el cual sólo me pude involucrar
personalmente en los últimos años.

Antes de 2003, en efecto, toda mi obra fue escrita a mano, habiendo sido luego mecanografiada por mis secretarias en los diversos centros de trabajo que
tuve, a cuya excelencia en la interpretación de mi escritura debo muchas de mis
publicaciones. Recuerdo especialmente en el Instituto de Derecho Público, a
Aymara Ramos y Judith Mendible; en la Comisión de Administración Pública,
a Maura Rubio y a América González; y en particular, durante las últimas
cuatro décadas, en mi Escritorio de Abogados, *Baumeister & Brewer*, a Mary
Ramos Fernández —en sus años finales de estudiante de Derecho, y quien durante los últimos 30 años ha dirigido la Secretaria de Redacción de la *Revista de*

Derecho Público–, a Arelis Torres y Francis Gil, con cuya leal e invalorable colaboración he tenido el privilegio de haber contado, y quienes ahora, desde la distancia, me han seguido ayudando y asistiendo.

Sin su desinteresado soporte hubiera sido muy difícil, más bien, imposible, haber seguido manejando mis asuntos desde la distancia y haber permanecido en contacto permanente con el país durante los últimos años de exilio.

Algunos trabajos, sobre todos los iniciales, incluso, después de haberlos redactado a mano, llegué a pasarlos luego, personalmente, a máquina –reredactándolos-, como ocurrió con las más de 700 páginas de mi tesis de grado, tecleadas día tras día, y noche tras noche en los últimos meses de mi estadía en Paris en 1963, muchas veces con Allan, el hijo mayor, sentado en las piernas. Intuición, sin duda, tuvo mi profesor de derecho administrativo Gonzalo Pérez Luciani, al haberme regalado el día de mi grado de abogado una máquina de escribir portátil, marca Olympia, que aún conservo.

Pero en todo caso, lo importante es precisar que los manuscritos, a mano o mecanografiados, son siempre el resultado de horas, días, semanas, meses, años, lustros o décadas de trabajo personal; esfuerzo, que en mi criterio, como dije, particularmente en el mundo de las ciencias sociales, si no se divulga, quedaría perdido, configurándose además como una muestra de egoísmo imperdonable.

Entiendo, sin embargo, la decisión personal de muchos creadores de no divulgar lo que escriben, basada, en muchas ocasiones, en la insatisfacción personal que siempre puede haber sobre el resultado de lo escrito, o simplemente en no querer compartir lo que se ha llegado a aprender con el trabajo, o en la permanente búsqueda de la perfección como condición para publicar, la cual, por cierto, nunca se llega a alcanzar. Es difícil que un creador llegue a decir que su obra es perfecta. Y lo mismo sucede en todas las ciencias y artes. Otras veces la inhibición de publicar proviene de no aceptar la crítica que pueda formularse al trabajo hecho, la cual, por lo demás y con gran frecuencia, no hay que olvidar que proviene de ágrafos, no sólo en el sentido de personas que habiendo escrito algo no lo han publicado, sino en el sentido de personas que nunca han escrito nada, es decir, que en su vida no han producido manuscrito alguno.

En todo caso, si un profesor e investigador, particularmente en el mundo de las ciencias sociales, decide que su trabajo como principio quede inédito, quizás lo que ha de hacer es destruirlo, pues lo que queda escrito, escrito está, y en algún momento aparecerá. Es como la obra de un artista plástico, de manera que el pintor o el escultor que no quiere que su creación se conozca, normalmente la destruye o la cambia, pero no la deja inconclusa o en su colección particular, pues al final, sobre todo si logró renombre, inexorablemente se expondrá al público, post mortem.

Si uno está en el oficio de investigador y docente, publicar los manuscritos redactados, es darle la oportunidad a alguien - a un estudiante, a un lector o a un investigador, - para que no tenga que recorrer el mismo camino ya trillado por uno, y pueda más bien partir de allí, para su propio conocimiento, desarrollo, trabajo o investigación. En ese sentido siempre he pensado que en nuestra área del conocimiento, basta con que un trabajo publicado le sirva a una sola persona o a un grupo de personas, para que el esfuerzo que significó su realización esté compensado, y la labor de divulgación haya rendido sus frutos. Lo que es seguro es que el acceso a un estudio ya publicado, en la práctica nunca quedará restringido a una sola persona o un grupo de personas, tal como lo demuestra lo que siglos atrás ocurría con los manuscritos que circulaban de mano a mano, y eran copiados infinidad de veces, asegurándose acceso a todos los que buscaban conocer sobre el tema. Y más ahora en estos tiempos de divulgación de la información a través de Internet.

Pero aún con esa idea que adopté como ley de vida académica desde las primeras décadas de mi actividad intelectual, de divulgar el resultado de mi esfuerzo académico, muchos trabajos de juventud, - y quizás precisamente por ello - quedaron inéditos, u otros sólo fueron publicados en forma mimeografiada. Me refiero a los estudios y páginas iniciales escritas entre 1958 y 1964 por el entonces estudiante, novel auxiliar de investigación y recién graduado de derecho, desde la época en la cual comencé a cursar derecho administrativo y comencé trabajar en el Instituto de Derecho Público, hasta que comencé a dar clases, y que son precisamente los que se recogen en este libro.

Las primeras páginas, escritas en 1958 y 1960, sin duda fueron producto de un auténtico autodidacta en metodología de la investigación, que no tuvo otra alternativa sino desarrollar a fuerza de horas de dedicación, su propia forma de trabajo, o mejor, su propia forma de aprendizaje y exposición de las ideas. Ello, la verdad, lo había comenzado a desarrollar y aplicar un año antes, en 1957, cuando me tocó preparar un memorable - para mi - examen de Historia de la Filosofía en el último año de bachillerato que entonces cursaba en la Universidad Católica Andrés Bello, en un momento en el cual después de sentidas reflexiones vitales, en solitario, sobre la propia existencia y los misterios de la vida y la muerte, del tipo de las que a los 17 años mueven el espíritu con la fuerza necesaria para cambiar o reorientar el rumbo de la vida, decidí comenzar realmente a aprender, enfrentando y superando por mi cuenta todas las dificultades que entonces conspiraban contra el estudio, la atención y el aprendizaje.

Recuerdo el proceso, con ocasión de prepararme para dicho examen, de formar una pequeña biblioteca de historia de la filosofía con todos los libros que pude conseguir en las librerías de Caracas, a la cual sumé los que obtuve en préstamo de bibliotecas de algunos padres de amigos. Por ellos estudié directamente, en interminables horas, días y semanas de lectura, de comprensión, de síntesis y de escritura, de lo que resultó la elaboración de unos "Apuntes de Historia de la Filosofía" de cerca de 300 páginas, cuyo manuscrito he montado en mi página web. Aquella búsqueda bibliográfica fue, en todo caso, el inicio de la formación de mi biblioteca personal, hoy lamentablemente dispersa físicamente por fuerza del exilio; y aquel esfuerzo fue además, el inicio de mi inclinación académica.

El método de estudio aplicado para aquél examen de Historia de la Filosofía y que me había resultado exitoso, lo comencé a aplicar de inmediato al ingresar a la Facultad de Derecho meses después en octubre de 1957; en una Facultad donde para aquella época, hace medio siglo, no teníamos curso alguno de Metodología de la Investigación. Era sólo en los "Pre-Seminarios" donde alguna guía se nos daba a los alumnos en tal sentido, y donde los estudiantes con alguna inclinación a la investigación, podíamos comenzar a desarrollar nuestras propias habilidades, pero como autodidactas.

Recuerdo, por ejemplo, el Pre-Seminario que organizó en 1959-1960 la profesora Helena Fierro Herrera sobre el tema del "Delito de las Muchedumbres", donde nos puso a los estudiantes a investigar y escribir sobre el tema. De allí saldría, por ejemplo, un penalista excepcional como lo fue Arnoldo García Iturbe, prematuramente fallecido, y cuyo primer libro como destacado publicista fue precisamente el trabajo que de estudiante había realizado sobre aquél tema. Recuerdo haber escrito también sobre el mismo tema, pero definitivamente mi inclinación no era hacia el derecho penal, pues ya estaba claramente establecida hacia el derecho administrativo.

Este libro, como dije, recoge precisamente los manuscritos inéditos y los escritos mimeografiados elaborados entre 1958 y 1964, desde cuando era estudiante de pregrado hasta cuando comencé a dar los cursos de Derecho Administrativo I y II en 1963. Localizar los manuscritos y juntarlos, fue sin duda el resultado de una cierta labor de "arqueología" documental la cual, a la distancia, la pude realizar con la ayuda de mis hijas Michelle Brewer y Caterina Balasso, en mis archivos personales. Decidí que no quería que se perdieran definitivamente como papeles viejos que eran, y por ello fue que he decidido publicarlos en este volumen titulado *Escritos de Juventud*, que debo decirlo, es un regalo que me hago básicamente a mi mismo en esta media centuria de trabajo en la Cátedra, y que por supuesto también hago a mi familia y amigos, reales e invisibles -esos que tanto tengo, quienes sin conocerme personalmente, sienten que con mis libros y escritos los acompaño siempre y ayudo constantemente en sus estudios o actividad profesional -.

Sé que no son trabajos sustancialmente importantes, siendo su único valor el de orden testimonial histórico de la labor de juventud de un estudiante y nobel profesor que ya ha cumplido cincuenta años de actividad académica, que realicé entre los 18 y 24 años, a una edad en la cual tanto en aquélla época como el mundo contemporáneo, los jóvenes dedican más tiempo a otras cosas quizás más amenas y a veces más importantes.

Hay que ubicarse, en todo caso, en las fechas de su realización, en las que el país y el mundo estaban en proceso de cambio, lo cual nos impactó en diversos aspectos a muchos de aquellos jóvenes universitarios de comienzos de los sesenta. Recuérdese, por ejemplo, que en el ámbito internacional, luego del inicio de la reconstrucción de la postguerra, la Comunidad Económica Europea venía de establecerse con los Tratados de Roma de 1958, habiendo desembocado décadas después en la Unión Europea de nuestros días; que en 1960 se firmó el Tratado de la Asociación Latinoamericana de Libre Comercio en Montevideo: y que en ese año comenzó el proceso de descolonización, particularmente en África, surgiendo muchos nuevos Estados en la comunidad internacional. En esa época, Irán, Irak, Kuwait, Arabia Saudita y Venezuela fundaban la Organización de Países Exportadores de Petróleo; y Guatemala, El Salvador, Nicaragua y Honduras, fundaban el Mercado Común Centro Americano. En ese año, además, es cuando el cantón de Ginebra llegó a otorgar el derecho de voto a las mujeres; en Egipto se iniciaba la construcción de la presa de Asuán; y en

Cuba, después del triunfo de la Revolución, en 1960 se comenzó a nacionalizar las propiedades e intereses de empresas privadas, particularmente norteamericanas, y se inició la exportación de la guerrilla cubana hacia América Latina, comenzando con Venezuela, donde hubo una invasión fallida en playas del litoral oriental.

En 1959, además, se realizó la primera reunión del Tribunal Europeo de Derechos Humanos, y en 1960, el Papa Juan XXIII anunciaba la celebración del Concilio Vaticano II. John F. Kennedy había sido electo Presidente de los Estados Unidos de América, el más joven de la historia de ese país con 43 años; y en Ceilán (Sri Lanka) se elegía a Sirimavo Bandaranaike como la primera mujer jefe de Estado en la historia.

En Venezuela, a fines de 1957, al mes de haber ingresado a la Facultad, ya participamos en la importante protesta estudiantil del 21 de noviembre que marcó el inicio del proceso de la caída del gobierno del general Marcos Pérez Jiménez, quien desde 1948, en una u otra forma, comandaba la dictadura militar que se había instalado en el país; caída lo que ocurrió el 23 de enero de 1958, dándose inicio a la Revolución Democrática que permitió la instauración del régimen democrático en el país. En ese mismo año Rómulo Betancourt fue electo en la Presidencia de la República, y se comenzaba el proceso de construcción del Estado democrático de derecho con la Constitución de 23 de enero de 1961, estando el país en plena efervescencia política. En esos años iniciales, el país vivió, y Betancourt tuvo que enfrentar, tres rebeliones militares importantes, como fueron el Barcelonazo (25 de junio de 1961), el Carupanazo (el 4 de mayo de 1962) y el Porteñazo (el 2 de junio de 1962), habiendo sufrido incluso un atentado personal el 24 de Junio de 1960, Día del Ejercito, donde murió el jefe de su casa militar. Del hecho se llegó a identificar como autor intelectual al presidente dominicano, el dictador Rafael Leonidas Trujillo.

Hay que recordar, en otro contexto, que fue en 1959 cuando se fundó la banda terrorista ETA en España; que en 1964 fue cuando se conformaron las FARC en Colombia; y que fue en 1960, cuando se formó en Liverpool la banda de rock de Los Beatles, que revolucionaría la música contemporánea hasta nuestros días.

Eran, ciertamente, otros tiempos: comencé a estudiar cuando aún tenía 17 años en la Facultad de Derecho de la Universidad Central en octubre de 1957, todavía en la época del régimen de Pérez Jiménez, de manera que los años de estudio de derecho (1957-1962) los tuvimos que compartir con las inquietudes políticas intensas de la época, que nos marcaron a todos los estudiantes universitarios. Fue la época en la que junto con otros amigos tomé la iniciativa de fundar la Organización Estudiantil Independiente, en mayo de 1958, en la Facultad de Derecho, recuerdo claramente, coincidiendo con la visita del Presidente Richard Nixon a Caracas, y los ataques que se hicieron contra algunos de nuestros profesores en el primer año de Derecho. Dicha Organización luego la transformamos en la Organización Universitaria Independiente con ámbito en todas las facultades de la Universidad Central, y cuya acción marcó, desde el inicio, mi forma de pensar independiente que siempre me ha acompañado, con todas sus ventajas y desventajas, y su realidad pragmática plasmada en el rechazo a las etiquetas políticas, en el trabajo en solitario y, a veces, el aislamiento respecto de los partidos políticos que siempre, con razón, han visto con recelo a los independientes en política.

Fue época de discusiones intensas en política, pero también de acuerdos y disidencias, y de respeto por las posiciones divergentes. Fue la época en la cual nuestros mejores amigos, de un día para otro, a comienzos de los años sesenta se internaron en las montañas siguiendo a la guerrilla, lo cual para nosotros solo implicó ausencia temporal, pues cada vez que en forma clandestina circulaban por la capital, los acogíamos con el afecto de siempre, y en más de una ocasión a más de uno ayudamos a resolver sus problemas para incorporarse a la vida democrática.

Esos vínculos me llevaron a interceder personalmente veinte años después, a solicitud de aquellos amigos de siempre, para lograr la integración a la vida democrática del último reducto guerrillero que permanecía clandestino en el país, aún cuando ya bastante inactivo. Ello ocurrió a comienzos de los años ochenta, habiendo sido mi propia casa de habitación la garantía de lugar neutral para que ambos bandos, del gobierno y de los delegados del frente guerrillero, pudieran con confianza tener su centro de la negociación. El negociador por la guerrilla en aquel trance luego sería diputado en la época democrática y, en los últimos diez años, durante el régimen autoritario, embajador y Ministro de varias carteras.

Aquélla fue también la época de mi primera labor editorial, primero, en 1959, colaborando con una Revista general, *Arte y Letras*, y luego, como Co-fundador y Co-editor de un periódico quincenal *Opinión*, que editamos en Universidad Central de Venezuela, del cual aparecieron diez números entre febrero y noviembre de 1958, y en cuyo Comité de Redacción me acompañaron Juan Carlos Parisca, Charles A. Brewer-Carías, Hugo Mármol Marquis, Gustavo Marturet y Marcial Pérez Chiriboga. Y con esa publicación, sin duda, comenzó mi vida de editor y de publicista, pues en ese periódico *Opinión*, que fue una publicación quincenal estudiantil, salieron publicados mis primeros artículos que fueron, "¿A dónde vamos?", N° 1, Caracas, 24/02/58, p. 4; y "¿Obligatoriedad del voto?", N° 4, Caracas, 15/04/58, p. 1. Luego salieron publicados otros trabajos en otras Revistas Universitarias, como el relativo a "Discriminación Estudiantil. No! Selección," en *Vértice*. Revista Universitaria de Ideas, Artes y Letras, N° 3, Caracas, junio 1962, pp. 6-7; el relativo a "El proceso de impugnación en el recurso de casación," en *Revista Rayas*, Órgano divulgativo de los estudiantes de la Universidad Católica Andrés Bello, N° 7-8, Caracas, julio-agosto 1962, pp. 36-45; y el que se refirió a "La selección universitaria," también en *Vértice*, Revista Universitaria de Ideas, Artes y Letras, N° 19, Caracas, mayo 1964, pp. 25-29. Todos, recogidos en este libro.

Esa labor, además, desde los 18 años, me puso en contacto con el mundo editorial –pues fui el editor del periódico – con la tinta, con el plomo y la técnica de la composición tipográfica, de la cual tanto aprendí en mi vida, pues había sido un mundo que materialmente no había cambiado desde la invención de la imprenta en el siglo XV, salvo por lo que se refería a la introducción del linotipo.

En esos mismos años de comienzos de los sesenta, previos a mi grado de abogado, igualmente salieron publicados mis primeros trabajos en Revistas jurídicas especializadas, producto de la labor investigadora de un estudiante con motivo de las Prácticas organizadas por la Facultad en los Seminarios, como fue el "Estudio sobre la Ley de Regulación de Alquileres de 1° de agosto de 1960," en la *Revista del Colegio de Abogados del Distrito Federal*, N° 113, Año XXIII, Caracas, julio-septiembre 1960, pp. 217-232; el relativo al "El Servicio de Cajas de Seguridad Bancarias,"en la misma *Revista del Colegio de Abogados del Distrito Federal*, N° 115, Año XXIV, Caracas, enero-marzo 1961, pp. 75-104; y el referido a "El Derecho de Huelga en el concepto de Libertad en el Estado moderno," en la *Revista de la Facultad de Derecho*, N° 21, Universidad Central de Venezuela, Caracas 1961, pp. 251-284. Todos, también recogidos en este libro.

En esa época también salió publicado el estudio sobre "Consideraciones acerca de la distinción entre documento público o auténtico, documento privado reconocido y autenticado y documento registrado," publicado en la *Revista del Ministerio de Justicia*, N° 41, Año XI, Caracas, abril-mayo-junio 1962, pp. 187-221, y en la *Revista de la Facultad de Derecho*, N° 23, Universidad Central de Venezuela, Caracas, junio 1962, pp. 347-378; producto de una discrepancia de criterio con el entonces recién nombrado profesor de práctica de derecho mercantil, Alejandro Tinoco quien luego fue mi amigo. Mi crterio sobre el tema lo pude plasmar por escrito, en aquel viejo trabajo que luego resultó un clásico en el tema. Dicho trabajo también se recoge en este libro.

También aquel fue el tiempo cuando comencé mi larga carrera de expositor y conferencista, al dar mi primera charla en temas jurídicos de derecho administrativo, antes mencionada, en 1960, con ocasión de la celebración de la "Semana del Abogado," en la Facultad de Derecho; y luego, en 1962 cuando fui invitado a dar una charla sobre "Existenciallsmo y Humanismo" en el Curso de Historia de la Filosofía que daba mi compañero de cursos en derecho, Bernardo Cubillán Molina, en el Quinto año de Bachillerato en Filosofía y Letras en el Colegio Santa Cecilia de Caracas. Este libro, en cierta forma, es también una forma de celebrar el medio siglo que ha transcurrido desde que dicté mi primera conferencia.

Aquella también fue la época cuando comencé a trabajar para cubrir mis gastos, a muy temprana edad. Venía, como muchos de mis compañeros de Universidad, de una familia de clase media profesional, cuya meta fue, como siempre era lo común, abrirle el camino a la educación superior para todos los hijos, pero con entera libertad de escogencia. Charles Brewer Maucó, mi padre, destacado odontólogo de la época, siempre nos inculcó a todos los hermanos Brewer-Carías: Charles, yo, Tony, Jimmy, Lilly y Dennis, lo que nunca olvidé: estudia y desarrolla tus capacidades en el área que quieras, pero busca ser siempre el mejor!!. nos decía.

Todos estudiamos carreras universitarias, y todos ellos son destacados profesionales y hombres de bien. La responsabilidad del día a día en la educación, como generalmente ocurre en las familias, sin embargo, la llevó mi madre, Margarita Carías de Brewer quien a los noventa y tantos años, gracias a Dios, sigue siendo el centro de la familia. En todo caso, en ese marco familiar, fue cuando a temprana edad comencé a trabajar, precisamente durante esa misma época estudiantil: entre julio y agosto de 1959, comencé como escribiente del

Juzgado Quinto de Parroquia del Distrito Federal, cuyo Juez titular era el profesor Luis Henrique Farías Mata; y luego fui escribiente en el Juzgado Primero de Primera Instancia en lo Mercantil del Distrito Federal, cuyo Juez titular era el también profesor Gonzalo Pérez Luciani.

En ese Juzgado, otro de los compañeros escribientes, fue Alberto Baumeister Toledo, mi entrañable amigo desde la infancia, compañero de estudios y socio en el Escritorio de abogados *Baumeister, Domínguez & Brewer* que fundamos en 1973; convertido una década después en *Baumeister & Brewer*; testigo excepcional de toda mi actividad vital, como yo lo he sido de la de él.

Luego ingresé, en agosto de 1960, como Auxiliar de Investigación ad-honorem en el Instituto de Estudios Políticos de la Facultad de Derecho, por un corto tiempo, bajo la dirección del profesor Manuel García Pelayo; y posteriormente, en forma definitiva, como antes indiqué, como Auxiliar de Investigación en el Instituto de Derecho Público bajo la dirección del profesor Antonio Moles Caubet, donde estuve desde noviembre de 1960 hasta concluir la carrera en agosto de 1962.

Pero antes ya me había topado con el derecho administrativo, en ese tiempo cuando comenzó a afianzarse de la democracia en Venezuela, al estudiar en la Facultad en el año 1958-1959 el curso de *Derecho Administrativo I* que daba el profesor Gonzalo Pérez Luciani, y luego, al año siguiente, en 1959-1960, el curso de *Derecho Administrativo II* que daba el profesor Tomás Polanco Alcántara. Con ocasión de esos dos cursos, en 1959, hace cincuenta años, fue que el Centro de Estudiantes de la Facultad de Derecho de la Universidad Central, me solicitó la autorización para publicar en forma multigrafiada un manuscrito denominado *Esquemas de Derecho Administrativo I* que yo había redactado para mi estudio personal, siguiendo el curso del profesor Pérez Luciani; y cuyo texto se publica en este libro. La verdad es que no se trataron de "apuntes" tomados en sus clases, sino de un texto que redacté en forma autónoma siguiendo el Programa de la asignatura y destacando los diversos aspectos que trataba el profesor en clase

Entre mayo de 1961 y septiembre de 1962, además, me desempeñé como Auxiliar de Asuntos Legales para el estudio de la jurisprudencia de la antigua Corte Federal en el Instituto de Codificación y Jurisprudencia del Ministerio de Justicia, bajo la dirección del profesor Juan Porras Rengel.

Del estudio que realicé sobre la jurisprudencia de la Corte Suprema en materias de derecho público, la cual para la época era totalmente desconocida, salieron las primeras recopilaciones temáticas que se publicaron sobre la materia, entre ellas, los trabajos: "Los contratos de la administración en la jurisprudencia venezolana," en *Revista de la Facultad de Derecho*, N° 26, Universidad Central de Venezuela, Caracas 1963, pp. 127-154; "Algunas bases fundamentales del derecho público en la jurisprudencia venezolana," en *Revista de la Facultad de Derecho*, N° 27, Universidad Central de Venezuela, Caracas, diciembre 1963, pp. 143-147; y "Los recursos administrativos o gubernativos en la jurisprudencia venezolana," en *Revista de la Facultad de Derecho*, N° 29, Universidad Central de Venezuela, Caracas, junio 1964, pp. 171-198.

Ese tiempo coincidió con el inicio del proceso de establecer mi propia familia, de manera que al terminar mi cuarto año de estudios de derecho en 1961, tuve la fortuna de casarme con Beatriz Leal Donzella, a quien conocía desde la primera infancia, quien gracias a Dios me ha acompañado, y yo a ella, durante este medio siglo que ha pasado. Gracias a ella, a su comprensión y a su amor, pude continuar con mis actividades y lo he podido seguir haciendo durante las últimas décadas, de manera que cuando me gradué de abogado en agosto de 1962 ya había nacido nuestro hijo mayor, Allan. Con él, de meses, viajó Beatriz a Paris en septiembre de 1962, donde ya yo había llegado, antes, para ubicar vivienda en esa entonces desconocida pero maravillosa ciudad. Luego nacieron Michelle y Eric, completando la maravillosa familia que tenemos. Además de Beatriz, a ellos tres, y a través de ellos, a los nietos: Allan, Mark, Andrés, Nicolas, Kevin, Federica, Lucas, Mateo, Alana, también va dedicado este libro, como regalo, pues el trabajo que quedó en estos escritos solo fue el preludio de todas las horas durante las cuales, mientras crecían y se formaban, siempre me vieron sentado escribiendo y leyendo en la biblioteca de la casa.

Fue el 21 de agosto de 1962 cuando recibí el grado de abogado en la Universidad Central de Venezuela, saliendo mi viaje a Paris de inmediato, para seguir los cursos de derecho administrativo del Tercer Ciclo de la Facultad de Ciencias Económicas y Sociales de la Place du Panthéon. Para ello, fui becado por el Consejo de Desarrollo Científico y Humanístico de la Universidad Central de Venezuela, cuando aún se premiaba a los graduados *summa cum laude* con esa posibilidad, contando además con un complemento de beca del servicio de Cooperación del Gobierno de la República Francesa.

En Paris seguí los cursos regulares de los profesores Marcel Waline, Charles Einsenman, y René Charlier, y fue el tiempo durante el cual, además, redacté mi mencionada Tesis de Grado sobre *Las Instituciones Fundamentales del Derecho Administrativo y la Jurisprudencia Venezolana* que al final decidí presentar en la Universidad Central de Venezuela en 1963, en lugar de la Universidad de Paris. Fue sin duda, una decisión difícil la de escoger entre Caracas y Paris para la presentación de la Tesis, pero la opción de optar por el Doctorado en Caracas, que fue la que tomé, sin duda resultó ser la adecuada, sobre todo partiendo del supuesto de que para ese momento, lo que yo había escrito era el único libro sobre derecho administrativo contemporáneo en el país. Sabía, por tanto, de su importancia y de la repercusión que debía tener en Venezuela, donde fue publicado en 1964, en el mismo año en el cual aparecería la primera edición del *Manual de Derecho Administrativo* del profesor Eloy Lares Martínez. El Jurado de la Tesis en la Facultad, integrado por los profesores Gonzalo Pérez Luciani, Enrique Pérez Olivares y Tomás Polanco la premió el 24 de abril de 1964 con su publicación, apareciendo en la Colección de Tesis Doctorales de la Facultad de Derecho como: *Las Instituciones Fundamentales del Derecho Administrativo y la Jurisprudencia Venezolana*, Caracas 1964.

Cuando regresé de Paris, en 1963, comencé mi trabajo en la Facultad de Derecho de la Universidad Central de Venezuela como Instructor Interino en el Instituto de Derecho Público y, a la vez, como Profesor de Derecho Administrativo I en Segundo Año, y Profesor de Derecho Administrativo II en Tercer Año de la carrera. En esos años iniciales, como profesional del derecho, además y en paralelo, me desempeñé, entre 1963 y 1964, como Consultor Jurídico Adjunto del Ministerio de Justicia, siendo el Consultor el profesor José Alberto Zambrano Velázco; y en 1964, como Contralor Delegado Jefe de la Sección Sexta en la Contraloría General de la República, siendo Contralor General de la República el conocido abogado Luis A. Pietri.

En esos años 1963 y 1964, además, salieron publicados en Revistas jurídicas de Caracas y Madrid mis primeros artículos escritos después de graduado, como fueron los siguientes: el estudio "Consideraciones sobre la ilegalidad de los actos administrativos en el derecho venezolano," en la *Revista de Administración Pública*, Instituto de Estudios Políticos, N° 43, Madrid, enero-abril 1964, pp. 427-456, siendo este mi primer contacto con el mundo académico español, y que envié a la Revista a petición de quien era el secretario de la misma, el profesor Eduardo García de Enterría; trabajo que también salió publicado en la *Revista del Colegio de Abogados del Distrito Federal*, N° 127-128, Caracas, enero-diciembre 1964, pp. 19-61; el estudio sobre "La Hacienda Pública Venezolana. Bases Constitucionales para su Estudio," en *Revista del Ministerio de Justicia*, N° 49, Año XIII, Caracas, abril-junio 1964, pp. 65-124; el estudio sobre "El régimen jurídico-administrativo de los partidos políticos en Venezuela." en *Revista del Ministerio de Justicia*, N° 51, Caracas, octubre-diciembre 1964, pp. 263-295; el estudio sobre "La formación de la voluntad de la Administración Pública Nacional en los contratos administrativos," en *Revista de la Facultad de Derecho*, N° 28, Universidad Central de Venezuela, Caracas 1964, pp. 61-112, reproducido como "La formación de la voluntad de la Administración Pública Nacional en la contratación administrativa," (con referencias al derecho uruguayo por Horacio Casinelli Muñoz), en la *Revista de Derecho, Jurisprudencia y Administración*, Tomo 62, N° 2-3, Montevideo 1965, pp. 25-56 que editaba el profesor Casinelli Muñoz; y el estudio sobre "El poder discrecional en la jurisprudencia administrativa," en *Revista de la Facultad de Derecho*, N° 28, Universidad Central de Venezuela, Caracas, marzo 1964, pp. 187-194.

Este recuento viene al caso pues se refiere a la época de mis años de estudiante y a los primeros años de joven recién graduado de derecho (1959-1964), en los cuales, además, redacté los trabajos que conforman este volumen, muchos de los cuales fueron publicados en forme mimeografiada, o permanecieron inéditos.

Ese período de los *Escritos de Juventud*, en todo caso, puede decirse que terminó con la discusión de mi Tesis de Grado sobre *Las Instituciones Fundamentales del Derecho Administrativo y la Jurisprudencia Venezolana* la cual fue aprobada el 24 de abril de 1964 "con la más alta mención que conceden los Reglamentos Universitarios" por un Jurado integrado por quienes habían sido mis profesores de la disciplina en la Facultad, Gonzalo Pérez Luciani y Tomás Polanco Alcántara, junto con Enrique Pérez Olivares, quien había sido Director de la Escuela de Derecho en mis últimos años de estudiante, todos muy respetados y apreciados amigos en los años subsiguientes.

El otro hecho de culminación del período, hasta cierto punto, también fue, dos años después, el haber aprobado el Concurso de Cátedra y ser designado profesor por Concurso con una puntuación de 19 puntos el 4 de junio de 1966, por el Jurado del Concurso de Oposición de la Cátedra de Derecho Administrativo II, integrado por los profesores Antonio Moles Caubet, Tomás Polanco Alcántara y Eloy Lares Martínez. En dicho Concurso presenté como prueba escrita el estudio sobre "El sistema y método de la enseñanza del derecho administrativo en Venezuela," que como tal, habiendo permanecido inédito, lo he glosado en uno de los trabajos que se publican "A manera de Epílogo" de esta obra, sobre la historia de la Cátedra de Derecho Administrativo en el país.

Al escribir ahora, juntas, todas las anteriores referencias respecto de las actividades desarrolladas en aquellos años iniciales, no hay duda de que aquellos años fueron tiempos de vida muy intensa y variada, la que, por cierto, no ha cesado nunca de ser así, en todas las décadas sucesivas y pasadas.

Había que trabajar y por sobre todo, había que comenzar a hacerse a si mismo, pues el hombre es, en definitiva, lo que él se hace; y ello, como estímulo, en medio de una situación como la que en la época correspondía a todos los jóvenes de clase media recién graduados, de recursos económicos familiares estrechos o ajustados. Y además, en un campo profesional como era la abogacía y la carrera docente en las cuales, personalmente, para ese momento yo partía de cero, pues nadie en mi familia había incursionado en esos campos, de manera que no contaba con apoyo familiar alguno que pudiera haber servido de soporte. El único antecesor que ahora conozco que había actuado en el mundo del derecho había sido el Dr. Fulgencio María Carías (1848-1911), quien en 1881 había sido nombrado como uno de los Vocales de la entonces recién creada Corte de Casación, cuando se separaron las funciones de casación de la Alta Corte Federal. Fulgencio María Carías, además, estuvo vinculado a la Universidad del Zulia, recién fundada para la época, en 1891. Recuerdo mucho el diploma que firmado por Fulgentius María Carías me mostró el profesor Jesús Leopoldo Sánchez, que le había sido otorgado por dicha Universidad a algún familiar, y que un día me llevó a la Academia de Ciencias Políticas y Sociales para que supiera de mis antepasados. Debo decir, incluso, que la memoria sobre este Carías, jurista, se había perdido en la historia de mi familia, y sólo fue muchos años después, cuando realmente supe sobre su importante actividad pionera en el mundo de la casación.

En fin, aquellos años formativos fueron testigos de mi febril e intensa actividad como joven docente, investigador, consultor y funcionario. Los trabajos que se publican ahora en este volumen, por tanto, entre muchos otros, fueron producto de la misma, siendo su valor en adición a mi obra escrita y publicada de la época, como antes dije, solo el ser un simple testimonio de lo que un joven puede hacer cuando hay voluntad y determinación, así se tenga la temprana juventud de aquellos tiempos, entre los 18 y 24 años, o precisamente a causa de ello. Publicarlos ahora, medio siglo después, es un grato alivio personal pues me resisto a ver los manuscritos desaparecer entre papeles amarillentos por el paso del tiempo y la falta de luz. Lo cierto es que durante todos estos años no los quise destruir; al contrario, los conserve, y siempre estuvieron en mis archivos, de manera que ahora, antes que dejarlos archivados, es que he decidido publicarlos como un simple regalo que me hago a mí mismo, a mi familia y a mis amigos, cincuenta años después de que inicié mi actividad académica. En algún momento, pienso, que al menos mis nietos cuando tengan unos años más, se toparán con el libro y así sabrán algo más de lo que hizo su *Nonno* cuando era muy joven.

New York, enero de 2013

SOBRE EL EXISTENCIALISMO, SOBRE LA UNIVERSIDAD Y SOBRE EL ESTUDIO DEL DERECHO ADMINISTRATIVO (1961-1963)

En la búsqueda de los manuscritos y originales de los escritos de juventud que se publican en este libro, me he encontrado con tres manuscritos inéditos, que incluso nunca fueron trascritos a máquina, escritos en 1962 y 1963, uno sobre el existencialismo como filosofía de vida, otro sobre la Universidad y la reforma universitaria, y un tercero sobre el estudio del derecho administrativo, que había conservado.

Algo explican sobre el sentido de mi actividad académica cuando la comencé hace más de cincuenta años, cuando contaba 20 años.

I. REFLEXIONES SOBRE EL EXISTENCIALISMO COMO FORMA DE VIDA: NOTAS SOBRE UNA CHARLA (1962).

En abril de 1962, mi entonces compañero de curso en la Facultad de Derecho de la Universidad Central de Venezuela, Bernardo Cubillán Molina, me invitó a darle a sus alumnas del curso de bachillerato que enseñaba sobre Historia de la Filosofía, una charla sobre la filosofía existencial o del existencialismo. Días después, el 7 de abril de 1962, me puse a escribir sobre esa que consideré una "gran experiencia," decidido a poner por escrito lo que había expresado, indicando sobre la charla que "más que una exposición sobre el existencialismo, lo que hice fue un recuento de lo que yo entiendo por existencialismo como filosofía de vida y de experiencia vital." En ese sentido fue que hice el siguiente "resumen de lo que esa tarde hablé, y de lo que constituye en líneas generales, mi forma de vida."

La filosofía, fundamentalmente debe ser considerada como una forma de vida, como una dirección para el mundo y la vida. Por tanto, debe vivirse y tratarse como algo que acontece.

Esta idea produjo, a finales del Siglo pasado, que la filosofía volviera sobre sus propios pasos y dejara de ser considerada como una ciencia más, cuya enseñanza se daba a la par con otras ciencias, en los claustros universitarios.

Esta vuelta atrás, dio origen a las llamadas filosofías de la vida que constituyen la dirección fundamental de la filosofía actual.

Una de estas filosofías de la vida, es la que Heinemann llamó Filosofía de la Existencia.

La inconmensurable idolatría que tuvo el Siglo XIX por la ciencias exactas, experimentales, influyó tanto en la filosofía que convirtió en una ciencia más. Dejó de ser aquella disciplina que tenía por objeto, precisamente, la búsqueda de su objeto, para devenir en una ciencia que buscaba con métodos prestados, la explicación científica del mundo e indirectamente, la explicación de la vida.

El existencialismo fija un comportamiento del hombre ante el mundo, o lo que es lo mismo, señala cómo debe realizarse el hombre. Es una filosofía de acción del hombre.

La filosofía existencial parte de un gran postulado: La existencia precede a la esencia. ¿Qué debemos entender por esto?

Tradicionalmente, desde los Presocráticos hasta Hegel, en la historia de la filosofía, rige el principio contrario: la esencia precede a la existencia. Bien sea en el ser de Parménides, en el concepto de Sócrates, en la idea de Platón o en la sustancia de Aristóteles. Su Dios, para la Escolástica y la Patrística hasta el Siglo XVII, con las diversas modificaciones y doctrinas sobre el Absoluto. En la Naturaleza Humana, de la cual todos participamos para el Siglo XVIII.

Ahora bien, ¿cuál es este concepto tradicional de que la esencia precede a la existencia? Lo veremos con un simple ejemplo real. Este cuaderno sobre el que estoy escribiendo: ha sido fabricado por un artesano con base a un concepto que de él tenía, por unas normas determinadas de producción y para dar una utilidad definida. No puede imaginarse que se construya un cuaderno sin saber qué es y para qué sirve. Pues bien, la esencia del cuaderno la constituye aquél conjunto de cualidades que permiten producirlo y definirlo. Antes de elaborar un cuaderno, se sabe que se va a elaborar, Así, la esencia precede a la existencia.

En el Siglo XVII, y hasta ese Siglo principalmente, la filosofía concibe a Dios como el gran Artesano que crea todo y sabe lo que crea. La esencia del hombre está en Dios, y precede a la existencia del hombre en el mundo.

El Siglo XVIII se caracteriza por la eliminación de Dios, como gran Artesano, pero sin embargo la idea de que la esencia precede a la existencia perdura en la naturaleza humana, de la cual forman parte todos los hombres.

A finales del Siglo XIX y principios del XX, el existencialismo proclama que hay un ser en que su existencia precede a su esencia. Que existe sin que antes pueda ser definido, y que vive para definirse: el hombre.

En otras palabras, como dice Sartre, el hombre existe primero, se encuentra a sí mismo, surge en el mundo y luego se define.

Pero antes de que el hombre se encuentre a sí mismo, se de cuenta de que está en el mundo y de que existe, es Nada. Él sólo será luego, cuando se defina, si lo hace y será tal como él se haga.

El hombre es lo que él se haga, será lo que él se proyecta ser. Por ello, al hombre no lo hacen, él se escoge a sí mismo y es el único responsable de sí.

Pero cuando el hombre se proyecta, se escoge, no escoge solo su individualidad, sino que escogiéndose a sí mismo, escoge a todos los hombres. Aquí rige entonces, la famosa regla de la moral Kantiana: obra de tal manera que puedas querer que tu obrar sea Ley Universal del obrar humano.

Observamos que las filosofías de la existencia constituyen, fundamentalmente, una disciplina para la vida, una disciplina ética.

Ponen al hombre en posesión de lo que él es y hacen pesar sobre sus hombros la responsabilidad total de su existencia y de la existencia de todos los hombres.

Actuar de tal manera que ese actuar sea la norma por la cual se guíe toda la humanidad. Esta es la regla fundamental. Si todos los hombres actuaran así, distinta sería la realidad y la crisis. Y toda filosofía de la vida tiende a imponer sus normas de obrar humano.

De ello, podemos decir, que cada acción del hombre, compromete la acción de toda la humanidad. He aquí la enorme responsabilidad del hombre: Es responsable de su existencia y de la de los demás hombres. Una enorme responsabilidad. Una angustiosa responsabilidad que puede sumirlo en un cobarde quietismo e inacción.

Muchos disfrazan su angustia. Huyen de ella y creen, que con su actuar, sólo se comprometen a sí mismos. Y si se les pregunta, ante una acción determinada ¿Si todo el mundo hiciera lo mismo? ¿Qué pasaría? Responderán: No todo el mundo hace lo mismo.

Pero el hombre, ante el actuar, debe siempre preguntarse ¿Qué sucedería si todos hicieran lo mismo? Si se escapa a las consecuencias de esa pregunta, sólo será por mala fe. Si se responde, "todo el mundo no hace lo mismo", se está molesto con la propia conciencia. Se está traicionando a él mismo. Se está haciendo de la mentira un valor universal.

Por ello, todo actuar del hombre debe tener vocación universal. Es decir, si yo me escojo así, es porque en conciencia creo y considero que si toda la humanidad así se escogerá, el mundo marcharía mejor.

Pero cuando así se actúa, no es que se pretenda que toda la humanidad me siga a mí en mí actuar, sino que así es que debe actuar el hombre y todos los hombres, y por lo tanto yo actúo así, y así creo que todos deberían actuar.

Por ello, la acción del hombre debe hacerse por intermedio de actos ejemplares. Actuando como si la humanidad entera tuviese los ojos fijos sobre lo que uno hace y se normara según lo que uno hace.

De todo lo dicho, se deduce, que la angustia no conduce al quietismo, a la inacción, sino al contrario, al actuar vivamente y con responsabilidad universal.

La angustia es constante porque constante es la decisión en la vida, la escogencia. El hombre actúa por medio de la elección, en cada instante tiene que decidir actuar de una manera u otra. La vida entera es una decisión: o se es hombre y uno se hace a sí mismo, actuando; o no se es hombre y desaparece.

Ahora bien, a pesar de que el hombre se haga a sí mismo, tal como él se quiera, y sólo él, con toda su responsabilidad, existen ciertas normas tradicionales morales o religiosas, que le indican una manera determinada de actuar ante la vida.

Sin embargo, consideramos que esas normas morales, no son generales en cuanto a heterónomas. No hay moral general, que se impone al hombre para que actúe. La moral es esencialmente autónoma, y por ello el hombre es libre y está abandonado en el mundo.

Una norma moral puede condicionar mi actuar, en tanto en cuanto yo la acepte. Será moral si yo considero que es buena, y en todo caso, yo soy quien escoge el sentido que tiene.

El abandono en el mundo implica que nosotros escogemos nuestro ser calificando las normas morales que nos llegan de afuera.

Pero se dirá, ¿con base en qué se califica esa norma moral? Sencillamente se califica con base en la regla de Kant: Obra de tal manera que tú obrar sea Ley Universal del Obrar Humano.

Ésta es la única norma moral que se nos impone, pues emana de la vida en sociedad, que es la única que el hombre es capaz de llevar.

La aceptación de una moral heterónoma, que se nos impone, implica la aceptación de su violación, porque "errar es de humanos".

Sin embargo, la aceptación de la moral autónoma, que es moral en tanto en cuanto yo lo considero y me lo impongo, implica la afirmación de la imposibilidad de errar.

El hombre en su acción no puede errar, pues un error en su conducta, consiste en una traición a sí mismo y a toda la humanidad. Consiste en una negación de sí mismo intolerable.

Por ello, el hombre no puede errar.

Ahora bien, ¿a qué conduce todo esto? Lleva a lograr la esencia-hombre, el Hombre con mayúsculas, el ser hombre.

Pero ese ser hombre, debe ser un ser para los demás. No debe ser un ser egoísta. No debe perfeccionarse para su propio deleite, sino que tiene que darse a la sociedad, ya que es el medio donde vive, y donde solo irremediablemente, puede vivir.

Por otra parte, el hombre en su actuar, en el hacerse a sí mismo, tiene un límite de tiempo. Ese límite es la muerte. La muerte es el límite del ser del hombre. Lo que haya hecho hasta ese momento, quedará. Si por su vida, no ha hecho nada, después de la muerte no será, ya que no hay patrimonio moral que deje.

Ante una persona determinada, uno puede preguntarse: ¿Si esta persona muere, qué pasa? Si se llega a la tremenda conclusión, de que no pasa nada a no ser de la tristeza de sus allegados, esa persona no es, y no merece que siga existiendo.

***

El fin primordial de todo ser viviente racional, de todo ser que existe es ser Hombre, o simplemente ser.

Sin embargo, esa evolución que debe atravesar el ser viviente racional, para Ser, para lograr el Ser, para llegar a Ser Hombre, no siempre se cumple. No siempre llega a su término, lo que conduce a que al Ser viviente racional exista pura y simplemente, pero no es. No es Hombre.

De aquí se deduce el gran postulado filosófico existencial, de que la existencia precede a la esencia. Si, la existencia del ser viviente racional precede a su esencia, que es el Ser Hombre.

El Hombre, ser viviente racional, en las primeras etapas de su vida, existe, pero no es. No es hombre. Por ello, la meta de ese hombre debe ser el Ser. Debe ser su esencia lograr su esencia: Ser Hombre.

Pero esa meta del hombre, esa esencia no se logra por metamorfosis inconsciente, ni por costumbre. Esa esencia se logra por una lucha constante con la vida, con la costumbre, por la muerte, por el ser. El logro de ese ser, va en razón directa con la lucha, con el obrar; y el hombre será lo que él se haga. El Hombre será la medida de sus actos, de su actuación.

El Hombre se hace a sí mismo, será lo que él se haga, no lo que los demás hagan de él o quieran hacer de él. He aquí algo más con lo que hay que luchar; con los demás, los demás hombres.

Si el hombre no lucha por hacerse. Si el hombre no quiere hacerse, no será. Permanecerá en algo parecido a esa etapa primaria de vida vana e insignificante, pero con la diferencia de que no será infancia. Será vida adulta, ineficaz y sin ninguna razón de Ser, sin siquiera motivo para existir. Triste realidad: no Ser Hombre, no luchar por el Ser, por esa esencia. Ser Hongo. Hongo que vive, crece, se desarrolla y muere, sin obrar, ni producir. Sin Ser.

Hemos señalado, que el Hombre, para hacerse a sí mismo debe luchar, y luchar primeramente con los hombres que no son, pero existen. La lucha del hombre es para lograr el Ser. Pero ese Ser no debe ser egoísta. No debe ser individualista, es decir, ser para sí mismo. Sino ser para los demás, pues se Es en el mundo. Sin esperar nunca recompensa, pues sería un Ser egoísta. No esperar recompensa! Y si quieren darla, ni oírla, cerrarles la puerta. Pues uno al ser para los demás, no hace favores, uno simplemente Es.

El Ser debe ser tal como es, sin asperezas, sin rencores, sin pensar ser más ni menos de lo que es. Ser tal como se es y dejarse llevar así. Al descubierto, con el alma al aire para que sea criticada. Si es criticada por esa mala gente que como decía Antonio Machado "camina y va apestando la tierra," no oír las críticas, enterrarlas. No tendrán sentido. Si la crítica proviene de un Hombre de valer, no nos importará, la oiremos sin darnos cuenta.

Ser tal como se es, ni más ni menos. No oír a las gentes que nos dicen, en sentido tergiversado, que el que se humille será ensalzado y que se ensalce será humillado. El que se humille para ser ensalzado, el que aparente ser menos de lo que es para que crean algo de él, no es auténtico. El que aparenta ser más de lo que es, para que crean algo de él, no es auténtico. Ser tal como se es, ni más ni menos, contra todos.

Oír a aquellos que nos digan que la vida y los años corrompen al hombre. Oírlos para criticarlos, pues la vida y los años lo que hacen es vencer al hombre sin voluntad; vencerlo de tal manera, que si pensaba hacerse a sí mismo, no lo logra, y se estanca. Si no pensaba hacerse a sí mismo, la vida y los años lo hunden. Por ello, hay que luchar contra los años y contra la vida. Vencer a la vida y los años. Vencerlos para llevarlos donde uno quiera, no donde ellos quieran.

Pero para ser Hombre, y para llevar la vida y los años donde uno quiera, hay que hacerse. Hacerse Hombre. Para ello hay que seguir el postulado de Kant: "Obra de tal manera, que ese obrar sea la Ley Universal de obrar humano", la medida del obrar de todos los hombres. Hacer todo lo que uno crea que le pueden hacer a uno.

Ahora bien, la medida de ese hacer, no es otra que la propia conciencia. Mi conciencia será la medida de todos mis actos, no ningún principio heterónomo, impuesto, con el que yo, en conciencia, no esté de acuerdo. Si hay algún principio heterónomo, que me indique alguna forma de actuar, alguna forma de conducta, para acatarlo, debo estar de acuerdo con él, en conciencia. No acatarlo engañándome o tratando de engañar a los demás, pues con ello apestaría.

II. REFLEXIONES SOBRE LA UNIVERSIDAD Y LA REFORMA UNIVERSITARIA (1961-1962)

1. Algo sobre la reforma universitaria

El 24 de mayo de 1961, en mi condición de estudiante de cuarto año de la Facultad de Derecho de la Universidad Central de Venezuela, dirigí una comunicación pública "a los estudiantes" de la misma, que circuló mimeografiada, en la que expuse "Algunas ideas para la reforma universitaria" tendientes a "que se forme un movimiento de opinión en favor de propugnar una reforma universitaria," redactada "como resultado de conversaciones informales sostenidas con miembros del Centro de Estudiantes de Derecho, en relación a las diversas consideraciones surgida en torno a la probabilidad de los llamados exámenes optativos, y con la aclaratoria de que estos razonamientos y la proposición final, fueron introducidos ante la directiva de dicho Centro, sin que hasta la hora de esta publicación se halla considerado su contenido." En dicha comunicación decía:

Con razón a dicho Ortega y Gasset, que la universidad es para el estudiante y en su beneficio.

Sin embargo, ¿Qué es el estudiante? Bien lo definía Goethe, diciendo que el estudiante es el que realiza un esfuerzo constante. Estudiante es el que se incorpora a la idea de la cultura, y la cultura es una aspiración incesante que no conoce término ni límite espacial.

Lamentablemente, nuestro estudiante no ha adquirido, conciencia de su condición de tal. Está en el umbral de ello. Y esto tiene una causa grave: al hombre, en los primeros años de existencia y en sus primeras experiencias culturales, lo hacen. Él no se hace solo, pues no tiene capacidad para ello. Hay predecesores responsables de su formación original. El estudiante tiene lógicamente, o debería tener un guía de su formación como tal. Ese es el Maestro, el Profesor.

Palabras ideales, utópicas, pues muy pocos exponentes de nuestra docencia universitaria llevan esa condición. Son simples profesionales que ostentan el titulo de profesores de la universidad. Profesores que reciben ese título, pero que no dan nada a cambio de él.

En este orden de ideas, vemos que al hablar de reforma universitaria -o empleando un término algo nuevo, seguir uno de nuestros líderes estudiantes-, de "reforma integral" ésta debe referirse o abarcar varios campos:

1. A los profesores en primer lugar, de quienes debe exigirse todo tipo de sacrificio recompensable, pues el profesor no es un comerciante o petulante de la docencia, sino pura y simplemente un maestro.

2. A los líderes estudiantiles, que son los que tienen la mayor responsabilidad, pues son los que están más cerca del estudiantado y son los que más los engañan con sus sofismas absurdos. Ellos son los que tienen el deber de interpretar claramente el sentido de una reforma universitaria. Ellos son los que a nombre del estudiantado, deben propugnar esas reformas.

3. A los estudiantes ¿Cómo llega la reforma universitaria integral a los estudiantes? Adquiriendo la conciencia de tales. Sabiéndose estudiante en todo el sentido de la pala-

bra, antes indicada. Estudiante no es solo el que asiste a la universidad, como tampoco lo es solo el que estudia una determinada materia creyendo que esa y un título académico son el fin de su actuar humano. No. Ese no es un estudiante. Estudiante es el que se incorpora a la idea de la cultura, como aspiración incesante, sin límites de tiempo ni de espacio. Detengámonos un momento y pensemos en conciencia si nosotros, estudiantes, hemos cumplido en alguna forma ese ideal. Si no, cumplámoslo llevémoslo.

4. La reforma universitaria abarca también materias tales como: los problemas universitarios desde el punto de vista sociológico, del ingreso al profesorado, de la docencia libre, de la representación estudiantil, de si la enseñanza superior debe tener por fin graduar profesionales o formar investigadores o cultivadores de la ciencia, de los exámenes de resultados académicos, de la necesidad de fundar institutos dedicados exclusivamente a la investigación científica. Eso y algo más abarca la reforma universitaria integral.

Téngase bien claro que el problema de la representación estudiantil no es el único que abarca la reforma universitaria, tal como se ha pretendido hacer ver desde que nuestra universidad está libre de hacer bochorno desde hace tres años.

Téngase presente que los problemas estudiantiles no se resuelven con sofisma ni con engaños al estudiantado, tal como lo han pretendido algunos supuestos líderes estudiantiles, que pueden ser conductores de todo menos de estudiantes en su sentido propio pues ellos mismos no lo son.

Téngase presente que la posibilidad de reinstaurar los llamados exámenes optativos no constituye en ningún momento parte de una reforma universitaria integral en cuya consecución todo estudiante debe estar comprometido. Situar la institución de los exámenes optativos como parte de esa reforma es demostrar que no se sabe qué es la Reforma Universitaria.

Téngase presente que no se puede hacer ninguna reforma sin saber de antemano qué se va a reformar. Reformar es darle nueva forma a lo que está ya formado. Toda reforma todo mejoramiento, tal como dice Agramonte, tiene dos objetivos: el primero es aproximar lo que es deficiente a lo que funciona de un modo normal; el segundo consiste superar las cosas mismas que funcionan normalmente. Yo agregaría un tercero, que en nuestro medio queda de primero: lo que no funciona, ponerlo a funcionar, y normalmente.

Pero en definitiva, el comienzo de toda Reforma es de carácter educativo. Lo primero es hacer que se difundan los postulados esenciales de la reforma; y para ello necesitamos el concurso de la capacidad de nuestros profesores y líderes estudiantiles en su sentido propio, si es que los hay.

Es por ello, y en la creencia de que si existen, por lo que me he dirigido como forma inicial al Centro de Estudiantes de Derecho, exigiéndoles que se dediquen de inmediato a una revisión substancial de lo que debe entenderse por reforma universitaria integral. De lo contrario, si no es suficiente este impulso inicial, comprometámonos nosotros a su planteamiento, estudio y resolución, y resolvamos todo.

Primero sepamos que vamos a reformar, y luego reformemos, y si es necesario quitar lo viejo y poner algo nuevo, revolucionemos.

2. Algo sobre el movimiento estudiantil

De estas reflexiones surgió la iniciativa de constituir un grupo universitario que formamos con la colaboración de Italo Segnini, Álvaro Requena, Carlos Guerón, Manuel José Penzo, Jesús Elías, Eduardo Santos, Luis Eduardo Paúl, Bernardo Cubillán y Charles Brewer Carías, denominado *Organización Universitaria Independiente*, sobre cuya iniciativa escribía los días 9 y 10 de junio de 1962 lo siguiente:

El juego partidista de las agrupaciones políticas que actúan en nuestra universidad, la ha convertido en una violenta, constante lucha en campaña de grupos, dejando de ser aquella "comunidad de intereses espirituales, que reúne a profesores y estudiantes en la tarea común de buscar la verdad, y afianzar los valores trascendentales del hombre".

Sus funciones y fines científicos o de investigación, de docencia, sociales, han sido relegados a un segundo plano, para darle paso a la lucha patricida que en los momentos actuales corrompe a la comunidad venezolana.

Los principios fundamentales de la Universidad, donde ella debe descansar para llevar a cabo sus fines y ejercer sus funciones, han sido tomados como banderas de la política partidista en vez de la política universitaria.

La masa estudiantil que en los cuatro años de vida democrática del país, se ha movido dentro de la universidad, ante eso, siente la necesidad urgente de una total revisión de los valores universitarios. Está cansada de la lucha material que no deja juntos. Quiere estudiar, actuar, progresar, investigar. Quiere mostrarse capaz de crear ante la Nación entera. Sabe que su misión no es destruir, sino construir la cultura por medio de la transmisión del saber, perfeccionandolo.

Esa gran masa estudiantil, que hasta los actuales momentos se había plegado a uno u otro grupo político en las elecciones universitarias de representantes estudiantiles, está desilusionada de la actuación de ellos.

Hasta ahora, los representantes estudiantiles no han sido verdadera y genuinamente tales. Han sido elegidos por el estudiantado, pero no lo han representado ni han actuado como sus mandatarios.

Solo han representado al grupo o partido al cual pertenecen. *

La Representación estudiantil para que efectivamente cumpla sus fines, debe ser calificada, genuinamente estudiantil.

Debe ser calificada, por que igualmente son calificados los organizamos donde actúa. El estudiante bien calificado en lo pedagógico y en lo moral, es la única garantía para el éxito de la gestión que le está encomendada. Debe además ser genuinamente estudiantil para que responda a los verdaderos intereses de sus mandante y no como dije, a las consignas del partido o grupo al que pueda pertenecer e delegado.

---

*   Por ello decía en una carta dirigida al Rector de Venanzi participándole la creación del grupo, que redacté, que considerábamos "a nombre del estudiantado universitario que se siente verdaderamente tal, y que es la gran mayoría, que la representación estudiantil ante el gobierno universitario no puede seguir siendo falsa."

Pero esta máxima aspiración del estudiantado universitario, ya que es la base para su acción, no puede ser llevada a cabo sin organización, en un medio donde los grupos políticos tienen el exclusivo monopolio de las elecciones universitarias.

Es por ello -decíamos al Rector-, y con la conciencia de que haremos de esta Universidad, una autentica casa de estudio propagando una reforma universitaria por lo que hemos decidido agruparnos, el estudiantado universitario no comprometido con organizaciones políticas, en una organización universitaria, con el fin netamente estudiantil, que hemos denominado *Organización Universitaria Independiente*.

Y la OUI se creó, funcionó. Participó en las elecciones universitarias del mes pasado (mayo, 1962), con dos meses de creación, y sacó un millar de votos. Más que tres de los partidos políticos que allí actúan (MRP; AD-VG; AD-ARS) *

3. Sobre la Organización Universitaria Independiente

En 1962 se fundó entonces la *Organización Universitaria Independiente*, con la siguiente Declaración de Principios:* *

"La *Organización Universitaria Independiente* (OUI) de la Universidad Central de Venezuela, considera que la Universidad es fundamentalmente una comunidad de intereses espirituales, que reúne a profesores y estudiantes en la tarea común de buscar la verdad y afianzar los valores trascendentales del hombre; como tal, la Universidad tiene los siguientes fines y funciones:

1.   Función Investigadora.

La función científica o de investigación tiene por objeto la búsqueda de la verdad y la aplicación de los conocimientos al progreso intelectual, técnico y moral del individuo.

El principio de la libertad de investigación es la base sobre la cual descansa la labor de la Universidad encaminada al enriquecimiento de la cultura.

2.   Función Docente.

La función docente se realiza sobre las siguientes bases:

a.- Ofrecer al estudiante todas las grandes posiciones del pensamiento universal con el fin de que pueda elegir la línea espiritual más acorde con sus auténticas inclinaciones y preferencias.

b.-Sustituir la idea de la cultura como patrimonio individual al servicio exclusivo de los intereses egoístas del hombre que la posee por la idea de la cultura como deber social, con el propósito de eliminar el tipo de profesional que entiende su profesión como

---

*   La idea de una agrupación de este tipo, ya había nacido en los estudiantes del primer año de derecho para 1958. En efecto, José Vicente Rangel, Francisco Blanco, Enrique Faría de Lima, Arnoldo García Iturbe, Gustavo Pérez González, Juan A. Azuaje, Bernardo Cubillán y yo, en esa época fundamos la *Organización Estudiantil Independiente*. Surgió con nobles fines, que más tarde fueron tergiversados. Ello motivo que hiciera todo lo posible por terminar con aquello, y así fue. A pesar de que 1961-1962 fue mi último año de estudiante en la Facultad, colabore en todo lo posible en la Organización, para que quedase en los años sucesivos y fuese el medio para que los estudiantes abogaran por una reforma universitaria
**   En 1962 tuve la oportunidad de redactar esta Declaración con la ayuda de Italo Segnini, por designación de una Asamblea.

oportunidad de lucro en lugar de considerarla como responsabilidad ante el destino del país

El principio de la libertad de cátedra y el respeto absoluto a todas las corrientes del pensamiento rigen la función universitaria, que tiene por objeto la transmisión del saber.

3.   Función Social.

La función social se realiza mediante el estudio de los problemas y la solución de las necesidades del medio y de la sociedad en que actúa, creando igualmente una firme conciencia nacional que desarrolle el espíritu cívico del ciudadano y sentimientos de solidaridad humana en favor del progreso y bienestar de la comunidad.

La OUI considera que la Universidad para realizar sus fines y funciones debe fundamentarse en los siguientes principios:

1. La autonomía universitaria.

La autonomía es el fundamento de la existencia de la Universidad, por cuanto implica el derecho para la misma de trazarse sus propios estatutos, determinar su régimen de gobierno, elegir sus autoridades, nombrar y remover su personal docente, directivo, administrativo, técnico, de servicio, y administrar sus recursos económicos sin intervención del poder ejecutivo.

1. Gratuidad

La enseñanza universitaria es gratuita.

2. Gobierno universitario

El gobierno universitario está constituido por el personal docente, estudiantes y egresados que son los sujetos principales de la comunidad universitaria.

a.   los profesores por cuanto tienen la elevada misión de contribuir a la dirección y formación de la juventud.

b.   los estudiantes por ser con mayor fuerza, el centro de inquietudes de renovación y transformación permanente de la sociedad.

c.   los egresados por que aportan su experiencia profesional y sirven de nexo para llevar las inquietudes universitarias al campo de la acción social.

3. Representación Estudiantil

Para que la representación estudiantil ante el gobierno universitario sea efectivamente tal y cumpla sus verdaderos fines, tiene que ser calificado y genuinamente estudiantil.

a.   Calificada. Debe ser calificada por que igualmente calificados son los organismos donde actúa. El estudiante bien calificado en lo pedagógico y en lo moral es la garantía de idoneidad para el éxito de la gestión que le está encomendada.

b.   Genuinamente estudiantil: debe ser genuinamente estudiantil para que responda a los verdaderos intereses de sus mandatos y no a las consignas del partido o del grupo que pueda pertenecer el delegado.

4. Laicismo

La universidad por su propia esencia cultural debe estar presidida por los principios de la libre investigación científica y la formación adogmática.

5. Libertad de cátedra

La libertad de cátedra significa el derecho de cada profesor a enseñar libremente sin interferencias de ninguna naturaleza, ajenas a su función específica.

6. Asistencia libre

La libre escolaridad es su estímulo para la preocupación científica del profesor y del acrecentamiento de la responsabilidad del alumno.

7. La responsabilidad del estudiante

La finalidad fundamental de la universidad es formar al estudiante como profesional, como ciudadano y como hombre y tal formación se logra solamente a base de estudio, de responsabilidad y de trabajo.

Los alumnos deben mantener un espíritu de disciplina en la universidad y colaborar con sus autoridades para que todas las actividades se realicen en normal y ordenadamente dentro del recinto universitario.

Los alumnos deben tratar respetuosamente al personal universitario y a sus compañeros, cuidar los bienes materiales de la Universidad y ser guardianes y defensores activos del decoro y la dignidad que deben prevalecer como norma del espíritu universitario.

El mal estudiante tanto en el aprendizaje como en lo moral es una rémora para la Universidad.

8. La universidad y la actividad partidista.

En la universidad no cabe la lucha partidista. Acepta la discusión -en plano ideológico y principista- de las grandes cuestiones de la política, pero rechaza como contraria a sus fines de cultura, los actos inspirados en el interés sectario de un grupo o parcialidad, cualquiera que esta sea.

Por tanto la OUI de la UCV declara:

1.   Que son sus fines ejecutar todas las actividades que conduzcan a la realización de sus fines y funciones de la Universidad y al mantenimiento de sus principios.

2.   Que pertenecen la OUI todos aquellos estudiantes de la UCV que se identifiquen con los fines establecidos en esta declaración

3.   Que son Universitarios independientes todos los estudiantes no comprometidos con organizaciones políticas. *

III.   REFLEXIONES SOBRE LA SITUACIÓN DE LA ENSEÑANZA E INVESTIGACIÓN DEL DERECHO ADMINISTRATIVO: NOTAS PARA UN PREFACIO QUE NUNCA FUE PUBLICADO (1963)

Al concluir en París, en 1963, la redacción de mi tesis doctoral sobre *Las Instituciones Fundamentales del Derecho Administrativo y la Jurisprudencia Venezolana*, escribí las siguientes notas que estaban destinadas a servir de Prefacio a la misma, y que nunca fueron publicadas. Reflejan lo que un joven investiga-

---

* Esta Declaración de Principios causó muy buena impresión, ya que constituyó la primera manifestación pública de una posición universitaria no partidista, de parte de estudiantes de la Universidad Central de Venezuela.

dor pensaba sobre la enseñanza e investigación de nuestra disciplina, en una notas que no tiene otro valor que no sea el histórico, sobre todo a los cien años de creación de la Cátedra. Lo que allí expresé, fue por tanto, lo que pensaba sobre el tema justo antes de regresar a Venezuela para comenzar a enseñar los dos cursos de derecho administrativo I y II, en segundo y tercer año de la carrera de nuestra Facultad de Derecho de la Universidad Central de Venezuela:

1. ¡Cuánta angustia surge en la mente jurídica en formación del estudiante de los primeros años de nuestras Facultades de Derecho, cuando se encuentra ante una disciplina jurídica como el Derecho Administrativo!

¡Cuánto temor y desconcierto intelectual!

Cuando el estudiante de Derecho oye en la Cátedra que se habla de una rama jurídica cuyo objeto es la Administración Pública y cuya vigencia considera necesaria e incontestable, aspira desde sus primeras clases, se le enseñe y se le guíe en su estudio pues grandes perspectivas se le abren en su iniciación jurídico-administrativa. Perspectivas que siente y quiere ahondar.

Pero, ¡qué desilusión cuando avanzan los días del calendario lectivo!

Qué golpe tan fuerte recibe, al darse cuenta de que lo que se enseña no tiene, a sus ojos, vigencia y realidad alguna. Su única visión es la que oye en la Cátedra y la encuentra vacía. Algunos, quizás más preocupados, tratan de ir directamente a las fuentes que se le han señalado por el profesor: se encuentran entonces ante un enorme mar de libros, artículos y jurisprudencia extranjeros. ¡Mayor desilusión aun!

Cómo aplicar con certeza ante todas esas opiniones, muchas disímiles y otra contrarias a nuestro sistema jurídico, a éste, con sus caracteres y vicios propios. ¡Imposible! Es demasiado para un iniciado en la materia. Entonces surge la despreocupación general: tratan todos de salir de un examen y conforme pasan los años de estudio y posteriormente de ejercicio profesional, se acordarán, desagradados, de aquello que una vez, hace tiempo, trató de enseñarles un profesor en las aulas.

2. ¿Por qué esta despreocupación?;¿Por qué el Derecho Administrativo en Venezuela ha tenido y tiene tan pocos adeptos, muy pocos?; ¿Qué produce el desinterés? Son graves preguntas que necesitan urgente respuesta.

Mi deseo al abordar este tema es plantear un problema hasta ahora no vivido, pero latente. Sé que no soy el llamado en estos momentos a contestar las interrogantes que formulo ni a solucionar los problemas que planteo.

Ello no es labor de un solo ser humano, y menos aún cuando está lleno de inexperiencia juvenil. Sin embargo, me mueve un ánimo intenso de contribuir al desarrollo del estudio del Derecho Administrativo en Venezuela, a crear una consciencia en su enseñanza, y en fin a despertar interés científico por la materia.

En definitiva me mueve, al escribir esto, un problema de conciencia. Lamentablemente, soy el primero en plantear estos problemas por escrito, lo cual me atraerá innumerables críticas. Pero la conciencia exige asumir responsabilidades, sobre todo cuando se cree tenerlas.

3. Tradicionalmente el Derecho Administrativo en nuestras Facultades de Derecho, y hablo aquí de la parte general del mismo y que se enseña quizás erradamente en el segundo año de los estudios de Derecho, ha sido dictado desde el punto de vista, casi

exclusivamente, de dar soluciones extranjeras a los problemas particulares que plantea. Para su enseñanza se utilizan las nociones de los Manuales y Tratados de diversos países latino-americanos y europeos. Manuales y Tratados que por otra parte, en la doctrina, ocupan un lugar honroso, y a los cuales, la formación del derecho en sus respectivos países de origen, debe mucho.

Pero, ¿es justo enseñar a nuestro alumno de las escuelas de Derecho, pura y simplemente soluciones extranjeras sin enseñarle las propias, y lo que es aún más grave, sin saberse si aquellas tienen o han tenido aplicación en el país? ¿Es justo dejar esta investigación al estudiante cargado de trabajo que debe compartir en el estudio de las otras ramas jurídicas que se le enseñan simultáneamente? Seguro que no es justo, y quién se aventure a ello corre el riesgo de caer en más de un craso error comprensible e irreprochable por su inexperiencia estudiantil.

Entonces, ¿A quién corresponde esa labor? ¿A quién corresponde saber si el derecho administrativo tiene vigencia o no en nuestro sistema jurídico? ¿A quién corresponde saber y enseñar los fundamentos jurídicos de esta disciplina en el Derecho Venezolano? En fin ¿a quién corresponde decirlo? ¿Al profesor?

Pero ¿Qué es y quién es el profesor? ¿Tiene él la culpa de su actuación? ¿Tiene él el tiempo suficiente para cumplir la misión que le es encomendada? Por último, ¿Tiene él la culpa de no poder dedicarse a la Cátedra con seriedad integral e integradora?

Entonces ¿De quién es la culpa del desorden en la enseñanza del Derecho administrativo en las Escuelas de Derecho Venezolanas? Y ¿Existe ciertamente ese desorden?

4.   Ciertamente hay un gran desorden que se manifiesta principalmente por la posición de la materia en la enseñanza, en relación con otras ramas jurídicas fundamentales.

¿Es lógico, por ejemplo, que derogaciones a la Teoría General del contrato en Derecho Civil, que constituyen en gran parte la Teoría del Contrato Administrativo, se enseñen antes de estudiar aquella? ¿Cómo puede un estudiante comprender claramente que la Administración puede rescindir unilateralmente un contrato administrativo en absoluta derogación de la teoría civilista fundada en el artículo 1159 del Código Civil, sin conocer aún cuál es el significado en Derecho Privado, del principio que esa disposición contiene?

En el mismo sentido, ¿cómo puede comprenderse la Teoría de la Responsabilidad Administrativa si aún no se ha oído hablar de la Teoría Civilista de las Obligaciones?

¿Cómo puede comprender en fin, un estudiante, los problemas del acto administrativo y los problemas constitucionales de la Administración si en la mayoría de los casos no ha podido estudiar los actos jurídicos en la Introducción al Derecho ni las ramas del Poder Público en Derecho Constitucional?

Se comprenderán enseguida que esta situación es absurda. ¿De quién es la culpa? ¿Del profesor? Pero ¿Es acaso el profesor de Derecho Administrativo profesor a la vez de Derecho Civil o de Derecho Constitucional? ¿Cómo puede verse completo un programa de Derecho Administrativo si gran parte del tiempo transcurre dando nociones que el estudiante ya debía saber? Entonces, ¿es culpa de las autoridades universitarias que no han adoptado los programas y el pensum de estudios de derecho a las necesidades? En fin, ¿es acaso culpa de las situaciones ambientales que no permiten estudiar los programas previstos?

¿Son acaso una falacia de mi mente estos problemas?

5.   Pero el problema más grave e importante, que a nuestro entender se plantea, radica en la necesidad de enseñar un Derecho Administrativo Venezolano. Es necesario y urgente enseñar esta disciplina jurídica dándole fundamentación en nuestro propio ordenamiento jurídico. Es cierto que no hay disposiciones Legislativas y Códigos, como los hay en Derecho Civil o Derecho Penal, que contengan normas generales sobre las cuales se pude construir una Teoría General. Si, es cierto... Pero, podemos darnos por vencidos antes de la lucha. Podemos alegar eso para seguir enseñando un derecho extranjero. No lo creo: basta examinar el sistema jurídico-administrativo francés, al que obligatoriamente tenemos que recurrir al estudiar Derecho Administrativo, para convencerse que él no ha sido fundado en leyes y que no ha sido, por tanto, obra de la exégesis o la interpretación legal. Ha sido una elaboración de la jurisprudencia del Consejo de Estado en diálogo constante con la doctrina para emplearla ya famosa expresión del Decano Georges Vedel. El Derecho Administrativo francés ha sido objeto de una larga evolución y tradición producto de la labor de la jurisprudencia.

En Venezuela, aunque parezca extraño, sucede el mismo fenómeno. Sólo en nuestra jurisprudencia podemos fundamentar el Derecho Administrativo, en nuestro sistema jurídico. Pero ¿Hay en Venezuela una jurisprudencia administrativa del Tribunal Supremo? ¿Dónde está? Lamentablemente no ha sido recopilada y publicada en forma racional como ha sucedido con la jurisprudencia de Casación, que ha dado origen a maravillosos trabajos y volúmenes.

Entonces surge una nueva dificultad: si el Derecho Administrativo en Venezuela debe enseñarse fundamentándosele en la jurisprudencia administrativa de las antiguas Corte Federal y de Casación y Corte Federal y de la actual Corte Suprema de Justicia, hay que comenzar por estudiar las sentencias originales de esas Cortes: trabajo largo, interminable y abrumador.

Y, ¿De quién es la culpa que la jurisprudencia no se conozca? ¿De la Corte? ¿De algún buen jurista que no comenzó su estudio? ¿De los organismos públicos encargados de su recopilación? ¿De los Institutos de Investigación universitarios de Derecho Público?

La perspectiva que se nos abre es ciertamente desconcertante, para poder enseñar racionalmente un Derecho Administrativo venezolano, con fundamento en el ordenamiento jurídico venezolano y con características y defectos propios, hay que comenzar por averiguar si verdaderamente existe un derecho administrativo que podemos calificar de "nuestro", es decir, venezolano. Hay que comenzar por hacer un inventario de lo que tenemos en disposiciones legales dispersas y fundamentalmente, en la jurisprudencia. En definitiva, hay que comenzar por donde se debe.

Pero ¿Quién debe comenzar? ¿El estudiante? No es posible ni aceptable dejar este trabajo al estudiante. El trabajo corresponde al investigador y al profesor. Pero ¿dónde están los investigadores, los profesores?

6.   El progreso del Derecho exige un mínimo esfuerzo colectivo de parte de sus cultivadores. Es necesario tomar consciencia del estancamiento que sufre actualmente la investigación jurídica. Salvo una mínima excepción que se circunscribe generalmente a casi todos los profesores de nuestras Escuelas de Derecho, los cultivadores y profesionales del Derecho son pasivos en el progreso de la ciencia jurídica. Debe surgir consciencia de que una rama jurídica no puede progresar si su publicación, sin que se la escriba, es decir, sin que se la estudie, sin la polémica jurídica escrita, sin la crítica escrita, ya que solo lo escrito permanece pues las palabras son hojas que se lleva el viento.

Por tanto, es necesario, que los investigadores investiguen, que los profesores estudien y enseñen, y que todos escriban. Ello debe comenzar por el trabajo individual para que luego sea colectivo.

Debemos entonces comenzar nosotros mismos...

7.   ¿Qué perseguimos al presentar este trabajo a la Universidad Central de Venezuela?

Esto si tiene respuesta, afortunadamente.

Nuestra intención sólo es demostrar que si existe en Venezuela un Derecho Administrativo Nacional, con sus propias soluciones y sus propias bases y fundamentos.

No pretendemos que sea algo distinto del Derecho Administrativo de sistemas jurídicos extranjeros. Nuestra jurisprudencia, a falta de doctrina nacional, ha debido inspirarse en doctrinas extranjeras adaptándolas a nuestro sistema. Pero en fin, si no es en muchos aspectos distinto, por lo menos podemos decir que es propio. Y quizás, ante este esfuerzo, haya quien diga que no era necesario demostrar nada, pues ya se sabía...

Por otra parte, nos mueve un criterio de alerta: queremos llamar la atención de aquellos constructores de la futura y esperada legislación sobre procedimientos administrativos, contencioso o no, para que antes de la copia ciega de textos legales extranjeros, consten cual es la realidad jurídica de la materia en derecho venezolano, para que no destruyan algo de tradición, sin embargo, algo desconocida y muchas veces incipiente, pero en fin, tradición, que debemos observar, desarrollar y continuar en sus líneas propias.

8.   Pero la presentación de este trabajo como tesis para optar al título de Doctor en Derecho de la Universidad Central de Venezuela, requiere además, una pequeña explicación de origen, de historia, que se desarrolla en escasos años.

En 1961, cuando entramos a colaborar en el Instituto de Codificación y Jurisprudencia del Ministerio de Justicia, nos dimos cuenta con certeza de la poca atención que, en general, se le presta al Derecho Administrativo en Venezuela. Nos encontramos con innumerables ficheros y archivos de jurisprudencia de Casación y de Instancia en Materia Civil, Mercantil y Penal y del Trabajo, y con cinco maravillosos volúmenes de jurisprudencia de Instancia publicados. Ciertamente un trabajo de incalculable valor y utilidad que en labor callada, pero científica, realizan un grupo de juristas venezolanos.

Desde hacía algunos años ya nos encontramos influenciados por las enseñanzas de Derecho Público recibidas en nuestra Facultad, y desde 1960 estábamos dedicados al estudio del Derecho Administrativo como Auxiliar de Investigación del Instituto de Derecho Público de la Facultad de Derecho, bajo la certera dirección del Profesor Antonio Moles Caubet.

Por ello, a nuestra llegada al Instituto de Codificación y Jurisprudencia buscamos, hasta cierto punto en vano, la jurisprudencia administrativa de la Corte: Lamentablemente, solo encontramos pocas fichas, algunas incompletas y otras mal clasificadas.

No podíamos creer, que ante el material abundantísimo de jurisprudencia en otra ramas jurídicas, solo existieran unas escasas y escuálidas fichas de jurisprudencia administrativa y ello, porque no queríamos resignarnos a la idea, ya señalada de que el Derecho Administrativo, en su Teoría General, no tenía en Venezuela una fundamentación cierta y real.

Casi un año nos llevó entonces estudiar y copilar seis años de jurisprudencia de la Corte Suprema, y completar y sistematizar los seis años estudiados que encontramos en el

Instituto. Quedó así, un fichero de doce años de jurisprudencia administrativa, quizás aunque paradójicamente los más fecundos, correspondientes a los años 1950 a 1962, cuando en ese último año debimos venir al extranjero a especializarnos en nuestra disciplina.

9.   Trajimos entonces con nosotros, una copia de dicho fichero de jurisprudencia y otro particular sobre los años 1936 a 1950.

El sistema de derecho administrativo francés, nos hizo comprender la importancia primordial del juez en la construcción y formación de esta disciplina jurídica.

Emprendimos entonces el análisis y reanálisis de las sentencias de nuestra Corte. Después de algunos meses nos dimos cuenta que poseíamos más material de estudio y de trabajo que el originalmente pensado.

Nos surgió entonces la idea de escribir esta tesis que ahora presentamos a la Universidad Central de Venezuela con el cariño del ex alumno que la siente su casa, y con quien, desde temprana edad, tuvo la oportunidad de colaborar.

Pero esta intención, aún indefinida, se abría en dos campos de estudio: teníamos posibilidad de realizar un trabajo monográfico sobre un tema particular de nuestro derecho administrativo, o realizar un trabajo algo más amplio, y por tanto, no tan monográfico, sobre varios temas fundamentales del mismo en nuestra jurisprudencia y ordenamiento jurídico.

Comprendimos entonces la obligación y necesidad, el deber-ser y tener que ser, de realizar el segundo. El desarrollo de un tema monográfico extenso, solo es posible cuando está algo tratado y estudiado al conjunto en un sistema jurídico determinado. No era este el caso de Venezuela en materia de Derecho Administrativo, parte general.

Entonces, de un nuevo análisis de la jurisprudencia recopilada se destacaron cinco temas fundamentales de la Teoría General, cuyos problemas ella solucionaba ampliamente: El Principio de la Legalidad Administrativa, la Teoría de los Actos Administrativos, la Teoría Contratos Administrativos, los Recursos Administrativos y la Jurisdicción Contencioso Administrativa. Estos temas constituyen los cinco títulos que forman esta tesis.

10.   Comenzamos entonces la redacción y sistematización.

Se nos pidió, al inscribir la Tesis en el Instituto de Derecho Público, lo que el Reglamento de Tesis califica de Bibliografía básica, es decir, lo que forma la base de un trabajo de investigación. Sólo debimos señalar entonces las fuentes de donde extraíamos la jurisprudencia que se citan en el texto y que forman la base de nuestro estudio.

Las citas de autores extranjeros se hace en muchas oportunidades para indicar al lector la fuente bibliográfica extranjera donde puede consultar un problema, o para confrontar una solución de derecho extranjero a la que da nuestra jurisprudencia.

Las citas de autores nacionales se han hecho como información bibliográfica al lector, en los problemas concretos que han examinado.

Y todo ello, repetimos, porque este estudio constituye solo lo que en alguna oportunidad calificamos de "inventario". No constituye un estudio monográfico de los temas tratados ni un desarrollo completo de los mismos, para lo cual es necesario varios volúmenes y lo que es más importante, muchos años de experiencia en el estudio, la profesión y la investigación. Los cuales no podemos poseer.

Dada la ausencia de textos legales que definan la Teoría General del Derecho Administrativo, se hacía necesario investigar qué era lo verdaderamente nuestro en Derecho

Administrativo Venezolano. Eso solo podíamos encontrarlo en nuestra jurisprudencia administrativa.

Por tanto, este trabajo consiste solamente, en un estudio de interpretación, crítico a veces, de la jurisprudencia de nuestra Corte en los temas que abarca, con la fundamentación de estos, en lo posible, en las normas constitucionales y legales de mayor interés.

Se comprenderá por tanto, que no pretendemos en ningún momento agotar la materia tratada.

El estudioso encontrará, sin duda, observaciones respecto a la interpretación que se haya dado a una norma o a una decisión jurisprudencial. Las opiniones que recibamos serán siempre acogidas y si la crítica se hace por estudios escritos mejor. De la divergencia surgirá la síntesis para el progreso de la materia.

Por otra parte, confiamos en que este trabajo sea el inicio de otros más importantes: los escritos y la crítica solo pueden contribuir a la evolución y precisa fundamentación del Derecho Administrativo en Venezuela.

11. No podemos terminar esta nota introductiva, sin manifestar nuestro sincero agradecimiento.

Al Consejo de Desarrollo Científico y Humanístico de la Universidad Central de Venezuela, sin cuya ayuda material no hubiésemos podido redactar este trabajo. Asimismo, al servicio de cooperación del Gobierno Francés.

Al Instituto de Derecho Público de la Facultad de Derecho de la Universidad Central de Venezuela, donde conocimos la importancia de esta disciplina.

Al Instituto de Codificación y Jurisprudencia dependiente de la Consultoría Jurídica del Ministerio de justicia, donde conocimos el fruto de las decisiones de nuestros Tribunales, producto de la constancia en el trabajo silencioso que realiza un grupo de juristas venezolanos, de quienes aprendimos, y especialmente, a los Doctores Ramón Armando León, Juan Porras Rengel y José Alberto Zambrano quienes me encomendaron el estudio de la jurisprudencia de la Corte, cuando todavía era estudiante de la escuela de Derecho.

A nuestros profesores de Derecho Administrativo en la Facultad de Derecho de la Universidad Central de Venezuela, Gonzalo Pérez Luciani y Tomás Polanco Alcántara quienes nos iniciaron certeramente en el estudio del Derecho Administrativo.

Al Profesor Antonio Moles Caubet Director del Instituto de Derecho Público por su constante estímulo y sus inolvidables enseñanzas.

A nuestros profesores de la Facultad de Derecho de la Universidad Central de Venezuela, quienes nos guiaron en el estudio de esta ciencia del derecho, y especialmente a Arístides Calvani, Gustavo Planchart Manrique, Florencio Contreras, Emilio Pittier Sucre, Gert Kummerow, Enrique Pérez Olivares, Arminio Borjas y Joaquín Sánchez Coviza, de quienes aprendimos la virtud del método en la disciplina jurídica.

Y por último, hacer un público reconocimiento a la labor del Dr. J. M Hernández Ron, cuyo Tratado de Derecho Administrativo marcó el inicio de los estudios de Derecho Administrativo en Venezuela.

LIBRO PRIMERO:

ESQUEMAS DE DERECHO ADMINISTRATIVO I
CURSO DE DERECHO ADMINISTRATIVO I
(SEGUNDO AÑO) (1958-1959)

Este Libro Primero lo integran los *Esquemas de Derecho Administrativo* que redacté para mi estudio del Curso de Derecho Administrativo I en los años 1958-1959, cuando aún estaba vigente la Constitución de 1.953, y que fueron publicados, mimeografiados, en esos mismos años para uso de los estudiantes de la Facultad de Derecho de la Universidad Central de Venezuela. No se trató de "apuntes de clase" que hubieran sido tomados en las clases que dictaba mi profesor de Derecho Administrativo I, Gonzalo Pérez Luciani, quien por tanto no tiene responsabilidad alguna en su confección. Se trató, en realidad, de la guía de estudio que un joven estudiante de 18 y 19 años elaboró para su uso personal, con base en la lectura, resúmen, síntesis y sistematización de toda la bibliogafia disponible en la época.

Para su redacción me guié, por supuesto, por el temario del Programa de la materia de la materia de la época, dividido en Temas, basándome como dije en la lectura y estudio de la bibliografía de derecho administrativo -escasa por cierto- que entonces estaba disponible en la biblioteca de la Facultad, la cual se cita a lo largo del texto, y que incluía las obras de los tratadistas europeos Adolf Merkl, Fritz Fleiner, Hans Kelsen, George Jellinek, Gastón Jèze, León Duguit, Marcel Waline, Raymond Carré de Malberg; y de los tratadistas latinoamericanos, como Enrique Sayagués Laso, Gabino Fraga, José Joaquín Castro Martínez, Benjamín Villegas Basabilbaso y Rafael Bielsa. Además estaba el texto mimeografiado de las *Lecciones de Derecho Administrativo* que venía de dar el profesor Antonio Moles Caubet en el Curso 1956-1957. Lo explicado por el profesor Pérez Luciani en el Curso, por supuesto, también fue una de las fuentes bibliográficas utilizadas.

La publicación de los "Esquemas," durante los años en los que estuve de estudiante en la Facultad fue para su "Distribución Gratuita" como se indicó expresamente en las diversas ediciones, las cuales se efectuaron así:

Primero, en 1959, en dos entregas, la primera comprensiva de los temas 1 a 9, precedidos de la siguiente nota:

"La Organización Estudiantil Independiente (OEI) de la facultad de Derecho ha creído conveniente hacer la presente publicación GRATUITA que estima será de utilidad para el estudio de la materia.

Estos esquemas de derecho administrativos son originales de Allan Randolph Brewer C., quien los desarrolló según la sistemática del programa vigente."

Comité de Cultura de la Organización Estudiantil Independiente.

Caracas, Marzo de 1959

Segundo, en 1960, comprensiva de los temas 10 a 16, precedidos de la siguiente nota:

Centro de Estudiantes, Facultad de Derecho

ESQUEMAS DE DERECHO ADMINISTRATIVO I

(Tesis 1 a 16)

elaborados por Allan Randolph Brewer C.

alumno de esta Facultad.

NOTA: Estos "Esquemas de Derecho Administrativo I", elaborados por el Br. Allan Randolph BREWER C., fueron publicados en Marzo y Junio de 1959 por la desaparecida Organización Estudiantil Independiente de la Facultad de Derecho con la ayuda de la Dirección de la Escuela.

Han sido elaborados con base al programa vigente, pretendiendo ser solo una guía para el estudio de la materia.

Debido a que se habían agotado, y por cuanto han servido de utilidad para los alumnos, el **CENTRO DE ESTUDIANTES DE DERECHO** ha creído conveniente reeditarlos, cumpliendo así una labor más en beneficio de los estudiantes de esta Facultad.

Octubre de 1960.

Esta edición de los *Esquemas de Derecho Administrativo I* se ha basado en el texto original de las entregas mimeografiadas, con todos los detalles de las mismas respecto de los temas 1-16. Sin embargo, los Temas 9 y 17-20, referidos a la Contratación Administrativa, aún cuando redactados y mecanografiados, no llegaron a ser publicados mimeografiados, lo que no impidió que circularan entre mis compañeros de estudio.

Sin duda, estos temas constituyen un claro testimonio de mi vocación temprana por el Derecho Administrativo. Ese es el único valor que puede ahora tener su publicación.

TEMA 1.

Administración pública. Diversas acepciones. La concepción francesa dominante. La administración y los servicios públicos. Concepción germánica. Análisis de las funciones del estado para la determinación del concepto de administración contrapuesta a la legislación y justicia

Se entiende por administración, en su sentido más amplio, toda actividad humana planificada para alcanzar determinados fines humanos. En éste sentido amplísimo, administración abarca toda actividad económica e incluso rebasa la esfera de la economía. Este concepto usual no tiene alcance heurístico y jurídicamente tampoco tiene importancia (**Merkl**).

Como administración en sentido restringido, se sobreentiende generalmente la actividad total del Estado para alcanzar sus fines. Este sentido más estrecho de administración tiene, a diferencia del concepto amplio, una significación jurídica, pero heurísticamente es tan inútil como éste. Porque coincidiendo la administración con la actividad total del Estado, su teoría coincidirá con la teoría del Estado; pero la teoría administrativa pretende ser una disciplina determinada dentro de la teoría total del Estado. Así, mediante la separación de funciones aisladas en el campo total de la actividad estatal, mediante la reducción del concepto de administración a una parte determinada de esa actividad, y de ésta a otra más restringida arribamos finalmente al concepto dominante de administración, el más estrecho de todos.

Esta escalonada reducción del concepto se obtiene apartando la actividad legislativa del conjunto de la actividad estatal. Administración en éste sentido, coincide en primer lugar con el concepto **de ejecución**, que abarca la administración en su sentido mas estrecho junto con la actividad judicial (**Merkl**).

I. APORTACIONES DE LA ESCUELA JURÍDICA GERMÁNICA

Fritz Fleiner: Define como administración, "todo aquello de lo que se ocupa el Estado fuera de la legislación y de la justicia".

Otto Mayer: Introduce una variante, define: Administración es la actividad del Estado para la realización de sus fines bajo su orden jurídico, exceptuada la justicia.

Todas las variantes en la determinación del concepto de administración coinciden, sin embargo, en que la presentan como aquel residuo que resulta al desglosar del complejo de toda la actividad del Estado, la legislativa y la judicial. El concepto de administración es el resultado de una "sustracción en el que el minuendo lo constituyen la suma de las actividades del Estado y el sustraendo la suma de legislación y justicia" (**Merkl**).

Actividad total del Estado
- Legislación + justicia
———————————————————————————
= Administración

Si la teoría administrativa pretende operar con un concepto firme de administración, los conceptos que condicionan el concepto superior de administración deben ser también firmes. Es decir, si el concepto de administración está en función de legislación y justicia, la solución para encontrar un concepto claro de administración es encontrar conceptos claros y precisos de lo que sea legislación y justicia.

1. Legislación

1.   *Concepto material de legislación*: en éste sentido se entiende legislación como "normación, producción de normas jurídicas generales" (**Merkl**). Esta interpretación trae como consecuencia reducir sensiblemente el campo de la administración en relación con el que suele abarcar tradicionalmente.

Los reglamentos son indiscutiblemente actos de administración, y son a la vez leyes en el sentido material del vocablo. Por consiguiente, si se opone administración a ley en sentido material, habrá que excluir de la administración los reglamentos y relegarlos a lo legislativo; y en general, resultaría que todos aquellos actos administrativos creadores de derecho, y con ello la médula de lo administrativo, quedarían incorporados a la legislación. Aunque esto es lógicamente posible, sin embargo, resulta inadecuado.

2.   *Concepto formal de legislación*: en éste sentido se entiende como "procedimiento o tramitación legislativa". Así, a la legislación en sentido formal, corresponderán todas las etapas de la tramitación legislativa, mientras que la administración quedará fuera de ese camino.

El procedimiento o tramitación legislativa tiene como etapas: iniciación, discusión, sanción, promulgación y publicación.

La denominada tramitación de la ley queda incorporada fundamentalmente, aunque no en totalidad, al campo de la legislación (**Merkl**). Solo el núcleo de la tramitación legislativa queda incluido, sin discusión, en la legislación, pues algunos actos del procedimiento legislativo se atribuyen frecuentemente a la administración. Así la iniciación es por los miembros de las Cámaras, pero en su mayoría es efectuada por uno de los ministros del Despacho (Ejecutivo). La publicación es realizada por un órgano de la administración (Imprenta Nacional). Así, en los dos extremos de la tramitación legislativa hay dificultades. Además, en la discusión y promulgación, entran en parte lo administrativo.

Habiendo quedado fijado el carácter de legislación del procedimiento legislativo en la medida en que participan en el órgano legislativo; y partiendo del concepto formal de la ley, deberían considerarse como órganos legislativos cuantos intervinieran constitucionalmente en la elaboración de la ley, por mínima que fuera su participación, y lo mismo fuera obligatoria o facultativa, todas sus funciones parciales constituyen sin disputa, legislación en oposición a administración. Debemos rechazar esta tesis, pues así se reduce mucho el campo de la administración.

> El acto se determina por su propia calidad y no por la naturaleza del órgano del cual procede. Asimismo, dicho acto no debe calificar al órgano del cual procede.

3.   La solución hay que buscarla en otra parte, y la encontramos en **Kelsen** y en la Escuela Vienesa: quienes denominaron como legislación, "a todos los actos que ejecuten de manera inmediata la Constitución".

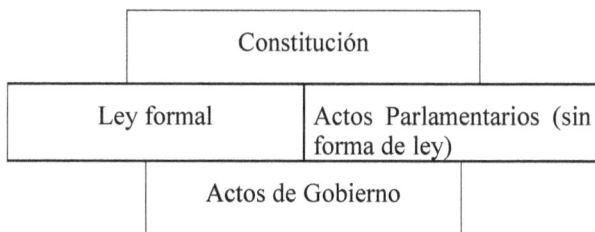

Constitución	
Ley formal	Actos Parlamentarios (sin forma de ley)
Actos de Gobierno	

Pero sin embargo, la legislación así definida, presenta algunos problemas:

a.   Hay una serie de actos que ejecutan directamente la constitución y no son legislación, que son los actos de gobierno. (Ver arriba la pirámide de **Kelsen**).

b.   Hay una serie de actos realizados por los órganos legislativos que no se tienen como legislación, y son los actos parlamentarios sin forma de ley.

Moles. Sin embargo estos actos enumerados, se comprenden en el concepto de legislación porque tienen de común ejecutar la constitución de manera inmediata. (Carácter que le confiere la calidad legislativa).

> El acto se determina por su propia calidad y no por la naturaleza del órgano del cual procede.

> Las funciones ejercidas por cualquier órgano son las que determinan el carácter de dicho órgano

2. Justicia

Muchos identifican el concepto de justicia con jurisdicción, de "*juris dicere*", decir o declarar el derecho "*in concreto*" (**Moles**) significa aplicar lo general de la norma a lo particular del caso, limitándose a hacer una declaración de lo que ya es derecho "*in abstracto*" en la Norma general (**Kelsen**).

Moles. La justicia, es cierto, no puede realizar otra actividad que la jurisdiccional, empero no toda jurisdicción es judicial pues existe también una "jurisdicción administrativa." De allí que no hay que confundir esos dos conceptos diferentes.

Este concepto es demasiado amplio, porque cualquier órgano estatal, al aplicar la ley, siempre dice o declara el derecho en el caso concreto (Jurisdicción).

Moles. Otros autores definen la jurisdicción como la subsunción de una situación de hecho concreta bajo una norma jurídica abstracta. Mediante la jurisdicción se determina en cada caso concreto lo que para el caso particular es derecho según el sentido de una norma general. En consecuencia son actos de jurisdicción aquellos actos ejecutivos por medio de los cuales se dice o declara el derecho en un caso individual entre partes contendientes. No se puede desconocer que semejantes actos no los encontramos únicamente en el campo de actuación de los tribunales. Esos actos los realiza, tanto el juez como el administrador. Toman el caso concreto, y lo introducen dentro de la norma.

Si ampliamos este concepto podemos obtener un primer concepto de justicia.

Moles. Todos los actos judiciales son necesariamente actos de jurisdicción y en consecuencia actos individuales. La justicia no puede producir actos generales o normativos.

A. Concepto material (Contenido):

"La declaración de lo que es derecho en un caso concreto, y esa declaración tiene fuerza de verdad legal (cosa juzgada)".

Los únicos actos que alcanzan la cosa juzgada, son los actos de Justicia, los actos-sentencias.

(Hay actos revocables, actos impugnables no revocables, y actos no revocables ni impugnables, que tienen una fijeza absoluta, fuerza de verdad legal, cosa juzgada).

Los tribunales realizan además de éstos actos -cosa juzgada- una serie de actos que se conocen como jurisdicción voluntaria, que son actos por los cuales el juez no hace declaración ni tienen fuerza de verdad legal.

(Autentificación de un documento, se consta algo, no tiene fuerza de verdad legal, solo de documento público, es atacable e impugnable).

Ahora, si identificamos la justicia a las declaraciones con fuerza legal, los actos de jurisdicción voluntaria nos quedan en la administración; no hay dificultad para hacer esto y lograr un concepto preciso de justicia: "declaración de un caso concreto con fuerza de verdad legal".

La nota material no es suficiente para determinar el concepto de justicia, pues si la totalidad de la justicia es necesariamente jurisdicción, no toda jurisdicción pertenece al dominio de la justicia. En efecto hay "jurisdicción administrativa:" resolución de un Ministerio (de Hacienda) revocando algo, por ejemplo.

Hay otra manera de encontrar lo que es justicia: la justicia no es ejecución inmediata de la Constitución, la administración, la justicia, son necesariamente ejecución de la legislación.

Moles. La justicia y la administración tienen de común que ejecutan la legislación (se resuelven en actos de ejecución) y así constituyen actividades sublegales.

CONSTITUCIÓN		
Ejecución	Ley formal	Actos Parlamentarios sin forma de ley
	Justicia	Administración	
Actos de Gobierno		

Esta ejecución se produce por dos medios distintos, por medio de la administración y la justicia. Así, la justicia y la administración, según puede observarse tienen en común que ambas ejecutan la legislación, se resuelven actos ejecutivos. Las tres funciones del Estado, se presentan que son reducibles a dos y no tienen la misma categoría sino distinta subordinación. (**Moles**)

Constitución	
Legislación	
Ejecución	Administración
	Justicia

B. Concepto orgánico formal

Consiste en la diferencia entre los órganos de la justicia y los de la administración.

Merkl. Como nota diferencial, tomaremos, la situación jurídica del órgano, su relación con órganos del mismo complejo orgánico. Podemos anticipar que en la justicia predomina absoluta coordinación de órganos; en la administración, junto a la coordinación, existe la subordinación. La organización de justicia es un complejo orgánico que se señala por la coordinación; la organización administrativa, una jerarquía orgánica que se señala por la subordinación. La organización de justicia es un complejo orgánico que se señala por la coordinación; la organización administrativa, una jerarquía orgánica que se señala por la subordinación.

Subordinación Administrativa. Administración; ejemplo de la administración del Distrito Federal: en primera jerarquía gobernador, en segunda prefecto y en tercera jefe civil.

Existe subordinación, según la idea corriente (**Merkl**) cuando un órgano tiene el derecho de mandar a otro que tiene el deber de obedecer. Significa que el órgano superior puede influir en la competencia del órgano inferior; indicando al inferior cuando y cómo va a hacer uso de su competencia. El vehículo por el cual el órgano superior puede influenciar en la competencia del órgano inferior es mediante las instrucciones y las circulares. La administración es una ejecución de la ley que se caracteriza porque la ley se ejecuta por órganos subordinados y esa se revela por medio de circulares e instrucciones. Así, como administración entenderemos la función de aquel complejo orgánico regido por relaciones de dependencia que se revela en el derecho al dar instrucciones al órgano superior y en el deber de obedecerlas del órgano inferior.

La independencia judicial puede entenderse: primero por la situación del poder judicial frente a los otros poderes, segundo por la referencia al titular del órgano que lo ejerce, tercero por la independencia de los jueces que solo están sometidos a la ley (**Moles**).

El Poder Judicial. Independencia judicial.

Existe coordinación entre órganos que no guardan esta relación de mandato y obediencia, sino que son independientes (**Merkl**). La palabra ejecución, es decir, ejecución de la ley, apunta ya, certeramente la dependencia de todos los órganos ejecutivos, ya sean judiciales o administrativos, respecto de las leyes que se van a ejecutar. Los órganos judiciales están subordinados a la ley, no son independientes de la ley, tienen que obedecer el mandato del legislador.

Los magistrados, los jueces, como titulares de los órganos que ejercen la jurisdicción judicial, no dependen más que de la ley y aplican ésta, interpretándola según su criterio, liberados por tanto de cualquier orden superior(**Moles**). Solo en este sentido cabe asegurar que el magistrado y el juez son independientes en el ejercicio de sus funciones. Por esto decimos que la organización judicial se constituye en órganos coordinados pero independientes y en consecuencia no están sometidos al poder del superior jerárquico en lo que se refiere a la manera de poderes con arreglo a su competencia (**Moles**).

El sentido de la llamada independencia judicial no es otro que el de la inadmisibilidad e inobligatoriedad de las instrucciones de éste tipo que se refieran al ejercicio de la actividad judicial, aunque semejantes instrucciones provengan de un juez de más categoría (**Merkl**). La jerarquía de las instancias significan solamente una competencia de derogación, en ningún caso una competencia de mando del superior sobre la instancia inferior.

Para mantener esa independencia de los órganos, y para garantizarla se establece por regla general, la inmovilidad del poder judicial. Los jueces, son electos por todo el período constitucional y no pueden ser removidos.

Esta inmovilidad de los jueces, no forma parte de la independencia, sino que constituye sus garantías jurídicas. Tienden a proporcionar al juez la posibilidad de asegurar de hecho esa independencia, como ya lo está jurídicamente, y afirmarla contra todos los intentos de menoscabo. **Moles Caubet** expresa que esa garantía constituye una garantía política asegurada jurídicamente por medio de la inmovilidad.

Existe una dificultad, en los órganos superiores de la administración (ministros) que no están sujetos a subordinación, ni reciben instrucciones, pero a diferencia de los órganos de la justicia que no pueden dar Instrucciones, éstos sí.

Existe una tercera manera de interpretar la justicia, y es tratando de unir tanto el elemento material como el formal y así tenemos: "declaración de lo que es derecho en un caso concreto, con fuerza de verdad legal, de cosa juzgada; declaración dictada por órganos coordinados no subordinados".

Cualquiera de las tres definiciones dadas nos sirve para conseguir un concepto claro para la ecuación.

3. Administración

Merkl. "Ejecución de la ley que se caracteriza por que la ley se ejecuta por órganos subordinados, y esa se revela por medio de circulares o instrucciones".

Así, la concepción de la administración de la Escuela Vienesa es: "Ejecución de la ley hecha por órganos subordinados.

Veamos seguidamente la llamada "pirámide" de **Hans Kelsen.**

```
                    Esquemas de Derecho Administrativo I

                      PIRAMIDE   DE   KELSEN
                              CONSTITUCION
+++++++++++++++++++++++++++++++++++++++++++++++++++++++++++++++++++++
+ Ley Formal        Actos de Gobierno++++          Actos Parl.sin forma
Ejecución +++++++++++++                                    de ley
por:      +                      +++++ Adm.Pública        +++++++
          +                      + Con relación
   Via Admin.  Via Judic.        +                        Acuerdos
          +          +           +++++++++++++++++ (Const.'53, Art.6º)
          +          +           +      + Presupuestos
  Acto jurisdiccional +          +      Garantías
          +  Acto administra.    + Relación
   Individual  ++general         + Internacio-
              ++individual+      + nal
                            +
                         Poder
                       Legislativo
                      ++++++++++
                      +Vetó a    +++++
                      +la Ley  Promulgar
                      +        la ley.
                    Convocatoria
                    a sesiones ex-
                    traordinarias
                    del Congreso.
```

Merkl. Administración es la actividad ejecutiva condicionable por las instrucciones, mediante las cuales se interpreta la ley.

Administración (Moles):

1. Es una función estatal (Legislación, Gobierno, Administración, Justicia)

2. Es una actividad jurídica: Principio de Legalidad. "Todos y cada uno de los actos de la Administración del Estado han de estar condicionados por la regla legal, que se convierte en la medida de su licitud o ilicitud".

Hay tres vinculaciones con la Ley: a. Puede hacerse lo que la ley no prohíbe o no exige; b. Desarrollar una actividad dentro de los límites de la ley; c. Cualquier actividad ha de estar determinada por la ley (regla atributiva de competencia).

3. La Administración comprende funciones y cometidos. "realización de los objetivos y fines que determine el Estado." En ejercicio de las funciones administrativas, produce actos administrativos, reglamentarios o individuales (régimen de derecho administrativo). En cuanto a los cometidos administrativos, resultan los servicios públicos o las empresas administrativas (régimen mixto ejercitando actos comerciales e industriales, gestión privada).

La Administración es ejecución de la Ley, está en un rango inferior a la ley; y lo que ejecuta a la Ley no puede contradecirla. De modo que la administración siempre estará sujeta a la Ley (principio de legalidad).

II. APORTACIONES DE LA ESCUELA JURÍDICA FRANCESA

La noción de servicio público no ha sido siempre igual, ha tenido mutaciones (origen jurisprudencial, doctrinario).

El iniciador de la teoría de servicio público es **Leon Duguit** (1859-1928) quien junto con **Bonnard** y **Jèze** formaron la llamada Escuela de Burdeos.

Duguit comienza arremetiendo contra todos los conceptos tradicionales jurídicos; "Todo cambia en el mundo, incluso los supuestos dogmas y es esta evolución lo que se ha de estudiar".

Moles. He aquí por qué acentúa con tanta insistencia el desvanecimiento de conceptos tradicionales, formulados como verdaderos dogmas, así, la personalidad del Estado, el derecho subjetivo y la soberanía.

1. Transformación de la soberanía en servicio público. (Duguit)

La personalidad del Estado queda reducida a una ficción, es una relación de gobernantes y gobernados, entendiendo por gobernados a quien detenta de hecho el poder coactivo del Estado.

El derecho subjetivo se convierte en función social, de manera que según Duguit, conciliar los derechos del individuo con los de la colectividad es hablar de cosas que no existen. Pero todo individuo tiene en la colectividad cierta función que llenar, una cierta tarea que ejecutar. No puede dejar de cumplir esta función, de ejecutar esta tarea, porque de su abstención resultaría un desorden o cuando menos un perjuicio social. Semejante coherencia la impone la "solidaridad por la división del trabajo" La civilización se caracteriza por la multiplicidad de las necesidades y de los medios de satisfacerlas en un tiempo muy breve. Esto implica una gran división del trabajo social y también una gran división de las funciones y de ahí una gran desigualdad entre los hombres. No existe derecho subjetivo, lo que existe es una obligación por parte de los individuos, de mantener los lazos de solidaridad del grupo donde viven, que permitan subsistir al grupo. Como nadie tiene derechos subjetivos el gobernante no tiene derecho a mandar, ni el gobernado deber de obedecer. La diferencia que existe es de hecho. El gobernante tiene el deber de fomentar los lazos de solidaridad e interdependencia.

Toda actividad del gobernante que tienda a fomentar los lazos de solidariedad e interdependencia se llama servicio público.

La interdependencia social exige que los gobernantes aseguren el desenvolvimiento de la cultura física, intelectual, moral del individuo y de la prosperidad de la Nación, y cuando el Estado proporciona enseñanza, distribuye socorro a los indigentes, asegura el transporte de las personas de las cosas, busca y realiza el bien, no se indica en tales actividades nada que parezca, de cerca o de lejos, a un poder de mando. Y aún cuando todo ello quede regulado por un sistema de derecho público no se funda en el concepto de soberanía, sino en una noción diferente: servicio público (**Duguit**).

2. Primitiva noción de Servicio Público.

De la misma manera que el derecho subjetivo se ha transformado en deber, función social. La soberanía se ha transformado en servicio público.

Así para **Duguit** el Servicio Público responde a una concepción sociológica con derivaciones jurídicas, comprendiendo, "Toda actividad cuyo cumplimiento debe respetar, asegurar y fiscalizar los gobernantes por ser indispensable a la realización y desenvolvimiento de la interdependencia social y de tal naturaleza que no puede ser asegurado más que por la intervención de la fuerza gobernante".

Caracteres.

(1)   Actividad indispensable a la interdependencia social

(2)   Debe realizarse en consecuencia del cumplimiento de una obligación jurídica. (Los gobernantes están jurídicamente obligados a organizar en servicios públicos las actividades cuyo cumplimiento constante, sin intervención, es necesario para la realización de la solidaridad social).

(3)   La realización debe asegurarla y fiscalizarla el Estado.

Este concepto iniciado por **Duguit** es poco preciso y vago, pues abarca todas las actividades del Estado.

3. Identificar administración y Servicio Público

Gastón Jèze y **Roger Bonnard**, discípulos de **Duguit**, y seguidores de la Escuela de Burdeos, reelaboran la doctrina de **Duguit** de los Servicios Públicos, tratando de identificar el concepto de administración con el de Servicio Público.

Jèze se plantea el problema de los servicios públicos así: dice que en una colectividad se producen ciertos tipos de necesidades que son satisfechas de tres maneras: (1) por el grupo de particulares. (2) por los particulares en concurrencia con el Estado. (3) por el Estado. (Alimentación, instrucción y defensa).

4. Servicio Público como único contenido de la administración

Cuando el Estado procede a satisfacer alguna necesidad procede de manera diversa a como lo hacen los particulares.

Jèze dice que la posición del Estado obedece a que cuando hay dos intereses particulares no se puede sacrificar uno en beneficio del otro, por que son iguales. Pero en el otro caso hay un interés general (Estado) sobre uno particular y éste debe sacrificarse por el general. **Jèze** expresa que cuando el Estado satisface necesidades colectivas lo hace en forma regular y continúa mediante un procedimiento de derecho público: aquí estamos frente a un servicio público.

Jèze identifica la administración como un conjunto, de servicios públicos. Así define **Jèze** a los Servicios Públicos: "Tarea para dar satisfacción regular y continua a cierta categoría de necesidades de interés general con sujeción a un régimen jurídico especial".

Caracteres.

(1)   Tarea, como sinónimo de función, acción o actividad.

(2)   Su objeto es el de satisfacer de una manera regular continua a cierta categoría de necesidades colectivas que el legislador estime conveniente seleccionar según las exigencias de un país en un tiempo dado.

El régimen jurídico propio es especial, diferente de aquel conforme al cual se desenvuelven las actividades privadas. El servicio público no se regula por el derecho privado sino que queda sujeto al llamado "régimen o procedimiento de derecho público", modificable así continuamente por las leyes y reglamentos.

Consecuencias. Al identificar la administración con los servicios públicos y como éstos tienen un régimen jurídico especial que es de derecho público, se llega a la conclusión de que prácticamente toda la administración está sujeta al derecho público.

5. El concepto de Servicio Público no coincide con el de Administración

Moles. Pese a lo sostenido por los discípulos de **Duguit**, la administración no es reducible a Servicio Público pues son conceptos diferentes, la identidad es falsa. El concepto de administración es más extenso que el de servicio público. Si todo servicio público es administración no toda administración es servicio público.

1. Ha de comenzarse distinguiendo la función administrativa del servicio público, si bien ambos se comprenden dentro del concepto administrativo. La función administrativa no es en sí un servicio público (reglamento). La función administrativa da lugar a actos administrativos y los servicios públicos dan lugar a prestaciones.

2. La administración no solo realiza servicios públicos (determinables por su continuidad, regularidad y sujeción al régimen jurídico de derecho público) sino que asimismo puede (sin continuidad ni regularidad) a cometer a diferentes actividades regidas por el derecho privado, (empresas administrativas).

3. Los Servicios Públicos constituyen tan solo una parte de la administración encontrándose comprendidos en esta, conjuntamente con las funciones administrativas y las empresas administrativas.

6. La administración regida por el derecho privado.

Esta teoría estuvo sin dificultad hasta el 22 de Enero de 1922, en que se produjo una decisión del Tribunal de Conflictos de la Costa de Marfil (África) conocida con el nombre de "Arrêt Bac d'Eloka".

La teoría hasta entonces era que la administración pública satisface los servicios públicos mediante el procedimiento de derecho público.

Moles. El resultado del "Arrêt Bac d'Eloka" fue el siguiente: "La administración colonial de la Costa de Marfil (África), en vista de las necesidades del lugar, explotaba un transbordador para el transporte de mercancías, obteniendo rendimientos económicos, en las mismas condiciones que los particulares. A consecuencia de un accidente sobrevenido (pérdida de carga) el tribunal de conflictos decidió que el asunto correspondía a la competencia de los tribunales ordinarios, debiéndose aplicar, en consecuencia, las reglas de derecho privado".

Las conclusiones sientan que "La colonia de la Costa de Marfil con las finalidades más loables ha establecido y regentado el tráfico de un transbordador. Lo ha hecho atendiendo al interés general, empero, como cualquier particular pudiera haberlo hecho, explotándolo en las mismas condiciones que toda empresa individual, actos de una incontestable utilidad colectiva: mas que, de manera alguna, derivan de una función necesaria del Estado. El accidente sobrevenido no tiene relación directa con un resorte esencial de la administración Pública, que protegería el principio de la separación de poderes, sino con un servicio de naturaleza privada cuyas consecuencias pertenecen a la jurisdicción civil".

Hasta ese momento había prevalecido el criterio de considerar la administración íntegramente regulada por el régimen especial de derecho público, sin posibilidad de que pudiera estar jamás sometida al derecho privado (**Moles**).

Conforme a la doctrina contenida en una decisión del 1° de Febrero de 1873, llamada "Arrêt Blanc", que es la llamada "piedra angular del derecho administrativo francés". En cambio con el "Arrêt Bac d'Eloka" se siente que la administración queda sometida, sea al derecho público, sea al privado.

Apéndice: Según **Moles Caubet** ambas escuelas (germánica y francesa) pecan de exageración. Para él es posible comprender en la administración:

1)   Realización de actos administrativos (escuela germánica). Ejercicio de la ley por órganos jerarquizados.

2)   Prestaciones. 2 tipos:

  a. Servicio Público (derecho público)

  b. Empresas administrativas (Derecho privado)

3)   Organización administrativa. Comprende la estructura de los órganos jerárquicamente ordenados. Desarrollan la función administrativa.

4)   Régimen administrativo. Consistente en el conjunto de reglas jurídicas especiales que integran el sistema de derecho administrativo.

5)   Las empresas administrativas: desarrollan en razón del interés práctico diversas negociaciones de carácter industrial o comercial.

TEMA 2
El derecho administrativo. Su contenido
Lugar que ocupa en la sistemática jurídica

Derecho: "Conjunto de normas sancionadas, coercibles que regulan la conducta humana".

Norma: un juicio o proposición hipotéticos donde, dada una condición, supuesto de hecho, a la condición va unida una consecuencia jurídica y va unida por un nexo que es el deber ser.

Coercible: posibilidad de utilizar la fuerza para imponer la norma. La norma es aplicable a la fuerza.

El derecho administrativo viene siendo un conjunto de normas jurídicas referidas a la administración.

Las normas de derecho civil son normas elaboradas en su mayoría desde los romanos. El derecho administrativo no comienza sino cuando se separan las funciones del Estado y van a ser interpretadas por las teorías de los civilistas y van a aplicar conceptos de derecho civil para interpretar el derecho administrativo y por eso es que todavía se encuentran conceptos de derecho civil en el derecho administrativo.

I. DEFINICIONES:

Escuela Vienesa: "Parte del derecho que se produce en la aplicación de normas por los tribunales o por los órganos jerarquizados, subordinados".

Escuela Francesa: "fracción del ordenamiento jurídico total que se refiere a los servicios públicos".

Merkl: "Ejecución de la ley que se caracteriza porque la ley se ejecuta por órganos subordinados, se revela por medio de las instrucciones o circulares".

Jèze: "Conjunto de reglas especiales (diferentes del derecho común) relativas al funcionamiento de los servicios públicos".

Zanobini: "Ordenamiento jurídico que tiene por objeto la organización, los medios y las formas de la actividad de la administración pública y las consiguientes relaciones entre ella y los demás sujetos".

II. LUGAR QUE OCUPA EN LA SISTEMÁTICA JURÍDICA.

El derecho administrativo "es un derecho especial y autónomo"; esta afirmación, es jurisprudencial y doctrinaria.

En la decisión "Arrêt Blanc" el tribunal de conflictos dijo que la responsabilidad del Estado no podía ser igual que en el derecho civil, sino que debía estar regulada por normas especiales. Según **Jèze** el derecho administrativo está formado por un conjunto de normas especiales y autónomas.

¿Qué quieren significar con la expresión "derecho especial"? ¿Se entiende como un derecho distinto al derecho común o no? Cuando los autores se refieren a un derecho especial, ¿se refieren a un derecho separado y sin conexión con el derecho común? Si es esta la intención no es correcta la expresión derecho especial porque, por ejemplo, el derecho mercantil es un derecho especial con respecto al derecho civil, pero el derecho civil le sirve de supletorio al derecho mercantil.

Con respecto al derecho administrativo no se puede decir que es un derecho especial con respecto al derecho civil pues este no puede servir de supletorio con respecto al derecho administrativo.

Autonomía: con esto se significa el mayor o menor grado de diferenciación, que tienen con respecto al derecho civil.

Quizás desde un punto de vista histórico, algunas normas de derecho administrativo en igual que el derecho civil pero hay que reconocer que existe una separación entre los dos.

Derecho	Público	Externo
		Interno-Administrativo
	Privado	

Merkl. El lugar que ocupa el derecho administrativo en la sistemática jurídica suele ser determinado por la teoría dominante en tal forma que la totalidad del orden jurídico se subdivide en derecho público y privado y se adscribe el derecho administrativo con el mismo título que el derecho constitucional, el penal y el procesal, al derecho público.

La adscripción del derecho administrativo al derecho público debería justificarse bien porque el derecho administrativo protege intereses públicos o bien porque regula las relaciones entre sujetos jurídicos desiguales. Con esto por lo menos se habría llenado una u otra de las dos condiciones que con más frecuencia se exigen para la clasificación de derecho público. Que el derecho administrativo, sin reparar en el aspecto formal, sirve a los intereses públicos; que el derecho administrativo, como en general todo el derecho sea una institución social, colectiva, se puede demostrar a la vista de la mayoría de los preceptos administrativos.

Merkl. Se puede decir que el público se halla interesado en una gran serie de instituciones del derecho administrativo más que otros campos del derecho, pero no se puede decir que el interés público participe en el derecho administrativo más que en los otros campos jurídicos, como tampoco que el derecho administrativo se ocupa exclusivamente, o cuando menos, preferentemente del interés público, y que los intereses privados no vienen a cuento en forma muy subordinada.

Pero si no se puede negar que la mayoría de las instituciones administrativas afectan al interés público, tampoco se puede negar que no pocas instituciones administrativas afectan indiscutiblemente a intereses privados.

III.   DERECHO ADMINISTRATIVO/DERECHO PÚBLICO

Con respecto a la inclusión del derecho administrativo en el derecho público se han formado dos tesis: Monistas que defienden que el derecho administrativo está formado exclusivamente por normas de derecho público. (Arrêt Blanc).

Dualistas o pluralistas, ("Arrêt Bac d'Eloka"), que defienden que el derecho administrativo está formado por normas de derecho público, pero también de derecho privado. El derecho privado es aplicable en algunas relaciones de derecho administrativo. Esta teoría parece ser la más acertada. Esta tesis dice que prácticamente el derecho privado se ha ido mezclando a la norma de derecho público. El derecho administrativo, formado por normas de derecho público, ha ido absorbiendo normas de derecho privado.

Para superar la antinomia entre estas dos tesis es necesario esbozar una nueva teoría: la fórmula que se ha adoptado es considerar al derecho administrativo (derecho Público) como un conjunto de normas que tienen entre sí una vinculación lógica, que forman una unidad y que están referidas a la totalidad (Savigny). Esto en contraposición al derecho privado.

Ahora la explicación de la aplicación de normas de derecho privado al derecho público se halla por una técnica llamada de las "conexiones". (Se conoce del Derecho Internacional Privado). En una comunidad de Estados, cada uno tiene su ordenamiento jurídico diferente. Esos sistemas de derecho de cada uno de esos Estados no son aislados sino que se relacionan unos con otros.

Estas interferencias es lo que forman al derecho Internacional Privado y es lo llamado normas de conexión en el Derecho Internacional Privado.

El derecho administrativo, que forma parte del derecho público está totalmente separado del derecho privado pero se enlazan entre sí por medio de normas de conexión.

En el derecho administrativo hay normas que se remiten para ser aplicadas por tribunales de Justicia, o se remiten a normas de derecho privado (ley de bosques, suelos y aguas).

Con todos estos elementos podemos buscar una definición del derecho administrativo que abarcara todos los elementos que debe comprender:

(1)   Conjunto de normas que se traducen en actos administrativos (aplicadas por órganos jerarquizados).

(2)   Todo lo que se refiere a los servicios públicos.

(3)   Todas las normas referentes a las empresas administrativas.

(4)   Las llamadas normas de conexión.

Merkl. El derecho administrativo constituye una sección, cualificada por su contenido, del total orden jurídico, aquella sección que se refiere a la administración, que regula la administración. Si introducimos en ésta acepción brevísima del concepto del derecho administrativo, el concepto de administración, que la significa como función de determinados órganos, el derecho administrativo se presenta como aquella fracción del orden jurídico que ha de ser aplicada por órganos administrativos, esto es, órganos ejecutivos con derecho a dar instrucciones u obligados a obedecerlas. También como la "suma de normas jurídicas que regulan aquella actividad ejecutiva condicionable por las instrucciones".

Sayagués. El derecho administrativo es una parte del derecho público que regula la estructura y funcionamiento de la administración y el ejercicio de la función administrativa.

Moles. Definición: Sistema que regula:

(1)   El ejercicio de la función administrativa

(2)   El régimen de los servicios públicos.

(3)   Las condiciones imperantes en la gestión de las empresas administrativas

(4)   El status del conjunto de órganos de la administración.

(5)   Elementos de conexión con otros sistemas de derecho.

A.R. Brewer C.

TEMA 3

Concepto de fuentes del derecho administrativo.
La ordenación jerárquica de las fuentes. Clasificación y ordenación en el derecho administrativo venezolano

I. FUENTES DEL DERECHO.

Fuente, en el derecho, es el lugar de donde emanan las normas jurídicas.

La teoría jurídica suele entender por fuentes jurídicas del derecho administrativo aquellas manifestaciones jurídicas cuyo contenido es derecho administrativo, por ejemplo, leyes, reglamentos o costumbres con contenido jurídico-administrativo (**Merkl**)

Pero no hay que olvidar que cabe otro sentido de las fuentes jurídicas del derecho administrativo: el sentido de manifestaciones jurídicas que contienen derecho y que pertenecen a la administración, es decir, en el sentido de actuaciones administrativas creadoras de derecho. Ambos conceptos coinciden ni se excluyen sino que se entrecruzan (**Merkl**)

Otro concepto: "diversos tipos o clases de formas en que se manifiesta: el derecho administrativo".

Autores como **Merkl** dividen las fuentes en:

1. Fuentes de la administración; normas o formas jurídicas que emanan la administración. Reglamentos. Actos individuales administrativos. Aquí queda la ley pues ella no nace de la administración.

2. Fuentes para la administración: aquí se incluye la ley. El sentido fuentes que utilizaremos incluye estos dos conceptos.

Otros las clasifican en:

(1) Específicas. Son las que contienen normas de derecho administrativo.

(2) Eventuales. Son las que conjuntamente con normas de derecho administrativo están contenidas normas de otras ramas jurídicas. Nosotros comprendemos en las fuentes las dos: específicas y eventuales. Existen otras clasificaciones no importantes: escritas, principales.

Con respecto a las fuentes expondremos: 1. Enumerarlas, 2. Determinar su eficacia, 3. Señalar la prelación que ocupan unas fuentes respecto a otra.

Para el estudio de esto hay que consultar los textos de derecho positivo constitucionales. Constitución de 1947 y de 1953.

Con respecto a la ley	47. Arts. 84, 88, 220 ord. 9°
	53. Arts. 12,41,16 ord. 7° - 21 ord. l°- 94
Actos Parlamentarios	47. Art. 161-165
	53. Art. 66
	47. Declaración. 36-106-198 ord. 8°
Derecho Internacional	53. Art. 51
	47. Art. 105-106
Tratados Internación.	53. Art. 51
	47. Arts. 76-198
Actos de Gobierno	53. Art. 108
	47. 198, ord. 1°-10°
Reglamentos	53. 108, ord. 2°
	47. 203-220 ord. 9°
Resoluciones Ministeriales.	53. no
	47. Art. 220 ord. 7°
Ordenanzas Municipal	53. Art. 21 ord. 3°

Hay que destacar, sin embargo, que no todas las fuentes están señaladas en la constitución. Hay que acudir, por lo tanto, a otras leyes. Por regla general en el título preliminar del Código Civil de casi todas las legislaciones. En el CC venezolano se suelen señalar:

Artículo 4   (Interpretación de las leyes)

Artículo 7   (Costumbre)

Artículo 14   (Preferencia en la aplicación).

En el Código de Procedimiento Civil, el artículo 8°

En el examen de los textos positivos podemos destacar que las fuentes no aparecen ordenadas, ni aparecen todas. En base a los textos positivos podemos jerarquizar las fuentes.

También se suelen dividir las fuentes según el poder derogatorio.

a.   Fuentes del mismo rango tienen igual fuerza derogatoria.

b.   Fuentes de diferentes rangos tienen distinta fuerza derogatoria. Con éste criterio podemos dividir las fuentes tomando como base la ley las leyes y se dividen así:

II. FUENTES DE RANGO LEGAL:

1) Ley FORMAL. No todas las leyes formales son fuente de derecho administrativo. Solo las que contengan normas de derecho administrativo.

2) ACTOS ASIMILADOS A LA LEY FORMAL: actos parlamentarios sin forma de ley, actos de gobierno, tratados internacionales, Decretos leyes.

III.   FUENTES DE RANGO SUB-LEGAL:

(1)   Reglamentos

(3)   Costumbre administrativa: usos administrativos, prácticas administrativas y precedentes de la administración. Algunos colocan en 4° lugar.

(4)   Normas internas de la administración; instrucciones, circulares y órdenes de servicio.

Algunos autores (**Sayagués Laso**) añaden a ésta clasificación otro grupo de fuentes; esta inclusión se debe a la definición o concepto que de fuente se tenga para el estudio. **Sayagués** las considera como "los diversas orígenes posibles de las normas que interesan al derecho administrativo. Con éste alcance son fuentes todos los elementos formales o no formales de los cuales surgen normas de derecho administrativo. Así estas fuentes que se señalan son:

 a. Analogía

 b. Principios generales del derecho

 c. Equidad

 d. Doctrina

 e. Jurisprudencia.

A las tres primeras el profesor **Pérez Luciani** no las considera fuentes porque no son sino procedimientos técnicos de que puede valerse el ejecutor del derecho para llenar una laguna del derecho. Las otras dos no contienen preceptos o normas jurídicas. Son criterios mas o menos ciertos de la correcta aplicación o interpretación de las normas jurídicas. **Sayagués** si los considera verdaderas fuentes del derecho administrativo.

TEMA 4

La ley. Elementos que integran el concepto de ley propiamente dicha. La ley formal. La reserva legal. Los tratados internacionales

Al hablar de fuentes del derecho administrativo la primera que se nombra es la ley. Esta es la fuente primordial del derecho administrativo.

I. LA LEY.

1. Definiciones:

Santo Tomás: "es el ordenamiento de la razón dictado por el que tiene a su cargo el cuidado de la comunidad".

Esmein: "es una regla imperativa o prohibitiva dictada por el soberano, que estatuye, no en interés particular sino por el interés común, para el porvenir y para siempre".

Duguit; "desde el punto de vista material es el acto por el cual el Estado formula una regla de derecho objetivo, o crea reglas y organiza instituciones destinadas a asegurar la ejecución de una regla de derecho objetivo".

Sayagués. Las discrepancias apuntadas acerca del concepto de función legislativa, se proyectan lógicamente sobre la noción de ley. Su definición queda pues subordinada a la opinión que se tenga respecto de aquella:

a. Con un criterio orgánico sería ley todo acto emanado del poder legislativo, cualquiera sea su forma o contenido. Esta idea fuera exacta si la separación de poderes coincidiera plenamente con la separación de funciones. Pero no ocurre así pues corrientemente se asignan al poder legislativo potestades típicamente administrativas, por ejemplo de contralor. O sea que hay muchos actos que emanan del órgano legislativo y que ni formal ni materialmente pueden considerarse leyes.

b. Conforme al sistema formal de **Kelsen** y **Merkl**, serían leyes todos los actos de ejecución inmediata de la constitución, siendo indiferente su contenido o el órgano del cual emanen. O sea, ellos consideran la legislación, como ejecución inmediata de la constitución; administración y jurisdicción como ejecución inmediata de legislación y mediata en 2° grado de la constitución. Cabe objetar, según **Sayagués Laso**, que el elemento formal utilizado (distancia de la constitución) lleva lógicamente a considerar legislación, la actividad realizada por una serie de órganos de origen y competencia constitucional, siendo que en manera alguna puede considerarse tal, y sí, por el contrario, función administrativa o jurisdiccional.

c.   Para un sector importante de la doctrina alemana merecen calificativo de ley solamente los actos creadores de reglas de derecho, es decir, la que regulan la condición de los particulares. Esta tesis de Laband, se funda en un hecho exacto, que la ley tiene un campo propio de acción, el cual no admite regulación sino es por vía legislativa (materia reservada solo a la ley). Aunque esto tiene importancia no parece según **Sayagués** que constituya un elemento para incluir en la definición. En efecto, si bien es verdad que hay cierta materia reservada a la regulación legislativa, la ley actúa siempre en materia que no le es exclusiva, la cual, a falta de aquella puede ser regulada por vía reglamentaria. Además no es admisible la afirmación de que solo la ley crea reglas de derecho.

d.   Analizando la ley en su aspecto formal, cabe definirla como todo acto sancionado por el órgano legislativo en la forma prescrita a esos efectos por la constitución.

Según **Merkl** se designa como ley en sentido formal aquel acto formal característico y exclusivo del Estado parlamentario, con instituciones parlamentarias, que ha recorrido la vía legislativa prescrita por la constitución, esto es, que ha sido votada por un parlamento y luego de aprobada y promulgada se publica en un órgano oficial.

El examen de los textos constitucionales de nuestro país evidencia que el constituyente cuando aludió a la ley entendió referirse a la ley en sentido formal, es decir, el acto sancionado conforme a procedimiento establecido en la constitución a esos efectos. De modo que cuando la constitución menciona la ley no es admisible ninguna otra interpretación en cuanto a qué acto se refiere. En nuestra técnica constitucional ley es la ley en sentido formal. (Ley: acto que emana de los órganos legislativos, elaborado de acuerdo con el procedimiento establecido en la Constitución).

> *Artículo 66 de la Constitución*: "Los actos que sancionen las Cámaras legislativas funcionando separadamente como cuerpos colegisladores se denominan leyes; los que sancionen reunidas en congreso o separadamente para asuntos privativos de cada una, se llaman acuerdos".

Esto que sancionan las cámaras actuando separadamente como cuerpos colegisladores, está señalada en el artículo 81 de la Constitución de 1953:

(1)   Legislar sobre la materia de la competencia del Poder Nacional y sobre el funcionamiento de éste.

(2)   Autorizar al Presidente de la República para que declare la guerra o negocie la paz.

(3)   Conocer en todo caso de los tratados, convenios o acuerdos internacionales que celebre el Poder Ejecutivo Nacional, los cuales deberán aprobar para que tengan validez, salvo que se trate de ejecutar o perfeccionar obligaciones preexistentes del Estado, de aplicar principios expresamente reconocidos por éste, de ejecutar actos ordinarios en las relaciones internacionales o del ejercicio de facultades que la ley atribuye expresamente al poder ejecutivo nacional. Podrán ejecutarse provisionalmente aquellos tratados, convenios o acuerdos internacionales cuya urgencia así lo requiera.

(4)   Aprobar o negar los contratos que celebre el Poder Ejecutivo y que conforme a la ley estén sujetos a éste requisito.

(5)   Sancionar el proyecto de presupuesto de ingreso y gastos públicos que presente el Poder Ejecutivo Nacional. Este proyecto entrará en vigencia el 1° de Julio de cada año, aún cuando no hubiese sido sancionado para tal fecha.

Finalmente, para quienes clasifican los actos jurídicos en función de su contenido y efecto, son leyes todos los actos estatales creadores de normas jurídicas generales sea cual sea su forma o el órgano que la hubiere dictado.

Según **Laband,** ley en sentido material es toda disposición jurídicamente obligatoria de una proposición jurídica. No posee el carácter de una fuente jurídica independiente, sino que abarca el conjunto de todas ellas, ya que todo acto que figure como fuente jurídica puede ser designado, por lo mismo, como ley en sentido material.

En resumen, ésta distinción entre ley formal y material es; ley formal: es la que ha pasado por el procedimiento o la tramitación legislativa, señalada en la Constitución, pero sin contenido jurídico obligatorio general. Es pura forma de ley. A éste grupo pertenecen los actos señalados en los ordinales 2°, 3°, 4° y 5° del Art. 81 de la Constitución. Son los llamados actos singulares con forma de ley.

Estos actos singulares con forma de ley han suscitado el siguiente problema: la generalidad de la ley actúa como una garantía de la igualdad. (Si hubiere leyes individuales o para determinados grupos, no habría generalidad y todos no recibirían el mismo tratamiento, por lo cual no habría igualdad).

Dice **Sayagués Laso:** corrientemente la ley decide con carácter general, sin consideración a personas determinadas.

No puede constitucionalmente producirse algún acto singular con forma de ley, al menos referido a personas, si la propia constitución no lo autoriza expresamente, pues sería contrario al principio de legalidad.

Incluso cabe considerar que esto sea una consecuencia del principio constitucional de igualdad ante la ley, que ha sido incorporado o está implícito en todas las constituciones liberales modernas. Pero las leyes pueden establecer disposiciones de carácter individual. Esto ocurre en numerosos casos expresamente previstos en la constitución (Art. 81, ordinales 2, 3, 4 y 5). Por ésta razón entendemos que la generalidad si bien aparece en la gran mayoría de las leyes, no puede considerarse un elemento esencial de la misma susceptible de ser incorporado en su definición. Así, cualquier acto de tipo individual emanado de las cámaras legislativas constituye una excepción al principio de la igualdad.

Ley formal y material: nosotros la llamaremos ley formal. Así, se expresa **Merkl:** solo la ley formal, que al mismo tiempo es una ley material, puede ser fuente jurídica, queda excluida, conceptualmente la ley formal pura, cuyo contenido sea jurídicamente irrelevante. La generalidad de lo que conocemos con el nombre de leyes, son a la vez, leyes formales y materiales

De las atribuciones señaladas en las cámaras legislativas, como cuerpos colegisladores en el artículo 81, son leyes formales y materiales a la vez, las incluidas en el ordinal 1°: "Legislar sobre las materias de la competencia del poder nacional y sobre el funcionamiento de éste". Ley material: es equivalente a regla general, incluye a las leyes, reglamentos, y a cualquier acto jurídico que tenga carácter general.

Según **Merkl,** la teoría de las fuentes del derecho, suele hablar de la preeminencia de la ley. Esta expresión significa; que la voluntad estatal que se manifiesta en forma de ley, prevalece jurídicamente sobre toda otra manifestación positiva estatal; la ley no puede ser derogada sino por otra ley mientras que deroga o quita eficacia a todo lo que le contradice. (**Otto Mayer**). Todavía más característico para este rango primordial de la ley formal, es que constituye fuente de las demás fuentes jurídicas, ya que estas se derivan, son delegadas de ésta.

2. Materias propias de la Ley Formal.

1. Materias que necesariamente han de ser objeto de la ley formal, sin que puedan en manera alguna regularse por distintas fuentes. (Reserva legal).

2. Materias que ordinariamente han de ser objeto de la ley formal pero sin embargo, en determinadas condiciones puede regularse por un tipo especial de reglamento. (Decretos leyes).

3. Materias que excepcionalmente pueden regularse mediante un tipo especial de reglamento (Reglamento de excepción).

4. Materia que ordinariamente son objeto de reglamentación, sin excluir la posibilidad de una ley formal. ("Reglamento autónomo").

5. Materias que necesariamente han de ser objeto de reglamento, con exclusión de la ley.

3. Reserva legal:

En todas las constituciones modernas se encuentran determinadas materias que según el propio texto constitucional solo pueden ser objeto de la ley formal. Estas materias, en muy pocas constituciones están contenida en un solo artículo, en la generalidad de los casos esas materias están esparcidas en toda la constitución.

Es indudable que muchas cuestiones requieren necesariamente de un acto legislativo formal, que admiten únicamente regulación mediante la ley; es decir, materias reservadas exclusivamente a la ley. (**Sayagués**). Ello surge expresamente de la Constitución que exige ley en gran número de casos; por ejemplo:

1. Materia penal, en cuanto al establecimiento de delitos y penas. Solo el Código Penal, que es una ley, o en otras leyes penales, se pueden establecer delitos y sanciones; no hay otras fuentes en las cuales se puedan tipificar delitos y establecer sanciones.

2. Materia fiscal, los impuestos solo pueden ser establecidos por el legislador, no hay ninguna otra fuente jurídica de rango inferior a la ley que puede establecer un impuesto. Esto no quiere decir que no haya un reglamento de la ley de impuesto pero este no establece ningún impuesto; lo que pueden hacer los reglamentos, es explicar ampliando.

3. Limitación de las garantías individuales, solo pueden ser limitadas por la ley formal.

4. Materia referente al Poder Judicial. (Organización, competencia y funcionamiento de los tribunales).

5. Derecho de Propiedad.

Con respecto a éste problema de la reserva legal, se han sacado conclusiones erradas, según **Pérez Luciani**, una de esas es la de **Otto Mayer**, quien concluye: que si hay materia que se reserva expresamente a la ley formal, sobre el resto de las demás materias no reservadas expresamente puede actuar libremente la administración pública, sin sujeción a la ley.

Esta teoría, de la reserva legal excluye en cuanto a la administración la reminiscencia de la ley, porque si la ley no es regla productora de la administración más que cuando es establecida por la constitución, como supuesto previo de la acción administrativa, mientras que en caso contrario la administración queda libre de ella, siendo a la vez, producto y regla protectora para sí misma, entonces la administración se convierte en una fuente jurídica del mismo rango legal. (**Merkl**)

Según **Merkl** una ley formal será "administrativa" siempre que la ejecución de la misma corresponda a la administración.

Moles. Puede afirmarse que tendrá carácter administrativo todas las leyes en que concurran algunas de las siguientes particularidades:

1. Que conforme a las reglas de competencia hayan de ejecutarse por la administración, incluso en cualquiera de éstos casos:

a) Aun cuando por coincidencia correspondan a los tribunales hacer pronunciamientos de derecho, deberes y responsabilidades.

b) Aun cuando interiormente la administración aplique normas de derecho privado.

2. Que establezcan el régimen orgánico de la administración.

3. Que regulen servicios públicos o empresas administrativas. Conclusión: la ley formal es fuente del derecho administrativo cuando contiene derecho administrativo y contiene derecho administrativo cuando debe ser ejercitada por órganos administrativos, o cuando se refiere a servicios públicos o a empresas administrativas, o cuando contempla normas de conexión entre el derecho administrativo y el derecho privado.

II. TRATADOS INTERNACIONALES.

Los tratados internacionales suelen descuidarse por la teoría de las fuentes y desconocerse su cualidad estatuidora de derecho, lo mismo del derecho del Estado en particular que de la administración. Pocos textos citan los Tratados Internacionales como fuentes del derecho administrativo y otros les niegan tal carácter. (**Merkl**)

Moles. "Aquel acto jurídico que se concierta entre Estados, o bien entre sujetos posibles de derecho internacional, para regular, de una manera obligatoria sus respectivos comportamientos.

División de los tratados.

(1)   <u>Tratados leyes</u>. Establecen reglas generales y abstractas, tienen un contenido normativo (las partes actúan como colegisladores)

(2)   <u>Tratados contratos</u>. Son negocios jurídicos bilaterales o multilaterales concernientes a casos singulares (co-contratantes).

Según **Franz Liszt** el tratado internacional o contrato de derecho internacional es aquel "acuerdo de voluntades que tiene lugar entre dos o más Estados acerca de los derecho de soberanía".

Por lo tanto no todos los contratos entre Estados sino un tipo de ellos calificados por su contenido tienen consideración de fuente jurídica. Por ejemplo si se lleva a cabo entre la administración forestal de un Estado y la administración escolar de otro un contrato de intercambio comercial, se podrá hablar de contrato entre dos Estados, pero no de tratados, porque en éste caso el acuerdo de los Estados versa sobre cuestiones de derecho privado, no sobre cuestiones de derecho público, participan como personas privadas, como fisco y no como soportes del poder público. (**Merkl**)

Por el contrario, los acuerdos acerca de la paz, de la alianza, del comercio, de la extradición, de asistencia jurídica, son tratados, porque los Estados funcionan en ellos como soportes del poder público, como sujetos de soberanía.

A pesar de las diferencias jurídicas entre los dos grupos, no se le puede dar un valor absoluto.

1. Condiciones para que un tratado sea considerado fuente.

A)   Que sea recibido por el ordenamiento jurídico interno

B)   Que tenga un contenido jurídico relevante y

C)   Que el Trabado sea aplicado por órganos administrativos. (**Merkl**)

A. Recepción por el ordenamiento jurídico interno

Existen dos métodos de recepción de los tratados:

1°   Conversión. Consiste éste en que el tratado para obligar además de al estado y sus órganos, a los ciudadanos, tiene que transformarse en una fuente jurídica estatal, por ejemplo, en una ley. Mediante la entrada en vigor de una ley que ampara e introduce el tratado, adquiere fuerza de ley el contenido jurídico material de ese tratado, pero no fuerza propia sino derivada de la autoridad de la ley introductora. Se trata nada más que de un caso de técnica jurídica amplificadora. Adjuntando el texto del tratado como anexo de la ley, se ahorra la nueva formulación del tratado en forma de ley. Pero a pesar de que con ese procedimiento queda intacto el texto y contenido del tratado (las cámaras aprueban todo o nada) se pierde, sin embargo, su forma. El tratado es "desnaturalizado" y transformado en otra forma jurídica, la de una ley.

Si las disposiciones jurídicas-materiales de un tratado deben revestir otra forma jurídica para adquirir eficacia dentro del Estado, eso significa que el tratado, en cuanto tal, carece de categoría de fuente jurídica estatal.

Algunos autores han opinado (**Merkl**) que la prescripción constitucional de semejante método (conversión) se debe a la equivocada idea de creer que las fuentes de derecho internacional no pueden obligar a los ciudadanos, sino solo las fuentes de derecho interno.

Pérez Luciani contradice esto y dice que cualquier norma que vaya a regir a un pueblo debo ser aprobada por la representación popular.

Además la Constitución de cada Estado es libre para establecer cualquier método de recepción para los tratados.

2°   Existen también constituciones que se han emancipado del dogma de que los tratados son necesariamente fuentes específicas del derecho internacional mientras que la ley es fuente específicamente interna y reconocen la validez interna de los tratados de una manera inmediata, sin intermedio de la forma legal. Esto significa nada menos que el funcionamiento de los tratados como fuentes internas del Estado, del derecho estatal. (**Merkl**)

Con respecto a los tratados, en Venezuela está establecido en la Constitución (53) lo siguiente: Art. 108, ord. 4°: son atribuciones del Presidente de la República, en Consejo de Ministros: 4° Celebrar tratados, convenios o acuerdos con otros Estados y adherir a los tratados multilaterales que interesen a la Nación. Art. 81, ord. 3°: Son atribuciones de las Cámaras Legislativas, como cuerpo colegisladores: 3° Conocer en todo caso de los tratados, convenios o acuerdos internacionales que celebre el Poder Ejecutivo Nacional, los cuales deberán ser aprobados para que tengan validez; sin embargo, este artículo establece 5 casos en que el tratado es recibido de manera directa por el ordenamiento jurídico venezolano que son los siguientes:

a)   Tratándose de ejecutar o perfeccionar obligaciones pre existentes del Estado.

b)   De aplicar principios expresamente reconocidos por éste.

c)   De ejecutar actos ordinarios en las relaciones internacionales.

ch)   Del ejercicio de facultades que la ley atribuya expresamente al Poder ejecutivo Nacional.

d)   Podrán ejecutarse provisionalmente aquellos tratados, convenios o acuerdos internacionales cuya urgencia así lo requiera.

Con respecto a la promulgación de la ley aprobatoria de un tratado por el ejecutivo hay una variante: Artículo 93: (Constitución 1953): " La oportunidad en que deba ser promulgada la ley aprobatoria de un acuerdo o de un convenio internacionales queda a la discreción del Poder Ejecutivo Nacional, en conformidad con los usos internacionales y la conveniencia de la República.

B. Que tenga un contenido jurídico relevante (material).

Quedan excluidos casi todos aquellos tratados que no tengan verdaderas normas jurídicas ni individuales ni generales (protocolo, de cortesía internacional). Los que no se refieren a asuntos de soberanía.

Sin embargo, establece **Merkl**, que "no es posible mantener ese dualismo entre tratados que estatuyen derecho y tratados actos jurídicos".

Conflictos entre el Tratado y la Ley. (**Moles**)

1. Prioridad del tratado sobre la ley. La doctrina de la Revolución Francesa. El tratado tenía valor derogatorio y por tanto estaba colocado en un plano superior en la jerarquía de las fuentes. En Francia, la Constitución dispone: "los tratados diplomáticos regularmente ratificados y publicados tendrán fuerza de ley aún en el caso de que fueren contrarios a las leyes internas francesas..."

2. El tratado figura incluido en el sistema de fuentes pero sin establecer superioridad respecto a la ley.

3. Inexistencia de precepto constitucional pertinente. Los tratados que no constituyen leyes formales, por ser actos de gobierno, constituyen legislación" (ejecución de la constitución) y tienen el mismo rango que la ley.

En cuanto a la ley que aprueba tratados internacionales ¿Le correspondería más o menos jerarquía que a las demás leyes? El Código de Procedimiento civil, artículo 8° consagra la primacía de los tratados públicos sobre las leyes de la República (actos singulares con fuerza de ley).

2. Lugar que ocupan los tratados en la sistemática de las fuentes.

Establecerlo de manera general y absoluta es muy difícil pero en principio se ha sostenido:

a. Comparación entre el tratado y la Constitución.

¿Son o no del mismo rango? La Constitución es la emanación de la voluntad de un solo Estado soberano. Los tratados son manifestaciones de voluntad de por lo menos dos Estados soberanos.

En principio se ha colocado al derecho Internacional en una escala superior al derecho interno. Pero en la práctica ningún Estado conviene en que un tratado esté por encima de su Constitución.

Argumento: la facultad o potestad para contratar internacionalmente está subordinada a la Constitución.

b. Comparación entre el tratado y la ley. (**Merkl**)

La idea, al parecer obvia, de que el tratado que establece derecho de una manera inmediata, o por medio de métodos de conversión posee el mismo rango que la ley es una idea de política jurídica. El criterio para señalar el rango de una fuente del derecho ha de ser su fuerza derogatoria manifestaciones jurídicas de fuerza derogatoria distinta poseen rango diferente, ocupando la fuente derogatoria rango superior a la derogable. Así, se presentaría el problema de que la ley posterior derogaría al tratado anterior.

Pero según **Merkl**, determinar sí, en general, una norma establecida por los órganos de un Estado puede derogar una norma pactada con órganos de un Estado, depende de que el orden jurídico del listado sea soberano, en el sentido de su independencia respecto al orden del derecho de gentes o del orden estatal sea un orden parcial del de gentes, al que se halla subordinado lógicamente como orden total soberano.

En algunas oportunidades los tratados pueden aparecer en contradicción con los textos legales. Por ejemplo, la ley de aviación civil (vuelos nacionales) y el Tratado de Varsovia (Ley especial-vuelos internacionales), el artículo 8° del Código de procedimiento civil y el derecho Internacional Privado.

C. El Tratado llega a ser una fuente del derecho administrativo, convirtiéndose, por lo mismo en una fuente jurídica interna en la medida que su ejecución cae dentro del campo de los órganos administrativas.

Pero existe el problema de determinar cual es el órgano competente para ejecutar el tratado.

Merkl expone: Como al tratado le falta una cláusula ejecutiva la cuestión de la competencia para la ejecución deberá ser resuelta en otra forma. Desde este punto de vista adquiere la ley que realiza la transformación su sentido codificador; con su cláusula ejecutiva determina el órgano competente para la ejecución del tratado o cuando menos (mediante, el nombramiento del Ministro a quien se confía en primer lugar la ejecución) el complejo orgánico correspondiente. En defecto de la transformación (método directo) del tratado el órgano competente habrá que determinarlo jurídica y científicamente en otra forma. Ocurre con frecuencia que el texto del tratado ofrece puntos de referencia para la cuestión de competencia. En los casos más extremados será menester una disposición especial que señale al órgano competente para la ejecución del tratado.

La costumbre. Su valoración jurídica.
Usos y prácticas administrativas.

I. LA COSTUMBRE

Zanobini la definía como "Una norma jurídica que no resulta de la manifestación de voluntad sino de un comportamiento uniforme y constante practicado con la convicción de que es jurídicamente obligatorio".

Du Pasquier: "Un uso implantado en una colectividad y considerado por ésta como jurídicamente obligatorio".

Con algunas variantes casi todos los actores convienen en señalar dos notas fundamentales al definir la costumbre.

1. Nota material, *inveterata consuetudo*. El comportamiento constante uniforme. La repetición de los mismos actos o hechos en el tiempo.

2. Nota subjetiva, *opinio juris o necesitatis*. Es la convicción de qué responde a una necesidad jurídica. Conciencia de la obligatoriedad de la norma. Es la causa de la observancia.

De estos dos elementos aparece primero el material y luego el subjetivo.

¿En qué momento se produce esa unión? Existen dos corrientes con respecto a esto:

1. **Kelsen**, cuando el poder público le reconoce carácter obligatorio a la repetición de hechos. El reconocimiento por parte del poder público puede ser:

a) Expreso, cuando en un texto de derecho positivo consta el reconocimiento. Cuando una norma se remite a la costumbre.

b) Tácito. Se produce mediante la aplicación a la resolución de un caso concreto del procedimiento constantemente utilizado para resolución.

Esta opinión de que es necesario el reconocimiento del Estado, sostenida por una mayoría de los autores, entre los civilistas **Planiol,** y entre los publicistas, **Kelsen**.

2. **Geny** representa la otra corriente que dice que la costumbre para hacerse norma jurídica no necesita el reconocimiento expreso o tácito del Estado y argumenta que cuando el juez para solucionar el primer caso echa mano al procedimiento constante, uniforme, está reconociendo una norma jurídica existente anteriormente.

1. Relaciones del derecho consuetudinario con el derecho legislado.

Desde antiguamente se han consagrado tres tipos de relaciones:

1. Costumbre *secundum legem* (interpretativa) tiene por objeto materia establecida por la norma escrita, está de acuerdo con la ley. Es establecida para indicar cual es la forma correcta de la aplicación de la norma escrita. Esta costumbre no crea ninguna norma consuetudinaria, es una manera de interpretar la ley. Es difícil apreciar cuando es norma jurídica que se confunde con la ley.

2. *Proeter legem* (introductiva). Es la forma en la cual se produce la verdadera norma consuetudinaria. Suple los vicios de la ley. Suple las lagunas del derecho estatuido.

3. Contra *legem* (derogatoria) Pretende hacer desaparecer los preceptos contenidos en las normas escritas y suplirlos por sus preceptos. En los países de derecho escrito no se le reconoce ningún valor. Hay autores que citan casos de costumbre contra *legem*: en el Código de Comercio se expresa que las compañías de personas se pueden denominar tomando el nombre de uno de los socios, y las compañías de capital no pueden tener en la denominación ningún nombre de sus componentes. Pero de hecho esto no se acata y así hay casos como Materiales Mendoza, Muebles Azpurua, etc.

2. Categoría de la Costumbre como fuente jurídica.

Los textos por regla general nombran a la costumbre junto a la ley y se ha sostenido que tienen el mismo rango legal.

Merkl. Al afirmar que la costumbre aparece en la misma línea que la ley como fuente jurídica, general y también como fuente especial del derecho administrativo, se produce un equívoco, a saber: creer que ambas fuentes han poseído siempre y en todas partes el mismo rango y que se ciernen sobre las demás fuentes.

Pero si la ley y la costumbre tuvieran el mismo rango legal, sucedería que la costumbre posterior derogaría a la ley anterior, y esto es incierto. La preeminencia de la ley formal está asegurada en el Estado Moderno, no sin razón llamado Estado legalista, aún frente a la costumbre que posee, es cierto, el carácter de una ley material, pero no de una ley formal. Este rango de la ley dentro del sistema jurídico no se desprende de la naturaleza de la ley, sino que resulta del contenido de las Constituciones Modernas.

El artículo 94 de la Constitución (53) expresa:"Las leyes se derogarán solo por otras leyes y podrán ser reformadas parcialmente".

El art. 7 del Código Civil expresa: "Las leyes no podrán derogarse sino por otras leyes, y no vale alegar contra su observancia el desuso, ni la costumbre o práctica en contrario por antiguos y universales que sean".

Así el principio de legalidad, esto es, el principio fundamental de que la ejecución no puede ser ejercitada sino apoyada en las leyes rige implícitamente, aunque la constitución no lo declare expresamente respecto a la ejecución; así también se aplica al derecho consuetudinario en el sentido de que las costumbres aunque sean practicadas con la opinión de su obligatoriedad jurídica posean esta fuerza en virtud de la autorización legal y no por su propia fuerza (**Merkl**).

La costumbre posee en los Estados Modernos, "legalistas", el carácter de fuente jurídica subordinada a la ley, ya que es delegación de la misma. La Costumbre administrativa.

Algunos autores exponen que tiene poca importancia en derecho administrativo porque no ha habido tiempo de establecerse la *inveterata consuetudo*, pues el derecho administrativo es de nacimiento reciente. La costumbre administrativa tiene poca oportunidad de formarse, pues el elemento material no llega a consolidarse, por la producción de nuevas normas.

II. USOS Y PRÁCTICAS ADMINISTRATIVAS.

Con respecto a los usos se producen dos tipos de definiciones:

1) El uso tiene el mismo elemento material que la costumbre, pero es practicado sin la convicción de que es obligatorio.

2) La segunda definición es más acertada y reúne las dos condiciones de la costumbre, pero no se produce en una colectividad sino en un grupo de interesados.

Julio Hatscheke los define: "aquella norma jurídica que se aplica constantemente dentro de un determinado círculo de interesados en virtud del convencimiento de su obligatoriedad jurídica y bajo la previa aprobación, por lo menos tácita, del poder legislativo". La posición del uso en la sistemática jurídica es idéntica a la de la costumbre, solo se diferencia porque el uso se refiere a un grupo determinado.

Los usos serán fuentes del derecho administrativo cuando sean aplicados por órganos administrativos o se refieran a servicios públicos o a empresas administrativas.

III.   PRÁCTICAS ADMINISTRATIVAS.

Según **Merkl** son las reglas que se forman en la práctica de las autoridades administrativas y que son decisivas en lo sucesivo para la acción de las autoridades.

La práctica administrativa se forma por la repetición constante de una determinada manera de proceder de las autoridades administrativas.

Las prácticas administrativas se diferencian de la costumbre y de los usos en que éstos se originan en el uso constante por parte de una colectividad y a posteriori es aplicada por las autoridades. En cambio la práctica administrativa nace de la aplicación de una práctica por los órganos administrativos. Nacen dentro de los órganos administrativos.

Origen de las Prácticas Administrativas. La construcción de las prácticas administrativas como fuentes jurídica está inspirada en que el ejercicio de las autoridades superiores puede influir sobre la práctica administrativa en tal forma, y puede condicionar en tal grado a las autoridades ocupadas con las mismas cuestiones que pudiera hacer creer en la aplicación de una norma legal completa. O sea, que algunos señalan que nacen de la circunstancia de que las autoridades superiores condicionan el modo de funcionamiento de los órganos inferiores. (**Merkl**)

Con respecto a éstas prácticas administrativas se ha discutido si son verdaderamente obligatorias o no, o de donde les nace esa obligatoriedad. Expone **Merkl**: La creencia en la obligatoriedad jurídica de las prácticas de las autoridades administrativas está condicionada consciente o inconscientemente, en consideración a aquellos ordenamientos jurídicos que otorgan fuerza obligatoria a los precedentes. La aceptación viene a ser consecuencia de la teoría de los precedentes.

Mientras que en los ordenamientos jurídicos que reconocen la fuerza obligatoria de los precedentes y, sea cualquiera la forma de éste reconocimiento, la decisión anterior del caso, constituye una máxima obligatoria para la solución autoritaria de casos iguales. La fuente jurídica que designamos como uso administrativo presupone una práctica anterior constante. No es posible transferir la obligatoriedad jurídica de las prácticas de las autoridades, reconocida en los ordenamientos jurídicos que admiten los precedentes, a ordenamientos jurídicos que no lo admiten (como Venezuela) que los rechazan expresamente valiéndose de la forma modificada que la ciencia jurídica eleva a la categoría de fuente de prácticas de las autoridades.

Usos administrativos significan en sí mismo, sin que sean reconocidos por una forma jurídica superior, solamente una coacción psíquica que actúa como fuerza motivadora, junto a otros factores, en el procedimiento administrativo. (**Merkl**)

En el ordenamiento jurídico Venezolano, donde no se reconoce fuerza Jurídica obligatoria al precedente, las prácticas administrativas que se formen, no tienen fuerza jurídica obligatoria, solo sirven como coacción psíquica.

TEMA 6
Los reglamentos. Naturaleza jurídica. Diferentes especies de reglamentos. Instrucciones y circulares. La potestad reglamentaria.

El reglamento es una de las fuentes de rango sublegal. Según **Merkl** reglamento es "una manifestación general, formulada y unilateral y que contiene normas jurídicas generales del Poder Ejecutivo", o sea, una manifestación de voluntad del Poder ejecutivo formulada unilateral y que contiene normas jurídicas generales, emitida en virtud de la competencia que le atribuye la Constitución y la Ley.

Si definimos de ésta manera el reglamento, están excluidos los actos de la legislación formal y los actos individuales del Ejecutivo y además a la nota formulada, la costumbre; y con la nota unilateral, las formas compactadas de los tratados.

I. ANÁLISIS DE LA DEFINICIÓN.

1. Manifestación de voluntad del Ejecutivo para diferenciarlos de cualquier tipo de actos emanados de las Cámaras legislativas o del Poder Judicial.

2. Generalidad. El reglamento crea o produce normas jurídicas generales. Es una meta común que tiene con la ley formal.

3. Formulada. Para diferenciar la norma reglamentaria de la norma consuetudinaria.

4. Unilateral. Para diferenciar al reglamento.

Zanobini define el reglamento así: "Normas jurídicas (generales) sancionada por el Poder Ejecutivo o la administración en virtud de competencia atribuida por la constitución o la ley".

Todas las notas de la definición de **Merkl** están incluidas en esta definición, excepto la sanción del ejecutivo, "en virtud de competencia que le es atribuida por la Constitución o la ley". Esta nota nos indica el rango del reglamento con respecto a la constitución y a la ley. Así, el reglamento se encuentra subordinado a la ley, pues nace de la competencia atribuida por la ley al ejecutivo.

Si a la definición de **Merkl** le agregamos esta última nota tenemos una definición casi perfecta de lo que es reglamento. La doctrina y los ordenamientos positivos le suelen dar nombres distintos a los reglamentos; decretos, ordenanzas, resoluciones, avisos, órdenes.

II. DIVERSAS ESPECIES DE REGLAMENTOS.

Hay muchas clasificaciones.

(1)   En atención a un elemento formal, es decir, al órgano del cual emanan reglamentos. Tomando en cuenta los órganos que tienen facultad reglamentaria, cabe distinguir fundamentalmente los reglamentos nacionales, y municipales, según emanen del Estado (ejecutivo), de los estados o de los Consejos Municipales. Esta clasificación depende en cada país organización política-administrativa que tenga.

(2)   Otra clasificación es en Reglamentos internos o administrativos y reglamentos jurídicos o dirigidos a los ciudadanos. Se encuentra ésta clasificación en los textos italianos y alemanes. Ésta prácticamente en desuso.

Se llaman reglamentos internos aquellos que obligan a determinadas personas que forman parte del órgano o institución y solo los obliga en cuanto a carácter de formar parte de ese órgano o institución. No se dirigen al de ciudadanos fuera de ése órgano o institución. No se dirigen al resto de ciudadanos fuera de ese órgano o institución.

Los reglamentos administrativos o internos son simples reglas internas de la Administración dirigidas a sus funcionarios. Por ej., el Reglamento del Ministerio de Hacienda rige solo a los empleados del Ministerio de Hacienda, llaman reglamentos jurídicos a los que tienen la facultad de regular relaciones jurídicas de los individuos o de éstos con la administración da también otra diferencia entre estos dos tipos de reglamentos y es:

1. Los reglamentos internos por regla general no se publican. Solo se hace la notificación dentro del círculo de los obligados.

2. Los reglamentos jurídicos si se publican. Se hace la publicación del texto en un órgano oficial.

Merkl critica esta distinción alegando que los partidarios de ella se basan el número de los obligados, lo que considera no tiene importancia.

Merkl establece que ambas son verdaderas normas jurídicas. La esencia de la norma jurídica está en ver como obliga la norma y no a quienes obliga.

"Si la esencia de la norma jurídica queda colmada, no pensando a quien obliga, sino como obliga, no hay ningún motivo lógico que nos impida clasificar las normas administrativas entre las normas jurídicas, ni, por lo mismo, el reconocer en los reglamentos administrativos una fuente jurídica. (A **Merkl** lo siguen **Duguit** y **Hauriou**)

Sin embargo esto es muy controvertido, si los reglamentos internos tienen o no relevancia jurídica en el estudio del derecho administrativo.

Existe un problema: La violación de un reglamento se combate con los medios jurídicos normales. En cambio la violación de un reglamento interno no origina acción del administrado para reponer lo violado, los particulares no pueden impugnar esa violación porque no tienen maneras de hacerlo.

(3)   La tercera clasificación los divide de acuerdo con la relación que tienen con la ley.

Reglamentos	Ejecutivo	Espontáneo	
		Exhortado	Por habilitación *Vacatio Legis*
	Autónomo		
	De excepción (necesidad)		
	Corporativo		

1. Reglamento ejecutivo

Es llamado también de ejecución o complementario o subordinado. Estos reglamentos son elaborados y sancionados de acuerdo a una ley preexistente para asegurar la ejecución de la misma, desenvolviendo los principios contenidos en esa ley.

2. Reglamentos subordinados.

Son aquellos que, dictados corrientemente para complementar la ley o asegurar su ejecución, están, por lo mismo, directamente subordinados a ella. La actividad reglamentaria en estos casos está fuertemente limitada y encauzada por la norma legal. Esta es de las formas más antiguas de las especies reglamentarias. (**Sayagués**)

Los reglamentos ejecutivos se dividen en Espontáneos y Exhortados.

3. Reglamentos espontáneos.

Cuando la administración lo dicta sin que medie ningún requerimiento o invitación del legislador al ejecutivo. (**Sayagués**). Cuando la ley guarda silencio acerca de si será necesario dictar un reglamento, en cuyo caso el poder ejecutivo tiene potestad para hacerlo. Por ejemplo, la ley de Hacienda Nacional no expresa si debe o no ser reglamentada.

4. Reglamentos exhortados.

Es cuando el texto de la ley contiene una disposición incitando u ordenando al Poder Ejecutivo a reglamentar la ley. Por ej., "El poder ejecutivo reglamentará la presente ley".

En Venezuela la diferencia entre los espontáneos y exhortados no tiene gran importancia porque los dos se producen de la misma manera.

En Francia si hay una diferencia y es que el exhortado tiene que ser consultado antes de sancionarlo al Consejo de Estado y luego el Ejecutivo lo sanciona y se llama reglamento de administración pública. El reglamento espontáneo lo dicta el ejecutivo sin necesidad de consultar al Consejo de Estado.

Los reglamentos exhortados se dividen, a su vez, en:

a) <u>Habilitados</u>. Derivados de leyes de habilitación. Este reglamento se produce cuando la ley amplía o extiende la competencia administrativa, reglamentaria del ejecutivo, autorizándolo a dictar normas que no podría sancionar el ejecutivo sin la asistencia de esa ley habilitadora.

Hay cierta materia que no admite regulación mediante reglamento. Es la llamada reserva legal. (**Sayagués**). Un ejemplo es lo referente a la materia impositiva (impuestos) que esta reservada a la competencia del legislador y no del ejecutivo.

Sin embargo la Ley de Arancel de Aduanas tiene una disposición en la cual autoriza al Poder Ejecutivo a aumentar o disminuir los impuestos. Este reglamento no puede ser dictado sino cuando lo dice la ley.

Estos reglamentos derivados de leyes de habilitación son llamados también reglamentos habilitados o delegados, pero este concepto no es idéntico pues el Poder Legislativo no ha delegado la facultad sino que ya habiendo fijada el legislador el impuesto faculta al ejecutivo para ampliarlo o disminuirlos.

b) <u>Vacatio Legis</u>. Se produce en los siguientes casos: por regla general entra en vigencia a partir de su publicación en la Gaceta Oficial.

Este reglamento se refiere a cuando una ley no puede entrar en vigencia en el momento de su aprobación y publicación ni en el que diga posteriormente la ley sino cuando se dicte el reglamento.

Ejemplo: la Ley de Inquilinato se publicó en 1955 y entrará en vigencia cuando sea reglamentado por el Ejecutivo. Aún no se ha reglamentado. Estos reglamentos tienen, pues, la virtud de poner en vigencia la ley.

5. Reglamento autónomo.

Se diferencia del ejecutivo en que no tiene por fin asegurar la ejecución de una ley preexistente. El reglamento autónomo, o independiente, crea situaciones generales con prescindencia de que exista ley al respecto. Esta dependencia de éste tipo de reglamento no quiere decir que pueda contradecir cualquier ley vigente.

Según **Sayagués** son reglamentos autónomos los que la administración puede dictar en ejercicio de poderes propios que la constitución le atribuye con prescindencia de si existe o no la ley al respecto.

Este reglamento sólo conserva su posición subordinado a la ley. El poder de la administración para dictar este tipo de reglamento aparece a veces expresado en la Constitución o en leyes especiales (ejemplo, Reglamento del Trabajo en la Agricultura y en la Cría no desarrolla ninguna disposición de la Ley del Trabajo).

En Venezuela, en la Constitución del 53 no hay ninguna disposición precisa, pero el artículo 99 de la Constitución dice: "Lo relativo al gobierno y a la Administración nacionales no atribuidos por ésta Constitución a otra Autoridad, compete al Poder Ejecutivo Nacional". Esto es lo llamado normas de competencia residual.

Generalmente el contenido de estos reglamentos autónomos es escaso:

1. Policía administrativa,

2. Organización de los servicios Públicos

6. Reglamento de Excepción.

Es llamado también de emergencia, urgencia o necesidad. Son los dictados por el poder ejecutivo en caso de emergencia o urgencia. Ejemplo: Reglamento de suspensión de las garantías constitucionales. El acto por el cual se suspende una garantía es un acto de gobierno, equiparado a la ley formal, que produce un efecto específico, que no es que se revoque a la ley sino que es que suspende la aplicación de esa ley. Toda la regulación posterior al decreto es el reglamento. (Constitución 53, no hay limitaciones a esta facultad).

7. Reglamento Corporativo

Llamado también de organización. Se refiere a la organización de cuerpos colegiados y al régimen al que van a estar sometidos. Son propios de las corporaciones públicas, Institutos Autónomos y de otro tipo de Institutos Corporativos llamados por la doctrina francesa "establecimientos de utilidad pública", "Establecimientos de profesionales" (Colegio de Abogados, etc.).

Estos establecimientos de profesionales son creados por una ley, en beneficio de esos profesionales, pero ellos se establecen a sí mismos sus propios reglamentos. El campo de aplicación de estos reglamentos no es sino a los componentes de esa corporación. Esos reglamentos no son dictados por el ejecutivo sino por la corporación.

Merkl. Suele entenderse por estatutos autónomos o corporativos, prescripciones generales dictadas por las llamadas corporaciones públicas, en especial por las entidades administrativas autónomas.

De estos reglamentos hay que excluir:

(l) A los de las cámaras legislativas (Actos parlamentarios sin forma de ley), reglamentos parlamentarios.

(2) Reglamento interno de la Corte Federal y de la Corte de Casación.

¿Como se dictan los reglamentos? En Francia por lo menos existe la diferencia entre reglamentos espontáneos (dictados por el jefe de gobierno (primer ministro) y los exhortados (Consulta con el Consejo de Estado). En Venezuela no existe ninguna diferencia. El Presidente de la República, en Consejo de Ministros, decreta).

<u>Resoluciones Ministeriales</u>. Algunas de estas resoluciones ministeriales suelen tener contenido general, y como son dictados por la administración son actos reglamentarios.

III.   VIGENCIA DE LOS REGLAMENTOS.

La entrada en vigencia sigue los mismos principios que la ley, o sea, desde el día de la publicación en la Gaceta Oficial o desde la fecha posterior que ella indique.

¿Cuándo termina la vigencia?

(l) Caso excepcional en la fecha en que el mismo reglamento indique. Estamos frente a reglamentos terminales.

(2) Por dictarse un nuevo reglamento que derogue al anterior.

(3) Los reglamentos de ejecución pueden ir derogados indirectamente derogándose la ley a la cual regulaba el reglamento.

La derogatoria de los reglamentos no se opera sino así:

a. Si la ley contradice totalmente al reglamento éste queda derogado.

b. Si lo contradice en parte queda derogado solo en esa parte, la otra queda vigente.

El reglamento puede ser derogado también por el llamado recurso de utilidad, cuando el reglamento contradice el espíritu, propósito o razón la ley.

IV.   POTESTAD REGLAMENTARIA.

Mucho se ha escrito sobre las razones que justifican la potestad reglamentaria, sin existir criterio unánime al respecto.

1. Fundamento político de la potestad reglamentaria

Son dos argumentos de tipo político:

A) Los cuerpos legislativos se reúnen en casi todos los países por un tiempo limitado (3 meses en Venezuela). Al dictar el Congreso las norman de conducta para los ciudadanos lo tiene que hacer de la manera más breve, escueta posible pues no puede pormenorizar todas las conductas que quiere regular, que, por falta de tiempo, deja al poder ejecutivo (que funcionan de manera permanente) la facultad de producir un acto complementario a la obra de las cámaras, que es el reglamento.

B) El Congreso está formado en su mayor parte por políticos y no técnicos jurídicos, por lo tanto deben dictar las normas lo más breves posibles, para dejar la regulación técnica en manos de la administración, que si puede disponer del personal técnico suficiente, para elaborar los reglamentos.

2. Fundamento jurídico de la potestad reglamentaria.

A) Concepción francesa tradicional

La potestad reglamentaria no es sino una de las maneras de manifestarse la potestad ejecutiva. El ejecutivo, por definición, es el encargado por la constitución para ejecutar las leyes, el poder reglamentario es una de las formas que adopta ésa función.

Objeción: una cosa es asegurar la ejecución de las leyes y otra dictar actos reglamentarios.

El poder judicial también realiza la función de ejecutar la ley y ejecuta mediante actos individuales y nunca mediante actos de naturaleza general. En este mismo sentido podría decirse que el poder judicial tendría, facultad para dictar reglamentos.

B) Discrecionalidad de la administración o atributo administrativo

El poder reglamentario es consecuencia de la discrecionalidad de que gozan los órganos de la administración en el ejercicio de sus facultades propias. Si los órganos de la administración tienen competencia para decidir los casos concretos según su razonable y libre apreciación, nada impide a las autoridades que establezcan las normas generales que luego seguirán al ver cada caso en particular.

La administración en muchos casos no tiene predeterminada su conducta en la norma, sino que puede elegir en muchos casos entre una y otra norma. La administración elige una de esas varias posibilidades de manera "general" dictando reglamentos. La ley es general y la administración se mueve en varios sentidos. (**D'Alescio-Ranaletti**).

Sayagués: La discrecionalidad administrativa justifica la potestad reglamentaria allí donde existen facultades administrativas discrecional pero no la explica en otros casos, por ejemplo, en los reglamentos destinados simplemente a complementar la ley para hacer posible su ejecución, especialmente, cuando tales leyes no confieren facultades discrecionales a la administración.

Objeción: no toda autoridad con poder discrecional tiene facultad o poder reglamentario.

C) La potestad de dictar normas generales que poseen ciertos órganos de administración tiene como único justificativo la atribución expresa de competencia que establecen los textos constitucionales o legales. Para sostener la exigencia de poder reglamentario, es preciso mencionar el texto que confiere esa potestad a un órgano de administración (**Zanobini-Vitta-Alessi**).

D) La potestad reglamentaria es inherente a la función administrativa y por consiguiente propia de la administración (doctrina predominante). Es sostenido este criterio, entre otros por **Waline, Hauriou, Bielsa, Bonneau, Villegas Basavilbaso**, etc. La exactitud de ese punto de vista no puede cuestionarse. Siempre se ha reconocido a la administración el poder de dictar normas generales dentro de ciertos límites, este es el dato que suministra la realidad de los hechos. Esa potestad normativa es el medio indispensable para que la administración pueda lograr el correcto cumplimiento de sus cometidos. El reglamento es el instrumento jurídico esencial de la administración gracias al cual ésta regula uniformemente la conducta de los administrados, de sus funcionarios y también su propia conducta. (**Sayagués**)

V. LÍMITES DE LA POTESTAD REGLAMENTARIA

Límites Constitucionales (Reserva legal):

(1)   No se pueden crear delitos por reglamentos, ni sanciones para delitos no establecidos en la ley. Es materia reservada a la ley.

(2)   No se pueden establecer impuestos;

(3)   No pueden ser restringidos los derechos;

(4)   Lo referente al orden jurisdiccional;

(5)   Todas las circunstancias en que la Constitución exija una ley.

Límites legales:

(1)   Hay materia que una ley reserva a otra ley, sobre tal materia no puede regular un reglamento. Ejemplo, el Código Civil remite a la Ley de Venta con Reserva de Dominio (ley especial).

(2)   El reglamento no puede tratar materia que ya haya sido regulada por una ley.

(3)   Limitaciones que derivan de la naturaleza misma de las normas reglamentarias.

a) No pueden las normas reglamentarias derogar las normas contenidas en una ley o en un acto similar a una ley.

b) Los reglamentos no pueden sino contener normas generales.

c) Los reglamentos siguen los mismos principios y orden que sigue el orden jerárquico que siguen los órganos administrativos.

VI.   INSTRUCCIONES Y CIRCULARES

La administración se caracteriza por estar compuesta por órganos subordinados. Esta subordinación se manifiesta en la posibilidad del órgano superior de influir en la competencia del órgano inferior, ordenándolo a hacer, o a como hacer uso de su competencia.

Esta influencia se manifiesta jurídicamente a través de las instrucciones o circulares.

Sayagués Laso define las instrucciones de servicio como: "Las indicaciones que los superiores jerárquicos dan a los funcionarios que le están subordinados sobre la manera como deben actuar en los casos concretos". Son directivas acerca de la actividad administrativa a realizar, que por lo general, se refieren a cuestiones de detalle y de carácter práctico. Pueden ser individuales o generales, según que se dirijan a un funcionario en particular o a un conjunto de funcionarios.

Naturaleza de las Instrucciones o circulares.

Se ha planteado el problema de si son o no normas jurídicas. Es el mismo que se planteó al hablar de los reglamentos internos, en el sentido de que no obligan a los ciudadanos, sino solo a los órganos de la administración.

Según **Sayagués** "las instrucciones de servicio no constituyen fuente de derecho, porque no crean normas jurídicas". Son simples indicaciones acerca de la manera como deben actuar los superiores que imparten a los funcionarios que de ellos dependen en ejercicio de sus potestades jerárquicas, y que por lo tanto, estos deben cumplir.

Caracteres:

(1)   Tienen como destinatarios a los funcionarios de la administración y aún más restringidos pues solo se aplican a los que tienen el mismo orden jerárquico.

(2) Las instrucciones o circulares carecen de publicidad, no se dan a conocer al público, son a veces secretas (policía-militares).

(3) Tienen una eficacia restringida. La violación de las instrucciones o circulares lo que acarrean son sanciones disciplinarias.

TEMA 7
Régimen de los decretos-leyes. Dificultades para su clasificación jurídica. Contenido de los decretos leyes en Venezuela

La expresión decreto-ley tiene en derecho público un alcance variable, que depende del distinto significado que corrientemente se le atribuya. Por lo tanto conviene precisar las principales formas jurídicas a quienes se ha llamado decretos-leyes. Los órganos ejecutivos pueden llegar a dictar normas con fuerza de ley, en muy diversas circunstancias (**Sayagués**):

A. Legislación de los períodos pre-constitucionales o sea disposiciones con fuerza de ley que dictan los gobiernos de facto. En estos períodos no existe una constitución fija sino que puede ser modificada por el gobierno pre-constituyente, dentro de ciertas medidas. Así, el gobierno de facto tiene una forma de legalidad especial, que es la contenida en estos decretos-leyes.

B. Otras veces en situaciones especiales de urgencia o de excepcional gravedad la constitución faculta al Poder Ejecutivo para dictar normas con fuerza de ley. Esta solución se explica por la naturaleza misma de las circunstancias que la motivan, que no permiten esperar la intervención del parlamento, cuya actuación es, por lo general, más lenta que la de los órganos administrativos.

C. Se llaman también decretos leyes a ciertos actos cumplidos por el jefe del Estado en virtud de autorización que le confiere la ley o la Constitución. Esta autorización le confiere facultades legislativas al Jefe del Estado.

D. Se llama también al conjunto de normas que emanan del ejecutivo en virtud de autorización del poder legislativo, concedida por una ley llamada ley de base, de cuadro, o de facultades extraordinarias.

En base de conocimientos ya adquiridos hay que descartar dos de éstos tipos de decretos leyes:

1. Los de emergencia o urgencia, pues esto es regulado por los reglamentos de excepción.

2. Las disposiciones emanadas del poder ejecutivo en virtud de autorización del poder legislativo. Esto está regulado por los reglamentos ejecutivos, exhortados de habilitación o habilitados.

Según **Sayagués Laso**, Decretos-leyes son los distintos actos emanados del Poder Ejecutivo o quien lo sustituya, que tienen la eficacia normativa de las leyes. Dicho en otra forma: los actos con valor de ley dictados por el ejecutivo o quien lo sustituya.

I. DECRETOS LEYES DE FACTO

(**Sayagués**) Es un hecho que la vida institucional de los países se rompe a veces por revoluciones u otras circunstancias. La historia enseña que en todos los países han existido gobiernos de facto durante períodos más o menos extensos, y que tales gobiernos han concentrado en sus manos las funciones legislativas y ejecutivas. Dichas situaciones se producen a consecuencia de un movimiento revolucionario que deriva de las autoridades constituidas o de un golpe de Estado en que el Ejecutivo disuelve el parlamento y asume todo el Poder.

Los múltiples problemas que plantean los gobiernos de facto en cuanto a su origen o legitimad escapan del derecho administrativo y corresponden al derecho político o constitucional. Pero al margen de las apasionadas controversias que tales cuestiones promueven, se constata una acentuada tendencia doctrinaria y jurisprudencial a admitir la validez de los actos de gobiernos de facto, incluso de los decretos-leyes que hubiesen dictado.

Esa orientación es fundada porque el reconocimiento de la validez de los actos de los gobiernos de facto responde a una clara necesidad social: asegurar la estabilidad de las normas dictadas por tales gobiernos cuya autoridad por imperio de las circunstancias ha debido ser acatada por todos. La invalidez total de las decisiones dictadas por los regímenes de facto, crearía irremediablemente mayores perturbaciones que su mantenimiento.

"Gobiernos de facto" serían las autoridades de hecho que durante cierto tiempo de manera estable y pacífica ejercen el gobierno de un país, dictando en tal carácter disposiciones legislativas y administrativas. No comprende pues a los usurpadores, o sea quienes por la fuerza ocupan el poder en forma precaria.

Alcance de los decretos leyes. Admitida la validez de los decretos-leyes emanados de los gobiernos de facto, corresponde precisar el alcance y los límites de los poderes que los dictan.

1. Los decretos-leyes, en opinión de algunos, solo pueden ser dictados sobre cuestiones urgentes o de real necesidad, debiéndose esperar la vuelta a la normalidad para reiniciar la actividad legislativa en su plenitud.

2. Con criterio más amplio otros admiten que los gobiernos de facto pueden dictar decretos leyes en todas las materias acerca de las cuales estime necesario o conveniente legislar.

Pero en el ejercicio de la potestad legislativa los gobiernos de facto deben respetar el ordenamiento constitucional anterior en todo cuanto sea ajeno a los fines del movimiento triunfante. Una revolución por lo menos en la generalidad de los casos no significa la caída total del ordenamiento jurídico anterior. Se trata de una cuestión de hecho que debe determinarse concretamente en cada oportunidad (**Sayagués**):

(l) Si la insurrección persigue simplemente el cambio de las autoridades constituidas para sustituirlas por otras personas manteniendo inalterada la constitución. En éste caso la función legislativa de ejercerse con sujeción a las mismas normas constitucionales, salvo en la medida en que resulten inaplicables en virtud de la forma institucional que adopte el gobierno de facto.

(2) El movimiento revolucionario busca obtener una modificación parcial del sistema institucional ya por vía de reforma de la Constitución vigente, sea mediante la aprobación de una Constitución substitutiva la cual, sin embargo, mantiene en muchas partes los principios fundamentales de la anterior. En ésta hipótesis la función legislativa debe respetar el ordenamiento jurídico constitucional anterior, en la parte no afectada por el movimiento político.

(3) La finalidad revolucionaria es de mayor amplitud porque tiende a la transformación substancial del régimen anterior, en todos sus aspectos, constitucional, político, social, económico, etc. En estos casos es indudable que no hay límites jurídicos a la potestad normativa de las nuevas autoridades. Los factores que pueden limitarla son de otro tipo social, político, etc. (Revolución Francesa y Revolución Rusa).

Vigencia de los decretos leyes de facto

Después de admitida la validez de los decretos-leyes parece lógico concluir que después de que cese el gobierno de facto subsisten plenamente, aún después de restablecida la normalidad, sin necesidad de ratificación o convalidación alguna.

Sin embargo, sostiene que los decretos-leyes caducan prematuramente al cesar el régimen de facto y entrar en funciones el nuevo gobierno legal. No compartimos ésta opinión pues produciría un caos jurídico.   Claro está que restablecida la normalidad el nuevo parlamento puede abocarse al examen de las medidas legislativas dictadas por el gobierno de facto, para decidir si conviene mantenerlas, derogarlas o modificarlas. De cualquier modo aún admitiendo la tesis de la vigencia de los decretos leyes de facto es aconsejable obtener una ratificación expresa, que elimine en el futuro toda posibilidad de controversia y brinde certidumbre acerca de las normas legales en vigor (**Sayagués**).

II. DECRETOS-LEYES REGULARES.

En algunos países se prevé la posibilidad de que el Ejecutivo pueda dictar ciertos actos que tienen, por lo menos en parte, eficacia legislativa, esta previsión está expresamente en la Constitución.

Discútase acerca de la conveniencia de establecer esa solución. Defendiendo sus ventajas sostienen que en ciertas oportunidades resulta imprescindible que el poder ejecutivo pueda legislar por decreto, pues se trata de situaciones graves en las que la actuación legislativa, de por sí lenta, no brindaría resultado eficaz. La incorporación al texto constitucional, además de fijar una salida para éstos casos y evitar desbordamientos institucionales, permite limitar la extensión de las atribuciones del Ejecutivo en tales momentos. Pero se objeta que al ampliar las facultades del poder ejecutivo se facilitan los abusos y la tendencia a desplazar al parlamento de su verdadera posición en detrimento del equilibrio de los poderes.

Origen de los decretos-leyes regulares.

Se originan con ocasión de la guerra de 1914-19 cuando en la ocupación alemana de Bélgica, el ejército invasor disolvió al Parlamento belga pero dejó al monarca. Pero había necesidad de dictar medidas de tipo legislativo y el monarca no podía hacerlo solo, pero no tenía otro camino y creó actos legislativos llamados decretos leyes. Esta facultad se extendió a otros países en situaciones similares (Constitución polaca de 1933). De Europa pasó la solución a América latina, sostenida actualmente en la Constitución brasileña.

En Venezuela se dispuso este poder en la Constitución del 47.

III.   NATURALEZA JURÍDICA DE LOS DECRETOS-LEYES.

Con frecuencia los textos constitucionales autorizan expresamente al Parlamento para que delegue en el poder ejecutivo la potestad legislativa. Mediante ésta delegación el Poder Ejecutivo queda habilitado para dictar actos normativos con fuerza de ley.

Así vemos que la facultad de dictar decretos-leyes no deriva de la autorización del legislativo sino del texto constitucional. En Venezuela vemos, en la Constitución de 1947, lo siguiente:

Art. 162: "Las cámaras legislativas como cuerpo colegisladores tienen las siguientes atribuciones:

...9° Autorizar, temporalmente, al Presidente de la República, para ejercer determinadas y precisas facultades extraordinarias destinadas a proteger la vida económica y financiera de la nación cuando la necesidad o la conveniencia pública así lo requieran."

Art. 198: "Son atribuciones y deberes del Presidente de la República:

...30° Ejercer, en los términos que fije el Congreso, las facultades extraordinarias a que se refiere el ordinal 9° del Artículo 162 de esta Constitución.

Para que el poder ejecutivo pueda ejercer esta facultad constitucional se requiere la autorización del Congreso mediante el texto de una ley, llamada de facultades extraordinarias o atributivas de competencia. Este tipo de decreto-ley se diferencia del reglamento habilitado pues resulta de una facultad constitucional; en cambio el reglamento habilitado proviene la facultad establecida en la ley, del legislador.

Observación: puede ocurrir que la Constitución nada haya establecido en cuanto a la posibilidad de que el Parlamento delegue la función legislativa en el Poder Ejecutivo. ¿Puede autorizarse la delegación en tal caso? No. Como principio general en los regímenes democráticos ningún órgano puede delegar en otro las atribuciones que le han sido conferidas salvo texto expreso que autorice a hacerlo. Por consiguiente cuando el Estado está organizado bajo el principio de la separación de poderes y de funciones, el Parlamento no puede transferir a otro órgano la función de legislar.

Finalidad de la ley de facultades extraordinarias.

(1)   Posibilita el ejercicio de la competencia atribuida al ejecutivo por la Constitución, competencia que se ejerce no cuando le parezca al ejecutivo sino al legislativo.

(2)   Señalar los límites dentro de los cuales esa facultad va a ser ejercida.

Esas limitaciones se refieren por lo general:

(A)   Al tiempo durante el cual esos poderes van a ser ejercidos. Este problema de la temporalidad es esencial. El artículo 162, ordinal 9°, dice "Autorizar temporalmente...".

(B)   Otra limitación, es en cuanto a la materia que va a ser tratada. Artículo 162, ord. 9°:"...Para ejercer determinadas y precisas facultades extraordinarias".

(C)   La Constitución fija otro límite: "...Proteger la vida económica y financiera de la nación cuando la necesidad (podría creerse que es similar a los reglamentos de necesidad) pero que la conveniencia pública lo requiera".

Por regla general casi siempre quedan excluidas del trato por medio de decretos-leyes materias que de manera indudable pertenecen a la llamada reserva legal, (delitos, impuestos).

IV.   RANGO DE LOS DECRETOS LEYES CON RESPECTO A LA LEY.

(1)   Al hablar de los decretos-leyes de gobiernos de facto vemos que estos no pueden ser catalogados en las fuentes de rango sublegal sino que tienen el mismo rango que la ley.

(2)   Los decretos leyes regulares tienen una naturaleza jurídica mixta de la ley y reglamento.

Son en parte reglamentos: en cuanto a la ley que los habilita (ley atributiva de competencia) con límites de tiempo y materia. Si el decreto-ley se excede en esos límites que les da la ley autorizativa, cualquier persona puede pedir la nulidad de ese reglamento porque contradice la ley atributiva.

Además, no puede derogar la ley (que los autoriza); y como el poder derogatorio es el que da los rangos, tiene, por este lado, un rango sublegal.

Es en parte ley: porque el contenido de algunos preceptos del ejecutivo es de rango legal pues deroga leyes, pueden suspender, modificar o ampliar la ley.

Así, es un acto mixto: 1. Sublegal porque se somete a la ley atributiva. 2. Legal: el contenido le da un rango legal. Este carácter mixto los hace anulables por ilegalidad e inconstitucionalidad

.

TEMA 8
La codificación administrativa. Criterios.
Dificultades de la codificación administrativa.

Codificar es hechura o confección de un Código, es unidad orgánica todas las normas jurídicas que se refieren a una determinada materia.

La codificación, como la conocemos hoy, es el resultado de una doctrina filosófica jurídica imperante a fines del siglo XVIII y comienzos del llamado Racionalismo Individualista.

Esta corriente, considera al derecho como producto de la razón en unidades orgánicas, así es conocido por todos y no se encuentra disperso como existía antes de la revolución francesa. Después de la Revolución Francesa surgió el Código Napoleón que es el primer monumento codificado.

Al lado de este movimiento Racionalista se produjo en Alemania un movimiento contrario llamado la Escuela Histórica, defendida por **Savigny**.

Dicen, que el derecho no puede ser creado racionalmente, sino que es producto del espíritu popular (resultado de fuerzas internas que existen en la sociedad).

Savigny admitía la codificación solo en determinadas materias:

1) Cuando hubiera duda acerca de las normas aplicables.

2) Cuando el soberano se propusiera a suscitar una conducta de fines políticos o sociales. Dictar normas de conducta nuevas, para imponer una determinada manera de ser.

Savigny decía que la razón humana era impotente para crear e improvisar Códigos completos.

Otras críticas que hacía **Savigny**, es que la codificación inmoviliza al derecho.

Sin embargo, la repuesta contra esto es, que se quería conocimiento seguridad y certeza jurídica y con las normas dispersas se hacía muy difícil el conocimiento del derecho, en cambio, codificadas se podían conocer, dando así seguridad jurídica.

Esta seguridad y certeza jurídica debían privar sobre la inmovilización pues esta dificultad podía ser corregida por el legislador.

Codificación Administrativa.

En el momento de la discusión con respecto al derecho civil, no se planteó el problema de la codificación administrativa, esto porque el derecho administrativo estaba naciendo en esa época.

El problema de la codificación administrativa se presentó con posterioridad y con características más graves que los civilistas, pues el derecho administrativo se ha desarrollado tanto, que no hay actividad humana que no esté regulada por él.

De modo que en poco más de un siglo se ha producido una proliferación tal de normas que hasta al mismo profesional se le hace difícil buscar la norma aplicable en un caso determinado, y más sino tiene un índice.

Ante éste gran problema se ha planteado la posibilidad o no de la codificación administrativa.

Con respecto a esto han surgido opiniones diversas.

A. Un grupo que niega la posibilidad de codificación.

Defendida en Alemania por **Merkl**, en Francia por **Berthélemy**, en Italia por **Orlando** y en España por **García Oviedo**.

Merkl dice: "En el campo del derecho judicial (civil, etc.) existe la tendencia a aunar la totalidad del derecho referente a un grupo extenso; existe el sistema de las codificaciones, la tendencia a formar códigos. Estos Códigos no son agotadores, en el sentido de constituir la fuente única sobre la materia a que se refieren, pero presenta para la misma el papel de ley principal que deja libres, para ser reguladas por leyes accesorias, pequeños dominios de la misma materia".

Muy distinta es la técnica codificadora del derecho administrativo; todo un cúmulo de leyes especiales que no es posible articular en una ley principal y leyes accesorias. Cada rama administrativa queda regulada en una o en varias pertinentes. Este procedimiento técnico, es el llamado de la legislación especial según la materia.

Los autores que niegan la posibilidad de la codificación dan los siguientes argumentos:

(1) Movilidad de las normas administrativas. Aunque la materia regulada hay constante movilidad, continuas modificaciones.

(2) La multiplicidad de materias diferentes que abarca el Derecho Administrativo.

(3) La falta de orden en la legislación administrativa.

B. Un grupo que sostiene la utilidad y posibilidad de la codificación.

Sostienen la posibilidad y necesidad de codificar el derecho administrativo. Es mantenida por los siguientes autores: **Zanobini**, **Bielsa**, **D'Alessio**, **Posada**. Parten de los siguientes argumentos:

l. La imposibilidad de codificar todo el derecho administrativo. Alegan que es posible codificarlo parcialmente, mediante trabajos que tiendan a la sistematización de materias, hay elementos en el derecho administrativo, que tienen cierta fijeza y permanencia los 5 fijan ciertas instituciones que son las mismas en todas partes. Lo recomendable entonces es codificar por materias administrativas. Colombia: Código que regula toda la materia contenciosa, lo mismo Panamá y Brasil.

Con respecto al procedimiento administrativo esta materia es muy difícil difiere de una materia a otra; inclusive en el mismo organismo. Sin embargo, hay disposiciones referentes a los servicios públicos, que si se pueden agrupar.

En Venezuela no tenemos un Código o unidad orgánica pero sin embargo, en materia fiscal existe la Ley Orgánica de la Hacienda Nacional, la cual agrupa casi todo lo referente a materia fiscal (bienes nacionales, rentas nacionales, presupuesto, ejecución del presupuesto, contraloría de la nación, procedimientos en los Tribunales de Hacienda, etc.)

2.   La necesidad de codificar el derecho administrativo, está demostrada en los intentos de codificación hechas en Italia con el nombre de "Testi Unici" (Textos ordenados o únicos). Este es un poder especial del Ejecutivo Italiano para reunir una materia en unidad orgánica la cual estando dispersa en varios textos legales, es reducida a un texto único.

TEMA 9
Vigencia de las normas legales en el espacio
y en el tiempo.

Es un hecho que las leyes se suceden unas a otras. Así puede hablarse que las leyes tienen existencia temporal. Cuando las dicta el legislador es para que tengan vigencia indefinida, pero como el legislador trata de regular los supuestos de hecho nuevos que se dan en una comunidad, se cambia la ley y se crean nuevas normas. Así, las leyes cambian por el interés que tiene el Estado de imponer o modificar la conducta de las personas.

Todo el problema de la vigencia temporal de las leyes se reduce a la determinación del período de tiempo durante el cual la ley tiene carácter obligatorio.

Los problemas implícitos en la vigencia temporal de la ley son esencialmente dos:

1.   Determinación de los dos instantes precisos en que una ley comienza a ser obligatoria, es decir, cuando entra y cesa de estar en vigencia. De una ley situada entre esos dos momento, puede en efecto decirse que está vigente. Antes o después podrá ser proyecto de ley, una ley en formación, una ley derogada o anulada, pero en ningún caso una ley vigente.

2.   La determinación de las situaciones de hecho a las cuales no se aplica, a pesar de estar en vigencia, o a las que se aplica a pesar de haber cesado de estar vigente.

I. VIGENCIA TEMPORAL DE LA LEY

Entrada en vigencia: C.C. Art. 1: La ley es obligatoria desde su publicación en la Gaceta Oficial o desde la fecha posterior que ella misma indique."

De este precepto surgen dos problemas:

1. El momento de la publicación es cuando sale el primer ejemplar de la Gaceta de la imprenta, o el último, o cuando sale a la calle? Se ha adoptado la siguiente solución: El artículo 12 CC señala la manera de contar los lapsos judiciales, desde el día siguiente. Si la Ley salió publicada el día 11, entrará en vigor el día 12.

2. Cuando el texto de la ley tiene errores. Es necesario volver a reeditar totalmente la ley. Sin embargo, con estos errores puede suceder: A. Si se trata de errores materiales, son fácilmente subsanables, en lo que no habría problemas. B. Si se trata de errores substanciales: la Ley de Publicaciones Oficiales indica que el texto corregido que debe publi-

carse mediante Aviso del Ejecutivo, no entrará en vigencia sino en el momento de la corrección; el resto, desde la publicación original.

3. Reforma parcial de Leyes: La Constitución establece que la Ley reformada se publique nuevamente, incluyendo la ley reformatoria, y luego el texto completo y refundido. La fecha inicial de vigencia de los preceptos reformados es evidente que es la fecha de publicación de la reforma. El problema se presenta respecto de la fecha de vigencia de los preceptos no reformados que han sido trasladados al nuevo texto legal. Las Constituciones pasadas expresaban que al elaborar el texto de la ley era derogada la anterior. En Venezuela hay dudas. Dice **Sánchez-Covisa:** Estimar que los preceptos no reformados de la nueva ley han sido declarados ley en el momento de la reforma es imaginar, contra toda evidencia, que el poder Público ha emitido una voluntad que no ha emitido, y es dar nueva vigencia formal a unos preceptos que no han sido sancionados por las Cámaras, por el mero hecho de que han sido impresos de nuevo junto con los preceptos reformados.

Concluye **Sánchez Covisa** que una ley parcialmente reformada, los preceptos no reformados rigen desde la fecha inicial de la vigencia de la ley, y los preceptos reformados desee la fecha de vigencia de la reforma.

II. PÉRDIDA DE VIGENCIA DE LA LEY

Leyes temporales: su vigencia está sujeta a un término de duración.

Derogación por oras leyes

Anulación por la Corte Federal. Existen ciertas leyes que han nacido en apariencia, con todos los requisitos necesarios para entrar en vigor y que contienen, sin embargo, un vicio de inconstitucionalidad. Puede intentarse contra ellas una acción ante la Corte federal.

Ahora bien, en caso de anulación, ¿Cuándo pierde vigencia la ley? Desde su nacimiento o desde la declaración de nulidad por la Corte. Ha dicho la Corte Federal en sentencia de 13-1-1940: "La derogación obra sólo para el futuro. Deja en pie los actos realizados en aplicación de la ley derogada. En cambio, la nulidad obra retroactivamente y suprime todos los efectos que habría producido la aplicación de la ley nula."

III.   LOS CONFLICTOS ENTRE LEYES SUCESIVAMENTE VIGENTES.

De acuerdo con la Constitución, el principio es la irretroactividad de las leyes, lo que además consagran los Códigos Civil, Penal, y de Procedimiento Civil. En otros países esto no lo consagra la Constitución sino una ley formal ordinaria.

Requisitos de irretroactividad: 1. la ley no valora los supuestos de hecho pasados. 2. la ley no regula las consecuencias pasadas de supuestos de hecho pasados. 3. La ley no regula las consecuencias futuras de supuestos de hecho pasados.

Aplicación de los tres requisitos: 1. El juez valora un supuesto de hecho pasado verificando antes de entrar en vigencia la ley actual: debe aplicarse la ley anterior.

2.   El juez valora los efectos de un supuesto de hecho anterior, producido también antes de la vigencia de la citada ley: debe aplicarse la ley anterior.

3.   El juez valora los efectos de un supuesto de hecho anterior, producidos después de la vigencia de la ley actual: a. Si la ley actual no es de orden público, se aplica la anterior. B. Si la ley es de orden público, según las normas se aplicará la anterior o posterior (Derecho penal, administrativo).

IV.   EFICACIA ESPACIAL DE LA LEY.

Principio de la territorialidad de la ley. Excepción: 1. Inmunidades diplomáticas. 2. Extranjeros (derechos políticos). 3. Leyes sobre empleos públicos. 4. Deberes fundamentales.

Hay leyes que no se aplican en todo el territorio: 1. Ley de Misiones (en 6 Estados. 2. Leyes dictadas para alguna región o zona. 3. Leyes que prevén la posibilidad de irse extendiendo en su aplicación. 4. Constituciones y leyes de los Estados. 6. Ordenanzas municipales.

Extraterritorialidad de las leyes: Se aplican en el extranjero: en materia de pasaporte, servicio militar obligatorio, deberes de fidelidad.

V. ALGO SOBRE LA VIGENCIA TEMPORAL DE LA LEY PROCESAL.

Intento de una interpretación del artículo 6° del Código de Procedimiento Civil.

Antes de entrar a analizar los diversos problemas que se plantean, con respecto a la correcta interpretación del artículo 6° del Código de Procedimiento Civil referente a la aplicación y vigencia temporal de la ley procesal, creemos necesario, debido a la poca uniformidad de la doctrina, dar unos conceptos generales de lo que entendemos por Proceso.

1. Noción del proceso

Sobre la noción del proceso, y sobre su naturaleza jurídica, es sabido que en la doctrina no existe uniformidad de conceptos. A través del tiempo, desde el nacimiento del Derecho Procesal, y a través del Espacio en la época contemporánea, encontramos diversidad de teorías tendientes a dar una definición del proceso y un concepto claro de su naturaleza jurídica. Nosotros, dentro de esta proliferación de teorías a que nos referimos, para dar una noción del proceso y de su naturaleza jurídica, nos adherimos a la teoría de la Institución, expuesta por Jaime Guasp, en su magnífico libro *Derecho Procesal Civil* editado en 1966 por el Instituto de Estudios Políticos de Madrid.

En efecto, el proceso es la Institución Jurídica que tiene por objeto la satisfacción pública de pretensiones, y será de Derecho Público o Derecho Privado (Civil), cuando estas pretensiones, por la materia sobre que recaen, afectan al ordenamiento jurídico público o privado.

A. Noción de Institución

Institución es un conjunto de actividades relacionadas entre sí por el vínculo de una idea común y objetiva a lasque figuran adheridas, sea esa o no su finalidad individual, las diversas voluntades particulares de los sujetos de quienes procede aquella actividad. Hay pues, dos elementos fundamentales en toda institución: la idea objetiva o común y las voluntades particulares que se adhieren a la misma. Así entendido, el proceso es, por su naturaleza, una verdadera institución. La idea común y objetiva que en él se observa es la de satisfacción de una pretensión. Las voluntades particulares que en el proceso actúan se adhieren todas a esta idea común; lo mismo el juez en su fallo, que el actor en su pretensión, que el demandado en su oposición, tratan de satisfacer la reclamación que engendra el proceso, aunque cada uno de los sujetos procesales entienda de una manera particularmente distinta el contenido concreto que en cada caso debe integrar la satisfacción que se persigue.

B. El Proceso:

Instrumento de satisfacción de pretensiones El proceso, en definitiva, no es más que un instrumento de satisfacción de pretensiones. Pero esta fórmula, en los dos elementos fundamentales que comprende: el de satisfacción y el de pretensión, debe entenderse en sentido rigurosamente jurídico y no psicológico o social. La satisfacción en sentido jurídico supone no dar la razón siempre al sino recoger, examinar y decidir por el Poder Público sobre su queja, actuándola o denegando su actuación según parezca o no fundada. La pretensión ha de concebirse asimismo en sentido jurídico; no como una queja cualquiera, sino determinada; como una reclamación formalmente dirigida por un miembro de la comunidad frente a otro ante el órgano público específicamente instituido para satisfacerla.

C. Caracteres del Proceso

Los caracteres naturales del proceso son los propios de toda institución jurídica. Veremos los más importantes. Respecto a los su es un carácter natural del proceso la jerarquía que coloca a las personas (las partes y el juez), que en el proceso intervienen, no en planos iguales, sino en planos desiguales y, más precisamente, como sometidas las unas (partes) a la espera de válida acción de las otras (juez).

Respecto al objeto, (pretensión procesal) es un carácter natural del proceso su inmodificabilidad u objetividad, porque el proceso responde por esencia a un esquema objetivos comunes que no cabe alterar, por lo menos en sus rasgos fundamentales por la voluntad de los sujetos que en él intervienen. Si la alteración proviene del Estado atendiendo al interés general, en base a ese interés general, en base ese interés general, esa alteración debe ser también general, abarcando por igual a las partes en el proceso.

2. Contenido del proceso

La explicación del concepto del proceso propuesta supone la determinación de los sujetos, u objeto, ya analizados, y los actos que intervienen en esta satisfacción de pretensiones que se ha considerado como verdadera función procesal. Así analizaremos lo referente a la actividad que supone la satisfacción de pretensiones, pues la aclaración de este concepto nos conduce en secuencia lógica al fin que nos hemos propuesto.

A. Pluralidad de actos procesales

En efecto, toda actividad procesal es una actividad compuesta de varios actos en una actividad múltiple. La dualidad mínima insuprimible de todo proceso es la que viene dada precisamente por su fórmula definidora: pretensión-satisfacción. Pero, de hecho, entre uno y otro de estos dos términos suelen insertarse muchos más, integrantes de otros tantos actos procesales.

Ahora bien, es característico el que, en el proceso, la pluralidad de actos que se realizan se encadenan de la misma manera que lo están los dos elementos fundamentales ya señalados, es decir, se ligan de modo que sin cada acto anterior ninguno de los siguientes tiene validez, y sin cada acto siguiente ninguno de los anteriores tiene eficacia. Este encadenamiento recibe el nombre técnico de procedimiento.

En todo proceso hay, pues, un procedimiento. Pero uno y otro concepto no se identifican. Existen procedimientos no procesales; así, por aludir a las restantes funciones estatales, procedimientos legislativos y procedimientos administrativos. Por otra parte, en el proceso, el procedimiento sólo es la forma extrínseca de manifestarse la figura, no su verdadera e íntima sustancia.

B. Unidad del Proceso

Hemos dicho que el proceso no se compone de un sólo único y aislado, sino de una pluralidad de actos procesales, entendiendo por acto procesal, aquel acto o acaecimiento, caracterizado por la intervención de la voluntad humana, por el cual se crea, modifica o extingue alguna de las relaciones jurídicas que componen la institución procesal.

Ahora bien, esa pluralidad de actos procesales cuya manifestación extrínseca es el procedimiento, tiene una secuencia lógica y dialéctica prevista por un esquema objetivo instituido por el legislador en la ley procesal.

3. Unidad del proceso en el Código de Procedimiento Civil

El proceso, y en este caso nos referimos especialmente al proceso civil, de conformidad con el título IV del Libro Primero del C.P.C. y del Art. 175 ejusdem, consta de dos instancias, ya que la tercera instancia prevista en el título V del Libro Segundo fue eliminada.

De esta manera, el proceso (que nuestro C.P.C. denomina juicio) consta de dos instancias en la legislación venezolana. Ello se desprende claramente de la letra del Art. 393 del C.P.C. En él se habla de "en todas las instancias que tuviere lugar en el juicio". Por ello, nosotros entendemos que nuestro proceso civil tiene una unidad orgánica, compuesta por dos instancias y pluralidad de actos procesales

De esta manera, al quedar por medio del acto de la libre contestación de la Instancia, consolidado definitivamente el contenido del proceso (sujetos, objeto y actuación procesal), desde ese momento surge para cada una de las partes, y entendemos por partes de conformidad con el Art. 16 del C.P.C. a los litigantes como a sus representantes en el juicio, una expectativa a una decisión favorable de sus pretensiones, que se va a manifestar en las dos instancias de que consta el proceso y en el recurso de casación posteriormente.

Es decir, las partes, ab initio tienen la expectativa a dos decisiones favorables. En ese momento las partes gozan de una de las principales garantías del proceso, que es la igualdad de las partes.

Sin embargo, debemos notar, que no es necesario e imprescindible que las partes lleven a término el proceso por medio de las dos decisiones que esperan ab initio.

Una vez dictada sentencia en primera instancia, las partes, de conformidad con el artículo 175 del C.P.C., pueden apelar de esa decisión. Para ello tienen un término de caducidad fatal, previsto en el Art. 177 del C.P.C. y una vez pasado ese término, se produce la preclusión, es decir, las partes no podrán hacer más uso de esa facultad de apelar, y el juicio entonces termina en esa primera decisión que configura la primera instancia. Al quedar esa sentencia definitivamente firme y ejecutoriada, se produce la cosa juzgada y determina el proceso. Si se hubiera apelado de la decisión, esa sentencia de primera instancia no hubiera producido los efectos de cosa juzgada. Dichos efectos hubieran quedado suspendidos hasta tanto no se hubiese producido la sentencia de segunda instancia. Si ésta queda definitivamente firme y ejecutoriada, no anunciándose por tanto el recurso de casación, allí termina el proceso en forma normal, produciéndose entonces la cosa juzgada.

4. Garantía de igualdad de las partes

Por sentencia de fecha 23 de junio de 1963 de la Corte de Casación (Gaceta Forense, 2a. etapa Tomo I, Pág. 351) esa Corte dispuso que "La igualdad es una de las principales garantías de que deben gozar las partes en el proceso, y toda alteración de esta igualdad puede ser en Casación. Además, este principio está garantizado por el Art. 21 del C.P.C. al establecer que los Tribunales mantendrán a las partes en los derechos y facultades comunes a ellas, sin preferencias ni desigualdades. Cualquier preferencia o desigualdad que ocurra, por cualquier causa a una de las partes con respecto a la otra, sería violatorio del artículo antes citado del C.P.C. y del artículo 35, ordinal 8 de la Constitución Nacional, de 1953 (Preámbulo de la Constitución de 1961, párrafo tercero y artículo 61 de la misma), que garantiza la igualdad de las partes ante la ley.

5. Interpretación del artículo 6° del Código de Procedimiento Civil

El Art. 6° del C.P.C. establece: "las disposiciones contenidas en el presente Código deben aplicarse, desde que entren en observancia, a los negocios en curso, en el estado en que éstos se encuentren".

Este artículo es una aplicación del principio más general que nuestras Constituciones han establecido (Constitución de 1.936, artículo 90; Constitución de 1936 reformada en 1945, artículo 94; Constitución de 1947, artículo 181; Constitución de 1953, artículo 30; Constitución 1961, artículo 44) y que dice así: "Ninguna disposición legislativa tendrá efecto retroactivo, excepto cuando imponga menor pena. Las leyes de procedimiento se aplicarán desde el momento mismo de entrar en vigencia, aún en los procesos que se hallen en curso, pero en los procesos penales las pruebas ya evacuadas se estimarán, en cuanto beneficien al reo, conforme a la ley vigente para la fecha en que se promovieron".

Como vemos, este principio general es aplicable a cualquier tipo de procedimiento.

En definitiva, la norma procesal es, pues, en principio, rigurosamente temporal. Esto no ofrece dificultades respecto a los procesos futuros (que se someten, sin más a la nueva ley) y a los procesos terminados (que valen tal como los ordenó la ley antigua), pero sí respecto a los procesos pendientes cuando se dicta la nueva ley.

Para resolver el caso de los procesos pendientes proponemos cuatro soluciones, aplicables al sentido de nuestra legislación, según el tipo de modificación que traiga la nueva ley.

Analicemos las soluciones que proponemos:

1) Modificación en los actos procesales producida por la entrada en vigencia de una ley procesal.

Joaquín Sánchez Covisa, en su obra *La vigencia temporal de la ley en el ordenamiento jurídico venezolano*, publicada por la Facultad de Derecho de la U. C. V., nos da la solución a este primer caso.

En efecto, dice, que "las leyes procesales, en cuanto leyes de orden público, se aplican de manera inmediata, pero deben respetar la validez de los medios anteriores y los efectos ya producidos de tales hechos. En consecuencia, modifican los trámites futuros de un proceso en curso, pero no podrán afectar bajo ningún respecto a los trámites procesales definitivamente consumados".

Esta solución se impone ya que las leyes procesales no tienen carácter retroactivo, sino que son de aplicación inmediata.

En esta primera solución que tratamos, es decir, de la modificación de un acto procesal por una ley de procedimiento, la ley entrará en vigor desde su entrada en vigencia. Podemos citar como ejemplo las leyes sobre pruebas. Cuando tales leyes se refieren a los medios probatorios de un acto que han sido normalmente previstos por las partes, no afect$_a$n a los actos verificados bajo la vigencia de leyes anteriores, ya que ello equivaldría a valorar la eficacia de supuestos de hecho pretéritos. Cuando tales leyes se refieren a la manera de articulas la prueba ante los Tribunales o a la estimación de una prueba que no ha podido ser prevista por los interesados, deben aplicarse de manera inmediata, aunque los hechos objeto de la prueba hayan sido verificados con anterioridad.

Esta solución es unánimemente aceptada, la entrada en vigor de la ley afecta a las dos partes por igual. El principio de igualdad de las partes en el proceso no ha sido violado.

Una excepción a esta solución es la norma constitucional que hemos citado, cuando se refiere a las normas penales. En los procesos penales las pruebas ya evacuadas se estimarán, en cuanto beneficien al reo, conforme a la ley vigente para la fecha en que se promovieron.

2.　Modificación del proceso por la ley procesal cuando ésta cambia la competencia para conocer alguna instancia o algún asunto.

Si una nueva ley viene a modifican la competencia de los jueces para conocer de determinado asunto, afectará desde luego los procesos venideros como hemos expresado.

En relación a los procesos en curso, y siguiendo él criterio de Marcano Rodríguez y Sánchez Covisa, las leyes procesales que modifiquen la competencia se aplican de inmediato, teniendo en cuenta que éstas son de orden público.

En efecto, el proceso se compone de una serie de actos sucesivos. De ello se deduce que los actos procesales posteriores a la entrada en vigor de la nueva ley sobre competencia, que son los supuestos de hecho indispensables para su aplicación, deberán regirse por ella. Por el contrario, lo que la nueva ley no podrá hacer es afectar a la valides de los actos procesales verificados con anterioridad a su vigencia, ya que tales actos fueron realizados ante un juez que era competente en el momento en que se llevaron a cabo.

Es decir, el proceso en su unidad integral no cambia en absoluto, lo que cambia es la competencia de un juez determinado que no podrá seguir conociendo del asunto y el proceso continuará en otro Tribunal y bajo el conocimiento de otro juez. El principio del proceso, que es el de la igualdad de tratamiento de las partes no es violado. Esta solución, a este segundo caso es aceptada unánimemente.

3.　Modificación del proceso por la ley procesal cuando ésta crea una nueva Instancia.

Cuando para el ordenamiento mejor de la Justicia se crean nuevos Tribunales encargados de conocer nuevas Instancias, y tal sería el caso de que en nuestro ordenamiento jurídico procesal se creara de nuevo la tercera instancia y por lo tanto se modifica la organización de los Tribunales que ya existen, el legislador ha procedido por razones superiores de interés general, y por lo tanto ellas son de aplicación inmediata. A pesar de que las partes, al configurarse el proceso por el acto de contestación a la de - manda en primera instancia, tal como ya hemos expresado, tengan una expectativa tendiente a alcanzar un resultado favorable de un proceso que tiene dos Instancias solamente, la creación de una tercera Instancia por la ley procesal es de aplicación inmediata. Ella se aplica por igual a las dos partes conservándose el principio de igualdad en el proceso. Esta ablución está aceptada también por la generalidad de la doctrina. Además la Corte Federal y de Casación la sostiene en sentencia de 6 de abril de 1.938 (*Memoria* de 1939. Tomo II, Pág. 81).

4.　Modificación del proceso por la ley procesal cuando ésta elimina la segunda Instancia.

Hemos expresado en su oportunidad, que al configurarse el proceso (delimitación de los sujetos, del objeto y de las actuaciones procesales) con el acto de la litis-contestación, de Primera Instancia, las partes, o sea, los litigantes tienen la expectativa a dos decisiones favorables, que son las instancias de que consta el proceso en nuestra legislación procesal. (Además tienen la expectativa luego de estas dos Instancias de la decisión favorable del recurso de Casación. De éste no nos ocuparemos aquí, por no interesar para el problema, cuya solución buscamos). Ahora bien, una vez configurado el proceso, pueden presentarse tres casos distintos de discusión:

a)　Si en el curso de la primera instancia, es decir, antes de la decisión de primera instancia, entra en vigor la nueva ley procesal que elimina la segunda instancia, ésta nueva ley procesal de aplicación inmediata y se aplica por igual a las dos partes en el proceso.

Tendrán la expectativa a una sola sentencia favorable, y ésta es paridad de condiciones podrá ser favorable a una de ellas nada más. A la perdedora le quedará únicamente la expectativa a una sentencia favorable de Casación, si anuncia el recurso en el término indicado como vemos, el principio de la igualdad de las partes en el proceso continuará vigente.

b) Un segundo caso que se puede dar, es el siguiente: Una vez decidida la primera instancia, la parte interesada apela de dicha decisión y la nueva ley procesal entra en vigor antes, de que dicha apelación sea oída por el Tribunal. No se ha producido el ligamento imprescindible de las dos Instancias para que configuren el proceso que es el hecho de que el Tribunal oiga la apelación. Por tanto, las partes siguen en igualdad de condiciones. Dicho principio no ha sido violado, pues sin haberse oído la apelación el proceso se presume terminado en la primera instancia, ya que el ligamento indispensable para que el proceso se configure en dos instancias se ha llevado a cabo en dos instancias.

c) El tercer caso de discusión el cual origina una diversidad de opiniones es el que sigue:

Una vez que el juez dicta sentencia de primera instancia, y apelada esta decisión por una de las partes, cuando esta apelación es oída por el Tribunal, se configura el proceso como constante de dos instancias.

Ahora bien, en la asistencia de primera instancia ha sido favorecida una de las partes; una de las partes en el proceso ha recibido una decisión favorable, de la que estaba a la expectativa. La otra parte, la perdedora, no ha recibido decisión favorable, pero sin embargo, al ser configurado el proceso como constante de dos instancias, todavía tiene una expectativa de decisión favorable en segunda instancia, al igual que la parte triunfadora que también tiene la expectativa de una decisión favorable, es decir, tiene la expectativa de volver a ganar el juicio. Ahora bien, si la ley procesal nueva modifica el proceso eliminando la segunda instancia, entra en vigor cuando el juicio está ya en el curso de esa segunda instancia, esa ley no se aplica a ese proceso en curso.

En efecto, las partes en el proceso tenían ab initio una expectativa de dos decisiones favorables, dando por supuesto que alguna hubiera apelado de la decisión de primera instancia.

Si por esa nueva ley procesal, se elimina la segunda instancia, las partes en ese estado quedarían en un plano de desigualdad total, pues una estaba beneficiada por la sentencia de primera instancia cuando espectaba dos instancias, y la otra no está beneficiada por esa misma sentencia, cuando también espectaba dos instancias. Sin embargo, a esta última le queda otra oportunidad al igual que a la vencedora.

Si al perdedor se le quita dicha oportunidad, se violaría el principio de la igualdad de la ley establecido por la Constitución y por el C.P.C.

Por tanto, consideramos que en este último caso los procesos siguen su curso manteniéndose la segunda instancia.

Esta solución por otra parte, fue la que acogió el mismo legislador cuando al eliminar la tercera instancia de nuestra legislación procesal, por disposición expresa, ordenó los procesos que se hallaran en curso en esa tercera instancia continuada.

TEMA 10
Actos jurídicos y actos materiales.
Criterios para clasificar los actos jurídicos.
Actos administrativos. Actos de gobierno

I. ACTOS JURÍDICOS.

Esta parte referente a los actos jurídicos está elaborada en base en **Gaston Jèze**.

Actos jurídicos son manifestaciones de voluntad de individuos (gobernantes, agentes públicos, simples particulares) en ejercicio de un poder legal y con la finalidad de producir un efecto jurídico. Este efecto consiste en crear una situación jurídica, investir a un individuo de dicha situación o legalizar una situación jurídica preexistente.

Los actos jurídicos pueden caracterizarse por dos ideas comunes:

1. Todo acto jurídico es siempre una manifestación de voluntad. Consideremos los distintos actos jurídicos: hay reglamento, contrato, nombramiento, elección, decisión judicial, siempre nos encontramos ante una manifestación de voluntad. La manifestación de voluntad supone esencialmente que su autor quiere que se produzca un efecto jurídico o que recae una situación jurídica que se legalice o aplique a un individuo.

2. El acto jurídico supone un poder legal. Es la posibilidad de querer un efecto de derecho. Cuando X vende a Y el inmueble A, las manifestaciones de voluntad de ambos suponen que ellos gozan del poder legal de vender y de comprar. Si X o Y careciesen de dicho poder legal, su manifestación de voluntad estaría, en principio desprovista de valor jurídico. No habría aquí acto jurídico, este sería inexistente.

Los poderes de que están investido los individuos son de dos clases; generales o impersonales; existen los poderes jurídicos generales, impersonales que son los que pertenecen a todos los individuos que están en las mismas condiciones de hecho.

Por ejemplo los poderes jurídicos relativos a la propiedad de una casa son siempre los mismos, quien quiera que sea el propietario. No hay poderes de propiedad establecidos para X y poderes diferentes establecidos para Y. El régimen jurídico de la propiedad es el mismo para todos los propietarios de una misma especie de cosas.

Del mismo modo los poderes jurídicos de que gozan los funcionarios públicos de una misma categoría (jueces, prefectos, alcaldes) son los mismos quien quiera que sea el individuo investido de la función de alcalde, de juez o de prefecto. Estos son pues poderes generales impersonales y objetivos. Estas son pues situaciones jurídicas generales impersonales y objetivas.

Poderes individuales: Hay poderes jurídicos cuyo contenido aparece determinado de manera particular a favor o en contra de determinado individuo no siendo la ley o el reglamento quien hace esa determinación sino la manifestación de voluntad de un particular o de un funcionario público. El contenido del poder jurídico es, en éste caso, individual, subjetivo. Por, ejemplo, cuando a consecuencia de una compraventa, el comprador X se hace deudor por el precio de 100 mil francos, del vendedor Y. La situación jurídica, de X y la de Y son situaciones particulares, individuales. X es deudor de 100 mil francos pagaderos en tales ó en cuales condiciones.

II. SITUACIONES JURÍDICAS:

Las situaciones jurídicas son poderes o deberes jurídicos. Todo poder o deber jurídico constituye una situación jurídica. El hecho de tener un poder legal (general o individual) coloca a una persona en una situación jurídica (general ó individual). (**Jèze**).

Así hay dos tipos de situaciones: generales ó individuales.

El derecho del vendedor de exigir el precio convenido es una situación jurídica individual, subjetiva. Por el contrario, el privilegio del vendedor, el derecho de ejercer la acción judicial, el poder de embargar los bienes del deudor, son situaciones generales, impersonales por la ley, no por la voluntad del vendedor ni del comprador.

1. Situación jurídica general, impersonal, objetiva.

Cuatro caracteres fundamentales distinguen esta situación jurídica. Son:

1° General e impersonal. Es la misma para todos los individuos que se encuentran en las mismas situaciones de hecho. Este es el punto capital. El acto jurídico que la crea organiza y regula es necesariamente vana ley o un reglamento; la esencia de la ley ó el reglamento consiste en formular reglas generales. Por eso estas situaciones jurídicas generales son llamadas también legales ó reglamentarias. Son situaciones jurídicas generales el poder electoral (derecho de votar) la competencia de un funcionario; la capacidad de la casada; son creadas exclusivamente por la ley. El contenido de este poder esta exclusivamente determinado por las leyes y reglamentos.

2° Permanente. El poder jurídico subsiste y puede ser ejercitado indefinidamente, sin que su ejercicio lo haga desaparecer. Por ejemplo, el individuo que goza del poder electoral tiene el derecho de votar indefinidamente. El ejercicio de ese poder no hace perder la calidad de elector. En otros términos la situación jurídica general, impersonal es permanente, como la ley o el reglamento que la organiza.

3° Modificable por la ley o el reglamento. Por ejemplo, el poder electoral, la competencia, la capacidad de las personas pueden en cualquier instante ser modificadas por las leyes o reglamentos según las exigencias de los intereses generales.

4° No puede ser objeto de renuncia general absoluta. Por ejemplo, el elector no podrá renunciar de manera general absoluta a su poder electoral. No se puede renunciar de manera general a casarse o a volverse a casar, a ser propietario, etc. En efecto, las leyes generales se aplican a todos los individuos, no puede depender de la voluntad de un individuo que una ley no le sea aplicable: esto haría perder a la ley su carácter esencial de generalidad.

Artículo 5º del Código Civil: "La renuncia de las leyes en general no surte efecto". Así una renuncia general, absoluta no es válida aunque ella sea temporal.

Pero cabe hacer dos observaciones capitales: a) En principio el individuo investido de un poder legal puede abstenerse de ejercitarlo (el elector puede abstenerse de votar). Bien entendido que el poder legal puede estar organizado de tal suerte que quien esta investido de el no puede abstenerse de ejercerlo (la competencia de que están investido los agentes públicos es un poder legal que deben ejercer), el juez que se negare a juzgar se haría reo de denegación de justicia sancionado por la ley penal.

b) Si la renuncia general absoluta de un poder legal es ilícita, por el contrario la renuncia relativa a tal caso particular es, en principio licita. Así se trata, en realidad del ejercicio o de un cierto ejercicio del poder legal. Un individuo no puede renunciar de manera absoluta al poder legal de ejercer el comercio, pero si puede renunciar de modo relativo, a ejercer el comercio en un determinado barrio de la ciudad.

2. Situación jurídica individual, subjetiva

La situación jurídica individual tiene cuatro caracteres esenciales que son contrarios a los que hemos hallado en la situación jurídica general e impersonal. Y son:

1º. Particular: la situación jurídica individual es particular, el contenido del poder jurídico es especial a un individuo determinado. El vendedor X posee el poder jurídico de reclamar 100 mil francos al comprador Y. La ley ó el reglamento jamás pueden dar nacimiento a una situación jurídica individual.

2º Temporal: El poder jurídico y el deber jurídico individuales desaparecen después del ejercicio del poder ó del cumplimento del deber. El comprador X queda librado desde que ha pagado el precio.

3º No es modificable por las leyes o reglamentos. La ley ó el reglamento no pueden cambiar el contenido de la situación jurídica individual. El contenido del crédito de 100 mil francos que posee el vendedor X contra el comprador Y no puede ser modificado por el legislador.

4º Es susceptible de renuncia: El titular de un crédito por una suma de dinero puede renunciar a reclamarla del deudor: renuncia de deuda. El titular de la situación jurídica individual que le permite exigir de determinada persona el cumplimento de cierta prestación, puede renunciar a su poder.

III.   CLASIFICACIÓN DE LOS ACTOS JURÍDICOS.

En la definición de acto jurídico decíamos que el efecto producido consistía, en crear una situación jurídica, investir a un ciudadano de dicha situación ó legalizar una situación jurídica preexistente.

Efectos Jurídicos del acto administrativo: 1. Crear una situación jurídica general o individual; 2. Investir a un individuo de dicha situación. 3. Legalizar una situación jurídica preexistente.

Ahora bien, de los efectos se puede sacar una clasificación los actos jurídicos según su contenido (**Jèze**):

a) Actos creadores de una situación jurídica general (Actos legislativos ó reglamentarios).

b) Actos creadores de una situación jurídica individual (unilaterales o contractuales)

c) Actos que confieren a un individuo una situación jurídica general, un status (actos condición que constituyen la condición para la aplicación a un individuo de un status legal).

d) Actos que legalizan una situación jurídica general, una situación jurídica particular o un hecho (acto jurisdiccional).

1. Acto legislativo o reglamentario:

Se caracteriza por que organiza, crea una situación jurídica general, impersonal objetiva, organiza un poder jurídico impersonal, objetivo, contiene esencialmente una regla de derecho, una norma jurídica.

Toda manifestación de voluntad que, en ejercicio de un poder legal, crea u organiza una situación jurídica general, impersonal es una ley, un acto legislativo. Poco importa la calidad, del autor del acto, no interesando tampoco sus formas y el procedimiento seguido para realizarlo. La clasificación está basada en la materia, en el contenido del acto.

De ahí se desprende porque no existe diferencia de naturaleza jurídica entre:

1° La Ley; regla de derecho general e impersonal, formulada por las dos Cámaras y promulgadas por el Presidente.

2° Decretos leyes de facto y regulares: Reglas jurídicas generales, impersonales formuladas por el Presidente de la República

3° Reglamentos

4° La resolución, instrucción y circulares ministeriales: en tanto se trate de una regla de derecho general e impersonal formulada por un ministro.

En todos estos casos cualquiera que sea la calidad del autor del acto, las formas seguidas y el nombre dado al acto jurídico hallamos siempre como efecto jurídico querido la creación de una situación jurídica general, impersonal, objetiva. Ello es necesario para que exista el acto legislativo en sentido material.

2. Actos creador de una situación jurídica individual.

Es la manifestación de voluntad que tiene por efecto dar nacimiento a un poder jurídico individual.

Los actos creadores de situación jurídica individual se reconocen por su contenido jurídico, por el objeto jurídico producido por la manifestación de voluntad del autor del acto. No hay porqué ocuparse de la calidad del autor del acto, ni de las formas seguidas para realizarlo.

Los actos creadores de una situación jurídica individual se clasifican:

1. <u>Manifestaciones unilaterales de voluntad</u> (condena de pago de multa). El efecto jurídico se produce por las manifestaciones de voluntad de uno o de varios individuos, que obran en el mismo sentido y que guarden el mismo efecto jurídico.

2. <u>Manifestaciones unilaterales de voluntad</u> (compra-venta). El efecto jurídico se produce por las manifestaciones de voluntad de dos o más individuos, que persiguen efectos jurídicos diferentes, estando determinadas sus voluntades recíprocas.

3. Actos Condición.

El acto condición de aplicación a un individuo de un status legal o reglamentario, de una situación jurídica general e impersonal, el acto condición de ejercicio de un poder legal jurídico, es una manifestación de voluntad que tiene por objeto jurídico colocar a un individuo en una situación jurídica impersonal o de regularizar el ejercicio de un poder legal (la situación jurídica general e impersonal es preexistente).

Es preciso distinguir cuidadosamente el acto condición del acto llenado de situación jurídica individual. El punto de semejanza estriba en que ambos se refieren a un caso individual. Como resulta fácil distinguirlos si se atiende a su contenido jurídico. En el acto condición el contenido jurídico no es la creación de una situación jurídica individual. La situación jurídica en la cual va a ser colocado un individuo, existe ya, además esta situación es una situación general o impersonal y no una situación individual.

Los actos condiciones son muy numerosos. Veamos algunos ejemplos. El decreto por el cual el Presidente de la República concede la naturalización es una manifestación de voluntad que tiene por objeto colocar al individuo naturalizado en la situación jurídica general de nacional; este acto tiene por objeto investir a un individuo del status de venezolano. El nombramiento, la elección de un funcionario y la separación de un agente público, son también a dos condiciones. El efecto jurídico del nombramiento de la elección y de la separación es colocar a un individuo en una situación jurídica general impersonal: la de agente político o la de funcionario separado.

La acción judicial y el recurso judicial son actos condiciones.

Por regla general el juez no puede resolver de oficio, sino que debe ser instado por un recurso por una acción. Por lo tanto, el recurso judicial es condición para que el juez ejerza su competencia legal.

Los actos condición, cuando son la condición establecida por la ley para el ejercicio de una competencia legal, tiene doble carácter. Unas veces la manifestación de voluntad es la condición para que una competencia legal pueda ejercerse: otra es la condición para que dicha competencia legal deba ejercerse. Por ej.: en la operación de expropiación por causa de utilidad pública, cuando se ha dictado al decreto, surge para los agentes públicos competentes la obligación de realizar los actos de procedimiento. Por el contrario, el acto declaratorio de utilidad pública es, evidentemente, la condición para el ejercicio regular de la competencia del prefecto (decreto), pero el prefecto no tiene obligación de realizar ese acto.

Asimismo, en el procedimiento de recurso judicial la acción, el recurso legalmente entablado, obliga al juez a fallar.

4. Acto jurisdiccional:

Es la manifestación de voluntad en ejerció de un poder legal que tiene por objeto declarar una situación jurídica (general o individual) o hechos pero con fuerza de verdad legal. Con respecto a esto destaca **Jèze**:

1) La esencia del acto jurisdiccional es una declaración de una situación jurídica ó de hechos. Toda declaración no es un acto jurisdiccional, sólo existe este acto cuando la declaración tiene fuerza de verdad legal. El legislador es quién, decide discrecionalmente que, en determinados casos, la declaración que hace cierto individuo tendrá fuerza de verdad legal.

Por la tanto depende exclusivamente del legislador que tal declaración sea o no un acto jurisdiccional.

2) Poco importa el autor del hecho. No se puede decir que el acto jurisdiccional sea el realizado por el juez, pues esto nos conduciría a la siguiente pregunta ¿Quién es el juez? y no podría uno contentarse con responder: es el agente público que realiza actos de jurisdicción, por otra parte, el juez no cumple sólo actos de naturaleza: de él también emanan actos creadores de situaciones jurídicas individuales, como asimismo, actos condición (actos de jurisdicción voluntaria) que no pueden llamarse actos condición.

3) Poco importan las formalidades observadas en el acto. Originariamente el acto jurisdiccional se realiza según ciertas formalidades, en el primer lugar (Francia) el debate contradictorio y la publicidad. Es deseable, desde el punto de vista político que el acto jurisdiccional sea realizado con ciertas formalidades que den a los litigantes las más serias garantías, sin embargo éstas formalidades no constituyen un elemento esencial del acto jurisdiccional desde el punto de vista de la técnica jurídica. El hecho de que el legislador exija, para la realización de un acto jurídico las formalidades prescritas para el acto jurisdiccional, no cambia la naturaleza del acto. Con o sin las formalidades jurisdicclonales el acto tiene la naturaleza jurídica que le da su contenido jurídico, es decir, el efecto jurídico producido por la manifestación de voluntad.

Expresa **Pérez Luciani** que el acto jurisdiccional se caracteriza por:

1. Es siempre un acto de ejecución de la ley (acto ejecutivo).

2. Constituye una declaración. Desde un cierto punto de vista todos los actos jurídicos pueden agruparse en: actos constitutivos que tienen por finalidad crear, modificar o extinguir una relación jurídica y actos declarativos que son los que ni crean, ni modifican ni extinguen ninguna relación jurídica. El objeto de estos actos es que constatan, verifican la existencia de un acto anterior.

3. Que tenga fuerza de verdad legal. Divide los actos jurídicos en tres tipos:

a) Revocables:(testamento) puede revocarse en cualquier momento esa manifestación de voluntad. Lo mismo un nombramiento de un funcionario público.

b) Irrevocables e impugnables (contrato): Después de celebrado el contrato de compraventa no se puede revocar ese contrato, no se puede extinguir ese contrato por la manifestación de una voluntad en contrario. A pesar de que el acto puede ser impugnado, atacado en su validez o en su existencia porque hubo vicios, el objeto no era lícito o no había capacidad jurídica.

c)   Irrevocables e Inimpugnables: Estos tienen una estabilidad jurídica absoluta. Es decir, que tienen, fuerza de verdad legal o de cosa juzgada. No todos los actos jurídicos adquieren de inmediato ese carácter pero tienden necesariamente a él.

Ejm: el indulto, no toca al acto jurisdiccional sino que modifica el acto condición, que es de naturaleza distinta. El indulto modifica esa consecuencia, el acto jurídico permanece.

Otra interpretación del acto jurídico (**Calamandrei**): "Todo acto jurisdiccional consiste en un silogismo". La norma legal, premisa mayor; el hecho jurídico, premisa menor; y la sentencia, la conclusión.

Se le critica a esta concepción que no sólo en los actos jurídicos se produce el proceso lógico, sino que se da en todo razonamiento humano.

Actos jurídicos puros: casos excepcionales. La decisión recae sobre cuestiones de procedimiento, previas, incidentales o perjudiciales.

Actos jurídicos complejos: que contienen dos ó más actos simples. Cuando uno se haya en presencia de un acto jurídico conviene primeramente investigar si se trata de un acto jurídico simple o de un conjunto de actos jurídicos. Ocurre a menudo, en efecto, que una operación jurídica se compone de varios actos jurídicos de distinta naturaleza.

IV.   HECHOS MATERIALES. LOS ACTOS MATERIALES.

Los hombres no realizan solamente actos jurídicos. Junto con las manifestaciones de voluntad existen hechos materiales, actos materiales. El cartero que distribuye la correspondencia, el peón caminero que rompe los guijarros en la carretera, el basurero que recoge la basura en la calle, el profesor que dicta un curso ante los estudiantes, todos esos individuos no realizan ciertamente actos jurídicos, ni, manifiestan su voluntad con el objeto de producir un efecto jurídico. Nos hallamos ante actos materiales.

Muy frecuentemente éstos hechos materiales, estos actos, no interesan en lo más mínimo al derecho. Tampoco producen ninguna consecuencia jurídica. Pero el acto material puede haber sido realizado en tales condiciones que resulte posible una consecuencia jurídica. Por ejemplo, el barrendero que desempeñando su trabajo daña a alguien; el cartero ha distribuido equivocadamente una carta; el profesor ha difamado a alguien durante su curso. He aquí hechos materiales, actos que pueden tener consecuencias jurídicas. La víctima va a poder reclamar una indemnización.

Existen hechos involuntarios que producen consecuencias jurídicas: el nacimiento, la muerte. En el derecho privado el nacimiento tiene consecuencias jurídicas importantes; el individuo desde el instante de su nacimiento, o aún desde su concepción, tiene un status legal. La muerte produce también numerosas consecuencias jurídicas, de resultas del fallecimiento del causante *ab intentato*, determinados parientes legítimos ó naturales se encuentran con relación a los bienes dejados por el difunto, investidos de una situación jurídica general: la de propietario.

El tiempo posibilita la adquisición de derechos, por usucapión, ó pérdida de derechos por prescripción extintiva.

Finalmente es sabido que el término ó la condición son ó pueden ser hechos materiales que retardan la realización de una situación jurídica ó a los cuales se subordina el nacimiento, la aplicación ó la resolución se una situación jurídica.

Sin embargo hay que destacar que un hecho material no es nunca, desde el punto de vista de la técnica jurídica, más que la condición de aplicación a un individuo de un 'status" legal o la condición para el ejercicio de un poder legal. Pero jamás un hecho, un acto material crea una situación jurídica cualquiera. (**Jèze**) La situación jurídica general no puede ser erada más que por una manifestación unilateral "bilateral" de voluntad. En otros términos, se precisa siempre un acto jurídico, una manifestación de voluntad en el ejercicio de un poder legal. Es decir, los hechos materiales producen consecuencias jurídicas en la misma forma que los actos condición. Por ejemplo, el accidente de automóvil coloca a la persona dañada en la situación general de reclamar el daño.

A los hechos que se producen sin intervención del hombre (tempestad-tiempo) y a los hechos humanos involuntarios muchos le dan el nombre de hechos jurídicos y el nombre de actos jurídicos a los hechos humanos voluntarios que producen consecuencias jurídicas.

V. ACTOS ADMINISTRATIVOS

En el derecho positivo venezolano, en la Constitución del 47, en el Artículo 220, ord. 9° aparece expresado con el nombre de acto administrativo. En las constituciones anteriores y en la del 53 aparece con el nombre de actos del poder público o sino aparecen expresadas algunas especies de esos actos como resoluciones ministeriales ó administrativas. Siendo el problema de éstos más complejos, pues en Francia, Italia y Alemania se ha comenzado a elaborar el acto administrativo en base a concepciones distintas.

1. Concepto histórico del acto administrativo:

FRANCIA: Este nombre es utilizado por primera, vez en una ley del período de la Revolución, (septiembre de 1795). Esta ley mencionaba al acto administrativo cuando prohibía a los tribunales conocer de los actos administrativos de cualquier especie.

La segunda mención es en un acto del Directorio (2 de abril de 1797). Aquí había un comienzo de definición de lo que era acto administrativo: "Por operaciones de los cuerpos y actos administrativos debe entenderse todas aquellas que derivan de las órdenes que el gobierno da a sus agentes inmediatos, bajo la vigilancia del mismo gobierno y con dinero proveniente del mismo tesoro público".

La primera definición doctrinaria se encuentra en el repertorio de jurisprudencia de **Merlín** (1812): "Acto administrativo es una resolución ó decisión de la autoridad administrativa que tiene relación con sus funciones".

Este es el comienzo francés y en general de la elaboración del acto administrativo, con estas bases comienza la elaboración del concepto. La evolución posterior ha llevado el concepto al siguiente plan: para la definición del acto administrativo, los tratadistas franceses se colocan en una posición formal, no dicen cuál es el contenido material del acto.

Así **Rolland** lo define: el que emana de un agente de la administración, llamado por la ley o reglamento a cumplir tiene una función determinada (es decir, en ejecución de la competencia que le señala la ley).

Para **Duguit** el acto administrativo es "un acto individual, realizado en relación a un servicio público, del cual se deriva una situación jurídica individual ó particular subjetiva."

Esta definición general en Francia ha variado un poco a partir de <u>una decisión del Consejo de Estado Francés</u> (31 de julio de 1942) en que define a los actos administrativos como "<u>los actos que se relacionan con un servicio público con independencia de que emanen o no de un órgano administrativo</u>".

<u>ITALIA</u>: Se fijan en el contenido del acto, aspecto material. Así, lo define **Vitta**: "Actos administrativos son aquellos por los cuáles la administración pública expresa su voluntad o su juicio o practica modificaciones o toma nota de comunicaciones, etc. (participa-registra-constata) y cuya finalidad es producir efecto jurídicos con relación a terceros, a sujetos extraños a la administración".

Esta posición es adoptada en Francia por **Jèze**, el cuál define el acto administrativo en base a la definición del acto jurídico: "manifestaciones de voluntad de la administración en ejercicio, de un poder legal y con la finalidad de producir un efecto jurídico."

<u>ALEMANIA</u>: Según los autores alemanes el acto administrativo es una ejecución de la ley, realizados por órganos que están subordinados unos a otros. (Jerarquizados).

Todas éstas corrientes doctrinarias nos dan una idea del estado de elaboración en que se haya el concepto de acto administrativo.

2. Definición de Moles Caubet:

Lo define con cinco notas: 1. es una determinación estatuyente. 2. Tomada con unidad de sentido. 3. En ejercicio de una función administrativa. 4. Conforme a los condicionamientos de la ley. 5. Para producir los efectos en ella previstos.

<u>Análisis</u>: 1. <u>Es una determinación estatuyente</u>: Este término lo usa **Moles** para criticar el problema de las definiciones de **Vitta**, **Jèze** que usan el término "manifestación de voluntad".

Este término ha sido criticado además por la escuela Vienesa, que lo considera un término extra-jurídico, psicológico. La crítica de la escuela vienesa al psicologismo la vemos en **Kelsen**: "Cuando se habla de voluntad del Estado o de cualquier género de voluntad colectiva no puede entenderse la realidad psicológica conocida bajo ese nombre. No se trata como piensan equivocadamente todas esas teorías de fabricar una voluntad psíquica para concedérsela al Estado (incapaz de querer); sino que lo que se llama voluntad estatal unitaria o voluntad de una comunidad cualquiera no es más que la expresión antropomórfica del orden creador de la unidad del Estado o comunidad en cuestión. Por tanto no precisa recurrir a la idea inverificable, además de que unos hombres prestan su voluntad al Estado o quieren por éste en calidad de representantes, ya que la representación sólo es posible entre hombres para no hablar del absurdo de una voluntad colectiva existente fuera de las psiques individuales o constitutivas de una integración de las mismas".

Kelsen dice: "No se trata de que el hecho interno de voluntad de un hombre se traslade al Estado sino de que una determinada acción humana es ¡imputada! a éste, se la considera realizada por él. Puesto que a los hombres se les imputan las acciones porque se las considera propias de éstos, porque las han querido. (Mientras que los actos involuntarios son considerados como meros reflejos mecánicos y por tanto no como acciones suyas ni aún como acciones en general).

También las acciones imputadas al Estado se las considera propias de éste y se dice que han sido queridas por él. Pero se olvida cuando de ese modo se equipara el Estado al hombre, que una acción no es imputada al Estado porque éste lo quiso, sino a la inversa: el Estado quiere una acción porque y en tanto le es imputada. Pero ésta imputación de un hecho al Estado no es otra cosa que la imputación del mismo a la unidad del orden estatal y ésta referencia se verifica porque, el "hecho fue establecido como debido a una norma de ese orden".

El Estado constituye el centro de imputación de todos los hechos designados como actos orgánicos o estatales.

Así, dice **Kelsen**, el Estado y toda comunidad constituye una unidad de imputación, la unidad de un orden. El Estado constituye el centro de imputación de todos los hechos designados como actos orgánicos o estatales. Y la posibilidad de imputación de acciones humanas al Estado o a una colectividad no es meramente, como se supone, una de tantas características de la colectividad, sino que constituye precisamente, la esencia de la misma, que no es otra cosa que la unidad de los hechos imputables constituida en orden.

Así, **Moles Caubet** usa el término determinación estatuyente porque es más perfecto.

2.   Establecida con unidad de criterio de sentido: Es lo que nos guía a individualizar los actos administrativos y poderlos distinguir y separar de los otros actos. Hay actos administrativos que necesitan una posterior ratificación y como tienen una unidad de sentido pertenecen a un mismo acto.

Sobre todo en derecho administrativo esto tiene mucha importancia, porque hay actos que tienen un largo procedimiento y no son, varios actos sino un sólo acto con varias etapas. Por ejemplo: patentes en el ministerio de Fomento: recibo de solicitud—estudio publicación-pago de impuesto-registro de propiedad.

3.   En ejercicio de una función administrativa: En vez de utilizar el término actos ejecutados por órganos administrativos.

4.   Conforme a los condicionamientos de la ley. Realiza la definición de lo que se ha entendido por administración, que es ejecución de la ley. Principio de legalidad. Es la base de toda la administración de un Estado de derecho.

Esta conformidad requiere:

1. que se cumpla con la regla atributiva de competencia.

2. que el acto producido revista las formalidades requeridas.

3. que el acto sea congruente con las disposiciones a las cuáles debe estar subordinado.

5.   Para producir los efectos la ley señala: El acto puede ser perfecto pero si le falta producir los efectos que señala la ley, es nulo.

El profesor **Pérez Luciani** simplifica ésta definición así: "El acto administrativo es un acto de ejecución de una norma administrativa" Ahora bien, esa ejecución requiere:

1) ejecución de la norma administrativa de competencia.

2) ejecución de la norma que posibilita el acto.

3) cumplir con los fines previstos por la ley.

3. Definición de Bielsa:

"Acto administrativo es una decisión general y especial de una autoridad administrativa en ejercicio de sus propias funciones y que se refiere a derechos, deberes e intereses de las entidades administrativas o de los particulares respecto de ellas".

4. Definición de Sayagués Laso:

"Acto administrativo es toda declaración unilateral de voluntad de la administración que produce efectos subjetivos".

1. El acto administrativo supone una manifestación de voluntad de la administración. Según **Bielsa** es decisión de una autoridad administrativa. Si no hay declaración de voluntad se está en presencia de un hecho administrativo.

2. Unilateral. De lo contrario se está frente a un acto administrativo convencional, entre los cuáles la categoría más importantes son los contratos administrativos. Pero la circunstancia de que ciertos actos unilaterales necesiten la notificación, el asentimiento o la adhesión del particular, para producir todos sus efectos no les quita su calidad de tales.

3. El acto debe emanar de la administración. Es decir, de un órgano estatal actuando en función administrativa. Es indiferente el poder a que pertenezca el órgano. Los órganos legislativos o judiciales, cuando actúan en función administrativa dictan actos administrativos (designación, por dichos órganos, de funcionarios para sus dependencias).

4. Que produzca efectos jurídicos subjetivos, concretos, de alcance puramente individual. Esto lo diferencia del reglamento, que es también un acto de administración pero que crea reglas generales.

V. HECHOS ADMINISTRATIVOS:

Llamados por **Sayagués** "operaciones materiales" a diferencia de las otras funciones jurídicas estatales que se agotan con la sola formulación de actos jurídicos, la función administrativa requiere en múltiples aspectos el accionamiento material de los órganos de la administración.

Este elemento de ejecución es fundamental en la función administrativa (que junto con las declaraciones de voluntad constituyen el contenido de la función administrativa). Los hechos de ejecución son generalmente voluntarios, es decir, realizados por la administración con el propósito de lograr determinado resultado con consecuencias en el campo del derecho.

Otras veces los hechos se producen sin que el agente público tenga la intención de realizarlos (accidente) o al menos sin que su propósito sea producir los efectos jurídicos que de él resultan. Los primeros son hechos absolutamente involuntarios mientras que los segundos, si bien realizados voluntariamente no los fueron buscando los efectos jurídicos resultantes.

Dice **Sayagués** que interesan también al derecho administrativo ciertos hechos materiales cuya realización o consumación proyecta consecuencias sobre las relaciones jurídicas administrativas. Tales hechos se distinguen de los hechos administrativos en que no emanan de la administración sino que se producen independientemente de toda voluntad administrativa. El tiempo es uno de los hechos naturales de mayor trascendencia.

VI.   ACTOS DE IMPERIO Y ACTOS DE GESTIÓN.

En la segunda mitad del siglo pasado expresa **Bielsa**, tuvo gran auge la distinción entre los actos de imperio y los actos de gestión. Y esto en base a la opinión tradicional de que el Estado tiene una doble personalidad: pública y privada y análogamente ejerce una doble forma de actividad de la que deriva una división de sus actos en dos clases: actos de autoridad ó imperio y actos de gestión que el Estado realiza respectivamente cono persona pública y como persona privada.

Así, dice **Sayagués**, los actos de imperio eran los actos en que la administración actuaba con autoridad, imponiéndose coactivamente a los administrados en ejercicio de su imperium.

Los actos de gestión eran los actos en que la administración procedía igual que los particulares según las formas del derecho privado. Esta doctrina fue impulsada por los autores franceses.

Entre otras consecuencias la distinción daría como resultado mantener en el derecho privado casi todos los actos que la administración realizaba en la ejecución de los servicios públicos, cada día más numerosos, porque en ellos no aparecía el poder coactivo estatal.

Esta solución chocaba con la realidad; de ahí que un importante sector de la doctrina evolucionara distinguiendo tres categorías de actos: los actos de autoridad, los actos de gestión pública y los actos de gestión privada (**Hauriou** y **Bielsa**) En esa forma en los actos de gestión pública quedaba incluida la mayor parte de la actividad realizada para la ejecución de los servicios públicos.

Bielsa expresa que los actos de gestión pública (de naturaleza mixta, de gestión y de autoridad) son aquellos que las autoridades administrativas realizan en virtud de su actividad pública, con motivo de la prestación de los servicios públicos.

La doctrina moderna le niega fundamento a la distinción.

VII.   ACTOS DE GOBIERNO.

Todo el derecho público moderno está fundamentado en el principio de legalidad. Este principio tiene gran influencia en el proceder de la administración pública. Es el poder ejecutivo el más expuesto a los desbordamientos institucionales (ejercer competencia fuera de las indicadas por el poder legislativo) pero por el principio de legalidad la actividad de la administración está sometida a la ley

Para la realización del principio de legalidad, tiene que existir una alta jurisdicción (Consejo de Estado, Corte Federal) que conozca los actos y le quite validez a los actos contrarios a ese principio de legalidad.

FRANCIA: (**Sayagués**) En el derecho francés la distinción entre actos de gobierno y de administración encuentra su base legal en la ley de 24 de Mayo de 1872, según la cual ciertos actos no serían susceptibles de recursos ante el Consejo de Estado ni podían motivar una reclamación de perjuicios. Así en el derecho francés se llaman actos de gobierno los actos realizados por autoridades administrativas y que no son susceptibles de ningún recurso ante los tribunales.

El criterio para determinar cuáles son los actos de gobierno ha evolucionado mucho en el derecho francés. En un primer momento se tomó en cuenta el móvil que había inspirado el acto: cualquier acto era considerado de gobierno si había sido dictado por razones políticas. Ese criterio indudablemente anticientífico fue abandonado por el Consejo de Estado en 1875, procurándose sustituirlo por una noción relacionada con el objeto de los actos, es decir, estableciendo una diferencia de naturaleza entre las funciones de gobernar y de administrar. Pero ante la imposibilidad de hallar conceptos claros al respecto se admitió un criterio empírico, conforme al cual se consideran actos de gobierno aquellos declarados tales por el Consejo de Estado.

En el momento actual, la nómina de los actos de gobierno es muy reducida: en el ámbito interior los actos del poder ejecutivo, en sus relaciones con el parlamento, el estado de sitio y ciertas medidas de carácter interno. En lo exterior los actos de carácter diplomático (tratados, su interpretación, instrucciones a los agentes diplomáticos, anexión de territorios, actos y hechos de guerra).

Pérez Luciani señala la siguiente lista, elaborada por los franceses y son:

1. Actos que se relacionan con el poder legislativo (convocatoria y disolución de las cámaras, iniciativa ministerial, etc.). Estos escapan al control de la ley;

2. Actos relativos a las relaciones internacionales;

3. Actos ocurridos con motivo de guerra;

4. Medidas de seguridad interior;

5. Indulto.

ITALIA: La distinción y definición de los actos de gobierno no ha sido doctrinaria y jurisprudencial como en Francia, la distinción está impuesta por un hecho legal, por la Ley de Organización del Consejo de Estado (1924), que excluye del recurso de anulación por ilegalidad a los actos emanados del gobierno en el ejercicio del poder político.

Moles Caubet define los actos de gobierno en sentido estricto por la concurrencia de dos notas: a. Son actos estatales de ejecución inmediata de la constitución. En consecuencia se encuentran desvinculados de la ley formal y provistos de análoga eficacia.

b. Dimanan del ejercicio de una actividad atribuida al gobierno, considerando a éste como el conjunto de los órganos superiores del poder ejecutivo, separados –al menos funcionalmente- de la administración.

La naturaleza jurídica de los actos de gobierno la pone de relieve Adolfo **Merkl** cuando afirma: procediendo de funciones delegadas inmediatamente de la constitución (y no condicionadas por leyes ordinarias) se encuentran en el mismo plano que la ley, siendo preciso acoplarlos a la legislación ordinaria, por ejecutar, de una manera inmediata la constitución. Así, el último recurso contra los actos de gobierno es el recurso de inconstitucional.

Únicamente dice **Moles Caubet**, la constitución puede establecer y establece la regla de competencia que preceptúa las modalidades de tales actos por lo cual aparecen enumerados taxativamente:

A) Relaciones del poder ejecutivo con el legislativo convocatorias a sesiones extraordinarias (Constitución: art. 108,a,1). En otros países la disolución de las cámaras convocando nuevas elecciones.

B) Relaciones internacionales: dirigirlas (108-9), celebrar tratados, adherirse a los que tengan carácter multilateral (108-4) y aprobar aquellos en que no corresponda a las cámaras legislativas, adoptando otras medidas (81-3).

C) Actividades militares: dirigir la guerra (108-22) y cuanto afecte al mando supremo del ejército (102).

D) Estado de excepción: restringir o suspender las garantías ciudadanas en todo ó en parte del territorio nacional. (36)

E) Presupuesto: la elaboración del presupuesto general de ingresos y gastos públicos (81-5,120). Decretar créditos adicionales (108-5).

F) Decisiones referidas a los órganos del poder ejecutivo: nombrar y remover los ministros (108-17). Reservar al Presidente de la República el ejercicio de cualquier ministerio. (108-18). Encargar a un ministro del poder ejecutivo (108-19). Adscribir a la presidencia los servicios pertinentes. (108-20). Nombramiento y cese de altos funcionarios (108-10).

G) Amnistías e indultos. Acordar su concesión (108-16). **Pérez Luciani** considera solo el indulto como acto de gobierno. **Bielsa** expresa: El acto de indulto y el de la amnistía tienen en común que ambos se resuelven en la inejecución de la ley penal en lo que concierne a la aplicación de la pena en casos determinados. Pero mientras el indulto es un acto particular y atribución de carácter ejecutivo, la amnistía es una decisión general y atribución legislativa (La amnistía borra el delito; implica una verdadera anulación de la ley que lo tipifica).

H) Fijar normas para la utilización de los ingresos de los Estados, del Distrito Federal, y de los Territorios Federales (108-13).

Sujeto de ésta actividad: el Gobierno.

Expresa **Moles**: la diferencia entre un acto de gobierno y un acto administrativo queda evidentemente dado por el rango de la norma que respectivamente los condiciona: en el primer caso la constitución, en el segundo la legislación o legalidad ordinaria.

En cambio resulta mucho más dificultoso precisar el sujeto activo distinguiendo el gobierno de la administración. No obstante, los textos constitucionales persiguen ésta diferencia. Así el Artículo 99 de la Constitución declara:"lo relativo al gobierno y la administración nacionales no atribuido por ésta Constitución a otra autoridad, compete al poder ejecutivo nacional". Ahora bien, ¿Qué ha de entenderse por gobierno como concepto diferenciado del de administración?

Los tratadistas suelen obscurecer el planteamiento del problema en su empeño en sostener que el gobierno es un sector calificado de la administración. (**Smend**).

Entonces en tanto que la administración sería una actividad condicionada por la ley ordinaria, el gobierno desplegaría una voluntad libre y creadora. (**Kelsen**).

Lo recalca **George Jellinek** "en todo Estado se puede hallar una oposición en el ejercicio de todas sus funciones, a saber, la oposición entre la actividad libre y la actividad reglada (según **Kelsen** actividad vinculada). La primera se determina por el interés común pero no mediante una regla especial jurídica. La segunda se propone la satisfacción de un deber de derecho. La actividad libre es por su importancia la primera también lógicamente y constituye el fundamento de todas las demás actividades".

Kelsen expresa que es primaria, lógica y temporalmente, mientras que la actividad vinculada se apoya en ella, la cual le determina la dirección a seguir. Por ella, actividad libre, obtiene el Estado dirección y objetivo en su movimiento histórico, toda transformación y progreso en su vida parte de ella.

En suma, el gobierno sería según **Kelsen** "el ámbito jurídicamente libre de la administración que escapa de las regulaciones del derecho.".

Más ¿en qué basan la diferenciación?

Expresa **Moles** para explicar la dinámica estatal la teoría del Estado destaca siempre dos actividades típicas que corresponden a dos especies correlativas de órganos, existen en efecto, órganos dirigentes *y* órganos dirigidos.

Los órganos dirigentes tienen la iniciativa de las orientaciones, como sucede con las cámaras legislativas y el gobierno, en tanto que, los órganos dirigidos se limitan a seguirlas y aplicarlas. Por ello se dice muy exactamente que los órganos dirigentes son políticos y los órganos dirigidos son apolíticos.

Transportando esta diferenciación al plano jurídico, resulta que los órganos llamados dirigentes ó políticos gobierno y parlamento se encuentran por igual desvinculados de la ley ordinaria y tienen además, atribuida la competencia de dictar normas de rango legal ó legislación (leyes formales- actos de gobierno).

Ahora bien, señala **Moles Caubet**: "Pero ni la condición de dirigente que tiene el gobierno en el orden político, ni el poder normativo que jurídicamente le corresponde para dictar normas de rango legal o actos singulares de la misma índole (actos de gobierno) le permiten escapar a las regulaciones del derecho".

Nada más inexacto en el supuesto contrario, pese a la afirmación de los tratadistas citados (**Kelsen** y **Jellinek**) pues, de una parte su actividad se encuentra siempre y en cada caso condicionada por la constitución en igual medida que el poder legislativo, y la otra parte permanece sometida al control reglamentario (**Carré de Malberg**).

¿En qué consiste esto? **Kelsen** lo precisa al decir que "el control del poder legislativo sobre el ejecutivo que rompe abiertamente el principio de la separación de poderes puede referirse no sólo a la constitucionalidad sino incluso a la oportunidad *y* conveniencia política de los actos de gobierno.

Evidentemente ese control alcanza una mayor eficacia en los países que adoptaron el sistema parlamentario pues puede ocasionar inclusive la división del gobierno. No obstante no deja de influir en los sistemas presidencialistas".

En la Constitución Venezolana se consignan varias medidas que afirman el control parlamentario:

Art. 78-l. Voto de censura a los ministros.

Art. 80-4. Comparecencia de los ministros ante las cámaras.

Art. 109-16. Presidente y ministros presentan cuenta de su administración y la memoria de la gestión del despacho.

De todo ello se deduce dice **Moles**, tanto la separación lógica orgánica entre gobierno y administración como la separación funcional. En consecuencia, ni la administración ha de intentar someter a su régimen al gobierno ni éste invadir los dominios de la administración.

Como observa **Heller** "el estado totalitario de las dictaduras modernas, que conviene en política a todas las demás relaciones sociales, tiene que valerse –abusivamente- no sólo de la administración sino también de la justicia como instrumento inmediato de poder"

Conclusión: Se habla con frecuencia de actos de gobierno cono si se tratara de particular actividad del Estado, no comprendida en algunas de las funciones que se han definido, habiendo llegado a afirmar que la actividad del gobierno es una cuarta actividad del Estado existente al lado de la legislación, la justicia y la administración.

En Venezuela, el profesor Tomás **Polanco** señala las cuatro funciones incluyendo el gobierno.

Caracas, Junio de 1959.

TEMA 11:
Clasificación de los actos administrativos.
Diferentes criterios de clasificación.

Existen en la doctrina varias clasificaciones de los actos administrativos, según el punto de vista que se adopta para agruparlos en diversas categorías; y con frecuencia se observa que un mismo acto se encuentra en categorías diferentes, pues aún los criterios de clasificación son variables de un autor a otro, y así, por ejemplo, lo que para uno es el objeto del acto, para otros es su contenido y para un tercero su finalidad.

Muchos autores repiten las clasificaciones dadas para los actos jurídicos, pero esto es inadecuado.

Prescindiremos de la clasificación en actos de autoridad y actos de gestión, por estar caduca. También prescindiremos de la clasificación en actos negociables y actos jurídicos.

Sobre el problema de la clasificación de los actos administrativos han tratado muy a fondo los autores italianos. Nosotros al escoger un criterio de clasificación seguiremos los criterios lógicos de toda clasificación: incluir en ella a todos los actos, y dividirlos en categorías, diferenciándolos por sus caracteres típicos.

Nosotros estudiaremos tres clasificaciones siguiendo el criterio propuesto por el profesor **Gonzalo Pérez Luciani**, a saber:

1. Por el Sujeto o por el Objeto.

2. Basándonos en que el acto determine una obligación, un derecho o una situación jurídica.

3. Basándonos en las modalidades de estructura de los actos.

I. ESQUEMA GENERAL DE LAS CLASIFICACIONES:

I. POR EL SUJETO Y POR EL OBJETO:

    A. Actos Generales:

        1. Reglamentarios: a) Decretos-leyes

                          (ver tesis 7)

                b) Reglamentos

                          (ver tesis 6)

2. Para Reglamentarios:

    a) Actos de la Administración Interna

    b) Recordatorios

    c) Prevenciones Generales

    d) Comunicaciones

B. Actos Particulares:

  1. Individualizador

    a) Por el Objeto

    c) Por el Sujeto

  2. Actos condición

  3. Actos jurisdiccionales

II. SEGÚN QUE EL ACTO DETERMINE UNA OBLIGACIÓN, DERECHO O UNA SITUACIÓN JURÍDICA:

A. Actos Constitutivos:

  1. Actos de Creación:

    a) Actos de creación simple:

      I. Que crean un derecho:

        1. Otorgamientos (concesiones)

        2. Admisiones

        3. Autorizaciones: i. Permisos, ii. Licencias

        4. Dispensas

      II. Que crean una carga o deber: Órdenes o mandatos que crean:

        1. Declaraciones de Responsabilidad

        2. Prestaciones personales

        3. Prestaciones reales

        4. Correcciones Administrativas

        5. Sanciones disciplinarias

    b) Actos de creación que confieren una eficacia jurídica:

      I. Aprobaciones

      II. Homologaciones

      III. Inscripciones Constitutivas.

  2. Actos de Modificación:

    a) Favorables al titular:

      1. Ampliaciones

      2. Mejoras de Precio

      3. Novaciones

b)   Desfavorables al titular:

1.   Cambio de status

2.   Alteración en el régimen de los contratos

3.   Actos de Extinción:

a)   Anulación

b)   Revocación

c)   Rescate

d)   Destitución o cese.

B.   Actos Declarativos.

1.   Inscripciones probatorias

2.   Certificaciones

3.   Atestaciones dotadas de fe pública

III.   BASADA EN LAS MODALIDADES DE LA ESTRUCTURA DEL ACTO

A.   Actos Simples

B.   Actos Complejos

Soluciones de **Jèze** y los autores Italianos Actuación Administrativa:

1.   Requisitoria

2.   Citación

3.   Notificación

4.   Documentación

5.   Dictámenes

Desarrollo de las Clasificaciones:

II. CLASIFICACIÓN POR EL OBJETO O POR EL SUJETO:

1.   Actos Generales:

1.   Reglamentarios: (Ver tesis 6 y 7)

2.   Para Reglamentarios:

a.   Actos de la Administración Interna: Son las Instrucciones, circulares y las Órdenes de Servicio (ver tesis 6)

b.   Recordatorios: Son anuncios de la administración pública. Por ejemplo: El Impuesto sobre la Renta advierte a los contribuyentes que deben dar sus declaraciones en tal fecha. También el Servicio Militar Obligatorio.

c.   Prevenciones Generales: Se previene al público. Ejemplo: Se advierte a los barcos que no circulen de tal a tal zona.

d.   Comunicaciones: Son de naturaleza parecida a los recordatorios, pero varían de matiz. Los recordatorios recuerdan imperativos legales. En las comunicaciones por ejemplo se ordena colocar banderas.

2. Actos Particulares:

Crean situaciones jurídicas individuales.

1. Individualizados La individualización puede producirse por el objeto. Por ejemplo: el Ministerio de Educación determina la construcción de una escuela. Por el sujeto: se concede una beca a un estudiante.

2. Actos-condición: El acto particular por el cual se inviste a una persona de un status, de una situación jurídica preexistente. A veces ese acto condición posibilita el ejercicio de un poder legal.

3. Actos jurisdiccionales: declaración sobre un hecho con fuerza de verdad legal. Hay dos tipos de jurisdicciones: a) Gubernativa: El control del Parlamento a la administración. b) Contenciosa: Control en la vía judicial.

III. CLASIFICACIÓN SEGÚN QUE EL ACTO SEGÚN DETERMINE UNA OBLIGACIÓN, UN DERECHO O UNA SITUACIÓN JURÍDICA:

1. Actos Constitutivos:

A. Actos de Creación:

a. Actos de creación simple:

I. Actos que crean un derecho. 1. Otorgamientos: creación de derechos o facultades, aunque a veces suponga la creación de una carga. Como una modalidad de los otorgamientos se encuentran las CONCESIONES: crea en beneficio del concesionario un derecho de que antes carecía totalmente. Supone la constitución de una situación jurídica, de un nuevo derecho subjetivo.

Sayagués define la concesión como el acto de Derecho Público que confiere a una persona un derecho o un poder que antes no tenía, mediante la transmisión de un derecho o del ejercicio de un poder propio de la administración. Pueden ser: 1. Concesiones de ciudadanía; 2. Concesiones que otorgan un derecho especial o excepcional sobre bienes del dominio público o un Servicio Público; 3. Concesiones de condecoraciones.

2. Admisiones: El acto de admisión, dice **Sayagués**, es el que tiene por objeto introducir una persona en un servicio, institución (Universidad) o categoría especial, atribuyéndole los derechos y obligaciones que establece el régimen jurídico propio de aquellas.

3. Autorizaciones: El acto por el cual se permite la adquisición de un derecho, o su uso. **Gabino Fraga** las define como el acto administrativo por el cual se levanta o remueve un obstáculo o impedimento que la norma legal ha establecido para el ejercicio de un derecho de un particular.

En la generalidad de los casos en que la legislación positiva ha adoptado el régimen de autorizaciones, licencias o permisos, hay un derecho preexistente del particular, pero su ejercicio se encuentra restringido porque puede afectar la tranquilidad, la seguridad o la salubridad públicas, y sólo hasta que se satisfacen ciertos requisitos que dejan a salvo tales intereses es cuando la administración permite el ejercicio de aquél derecho previo. Así pues, la autorización, la licencia y permiso, constituyen actos que condicionan para un particular el ejercicio de algunos de sus derechos.

Como hemos visto, las autorizaciones revisten dos formas:

a)   Permisos: Se conceden para ejercer actividades que están condicionadas en virtud de un interés general que corresponde a la administración. (Fábrica de explosivos. Permiso de porte de armas).

b)   Licencias: Difieren de los permisos en la temporalidad de estos. La licencia es para el uso o explotación de cierta actividad que tienen mayor permanencia. (Caza y pesca. Conducir automóviles).

4. Dispensas: Son los actos que exoneran a una persona del cumplimiento de un requisito o prestación. **Sayagués** la define como el acto por el cual la administración descarta la aplicación de una norma general en un caso concreto, eximiendo a una persona de las obligaciones que aquella impone. Un ejemplo típico lo constituye la dispensa prevista en algunos países para ciertos impedimentos matrimoniales. También la exoneración del Servicio Militar Obligatorio.

II.   Actos que crean un deber o una carga: Constituyen órdenes o mandatos que crean:

1. Declaraciones de responsabilidad: pueden ser contractuales o extracontractuales.

Sayagués define las órdenes o mandatos como decisiones de la administración que imponen concretamente a los administrados o funcionarios la obligación de hacer algo, o la prohibición de hacerlo.

Para dictar órdenes a los particulares de la administración tiene que fundarse en textos legales o constitucionales, porque en la esfera individual aquellos actúan bajo el principio de libertad. Ocurre distinto con los funcionarios públicos, que actúan y se encuentran subordinados al jerarca y obligados en principio a cumplir sus mandatos.

2. Prestaciones personales: deberes o cargas impuestas por las leyes a los ciudadanos (Servicio Militar Obligatorio).

3. Prestaciones reales: Contribuciones, impuestos, tasas, cargas, etc.

4. Derecho Penal Administrativo (Para el vulgo).

5. Sanciones disciplinarias: se aplican a los funcionarios que pertenecen a la jerarquía administrativa. (Para los burócratas).

A.   Actos de creación que confieren una eficacia jurídica:

I.   Aprobaciones: El acto de aprobación puede definirse como la declaración de voluntad administrativa que acepta como bueno un acto de otro órgano complementando así su eficacia jurídica. (Visto bueno actos de contraloría)

II.   Homologaciones: Consiste en un examen del acto en virtud del cual se le concede eficacia jurídica a ese acto (Exequátur).

III.   Inscripciones probatorias: Hay muchos actos en los cuales la Ley ordena que se inscriba un documento o que se levante un acta (derecho de una persona sobre el producto de su inventiva. Patentes.)

B. Actos de Modificación:

1.   Favorables al titular:

a) Ampliaciones: El acto que amplía el derecho de un titular (Derecho preexistente).

b) Mejoras de Precio: La administración al contratar no procede como los particulares, a veces impone mejoras de precios (paga más de lo que se pide).

c) Novaciones: Sustituir una obligación por otra totalmente distinta. Se extingue la vieja y se produce una nueva.

2. Desfavorables al titular:

a) Cambio de "status": modificaciones de situaciones jurídicas generales, desfavorables al titular.

b) Alteración en el régimen de los contratos: la administración pública puede introducir modificaciones en los contratos, unilateralmente.

C. Actos de Extinción:

1. Anulación: extinción de un acto administrativo, en vía jurisdiccional por motivo de legalidad.

2. Revocación: extinción de un acto administrativo en vía administrativa por motivo de inoportunidad y de inconveniencia.

3. Rescate: posibilidad de la administración en determinadas circunstancias, de rescatar de manos del concesionario el Servicio Público o la concesión que se haya otorgado.

4. Destitución o cese: acto por el cual se destituye a un funcionario. (Cese en sus funciones).

2. Actos Declarativos:

1. Inscripciones probatorias: El Registro es el acto por el cual la administración anota, en la forma prescrita por el derecho objetivo, determinados actos o hechos cuya realización se quiere hacer constar en forma auténtica. La inscripción de los nacimientos y defunciones constituye el registro de otros tantos hechos; la inscripción de los contratos de compraventa, hipoteca y arriendo de inmuebles, el registro de actos celebrados entre particulares.

2. Certificaciones: es el acto por el cual la administración afirma la existencia de un acto o de un hecho. Se hace constar por escrito, entregándose el documento respectivo al interesado.

3. Atestaciones dotadas de fe pública: Por ejemplo el papel que da el Párroco cuando nace un niño.

IV. CLASIFICACIÓN CON BASE A LAS MODALIDADES DE LA ESTRUCTURA DEL ACTO

1. Opinión de Jèze: Según Jèze, el acto administrativo se divide con base en las modalidades de su estructura en:

Acto Simple: Es el acto conformado de una manera unitario. Por ejemplo los Reglamentos.

Acto Complejo: Los formados por dos o más de esos actos simples.

2. Opinión de los autores Italianos: Para diferenciarlos de esta manera, los autores Italianos toman otro criterio, y así distinguen, si el acto emana de un solo órgano es un

acto <u>simple</u>, y si en la emanación del acto intervienen dos o más órganos, es un acto <u>complejo</u>.

Estas dos distinciones son criticables: a) **Jèze** para clasificar un acto de complejo se fija en una relación de orden lógico y formal. (Por ejemplo, una sentencia que vaya acompañada de la declaración, junto con la consecuencia).

Esto se puede constituir por dos órganos separados no hay necesidad jurídica para que los dos estén en un solo acto. **Jèze** olvida que hay una serie de actos aislados que tienen íntima relación con otros, los cuales se influyen recíprocamente en su validez, y los califica de simples.

b) Los autores Italianos, tienen el mismo problema, hay actos que emanan de un solo órgano y son actos complejos, pues dependen unos de otros.

Nosotros vamos a acoger una diferenciación diversa:

1. <u>Actos Simples</u>: los que tienen en si mismos su principio y su fin. (Reglamento). No deja un acto de ser simple porque vaya acompañado de las operaciones coadyuvantes.

2. <u>Actos Complejos</u>: conjunto de actos que tienden al mismo fin. El nexo entre los actos es la misma finalidad. Por ejemplo: los actos constitutivos de creación simple confiriendo una determinada eficacia jurídica.

Al decir que el acto complejo es un conjunto de actos, significamos que:

1.   se trata de verdaderos actos administrativos, que realizan la definición del acto administrativo;

2.   cada acto tiene una individualidad propia, una unidad de sentido;

3.   necesariamente debe reunir dos o más actos;

4.   debe haber un nexo necesario que los una para que los actos no se mantengan aislados.

En la generalidad de las veces, esta unión se produce mediante un elemento conexor o unitivo que se llama actuación administrativa. Esa no es un acto, ni se concibe que exista separada o aislada de los actos. No tiene autonomía, es una tramitación. Este trámite a veces tiene gran importancia y su falta a veces puede acarrear la nulidad, del acto.

V.   ACTUACIONES ADMINISTRATIVAS:

1.   <u>REQUISITORIA</u>: o requerimiento, es una intimación que hace la administración para que se cumpla un deber exigible administrativamente. Consiste en un aviso al interesado de que se van a utilizar medidas de seguridad.

2.   <u>CITACIÓN</u>: Orden de comparecencia o llamamiento personal a una persona para que ejercite derechos o acciones, o para que alegue algo o responda a unas acusaciones. Supone el acto que la origina y el acto posterior que va a realizarse.

3.   <u>NOTIFICACIÓN</u>: Es el acto mediante el cual se lleva al conocimiento del interesado el contenido de un acto. **Sayagués** la define como el acto mediante el cual la administración pone un acto o hecho en conocimiento de una o más personas. Tiene efecto sobre la eficacia del acto, después de hecha la notificación puede actuar el interesado.

4.   <u>DOCUMENTACIÓN</u>: Se traduce en la realización de una serie de trámites para verificar la realidad de ciertos hechos:

a) Inspección

b) Encuestas

c) Búsqueda de documentos,

5. <u>DICTÁMENES</u>: contienen un parecer o un juicio. Son meramente juicios que la administración expresa por medio de sus órganos o funcionarios, sobre cuestiones determinadas.

El conjunto de ACTOS ADMINISTRATIVOS, estas TRAMITACIONES ADMINIS-TRATIVAS constituyen el llamado PROCEDIMIENTO ADMINISTRATIVO.

Toda la administración prácticamente es procedimiento, y este se recoge en los llamados <u>expedientes administrativos.</u>

Caracas, Junio de 1959.

TEMA 12

Condiciones del acto administrativo. Materiales: competencia, objeto, causa, motivo. Formales: formas del acto. El silencio administrativo. Procedimiento administrativo. Accidentales: la condición y el término.

Como principio fundamental de los actos administrativos, encontramos el principio de la legalidad. Según este principio, toda la administración, todos los actos administrativos están sometidos a la Ley, o están condicionados por una norma legal.

Este principio presenta varias modalidades que representan los distintos grados de legalidad a que puede estar sujeta la administración. Estas modalidades son: 1- Los actos administrativos para ser válidos y eficaces es suficiente que no contradigan una norma legal. 2- Los actos administrativos para ser válidos y eficaces, es necesario que estén permitidos por una norma legal. 3- Los actos administrativos, para ser válidos y eficaces, es necesario que realicen una norma legal.

En todas las tres formulaciones, se tiene siempre, el principio dado al comienzo; y depende de la materia que regulen la mayor o menor sujeción a la norma legal.

Este principio de Legalidad, aparece a veces enunciado en los textos constitucionales, ejemplo de esto lo tenemos en la Constitución Austríaca, elaborada por **Hans Kelsen**. En nuestra Constitución actual, todo está sometido a ella y a la Ley. Sigue el principio de la Legalidad.

Este principio de la Legalidad, es la base fundamental de la materia acerca de las condiciones del acto administrativo. Para que un acto administrativo sea válido, es necesario que llene una serie de requisitos, es necesario que realice una serie elementos (de los cuales unos deben aparecer siempre y otros no).

El conjunto de estos elementos es lo que configura el acto, y se puede dividir en accidentales y esenciales.

I. ELEMENTOS QUE CONFIGURAN EL ACTO:

A)　Esenciales: 1) Requisitos de legalidad

- a)　La Competencia interna (materiales)
- b)　La base Legal del acto
- c)　El objeto
- d)　La causa
- e)　El motivo

2)　Requisitos de legalidad externa (formales)

- a)　Formas inherentes al acto
- b)　Procedimiento

B)　Accidentales: (no tienen el carácter de necesarios, sino que figuran a veces en casos determinados)

- a)　El Término
- b)　La condición
- c)　La reserva

II. ELEMENTOS ESENCIALES

1.　*Requisitos de legalidad interna (materiales)*

A.　Competencia:

Indica **Sayagués** que: el acto debe emanar de la administración, es decir, de un órgano estatal, actuando en función administrativa. Esto significa que no sólo son actos administrativos los que dicta la administración, sus órganos, en su aspecto orgánico, funcional, sino también los emanados de los órganos legislativos, judiciales cuando ejercen actividad administrativa, (al igual, son actos administrativos los actos jurisdiccionales que a veces dicta la administración)

Ahora bien, dice **Gabino Fraga**, el sujeto del acto administrativo es el órgano de la administración que lo realiza. En su carácter de acto jurídico, el acto administrativo tiene que ser realizado por quien tenga actitud legal.

De la misma manera, los actos jurídicos de la vida civil, requieren una capacidad especial para ser realizados, así, tratándose de los actos del Poder Público, es necesaria la competencia, del órgano que lo ejecuta.

En derecho público, la competencia puede definirse como la aptitud de obrar de las personas públicas o de sus órganos. Ella determina los límites dentro de los cuales han de moverse unos y otros.

La competencia de derecho administrativo tiene una significación idéntica a la capacidad en derecho privado; es decir, el poder legal de ejecutar determinados actos. Constituye la medida de las facultades que corresponden a cada uno de los órganos de la administración,

A pesar de ese idéntico significado vamos a exponer siguiendo el criterio de **Gabino Fraga**:

1. La competencia requiere siempre un texto expreso de la ley para que pueda existir. Sin embargo en el derecho administrativo rige el principio inverso; es decir, que la competencia debe justificarse expresamente en cada caso.

2. Como segunda característica de la competencia, que la distingue de la capacidad del derecho privado, se encuentra la que del ejercicio de aquella es obligatoria, en tanto que el ejercicio de la capacidad queda al arbitrio del particular.

3. Una tercera característica: es la que de la competencia generalmente se encuentra fragmentada entre diversos órganos, de tal manera que para la realización de un mismo acto jurídico intervienen varios de ellos. La garantía para el buen funcionamiento de la administración pública exige la intervención de diversos órganos, (de tal manera) que recíproca y mutuamente se controlan y que evitan que el interés particular de alguno de los titulares de esos órganos pueda ser el motivo para abstracción que afecte derechos de particulares.

4. Finalmente lo que caracteriza a la competencia, señala **Gabino Fraga**, el de que ella no se puede renunciar ni ser objeto de pactos que comprometan su ejercicio, en derecho civil el particular puede en virtud de un contrato apostar restricciones el ejercicio de sus actividades.

5. Finalmente lo que caracteriza a la competencia es que ella es constitutiva del órgano que la ejercita y no un derecho del titular del propio órgano. De tal manera que el titular no puede delegarla ni disponer de ella, sino que debe limitarse a su ejercicio en los términos que la ley establezca. Así afirma **Sayagués**, las normas que fijan competencias no pueden ser alteradas por quienes están llamados a ejercer los poderes que ellas acuerdan.

Ahora bien toda competencia puede ser distribuida en la siguiente forma:

1. En razón del territorio.

2. En razón de la materia.

3. En relación al tiempo.

4. Según los poderes legales o jurídicos.

5. Según el grado del órgano.

1.   Competencia en razón del territorio; El territorio es el ámbito espacial en el que accionan las personas públicas y sus órganos. Es el límite físico de actuación de una y otras.

Cuando la persona pública posee un órgano único, aquella y éste tienen la misma base territorial, en cambio si existe más de un órgano puede ocurrir distinto. En efecto en unos casos la competencia de dichos órganos abarcará simultáneamente todo el territorio en que actúa el ente público, diferenciándose sólo en razón de los poderes o las materia que les ha sido asignada (Ejemplo-Persona pública estado, cuyos poderes legislativo y judicial tienen el mismo ámbito espacial de actuación, todo el territorio nacional, que es simultáneamente la base física de dicha persona pública.)

En cambio de otros casos el ámbito espacial de actuación de dichos órganos no coincidirá, abarcando cada uno de ellos solamente una parte del territorio en que se mueve la entidad pública. La distinción tiene importancia en caso de violación del límite espacial de competencia. (**Sayagués**)

2.   Competencia por razón de la materia: Dice **Sayagués**, cada persona pública tiene a su cargo determinadas actividades o tareas. Esta noción de actividades o tareas que competen a las distintas personas públicas, constituyen la materia como elemento dominante de sus respectivas competencias.

3.   Competencia por razón del tiempo. Hay poderes légales que se dan por un determinado período de tiempo. Funcionarios que actúan por un tiempo determinado, (presidente, contralor etc.)

4.   Competencia por razón de poderes legales: **Sayagués**). Para actuar en la materia que les compete y dentro de los límites territoriales fijados, las personas públicas y por lo tanto también sus órganos disponen de potestades variadas. Dichas potestades que corresponden a las llamadas funciones jurídicas estatales (Funciones constituyente, legislativas, administrativa y jurisdiccional), pueden ser poderes de legislación, de administración o jurisdiccionales y aun potestad constituyente.

Así el estado, como persona pública mayor dispone con amplitud de todos dichos poderes o funciones, que se hallan distribuidos entre sus distintos órganos; los gobiernos estatales tienen solamente poderes legislativos y administrativos en el orden municipal, pues la función constituyente y jurisdiccional compete a órganos nacionales. Los entes autónomos y servicios descentralizados solo poseen poderes de administración en grado variable con mayor amplitud los primeros que los últimos.

5.   Competencia por razón del grado: (**Sayagués**). Un sector importante de la doctrina italiana, considera el grado como elemento determinante de la competencia, de los órganos de la administración. El grado es la posición que ocupa el órgano dentro de la ordenación jerárquica. Ello implica, como consecuencia que un mismo asunto puede ser resultado sucesivamente por varios órganos en primero segundo o ulterior grado, subiendo por la línea jerárquica.

Ahora bien **Sayagués**, el órgano de administración debe mantenerse dentro de los límites de su competencia: si los excede el acto resulta viciado. Este vicio puede afectar el acto con más o menos intensidad, según sea la naturaleza del exceso cometido.

Procurando esquematizar los distintos excesos de competencia en que puede incurrir señala **Sayagués** bajo las siguientes categorías.

1.   El órgano administrativo actúa ejerciendo potestades que carecen y que tampoco tiene ningún otro órgano de la administración. Es el exceso típico, pues el órgano sobrepasa los límites de su competencia, sin invadir competencia ajena.

2.   Al dictar el órgano administrativo invade la competencia propia, de los órganos legislativos o jurisdiccionales, o a la inversa alguno de estos órganos dicta un acto que compete a la administración.

3.   El órgano administrativo sale de su competencia usurpando la competencia de otro órgano de la administración (Esto ocurre si el poder ejecutivo o un órgano de su dependencia, dicta un acto que competa al ejecutivo estatal, pues dichos órganos pertenecen a personas públicas distintas: Estado, gobierno estatal.

En relación a la competencia, debemos tratar también dos puntos.

1.   Delegación: transferir poderes de un órgano superior a un órgano inferior. Puede ser eventual y permanente. En ambos casos debe ser expresa. La delegación no se pre-

sume jamás y debe estar contenida en un texto legal o en un acto administrativo. La delegación es siempre un caso donde hay que respetar el principio de legalidad, no se puede delegar sin norma que la autorice. En Venezuela la delegación está permitida.

2. Avocación: Es lo contrario de la delegación. El órgano superior recaba para si actos que corresponden a órganos inferiores. Es menos frecuente.

B.   Base Legal del Acto:

Consiste en la concordancia que debe haber entre los poderes conferidos por la norma a la administración con la situaciones de hechos contempladas en los actos. Algunos autores no solo consideran esa concordancia si no que expresan que esos actos de la administración deben estar de acuerdo, con los principios de la lógica.

Cabe tratar también con respecto de la base Legal del acto, lo relativo a la legitimidad que según **Bielsa,** es necesario ante todo, que el acto administrativo tenga los requisitos legales a que debe someterse, y en cuya virtud debe dictarse.

C.   Objeto

Consiste en los efectos jurídicos que produce el acto administrativo. Este objeto debe reunir ciertas característica (generales al derecho público y privado).

El objeto del acto debe ser, expone **Gabino Fraga**, determinado o determinable, posible y lícito. La licitud supone no sólo que el objeto no está prohibido por la ley, sino que además, está expresamente autorizado por ella, salvo el caso de que la propia ley otorgue facultad discrecional a la autoridad administrativa para elegir y determinar el objeto del acto. Pero aún en este último caso, la licitud del objeto, expresa **Fernández de Velásco**, deberá calificarse de acuerdo con estas características: 1. Que el objeto no contraríe ni perturbe el servicio público. 2. Que no infrinja las normas jurídicas. 3. Que no sea incongruente con la función administrativa.

D.   Causa

Es el antecedente que lo provoca. Como dice **Gabino Fraga**, un acto administrativo se integra con tal elemento cuando existe previa y realmente una situación legal o de hecho; cuando esa situación es la prevista por la ley para provocar la actuación administrativa, y cuando el acto particular se realiza es el que la misma ley ha determinado. En otros términos, un acto administrativo estará legalmente motivado cuando se ha comprobado la existencia objetiva de los antecedentes previstos por la ley y ellos son suficientes para provocar el acto realizado.

E.   Finalidad

Se trata de la finalidad perseguida por el acto. Por lo que hace a la finalidad del acto, el mismo **Gabino Fraga** expone: 1. El agente no puede perseguir sino un fin de interés general. 2. El agente público no debe perseguir un fin en oposición con la ley. 3. No basta que el fin perseguido sea lícito y de interés general, sino que es necesario, además, que entre en la competencia del agente que realiza el acto. 4. Pero aún siendo lícito el fin de interés público y dentro de la competencia del agente, no puede perseguirse sino por medio de los actos que la ley ha establecido al efecto.

En esta materia, como lo indica **Sayagués**, un acto administrativo puede haber sido dictado por el órgano competente, cumpliendo las reglas de fondo y forma, siendo por lo tanto correcto en apariencia, pero si la Administración persigue un fin distinto que no era el debido, el acto es inválido por desviación de poder. Este concepto fue elaborado en Francia por el Consejo de Estado.

2.   *Requisitos de legalidad externa (formales)*

A.   Forme Inherente al acto

Por su propia calidad de personas jurídicas, los entes públicos expresan su voluntad a través de ciertos procedimientos. De allí que, contrariamente a lo que sucede en el derecho privado, los actos administrativos sean esencialmente formales, y el estudio de las formalidades en el derecho administrativo tenga especial relevancia.

Dice **Sayagués**, las formalidades del acto administrativo no pueden confundirse con la forma. Las formalidades son los requisitos que han de observarse para dictar el acto y pueden ser anteriores, concomitantes o posteriores al acto (procedimiento administrativo); la forma es uno de dichos requisitos, y se refiere al modo como se documenta la voluntad administrativa que da vida al acto.

En consecuencia, el acto administrativo es esencialmente formal. De allí que el cumplimiento de las formas prescritas sea obligatorio y en principio condicione su validez. El fundamento de esta regla radica en que el cumplimiento de las formas y, más ampliamente, de las formalidades del acto, no sólo es necesario para el buen orden interno de la Administración, sino que constituye una garantía para los administrados (**Sayagués**).

Para comprender la importancia del vicio de forma, dice **Hauriou**, es preciso darse cuenta de que las formalidades constituyen, con la determinación precisa de la competencia, la principal condición de orden y de la moderación en el ejercicio del poder administrativo.

En derecho público, dice **Jèze**, al contrario de lo que pasa en derecho privado las formas son garantías automáticas imaginadas por las leyes o los reglamentos para asegurar el buen funcionamiento de los servicios públicos, impidiendo las decisiones irreflexivas, precipitadas insuficientemente estudiadas.

Los requisitos formales que se pueden exigir en los actos administrativos, por regla general son:

1. Forma escrita, sin embargo por excepción hay orales y por señas (vigilante). Dentro de esta forma escrita casi siempre antecede la determinación del título de la cual emana el acto.

2. Casi siempre se citan las disposiciones legales en las cuales se basa el acto.

3. Los actos deben ser suscritos por el funcionario que los ha dictado, sin perjuicio de las reglas especiales para órganos colegiados cuya representación generalmente está encomendada, al presidente y al secretario.

4. Asimismo debe constar el lugar y fecha del acto.

5. En Venezuela se exige que se citen los años de la Independencia y de la Federación.

B.   Procedimiento administrativo:

Según **Sayagués**, el procedimiento administrativo es el conjunto de trámites y formalidades que debe observar la administración para desarrollar su actividad.

Los órganos de administración se mueven dentro de los límites precisos que fija el derecho y sujetándose a reglas de procedimiento determinadas.

Esto es indispensable no solo para encausar debidamente a las administraciones públicas, sino como garantía de los particulares afectados por la actividad que desenvuelven. El cumplimiento de las normas de procedimiento es, por tanto un deber de los órganos públicos.

ANEXO: En el procedimiento de los actos complejos, vamos a diferenciar entre el acto principal, acto firme definitivo o que causa estado. Los actos complejos en su procedimiento, terminan en un acto final, llamado acto principal. Este acto no es un acto firme, que acusa estado. Para que sea firme es necesaria la notificación hecha al interesado.

Sin embargo, hecha la notificación existen dos posibilidades:

1.   Que el interesado se conforme con lo resuelto. Después de al tiempo de impugnación es un acto firme. Al ser firme no se puede acudir a la vía jurisdiccional, Corte Federal.

2.   Que el interesado apele al órgano superior. (Ministro). Ahora bien la decisión del Ministro será el acto firme. Aquí ha sido agotada la vía administrativa. Al estar agotada la jerarquía administrativa ese acto es firme pero no ha sido consentido por mí. Por lo tanto en este caso si se puede acudir a la Corte Federal. Son los únicos actos que después de haber agotado la vía administrativa se puede recurrir, a la vía jurisdiccional.

Hay casos en que el acto principal es firme a la vez. Por ejemplo el acto emanado directamente de Ministro, aquí no hay un órgano superior donde apelar. Sin embargo sucede como en el caso anterior se puede recurrir a la Corte Federal.

Hay actos en los cuales la ley niega expresamente la apelación al Ministro.

Sin embargo en todos los casos no quita que se vaya a los tribunales por incompetencia o error en la base legal del acto.

3. *El Silencio Administrativo:*

Expone **Sayagués**, que plantearse el interrogante de sí la voluntad de la administración puede manifestarse tácitamente en forma tácita, originando actos administrativos válidos.

Esta manifestación tácita de voluntad hace suponer la existencia de un acto que no se ha expresado no en forma escrita no verbal, pero es evidente, pues la administración ha actuado como si existieran esos actos (Ejemplo Guzmán Blanco, decretó la expulsión de los sacerdotes).

En la actualidad la administración no ha anulado ese decreto, pero sin embargo la actuación es como si la hubiera anulado.

Sin embargo, expresa **Sayagués**, como principio general no cabe aceptar el acto administrativo tácito. La administración debe proceder mediante la actuación regular de sus órganos, no por vías indirectas que llevan a eludir la intervención de aquellas y el cumplimiento de las formalidades legales prescritas para la manifestación de su voluntad.

Silencio de la administración: Los poderes jurídicos dados a la administración tienen cono objeto permitirle cumplir eficientemente sus cometidos. Por lo tanto sus órganos están en la obligación de proceder conforme a las necesidades del servicio.

De ahí deriva, como principio general, el deber de pronunciarse solo las cuestiones que se le plantean. A veces ese deber está expresamente establecido en el derecho positivo, que incluso fija plazos para que administración se la pida. No obstante, puede ocurrir que los órganos competentes demoren y aún omitan pronunciarse, por negligencia o intencionalmente pese a las reclamaciones que formulen los interesados. (**Sayagués**)

Dice **Gabino Fraga** que este silencio consiste en una abstención de la autoridad administrativa para dictar un acto previsto por la ley y tiene como nota esencial de la ambigüedad, que no autoriza a pensar que dicha autoridad ha adoptado ni una actitud afirmativa ni una negativa.

Ahora bien, continúa **Gabino Fraga**, la situación del particular que ha formulado una solicitud para que se dicte a su favor un acto administrativo, el que ha interpuesto un recurso administrativo contra un acto que lo afecta quedaría al arbitrio de las autoridades, si estas se abstuvieran de resolver las instancias que le fueron dirigidas pues como el particular no puede recurrir, administrativa o judicialmente mientras no haya un acto que niegue expresamente lo solicitado, prolongando la abstención, se notificarían prácticamente los derechos que las leyes otorgan.

Para evitar este resultado la doctrina se ha inclinado preponderantemente a la solución de que si, en el termino señalado en la ley la administración permanece en silencio, debe a falta de disposición expresa presumirse que hay una resolución negativa y se ha considerado que esta es la única solución razonable, pues con ella queda a salvo en principio, de que solo la administración administra, de tal manera que no viniendo el acto positivo solo resta interpretar su silencio como una negativa. (**Gabino Fraga**)

Sin embargo hay legislaciones que resuelven el problema. En Venezuela la Ley de la Procuraduría de la Nación, Ministerio Público, señala un procedimiento a seguir: El particular que hace la reclamación se dirige al órgano competente, el Ministro estudiara y en 15 días debe pasarse al Procurador de la Nación para que este emita su dictamen. El Procurador en un lapso de 30 días devuelve el expediente al Ministro, este estudia el dictamen, resuelve si accede a no a la reclamación si no contesta. Transcurridos 60 días desde la reclamación original, se entiende negada la solicitud. Sin embargo la persona puede recurrir a la Corte Federal.

III.   ELEMENTOS ACCIDENTALES:

1. El Término: Acontecimiento futuro y cierto. Puede ser termino inicial: el momento en el cual el acto va a comenzar a producir sus efectos; o término final: el momento en el cual el acto va a terminar de producir sus efectos.

2. La Condición: Acontecimiento futuro e incierto puede ser suspensiva o resolutoria.

3. La Reserva: La administración determina la posibilidad para ella misma de retirar unilateralmente el acto administrativo. Sin embargo esto no es posible en todos los actos administrativos.

Estos dos elementos accidentales producen una ampliación o restricción de los efectos ordinarios del acto.

Junio de 1959

TEMA 13
Irregularidades de los actos administrativos.
Convalidación

I. IRREGULARIDADES

La validez de los actos administrativos depende de que en ellos concurran los elementos materiales y formales que han sido motivo de nuestro estudio en la tesis anterior.

Dice **Gabino Fraga**: En caso de falta absoluta o parcial de alguno de dichos elementos, la ley establece sanciones que pueden consistir desde la aplicación de una medida disciplinaria, sin afectar las consecuencias propias del acto, hasta la privación absoluta de todo afecto de éste.

La doctrina del derecho común ha formulado no sin vivas discusiones, una teoría general de las nulidades de los actos civiles irregulares. Dentro de ella se reconocen varios grados de invalidez. En el Derecho Civil se ha elaborado esta teoría en base a los textos de derecho positivo ya elaborados.

La teoría sobre las irregularidades de los actos administrativos constituye uno de los capítulos más difíciles del Derecho Público; la inexistencia de disposiciones expresas que la regulen, junto con la evidente inaplicabilidad del Derecho Civil, ha hecho que la elaboración de los principios en esta materia, quede librada a la Doctrina y a la Jurisprudencia.

Gaston Jèze, entre otros autores, ha intentado establecer una teoría general de las irregularidades de los actos jurídicos para referirlos a los actos administrativos. Llega a la conclusión de que la teoría de las nulidades debe ser muy matizada para poder armonizar los intereses que se ponen en juego con motivo de la actividad del poder público; y cuyos intereses no exigen siempre las mismas soluciones; así:

l) El interés general exige la ineficacia del acto irregular, porque el cumplimiento de los requisitos que la ley establece, es una garantía del orden social; pero al mismo tiempo, ese mismo interés reclama la estabilidad de las situaciones que un acto irregular ha hecho nacer.

2) De la misma manera el interés de los patrimonios individuales o administrativos, en unos casos reclaman que se prive de efectos a un acto irregular, mientras en otros

exige que subsistan, porque el de la ineficacia es más grave que el que pueda producir la falta de sanción de la irregularidad.

3) Por último el interés de los terceros, en unos casos, también requiere la invalidez del acto que lo afecta. En tanto que en otros tiende a que se sostenga el acto irregular sobre el cual se han desarrollado otras situaciones jurídicas.

Fernández de Velazco, en su libro *El Acto Administrativo* ha resumido las distintas sanciones que resultan posibles dentro de la teoría de **Jèze** formando la siguiente escala:

l) Inexistencia: el acto carece de efectos jurídicos.

2) Nulidad radical: el acto existe pero gravemente viciado; posee alguna eficacia jurídica, pero muy precaria y cualquiera puede invocar su nulidad, aunque mientras no se imponga el acto mantiene su eficacia.

3) Nulidad menos radical: puede pedirse por todos los interesados y por excepción alegarse en cualquier instante; el juez resolverá la nulidad.

4) Irregularidades que producen una nulidad relativa: puede alegarse por pocos interesados y por tanto por vía de acción como de excepción, en un cierto plazo.

5) Irregularidades de sanción más leve: pueden invocarse en cierto plazo, por contadas personas, convalidarse por ratificación y el juez abstenerse de ponerla, dosificando los intereses en juego.

6) Irregularidades cuya sanción no es la nulidad; sino que la ineficacia del acto no alcanza más que a ciertas personas siendo para las restantes perfecto, se ha de alegar en cierto plazo, transcurrido el mal la irregularidad desaparece;

7) Acto irregular, solamente en relación con algunos de sus efectos.

8) Acto irregular que manteniendo frente a los terceros toda su eficacia es motivo de que el agente autor sufra una sanción.

9) Irregularidades sin sanción jurídica.

Por último el mismo **Jèze** establece los siguientes principios relativos el régimen jurídico del acto irregular:

a) debe atenerse a lo que disponga la ley; a falta de ella debe tenerse en cuenta que los actos irregulares de los agentes públicos tienen una sanción aun cuando no sea expresa.

b) las nulidades relativas y las no posibilidades frecuentes en los actos civiles son raras y excepcionales en el Derecho Público.

c) los plazos para atacar la ilegalidad, son en Derecho Público sumamente breves.

d) como cuarta característica señala el profesor **Pérez Luciani**, que en la doctrina administrativa en general, todo el estudio acerca de las irregularidades de los actos administrativos se basa en las aplicaciones del principio de legalidad con una serie de particularidades: una de estas es que el acto administrativo está revestido siempre de una presunción de legitimidad; se presume legítimo. El acto primero se cumple, se ejecuta y después se averigua su irregularidad. (En derecho Civil no se da esta presunción de legitimidad.)

También es conveniente distinguir en derecho civil cualquier nulidad debe ser expresa o derivada de una norma, en cambio en el Derecho Administrativo cabe alguna declaración de nulidad sin texto expreso.

Sayagués Laso, expresa: en el derecho administrativo hay textos expresos que en algunos casos fijan la nulidad u otra sanción para la irregularidad cometida; pero lo corriente es que no haya normas expresas de carácter general. Frente a ese vacío, el principio admitido uniformemente es que la falta de sanción no excluye la invalidez del acto, pues la regla del derecho privado de que no hay nulidad sin texto es inaplicable en derecho público.

Esa solución, continua **Sayagués** conjuntamente con el principio de legalidad que domina al derecho moderno, llevaría a afirmar la invalidez de todos los actos administrativos, dictados con violación de cualquier norma jurídica. Pero las consecuencias de ese rigor interpretativo serian tan perjudiciales que hay acuerdos en admitir que no toda violación apareja invalidez, pudiendo simplemente originar sanciones disciplinarias, o aún carecer de consecuencias.

Irregularidades: Se llama irregularidad, el vicio que afecta a los elementos o componentes del acto, y dificultan de alguna manera su normal existencia (Han sido llamadas estados patológicos del acto).

Esas irregularidades los podemos clasificar en:

1) Invalidez: (Inexistencia. Nulidad).

2) Imperfección.

3) Ineficacia.

II. INVALIDEZ

Actos inválidos podemos llamar a los actos administrativos que las normas jurídicas han desprovisto de todo significado. Esta invalidez la vamos a dividir en:

1. Inexistencia

Expresa **Sayagués**, que la doctrina y la jurisprudencia dominantes aceptan la posibilidad del acto administrativo inexistente, el cual se configuraría en caso de ciertos vicios sumamente graves, inexcusables, como son: Incompetencia absoluta del Órgano Administrativo, usurpación de funciones etc.

Dice **Sayagués**, prescindiendo de la cuestión terminológica si puede hablarse del acto inexistente ó si es una, falta de sentido denominarlo acto cuando al mismo tiempo se le niega existencia como tal debe reconocerse que cierto vicios son tan graves y afectan del tal modo la declaración de voluntad de la administración que la sanción jurídica ha de ser lo mas riguroso posible. Si tales declaraciones de voluntad administrativa tienen apariencia de acto, lo es solamente en su forma exterior y a veces esta ni siquiera es perfecta; por lo tanto más que acto inexistente lo que hay es inexistencia de todo acto administrativo.

Esta teoría del acto administrativo inexistente se originó en Francia con Julien Laferrier y fue continuada por León **Duguit** y **Gastón Jèze** siendo luego recogida por el Consejo de Estado.

Sostuvieron que los actos inexistentes no requerían una declaración expresa de inexistencia.

Así se expresa **Jèze**: ciertas irregularidades, llevan consigo la inexistencia del acto jurídico, inexistencia que no necesita ser declarada por el Juez ni por ninguna autoridad pública. La jurisprudencia del Consejo de Estado ha juzgado inútil declarar solamente la inexistencia y estimaba un procedente de recurso en que se pedía dicha declaración por no tratarse de un verdadero acto administrativo.

Esta jurisprudencia es demasiado lógica, por eso el Consejo de Estado ha creído preferible no atenerse estrictamente a ella. Sin duda que dicho cuerpo al declarar improcedente de recurso reconocía la justicia de la demanda; pero parecía entender todo lo contrario, así por motivos prácticos las resoluciones posteriores a 1868 tienden a abandonar las antiguas fórmulas y declarar admisibles los recursos formulados contra actos inexistentes, proclamando explícitamente esta inexistencia.

Jèze ha elaborado los siguientes principios: (que rigen en el acto inexistente):

1) El acto inexistente no surtirá ninguno de los efectos jurídicos perseguidos por su autor.

2) Las acciones para atacar un acto inexistente son imprescriptibles. Todo interesado podrá invocar esta inexistencia, por todos los medios, en todas las épocas.

3) La irregularidad no podrá ser jamás convalidada de ninguna manera, sí en tal caso se dicta un acto de convalidación en realidad se está en presencia de un nuevo acto.

4) Si el autor de un acto es un funcionario público y pretende llevarlo a ejecución comete necesariamente un acto de fuerza con todas las consecuencias que origina.

5) Frente a dicho acto la resistencia pasiva es lícita.

6) En cuanto al agente que lo ejecuta incurre en responsabilidad personal.

Se afirma que hay inexistencia cuando la irregularidad es de tal proporción que pueda cualquiera advertirla con un somero examen jurídico.

Los casos más comunes en que se da la inexistencia son:

A. Usurpación de Funciones

El falso funcionario emite actos administrativos. Expresa **Jèze** con respecto a la usurpación de funciones lo siguiente: Desde el punto de vista político conviene declarar desprovisto de toda existencia jurídica el acto realizado por un individuo no investido regularmente de la función. En un Estado civilizado y ordenado lo que da a los agentes públicos la autoridad y el ejercicio necesarios a la buena marcha de los servicios públicos es la circunstancia de obrar en virtud de la ley y conforme a sus prescripciones. Reconocer un valor cualquiera a lo que fuera de la ley se hace, es abrir las puertas a la violencia, a la revolución a la anarquía. Poco importa la pureza de las instituciones, el orden solo descansa en el respeto a la ley.

B. Incompetencia absoluta del órgano administrativo

Por ej. Cuando un órgano que tiene a su cargo la función ejecutiva, toma a su cargo o ejecuta otro poder o función del Estado. (Función Judicial por ejemplo).

2. Nulidad

Expresa **Sayagués** que la distinción entre inexistencia y nulidad absoluta tiene mucha importancia en el derecho francés, porque la primera puede ser constatada por la justicia ordinaria y en cualquier tiempo, mientras que la segunda solo puede ser declarada por los tribunales administrativos, debiendo plantearse la impugnación dentro de los plazos del recurso por exceso de poder.

También hemos de señalar otra diferencia y es que en los actos inexistentes no hay actos y no hay efectos jurídicos producidos, por el contrario en los actos que se anulan si hay actos y si hay efectos jurídicos mientras no sean destruidos por un nuevo acto.

Jèze señala los siguientes principios con respecto al acto nulo:

1) El acto nulo no es inexistente, pero queda muy seriamente viciado; produce efectos jurídicos pero con una eficacia muy precaria.

2) Todos los interesados pueden invocar esta nulidad por todos los medios, sin que pueda ser convalidado el acto por vía de prescripción ni de ratificación.

3) El acto nulo existe y produce efectos en tanto no es anulado por la autoridad competente. (Tribunales administrativos).

4) Para que sea anulado ha de intentarse una acción para extinguirlo dentro de un plazo pre-fijado, si no es atacado en el lapso que señala la ley, el acto subsiste a pesar de su irregularidad. En ese caso si produce efectos definitivos. (3 meses es el lapso ante la Corte Federal).

Esta nulidad se obtiene siempre mediante un recurso o acción contenciosa ante los tribunales administrativos.

En Venezuela el Art. 7° Ord. 9 de la Ley Orgánica de la Corte federal le atribuye competencia para declarar la nulidad de los actos de las autoridades del Poder Público. ¿Cuando se conoce que el acto está viciado de nulidad? Hay nulidad de un acto cuando el vicio afecta uno de los elementos esenciales del acto; además se necesita que el vicio sea suficiente para producir la nulidad. Esto sucede cuando la irregularidad impide que el acto desarrolle sus efectos normales.

1) Incompetencia del Órgano.

2) En general los requisitos de legalidad interna.

3) Violación de derechos subjetivos.

III. IMPERFECCIÓN

Son los actos para cuya validez hace falta un requisito no esencial o de legalidad externa. Así, agrega **Sayagués**, si bien el cumplimiento de las formalidades es un imperativo para la administración, no toda las violaciones aparejan invalidez, ni las que invalidan el acto tienen igual trascendencia. Ese requisito no esencial puede ser subsanado. Se puede convalidar el acto.

IV. INEFICACIA

Son los actos que han tenido un vicio en la actuación administrativa, por ejemplo, un acto para ser eficaz le falta la publicación; este vicio puede subsanarse y corregirse fácilmente, agregando la actuación que falta.

También podríamos incluir dentro de las irregularidades, al acto incorrecto que no origina ninguna clase de sanción jurídica. El acto, no obstante la irregularidad produce todos los efectos del acto regular. Solo puede acarrear sanciones disciplinarias con respecto a los funcionarios.

V. CONVALIDACIÓN

En ciertos casos expresa **Sayagués**, y reuniéndose determinadas condiciones, puede ser regularizado por otro acto administrativo posterior. En ese supuesto, el acto irregular queda convalidado.

Con el alcance que le atribuimos al acto de convalidación, abarca las distintas hipótesis en que la administración puede regularizar un acto inválido; retirando el acto y llenado entonces todas las formalidades, pronunciándose el órgano competente; obteniéndose la aprobación o autorización que faltaba.

Desde luego, continúa **Sayagués**, no todos los actos pueden ser convalidados. Los actos radicalmente nulos por falta de alguno de sus elementos esenciales no pueden serlo. Si en tal caso se dicta un acto de convalidación, en realidad se está en presencia de un nuevo acto. En cambio, las irregularidades menos graves pueden frecuentemente ser subsanadas y entonces el efecto de la convalidación se proyecta hacia el pasado. La convalidación se distingue de la conversión en que esta se configura cuando un acto irregular y por lo tanto inválido como tal puede valer con otro distinto declarando así la administración y siempre que se reúnan los elementos/esenciales del nuevo acto.

TEMA 14:

Extinción de los Actos Administrativos
por la vía Administrativa.

I. GENERALIDADES

Expone **Jèze**: Un acto jurídico ha sido regularmente realizado. La voluntad se ha manifestado en las condiciones legales; emana de un individuo que goza del poder legal y lo ha ejercido según las prescripciones legales; el efecto jurídico querido se ha producido. Una situación jurídica general ha sido regularmente creada, se ha dictado una regla de derecho (acto legislativo o reglamentario); o bien ha sido regularmente creada una situación jurídica; un crédito o una obligación han nacido regularmente(acto unilateral o contrato, creadores de situación jurídica individual); o bien una situación jurídica general ha sido regularmente aplicada a un individuo (acto condición); o bien una situación, un hecho, han sido regularmente *comprobados con fuerza* de verdad legal (acto jurisdiccional). El acto jurídico regular ¿puede ser dejado sin efecto, revocado, total o parcialmente?

¿Qué resultado busca obtener el que deja sin efecto o revoca el acto?

Proponerse siempre, dice **Jèze**, suprimir para el futuro en todo o en parte, los efectos jurídicos producidos por ese acto.

Ahora bien, ¿es jurídicamente posible? ¿Por qué medios jurídicos puede legalmente lograrse?

Este va a ser el problema a tratarse en esta tesis. Sin embargo, es conveniente destacar ciertos principios que regirán nuestro estudio y que señala **Jèze**:

1. No se trata de un acto jurídico irregular, que anula una autoridad jurisdiccional o administrativa, después de haber comprobado el vicio que la afecta; tampoco se trata de una decisión que todavía no ha llegado a ser ejecutoria, sea porque no han transcurrido los plazos establecidos por la ley, sea porque no se ha obtenido una aprobación que resulta necesaria. Aquí se trata de un acto jurídico, definitivo y perfectamente regular, que se desea, total o parcialmente, paralizar o aun destruir, sea para lo futuro, sea aun para lo pasado.

2. Antes de desarrollar las ideas generales que dominan la solución del problema, es preciso observar que se han empleado diversas expresiones para designar la revocación

de los actos jurídicos. Por ejemplo se dice que una ley es abrogada, que un reglamento es derogado, revocado, que un contrato es destruido, es decir, considerado nulo, no sucedido; que un nombramiento queda revocado. En esta materia se evitarían muchas dificultades si la terminología fuese menos imprecisa, por esto, siempre que deba resolverse la dificultad, es necesario investigar qué es exactamente lo que se oculta detrás de estas diferentes expresiones.

3. Es necesario para el Derecho Público Venezolano tener las siguientes ideas generales:

a.   Es jurídicamente posible suprimir para el porvenir, un acto jurídico, y hacer cesar, también, para el futuro, los efectos de cualquier acto jurídico general.

b.   No es posible jurídicamente suprimir, en cuanto a lo pasado, los efectos que ha producido válidamente un acto jurídico regular.

Estas son las ideas generales cuya exactitud conviene verificar estudiándolas en los principales tipos de actos:

II. EXTINCIÓN DE LOS ACTOS ESTATALES

1. Extinción de los actos generales (ley- reglamento):

El acto legislativo reglamentario, señala **Jèze**, puede jurídicamente dejarse sin efecto para el futuro: esta es la derogación, cualquiera sea el nombre que se le dé. (Por regla general estos actos tienen vigencia indefinida).

El medio jurídico para lograr la derogación es dictar una ley o reglamento nuevo. El acto que deroga una ley o reglamento es en sí mismo una ley o un reglamento; formula una regla nueva, ya sea sustituyendo expresamente una regla nueva a la antigua, ya sea implícitamente, suprimiendo pura y simplemente la ley sin colocar otra en su lugar.

La derogación de una ley o de un reglamento es posible en todo tiempo la característica de la situación jurídica general, y del acto que la crea es la de poder modificarse en cualquier momento.

Políticamente, señala **Jèze**, es absurdo, quimérico y hasta criminal pretender encadenar las generaciones sucesivas a las instituciones políticas, administrativas, sociales, etc., de la actualidad, aunque ellas tuvieren en contradicción absoluta con el ideal del momento, con la moral de la moda, con la justicia dominante, con las necesidades políticas, económicas.

Si no es posible política ni jurídicamente prohibir las modificaciones por tiempo indeterminado o por un plazo fijo, políticamente es deseable que ciertas instituciones gocen de estabilidad y no puedan ser fácilmente lícito, consiste en organizar un procedimiento de derogación o de modificación de la regla, de tal naturaleza que se tenga la seguridad de que el cambio o la derogación responde a una necesidad verdadera. (Constituciones rígidas).

La derogación de la ley o reglamento, señala **Jèze**, no puede jurídicamente, surtir el efecto de borrar en el pasado, los efectos que han producido regularmente mientras estaban en rigor. La ley o el reglamento habían creado situaciones jurídicas generales, facultades generales. Todo lo que ha sido regularmente realizado en virtud de esos poderes legales válidoS. De repente, el legislador no puede jurídicamente decir que esos poderes legales no han sido regularmente ejercidos, que los efectos jurídicos derivados de los actos realizados en ejercicio de esos poderes legales no han podido producirse.

Todo los que jurídicamente podría intentarse sería, por nuevos actos jurídicos, crear o aplicar situaciones jurídicas que, para el futuro, restablecieran las cosas en su primitivo estado.

2. Extinción de los actos jurisdiccionales

El acto jurisdiccional es la declaración, con fuerza de verdad legal, de una situación jurídica (general o individual), de la legalidad o ilegalidad de un acto o de un hecho.

Estos actos no se puedan extinguir ni por vía administrativa ni por vía jurisdiccional. Son actos absolutamente firmes (cosa juzgada) con fijeza absoluta.

3. Extinción de los actos individuales

1.   Señala **Sayagués** que corrientemente los efectos de los actos administrativos producen en la forma y en el tiempo previsto. Cuando así ocurre, el acto se considera consumado o agotado. Puede decirse, entonces, que la declaración de voluntad, administrativa ha concluido su ciclo normal.

2.   Pero no siempre las cosas se desenvuelven de ese modo. Los actos pueden extinguirse en todo o en parte, por otras declaraciones de voluntad administrativa, tendientes a que desaparezcan para el futuro o retroactivamente según los casos.

3.   Asimismo la extinción puede producirse en vía jurisdiccional.

4. Extinción de los actos administrativos

Así, es necesario pues, estudiar las distintas formas como la administración puede extinguir sus propios actos diferenciándolas de la extinción en vía jurisdiccional.

Las principales formas de extinción en vía administrativa pueden reducirse a cinco, en función de las razones que las determinan:

1.   Por inconveniencia o inoportunidad, llamada la Revocación por mérito.

2.   Por ilegalidad: llamada Revocación por ilegalidad (llamada por algunos anulación).

3.   Por incumplimiento del beneficiario del acto llamada caducidad.

4.   Por desaparición de un presupuesto del acto llamada decaimiento del acto.

5.   Por extinción antes de formarse llamada Retiro (antes de llegar a su perfeccionamiento).

III.   REVOCACIÓN (Incluimos a los dos primeros)

Expresa **Sayagués**, que la teoría de la Revocación de los actos administrativos es otro de los temas difíciles en el derecho público moderno. La ausencia de textos expresos de carácter general y la equivocada terminología del derecho positivo, contribuyen en su gran parte a aumentar las dificultades. Este panorama es casi (universal y las discrepancias doctrinarias lo confirman.

Revocación: es la extinción del acto por razones de legalidad o conveniencia, dispuesta por la Administración, es decir, por un órgano actuando en función administrativa.

Revocación y anulación: algunos autores distinguen entre revocación y anulación; tomando en cuenta las causas por la que se extingue el acto; otros lo distinguen tomando en cuenta el órgano que pronuncia la extinción del acto. Otros utilizan un criterio mixto; a saber:

Expresa **Sayagués**:

1. Por razón del órgano que pronuncia la extinción, si el órgano que decidió la extinción es el mismo que dictó el acto, hay revocación.

Si la extinción del acto es pronunciada por un órgano superior jerárquico o jurisdiccional es anulación.

2. Por la causa de extinción: La revocación se configura viéndose si el acto es extinguido por razones de oportunidad o conveniencia, es decir, por mérito.

En cambio si la extinción se produce por motivos de ilegalidad hay anulación. La revocación se refiere a actos ilícitos; la anulación a actos irregulares.

3. Criterios mixtos: Este toma en cuenta el órgano y la causa: hay revocación cuando la extinción la resuelve el órgano que dictó el acto, cualquiera sea la causal, o un órgano superior, pero por razones de oportunidad solamente, y anulación cuando lo extingue el órgano superior por razón de ilegalidad.

En vista de las dificultades de la Doctrina, adoptaremos un criterio, y será el de **Sayagués Laso**.

Así, explica **Sayagués Laso**. Para fijar criterio sobre los conceptos de revocación y anulación es preciso analizar objetivamente el modo como la administración extingue sus propios actos, destacando sus características esenciales:

a. La extinción del acto se realiza por una declaración de voluntad de la administración, es decir por otro acto administrativo. Esto marca una diferencia clara con la extinción en vía jurisdiccional, que se verifica mediante sentencia.

b. Cuando la extinción del acto se produce por razón de mérito, el pronunciamiento de la administración implica una apreciación de oportunidad o conveniencia; en cambio, cuando se basa en razones de legalidad, constituye un juicio estrictamente lógico jurídico. En este último caso el razonamiento que desarrolla la administración es similar al que realizan los órganos jurisdiccionales, mientras que en el primer supuesto es muy distinto.

Quienes conceden más importancia al primer elemento que al segundo, califican como revocación toda extinción que se realiza en vía administrativa, sea por ilegalidad como por mérito, pero distinguiendo una de la otra con un calificativo, en razón de la causal que la funda: revocación por mérito y revocación por ilegalidad.

En cambio quienes consideran la causal como elemento básico, denominan revocación solamente la extinción por razón de mérito y anulación la que se funda en razón de legalidad sea en vía administrativa o jurisdiccional. Pero luego, a su vez, necesitan distinguir la anulación administrativa de la jurisdiccional.

Nosotros nos apegamos al primer criterio y opinamos dice **Sayagués**, que conviene limitar el uso do la palabra anulación para la extinción en vía jurisdiccional y calificar la extinción administrativa como revocación por razón de mérito o de legalidad, según los casos.

En el derecho positivo venezolano, la extinción en vía jurisdiccional se denomina anulación en la Ley Orgánica de la Corte Federal.

Con respecto a la extinción del acto en vía administrativa los textos de Derecho positivo son confusos y utilizan derogación, anulación, revocación.

1. Revocación por ilegalidad

No existe acuerdo sobre la procedencia de la revocación por razón de ilegalidad.

En el <u>Derecho Italiano</u> prevalece el criterio de que los actos administrativos ilegales pueden ser revocados de oficio en cualquier momento, porque siendo ilegales no pueden conferir derechos válidos; discútese solamente si extinguir el acto es una obligación o una facultad discrecional de la administración.

Sin embargo, con respecto a esto **Pérez Luciani** distingue:

1. Cuando el acto administrativo tiene que ser elevado al superior jerárquico como consulta o solicitando aprobación, el superior si puede extinguir de oficio o a petición de los particulares, el acto del inferior jerárquico, basado en que es ilegal.

2. Por lo que respecta a los actos que no están sujetos a recurso (consulta o aprobación) o esos recursos no se ejercieron por los interesados, la situación es difícil y se seguirá según **Pérez Luciani**, la Doctrina Francesa.

La Doctrina y jurisprudencia Francesa han elaborado un sistema más restrictivo, estableciendo que cuando el acto crea derechos en favor de particulares, la administración sólo puede ejercer el poder de revocación durante el plazo para interponer el recurso contencioso de anulación.

Así, **Pérez Luciani** distingue: si el acto no crea ningún derecho, puede ser revocado por ilegalidad; si crea derechos ese acto no puede ser revocado.

Por ejemplo, si un propietario o un inquilino se dirige a la Oficina de Inquilinato solicitando el canon máximo de arrendamiento. Esta oficina lo fija. Ese acto no es apelado al ministro, y es consentido por las partes, ese acto suponiendo que esté viciado de ilegalidad, no puede ser revocado, por el funcionario ni por el superior jerárquico.

Esta tesis es acogida por la Procuraduría y la Corte Federal. La administración en este caso, dándose cuenta del acto ilegal no lo puede revocar y sólo se puede dirigir a la Corte Federal pidiendo la extinción. La Ley Orgánica de la Corte da un plazo de 3 meses para que se recurra a ella a pedir la ilegalidad, si no sucede así, no se podrá revocar. Solo el particular tiene un recurso, excepcionalmente, no impugnarlo por vía de acción, sino alegando la excepción.

Los efectos de la revocación por ilegalidad expresa **Sayagués**, se proyectan generalmente hacia el pasado, ex tunc. El acto queda nulo desde el inicio.

Sin embargo hay actos que producen efectos sin poder

2. Revocación por mérito

Es la sucedida por inconveniencia o inoportunidad. Si bien dice **Sayagués,** la Doctrina se inclina para admitir que el acto administrativo es, en general, revocable por razones de oportunidad o conveniencia, son tantas las limitaciones que al mismo tiempo se establecen, que en realidad el principio deja de ser tal. Por lo tanto, no queda otro camino que examinar las distintas categorías de actos, para decidir concretamente la posibilidad de su revocación.

a. Tratándose de <u>actos reglados</u> la administración actúa forzosamente sin que se pueda apreciar la oportunidad o conveniencia. (Así en estos actos, la revocación por mérito queda excluida, porque la administración debe limitarse a proceder conforme a las reglas legales. Dicha revocación se concibe únicamente allí donde la administración tiene discrecionalidad es decir, libertad para apreciar la oportunidad o conveniencia de decidir

b. Los actos que se cumplen de <u>inmediato</u> y producen todos sus efectos de una sola vez, tampoco pueden ser revocados. No es posible extinguir un acto ya definitivamente consumado.

c. El campo natural de la revocación por mérito expone **Sayagués**, son los actos cuyos efectos se cumplen sucesivamente en el tiempo, tengan o no plazo fijado para su conclusión. En estos casos puede ocurrir que la administración, en virtud de un nuevo examen del mérito del acto o por haber cambiado la situación de hecho originaria, estime que conviene al interés público revocarlo.

En general admítase la posibilidad de la revocación, salvo que afecte derechos adquiridos de particulares.

Si el acto no creó tales derechos o las situaciones constituidas tenían precariedad, la revocación es siempre posible.

Los efectos de la revocación por razón de mérito se producen solamente para el futuro, ex nunc. Esto es lógico porque el acto extinguido era válido y por lo tanto los efectos que produjo con anterioridad deben considerarse definitivos.

3. Reglas comunes a los dos tipos de revocación

Expone **Sayagués**, que ambas categorías de revocación están sujetas a ciertas reglas comunes que se refieren principalmente a los aspectos formales:

1. El acto de revocación puede dictarlo el mismo órgano que formuló el acto originario o su superior jerárquico, sea de oficio o al resolver los recursos que se hubieren interpuesto.

2. La revocación debe resolverse siguiendo las mismas formas y requisitos del acto revocado, salvo que los textos dispongan lo contrario.

3. Como el acto de revocación tiene individualidad propia, debe reunir todos los elementos esenciales para la validez de los actos administrativos, las irregularidades que

lo afecten pueden invalidarlo, en cuyo caso luego de extinguido revivirá el acto originario.

IV.   CADUCIDAD

La caducidad dice **Sayagués**, es la extinción del acto administrativo en razón del incumplimiento del interesado en las obligaciones que aquél le impone. Tiene que ser declarada por la administración y supone un incumplimiento grave. Admítase que debe estar precedida de una intimación previa al interesado, para constatar fehacientemente su situación de mora.

V. DECAIMIENTO

Los actos administrativos pueden perder su eficacia jurídica independientemente de la voluntad de la administración, por circunstancias supervinientes que hacen desaparecer un presupuesto de hecho o de derecho indispensable para su existencia.

Así el nombramiento de un funcionario que requiere necesariamente la calidad de venezolano (arriba de jefe de servicio), se vuelve ineficaz si posteriormente el interesado pierde la ciudadanía; en este caso la administración se limita a constatar que se ha operado la desinvestidura.

El decaimiento, señala **Sayagués**, puede producirse en un acto administrativo por diversas circunstancias:

1. Desaparición de un presupuesto de hecho indispensable para la validez del acto.

2. Derogación de la regla legal en que se fundaba el acto, cuando dicha regla era condición indispensable para su vigencia.

3. Modificación del régimen legal, que constituya un impedimento para el mantenimiento del acto.

VI.   EXTINCIÓN DE LOS ACTOS NO PERFECCIONADOS

Para que el acto administrativo exista y produzca normalmente sus efectos, es preciso que esté perfeccionado. Por lo tanto, hasta ese momento, la administración puede retirarlo sin incurrir en responsabilidad.

Caracas, Junio de 1959.

TEMA 15

*Noción de servicio público. Evolución doctrinal y
jurisprudencial francesa. Elementos. Régimen jurídico. Clasificaciones.*

I. EVOLUCIÓN, DOCTRINAL Y .JURISPRUDENCIA FRANCESA

l)   Ley 16-24 de agosto de 1790. Título II. Art 13: "Las funciones judiciales son distintas, y permanecerán siempre separadas de las funciones administrativas. Los jueces no podían, bajo pena de prevaricación, alterar de cualquier manera las operaciones de los cuerpos administrativos". Este texto no se limitaba a hablar de una separación necesaria entre las autoridades judiciales y las autoridades administrativas, sino que afirmaba la distinción entre las funciones mismas. En resumen se prohibía a los Tribunales de justicia el conocer de cualquier asunto referente a la administración.

2)   Constitución de 1791. Título III. Capítulo V. Art 3:

"-Los tribunales no pueden invadir las funciones administrativas ni citar ante ellos a los administradores por razón de sus funciones"

3)   Ley de 16 Fructidor, año III (Septiembre de 1795).

Reiterada prohibición se hace a los Tribunales de conocer de "los actos de administración, de cualquier especie que sean".

Así, expone **Carré de Malberg**, si los tribunales quedan excluidos del conocimiento de lo contencioso administrativo éste sólo puede corresponder a autoridades administrativas.

Por ello la Ley del 6-7 de septiembre de 1790 empezó por atribuir ésta competencia a los mismos cuerpos que estaban encargados, de la administración activa: Los directorios administrativos. Así, la administración resolvía los asuntos, erigiéndose en juez. Esto revestía une injusticia, al convertirse una de las partes en conflicto en juez.

4)   Ley de 22, año VIII (1800).

Napoleón siendo primer cónsul crea el Consejo de Estado y la competencia en los asuntos contenciosos-administrativos fue retirada de los administradores activos y transferida a éste cuerpo especial, erigido por ello en Tribunal. (Junto con los Consejos de Prefectura).

Estos eran puras autoridades administrativas; estaban asociados al ejercicio de la función administrativa, y se componían de miembros reclutados entre los funcionarios administrativos, los que quedaban bajo la dependencia del jefe del Ejecutivo, especialmente desde el punto de vista de su cese.

El Consejo de Estado en ésta época (antes de 1872) no tenía potestad jurisdiccional propia, sus decisiones referentes a los asuntos contenciosos, no llegaban a ser decisiones verdaderas sino por medio del decreto por el cuál el Jefe de Estado las expedía él mismo, apropiándoselas; de hecho, el Jefe de Estado no hacía sino reproducir la solución adoptada por el Consejo de Estado, como si la verdadera autoridad contenciosa hubiere residido en esa Asamblea.

Pero, en derecho, la solución emitida por el Consejo de Estado sólo tenía el valor de un dictamen, y no adquiría eficacia jurídica sino en cuanto había sido revestida, de fuerza imperativa mediante un decreto. En éste primer período el Consejo de Estado no actúa con fuerza propia, no decide por sí mismo, se llama el período de la justicia retenida.

5) Ley de 24 de Mayo de 1872. Art 9; Al Consejo de Estado, se le atribuye un poder propio de decisión en materia contenciosa, librándolo así de los lazos que le sujetaban anteriormente al Jefe del Ejecutivo, y, encontrándose, por lo mismo, erigido en un verdadero Tribunal. Este período se llama de la justicia delegada.

En éste período se puede decir que han surgido los Tribunales Administrativos independientemente de los Tribunales Judiciales. Antiguamente, el Estado absoluto no comparecía ante los Tribunales pues las leyes eran la voluntad del soberano. Sin embargo, en la segunda mitad del siglo pasado en ciertos casos de reclamaciones económicas y motivadas, a circunstancias históricas, el monarca convino en someterse a los Tribunales en asuntos de carácter patrimonial, como un ciudadano ordinario. Para justificar ésta actuación se ideó la teoría de la doble personalidad del Estado, y se creó la teoría del Fisco. Así, el Estado actuaba como persona de derecho público (Estado) y como persona de derecho privado (fisco).

Ahora bien, entre la diversidad de actos realizados por la administración, era necesario hallar un límite teórico que justificara la división de que algunos actos estaban a los Tribunales Administrativos y otros a los Tribunales Judiciales. Así, se ideó la célebre distinción entre actos de autoridad y actos de gestión los actos de *puissance publique* caían en la ley 16-24 de agosto de 1790 y los actos de gestión eran sometidos a los Tribunales ordinarios.

Este criterio sirvió para determinar cuándo era competente una u otra jurisdicción. Sin embargo esto no sin dificultades, cuando ambos Tribunales se consideraban competentes ó incompetentes. Así, para resolver estos conflictos se creó el Tribunal de Conflictos, en escala superior a esos dos órdenes jurisdiccionales.

En resumen: dice **Carré de Malberg** a los Tribunales judiciales se oponen los Tribunales Administrativos. La distinción entre esas dos clases de autoridades jurisdiccionales se establece ya claramente por la observación de que dependen de dos Tribunales supremos diferentes. Los tribunales administrativos están bajo la dependencia y el control del Consejo de Estado, que ocupa así en la cúspide de la justicia administrativa una situación semejante a la que corresponde a la Corte de Casación por encima de los tribunales de justicia, judiciales. Ahora bien, por encima de ambos está el Tribunal de conflictos; compuesto por un número de miembros igual a los del Consejo de Estado y Corte de Casación, y en caso de que este no decida, decide el ministro de justicia.

La distinción entre actos de Imperio y actos de gestión para saber a qué orden de jurisdicción correspondían los asuntos subsistían en Francia hasta 1873, año en que se sustituyó esa noción por la de Servicio Público, por la sentencia Arret Blanco del Tribunal de conflictos.

6)   Arret Blanco de 8 de febrero de 1873. Origen de esta actuación: la reclamación surgió cuando la familia Blanco reclamó el atropello de uno de sus hijos por una vagoneta de transporte de una manufactura de tabaco. La reclamación se hizo al Estado y se introdujo ante los Tribunales judiciales, surgió el conflicto, y llegó al Tribunal de conflictos que decidió que el asunto era de competencia de los Tribunales administrativos por que la vagoneta pertenecía a los Servicios Públicos.

El Tribunal de Conflictos inició en Francia con ese Arret, la adopción de un nuevo criterio, el de Servicio Público, para justificar la necesidad de reglas especiales, las del Derecho Administrativo; para fijar los límites de aplicación de este y para determinar, la competencia de los Tribunales administrativos en aquel país.

A continuación de esa sentencia se van a producir otras en el mismo sentido:

7)   Arret Terrier de 6 de febrero de 1903: El Consejo general del Departamento de Saóme y Loire prometió una prima de un montante determinado a todas las personas que llevaran a la gendarmería una cabeza de víbora y había votado en el presupuesto del Departamento un cierto crédito para ese efecto. El crédito se agotó, los cazadores continuaron, aportando cabezas de víboras, las cuales no se les podían pagar. Reclamaron los Cazadores. El Consejo de Estado consideró como un servicio público una simple promesa del Consejo General de atribuir primas a los cazaderos que llevaran a los Cuarteles de Policía cabezas de víboras.

8)   Arrét Therond de 4 de marzo de 1910: La Municipalidad de una ciudad celebró un contrato con un individuo, encargándolo de capturar y meter en un depósito los perros errantes, por las calles de la villa, y de levantar los animales muertos. Se presentó un conflicto, el Consejo de Estado estimó que el contrato había sido celebrado por la Villa, para asegurar la higiene y la seguridad de la población, y que por lo tanto era un Servicio Público, y pertenecía a su jurisdicción.

Luego de esta sentencia se presentaron otras, como la Arrét Fletry.

9)   Doctrina: A raíz de la construcción jurisprudencial del Servicio Público, esta fue topada por la Doctrina y creada la Teoría del Servicio Público. Comenzó en la Escuela de Burdeos con **Duguit** y continuó con sus discípulos **Jèze**, **Bonnard**. (Ver tesis l).

Las definiciones son: **Duguit**: "EL Servicio público es toda actividad cuyo cumplimiento debe ser asegurado, regulado y controlada por los gobernantes, porque el cumplimiento de esas actividades s indispensable para la realización y el desarrollo, de la interdependencia social y es de tal naturaleza que no puede ser realizada, completamente sin la intervención de la fuerza gubernamental"

Jèze: Considera al Servicio Público como la piedra angular del Derecho Administrativo y estima que existe Servicio Público cuando para dar satisfacción regular y continua a una categoría de necesidades de interés general, los agentes públicos pueden aplicar los procedimientos de derecho público, o sea un régimen jurídico especial, y que la organización del servicio público puede ser modificado en cualquier momento por la leyes y reglamentos sin que ningún obstáculo insuperable de orden jurídico pueda oponerse.

Bonnard: Afirma que los servicios públicos son organismos que forman la estructura misma del Estado, y agrega que para emplear una comparación organicista se puede decir que los servicios públicos son las celdillas componentes del cuerpo que es el Estado que considerado desde el punto de vista realista el Estado se presenta como constituido por el conjunto de servicios públicos.

Comparando los tres criterios expuestos, dice **Gabino Fraga**, es fácil apreciar que mientras para **Duguit** el servicio público es una actividad que debe ser ejercida por el Estado, para **Jèze** la característica se encuentra en el régimen jurídico aplicable a esa actividad y para Bonnard en el medio, o sea la organización que permita realizar la propia actividad.

Este estado de cosas se mantiene hasta 1921 cuando en el Arrêt Bac d'Eloka del tribunal de conflictos produce un cambio total en la noción de servicio público.

10) Arrêt Bac d'Eloka de 22 de enero de 1921: Anteriormente a este año de 1921 cuando existía un servicio público se producían una serie de consecuencias:

Las obras que se fabricaban con relación a ese servicios público eran públicas.

Los contratos que se celebran con ocasión de los servicios públicos eran contratos administrativos.

El personal que utilizaban los servicios públicos estaba sometido a un régimen especial.

La responsabilidad del Estado se rige por normas especiales y muchos bienes de la administración son considerados pertenecientes al dominio público si estaban afectados o no a un servicio público.

El resultado del Arrêt Bac d'Eloka fue el siguiente: La administración colonial de la Costa de Marfil, en vista de las necesidades del lugar, explotaban un trasbordador para el transporte de mercancías, obteniendo rendimientos económicos, en las mismas condiciones que los particulares.

A consecuencia de un inconveniente sobrevenido (perdida de carga) el tribunal de conflictos decidió que el asunto correspondía a los Tribunales Ordinarios, debiéndose aplicar, en consecuencia, las reglas del derecho privado.

Las conclusiones sientan que: la Colonia de la Costa de Marfil (África) con las finalidades más loables, ha establecido y regentado el tráfico de un transbordador. Lo ha hecho atendiendo al interés general, empero como cualquier particular pudiera hacerlo, explotando en las mismas condiciones que toda empresa individual, actos de una incontestable utilidad colectiva más que de manera alguna derivan de una función necesaria del Estado.

El accidente ocurrido no tenía relación directa con algún aspecto esencial de la administración pública, sino con un servicio de naturaleza privada cuyas consecuencias pertenecen a la jurisdicción civil.

Hasta éste momento había prevalecido el criterio de considerar la administración íntegramente regulada por el régimen especial del servicio público, sin posibilidad de que pudiera estar jamás sometida al Derecho Privado, conforme a la doctrina contenida, en el Arrét Blanco (Tribunal de conflictos 8 de febrero de 1878) " Piedra angular del Derecho Administrativo Francés".

En cambio con el Arrét Bac d'Eloka se sienta que la Administración sometida sea el Derecho Privado, sea Derecho Público.

Esta nueva concepción, según la exposición que de ella hace **Laubadère** se resume en éstas dos ideas fundamentales: l) La división de competencia entre la jurisdicción administrativa y la judicial y por consecuencia la aplicación respectiva del derecho administrativo y del derecho privado reposa en la distinción, entre los servicios y las actividades administrativas no erigidas en servicios públicos.

2) Sin embargo, en la gestión del servicio público, la administración puede colocarse voluntariamente en las condiciones del derecho privado utilizando los actos jurídicos del derecho privado y cuando así sucede, este aspecto del servicio público pertenece al derecho privado y a la competencia de los tribunales judiciales.

La administración Francesa, como la de tantos países ha ido multiplicando sus operaciones negociables, sobre todo después de haber nacionalizado las mas poderosas explotaciones mercantiles.

El Consejo de Estado, reconociendo que aun cuando ella constituya una actividad administrativa, no se trata de un servicio público propiamente dicho, regidos por el derecho administrativo, si no de un servicio público industrial o comercial sometido a las prescripciones del Derecho Privado.

Surge una crisis en la noción la cual se acentuará:

11) Arrét Caísse primaire aide et protection de 13 de mayo de 1938. (Caja Primaria de Ayuda y protección).

Con esta sentencia se reconoce que un servicio público puede ser manejado por sociedades privadas, y así se admite el ejercicio por un particular del Servicio Público. Pero siempre bajo el control, al menos, del Estado.

II. NOCIÓN DE SERVICIO PÚBLICO

Waline expresa que actualmente la noción de servicio público no tiene la importancia que le reconocieron anteriormente **Duguit** y **Jèze**, quienes hicieron esta noción, la fundamental del derecho público. Según ellos el derecho administrativo no era otro que el derecho de servicios públicos; y **Duguit** llego inclusive a decir que el Estado no era si no una colección de servicios públicos.

Este punto de vista, continúa **Waline**, es hoy día generalmente abandonado y la escuela joven (Jean Rivero) tiende al contrario, a decir que la noción del servicio público no tiene ya importancia.

Si esta última posición es menos injustificada que la otra no es sin embargo completamente correcta por la razón de que la noción del Servicio Público es empleada frecuentemente por la ley y la jurisprudencia y por lo tanto tiene ciertas consecuencias jurídicas. Pero expresa **Waline**, es también y tristemente una noción muy huidiza, difícil de poner en una definición.

De las notas que extrae **Waline** de la jurisprudencia expresa:

l) La expresión "Servicio Público" evoca naturalmente la idea de una actividad dirigida al interés público, lo más frecuente es que asta actividad consista en suministrar prestaciones al público. Así, la idea medular del derecho administrativo es más bien, la idea de la utilidad pública, y que el servicio público no es más que uno de los procedimientos técnicos destinados a servir a esa utilidad pública. Por ejemplo, nadie duda que la distribución del agua potable en una ciudad, que la enseñanza pública, son servicios públicos.

El Servicio Público es entonces de uso directo por todas las personas que están en relación con la canalización del agua, todos los escolares y si se prefiere todos los padres.

Más, continua **Waline**, el servicio prestado al público puede ser indirecto: por ejemplo "la administración de puentes y calzadas" (Dirección de carreteras del Ministerio de Obras Públicas) que, ha construido y que mantiene las rutas, no tiene por ella misma una relación directa con el público; pero las rutas construidas y mantenidas por esa administración tienen quien las use; así, la dirección de Carreteras realiza un Servicio público, pero con beneficiados indirectamente. El Servicio puede ser también prestado por una colectividad tomada en su conjunto, sin que hayan beneficiados particulares: Por ejemplo, el Servicio de la Defensa Nacional.

Continúa **Waline**, parece que si no hay una actividad que produce provecho a los ciudadanos o al conjunto de la nación, no puede existir servicio público.

Esto es lo que ha hecho vacilar, y lo que sorprende hoy día de reconocer el carácter de Servicio Público a los Teatros Nacionales Franceses, ya que estos teatros no aparecían a la jurisprudencia como de interés público, la jurisprudencia no había tenido en cuenta el hecho de que no dando la explotación de estos teatros ningún rendimiento, no podía aparecer como una explotación con fines de lucro. Si el estado mantenía sin embargo tales teatros, era por que el legislador había visto en ellos con o sin razón, un interés público y no, compete a los tribunales rectificar los juicios del legislador.

La jurisprudencia ha cambiado después, y reconoce que los Teatros Nacionales contribuyen al desarrollo de la cultura, y por tal causa prestan un servicio de interés público.

Un primer punto se ha logrado: la expresión "Servicio Público" supone que un servicio es prestado al público.

2)   Ideas de organización públicas: Expresa **Waline**, la idea antes expuesta (interés público) no es suficiente para caracterizar al servicio público, pues casi toda la actividad económica sería un servicio público; todos los productores prestan servicios de interés general, *y* para tomar sino un ejemplo, sería, necesaria deducir que todas las carnicerías serían Servicio Públicos.

Hauriou da una idea: "Un servicio prestado al público por una organización pública". Esto trae ciertamente un elemento complementario, ya lo hemos visto, y restringe la noción; pero falta por saber lo que se debe entender por organización pública.

Ahora bien, ¿Sería necesario entender a esa organización pública como una colectividad pública administradora, en forma de empresario o contratista? No, muchos servicios públicos no son administrados directamente por una colectividad pública, por el contrario lo son por sociedades privadas. Es el caso por ejemplo, cita **Waline** cada ves que hay concesiones de Servicio Públicos.

Antes de la nacionalización, las compañías de ferrocarriles, las compañías de gas y de electricidad administraban indudablemente servicios públicos, y eran sociedades de derecho privado, sociedades de comercio en la mayoría de los casos.

Por otra parte en la sentencia Terrier, el Consejo de Estado ha considerado como un Servicio Público una simple promesa de un consejo general de atribuir primas a los cazadores que trajeron a los cuarteles de policía cabezas de víboras. Es difícil dice **Waline**, ver en ésta simple promesa de primas, una organización pública y menos la creación de un organismo.

Así, llegamos a la definición propuesta por **Waline** y es que la idea del servicio público consiste: "en una actividad de interés público, en la que la autoridad pública no tiene sin duda en todo los casos, la responsabilidad financiera, pero donde de todas formas ella ha cogido la iniciativa, y sobre la cual se ha reservado al menos el control superior, a menos que la administre ella misma.

Así, ó bien, el servicio público es administrado directamente ó tomado en cargo por la administración, que toma la responsabilidad de llevar a cabo ciertas acciones en el interés público, de asegurar ella misma determinada prestación al público ó de llevar a cabo una obra, que es de interés público, como la defensa nacional (en regie).

O bien la administración se contenta con tomar la iniciativa de crear ó de suscitar una organización de la cuál, la gestión será asumida por una sociedad privada, pero sobre la que se reservara poderes generales de organización, y sobre todo de control.

Si la administración administra ella misma el servicio público, se dice que es explotado en regie directo.

Pero puede simplemente contentarse como en el segundo caso, con provocar, la organización de ese servicio y contentarse con controlarla.

Este segundo caso como dice **Waline**, es el primero naturalmente con respecto a los servicios concedidos; pero el organismo que administra el servicio público, no es sólo hoy día necesariamente una sociedad capitalista con fines lucrativos como es el concesionario. Puede serlo también una persona moral con un fin no lucrativo, desinteresado, pero al menos siendo una persona de derecho privado.

Por ejemplo dice **Waline**. El Servicio de Seguridad Social en Francia, es indudablemente un Servicio Público. Ahora, los organismos que colaboran en la gestión de ese vasto mecanismo son de dos órdenes diferentes.

1) Las administraciones: Dirección General del Ministerio del trabajo, y Seguridad Social que da todas las directivas generales, y guía a los otros organismos y constituye en suma la administración reguladora del Servicio.

2) Las direcciones Regionales: que actúan con relación a esa dirección general, como servicios exteriores, todo esto es indudablemente administrativo.

Pero por otra parte los organismos con los que están en relación directa los beneficiados de la seguridad social, es decir, las cajas primarias y sus uniones o federaciones son jurídicamente sociedades mutualistas y se trata de personas de derecho privado.

Así, los organismos privados y de fin no lucrativo, que no son entonces sociedades colaboran con la administración pública para la gestión de un servicio público; y se puede hasta decir, que son ellas las que hacen el papel esencial en el funcionamiento del Servicio Público.

En este sentido Arrét 13 de mayo de 1938: Caja Primaria de Ayuda y protección.

Pero a pesar de todo dice **Waline**, la administración se guarda siempre en un poder de control estrecho sobre las personas de derecho privado que administran servicios públicos.

La administración vela por ejemplo (caso de las concesiones) por la explotación del Servicio, por medio de cuadernos de cargas, donde se determinan los derechos y obligaciones del concesionario, la forma en la cuál debe hacer funcionar el servicio, las prestaciones que debe hacer a los beneficiados y las condiciones en las cuáles las debe hacer. La administración puede naturalmente sancionar la obligación de respetar las reglas escritas en la ley o en los cuadernos de cargas ó también puede retirar la concesión.

III. CARACTERES DE LOS SERVICIOS PÚBLICOS. LAS TRES REGLAS DE ROLLAND

Es necesariamente por esas reglas que se encuentran en el cuaderno de cargos o en la ley, pero a las cuales la jurisprudencia puede igualmente suplir por los principios generales del Derecho, que Rolland caracterizo al Servicio Público

Según Rolland tres reglas caracterizan al Servicio público por oposición a las actividades que dependen del Derecho Privado, simplemente reglamentada de una forma más o menos estrecha en virtud de los poderes de policía. Naturalmente destaca **Waline**, Rolland no hace aquí más que sistematizar las soluciones de la jurisprudencia, estas no son reglas que pone arbitrariamente.

1. Regla de Continuidad

Una actividad erigida, en servicio público es una actividad de interés público (nacional o local). De éste modo debe percibirse cotidianamente, en una forma, regular y continua, sin interrupciones, dada la naturaleza y trascendencia de las necesidades colectivas que satisfacen.

Es de ésta regla de continuidad que la jurisprudencia francesa deduce que como la paralización de los Servicios Públicos puede acarrear grave daño a la colectividad, se puede sancionar severamente a todo acto tendiente a su interrupción total o parcial, como también a los concesionarios que lo interrumpan.

De ésta regla surgen dos consecuencias:

l). Principio de la Imprevisión: Si la jurisprudencia acuerda indemnizar al concesionario cuando éste encuentra dificultades imprevisibles cuando sucede el alza general de los precios, no es para nacer un regalo al concesionario, sino es para evitar que la ruina del concesionario no cause una interrupción completa del servicio. (En éste sentido Arrét Gas de Burdeos 29 de marzo de 1916).

2) Este principio de la continuidad necesaria del servicio público es tan importante a los ojos del Consejo de Estado que echa por tierra el derecho de huelga, que prevé el preámbulo de la Constitución Francesa.

En la célebre Arrét Dehaene del 7 de julio de 1950 el Consejo de Estado ha juzgado que mientras el no ha intervenido reglamentando el ejercicio del Derecho de huelga en los servicios públicos, pertenece al gobierno el tomar todas las medidas apropiadas para prevenir las huelgas que producirían la interrupción del servicio Público.

El preámbulo de la Constitución Francesa dice **Waline**, parece decir lo contrario, parecía reservar a las autoridades legislativas el derecho de reglamentar, el ejercicio del Derecho de Huelga. La decisión del consejo de estado solo se puede explicar por la idea de que no se debe interrumpir bajo ningún pretexto el servicio público.

En Venezuela el Código Penal señala como delito el hecho de que 20 funcionarios o más decidan poner cese a sus funciones.

2. Regla de Mutabilidad

Señala **Waline** que la segunda regla propuesta por Rolland se puede formular así: las condiciones en las cuales las prestaciones son hechas al público deben ser adaptadas a las necesidades del medio.

La administración tiene siempre el derecho de imponer a aquel que administre el servicio, la obligación de desarrollar la producción de corriente eléctrica de manera de servir a todos los abonados y poder servir a la nueva y futura demanda. Este es en suma el aspecto cuantitativo.

Pero la regla de mutabilidad significa igualmente desde el punto de vista cualitativo que la administración tiene siempre el poder de imponer al explotante del servicio público "la sustitución de todo nuevo proceso técnico, desde el momento que ha entrado en la fase de la utilización industrial, a los procesos que habían estado previstos en el contrato"; por ejemplo, la sustitución de la iluminación de gas para el alumbrado de las ciudades a fines del siglo XIX

Naturalmente esta ley de sustitución (que llamaríamos ley de adaptación al progreso de la consumición y técnica) no se manifiesta sino en los casos de gestión por un concesionario, porque la administración mientras explota un servicio público en regie no -podía- tener obligaciones ella misma.

3. Regla de igualdad

La tercera regla propuesta por Rolland es la igualdad de los beneficiados. Ella trae la obligación de procurar las prestaciones de los servicios a todas las personas que reclamen su beneficio conformándose a las condiciones puestas por los reglamentos orgánicos del Servicio Público. Delante de todos los servicios públicos los particulares son iguales. Esto implica la igualdad ante los beneficios y las cargas de los servicios.

El explotador del servicio está obligado a prestarlo a todo el mundo; en este sentido se pronunció el Consejo de Estado el 29 de diciembre de 1911: Un cartero había dicho a un habitante de una ciudad que desde ese momento en adelante, no le llevaría el servicio a su casa, y que lo debería ir a buscar a la oficina de Correos, bajo el pretexto de que ese individuo tenía un perro bravo que asustaba al cartero.

El Consejo de Estado ha juzgado que la administración de Correos no tenía derecho a privar a uno de los habitantes del beneficio del servicio público. El Consejo de Estado ha recordado esta regla el 21 de enero de 1944.

Pero sobre todo esta ley de igualdad de los beneficiados tiene esta parte más importante: de prohibir los tratamientos de favor.

Hubiera sido de temer que mientras el servicio público es administrado por un concesionario; es decir, por una sociedad capitalista, los administradores de esa compañía, si se les hubiera dejado libre, hubieran consentido en ciertos casos, tarifa de favor a otras empresas en las cuales por ejemplo, sus administradores tuvieran intereses.

Tales parecen ser las tres reglas fundamentales de las cuales la <u>autoridad administrati-va debe asegurar el respeto por toda persona que administra un servicio público</u>, al mismo tiempo que debe asegurar el respeto de las prescripciones más detalladas y minuciosas del <u>cuaderno de cargas</u>, si hay uno, como es el caso general.

Otros autores añaden otros caracteres adicionales, como es la gratuidad del servicio y la regularidad (sujeto a regla).

IV.   FUENTE DEL PODER DE CONTROL DE LAS AUTORIDADES PÚBLICAS

¿De dónde viene ese poder de control de la administración sobre el explotante del servicio público, cual es la fuente? **Waline** dice; antiguamente se podía decir que provenía <u>del hecho de que una persona diferente de la colectividad pública, no podía administrar ella misma un servicio público, sino en virtud de un contrato concluido con esa colectividad y en el cual ella se ha sumido voluntariamente a ese control.</u>

Pero hoy día, continúa **Waline**, esta explicación <u>no puede dar cuenta de todos los casos donde la administración controla una actividad de una persona privada, con poderes más grandes que los poderes de policía habituales.</u>

Por lo tanto es necesario hacer llamada a otra idea.

El Consejo de Estado ha tenido una concepción más extensiva ha juzgado que todas las empresas que ejercen una actividad en las márgenes o en el plano del agua de un puerto (Empresas de cargamentos o descarga de navíos o de remolcadores) constituyen un servicio público, y por esto, esas funciones no pueden ser ejercitadas sino en virtud de una <u>autorización deliberada por las autoridades del puerto</u>

<u>Estas autoridades se toman el derecho de no dar la autorización sino después de estar seguras de que aquel que pide la autorización, acepta someterse y conformarse a ciertas prescripciones mas minuciosas que las de una sentencia de Policía.</u> Este caso es aplicable en la mayoría de las situaciones.

En resumen el <u>servicio público</u> según la jurisprudencia francesa es hoy en día definido como: "<u>Una actividad de interés público, administrada sea por una, autoridad pública, sea bajo su alta dirección lo que quiere decir que ella ha determinado a grandes líneas su organización, y bajo su control</u>".

Esta definición es vaga, a causa de la inexactitud de la noción de control, pero ella es la única que puede entregar poco a poco cuenta de una jurisprudencia.

V. EFECTOS DEL CARÁCTER DE SERVICIO PÚBLICO RECONOCIDO A UNA ACTIVIDAD

¿Mientras uno se encuentra en presencia de una actividad que la jurisprudencia (que finalmente tiene la última palabra) estima soberanamente constituir en servicio público, que consecuencias siguen?

Waline expresa: <u>En primer lugar la aplicación de las reglas de continuidad, mutabilidad e igualdad de Rolland.</u>

En cuanto a otras consecuencias es necesario recordar que no hay una noción del servicio público, sino varias nociones, según las consecuencias que la jurisprudencia trate al examinar los diversos puntos de vista.

1. Consecuencias sobre la situación jurídica del personal

El personal que hace funciones en un servicio público, dice **Waline**, puede tener (pero no necesariamente) la cualidad de funcionario.

Para que una persona que colabore con un servicio público tenga la cualidad de funcionario público es necesario:

1° Que forme parte del personal permanente y regular del servicio público.

2° Que el servicio público funcione en regie, de manera que sea suficiente que una persona colabore con una actividad de interés público administrada bajo el control de la administración.

3° Para que tenga la cualidad de funcionario es necesario también que haya una organización administrativa que asuma esta actividad.

En otros términos, el personal de servicios públicos concedidos no tiene jamás la calidad de funcionario público.

¿Es decir que al contrario, todo el personal de los servicios públicos en regie tienen la calidad de funcionarios? Tampoco dice **Waline**, la cualidad de funcionario debe ser reservada a aquellos que han sido objeto de una titularización en esta calidad. Del funcionario dice **Waline**, no se puede dar más que esta definición: "Es un agente de un servicio público en regie que ha sido titularizado en calidad de funcionario".

El personal que no tiene por falta de titularización la calidad de funcionario, puede tener la calidad más vaga y general de agente público.

El llama agente público la masa del personal que colaboran en los servicios públicos en regie, es entonces una noción más extensa que aquella de funcionario, pero es necesario para tener esa calidad de agente público, que este personal tenga un estatuto de Derecho Público, y que colabore en un servicio público en regie y que por lo tanto no se trate de un servicio industrial y comercial.

Recordemos dice **Waline**, que el servicio público Industrial o comercial es según la jurisprudencia, aquel que la colectividad pública explota en condiciones de un industrial ordinario en las condiciones del derecho común, o que es tal que por su naturaleza no puede ser explotada en condiciones diferentes de una empresa privada.

Para negar a un servicio el carácter de industrial ó comercial, la jurisprudencia se funda sobre las condiciones de su funcionamiento y el fin en el que sus poderes le son atribuidos.

Por ejemplo, el hecho de que el estatuto del personal este hecho sobre la base del Derecho Privado es a los ojos del juez administrativo un signo suficiente de que el establecimiento no constituye un servicio público.

2. Consecuencias en cuanto a la naturaleza de los contratos que tienden a asegurar el servicio

Los contratos pueden ser administrativos, no necesariamente, eso depende de la naturaleza de las cláusulas que en él se inserten. Pero donde no hay servicio público el contrato no es en principio administrativo.

La relación con un servicio público es una condición generalmente necesa

ria, pero no suficiente de la aplicación de las regla del Derecho Administrativo.

3. Consecuencias en cuanto al régimen de responsabilidad aplicable

Dice **Waline**, aquí parece que estamos sobre terreno firme, a causa del Arrét Blanco del Tribunal de Conflictos en 8 de febrero de 1873; en el cual se dice que la responsabilidad en que el estado puede incurrir de los hechos de los agentes que el emplea en los Servicios públicos, no esta regida por las reglas del derecho Privado (Código Civil) sino que tienen sus reglas especiales.

Pero esa doctrina no es hoy en día íntegramente aplicable porque después de 1921 (Arrét Bac d'Eloka) la jurisprudencia ha limitado esa extensión, a los servicios que no tienen carácter de industriales ó comerciales (o sea, en regie).

Por otra parte, el Consejo de Estado ha admitido que el estado puede ser responsable de consecuencias lastimosas de un hecho sobrevenido en esta hipótesis, donde es necesaria mucha fe y voluntad para reconocer la gestión de un Servicio Público.

VI. CLASIFICACIÓN DE LOS SERVICIOS PÚBLICOS

Distintos criterios presenta la doctrina para clasificar los servicios, según el punto de vista económico, financiero o jurídico en que aquellos sean considerados.

Las clasificaciones que estudiaremos están presentadas por **Benjamín Villegas Basavilbaso**, en su libro *Derecho Administrativo*. Están basadas en criterios empíricos, más que teóricos. Se basan en los hechos concretos producidos por la observación de los ordenamientos jurídicos de los diversos países en momentos distintos determinados. Varían de un país a otro.

1. Por razón de su importancia

Los servicios públicos se clasifican en: 1) esenciales; los que el estado realiza para el cumplimiento de los fines atinentes a su propia existencia, y por consiguiente imprescindibles. Desde este punto de vista se consideran esenciales los servicios de policía, de defensa, instrucción, de Hacienda Pública.

2) secundarios ó accesorios: serían aquellos que responden a fines accesorios, que no se consideran imprescindibles para la existencia del estado.

2. Por razón de su utilización

La utilización del servicio da lugar a esta clasificación que se relaciona directamente con los usuarios: 1) <u>utilización necesaria</u>: adquieren esta condición en virtud de la ley, que tiene en cuenta motivos superiores de interés político-social, como acontece con los servicios de previsión social (jubilamientos, pensiones) ó con servicios sanitarios (suministro de agua potable, vacuna antivariólica) ó en instrucción pública.

2) <u>Facultativos</u>: pueden o no ser utilizados por el público, como son los servicios públicos de transporte de pasajeros, de telecomunicaciones, etc.

3. Por razón de la competencia económica

La observación de los servicios públicos demuestra que existen: 1) necesidades colectivas que aquellos satisfacen con <u>exclusividad de los particulares</u>, como sucede con los servicios de policía, defensa nacional, telecomunicaciones, etc.

En estos supuestos el servicio público esta monopolizado. 2) existen además necesidades colectivas que son satisfechas <u>concurrentemente por el estado y los particulares</u>, como acontece con los servicios de iluminación, enseñanza, asistencia social, etc.

4. Por razón de la persona que lo presta

Esta clasificación está analizada al estudiar los modos clásicos de prestación de los servicios públicos; o sea:

1)   Prestación directa por el Estado (en regie);

2)   Servicios públicos administrados por personas jurídicas públicas, distintas al estado (Institutos Autónomos);

3)   Servicios públicos a cargo de concesionarios.

5. Por razón de la jurisdicción

Esta clasificación está en relación directa con el ordenamiento jurídico constitucional y es de substancia política. Así pueden ser: nacionales, estatales y municipales.

6. Por razón de los usuarios

Esta clasificación tiene en vista el destinatario del servicio, el cual puede ser la colectividad considerada en sí misma o los individuos que la constituyen.

Este criterio divide a los servicios públicos en dos categorías de acuerdo con la forma de su aprovechamiento: 1) <u>Uti universi</u>: no tienen destinatario determinado, su aprovechamiento no es individual (defensa). 2) <u>Uti Singuli</u>: tienen como destinatario al público considerado singularmente, los usuarios o consumidores, (transporte ferroviario, suministro de agua).

7. Por la forma de la prestación

Los analizaremos en la tesis siguiente:

1) Servicios públicos del Estado.

2) Servicios públicos concedidos.

3) Servicios públicos de economía mixta.

8. Por el carácter de la necesidad

La necesidad colectiva, objeto del servicio público puede presentar distintos caracteres.

1) Permanente; deben ser continuos: electricidad, esta clase de servicios presentan necesariamente el carácter de continuos, carácter que asume una importancia capital, lo que obliga al poder público a asegurar su continuidad por todos los medios jurídicos que sean indispensables. Correo, policía, defensa, etc.

2) Accidentales o contingentes: dependen de circunstancias más ó menos previsibles. En esto la continuidad no funciona. Se organizan en determinados casos, ejemplo: epidemias, terremotos. También en momentos graves de crisis económicas, huelgas.

3) Intermitentes: no funcionan permanentemente, su organización es previa a sus funciones, pero su ejercicio está, puede decirse en potencia. Producido el evento para el cual han sido creados y organizados, el servicio funciona, ejemplo los bomberos.

FIN

TEMA 16
Prestación de los servicios públicos. Formas.
Creación. Organización. Funcionamiento y supresión de los servicios públicos

I. PRESTACIÓN DE LOS SERVICIOS PÚBLICOS

J.J. Castro Martínez, en su tratado de Derecho Administrativo expresa: los más modernos tratadistas de Derecho Público coinciden en demostrar que los fines del Estado convergen hacia una permanente prestación de Servicios Públicos, en cuanto por medio de ellos se satisfacen las necesidades generales y se ponen en vigencia normas jurídicas a las cuales quedan sujetos tanto los funcionarios públicos como los individuos particulares, con el objeto de garantizar la eficaz y continua satisfacción de aquellas necesidades.

Cualquiera que sea la organización política del Estado siempre será necesario que atienda a un mínimum de intereses de la comunidad por medio de los servicios prestados por los funcionarios públicos, pues de otra manera no se explicaría el conglomerado social sobre un territorio, y menos la existencia de una autoridad política y jurídicamente considerada.

La idea de que los hombres se sometan a una misma autoridad persuadidos de que ello es conveniente y necesario en interés de cada uno y para poder vivir en sociedad nos conduce a aceptar que hay ciertos servicios primarios que existen desde el momento mismo en que se constituye el Estado y se le asignan los atributos de poder. Estos servicios no son otros que los que conciernan a la seguridad común, a la paz interior y a la armonía entre los individuos.

Ahora bien, por consecuencia del desarrollo creciente de los pueblos se originan nuevas formas de vida colectiva que implican necesidades cuya inmediata y continua satisfacción es motivo preponderante de las actividades humanas y campo propicio para que la iniciativa privada se ponga en práctica y utilice los elementos a su alcance para crear y organizar servicios provechosos a la comunidad. De esta manera la economía guarda estrecha relación con lo político, pues aún admitiendo que la libertad individual marca límites estrictos a la actuación de los organismos, siempre habrá razones para estimar que el mayor bienestar de los asociados depende de las condiciones en que la autoridad pueda intervenir, apreciar y regularizar los medios adecuados a la satisfacción de las necesidades generales.

Así, los modos de prestación de los servicios públicos dependen del grado de evolución social, económica y política de un determinado país.

II. SISTEMAS EXTREMOS

1. Teorías Individualistas

Una organización política en su forma más simple, expresa **Castro Martínez**, sería la del Estado con atributos apenas suficientes para los servicios de defensa territorial, policía y justicia.

El individualismo extremo no reconoce al Estado más fuerza que la indispensable para garantizar la seguridad, y se le resta para cualquier otra misión que tenga por objeto sustituir o limitar la actividad privada en la explotación de las necesidades comunes. Pero a pesar de todo, esa teoría individualista tuvo que ceder, ante realidades tan apremiantes como son la beneficencia, la instrucción y las vías de comunicación, y admitió que el estado pudiera cargar con esta clase de servicios, explicando que en ellos hay propiamente una voluntaria prescindencia de los individuos en ocuparse de tales prestaciones, quedando naturalmente abierto el campo de la acción administrativa del gobierno para atenderlas mediante hospitales, etc.

Es muy interesante observar como el desarrollo cultural y los superiores intereses del bienestar colectivo han impuesto modificaciones profundas en el ideal político-social y económico acerca de los fines del Estado y la misión que le corresponde en la satisfacción de las necesidades generales.

De acuerdo con el criterio individualista, continúa **Castro Martínez**, la sola consideración de que la seguridad interior, y exterior, que requiere la organización y sostenimiento de cuerpos armados, y luego la beneficencia y la instrucción, que EXIGEN GASTOS IMPRODUCTIVOS Y POCO PROVECHO PARA LOS PARTICULARES, SON SERVICIOS que deben tomar a su cargo el Estado, nos indica que las demás necesidades de la comunidad pueden ser materia de la explotación privada y derivarse de ella beneficios lucrativos que las convierten en vasto terreno para la iniciativa individual, que por lo mismo han de estar garantizadas en el uso completo o inalterable de la libertad.

Para los individualistas, el Estado debe limitarse al orden y resolver los conflictos entre los particulares, sin inmiscuirse para nada en el goce de ciertos derechos que se consideran inherentes a la personalidad, inviolables y en ningún un modo susceptible de reglamentaciones que detengan o dificulten su uso pleno y continuo.

Esta teoría del Estado Gendarme, exalta al individuo y lo coloca en condiciones de supremacía que no tiene otros límites que los que resultan de la propia actividad privada y del único deber de someterse a las resoluciones y fallos de la autoridad, cuando a ello haya lugar por causa de conflictos con sus semejantes. El concepto de sociedad está enteramente subordinado al de derecho individual y no podrá alegarse el interés colectivo sino en la medida en que este signifique a la vez la inviolabilidad y el amparo de la libertad de cada cual.

El individualismo se sintetizó en la expresión _laissez faire_ que se tomó en el sentido de abandonar totalmente a la persona particular cuanto se refiere al aprovechamiento de lo útil y necesario. Esta interpretación de las ideas individualistas conduce a mantener al Estado en situación de quietud e indiferencia ante los problemas que afectan a la comunidad cuando ellos impliquen cuestiones que estén más allá del simple ejercicio de la función judicial o de policía.

2. Teorías colectivistas

De otro lado, las doctrinas colectivistas, dice **Castro Martínez**, sostienen que la vida en sociedad impone ante todo la obligación para el Estado de eliminar el lucro a costa del interés común y de prohibir la explotación egoísta de las necesidades sociales, introduciendo así en la actividad privada un concepto incontrastable de supremacía del interés colectivo ante el cual no tienen lugar ciertas prerrogativas alegadas por el individuo.

Niegan los partidarios de estas doctrinas que la colectividad reciba beneficios de la supremacía de los más fuertes, porque el resultado inmediato viene a ser la formación de fuerzas individuales por sobre el interés de la comunidad, que explotan las necesidades generales y las convierten en motivos preferentes de ganancias exorbitantes.

Por otra parte dicen, resulta evidente que se relega al Estado a un plano, notorio de inferioridad, por cuanto sus poderes se reducen a los servicios de seguridad exterior y a aquellos otros que por su naturaleza no son propios para la explotación lucrativa, tales como la beneficencia, la instrucción, el sostenimiento de cominos, etc. Sostenedores de la eliminación de las empresas privadas en la satisfacción de las necesidades comunes los partidarios extremos del colectivismo llegan inevitablemente a sostener la preponderancia incontrastable del Estado y a depositar en él la fuerza y los medios para imponer los intereses colectivos por sobre el interés individual y por sobre cualquiera otra organización que tienda a oponerse a la acción permanente y rotunda de la administración.

Consideran los colectivistas que la propiedad no puede derivarse del predominio de un grupo de individuos con mayores riquezas y mejores elementos y afirman que la vida en sociedad, que implica la satisfacción permanente y positiva de necesidades comunes y el surgimiento de otras nuevas, que van engendrando indefinidamente otras que a su turno tendrán que ser atendidas para que pueda consolidarse el progreso humano, han de estar dirigidas por el Estado, entidad suprema cuyos atributos son lo bastante poderosos para llenar aquella grandiosa, intensa y permanente misión. Es esta doctrina la que se ha calificado como la del Estado Providencia lo que significa que toda la felicidad de los hombres depende de la administración, convertida, en un colosal engranaje encargado de suministrar al individuo su bienestar y su tranquila existencia dentro de un amplio y generoso espíritu de igualdad y justicia.

Estas dos opuestas doctrinas parten como lo dejamos dicho, la una de la suposición de que el individuo, como ser libre y a la vez capaz de desarrollar un esfuerzo incalculable, puede por su propia iniciativa hacer la felicidad de sus conciudadanos mediante empresas y trabajos que van creando nuevas y beneficiosas formas de servicio a la comunidad, más eficaces en todo caso que las que pudiera proporcionarle el Estado; y la otra de la presunción de que el individuo no solamente es incapaz de resolver los problemas humanos, sino que cuando tiende a hacerlo y obtiene algún resultado, siempre es con el sentido de explotar a sus semejantes y establecer el predominio del fuerte sobre el débil, yendo así contra los principios fundamentales de una moral igualitaria.

Lo cierto es que el volumen creciente de las necesidades colectivas y el imperioso deber de atenderlas de manera eficaz, porque en ello consiste el progreso y la civilización y porque de no hacerlo resultarían conflictos de inconcebible gravedad, ha dado margen a que se expongan teorías intermedias entre estos dos extremos estudiados, tales son las que propugnan el intervencionismo del Estado.

Entre las dos extremas doctrinas hay sin embargo matices diferentes que sin apartarse de los principios fundamentales de la libertad y sin desconocer que el Estado tiene cada día una misión más compleja y de más decisiva influencia en los destinos humanos, buscan soluciones que vayan ajustándose a la época y a las necesidades de un país.

Louis Rolland expone que los argumentos que acabamos de resumir podrían desenvolverse indefinidamente. Realmente unos y otros contienen una parte de verdad. Conviene pues, atenerse a ciertas ideas generales, muy sencillas de expresión:

1) No es preciso extender sistemáticamente las tareas del Estado, aniquilarle sus iniciativas y reducirle sus libertades, y por lo mismo detener todo progreso. Si sistemáticamente se reduce la intervención del Estado, se corre el riesgo de dejar necesidades sin satisfacer.

2) Es indispensable mantener cierto equilibrio entre la importancia de las empresas públicas y la de las empresas privadas.

3) El punto de equilibrio no puede fijarse de una vez por todas. Varía según el país, según el tiempo.

III. EL INTERVENCIONISMO DE ESTADO

Dice **Castro Martínez**, que consiste en confiarle a esa entidad superior, poderosa, dueña de los atributos de legislación, jurisdicción y administración, facultades para resolver los conflictos que surgen entre la sociedad y el individuo, la dirección suprema en el empleo de los factores que regulan la producción, distribución y consumo de las riquezas, y la anticipación, de las necesidades generales por medio del Servicio Público.

En realidad el intervencionismo no debe entenderse como escuela económica y política contraria a los derechos primordiales del nombre o destructora de la iniciativa privada.

La intervención quiere decir regulación, método para armonizar las aspiraciones individuales con los intereses generales, control y vigilancia para evitar indebidos enriquecimientos a costa de las necesidades sociales, y en muchos casos estimula a la inteligencia y esfuerzo de las personas para que emprendan en actividades que hayan de traer mayor bienestar y mejores condiciones de vida para todos.

Este fenómeno intervencionista viene acentuándose desde finales del siglo pasado, y un fenómeno curioso es que en países como Inglaterra y Estados Unidos, que han sido profundamente respetuosos de la libertad individual, se ha sustentado una tesis bien interesante respecto a la transformación de las actividades privadas en Servicios Públicos por la intervención del Estado.

Esa tesis se inició, entre otros, en el caso Munn vs. Illinois en 1871 en que los tribunales de Estados Unidos sostuvieron el principio de que "cuando alguno dedica su propiedad a un uso en el cual el público tiene un interés, concede, en efecto, al público, un interés en ese uso y debe someterse a ser controlado por el público para el bien común en la extensión del interés que ha creado de esa manera. Los derechos de los propietarios pueden ser subordinados a las necesidades de otros propietarios privados cuyas empresas sean vitales al interés supremo de la comunidad.".

De un modo o de otro expresa **Gabino Fraga**, es claro que cualquiera que sea el fundamento usado, llega un momento en que el Estado interviene regulando actividades privadas que satisfacen en el orden económico o cultural, una necesidad colectiva y cuando esa regulación impone regularidad, continuidad y uniformidad en las prestaciones se establece un servicio público en manos de particulares.

Así, a fines del pasado siglo, y principios del presente han venido apareciendo normas de carácter legislativo referentes a la regulación o regularidad de las prestaciones, las cuales aumentan hasta tener el control económico de los servicios.

IV.   SISTEMA DE LA LOCACIÓN

Expresa **Villegas Basavilbaso** que la prestación del servicio público en este sistema, se realiza bajo la forma jurídica de la locación de servicios, esto es, cuando la administración pública locataria contrata con un empresario (locador) la satisfacción de una necesidad colectiva. Es la figura denominada locatio conductio operarum. El empresario se obliga a la prestación de un servicio determinado, y la administración pública al pago de un precio convenido, en principio, el empresario se hace cargo de un servicio ya organizado.

Sin embargo, señala **Basavilbaso**, los usuarios o consumidores del servicio arrendado no tienen ninguna relación jurídica con el empresario, sino exclusivamente con la administración pública a quien deben pagar el precio o la tasa del servicio. El servicio arrendado, corresponde originariamente al Estado, quien sigue cobrando las tasas y contribuciones propicio del mismo.

En la locación de Servicio no existe "delegatio" del poder público, vale decir, el empresario no es titular de ningún poder jurídico de la administración pública, desde que la voluntad del Estado no tiene por finalidad esencial la organización de un servicio de utilidad general, ni autoriza al empresario al cobro de tarifas o tasa alguna, ni le da derechos al uso del dominio público, ni al ejercicio de los derechos de expropiación, ni al establecimiento de servidumbres, o restricciones administrativas. Este sistema está en desuso.

V. SISTEMAS CLÁSICOS DE LA PRESTACIÓN DE LOS SERVICIOS PÚBLICOS

l. Prestación directa (en régie)

La administración desarrollando su actividad propia, utilizando sus funcionarios, sus recursos patrimoniales y sus medios técnicos realiza directamente el servicio. Al referirnos a la administración nos referimos a todos los órganos actuando en función administrativa, sea de la Nación, los Estados o municipios.

Es indudable que en la época actual la prestación directa de los servicios públicos adquiere día a día mas desarrollo.

En casi todos los países, los llamados servicios esenciales son prestados por el Estado. La prestación directa por el Estado de los Servicios públicos es conocida en la doctrina y legislación francesa con el nombre deexecution en regie directe.

2. Prestación por medio de Establecimientos Públicos. (Institutos Autónomos)

En este caso el servicio es prestado por un ente público no territorial dotado de una mayor o menor autonomía o autarquía. Este sistema es conocido con el nombre de "gestión descentralizada"

A este sistema se le critica el aumentar la Burocracia.

3. Sistema de la Concesión

Expresa **Villegas Basavilbaso**, que en este sistema la satisfacción de ciertas necesidades colectivas, principalmente las de carácter industrial, no es cumplida directamente por la administración pública sino por personas jurídicas privadas (concesionario), a quien, el estado delega un poder jurídico para la realización, del Servicio concedido. Esa delegatio no significa en modo alguno que el concedente renuncie al ejercicio de sus <u>facultades</u>, desde que solo atribuye al concesionario las indispensables para la realización del servicio reservándose en todo momento sus poderes de intervención y control. Esa atribución si bien crea para el concesionario un derecho personal, es siempre temporal y revocable. El servicio concedido continúa en todo instante siendo servicio público, y la administración pública concedente mantiene el poder de prestar el servicio. Debe señalarse que la delegación no se hace en beneficio del interés privado del concesionario, sino exclusivamente en interés público.

El concesionario, en virtud de la atribución que le ha sido conferida, ejerce una parte de la actividad de la administración pública, aunque no en nombre del Estado, sino por su propia cuenta y riesgo. Como acto jurídico de derecho público, la concesión, dice **Villegas Basavilbaso**, es un acto jurídico complejo, creador de dos status jurídicos distintos: a) un status legal o reglamentario y b) un status contractual de derecho administrativo.

El primero es una ley en sentido material; el segundo es una situación jurídica individual; la ley tiene por objeto regular el servicio en la misma forma que lo hacía el Estado por su gestión directa, ley modificable en todo momento de conformidad con el interés público.

La situación jurídica individual que constituye la base económica financiera del contrato es virtualmente intangible, y si fuera modificado por actos del concedente originario para el concesionario el derecho a una indemnización para el restablecimiento de esa base contractual.

La concesión, continúa **Villegas Basavilbaso**, implica, como se ha dicho, atribuir a una persona privada una función propia del Estado, subrogando en o a favor del concesionario un conjunto de potestades y privilegios para asegurar el funcionamiento del servicio. Entre estos deben mencionarse: la ocupación del dominio público, el establecimiento de restricciones y servidumbre administrativas, la expropiación por causa de utilidad pública, la exclusividad del servicio, la excepción de impuestos.

Ventajas del sistema de la concesión:

a) Desde el punto de vista económico financiero dice Basavilbaso, constituye un modo eficaz de organización de los servicios públicos por medio de capitales privados, evitando cuantiosas erogaciones públicas.

b) Preserva al Estado del área de la explotación, desde que al servicio es por cuenta y riesgo del concesionario.

c) En virtud del régimen de reversión, propio de este sistema, al extinguirse el término del contrato los bienes se incorporan al patrimonio del concedente.

Inconvenientes del sistema de la concesión:

Dice **Villegas Basavilbaso** que las ventajas de este sistema quedan desvirtuadas por sus inconvenientes:

a) Se ha dicho que la delegatio, vale decir, la atribución de una parte del poder público al concesionario, implica transferir al interés privado determinadas competencias públicas con un traspaso de poder que puede engendrar serios peligros para la libertad civil. Esa sustitución del Estado por el concesionario lleva consigo un conjunto de privilegios y el otorgamiento de monopolios, de hecho en detrimento de los intereses públicos

b) Por otra parte, expresa **Bielsa**, muchos de los conflictos a que da lugar este sistema son originados por el incumplimiento parcial de las obligaciones del concesionario o por transgresiones más o menos encubiertas de esas obligaciones o exigencias injustificada de la administración pública, o más aun, de los agentes de control.

c) Sin embargo, los conflictos más importantes son los relacionados con la fijación de las tarifas, no obstante la intervención del Estado en la regulación de las mismas. Expone **Villegas Basavilbaso** que el sistema de la concesión de Servicio Público entraña un problema de excepcional gravedad:

¿Cómo conciliar el fin de lucro de las empresas concesionarias con las exigencias sociales del servicio, el cual, por su propia naturaleza está destinado a la satisfacción de las necesidades colectivas? ¿Estos presupuestos básicos de la concesión (desempeño por particulares y fin de lucro) no constituyen en sí mismo obstáculos insuperables a la consecución de los fines sociales, implícitos en la propia noción de servicios públicos? Así, pues, el problema económico de los servicios públicos concedidos reviste una singular trascendencia político-económica y las dificultades que se presentan en la práctica para la fijación del precio del servicio son de naturaleza compleja.

Expresa **Bielsa** que la determinación de una tarifa, acto principalmente administrativo, es un problema de índole compleja, toda vez que afecta intereses de carácter comercial, industrial, etc, e influye de manera decisiva en la economía pública.

Es indudable en efecto que una tarifa elevada puede arruinar a una industria o impedir su desarrollo y empobrecer a una zona de producción, lo que ocurre cuando el precio del producto, agregado al precio del transporte hacen imposible la concurrencia de ese producto en los mercados o a los lugares de ventas o consumo razones éstas de índole económico-político que no pueden ser indiferentes al Estado.

Como el precio de las prestaciones en éste sistema es función de dos elementos: el costo de producción y el lucro del capital invertido en la empresa, elementos que dependen de motivos técnicos y circunstanciales, en los cuales determinan la razonabilidad de las tarifas, es obvio afirmar las dificultades que presenta las concesiones del servicio público para la fijación de esos elementos. La valuación del capital invertido así como la limitación del lucro, a fin de que las regulaciones del estado no sean ni arbitrarias ni irrazonables, por la complejidad de los factores en juego, casi siempre contradictorios o antagónicos, y por consiguiente de una muy dificultosa estimación, revelan los peligros de ésta forma de prestación (**Rodríguez Arias**. "El problema del precio de los servicios públicos", citado por **Villegas Basavilbaso**).

4.   Sistema de estatización

Expresa **Villegas Basavilbaso**. La prestación directa por el estado de los servicios públicos (*exécution en regie*) cuando se extiende a los servicios públicos concedidos de carácter industrial o ciertas industrias privadas de interés general, es designada "estatización", socialización o nacionalización, o municipalización.

Estas expresiones corresponden a una misma orientación político-social. la de la absorción por el estado de determinadas actividades económico-privadas.

La socialización de los servicios públicos, de las industrias privadas representa el máximo grado de la intervención del estado en la economía privada. Constituye llevada a sus extremos uno de los fines de la política Marxista: la socialización de todos los medios de producción.

La estatización es un procedimiento que convierte a la empresa concesionaria de servicio público o a una empresa industrial privada en empresa del estado.

En ambos casos los bienes privados, se incorporan al patrimonio estatal.

La municipalización es una especie de estatización dentro de los límites jurisdiccionales del municipio.

La nacionalización, denominación generalmente empleada por los publicistas franceses, no difiere a juicio de **Villegas Basavilbaso** de la estatización desde que los efectos de uno y otro procedimiento son los mismos: incorporación al patrimonio del estado los bienes de las empresas privadas, pero el vocablo estatización tiene una acepción jurídica propia, derivada del concepto de estado, distinta de la nacionalización, derivada a su vez del concepto de nación.

La nación no tiene personalidad sino en el estado, por el estado y para el estado. Ahora bien como el resultado del procedimiento en examen es la incorporación de los bienes de las empresas privadas al ente estatal, es preferible el uso del término estatización y no el de nacionalización, por cuanto la nación no es persona.

5.   Sistema de Economía Mixta

Expresa **Villegas Basavilbaso,** que la prestación de los servicios públicos industriales en éste sistema representa un tertiun genus entre el sistema de la concesión, el sistema de la estatización. Esta forma jurídico-económica fusión de dos teorías antitéticas: la individualista y la colectivista o socialismo de estado está caracterizado por su estructura financiera: la asociación de caracteres públicos y privados. La originalidad en este sistema consiste en que el servicio público es prestado y explotado por una sociedad anónima o de responsabilidad limitada, en la cual el estado tiene la condición jurídica de accionista u obligacionista.

En Venezuela existen casos: Banco Industrial, Banco Táchira etc. Casi siempre el socio por parte del estado es un instituto autónomo por ejemplo: La corporación Venezolana de Fomento con los Bancos Regionales de Fomento.

VI.   CREACIÓN, ORGANIZACIÓN Y SUPRESIÓN DE LOS SERVICIOS PÚBLICOS

Crear un servicio público, dice **Jèze** significa decidir que la satisfacción de determinada necesidad de interés general podrá efectuarse mediante los procedimientos del derecho público. La organización de un servicio público comprende las reglas generales según las cuales será regida la actividad de ciertas personas o deberán ser administrados ciertos bienes. La supresión de un servicio público es siempre una manifestación de voluntad del estado que declara que tal necesidad colectiva no será satisfecha en adelante por el procedimiento de derecho público.

La creación, la organización y la supresión de un servicio público como manifestación de voluntad del estado, tiene la misma naturaleza jurídica desde que se traducen en reglas generales obligatorias y en consecuencia dice **Jèze**, el acto que crea, que organiza o que suprime un servicio público es una ley en sentido material. Es por ésta razón que puede afirmarse con **Jèze**, que las únicas autoridades competentes para crear, organizar o suprimir un servicio público <u>son aquellas que tienen el poder de formular reglas de derecho, esto es el poder normativo</u>

En el ordenamiento constitucional venezolano, los órganos que tienen <u>el poder de formular reglas de derecho</u>, mejor dicho status generales, impersonales y objetivos son:

A. <u>En el orden Nacional</u>: El congreso y el presidente en consejo de ministros.

B. <u>En el orden estatal</u>: Las asambleas legislativas y gobernadores.

C. <u>En el orden Municipal</u>: Los consejos municipales.

1. Creación de los Servicios Públicos

A. Condición del servicio público

Vamos a analizar los diversos aspectos de la tesis de que todo servicio público corresponde a la existencia de una necesidad general, a fin de fijar ciertos principios que sirven de rumbo a la acción del poder en materia administrativa. Lo primero que ocurre es establecerla diferencia entre servicio público propiamente dicho y aquellas actividades privadas que representan sin embargo para la comunidad una evidente satisfacción de sus propias necesidades.

Cuando los particulares expresa **J.J. Castro Martínez**, organizan empresas destinadas a atender a los asociados en sus diversos intereses hay un servicio que consiste en poner un patrimonio privado y una serie de actividades individuales a disposición o uso del público, sin que esto signifique en verdad que el Estado tome en ello participación o que les otorgue el carácter de función administrativa.

En ambos casos existe el interés colectivo, pero solo cuando el estado por medio de sus funcionarios y conforme a los reglamentos y leyes, que constituyen el procedimiento de derecho público satisfacen las necesidades comunes, hay un servicio público propiamente dicho. En todo lo demás se abre campo a la iniciativa individual, sujeta al procedimiento de derecho privado, para que pueda acometer en trabajos y empresas directamente consagradas a servir a la comunidad.

Existe una separación completa entre lo que son los servicios públicos organizados y dirigidos por el estado y aquellos que, se deben a la iniciativa, privada.

Expresa **Gabino Fraga**, que mientras la empresa privada se guíe exclusivamente por el interés de lucro de sus dueños no existe ni puede existir un servicio público.

Pero a medida que ese interés privado va coincidiendo con el interés colectivo y se va extendiendo e intensificando el beneficio al público, el estelo se va interesando en el desarrollo de la actividad privada y principiando por hacer uso de sus facultadas de policía, y más tarde en ejercicio de sus atribuciones de tutela de los intereses colectivos, comienza a intervenir regulando aquella actividad, concluyendo por organizarla, mediante una reglamentación adecuada que garantice la regularidad y uniformidad de las prestaciones, en forma de transformar la actividad inicialmente libre en una actividad de servicio público.

Así Rolland expresa con respecto a Francia: hay entre nosotros empresas organizadas y dirigidas por los particulares, sostenidas con sus dineros, pero que buscan fines de interés general. Esas empresas en principio se forman libremente. Nada de extraño tiene aun cuando persigan un fin ideológico al de los servicios públicos y obren paralelamente a ellos. Para que no fuera así se requeriría que un texto legal instituyera un monopolio en provecho de una persona moral de derecho público. En ausencia de un texto de ese género la libertad del particular para ejercer una actividad paralela a la de los servicios públicos permanece intacta. La administración como lo dice Maurice Hauriou, no tiene el monopolio del bien público. Esto estaría en contradicción con la existencia de las libertades individuales.

B. Creación del servicio público

Se crea un servicio público según **Waline**, cuando una actividad de interés general o público es administrada sea por una autoridad pública, sea bajo su alta dirección lo que quiere decir que ella ha determinado en grandes líneas su organización, y siempre bajo su control.

Gastón Jèze expresa, que como el procedimiento de servicio público implica necesariamente limitaciones a las libertades individuales la regla según la cual para la satisfacción de un interés general es aplicable al procedimiento del servicio público debe emanar del parlamento y no de las autoridades administrativas. Es decir que generalmente se admitía que los servicios públicos solo podían ser creados por el congreso, pues la creación de ellos significa limitaciones a la libertad individual.

1) Si el servicio público era creado en forma de monopolio la actividad que esos realizan queda prohibida a los particulares. Nadie puede explotar ese servicio. Existen pues limitaciones a la libertad de contratar. Pero no solo hay limitaciones con respecto a los empresarios, sino también con respecto a los consumidores. Todos tienen que utilizar el servicio prestado por el Estado

2) En el caso de que el servicio lo preste el estado en concurrencia con los particulares, también hay limitaciones pues el Estado tiene recursos económicos inagotables. La competencia de_ un particular es prácticamente nula con respecto al estado

3) Siempre la creación de un servicio público supone dotar de ese servicio de una serie de prerrogativas que son imposibles de lograr con un particular. Por ejemplo, la posibilidad de expropiar.

4) El servicio público siempre requiere grandes gastos, y estos están establecidos de manera precisa en la ley de presupuestos. También puede suceder mediante créditos adicionales (art. 121 constitución del 53). En Venezuela la Constitución Nacional en su art. 108 ordinal 13 confiere como atribución del presidente en consejo de ministros, el poder de crear nuevos servicios públicos, autónomos o dependientes de la administración nacional y suprimir y modificar los que existen.

Esta es una atribución grande y algunos opinan que es propia de los decretos leyes, no tanto el crearlos, sino el suprimirlos, dejando sin efecto un acto general que creó el servicio público.

2. Organización de los servicios públicos

Villegas Basavilbaso dice: la organización de un servicio público comprende las reglas generales según las cuales será regida la actividad de ciertas personas o deberán ser administrados ciertos bienes, actividad y bienes afectados al mismo. La mayoría de las veces el mismo acto que crea el servicio público lo organiza. Cuando el legislador en el acto de creación del servicio público, no ha fijado las normas generales de acuerdo con las cuales se organiza el servicio público, el poder ejecutivo tiene que ponerlo en función por medio de su potestad reglamentaria.

Antiguamente y en varios países actuales, la organización de un servicio correspondía solo al Congreso y la razón para que esto fuera consiste en que siendo los agentes del estado los encargados de desempeñar las funciones, hay en el fondo una responsabilidad sobre el modo como el servicio se presta, los deberes que incumplen a los particulares y el manejo de los bienes que se destinan para su funcionamiento. No obstante dice **Castro Martínez**, hay una tendencia a confiar al gobierno.

La organización de los servicios públicos , por estimarse que el Parlamento no está en capacidad para expedir las leyes en condiciones tales que ellas mismas no constituyan las causas de trabas o dificultades que impidan el correcto funcionamiento del servicio.

A este propósito se agrega que en realidad la parte orgánica de los servicios tiene que ver más propiamente con procedimientos técnicos que con simples estatutos jurídicos, de donde que el parlamento no tiene para que ocuparse de aquellas cuestiones que bien pueden ser establecidas por el Ejecutivo.

En la obra de **Gaston Jèze** se encuentran varias reglas sobre organización de servicios públicos que encierran principios del más alto valor jurídico:

Son en resumen: 1. El parlamento siempre es competente para organizar un servicio público; 2. El parlamento es el único competente para organizar un servicio público cuando el funcionamiento de ese servicio público implique una destinación de ingresos y también si ciertas reglas son de tal naturaleza que afecten la libertar física individual, la propiedad, la libertad de comercio, etc.; 3. Las autoridades públicas investidas de poder reglamentario tienen competencia para formular las normas de organización de un servicio público que no afecten a la libertad individual, ni la propiedad, ni la libertad de comercio ni de industria; 4. El parlamento no puede investir a una autoridad pública de poder reglamentario para dictar las normas de organización de un servicio público; 5. El Presidente de la República, en virtud de la potestad reglamentaria general, puede atribuir competencia a una autoridad pública, para expedir los reglamentos de organización de un servicio público , pero con la condición de que esa facultad no se le haya atribuido ya una ley del parlamento.

Estos principios expresan el régimen de Derecho Público francés, pero ellos son de tal naturaleza que sus bases científicas corresponden a las instituciones de todos aquellos países cuya organización política y jurídica este inspirada en la representación parlamentaria. Debemos anotar sin embargo, que por virtud del sistema parlamentario instituido en Francia, algunas de esas reglas tienen un aspecto absoluto, que naturalmente se atenúan en el sistema presidencialista venezolano. Así por ejemplo con respecto a la regla segunda, el artículo 208, ordinal 5° de la Constitución Nacional, en lo referente a los créditos adicionales.

3. Suspensión de los Servicios Públicos

Es lo contrario al acto de creación y es que una prestación no se efectúe ni por la autoridad administrativa, ni bajo su alta dirección, ni en todo caso bajo su control según la definición de **Waline**.

En principio, y en otras legislaciones, como la supresión de un Servicio Público conduce a la abrogación de un acto general emanado del Congreso, es incuestionable dice **Villegas Basavilbaso**, que solo el poder legislativo tenga competencia para ello; pero sin embargo es de advertir que en Venezuela, según el ordinal 3° de artículo 108° de la Constitución, el Presidente en Consejo de Ministros tiene la facultad de suprimir los servicios públicos; presentándose así varios problemas al derogar el Presidente, una ley que creó ese Servicio Público. (Es una facultad muy amplia).

Con relación a la supresión de los Servicios Públicos, surgen varios problemas:

1) Con respecto a los bienes afectados a ese Servicio: la regla general es que pasan al patrimonio de la administración.

2) Con respecto al personal que maneja los Servicios Públicos: el problema es grave donde existe carrera administrativa. En algunos países cabe trasladarlos a otras ramas de la administración. En otros casos la administración tiene que indemnizar al funcionario.

3) Con respecto a las obligaciones contraídas: Dice **Castro Martínez**: la supresión del Servicio Público no produce la inmediata cesación de funciones administrativas que hayan de finalizarse mediante la aplicación de procedimientos especiales. La función se va extinguiendo a medida que desaparecen las obligaciones del Estado, y las responsabilidades derivadas del funcionamiento del Servicio.

TEMA 17

Contratación Administrativa. Definición y elementos de los contratos. Diferencia entre los contratos de derecho privado y los contratos administrativos. Procedimientos administrativos para la celebración de los contratos

I. NOCIONES GENERALES SOBRE LOS CONTRATOS

1. Derecho Romano

El contrato nace en las primeras épocas de la humanidad, y aún cuando constituya el principal instrumento de las relaciones económicas de cambio, no puede confundirse con estas, ni reducírsele su ámbito a este solo objeto. Hay en él, una palabra dada y aceptada en vista de un fin determinado, una proyección de la voluntad del hombre sobre los otros hombres, retribuida mediante el consentimiento voluntario del destinatario de ella. El cambio del consentimiento –acto intelectivo– es acompañado del cambio de acciones o cosas –acto material– (**Bercaitz**).

No es posible buscar entonces el origen del contrato en el Derecho Romano, el cual por otra parte, no llegó a elaborar una doctrina del contrato tan acabada como la de la obligación. Conspiró contra ello la máxima –ex nudo pacto actio non nascitur-. El convenio por sí solo, es importante para dar nacimiento a una acción.

Es preciso, para que esto ocurra, el cumplimiento de determinados actos o formalidades: el nexum o la stipulatio.

Tales actos o formalidades consistían en la entrega de una cosa, en la formulación de un asiento escrito en los libros del acreedor, o en el empleo de palabras especiales consagrada por el uso. Llenadas tales formalidades, la convención se hacía contrato con un nombre propio; con todos sus efectos jurídicos.

Más tarde comienzan a admitirse contratos solo consensu en favor de convenciones de uso frecuente y de importancia practica considerable, como la compra-venta, la locación, la sociedad, el mandato.

Los principios en el Derecho Romano eran simples, desprovistos de toda riqueza de matices con que aparece el contrato después de la revolución francesa del 1789 (1).

2. Derecho Moderno:

En el Derecho Moderno la noción del contrato se trabaja y enriquece con la profunda transformación jurídica que produce la revolución francesa. El impulso dado a las transacciones civiles y comerciales acrece su importancia como medio fundamental de las relaciones jurídicas dentro del fecundo campo del Derecho Privado.

El artículo 1134 del Código Napoleón establece:

> "Les conventions légalement formées tiennent lieu de loi à ceux qui les ont faites".

Desde ese momento la voluntad es libre y soberana para disponer de todas las cosas, con escasas limitaciones, sin que las instituciones puedan ser obstáculos a ello.

Es, como dice Hauriou, "desborde del contrato" (2)

A. La autonomía de la voluntad:

Con la sanción del Código Napoleón se inicia una época en la cual el contrato es todo, pues constituye la regulación jurídica de las relaciones de las partes, establecidas libre y voluntariamente por ellas. La voluntad individual posee, en el dominio del derecho, un verdadero poder creador, es esta eficacia jurídica del querer individual que se designa con el nombre de autonomía de la voluntad. Esta autonomía de la voluntad se manifiesta en la formación del acto jurídico y en la determinación de sus efectos.

Ella es la que crea el acto y constituye su esencia. El acto jurídico es una voluntad declarada. Donde la voluntad este ausente no hay acto jurídico. Además el acto jurídico no solo produce sus efectos porque la voluntad lo ha querido sino también como ella lo ha querido.

B. Caracteres del contrato.

Los caracteres en esta época moderna son:

1° La igualdad y la libertad de las partes: se manifiesta en el libre juego y discusión de una oferta, y de inmediato de una demanda formulada por los dos contratantes situados en planos idénticos; en la libre determinación con que cada uno concurre a la formación del contrato, y en el libre intercambio de consentimientos.

2° La inmutabilidad de las cláusulas. Lo que libremente se ha pactado debe cumplirse porque sobre este principio descansa la seguridad jurídica de la sociedad "pacta seunt servanda".

La regla "rebus sic stantibus" del derecho canónico de la Edad Media, que permitía modificar el cumplimiento de las obligaciones de manera concordante con las condiciones fluctuantes de los distintos tiempos es proscrita en forma absoluta.

3° Limitación de los efectos de las partes: Si el contrato es el resultado de la libre deliberación de quienes voluntariamente acuerdan mediante él, la ley que ha de regular sus relaciones reciprocas respecto a determinado negocio jurídico; si existe libertad de contratar o no, es lógico que los efectos del acuerdo celebrado solo tengan imperio, fuerza de ley, única y exclusivamente entre quienes lo condujeron.

El reinado del contrato del derecho privado sobre el cual legisló el Código Napoleón, ha sido absoluto durante todo el siglo XIX. Pero como ocurre con todos los Imperios, su grandeza fue causa de su desmoronamiento y también, consiguientemente, de su propia transformación (3).

3. Derecho Contemporáneo:

Junto con su gran progreso material, el siglo XIX asiste con los nuevos descubrimientos a la formación de grandes fortunas y de grandes empresas capitalistas, de sociedades anónimas deshumanizadas que se adueñan de todas las fuentes de producción y de riqueza.

El legislador pierde la confianza en la justicia del contrato y se produce entonces el debilitamiento de la autonomía de la voluntad, casi su quiebra no solo por la existencia de nuevas reglas legislativas de carácter imperativo que la limitan, sino también por mayor intervención del juez en el proceso, que abandona su función mecánica, para decir el derecho y hacer humana su conducta poniendo en sus decisiones la justicia por sobre todas las cosas. No responden a los mismos tiempos de esta época, el contrato de adhesión y el contrato colectivo de trabajo; este último como arma jurídica de defensa del obrero organizado, en su lucha para la obtención de condiciones más dignas de trabajo y de mejor salario.

A. El contrato de adhesión:

La generalización de determinada clase de contrato y la ruptura de la igualdad de las partes como consecuencia de la diferencia de potencialidad económica producida por la acumulación de grandes riquezas en manos de una sola persona o de una empresa, trajo como consecuencia la elaboración de un tipo especial de contrato cuyas clausulas redactara exclusivamente uno de los contratantes y aceptaba "in to time" el otro, sin que fuera posible ninguna discusión o deliberación.

A este tipo de contrato se le han hecho muchas críticas.

No obstante las objeciones hechas, la casi unanimidad de los civilistas han aceptado definitivamente este tipo de acuerdos: quien se adhiere a las condiciones que le son propuestas, está en libertad de no aceptarlas; podrían rechazarlas en bloque y, en consecuencia, cuando las acepta, daban su consentimiento.

Los contratos de adhesión, son tan contratos como los demás. Su única particularidad consiste en la forma de su concertación.

Ejemplos de estos es el de los contratos de seguros.

B. Contrato colectivo.

Mediante el cual las fuerzas patronales y obreras organizadas imponen a todo un sector de la producción, de la industria, o de comercio, la ley que ha de regir sus relaciones laborales con sus empleados y obreros. La máxima exaltación del principio de la autonomía de la voluntad, junto con la ruptura del equilibrio e igualdad que ella no suponía, bajo consecuencia ineludible la intervención del Estado en función tutelar del más débil.

Estas funciones tutelares se manifiestan en la fijación del precio de los arrendamientos (disminución del principio de la autonomía de la voluntad) y en la fijación de precio uno máximo y otro mínimo de ciertos productos de interés general como las medicinas (4).

4. Derecho Venezolano:

a.   Definición del contrato: Según el artículo 1133 del Código Civil Venezolano: "El contrato es una convención entre dos o más personas para constituir, reglar, transmitir, modificar o extinguir entre ellas un vinculo jurídico".

b.   Elementos de los contratos: El artículo 1141 del Código Civil Venezolano expresa: "Las condiciones exigidas o requeridas para la existencia del contrato son:

1. Consentimiento de las partes

2. Objeto que pueda ser materia de contrato y;

3. Causa licita"

II. NOCIÓN GENERAL DE LOS CONTRATOS ADMINISTRATIVOS

1. Concepto de contrato que utilizamos en estas notas:

A. Noción:

Siguiendo los desarrollos que hace **Jèze** en su Teoría general de los contratos de la administración, el contrato es una operación jurídica bien determinada, cuyos elementos esenciales están constituidos, en primer término, por un acuerdo bilateral de voluntades y en segundo lugar, por la creación de una situación jurídica individual, no general.

Lo anterior significa según la exposición del mismo autor, que aunque todo contrato es un acuerdo de voluntades, no todo acuerdo de voluntad es un contrato.

Así, la ley y la resolución de un tribunal colegiado, suponen un acuerdo de voluntades pero de ninguna manera se podría calificar a esos actos jurídicos como contratos. Es necesario que el acuerdo de voluntades sea bilateral para que el contrato se origine. Es decir, es indispensable que las voluntades emanen de partes opuestas, pues si todas las voluntades concurrentes son paralelas, entonces se tendría otra figura jurídica, la del acto complejo, y no la del acto contractual.

Al hablar de este elemento, **Jèze** hace una observación de extraordinaria importancia que nos era de gran utilidad al examinar algunas formas jurídicas que en ocasiones se tiende a confundir con los contratos verdaderos. Es preciso, dice distinguir cuidadosamente el acto bilateral de voluntades, y el acto unilateral, provocado, solicitado o aceptado. Por ejemplo el acto de concesión la ocupación del dominio público es un acto unilateral de la administración, provocado, solicitado y aceptado por el concesionario.

Es igualmente indispensable para que el contrato exista, que él se celebre para crear una situación jurídica. El acto de matrimonio por ejemplo, no tiene por efecto crear una situación jurídica; la situación del esposo y esposa esta creada de antemano en la ley; el matrimonio condiciona simplemente la aplicación de esta a quienes lo contraen.

Finalmente la situación jurídica individual. La necesidad de este carácter deriva de la función misma del acto contractual. El contribuye al medio jurídico para que dentro de una comunidad, los hombres puedan satisfacer exigencias de carácter económico, y como esas exigencias varían de hombre a hombre, cada uno de los contratantes debe fijar para su caso individual el objeto, extensivas y modalidades de las prestaciones que requiere (5)

B. Posibilidad del Estado de celebrar contratos:

Es un hecho indiscutible que el estado en el desarrollo de su actividad obtiene de los particulares prestaciones voluntarias de bienes o de servicios personales. Es así como se le ve comprando inmuebles, equipo para su oficina, servicios, arrendado los bienes que son necesarios; obteniendo préstamos; conviniendo en empresas de trasporte la conducción de correspondencia, bultos postales y mercancía; enajenando y arrendando determinada clase de bienes propios, asociándose con los particulares en empresas mercantiles; encargando a particulares la construcción de obras públicas; etc. (**Gabino Fraga**)

Como se ve, esas diversas operaciones corresponden, por lo regular, a tipos de contratos usuales en las relaciones entre particulares, y por ese motivo, ha surgido el problema de si el Estado puede contratar y, el de si pudiendo hacerlo, los contratos que celebre son de la misma naturaleza que los contratos civiles. (6)

Fijado el concepto de "contrato" que utilizaremos en este estudio, al analizar la opinión de **Jèze**, podemos pasar al problema señalado en líneas anteriores de la posibilidad por parte de Estado de celebrar contratos

Es indudable que el Estado no está obligado a intervenir en todos los casos imponiendo su voluntad a los particulares. En algunas ocasiones puede obtener la colaboración voluntaria de éstos y lograr de ellos por medio de un arreglo consensual la prestación de bienes o servicios personales. Existen muchos casos en los cuales hay correspondencia entre el interés del Estado y el de los particulares.

Desde el momento en que tal correspondencia existe, se hace innecesario el empleo del mandato imperativo de parte del poder público para salvar el eficaz cumplimiento de sus atribuciones. Solamente cuando la realización de estas en una forma regular y continua depende de la obtención de esos bienes y servicios y no existiere la colaboración adecuada de los particulares, el Estado tiene que proceder por vía de mandato, imponiendo unilateralmente su voluntad. (7)

De tal manera que la primera cuestión planteada debe ser resuelta en el sentido de que el Estado si puede contratar, dándose, por lo tanto motivo para que inmediatamente se pase al estudio de la naturaleza jurídica de los contratos celebrados por el Estado, lo cual veremos diferenciándolos con los contratos de Derecho Privado.

2. Diferenciación de los contratos administrativos con los contratos de Derecho Privado.

Establecida la existencia de contratos del Estado, y dentro de ellos, los contratos administrativos como especie distinta de los contratos de derecho privado, corresponde tratar de precisar los datos que pueden servir para diferenciar unos de otros.

Podemos agrupar los distintos criterios de diferenciación que se ha sostenido y teorías elaboradas al respecto, siguiendo la sistematización propuesta por **Miguel Ángel Bercaitz.**

A. Criterio subjetivo:

Son contratos administrativos aquellos en que el Estado es parte, aquellos que se conceden con la Administración, o como dice **Laferrière**, los concluidos por ésta obrando como Poder Público.

Se expresa en tal sentido, que un contrato realizado entre dos particulares, no es ni puede ser nunca un contrato administrativo. En consecuencia, para que un contrato sea administrativo, es menester que una de las partes sea un órgano de la administración pública, aun cuando evidentemente obrando siempre como tal, no dentro del campo de derecho privado, pues como gráficamente lo dijera **Stainoff** (9), el Estado, en un caso concreto puede quitarse su toga de soberano, y tal como un oficial que se pone de civil para estar más libre en sus movimientos, ponerse también "en civil".

Y bien; si para que la intervención de la administración pública de carácter administrativo al contrato, es preciso que actúe como tal, como poder público, ya que no puede hacerlo sujetándose a las reglas que regulan los contratos de derecho privado, fácil se advierte entonces la insuficiencia del criterio subjetivo para caracterizar los contratos administrativos y diferenciarlos de los contratos de Derecho Civil. En efecto, ¿cuando actúa como administración pública? ¿Cuándo como poder público?

Por otra parte esta teoría no es más que una secuela de la división bipartita de los actos administrativos en actos de autoridad y actos de gestión, tantas veces criticada y desechada. (10)

Por lo tanto, desechada esta teoría, para explicar lo que tratamos es menester acudir a otras naciones distintas.

B. Criterio de la jurisdicción:

Algunos autores como **Merkel** (11) sostienen que son contratos administrativos aquellos en los cuales compete conocer a la jurisdicción contencioso administrativa, ya sea por así disponerlo un precepto legal, ya por haberse pactado, ya por decidirse jurisdiccionalmente en razón de sus modalidades propias.

Pero dice **Bercaitz** (12) aparte de que en el tercer supuesto el criterio no sirve para hacer la diferenciación, ya que solo podrá determinarse si corresponde a la jurisdicción contencioso administrativa después de establecido esta –luego del examen particular de las modalidades especiales del contrato- es evidente que esta manera de diferenciación carece de toda base jurídica.

Por otra parte la justicia del legislador no puede constituir nunca un criterio jurídico de caracterización. En Venezuela la competencia de la Corte Federal según su Ley Orgánica es para conocer de todas las controversias relativas a "los contratos celebrados por el Ejecutivo Federal" (art. 8, ord. 4) sin distinción alguna.

C. Criterio Formal:

Otro criterio que se ha sustentado para distinguir el contrato administrativo del contrato de derecho privado es el procedimiento empleado por la administración pública para su concertación.

Tal sería en cierto modo el criterio expuesto por **Hauriou** (13) cuando con relación al contrato de suministros sostiene: "Los contratos de suministros son aquellos por los cuales las administraciones públicas tratan de obtener, por medio de un empresario, objetos muebles, mercaderías o materiales y aún servicios; todo ello mediante una operación que se resume en una compra venta o que, si se concreta en una locación de obra, no tiene por consecuencia la creación de una obra pública" y agrega "Es preciso que exista un contrato especial con pliego de peticiones".

Una compra al contado no es un contrato de suministros. Un transporte efectuado por una compañía de ferrocarril o de vapores, cuando la administración ha usado el medio de transporte en las mismas condiciones que el público, no es un contrato de suministros.

Sin embargo, dice **Bescaitz** (14) en un comentario hecho al fallo "Tamplier", que: "No es por su forma que las cláusulas derogatorias al derecho común pueden llevar a la competencia administrativa, es por su fondo. Es su fondo que debe ser derogatorio, y no lo será si no estipula en provecho de la administración prerrogativas de poder público.

Así, si clausula derogatoria del derecho común no ha de ser por su sola forma atributiva de competencia administrativa, vale decir, si no ha de servir para calificar el contrato como administrativo; si es su fondo el que ha de serlo, lo mismo puede decirse de la forma o procedimiento empleado por la administración pública, para concertar el contrato.

El pliego de condiciones cuaderno de cargas, dice **Bercaitz**, el procedimiento de la licitación, pública o privada, todas las formas y solemnidades empleadas para la celebración del contrato por parte de la administración pública, en unos casos si y en otros no, tampoco sirven para caracterizarlo jurídicamente como administrativo o de Derecho Privado.

Esa caracterización solo habrá de resultar del fondo mismo del contrato, de su sustancia, de su esencia, determinados por sus fines o por los intereses que puedan afectar, o llegar a afectar. (15)

Sin embargo hemos de hacer notar que los contratos en el derecho civil por regla general son consensuales, basta con el consentimiento de las partes. El escrito es medio probatorio.

En cambio, el derecho administrativo es esencialmente formal. La forma en los contratos de derecho administrativo es esencial.

D. Teoría del Servicio Público.

En su célebre Arrêt "Blanco", el Tribunal de Conflictos de Francia, asestando un rudo golpe a la teoría de los actos de autoridad y de gestión, declaró que correspondía intervenir al Consejo de Estado en todos juicios en que se reclamara una indemnización como consecuencia de un hecho ilícito ocurrido en la prestación de un servicio público. Mientras tanto todo lo relativo a los contratos quedaba en manos de la jurisdicción civil, por aplicación de la doctrina de los actos de autoridad y de gestión, que solo atribuía competencia en los primeros a la jurisdicción contencioso administrativa.

Así, se llega al arrêt "Terrier" de 6 de febrero de 1903. El Consejo General de "Saone et Loire" votó en 1900 un crédito de 200 francos y decidió conceder una prima de 25 céntimos a quien matara una víbora, previa certificación hecho por el Alcalde del lugar. Agotado el crédito de 200 francos, se presento el Sr. Terrier y reclamó el pago de las que él había matado. Llevado el asunto al Consejo de Estado, el comisario del Gobierno Romieu sosteniendo la competencia del Consejo para conocer de la causa, expresó: "Hay aquí un verdadero servicio público, una operación de interés general que ha podido, en un momento dado, considerarse obligatoria para los cuerpos locales y que, desde entonces, tiene en el más alto grado, carácter administrativo. Todo lo que concierne a la organización y funcionamiento de los servicios públicos propiamente dichos, generales o locales, constituye una operación administrativa, que es, por su naturaleza del dominio de la jurisdicción administrativa".

Dice **Bercaitz**, el criterio de Servicio Público, comienza así a penetrar en el ámbito del contrato administrativo, pero no de una manera categórica: hay contratos relativos al servicio público en que en la administración actúa en las mismas condiciones que un particular; hay otros en que el servicio funciona con sus reglas propias y su carácter administrativo. A la jurisprudencia corresponde establecer cuando se está en presencia de uno o de otro tipo de contrato. (16)

Años más tarde (1910) se produce el arrêt Thérond: "La Municipalidad de Montpellier establece con el Sr. Thérond un compromiso por el cual este se encarga de la captura de los perros sueltos, y de la recolección de los animales muertos en la vía pública. Planteado un conflicto entre la Municipalidad y el Sr. Thérond, el Consejo de Estado de Francia declara su competencia para entender en el asunto sin hacer distinciones de ninguna clase, sosteniendo que la Municipalidad "ha procedido teniendo en vista la higiene y la seguridad de la población, y ha tenido, en consecuencia, como fin asegurar un servicio público".

Es esta la doctrina de **Duguit**. Para él "si hay contratos que dan lugar a la competencia de los tribunales contencioso administrativos, eso no puede ser más que en razón del fin en vista del cual ellos son hechos. No hay diferencia en cuanto al fondo, entre un contrato civil y un contrato administrativo. Lo que da a un contrato carácter administrativo y funda la competencia de los tribunales administrativos, es el fin del servicio público en vista del cual es hecho".

Jèze participa del criterio con algunas salvedades. Se entiende por contratos administrativos, dice: "Los celebrados por la administración para asegurar el funcionamiento de los servicios públicos". Pero agrega, "no basta este elemento: es indispensable que las partes contratantes hayan querido someterse a un régimen jurídico exorbitante del derecho civil, al régimen del derecho público". (18)

Critica de la teoría del servicio público.

Bercaitz expone: La teoría pura y simple del servicio público, no obstante su superioridad sobre las anteriores que hemos analizado, evidencia de inmediato su importancia para resolver el problema.

Muy poco después de la sentencia Thérond, de fecha de 4 de marzo de 1916, el Tribunal de Conflicto francés, el 4 de junio de 1910 en el caso de "Compgnie d'Assurance Le Soleil", decía que el arrendamiento de un inmueble para el alojamiento de militares, no constituía a pesar de su fin de servicio público, un contrato administrativo. Así, no todo contrato celebrado por la administración pública para la prestación de un servicio público, es contrato administrativo. Por otro lado, si solo fueran contratos administrativos los celebrados por la administración para asegurar el funcionamiento de los servicios públicos, quedarían excluidos como contratos administrativos los relativos a concesiones y permisos del uso del dominio público para el desarrollo de una actividad comercial (ocupación temporal de una calle con un desvió ferroviario particular para uso exclusivo de una pública).

Tenemos además el contrato de obra pública, indispensablemente administrativo y el cual, sin embargo puede existir sin vinculación alguna con el servicio público lo mismo ocurre con los contratos celebrados directamente entre la administración pública y un particular, para la prestación a este del servicio público de transporte por barco, ferrocarril, avión, ómnibus, etc., todos ellos, corrientemente, en condiciones normales, son contratos típicamente comerciales, no administrativas. En situaciones anormales, extraordinarias de guerra, cataclismos, etc., podrán ser contratos administrativos pero entonces entra a jugar otro aspecto propio de un régimen jurídico especial.

En definitiva, dice **Bercaitz**, el servicio público cuya satisfacción se persigue con la ejecución de un contrato, no basta para calificar a este como administrativo, ni su ausencia es suficiente para excluirlo de sus cuadros, caracterizándolo sin otras discriminaciones, pura y simplemente como contacto de Derecho Privado. (19)

E. Teoría del fin de utilidad pública.

Descartando el concepto de servicio público, dice **Bercaitz,** algunos autores consideran que lo determinante del contrato administrativo es una prestación de utilidad pública, sin perjuicios de otros elementos que lo integran, como la intervención de un sujeto de derecho público y la posibilidad de que la administración pueda variar unilateralmente el convenio.

No hay duda de que el fin de utilidad pública que se asigna al contrato administrativo, permite ampliar el concepto restringido de "servicio público", pero aun así, no es bastante (**Bercaitz).**

En efecto, un contrato de empréstito, para cubrir un déficit de presupuesto, no persigue un fin de utilidad pública, sino un fin público. (21)

Rechazamos por ello, entonces, esta teoría y consideramos que puede ser objeto de la mayor parte de las críticas que hemos hecho a la del servicio público.

F. Teoría de la cláusula exorbitante:

Agotadas las posibilidades discriminatorias, sobre la base del servicio público, y el fin de utilidad pública, la doctrina y la jurisprudencia francesa se han inclinado por la teoría de la cláusula exorbitante al derecho privado, en sentido lato, de derecho común.

Así, la diferencia entre los contratos administrativos y los de derecho privado, estaba en la existencia de cláusulas especiales insertadas en los primeros, exorbitantes del derecho privado, que testimonian un régimen jurídico especial de Derecho Público.

Según esta teoría dice **Bercaitz**, los contratos que solo contienen cláusulas conformes del Derecho Privado, iguales a las que existen en los que se celebran entre particulares, son contratos de derecho privado.

Un contrato de arrendamiento, un contrato de transporte, un contrato de suministro o compra-venta, serán administrativos o no, según que ellos contengan cláusulas que no puedan acordarse entre dos particulares sin provocar la nulidad del contrato, o la invalidación de ellas, porque presuponen la existencia y el ejercicio al poder público que se hace presente en la convención con todas sus prerrogativas.

a. División

Es difícil hacer una enumeración o una definición de las cláusulas exorbitantes del derecho privado, pues los fallos del Consejo de Estado francés que sentaron la teoría, se han limitado a la enunciación del principio en términos amplios y generales.

Sin embargo, **Bercaitz**, las divide en dos grupos:

1. Aquellos por los cuales la administración pública se atribuye sobre su cocontratante derechos que un particular no podría atribuirse en ningún contrato, porque las leyes y los reglamentos no lo autorizan para hacerlo;

2. Aquellas por las cuales la administración pública otorga a sus cocontratantes poderes respecto a terceros, que un particular no podría conferir en ningún contrato porque las leyes en vigor la invalidarían. Si el contrato celebrado por la administración contiene cláusulas de las que hemos agrupado en esta división, el contrato será administrativo. Si el convenio concluido por la administración no las contiene, vale decir, si sus cláusulas no difieren de las que se incluyen corrientemente en los contratos celebrados entre particulares, el contrato será de derecho privado.

b. Objeciones

Dos clases de objeciones se le han hecho al criterio de la cláusula exorbitante del derecho común:

1. Un contrato será administrativo o no según que las partes lo deseen o no. Esta objeción es parcialmente exacta ya que, como sabemos cuando la administración pública necesita para el cumplimiento de sus fines recurrir a la colaboración de los particulares, puede optar entre celebrar con ellos contratos de derecho privado o contratos administrativos. A ella compete elegir uno u otro tipo de contrato.

Pero ese derecho de elección no existe siempre. Hay a veces que la administración pública deberá forzosamente celebrar contratos administrativos para lograr determinados fines, por ejemplo, la concesión de un servicio público propio de un particular. (24)

2. Pueden existir contratos administrativos que no contengan entre sus cláusulas ninguna que sea exorbitante del Derecho Privado, o remita a un reglamento o a un pliego de condiciones (cuaderno de cargos) que contenga disposiciones que exceden la órbita del derecho común.

Esta objeción es rigurosamente cierta y exacta. En este sentido dice **Bielsa** "aún a falta de pacto, la administración pública tiene derechos inherentes a su carácter de tal. Cuando la administración contrata como poder público (poco importa que lo diga o no) entonces el contrato es público, mejor dicho administrativo".

Afirma **Bercaitz**, la cláusula no es, por consiguiente, la que siempre caracteriza al contrato como administrativo; podrá hacer de un contrato de derecho privado un contrato administrativo, pero su inclusión no podrá hacer nunca de uno administrativo uno de derecho privado.

Por consiguiente, esto conduce al rechazo de la diferenciación de los contratos administrativos y de los contratos de derecho privado, basada en términos absolutos en las cláusulas exorbitantes.

3. Caracterización jurídica de los contratos administrativos

A. Cláusula exorbitante de derecho privado

Como ya se ha visto, dice **Bercaitz**, la inclusión de cláusulas exorbitantes del derecho privado en un contrato, lo convierte en administrativo, aun cuando se hable de un convenio que la administración pública haya podido celebrar en forma de contrato de derecho privado.

En primer término, entonces, todo contrato con una cláusula exorbitante del derecho privado, es contrato administrativo.

Pero hemos visto también que la ausencia de cláusulas de este tipo, no convierte un contrato administrativo por naturaleza en contrato de derecho privado.

La clausula exorbitante es, por lo tanto, la exteriorización de "algo que todo contrato administrativo lleva en su seno, y que llegado el caso, esté escrito o no esté escrito expresamente, se materializa en reglas jurídicas de carácter excepcional. Ese "algo" es lo que constituye la esencia misma del contrato administrativo. Esas reglas que materializan ese "algo", son aquellas por las cuales la administración ejerce sobre su cocontratante, derechos que ningún particular podría atribuirse en ningún contrato porque presuponen la existencia y el ejercicio del poder público, que se hace presente en el contrato administrativo con todas sus prerrogativas.

Ahora, esas prerrogativas son aquellas mediante las cuales puede la administración hacer prevalecer el interés público cuya tutela ejerce, sobre el interés particular de su cocontratante.

Cuando estudiando un contrato encontramos que expresamente se ha establecido la posibilidad de su modificación unilateral por la Administración Pública, o la de su ejecución directa por la Administración sustituyendo al cocontratante, o la de su revocación, rescisión o caducidad, en forma unilateral y directa por la misma Administración pública no hay duda que nos hallamos frente a un contrato típicamente administrativo. (**Bercaitz**)

Cuando un contrato no contenga cláusulas exorbitantes del derecho privado que permitan diferenciarlo como administrativo, será preciso analizar si su ejecución estricta en la forma pactada, o si su ejecución pura y simple, puede afectar un interés público superior de la colectividad. Si puede afectarlo será igualmente un contrato administrativo, ya que pese a la ausencia de toda cláusula exorbitante, la administración pública podrá en salvaguarda de ese interés ejecutar o hacer ejecutar el contrato, modificar la forma de su ejecución, revocar, rescindir o declarar caduco el convenio, en forma unilateral y directa. (**Bercaitz**).

B. Relación de subordinación.

Dice **Bercaitz**, en los contratos administrativos, como hemos visto una de las partes es la administración pública o un órgano administrativamente descentralizado de la Administración pública. El otro, o es un particular, o es otro órgano de la Administración pública.

Entre ambos se establece una relación jurídica, lo cual significa que el derecho ha regulado, entre determinadas personas, un deber y un poder de cierto contenido.

Esta relación puede ser de "coordinación" o de "subordinación". Esto último significa "sujeción" o sea un vínculo establecido entre dos personas desiguales desde el punto de vista del derecho, cuyo contenido lo determina la voluntad de la persona superior. (Otto Mayer).

Esta situación de "subordinación" o "sujeción" típica del individuo frente al Estado, se establece unilateralmente por este último mediante los diferentes ordenamientos jurídicos con los cuales cumple su actividad fundamental de crear el derecho.

Pero este establecimiento no se opera exclusivamente en forma unilateral por el Estado, vale decir, por una voluntad extraña al súbdito que es el obligado, sino que también en algunos casos, como hemos visto, esa subordinación se establece mediante el concurso de la voluntad de quienes se obligan.

"Esto es lo que constituye el elemento característico fundamental del contrato administrativo: el establecimiento de una relación jurídica de subordinación con respecto de la Administración pública, mediante un acto de propia voluntad de quien se obliga con ella." (**Bercaitz**)

Pero esta "subordinación" que hemos señalado no es personal sino de contenido patrimonial. No es la persona que contrata con la administración pública la que se halla en una situación de sujeción; son sus bienes afectados por el contrato, la actividad o las cosas puestas al servicio de los fines estipulados en él, los beneficios que de su empleo pueden obtenerse o se ha pactado que se obtendrían. (29).

C. Fundamento de la situación de la subordinación

Bercaitz expone: esta subordinación o desigualdad jurídica no es arbitraria, ni deriva del poder o de la autoridad que tiene la Administración pública.

Este estado de subordinación de desigualdad jurídica en que se halla con respecto a la administración pública quien celebra con ella un contrato administrativo, tiene su origen en la "desigualdad de propósitos" perseguidos por las partes en el contrato.

El cocontratante de la administración persigue evidentemente un fin económico privado: busca una colocación productiva para su capital. La Administración, en cambio, vela por el interés público, por las necesidades colectivas: trata de que se satisfagan o que no se creen obstáculos para su satisfacción.

El fundamento pues de esta "subordinación" es, o el fin público cuya satisfacción se persigue con la celebración del contrato o la necesidad pública colectiva que puede afectar su ejecución. De esta manera, en todo contrato celebrado por la administración con un fin público, el cocontratante deberá colocarse en una situación de subordinación, ya que la Administración pública estará obligada a situarse en una posición ineludible de superioridad, para actuar en su momento, en forma directa y unilateral, según sea más conveniente para la satisfacción de ese fin.

Sin embargo, esto no quiere decir que todo contrato administrativo tenga por causa un fin público puede ser un servicio público o no, como ocurre con el contrato administrativo de empréstito, cuya causa es proveer de fondos para atención de las necesidades financieras del Estado.

Durante mucho tiempo el error de la doctrina y jurisprudencia ha sido limitar el contrato administrativo al servicio público, con lo cual dejaba fuera del cuadro de los contratos administrativos aquellos cuya causa no es la prestación de un servicio público, sino un fin público, sino un fin público, y aquellos otros donde para nada juega el fin publico siquiera la noción más amplia de fin publico es la que mejor se acomoda al contrato administrativo, pero no es excluyente, de las otras hipótesis, done se da la relación de subordinación jurídica típica del contrato administrativo, sin que exista en juego un fin publico o un servicio público. Ocurre esto en todos aquellos contratos relativos a permisos de ocupación del dominio público para el ejercicio de una actividad privada. (30)

D. Contratos con coordinación.

Situación completamente distinta es la que se presenta cuando la administración pública celebra otro tipo de contratos, vale decir, contratos de derecho privado, en el campo del derecho privado, no como Administración pública, sino como un particular cualquiera.

Aquí no existe subordinación jurídica alguna del cocontratante, el contrato es inmutable en la misma medida que lo son los contratos que los particulares conciertan; ya no es la Administración Pública quien unilateralmente decide sobre el incumplimiento parcial o total de las prestaciones a cargo del otro contratante.

E. Derechos que rigen los contratos administrativos.

Como dice **Bercaitz**, los contratos administrativos los celebra la administración pública en su carácter de tal, vale decir, obrando como persona de derecho público en la tutela de un fin o de un interés público, presente o futuro.

Su régimen jurídico en consecuencia, no puede ser otro que de derechos público. El contrato administrativo no puede ni debe regirse por el derecho privado, que solo regula relaciones entre particulares, intereses privados. La subordinación jurídica que hemos señalado como propia del contrato administrativo solo es posible dentro de los cuadros del derecho público.

4. Definición de los contratos administrativos.

A. Doctrina acogida.

En el desarrollo que llevamos del tema hemos caracterizado siguiendo a **Miguel Ángel Bercaitz**, los contratos administrativos por su rasgo propio de subordinación jurídica en que queda colocado el cocontratante de la administración pública respecto de ella.

Hemos visto que esa subordinación resulta, ya de la misma naturaleza del contrato, vale decir, del fin jurídico perseguido con él o de la necesidad publica colectiva que puede afectar su ejecución. También puede resultar de la voluntad omnímoda del legislador.

Finalmente hemos determinado que están sometidos a un régimen de derecho público, exorbitante del derecho privado, que regula su nacimiento, su ejecución y su fin.

Podemos entonces definir los contratos administrativos, acogiendo la definición de **Bercaitz**, como aquellos celebrados por la Administración pública con un fin público, en su ejecución puedan afectar la satisfacción de una necesidad publica colectiva, razón por la cual están sujetos a reglas de derecho público, exorbitantes del derecho privado, que colocan al cocontratante de la Administración pública en una situación de subordinación jurídica.

B. Jurisprudencia Venezolana

Lamentablemente nuestra jurisprudencia en esta materia de contratos administrativos es escasa. La Corte Federal de Casación solo ha dictado dos sentencias al respecto. En sentencia de fecha 12 de noviembre de 1954 la Corte expresa:

> "Cuando la administración pública, obrando como tal, celebra con otra persona pública o privada, física o jurídica un contrato, que tiene por objeto una prestación utilidad pública, nos encontramos, sin duda frente a un contrato administrativo. Así, la especialidad de dichos contratos radica en el objeto y en el interés general que envuelven, y tal interés general puede ser el de la Nación o Estado, de las Provincias o de las Municipalidades".

> Ellos están sometidos a reglas especiales; tienen una finalidad general, por lo regular en relación con los Servicios Públicos; por razón del fin se obliga al particular contratante a una prestación, corrientemente continúa y regular. Los efectos más característicos en ellos consisten en la facultad de la Administración de adoptar decisiones ejecutivas sobre el cumplimiento, inteligencia, rescisión y efecto; y así en ellos la administración aparece en un plano supe-

rior, la desigualdad se explica por el propio interés de los administrados y porque es obligación de los administradores, es decir, de los gobernantes, el velar porque la prestación objeto del contrato se efectúe en forma ordenada y continua, si tal fuese el caso, y en resumen, conforme a las normas reguladoras del propio contrato; de no ser así se llegaría a la conclusión de que por tales actos, la administración pierde, renuncia o enajena uno de sus grande atributos, cual es el de tuteladora del bien y del interés público.

III.   ELEMENTOS ESENCIALES DEL CONTRATO ADMINISTRATIVO.

En la misma sentencia aludida anteriormente, la Corte después de analizar el contrato objeto de esa decisión, se expresa así: "Todo ello evidencia como el aludido contrato es de naturaleza eminentemente administrativa. En él, además de los elementos o características esenciales a todo contrato, se encuentran las muy especiales inherente a todo contrato administrativo, o sea, una de las partes o sujeto de la relación jurídica es la Administración pública, la cual al celebrarlo o perfeccionarlo obró en su carácter de tal; y el objeto del contrato ha sido el de satisfacer una necesidad publica de interés general, como es la intensificación de la cría, gestión esa que, por otra parte, según se dijo ya, es propia de las funciones sociales encomendadas al Estado. (32)

En los contratos administrativos hallamos casi los mismos elementos de los actos administrativos. Los estudiaremos en el siguiente orden dado por **Bercaitz**, a saber: Sujeto, competencia y capacidad (voluntad), consentimiento, forma, objeto, causa.

1. Sujeto

Por definición, uno de los sujetos de contrato administrativo, es la administración pública, o una persona de Derecho Público. Lo expuesto exige una persona física que obre en nombre de la administración pública, vale decir, dentro de la esfera de competencia legal pertinente.

A veces basta la intervención de un sólo organismo estadal; a veces es precisa la intervención previa de otro que "autorice" la celebración del contrato; a veces se necesita la intervención posterior de un órgano distinto que "apruebe" el contrato.

En el contrato administrativo, según hemos dicho, la administración pública actúa como tal, es decir como poder público, con todos los privilegios que son inherentes a esa calidad y que no puede abdicar o renunciar en forma tácita ni expresa.

Por eso, la falta de cláusulas exorbitantes del derecho privado en un contrato administrativo, no es óbice para que se hagan efectivas las prerrogativas que ellas materializan.

El otro sujeto del contrato administrativo puede ser un organismo administrativo, o bien un particular.

Muchos opinan que debe haber una subordinación entre este organismo administrativo cuando es el que contrata, y la administración.

Dice **Bercaitz** que esa subordinación, si observamos su naturaleza, es fácil de advertir que su contenido económico la circunscribe al régimen del contrato con el objeto de asegurar el fin publico cuya satisfacción se persigue al celebrarlo, o a la necesidad publica colectiva que puede afectar su ejecución. Además ella tiene su origen en la desigualdad de propósitos perseguidos por ambos contratantes. La Administración pública: el interés público, las necesidades públicas, el cocontratante: la colocación productiva de su capital, de sus productos o de su actividad.

Cuando el contrato se celebra entre dos organismos administrativos, si esa desigualdad de propósitos no existe, si ambos persiguen el mismo fin, entonces no habrá oposición de intereses, no habrá dos voluntades opuestas, frente a frente, combinadas para producir un efecto jurídico, vale decir, no habrá contrato: según **Bercaitz** habrá un acto complejo.

En el caso de que exista oposición de intereses es indiferente que la Administración pública sea una Administración pública municipal o estadal y que el organismo administrativo cocontratante sea la Nación misma, o un organismo administrativo nacional descentralizado o autárquico.

En cuanto al cocontratante, persona privada, el tema no presenta dificultades de ninguna clase. El puede ser una persona física o una persona jurídica. En el contrato de función o empleo público será una persona física. En el contrato de concesión de servicio público, será casi siempre una persona jurídica especialmente constituida para ese objeto. En el contrato de obra pública y de concesión de obra pública, las más de las veces será una empresa comercial. En el de suministro, indistintamente, una persona física o una persona jurídica. (33)

2. Competencia y capacidad.

Para que exista contrato administrativo, los dos sujetos analizados en el título anterior deben poseer aptitud legal para obligarse. Esa aptitud se llama competencia tratándose de organismos administrativos y capacidad tratándose de personas físicas o jurídicas de derecho privado.

La Administración pública actúa dentro de determinada órbita de competencia, es decir, aptitud para obrar en forma legalmente valida en determinado territorio y en determinada materia lo mismo ocurre con los Institutos Autónomos.

La competencia, por lo tanto equivale a la capacidad de derecho en el orden civil, pero se diferencia fundamentalmente en su amplitud. La capacidad civil es la regla, las incapacidades la excepción, deben hallarse consignadas entonces en forma expresa.

En el orden administrativo ocurre lo contrario: un organismo administrativo, un funcionario administrativo no pueden hacer sino lo que expresamente está facultado para hacer.

Por otra parte especifiquemos varios puntos con respecto a los contratos administrativos en nuestro país y los órganos competentes para celebrarlos.

El órgano competente para celebrar contrato en la administración Nacional es el Poder Ejecutivo es decir el Presidente de la República a través de sus Ministros(Art. 108, letra b, ord. 15) (34) (Ver Gaceta Oficial N° 25605 de 8-marzo-1958. Decreto N° 76 de la Junta de Gobierno)

Sin embargo sucede muchas veces que el Ejecutivo para la celebración de contratos administrativos necesita la aprobación a priori o a posteriori de algún organismo.

En estos casos podernos distinguir: Aprobación por el Congreso Nacional: Es atribución de las Cámaras Legislativas como cuerpos colegisladores aprobar o negar los contratos que celebre el Poder Ejecutivo Nacional, que conforme a la Ley estén sujetos a este requisito.(Art. 81, ord 4; art. 108, letra b, ord. 14).

3. Consentimiento:

El consentimiento es especial a todo contrato. Para que haya contrato es indispensable dice **Bercaitz**, que exista un acuerdo de voluntades, opuestas, este acuerdo se produce mediante el consentimiento expresado por las voluntades opuestas de los dos sujetos que concurren a su formación.

El consentimiento de la administración pública, como expresión de su voluntad, está sometido a formas especiales de derecho público. Toda la actividad jurídica de la administración pública es formal. Pero en materia contractual lo es en mayor razón, pues la manifestación de voluntades de la administración pública, su consentimiento, debe expresarse en forma clara, precisa e inequívoca por conducto de los órganos que legalmente corresponde.

El silencio de la administración no puede valer como aceptación del proyecto de un contrato, máxime cuando actualmente en nuestro derecho, el silencio administrativo tiene efectos negativos.

Vicios del consentimiento: Ahora bien, que ocurre en esto con los problemas del vicio del consentimiento: Estos funcionan por lo que se refieren a los particulares cocontratantes de la administración, en la misma forma que en el derecho privado.

Error: Falsa apreciación de los hechos, y del derecho. Dolo: error provocado por maniobras de la contraparte, error inducido. Violencia: coacción que se ha ejercido sobre la persona para lograr de ella el consentimiento, a través de esa coacción psíquica o material.

Aspecto del problema: los órganos de la administración que contratan, suelen tener como titular una persona humana. Veamos si a ese titular se le pueden aplicar los mismos conceptos del derecho privado de error, dolo y violencia:

Doctrina francesa: Se inclina por la teoría siguiente: Los vicios del consentimiento no son propios del derecho privado, sino son categorías generales del derecho. Son codificadas en el derecho privado, pero ello no obsta para que sean aplicadas al derecho administrativo. Así, solo tiene una mitigación y es tratar de conciliar esos principios con las necesidades requeridas del servicio público.

Doctrina Italiana: Excluyen a los conceptos en el tratamiento de los contratos que celebra la administración y echa mano a otra figura del derecho público. Así considera que algunos casos de error y dolo, como ilegalidades infracciones a la ley y con respecto a la violencia dicen, que un contrato en el cual el titular de un órgano es la administración lo ha celebrado por violencia, no obliga a la administración pública, pues el criterio de interés de la administración debe prevalecer sobre el interés suyo.

4. Objeto:

Dice **Bercaitz**, el objeto de un contrato es la consecuencia o efecto que produce y que se persigue al celebrarlo. Sin objeto no puede haber contrato. Es un elemento tan esencial como la existencia de dos sujetos y consentimiento. El objeto debe ser lícito. Las cosas que están fuera de convenio no pueden ser objeto de contratos de derecho privado. En cambio, si pueden serlo de los contratos administrativos, como ocurre con el dominio público. El objeto no es inmutable en el contrato administrativo y si lo es en el derecho privado, la administración pública puede variar unilateralmente el objeto del contrato dentro de ciertos límites y por causa de un interés público, todo lo cual se desconoce y es inadmisible en el contrato de derecho privado.

El objeto debe ser personal del deudor en el contrato de derecho privado, en tanto que en el derecho administrativo puede llegar también a consistir en una acción, omisión, cosa o bien de un tercero, como ocurre en el contrato de concesión de obra pública.

Es éste uno de los caracteres propios del o de los contratos administrativos: producir efectos con respecto a terceros que no han sido parte ni intervenido en el contrato.

Muchos autores opinan, que el objeto de los contratos administrativos, se refiere siempre a un servicio público y por regla general es una prestación positiva. Esta obligación positiva se refiere en hacer de un servicio público. En tal sentido, **Jèze** opina, que es necesario para que un contrato sea administrativo, que el objeto de ese contrato se refiera a un servicio público. Pero no es suficiente para caracterizarlos; no hay contrato administrativo sin referirse a un servicio público, pero puede haber contratos que se refieran a un servicio público y no ser contratos administrativos.

Así vemos que según **Jèze** se necesita una nota adicional, que él acoge junto con Corneille y es: el grado de colaboración del particular cocontratante con el servicio público, para calificar un contrato de administrativo o no.

Estos grados de colaboración del particular con el servicio público, los distingue **Jèze**, **Gorneille** en cambio:

a. Que el contrato se refiera al servicio público, pero el particular cocontratante no es colaborador de ese servicio público.

b. Cuando hay un grado de colaboración mínima con el servicio público, este es el caso de contrato de suministros, cuando es único y aislado, de inmediato y en una sola entrega.

c. Mayor tiempo, un suministro múltiple entregándolo al Estado mensualmente, aquí ya el particular comienza a colaborar con el servicio.

d. En el caso de la concesión. El particular sustituye a la administración para prestar un servicio público.

5. Causa:

Como lo destaca **Bielsa**, la causa tiene aún más importancia en los contratos administrativos que en los del derecho privado, porque en los primeros contribuye a darle una consistencia fundamental al interés público.

En efecto dice **Bercaitz**, sin poder llegar a decir que todos los contratos administrativos presuponen el interés público, no hay duda de que la causa cobra aquí mayor relevancia jurídica.

No todos los contratos administrativos presuponen el interés público, porque existen contratos administrativos, no porque la causa o motivo que supuesto en ellos sea el interés público, sino porque su ejecución puede llegar a afectar una necesidad pública.

Pero evidentemente, fuera de estos casos, la única causa del contrato administrativa, su motivo presupuesto, es satisfacer un fin público, un servicio público, una necesidad colectiva independiente del móvil que pueda determinar el contrato en la mente o intención del funcionario que expresa o ejecuta la voluntad de la administración pública. En tanto que la primera, la causa del contrato administrativo es siempre <u>objetiva</u>, estas dos últimas son esencialmente subjetivas, corresponden al "yo" al fuero interno de los que materialmente participan en su formación, es decir, que son irrelevantes como elementos esencial del contrato.

Expresa **Jèze**, que siendo la causa o motivo, presupuesto administrativo en principio un fin público, un servicio público, una necesidad colectiva que debe satisfacerse, la administración pública debe cuidar en forma muy especial de establecer expresamente los motivos determinantes de su obrar. Cuando la ley obliga la omisión de esa motivación, provoca la nulidad del acto o contrato que realice o ejecute.

6. Forma:

Como lo hemos dicho, toda la actividad jurídica de la administración pública es formal, y en materia contractual con mucha mayor razón, pues la manifestación de las voluntades debe hacerse de manera prescrita e inequívoca. La forma escrita es esencial para la existencia de todo contrato administrativo.

El cumplimiento de las formas prescritas es obligatorio y condiciona su validez.

Sin embargo, no hay que confundir las formas con las formalidades. Estas son los requisitos que han de observarse o llenarse en la celebración del contrato y pueden ser anteriores, concomitantes o posteriores al encuentro de ambas voluntades. El análisis de estas formalidades, constituyen el procedimiento para realizar la contratación, el cual será objeto del siguiente subtitulo.

IV. PROCEDIMIENTO PARA LA CELEBRACIÓN DE LOS CONTRATOS ADMINISTRATIVOS.

Dice **Sayagués Laso**: la formación de la voluntad administrativa se realiza siguiendo determinados procedimientos que pueden ser más o menos complejos.

Veamos varios puntos primarios:

A. Lo primero que hay que tener presente en el procedimiento constitutivo de un contrato son las <u>previsiones financieras</u>. Crédito presupuestario suficiente en la ley de presupuesto.

B. Los contratos están sujetos a una medida de control especialmente los que se refieren a adquisiciones. Este control es por índices especiales, fiscalización de las órdenes de pago.

C. En la celebración de los contratos administrativos existen los llamados <u>cuadernos de cargas o pliego de condiciones</u>. Podemos distinguir 3 tipos de cláusulas en el pliego de condiciones:

a. <u>Cláusulas de condiciones generales</u>: Comunes a todos los contratos, determinan las modalidades aplicables a todos los contratos. Reglas generales para la ejecución, garantías para los contratistas. Previsiones de subcontratos, alteración de precios en obra, suministros o servicios. En Venezuela, no se han reunido estas cláusulas.

b. <u>Cláusula de condiciones comunes</u>: Son las que se refieren a contratos de una misma naturaleza y caracteres. Tienen disposiciones idénticas.

c. Cuadernos de cláusulas especiales: Contiene las especificaciones del contrato.

En Venezuela, las dos primeras están mezcladas, y separada de la última. Esta última es más que toda técnica.

La naturaleza jurídica de las primeras es que son reglamentarias del servicio público, no son contractuales y pueden ser modificadas unilateralmente por la administración. Las otras (especiales) si son típicamente contractuales, fijan los derechos y obligaciones por parte del Estado, y el concesionario.

1. Elección del cocontratante de la administración.

A. Formas:

1.   Se deja a la administración en libertad de elegirlo.

2.   Los cocontratantes quedan determinados por sus condiciones objetivas, por razones de su índole financiera y ética, que restringe la libertad de la administración. Se exige la concurrencia entre varios competidores y prevalecerán las condiciones objetivas para su elección.

Esta segunda forma tiene una ventaja, y es la de evitar el favoritismo entre la administración y el cocontratante, fácil de surgir en la primera.

Generalmente se recomienda esta segunda forma, que es la licitación, pero en el derecho positivo, ningún país ha adoptado un régimen definitivo, y esto sucede porque si es verdad que la licitación tiene ventajas, hay casos en que no es posible el concurso y son:

a.   cuando hay un solo proveedor;

b.   en casos de extrema urgencia, etc.

B. Licitación

La Ley Orgánica de la Hacienda Nacional, en el capitulo XIII, artículo 427 dispone: "En cuanto sea posible los contratos para construcción de obras y los de suministros y servicios, que se propongan celebrar los despachos del Ejecutivo, serán objeto de licitaciones. Se exceptúan los contratos en que esté interesada la defensa nacional, la relativa a servicios técnicos y aquellos cuyo monto no exceda de 10.000 Bs".

La licitación es el procedimiento de contratación administrativà más utilizado. **Sayagués Laso** la define:

> "como un procedimiento relativo a la forma de celebración de ciertos contratos, cuya finalidad es determinar la persona que ofrece condiciones más ventajosas; consiste en una invitación a los interesados para que, sujetándose a las bases preparadas (pliego de condiciones), formen propuestas, de las cuales la administración selecciona y acepta la más ventajosa (adjudicación), con lo cual el contrato queda perfeccionado, y todo el procedimiento se funda, para alcanzar la finalidad buscada, en los principios de igualdad de los licitantes y cumplimientos escritos del pliego de condiciones."

C. Naturaleza jurídica de la licitación:

El análisis de la naturaleza jurídica de la licitación tiene especial importancia, porque del criterio que se afirma derivan numerosas consecuencias. **Sayagués Laso** señala que no hay acuerdo al respecto y expresa que la doctrina sustenta opiniones discrepantes, que pueden sintetizarse así:

1. La licitación no se confunde con el vínculo contractual que resulta de la misma; es un preliminar del contrato tendiente a determinar la persona con la cual, después, el mismo se celebrará.

2. La adjudicación es un procedimiento que tiene como finalidad presentar al agente público competente para celebrar el contrato, la persona que ofrece mejores condiciones; el contrato surge recién cuando dicho agente aprueba la adjudicación y se notifica al adjudicatario;

3. La licitación es un procedimiento relativo a la forma de celebración de ciertos contratos, que tiene por objeto determinar la oferta más ventajosa y del cual surge el vínculo contractual al finalizar el procedimiento con la resolución de adjudicación notificada al interesado.

D. Elementos de la licitación:

a.   Pliego de condiciones: **Sayagués** lo define "como el conjunto de cláusulas redactadas por la administración especificando el suministro, obra o servicio que se licita, estableciendo las condiciones del contrato a celebrarse y determinando el trámite a seguir en el procedimiento de la licitación".

Las cláusulas del pliego son las fuentes principales de los derechos, y obligaciones de la administración y de los proponentes, así como del que resulte contratante.

Sus reglas deben cumplirse estrictamente. Siendo la igualdad de los participantes uno de los principios básicos de la licitación, los pliegos deben establecer reglas generales e impersonales, que mantengan fielmente aquélla.

La naturaleza jurídica del pliego de condiciones es compleja, lo prepara unilateralmente la administración pública.

Es pues un acto administrativo sujeto para su validez a todas las condiciones de los actos administrativos: competencia del funcionario que lo aprueba, forma, objeto, causa o motivo, base legal.

b.   Publicación: Una vez aprobado el pliego, se fija fecha para la apertura de propuestas y la administración invita a todos los interesados a presentar ofertas.

Bercaitz dice: Es una invitación que se hace, para la conclusión de un contrato, a quienes tengan interés en ello, sujetándose al pliego de condiciones o bases elaboradas para la licitación, los interesados deben formular sus propuestas con sujeción escrita o estricta a ese pliego, estableciendo el contenido del elemento variable del pliego que ha de servir para el cortejo de las ofertas.

La invitación a participar en el acto puede hacerse en forma pública o privada - licitación abierta o cerrada-, es decir, de manera general o indeterminada por avisos que se publican en boletines o diarios, o de modo personal y directo a un reducido número de personas.

c.   Presentación de las ofertas. Por los proponentes. Un acto rodeado de formalidades especiales que se celebra en el lugar, día y hora señalados en la invitación y en el cual se abren los sobres que contienen las propuestas hechas si han debido presentarse por escrito, o se formulan, si ellas deben hacerse a viva voz, de todo lo cual se dejan formal constancia escrita como condición de validez del acto.

d.   Adjudicación que efectúa la administración pública, previo estudio de las ofertas hechas a la que se estime más conveniente, adjudicación que debe notificarse al adjudicatario, momento desde el cual el contrato queda concluido sin necesidad de ninguna otra formalidad.

Dice **Bercatiz**, la adjudicación no es un contrato. El contrato se cierra con la notificación de la adjudicación al beneficiario de ésta.

Es un procedimiento cuyo fin es celebrar un contrato.

La adjudicación es también un acto unilateral de la administración pública. Es en consecuencia, un acto administrativo sujeto a todos los requisitos de los actos administrativos en cuanto a competencia a competencia del órgano que hace la adjudicación, a la forma que debe revestir el acto, objeto y causa.

Una vez notificada el adjudicatario, la adjudicación cierra el ciclo de la licitación; el contrato ha nacido.

En resumen, como dice **Sayagués Laso**: "la licitación tiene que ver con la forma de cocontrarse las voluntades de la administración y del particular, pues aquella no es enteramente libre para la elección del contratante. Siguiendo los procedimientos de la licitación se manifiestan y encuentran dichas voluntades, lo cual da nacimiento al contrato. Y cuando la licitación finaliza, el contrato queda perfecto".

Ejecución de los Contratos Administrativos.
Rescisiones administrativas. La teoría de
los riesgos imprevisibles

Los contratos que realiza la administración presentan en mayor o menor grado, características diferentes respecto de los contratos del Derecho Privado. Esto se justifica por la manera peculiar como actúa la administración y el fin público que persigue, siempre, incluso cuando contrata con particulares.

Dichas características se ponen especialmente de manifiesto en la ejecución de los contratos y su explicación constituye el objeto de esta tesis. Así veremos, las obligaciones del cocontratante y los poderes de la administración.

I. OBLIGACIONES DEL COCONTRATANTE

1. Cumplimiento estricto del contrato:

El particular que contrata con la administración, dice **Sayagués**, queda vinculado más o menos estrechamente a la ejecución de los servicios que aquella tiene a cargo. Esto sucede precisamente porque si la administración contrata es para cumplir dichos servicios.

De este principio derivan las reglas a aplicar en cuanto al cumplimiento, las cuales varían en razón del grado de participación del cocontratante en la ejecución del servicio.

Admítase que el particular contratante debe cumplir estrictamente sus obligaciones, con mayor rigurosidad que entre particulares, por estar comprometidos intereses públicos. Claro que esta obligación tiene límites: la fuerza mayor y, en cierta medida, el incumplimiento de la administración a sus propias obligaciones.

2. El contratante no puede ser relevado de su cargo u obligación.

Está obligado a cumplir salvo en caso de fuerza mayor. Está obligado a cumplir salvo en caso de fuerza mayor.

3. Intrasferibilidad de los contratos:

Los contratos administrativos son celebrados intuitu personae. La administración pública dice **Bercaitz**, no tiene libertad para contratar con cualquier persona. Es necesario antes que nada, solvencia moral y económica, ya que las obligaciones contraídas con la administración pública, por lo mismo que se vinculan con un fin público o pueden afectar una necesidad pública, deben cumplirse con absoluta realidad y buena fe. Consecuencia de lo expuesto es la intrasferisibilidad de los contratos celebrados por la administración pública, ya que el contrato es celebrado por razón misma de la persona del cocontratante, esto es insustituible. Esta característica de intuitu personae tiene varias consecuencias:

1. Ejecutar personalmente las obras prestaciones u obligaciones
2. No subcontratar, ni ceder el contrato.

II. PODERES DE LA ADMINISTRACIÓN:

La administración tiene poderes especiales de dirección de control, de sanción, de modificación y de rescisión unilateral del contrato.

1. Poder de Dirección y Control:

Aparte de que la administración pública tiene atribución para adaptar el contrato a los cambiantes necesidades públicas, variando consiguientemente la naturaleza y extensión de las obligaciones a su cargo; la desigualdad jurídica en que se hallan las partes, y que caracteriza el vínculo como una relación de subordinación del cocontratante, produce un efecto especialísimo que consiste en un régimen particular de contratos y contralor de dirección sobre la forma en que el cocontratante cumple las obligaciones a su cargo.

Este es, fundamentalmente en la mayoría de los contratos administrativos, un colaborador de la administración pública para la prestación de un servicio público o para la ejecución de una obra pública o de un suministro.

La administración no puede entonces desentenderse con respecto a la forma en que su colaborador, a quien mueve únicamente un interés privado, cumple el servicio, ejecuta la obra, o realiza el suministro.

El cocontratante debe cumplir las órdenes que le imparta la administración pública relativa al modo en que prestará las prestaciones que el contrato le impone, aun cuando produzcan modificaciones de lo convenido, quedándole siempre a salvo el derecho de reclamar las indemnizaciones que correspondan, o la rescisión del contrato. El poder de contralor y dirección, según **Bercaitz** abarca cuatro aspectos de la gestión del cocontratante.

a. Aspecto material: para determinar si cumple los actos o ejecuta los hechos que el contrato pone a su cargo.

b. Aspecto técnico: para determinar si esos actos o hechos se cumplen conforme a las prescripciones especiales del contrato.

c. <u>Aspecto financiero</u>: para determinar las cláusulas relativas al pago de los subcontratistas, de los materiales, de la mano de obra, etc.

d. <u>Aspecto legal</u>: para determinar si cumple con las normas jurídicas que regulan el funcionamiento de la prestación, contenidas en el contrato o fuera de él, en cuanto puedan serle aplicables.

2. Poderes de Sanción de la administración:

Dice **Bercaitz**, correlativo al poder, de dirección y contralor que tiene la administración pública sobre su cocontratante, esta facultad de sanción que la misma administración pública posee y cuya finalidad es asegurar en forma compulsiva el estricto cumplimiento de las obligaciones que el convenio impone al contratante.

La sanción es consecuencia de los poderes superiores que posee la administración pública en la ejecución del contrato, y tiene por objeto actuar en forma compulsiva sobre el contratante, para constreñirlo al más exacto cumplimiento de sus obligaciones.

Se traduce en un verdadero poder disciplinario de parte de la administración pública, y comprende, la simple intimación, apercibimiento o advertencia, la multa, la ejecución directa etc. Constituye por tanto la expresión máxima del estado de subordinación que crea el contrato administrativo que hemos señalado como su rasgo característico más sobresaliente.

Este poder de sanción está basado en una falta del cocontratante en sus obligaciones, que puede ser:

Falta de ejecución. Mala ejecución. Ejecución buena pero retrasada.

La administración tiene oportunidad de imponer sanciones muy variadas, esto se explica porque los medios del derecho privado son insuficientes para asegurar medios para el "buen funcionamiento del servicio".

La administración puede imponer esas sanciones sin recurrir al juez. (Diferencia con el derecho privado).

El poder de la administración existe aunque no esté previsto en el contrato. Estos poderes no son ilimitados, la administración no los puede usar abusivamente.

Las sanciones pueden ser según **Laubadère**, las siguientes:

a. <u>sanciones pecuniarias</u>.

b. <u>sanciones coercitivas</u>: las sanciones coercitivas tienen por objeto obtener la realización del contrato superando o sobrepasando el incumplimiento del cocontratante. Ellas están fundadas en la idea de que el contrato debe ejecutarse porque el servicio público es una necesidad. De una manera general, ellas consisten en medidas las cuales la administración sustituye al cocontratante para un tercero.

Según **Laubadère**, las sanciones coercitivas, obedecen a las siguientes reglas: 1.- Al empleo de sanciones coercitivas suponen una falta grave del cocontratante. 2.- Desde el punto de vista jurídico esta medida de sustitución no pone fin al contrato. En esto difiere totalmente de la rescisión: el convenio subsiste y el cocontratante sigue siendo titular; de todo esto resulta que las medidas de sustitución son medidas provisionales y temporales.

c. Rescisión:

La rescisión por falta del cocontratante es la sanción más grave que puede imponer la administración. Su efecto es de poner fin al contrato. La rescisión por falta de cocontratante de un servicio público, señala **Laubadère**, es pronunciada por el juez a menos que se haya reservado en el contrato esa facultad a la administración.

3. Poder de Modificación unilateral del contrato

Dice **Laubadère**, que una de las particularidades que más se distinguen, en los contratos administrativos, es que la administración en el curso de la ejecución del contrato, puede modificar la extensión de las prestaciones a efectuar por el cocontratante, o exigir que se aumenten o se disminuyan esas prestaciones.

El fundamento del poder de modificación unilateral expresa **Laubadère**, se basa en las exigencias del servicio público; esas exigencias son variables, el interés general puede, en un momento dado, necesitar que sean impuestas al cocontratante obligaciones que no se habían previsto en el momento de la celebración del contrato.

Resulta de este fundamento, dice **Laubadère**, que no solamente el poder de modificación unilateral necesario que esté expresamente previsto en el contrato, sino que la administración no puede válidamente renunciar en el contrato a ese poder; una estipulación en este sentido quedaría sin efecto.

Esto tiene gran importancia en lo que concierne a la extensión de este poder.

Extensión del poder: El poder de modificación es muy general pero sin embargo no es ilimitado. **Laubadère** señala su extensión así:

a. Su generalidad consiste en que existe con respecto a todos los contratos administrativos.

b. Pero sin embargo el poder de modificación unilateral no existe con respecto a ciertas cláusulas del contrato. Se pueden modificar unilateralmente todas las cláusulas que se refieran al servicio público, pero no pueden modificarse las cláusulas relativas a las ventajas financieras, que pueda obtener el cocontratante, y que este estipuladas en el contrato.

c. Por otra parte las modificaciones que la administración puede legítimamente imponer no deben exceder de ciertos límites. Si ellas sobrepasan, el cocontratante puede rehusar a ejecutarlas y demandar la rescisión del contrato. (Por ejemplo cuando se exige una prestación nueva). Esta regla va en beneficio de conservar el equilibrio financiero del cocontratante. (Remuneración)

Señala **Laubadère**, que la contrapartida a este poder de modificación unilateral legítimo de la administración, es un derecho también legítimo del cocontratante de pedir una indemnización por las obligaciones nuevas que le son impuestas y que romperían el equilibrio financiero del contrato.

4. Poder de rescisión unilateral del contrato:

Este poder consiste en que la administración puede poner fin al contrato en todo instante. Según **Laubadère**, se puede considerar como un aspecto del poder de modificación unilateral. El fundamento es también el mismo. El interés de un servicio público, que en un momento dado puede no haber la necesidad de las prestaciones convenidas. El régimen jurídico de esta competencia, según **Laubadère**, obedece a las reglas siguientes:

a. El poder de rescisión es general, existe con respecto a todos los contratos administrativos.

b. La rescisión por interés del servicio público constituye para la administración una competencia discrecional. Es decir, apreciar si la prestación es una necesidad o no al interés público, es un asunto discrecional por parte de la administración.

c. La rescisión discrecional es de orden público, puede ejercerse aunque no esté previsto específicamente en el contrato administrativo.

d. La rescisión discrecional produce en favor del cocontratante un derecho a indemnizar o indemnización que lo cubra el daño emergente y el lucro cesante.

III. DERECHOS DEL COCONTRATANTE:

El cocontratante es un particular que busca en el contrato un interés financiero, particular. Sus derechos consisten en las ventajas previstas en el contrato, y que constituyen la remuneración. El carácter común de esta ventaja financiera, es como dejamos dicho, que la administración no puede modificar unilateralmente que las cláusulas que a ellas se refieren.

En segundo lugar, los derechos del cocontratante sobre las indemnizaciones eventuales provenientes de diversas causas particulares que surjan durante la ejecución del contrato. Estas indemnizaciones están en el derecho del cocontratante de un equilibrio financiero.

El equilibrio financiero del contrato: La remuneración contractual dice **Laubadère**, se asemeja en los contratos administrativos al régimen de los contratos de derecho privado. Pero los contratos administrativos presentan una particularidad destacable, y es que si el cocontratante está expuesto al poder de modificación unilateral del contrato por la administración, es porque en todo contrato administrativo existe, expresa o implícitamente un derecho del cocontratante a un equilibrio financiero del contrato.

1. Derecho del cocontratante al precio:

El precio se establece casi siempre en el mismo momento o por adelantado en el cuaderno de cargas.

El pago del precio: El régimen jurídico del pago del precio, se basa en la necesidad de facilitar al cocontratante el financiamiento de la obra, y se resumen en la regla de pago antes de hecho el servicio. Los convenios públicos dice **Laubadère**, exigen frecuentemente de parte del cocontratante, prestaciones considerables y en forma escalonada, por un largo período de tiempo, que al capital de los particulares puede sostener muy difícilmente. Los procesos de pago anticipados son de dos órdenes:

a. Pagos parciales que se hacen según las prestaciones que se han realizado.

b. Pagos sobre un porcentaje del precio definitivo, de las prestaciones efectuadas.

2. Derecho del cocontratante a indemnizaciones eventuales:

El cocontratante tiene derecho a indemnizaciones sobre hechos diversos que surjan durante la ejecución de la prestación y pueden provenir de:

a. Indemnización por responsabilidad de la administración de tipo contractual;

b. Indemnizaciones por prestaciones suplementarias efectuadas espontáneamente y no previstas en el contrato;

c. Indemnizaciones que se deben a las hipótesis del "hecho del príncipe" y de la imprevisión.

IV. INFLUENCIA DE HECHOS NUEVOS EN LA EJECUCIÓN DE LOS CONTRATOS ADMINISTRATIVOS:

Durante la ejecución de un contrato administrativo, pueden surgir una serie de hechos nuevos que dificulten o impidan la ejecución del contrato, o de una manera más general, modifiquen las condiciones de ejecución.

Estos hechos pueden provenir de circunstancias puramente externas, o de un hecho de la administración. Los acontecimientos que pueden producir estos trastornos se pueden reducir a 3 categorías: A.- Fuerza mayor. B.- Hecho del príncipe. C.- Imprevisión. (Teoría de los riesgos imprevisibles).

1. Teoría de la fuerza mayor:

La fuerza mayor es un evento exterior e independiente de la voluntad de los contratantes que impide la ejecución del contrato.

A. Condiciones: Para que la fuerza mayor produzca sus consecuencias es necesario según **Laubadère**:

1.   El hecho invocado como fuerza debe ser absolutamente independiente de la voluntad de los contratantes, ni haber sido querido ni suscitado por ellos;

2.   El hecho invocado debe ser imprevisto o imprevisible;

3.   El hecho invocado debe imposibilitar absoluta y radicalmente la ejecución del contrato.

B. Efectos: La fuerza mayor produce el efecto de librar al cocontratante de su obligación de ejecutar el contrato. Resulta dice **Laubadère**, que la fuerza mayor es una causa de exoneración de la responsabilidad contractual del cocontratante, y que priva a la administración de su poder de aplicar sanciones por la inejecución del contrato. Por otra parte permite al cocontratante, pedir la rescisión del contrato al juez.

Pero cesada la fuerza mayor, renace la obligación, la fuerza mayor no puede producir sus efectos por todos los tiempos.

2. Teoría del hecho del príncipe:

Dice **Laubadère**: En un sentido amplio se llama hecho del príncipe toda medida dictada por los Poderes Públicos y que tienen por consecuencia hacer más difíciles y más onerosa la ejecución del contrato por el cocontratante.

A estas medidas, que se introducen en la ejecución, se les llama el alea administrativo (por oposición a la idea de alea económico, que encontraremos en la teoría de la imprevisión).

Los caracteres de estas medidas son diversos: podemos imaginarnos que ellas emanen sea de la administración misma que ha concluido el contrato, sea de actos de efectos generales (leyes o reglamentos) que recaigan directamente sobre el objeto mismo del contrato (obligaciones nuevas impuestas por el Poder Público en virtud de sus poderes de modificación unilateral) o que produzcan solamente repercusiones indirectas en el contrato.

Esta teoría del hecho del príncipe dice **Laubadère** consiste en que ciertas de estas medidas, en ciertas condiciones, obran en favor del cocontratante, y en contra de la administración con la que ha contratado, en el sentido de tener un derecho a ser íntegramente cubierto el alea administrativo, es decir a ser íntegramente indemnizado de las consecuencias onerosas que de ese hecho han resultado.

A. Decisiones que ponen en funcionamiento esta teoría:

1. Medidas tomadas por la autoridad contratante: El tipo de esta medida está constituido por el caso en que la administración impone a su cocontratante en virtud de su poder de modificación unilateral, obligaciones nuevas.

La teoría dice **Laubadère**, consiste en que ciertas de estas medidas en ciertas condiciones, obran en favor del cocontratante, y en contra de la administración con la que ha contratado, en el sentido de tener un derecho a ser íntegramente cubierto el alea administrativo, es decir a ser íntegramente indemnizado de las consecuencias onerosas que de ese hecho han resultado.

La teoría dice **Laubadère** se aplica en el caso de que la administración contratante agrave indirectamente la situación de su contratante, por medidas que no tienen por objeto cambiar el contrato, sino que lo afectan por repercusión.

1. Medidas tomadas por una autoridad pública distinta de la administración: El tipo de estas medidas está constituido por las modificaciones presentadas por disposiciones reglamentarias o legislativas, y que se imponen a los individuos que concluyen los contratos con la administración y que hacen su situación muy onerosa.

Originalmente se consideraba que cuando sucedían estas medidas legislativas o reglamentarias, las mismas no entrañaban al derecho de indemnización, por la aplicación del principio de la irresponsabilidad del estado por los actos legislativos, ya superado.

B. Consecuencias jurídicas del hecho del príncipe:

El hecho del príncipe entraña la obligación de parte de la administración contratante, de indemnizar integralmente su cocontratante por el perjuicio sufrido. El hecho a indemnización puede considerarse como la más importante aplicación de la teoría del equilibrio financiero del contrato.

3. Teoría de la imprevisión o de los riesgos imprevisibles.

Dice **Laubadère**: en el curso de la ejecución de un contrato pueden suceder eventos exteriores a las partes (diferencia con el hecho del príncipe) anormales e imprevisibles, que no hacen imposible la ejecución del contrato (diferencia con la fuerza mayor), pero que aumentan en proporciones masivas, las cargas del cocontratante y perturban así enormemente la economía del contrato.

Y expresa **Bercaitz**: el cocontratante ha sido determinado a prestar su colaboración a la administración pública, en vista de una utilidad razonable, calculada por la prestación de sus servicios, de su actividad, de los bienes cuando esa que ha puesto a disposición de ella.

Cuando esa utilidad calculada no se produce en razón de circunstancia totalmente ajenas al cocontratante, pero provenientes de hechos administrativos extraordinarios que no pudieron, razonablemente preverse, y que forman exclusivamente más oneroso el cumplimiento de sus obligaciones, el cocontratante, tiene derecho, en buenos principios, al reajuste de las tarifas o al precio pactado, o al pago en su defecto de una indemnización que cubra su quebranto en todo lo que pueda exceder del alea ajeno o imprevisible a todo convenio de trato sucesivo.

Veamos según **Laubadère**, que influencia tienen estos hechos en el contrato: en Derecho Privado la idea de que el contrato tiene fuerza de ley entre las partes es rigurosamente aplicado: la situación de imprevisión no modifica las obligaciones de los contratantes.

En derecho administrativo las soluciones son diferentes: es que los intereses son diferentes; en derecho administrativo la idea de servicio público es la exigencia predominante; ella hizo nacer a una teoría de la imprevisión profundamente original, limitada en su aplicación a los contratos administrativos, y constituye el rasgo más destacable de estos contratos.

Así vemos que en Derecho administrativo no rige la norma pacta sant servanda sino la "contractus qui habent tradum sucessivum et dependentia de futura rebus sic stantibus inteligentur".

A. Los elementos esenciales

Los elementos esenciales de la teoría, según **Laubadère** son los siguientes:

1. La hipótesis de la imprevisión crea en el contrato o en su ejecución, una situación extracontractual, que no pueden ser resueltas por las convenciones de las partes.

2. El interés del servicio público exige que esta situación extracontractual no libra al cocontratante de sus obligaciones.

3. En compensación la administración puede venir en ayuda de su cocontratante, haciéndose partícipe en las cargas.

B. Fuente de la teoría

La teoría de la imprevisión a una construcción de la jurisprudencia del Consejo de Estado francés. Ella fue adoptada en el célebre Arrêt de 24 de marzo de 1916 "Compagnie du gas de Bordeaux", a propósito de las dificultades causadas a los concesionarios de distribución de gas, por la elevación del precio del carbón durante la guerra.

Ello colocó a las compañías concesionarias del servicio de gas en franca situación de bancarrota, ante la falta de una cláusula que les permitiera aumentar las tarifas y ante la negativa de muchos municipios para autorizarlo.

C. El fundamento.

El fundamento de esta teoría es según **Bercaitz**, el que los contratos se celebran para ser cumplidos, y para la satisfacción de un fin, de un servicio o de una necesidad pública. Ello no se logra cuando el cocontratante está poco menos que imposibilitado de seguir adelante porque las nuevas condiciones que han ido apareciendo hacen extremadamente oneroso el cumplimiento de sus prestaciones. Además ¿qué beneficio puede obtener la administración pública con obligar al cocontratante a cumplir el contrato, si es económicamente imposible? Producir su quiebra, interrumpir la continuidad del servicio y realizar luego una nueva adjudicación totalmente más onerosa. Si no se asume directamente su prestación.

Así, lo fundamental es asegurar la prestación regular y continúa del servicio público.

D. Campo de aplicación de la teoría:

Se aplica a los contratos administrativos, pero no se aplica a los contratos de derecho privado celebrados por la administración.

E. Condiciones del estado de imprevisión:

Laubadère las resume así: Para que funcione la teoría de la imprevisión es necesario que los eventos que la provoquen presenten un carácter anormal e imprevisible, pero que sean extraños a las partes, que produzcan un trastorno económico al contrato.

1. El suceso invocado para que funcione la teoría de la imprevisión debe ser anormal e imprevisible. En la ejecución de todo contrato de larga duración o de trata del alea normal económico de un contrato, sino de un alea extraordinario, que sobrepasa todos los cálculos del alea extraordinario contrato, (guerras -devaluación monetaria- crisis económicas).

2. Los sucesos deben ser extraños a las partes; en particular no deben derivar de un hecho de la administración. Es necesario agrega **Bercaitz** que ese acontecimiento no haya podido entrar en las previsiones de las partes contratantes al momento en que ellas han contratado.

3. Los hechos deben producir un verdadero trastornó económico del contrato. La imprevisión supone un déficit causado al cocontratante; la simple disminución de las ganancias no es suficiente para aplicar la teoría; el que sufra pérdidas el cocontratante no quiere decir que se produzca un déficit permanente de tal magnitud que el cocontratante no pueda ejecutar el contrato.

F. Consecuencias jurídicas del Estado de Imprevisión:

Dice **Laubadère** que el estado de imprevisión deja subsistir la obligación del cocontratante, de ejecutar el contrato pero obra en su favor un derecho de compensación plenaria; estas dos ideas fundamentales son completadas con una tercera, las consecuencias jurídicas del estado de imprevisión no pueden ser más que temporales.

1. La obligación de ejecutar; a pesar del estado de imprevisión el cocontratante está en la obligación de ejecutar sus obligaciones, pues la teoría de la imprevisión es precisamente adoptada para asegurar el funcionamiento contínuo del servicio público a pesar de los obstáculos.

2. La indemnización de imprevisión: El cocontratante tiene derecho a una compensación pecuniaria llamada indemnización de imprevisión.

¿Cuánto? Si régimen de la imprevisión es complejo, pero podemos decir que la indemnización de imprevisión debe tener por objeto, únicamente las pérdidas súbitas, es decir el déficit provocado por las obligaciones extraordinarias.

Pero la indemnización de imprevisión no cubre la totalidad del déficit sufrido por el cocontratante; esto nos da una diferencia esencial que separa la consecuencia de la imprevisión y del hecho del príncipe, en la imprevisión las cargas extracontractuales son pagadas entre la administración y el cocontratante.

G. Fin del Estado de Imprevisión:

Las consecuencias jurídicas de la imprevisión dice **Laubadère**, son provisionales y temporales. La teoría jurídica de la imprevisión es un objeto, destinada a permitir a las partes, un modus vivendi provisional, de sobrepasar las calamidades, hasta retornar a la situación contractual normal; pero resulta, que el período extracontractual no debe permanecer, porque el día en que el equilibrio financiero se torne definitivo, las consecuencias jurídicas de la imprevisión cesaran de producirse: la administración no tiene que compensar las pérdidas del cocontratante.

Pero, de otro sentido, la transformación de la situación extracontractual pasajera en una situación deficitaria definitiva, substituye la teoría de la imprevisión por la fuerza mayor: el cocontratante no tiene que ejecutar sus obligaciones; puede exigir la rescisión.

TEMA 19

Diferentes especies de Contratos Administrativos. Contratos de obra pública, de suministros, de empréstito público, de transporte

Hay contratos que son necesariamente administrativos y otros que son eventualmente administrativos.

Con respecto a los contratos, la terminología empleada por el Derecho Positivo es inadecuada: Así tenemos que en la Constitución de 1947, articulo 162, ordinal 3, dice:

"Las Cámaras Legislativas, como cuerpos legislativos, tienen las siguientes atribuciones: Autorizar al poder ejecutivo, so pena de nulidad, para enajenar y para celebrar contratos de interés nacional los cuales no serán valdos ni entraran en vigencia, sino después que hayan sido aprobados por las cámaras...."

La Constitución de 1953 de su artículo 48 habla de:

"Ningún contrato de interés público nacional, estadal o municipal podrá ser celebrado con gobiernos extranjeros ni traspasado a ellos."

Pero debemos destacar que ni los contratos de interés nacional ni los contratos de interés público, deben confundirse con los contratos administrativos.

Puede ser que un contrato sea de interés público o nacional, y no ser contrato administrativo.

También debemos destacar que hay contratos que a pesar de estar concertados mediante un procedimiento de Derecho Público, no son contratos administrativos. Como por ejemplo la venta de bienes inmuebles por la nación, necesita la autorización del Congreso, esto es un contrato celebrado por procedimientos de Derecho Público, pero no es un contrato administrativo.

En Venezuela no hay un texto positivo que nos indiqué cuando un contrato es o no administrativo. Sin embargo, la Corte Federal en sentencias de 5 de diciembre de 1944 y de 1954, expresa: Cuando la administración pública, obrando como tal, celebra con otra persona pública o privada, física o jurídica, un contrato que tiene por objeto una prestación de utilidad pública, nos encontramos, sin duda frente a un contrato administrativo.

Ahora bien, a falta de determinación expresa, los tipos de contratos hay que agruparlos en forma doctrinarias:

I. CONTRATOS NECESARIAMENTE ADMINISTRATIVOS

1. Contrato de obra o trabajo público:

El concepto propio de obra pública puede diferir del concepto legal pues este resulta de los textos jurídicos positivos, por ejemplo en la "Ley de Expropiación por Causa de Utilidad pública y Social", en el artículo 2° dice: Se considerarán como obras de utilidad pública, las que tengan por objeto directo no proporcionar a la nación en general cualesquiera usos o mejoras que cedan en beneficio común, bien sean ejecutados por cuenta del gobierno o de particulares o empresas debidamente autorizadas. Pero dice **Bielsa**, que esta definición no es propia de la obra pública en el concepto administrativo, sino fiscal o financiero.

Dice **Fernández de Velazco**, la obra pública afecta siempre a un servicio general del estado, y consiste en la construcción, mantenimiento, y reparación de un inmueble.

Definiciones: Para **Jèze** el contrato de obra pública se caracteriza por ser administrativo, por afectar a una obra inmueble, porque se remunera en dinero de otra manera y porque los riesgos son del contratista.

Para **Hauriou**, la obra pública constituye una operación administrativa mediante la cual se construyen aquellas, se ordenan, entre tierras, reparar o incluso explotar, por cuenta de las administraciones públicas y mediante variados procedimientos del arrendamiento de obra, pero en condiciones que implican algunas requisiciones y a veces la implantación reglamentaria del servicios.

También dice que todo inmueble construido u ordenado por la administración pública, o por cuenta de ella, y para afectarlo a un uso público o a un servicio público, tiene el carácter de obra pública.

Finalmente para **Berthélemy**, mediante el contrato de obra pública, un particular se obliga a realizar un trabajo público mediante el precio convenido, y aun cuando el contratista se haya obligado a proporcionar las materias o materiales, se trata de un arrendamiento de obra.

Expresa **Bielsa**: que no se ha de confundir el contrato de obra pública con la concesión de obra pública, pues en el contrato de obra pública la administración no concede nada al contratista. Ambos contratos tienen de común el interés público, y por eso esos dos contratos también son administrativos. Pero hay diferencia entre uno y otro:

1. El contrato de obra pública es res inter alias para los administrados. El vínculo jurídico existe entre la administración pública y el contratista;

2. En la concesión de obra pública, se opera una verdadera delegación en el concesionario, y de ahí que sea propiamente concesión de la administración pública. Lo que aquí más importa es que la concesión de obra pública, crea un vínculo jurídico entre el concesionario y los administrados, quienes pagan al concesionario mediante contribuciones, el precio de la obra. El contrato de obra pública solamente crea un vínculo jurídico entre el Estado y el contratista y no con los administradores. Se trata de instituciones autónomas y distintas.

Podemos concluir que la modalidad de concesión de obra pública surge de la forma en que se paga la obra.

2. Contrato de empréstito público:

Dice **Fernández de Velazco**: La relación normal y constante que se produce en el Estado entre ingresos y gastos se revela y formula en el presupuesto, expresión financiera y jurídica de su situación económica. La continuidad y normalidad de los servicios públicos constante se encuentran económicamente asegurada por los impuestos, contribuciones y tasas, que, en proporciones diversas, según cuantías distintas, y en momentos determinados, por razón del tiempo o del acto, se pagan por los contribuyentes al Estado.

Si surge la desproporción, porque el servicio exige medios económicos que excedan de los presupuestos, el Estado solicita y se le prestan voluntariamente por los capitalistas.

Entonces se produce el empréstito: Cantidades entregadas voluntariamente al Estado bajo diversas condiciones de reciprocidad. Cuáles sean estas no pueden fijarse de antemano, ya que varían extraordinariamente.

En Venezuela esta materia está regulada por la "Ley de Crédito Público de 1944". Este contrato constituye uno de las típicas leyes formales (puras). El contrato de empréstito público supone:

1. Una inscripción de personas (públicas): Entrega voluntaria de una cantidad por un número indeterminado de personas, por un grupo o por una entidad bancaria.

2. El segundo supuesto lo da el artículo 4 de la Ley de Crédito Público: "El Ejecutivo Federal no podrá contratar ningún empréstito sino en virtud de autorización expresa que, para atender a necesidades urgentes de interés nacional o a obrar de utilidad pública, acuerde el congreso nacional de conformidad con las disposiciones de esta ley".

3. El Empréstito produce un interés del 6%. Se exonera de impuestos.

Sobre la forma de reintegro: hay una gran cantidad de resoluciones para pagar al público. Pero sin embargo destaquemos el artículo 3° de la ya nombrada Ley de Crédito Público: "En ningún caso podrá autorizar el Congreso Nacional la emisión de empréstitos no amortizables" no se admite si se omite ese plazo es decir deuda perpetua. Los empréstitos, según la ley citada, se dividen en anteriores e interiores. Es decir cuando la obligación se ha de cumplir dentro de la nación o fuera de esta.

3. Contrato de Función Pública:

La Ley del Trabajo resume la existencia de un contrato en toda prestación de servicios. Esto es la relación entre particulares.

Ahora bien, dice **Bercaitz**, numerosas teorías se han elaborado a fin de caracterizar jurídicamente el vínculo que une al Estado con los funcionarios y empleados públicos. Esas teorías se han dividido en contractuales y anticontractualistas.

Autores como **Jèze** a quién la teoría del contrato administrativo debe amplios y fecundos desarrollos, tratándose de la función o empleo público niega la existencia de toda ligadura de carácter contractual y se pronuncia categóricamente en favor de la tesis del estatuto legal. (**Zanobini** sigue esta teoría)

La tesis contraria la sostienen autores como **Bercaitz** y **Bielsa**.

Nosotros seguimos la de **Jèze**. En la administración, cuando un funcionario presta un servicio, no hay un contrato de trabajo. Se dice que el funcionario está en situación legal o reglamentaria con respecto a la administración. Los poderes, obligaciones, situaciones del funcionario, el trabajo que deba realizar, no nacen del consentimiento de las partes (administración y funcionario) sino que todas están establecidas de antemano en la ley o reglamento. Inclusive la remuneración del funcionario está en la ley de presupuesto, no hay ningún elemento que tenga del consentimiento de las partes.

Con carácter excepcional, y estos si se pueden considerar contratos de función pública, cabe la posibilidad de que una persona preste sus servicios al estado mediante un contrato de función pública, que a veces está previsto en la ley y a veces no, pero las características del servicio que se presta, no hacen concluir que se trata de un contrato y no de una situación legal o reglamentaria. (Técnicos extranjeros).

II. CONTRATOS EVENTUALMENTE ADMINISTRATIVOS:

1. Contratos de Suministros:

Dice **Fernández de Velazco**, mediante el contrato de suministros, la administración desarrolla ciertos servicios en sí mismo públicos o recibe cosas y productos que aplica como medios de satisfacer servicios públicos también.

Este contrato se actúa en multitud de casos: para el transporte, para el abastecimiento de establecimientos benéficos, hospitales, presidios, de ropas, alimentos, y medicinas, de materiales para la construcción de obras que se hacen por administración, de energía eléctrica y alumbrado público, etc., siempre bienes muebles.

Son definidos según **Bercaitz** diciendo que mediante el contrato de suministros el contratista se compromete a facilitar a la administración cosas, productos o servicios. En los dos primeros casos se ofrece el contrato como una compra-venta reiterada, en el último caso un arrendamiento de servicios.

A. Elementos:

1.   Es un contrato administrativo, o, lo que es igual, se realiza por la administración, según la norma jurídica que ella dicta para cada caso, con el fin de atender el funcionamiento del servicio público y siguiendo un régimen de derecho público.

2.   Consiste en una prestación de cosas, productos o servicios, siempre y cuando las cosas y productos hayan de aplicarse de una manera directa a un servicio público, regido directamente por la administración, o que el servicio sea público en sí mismo; esta característica, diferencia, además, el contrato de suministro del de obra pública, del de concesión de servicio público, y del de prestaciones personales.

3.   Se realiza a riesgo y del abastecedor.

4.   Se remunera el suministro de dinero.

B. Caracteres:

Dice **Fernández de Velazco**: se caracteriza porque se aplica a uno de estos tres casos:

1. Satisfacer o realizar un servicio público;

2. Dotar de los materiales necesarios para el inmediato funcionamiento de un servicio público o;

3. Para la construcción de una obra pública realizada por la administración.

C. Clasificación:

Los contratos de suministros se pueden clasificar en razón a la duración que tenga el contrato:

1. Contratos que tengan por objeto un solo suministro, por ejemplo navío de guerra, de cañones, obuses, etc.;

2. Contratos que exigen una continuidad o una serie de suministros, por ejemplo, suministro de aguas, gas, de electricidad, para atender durante varios años o varios meses a las necesidades de un organismo administrativo, como un arsenal, un cuartel, una escuela, una prisión, etc.;

En este segundo caso dice **Fernández de Velazco**, el suministro mantiene una estrecha relación con el servicio público, de tal manera, que el abastecedor viene a cooperar de una manera, que más constante en el servicio público, y como éste se caracteriza por su regularidad y por su continuidad, las obligaciones del acreedor de cuyo estricto cumplimiento dependerá la regularidad y continuidad del servicio, serán mucho más estrictas y habrán de prestarlo con idéntica continuidad y regularidad.

2. Contrato de Transporte:

Dice **Fernández de Velasco**: Es difícil determinar la naturaleza jurídica de las relaciones, diversas en su origen contenido, y resolución que se establecen entre el usuario del servicio público de comunicaciones y la administración pública, que por sí mismo o por interposición de un concesionario, organiza y expresa el servicio de que se trata. Más en general, parece que los autores se incurrirán a creer que aquella relación es de naturaleza privada. Desde este punto de Vista puede consignarse el siguiente párrafo de **Laband**:

La situación jurídica de la administración de correos en relación con un transporte de cualquier especie, es contractual en todos los casos, sea o no gratuito el transporte y aun cuando el contratante pueda elegir el posteador, o tenga que someterse al monopolio postal.

A la vista de la diversidad de servicios que se incluyen en el de correos, sería necesario determinar si en todos hay contratos, y si, cuando el contrato existe, es éste de naturaleza civil, mercantil o administrativa.

Desde el primer punto de vista es lo cierto que no siempre se produce una relación contractual (buzón).

Existen casos, en los cuales la relación contractual se manifiesta indiscutiblemente aquellos en que se consigna el nombre del imponente, las condiciones del objeto depositado, el destino a que se conduce dicho objeto.

Supuesto que aparece una relación contractual, se trata ahora de calificarla y de determinar su naturaleza jurídica.

Parece que ésta sea esencialmente administrativa, la idea viene abonada por diversas razones:

El servicio de correos es un servicio público y el servicio público no se puede usar mediante relaciones privadas.

Las condiciones mismas en que el contrato se desarrolla vienen fijadas de una manera reglamentaria o unilateral, y son las expresamente de ser determinadas por la administración.

En líneas generales, si es continuo, y permanente será contrato administrativo. Igual que el de suministros, que sea o no contrato administrativo depende de la colaboración del cocontratante.

TEMA 20
Las Concesiones Administrativas. Concesiones de servicios públicos

I. NOCIÓN DE CONCESIÓN

Dice **Fernández de Velazco**, con la palabra concesión se expresa toda aquella serie de actos que la administración emite:

1. Unas veces para condicionar el ejercicio de ciertos derechos subjetivos,

2. Otras para ceder a los particulares el uso de medios o condiciones para que desarrollen actividades de naturaleza especial.

3. Y aún en algunas para expresar relaciones bilaterales, trabadas y mantenidas entre la administración y los ciudadanos.

De esta manera es el leguaje usual, la voz concesión se hace sinónima de obrar que, técnicamente son distintas, como admisión, autorización, obras públicas, contratos para obrar o servicios públicos, etc.

Sin embargo, **Ranalletti** hace una distinción entre autorización y concesión, y es la siguiente: Autorización: es el acto de la administración pública mediante el cual se posibilita el ejercicio de un poder jurídico que existía potencialmente. Concesión: se diferencia de la autorización, porque ésta crea el poder jurídico, constituye ese poder jurídico.

Hay discrepancias en relación a la naturaleza del acto de la concesión:

1. Unos dicen que es la creación en un sujeto de un poder jurídico.

2. Otros expresan que es un traslado de un poder propio de la administración, a un sujeto. En conclusión, podemos definir la concesión: como el acto en virtud del cual la administración otorga conforme a las reglas legales un poder jurídico efectuándose tal otorgamiento en favor de un sujeto determinado, titular de la concesión, y quién acepta las condiciones establecidas en las mismas.

Así, lo fundamental de la concesión es crear un poder jurídico en un sujeto o traspasar el poder jurídico de la administración al sujeto.

Ahora, hay diferencias la concesión, de otros actos que reciban ese nombre: por ejemplo el acto por el cual se confiere un status legal: concesión de ciudadanía. Esto no es una concesión, pues los status legales no son poderes de la administración, que traslada.

II. NATURALEZA JURÍDICA

Ahora bien, ¿la concesión es un acto unilateral o bilateral? ¿Siendo bilateral, es o no un acto contractual?

Posiciones:

A. **Otto Mayer**: la concesión es un acto de derecho público, un acto de soberanía, por consecuencia del cual no se da lugar a que se creen derechos en beneficio del concesionario y contra el Estado mismo. De ahí que el Estado en cualquier momento pueda restringir o revocar la concesión; restricción o revocación que no determina inevitablemente la necesidad de que se indemnice en forma alguna. En conclusión **Mayer** considera a la concesión, como un acto unilateral, aislado y único, independiente de si el interesado acepte o no.

B. **Jèze**: Para él se trata siempre de un contrato administrativo que tiene por objeto la explotación, a riego y ventura de un concesionario, de un servicio público o su funcionamiento, siendo contra-prestación del mismo el derecho que se le reconoce a aquél de percibir de los usuarios una tasa fijada en la tarifa correspondiente. La concesión se hace por un largo período de tiempo, que el contrato es administrativo se comprueba que el hecho de que su funcionamiento exige la aplicación de normas jurídicas que rebasan (exorbitantes) las que ofrece el derecho común, por el motivo de que es menester que la explotación del servicio se haga siempre sobre la base de su regularidad y continuidad (Pressutti)

C. **Duguit**: En el acto de concesión no se produce un contrato, aunque si se trata de una convención que tiene naturaleza compleja. En efecto, esta convención es, al propio tiempo, una convención contrato y una convención ley, o, en otros términos, comprende dos series muy distintas de cláusulas; las contractuales y las reglamentarias, las primeras, las cláusulas contractuales, establecen obligaciones determinadas para las partes, y la realización de ciertas prestaciones recíprocas, las segundas, aquellas cláusulas en que se determina el modo y las condiciones de la explotación del servicio público concedido, verdaderamente constituye la ley de este servicio.

Fácilmente se pueden distinguir las cláusulas contractuales de las reglamentarias. Entre las primeras se encuentran aquellas que serian incompatibles con un servicio explotado en administración y, al contrario, merecerán el nombre de reglamentarias aquellas en que se contengan disposiciones que pudieran reiterarse en todo servicio directamente regido por la administración misma. Estas últimas constituyen la ley del servicio y no solamente afectan a las partes de la relación, sino también a los usuarios del servicio. Como consecuencia de esta concepción, se infiere la posibilidad jurídica de que el Estado, pueda modificar las condiciones del servicio en que éste fue concedido, bien que mediante el pago de la indemnización correspondiente.

La concesión puede tener por objeto:

a. Un servicio público, concesión del servicio público.

b. Una actividad considerada de interés público

c. Un bien público.

Se considera que es un acto complejo, y mixto porque:

1. En la concesión pueden estar incluidas normas generales reglamentarias que obedecen a la organización del servicio público y las cláusulas contractuales.

2. Existe el acto de concesión (traslado de un poder jurídico).

3. Algunas concesiones donde pueden tener particular relevancia el interés del titular de la concesión y entonces se agrega un contrato al acto ya mencionado, pues es la mejor manera de garantizar a los particulares.

La concesión no supone necesariamente la existencia de un contrato.

III. DIVERSOS TIPOS DE CONCESIÓN:

Ya dejamos dicho que la concesión puede tener por objeto un servicio público, una actividad de interés público, y un bien público.

Según su objeto, entonces, sacaremos los diversos tipos de concesiones:

1. Concesión de servicios públicos:

A. Noción:

Cuando se habla de concesión de servicios públicos, dice **Fernández de Velazco**, la primera de estas palabras se toma, ciertamente, en la acepción genérica que resulta de los significados que antes se mencionaron; pero al calificar la concesión, como concesión que afecta a servicios públicos, se restringe su significado y la base adquiere su principal sentido en el de referirse, más que al medio jurídico a la calificación del acto administrativo de que parte, a la naturaleza de la actividad desarrollada por quién se compromete a realizar la concesión, es decir, por el propio servicio público, que aún cuando originariamente debiera encarnar en la administración y depender de ella directamente, resulta realizado por una empresa o particular que obra en nombre y con las facultades correspondientes a la administración misma. Aún cuando con frecuencia la concesión del servicio público, va precedida, en el orden de los hechos, de la construcción de la obra, jurídicamente, pueden separarse ambas, y cabe que exista una concesión de obra pública que no envuelvan la del servicio o una concesión de servicio que no presuponga la de obra pública. Tomando en cuenta esta posibilidad en la tesis anterior analizamos el contrato de obra pública, y en éste vamos a estudiar el de concesión de servicio público.

Se ha definido de muy diversas maneras. Para **Zanobini**, el acto que confiere a un particular el poder de realizar en su nombre una función, un servicio o una industria propios de la entidad pública es la concesión. **Laubadère** define la concesión del servicio público como un modo de gestión del servicio público, consistente en que la administración concedente encarga a un particular, individuo o persona moral (concesionario), por una convención concluida entre ellos, para hacer funciones al servicio público a costa y riesgo del último, y mediante una retribución por medio de cánones percibida de los usuarios.

Toda la concesión de los servicios públicos dice **Laubadère** gira alrededor de dos ideas fundamentales.

1. El servicio concedido sigue siendo un servicio público, con todas sus características.

2. La segunda idea es que el concesionario es un particular y no se convierte en funcionario público hecho de la concesión.

Este tipo de concesión es la más compleja, y ha hecho pensar a los autores sobre qué tipo de acto es, sobre todo con respecto a las relaciones de los particulares o usuarios con el concesionarios. Algunos han declarado que la concesión es una estipulación a terceros.

La concepción moderna es que es un acto mixto o complejo.

Cabe distinguir en la concesión de servicio público los siguientes aspectos:

1. las normas que regulan el servicio público son normas de carácter general.

2. las normas impuestas al concesionario tienen un carácter mixto, algunas derivadas de normas generales y otras tienen naturaleza contractual.

3. las ventajosas estipulaciones en favor del concesionario son casi siempre de carácter contractual.

4. La situación de los usuarios del servicio con respecto al concesionario es también mixta, pues está regulada por disposiciones legales o reglamentarias y por actos de naturaleza contractual.

Diferencia entre concesión de obra pública y de servicios públicos:

Dice **Bielsa**:

1. La concesión de servicio público supone necesariamente una gestión de un servicio público, considerado en su unidad orgánica; en la concesión de obras públicas el objeto no es el servicio público, sino la ejecución de una obra destinada al servicio público.

2. Mientras en la obra pública el elemento más importante es la construcción de la obra, en la concesión de servicio público es la explotación de un servicio por él con cesionario: esa explotación se considera gestión del servicio público.

2. Concesión de Interés Público:

Esta actividad no constituye un servicio público, la ley no prevé ni su continuidad ni regularidad pero se encuentran regidas por normas de derecho público y la prueba de eso es que se les confiere el derecho de expropiar o apropiarse de la propiedad privada.

En este tipo de concesiones nos encontramos con una causa muy variada:

a. Concesión de minas e hidrocarburos: lo declarado de utilidad pública.

b. Concesión referentes al transporte público (relativas al transporte ferroviario de concesiones ferrocarrileras; al transporte terrestre ley del tránsito terrestre; al transporte aéreo: ley de aviación civil.

c. Concesión de bienes públicos. Consisten en el traspaso de bienes patrimoniales de la nación o administración al particular (cosas o derechos). Tienen la peculiaridad de que pueden producir una utilidad pública en forma indirecta. Concesiones de aguas públicas.

Son por ejemplo:

a. concesiones para la pesca de perlas.

b. concesiones referentes a las salinas.

Constituyen una industria de utilidad pública, de manera indirecta.

Algunos citan dentro de estas concesiones, las de bienes nacionales, para diferenciarlas de las anteriores, son de bienes patrimoniales, pero por ejemplo la concesión de tierras baldías.

BIBLIOGRAFÍA BÁSICA EMPLEADA PARA LA ELABORACIÓN DE LOS ESQUEMAS DE DERECHO ADMINISTRATIVO I

BIBLIOGRAFÍA EMPLEADA Temas 1 A 9:

ANTONIO MOLES CAUBET, *Lecciones de Derecho Administrativo*, Curso 56-57.

ADOLFO MERKL, *Teoría General del D. Administrativo*.

FRITZ FLEINER *Instituciones de D. Administrativo*.

GONZALO PÉREZ LUCIANI, "Apuntes", Curso 58-59.

LEÓN DUGUIT, *Soberanía y Libertad*.

ENRIQUE SAYAGUÉS LASO, *Tratado de D. Administrativo*.

JOAQUÍN SÁNCHEZ COVISA, *La Vigencia de la ley en el ordenamiento jurídico venezolano*.

BIBLIOGRAFÍA EMPLEADA Temas 10 a 16:

GASTÓN JÈZE: *Principios Generales del Derecho Administrativo*, Tomo I y II, 1949.
    -*Los principios Generales del Derecho Administrativo*, 1928

JOSÉ JOAQUÍN CASTRO MARTÍNEZ: *Tratado de Derecho Administrativo*, 1950

ENRIQUE SAYAGUÉS LASO: *Tratado de Derecho Administrativo*, Tomo I, 1953.

GABINO FRAGA: *Derecho Administrativo*, 1955

BENJAMÍN VILLEGAS BASAVILBASO: *Derecho Administrativo*, Tomo III, 1951.

GONZALO PÉREZ LUCIANI: "Apuntes-Curso 58-59"

ANTONIO MOLES CAUBET: *Lecciones de Derecho Administrativo*, Curso 56-57.

RAFAEL BIELSA: *Derecho Administrativo*, Tomo I, 1947.
    -*Ciencia de la Administración*, 1937.

MARCEL WALINE: *Droit Administratif*, 7 Edición, 1957.

R. CARRÉ DE MALBERG: *Teoría General del Estado*, 1948.

HANS KELSEN: Teoría General del Estado, 1957.

GEORGE JELLINEK: *Teoría General del Estado*, 1956.

BIBLIOGRAFÍA EMPLEADA TESIS 17-20

MIGUEL ÁNGEL BERCAITZ, *Teoría general de los contratos Administrativos*, 1952

GASTÓN JÈZE, *Principios Generales del Derecho Administrativo* Tomos IV-VI, 1949

GABINO FRAGA, *Derecho Administrativo*, 1955

ENRIQUE SAYAGUÉS LASO, *Tratado de Derecho Administrativo* Tomo I, 1953

ANDRÉ DE LAUBADÈRE, *Traité elémentaire de Drot Administratif* 1953

RAFAEL BIELSA, *Derecho Administrativo*. Tomo I, 1947
RECADERO FERNÁNDEZ DE VELAZCO, *Los contratos administrativos* 1927
SABINO ÁLVAREZ GENDIN, *Los contratos públicos*. 1934
JOSÉ F. RIEFFOLO BESSONE, *Contrato de obra pública*. 1946

LIBRO SEGUNDO

PRIMERAS PÁGINAS EN EL INSTITUTO DE DERECHO PÚBLICO DE LA FACULTAD DE DERECHO (1960-1961)

En este Libro Segundo se publican algunos trabajos de lo que podría considerarse como el testimonio de la labor del joven Auxiliar de Investigación en el Instituto de Derecho Público de la Universidad Central de Venezuela, donde ingresé en octubre de 1960, dando inicio a mi carrera de investigador y docente. Allí comencé a trabajar cuando a la vez comencé a cursar el Tercer Año de la Carrera de Derecho, elaborando diversos trabajos como instrumentos de estudio y aprendizaje del derecho administrativo, particularmente correspondientes a temas de Derecho Administrativo I y del Derecho Minero.

Esas primeras páginas fueron elaboradas entre 1960 y 1961.

Algunas notas sobre la integración e interpretación del Derecho

I. INTERPRETACIÓN DEL DERECHO

Las normas jurídicas –proposiciones racionales de carácter abstracto y general– tienen que ser individualizadas, incorporadas al hecho o relación de la vida que están llamadas a regir. Mas para individualizarlas y aplicarlas hace falta empezar por determinar su sentido. A esta indagación del verdadero sentido, y por ende, del sentido y alcance de las normas jurídicas, en relación de los casos que por ellas hayan de ser reglados se le llama interpretación. (1) Interpretar una norma jurídica –indica **Enneccerus**– (2) es esclarecer su sentido y precisamente aquel sentido que es decisivo para la vida jurídica y, por lo tanto, también para la resolución jurídica.

El problema de la interpretación supone, como es lógico, la existencia de una o varias normas que rigen un caso concreto, y cuyo verdadero certificado se trata de dilucidar. Distinta es la cuestión que se plantea cuando no existe norma alguna que sea aplicable al caso, púes entonces el problema se resuelve integrando el derecho, o sea, llenando las lagunas de la ley (3).

La interpretación tiene por objeto, según **Gény**, "extraer del texto legal la plenitud de las normas jurídicas que contiene, en vista de una adaptación lo más perfecta posible a las circunstancias de la vida social". Sostiene **Gény** que la interpretación debe buscar el contenido de la voluntad legislativa con ayuda de la fórmula que la expresa, investigándola en relación al momento en que la norma fue sancionada. Siendo la ley un acto de voluntad, preciso es remontarse a su origen para conocer su verdadero y auténtico sentido. El sistema de **Gény**, en lo que se refiere exclusivamente a la interpretación de la ley, restringe el campo de acción del intérprete al limitar su actividad a los casos realmente previstos por la ley, sin dejarle buscar, a través de ella, soluciones que no han sido imaginadas por el legislador. Así, la investigación tiene límite. Se justifica cuando trata de investigar la voluntad legislativa que ha sido expresada en forma equívoca u oscura, pero no puede utilizarse suplir una voluntad ausente o que no a tomado conciencia de sí misma. La interpretación sirve para conocer la voluntad real del legislador, no para imaginar su voluntad presunta.

Cuando se plantea situaciones que no han sido previstas en la ley, en vez de torturarla para hacerle decir lo que no ha dicho, corresponde dejarla de lado y recurrir entonces a las demás fuentes del derecho (4).

Este problema ya supera el campo de la interpretación, pues consiste en realidad en colmar las lagunas de la ley, como lo veremos enseguida.

II. INTEGRACIÓN DEL DERECHO

La ciencia jurídica ha llegado a la conclusión de que las leyes son siempre insuficientes para resolver los infinitos problemas que plantea la vida práctica del derecho. Aún cuando hayan aspirado a prever todas las hipótesis posibles, siempre quedan fuera de ellas casos que el legislador no ha imaginado. Las hipótesis no previstas se llaman las lagunas de la ley, es decir, los claros y los espacios vacíos que ésta ha dejado por olvido, imprevisión o imposibilidad de imaginarlos al sancionar la ley. Preciso es, por consiguiente, llenar esos claros, colmar esas lagunas mediante la integración del derecho, que consiste en suplir el silencio de las normas, completando sus preceptos mediante la elaboración de otros que no se encuentran formulados en las normas existentes (5).

La doctrina señala diversos tipos o formas de producirse las lagunas. Así **Enneccerus** señala las siguientes:

1. A veces la ley da solo una orientación general, remitiéndose a conceptos que el juez debe investigar en cada caso (la equidad, la buena fe, etc.).

2. La ley no da ninguna solución, ya intencionalmente porque el problema aun no estaba maduro para solución, o involuntariamente porque no ha previsto la cuestión.

3. Se produce también una laguna cuando dos leyes sin preferencia entre sí, se contradicen haciéndose ineficaces y

4. Hay lagunas cuando una ley es inaplicable por abarcar casos o acarrear consecuencias que el legislador no habría ordenado de haber conocido a aquellos o sospechado estas. (6)

La integración se distingue netamente de la interpretación. Esta ultima supone la existencia de un precepto jurídico, aquella trata de elaborarlo; la función creadora es más amplia y más libre en la integración, pues no tiene que sujetarse a las palabras de la norma; y por último, la interpretación conduce a conclusiones más certeras de mayor autoridad, puesto que derivan naturalmente de un texto indiscutible, mientras que las soluciones a que se llega en los casos de ausencia de una norma están sujetas en mayor grado al error. Por eso la integración del derecho es la parte de la técnica jurídica más compleja y difícil, por lo tanto, la que requiere mayor sagacidad y dominio del derecho. (7)

El problema de la integración del derecho consiste en realidad, en fijar los métodos a los cuales debe recurrir el encargado de solucionar una cuestión jurídica, cuando no encuentra entre las normas vigentes la que sea directamente aplicable.

Por lo común los códigos modernos establecen que en caso de silencio de las leyes el juez debe recurrir a la analogía, los principios del derecho natural, la equidad, los principios generales del derecho, etc. Es decir, se trata de soluciones relativamente elásticas e indefinidas, pues no siempre se conoce con absoluta precisión el significado de estos términos, ni existe acuerdo al respecto.

Entre los sistemas doctrinarios que han tratado de resolver la cuestión corresponde dar lugar preferente al de **Gény**. Al limitar en la forma recordada el campo de la interpretación de las leyes **Gény** cumplió correlativamente el de la integración del derecho, con le propósito de que en este pudiera desarrollarse con mayor holgura la tarea de adaptar el orden jurídico a las necesidades sociales.

Cuando existe silencio e insuficiencia de la fuentes formales frente a un caso dado, **Gény** indica "como línea general al dirección para el juez, ésta: que debe formar su decisión de derecho de acuerdo a las mismas miras que tendría el legislador si éste se propusiera resolver la cuestión".

Así, algunos precisan que es necesario buscar la solución justa en los principios revelados por la razón, por la conciencia moral, no desde el punto de vista puramente subjetivo, sino aquellos principios que pueden extraerse de la realidad misma de las cosas, y que son conocidos tradicionalmente con el nombre de derecho natural.

En segundo término, la tarea de integrar la ley debe inspirarse tanto en la analogía como en los demás elementos de la organización social: la religión, la moral, el sistema político y económico.

Con todas estas bases el Jurista o el magistrado tendrá suficientes puntos de apoyo objetivos que permitan eliminar el peligro de la arbitrariedad, aunque nunca puede pretenderse que ellos han de suprimir totalmente la parte de apreciación subjetiva que todas esas operaciones entrañan. (8)

III.   EL ARTÍCULO 4° DEL CÓDIGO CIVIL

El artículo 4° del Código Civil dispone textualmente:

"A la ley debe atribuírsele el sentido que aparece evidente del significado propio de las palabras, según la conexión de ellas entre si y la intención del legislador. Cuando no hubiere disposición precisa de la ley, se tendrán en consideración las disposiciones que regulan casos semejantes o materias análogas; y, si hubiere todavía dudas, se aplicaran los principios generales del derecho" (9).

La primera parte del artículo regula la interpretación de la ley, la segunda fija las reglas que deben seguirse para integrar el derecho, señalando al magistrado y al jurisconsulto dos elementos a los cuales debe sucesivamente recurrir; la analogía y los principios generales del derecho.

Esta solución, con pequeñas diferencias es la que han seguido la mayor parte de los Códigos Modernos.(10) Pero antes de analizar esos elementos, conviene hacer notar que esta no solución no rige únicamente las cuestiones civiles, sino que se aplica a otras ramas similares (Derecho Mercantil) y aun diferentes (Derecho Administrativo). En cambio la integración del derecho está excluida totalmente en material penal. Tampoco pueden utilizarse los procedimientos para integrar el derecho respecto de las leyes que son interpretación restrictiva, como las que establecen sanciones, etc.

1.   La Analogía: constituye un procedimiento lógico que trata de inducir, de otras soluciones particulares consagradas ya por el derecho, el principio intimo que las explica, para someter un caso semejante a la misma solución por vía deductiva. La analogía parte de un estudio comparativo entre dos situaciones jurídicas, y aplica a la no legislada las soluciones dadas para las que tienen caracteres esenciales semejantes.

El fundamente de la analogía reside en la idea de igualdad. Las mismas situaciones jurídicas deben ser resueltas de idéntica manera.

La analogía no es un método de interpretación, sino un procedimiento que sirve para integrar el derecho. Parte de la base que no existe norma aplicable y por lo tanto trata de llenar esa laguna; trata de construir el derecho con ayuda de la solución ya dada, a la que se utiliza como elemento auxiliar puramente objetivo.

Suelen distinguirse dos especies (11) de analogía:

a. La analogía legis, que se apoya en los textos legales para extraer conclusiones similares.

b. La analogía juris, que investiga el espíritu de la legislación o del derecho existente, sin referencia a ninguna solución concreta, para regular las cuestiones no pedidas. (12)

Ambas caben dentro de la expresión "Materias análogas" que usa nuestro código.

2.   Los principios generales del derecho: han dado origen a diversos criterios para precisar su contenido o el alcance de la expresión. De acuerdo a la postura filosófica de cada uno de los autores, se los ha identificado con el derecho natural, los principios fundamentales de la legislación positiva, el ideal jurídico de la comunidad, las reglas de la equidad etc.

Si partimos de la base de que se trata de integrar o complementar el derecho vigente, podemos llegar a la conclusión de que el código ordena recurrir a principios que no formar parte de la legislación positiva, es decir, que no han sido sancionados en forma expresa. De lo contrario si esos principios ya hubieran sido ya incorporados al orden jurídico, ya no sería preciso integrarlo, y bastaría referirse a ellos para encontrar la solución adecuada. Por lo tanto creemos que estos principios comprenden:

Los principios generales, sobre los cuales se ha construido el derecho positivo, es decir, las bases fundamentales en que se apoya la organización política, social o económica de una comunidad. Como dice Betti (13) aun, en conclusión, los principios generales del Derecho son de concebirse no ya como el resultado extraído a posteriori de un árido procedimiento de sucesivas abstracciones y generalizaciones, sino como de sumas de valoraciones normativas, principios y criterios de valoración que constituyen el fundamento del orden jurídico y teniendo una función genética respecto a las normas singulares.

En esta forma, a falta de norma expresa y de solución analógica, el caso planteado debe resolverse recurriendo a los principios más elevados del derecho a los que guían, fundamentan y limitan a las normas positivas ya sancionadas. Lógico resulta este arbitrio, pues de tal amanera busca en sus propias bases la solución de los problemas que no ha previsto. Se produce una auto-integración del derecho, pues este recurre a su propio fundamento para crear, por vía jurisprudencial o doctrinaria nuevas normas que permitan resolver las cuestiones que no han sido todavía reguladas. (14)

Esto pone de manifiesto que si bien existen lagunas en la ley no hay lagunas en el derecho. Si una situación jurídica no tiene situación legal el juez, obliga a fallar en todos los casos, (14) deberá buscarla en los principios de leyes análogas o los principios generales del derecho, y encontrar allí la norma aplicable. Es lo que se llama plenitud del orden jurídico. El derecho no reconoce ni admite lagunas, pues constituye un conjunto homogéneo coherente y completo que permite encontrar solución para todos los problemas imaginables. Ahora bien, el derecho, tal como se manifiesta estructurado en la ley, no está exento de lagunas, antes bien, deja muchos problemas sin respuesta y cuya decisión a de dar el arbitrio judicial y preparar la ciencia del derecho. (15)

NOTAS

1.   José Castán Tobeñas. "Derecho Civil Español, Común y Foral". Tomo Primero. Volumen Primero. Página 357

2.   Enneccerus Kipp y Wolf. "Tratado Derecho Civil". Primer Tomo. Parte general por Ludwig Enneccerus. Volumen Primero. Pág. 197

3.   Carlos Mouchet – Ricardo Zorraquin Becù. "Introducción al Derecho". Pág. 222

4.   Mouchet – Zorraquin. *Ob. cit.* Pág. 229-231

5.   Mouchet – Zorraquin. *Ob. cit.* Pág. 237

6.   Enneccerus. *Ob. cit.* Pág. 212.

7.   Mouchet – Zorraquin. *Ob. cit.* Pág. 237.

8.   Mouchet – Zorraquin. *Ob. cit.* Pág. 238-239

9.   Correlativo al artículo 9º del Código del Procedimiento Civil que dice: "El juez que se abstuviera de decir so pretexto de silencio, contradicción o deficiencia de la ley, de oscuridad o ambigüedad en sus términos, y, así mismo el que retardare ilegalmente dictar alguna medida, providencia, decreto, decisión o sentencia serán penados como culpados de denegación de justicia

10.   Artículo 12º del Código Civil Italiano "Al aplicar la ley no se puede atribuir a ella otro sentido que aquel que resulte manifiesto del significado propio de las palabras según la conexión de ellas y la intención del legislador. Si una controversia no puede ser decidida por una disposición precisa, se toman en consideración las disposiciones que regulan casos similares o materias análogas; si el caso sigue todavía siendo dudoso se decide según los principios generales del ordenamiento jurídico del Estado. Artículo 16º del Código Civil Argentino: "Si una cuestión no puede resolverse ni por las palabras ni por el espíritu de las leyes, se atendrá a los principios de leyes análogas; y si aun la cuestión fuera dudosa, se resolverá por los principios generales del derecho, teniendo en consideración las circunstancias del caso". Código Civil Austriaco de 1811. Articulo 6º y 7º. Código Civil Francés. Articulo 4º. Código Civil Español. Articulo 6º. Código Civil Uruguayo. Título preliminar. Articulo 15º. Código Civil Peruano. Título preliminar VIII y X. Código Civil Cubano. Articulo 6º. Código Civil Chileno. Articulo 19º al 24º (Proyecto de Bello artículos del 17º al 23º. Código Civil Colombiano. Articulo 25º al 32º. No tienen preceptos sobre interpretación: Código Civil Alemán. Código Civil Boliviano.

11.   Mouchet – Zorraquin. *Ob. cit.* Pág. 240-241

12.   Enneccerus. *Ob. cit.* Pág. 212.

13.   Emilio Betti. "Teoría Generalle Della interpretazione". Volumen II. Pág. 851

14.   Mouchet – Zorraquin. *Ob. cit.* Pág. 241-242.

15.   Enneccerus. *Ob. cit.* Pág. 210.

I. PRINCIPIOS DE ORGANIZACIÓN ADMINISTRATIVA VENEZOLANA

La organización administrativa de Venezuela, como la de todos los Estados Modernos, comporta una ordenación Territorial. Esto significa que el país está dividido en circunscripciones territoriales. Estas circunscripciones sirven de cuadro de competencia a diversas autoridades administrativas. Así, aparece una primera distinción entre la administración central (Federal) o Poder Central, constituido por las autoridades administrativas cuya competencia se extiende a todo el país, y la administración local (Estatal o Municipal) constituida por las autoridades administrativas cuya competencia se limita a circunscripciones administrativas diversas y superpuestas, todas dentro del territorio del Estado (1).

A tal efecto, la Constitución Nacional de 1953 (2) en su Artículo 40 dispone que "El Poder Público se distribuye entre el Poder Municipal, el de los Estados y el Nacional".

La administración central la constituye el Poder Nacional, y la administración local está constituida por los Poderes Estatales y Municipales Según **Laubadère**, la razón de esta distribución es doble: en primer lugar, es prácticamente imposible de asegurar una dirección completa de los servicios públicos nacionales exclusivamente desde la capital por las autoridades administrativas centrales. (3) Además, no sería posible a un solo órgano el llevar a cabo toda la actividad administrativa a causa de la complejidad de funciones del Estado Moderno. De ahí el que sea indispensable a la marcha del mismo Estado la repartición de esa totalidad de funciones entre los distintos órganos, los cuales procediendo en forma jerarquizada y armónica podrán realizar todo el con junto. (4)

Pero la distribución señalada tiene una segunda razón de ser: es que al lado de las necesidades colectivas de la nación, satisfechas por los servicios públicos nacionales, existen necesidades colectivas locales, que crean una solidaridad de intereses más íntimos entre los habitantes de una circunscripción local (5), Estatal o municipal, que por su carácter específico constituye un servicio público propiamente local, susceptible de ser satisfecho por autoridades administrativas locales, Estatales o Municipales.

De todo lo expuesto se deduce, que la distribución del Poder Público es hecha en base a una organización administrativa, pudiendo nosotros definir ésta, como el conjunto de normas que regulan las atribuciones, la composición y el funcionamiento de un aparato administrativo, y cuya finalidad esencial es la coordinación entre los organismos que lo constituyen, (6) para una mejor realización de la función administrativa.

1. Organización de la Administración Pública

El profesor **Tomás Polanco** (7) hace un esquema de la organización administrativa nacional en la forma siguiente:

1. Administración Federal o Nacional: Que comprende todos los órganos que en materia administrativa tienen atribuida competencia territorial sobre la Nación entera en los aspectos transferidos en la Constitución Nacional. Esta administración Federal no es una en cuanto a sistematización se refiere, puesto que en ella deben distinguirse:

A.   Administración Central: el conjunto de la Administración Federal no prolongada a los Estados ni a otras circunscripciones territoriales; en ella hay:

a.   Administración activa: con sus dos modalidades: Ejecutiva y contralora.

b.   Administración consultiva: con sus tipos de intervención: vinculante obligatoria y facultativa.

c.   Administración contenciosa: sirve de riel a la legalidad y a la vigencia del Estado de Derecho.

B.   Administración Central prolongada en el territorio de los Estados.

C.   Administración Territorial, referida a los territorios federales.

2. Administración estatal: la propia de cada Estado.

3. Administración Municipal

4. Administración Autónoma.

Estas administraciones, estos Órganos del Estado en Venezuela son con frecuencia polivalentes, es decir, tienen distintas esferas de competencia: unas atribuidas por la Constitución y otras por sus propias leyes, ordenanzas, reglamentos, etc.

Con la actuación de los órganos administrativos se pueden realizar multitud de actos que afecten intereses particulares, así, se hace necesario el que esos intereses se encuentren garantizados contra la arbitrariedad. La única forma de garantía es la exigencia de una ley que autorice la actuación del Poder Público. Así, la competencia requiere siempre un texto expreso de la ley para que pueda existir. Bebe justificarse expresamente en cada caso. (8)

Esa precisa acomodación de los órganos en su actividad a la norma atribuida de competencia da a la administración Pública un carácter definitivo: el ser una actividad de orden jurídico, es decir, que no puede entenderse su funcionamiento fuera o sin las normas de Derecho ya que, dentro de la concepción del "Estado de Derecho" que acoge nuestra Constitución siguiendo a la doctrina moderna del Derecho Público, toda acción del Estado debe estar enmarcada en una norma determinada atributiva de competencia. (9)

Así, esos trozos en que está distribuido el Poder Público, tienen manifestaciones de legislación. Hay normas legislativas Nacionales, normas legislativas de los Estados y normas legislativas Municipales. Es necesario darse cuenta de la intima relación que existe entre el carácter de la norma atributiva de competencia y el carácter del órgano. Cuando la norma atributiva de competencia es Nacional, estamos en presencia de la Administración Nacional. Cuando la Norma atributiva de competencia es Estatal, estamos en presencia de la Administración Estatal. Cuando la norma atributiva de competencia es Municipal, estamos en presencia de la Administración Municipal (10).

Es conveniente señalar además, que dentro de la Administración Nacional o Federal se distinguen los órganos por la amplitud de su competencia territorial. Existen órganos Nacionales de competencia territorial para toda la República (Registrador de la Propiedad Industrial) y órganos Nacionales, cuya competencia está restringida a una zona determinada. Esto depende de la organización que tenga cada dependencia administrativa.

La distinción tiene importancia, especialmente en caso de violación del límite espacial de competencia. En tal caso los actos que realicen esas autoridades, estarán viciados y esto aparejará las sanciones administrativas y aún penales que correspondan. (11)

2. La Administración Pública según sus funciones

Vistos estos principios generales, entraremos a examinar la parte que abarcará nuestro estudio, que es la Administración Nacional Central. Veámosla, en forma sintética, para luego analizarla a fondo:

A. Administración Activa: es la que decide y ejecuta. La comprenden todos los órganos del Estado de los que pueden emanar actos administrativos, es decir, determinaciones estatuyentes, tomadas con unidad de sentido, formuladas unilateralmente por una autoridad en ejercicio de una función administrativa conforme a los condicionamientos de la ley, para producir efectos subjetivos previstos en dicha ley (12).

Esos órganos son en principio: El Presidente, los Ministros del Despacho.

Por vía de excepción: los Directores de Institutos Autónomos y algunos funcionarios subalternos (Registrador de la Propiedad Industrial. Director de Recursos renovables)

Ranalletti refiriéndose a la administración activa dice que se organiza bajo el sistema burocrático, vale decir constituida por órganos individuales Esto porque las resoluciones y la acción son tanto más rápidas y eficaces cuando son confiadas a una sola persona. Lo contrario ocurre en la administración consultiva, donde se prefieren los órganos colegiados porque el dictamen será mejor si resulta del examen y discusión de varias personas (13).

B. Administración Consultiva; es la que tiene por función asesorar a los órganos de la administración activa sobre los actos y las resoluciones que deban tomar en el ejercicio de sus funciones.

La actividad de los órganos consultivos no se ejerce de oficio, sino a requerimiento de un órgano de la administración activa, requerimiento que debo formularse por escrito.

Los pareceres de los cuerpos consultivos pueden ser de tres categorías: a. Facultativos o Libres: que son los que el órgano de la administración activa puede aceptar o no en forma discrecional.

b. Obligatorios: son los que el órgano activo debe requerir y escuchar pero puede o no seguir (14). La Ley de Arancel de Aduanas, autoriza al Ejecutivo para que suba o baje el arancel, pero para ello deberá oír la opinión del Consejo Nacional de Economía.

c. Vinculantes: son los que la administración activa dele solicitar a los cuerpos consultivos y debe seguirlos en sus resoluciones. La Ley Orgánica de la Hacienda Nacional autoriza al Ejecutivo la venta de bienes muebles propiedad de la Nación, previa opinión de la Contraloría General de la Nación.

C. Administración Contralora: Es la que se ejerce sobre los actos de la administración activa con el objeto de comprobar su legitimidad, conveniencia, legalidad y sinceridad.

Todo aspecto fiscal del acto administrativo que toque en sus derechos u obligaciones al Fisco Nacional, debe ser revisado por la Contraloría General de la Nación para ver su legalidad y sinceridad.

D. Administración Contenciosa: El control que la administración ejerce sobre sus propios actos, con motivo de los recursos administrativos de que disponen los particulares afectados en sus derechos, es insuficiente para la debida protección de los derechos de los administrados, puesto que no existe la imparcialidad necesaria para llegar a considerar el propio acto del inferior como ilegal y para dejarlo, en consecuencia sin efecto, y más cuando en el seno de la administración los órganos de la misma proceden normalmente con criterios uniformes.

Por esta razón, las legislaciones de los diversos países se han visto en la necesidad de establecer un control jurisdiccional de los actos de la administración, considerando que debe haber órganos diferentes de ésta e independientes de ella que, dentro de formas tutelares de procedimiento, puedan juzgar y decidir, con la autoridad de cosa juzgada que se requiere, las controversias que se susciten entre los particulares y la administración, con motivo de los actos de ésta (15).

La administración contenciosa tiene a su cargo verificar la legalidad de los actos administrativos. Puede que el acto administrativo lesione una norma legal y si no existieran una serie de medios contra la ilegalidad del acto administrativo, se correría el riesgo de que la administración sería toda ilegalidad. Por ello, se ha creado la Administración Contenciosa, que tiene por objeto examinar la legalidad de los actos administrativos.

En nuestro país, este control jurisdiccional de los actos administrativos lo tiene la Corte Federal. Sin embargo, el funcionamiento práctico de esta jurisdicción es casi nulo, debido a la falta de conocimiento existente entre los ciudadanos y hasta en los juristas y abogados de esta materia de lo contencioso administrativo, unido a la deficiencia de nuestras leyes en este sentido.

II. ADMINISTRACION ACTIVA EJECUTIVA

1. El Presidente de la República;

Entre las facultades del Presidente de la República debemos distinguir, las que se refieren a materias constitucionales y las que se refieren a materias administrativas. El Presidente de la República tiene directamente de la Constitución Nacional cierto número de poderes, como el de dirigir los asuntos exteriores, convocar el Congreso Nacional, etc., poderes cuya importancia es desde luego considerable y que ejerce, no ya a consecuencia y en virtud de leyes que emanan del cuerpo legislativo, sino fundado en su propia competencia constitucional. Pero fuera de estas atribuciones especiales, que sólo entrañan ciertos actos limitativamente determinados, la actividad que nos interesa estudiar aquí y que ejerce el Presidente de la República, es la actividad administrativa, que sólo puede realiza en ejecución de una prescripción legislativa. Así, el campo de acción de la administración es sencillamente la ejecución de las leyes (16). Así, según **Duguit**, la administración sólo puede actuar dentro de los límites que le son trazados por una regla atributiva de competencia legislativa, y debe ocurrir siempre así. Un acto administrativo sólo es válido cuando está realizado por un funcionario que actúa dentro de los límites de la competencia que la ley le confiere (17).

Nosotros estudiaremos al Presidente de la República desde este punto de vista de la administración pública. Así podemos estudiar su posición administrativa en tres formas, y de ahí deducir sus funciones:

A. Principios que se deducen de la organización administrativa: De todas las leyes administrativas, de la jurisprudencia administrativa y de la organización se deducen una serie de facultades del Presidente, a saber:

a. Originar actos administrativos,

b. Dirigir la administración pública,

c. Control de la organización del servicio Público,

d. Designar el personal administrativo, por reírla general, y

e. Dirigir y administrar la Hacienda Nacional.

Estos principios son distintos de las figuras constitucionales del Presidente. Estos lo constituyen el Centro de la Administración Pública en Venezuela (18).

B. Competencia Residual: El artículo 99 de la Constitución Nacional de 1953, dispone: "Lo relativo al Gobierno y a la Administración Nacional, no atribuido por esta Constitución a otra autoridad, compete al Poder Ejecutivo Nacional".

C. Facultades Atribuidas por Normas expresas: Contenidas en las Leyes Administrativas.

Ahora bien, las facultades del Presidente de la República, pueden ser ejercidas por éste, de tres formas:

1. Por sí mismo: Por ejemplo, la Ley del Banco Central de Venezuela, en su artículo 23 dispone que el Presidente del Banco será designado por la Asamblea General de Accionistas, de una terna que le someterá al efecto el Presidente de la República (19). Otra facultad que el Presidente de la República ejerce por sí es adscribir a la Presidencia un Servicio Público.

2. Por órgano del Ministro respectivo: Dirigir las relaciones diplomáticas (20).

2. En Consejo de Ministros:

En Consejo de Ministros, formado por el propio Presidente, los Ministros del Despacho, el Gobernador del Distrito Federal, el Secretario de la Presidencia de la República y el Director de la Oficina Nacional de Planificación y Coordinación, el Presidente tiene varias facultades, que estudiaremos al analizar este organismo especial. Aquí estudiaremos una facultad muy importante que tiene el Presidente de la República en Consejo de Ministros, y es la Potestad Reglamentaria. Esta es el instrumento jurídico esencial de la administración, gracias al cual, ésta regula uniformemente la conducta de los administrados y de sus funcionarios, y también su propia conducta (21). Esta facultad no puede ser limitada por el legislador, pues es una facultad constitucional. En efecto, la Constitución Nacional de 1953 en su artículo 108, letra a, ordinal 2° dispone que entre las atribuciones del Presidente en Consejo de Ministros está la de "reglamentar las leyes, sin alterar su espíritu, propósito y razón, y reformar parcialmente los reglamentos de las mismas" (22).

Esta facultad no excluye la posibilidad de que otros órganos puedan reglamentar. La Ley de Universidades dispone que su reglamentación se efectuará por el Consejo Nacional de Universidades y por el Consejo Universitario. Esto no es una limitación a la facultad de reglamentar del Presidente, sino que ante la presencia de un organismo especializado, se le da preferencia a éste para reglamentarse.

Ahora bien, esta potestad reglamentaria no llega a todos los actos legislativos. Hay un sector de ellos, que no pueden ser reglamentados. Esto es lo que constituye la Reserva Legal; es indudable que muchas cuestiones requieren necesariamente acto legislativo formal, que admiten regulación únicamente por la Ley. Hay pues, una zona reservada exclusivamente a la ley, intocable por los reglamentos. Esto es la materia penal, impositiva, lo referente al orden jurisdiccional, etc.

Miembros del Consejo de Ministros: Enseguida del Presidente de la República aparece en la escala de la administración venezolana, un organismo que se intitula Consejo de Ministros. Los países latino-americanos han formado este cuerpo en forma mixta, uniendo conceptos derivados del Régimen Presidencialista y del Régimen Parlamentario. El Consejo de Ministros en Venezuela es un órgano Plural, con cuya participación el Presidente ejerce facultades de Gobierno y administración (23).

Entre los miembros del Consejo de Ministros debemos distinguir dos clases: 1. Constitucionales: El artículo 112 de la Constitución Nacional de 1953 dispone: "El Presidente de la República y los Ministros del Despacho Ejecutivo Nacional, integran el Consejo de Ministros. Los Ministros del despacho Ejecutivo Nacional forman el Gabinete".

El artículo 113 ejusdem dispone: "Las atribuciones y deberes de los Ministros, la organización de sus Ministerios y el funcionamiento del Consejo de Ministros los fijará la ley.

Otros participantes. Varias leyes exigen la presencia de ciertos funcionarios en el Consejo de Ministros y son:

a. El Gobernador del Distrito Federal: El artículo 13, ordinal 21 de la Ley Orgánica del Distrito Federal (24) dispone que corresponde al Gobernador del Distrito Federal, como órgano inmediato del Presidente de la República, en lo Civil y Político, asistir al Consejo de Ministros con derecho a voz y voto en lo relativo al Gobierno del Distrito Federal. Lo mismo dispone el artículo 7° del Estatuto Orgánica de Ministerios (25). La presencia del Gobernador del Distrito Federal se debe sin duda alguna a motivos de índole políticos. La importancia de las funciones que tiene a su cargo, como Órgano legal del Presidente de la República en lo relativo a la administración del Distrito Federal, llevó al legislador a autorizar su presencia en Consejo de Ministros, pero únicamente con voz y voto en lo relativo al Gobierno del Distrito Federal (26).

b. El Secretario de la Presidencia de la República: El artículo 2°, ordinal 2° de la Ley de la Secretaría de los Estados Unidos de Venezuela (27) dispone que son funciones del Secretario del Presidente, asistir al Consejo de Ministros. Esta ley no nos indica con que calidad ni con que atribuciones. Sin embargo el Estatuto Orgánico de Ministerios en su artículo 4° dispone que el Secretario de la Presidencia de la República será el Secretario del Consejo de Ministros (28).

c. El Director de la Oficina Central de Coordinación y Planificación: Según el artículo 17 del Decreto 492 del 30 de Diciembre - de 1958, este es un organismo consultivo del Estado. Planifica y coordina, no ejecuta. En el Consejo de Ministros tiene derecho a voz en los asuntos relativos a la coordinación y planificación del Gobierno y cuando es invitado por el Presidente de la República.

Caracteres del Consejo de Ministros: Nace con la Constitución Federal de 1864 que dispuso en su artículo 78: "La decisión de todos los negocios que no sean de lo económico de las Secretarías, se resolverá en Consejo de Ministros; y la responsabilidad es colectiva" (29). El Consejo de Ministros tiene la finalidad de servir de instrumento para que el Presidente tomo decisiones. Pero nunca puede faltar el Presidente. No se concibe una reunión de Consejo de Ministros sin la presencia del Presidente. Esto es precisamente lo que lo diferencia del Gabinete, que funciona sin el Presidente, o cuando no lo hay (Constitución de 1953, artículo 106).

Facultades del Consejo de Ministros: Podemos distinguir facultades de tipo constitucional y de tipo administrativo:

1. Constitucionales: El artículo 108, letra a de la Constitución Nacional de 1953, dispone: Son atribuciones del Presidente de la República en Consejo de Ministros:

a. Convocar el Congreso Nacional a sesiones extraordinarias;

b. Reglamentar las leyes, sin alterar su espíritu, propósito y razón, y reformar parcialmente los reglamentos de las mismas (Facultad administrativa señalada en la Constitución);

c. Crear nuevos Servicios públicos, autónomos o dependientes de la administración Nacional, y suprimir o modificar los que existan (Facultad administrativa señalada en la Constitución);

d. Celebrar tratados, convenios o acuerdos con otros Estados y adherir a los tratados multilaterales que interesen a la Nación;

e. Decretar créditos adicionales a la Ley del Presupuesto de Ingresos y Gastos Públicos;

f. Disponer que el Ministerio Público promueva acusación contra los funcionarios que dieren motivo para ello.

2. Administrativas: Las leyes y reglamentos señalan algunas atribuciones al Consejo de Ministros. Podemos señalar:

a. La ley de Inspección y Vigilancia de las Empresas de Seguro, señala que para suprimir alguna, se hará en Consejo de Ministros (30).

b. La aprobación de peticiones para el otorgamiento de concesiones especiales para ejercer la industria de Fabricación de Fósforos (31).

c. La aprobación del proyecto de resolución en la cual el Ministro o Ministros a quienes corresponda, acepten o rechacen una acreencia contra el Fisco Nacional (32).

d. Resolución de divergencias entre el Contralor General de la Nación y los Ministros (33).

Por último debemos concluir, que es necesario entre nosotros que el Consejo de Ministros esté provisto de un Estatuto jurídico propio, que regule y determine los lineamientos generales de su organización y funcionamiento.

3. Los Ministros del Despacho:

Los Ministros del Despacho, según la Constitución Nacional, son órganos del Presidente de la República en ni ejercicio del Poder Ejecutivo Federal, cuya competencia tiene como ámbito todo lo relativo a la Administración Federal no atribuido por la misma Constitución a ninguna otra autoridad.

En el estudio de los Ministros del Despacho, encontramos que tienen dos tipos de actuación:

<u>Constitucional</u>: cualidades para ser Ministro. Cuenta al Congreso.

<u>Administrativas</u>: El carácter administrativo de los Ministros del Despacho se resume en las formas de actuación de ellos, que son:

A. <u>Como ejecutor de órdenes del Presidente</u>: El Artículo 10 del Estatuto de Ministerios dispone: corresponde a cada ministro en los ramos de la competencia de su Despacho: 5°; cumplir y hacer cumplir las órdenes que le comunique el Presidente de la República. 8°: Dar cuenta al presidente de todo asunto cuya importancia lo amerite. 16°: Estudiar, tramitar y resolver o llevar a la resolución del Presidente de la República, según el caso, todo asunto o solicitud dirigida a su despacho. (34)

B. <u>Como miembro del Consejo de Ministros</u>: El Artículo 10 del Estatuto Orgánico de Ministerios dispone: Corresponde a cada Ministro en los ramos de la competencia de su despacho: 6°: Asistir al Consejo de Ministros y opinar y votar sobre los asuntos que se sometan a dicho cuerpo. (35) El Artículo 5° del mismo estatuto dispone: Cada Ministro comunicará a los demás con la debida anticipación, los asuntos que vayan a discutirse en Consejo De Ministros, cuando por su naturaleza o por su importancia requieran estudio previo, suministrando, junto con una opinión razonada, toda la información necesaria para la consideración de dichos asuntos. Solo cuando el Presidente juzgue el caso de urgencia podrá prescindirse de esta formalidad". (36)

El Artículo 114 de la Constitución Nacional de 1953 dispone: De las decisiones tomadas en Consejo de Ministros, serán responsables los integrantes de éste, con excepción de los Ministros que hubieren hecho constar razonadamente su voto contario. Así, cuando el Ministro ejecuta órdenes del Presidente, es corresponsable y cuando actúa en Consejo de Ministros hay responsabilidad solidaria de parte de todos sus integrantes.

C. <u>Como jefe de un Despacho Ministerial</u>: Podemos distinguir tres aspectos: con relación a los bienes, a las cuentas y a las atribuciones propias:

a. <u>Bienes</u>: El Artículo 10, ordinal 10° del Estatuto Orgánico de Ministerios dispone: Que corresponde a cada Ministro en los ramos de la competencia de su despacho: Ejercer la administración, inspección, fiscalización y resguardo de los bienes y ramos de renta adscritos al Departamento. (37)

Según el Artículo 22 de la Ley Orgánica de la Hacienda Nacional, los bienes nacionales deberán estar adscritos para su administración a algún Ministerio. La administración de los bienes nacionales que no se hayan adscrito especialmente a determinado Departamento del Ejecutivo Federal, corresponderá al Ministerio de Hacienda. (38)

b. <u>Cuentas</u>: El Artículo 10, ordinal 11 del Estatuto antes nombrado dispone: Corresponde a cada (una de las oficinas) Ministerio en los ramos de la competencia de su despacho: Hacer llevar la contabilidad del Departamento conforme a las leyes y reglamentos respectivos. (39) El Artículo 219 de la Ley Orgánica de la hacienda Nacional dispone fine cada una de las Oficinas obligadas a llevar cuentas, deberá tener un Manual, un Mayor, un libro de inventarios y los demás libros y registros auxiliares que fueren necesarios para la mayor precisión de las operaciones de la contabilidad (Norma arcaica que retrasa la contabilidad nacional por seis meses) (40).

c. Atribuciones propias del Despacho: El artículo 10, ordinal 16 del Estatuto Orgánico de Ministerios dispone que corresponde a cada Ministro en los ramos de la competencia de su Despacho, estudiar, tramitar y resolver o llevar a la resolución del Presidente, según el caso, todo asunto o solicitud dirigida a su Despacho (41). El Estatuto, en sus artículos 18 al 30 establece los asuntos propios de cada Despacho Ministerial (42).

Los Ministros tienen el carácter de organismo de apelación con respecto a las decisiones de sus subalternos. Casi siempre las decisiones de los subalternos son apelables ante el Ministro, cuando una Ley expresa lo determina (por ejemplo las decisiones de la Dirección de Inquilinato del Ministerio de Fomento, son apelables ante el Ministro de Fomento).

Controles de la actividad del Ministro:

1. Del Contralor General de la Nación en los aspectos fiscales. Si hay desacuerdo entre el Ministro controlado y el Contralor General de la Nación, la controversia la resuelve el Consejo de Ministros, por disposición del artículo 172 de la Ley Orgánica de la Hacienda Nacional (43).

2. Por ilegalidad: Ante la Corte Federal son anulables todos los actos de la administración del Ministro que sean ilegales. Pero no de ofició, sino a instancia de parte.

3. Control del Congreso Nacional a través de la aprobación o improbación de la memoria y cuenta.

Carácter de la actividad del Ministro: Tiene un carácter eminentemente personal. No tiene suplente. Actúa personalmente, con su persona física. No es una facultad delegable. Es intuitu personae. Sin embargo, la Ley prescribe solo dos casos de excepción: 1. Con mucha frecuencia existe un tipo especial de funcionario que sin estar previsto en ninguna norma legal, y mucho menos constitucional, desempeña análogas atribuciones a las del Ministro. Son los encargados de Ministerios, designados por el Presidente de la República, a veces entre los otros Ministros del Despacho, a veces entre los Directores del Ministerio, cuyo titular: o se ausente temporalmente del país, o que por enfermedad o cualquier otro motivo se separa por cierto tiempo del ejercicio de sus funciones. En estos casos el Ministro sigue siendo Ministro.

2. Cuando el Ministro ejerce el derecho de delegar la firma. No delega la resolución sino la firma. La resolución sigue siendo del Ministro. Esto sucede cuando existen gran cantidad de asuntos de menor importancia cuya resolución por parte de la persona del Ministro, entorpecería el estudio de los asuntos de mayor importancia.

La falta de regulación de estas situaciones determina algunas consecuencias que es bueno tener en cuenta. En cuarto al primer caso: No es raro el caso de que sea designado encargado de un Ministerio el titular de otro, lo que trae entorpecimientos prácticos que entorpecen la marcha de los Ministerios y de los servicios públicos, por otra parte no se delimitan bien las esferas de competencia de ambos funcionarios, del titular y del encargado del ministerio (44).

D. Organización Ministerial: Teóricamente está regulada por la Ley de Ministerios de 31 de julio de 1939 y su respectivo Reglamento de 28 de diciembre de 1950. Y decimos teóricamente porque las normas directrices de tales ordenamientos jurídicos muy poca o ninguna fuerza tienen en la práctica administrativa venezolana.

Dependencias ministeriales han sido creadas violando los más elementales principios del Derecho Público, sin asignarles ninguna clase de funciones y sin utilizar la vía ordinaria que para tales fines establece nuestro sistema jurídico. Así se dan con frecuencia funcionarios públicos sin atribuciones legales específicamente señaladas y cuya labor constituye, al menos teóricamente, una flagrante violación del principio constitucional de que los límites del ejercicio del Poder Público están señalados en la definición de atribuciones y facultades. Numerosas direcciones de ministerios deben su origen a una disposición de la Ley de Presupuestos sin que por ningún lado se encuentren las atribuciones de facultades.

Así, podemos concluir que si el Poder Público se ejerce conforme a la Ley (Norma Atributiva de Competencia) esa norma, esa ley no existe en nuestra organización administrativa y si existe es solo teórica y deficiente (45).

Las normas generales que rigen la organización administrativa de los Ministerios en nuestro país son: 1. El Ministro, jefe superior de todo el despacho a su cargo; 2. Direcciones dependientes directamente del Ministro y a cargo de Directores; 3. Secciones, dependientes de las Direcciones y a cargo de los Jefes de Sección; 4. Servicios, dependientes de las Secciones y a cargo de los Jefes de Servicio; 5- Oficinas, dependientes de las Secciones, y a cargo de Oficiales.

Fallas de la Organización Administrativa en Venezuela:

1. Falta de organización técnica en muchos servicios administrativos: La Técnica Moderna no puede ser desconocida dentro del funcionamiento y organización de la Administración Pública, La multiplicidad de Servicios, la rapidez que exigen dichos servicios y la eficiencia y seguridad necesarias en los mismos, requieren lógicamente los mejores instrumentos técnicos que aseguren el fiel cumplimiento de las finalidades propuestas. Ahora bien, los servicios administrativos que necesitan tales instrumentos técnicos de trabajo carecen de ellos en la mayoría, debido a las leyes atrasadas no reformadas, que los rigen, obligando al mantenimiento de sistemas complicados que no solamente no favorecen el buen funcionamiento de los servicios administrativos, sino que además los entorpecen. Un ejemplo de esto, es la administración del Registro Público, regido por la Ley de Registro público (46).

2. Falta de conocimientos y preocupación de parte de los di rigentes de la administración pública por la reforma de la misma: Por razones de índole político, el manejo y la dirección de la administración pública no siempre tiene ni los conocimientos ni el interés suficientes en que las instituciones administrativas sean modificadas y agilizadas en forma tal que pueda prestar servicios públicos eficientes (47).

3. Falta de Personal adecuado: No siempre los cargos públicos pueden ser bien provistos, o sea, ser confiados a personas que por su capacidad y condiciones pueden estar en posibilidad de prestar un eficiente servició en la administración Pública. Esto debido principalmente a la poca remuneración y a la inestabilidad que revisten los cargos públicos en nuestro país (48).

4. Multiplicidad de Funciones: Las tres causas anteriores llevan a que muchas veces una misma función está atribuida a organismos diferentes que llegan hasta a tener criterios distintos y hasta contradictorios sobre temas de sus servicios con el consiguiente perjuicio que tal situación produce en las actividades particulares (49).

5. Elevado costo de la Administración: La falta de personal eficiente requiere la multiplicación de las personas necesarias para la satisfacción de las mínimas necesidades del servicio, además de que la multiplicidad de funciones y el crecimiento inorgánico de los diferentes organismos del Estado crean una burocracia excesiva con un exageradísimo costo injustificado, que gravita sobre el presupuesto del Estado (50).

Esto ha llevado a que con fecha 27 de junio de 1958, el Gobierno venezolano por el Decreto 287 del Ejecutivo Nacional, creó la Comisión de Administración Pública para estudiar la organización de los métodos y procedimientos de la Administración Pública.

Puntos de Reforma: 1. Estudio de la reforma de las leyes que rigen el funcionamiento de la administración pública y determinación de los principios rectores que han de servir para la referida reforma: El Estado, es ante todo un Estado de Derecho, en el cual toda la actuación de los órganos del Estado y en particular de los funcionarios administrativos está sujeta al mandato previo de la Ley. Es decir, que no se concibe una actividad de ningún funcionario que no esté respaldada por la correspondiente competencia indicada en las Normas Jurídicas respectivas. Esta situación del Estado de Derecho supone indispensablemente dos aspectos importantísimos que son: uno, la publicidad de los actos de la Administración Pública, pues así, sujetos al examen que el público pueda hacer de los mismos, los funcionarios encardados de dictarlos tendrán buen cuidado de evitar todo aquello que pueda levantar observaciones de par e de interesados o terceras personas. El segundo se refiere a la posibilidad del examen, por parte de organismos jurisdiccionales, de todo acto administrativo en orden a determinar su legalidad si así lo quisiere, tanto la propia Administración Pública, como los interesados o terceras personas, quienes en una u otra forma puedan afectar dichos actos (51).

2. *La Carrera Administrativa*: No puede pensarse en un adecuado funcionamiento de la administración pública sin la existencia de un grupo humano y numeroso de funcionarios que estén dedicados profesionalmente al servicio del Estado. Esta actividad profesional de dedicación al servicio del Estado supone lógicamente ciertas condiciones de estabilidad en el empleo, adecuada remuneración económica y condiciones aceptables de ascenso, de jubilación, de prestaciones sociales, etc., mediante las cuales el funcionario o la persona que dedique su actividad a la función pública, está suficientemente atendido en sus necesidades humanas como para poderle exigir el máximo de rendimiento en el desarrollo de las funciones que la ley le señala (52).

3. Reexamen de la Organización Administrativa Nacional: En opinión del Dr. Tomás Polanco (53) la organización administrativa nacional adolece fundamentalmente de los siguientes defectos que necesitan ser corregidos inmediatamente: a. La existencia de organismos distintos para el ejercicio de la misma función. Un adecuado examen de toda actividad administrativa, llevaría a eliminar semejante defecto que multiplica innecesariamente la actividad del Estado, significa el pago a mayor número de funcionarios de cantidades cuantiosas por concepto de sueldos y remuneraciones, y siembra el desconcierto en la ciudadanía.

b. La inadecuada determinación de las funciones de cada Despacho Ministerial. El crecimiento polifacético y amorfo de los diferentes Despachos Ministeriales ha ido colocando en ellos funciones que no siempre corresponden a la estructura del mismo y al carácter con que están orientados con forme a la Ley.

4. *Institutos Autónomos*: La necesidad de agilizar el mecanismo para el ejercicio de ciertas actividades del listado, la llevado a los Gobernantes a la multiplicación de los llamados Institutos Autónomos que son organismos dotados de personalidad jurídica

propia y de patrimonio distinto e independiente del Fisco Nacional. Tal situación reviste el peligro de que un porcentaje relevado de los dineros públicos se atribuya a los Institutos Autónomos y en consecuencia se complica o dificulta el control de los mismos por parte de la Contraloría General de la Nación (54).

5. Mejoramiento de los Sistemas de Control: El control de la actividad administrativa está a cargo en la actualidad exclusivamente a la Contraloría General de la Nación, regida por Ley dictada en 1938, fecha de su fundación. Esta ley no ha sufrido ninguna reforma desde su ori en, y la Contraloría continúa organizada exactamente de la misma manera como cuando fue creada (55).

6. *La Actividad de los Ministros*: El sistema administrativo venezolano gira en torno a la actividad de los ministros. En consecuencia, la actividad del Ministro se ve sumamente complicada con la numerosa cantidad de asuntos de pequeña importancia que llega a su consideración para su examen y resolución. Esto motiva que la mayoría de las veces la resolución de pequeños asuntos, inclusive asuntos de importancia relativa, estén pendientes de la presencia del Ministro que no ha dispuesto de tiempo para ocuparse de ellos. Es de desear por lo tanto, que se continúe la política ya iniciada de atribuir cierta clase de funciones de los Despachos Ministeriales a los Directores de los Ministerios, para que al menos en primera instancia puedan tomar resoluciones en la mayor parte de los asuntos, dejando únicamente a la consideración del Ministro de la solución de los problemas de importancia, y en todo caso manteniendo el derecho de abocarse a la solución de cualquier problema en el Ministerio. Los mismos razonamientos habría que hacer respecto a las actividades del Presidente de la República y los Ministros del Despacho (56).

III.   ADMINISTRACION CONTRALORA:

Puesta en funcionamiento la maquinaria de la Administración Pública se hace necesario, en orden de asegurar la vigencia de la legalidad y por consiguiente el mantenimiento de la noción de Estado de Derecho, que existan organismo de control que aseguren la permanente sujeción del funcionamiento de la actividad administrativa al imperio de las normas de la Ley. Es sobre todo importante el establecimiento de organismos de control en los aspectos fiscales de la Administración Pública (57).

El conjunto de órganos encargados del control administrativo forma la administración contralora. En Venezuela, la Contraloría General de la Nación. Ahora bien, observemos el proceso evolutivo de los organismos de Control fiscal en Venezuela, y veremos que no siempre ha existido ésta.

1. Evolución del Control Fiscal en Venezuela:

Primera Etapa: (1830-1856), Los Tribunales de Cuentas. El Congreso Constituyente de 1830, deseando dar una nueva organización a la Hacienda tanto en lo directivo como en lo administrativo y contencioso, dictó en 14 de octubre una Ley sobre la organización y gobierno de las Oficinas de Hacienda, que derogaba el Decreto del Libertador de 8 de marzo de 1927.

Dicha Ley contemplaba la ceración de un Tribunal de Cuentas cuyas finalidades eran: Examinar las cuentas de la Tesorería Nacional, administraciones de Provincias y de

Aduanas, hacer los cargos con arreglo a las leyes; oír la contestación de los reparos, o condenar al reintegro de los aranceles que resulten, haciéndolos efectivos dentro del tercer día; y dar finiquitos después de desvanecidos éstos (Artículo 34, numeral I°).

Santos Michelena, el primer Ministro de Hacienda del país, comenzaba así su proceso de creación de la Hacienda Nacional, que a él debe sus primeros pasos y las primeras normas de organización.

Siete años más tarde (1837) una nueva ley agrega a las funciones del Tribunal de cuentas la vigilancia de la aplicación de las leyes de Hacienda

Segunda Etapa: (1856-1918), Tribunales de Cuentas y Contaduría general de Hacienda. El dos de septiembre de 1856 el Congreso Nacional, viéndose imposibilitado por la premura del tiempo para atender a la urgente necesidad de organizar todos los ramos de la Hacienda Nacional y considerando que podía tenerse confianza en el jefe de Estado "José Tadeo Monagas", autorizó plena mente al Poder Ejecutivo para atender a esas finalidades. Así, el General Monagas, en Decreto de 17 de octubre de 1856 organiza las oficinas superiores de Hacienda: se crea entonces la Contaduría General de Hacienda y el Tribunal de Cuentas.

Estudiemos el conjunto: la Contaduría General de hacienda se divide en dos salas;

1. Una de Contabilidad activa cuyo cometido consiste en: llevar la cuenta general de los ingresos y egresos de la República, controlar la legalidad de las órdenes de pago o, servir de auxiliar a la Cámara de Representantes y vigilar el uso y sellado del papel necesario para cada año económico.

2. La sala de Examen debía exigir cuentas a todos los empleados que tuvieran obligación de presentarlas, examinar dichas cuentas y llevar un registro de los nombramientos que efectuare el Gobierno a fin de poder regular la legalidad de los sueldos.

Por su parte, el Tribunal de Cuentas era competente para decir la última palabra sobre el examen hecho por la Contaduría General de Hacienda en su sala de Examen: un juicio sumamente sencillo, con segunda instancia dentro del mismo Tribunal, decidía la responsabilidad del empleado.

Tercera Etapa (1918 a 1938): El 4 de junio de 1918, siendo Ministro de Hacienda el Dr. Román Cárdenas, se promulga una primera ley orgánica de la Hacienda Nacional que deroga el Código de Hacienda de 1912. Importantísimas modificaciones trae esta ley: En primer lugar se elimina el Tribunal de Cuentas algunas de sus funciones es atribuida al Tribunal Superior de Hacienda.

En segundo lugar, se modifica el régimen del procedimiento de cuentas;

Y por último, se mantiene la Contaduría General de Hacienda integrada por las dos salas de Examen y de Centralización y como organismo dependiente de la Dirección de administración del Ministerio de Hacienda. (Artículo 17 del Reglamento de la ley de Ministerios de 1822)

Cuarta Etapa (1938) Contraloría General de la Nación: En 1938 el Ministro de Hacienda, Dr. Cristóbal L. Mendoza, presentó a consideración de las Cámaras, el proyecto de Ley Orgánica de la hacienda Nacional. Hubo modificaciones. El 14 de julio de 1938 el Congreso la Sancionaba. Al día siguiente López Contreras promulgaba la reforma, y el mismo día se publicó en la Gaceta oficial. Una de las más importantes modificaciones era la creación de la Contraloría General de la Nación. (58)

2. Naturaleza Jurídica de la Contraloría General de la Nación:

El problema lo insinuó en la Cámara de Diputados (1938) el Dr. Tulio Chiossone, cuando hizo notar que el régimen constitucional venezolano, según el cual los Ministros del Despacho deben rendir cuentas al Congreso Nacional, para que éste las apruebe o no, imposibilitaba el asignar por una simple ley, la función de examen a la Contraloría General de la Nación sin incurrir en inconstitucionalidad.

El asunto no quedaba claro en la ley de 1938. La incorporación por Ley de la Contraloría a nuestra administración pública, tenía como lógica consecuencia el estado de dudosa naturaleza.

Por fin, en los debates de la Constituyente de 1947 hubo de sentarse un claro criterio acerca de la naturaleza de las fruiciones de este organismo. Se dice: "Para el Congreso no sería fácil realizar directamente ese control, por no decir imposible. Los parlamentos modernos, sometidos a tantas fluctuaciones des provistas generalmente de las competencias técnicas indispensables, no están en capacidad de cumplir esas obligaciones. Sin un auxiliar el control legislativo carecería de una base eficaz. El control legislativo exige un examen previo detallado de las cuentas individuales y una verificación de las piezas justificativas de cada gasto. De ahí el sistema de facilitar el control legislativo tu con la ayuda de un órgano auxiliar, cuya misión especial sería preparar, por la verificación de las contabilidades individuales, los elementos del control supremo del parlamento sobre la ejecución del Presupuesto". (59)

Fúndase en tal criterio el artículo 246 de la Constitución Nacional de 1947 y los artículos 95 a 98 de la Constitución de 1953 que ordenan que en el examen y aprobación o improbación de las Cuentas Ministeriales y de los Institutos Autónomos, la Contraloría General de la Nación será auxiliar del Congreso Nacional.

La naturaleza, pues, de la Contraloría es la de un organismo auxiliar del Parlamento a fin de hacer posible y efectiva la función de control que a éste toca sobre el funcionamiento fiscal de la administración Pública.

3. Independencia con respecto a la Administración Activa

La Contraloría es autónoma con respecto al Poder Ejecutivo (si debe controlar al Poder Ejecutivo, ¿cómo va a depender de él?).

Ahora bien, esa independencia no conviene establecerla con respecto al Parlamento, pues si el organismo contralor no va a desempeñar sino una función auxiliar a la del Parlamento, justo es que de él dependa y a él rinda cuentas de su actuación. (60)

La independencia de este organismo con respecto al Poder Ejecutivo, la podemos ubicar en los siguientes aspectos:

a. El nombramiento y remoción del personal: Al Contralor y Sub-Contralor los elegirá el Congreso Nacional, directamente, sin intervención de ninguna otra autoridad. (Artículo 96. Constitución Nacional de 1953).

Compete al Contralor General el nombramiento y remoción del personal, de la Contraloría General de la Nación, sin tener que acatar ninguna clase de insinuaciones del Poder Ejecutivo. (61)

b. Formación del respectivo presupuesto: Es el mismo Congreso el que mediante la ley de Presupuesto General de Rentas y Gastos públicos fija el monto de la remuneración de cada uno de los integrantes d 1 personal de la Contraloría.

4. Líneas generales de Organización:

La Contraloría está a cargo del Contralor General de la Nación y consta de tres salas que se denominan Sala de Centralización, Sala de Examen y Sala de Control. Además el Departamento Jurídico y la Junta técnica de Contabilidad.

El Contralor General es el Presidente nato de todas las salas, pero cada una de ellas está bajo inmediata responsabilidad de: la de Control, del Sub-Contralor; la de Examen, del Primer Examinador y la de Centralización del Primer Contralor.

A. Sala de Centralización: Es un organismo de complejas funciones. Está clasificada en 4 secciones a cada una de las cuales está asignados los siguientes cometidos: contabilidad, informes, fiscalización y registros.

La Centralización de la Contabilidad:

Es un organismo técnico contable que debe centralizar las cuentas de la administración de rentas, de bienes, nacionales y de ordenadores de pago y confrontarlas con las cuentas del Tesoro.

Sección de informes: tiene dos funciones fundamentales: preparación de todos aquellos informes que deben ser rendidos por la Contraloría y, la colaboración con el Poder Ejecutivo en lo referente al cálculo y liquidación del Situado Constitucional y al acopio de los datos necesarios para la elaboración del Presupuesto de Rentas.

Sección de Fiscalización: Nada se lograría con centralizar las cuentas y dictar órdenes sobre el método de llevar la contabilidad fiscal si no se tuvieren medios para hacer efectivo el movimiento de control.

Sección de Registro: Desempeña una labor importante. En efecto, pieza indispensable en la maquinaria de control es el conocimiento de cuantas y cuáles son las oficinas que deben rendir cuentas, la vigilancia de la administración de bienes nacionales, el Pago legal del sueldo y además remuneraciones de los funcionarios y empleados públicos y la exigencia del exacto cumplimiento de aquellos contratos que ocasionen ingresos periódicos a la Nación.

Esta sección de Registro posee un registro de todas las escrituras y títulos de bienes inmuebles, deudas o créditos otorgados a favor de la Nación: en esa forma, sabiéndose a ciencia cierta cuáles son los bienes nacionales, es mucho más fácil poder llevar el control de la administración de las mismas. Pero el Dr. Torres en su informe de 1939 decía que el país nunca ha sabido exactamente de sus bienes, habiendo ocurrido casos en que algunos han sido un verdadero hallazgo. (62)

Por lo que respecta al Registro de Funcionarios, este es en la actualidad uno de los mejores servicios en cuanto a organización y funcionamiento con que cuenta la Contraloría. En efecto, la Constitución dispone que no pueden ser ocupados 2 cargos públicos por ninguna misma persona, salvo algunas excepciones (Académicas, asistenciales, etc.). La Contraloría por medio de la Sala de Centralización controla esto: llevando un control de personas y un control de cargos, obteniendo de esta forma, un control total.

B. Sala de Control: A esta sala le toca el control a priori de la ejecución del presupuesto, es decir, antes de que el gasto se hubiere verificado.

Es norma de Derecho Fiscal que no puede hacerse ninguna erogación con cargo al Tesoro Nacional sin que existan requisitos fundamentales de carácter previo. Cuya comprobación es lo que constituye la esencia del control a priori de la Contraloría General.

En efecto, el pago debe hacerse mediante una orden de pago, emanada del mismo Ministro y contentiva de una serie de indicaciones precisas: nombre del beneficiario, lugar, monto y plazo del pago o, motivo del gasto y la imputación a la correspondiente partida del Presupuesto. Esa orden pasa a la Contraloría antes de que se efectúe el pago, y debe entonces el tal organismo proceder a revisarla y estudiarla para comprobar su real ajuste a las nomas de ley. Esa revisión y estudio abarca tres aspectos fundamentales:

a.   Que la orden reúna todos los requisitos indicados en la ley orgánica de la Hacienda Nacional.

b.   Que sea debida a la imputación hecha a la correspondiente partida del Presupuesto de Gastos o a Créditos Adicionales legalmente acordados.

c.   Que sea sincera, o sea que corresponda a una acreencia efectiva a favor del titular. (63)

C. Sala de Examen: Tiene el control a posteriori de la ejecución del presupuesto. Para un mejor estudio de la misma, vamos a realizarlo analizando por separado las siguientes funciones que le están encomendadas:

a.   Examen de cuentas: El examen de todas las cuentas y de sus anexos de las oficinas o empleados de Hacienda, y de las entidades que manejan fondos, bienes o materiales costeados por el fisco o que los tengan bajo su custodia y la verificación de la legalidad y sinceridad de todas las operaciones que demuestren las tales cuentas, es en síntesis el contenido de las funciones en este particular.

Es bueno distinguir que el examen de cuentas tiene modalidades distintas según se trate de cuentas de gastos, de ventas, de bienes nacionales o de materia. Los más importantes son los dos primeros.

El examen de la cuenta de gastos tiene que abarcar los siguientes aspectos fundamentales: que los pagos hayan sido hechos por orden legalmente autorizada. Comprobar que exista conformidad entre las cuentas de la Oficina ordenadora del pago y la cuenta de la oficina pagadora. Revisar que exista el comprobante de haberse efectuado el pago.

El examen de la cuenta de rentas debe abarcar: Que la liquidación se efectué justa y legalmente, es decir, con arreglo a las leyes la respectiva renta y a las disposiciones sobre contabilidad que ordene la contraloría. Que el pago hecho por el Tesoro corresponda fielmente a la liquidación correspondiente.

b.   Expedición de Finiquitos: Cuando se ha examinado cuidadosamente la cuenta presentada por un funcionario en cumplimiento de su obligación legal y se comprueba que no existe ningún cargo que formular al referido funcionario por causa de su cuenta, la Sala de Examen debe expedirle, si él lo solicita, el correspondiente finiquito.

c.   Formulación de reparos: Si el examinador encargado de verificar las cuentas presentadas a la sala, encuentra que existe algún caigo que formular contra quien ha llevado las cuentas, debe preparar un pliego de reparos y pasarlo al Primer Examinador a fin de que éste, una vez que hubiere comprobado la procedencia de los reparos, inicie el procedimiento respectivo para hacer efectiva la responsabilidad a quien corresponda.

d. <u>Otras funciones de la Sala de los empleados de Hacienda</u>:

   a. Vigilancia de la caución de los empleados de Hacienda.

   b. Vigilancia de seguridades especiales a favor de la Nación

   c. Presentar al Contralor un informe anual de las actividades de la Sala.

   d. Comunicar al Ministro de Hacienda y al Contralor General las irregularidades e incorrecciones que observare en el desempeño de sus funciones.

   e. Colaboración con la Sala de Control. (64)

IV.   ADMINISTRACION AUTÓNOMA

Al intensificarse el ritmo de la vida moderna, ha recaído sobre la Administración Pública la prestación a la colectividad de una serie de servicios que en otros tiempos, o no existían o eran prestados por particulares. A estos servicios se añaden aquellos préstalos antes eficazmente por la misma Administración Pública dentro de sus vías ordinarias y sin necesidad de una atención especial.

El desarrollo e importancia de esos servicios tienen en la actualidad para el conjunto humano de cuyo bienestar está encargado el estado, hizo necesaria la aparición de nuevos órganos estatales que conciliaran la elasticidad que el mismo servicio requería con la intervención obligada del Estado, que no puede dejar de prestar su atención a aquel tipo de actividades en las cuales está vivamente interesado el bien común.

Los organismos encargados de prestar esos servicios públicos se encuentran dotados de personalidad jurídica propia, con lo cual, al separarse o segregarse jurídicamente de la persona misma del Estado se les asegura una mayor libertad de acción completada por la dotación de mi patrimonio propio, distinto e independiente del fisco nacional y sin que sus rentas y gastos estén considerados como rentas y gastos públicos con todas las ventajas de funcionamiento que tal situación determina.

Esa personalidad jurídica que los hace capaces de obligaciones y derechos, se origina en su Estatuto creador y está prevista en el mismo texto del Código Civil, cuando al hablarse en el Artículo 19 del mismo de las personas jurídicas se incluye entre ellas a la Nación y las Entidades políticas que la componen, a las Iglesias de cualquier credo que sean, a las universidades y en general a todos los seres o cuerpos morales de carácter público.

Pero la dotación por el Estado de personalidad a estos organismos encargados de servicios públicos y la asignación de un patrimonio propio, no implica el que estén completamente alejados del control supremo oficial estatal: El Estado los crea, el Estado los suprime, los modifica y se reserva el derecho a una cierta intervención y vigilancia de su actividad que, aunque tiene matices de mayor o menor intensidad dentro de todo ese conjunto de organismos, siempre existe. (65)

Por ello debe ser clara la diferencia entre el concepto de autonomía y el de autarquía cuando se trata de aplicarlos a este tipo de organismos. Dentro del sistema Venezolano reciben el nombre de "Institutos Autónomos" pero tal denominación, por equívoca, requiere antes una precisa determinación a fin de evitar posibles confusiones.

Por vía doctrinaria se puede llegar a tener claramente delimitados estos puntos: autonomía o facultad para dictarse nonas a si misma que se atribuyen a una persona jurídica.

Autarquía o facultad otorgada a una persona jurídica para administrarse a sí misma.

Este sentido de autarquía sí se aplica a los Institutos autónomos (y no el otro sentido que es poder propio para regirse con independencia de otros poderes). Todos ellos tienen un patrimonio propio que administran libremente (salvo ciertas de control del Estado). Ese patrimonio es distinto e independiente del fisco nacional.

No obstante, si bien por ese lado no tenemos obstáculos de ninguna especie para afirmar que todos ellos son autárquicos, entendiendo la autarquía, recuérdese bien, como facultad para administrarse a sí mismos, no sucede lo mismo con la denominación de autónomos.

Hemos conceptuado la autonomía como la facultad de darse un ordenamiento jurídico propio. En todo caso, cuando dentro del Estado un órgano es autónomo es porque su tal autonomía está derivada en una concesión del Estado que así lo ha creído conveniente.

Aplicando tal concepto de autonomía a nuestros Institutos autónomos hemos de encontrar que no siempre tal calificativo de autónomo es el que más corresponde a la gran mayoría de ellos.

Se ha querido amparar bajo la denominación de Instituto Autónomo a organismos que no tienen sino únicamente capacidad para administrar un patrimonio propio distinto del fisco nacional, pero que no pueden ni fijar normas internas de organización, ni designar su propio personal de Trabajo.

En conclusión, la autonomía no es funcional, de funcionamiento, sino posesión de una personalidad jurídica propia y de un patrimonio distinto al Fisco Nacional. (66)

1. Características de los Institutos Autónomos:

A. Patrimonio, Ingresos y erogaciones:

En los estatutos creadores de todos los Institutos autónomos se especifica claramente que tendrán "patrimonio propio, distinto e independiente del Fisco Nacional".

El artículo 71 del la Ley Orgánica de la Hacienda Nacional dice: "Los bienes pertenecientes a esos institutos o Establecimientos no estarán sometidos al régimen de los bienes nacionales, establecidos en esta ley, y sus ingresos y erogaciones no se considerarán como lientas y Gastos Públicos ni estarán sometidos al Régimen del Presupuesto que establece el Título VII de esta ley".

El artículo 72 de la Ley Orgánica de la Hacienda Nacional señala: "En el presupuesto general de Rentas y Gastos Públicos solo figurarán como Rentas las cantidades líquidas que, conforme a su régimen especial, deben entregar esos Institutos o Establecimientos al Tesoro Nacional; y como gastos las cantidades con que el Tesoro contribuye a su creación o a su funcionamiento". (67)

De lo contrario se estorbaría en gran modo la marcha de su funcionamiento.

B. Integración del Patrimonio:

El Patrimonio de los Institutos autónomos puede estar constituido de tres fuentes principales:

a. *Aporte del Estado:*

Existe en todos: ya hecho como capital inicial y de una vez, o varias ocasiones al comenzar la vida del Instituto, constituyendo la única fuente de ingresos que pueda tener porque sus características de funcionamiento y de organización no les permiten tener otros medios de adquirir dinero.

b.   La segunda fuente de *ingresos la constituyen las propias actividades del Instituto*: el Banco Agrícola y Pecuario, la Línea Aeropostal de Venezuela, el INOS, la Corporación Venezolana de Fomento, el Instituto Autónomo de Administración de Ferrocarriles del Estado y los Institutos de previsión Social del Ministerio de Educación Nacional y de las Fuerzas Armada s Nacionales, pueden lícitamente obtener utilidades en su actividad y gestión ordinaria, que pasará después a formar parte de sus respectivos patrimonios.

c.   Un tercer *ingreso lo constituyen los aportes de los particulares* para el patrimonio del Instituto, como sucede con el Instituto Agrario Nacional, el Consejo Venezolano del Niño, el I.C.V., el I.N.D, los Patronatos Nacionales de Ancianos e Inválidos y de Comedores Escolares. (68).

2. El Sistema de Prerrogativas:

La Ley Orgánica de la Hacienda Nacional en su artículo 3 establece que "El fisco nacional gozará además, de los privilegios que confiere la legislación civil, de los acordados por esta ley y por las leyes fiscales especiales". (69)

Ahora bien, dada la calidad de los Institutos Autónomos de poseer un patrimonio propio distinto e independiente del Fisco Nacional, el Artículo 74 de la Ley orgánica de la Hacienda Nacional dispone, "que no gozarán en cuanto a su patrimonio, de las prerrogativas que acuerden al Fisco Nacional las disposiciones del Título preliminar de esta ley, a menos que por sus leyes o reglamentos orgánicos se les otorguen especialmente". (70)

Sobre este particular ha sentado jurisprudencia la Corte Federal y de Casación (1949) estableciendo que cuando en mi Decreto Orgánico el Ejecutivo Federal otorga los privilegios del Fisco Nacional a un Instituto Autónomo no comete una extralimitación de funciones legislando sobre Hacienda Nacional y procedimiento judicial, sino que hace uso de una facultad constitucional y legal en los Artículos 70 y 74 de la Ley Orgánica de la Hacienda Nacional en relación con el numeral 14 del Artículo 104 de la Constitución de 1936 ref. 45 y vigente 49. (Artículo 108, ordinal 3°, Constitución de 1953)

Para saber, pues, si el patrimonio de un Instituto Autónomo posee o no las prerrogativas del Fisco Nacional es necesario acudir a su estatuto creador. Si en él nada se dice, los privilegios no existirán, si en él se hace mención de tales privilegios, ellos existirán en tanto en cuanto han sido otorgados. Atendiendo a esta situación, los Institutos Autónomos se pueden dividir en cuatro tipos bien diferenciados:

A. Los que no disfrutan de las Prerrogativas del Fisco: Institutos de previsión Social del M.E.N y de las F.A.N, Corporación Venezolana de Fomento, Instituto de la Ciudad

Universitaria, Instituto Venezolano de Seguros Sociales, Línea Aeropostal Venezolana, el Banco Agrícola y Pecuario, y el Patronato Nacional de Comedores Escolares.

B. Los que disfrutan integralmente de las prerrogativas del Fisco: Universidades Nacionales, Instituto Nacional de Deportes, Patronato Nacional de Ancianos e Inválidos, I.N.O.S., Instituto Nacional de Nutrición, el Instituto Autónomo de Ferrocarriles del Estado.

C. Los que disfrutan parcialmente: el Instituto Agrario Nacional.

D. Los que poseen un régimen especial: el Consejo Venezolano del Niño.

El primer grupo no interesa estudiarlo. Sometidos al régimen de Derecho común se hace innecesario el hacer consideraciones sobre ellos.

Sobre los otros sí conviene hacer algunos comentarios. El tema se refiere a qué son las prerrogativas del Fisco y cuáles son las concedidas al Instituto Autónomo que interese. (71)

El privilegio, en un sentido general, hay que entenderlo como una prerrogativa que tiene un sujeto, en este caso, el patrimonio del Instituto Autónomo a quien ha sido otorgado.

Lepervanche fundamenta los privilegios del fisco así: "Toda cantidad presupuestada debe ser recaudada por el Tesoro en la oportunidad y formar previstas pues si no ocurre así se corre el riesgo de que la administración no pueda prestar los servicios públicos. En gracia a la continuidad y oportunidad de tales servicios es indispensable que el fisco posea medios que le permitan un a fácil y rápida recaudación de los ingresos y un expedito curso de los procedimientos empleados para efectuar la recaudación". (72)

Tales consideraciones, con las cuales estamos de acuerdo, justifican, pues, el privilegio en razón del servicio público prestado por el Fisco. Aplicándolas a los Institutos Autónomos habría que decir que como la mayoría han sido creados en uso de la facultad constitucional de organizar, crear, suprimir y modificar los servicios públicos, necesario es decir que a todos ha debido otorgárseles las prerrogativas del Fisco.

Pero por una causa o por otra, no existe correlación entre la prestación de un servicio público por parte de un Instituto Autónomo y el otorgamiento al mismo de las prerrogativas del Fisco. Desde el punto de vista jurídico no hay explicación de estas anomalías. Habría explicaciones meta jurídica que no es el caso de exponer aquí. (La C.V.F, el I.V.S.S, el Patronato Nacional de Comedores Escolares, prestan a la colectividad un servicio público con más razón que el I.N.D. Los primeros no tienen las prerrogativas, el último sí.)

Ahora bien, la Ley Orgánica de la Hacienda Nacional y las leyes fiscales conceden una serie de privilegios al Fisco Nacional: ¿Cuáles de ellos son de los que pueden gozar los Institutos Autónomos?

Hay dos casos:

1. Gozarán de todas las prerrogativas que establece 1 a Ley Orgánica de la Hacienda Nacional. Según sus estatutos: Universidades Nacionales, Instituto Autónomo de Administración de Ferrocarriles del Estado.

2. Gozarán de las prerrogativas que establece el título preliminar de la Ley Orgánica de la Hacienda Nacional; I.N.O.S., I.N.D., I.N. de Nutrición, Patronato Nacional de Ancianos e inválidos. (73)

Como en ambos casos están los privilegios que establece el Título preliminar de la Ley Orgánica de la Hacienda Nacional. Estudiaremos estos. Los demás que establece la Ley Orgánica de la Hacienda Nacional fuera del título preliminar y otras leyes especiales son objeto de estudios especiales que no entran aquí.

Privilegios que establece el Título Preliminar de la Ley Orgánica de la Hacienda Nacional de los cuales gozan ciertos Institutos Autónomos: (74)

Son:

A. La compensación no puede oponerse al Fisco. El artículo 5 dispone: En ningún caso es admisible la compensación contra el Fisco. Cualesquiera que sean el origen y la naturaleza de los créditos que pretendan compensarse.

B. Contestación fe la demanda. El artículo 6 dispone: Cuando los apoderados o mandatarios de la Nación no asistan al acto de la contestación de la demanda intentadas contra ella, o de excepciones que hayan sido opuestas, se tendrán unas y otras como contradichas en todas sus partes, sin perjuicio de la responsabilidad que la omisión apareja al representante del Fisco.

Este principio es opuesto al que establece el Artículo 276 del Código de Procedimiento Civil con respecto a los particulares u organismos sin privilegios, cuando el demandado al no asistir a la contestación de la demanda incurre en confesión ficta.

C. El Artículo 7 dispone: En ninguna causa fiscal se podrá convenir en la demanda, celebrar transacciones, ni desistir de la acción ni de ningún recurso sin autorización previa del Ejecutivo Federal, dada por escrito y con intervención del Procurador de la Nación (General). En los asuntos que dependan de la Contraloría la autorización será impartida previo informa del Contralor General.

D. Sentencia: EL Artículo 9 dispone: Se consultará con el Tribunal superior competente toda sentencia definitiva dictada en juicio en que sea parte el Fisco Nacional, salvo disposiciones especiales.

En el juicio ordinario para que suba el superior es necesario que medie apelación. (Artículo 175 del Código de Procedimiento Civil)

E. El Fisco no podrá ser condenado en costas. El artículo 10 dispone: En ninguna Instancia podrá ser la Nación condenada en costas, aún cuando se declaren confirmadas las sentencias apeladas, se nieguen los recursos interpuestos, se declaren sin lugar, se dejen perecer o se desista de ellos.

F. No se puede exigir caución al Fisco. El artículo 15 dispone: En ningún caso podrá exigirse caución al Fisco Nacional para una actuación judicial. (Artículo 373 del Código de Procedimiento Civil cuando no se llenen los requisitos del 372 se pedirá caución para decretar la prohibición de enajenar y gravar).

3. Control Fiscal de la Actividad del Instituto:

Existen tres tipos de control en los Institutos Autónomos venezolanos en lo que a su actividad fiscal se refiere:

A. Por la Contraloría general de la Nación: Hay un principio general establecido en la Ley Orgánica de la Hacienda Nacional (Artículo 73 in fine) que dice: la administración de los referidos Institutos en la parte económica y en su contabilidad quedará sujeta a las disposiciones de esta ley en materia de control. (75)

Este control está establecido en el artículo 149 ejusdem remitiéndolo al artículo 241 de la Constitución de 1947 (Artículo 94 de la Constitución de 1953) que dice así: El Poder legislativo Nacional ejercerá la inspección y fiscalización de los ingresos y egresos del Tesoro Nacional, de las operaciones inherentes a dichos actos en los despachos del Poder Ejecutivo Nacional y en los Institutos Autónomos y de las cuentas correspondientes, mediante la Contraloría General de la Nación, sin perjuicio de la inspección y fiscalización que ejerza el Poder Ejecutivo Nacional".

Tal disposición está detallada en cuanto a su extensión a los Institutos Autónomos al facultar la misma Ley Orgánica de la Hacienda Nacional (Artículo 158 in fine) a la Contraloría General de la Nación para constituir contralores delegados en los Institutos Autónomos con el objeto de fiscalizar el proceso de sus ingresos y egresos.

B. Intervención del Despacho Ministerial Correspondiente: Aunque no hay norma general que la establezca como sería de desear, existe en casi todos los Institutos Autónomos la expresa facultad, para el Despacho Ministerial al cual están adscritos, de inspeccionar las operaciones del Instituto Autónomo. Esta facultad varía más o menos según los Institutos.

Se puede señalar en regla general las siguientes supervisiones que ejerce el Despacho Ministerial sobre el Instituto Autónomo:

Potestad de reglamentar

Ratificar nombramientos

Ratificar lo que el Instituto ha hecho.

Los Institutos deben siempre estar adscritos a un Despacho Ministerial.

Mientras más autonomía funcional tiene un Instituto Autónomo, varía el rango de su Presidente. Si tiene mayor autonomía tiene igual rango que el Director de Gabinete, y la cuenta la presentará directamente al Ministro; si tiene el Instituto menor autonomía, queda bajo el Director de Gabinete y a éste deberá presentar cuenta para por medio de éste ir al Ministro. Esta memoria debe presentarse anualmente. (76)

C. Auto-Control del propio Instituto: En cada Instituto regulador del funcionamiento de nuestros Institutos Autónomos se han establecido sistemas especiales de auto-control que unas veces faltan y otras son amplísimos.

D. Intervención del Estado en los Institutos Autónomos.

El Estado no puede ni debe dejar a un lado a los Institutos Autónomos Ellos están destinados a cumplir una misión que los órganos ordinarios del Esta do no pueden llevar a cabo a causa de las normas de funcionamiento por las que están regidos. Pero la suprema atención y vigilancia tiene que ejercerse sobre el Instituto que va a llevar a cabo una labor en la cual está vivamente interesado el bien común. De ahí el establecimiento de normas de intervención que ameritan un estudio detallado pues varían de acuerdo con el propio concepto de la Autonomía del Instituto.

A. La primera intervención que el Estado tiene en un Instituto Autónomo es la de crearlo y darle las normas fundamentales de funcionamiento. (Estatutos) Esa atribución corresponde o al Congreso Nacional o al Poder Ejecutivo en Consejo de Ministros.

En ese mismo Estatuto el Estado define su posición con respecto al Instituto Autónomo: ahí determina sus facultades de intervención.

En este primer tipo de intervención encontramos los siguientes tipos:

1 Designación de funcionarios: Los funcionarios Directivos los designa el Poder Ejecutivo por medio del Ministerio correspondiente. Los demás empleados subalternos son designados de diversas maneras:

a. Por el propio Instituto sin intervención de otra autoridad (Universidades, B.A.P., C.V.F., L.A.V., el C.V.N)

b. Por el Instituto con aprobación del Ministerio (I.A.N.)

c. Por el Ejecutivo Federal sin intervención del Instituto, (I.N.O.S., I.N.N.)

2. Consideración del Informe Anual. Todos los Institutos Autónomos están sujetos a la obligación de presentar anualmente al Ejecutivo Federal, por intermedio del Despacho Ministerial correspondiente, un informe o Memoria de sus actividades. A veces debe ser dirigido también al Congreso como por ejemplo el I.A.N.

En general esta memoria es informativa, no está sujeta a aprobación ni improbación, excepción hecha del I.A.N (El Congreso debe aprobarla o improbarla. Constitución del 47)

4 Fiscalización por la Administración

Ya hemos estudiado este punto. (77), referido a una intervención que es más o menos uniforme. Hay otras que no son uniformes.

A. Elaboración del Reglamentó Interno. A pesar de la denominación de autónomos dada a los Institutos el Ejecutivo se reserva a veces la facultad de dictar reglamentos internos que ha de regirlos. La autonomía pues, queda reducida al mínimum, ya que el tal Instituto no es sino una dependencia ministerial más, dotada de personalidad jurídica y patrimonio distintos del Fisco.

Este es el caso del I.N.O.S, I.C.U, I.V.S.S, B.A.P, P.N. Comedores Escolares.

B. Aprobación del Reglamento Interno elaborado por el Instituto. Es más atenuada la intervención. Esto sucede en el Instituto de Previsión Social de las F.A.K, I.N.D, Instituto de Previsión Social del M.E.N, I.A. de Ferrocarriles del Estado.

C. Control a priori o a posteriori de la actividad del Instituto. No es ya el control Fiscal, sino la intervención del Ejecutivo en la determinación de las actividades de los Institutos Autónomos.

Hay dos tipos; uno aprobando o no las actividades que el Instituto ha realizado o piensa realizar, el otro señalando al Instituto las que debe llevar a cabo. (Institutos de Previsión Social del M.E.N y de las F.A.N) Lo primero en la C.V.F y el I.N.N.

D. Inspección y vigilancia de las actividades del Instituto: Es norma no muy generalizada la de asignar al Despacho Ejecutivo al cual está; adscrito determinado Instituto Autónomo, la facultad de inspeccionar, y vigilar la actividad del mismo Instituto cuando lo considere conveniente. IND, I.A.N, L.A.V.

Muchos Institutos están exceptuados de este control, o por la naturaleza de sus funciones (Universidades, C.V.N) o debido a la gran intervención de los Despachos Ministeriales sobre otros, hace innecesaria la inspección y vigilancia. (78).

El Consejo de Institutos Autónomos:

Dice la ley Orgánica de la Hacienda Nacional que habrá un Consejo de Institutos Autónomos, integrado por un funcionario electo por el Presidente de la República que lo presidirá y por los Presidentes o Directores de los Institutos o quienes deban suplirlos de conformidad con las respectivas leyes o reglamentos. (Artículo 75), el cual debe velar por la coordinación de las funcione s propias de dichas entidades, a fin de procurar que el cumplimiento de aquellas se ajuste a un plan de conjunto que evite la dispersión de sus actividades y de sus gastos.

Ejercerá también las demás funciones que le otorguen las leyes y sus Decretos Reglamentarios.

Este tal Consejo nunca ha llegado a tener vida real. Ha permanecido en teoría.

Por último, resta decir que el Estado Venezolano ha abusado del número de Institutos.

V. ALGO SOBRE CONTENCIOSO ADMINISTRATIVO

Como primer punto debemos distinguir bien dos procedimientos: el procedimiento Gubernativo y el Procedimiento contencioso. En el primero se lleva el acto administrativo a conocimiento de un organismo superior en jerarquía administrativa. Ese hecho obedece a dos razones que pueden existir conjuntamente o separadamente: se puede llevar el acto a conocimiento del organismo superior administrativo, simplemente por el desacuerdo de la persona interesada, con el acto administrativo nacido, sin alegar su ilegalidad; o se puede recurrir al acto y llevarlo ante ese organismo, por considerar que el acto del organismo inferior o subalterno es ilegal. En el primer caso entra un simple desacuerdo, en el segundo caso se recurre el acto por ilegalidad. Cuando esos recursos se ejercen dentro de la administración activa, llevando el caso de un organismo inferior a otro superior, estamos en presencia del recurso gubernativo.

En el segundo recurso que el contencioso, se sale del procedimiento de la administración activa y para a otro organismo diferente que forma parte de la administración contenciosa: en este caso no se puede recurrir el acto por simple desacuerdo sino por ilegalidad. La Corte Federal forma este organismo que tiene el control jurisdiccional, separado de la administración, de los actos administrativos. (79)

1. El acto administrativo como objeto del recurso contencioso administrativo:

El objeto del recurso contencioso administrativo es únicamente el acto administrativo formal. Y el acto administrativo formal en el cual concurra n estas tres condiciones:

a. Que el acto administrativo sea definitivo, al cual se denomina acto firme o que causa estado. Causar estado significa crear una situación de derecho estable y esto sólo se consigue por virtud de resoluciones definitivas. Es decir, cuando no es susceptible de enmiendas por parte de la administración activa.

b. Que el acto administrativo sea irregular, es decir, que tenga un vicio que lo haga ilegítimo.

c. Que la Constitución o leyes ordinarias en su caso, no excluyan expresamente el acto del recurso contencioso administrativo. (80)

Otros principios del procedimiento contencioso administrativo:

A. La irrevocabilidad por la propia administración activa de los actos administrativos en cuanto crean derechos subjetivos a favor de los particulares. (81)

Entre los fundamentos de esto podemos citar: en primer lugar hay que recordar el principio que, en general, nadie puede ir contra sus propios actos, quedando obligado a respetarlos en toda su integridad y en las consecuencias que produzcan. Por otra parte, el acto administrativo implica una declaración jurídica que, en ciertos casos, adquiere el valor, trascendencia y eficacia de un derecho subjetivo. Si este acto se revocara, se produciría una peligrosa inestabilidad en las situaciones jurídicas de orden administrativo. Se daría aplicación al principio de la retroactividad con todas las consecuencias que derivan del mismo. La eliminación de estos actos, válidos o inválidos del mundo jurídico, solamente podría hacerse en sede jurisdiccional (82), es decir, por la vía del procedimiento contencioso administrativo.

Este principio del procedimiento contencioso administrativo, ha sido violado en nuestro país, por la Resolución 1.558 de 7 de mayo de 1959 de la Dirección de Gabinete del Ministerio de Fomento (83) por la cual se revocan las Resoluciones dictadas por la Dirección de Inquilinato y por el Despacho en que se fijaron cánones de arrendamiento durante el período comprendido entre el 27 de enero de 1958 y el 15 de abril de 1959, inclusive, basándose en que para esas resoluciones no se aplicaron los porcentajes que para fijar el canon de arrendamiento establece el Decreto N° 184 de 16 de febrero de 1946 del Ejecutivo Nacional.

La eliminación del mundo jurídico de esas resoluciones no es posible mediante el procedimiento aplicado en la Resolución 1558, sino sólo en vía jurisdiccional, a instancia de parte interesada o de la misma administración, por intermedio del Procurador General de la Nación, solicitando ante la Corte Federal la nulidad.

B. El acto recurrible ha de ser ejecutivo, en el sentí do de que contenga la decisión central de un procedimiento administrativo. En principio, no serán recurribles sino aquellos actos que incluyan o comporten una decisión. Pero no los actos preparatorios ni los de ejecución. Los preparatorios porque no llegan a ser actos administrativos y los de ejecución porque son actos consumados. Por tanto, han caducado las acciones para recurrirlo. Sin embargo, hay excepciones: cuando los actos preparatorios prejuzgan la decisión principal. En los actos de ejecución, puede una irregularidad retrotraer el acto de decisión que le sirve de antecedente. Ejm: cuando no se ha modificado el acto y en cambio se ejecuta. En este caso el acto de ejecución es recurrible. (84)

C. Un acto administrativo es inatacable si no vulnera un derecho del reclamante establecido anteriormente en su favor por una ley, un reglamento u otro precepto legal.

Debe haber sido afectado o un interés legítimo o un derecho subjetivo para que tenga lugar la contienda. Un simple interés no da lugar a la acción contenciosa administrativa. (85).

La materia contencioso administrativa está constituida por el conflicto jurídico que crea el acto de la autoridad administrativa al vulnerar derechos subjetivos o agraviar intereses legítimos de algún particular o de otra autoridad autárquica, por haber infligido aquella, de algún modo, la norma legal que regla su actividad y a la vez protege tales derechos o intereses. (86)

Suele hablarse con frecuencia de la imposibilidad en Venezuela del recurso contencioso-administrativo. Por ello no pasa de ser una afirmación; según el Dr. Tomás Polanco, nada más falso. Tenemos suficiente base constitucional y legal para elaborar un sistema de contencioso administrativo. En efecto, el Artículo 41 de la Constitución de 1953 (42 y 43 Constitución de 1945 y 84 y 87 en la Constitución de 1947) da el punto de partida para nuestras elaboraciones:

El artículo 41 dispone: "El Poder público se ejercerá conforme a esta Constitución y a las leyes que definan sus atribuciones y facultades. Todo acto que extralimite dicha definición constituye una usurpación de atribuciones".

En Venezuela el órgano jurisdiccional encargado de resolver la legalidad de los actos de la administración, es la Corte Federal. Así, en Venezuela la justicia administrativa está establecida en una forma amplia. En efecto, la Ley Orgánica de la Corte Federal de 23 de julio de 1953 (87) en su artículo 7° numeral 8 y 9 dispone:

> *Artículo 7*, numeral 8: "Declarar la nulidad de todos los actos del Poder Público que sean violatorios de la Constitución Nacional, así como la de aquellos a que se refiere el artículo 41 de la misma, cuando ello no fuere atribuido por la ley a otra autoridad".

El artículo 7, numeral 9 dispone: "Conocer en juicio contencioso de las acciones y recursos por abusos de poder y otras ilegalidades de las Resoluciones Ministeriales, y en general de los actos de la autoridad administrativa en cualquiera de sus ramas Nacionales, Estatales y Municipales. Dichas acciones y recursos caducarán en todo caso a los seis meses contados a partir de la fecha de la publicación del acto en el órgano oficial respectivo o de la fecha de notificación del acto al interesado, cuando ésta fuese procedente y si aquella no se efectuare. La legalidad del mismo acto puede oponerse siempre como excepción, salvo que la ley disponga lo contrario".

No hay que confundir estos recursos con el recurso donde la Corte actúa como Tribunal de apelaciones, cuando la ley faculta al particular a apelar ante la Corte, decisión, no por ilegalidad sino por conveniencia del particular.

En efecto, el ordinal 31 del artículo 7 de la Ley Orgánica de la Corte Federal dispone; (88) conocer de los recursos jerárquicos interpuestos dentro del término de ley contra las decisiones de la Administración Nacional en materia Fiscal, cuando la competencia para ello no está atribuida a otro tribunal.

2. Características del procedimiento contencioso administrativo

El artículo 25 de la Ley Orgánica de la Corte Federal dispone (89): En los casos a que se refiere el numeral 9 del artículo 7 de esta Ley, y en los no previstos, se seguirá el siguiente procedimiento: El recurso se interpondrá- ante la Corte dentro de los tres meses siguientes a la decisión impugnada. Introducido el recurso la Corte pedirá a la autoridad administrativa que dictó la decisión, el envió de los autos respectivos. Recibido el expediente y hecha la notificación exigida por el artículo 27 (90) la Corte emplazará por Cartel que se publicará en la Gaceta Oficial de la República de Venezuela, a todos los que se crean interesados, a fin de que concurran dentro de un lapso prudencial indicado en el cartel a hacerse parte en el recurso. Vencido este lapso de emplazamiento, los interesados promoverán dentro de las cinco audiencias siguiente s las pruebas que estimen pertinentes, las cuales se evacuarán dentro de las diez audiencias posteriores al vencimiento de las cinco audiencias dichas, sin concederse término de distancia. Si no se hubiesen promovido pruebas, o si promovidas hubiese transcurrido el lapso de evacuación, comenzará la relación duran te la cual podrán evacuarse las pruebas de confesión, experticia e inspección ocular, que es hubiesen promovido dentro del primer lapso de cinco audiencias.

Terminada la relación, se oirán los informes de los interesados y se procederá a dictar sentencia, pudiendo antes la Corte dictar auto para mejor proveer. En la resolución del recurso la Corte podrá confirmar, revocar o reformar la decisión impugnada o reponer el procedimiento. En todo caso se aplicará en cuanto a cortar las reglas del Código de Procedimiento Civil".

1. La jurisprudencia ha establecido que sólo pueden intentar el recurso los que tengan interés. Este interés es más amplio que el interés procesal civil particular, es decir, es interesado el que tenga algún tipo de conexión o que el acto administrativo lo perjudique en alguna forma.

2. El procedimiento debe intentarse, según el artículo 25 en los tres meses y según el artículo 7, numeral 9 caduca a los 6 meses. El Dr. Polanco soluciona este error de la ley diciendo que en todo caso se intentará en los 3 meses en los casos del artículo 25.

Mecanismo:

1. Luego de introducido el recurso, la Corte pedirá a la autoridad administrativa que dictó la decisión, el envío de los autos respectivos, es decir, del expediente. De esta manera se pierde el secreto administrativo, cuando llega a la Corte se hace público.

2. Recibido el expediente, se notifica al Procurador de la Nación, si el procedimiento no se hubiese iniciado a instancia suya, y se aplazará a todos los que se crean interesados a hacerse parte en el juicio, en un tiempo prudencial, por medio de Cartel publicado en la Gaceta. Este aviso no es una orden, es una notificación a todo el que tenga interés, concepto amplio.

3. En las cinco audiencias siguientes al lapso de emplazamiento los interesados promoverán pruebas.

4. En las diez audiencias siguientes a las cinco anteriores se evacuarán las pruebas.

Todas las diligencias procesales las hace el Juez Sentenciador, que es el mismo Presidente de la Corte. Todos los lapsos se cuentan por las audiencias del Juzgado de sustanciación.

5. Terminado el lapso de evacuación, comenzará la relación, donde se podrán evacuar las pruebas de experticia, confección o inspección ocular. El término de relación no podrá pasar de más de 45 días.

Por la ausencia de un vocal o de un miembro de los cinco que tiene la Corte no se empezará una nueva relación. Se llamará a los suplentes y a falta de éstos a los Conjueces.

Terminada la relación, se oirán informes y vendrá la sentencia. No establece la ley lapso entre los informes y la sentencia. La decisión se publicará en la Gaceta Oficial.

NOTAS

(1)   André de Laubadère. "*Traité élémentaire de Droit Administratif*". Deuxième Edition. Librairie Générale de Droit et de Jurisprudence. Paris. 1957. p. 51

(2)   Artículo 86 de la Constitución de 1947.

(3)　A. de Laubadère. *Ob. cit.* pág. 51.

(4)　Tomás Polanco, Tesis de Grado: "Administración Pública". Anales de la Facultad de Derecho. 1951. pág. 142.

(5)　A. de Laubadère. *Ob. cit.* pág. 52.

(6)　José Antonio García-Trevisano Fos. "Principios Jurídicos de la Organización Administrativa". Instituto de Estudios Políticos. Madrid. 1957. pág. 14

(7)　Tomás Polanco. *Ob. cit.* (Anales) pág. 143

(8)　Gabino Fraga. "Derecho Administrativo". Editorial Porrúa. México 1955. pág. 176.

(9)　T. Polanco. *ob. cit.* (Anales) pág. 142.

(10)　T. Polanco. Exposición en la clase inicial del curso 1959-1960.

(11)　Enrique Sayagués Laso. "Tratado de Derecho Administrativo". Tomo I. Montevideo. 1953. pág. 203

(12)　Definición del acto administrativo de conformidad con las definiciones del Dr. A. Moles Caubet y del tratadista E. Sayagués Laso.

(13)　Manuel María Diez. "El Acto Administrativo". Tipográfica Editora Argentina Buenos Aires. 1956. pág. 33

(14)　M.M. Diez, *Ob. cit.* pág. 36

(15)　G. Fraga. *Ob. cit.* pág. 565

(16)　R. Carré de Malberg. "Teoría General del Estado". Pondo de Cultura Económica. México. 1948. pág. 439.

(17)　R. Carré de Malberg. *Ob. cit.* pág. 441.

(18)　Exposición del Dr. Polanco en la clase el día 15-10-59.

(19)　Ley del Banco Central de Venezuela de 8 de septiembre de 1939. Compilación Legislativa. Tomo II. pág. 308

(20)　Estatuto Orgánico de Ministerios de 30 de diciembre de 1950. Artículo 19. Compilación Legislativa. Tomo I. pág. 930

(21)　E. Sayagués Laso. *Ob. cit.* pág. 134.

(22)　Constitución de 1947. Artículo 198. Ordinal N° 10.

(23)　T. Polanco. *Ob. cit.* pág. 159 (Anales)

(24)　Ley Orgánica del Distrito Federal de 14 de Octubre de 1936. Compilación Legislativa. Tomo I. pág. 930.

(25)　Estatuto Orgánico de Ministerios de 30 de diciembre de 1950. Compilación Legislativa. Tomo I. pág. 930.

(26)　Tomás Polanco. *Ob. cit.* (Anales) pág. 160.

(27)　Ley de la Secretaría del Presidente de los Estados Unidos de Venezuela de 26 de julio de 1937. Compilación Legislativa. Tomo I. pág. 981.

(28)　Compilación Legislativa. Tomo I. pág. 929.

(29)　Ulises Picón Rivas. "Índice Constitucional de Venezuela". Editorial Elite. Caracas. 1944. pág. 380.

(30)　Ley sobre Inspección y vigilancia de las Empresas de Seguros. Artículo 32. Compilación Legislativa. Tomo II. pág. 752.

(31)   Reglamento de la Renta Nacional de Fósforos. Artículo 10. Compilación Legislativa. Tomo II. pág. 262

(32)   Ley Orgánica de la Hacienda Nacional. Compilación Legislativa. Tomo I. pág. 1301.

(33)   *Idem.* pág. 1325. Art. 172, Ordinal 1°, Letra b, aparte 2°.

(34)   Compilación Legislativa. Tomo I. pág. 930

(35)   *Idem.* pág. 930.

(36)   *Idem.* pág. 929.

(37)   *Idem.* pág. 930.

(38)   Compilación Legislativa. Tomo I. pág. 1293.

(39)   *Idem.* pág. 931.

(40)   *Idem.* pág. 1336.

(41)   *Idem.* pág. 931.

(42)   *Idem.* pág. 932.

(43)   Ver nota N° 33.

(44)   Tomás Polanco. *Ob. cit.* (Anales) pág. 172.

(45)   *Idem.* pág. 184.

(44)   Tomás Polanco. *Ob. cit.* (Anales) pág. 172

(46)   Tomás Polanco. "Reforma Administrativa en Venezuela". Revista Arco. Año I N° 2. Mayo- junio 1959. pág. 216.

(47)   *Idem.* (Arco) pág. 216.

(48)   *Idem.* (Arco) pág. 217.

(49)   *Idem.* (Arco) pág. 217.

(50)   *Idem.* (Arco) pág. 217

(51)   *Idem.* (Arco) pág. 218

(52)   *Idem.* (Arco) pág. 219

(53)   *Idem.* (Arco) pág. 219.

(54)   *Idem.* (Arco) pág. 219

(55)   *Idem.* (Arco) pág. 220

(56)   *Idem.* (Arco) pág. 221.

(57)   T. Polanco. *Ob. cit.* (Anales) pág. 223.

(58)   *Idem.* (Anales) pág. 229.

(59)   *Idem.* (Anales) pág. 230.

(60)   *Idem.* (Anales) pág. 231.

(61)   Ley Orgánica de la Hacienda Nacional. Artículo 152. Compilación Legislativa. Tomo I. pág. 1319.

(62)   T. Polanco. *Ob. cit.* pág. 239 (Anales)

(63)   *Idem.* (Anales) pág. 253.

(64)   *Idem.* (Anales) pág. 247.

(65)   *Idem.* (Anales) pág. 315.

(66)   *Idem*. (Anales) pág. 317.

(67)   Ley Orgánica de la Hacienda Nacional. Compilación Legislativa. Tomo I. pág. 1302.

(68)   T. Polanco. *Ob. cit* (Anales) pág. 323.

(69)   Compilación Legislativa. Tomo I. pág. 1291.

(70)   *Idem*. pág. 1302.

(71)   T. Polanco. *Ob. cit*. (Anales) pág. 324.

(72)   René Lepervanche Parpacán. "Privilegios del Fisco en el Derecho Venezolano". Tomado de la Revista de Hacienda. Tomo X. N° 19 de Diciembre de 1945 Caracas 1946. pág. 7.

(73)   T. Polanco. *Ob. cit*. (Anales) pág. 326.

(74)   Compilación Legislativa. Tomo I. pág. 1291.

(75)   *Idem*. pág. 1302.

(76)   T. Polanco. *Ob. cit*. (Anales) pág. 331.

(77)   *Idem*. (Anales) pág. 334.

(78)   *Idem*. (Anales) pág. 337.

(79)   T. Polanco. Exposición en clase el 14-11-59.

(80)   Dr. A. Moles Caubet. "Apuntes sobre Contencioso Administrativo". Tesis 5. pág. 1.

(81)   E. Merino Brito. "Principios Fundamentales del Procedimiento Contencioso Administrativo". Jesús Montero, Editor. La Habana 1945. pág. 26

(82)   M.M. Diez. *Ob. cit*. pág. 263.

(83)   Gaceta Oficial de la República de Venezuela. Año LXXXVII. Mes VII. N° 25.954. Caracas, jueves 7 de mayo de 1959.

(84)   A. Moles Caubet. *Ob .cit*. Tesis 5. pág. 4

(85)   E. Merino Brito. *Ob .cit*. pág. 35.

(86)   Manuel J. Arganarás. "Tratado de lo Contencioso Administrativo". Tipográfica Editora Argentina. Buenos Aires. 1955. pág. 13.

(87)   Ley Orgánica de la Corte Federal. Revista del Ministerio de Justicia. Año II. Julio a diciembre 1953. Nos. 6 y 7. pág. 81

(88)   *Idem*. pág. 86.

(89)   *Idem*. pág. 85.

(90)   *Idem*. pág. 93.

BIBLIOGRAFÍA

1   MANUEL J. ARGAÑARAS, "Tratado de lo Contencioso Administrativo", Tipográfica Editora Argentina, Buenos Aires, 1955.

2   R. GARRE DE MALBERG, "Teoría General del Estado," Fondo de Cultura Económica, México, 1948.

3   CONSTITUCIÓN NACIONAL DE 1947.

4   CONSTITUCIÓN NACIONAL DE 1953.

5   COMPILACIÓN LEGISLATIVA, Tomos I, II, III.

6   MANUEL MARIA DIEZ. "El Acto Administrativo," Tipográfica Editora Argentina, Buenos Aires. 1956.

7   GABINO FRAGA, "Derecho Administrativo", Editorial Porrúa, México. 1955.

8   JOSÉ ANTONIO GARCÍA-TREVIJANO FOS, "Principios Jurídicos de la Organización Administrativa," Instituto de Estudios Políticos, Madrid. 1957.

9   E. MERINO BRITO, "Principios fundamentales del Procedimiento Contencioso Administrativo," Jesús Montero, Editor, La Habana. 1945.

10   A. MOLES CAUBËT, "Apuntes sobre Contencioso Administrativo", Caracas. 1950

11   ANDRE DE LAUBADRE, "Traité élémentaire de Droit Administratif" Librairie Général de Droit et de Jurisprudance, Deuxieme Edition. Paris 1957.

12   RENE LEPERVANCHE PARPACEN. Privilegios del Fisco en el Derecho Venezolano," Tomado de la Revista de Hacienda. Tomo X, N° 19. Diciembre de 1945, Caracas, 1946.

13   ULISES PICÓN RIVAS, "Índice Constitucional de Venezuela", Editorial Elite, Caracas. 1944.

14 TOMAS POLANCO, "Administración Pública," Tesis de Grado, Anales de la Facultad de Derecho. 1951.

15   TOMAS POLANCO, "Apuntes de Clase Fonografiados", Curso 1959-60.

16   TOMAS POLANCO, "Reforma Administrativa en Venezuela" Revista Arco. Año I. N° 2, Mayo-Junio 1959.

17   REVISTA DEL MINISTERIO DE JUSTICIA, Año 11. Meses Julio a Diciembre de 1953, Nos. 6 y 7. (Ley Orgánica de la Corte Federal).

18   ENRIQUE SAYAGUÉS LASO, "Tratado de Derecho Administrativo". Tomo I, Montevideo. 1953.

SECCIÓN TERCERA:
Sistematización sobre Instituciones Mineras en la legislación de Minas e Hidrocarburos (1960)

I. SISTEMAS MINEROS EN LA LEGISLACIÓN DE MINAS E HIDROCARBUROS
1. Sistema Regalista
    Art. 2 Ley de Minas (Ley de Minas, L.M.)
2. Sistema Dominial
    Art. 4 L.M.
    Art. 8 L.M.
    Art. 11 L.M.
    Art. 3 Ley de Hidrocarburos (Ley de Hidrocarburos, L.H.)
3. Sistema de la accesión
    Art. 7 L.M.
4. Sistema del libre aprovechamiento
    Art. 44 L.M.

II. BASES CONSTITUCIONALES EN LAS LEYES DE MINAS E HIDROCARBU-ROS
1. Disposiciones relativas a la política exterior de la Nación en cuanto a Minas e Hidrocarburos
    Art. 126 Constitución 1961
    Art. 29 L.M.
    Art. 31 L.M.
    Art. 6 L.H.
2. Temporalidad de las concesiones
    Art. 97 Constitución 1961.
    Art. 136 Aparte 1°
    Art. 8, Aparte 1° L.M.
    Art. 41 L.M.
    Art. 43 L.M.

3. Reversibilidad de las minas y adquisición por la Nación de las tierras adquiridas con destino a las concesiones.

    Art. 103 Constitución 1961

    Art. 54 L.M.

    Art. 61 L.M.

    Art. 11 L.M.

4. Competencia del poder nacional en el régimen y administración de las minas e hidrocarburos

    Art. 136, ordinal 10 Constitución 1961.

    Art. 12 L.M.

    Art. 68 L.M.

5. Cláusulas contractuales que deben existir en las concesiones

    Art. 127 Constitución 1961.

    Art. 26 L.M.

    Art. 4 L.H.

    Diferencias entre la Ley de Minas y la Ley de Hidrocarburos: La Ley de Minas y la Ley de Hidrocarburos repiten el mismo precepto, pero con la diferencia de que mientras la primera considera implícita dicha cláusula en los títulos mineros, la segunda ordena que dicha cláusula se inserte expresamente en los títulos de las concesiones.

6. Aplicaciones recíprocas entre la Ley de Minas y la Ley de Hidrocarburos

    Por tener la Ley de Hidrocarburos disposiciones expresas (Por ejemplo el Art. 53 de la Ley de hidrocarburos y el Art. 80 del Reglamento de la Ley de Hidrocarburos) que remiten a la Ley de Minas, se ha dicho que la Ley de Minas se aplica en forma analógica a la Ley de Hidrocarburos. Sin embargo, nosotros no compartimos esa opinión, pues la Ley de Minas se aplicara a la Ley de Hidrocarburos en casos especiales expresos. En dichos casos, la aplicación es inmediata pues han pasado ser parte de la misma Ley de Hidrocarburos. Este fenómeno no se da en forma contraria. La Ley de Hidrocarburos se aplica analógicamente a la Ley de Minas.

III. LA CONCESIÓN MINERA

1. Conditio sine qua non para adquirir el derecho a explorar.

    Art. 13 L.M.

    Art. 3 L.H.

2. Carácter del derecho que otorga (Derecho real inmueble)

    Art. 21 L.M.

    Art. 105 L.M.

    Art. 199 L.H.

    Art. 26 L.H.

    Art. 3 L.H.

3.   Morfología de la concesión
     Art. 35 a 41 L.M.
4.   Competencia jurisdiccional
     Art. 127 L.H.
     Art. 26 L.H.
     Art. 4 L.H.
5.   Exoneración de responsabilidad de la Nación en materia de saneamiento
     Art. 34 L.M.
     Art. 4 L.H.
6.   Carácter de servicio público de la concesión de transporte
     Art. 8 L.H.
7.   Posibilidad de enajenar y gravar las concesiones
     Art. 15 L.M.
     Art. 3 aparte 2° L.H.
     Art. 63 L.H.
8.   Carácter contractual de las concesiones
     A.   En la Ley de Minas
          a.   En las concesiones de otorgamiento forzoso
               Art. 26 L.M.
               Art. 203 L.M.
          b.   En las concesiones de otorgamiento facultativo
               Art. 8 L.M.
               Art. 4 L.M.
               Art. 11 L.M.
               a'.   En las concesiones de otorgamiento facultativo
                     Art. 91 L.M.
               b'.   Explotación directa por la Nación
                     Art. 2° parágrafo 2° L.M.
     B.   En la Ley de Hidrocarburos
          a.   Solo son concesiones facultativas
               Art. 104 L.H.
          b.   Estipulación de ventajas especiales para la Nación
               Art. 5 L.H.
          c.   Potestativo del Ejecutivo el estipular o no el contrato
               Art. 5 L.H.
9.   Otorgamiento de las concesiones mineras
     Art. 13 L.M.

A. No es necesario obtener concesión para explotar

    a. Cuando lo hace el propietario del suelo en ciertos minerales

       Art. 7 L.M.

    b. Libro aprovechamiento

       Art. 22 L.M.

       Art. 44 a 52 L.M.

       Art. 55 L.M.

       Art. 86 L.M.

       Art. 24 a 29 Reglamento L.M.

B. No es necesario obtener concesión para explorar

    Art. 119 L.M.

    Art. 120 L.M.

    Art. 122 L.M.

    Art. 2 L.H.

10. Capacidad para adquirir concesiones

    Art. 27 L.M.

    Art. 102 L.M.

    Art. 103 L.M.

    Art. 2 L.H.

    Art. 6 L.H.

11. Distinto Régimen Legal de las Compañías Mineras y de Hidrocarburos

    Art. 102 y 103 L.M.

    Art. 6 L.H.

De la interpretación de estos artículos, se desprende que las Compañías Mineras, se constituyen conforme a las disposiciones del Código de Comercio pero conservan el carácter de sociedades civiles por disposición expresa.

Como dicha disposición expresa no se encuentra en la Ley de Hidrocarburos, se ha interpretado que las Compañías de Hidrocarburos conservan la forma de sociedades mercantiles conforme a su constitución.

12. Incapacidad para adquirir concesiones

A. Gobiernos extranjeros y empresas extranjeras no domiciliadas en el país

    Art. 126 Constitución 1961

    Art. 29 L.M.

    Art. 31 L.M.

    Art. 6 L.H.

B. Personal al servicio del Estado

    Art. 124 Constitución 1961

    Art. 28, ordinales 1 y 2 L.M.

    Art. 30 L.M.

    Art. 6, aparte 2°, ordinales 1 y 2 L.H.

13.   Obligación de cumplir disposiciones del Derecho Común
      Art. 102 L.M.
      Art. 103 L.M.

IV. LEY DE MINAS
  1. Capacidad para adquirir concesiones
      Art. 17 L.M.
  2. Quienes pueden adquirir minas
      Solamente el Estado
  3. Clasificación de las Minas
     A.   Según la forma de otorgarlas.
        a.   Minas contratables (otorgamiento facultativo)
          a'.   Minas de Petróleo y otros hidrocarburos para concesiones facultativas
            Art. 3 L.M.
          b'.   Minas de urao, ozokerita y helio por contratos especiales
            Art. 4 L.M.
          c'.   Minas de sal gema, etc, como lo establecen los
            Art. 5 L.M.
            Art. 6 de la Ley Orgánica de la Renta de Salinas
          d'.   Minas señaladas en el
            Art. 7 L.M.
            Cuando están en terrenos baldíos, otorgadas por medio de contratos
            Art. 8 L.M.
          e'.   Minas del grupo de las denunciables pero que han sido reservadas
            Art. 11 L.M.
            Art. 174 L.M.
        b.   Minas cuya explotación se deja al propietario del suelo
            Art. 7 L.M.
        c.   Minas denunciables (otorgamiento forzoso)
          a'.   Minas de nuevo denuncio
            Art. 2 L.M.
          b'.   Minas correspondientes a concesiones caducas, extinguidas o renunciadas
            Art. 2, parágrafo 1° L.M.
            Art. 153 L.M.
            Art. 166 L.M.

c'.   Porciones provenientes de la reducción de concesiones

Art. 2 L.M.

Art. 166 L.M.

B.   Por su formación

a.   Minas de aluvión

b.   Minas de veta y manto

c.   Diferencia entre una y otra

a'.   Respecto a la extensión y duración de las concesiones

Art. 36 L.M.

Art. 37 L.M.

Art. 41 L.M.

b'.   Límite máximo de hectáreas que una misma persona puede obtener en concesiones

Art. 37 parágrafo 1° L.M.

c'.   Derecho a explotar otros minerales

Art. 21 L.M.

Art. 22 L.M.

d'.   Plazo legal para comenzar la explotación

Art. 24 L.M.

e'.   Libertad de explotación

Art. 44 L.M.

Art. 48 L.M.

f'.   Monto del impuesto superficial

Art. 84 L.M.

Art. 85 L.M.

g'.   Escala del plano de la concesión

Art. 143 L.M.

V.   LA EXPLORACIÓN MINERA

1. Exploración libre

Art. 17 L.M.

A.   En la Ley de Minas

Art. 119 L.M.

Art. 120 L.M.

Art. 1° Reglamento L.M.

No da ningún derecho especial al explorador

B.   En la Ley de Hidrocarburos

Art. 2 L.H.

Art. 1° Reglamento L.H.

C.   Diferencias entre la Ley de Minas y la Ley de Hidrocarburos en materia de exploración libre.

a.   Forma de trabajos:

Ley de Hidrocarburos: Está circunscrita únicamente a trabajos superficiales (geológicos y geofísicos), de modo que no podría extenderse a las exploraciones con taladro, sondeo o perforación.

Ley de Minas: El explorador puede hacer excavaciones hasta 4 metros cuadrados y de profundidad indefinida.

b.   Terrenos que puede abarcar:

Ley de Hidrocarburos: Puede recaer tanto sobre terrenos baldíos o ejidos, están o no ocupados, como también sobre propiedad particular, aún contra la voluntad de los dueños u ocupantes.

Ley de Minas: Ello no puede ocurrir, pues en la Ley de Minas se requiere autorización del Ministerio de Minas e Hidrocarburos para la ocupación temporal.

c.   Quienes pueden realizarlas:

Ley de Hidrocarburos: Pueden realizarlas toda persona hábil en Derecho.

Ley de Minas: Pueden realizarlas las personas que tengan capacidad para obtener concesiones.

d.   Qué minerales abarca:

Ley de Hidrocarburos: Busca de minerales no denunciables.

Ley de Minas: Busca de minerales denunciables.

2. Exploración exclusiva

A.   En la Ley de Minas (Permiso de exploración exclusiva)

Art. 92 L.H.

Art. 116 L.H.

Art. 120 a 130 L.H.

Art. 153 L.H.

Art. 2 Reglamento L.M.

Da derecho exclusive de hacer denuncios en la zona concedida durante el lapso del permiso

Art. 118 L.M.

B.   En la Ley de Hidrocarburos

No existe dicho permiso de exploración exclusiva. El derecho de exploración exclusiva solo puede obtenerse por concesión de exploración y explotación subsiguiente

3.   Diferencias entre exploración libre y exploración a título (exclusiva)

A.   Quienes tienen derecho

Exploración libre: Es derecho de todas las personas nacionales o extranjeras, hábiles en derecho

Exploración exclusiva: Solo pueden personas con capacidad para adquirir concesiones

B. Terrenos donde es posible:

Exploración libre: Se puede llevar a cabo en todo el territorio nacional, salvo en los sitios prohibidos expresamente en la Ley de Minas

Art. 125 a 128 L.M.

Exploración exclusiva: Realizable en zona determinada y extensión no mayor de 2.000 hectáreas.

C. Requisitos para hacerla

Exploración libre: Para hacerla es solo necesario avisar al Ministerio de Minas y a la Primera Autoridad

Exploración exclusiva: Es necesario permiso del Ministerio de Minas e Hidrocarburos

D. Duración:

Exploración libre: De duración indefinida, salvo el límite que disponga la Ley.

Exploración exclusiva: Los permisos sólo se dan por 2 años y una sola persona no puede tener más de 5 permisos.

E. Impuestos:

Exploración libre: Libre de impuestos

Exploración exclusiva: Impuesto de 250 bolívares anuales por cada 1.000 hectáreas.

4. Prohibición de exploración.

Art. 2 L.M.

Art. 11 L.M.

Art. 53 L.M.

Art. 126 a 128 L.M.

VI. CLASIFICACIÓN GENERAL DE LAS CONCESIONES MINERAS

1. Concesiones facultativas

A. Concesiones de Hidrocarburos

Art. 3 L.H.

Art. 5 L.H.

Art. 7 L.H.

a. Concesiones de exploración y subsiguiente explotación.

Art. 12 a 21 L.H.

b. Concesiones de explotación.

Art. 22 a 27 L.H.

c. Concesiones de manufactura y refinación.

Art. 28 a 31 L.H.

d.   Concesiones de transporte.

Art. 8 L.H.

Art. 32 a 37 L.H.

El Ejecutivo no tiene autonomía de la voluntad para contratar. La integridad de las cláusulas son legales. El Ejecutivo tiene libertad sólo para escoger el concesionario y para estipular ventajas especiales (Art. 5, parágrafo único L.H.)

B.   Concesiones otorgadas por medio de contratos

Art. 8 L.M.

Existen ciertas cláusulas legales que limitan en ciertos aspectos la autonomía de la voluntad del Estado para contratar. En lo no previsto tiene plena libertad.

C.   Contratos especiales referentes a la ozokerita, Urao y helio

Art. 4 L.M.

La totalidad de las cláusulas son contractuales. Existe plena autonomía de la voluntad para contratar.

D.   Zonas reservadas

a.   Concesiones de exploración y subsiguiente explotación.

Art. 175 a 183 L.M.

b.   Concesiones de explotación.

Art. 184 a 186 L.M.

c.   Concesiones de explotación de reservas nacionales.

Art. 187 L.M.

El Ejecutivo no tiene autonomía de la voluntad para contratar. La integridad de las cláusulas son legales. El Ejecutivo tiene liberad sólo para escoger el concesionario y para estipular ventajas especiales.

Art. 91 L.M.

2. Concesiones de otorgamiento forzoso

Son las otorgadas por medio del denuncio

A. Denunciante

Art. 134 a 148 L.M.

B. Descubridor

Art. 132 L.M.

Art. 133 L.M.

VII.   CONCESIONES FORZOSAS. EL DENUNCIO

1.   Noción

Art. 33 L.M.

2. Trámites

A. Declaración ante el Registrador

Art. 134 L.M.

B. Forma de la declaración

Art. 135 L.M.

Art. 90 L.M.

Art. 10 Reglamento L.M.

C. Naturaleza jurídica del derecho que la Ley atribuye al denunciante

Art. 33 L.M.

Art. 13 L.M.

Art. 147 L.M.

D. Presentación del denuncio ante el Ministerio de Minas e Hidrocarburos

Art. 138 L.M.

Art. 9 Reglamento L.M.

E. Publicación del Denuncio

Art. 138 L.M.

F. Oposiciones

Art. 139 L.M.

Art. 11 Reglamento L.M.

G. Contradicción de la oposición: Pruebas, sustanciación y decisión

Art. 139 L.M.

Art. 140 L.M.

Art. 142 L.M.

H. Presentación del plano de la concesión y requisitos técnicos

Art. 142 a 144 L.M.

Art. 151 L.M.

Art. 53 L.M.

Art. 36 L.M.

Art. 37 L.M.

Art. 21 a 23 Reglamento L.M.

Art. 35 Reglamento L.M.

Art. 39 Reglamento L.M.

I. Indicaciones que el plano debe tener

Art. 143 L.M.

Art. 145 L.M.

Art. 33 a 48 Reglamento L.M.

J. Recaudos que deben acompañarse al plano. Pruebas del levantamiento

Art. 143 L.M.

K.   Sanción por la no presentación del plano
        Art. 53, ordinal 2 L.M.
        Art. 144 L.M.
        Art. 151 L.M.
L.   Estudio del plano por el Ministerio de Minas e Hidrocarburos
        Art. 146 L.M.
        Art. 151 L.M.
        Art. 53, ordinal 3 L.M.
M.   Apelación de la Resolución del Ministerio de Minas e Hidrocarburos
        Art. 146 L.M.
N.   Expedición, publicación y Registro del Título
        Art. 16 L.M.
        Art. 147 L.M.
        Art. 148 L.M.
        Art. 12 Reglamento L.M.
        Art. 13 Reglamento L.M.

VIII. CONCESIONES FACULTATIVAS
  1. Contratos Especiales
        Art. 4 L.M.
        Art. 7 Reglamento L.M.
        Art. 10 Reglamento L.M.
        Art. 16 L.M.
  2. Concesiones otorgadas por medio de contrato
        Art. 7 a 10 L.M.
        Art. 8 Reglamento L.M.
  3. Concesiones en zonas reservadas
        Art. 11 L.M.
        Art. 154 L.M.
        Art. 171 L.M.
      A.   Concesiones de exploración y subsiguientes explotación
              Art. 90 L.M.
              Art. 175 a 180 L.M.
              Art. 191 L.M.
              Art. 14 a 16 Reglamento L.M.
      B.   Concesión de explotación
              Art. 143 L.M.
              Art. 176 L.M.
              Art. 177 L.M.
              Art. 180 L.M.

Art. 184 a 186 L.M.

Art. 17 a 20 Reglamento L.M.

C.   Concesiones de explotación en reservas nacionales

Art. 187 L.M.

4.   Concesiones de Hidrocarburos

A.   Concesión de exploración y explotación

Art. 12 a 21 L.H.

a.   Presentación de la solicitud al Ministerio de Minas e Hidrocarburos.

a'.   Datos de identificación del proponente

Art. 3 Reglamento L.H.

b'.   Requisito de identificación del lote de la concesión

Art. 12 L.H.

Art. 2 Reglamento L.H.

Diferencia con el croquis

Art. 143 L.M.

c'.   Declaración expresa de si la proposición se hace sometida al régimen de las concesiones o si existen beneficios especiales a favor de la Nación

Art. 5 L.H.

Art. 4 Reglamento L.H.

Diferencia con las ventajas especiales de la Ley de Minas (Art. 91 L.M.)

En la Ley de Minas las ventajas podrán consistir en aumento de los impuesto que debe pagar al concesionario; pero en materia de hidrocarburos la situación es distinta pues, las ventajas especiales que el Ejecutivo puede estipular con el concesionario. Se refieren a la obligación de parte del concesionario de refinar en el país todo o parte del petróleo que obtenga de concesión.

b.   Publicación y juicio de oposición

Art. 13 L.H.

Art. 14 L.H.

Art. 6 a 9 Reglamento L.H.

c.   Expedición, publicación y Registro del Título

Art. 5 L.H.

Art. 27 L.H.

Art. 69 L.H.

Art. 105 L.H.

Art. 190 L.H.

        Art. 178 L.H.

        Art. 4 Reglamento L.H.

        Art. 9 a 11 Reglamento L.H.

        Art. 60 Reglamento L.H.

d.   Derechos que confiere la concesión.

        Art. 17 L.H.

        Art. 26 L.H.

        Art. 3 L.H.

        Art. 7, ordinal 1° L.H.

B.   Concesión de explotación

        Art. 22 a 27 L.H.

        Art. 74 L.H.

        Art. 12 a 16 Reglamento L.H.

C.   Concesiones de manufactura o refinación

        Art. 28 a 31 L.H.

        Art. 43 L.H.

        Art. 77 L.H.

        Art. 7, ordinal 2° L.H.

        Art. 19 Reglamento L.H.

        Art. 22 a 30 Reglamento L.H.

D.   Concesiones de Transporte

        Art. 7, ordinal 4, L.H.

        Art. 8 L.H.

        Art. 28 L.H.

        Art. 32 a 37 L.H.

        Art. 44 L.H.

        Art. 77 L.H.

        Art. 20 a 30 Reglamento L.H.

        Oleoductos

        Art. 31 Reglamento L.H.

        Art. 32 Reglamento L.H.

5.   Diferencias entre las concesiones de exploración y subsiguiente explotación en materia de Minas y en materia de Hidrocarburos

A.   Tamaño:

        Ley de Minas: No exceden de 5.000 hectáreas

        Ley de Hidrocarburos: No exceden de 10.000 hectáreas

B.   Sobrante:

        Ley de Minas: El sobrante es libre y no está sometido a licitación pudiendo ser explotado libremente por los terceros.

Ley de Hidrocarburos: No es libre y para ser objeto de concesión es necesario la licitación

C.   Duración del Derecho a explotar:

Ley de Minas: El derecho a explotar con carácter exclusivo es por 2 años.

Ley de Hidrocarburos: El derecho a explotar con carácter exclusivo es por 3 años.

IX. DERECHOS DE LOS CONCESIONARIOS

1. Derechos principales

    A.   Derecho de explotar (Unidad de la concesión)

    Art. 21 L.M.

    Art. 22 L.M.

    Art. 14 L.M.

    Art. 59 L.M.

    Art. 26 L.M.

    Art. 105 L.M.

    Art. 108 L.M.

    Art. 139 L.M.

    Art. 107 L.M.

    Art. 3 L.M.

    Art. 26 L.M.

    Presunción de existencia de mineral

    Art. 34 L.M.

    B.   Derecho a enajenar, ceder, hipotecar la concesión.

    Art. 14 L.M.

    Art. 15 L.M.

    Art. 105 L.M.

    Art. 107 L.M.

    Art. 63 a 67 L.H.

    Art. 76 Reglamento L.H.

    Art. 95 Reglamento L.H.

    Art. 96 Reglamento L.H.

    C. Derecho a renunciar a la concesión.

    Art. 60 L.M.

    Art. 59 L.M.

    Art. 167 L.M.

    Art. 194 L.M.

    Art. 81 L.H.

    Art. 150 Reglamento L.M.

    Art. 17 Reglamento L.M.

    Art. 18 Reglamento L.M.

a.   Efectos de la renuncia.

Art. 60 L.M.

Art. 61 L.M.

Art. 194 L.M.

Art. 150 Reglamento L.M.

Art. 190 Reglamento L.M.

b.   Reducción de la concesión.

Art. 42 L.M.

Art. 165 L.M.

Art. 166 L.M.

Art. 205 L.M.

Art. 206 L.M.

Art. 153 L.M.

Art. 154 L.M.

Art. 167 L.M.

Art. 154 Reglamento L.M.

D.   Derecho de renovación y prórroga de la concesión

a.   Derecho de renovación

a'.   En la Ley de Minas

Art. 43 L.M.

Art. 149 L.M.

Art. 150 L.M.

Art. 30 a 32 Reglamento L.M.

b'.   En la Ley de Hidrocarburos

Art. 80 L.H.

Art. 126 Reglamento L.H.

c'.   Diferencia entre la Ley de Minas y la Ley de Hidrocarburos.

En la Ley de Minas la renovación consiste en aumentar en otro lapso igual la antigua concesión, bajo el imperio la misma Ley Vigente en el momento del otorgamiento de la concesión y bajo las mismas condiciones en que fue otorgada.

En la Ley de Hidrocarburos el concesionario simplemente tiene un derecho preferente de renovar la concesión. En este caso el otorgamiento de la renovación por parte del Ministerio de Hidrocarburos es facultativa. Además, en la Ley de Hidrocarburos, la renovación consiste más bien en una nueva concesión, y la Ley que la regirá será la vigente para el momento en que la renovación se pida.

b. Derecho de prórroga

Art. 149 L.M.

Art. 150 L.M.

Art. 30 a 32 Reglamento L.M.

Esta institución no existe en la Ley de Hidrocarburos.

E. Derecho de adaptación

a. Ley de Minas

Art. 204 a 206 L.M.

Art. 151 L.M.

Art. 58 L.M.

Art. 59 L.M.

Art. 42 L.M.

Art. 58 Reglamento L.M.

Art. 59 Reglamento L.M.

b. Ley de Hidrocarburos.

Art. 93 a 98 L.H.

Art. 104 L.H.

Art. 134 a 141 Reglamento L.H.

c. Conversión (Solo en la Ley de Hidrocarburos)

Art. 99 a 102 L.H.

Art. 134 a 141 Reglamento L.H.

d. Diferencias entre adaptación y conversión

a'. Mediante la adaptación el concesionario puede someter a las disposiciones de la Ley Vigente, concesiones obtenidas bajo el imperio de leyes derogadas. Por la adaptación la concesión no se transforma, sino que queda sometida a un nuevo régimen jurídico.

La conversión es la sustitución de una concesión antigua por una nueva, que a su vez queda sometida al régimen de la nueva Ley.

b'. La adaptación como derecho emanado de la Ley, es permanente. La conversión fue una institución transitoria, necesaria para poner en ejecución de la Ley de Hidrocarburos de 1943. La conversión solo podía ser ejercida por el concesionario una vez, en el plazo de seis meses y en la época en que la misma ley haya concedido oportunidad a las empresas de convertir sus concesiones.

2. Derechos secundarios

A. Derecho de ocupación temporal y expropiación de la superficie.

Art. 18 L.M.

Art. 19 L.M.

Art. 120, parágrafo único L.M.

Art. 122 L.M.

Art. 52 L.H.

Art. 55 L.H.

B. Derecho a establecer servidumbre

Art. 62 a 68 L.M.

Art. 83 L.M.

Art. 162 a 183 L.M.

Art. 53 a 56 L.H.

Art. 78 a 83 Reglamento L.H.

Art. 54 a 57 Reglamento L.M.

Requisitos

Art. 69 a 81 L.M.

Art. 54 a 57 Reglamento L.M.

C. Diferencias procedimentales entre la Ley de Minas y la Ley de Hidrocarburos.

Ley de Hidrocarburos: Cuando el propietario del suelo se opone judicialmente al procedimiento de ocupación temporal o de constitución de servidumbre, el Juez puede disponer la continuación de las obras en ejecución. El procedimiento en este caso, esta amoldado a las modernas formas procedimentales.

Ley de Minas: Cuando los mismos hechos ocurren en materia de minas, el Juez debe suspender la ejecución de las obras. El procedimiento en este caso, está constituido por formas procedimentales arcaicas

D. Derecho a construir toda clase de vías de comunicaciones, muelles y embarcaderos

Art. 98 L.M.

E. Derecho a obtener exoneración de impuestos

Art. 96 a 99 L.M.

Art. 49 a 53 Reglamento L.M.

Art. 58 L.H.

Art. 84 Reglamento L.H.

3. Extinción de los derechos

A. Caducidad:

Art. 192 L.M.

Art. 146 L.M.

Art. 195 L.M.

Art. 58 L.M.

Art. 55 L.M.

Art. 151 a 153 Reglamento L.M.

Art. 31 L.H.

Art. 53 L.H.

Art. 56 L.H.

Art. 151 L.H.

Art. 153 L.H.

Art. 155 L.H.

Art. 166 L.H.

Art. 71 A 78 Reglamento L.H.

Adquisición de concesiones caducas

Art. 33 Reglamento L.M.

Art. 34 Reglamento L.M.

Art. 17 Reglamento L.M.

Art. 18 Reglamento L.M.

B.   Extinción en el plazo o término de la concesión

Art. 54 L.M.

Art. 193 L.H.

Art. 80 L.H.

C.   Nulidad

Art. 30 L.M.

Art. 31 L.M.

Art. 69 L.H.

Art. 70 L.H.

Art. 82 a 84 L.H.

Art. 125 a 127 Reglamento L.H.

D.   Renuncia

X.   OBLIGACIONES DE LOS CONCESIONARIOS

1.   Obligaciones principales

A.   Obligación de explotar

Art. 26 L.M.

Art. 94 L.M.

Art. 24 L.M.

Art. 55 L.M.

Art. 151 L.M.

Art. 195 L.M.

Art. 124 Reglamento L.M.

En material de hidrocarburos no existe esta obligación de explotar, que por otra parte no tiene ningún sentido ni razón de ser

B.   Obligación de pagar impuestos

Art. 40 L.M.

Art. 55 L.M.

Art. 50 L.M.

Art. 86 L.M.

Art. 44 L.M.

Art. 91 L.M.

a.   Impuesto superficial

    Art. 84 L.M.

    Art. 85 L.M.

    Art. 89 L.M.

    Art. 157 L.M.

    Art. 40 a 42 Reglamento L.M.

b.   Impuesto de explotación.

    Art. 87 L.M.

    Art. 88 L.M.

    Art. 158 a 160 L.M.

    Art. 190 L.M.

    Art. 55 L.M.

    Art. 61 L.M.

c.   Impuestos especiales que gravan las concesiones de hidrocarburos.

    Art. 59 Reglamento L.H.

    Art. 77 Reglamento L.H.

    a'. Impuesto de exploración

        Art. 47 L.H.

        Art. 38 L.H.

    b'. Impuesto inicial de explotación

        Art. 48 L.H.

        Art. 39 L.H.

        Art. 74 L.H.

        Art. 61 Reglamento L.H.

        Art. 62 Reglamento L.H.

    c'. Impuesto superficial

        Art. 40 L.H.

        Art. 49 L.H.

        Art. 63 Reglamento L.H.

    d'. Impuesto de explotación

        Art. 41 L.H.

        Art. 50 L.H.

        Art. 69 a 72 Reglamento L.H.

Art. 64 L.H.

Art. 68 L.H.

e'.   Impuesto especial sobre el mayor precio de los hidrocarburos que contengan sustancias distintas a las regidas por
la Ley

Art. 42 L.H.

Art. 65 a 67 L.H.

f'. Impuesto de consumo

Art. 43 L.H.

Art. 51 L.H.

Art. 74 Reglamento L.H.

g'. Impuesto terrestre

Art. 44 L.H.

Art. 51 L.H.

Art. 75 Reglamento L.H.

h'. Derecho de copiar planos

Art. 45 L.H.

i'. Pago de impuestos generales

Art. 46 L.H.

2.   Obligaciones secundarias

A.   Relativas a la técnica de los trabajos mineros

Art. 60 a 63 Reglamento L.M.

Art. 59 L.H.

Art. 85 L.H.

Art. 107 a 124 Reglamento L.H.

a. Circulación de las minas

Art. 64 a 74 Reglamento L.M.

b. Ventilación de las minas.

Art. 78 a 88 Reglamento L.M.

c. Iluminación

Art. 114 a 188 Reglamento L.M.

Art. 66 L.M.

d.   Manejo de máquinas y de los cables

Art. 75 Reglamento L.M.

Art. 76 Reglamento L.M.

Art. 108 Reglamento L.H.

e. Obras de sostenimiento

Art. 89 a 93 Reglamento L.M.

f.   Manejo de explosivos

     Art. 94 a 113 Reglamento L.M.

B.   obligaciones impuestas a los concesionarios para el ejercicio de los derechos que la concesión le confiere

    a.-   Relativa al ejercicio del derecho de explotación

       Art. 119 L.M.

       Art. 126 a 128 L.M.

       Art. 121 L.M.

    b.-   Relativas al establecimiento de servidumbres

       Art. 54 Reglamento L.M.

       Art. 56 Reglamento L.M.

       Art. 69 L.M.

       Art. 53 a 55 L.H.

    c.- Para obtener la exoneración del Derecho de Exportación

       Art. 49 a 51 Reglamento L.M.

       Art. 84 a 90 Reglamento L.H.

C.   Obligaciones derivadas del Derecho de Fiscalización del Gobierno

Art. 12 L.M.

Art. 68 L.H.

Art. 97 Reglamento L.H.

    a. Establecimiento del domicilio

       Art. 25 L.M.

       Art. 119 Reglamento L.M.

    b.   Relativas a la contabilidad que debe llevar el concesionario

       Art. 93 L.M.

       Art. 59 L.H.

    c.   Rendir ciertos informes relativos a los trabajos realizados y a la marcha general de la industria en la concesión.

       Art. 60 L.H.

       a'.   Informe sobre iniciación, suspensión y reanudación de trabajos

          Art. 123 Reglamento L.M.

          Art. 124 Reglamento L.M.

          Art. 114 Reglamento L.H.

       b'.   Informe mensual de las actividades en el mes anterior

          Art. 94, inciso 6° L.M.

       c'.   Informe general anual de las actividades de la Empresa

          Art. 94, inciso 6° L.M.

          Art. 115 Reglamento L.H.

       d'.   Inventario general

Art. 94, ordinal 8° L.M.

Art. 10 L.M.

Art. 95 L.M.

D.   Obligaciones de los concesionarios en su carácter de patronos

   a.   Relativas al porcentaje de obreros venezolanos y trabajo de mujeres y menores en las explotaciones mineras

     Art. 18 Ley del Trabajo

     Art. 99 Ley del Trabajo

     Art. 102 Ley del Trabajo

     Art. 61 L.H.

   b.   Que debe cumplir el concesionario para evitar accidentes

     Art. 67 Reglamento L.M.

     Art. 76 Reglamento L.M.

     Art. 94 Reglamento L.M.

     Art. 118 Reglamento L.M.

     Art. 121 Reglamento L.M.

   c.   Relativas a los trabajos que deben verificar los concesionarios en caso de accidente

     Art. 132 a 136 Reglamento L.M.

   d.   Obligaciones de alojamiento de obreros y empleados

     Art. 120 L.M.

     Art. 124 L.M.

     Art. 125 L.M.

XI.   RECURSOS ADMINISTRATIVOS POR LA VÍA CONTENCIOSA ANTE LA CORTE SUPREMA DE JUSTICIA EN MATERIA DE MINAS E HIDROCARBUROS

1. Minas

Puede conocer la Sala Federal en juicio contencioso de todas las cuestiones por nulidad, caducidad, resolución, alcance, interpretación, cumplimiento y cualesquiera otra que se suscite entre la Nación y los contratistas o concesionaros, a consecuencia de los contratos celebrados por el Ejecutivo Federal o de concesiones mineras, así como las controversias que resulten por su negativa a expedir títulos de concesiones mineras que los demandantes alegaren tener derecho a obtener.

Art. 10, parágrafo 3° L.M.

Art. 57 L.M.

Art. 114 L.M.

Art. 129, parágrafo 3° L.M.

Art. 140 L.M.

Art. 146 L.M.

Art. 152 L.M.

Art. 196 L.M.

2. Hidrocarburos

En material de hidrocarburos puede conocer la Corte Suprema de Justicia en Sala Federal de asuntos en los términos en que nos hemos referido sobre minas, pero la regulación legal es más restringida.

Art. 20, parágrafo 6° L.H.

Art. 79 L.H.

Art. 171 L.H.

XII.   CARÁCTER DE LA UTILIDAD PÚBLICA EN MATERIA DE MINAS E HIDROCARBUROS

1. Principio de la Utilidad Pública

Art. 1 L.M.

Art. 1 L.H.

A. Ley de Minas

La enumeración de la disposición de la Ley de Minas, declara de Utilidad Pública lo concerniente a:

 a. Las minas situadas en Venezuela

 b. Los criaderos situados en Venezuela

 c. Los depósitos o yacimientos minerales situados en Venezuela

B. Ley de Hidrocarburos

La enumeración de la disposición de la Ley de Hidrocarburos declara de Utilidad Pública lo relativo a:

 a. La exploración del territorio nacional en busca de:

  a' petróleo

  b' asfalto

  c' gas natural

  d' demás hidrocarburos

 b. La explotación de yacimientos de los mismos, cualquiera que sea su origen o colocación

 c. La manufactura o refinación de los mismos

 d. Transporte por vías especiales

 e. Almacenamiento de las sustancias explotadas

 f. Las obras que su manejo requiera

2. Diferencias entre la Ley de Minas y la Ley de Hidrocarburos en materia de Utilidad Pública.

De la enumeración a que antes nos hemos referido se desprende una diferencia tajante entre ambas legislaciones:

La legislación de Minas se refiere el "objeto" de la materia de minas, es decir a las minas, criaderos y depósitos o yacimientos. No hace ninguna referencia a los medios y procedimiento para conseguir ese "objeto" es decir a la exploración y a la explotación de las minas.

En cambio, en la Ley de Hidrocarburos se hace referencia a los medios y procedimientos para conseguir el "objeto" a que se refiere la Legislación, es decir a la exploración, explotación, manufactura o refinación y transporte, sin hacer ninguna referencia al "objeto" mismo de la materia de hidrocarburos, es decir a los yacimientos de petróleo, asfalto, gas natural y demás hidrocarburos.

SECCIÓN CUARTA:
Principios generales del Derecho Minero venezolano (1960)

Para tratar el tema que se nos ha propuesto, es decir, los principios generales del Derecho Minero Venezolano, hemos considerado necesario elaborar un sistema general de las principales instituciones contenidas en la Ley de Minas y la Ley de Hidrocarburos; para así, en el ámbito de ese sistema general, señalar los Principios Generales que se desprenden de dichas Leyes y de la Constitución Nacional.

La doctrina sobre el Derecho Minero Venezolano ha distinguido con gran precisión lo que son Principios Generales del Derecho Minero de lo que son los Sistemas que rigen las diversas Legislaciones Mineras.

Nosotros, indudablemente compartimos de esa distinción.

Sin embargo, en el sistema que hemos elaborado, para señalar los Principios Generales del Derecho Minero Venezolano, hacemos en el capitulo referente al Derecho a explotar la distinción entre los principales sistemas que rigen la Legislación Venezolana, pues consideramos que ciertos Principios Generales de la Legislación son comunes a ellos, y ciertos Principios Generales son distintos en un sistema u otro.

Queda así, la advertencia de que el sistema elaborado para la exposición del trabajo es pura y simplemente una metodología, que tiene como único fin ubicar, para su mejor compresión, los Principios Generales del Derecho Minero Venezolano dentro de un sistema general de las principales instituciones mineras que se desprenden de nuestra legislación.

I. DECLARATORIA DE UTILIDAD PÚBLICA

El Artículo 1° de la Ley de Minas declara de utilidad pública todo lo concerniente a las minas, criaderos, depósitos o yacimientos minerales situados en Venezuela Así mismo, el Articulo 1° de la Ley de Hidrocarburos declara de utilidad pública, todo lo relativo a la explotación del Territorio Nacional en busca de petróleo, asfalto, gas natural y demás hidrocarburos; a la explotación de yacimientos de los mismos, cualquiera que sea su origen o colocación; a la manufactura o refinación, transporte por vías especiales y almacenamiento de las sustancias explotadas y a las obras que su manejo requiera.

Estas dos leyes, en sus artículos primeros consagran la utilidad pública y social de la actividad minera. Las principales características de este principio en el Derecho Minero Venezolano son fundamentalmente.

1. La existencia de un bien, que por su potencialidad económica debe ponerse en circulación, para satisfacer esa utilidad general que es vista y sentida por todos los integrantes de la colectividad; y que por su potencialidad fiscal es la base de la actuación del Estado Venezolano.

2. Como consecuencia del carácter anterior, se desprende, la obligación que tiene el Estado, como ductos de la cosa pública y de los intereses colectivos, de proveer a esa necesidad o utilidad general y el mejor aprovechamiento de las riquezas naturales.

Como consecuencia de ello, y para cumplir el cometido señalado, el Estado Venezolano, por medio de la Constitución Nacional, ha declarado que es de competencia del Poder Racional lo relativo a la administración de las minas e hidrocarburos, y que las rentas procedentes de esos bienes ingresarán al tesoro nacional (Articulo 60, ordinal 17 de la Constitución de 1953, El Proyecto de Constitución Nacional, no modifica el contenido de este articulo).

II. DERECHO DE EXPLORAR.

La exploración es el acto o serie de actos por el cual se procura el hallazgo de minas. Estudiaremos los diversos principios que rigen la Ley de Minas y la Ley de Hidrocarburos en lo relativo al derecho de explorar. Es el único derecho libre (libertad relativa, no absoluta en materia de minas)

1. Derecho de explorar libremente en el Territorio Nacional.

EL Articulo 2° de la Ley de Hidrocarburos señala que toda persona nacional o extranjera, hábil en derecho para adquirir concesiones conforme a esta ley, puede libremente hacer exploraciones superficiales, bien geológicas o geofísicas, para descubrir yacimientos de las sustancias a que la Ley se refiere, en el Territorio nacional.

2. Derecho de explorar libremente en terrenos baldíos o ejidos no arrendados:

El Artículo 119 de la Ley de Minas establece que toda persona nacional o extranjera hábil en derecho, puede hacer exploraciones para descubrir minerales en terrenos baldíos o ejidos no arrendados u ocupados con plantaciones, construcciones o fundaciones. El único requisito para comenzar la exploración, en las dos leyes es solo dar aviso al Ministro de Fomento.

3. Limitaciones al derecho de explorar:

El Artículo 120 de la Ley de Minas, y el Artículo 2° de la Ley de Hidrocarburos señalan que en los terrenos de propiedad particular y en los baldíos o ejidos arrendados u ocupados con plantaciones, construcciones o fundaciones, no podrá hacerse ninguna exploración sin previo permiso escrito del propietario, arrendatario u ocupante del suelo. Contra la voluntad de los dueños y ocupantes, se podrá sólo hacer la exploración por el procedimiento de la ocupación temporal señalado en la Ley de Expropiación por causa de utilidad pública (Artículo 47).

4. Prohibición de libre exploración.

El Artículo 2°, parágrafo único de la Ley de Hidrocarburos determina que él Ejecutivo Federal, por razones de interés público nacional, tiene en todo tiempo la facultad de prohibir la libre exploración en zonas determinadas, por Resolución del Ministerio de Fomento. Por Decreto del Poder Ejecutivo, y de conformidad con el Artículo 11 de la Ley de Minas, se podrán reservar la exploración de todas las sustancias a que se refiere el Artículo 2° de la Ley, en todo el Territorio Nacional o en zona o zonas que se determinaran en el respectivo Decreto (Artículo 53).

Además, en la misma Ley de Minas existe otra prohibición al principio de la libre exploración, que está señalado en el Artículo 126, que dispone que queda absolutamente prohibido hacer exploraciones, cualquiera que sea su forma, en poblaciones y cementerios.

5. Derecho de explorar con carácter exclusivo:

El Artículo 3° de la Ley de Hidrocarburos dispone que podrá explorarse con carácter exclusivo cuando se ha obtenido ese derecho por medio de concesiones que otorgue el Poder Ejecutivo Nacional.

El Artículo 120 de la Ley de Minas, parágrafo único, señala que las concesiones mineras o en terrenos sobre los cuales haya denuncios en curso, solo podrán hacer exploraciones los concesionarios o denunciantes, o quienes tengan permiso escrito de ellos.

III.   DERECHO DE EXPLOTAR

1. Libre aprovechamiento:

El Artículo 7 de la Ley de Minas, que sigue el sistema de la accesión, que no tratamos por no ser parte del trabajo que analizamos dispone que las piedras de construcción y de adorno o de cualquier otra especie, que no sean preciosas, el mármol, pórfido, caolín, magnesita, las arenas, pizarras, arcillas, calizas, yeso, puzolanas, turbas, las sustancias terrosas y el guano, pertenecen al propietario del suelo, quien puede explotarlas sin formalidades especiales.

Cuando dichas sustancias se encuentran en terrenos baldíos, la explotación se hará por medio de contratos o concesiones que otorgará el Ejecutivo nacional. Esto es consecuencia lógica de lo dispuesto en el Artículo 60, ordinal 17 de la Constitución de 1953, que declara de la competencia del Poder Nacional, lo relativo a la administración de tierras baldías.

El Articulo 44 de la Ley de Minas, señala también, que la explotación de minerales de aluvión en cualquier clase de criaderos o yacimientos, en terrenos baldíos o en los cauces de los ríos del dominio público y que no sean objeto de concesión, es de libre aprovechamiento, siempre que se haga por lavado a la batea n otro procedimientos primitivos.

2. Principios derivados de normas que siguen el sistema regalista.

A. Derecho a explotación:

En el sistema de denuncio y subsiguiente concesión, el Articulo 13 de la Ley de Minas dispone que el derecho de explotar los minerales a los que se contrae la Ley, no puede adquirirse sino mediante concesiones otorgadas por el Ejecutivo Federal.

La consecuencia lógica de este articulo, es el principio de que el Estado otorga al concesionario él derecho de explotar la mina, y no la propiedad de ella.

B. Quien tiene el derecho exclusivo de explotación enunciado en el principio anterior:

Artículo 33 de la Ley de Minas dispone que él primero que denuncie un yacimiento con las formalidades prescritas en la Ley, tiene derecho a obtener el título correspondiente si se trata de materiales denunciables.

C. Limitaciones al derecho de explotación minera:

El Articulo 11 de la Ley de Minas, dispone que el Ejecutivo Nacional, podrá reservar la explotación de todas las sustancias a que se refiere él Articulo 2° de la Ley, en toda el Territorio nacional o en zonas que se determinarán en el respectivo decreto.

D. Que puede explotarse:

El Articulo 17 de la Ley de Minas dispone que a los efectos de la Ley se considera suelo la simple superficie o la capa superficial que alcanza hacia abajo solamente hasta donde haya llegado el trabajo del propietario, ya sea en faenas agrícolas, en la construcción de cimientos o en otras labores extrañas a la minería. La concesión minera comprende sólo el subsuelo en propiedad particular.

3. Principios que se derivan de las normas que siguen el sistema dominial.

A. Derecho de explotación:

El Artículo 3°, aparte 2° de la Ley de Hidrocarburos dispone que las concesiones de exploración y explotación no confieren la propiedad de los yacimientos sino el derecho real inmueble de explorar el área concedida y de explotar, por tiempo determinado, los yacimientos que se encuentren en ella de acuerdo con esta ley y con el título de la concesión.

De la disposición anterior, que es sumamente clara, se deriva el principio de que la concesión de hidrocarburos no confiere la propiedad de los yacimientos, sino el derecho real inmueble de explotar.

B. Quien tiene el derecho exclusive de explotación enunciado en el principio anterior.

El Artículo 3° de la Ley de Hidrocarburos sostiene que el derecho exclusivo de explotar, manufacturar o refinar y transportar por vías especiales las sustancias a que se refiere el Artículo 1°, podrá obtenerse por medio de concesiones que otorgue el Ejecutivo Federal.

Ahora bien, pero él otorgamiento de dichas concesiones es potestativo del Ejecutivo Federal, tal como lo señala el Artículo 5 de la Ley de Hidrocarburos.

Aquí vemos principalmente, la diferencia entre los principios que se derivan de los diversos sistemas.

4. Principios Generales que se derivan de las Concesiones Mineras y de Hidrocarburos.

A. La Nación no responde por saneamiento:

En efecto, el Artículo de la Ley de Minas dispone que la Nación no responde por saneamiento en ningún caso, ni respecto del que obtiene titulo, causado por denuncio, sobre concesiones mineras que resultaren corresponder a terceros, ni respecto de estos por razón del otorgamiento del nuevo título.

El Artículo 4° de la Ley de Hidrocarburos dispone que las concesiones a que se refiere esta ley se otorgarán a todo riesgo del interesado, pues la Nación no garantiza la existencia de las sustancias ni se obliga al saneamiento en ningún caso. Así, se hará constar en todos los títulos.

B. Competencia jurisdiccional:

En todos los títulos se insertara la siguiente cláusulas "Las dudas y controversias de cualquier naturaleza que puedan suscitarse con motivo de esta concesión que no puedan ser resueltas amigablemente, serán decididas por los tribunales competentes de Venezuela, de conformidad con sus leyes, sin que por ningún motivo ni causa puedan ser origen da reclamaciones extranjeras." Esta cláusula, está descrita con igual efecto en él Articulo de la Constitución Nacional de 1953.

C. Carácter excepcional de la concesión de Transporte:

El Articulo 8° de la Ley de Hidrocarburos, dispone expresamente que en caso de otorgarse la concesión de transporte separadamente, ella constituye una concesión de servicio público.

D. Posibilidad de gravar y enajenar concesiones.

En lo referente a las Concesiones Mineras el Articulo 15 de la Ley de Minas dispone que toda concesión minera pueda ser enajenada o traspasada a cualquier persona o compañía, salvo las excepciones legales, previa participación al Ministerio de Fomento.

El Articulo 3°, aparte 2° de la Ley de Hidrocarburos dispone que el derecho red inmueble de explotar, puede ser objeto de hipoteca.

La misma Ley de Hidrocarburos, en su Artículo 53 dispone que los concesionarios tienen como derecho inherente a sus concesiones, el de cederlas o traspasarlas a cualesquiera personas o compañías que no están impedidas legalmente para adquirirlas.

E. Quienes pueden adquirir concesiones.

De conformidad con el Articulo 27 de la Ley de Minas, y el Artículo 6° de la Ley de Hidrocarburos, toda persona o compañía hábil en derecho, nacional o extranjera, puede adquirir concesiones mineras o de hidrocarburos en la República, salvo las excepciones que veranos de seguida.

F. Quienes no pueden adquirir concesiones

a. Gobiernos extranjeros y empresas extranjeras no domiciliadas en el país.

La Constitución Nacional de 1953 en su Artículo 48 dispone, que ningún contrato de interés público nacional, estadal o municipal podrá ser celebrado con gobiernos extranjeros ni traspasados a ellos. Tampoco podrán celebrarse con personas naturales o jurídicas que no estén domiciliadas en Venezuela ni traspasarse a ellas los suscritos con terceros.

En tal sentido se pronuncian también el Articulo 29 de la Ley de Minas y el Artículo 6° de la Ley de Hidrocarburos.

b. Personas al servicio del Estado:

El principio general enunciado en esto respecto está contenido en el Artículo 47 de la Constitución da 1953, dispone, que nadie que está al servicio del Estado podrá celebrar contrato alguno con él por sí mismo ni por medio de interpuestas personas, salvo las excepciones que establecen las leyes.

En igual sentido, pero con la determinación de los funcionarios que no pueden contratar, se pronuncian el Artículo 6°, aparte 2°, ordinales 1° y 2° de la Ley de Hidrocarburos, y el Articulo 28, ordinales 1° y 2° de la Ley de Minas.

G. Temporalidad de las concesiones:

Este principio, según nuestra legislación, podemos definirlo como aquel, en virtud del cual la explotación de las minas e hidrocarburos, lleva consigo una limitación en el tiempo, que en todo caso impone la Ley.

El fundamento de este principio lo encontramos, en primer lugar en el Articulo 52 de la Constitución Nacional de 1953, que dispone que el Estado no concederá monopolios. Podrá otorgar solamente concesiones por tiempo limitado, en la forma que mejor convenga a la Nación.

Así mismo, el Artículo 60, ordinal 17, aparte 2° dispone que únicamente se podrán otorgar concesiones y sólo por tiempo limitado para el aprovechamiento de las riquezas naturales. Por otra parte, tratándose de concesiones por tiempo limitado, el Estado time mayor facilidad de fiscalización y control sobre la industria, pues durante el disfrute, siendo por un tiempo no muy largo, todas las medidas y los lapsos tienen necesariamente que ser más breves, lo cual facilita la vigilancia del Estado.

En nuestra Ley de Minas encontramos reflejado, este principio legal -que a la vez es un principio de Derecho Público por estar en la Constitución- en el Articulo 8°, aparte 2° al referirse a las concesiones de accesión en terrenos baldíos, estableciendo que no podrán ser mayores de veinte años, contados desde la fecha de publicación del contrato en la Gaceta Oficial de la República de Venezuela.

Nuestra Ley de Minas, tiene además, las siguientes disposiciones que indican la validez de este principio de la temporalidad de las Concesiones Mineras en Venezuela. El Artículo 41 indica que las concesiones de veta, así como las de manto, cuando se originen por el denuncio, se adjudicaran por períodos de veinte y cinco años.

El Artículo 43 y el parágrafo único de dicho artículo, en la Ley de Minas, contienen disposiciones relativas al derecho de renovación de la concesión, en base a su temporalidad.

IV.   IMPRESCRIPTIBILIDAD DE LAS MINAS.

EL principio de la imprescriptibilidad de las minas, es reconocido por nuestra legislación, y consiste en que las minas no pueden ser en ningún momento adquiridas por prescripción.

A pesar de que este principio no está señalado expresamente en la Ley, como sucede con el principio de la temporalidad, el se desprende del sentido general de nuestra Legislación Civil y Administrativa.

En efecto, la existencia de la necesidad insoslayable dé obtener una concesión en las formas y condiciones establecidas por la Ley, para poder explotar los minerales, denota la imposibilidad de adquirir ese derecho por otro medio distinto a la concesión.

Además, el hecho de que las minas retornan a su propietario originario que es el Estado Venezolano, según el principio de la reversibilidad que de seguidas veremos, nos demuestra la Imposibilidad en que estarían los particulares de obtener una posesión legitima de las minas, tal como exige el Artículo 1953 del Código Civil para obtener la prescripción. Además, el estado de abandono, que es necesario para configurar la prescripción, no puede darse dentro de nuestra Legislación, ya que siempre y en todo momento, las minas han pertenecido al Estado Venezolano.

Además, el Artículo 1959 del Código Civil dispone que la prescripción no tiene efecto respecto de las cosas que están fuera del comercio y aquí en el caso concreto de las minas, estas se hallan sometidas a un régimen especial que las sustrae a la libre comercialidad por parte de los particulares, depositándolas exclusivamente en manos del Estado.

V. REVERSIBILIDAD.

Es aquel principio en virtud del cual, las minas, si bien se otorgan a los particulares, por tiempo determinado, vuelven posteriormente a manos del Estado.

En nuestra Legislación la propiedad minera vuelve a manos del Estado por la terminación del lapso legal fijado por la Ley o por las causales expresamente previstas en la misma.

A este respecto, la Constitución Nacional, en su Artículo 35, ordinal 9°, aparte 30 dispone que las tierras adquiridas y destinadas a explotación de concesiones mineras, de hidrocarburos y demás minerales combustibles, pagarán en plena propiedad a la Nación, sin indemnización alguna, al extinguirse por cualquier causa la concesión respectiva.

Este principio constitucional, tiene aplicación en las Leyes referentes a la materia. En efecto, el Artículo 11 de maestra Ley de Hidrocarburos dispone que las concesiones renunciadas, caducadas o anuladas o que en el futuro lo fueren, serán consideradas zonas libres y podrán concederse totalmente o parcialmente.

La Ley de Minas, dispone en su Artículo 54 que el derecho privado de la concesión se extingue por él vencimiento del plazo por el cual fue otorgada, sin necesidad de declaración especial. Además, el Artículo 58 dispone que las concesiones que fueren declaradas caducas, las que fueren renunciadas y aquellas cuyo término de duración haya espirado, podrán concederse de nuevo.

La consecuencia mis importante que se desprende de este principio de la reversibilidad es la consagrada en el Artículo 61 de nuestra Ley de Minas, que dispone que la concesión que vuelva a poder del Estado pasa a éste libre de todo gravamen, y con todas las obras y demás mejoras permanentes que en ella hubiere, además de la maquinaria, útiles, enseres y materiales que se encuentren abandonados dentro del perímetro de la concesión.

VI.   INDIVISIBILIDAD.

El principio de la indivisibilidad dentro del Derecho Minero podemos definirlo como aquel principio por el cual se consideran las minas como una unidad no susceptible de división, a los efectos de la Ley positiva.

La significación de este principio en nuestro Derecho Minero, es la de considerar a la mina como una unidad material de explotación. Es decir, que a los efectos de la Ley, la concesión dada a un particular debe ser una estructura integral y única, de modo que la serle de relaciones complejas entre el Estado y el concesionario y la serie de obligaciones y derechos que surgen por la concesión en manos del particular, aparezcan frente a la Ley con carácter unitario.

Vemos que a lo que nos referimos es a una indivisibilidad puramente material, de contenido ante la Ley, pues nada se opone a la existencia de una pluralidad de intereses proindiviso en el título. A la Ley solo le interesa la unidad material de la concesión, en los derechos y obligaciones que cree, sin preocuparse por los integrantes.

La norma de nuestra Legislación Minera que consagra este principio, es el Artículo 15 de la Ley de Minas, que en su aparte 3° dispone que los traspasos parciales de una concesión, no surtirán efecto respecto al Ejecutivo Nacional pero quedan a salvo de esta disposición los traspasos que versen acerca del derecho proindiviso de los cotitulares, cuyos cesionarios responderán solidariamente del pago de la totalidad de los impuestos y del cumplimiento de las demás obligaciones que apareja la concesión.

En virtud, del traspaso el cesionario asumirá todos los derechos y obligaciones del cedente, y será solidariamente responsable con éste de los impuestos que se adeudan por causa de la concesión hasta la fecha del traspaso.

Vamos de esta manera, que nuestro legislador, al acoger el principio de la indivisibilidad de las minas como uno de los principios básicos, ha tenido en cuenta, además de razonas de orden práctico impuestas por la misma naturaleza de las cosas, poderosas razones de tipo económico y legal.

SECCIÓN QUINTA:
Naturaleza jurídica de la Concesión de Hidrocarburos (1960)

I. LAS CONCESIONES ADMINISTRATIVAS

1. Nociones previas

Dice **Fernández de Velazco**, que con la palabra concesión se expresa toda aquélla serie de actos que la administración emita:

a) Unas veces para ceder a los particulares el uso de medios o condiciones para que desarrollen actividades de naturaleza especial;

b) otras, para condicionar el ejercicio de ciertos derechos públicos subjetivos;

c) y aún en algunas ocasiones, para expresar relaciones bilaterales mantenidas entre la administración y los ciudadanos.

De esta manera, en el lenguaje usual, la voz concesión se hace sinónima de otras que, técnicamente, son distintas, tales como admisión, autorización, contratos administrativos, etc.

Sin embargo, la concesión no es igual a la autorización, ni siempre aparece bajo la figura de contrato administrativo.

En este sentido, Ranaletti hace una distinción entre autorización y concesión, de la manera siguiente:

a) Autorización es el acto de la administración pública mediante el cual se posibilita el ejercicio de un poder jurídico que existía en la persona, potencialmente.

b) Concesión, en cambio se diferencia de la autorización en cuanto crea ese poder jurídico, lo constituye, sin que preexista al acto.

En todo caso, en la doctrina hay discrepancia respecto a la naturaleza del acto de la concesión: Algunos autores consideran que es la creación en un sujeto de un poder jurídico, y otros expresan que es el traslado de un poder propio de la administración a un sujeto determinado.

Nosotros nos inclinamos por la segunda acepción, en el sentido de que per medio de la concesión el Estado concede, delega en manos del particular, un poder jurídico que le es propio o irrenunciable.

2. Concepto

En base a lo expuesto, podemos definir a la concesión, como aquel acto en virtud del cual la administración otorga conforme a las normas legales un poder jurídico, efectuándose tal otorgamiento en favor da un sujete determinado, titular de la concesión, y quien acepta las condiciones establecidas en la misma.

Debemos, por otra parte, diferenciar la concesión de otros actos que reciben su mismo nombre, tales como los actos por los cuales el Estado confiere un status-legal a una persona. Este es el caso de la concesión de ciudadanía. Este acto es un acto-condición y no una concesión, pues los status-legales no son poderes de la administración, que ella puede delegar e trasladar.

3. Naturaleza jurídica do la concesión

Se ha discutido grandemente en la doctrina, la naturaleza jurídica de la concesión, respecto de si es un acto unilateral o bilateral. Y si se considera un acto bilateral, es o no de naturaleza contractual. Ha habido, a este respecto tres importantes posiciones.

A. Teoría de **Otto Mayer**.

La concesión, según **Otto Mayer**, es un acto do Derecho Público, un acto de soberanía, y como consecuencia de ello, no se da lugar a que se creen derechos en beneficio del concesionario y contra el Estado mismo. De ahí, que el Estado en cualquier momento, pueda restringir e revocar la concesión; restricción o revocación que no da lugar inevitablemente a la necesidad de que se indemnice en forma alguna al concesionario.

En conclusión. **Mayer** considera a la concesión, como un acto unilateral, aislado y único, independiente de si el interesado acepte o no.

B. Teoría de **Gastón Jèze**.

Para Jèze, se trata siempre de un contrato administrativo, que tiene por objeto la explotación, a riesgo y ventura de un concesionario, de un servicio público o su funcionamiento, siendo contraprestación del mismo, el derecho que se le reconoce a aquél, de percibir de los usuarios una tasa fijada en las tarifas correspondientes.

Que el contrato de concesión es siempre administrativo, se comprueba por el hecho de que su funcionamiento exige la aplicación de normas jurídicas que rebasan (exorbitantes) las que ofrece el Derecho común, por el motivo de que es menester que la explotación del servicio se haga siempre sobre la base de su regularidad y continuidad.

Esta teoría de Jèze, que fue correctamente formulada en su época, esté totalmente superada, pues la doctrina actual no considera que la concesión sea siempre un contrato administrativo, y por otra parte, y lo que es más importante, se ha desechado el criterio del servicio público como el único elemento delimitador de los contratos administrativos que utilizaba Jèze.

C. Teoría de **León Duguit**.

Señala **Duguit**, que en el acto de concesión no se produce un contrato, aunque si se trata de una convención que tiene naturaleza compleja.

En efecto, esta convención, al propio tiempo es una convención-contrato y una convención-ley, o en otros términos, comprende muy distintas cláusulas: las contractuales y las legales o reglamentarias.

Así, según **Villegas Basabilbaso**, la concesión es un acto jurídico complejo, creador de dos status jurídicos distintos: un status legal o reglamentario y un status contractual de derecho público.

El primero es una ley en sentido material (leyes fórmales materiales y leyes materiales como los reglamentos) modificables por el Congreso (las leyes formales-materiales) y por el Ejecutivo (Reglamentos) en todo momento en que lo exija el interés público.

El status contractual o situación jurídica individual que constituye la base económico-financiera de la concesión es virtualmente intangible, y si fuera modificada por actos del concedente, originaría para el concesionario el derecho a una indemnización para el restablecimiento de la base económica.

Este último criterio, es el que acogemos como propio de la naturaleza jurídica de la concesión.

II. LAS CONCESIONES DE HIDROCARBUROS

1. Nociones previa

Las concesiones administrativas, pueden tener varios objetos, a saber:

a) Un servicio público: la concesión de servicio público.

b) Un bien público, un bien del dominio patrimonial del Estado: las comisiones de pesca de perlas, de salinas y las concesiones de uso de bienes patrimoniales del Estado.

c) Una actividad de utilidad pública: Las concesiones relativas a las aguas públicas, al transporte público colectivo y a las minas o hidrocarburos.

Consideramos por tanto, que las concesiones de hidrocarburos son concesiones administrativas de actividades declaradas de utilidad pública.

2. Naturaleza jurídica de las concesiones de hidrocarburos

Las actividades declaradas de utilidad pública como la explotación de hidrocarburos, no constituyen servicios públicos pues la ley que las declara, no prevé ni su continuidad ni regularidad; pero sin embargo están regidas por el Derecho Público.

Por tanto, la critica que pueda hacerse a la concepción de la concesión de Hidrocarburos como una concesión administrativa, en base a considerar que no constituye un servicio público la actividad de explotación de hidrocarburos, es una crítica a nuestra entender, sin sentido alguno, y que por tanto no resuelve ningún problema.

Nosotros, hemos dicho, consideramos la concesión de hidrocarburos como una concesión administrativa, constitutiva de status legales; un status legal y un status contractual. Naturaleza que ya hemos señalado en el capitulo anterior al estudiar la teoría de **Duguit** que sigue actualmente toda la doctrina.

Aclaramos, por otra parte, que la concesión administrativa no implica siempre la existencia de un contrato administrativo, y en el caso de las concesiones de hidrocarburos no constituyen contratos administrativos porque la actividad, cuya explotación se concede, no lo amerita. Por otra parte, las minas de hidrocarburos no constituyen bienes del dominio público, sino bienes del dominio privado del Estado o bienes patrimoniales.

Las concesiones de hidrocarburos están íntegramente constituidas por cláusulas legales, determinadas en la ley de hidrocarburos y en su Reglamento. Las partes que intervienen en dicho acto complejo no tienen autonomía de la voluntad para contratar. Sin embargo, hay una excepción, el Estado Venezolano puede contratar con autonomía de voluntad, un solo tipo de cláusulas contractuales: Las que determinan ventajas especiales para la Nación, tal como lo establece el artículo 5°, parágrafo único de la Ley de Hidrocarburos.

3. Naturaleza jurídica del Derecho que otorga la concesión de Hidrocarburos

El artículo 3 de la Ley de Hidrocarburos señala que el derecho derivado de las concesiones de explotación de hidrocarburos, constituye un derecho real inmueble, que puede ser cedido o traspasado a terceras personas, o hipotecado, arrendado, etc.; pues el concesionario puede, en general, disponer de él conforme a Los principios generales del Derecho.

III.   LA CESIÓN Y RENUNCIA DE LAS CONCESIONES DE HIDROCARBUROS EN LA LEY DE IMPUESTO SOBRE LA RENTA Y EN LA JURISPRUDENCIA.

1. La Cesión de Concesiones

El derecho de ceder las concesiones de Hidrocarburos que posee el concesionario, es consecuencia directa del tratamiento como bienes inmuebles que la ley da a dichas concesiones.

Ahora bien, siendo las concesiones de Hidrocarburos bienes inmuebles, la cesión o traspaso que de ellas haga el concesionario, ¿bajo qué cédula estaría gravada en la Ley de Impuesto sobre la Renta?

La jurisprudencia del Tribunal de apelaciones del Impuesto sobre la Renta, entre ella las sentencias de 18 de abril de 1951, N° 321 y la de 15 de junio de 1950, N° 297, es constante en considerar que la cesión de concesiones de hidrocarburos esté gravada en la cédula comercio-industrial y no en la de valorización de inmuebles.

En efecto, la cédula comercio-industrial grava los beneficios obtenidos en el ejercicio habitual o accidental de actos de comercio o de cualquier otros actos de comerciantes o industriales, relacionados con su negocio. Las empresas de explotación de hidrocarburos son empresas industriales, y por tanto, las operaciones realizadas por ella, y que no estén incluidas expresa o específicamente en otra cédula, deban ser gravadas en la comercio-industrial, como actos de comerciantes o industriales relacionados con el negocio.

Es decir, la empresa cedente os un contribuyente a quien se grava según la cédula comercio-industrial, porque el objeto principal de su actividad industrial es la explotación de hidrocarburos, por ello, a pesar de que la cesión de concesiones constituye una enajenación accidental de bienes inmuebles, que podría inducir a gravarlas por la cédula de valorización de inmuebles, está gravada en la cédula comercio-industrial. Así lo ha establecido la jurisprudencia.

2. La Renuncia de Concesiones

La Renuncia de las concesiones tiene por efecto inmediato dar por terminado el vínculo jurídico originado por la concesión y cesar la causación de los impuestos de hidrocarburos. Sin embargo no releva al concesionario de pagar los impuestos atrasados que adeuda. Así lo señala el artículo 81 de la Ley de Hidrocarburos.

La jurisprudencia, entre ella la sentencia del Tribunal Superior de Hacienda de 16 de octubre de 1947, ha considerado la renuncia de las concesiones de hidrocarburos constituyen verdaderas pérdidas sufridas en el patrimonio industrial del concesionario cedente, pues la renuncia produce el efecto de extinguir definitivamente el derecho de concesionario. Por tanto, pueden dichas pérdidas declararse como deducciones para el cálculo de la renta neta gravable según la Ley de Impuesto sobre la Renta.

IV.   LAS REGALÍAS DE HIDROCARBUROS.

1. Concepto

La Regalía no es una desmembración de la propiedad, ni mucho menos una copropiedad; por el contrario, tal como lo tiene decidido la Corte Federal en numerosos fallos, entre otros el de 12 de noviembre de 1954, se trata sencillamente de un derecho en participación sobre los beneficios do la explotación. Su valor económico depende, por tanto, del porcentaje de la regalía, como de la productividad de la concesión misma, entendido esto en función de la duración de la concesión y aparte de estas razones ha de tenerse muy en cuenta la necesidad o estado económico del concesionario quien para sortear una crisis o un momento difícil resuelve vender bajo esa forma de participación, anticipadamente, una porción de petróleo, y entonces el precio que se establece por la regalía, no es exactamente al equivalente que a ella corresponde con el valor del petróleo por extraer.

2. Carácter del Regalista

Puede legalmente el concesionario de Hidrocarburos reconocer a otra persona, a cualquier persona, una determinada participación, regalía o "royalty" sobre el petróleo que fuere extraído de la concesión; y así ocurre en la práctica; o bien, ese concesionario puede reservarse en su favor una participación o regalía cuando cede o traspasa la concesión, como también suele ocurrir. En el uno y en el otro caso, el beneficiario de la participación no tiene el carácter, cualidad o condición de concesionario, pues solo está ligado por una relación personal con éste, y por ello, eso beneficiario, participante o regalista no tiene ante el Estado los derechos ni las obligaciones propias del concesionario.

El regalista o beneficiario de la Regalía no tiene en absoluto derecho alguno a extraer ese petróleo, el cual derecho pertenece con carácter de exclusividad al concesionario; siendo así que el derecho del regalista está limitado a la cuota particularmente convenida entre él y el concesionario sobre las cantidades extraídas por éste pues, el dueño de una regalía no tiene ningún vínculo con la nación por no ser explotador del subsuelo. Así lo tiene establecido la Corte Federal en sentencia de 8 de junio de 1954.

3. Las Regalías de Hidrocarburos y el Impuesto sobre la Renta

Los ingresos percibidos por el regalista, por concepto de regalías, son un enriquecimiento, y por tanto, están sujetos al impuesto sobre la renta conforme a los artículos 7 y 9 de la Ley de Impuesto sobre la Renta, en la cédula del Impuesto sobre la Renta del capital inmobiliario.

Además, tanto los concesionarios como los regalistas de Hidrocarburos están sujetos al Impuesto adicional (Art. 41 de la Ley).

Así lo ha establecido la Corte Federal en varios fallos, entre los cuales los de 8 de junio de 1954, 9 de diciembre de 1955 y 6 de agosto de 1957.

4. La Cesión de Regalías y la Ley de Impuesto sobre la Renta

El artículo 10, ordinal 4° de la Ley de Impuesto sobre la Renta en el capítulo IV correspondiente al Impuesto sobre beneficios industriales y comerciales, señala que están gravados los enriquecimientos que se obtengan en virtud de la cesión de Regalías y demás participaciones análogas.

LIBRO TERCERO:

PRIMEROS ARTÍCULOS DE OPINIÓN UNIVERSITARIA Y OTROS PUBLICADOS CUANDO ESTUDIANTE (1958-1962)

Entre 1960 y 1962, mientras cursaba mis estudios de derecho, aparecieron publicados varios trabajos, unos de opinión universitaria y otros de divulgación jurídica en Revistas jurídicas especializadas, fruto de mis actividades universitarias. Esos trabajos fueron los siguientes, en el periódico *Opinión*, que fue una publicación quincenal estudiantil que fundé y dirigí, salieron publicados mis primeros artículos que fueron, "¿A dónde vamos?", N° 1, Caracas, 24/02/58, p. 4; y "¿Obligatoriedad del voto?", N° 4, Caracas, 15/04/58, p. 1. Luego salieron publicado otros trabajos de opinión en otras Revistas Universitarias, el relativo a "Discriminación Estudiantil. No! Selección," en *Vértice*. Revista Universitaria de Ideas, Artes y Letras, N° 3, Caracas, junio 1962, pp. 6-7; y el que se refirió a "La selección universitaria," también en *Vértice*, Revista Universitaria de Ideas, Artes y Letras, N° 19, Caracas, mayo 1964, pp. 25-29.

Como manifestación de mi trabajo en el ámbito jurídico de aquellos años de estudiante, salieron además, mientras cursaba estudios en la Facultad de Derecho, los siguientes trabajos: "Estudio sobre la Ley de Regulación de Alquileres de 1° de agosto de 1960," en la *Revista del Colegio de Abogados del Distrito Federal*, N° 113, Año XXIII, Caracas, julio-septiembre 1960, pp. 217-232; "El Servicio de Cajas de Seguridad Bancarias," en la misma *Revista del Colegio de Abogados del Distrito Federal*, N° 115, Año XXIV, Caracas, enero-marzo 1961, pp. 75-104; "El Derecho de Huelga en el concepto de Libertad en el Estado moderno," en la *Revista de la Facultad de Derecho*, N° 21, Universidad Central de Venezuela, Caracas 1961, pp. 251-284; "El proceso de impugnación en el recurso de casación," en *Revista Rayas*, Órgano divulgativo de los estudiantes de la Universidad Católica Andrés Bello, N° 7-8, Caracas, julio-agosto 1962, pp. 36-45; y "Consideraciones acerca de la distinción entre documento público o auténtico, documento privado reconocido y autenticado y documento registrado," en *Revista del Ministerio de Justicia*, N° 41, Año XI, Caracas, abril-mayo-junio 1962, pp. 187-221, y en la *Revista de la Facultad de Derecho*, N° 23, Universidad Central de Venezuela, Caracas, junio 1962, pp. 347-378.

I. ¿A DÓNDE VAMOS?

Publicado en el periódico universiatrio *Opinión*, N° 1, Caracas, 24/02/58, p. 4

¿Puede la sociedad venezolana seguir el rumbo moral que lleva? ¿A qué llegaremos si sigue así? Estas son preguntas que muchas personas se han hecho. Pero en su mayor parte, estas personas creen que con enunciarlas han hecho un gran adelanto en la resolución del problema. Problema grave e importante para todos los componentes de la sociedad, pues les concierne directamente. A pesar de todo, estas personas tienen un mérito, que es el de siquiera interesarse por los problemas del medio en que viven; gran adelanto éste, en comparación con la mayoría de los demás, que no sólo no se ocupan del problema, sino que lo creen asunto de tontos, y por lo tanto obran de una manera completamente errada. Hay muchos, sin embargo, que ignoran esto, pero es cosa sabida que la ignorancia no justifica la culpa, por lo tanto no hay que excusarlos en su actuación; no quiero decir con esto que se les condene, sino que se les diga la verdad y que se les haga verla. Y esto es precisamente lo que nos toca a nosotros, la nueva generación, que es la más indicada para luchar contra esa corrupción social, que todos sabemos que existe; luchar para reformar la sociedad actual, y luchar para que las futuras se amolden más a las reglas de la moral.

Pero hay que hacer notar que muchos de esta nuestra generación joven se sienten incapaces o no han pensado que sí son capaces de ayudar a la solución del problema, o sea a la moralización de las costumbres; y ayudar, digo, pues esto no es obra de pocos, sino obra de muchos.

Con esto he querido hacer notar que en nuestra sociedad hay grandes corrupciones que son ignoradas por muchos, y conocidos por otros que son indiferentes a ellas, y sólo un pequeño grupo se ocupa de esos problemas, los discute, se interesa por ellos, y trata de atraer a su seno a otros individuos. Pero ese grupo no es suficiente.

Luchar contra esas corrupciones es la Juventud. Pero algunos de esos jóvenes ignoran y toman una actitud indiferente ante los problemas del medio en que viven. En esos indiferentes y despreocupados no se puede fundar ninguna esperanza de superación, y en esos es que debemos influir para que Venezuela no se pierda en la amoralidad.

Alguien dirá que exagero; pero no, no exagero, sino que no tolero, no tolero la indiferencia y la ignorancia de hombres del mañana ante los problemas de su sociedad, y no sólo los problemas morales, sino también los problemas políticos, que son los que señalarán nuestro destino y nuestro futuro.

Tuvimos suerte los jóvenes universitarios, de haber vivido enteramente los aconte-cimientos políticos del mes de enero, acontecimientos éstos que, como vimos, esencia-les para el progreso de la Patria, pues marcan una nueva etapa para ésta. En los aconte-cimientos citados, la mayoría de los universitarios de Venezuela demostramos que no estábamos de acuerdo con la tiranía depuesta, surgida de la usurpación, que se caracte-rizó por la ola de vicio, corrupción y peculado que trajo a Venezuela, y la cual cubrió a una gran parte de sus habitantes. Pero se luchó contra ella, exponiéndose a las cárceles y a los maltratos por parte de los defensores de esa dictadura. Pero dije antes, la mayor-ía de la juventud luchó, pues hubo una gran parte de ella que no merece que se les llame ni jóvenes ni venezolanos. Individuos éstos, que permanecieron indiferentes ante los acontecimientos políticos, calificando los movimientos de protesta universitarios, como obra de agitadores de tendencias partidistas. Estos indiferentes, que en los días de agitación no hicieron nada por defender una causa noble y un ideal, si es que lo tenían, a esos individuos se les ve ahora con ínfulas de héroes, contando lo que jamás hicieron ni vieron, formando seudo-brigadas de orden, cuando ya el orden estaba im-puesto. En esos momentos que vivía Venezuela, la indiferencia de éstos se puede cali-ficar como la mayor afrenta a la Patria; y ellos eran criminales, sí criminales para los ideales de libertad y para Venezuela.

Pero el régimen cayó, y cayó por la protesta general del pueblo venezolano, que uni-do bajo los principios más nobles, supo comprender la depravación que ese régimen trajo, y unido supo protestar, cerrando así una etapa histórica de Venezuela, la que esperamos no se vuelva a abrir jamás.

Ahora, la nueva etapa se tiene que caracterizar por un renacer general, al cual todos debemos ayudar, y en el cual los que obraron indignamente se den cuenta de ello, y en el que no deben existir más bachilleres de "Botiquín" ni más universitarios de "Caba-ret" que son los que hundirán a Venezuela en un abismo, de donde difícilmente podrá salir.

Debemos luchar por una vida en sociedad más digna, obra ésta que le corresponde a la nueva generación, pues de la sociedad de mañana formamos parte nosotros y si hemos luchado por que sea digna, lo será para nosotros y para las generaciones sucesi-vas.

II. ¿OBLIGATORIEDAD DEL VOTO?

Publicado en el periódico universitario *Opinión* **N° 4, Caracas, 15/04/58, p. 1**

En todos los sectores de opinión del país, se ha venido ventilando el tema de la obligatoriedad del voto.

Unos lo condenan, y lo califican de atentatorio y antidemocrático. Otros lo apoyan considerándolo la única forma de llegar a la constitucionalidad.

Lo cierto es, que la Constitución de Venezuela del año de 1953, vigente actualmente, en su artículo 38, nos dice:

> "La soberanía reside en el pueblo, quien la ejerce por medio del sufragio y por órgano del Poder Público".

Analicemos este artículo: La palabra Soberanía, viene del Latín "Superanus", que significa supremo. Esta etimología de la palabra nos va a indicar la tendencia del concepto hacia el "Poder Supremo".

El concepto de Soberanía es el de Poder Supremo, independiente de cualquier otro poder, irrestricto, autónomo, y del cual se derivan todos los demás poderes del Estado.

Ahora, pueden ser titulares de la Soberanía:

Una persona, y nos encontramos frente a una Monarquía.

Un grupo de personas y nos vemos frente a una Aristocracia.

El pueblo, y nos encontramos frente a lo anelado por todos, la Democracia.

Analizando el artículo expresado, vemos que dice, que la Soberanía reside en el pueblo, o sea el Poder Supremo reside en el pueblo, por lo tanto esto es Democracia.

La manera como el pueblo ejerce este Poder Supremo es por medio del Sufragio, o sea la democracia se ejerce por medio del sufragio.

Si por sufragio entendemos la opinión de una minoría, por ejemplo 1 millón de habitantes que voten, para alrededor de 3 millones de electores que tenemos en Venezuela, no podemos decir que hay Democracia, es decir soberanía del pueblo.

Soberanía del pueblo significa, el Poder Supremo en manos del pueblo, pero de la voluntad general del pueblo, de la mayoría.

El pueblo ejerce la soberanía por medio del sufragio, y por órgano del Poder Público.

El pueblo elige al Poder Público por medio del sufragio, para que lo dirija. Para que lo dirija por medio de ese Poder Supremo que el pueblo ha dado al Poder Público.

Ahora bien, ¿Sería de Derecho que esa soberanía que el pueblo da al Poder Público sea dada por medio de una minoría? Todos nos damos cuenta de que no es de Derecho.

Por lo tanto es de Derecho, que el Poder Supremo, que es la Soberanía, y que el pueblo ejerce por órgano del Poder Público, sea concedido a éste por una mayoría electora.

Esta mayoría electora se manifestó en 1951, y el voto era obligatorio. Esa mayoría no se manifestó en el plebiscito del 15 de Diciembre, justamente por no ser obligatorio el voto.

El artículo 39 de nuestra constitución, dice:

"El sufragio es función pública privativa de los venezolanos. No obstante, podrá hacerse extensiva a los extranjeros. La ley de-terminará las condiciones y de-más modalidades relativas al ejercicio del sufragio en uno y otro caso".

De consiguiente el medio para elegir el Poder Supremo, es una función privativa, propia de los venezolanos, y por lo tanto como venezolanos debemos ejecutarla, sea o no sea obligatoria; pues es un derecho público subjetivo, como tal irrenunciable, por lo tanto un deber de venezolanos; y quizás el único medio de que esa mayoría de electores se manifieste es poniendo el voto obligatorio.

III. DISCRIMINACIÓN ESTUDIANTIL ¡¡NO!! SELECCIÓN

Publicado en la Revista universitaria V*értice*. Revista Universitaria de Ideas, Artes y Letras, n° 3, Caracas, junio 1962, pp. 6-7

El crecimiento progresivo de la población escolar, tanto en las Universidades como en los centros de educación media, plantea a la Universidad Venezolana problemas apasionadamente debatidos.

Las estadísticas de los últimos cuatro años registran cifras tan impresionantes, que obligan a estudiar en forma definitiva el problema de la selección del estudiantado universitario.

Diversas causas plantean este problema. De una parte, los defectos del bachillerato nuestro, que ya han sido ampliamente afirmados y comentados por la opinión nacional, por lo que no hace falta insistir aquí sobre ello. Sin embargo, lo cierto es que, el nivel educativo de la masa estudiantil que ha ingresado en los últimos años a la Universidad, es significativamente bajo y pobre, con sus lógicas excepciones.

De otra parte, el crecimiento progresivo del estudiantado universitario se ha realizado en forma tan impresionante, que ha rebasado los cálculos previsibles para la época de la construcción y planificación de nuestra Ciudad Universitaria; de manera tal que, no sólo falta personal docente, sino que faltarán, en pocos años, aulas y espacio para alojarlo. Este crecimiento impresionante de la población universitaria tiene un motivo determinante: la gratuidad de la enseñanza.

La gratuidad de la enseñanza universitaria es un principio educativo que exige la concepción del Estado Moderno. Sin embargo, ésa gratuidad mal aplicada, en un país cuya población está compuesta en más de su mitad, por personas menores de 25 años, lleva en un número pequeño de años, a la formación de un proletariado profesional, que hace dudoso que se pueda encontrar empleo para tantos titulados convertidos en inadaptados.

Es por ello por lo que creemos que el principio de la gratuidad de la enseñanza universitaria resulta inoperante, sin un mecanismo adecuado de selección del estudiantado universitario. Eso lo afirmaba ya para el año 1932 el doctor Celestino Bouglé, Profesor de la Sorbona y Director de L'Ecole Nórmale Superieure, ante la apertura de las exclusas universitarias en Francia para el año 1902.

La Conferencia Preparatoria de representantes de Universidades, celebrada en Utrecht en agosto de 1948, por iniciativa de la UNESCO, estuvo de acuerdo en considerar necesaria una doble selección del estudiantado universitario, operada en dos momentos diferentes: o sea, una selección para la admisión y otra que tiene lugar en el transcurso del primer ciclo de estudios.

La primera forma de selección por medio del examen previo de admisión, se hace necesaria en aquellas Universidades que fijan un "númerus clausus" por su superpoblación estudiantil. Ese no es el caso nuestro; todavía no hemos llegado a una superpoblación. Además, los países tales como Australia, Austria, Bélgica, Grecia, Gran Bretaña, Irlanda, Polonia, Rumania, Estados Unidos de Norteamérica, Suiza, Turquía, Brasil, Bulgaria, etc., que tienen instaurado este sistema, lo han hecho de manera progresiva, a través del tiempo, y no violentamente como se ha pretendido establecer en la Escuela de Medicina de nuestra Universidad Central. Uno de nuestros problemas fundamentales es la improvisación y la imprevisión en el actuar: el sistema de admisión sería correctamente instaurado con un pre-aviso de dos años como mínimo, para los alumnos que entren actualmente en el Segundo Ciclo de Educación Secundaria. De esta manera, el alumno de bachillerato sabrá, con dos años como mínimo de anticipación, que si pretende entrar a la Universidad, debe rendir un examen de valoración de conocimientos, donde se tomará en cuenta, además, el promedio definitivo de calificaciones obtenidas en sus estudios medios.

Este tipo de selección exige tiempo, y el problema actual de la Universidad quedaría irresoluto. Por ello, a pesar de que no consideramos descartable este sistema, creemos que no debe ser el único, y que mientras transcurran esos dos años mínimos de aplicación, debe procederse con medidas urgentes.

La segunda forma de selección se lleva a cabo por medio de un ciclo preuniversitario, propedéutico, con funcionamiento en la propia Universidad. Este ciclo preparatorio o vestibular, antes de ser un instrumento para suplir deficiencias o remendar conocimientos no adquiridos o mal adquiridos en la Educación Media, es un medio de dotar al estudiante de las herramientas necesarias, del método indispensable para el trabajo universitario, que sirve de plataforma necesaria para que pueda ser eficaz la futura enseñanza profesional, y cuyos métodos han de corresponder a una auténtica didáctica universitaria.

Esta según forma de selección requiere, a su vez, una reforma de los planes de estudio de cada Facultad, lo que sería de innegable utilidad para el sistema actual de la enseñanza universitaria. Sabemos que para el año de 1953, el doctor Antonio Moles Caubet, proponía este sistema en la Facultad de Derecho. Su adopción en aquella época hubiese evitado los múltiples problemas con los cuales se enfrenta ahora esa Facultad.

En todo caso, consideramos que estos dos sistemas señalados, deben formar parte de una Reforma Universitaria auténtica, donde no exista la demagogia.

Sin embargo, ello requiere tiempo, y los problemas actuales requieren soluciones inmediatas y urgentes.

En este sentido, consideramos que la selección del estudiantado universitario, mientras se ponen en práctica los dos sistemas antes apuntados, debe hacerse en el curso de las carreras profesionales.

Este tercer sistema de selección requiere, naturalmente, un completo cambio en los métodos de exámenes finales, de reparación y de arrastre, que son la base de valoración del conocimiento estudiantil actualmente, y cuya composición vigente constituye una completa inmoralidad pedagógica.

En efecto, ante la perplejidad del estudiante de la Facultad de Derecho, se ha podido observar cómo, a través de cuatro años consecutivos, ha imperado un sistema llamado de exámenes optativos. Cuando nos tocó ingresar a la Escuela de Derecho hace cinco años, conocimos un sistema de exámenes que antes cumplimos en nuestro bachillerato: se trataba de dos pruebas, una escrita y otra oral, ambas eliminatorias. Forma perfecta para valorar conocimientos. Pues bien, actualmente este sistema se ha cambiado en forma radical; ahora existen dos pruebas, una escrita y otra oral, optativa para los aplazados por la escrita. Ello trae como consecuencia, que el alumno aplazado en el examen final escrito, se encuentra que todavía tiene cinco oportunidades más de aprobar la materia. Y ¿quién no aprueba con seis oportunidades?

Esto es sencillamente inmoral, además de ser una burla para el profesorado universitario, y para el estudiante mismo. Preferible sería que no se hiciesen exámenes finales y que se dejara la valoración de conocimientos al profesor, por el rendimiento del alumno durante el año escolar.

Pues bien, si queremos, estudiantes y profesores, elevar un poco el nivel de estudios de la Escuela de Derecho, debemos quitarnos la máscara demagógica y meditar qué es más conveniente para la colectividad: una masa numerosa de profesionales universitarios mal preparados e inadaptados, cuyas consecuencias se están comenzando a sentir, u otra masa, menos numerosa de profesionales bien preparados.

En un régimen de gratuidad de la educación universitaria, que consideramos el primer, pero no único paso de una Reforma Universitaria, la selección del estudiantado universitario se basa en la capacidad y aptitud individual, y no en la diferente posición económica que pueda tener la persona.

IV.   LA SELECCIÓN UNIVERSITARIA

Publicado en la Revista universitaria *Vértice*, Revista Universitaria de Ideas, Artes y Letras, N° 19, Caracas, Mayo 1964, pp. 25-29.

No deja de ser una frase tendenciosa esa de que la enseñanza universitaria depende exclusivamente del profesor. Es un hecho universalmente aceptado que la enseñanza universitaria no constituye un monólogo, por magnífico que este sea, sino que, al contrario, es esencialmente un diálogo: un diálogo entre dos sujetos, y entre dos sujetos activos. Y por ello, precisamente, es que la ley de universidades venezolana define a la institución universitaria como aquella "comunidad de intereses espirituales que reúne a estudiantes y profesores en la tarea común, comunitaria, de buscar la verdad y afianzar los valores trascendentales del hombre". Por tanto, la enseñanza universitaria no depende exclusivamente del profesor, sino que es un diálogo, donde deben intervenir los dos sujetos activos del diálogo, profesores y estudiantes.

El Estado venezolano tiene indudablemente una obligación constitucional de crear y mantener instituciones educativas, y como consecuencia, instituciones universitarias. Pero esta obligación que tiene el Estado suscita también un derechos para él de hacer que los sujetos de ese diálogo, los profesores y los estudiantes, sean los sujetos más capaces y los más activos para poder llevarlo a cabo. Todo diálogo, sólo puede mantenerse y realizarse entre personas capaces y entre personas que tengan un interés en que se perpetúe. Surge, pues, el problema de la selección: la facultad que tiene el Estado de exigir que los sujetos activos del diálogo universitario sean los más capaces y sean los más interesados en que ese diálogo continúe.

De aquí nos surge que cuando se habla de selección universitaria, no sólo debemos pensar en la selección del estudiantado universitario, sino también en la selección del profesorado universitario. Por ello, he de dividir la exposición en dos partes fundamentales: hablaremos en primer lugar, sobre la selección del profesorado universitario, de uno de esos sujetos activos, y en segundo lugar, de la selección del estudiantado universitario.

I. LA SELECCIÓN DEL PROFESORADO:
NADIE DISCUTE

Es un hecho indisentido el que se seleccione, se constate la capacidad y la aptitud del profesorado universitario. Y ello porque esta función requiere una gran idoneidad y una gran prestancia.

La Constitución venezolana ciertamente consagra el derecho de enseñar, es decir, el derecho a toda persona de fundar y dictar cátedras. Pero la propia Constitución señala que para poder enseñar es necesario demostrar previamente la capacidad y la aptitud para hacerlo.

Antes de analizar la situación venezolana, es decir, en qué consiste la selección del profesorado en Venezuela, creo necesario examinar dos sistemas que rigen en instituciones europeas. Y ello porque el sistema venezolano, como veremos, es una conjugación de estos dos sistemas extranjeros. Me refiero concretamente al sistema francés y al sistema sueco.

II. EL PROFESORADO EN FRANCIA:
CONCURSO DE AGREGACIÓN

En Francia, el cuerpo docente de las Universidades, se compone fundamentalmente de dos tipos de profesores: los profesores titulares y los profesores agregados. Para ser profesor titular es necesario, como requisito imprescindible, haber ejercido la docencia, por lo menos dos años, y haber sido anteriormente agregado en una universidad. Y para ser profesor agregado es necesario, fundamentalmente, haber pasado lo que se llama el concurso de agregación. El concurso de agregación es un examen en el sentido amplio de la palabras que tiende a seleccionar entre los postulantes, los mejores para que ocupen cargos universitarios. Es un concurso nacional, válido para todas las universidades de Francia. Por ejemplo, en todas las facultades de Derecho, se hace un solo concurso de agregación, y el que resulte ganador de este concurso es asignado por el Estado —porque las universidades francesas no son autónomas— a cualquiera de las universidades francesas.

Este examen consta de una prueba escrita y cuatro lecciones orales. Para poder concurrir hay que ser titular de un doctorado y además ser titular de un diploma de estudios superiores; es necesario, pues, haber hecho estudios superiores de nivel de doctorado, por lo menos durante cuatro años, después de concluida la carrera.

El método esencial de selección en Francia es, por lo tanto, el concurso de agregación. *Lo que busca este concurso* fundamentalmente, *es medir la capacidad, la capacitación del futuro profesor.*

III. EL SISTEMA SUECO:
ORDENACIÓN POR MÉRITOS

Sistema totalmente distinto es el sistema sueco. En Suecia, cuando se da un cargo vacante en cualquier universidad se notifica a los interesados en ocupar este cargo, y se nombra una comisión de la facultad respectiva, quien va a ordenar a los postulantes en forma de mayor o menor mérito. Esta lista por méritos, es pasada al Consejo de profesores de la universidad, y, a proposición de este consejo, el Gobierno –también la universidad sueca y en general todas las universidades europeas dependen directamente del Estado- nombra entonces al Profesor.

El método esencial es pura y simplemente una selección que hacen los mismos profesores de la universidad, en base a la capacidad científica, a los méritos del postulante, siendo requisito esencial, para tener la más mínima suerte de poder ser elegido profesor, haberse graduado en una universidad, por lo menos con el grado de Doctor Cum Laude.

IV. VENEZUELA: SISTEMA RÍGIDO DE SELECCIÓN PROFESORAL

La fórmula venezolana puede considerarse como la unión de los dos sistemas anteriores. La Ley de universidades, consagra la facultad, para el Consejo Universitario, de someter la cátedra a concurso. Por tanto, el principio en la ley de universidades no es la obligación sino la facultad de someter sus cargos a concurso. El Consejo Universitario en el año 1960 se ha autolimitado y ha dictado un Reglamento de Concursos Universitarios, en el cual se obliga a proveer todos los cargos vacantes por concurso. Existen determinadas excepciones en cuanto nombramiento de profesores interinos, y en cuanto al nombramiento de Profesores sin necesidad de concursos, cuando se aleguen méritos suficientes para prescindir de tal requisito. El principio general es, en todo caso, que en Venezuela la provisión de cargos docentes se realiza por concurso.

Las pruebas de este concurso consisten, fundamentalmente en dos: en primer lugar, una prueba de credenciales, y así vemos la parte del sistema sueco: el concursante debe presentar sus títulos académicos, los cargos administrativos o docentes que ha ocupado o que ocupe, debe acompañar todas las obras y trabajos que sobre la materia ha publicado. Y por último, debe indicar todos los méritos académicos de cualquier tipo que tenga. En todo caso, se exige que, para poder inscribirse en el concurso, el futuro profesor debe poseer condiciones morales y cívicas que lo hagan apto para tal función.

Sin embargo, ésta no es la única prueba, sino que existen tres pruebas más, que podemos unirlas todas con el término general de "pruebas de aptitud docente". Estas pruebas de aptitud docente constan de tres exámenes. Una *prueba pedagógica:* el futuro profesor debe presentar una exposición escrita sobre los métodos, sobre el sistema de enseñanza de la materia a la cual concurra, de las reformas al programa que él crea que deban hacerse; *la prueba de lección teórica o práctica:* una exposición oral que debe hacer el futuro profesor sobre un tema al azar escogido por el jurado del programa, para la preparación del cual se le dan cuatro horas, pudiendo consultar en estas cuatro horas todo el material bibliográfico o de cualquier índole que necesite; y la llamada *prueba de capacitación:* el profesor en esta prueba debe hacer una exposición verbal, sobre, también un tema escogido a la suerte del programa, pero sin tiempo alguno para preparar, sino que en el momento mismo en que se escoge el título de desarrollo, el profesor debe desarrollarlo como si se tratara de una clase.

Por tanto, vemos que se conjugan los dos sistemas europeos. Se valora al profesor por sus méritos, por sus títulos académicos, y se valora al profesor por su aptitud y capacidad docente.

Aunque ningún sistema de selección humana puede considerarse perfecto, nosotros consideramos que ese sistema de selección de la Universidad Central es digno de todo elogio; con un sistema de este tipo, bien aplicando, se logran, en realidad, buenos, muy buenos profesores. De hecho, de los concursos que se han realizado, concretamente en la Facultad de Derecho, han salido indudablemente magníficos profesores.

V. LA OTRA CARA DE LA MONEDA: LA SELECCIÓN ESTUDIANTIL

Pero si bien les dije que el tema de la selección del profesorado universitario es aceptado sin discusión por profesores y estudiantes, no sucede lo mismo con el tema de la selección del estudiantado universitario. Y ello porque se ha interpretado mal la llamada democracia universitaria, consecuencia de la cual es el principio de la gratuidad de la enseñanza general, y en particular, de la enseñanza universitaria.

Ustedes saben que es principio constitucional en Venezuela la gratuidad de la enseñanza. Además, es un principio que ha sido acogido por la ley de universidades, que declara expresamente que la educación universitaria en Venezuela es gratuita, aunque deja un margen abierto para establecer aranceles en caso de que se trate de alumnos repitientes o de arrastre.

La democracia universitaria consiste, sin embargo, en la igualdad para todos de entrar a la universidad. Mejor dicho, en la igualdad para todos para entrar a la universidad. No significa que todo el mundo tiene derecho y deba entrar a la universidad, sino que todo el mundo tiene igualdad de derecho y de obligaciones para poder entrar a la universidad. La universidad debe abrir las puertas a todos: pero sólo habrán de llegar a ella los que demuestren madurez, capacidad y aptitud para el trabajo universitario.

Por tanto, la universidad no debe discriminar, sea por razones económicas, políticas o sociales, aunque sí seleccionar, y seleccionar por dotes intelectuales, vocacionales y morales.

Constituye una práctica generalmente aceptada, en muchas instituciones universitarias, el hecho de someter la admisión de los estudiantes a un examen previo.

Sin embargo, para hacer consideraciones sobre este examen previo, hay que determinar, en primer lugar, cuáles son las causas que motivan la selección del estudiantado universitario en general, y en segundo lugar, analizar algunas experiencias extranjeras, en materia de selección.

VI. CAUSAS DIVERSAS LA MOTIVAN

Principalmente son dos las causas que motivan la selección del estudiantado universitario. Existen aquellas medidas selectivas que buscan obtener un número determinado de profesionales, y que buscan admitir un número, un cupo fijo de estudiantes. Esta primera causa puede tener su origen sea en que el Estado ha establecido sólo un límite fijo de profesionales que necesita; por ejemplo, el caso de la Ecole Politéchnique francesa y el caso de la Escuela de Puentes y Caminos española, en que los ingenieros que surjan de esas escuelas son admitidos e incorporados al servicio del Estado.

Este límite puede tener también su origen en la carencia, sea de personal docente o en las limitaciones de las posibilidades materiales de laboratorios, de aulas, de cualquier otro tipo. Cuando surge este problema de carencia de elementos para enseñar, surge también el problema de establecer un cupo, es decir la institución determinada no puede aceptar sino hasta tal número de estudiantes. Si se acepta más de ese número, se dice, la enseñanza que se imparta será inadecuada.

El motivo determinante de estos primeros sistemas de selección es, entonces, el no sobrepasar un límite: existe pues, lo que se llama el sistema del número clasus: sólo determinada cantidad de estudiantes pueden ingresar a la facultad.

Muy distintos, en cambio, son aquellos métodos de selección que tienen su origen en la necesidad de valorar conocimientos y aptitudes de los futuros universitarias, realizándose estas valoraciones sin ningún tipo de límite; es decir, toda persona que demuestre su habilidad para el trabajo intelectual universitario es admitida a la universidad.

Con estos sistemas de selección surge un grave problema: es decir, cómo compaginar el hecho de que se posea un título académico, que se exige para entrar a la universidad y que debe presuponer aptitud y conocimiento, como es el título de bachiller, con nuevas pruebas o con cualquier tipo de medidas empleadas para valorar conocimientos.

Esto nos conduce a señalar que la razón de esto es que el bachillerato, la educación secundaria, tiene gravísimos defectos. Esto no es un hecho típico de Venezuela, sino un fenómeno que se ha producido en todas partes del mundo. Los estudiantes que salen de las escuelas secundarias no son capaces, en general, para desarrollar un trabajo universitario. Mientras los estudios secundarios no cumplan cabalmente su cometido, de ser la antesala de la universidad, la universidad tiene que establecer sus propios filtros, la universidad tiene que decir quién es el capaz y hábil y quien no lo es.

Y, como les dije, antes de examinar la situación venezolana en materia de selección del estudiantado universitario, creo necesario hacer un examen de dos experiencias extranjeras.

VII. ESTADOS UNIDOS:
SELECCIÓN POR ANTECEDENTES

Según la acertada expresión del profesor brasileño Almeida, en los Estados Unidos se trata de seleccionar a los alumnos con riguroso cuidado "para que las puertas de la Universidad queden inexorablemente cerradas, tanto a los débiles mentales, como a los refractarios a todo esfuerzo intelectual". Este cometido se logra por dos métodos que operan conjuntamente. En primer lugar, exigiendo de cada candidato, antes de entrar a la Universidad, unos estudios propios del llamado College que sirve de verdadera antesala a los estudios universitarios. El sistema de materias del College consiste en la existencia de una serie de materias de cultura general y otras materias que se escogen según la especialidad que pretende seguir el estudiante. El College ha sido también criticado en los Estados Unidos con críticas similares a las que formula la universidad en Venezuela, respecto al bachillerato y determinadas universidades, como Harvard o Chicago, han exigido condiciones concretas de realización. Por ejemplo, la Facultad de Derecho de Harvard exige la realización de cuatro años de College con escogencia de materias determinadas; la de Chicago sólo exige tres años. En todo caso, este curso que podríamos decir, preparatorio, se une a otro sistema de selección que consiste en un examen de los antecedentes del alumno. Este debe presentar todas las notas obtenidas en el College antes de entrar a la Universidad, y entonces la Universidad es quien valora el trabajo realizado por el alumno y quien lo admite o no.

VIII. RUSIA: EXAMEN RÍGIDO

Sistema totalmente distinto al americano es el sistema soviético. Quizás de los sistemas mas rígidos en materia de selección universitaria. La idea fundamental del sistema soviético y concretamente de la Universidad de Moscú, es realizar como principio general, un examen de admisión para todos los alumnos: Examen de admisión que es sumamente riguroso y consta de cuatro a cinco pruebas según la especialidad que se va a estudiar y en el cual se exige, por medio de un examen oral y escrito, el dominio de una lengua extranjera, como requisito indispensable. Existen determinadas excepciones sobre la realización de este examen de admisión en el sentido de que los alumnos que hayan salido del bachillerato con la medalla de oro, es decir, el más alto premio que se concede a estos alumnos, entren directamente a la Universidad. A los alumnos, en cambio, que hayan sacado medalla de plata, el segundo puesto en sus estudios de bachillerato, sólo se les exige presentación de un examen sobre la materia más relevante del bachillerato en relación con la especialidad que han escogido.

Estos dos sistemas los vamos a ver también aplicados en Venezuela, por diversas causas que veremos más adelante.

IX. VENEZUELA: EL CUPO ES INCONSTITUCIONAL

En todo caso, para analizar la situación venezolana, debemos partir, como hicimos anteriormente, de un principio constitucional. En Venezuela, existe constitucionalmente el derecho a la educación. Toda persona tiene derecho a obtener educación. Ese derecho en las personas trae como consecuencia una obligación en el Estado: es decir, también constitucionalmente, el Estado está obligado a crear y mantener instituciones educacionales. Este acceso de todos a la cultura y a la educación, está limitado o puede ser limitado, constitucionalmente, por la aptitud y por la vocación de la persona. En cambio, no puede ser admitido, entonces, aquel sistema que selecciona a base de un número fijo de estudiantes que necesita el Estado, sea porque los va a emplear, o que tiene que admitir el Estado porque no tiene posibilidades la institución de dar enseñanza. El sistema del cupo, es en Venezuela, en nuestra consideración, inconstitucional.

El Estado no puede limitar la entrada a las personas, a la universidad a la cual tienen derecho, alegando incumplimiento de su obligación. El Estado no puede decir: no tengo suficientes escuelas, no tengo suficientes facultades, no tengo suficientes profesores, para que ustedes puedan entrar. Sí puede decir: usted no pude entrar porque no tiene suficiente aptitud, no tiene la suficiente capacidad, no tiene la suficiente inteligencia para desarrollar un trabajo universitario. Eso lo puede y lo debe hacer.

Por tanto, la selección debe tener dos causas fundamentales en Venezuela: el bajo nivel del bachillerato y la falta o la desorientación vocacional de los alumnos que egresan del bachillerato.

Vistos estos principios generales, vamos a ver cuáles son los métodos de selección del estudiantado universitario que existen en Venezuela.

X. SISTEMA MIXTO: SELECCIÓN POR APTITUD Y POR VOCACIÓN

En primer lugar, existe el llamado examen de admisión. Este examen de admisión debe consistir en la verificación de la aptitud del estudiante, es decir, ver si el aspirante tiene el mínimo de capacidad y cultura necesario para que pueda desarrollar trabajo y fines universitarios. No se trata de la exigencia de un cúmulo de conocimientos eruditos sobre materias de bachillerato, como parte fundamental, sino de la obtención de un mínimo de aptitud y de conocimientos. Un examen de admisión que, en mi concepto, merece todo tipo de elogios, es el aplicado actualmente en la Facultad de Medicina. Y solamente elogiamos el examen de admisión en sí; actualmente en Medicina, además de este examen de admisión se ha establecido un cupo. La Facultad de Medicina de Caracas no admite sobre cuatrocientos alumnos. Esto no es correcto, en el sentido de que si se presentan mil candidatos, y quinientos aprueban el examen de admisión, los quinientos deben entrar a la Universidad, y la Universidad no puede alegar incumplimiento de su deber de mantener servicios educacionales para rechazar la entrada de esos alumnos.

XI. EL EXAMEN DE ADMISIÓN

El examen de admisión de Medicina consta fundamentalmente de dos tipos de pruebas: en primer lugar, una prueba de antecedentes, y aquí vemos la segunda parte del sistema americano: el alumno que pretende ingresar en la escuela de Medicina debe presentar todas las notas obtenidas durante el bachillerato con un promedio. Además de esta prueba de antecedentes del alumno, existe un examen de conocimientos. Examen de conocimientos que consiste en dos pruebas: una prueba sobre Humanidades y otra prueba sobre capacitación especial. La prueba sobre Humanidades consta de un examen sobre literatura y castellano, que consiste en el desarrollo de un tema y en la presentación de un examen sobre una lengua viva, sea francés o inglés según el idioma que se ha escogido en el estudio de bachillerato. La prueba de capacitación especial consiste en un examen muy general sobre las materias que se vieron en el bachillerato relacionadas con los estudios médicos. En todo caso, establece muy claramente el reglamento del examen de admisión de los estudiantes de Medicina, que este examen no debe valorar solamente los conocimientos enciclopédicos o eruditos que tiene el alumno que proviene del bachillerato, sino que fundamentalmente debe valorar la formación intelectual del postulante, formación intelectual que es necesaria para que pueda realizar provechosamente los estudios universitarios.

Además de estos dos exámenes, de antecedentes y de conocimientos, se exige que los aspirantes tengan entrevistas personales con funcionarios determinados de la Facultad de Medicina.

Por tanto, este es el primer sistema de selección, en base a la capacidad, que se emplea en Venezuela.

XII   EL CURSO PROPEDÉUTICO

El segundo tipo de selección consiste en el llamado curso preparatorio o curso propedéutico. No se trata de un preuniversitario que se desarrolla en el liceo o en el colegio, sino que se trata de un curso universitario, en la Universidad, con medios universitarios y para fines universitarios. Con este curso propedéutico se busca darle al estudiante bachiller las herramientas necesarias para poder realizar un verdadero trabajo universitario. Hemos dicho que el estudiante que sale del bachillerato entra a la universidad sin los materiales necesarios para poder realizar ese trabajo. Generalmente está acostumbrado a trabajar sobre textos o manuales, donde estudia conceptos, pero no estudia problemas; el alumno que sale del bachillerato generalmente no conoce el fichero, no sabe manejarlo, no sabe estudiar en bibliotecas, ignora cómo compaginar diversas soluciones doctrinales sobre un punto determinado; en general, también le falta conocimiento de una lengua viva que a veces es imprescindible en determinados estudios universitarios. Llega a la universidad y se empeña en seguir utilizando los mismos medios del bachillerato. De ahí que exista actualmente tanto auge por el manual, por los apuntes de clase, por los apuntes del profesor. Por tanto, con este curso propedéutico lo que se busca es dar al estudiante los utensilios necesarios para seguir estudios superiores. Por ello debe ser un curso propedéutico que debe funcionar en cada facultad o en facultades similares y no implica un repaso de materias de bachillerato. Debe consistir en vestíbulo para la auténtica enseñanza universitaria, con métodos universitarios, pedagogía universitaria, y con utensilios universitarios, (Sabemos, por ejemplo, que el Dr. Antonio Moles Caubet presentó en el año 52 un proyecto de reforma a la Facultad de Derecho proponiendo que se instaurara un curso propedéutico en esa Facultad, proyecto que no fue acogido. Sin embargo, hemos tenido conocimiento recientemente de que en la Universidad de Carabobo funcionan cursos preparatorios, junto con exámenes de admisión, concretamente en la Facultad de Medicina).

Estos dos sistemas de selección, sea el examen de admisión, sea el curso propedéutico, tienen diversas consecuencias favorables. En primer lugar, le evita al estudiante la pérdida de varios años, de repetir cursos, de repetir materias, cuando no ha logrado pasar el examen de admisión o cuando no ha obtenido resultados satisfactorios en el curso propedéutico. Tiene también la ventaja, sobre todo el curso propedéutico, de proporcionar orientación vocacional al estudiante. Por otra parte, el curso propedéutico y el examen de admisión, le ahorra a la Universidad, le ahorra al Estado, una pérdida inconmensurable que se produce con la pérdida repetida de años de determinados alumnos, habida cuenta de que el costo por alumno, en facultades como la de Derecho es casi de dos mil bolívares anuales, lo que significa que, por ejemplo, en el año 60-61, cuatrocientos noventa y tres aplazados del primer año de la Facultad de Derecho causó una pérdida a la Universidad de ochocientos ochenta y siete mil bolívares. Esto en facultades como la de Derecho que en realidad no tienen mayor costo. Si se analizan facultades como la de Ciencia, por ejemplo, en que el costo por alumno anual es de doce mil bolívares, es considerable ver qué representa para el Estado y para la institución universitaria la pérdida repetida de cursos por parte de alumnos.

Y por último, estos dos sistemas de selección tienen también como una consecuencia indirecta la de obligar al Estado a diversificar la enseñanza superior. Venezuela necesita de profesiones técnicas, de profesionales técnicos propios de un país en vías de desarrollo. En Venezuela no existen prácticamente profesiones técnicas. El fracaso reiterado de alumnos del bachillerato, tanto en el examen de admisión como en el curso propedéutico, obligaría al Estado, por vía de consecuencia, abrir nuevos horizontes a la juventud que sale del bachillerato, sobre todo nuevos horizontes técnicos, antes que académicos. En Venezuela, generalmente, y actualmente el único camino que le queda al bachiller es ir a la Universidad: no tiene otro camino, no tiene otra vía donde actuar. Por tanto, esos sistemas de selección en la Universidad obligarían al Estado a diversificar la enseñanza superior creando escuelas y facultades técnicas.

XIII   SELECCIÓN EN LA CARRERA. REGLAMENTO DE REPITIENTES

El tercer tipo de selección que existe en la Universidad es la llamada selección durante el curso de la carrera. En general, este es el tipo de sistema que más se aplica en Venezuela, aunque no expresamente. Y consiste en la rigidez de los exámenes finales de cada curso. Un reflejo de este sistema de selección durante el curso de la carrera ha sido el reglamento dictado el año pasado por el Consejo Universitario, sobre la admisión de alumnos repitientes. Entre otras cosas este reglamento señala que si un alumno repitiente pierde nuevamente la materia o el año, no podrá inscribirse en esa Escuela en el término de cuatro años, aunque pueda inscribirse en otra escuela universitaria; sin embargo, si en esa escuela le pasa lo mismo, ya no podrá inscribirse en otra escuela universitaria por otro período de cuatro años. Por tanto en esta forma comenzará, sobre todo el año que viene que es cuando comienza a regir el reglamento, a eliminar una serie de rémoras que tiene la Universidad, de personas que duran diez o doce años en determinadas carreras.

En conclusión, podemos decir que la selección del estudiantado universitario no sólo es recomendable, sino necesaria; sin embargo, repito, esa selección sólo puede tener como causa la necesidad de valorar aptitudes y conocimientos de los aspirantes, no la fijación de un cupo por parte de la institución universitaria. Se busca que los graduados, antes de poseer un título, tengan una vocación para el estudio, una pasión para aprender y un afán constante de ampliar conocimientos en beneficio de la colectividad.

V. ESTUDIO SOBRE LA LEY DE REGULACIÓN DE ALQUILERES DE FECHA 1º DE AGOSTO DE 1960

Publicado en *Revista del Colegio de Abogados del Distrito Federal*, Nº 113, Año XXIII, Caracas, Julio-Septiembre 1960, pp. 217-232.

Hemos considerado necesario para tratar las materias que nos proponemos elaborar un sistema general acerca de la distinción clásica entre la función administrativa y la función jurisdiccional. Una vez tratado este punto, tendremos base suficiente para poder analizar la vigente Ley de Regulación de Alquileres y su Reglamento, situando el procedimiento que ella estipula dentro de los llamados procedimientos administrativos, y calificando las decisiones de los órganos administrativos que contempla, como actos administrativos.

I. DISTINCIÓN ENTRE FUNCIÓN JURISDICCIONAL Y FUNCIÓN ADMINISTRATIVA.

Situando las dos funciones dentro del sistema general de la "Pirámide Jurídica" creada por Hans Kelsen, nos resulta que tanto la función administrativa como la función jurisdiccional son ejecución directa de la legislación, por contraposición a ésta, que es ejecución directa de la Constitución.

Una vez situadas las dos funciones dentro del sistema jurídico general, y una vez, distinguidas de la legislación, nos queda diferenciarlas entre sí.

La diferencia más palpable entre ellas, y será la que nos hará descubrir las funciones en el sistema jurídico general, es que la administración es la ejecución de la Ley realizada por órganos jerárquicamente subordinados, en los cuales los órganos inferiores dependen de los superiores, tanto por la revisión que éstos hacen de los actos de aquéllos, como por las órdenes que los superiores dan a los inferiores por medio de las Instituciones y Circulares. En cambio, la jurisdicción es la ejecución de la Ley realizada por órganos que forman un complejo coordinado, y que son independientes entre sí. La jerarquía de las Instancias en los órganos jurisdiccionales, significa solamente una competencia de derogación, en ningún caso una competencia del superior sobre la instancia del inferior.

Advertimos que hablamos de jurisdicción en el sentido de la declaración de lo que es derecho en un caso concreto, con fuerza de verdad legal (cosa juzgada) dictada por órganos coordinados entre sí y no subordinados. De esta manera no toda jurisdicción es judicial. Es cierto que la Justicia no puede realizar en cuanto tal otra actividad que no sea la jurisdiccional; pero no toda jurisdicción es judicial, pues existe también una jurisdicción administrativa, que corresponde al llamado procedimiento contencioso-administrativo.

En definitiva al distinguir nosotros la administración de la jurisdicción, abarcamos dentro de ésta tanto a la llamada jurisdicción judicial como a la jurisdicción contenciosa-administrativa.

Otras formas de diferenciar la administración de la jurisdicción radica en la posición del administrador y del juez frente al derecho. Mientras la finalidad del Juez es la de hacer observar el derecho a los particulares, es decir, la observancia del derecho por parte de los particulares; el administrador considera el derecho como un límite puesto a su propia conducta, y la observancia del derecho es para él, solamente un medio de conseguir sus fines de carácter social.

Otra diferencia que podemos citar entre la actividad jurisdiccional y la actividad administrativa, es que la primera ofrece el carácter de secundaria, guardada en reserva por el Estado para ponerla en obra sólo cuando el derecho sea transgredido o amenazado; la administración, en cambio, es siempre una actividad primaria, en el mismo sentido en que es primaria la actividad del particular que negocia, dentro de los límites establecidos por la Ley, para satisfacer sus propios intereses.

Debemos advertir que descartamos el criterio orgánico de diferenciación, pues consideramos como principio fundamental que el acto se determina por su propia calidad o contenido y no por la naturaleza del órgano del cual procede. En esta forma encontramos que el Juez, que es un órgano jurisdiccional, al nombrar a los empleados de su Tribunal realiza una función administrativa y no una función jurisdiccional.

II. RECURSOS JURISDICCIONALES Y RECURSOS ADMINISTRATIVOS.

Ahora bien, una vez distinguida la actividad administrativa de la actividad jurisdiccional, como consecuencia de ello, también tendremos que distinguir entre los recursos administrativos, internos a la administración, llamados también gubernativos o jerárquicos, de los recursos jurisdiccionales, externos a la administración, que pueden ser judiciales o contencioso-administrativos.

Se entiende pues, por recurso gubernativo el que se plantea ante la propia administración pública, la cual, al decidir viene a revisar sus propios actos. Esta revisión puede ser hecha por el propio órgano administrativo que dictó el acto o por su superior jerárquico.

Por el contrario, se entiende por recurso jurisdiccional el que se dirige y plantea ante un organismo independiente de la administración pública, facultado para decidir en derecho con efectos de sentencia.

III. CARÁCTER DE LOS PROCEDIMIENTOS ESTABLECIDOS EN LA LEY DE REGULACIÓN DE ALQUILERES DE 19 DE AGOSTO DE 1960.

Consecuencia lógica de los dos apartes anteriores y del análisis de la Ley, es que los procedimientos creados en ella, al igual que en la Ley derogada, son procedimientos netamente administrativos. Es decir, son procedimientos que corresponden a la función administrativa por contraposición a la función jurisdiccional. Por tanto, la nueva Ley de Regulación de Alquileres no crea una nueva jurisdicción en el sentido que le hemos dado a ésta, como tampoco existía una jurisdicción en la Ley derogada, pues la función que ejercen los órganos contemplados en la Ley es una función administrativa y no jurisdiccional.

La nueva Ley crea un nuevo procedimiento y un nuevo órgano con forma de Tribunal pero con funciones administrativas, que es el Tribunal de Apelaciones de Inquilinato, encargado de conocer el recurso jerárquico de apelación, en sustitución del órgano administrativo clásico que era el Ministro de Fomento.

La actividad de este nuevo órgano es netamente administrativa; sus actos, son actos administrativos. En él último Capítulo de este estudio analizaremos detenidamente este órgano y su naturaleza jurídica, dando razones motivadas y fundadas de nuestra opinión.

IV.   NOCIONES SOBRE PROCEDIMIENTOS ADMINISTRATIVOS.

Cuando se habla de un procedimiento administrativo, hemos de delimitar los conceptos, en relación con las ideas anteriormente expuestas.

En primer lugar, habría que distinguir un procedimiento "constitutivo" del acto administrativo; es decir, un conjunto de trámites para dar nacimiento al acto administrativo. Este procedimiento constitutivo del acto administrativo comprende, para nosotros, tanto la forma de integración de la voluntad administrativa, es decir, procedimiento de formación de la voluntad administrativa, como la forma de la declaración de dicha voluntad, es decir, la manera como se manifiesta externamente el acto administrativo.

En segundo lugar, debemos distinguir los llamados recursos internos. El título de "recurso" implica la idea de un procedimiento no de configuración o constitución del acto administrativo, sino de impugnación del mismo, puesto que el recurso, ya se ejerza ante la propia administración o ante Tribunales separados de la misma, presupone un acto administrativo previamente configurado, mediante un procedimiento constitutivo.

Con respecto al procedimiento constitutivo, la jurisprudencia venezolana ha acogido la doctrina que señala la obligatoriedad de integrar el acto administrativo con arreglo a lo establecido por la Ley. Y en el caso de que ésta no prescriba forma alguna, el funcionario o agente habrá de recurrir al procedimiento que considere más adecuado para formar la voluntad administrativa (Sentencia de la Corte Federal y de Casación de 7 de diciembre de 1937).

Una vez establecidos estos conceptos, podemos entrar a analizar los procedimientos que se establecen en la nueva Ley de Regulación de Alquileres, haciendo la salvedad una vez más, de que no se trata de procedimientos jurisdiccionales ni judiciales, sino de procedimientos administrativos *strictu sensu*.

V. PROCEDIMIENTOS CONSTITUTIVOS DEL ACTO ADMINISTRATIVO PREVISTOS EN LA NUEVA LEY DE REGULACIÓN DE ALQUILERES.

1. Organismo competente

El organismo encargado de llevar a cabo el procedimiento constitutivo del acto administrativo, es la Dirección de Inquilinato del Ministerio de Fomento, por disposición expresa del artículo 6 del Reglamento de Ley de Regulación de Alquileres y del Decreto Legislativo sobre desalojo de Vivienda. Dicha Dirección tendrá competencia en el Distrito Federal y en el Distrito Sucre del Estado Miranda (Artículo 7 del Reglamento). En el resto del País, las funciones atribuidas a la Dirección de Inquilinato serán ejercidas por los respectivos Concejos Municipales (Artículo 7, Parágrafo único).

2. Diversos procedimientos administrativos e n materia de Fijación de alquileres.

Para poder exponer los diversos procedimientos constitutivos de los actos administrativos que resultan de la Ley que estudiamos, hemos preferido sistematizarlos y dividirlos para su mejor comprensión, sin perjuicio de que la Ley prevea que algunos de ellos deban ser intentados simultáneamente.

La Ley de Regulación de Alquileres vigente prevé en líneas generales los siguientes procedimientos: Procedimiento para la fijación del cánon máximo de arrendamiento; Procedimiento para obtener la autorización previa para arrendar, por un cánon convencional, el inmueble no regulado; Procedimiento para obtener la excención de Regulación; Procedimiento en caso de desalojo; Procedimiento para el ejercicio del derecho de Preferencia; Procedimiento en casos de Reintegros; Procedimiento para solicitar un nuevo cánon cuando el resultado de la rebaja no produzca los rendimientos establecidos en el Decreto N° 184, y además el Procedimiento para pedir que sea ajustado y revisado el cánon de arrendamiento resultante de la rebaja, cuando este fuere superior al que correspondería por la aplicación de los porcentajes del Decreto N° 184.

De todos estos procedimientos estipulados en la Ley, escogeremos para su estudio, dos de ellos, los cuales nos darán una idea general de los procedimientos constitutivos del acto administrativo previstos en la nueva Ley.

A. Solicitud para arrendar previamente por un cánon convencional.

a.   *Solicitud*. Quien aspire a dar en arrendamiento o subarrendamiento un inmueble que aún no hubiere sido regulado, deberá solicitar razonadamente del Director de Inquilinato, autorización para ello y manifestar el cánon convencional (Artículo 31 del Reglamento).

b.   *Plazo para contestar la Solicitud*. La Dirección de Inquilinato deberá contestar la solicitud dentro del plazo de 5 días hábiles siguientes a la fecha de su presentación.

c.   *Silencio administrativo*. El transcurso de dicho lapso sin obtención de respuesta equivaldrá a la negativa (Artículo 32 del Reglamento).

d.   Procedimiento de Revisión del Acto Administrativo.

a.   *Reconsideración*. Si la autorización es negada, el interesado tendrá derecho a solicitar en escrito motivado, dentro de 5 días hábiles siguientes al plazo anterior, la reconsideración del caso.

b.   *Plazo para la reconsideración*. La reconsideración deberá ser resuelta dentro de los 10 días hábiles siguientes a la solicitud.

c.   *Silencio administrativo*. El silencio de la Dirección de Inquilinato equivaldrá a nueva negativa.

d.   *Imposibilidad de nueva reconsideración*. Una vez resuelta la reconsideración anterior, no habrá derecho a otra reconsideración (Artículo 34 del Reglamento).

La solicitud a que nos hemos referido debe ser acompañada de la petición de regulación o de excención según el caso (Artículo 31, parágrafo único).

B. Solicitud para la fijación de alquileres.

a.   *Solicitud*. La solicitud de fijación de alquiler máximo, deberá estar acompañada de toda información necesaria para que la Dirección de Inquilinato disponga de los elementos de juicio suficientes para determinar el valor del inmueble y para decidir (Artículo 35 del Reglamento).

b.   *Publicación y notificación de la solicitud*. La Dirección de Inquilinato publicará en el Boletín la solicitud y la notificará al ocupante del inmueble o al arrendador o subarrendador según el caso.

c.   *Plazo para continuar la tramitación*. En la publicación y notificación anterior se advertirá que al término de 5 días hábiles contados a partir de la publicación se procederá a continuar la tramitación (Artículo 36 del Reglamento).

d.   *Lapso probatorio*. Vencido el lapso anteriormente señalado, todo interesado tiene el derecho a presentar, dentro de los 8 días hábiles siguientes, a la consideración de la Dirección de Inquilinato, cualesquiera pruebas, opiniones, informaciones, documentaciones o noticias en que fundamente sus pretensiones (Artículo 37 del Reglamento).

e.   *Contestación*. Dentro de los 5 días hábiles siguientes a) término fijado para el lapso probatorio, todo interesado tiene el derecho de contradecir razonadamente cualesquiera pruebas, opiniones, informaciones, documentaciones y noticias que el otro interesado hubiere presentado (Artículo 38 del Reglamento).

f.   *Avalúo*. Vencido el lapso anterior, se abrirá un lapso de 30 días hábiles durante los cuales se procederá a determinar el valor del inmueble cuya regulación se hubiere solicitado. La Dirección de Inquilinato podrá extender dicho lapso hasta 60 días más cuando razones de importancia lo hicieren necesario (Artículo 39 del Reglamento).

g.   *Resolución*. Una vez efectuada la determinación del valor del inmueble, y dentro de los 10 días hábiles siguientes a la conclusión del avalúo, el Director de Inquilinato dictará Resolución en la cual fijará el monto de la Resolución (Artículo 48 del Reglamento). Dicha Resolución será motivada (Artículo 13 de la Ley).

h. *Notificación o publicación de la Resolución.* La Resolución de la Dirección de Inquilinato será notificada personalmente a las partes interesadas. Si la notificación no pudiere hacerse personalmente, se dará publicación a un resumen de la de cisión. Transcurridos 10 días después de la publicación o aviso, se entenderá que los interesados han sido notificados, circunstancia que se hará constar en el texto del aviso (Artículo 14 de la Ley). Con esta decisión termina el procedimiento constitutivo del acto.

i.*Apelación.* De la decisión de la Dirección de Inquilinato y en el término de los 5 días hábiles siguientes a la notificación de la decisión respectiva, se oirá apelación. La apelación deberá interponerse por ante la misma Dirección de Inquilinato (Artículo 15 de la Ley; Artículos 89 y 90 del Reglamento).

j. *Efectos de la Apelación.* Hasta tanto dicha apelación sea decidida quedará vigente la Regulación efectuada por la Dirección de Inquilinato (Artículo 15 de la Ley). Es decir, que la interposición del Recurso Jerárquico no produce la suspensión de los efectos de la Resolución.

3. Observación.

Como ya dijimos, hemos escogido de los procedimientos estipulados en la Ley de Regulación de Alquileres, dos de ellos. Uno que permite el recurso jerárquico de apelación y otro que no lo permite, admitiendo este último, sin embargo, el procedimiento de revisión del acto administrativo, por la misma autoridad que lo dictó.

Hemos prescindido de considerar quienes pueden solicitar y recurrir como también las formas que deben llenar las solicitudes, por considerar que no entran en el tema que tratamos.

En el Capítulo siguiente examinaremos propiamente el procedimiento del recurso jerárquico originado por la apelación de la Resolución de la Dirección de Inquilinato, en materia de fijación de alquileres.

VI. PROCEDIMIENTO DE IMPUGNACIÓN DEL ACTO ADMINISTRATIVO EN MATERIA DE FIJACIÓN DE ALQUILERES, PREVISTO EN LA NUEVA LEY

1. Organismo competente.

Generalmente el recurso se ejerce ante el funcionario que dictó el acto, para que éste lo envíe al superior jerárquico que es quien ha de decidir, y en la gran mayoría de los casos ese Superior jerárquico es la autoridad suprema de la rama ejecutiva respectiva, es decir el Ministro.

Ahora bien, de conformidad con los artículos 17 de la Ley de Regulación de Alquileres y 83 del Reglamento, el organismo encargado de oír las apelaciones es el Tribunal de Apelaciones de Inquilinato, con sede en Caracas y jurisdicción en el Distrito Federal y el Distrito Sucre del Estado Miranda.

En las jurisdicciones en las cuales no tuviere competencia el Tribunal de Apelaciones, las facultades que correspondan al mismo serán ejercidas por los respectivos Juzgados de Distrito, con arreglo a las normas procedimentales fijadas en el Reglamento.

Al final del presente Capítulo analizaremos detenidamente la naturaleza jurídica de este Tribunal, y la función de los Juzgados de Distrito señalados.

2. Procedimiento administrativo en materia de impugnación del acto administrativo.

A. *Remisión del expediente.* Una vez interpuesto el recurso, el organismo inferior respectivo remitirá el expediente al Tribunal, en forma segura, el día hábil siguiente al vencimiento del lapso concedido para la apelación (Artículo 91 del Reglamento).

B. *Recibo del Expediente.* Recibido el expediente por el Tribunal, el Secretario estampará en él nota de recibo con expresión del día y de la hora (Artículo 93 del Reglamento).

C. *Entrada al Recurso.* Dentro de los 3 días siguientes al recibo del expediente, el Tribunal le dará entrada al recurso, designará Ponente, y ordenará la notificación por oficio al Procurador de la Nación.

D. *Orden de comparecencia.* El Tribunal en el mismo auto anterior, dispondrá que en la 2ª audiencia comparezcan los interesados a exponer lo que estimen conveniente (Artículo 94 del Reglamento).

E. *Comparecencia.* El día de la comparecencia de los interesados, el Tribunal oirá sus alegatos y ordenará agregar a los autos los escritos que presentaren (Artículo 95 del Reglamento).

F. *Lapso probatorio.* El procedimiento quedará abierto a pruebas, de pleno derecho, por el término de 8 audiencias, dentro de las cuales las partes podrán promover y evacuar las pruebas que estimen convenientes (Artículo 96 del Reglamento). Este lapso podrá ser aumentado a 20 audiencias por el Tribunal cuando se trate de realizar experticias que requieran ese tiempo (Artículo 97 del Reglamento).

G. *Conclusiones.* Dentro de la 3ª audiencia siguiente al vencimiento del lapso probatorio, el Tribunal fijará oportunidad para recibir las conclusiones escritas de los interesados (Artículo 98 del Reglamento).

H. *Sentencia.* El Tribunal dictará sentencia dentro de la tercera audiencia siguiente a la presentación de las conclusiones escritas de los interesados. Puede por ocupaciones preferentes, diferir el acto para una audiencia posterior que no podrá pasar de la quinta. Con esta decisión termina el recurso jerárquico o gubernativo de impugnación del acto administrativo.

I. *Recurso contencioso-administrativo de anulación.* El Artículo 92 del Reglamento dispone que las sentencias del Tribunal de Apelaciones serán "apelables" para ante la Corte Federal mediante escrito razonado, dentro de las 5 audiencias siguientes a su publicación, "cuando se denunciare violación de la Ley".

En el aparte que sigue explicaremos por qué denominamos este recurso como recurso contencioso-administrativo de anulación por ilegalidad, y no la pretendida "apelación" como dice el Reglamento.

VII. NATURALEZA JURÍDICA DE LOS PROCEDIMIENTOS Y DE LOS ACTOS EMANADOS DEL TRIBUNAL DE APELACIONES DE INQUILINATO.

Ante todo, debemos decir que los redactores de la Ley y el Reglamento no tuvieron noción clara de lo que estaban haciendo y de lo que estaban creando. Fue una elaboración hecha sin ninguna técnica jurídica, donde se dejaron de regular numerosos casos problemáticos, lo que nos induce a pensar también, aunque en menor grado, que es una ley hecha sin tomar en cuenta en su debida forma la Política Jurídica.

Con respecto a la naturaleza de los procedimientos en ella contemplados, opinamos, como ya dijimos, que son procedimientos administrativos. El hecho de que el Reglamento disponga que en todo lo no previsto en el, él Tribunal de Apelaciones dará cumplimiento a las disposiciones del Código de Procedimiento Civil y de la Ley Orgánica del Poder Judicial en cuanto fuesen aplicables, no nos indica que sea un procedimiento judicial. Bien tenemos entendido, y esto debemos tenerlo como guía del razonamiento, que el acto no se determina por la naturaleza del órgano que lo dicta, sino por su propio contenido.

De esta forma, las decisiones emanadas de la Dirección de Inquilinato entendido está que son típicas "Resoluciones Ministeriales", es decir, actos administrativos. Además, las decisiones emanadas del Tribunal de Apelaciones de Inquilinato, son también actos administrativos. Como consecuencia de ello, los procedimientos tendientes a dar nacimiento a esos actos administrativos, son también procedimientos administrativos.

En apoyo de estas afirmaciones alegamos las siguientes razones:

1. El procedimiento constitutivo del acto administrativo que se realiza en la Dirección de Inquilinato, es el típico procedimiento administrativo. Con respecto a ello no existen dudas. Estas pueden surgir con respecto al procedimiento de impugnación del acto tramitado por ante el Tribunal de Apelaciones. Si este fuese un procedimiento judicial distinto del procedimiento administrativo, la vía administrativa se agotaría con la Resolución de la Dirección de Inquilinato, y como consecuencia de ello, esa Resolución podría recurrirse por ilegalidad o violación de la Ley por ante la Corte Federal por disposición del Artículo 133 de la Constitución Nacional. Pero bien sabido es, y ha sido doctrina sustentada reiteradamente por la Procuraduría de la Nación, que las Resoluciones de la Dirección de Inquilinato no pueden recurrirse por ante la Corte Federal por ilegalidad, sin antes haber agotado la vía administrativa por medio del recurso gubernativo. Consideramos que la vía administrativa se agotaba en el Ministro en la Ley derogada, y ahora se agota ante el Tribunal de Apelaciones. Por tanto los procedimientos son administrativos y la función que ejerce este órgano híbrido es una función administrativa. Sus decisiones son actos administrativos que marcan el fin de la vía administrativa, y son los únicos contra los cuales se puede intentar el recurso contencioso-administrativo por ilegalidad ante la Corte Federal.

No se ha creado una especialización judicial si entendemos esto como jurisdicción. No hay una nueva jurisdicción. Indudablemente y así lo dice la Ley y su Exposición de

Motivos que al Tribunal de Apelaciones de Inquilinato se le ha dado "forma" judicial. Ello no lo dudamos. Es más, la Exposición de Motivos de la Ley nos dice que "... el Ministerio de Justicia al ser consultado en virtud de estarse estudiando la reforma al sistema judicial, consideró conveniente, como "fórmula transitoria", la acogida en el Proyecto. Ella, si bien es una excepción con relación a la legislación vigente, no es grave si pensamos en la inminente reforma que requiere el Poder Judicial. En fin, por no ser una solución definitiva y por estar determinada la existencia de esta disposición en el Proyecto, por una ausencia de clara legislación contencioso-administrativa, esperamos que en debate esclarecedor podría muy bien, aprovechando la oportunidad que brinda este proyecto, sentar su opinión sobre las necesarias reformas que reclama la organización de nuestro Poder Judicial".

De todo esto se desprende que la intención de los redactores de la Ley, fue la de crear un procedimiento contencioso-administrativo. Lograron relativamente la forma, pero no lograron el contenido.

Consideramos que el problema está en determinar si la función que ese órgano ejerce es función administrativa o jurisdiccional y si sus actos son administrativos o jurisdiccionales. Concluimos, como ya hemos expresado, que su función es administrativa, y sus actos son actos administrativos.

Esta misma función administrativa, por disposición expresa de la Ley, es la que ejercen en el interior del País, los Jueces de Distrito. Su forma es judicial, su función típica es jurisdiccional. Pero al decidir en esta materia cumplen función administrativa y no jurisdiccional. Nos apoyamos en el ya tantas veces citado axioma que consideramos fundamental: el acto no se califica por el órgano del cual procede, sino por su propio contenido.

2. Otra razón que nos induce a creer en lo afirmado hasta ahora, es la similitud que existe entre el Tribunal de Apelaciones de Inquilinato y la antigua Junta de Apelaciones del Impuesto sobre la Renta, hoy Tribunal de Apelaciones del Impuesto sobre la Renta.

En efecto, en referencia a la existencia de un órgano de apelación independiente del órgano que dictó la decisión impugnada, nuestra legislación previo un órgano de esta naturaleza en materia de Impuesto sobre la Renta: la Junta de Apelaciones del Impuesto sobre la Renta. Sus decisiones se consideraban actos administrativos. Así lo afirmó la Corte Federal en sentencia de 4 de agosto de 1954, pero la doctrina venezolana discutió su naturaleza y afirmó que se trataba de un Tribunal Federal, y que en consecuencia sus decisiones no eran actos administrativos. Ella conocía de un recurso administrativo contencioso, que podemos llamar externo. Esta doctrina fue acogida por la Corte Federal en sentencia de 15 de octubre de 1954, y a partir de ese momento reiteradamente ha declarado que carece de competencia para conocer de la ilegalidad de las decisiones que ese Tribunal adopte por no ser ellas actos administrativos. (En este sentido también, sentencia de la Corte Federal de 14 de octubre de 1956).

Analizada esta experiencia venezolana, afirmamos, con apoyo en lo expuesto, que las decisiones del Tribunal de apelaciones de Inquilinato si son actos administrativos. Esto lo demuestra la posibilidad existente de que sí puedan ser recurridos dichos actos por ante la Corte Federal con el recurso contencioso-administrativo de anulación por ilegalidad. Esta posibilidad está expresamente señalada en la Ley. En efecto, el artículo 92 del Reglamento dispone que las sentencias del Tribunal de Apelaciones, serán "apelables" para ante la Corte Federal, mediante escrito razonado, dentro de las cinco audiencias siguientes a su publicación, "cuando se denunciare violación de la Ley".

Ante todo debemos observar, que la palabra "apelables" está mal empleada. El recurso de que se habla allí no es una apelación, es un recurso contencioso-administrativo, es la impugnación por vía contenciosa del acto administrativo por ilegalidad.

Aclarado esto, observamos que por la única vía que puede llevarse a cabo esa supuesta "apelación" o recurso, es por la demanda o denuncia de una violación de la Ley, tal como indica el Artículo citado. Es decir, que la única forma de atacar el acto del Tribunal de Apelaciones es por ilegalidad por ante la Corte Federal en recurso contencioso-administrativo, lo que nos demuestra una vez más, el carácter de acto administrativo que poseen las decisiones de ese Tribunal.

El procedimiento contencioso-administrativo comenzará cuando se recurra ante la Corte Federal, a los actos administrativos del Tribunal de Apelaciones, por ilegalidad a violación de la Ley.

VI. EL DERECHO DE HUELGA EN EL CONCEPTO DE LIBERTAD EN EL ESTADO MODERNO

Publicado en *Revista de la Facultad de Derecho*, N° 21, Universidad Central de Venezuela, Caracas 1961, pp. 251-284

I. CONCEPTO DE LIBERTAD

1. La Libertad como Valor

La libertad es una condición inherente a la esencia del hombre, pues de ella depende lo específicamente humano de su naturaleza. En este sentido, el concepto de libertad es consubstancial con el de humanidad y, como tal, posee un valor permanente.

Pero, a pesar de que la libertad axiológicamente posee un valor permanente y general, y del mismo modo que no existe una humanidad abstracta, sino una humanidad concreta e histórica, así la libertad también es histórica y concretamente determinada en el espacio y en el tiempo. Por ello, a cada época, a cada cultura, le corresponde delimitar su concepto de libertad, dentro de las circunstancias histórico-sociales existentes en un espacio vital determinado.

2. El Concepto de Libertad

Entendemos por libertad, siguiendo el criterio propuesto por Harold J. Laski, como la ausencia de coacción sobre la existencia de aquellas condiciones sociales que, en la civilización moderna, son las garantías necesarias de la felicidad individual.

El hombre, en cuanto tal, supone la vida social. Esta implica la norma jurídica. Los hombres son libres cuando los preceptos legales bajo los cuales viven les permiten actuar, sin sentido de frustración, en aquellos dominios que consideren significativos. Toda regla que exija del hombre algo que de otra manera no haría, constituye una disminución de la libertad.

3. Libertad y Poder

La vida social supone la organización en el Derecho de la comunidad, en un territorio determinado, que será el ámbito espacial de la validez de las normas jurídicas, y bajo la dirección de un poder. El poder será el orden y la garantía del funcionamiento de la comunidad. Si en un Estado cualquiera existe un grupo de hombres que poseen un poder político ilimitado, sus gobernados nunca podrán ser libres. Pues una de las conclusiones más indubitables de la investigación histórica, es la que nos enseña que el poder incontrolado invariablemente envenena a quienes lo detentan. Estos siempre se sienten tentados a imponer su concepto del bien sobre los demás y, a la larga, llegan a considerar que el bienestar de la comunidad depende de la continuidad de su predominio. Ello nos lleva a una conclusión: la libertad exige siempre la limitación a la autoridad política.

4. Libertad e Instrucción

Bajo las condiciones del Estado moderno, no puede haber libertad digna de ese nombre a menos que nuestro pensamiento esté educado para usar de su libertad.

El derecho del hombre moderno a la educación se ha tornado fundamental para su libertad, desde el momento en que el dominio de la Naturaleza para la ciencia transformó las fuentes del poder. Privad a un hombre de instrucción y de los medios para obtener mayor instrucción, dice Laski, e inevitablemente lo convertiréis en esclavo de los que son más afortunados que él. Pero la privación de la educación no es una denegación de libertad. Es una denegación de la facultad de usar de la libertad para fines elevados. Un hombre ignorante puede ser libre aun en su ignorancia; pero en nuestro mundo actual no puede emplear su libertad a fin de adquirir una certidumbre de su felicidad.

5. Libertad e Igualdad.

En su **Ensayo sobre la libertad,** John Stuart Mili señaló que en la historia primitiva de la libertad, ésta era concedida normal y naturalmente como una protección contra la tiranía de los dirigentes políticos. Se tiene conciencia del riesgo que amenaza la libertad en cualquier comunidad en la que existan privilegios especiales en manos del poder, es decir, que haya desigualdad. Un poder como ese, cuando carece de control, es siempre el enemigo natural de la libertad.

Por tanto, en cualquier Estado donde la libertad haya de orientarse hacia sus fines naturales, es importante que también exista igualdad.

Sin embargo, igualdad no es sinónimo de libertad. Los hombres pueden ser ampliamente iguales bajo un régimen despótico y, sin embargo, no ser libres. Pero históricamente, en ausencia de ciertas igualdades, la libertad carece de perspectivas de realización. La ausencia de igualdad significa privilegios especiales para unos y no para otros; privilegios éstos que no nacen de la naturaleza humana sino de un deliberado manejo de los símbolos del poder y de las estratagemas de la estructura social.

Es indudable que la historia de la abolición de los privilegios ha sido también la historia de la expansión de los derechos del hombre *común* sobre nuestro patrimonio social. Cuanto más igualdad exista en un Estado, tanto mayor será el empleo que podamos hacer de nuestra libertad.

II. EL DERECHO DE HUELGA EN EL CONCEPTO DE LIBERTAD

1. La Libertad de Trabajo

La sociedad moderna está esencialmente fundada en el Trabajo y, por ende, en la libertad de trabajo: a ninguna persona se le podrá impedir que se dedique al trabajo o industria lícita de su escogencia. Las libertades que conciernen a dicha actividad adquieren, por tanto, una importancia extraordinaria.

Las libertades de trabajo se pueden clasificar fundamentalmente en cuatro: La primera libertad es el derecho de trabajar o derecho al trabajo. En segundo lugar, está la libertad de elección del trabajo. En tercer lugar, la libertad de trabajo incluye la libertad sindical, que exige principalmente dos postulados: la libertad del individuo de adherirse a un sindicato de su escogencia y la libertad de agrupación sindical, que supone la licitud de agrupación y la facilidad de constitución, la pluralidad de sindicatos y su independencia en relación al Estado. Como consecuencia de la libertad de agrupación, forma parte también de la libertad de trabajo el derecho de huelga.

2. El Concepto de Huelga

Alejandro Gallard Folch ha definido con rara certeza a la huelga, como "la suspensión colectiva y concretada del trabajo, realizada por iniciativa obrera, en una o varias empresas, oficios o ramas del trabajo, con el fin de conseguir objetivos de orden profesional, político o bien manifestarse en protesta contra determinadas actuaciones patronales, gubernamentales u otras".

Debemos dejar claro, y evitar el grueso error que afirma que la huelga es un conflicto de trabajo, cuando en realidad se trata de un hecho que aparece como consecuencia del conflicto de intereses y que tienden precisamente a influir sobre el conflicto mismo.

3. La Huelga como derecho.

A. La Huelga como derecho individual.

Colocados en este punto de vista, muchos autores consideran la huelga como un derecho que posee todo hombre. Es el lenguaje que utilizó el liberalismo político. Se le confundió con sus libertades más esenciales, con el derecho de pensar y de adaptar sus actos a sus ideas. Sin embargo, consideramos que, estimar el derecho de huelga como uno de esos "derechos inalienables y sagrados" que posee "todo ser humano", es desconocer profundamente la realidad sociológica de la huelga.

Por estas razones, no creemos que la huelga pueda fundarse en el derecho de trabajar, consagrado uniformemente por las constituciones políticas de los Estados, y del cual se deduce a contrario sensu el derecho de no trabajar. El derecho de trabajar consagrado por la Constitución es un derecho individual; otro tanto diremos del de no trabajar. No podría, pues, crearse, ni aun una yuxtaposición de derechos individuales de "no trabajar", el derecho de huelga, cuya naturaleza, funciones o fines son diferentes.

La huelga es algo más, mucho más que un derecho individual de no trabajar, ya que su concepto es el de una cesación simultánea, colectivamente concertada, con fines de ejercer presión, generalmente establecida en el contrato de trabajo.

B. La huelga como derecho gremial.

La huelga es, en su esencia, una operación colectiva. La huelga de uno solo carece de sentido; para cumplir su función, la huelga debe ser el hecho del mayor número organizado o de la unanimidad.

En definitiva, el derecho de huelga se ha consagrado como una consecuencia del derecho de coalición y del derecho de asociación, cuyo ejercicio permite la utilización de medios de lucha profesional de carácter colectivo. Pese a este origen del derecho de huelga, no debemos confundirlo con la coalición o con la asociación, que implican la existencia de agrupaciones transitorias en el caso de la coalición, y permanentes en el de asociación, pero diferenciables de la agrupación en huelga, porque las finalidades perseguidas por aquéllas son mucho más amplias.

De acuerdo con lo expuesto, el principal fundamento del derecho de huelga será el de defensa de los intereses profesionales, como una consecuencia del reconocimiento del derecho colectivo de los distintos grupos a actuar en defensa de esos intereses. Es decir, la huelga es, por consiguiente un derecho de carácter colectivo de los grupos profesionales para ejercer, por medio de la cesación del trabajo, una presión sobre la otra parte a fin de obligarla a aceptar nuevas condiciones de trabajo o a reconocer determinados aspectos profesionales.

III. TRAYECTORIA DEL DERECHO DE HUELGA EN EL MUNDO CONTEMPORÁNEO

La huelga, puede decirse, es un fenómeno típico de nuestro tiempo. No tuvo ni pudo tener importancia antes de la llanada Revolución Industrial. Los cambios que ésta trajo en todos los órdenes de la vida, la historia de sus miserias y grandezas, sus dramáticas contradicciones, su lucha entre el pasado y el presente, iniciaron en el mundo una época caracterizada por sus iniquidades sociales.

La explicación de las huelgas se encuentra en la evolución del derecho del trabajo, es decir, en la reacción por la fuerza contra el absolutismo del empleador, en busca del equilibrio social y económico de los débiles y los fuertes. Por eso es que las huelgas suelen confundirse con la coalición y la asociación profesional. Los trabajadores han buscado en la unión la fuerza necesaria para imponerse a sus patronos o empleadores y han utilizado la agrupación transitoria o permanente para suspender el trabajo mediante la huelga. Esa fue la razón por la cual la escuela liberal negó el derecho de coalición;

al negarse tal derecho, se lo castigó por el Código Penal y se lo confundió con la huelga. Así también se castigó la asociación.

Fue Inglaterra la que reaccionó contra la prohibición de la coalición en el año de 1824. En Francia la prohibición de las coaliciones se extendió hasta la ley de 1864. Hasta entonces las coaliciones fueron consideradas como incompatibles con el principio de libertad de trabajo. El artículo 414 del Código Penal francés reprimió la coalición patronal y el artículo 415, la coalición obrera, pero con sanciones más severas. Después de un breve período de libertad como consecuencia de la resolución de 1848, el año siguiente se mantuvieron vigentes las disposiciones del Código Penal.

Estas interdicciones, sin embargo, fueron inútiles; las coaliciones fueron toleradas. Las coaliciones obreras fueron raras hasta la época de la restauración borbónica, pues el régimen autoritario del Imperio impidió los movimientos de carácter social. Pero a partir de 1850, las huelgas se hicieron numerosas y se remarcan períodos de gran agitación, favorecidos por las cuestiones políticas que dividieron la opinión francesa. Las huelgas persiguen la mejora de las condiciones de trabajo de la clase obrera. El Segundo Imperio, al cambiar su orientación a partir de 1862, estableció un régimen de tolerancia que se consolidó con la sanción de la ley de 25 de mayo de 1864 que suprimió el delito de coalición. La huelga dejó de constituir un delito, pero no por ello se convirtió en un derecho; apenas constituyó un derecho de no trabajar, pero era un derecho de carácter negativo.

El derecho de reconocimiento del derecho sindical o derecho a la asociación profesional se produce veinte años después, por la ley de 1884; pero la huelga no fue reconocida como un derecho. La asociación respondía por los actos delictuosos que pudieren realizar los huelguistas. La ley de 1884 creó el delito de "atentado a la libertad de trabajo" para reprimir los actos que fuesen considerados peligrosos.

Las numerosas huelgas que habían estallado en Francia a partir de la consagración del derecho de coalición, obligaron a crear organismos de conciliación y arbitraje y a prohibir la huelga en determinadas actividades, como un decreto de 1917 que comprendía a los establecimientos destinados a la defensa nacional, y hasta, como en 1947, a movilizar militarmente a sectores de trabajadores.

Otra ley de diciembre de 1947 estableció que ninguna disposición de la ley puede ser interpretada en el sentido de impedir o disminuir el ejercicio del derecho de huelga, pero en cambio, reprime severamente el delito de atentado a la libertad de trabajo y los de sabotaje.

En realidad, es recién a principios del siglo presente cuando comenzó a modificarse el concepto sobre la huelga. En Inglaterra la ley de 1871 castigaba con penas severas a quienes ejerciesen presión sobre otras personas a fin de que realicen cualquier finalidad de carácter profesional, como el ejercicio de la violencia, amenazas, persecuciones, ocultaciones de vestidos, útiles de trabajo, vigilancia a la casa, etc. La reacción de los trabajadores obligó al Parlamento inglés en 1875 a dictar la "Conspiration and Protection of Property", acto que dejó sin efecto lo establecido en 1871. La Ley de 1875 autorizó el "picketing" pacífico siguiendo a las personas a fin de convencerlas de ingresar en un mismo movimiento huelguístico. Dispuso también que un acuerdo o coalición para ejecutar un acto cualquiera en relación con un conflicto industrial, no podría ser perseguido como conspiración, a menos que el mismo acto, si fuese cometido por un particular, fuera punible como crimen sobre el hecho consuetudinario.

IV.RECONOCIMIENTO DEL DERECHO DE HUELGA EN EL ORDEN JURÍDICO

Como hemos observado, ha sido intensamente debatido en la doctrina y en las legislaciones, el problema que plantea la huelga frente a su contenido intrínseco y a su significación jurídica, considerándola en el modo diverso y contrapuesto desde la concepción de naturaleza delictiva hasta la de un derecho.

Igualmente la legislación positiva ha enfocado en diversas formas al hecho de la huelga, de modo que pueden caracterizarse varias etapas dentro de los sistemas legales que con cierta universalidad han fijado las normas de derecho positivo.

Ampliando el capítulo anterior se observa en este proceso cambiante, un diverso enfoque del planteo de la huelga.

Originariamente se ubicó el problema dentro de la órbita del derecho de trabajar, como si fuera una manifestación correlativa la de no trabajar, dentro de la cual se pretendía ubicar la huelga, como expresión de los derechos individuales, aún cuando se originara por una pluralidad de obreros.

Posteriormente ha cambiado la consideración del hecho de la huelga, desplazándola hacia el planteo de un problema de naturaleza gremial.

Han gravitado en este nuevo modo de enfoque dos circunstancias que actúan paralelamente en los conflictos del trabajo: la organización sindical y los convenios colectivos de trabajo.

En la actualidad, el planteo jurídico de la huelga, como manifestación de una voluntad colectiva del gremio, ha determinado la adopción de normas de derecho positivo, pero se observa una evidente dificultad en cuanto a la forma y modo de concretar esa voluntad gremial, tanto por la forma cómo debe manifestarse, como por la responsabilidad que debe generar la actitud consiguiente.

Formularemos en este capítulo, un análisis de las normas o principios relacionados con la huelga, en base a la siguiente clasificación: 1. Normas de naturaleza internacional y 2. Normas de orden constitucional. Las normas de orden reglamentario del Derecho del Trabajo, no deben ser desarrolladas en este estudio. Nuestro enfoque lo llevamos a cabo desde el punto de vista del Derecho Público y del Derecho Político.

1. Principios internacionales.

Después de la última guerra mundial, se ha planteado el tema de la huelga en diversos Congresos Internacionales, los que se han pronunciado en modo que sus decisiones implican una definición sobre el tema tan debatido, es decir, si constituye o no un derecho.

Dos tipos de conferencias pueden citarse al efecto, las de carácter oficial de los Estados y las de entidades de estudios jurídico-sociales.

A. Conferencias Oficiales Internacionales.

a)   En la conferencia Interamericana de la Guerra y la Paz, celebrada en México en 1945, y en la que se suscribió el Acta de Chapultepec, se aprobó, integrando la "Declaración de Principios Sociales de América" una recomendación por la que se considera "de interés público internacional, la exposición en todas las Repúblicas americanas, de una legislación social que proteja a la población trabajadora y consigne garantía y derechos ... cuando menos sobre los siguientes puntos... g.— Reconocimiento del derecho de asociación de los trabajadores, del contrato colectivo y del derecho de huelga".

b)   La Novena Conferencia Internacional Americana reunida en Bogotá (Colombia) en el año de 1948 aprobó una "Carta Internacional Americana de Garantías Sociales", en la que, al expresar la aspiración "de que en el continente existan normas que protejan ampliamente a los trabajadores", adopta principios generales consignando en el artículo 27 el siguiente: "Los trabajadores tienen derecho a la huelga. La Ley regula este derecho en cuanto a sus condiciones y ejercicios".

B. Conferencias jurídicas internacionales.

a)   La IV Conferencia Interamericana de Abogados aprobó en Santiago de Chile en el año de 1945, una declaración relacionada con la solución de los conflictos colectivos del trabajo y al propugnar en la misma la conciliación y el arbitraje con carácter obligatorio, estableció en el artículo 4 que el citado arbitraje "no afecta el derecho de huelga".

b)   La V Conferencia Interamericana de Abogados realizada en Lima (Perú) en el año de 1947, aprobó a su vez otra resolución por la que se recomienda la unificación de las normas legales relativas a la huelga.

c)   En la VII Conferencia Interamericana de Abogados realizada en Montevideo (Uruguay) en 1951 se tomaron importantes resoluciones en relación al principio del derecho de huelga.

d)   Asimismo, el Tercer Congreso Internacional de Derecho Comparado en la Haya, del año de 1950, incorporó en su temario el problema del reconocimiento del derecho de huelga, tomando importantes resoluciones.

Me he limitado a considerar las conferencias más importantes relacionadas con el derecho de huelga.

2. Principios Constitucionales.

El reconocimiento de la huelga no se ha operado, en forma similar en todos los textos constitucionales. Existen diferenciasen la forma como se consignan, circunstancias que admite una clasificación de las mismas en base al análisis comparado de los estatutos, por lo que pueden concretarse cinco grupos bien definidos:

A. Constituciones que reconocen el derecho de huelga, sujeto a la Reglamentación.

En este grupo podemos situar las siguientes constituciones:

a)   La Constitución de Brasil de 1946, en su artículo 158 dispone: "Es reconocido el derecho de huelga, cuyo ejercicio la ley regulará".

b)   La Constitución del Ecuador de 1946 dispone en su artículo 185, apartado i; "Se reconoce el derecho de los trabajadores a la huelga y el de los patronos al paro, reglamentados en su ejercicio. Los trabajadores de empresas o instituciones de servicios públicos no podrán declarar *la* huelga, sino de acuerdo con una reglamentación especial".

c)   La Constitución de Bolivia de 1945, en su artículo 126 dispone: "Se reconoce el fuero sindical y el derecho de huelga, como medio de defensa de los trabajadores, conforme a la Ley, no pudiendo ser despedidos, perseguidos ni presos por sus actividades sindicales".

d)   La Constitución del Uruguay de 1951, dispone en su artículo 57, aparte tercero: "Declárase que la huelga es un derecho gremial. Sobre esta base se reglamentará su ejercicio y efectividad".

e)   La Constitución de El Salvador de 1950 establece, en su artículo 193: "Los trabajadores tienen derecho a la huelga y los patronos al paro. La Ley regulará estos derechos en cuanto a sus condiciones de ejercicio".

f)   La Constitución de Guatemala de 1945, en su artículo 58 dispone: "Son principios fundamentales de la organización del trabajo que deberán reglamentar dichas leyes .... Inc. 9: La reglamentación de los derechos de huelga y de paro".

g)   La Constitución de Italia de 1947 dispone en su artículo 40: "El derecho de huelga se ejerce en el ámbito que las leyes lo permitan".

h)   La Constitución Francesa de 1946, Preámbulo, Párrafo VII, disponía: "El derecho de huelga se ejercerá dentro del cuadro de las leyes que lo reglamentan". La Constitución de 1958 no trae disposición al respecto.

B. Constituciones que reconocen el derecho de huelga, pero excluyendo su aplicación a los servicios públicos.

a)   La Constitución de Venezuela de 1961, en su artículo 91 dispone: "Los trabajadores tienen el derecho de huelga, dentro de las condiciones que fije la ley. En los servicios públicos este derecho se ejercerá en los casos que aquélla determine".

Tal derecho se consagró en la Constitución de 1947, artículo 63 en la forma siguiente: "La legislación del trabajo consagrará los siguientes derechos:...inciso 10) Derecho de huelga, salvo en los servicios públicos que determine la Ley". La Constitución de 1953 no consagró disposición alguna en relación a dicho derecho.

b)   La Constitución de Panamá de 1946, en su artículo 68 dispone: "Se reconoce el derecho de huelga y paro. La ley reglamentará su ejercicio y podrá someterlo a restricciones especiales en los servicios públicos que ella determine".

c)   La Constitución de Colombia de 1860 con las modificaciones autorizadas por acto legislativo de 1945, en su artículo 18, aparte segundo dispone: "Se garantiza el derecho de huelga salvo en los servicios públicos. La ley reglamentará su ejercicio".

d)   La Constitución de Costa Rica de 1871 con modificaciones hasta 1944, en su artículo 56 dispone: "Se reconoce el derecho de los patronos al paro y de los trabajadores a la huelga, salvo en los servicios públicos, de acuerdo con la determinación que de éstos haga la ley, conforme a las regulaciones que la misma establezca, las cuales deberán desautorizar todo acto de coacción o de violencia".

C. Constituciones que reconocen el derecho de huelga, fijando su finalidad.

Sólo corresponde citar la Constitución de México sancionada el 1° de mayo de 1917 e incluidas las sucesivas modificaciones hechas hasta 1958, dispone en su artículo 123. Inciso XVII que "Las leyes reconocerán como un derecho de los obreros y de los patronos, las huelgas y los paros. El Inciso XVIII dispone que "Las huelgas serán lícitas cuando tengan por objeto conseguir el equilibrio entre los diversos factores de la producción, armonizando los derechos del trabajador con los del Capital. En los servicios públicos será obligatorio para los trabajadores dar aviso con diez días de anticipación a la Junta de Conciliación y Arbitraje, de la fecha señalada para la suspensión del trabajo. Las huelgas serán consideradas ilícitas únicamente cuando la mayoría de los huelguistas ejerciera actos violentos contra las personas o las propiedades o en caso de guerra cuando aquéllos pertenezcan a los establecimientos y servicios que dependan del Gobierno".

D. Constituciones que no consignan disposiciones
relacionadas con la huelga.

Deben citarse dentro de este grupo las Constituciones de Argentina, Estados Unidos de Norte América, Perú, Chile y Paraguay.

E. Constituciones que prohíben la huelga.

En modo expreso no se consigna la referencia a la huelga, pero ello surge del texto, tal como se establece en la Constitución de Portugal de 1933, en su artículo 39: "En las relaciones económicas entre el capital y el trabajo, no estará permitido la suspensión de actividades en cualquiera de las partes, para hacer prevalecer sus respectivos intereses".

3. El Derecho de huelga y los regímenes políticos.

La huelga y su concepción o no como derecho, tiene conexión inmediata con la estructura política de una sociedad determinada.

De esta forma, la existencia de regímenes totalitarios o autoritarios en determinados territorios trae como consecuencia la negación del derecho de huelga o la declaración de la ilicitud de dicho fenómeno.

El Estado totalitario, es la expresión más absoluta del autoritarismo, que somete todos los aspectos de la vida a un sistema de normas preestablecido, absorbe totalmente al individuo en el grupo, ignora los intereses personales que no coinciden con el Estado y, en una palabra, restringe el pensamiento y la acción individual a un mínimo. El Estado totalitario lo abarca todo: "fuera de él —dijo Mussolini— no puede existir ningún valor humano ni espiritual".

Podemos decir, que el totalitarismo es la forma a la que desembocan la mayoría de los regímenes autoritarios contemporáneos, en cuanto el Estado, confundiéndose con la misma sociedad, absorbe todos los sectores de la vida social y suprime la distinción entre lo público y lo privado.

Examinaremos someramente los regímenes políticos contemporáneos que en la historia política pueden incluirse bajo la denominación de dictaduras totalitarias, y su relación con el derecho de huelga.

A. El Fascismo.

La palabra fascismo, en su sentido estricto, designa el régimen político vigente en Italia de 1922 a 1943, pero, en su sentido más general, el término se utiliza para calificar todas las dictaduras no marxistas y, muy especialmente, los sistemas totalitarios italianos y alemán posteriores a la primera guerra mundial.

a. El Fascismo Italiano (1922-1943).

En líneas generales podemos decir que el fascismo italiano ofrece un aspecto negativo y otro positivo. De una parte, se manifiesta como un *anti* (antiliberal y antimarxista), y de otro como la afirmación del valor absoluto del Estado y de la nación.

La doctrina fascista se pronuncia contra los postulados del liberalismo (individualismo e igualdad), que se le ofrece como un régimen vacío y débil. El Estado liberal se le aparece como el juguete de una oligarquía camuflada detrás del disfraz de las elecciones y el parlamentarismo.

El Fascismo Italiano se centra en su divinización del Estado y de la nación. El "Estado ético", matizado de tinte religioso, absorbe y condensa todas las actividades espirituales, políticas, jurídicas y económicas de la nación, que es, como el derecho, una creación del propio Estado.

Como consecuencia de lo expuesto, en el Estado fascista las organizaciones profesionales se hallan incorporadas dentro del mismo, a modo de instituciones públicas. Se trata de un estatismo más que de un corporativismo o de un sindicalismo. Los dirigentes de los sindicatos son funcionarios nombrados por la autoridad fascista, no elegidos por el sindicato.

El derecho de huelga, como vemos, está en pugna con la concepción misma del Estado fascista. El derecho de huelga no es reconocido en dicho sistema. Más bien es declarado ilícito, por la implantación de la Magistratura del Trabajo que entendía en todo pleito o conflicto profesional y lo resolvía inapelablemente.

b. El nacional-socialismo alemán (1933-1945).

Los conceptos básicos fundamentales sobre los que se asienta el nazismo son: la raza (racismo y antisemitismo) o factor sangre; el factor suelo o espacio vital (Lebensraum); y la historia. Sin embargo, esos conceptos básicos no son considerados separadamente, sino que se sintetizan en la palabra Volk, expresión de la idea primaria a la que sabe subordinarse el mismo Estado y que expresa el conjunto de los elementos reales del pueblo. El Volk es la comunidad ética y racial que engloba a todos los elementos. El hombre es una pieza del Volk, totalmente absorbida por él. La persona individual no es nada: la comunidad racial lo es todo. El esfuerzo del nacionalsocialismo se dirige a lograr la identificación de la comunidad racial —única realidad orgánica— con la comunidad política y con su dirigente: Ein Volk, ein Reich, ein Führer.

El Estado es considerado, a diferencia del fascismo italiano, como un simple medio o instrumento al servicio del Volk.

En base a estos principios se hace abstracción de toda organización sindical. La constitución nazista basó la organización del trabajo en células, bajo una organización única no sindical: el Frente Alemán del Trabajo (Arbeitfront). "El Frente Alemán del Trabajo agrupa todos los trabajadores, excepto los funcionarios, para ser dirigidos desde el punto de vista profesional y para formar, entre otras cosas, una comunidad de empresas".

La Ley de la ordenación del trabajo nacional alemán, transforma el trabajo en comunidad de empresa (Beitriebsgemeinschaft), dirigida por el Führer de empresa, responsable de su gestión.

En definitiva, dos principios rigen la reglamentación del trabajo en Alemania nazista: Por una parte, la autonomía de la Empresa o de la Comunidad de Empresa, y su dirección por el Führer de empresa. Por otra parte, el control de esa autonomía y la influencia directa o indirecta que ejerce el Estado en el establecimiento de condiciones de trabajo.

De lo expuesto, se deduce la negación del derecho de huelga en el Estado nacional-socialista, como medida para alcanzar condiciones de trabajo distintas de las existentes en el sistema.

B. El Marxismo (U.R.S.S. y las Democracias Populares).

Sólo destacaremos en este aparte, algunos puntos principales de la doctrina marxista, que nos fijarán nociones fundamentales útiles para nuestro estudio. Hacer una exposición somera de todas las ideas de la doctrina marxista, ocuparía un espacio tal que cambiaría el tema del presente estudio.

Según la ideología marxista, la lucha de clases es un fenómeno que tiende a desaparecer. La Historia nos demuestra que, hasta el momento presente, cuando una clase explotada ha eliminado a la clase dominante, se ha convertido a su vez en opresora (piénsese, por ejemplo, en la burguesía después de haber desplazado a la aristocracia); pero cuando haya desaparecido la propiedad privada de los medios de producción, cesarán entonces los medios de dominación y, con ellos, la lucha de clases. Por esta razón la lucha entablada por el proletariado para conseguir su liberación, es una lucha de liberación de todo el género humano.

En el **Manifiesto Comunista**, se afirma que el propósito inmediato de los comunistas es "derrocar el dominio de la burguesía y conquistar el poder político para el proletariado". El proletariado tomó entonces en sus manos el poder del Estado y transforma entonces los medios de producción en propiedad del Estado. Durante este período el proletariado es la clase políticamente dominante. Su dominio tiene por objeto poner fin a la explotación. El proletariado utilizará los medios de coerción que integran el Estado, no para continuar la explotación de una clase por otra sino para terminar con esta explotación mediante la progresiva anulación de los opresores.

La dictadura del proletariado se configura, pues, como un período de transición, durante el cual el Estado desaparece gradualmente. "Cuando en el curso de la evolución hayan desaparecido las diferencias de clase y toda la producción *se* haya concentrado en manos de las personas asociadas, el poder político perderá su carácter político". Esta es la extinción gradual del Estado.

No hay duda de que la Rusia Soviética de nuestros días, aunque ha dejado de ser dictadura del proletariado, no ha cesado de ser una dictadura, y no hay los más leves síntomas de que el Estado se vaya extinguiendo. La sociedad soviética está libre de explotación, es una sociedad sin antagonismos de clase, pero no ha alcanzado todavía la fase superior del comunismo regida por el principio: "de cada cual, según su capacidad; a cada cual, según sus necesidades". El principio de la fase actual del comunismo ruso es todavía: "de cada cual, según su capacidad; a cada cual, según su trabajo".

Así lo declara el artículo 12 de la Constitución (Ley fundamental) de la Unión de Repúblicas Socialistas Soviéticas:"El trabajo es en la U.R.S.S. un deber y una causa de honor para todo ciudadano apto para el mismo, de acuerdo con el principio "El que no trabaja no come". En la U.R.S.S. se cumple el principio del socialismo: "De cada cual, según su capacidad; a cada cual, según su trabajo".

Los ciudadanos de la U.R.S.S. están obligados a observar la disciplina de trabajo, en la cual se basa la organización de toda la producción social.

Las Constituciones de los Estados de democracia popular (Polonia, Checoeslovaquia, Hungría, Rumania, Bulgaria, Albania, China, Vietnam del Norte. Corea del Norte y Yugoeslavia que desde 1948 constituye una forma **sui generis** de democracia popular) establecen también el deber de los ciudadanos de observar la disciplina de trabajo.

Se conoce por disciplina socialista del trabajo el cumplimiento consciente y honesto por el ciudadano soviético, de las obligaciones que recaen sobre él en su actividad en las empresas o instituciones. Los trabajadores han dado vida a esta disciplina bajo la dirección del Partido Comunista en la lucha contra las costumbres pequeñoburguesas de trabajar cada cual a su antojo, en la lucha contra las tradiciones seculares del trabajo de esclavo asalariado. La disciplina socialista del trabajo está garantizada por la coerción estatal, que se aplica a los que la infringen conscientemente.

Como se desprende de lo expuesto, y en definitiva, el mismo concepto de deber de trabajar, sobre el que se basa la sociedad soviética y la doctrina marxista, excluye la idea de derecho de huelga o de no trabajar.

V LIMITACIONES AL DERECHO DE HUELGA EN EL ESTADO MODERNO

Como todo derecho, el de huelga no puede ser ilimitado en su ejercicio, sobre todo si se tiene en cuenta que la cesación de actividades laborales puede afectar intereses sociales y económicos de toda la comunidad. Necesariamente, pues, debe estar sujeto a limitaciones.

Las limitaciones al derecho de huelga comprometen distintos aspectos de la actividad laboral: pueden referirse a ciertas categorías de trabajadores, o a ciertas prestaciones de servicios, o a la protección del interés general, o a la necesidad de cumplir requisitos para la declaración de la huelga, o a los medios empleados por los huelguistas en la lucha.

Examinaremos las tres primeras limitaciones señaladas, por ser las de interés para nuestro estudio.

1. Limitaciones impuestas a ciertas categorías de trabajadores.

Cuando la huelga se desarrolla dentro del campo de las actividades privadas, el conflicto se limita a una oposición de intereses entre un grupo de trabajadores y uno o más empresarios. En estos casos, por lo general, las consecuencias no se extienden más allá del ámbito en que el conflicto se desenvuelve, pudiendo afectar excepcionalmente, otros intereses.

En consecuencia, no se discute el derecho de los trabajadores de empresas privadas, dentro de las limitaciones lógicas de procedimientos, requisitos previos y medios de acción, -que no expondremos por no corresponder a nuestro estudio-, para valerse de la huelga como un medio de lucha.

Se discute, en cambio, el derecho de los empleados o funcionarios públicos para recurrir a la huelga en demanda de condiciones de trabajo.

Puesto que el funcionario está obligado a prestar sus servicios en forma continua y la ausencia no autorizada constituye una falta, es indudable que el abandono colectivo del trabajo decidido por un grupo de funcionarios, es decir, la huelga, configura un hecho mucho más grave, punible administrativamente y aun en vía penal. La necesidad ineludible de que las actividades públicas no sufran interrupciones, conduce sin vacilar a esa conclusión. Es la opinión de la doctrina y la solución que nos muestra el análisis del derecho comparado.

Nuestro derecho contiene normas expresas relativas a la huelga de funcionarios o empleados públicos, las cuales concuerdan con la solución doctrinaria aconsejable.

Los funcionarios públicos no pueden declararse en huelga. Si lo hacen incurren en grave falta, que extingue los derechos y garantías que los protegen y autoriza a la administración a suspenderlos del empleo. En tal sentido, puede señalarse el artículo 17, ordinal 8° del Reglamento de Administración de Personal para los Servidores del Gobierno Nacional, dictado por Decreto Ejecutivo N° 394 de fecha 14 de noviembre de 1960, que señala como una causa grave de destitución el abandono del trabajo.

Además, la huelga de funcionarios constituye delito, y como tal es sancionado penalmente. En efecto, el artículo 209 del Código Penal dispone que "Los funcionarios públicos que en número de tres o más y previo acuerdo, abandonen indebidamente sus funciones serán castigados con multa de doscientos a mil bolívares y con suspensión del empleo por tiempo de uno a dos años".

2. Limitaciones respecto a determinadas prestaciones de servicios.

Podemos considerar que este ha sido uno de los problemas más complejos y más debatidos con que se ha enfrentado la doctrina del Derecho Público. Esto se manifiesta aún más, por la consideración de que la resolución del problema se basa en la fijación de la noción de servicio público, que a pesar de tener cerca de un siglo de trabajo doctrinario, no ha tenido solución uniforme.

En conclusión, para estudiar las limitaciones del derecho de huelga respecto a determinadas prestaciones de servicios, debemos fijar la noción de servicio público con que trabajaremos.

A. Noción de Servicio Público.

No es este el lugar donde debe analizarse la teoría general del servicio público y su debatida noción. Nos limitaremos a fijar algunos conceptos que consideramos fundamentales.

a. Servicio Público como cometido estatal

Ante todo, y tal como lo aclara el profesor Antonio Moles C., el Servicio Público, en sí mismo no es propiamente una función (pública o administrativa) sino una prestación del Estado. Prestaciones regulares, creadas, aseguradas y registradas por la administración. O siguiendo la terminología utilizada por Sayagés Laso, los servicios púbicos son uno de los cometidos estatales.

Esta posición es contraria a la doctrina francesa clásica, que colocaba en un mismo plano las funciones y los cometidos estatales.

La posición de Moles y Sayagés, al distinguir la función estatal de la prestación o cometido estatal, está en concordancia con los tratadistas italianos Orlando, Zanobini, Miele y D'Alessio, que habían insistido siempre en distinguir cuidadosamente la "función administrativa" y el "servicio público". Distinción, que por demás, requería un fino análisis, pues la función administrativa es siempre la condición necesaria del servicio público.

b. Elementos de la noción de Servicio Público.

De la definición de Moles de los servicios públicos como prestaciones regulares, creadas, aseguradas y regidas por la administración, que corresponde a la parte jurídica de la noción formulada por Duguit, se desprenden los siguientes elementos que deben concurrir acumulativamente:

1.   Los Servicios Públicos son establecidos o creados por una norma legal.

2.   Los Servicios Públicos consisten en prestaciones aseguradas. Esta prestación es el objeto de la obligación que incumbe al Estado. Obligación de orden jurídico. Por ello el Estado ha de asegurarla y de aquí también su regularidad.

3.   Los rige la administración. Ello les confiere un régimen de Derecho Público. En consecuencia, impera el principio de igualdad, en tanto que igualdad de provechos y cargas. Rigiéndolos la administración se encuentran ordenados por actos administrativos generales o individuales, y sujetos éstos a la jurisdicción administrativa.

4.   La organización del Servicio Público tiene lugar por la regla legal que lo crea y, sucesivamente, por los actos reglamentarios o individuales que competen a los órganos establecidos. Pueden organizarse los servicios públicos atribuyéndolos directamente a órganos administrativos o bien confiándolos a los particulares, mediante concesión o permiso. En este caso, habrá servicios públicos concesibles y no concesibles. La naturaleza misma del servicio lo determinará.

5.   La responsabilidad de la administración es autónoma. No juegan para determinarla, los conceptos subjetivos de culpa sino el objetivo de "falta de servicio".

c.   Actividades de interés general, que "asume" el Estado y que no son servicios públicos.

En el servicio público, el Estado "asume" el interés general *cumpliendo con una obligación*. Este interés público o general es elevado a su grado máximo, hasta el punto de que el Estado lo incorpora, por decirlo así, al Derecho Público.

Sin embargo, señala Moles, no es este el único interés público que "asume" el Estado; hay otros intereses públicos que él asume aun cuando sea en menor grado.

De ahí se derivan numerosas posibilidades:

1.   El Estado puede establecer unas prestaciones que correspondan al interés general, mas ya no a título de obligación; por tanto, sin asegurarlas y sujetándose al régimen de Derecho privado.

2.   El Estado puede desplegar actividades industriales o comerciales asimismo de interés general, pero concurriendo en las mismas condiciones que los particulares.

3.   El Estado, conforme a sus planes de economía dirigida, puede constituir o participar en empresas de capital mixto, bajo la ley del derecho privado.

4.   El Estado, en virtud de conveniencias de interés público, puede nacionalizar y explotar ciertas industrias o comercios.

En todos estos casos, no se trata de "verdaderos" servicios públicos propiamente dichos, aun cuando en Francia, el Consejo de Estado les asigne nombres tan equívocos como el de "servicios públicos virtuales", "servicios públicos de carácter industrial o comercial" y "servicios públicos de economía dirigida". En puridad, estas actividades constituyen actividades de empresas administrativas, servicios al público y no servicios públicos.

d.   Conclusión.

De lo expuesto podemos sacar las siguientes conclusiones en base a la noción de obligatoriedad de asunción por el Estado de los servicios públicos:

3. Servicios Públicos:

Cuando existe obligación jurídica impuesta al Estado de asumirlos y prestarlos. Según la naturaleza de estos servicios, podrán ser concesibles o no concesibles.

4. Servicios al público.

Las actividades de interés general o público que asume el Estado facultativamente, como un particular y en sus mismas condiciones.

B. La Huelga y los Servicios Públicos.

Para nuestro estudio, dividiremos, como hemos expresado, a los servicios públicos, en concesibles y no concesibles, cuando por su naturaleza puedan concederse para su prestación a los particulares, o no.

a. *Prohibición del derecho de huelga en los servicios Públicos no concesibles por naturaleza.*

Entendemos por servicios públicos no concesibles por naturaleza, aquellos cuya prestación debe ser ejecutada por el Estado, necesariamente y en forma directa. Lo que la doctrina francesa llama prestación **en régie.**

Corresponde ̖esta noción al concepto de "funciones esenciales" del Estado (distinto de funciones administrativas o estatales), según la terminología del Sayagés Laso. En este sentido, son aquellas prestaciones o aquellos cometidos del Estado inherentes a su calidad de tal, que no se conciben sino ejercidos directamente por él mismo: las relaciones internacionales, la defensa nacional, la seguridad financiera, la policía, etc.

En los Estados modernos no cabe imaginar que tales cometidos puedan estar a cargo de particulares, ni aun en carácter de concesionarios.

En este tipo de actividad, fundamentalmente no es posible concebir el derecho de huelga. Esto está apoyado además por el hecho de que su personal está compuesto en su mayoría por empleados públicos.

b. *Posibilidad del derecho de huelga en los Servicios Públicos concesibles por naturaleza.*

Ante todo debemos aclarar que las restricciones que puedan darse al derecho de huelga en los servicios públicos concesibles no están fundadas en la calidad de funcionarios de los empleados de dichos servicios, pues, la calificación de servicio público concesible que se haga a una actividad, no califica a su vez a los que en ella laboran como funcionarios públicos. Esto por lo que respecta a los servicios públicos concesibles no concedidos. La calidad de funcionario público supone, entre otras cosas, la titularización o nombramiento expreso de la administración.

Respecto a los servicios públicos concesibles concedidos podemos afirmar que el personal que en ellos trabaja no tiene jamás la calidad de funcionario público.

5. En los servicios públicos concesibles no concedidos, en que el Estado realiza la prestación directamente, aunque no necesariamente.

En estos servicios tampoco es posible el derecho a la huelga. La prestación continua y regular del servicio, aunque no es esencial para la existencia del Estado, sí son necesarios para la vida social. Necesariamente debemos hacer referencia a la vida social, y más en relación a la huelga como derecho gremial, de hondo arraigo social.

Por la vital importancia para la buena marcha de la vida social de estos servicios es que la licitud de la huelga no puede sostenerse. Los paros en esos servicios afectan los intereses del público a quienes tales servicios se destinan y aseguran. Tales servicios son prestados en beneficio de toda la comunidad. Por tanto, el interés de la colectividad usufructuaria, de los servicios públicos a que nos referimos, es superior al interés de los huelguistas.

En la mayoría de las legislaciones contemporáneas, estos servicios, cuyo funcionamiento es de vital importancia para la comunidad, pero que en su naturaleza íntima pueden ser concedidos, el Estado mismo se ha reservado su prestación. También podemos señalar, que en la mayoría de esos casos, los funcionarios que los prestan son funcionarios públicos.

En este sentido podemos señalar el servicio público de correos, que el Estado siempre se ha reservado su prestación. El artículo 1 de la Ley de Correos de 18 de diciembre de 1958, que entró en vigencia a partir del 1º de enero de 1959, dispone que "El Correo es un servicio público prestado exclusivamente por el Estado que se regirá por las disposiciones de la presente Ley y sus Reglamentos y por las convenciones, acuerdos y tratados postales ratificados por la nación".

Según el artículo 7 del Reglamento orgánico del Correo de 2 de mayo de 1941, los funcionarios de la Dirección de Correos del Ministerio de Comunicaciones, están sometidos a las disposiciones del Reglamento de la Ley de Ministerios, lo cual los califica de funcionarios públicos. Lo dicho se aplica también a los servicios públicos de Telecomunicaciones (telégrafo, radio, etc.) adscritos al Ministerio de Comunicaciones.

Caben en esta clasificación, los servicios públicos asistenciales, adscritos al Ministerio de Sanidad y Asistencia Social, tales como Hospitales, Seguro Social, Puestos de Emergencia, etcétera.

En este mismo sentido, el servicio de abastecimiento y suministro de agua es un servicio público concesible no concedido, en que el Estado se reserva su prestación. De ahí la existencia del Instituto (Autónomo) de Obras Sanitarias. La Ley que crea este organismo, señala como funcionarios públicos a sus empleados.

En conclusión podemos expresar, que en los servicios públicos en que el Estado se ha reservado y se reserva su prestación —aunque no necesariamente por la esencia y naturaleza del servicio—, por el interés que tiene **toda** la comunidad en que se prestan regular y continuamente, no es permitido el derecho de huelga. En estos servicios el interés público es determinante.

Nuestra Ley del Trabajo, trae una disposición en relación a la huelga de estos servicios. En efecto, el artículo 232 dispone que "En los casos de huelga en empresas o servicios cuya **paralización ponga en peligro inmediato la salud o vida económico social** de la población, el Gobierno podrá proveer a la reanudación de las faenas en la forma en que lo exijan los intereses generales, previo Decreto especial que indique los fundamentos de la medida.

6. En los servicios públicos concesibles concedidos por medio de concesiones o permisos a los particulares para su prestación.

Esta última categoría de servicios públicos propiamente dichos por contraposición a la gran cantidad de actividades que comprenden los servicios que hemos llamado "servicio al público".

Convenimos en que una interrupción de un servicio público de vital importancia - que hemos examinado en los apartes anteriores- no es deseable y toda medida que contribuya a reducir el mínimo esa posibilidad debe ser tomada. Sin embargo, no todo servicio público es de vital importancia colectiva, aunque pueda ser de vital importancia individual o gremial. Es preciso determinar si la actividad funciona fundamentalmente en interés privado o de un sector determinado de la comunidad o no, porque **sólo** en este último caso reunirá íntegramente el doble carácter de servicio público de vital importancia; sólo en este último caso habrá prohibición de derecho de huelga. En los demás servicios públicos concedidos se admite el derecho de huelga, y para ello, basta examinar la historia del industrialismo.

Incluimos en este aparte, servicios tales como el transporte, teléfono, electricidad, etc. No toda la comunidad goza de su beneficio. No pueden considerarse de vital importancia, en sentido estricto, para la comunidad, pues gran parte de la comunidad carece por completo de su beneficio. Como vemos influyen las condiciones sociales para la calificación, y ellas son cambiantes en el tiempo y en espacio. En los casos señalados, y en condiciones que justamente lo exijan, es perfectamente lícito el derecho a la huelga.

Consideramos que en estos casos, la misión del Estado no es la de prohibir sino la de hallar el mejor procedimiento que haga de la huelga el último y no el primer expediente, en caso de conflicto.

Es absoluta negación de la libertad, para la cual no hallamos justificación, decir que los obreros deben trabajar en condiciones que consideran del todo injustas, y el argumento de que, si esas condiciones no le agradan podrán buscar otro trabajo, carece cada vez más de fuerza en una sociedad como la nuestra. En cualquier sociedad, el número de los que tienen verdadera oportunidad de escoger otra ocupación en un momento dado, es notablemente pequeño.

La comunidad nunca se beneficia, a la larga, con el trabajo realizado por hombres que trabajan en condiciones que consideran injustas. No podemos admitir además, que un sector de la comunidad esté autorizado, en ninguna circunstancia, a relegar la libertad de los obreros para colocar en primer término su propia conveniencia como beneficiarios limitados del servicio. Así, como también podemos admitir que se relegue el beneficio de ese sector de la comunidad por una causa injusta no motivada.

En definitiva, el secreto para evitar una huelga en estos servicios públicos concedidos, como en todas las actividades privadas, no reside en su prohibición, sino en el logro de las condiciones que la hagan innecesaria; condiciones que por demás, si son apoyadas por el consenso general obrero no serán injustas, por más que los intereses privados de los concesionarios lo declaren, al verse privados de algún beneficio.

A. La huelga y los servicios al público.

En los servicios de interés público, que presta el Estado en las condiciones de un particular, sin tener obligación jurídica de prestarlos (por sí o por concesionarios), por estar regidos por las mismas leyes privadas, es perfectamente posible y justo el derecho de huelga. Estos servicios están formados principalmente por las actividades de las Empresas administrativas y de economía mixta.

7. Limitaciones en vista a la protección del interés general.

Cuando la utilización del derecho de huelga produce la paralización de una actividad de interés general, no considerada como servicio público, tal, que ponga en inmediato peligro la salud o vida económico-social de la comunidad o del Estado mismo, las legislaciones modernas han limitado, por lo general, su ejercicio.

En efecto, cuando las consecuencias del ejercicio del derecho de huelga, son de tal magnitud que pongan en peligro la existencia del Estado como poder político concreto, o sean de tal categoría que paralicen la vida económica social en una colectividad determinada, dicho derecho debe ser limitado en vista al interés general. El interés de toda la comunidad, que en este caso sería la nación priva sobre el interés gremial.

Es por ello, que nuestra Ley del Trabajo en su artículo 231, antes citado, prevé la posibilidad de que el Gobierno Nacional, cuando la huelga de empresas o servicios paralice de tal manera la actividad que desarrollan, que pongan en peligro la salud o la vida económico-social de la población, puede proveer a la reanudación de esas faenas, en la forma en que lo exijan los intereses generales, previo Decreto especial que indique los fundamentos de la medida.

La utilización de esta limitación fue la que llevó a que el gobierno francés, en varias ocasiones militarizara el servicio de ferrocarriles antes de la promulgación de la Constitución de 1946.

VI. EFECTOS ADMINISTRATIVOS QUE ACARREA EL EJERCICIO DEL DERECHO DE HUELGA

Los principales efectos administrativos causados por el ejercicio del derecho de huelga, se observa en los contratos administrativos, y particularmente en las concesiones de servicios públicos concedibles.

En la ejecución de los contratos administrativos, pueden surgir una serie de hechos nuevos que dificulten o impidan la ejecución del contrato por parte del contratante de la administración, o de una manera más general, modifiquen las condiciones de ejecución.

Uno de estos hechos *nuevos es* la *huelga. André* de Laubadére la sitúa en la fuerza mayor o en la imprevisión.

Sin embargo, para la procedencia de la huelga como fuerza mayor, o para aplicar la teoría de la imprevisión en la ejecución de los contratos administrativos, se han dado las siguientes condiciones: A. Que la huelga sea totalmente externa al contratante de la administración, es decir, que no sólo 110 la haya provocado o facilitado, sino que haya afectado los intentos conciliatorios que exija la ley.

B.   Que la huelga haya sido imprevista e imprevisible.

C.   Que constituya una condición insuperable para la ejecución normal, es decir, por ejemplo, que el contratante no haya podido procurarse de nueva mano de obra para continuar la ejecución del contrato.

BIBLIOGRAFÍA:

1.   Claude-Albert COLLIAED **Libertés Publiques**, Dalloz, París, 1959.

2.   Haured A. RABIE, **Le recours a la grève comme aspect de la liberté Syndicale et sa Réglementation juridique dans la legislation comparée**. Atti del Primo Convegno Nazionale di Studi Giuridico-Comparativi. Instituto Italiano di Studi legislativi, Ministero di Grazia e Giustizia, Roma, 1953.

3.   P. GRUNEBAUM-BALHIN y Renée PETIT, **Les Conflicts Collectifs du travail et leur Règlement dans le monde contemporáin**. (Grève, procedures de conciliation et d'arbitrage), Recueil Sirey, Paris, 1954.

4.   SERVICIO ESPAÑOL DEL PROFESORADO DE ENSEÑANZA SUPERIOR. Universidad de Barcelona, **Regímenes Políticos Contemporáneos**. (Curso de Formación Política.) Bosch, Casa Editorial, Barcelona, 1958.

5.   A. DENISOV y M. KIRICHENKO **Derecho Constitucional Soviético**. Ediciones en Lenguas Extranjeras, Moscú, 1959.

6.   Juan D. POZZO, **Derecho del Trabajo**. Tomo IV, Ediar, Sociedad Anónima de Editores. Buenos Aires, 1951.

7.   León DUGUIT, **Soberanía y Libertad**. Editorial Tor. Buenos Aires.

8.   Enrique SAYAGES LASO, **Tratado de Derecho Administrativo,** Tomo I. Montevideo, 1953.

9.   Antonio MOLES CAUBET, **Lecciones de Derecho Administrativo**, Curso U.C.V. 1956-1957.

10.   André de LAUB ADERE, **Traite théorique et pratique des Contrats administratifs**, Tomos II y III, Librairie Générale de Droit et de Jurisprudence, Paris, 1956.

11.   Francisco DE FERRARI, **Derecho de Huelga**. En la Huelga (Universidad Nacional del Litoral. Facultad de Ciencias Jurídicas y Sociales. Instituto de Derecho del Trabajo). Tomo I. Buenos Aires, 1951, pág. 67.

12.   M. Jean RIVERO. **La Reglamentación de la Huelga**. En La Huelga (Universidad Nacional del Litoral. Facultad de Ciencias Jurídicas y Sociales. Instituto de Derecho del Trabajo). Tomo I. Buenos Aires, 1951, pág. 139.

13.   Mariano TISSEMBAUM. **La Huelga y el lock-out** ante el Derecho. En La Huelga (Universidad Nacional del Litoral. Facultad de Ciencias Jurídicas y Sociales. Instituto de Derecho del Trabajo). Tomo I. Buenos Aires, 1951, pág. 159.

14. Harold J. LASKI. La Libertad en el Estado Moderno. Editorial Abril, Buenos Aires, 1946.

15. Allan-Randolph BREWER C. **Esquema de Derecho Administrativo I**. Publicación del Centro de Estudiantes de la Facultad de Derecho, U.C.V. Caracas, octubre de 1960.

16. Antonio ZAMORA. **Digesto Constitucional Americano**. Editorial Claridad, Buenos Aires, 1958.

17. INSTITUTO DE ESTUDIOS POLÍTICOS. **Constituciones Europeas**. Universidad Central de Venezuela. Facultad de Derecho. Caracas, 1960.

VII.   EL SERVICIO DE CAJAS DE SEGURIDAD BANCARIAS

Publicado en en *Revista del Colegio de Abogados del Distrito Federal*, N° 115, Año XXIV, Caracas, Enero-Marzo 1961, pp. 75-104

I.   CONCEPTO GENERAL DEL SERVICIO DE LAS CAJAS DE SEGURIDAD

1. Noción

El concepto de Contrato de caja de Seguridad, según la noción que da Valery [1] en su Traite de la location des coffres forts, es aquel por el cual una persona mediante el desembolso de una cierta suma, generalmente pagada anticipadamente, adquiere por un determinado tiempo, el derecho de disponer en los días y horas señaladas, de uno o varios compartimientos de una Caja común propiedad del Banco, cada una de las cuales sirve a su titular para disponer de ellos mediante llave propia, o combinada con la del Banco arrendador, y depositar en su interior los objetos que le plazcan, siempre que no cause perjuicio a los titulares de los compartimientos vecinos. El arrendatario tiene a su vez el derecho de que el Banco ponga todo su interés para defender contra toda clase de riesgos, la caja, compartimiento arrendados y su contenido.

2. Antecedentes

La primera entidad que llevó a cabo tal servicio fue la Safe Deposit Company of New York, fundada en el año 1861. Algunos años más tarde, se constituye en Londres un establecimiento similar, la National Safe Deposit Company Limited. El servicio se

---

[1]   Citado por E. Gay de Montellá. Tratado de la Legislación Bancaria Española. Bosh, Casa Editorial. 1953. Tomo II, pág. 338.

generaliza años después entre los principales bancos de Francia, Alemania e Italia[2], para luego ser actualmente, una institución corriente en los institutos bancarios.

3. Fin perseguido

En lo que respecta al fin perseguido por las partes al contratar, podemos distinguir:

A. Fin perseguido por el Cliente

Lo que induce al Cliente de un Banco a alquilar en éste una Caja de Seguridad es la preocupación de poner lo que posee en cubierto de robo, de incendio, etc., es decir, de todas las contingencias que podrían privarle de los efectos de valor que le pertenecen[3].

Además, las ventajas que este servicio reporta a la clientela del Banco son evidentes, dado que se obtiene por una remuneración exigua la máxima seguridad en la conservación de documentos, joyas y valores de todas clases [4].

B. Fin perseguido por el Banco

El interés principal que para el Banco presenta el alquiler de las cajas de Seguridad, radica en el hecho de que constituye un medio de entrar en contacto con numerosas personas, entre las cuales podrá tratar de aumentar sus clientes. Hay que hacer notar, en efecto, que quien alquila una caja no debe necesariamente tener cuenta en el Banco, sino que puede limitarse sólo a pagar periódicamente el alquiler que se le fije. Sin embargo, será probable que aproveche su contacto con el Banco para confiar a éste el cobro de sus créditos, etc., y en estas condiciones, al banquero le será fácil convertirle en un Cliente asiduo y regular[5].

4. Medios empleados para prestar el servicio

Para responder al deseo de seguridad del público, el Banco pone en práctica los procedimientos más perfeccionados y más eficaces de protección. En este sentido tomará medidas de precaución en lo relativo a las galerías de Cajas de Seguridad, en los compartimientos de las Cajas de Seguridad, en la vigilancia de las Cajas de Seguridad y en el acceso a las Salas de Cajas de Seguridad. Lo mismo en lo relativo al cierre de las puertas del Banco. También el Banco procurará facilitar a sus clientes el máximo de comodidades.

---

[2]   Natalio Murati. Elementos de Ciencia y Técnica Bancaria. Librería El Ateneo, Editorial. 1952. Buenos Aires. pág. 393.

[3]   Decostes-Ga. Cairo. La Técnica del Negocio Bancario. Editorial Enciclopédica. Madrid. 1956. pág. 207.

[4]   Joaquín Garriges. Contratos Bancarios. Madrid. 1958. pág. 455.

[5]   Decostes-Ga. Cairo. *Ob. cit.,* pág. 208.

Ahora bien, la característica fundamental y funcional del servicio consiste en que el Banco no recibe materialmente los objetos que el cliente desea confiar al Banco, sino que es el propio cliente quien los introduce en la caja y los retira de ella por sí mismo o por persona autorizada. Este dato tiene mucha importancia para la calificación jurídica del contrato que regula el servicio.

II. NATURALEZA JURÍDICA DEL SERVICIO DE CAJAS DE SEGURIDAD

La determinación de la naturaleza jurídica del servicio de Cajas de Seguridad, presenta alguna dificultad, originada en parte, por las denominaciones con que diversamente se ha distinguido al contrato que con tal motivo se celebra. El contrato se suele apellidar contrato de Alquiler de Cajas de Seguridad (Location de Coffre forts, en francés; Lease o safes, en inglés). Italia emplea la expresión de Depósito in casette forte, que usan también algunos Bancos de los Estados Unidos y en Inglaterra (Safe deposit). Aún cuando la denominación puede proporcionar ciertas indicaciones sobre la naturaleza jurídica del contrato, no es en su esencia la determinante de la voluntad de las partes y es ésta, la que siempre ha de prevalecer, lo mismo en los contratos nominados que en los innominados[6].

Así, prescindiendo de la denominación que se le dé al contrato, cuya naturaleza depende, como dijimos, de su esencia misma, las dificultades para determinarla han aparecido por el hecho de presentar al servicio notas características de uno y otro tipo de contrato. Las tesis que se han sostenido al respecto, han sido las que consideran el servicio de las Cajas de Seguridad como un contrato de arrendamiento o como un contrato de depósito o como una forma contractual mixta o sui géneris.

Examinemos las diversas tesis:

1. El contrato de Cajas de Fuertes o de Seguridad como un contrato de arrendamiento.

Para algunos se trata de un arrendamiento de cosas, puro y simple, siguiendo la tónica de la definición del arrendamiento de cosas, contenido en el artículo 1.579 del Código civil, que dispone que el arrendamiento es un contrato por el cual una de las partes contratantes se obliga a hacer gozar a la otra de una cosa mueble o inmueble, por cierto tiempo y mediante un precio determinado que ésta se obliga a pagar a aquélla. En efecto, el cliente posee el derecho de disfrutar de una Caja o compartimiento de la Caja por un tiempo convenido, y mediante el pago de una remuneración; en cuanto al Banco, éste se obliga a procurar únicamente a su Cliente el disfrute de una Caja numerada y no se obliga a la restitución de los objetos o valores que en ella introduzca el Cliente, y de los cuales ignora en absoluto su existencia.

El Banco, de conformidad con el artículo 1.585 del Código Civil y 1.586 ejusdem, está obligado a entregar al arrendatario la Caja objeto del contrato junto con la llave o juego de llaves para su apertura, y a hacer en la caja durante el arrendamiento todas las

---

[6]   E. Gay de Montellá. *Ob. cit.* pág. 341.

reparaciones necesarias a fin de conservarla en estado de servir para el uso a que ha sido destinada, al objeto de que el cliente pueda servirse de ella.

Por su parte, el Cliente, ajustándose a lo dispuesto en el artículo 1.592 del Código Civil, viene obligado a pagar el precio del arrendamiento, en los términos de lugar y tiempo convenidos, y a usar de la caja como un buen padre de familia destinándola al uso pactado, y a falta de convención (cosa anómala en el contrato que estudiamos) para aquél que pueda presumirse, según las circunstancias.

Esta tesis es la generalmente aceptada por la doctrina francesa, belga y holandesa, y generalmente por la jurisprudencia de estos países.

2. El contrato de Cajas Fuertes o de Seguridad como un contrato de depósito.

Esta calificación parece la más adecuada si se estima que el contrato que nos ocupa es un desenvolvimiento moderno de los antiguos depósitos cerrados (Artículo 1.760 del Código Civil) en cajas de tamaño uniforme que el Banco exigía. Por otra parte, la finalidad que se propone el Cliente sigue siendo la de conservar o guardar títulos u objetos de valor en condiciones de máxima seguridad; y sabemos que la guarda o custodia es la finalidad típica del depósito (causa) de conformidad con lo dispuesto en el artículo 1.749 del Código Civil. Los autores modernos que se inclinan a la calificación de depósito destacan como decisiva esta finalidad económica del contrato, aunque reconozcan que la custodia de que aquí se trata, no es una custodia directa que se actúe sobre el contenido de la caja, sino una custodia indirecta que consiste en la vigilancia externa de la Caja de Seguridad, con abstracción de su contenido.

Se trataría, en suma, de una configuración moderna de la custodia que concede al Cliente, la máxima seguridad contra la pérdida, la sustracción, el incendio, etc., gracias a las modernas instalaciones acorazadas de los Bancos[7].

Esta tesis del depósito es la defendida en la actualidad por gran parte de la doctrina y jurisprudencia italiana, y por una reciente jurisprudencia francesa[8].

3. Criticas a las calificaciones del servicio de Cajas de Seguridad como un arrendamiento y como depósito.

A. Críticas a las Calificaciones del Servicio de Cajas de Seguridad como Depósito

No se ha considerado como un contrato de Depósito, entre otras razones por las siguientes:

---

[7]   J. Garriges. *Ob. cit.* pág. 456.

[8]   Sentencia de la Corte de Casación Francesa, comentada por A. Tune. Dalloz, 1946. Jurisprudence. pág. 355.

a. Falta de entrega de recibo

El Banco no entrega al depositante un recibo de las cosas guardadas en la Caja como sucede en el contrato de depósito[9].

b. La custodia

Otro argumento que hace crisis a la tesis del depósito es el de la custodia. El Banco no custodia las cosas que el cliente quiere guardar en la caja, ya que desconoce cuáles son esas cosas y si están o no en ella. El contrato existe aunque la caja permanezca vacía. Todos están de acuerdo en que el Banco no asume respecto de las cosas una específica obligación de custodia, y por eso se habla de custodia indirecta, cosa que equivale a confesar que no hay verdadera custodia y que falta, por tanto, el elemento típico y diferenciador de todo depósito. La vigilancia que el Banco ejerce sobre el acceso a la cámara acorazada para no permitir la apertura de la caja más que a su titular o a quien tenga autorización de él, es ciertamente un caso de custodia, pero no es ésta la propia del contrato de depósito[10].

c. Ausencia de recepción

El Banco no recibe en el sentido gramatical y jurídico los objetos allí guardados. El Banco no recibe nada. Y si no recibe y no hay entrega, falta también la obligación fundamental del depositario que es la restitución de las cosas, de conformidad con el artículo 1.771 del Código civil.

d. Falta del elemento de naturaleza mueble

Falta el elemento de naturaleza mueble de la cosa custodiada, que exige el artículo 1.751 del Código Civil[11].

e. No es un depósito cerrado

Tampoco sería un depósito cerrado en que el Banco ofrece al depositante la caja donde ha de guardar éste las cosas que deposita. El depósito cerrado, de conformidad con el artículo 1.760 del Código Civil, presupone la entrega al Banco del pliego o del recipiente, cerrado y sellado, que va a ser objeto de custodia, circunstancia que no se da en el contrato que estudiamos.

Todos estos argumentos aquí resumidos conducen a desechar la calificación como depósito y a destacar como elemento característico del contrato la cesión del uso de un

---

[9]   Valmore Acevedo Amaya. Los Depósitos Bancarios. Tesis de Grado. Universidad Central de Venezuela. Publicación de la Facultad de Derecho. Volumen III. 1955. pág. 110.

[10]   J. Garriges. *Ob. cit.*, pág. 456.

[11]   J. Garriges. *Ob. cit.*, pág. 457.

compartimiento adherido al edificio del Banco en una instalación fija y permanente. La custodia deja de ser objeto único del contrato y se convierte en una prestación de garantía de la integridad de la Caja. Lo que en definitiva se propone el cliente, como hemos dicho es obtener el uso exclusivo y reservado de una caja fuerte[12]. Esto nos lleva a la calificación como arrendamiento de cosas. Sin embargo, veamos las críticas que se le han hecho a esta calificación.

B. Críticas a la calificación del Servicio de Cajas de Seguridad como Arrendamiento

Es preciso reconocer que el contrato que estudiamos, no es un arrendamiento puro, sino que los elementos del arrendamiento se mezclan con los del depósito. Además, de los elementos del arrendamiento, en el contrato que estudiamos faltan:

a. Falta de posesión

Falta la posesión de la cosa arrendada, que corresponde siempre al arrendatario, sin que pueda atribuirse a la entrega de la llave el valor de una tradición simbólica de la posesión.

b. Deber de Vigilancia

Existe, por otra parte, un deber de vigilancia activa que no es propio de los deberes típicos del arrendador.

c. Intervención del Banco

Finalmente, el arrendatario normal, no sufre ninguna limitación a su derecho de su uso, mientras que en el contrato que estudiamos ese uso está condicionado por la intervención constante del Banco[13].

Sin embargo, a la opinión sustentada en la letra A de la parte II del presente estudio, al calificarse el servicio de cajas de seguridad como un arrendamiento, se suman unánimemente los Bancos en sus condiciones generales y en sus formularios del contrato en cuestión. En efecto, en Venezuela utilizan la denominación de alquiler, arriendo o arrendamiento de Cajas de Seguridad, entre otros el Banco Venezolano de Crédito, el Banco de la Construcción, The Royal Bank of Canada, el Banco Mercantil y Agrícola, el Banco Caracas, el Banco Francés e Italiano, el Banco Holandés Unido y el Banco Miranda. A esta denominación se unen casi en su totalidad, los Bancos que operan en el país. No conocemos de ningún Banco que utilice la denominación de Depósito, como sucede en Italia.

---

[12] J. Garriges. *Ob. cit.*, pág. 458.

[13] J. Garriges. *Ob. cit.*, pág. 460.

Analizados como han sido los caracteres del contrato de arrendamiento y del contrato de depósito que integran el contrato que estudiamos, entremos a estudiar la consideración de dicho contrato como un contrato mixto o sui géneris.

4. El contrato de Caja de Seguridad como un contrato mixto o sui generis

Por todas las razones examinadas, es forzosa inclinarse al concepto de contrato mixto, es decir, el contrato que en este caso se integra de elementos propios del depósito y de elementos propios del arrendamiento de cosas, sin que ninguno de ellos llegue a obtener primacía sobre los demás. La cesión del uso es esencial. Pero el cliente no se limita a obtener el arrendamiento de una caja a la que va a llevar las cosas que desea guardar, sino que exige del Banco la custodia y la protección de esa Caja. Esta custodia no es un elemento secundario, sino que está al mismo nivel que la concesión del uso. La concurrencia de estos elementos heterogéneos da lugar a una duplicidad de causas (contrato con causa mixta, según Joaquín Garriges) que se funden en un contrato único. Si este contrato se limitase al goce de una cosa ajena se convertiría en un puro arrendamiento. Y si el deber de custodia del Banco se actuase sobre las cosas introducidas por el Cliente en la caja, se transformaría en un contrato de depósito. Pero no es ni lo uno ni lo otro, sino que es un contrato atípico, innominado, integrado por elementos heterogéneos[14].

5. Caracteres del contrato de Cajas de Seguridad considerado como un contrato mixto o sui generis

Los caracteres de este contrato mixto son:

A. Contrato consensual

Se trata de un contrato consensual, como corresponde al elemento de la cesión de uso, propio del arrendamiento. El contrato es perfecto desde el momento en que el banco y el Cliente se ponen de acuerdo acerca de la concesión por el primero al segundo de una determinada Caja de Seguridad, sin necesidad de que haya mediado ningún acto de toma de posesión y ningún pago a favor del Banco.

B. Contrato de ejecución continuada

Se trata de un contrato de ejecución continuada, en el que la actividad del Banco se desenvuelve a lo largo de una serie de prestaciones reiteradas, que se integran en un conjunto funcional consistente en la prestación de seguridad a favor del" usuario de la Caja.

---

[14]   J. Garriges. *Ob. cit.*, pág. 460.

C. Contrato oneroso

Se trata de un contrato oneroso, porque la cesión del uso de la Caja y la obligación de vigilancia del Banco tienen como contraprestación por parte del Cliente el pago de una suma de dinero.

D. Contrato de adhesión

Se trata de un contrato de adhesión, en el sentido de que el Banco establece anticipadamente las condiciones del contrato, las cuales han de ser aceptadas o rechazadas en bloque por el Cliente[15].

E. Contrato bilateral

Se trata de un contrato bilateral, en el cual el Banco y el Cliente se obligan recíprocamente a una serie de prestaciones.

F. Contrato Conmutativo

Finalmente, se trata de un contrato conmutativo, en el cual, las ventajas para el Banco y para el Cliente, están determinadas desde el momento de la celebración del contrato.

III.   DOCUMENTACIÓN DEL CONTRATO

El contrato, como hemos indicado, se perfecciona con el simple consentimiento, y no tiene carácter formal en el sentido de forma *ad solemnitatem*. El documento cuya suscripción solicita el Banco del cliente, es un mero documento *ad probationem*. A veces exige una petición por parte del Cliente, que se formalizarán por escrito dirigido al director del establecimiento, expresando el nombre, apellido, profesión, nacionalidad y domicilio del solicitante, modelo de Caja que desea y tiempo o plazo dé alquiler. Pero es potestativo para el Banco conceder o no este servicio, sin quedar obligado a motivar su respuesta[16]. Generalmente, el impreso del contrato contiene condiciones generales a las que éste queda' sometido. A veces se puntualizan los datos de la Caja que sirven para identificarla por su número, serie, compartimiento y dimensiones. El contrato se extiende comúnmente por duplicado, previo el pago del alquiler y firma del cliente en el registro de identificación. En el acto de la firma se le entregan al Cliente uno de los ejemplares del contrato y las dos llaves de la Caja de Seguridad. Es costumbre en nuestros Bancos, que al Cliente se le entregue una sola de esas llaves, guardando otra el Banco; de tal manera, que para abrir la caja, se requiere siempre la interven-

---

[15]   J. Garriges. *Ob. cit.*, pág. 461.

[16]   Banco Miranda. Normas para el arrendamiento de Cajas de Seguridad. Artículo 3°.

ción del Banco. Suelen indicar también los formularios cuál puede ser el uso de la Caja, expresando que ésta debe utilizarse únicamente para guardar valores, metálico, alhajas, piedras preciosas, objetos artísticos y toda clase de documentos cuya tenencia o conservación no esté prohibida por la Ley y siempre que su naturaleza no sea susceptible de causar daños en la Caja arrendada[17].

IV.   CONTENIDO DEL CONTRATO

Este contrato se regula en los reglamentos y condiciones generales que los Bancos tienen establecidas para este servicio. En estas condiciones se fijan los derechos y obligaciones de los contratantes y se prevén algunos hechos que pueden producirse durante la vigencia del contrato (por ejemplo, la pérdida de las llaves, los casos de apertura violenta de la Caja, la defunción del Cliente, etc.)

Analicemos en forma general los derechos y obligaciones de las partes.

1. Derechos y obligaciones del cliente

A. Elemento *lucrativo y uso* pactados

Destaca en ellas el elemento lucrativo que integra este contrato, según hemos visto. Por ello, puede aplicarse aquí, por analogía, el artículo 1.592 del Código Civil, que obliga al arrendatario a pagar el precio del arrendamiento en los términos convenidos y a usar de la cosa arrendada como un diligente padre de familia. El uso pactado excluye la posibilidad de introducir en la caja objetos peligrosos (como substancias inflamables o explosivas, o los ácidos corrosivos) o de tráfico prohibido[18].

B. Dirección postal

Tiene la obligación el cliente de dar al Banco su dirección y a participar por escrito cualquier cambio de ella[19].

C. Extravío de llaves

Tiene también la obligación de avisar al Banco en caso de extravío de las llaves para que pueda impedirse el acceso a la caja de una persona no autorizada[20].

---

[17] J. Garriges. *Ob. cit.*, pág. 462.

[18] Banco de la Construcción. Reglamento Art. 7°; Banco Venezolano de Crédito. Reglamento Art. 11°; Banco Mercantil y Agrícola. Reglamento, Aparte 1°: Banco Caracas. Reglamento, letra "h"; Banco Francés e Italiano. Reglamento, Art. 7°; Banco Miranda. Reglamento, Art. 5°.

[19] Banco Venezolano de Crédito, Reglamento, Art. 2°; Banco de la Construcción, Reglamento, Art. 10; Banco Francés e Italiano, Reglamento, Art. 10; Banco Miranda, Reglamento, Art. 13.

D. Acceso a la caja en horas determinadas

El cliente no puede exigir que le sea consentida la entrada en el departamento que contenga la caja, más que en los días y horas fijadas de antemano en los reglamentos del Banco[21].

E. Prácticas de identificación

El cliente debe someterse además, a las prácticas de identificación de su personalidad, como son la exhibición del carnet de abonado en donde se halle registrada su firma, el número de la caja abonada, presentar la llave del cierre de la caja, firmar el libro de visita, haciendo constar el día y hora de la apertura, etc.[22].

F. Presencia de un dependiente del Banco

El cliente no puede rechazar la presencia de un dependiente o apoderado del Banco, si ésta presencia es considerada obligatoria o acostumbrada, en el momento de la apertura de la caja[23].

G. Término del contrato

Asimismo, el cliente tiene la obligación al término del plazo contractual de haber retirado de la caja, los objetos y valores allí guardados y de restituir las llaves al Banco. Esta es la forma de restitución de la caja, supuesto que la caja misma se encuentra en posesión del Banco. Por esta razón, la restitución de la llave no es equivalente a una restitución simbólica de la caja. Se trata de una obligación de restitución que representa un quid dimidium entre las obligaciones de restitución del depositario (que en este caso no quería el cliente, sino el Banco y la obligación de restitución del arrendatario de la caja. La demora en la restitución de las llaves concede al Banco el derecho a la apertura forzosa de la caja. En nuestro país, las normas aplicables para la apertura forzada de la caja serían las contempladas en los apartes 3° y 4° del artículo 1.771 del Código Civil en concordancia con el artículo 689 y siguientes del Código de Procedi-

---

[20]   The Royal Bank of Canadá, Reglamento, Art. 1°; Banco Mercantil y Agrícola, Reglamento, Aparte 6°; Banco Miranda, Reglamento, Art. 14.

[21]   The Royal Bank of Canada, Reglamento, Art. 3°; Banco de la Construcción, Reglamento, Art. 5°; Banco Mercantil y Agrícola, Reglamento, Aparte 10; Banco Caracas, Reglamento, letra "e"; Banco Miranda, Reglamento, Art. 7°.

[22]   Banco Miranda, Reglamento, Art. 6°; Banco Francés e Italiano, Reglamento, Art. 5°.

[23]   Banco de la Construcción, Reglamento, Art. 6°; Banco Francés e Italiano, Reglamento, Art. 6°; Banco Mercantil y Agrícola, Reglamento, Aparte 3°.

miento Civil. Queda a salvo, desde luego, lo estipulado en el contrato sobre prórroga automática del contrato[24].

H. Prohibiciones de transferir y subarrendar

El contrato de servicio de Cajas de Seguridad, en la mayoría de los Bancos Nacionales, no puede ser transferido, ni subarrendada la caja[25].

I. Apoderados

El cliente puede autorizar por escrito, a un agente, representante, o apoderado, previa identificación y registro de su firma, para tener derecho a acceso a la Caja de Seguridad arrendada[26].

2. Derechos y Obligaciones del Banco

Pueden dividirse en dos grupos, según que afecten a cada una de las dos portaciones fundamentales del Banco; son, a saber, la concesión del uso de la caja y la actividad de custodia. Respecto de la primera pueden aplicarse casi sin variación las normas sobre el arrendamiento de cosas, en cambio, tratándose de la custodia, la obligación del Banco adopta modalidades especiales, que son las que han servido justamente para contraponer este contrato al depósito ordinario.

A. Concesión del uso de la caja

a. Entrega de las llaves y asegurar al Cliente el disfrute.

La primera obligación del Banco consiste en poner la caja a disposición del cliente entregándole las llaves que permiten su utilización. Si el Banco no cumple con esta obligación, el cliente tendría una acción para solicitar la apertura de la caja por la vía judicial.

La segunda obligación consiste precisamente en asegurar al cliente el disfrute de la caja realizando todos los actos que sean necesario para mantener esa caja en estado de

---

[24] Banco Venezolano de Crédito, Reglamento, Art. 12; Banco de la Construcción, Reglamento, Art. 3° y 12; The Royal Bank of Canada, Reglamento, Art. 7°; Banco Francés e Italiano, Reglamento, Art. 3° y 4°; Banco Miranda, Reglamento, Art. 16.

[25] Banco Venezolano de Crédito, Reglamento, Art. 5°; Banco de la Construcción, Reglamento, Art. 11; The Royal Bank of Canada, Reglamento, Art. 13; Banco Mercantil y Agrícola, Reglamento, Aparte 5°; Banco Caracas, Reglamento, letra "i"; Banco Francés e Italiano, Reglamento, Art. 11°; Banco Miranda, Reglamento, Art. 11; Banco Holandés Unido, Reglamento, Art. 5°.

[26] Banco Venezolano de Crédito, Reglamento, Art. 9°; The Royal Bank of Canada, Reglamento, Art. 2°; Banco Mercantil y Agrícola, Reglamento, Aparte 2°.

servir al uso a que ha sido destinada. Se trata, en suma, de las mismas obligaciones que impone el artículo 1.579 del Código Civil a todo arrendador de cosas.

b. Permitir al Cliente el libre acceso a la Caja

La obligación de asegurar al cliente el uso exclusivo de la caja se desdobla a su vez en dos deberes a cargo del Banco: el de permitir al cliente el libre acceso a la caja de seguridad en las horas previstas en el contrato y el de permitirle asimismo introducir o retirar de la caja los objetos que tenga por conveniente. Claro es que el acceso a la caja tiene como presupuesto, como indicamos, el cumplimiento de las formalidades necesarias para comprobar la identidad del cliente[27].

c. Apertura forzada de la Caja de Seguridad

Una limitación de carácter excepcional al uso de la caja durante el plazo de] contrato es el caso de la apertura forzosa del compartimiento cedido. Prescindiendo de la hipótesis del embargo o secuestro, de la que trataremos después, el Banco se reserva la iniciativa de esta apertura forzosa en diferentes supuestos[28]:

a' Falta de pago de los cánones

El primero es cuando transcurrido un determinado plazo sin que el cliente satisfaga el pago de la merced convenida. En tal caso, el Banco podrá abrir el compartimiento o fracturando su cierre ante un Notario o la autoridad judicial, los cuales levantarán acta de la apertura y de los objetos que contuviera, y el contenido de la Caja será depositado en poder del Juzgado competente para responder del pago de los alquileres atrasados y de los gastos ocasionados por la apertura de la Caja, hasta tanto éstos sean liquidados por el deudor [29].

b'. Uso prohibido

El segundo supuesto se produce cuando el Cliente ha introducido en la Caja sustancias químicas o materias orgánicas cuya alteración puede dar lugar a malos olores o a emanaciones peligrosas para la salud; o cuando ha introducido sustancias explosivas. Si el Banco conoce estos hechos tiene derecho a abrir la Caja sin intervención del Cliente, en el caso de que éste no se decida a hacerlo voluntariamente y a fin de comprobar el Banco la exactitud de la sospecha[30].

---

[27] Ver Parte IV, e, A. Ver Nota 22.

[28] Ver Parte IV, g, A. Ver Nota 24.

[29] Banco Venezolano de Crédito, Reglamento, Art. 12; Banco de la Construcción, Reglamento, Art. 12; The Royal Bank of Canada, Reglamento, Art. 7°; Banco Francés e Italiano, Reglamento, Art. 12; Banco Miranda, Reglamento, Art. 16; Banco Holandés Unido, Reglamento, Art. 9°.

[30] Banco Miranda, Reglamento Art. 5°

c'. Falta de entrega de la llave

El tercer supuesto es motivado por la falta de entrega de la llave por parte del Cliente, que producirá la descerrajadura de dicha Caja de Seguridad y los gastos consiguientes serán por cuenta del Cliente[31]. El procedimiento es el mismo indicado anteriormente.

B. Actividad de custodia

La obligación de custodia a cargo del Banco se refiere a la conservación de la Caja y a la defensa contra todo acto que pueda dañar la integridad de su cierre. Se trata de una obligación más intensa que la simple obligación de mantener al arrendatario en el goce pacífico de la cosa arrendada, y que requiere una cierta técnica en la guarda y protección del departamento de Cajas de seguridad. El Código Civil italiano, en su artículo 1.839 puntualiza con acierto el contenido de esta obligación al decir que en el Servicio de las Cajas de Seguridad el Banco responde frente al usuario de la idoneidad y la custodia de los locales y de la integridad de las cajas, salvo el caso fortuito. Volveremos más adelante sobre esta obligación al tratar de la Responsabilidad del Banco.

En definitiva, el Banco custodia el continente y, al hacerlo, custodia también el contenido. Ciertamente, el Banco despliega aquí una actividad positiva de custodia, garantizada por la organización técnica del servicio. Pero, a diferencia de lo que ocurre en el depósito, no se trata de una custodia sustantiva que sea causa del contrato, si no de una prestación de uso. En definitiva, es una intensificación de la obligación de asegurar al cliente el pacífico uso de la Caja[32].

3. Responsabilidad del Banco.

Este tema está en íntima dependencia con el de la naturaleza jurídica del contrato. La extensión de la responsabilidad del Banco y al reparto de la carta de la prueba dependerán de que se destaque el elemento de la custodia o se dé más importancia al elemento de la cesión del uso de un compartimiento. En definitiva, la responsabilidad del Banco dependerá de la índole de sus obligaciones. Así, para saber de qué responde el Banco, es preciso saber ante todo a qué se obliga el Banco.

Planteada así la cuestión por Joaquín Garriges[33], será menester aclarar si la obligación del Banco es una obligación de resultado o una obligación de medios o de diligencia, según la terminología empleada por los hermanos Mazeaud. En el primer caso, el objeto de la obligación es el resultado mismo y en el otro son los medios normalmente empleados para obtenerle. La importancia práctica de la distinción estriba en el diverso reparto de la carga de la prueba. En efecto, cuando la obligación es de resultado, la carga de la prueba corresponde al deudor, el cual podrá liberarse sólo en el caso

---

[31] Banco Francés e Italiano, Reglamento, Art. 5°; Banco Mercantil y Agrícola, Reglamento, Aparte 6°; Banco de la Construcción, Reglamento, Art. 4°.

[32] J. Garriges, *Ob. cit.*, pág. 465.

[33] J. Gartriges, *Ob. cit.*, pág. 466.

que demuestre la intervención de fuerza mayor o de caso fortuito. El acreedor nada tiene que probar aquí para exigir la responsabilidad en caso de incumplimiento. Por el contrario, cuando la obligación es pura diligencia, será el acreedor quien tenga que demostrar la falta de diligencia del deudor para poder alegar incumplimiento y derivar las consecuencias jurídicas propias de ese incumplimiento.

Supuestos estos principios rectores, habremos de decidir ahora a. cuál de las dos clases de obligaciones mencionadas pertenece la obligación del Banco en un contrato de cesión de Caja de Seguridad.

Sin embargo, no es éste un problema de fácil solución, debido a la falta de uniformidad existente en los Reglamentos de los Bancos nacionales al tratar de este punto de la responsabilidad del Banco.

Así no se puede dar una solución uniforme, por lo cual veremos qué consecuencias trae con respecto al Banco y al Cliente, que las obligaciones del primero sean de medio o de resultado:

A. Las obligaciones del Banco como obligaciones de medio o de diligencia

Esta tendencia es seguida en Venezuela por el Banco Mercantil y Agrícola[34] y por The Royal Bank of Canada[35]. Para los autores que aprecian en el contrato de Caja de Seguridad los caracteres de un arrendamiento, la obligación de guarda es un ejemplo de obligación de medios. La vigilancia constante de los locales perfectamente dispuestos para la guarda, da la seguridad de que los intereses confiados al Banco, se hallan protegidos íntegramente y de un modo general, no para una sola caja, sino para todas las que se contienen dentro de aquéllos. Por tanto, la prueba de la responsabilidad contractual pesará sobre el Cliente, a quien incumbe probar los hechos constitutivos de una inejecución o incumplimiento de contrato, y por tanto qué actos pueden serle atribuidos al Banco para demostrar su falta de diligencia de un buen padre de familia. Por su parte, el Banco sólo deberá probar que puso en práctica todos los medios exigidos por una diligencia normal, o la concurrencia del caso fortuito que le haya impedido el cumplimiento de su normal diligencia[36].

B. Las obligaciones del Banco como obligaciones de resultado

Según Joaquín Garriges[37] el Banco no se compromete a prestar una determinada diligencia, sino a facilitar al Cliente un resultado que consiste en la conservación del statu quo de la caja al ser cedida al Cliente. Este, podemos decir que es el sistema seguido en nuestro país por el Banco Francés e Italiano[38], el Banco Holandés Unido[39] y por el Banco Miranda[40].

---

[34] Banco Mercantil y Agrícola, Reglamento, Aparte 3°.

[35] The Royal Bank of Canada, Reglamento, Art. 4°.

[36] R. Gay de Montellá, *Ob. cit.* pág. 354.

[37] J. Garriges, *Ob. cit.* pág. 467.

[38] Banco Francés e Italiano, Reglamento, Art. 8°.

Así calificada la obligación del Banco, es claro que para librarse de responsabilidad por incumplimiento de esa obligación es preciso que demuestre la intervención de fuerza mayor o caso fortuito. Y ésta es la norma que, bajo una fórmula negativa, viene a sentar los formularios y las condiciones generales de los Bancos antes citados; es decir, la no responsabilidad del Banco en caso de fuerza mayor o caso fortuito. Y claro es que, para conseguir esta liberación, el Banco tendrá que probar el hecho de la fuerza mayor o del caso fortuito, siguiendo así el principio normal del Derecho de Obligaciones.

Por esta faceta de la responsabilidad, el contrato se aproxima más al depósito que el arrendamiento, en razón a que la custodia que ha ele prestar el Banco no es el simple deber de guarda que corresponde a un arrendador para poder asegurar al arrendatario el uso pacífico de ¡a cosa arrendada.

C. Resultado de la Responsabilidad del Banco

La carga de la prueba no ofrece ninguna dificultad en ambos supuestos de obligaciones de medio y de resultado. Pero el problema se complica cuando el Banco no puede demostrar la interferencia de un caso fortuito. En este supuesto, el Banco tendrá que responder. Pero ¿de qué responderá? Este es el problema delicado y no el de los supuestos de responsabilidad, ni el de reparto de la carga de la prueba.

En efecto, cuando el Banco es depositario de unos títulos en un depósito abierto, su deber de restitución afecta a esos títulos y, en consecuencia, tendrá que responder de su valor cuando no los restituya. Pero en el Servicio de Cajas de Seguridad el Banco no sabe lo que la Caja contiene y si en realidad contiene algo[41]. El Cliente no tendrá que demostrar la culpa del Banco cuando no se trata de un deber de diligencia, y demostrará esa culpa cuando sí es un deber de diligencia; sin embargo, tendrá que demostrar siempre la preexistencia de las cosas dentro de la caja, si quiere poner en juego la responsabilidad del Banco. Y esta demostración no es nada fácil, a menos que se trate de un incendio o de una inundación y los objetos se destruyan totalmente por el fuego o por el agua. En caso de robo, por ejemplo, el Cliente podrá demostrar la desaparición de los objetos contenidos en la Caja, pero será más difícil demostrar que la Caja contenía anteriormente los objetos que se dicen robados. Si el Cliente puede realizar esta demostración y el Banco no puede probar el caso fortuito o la fuerza mayor, es evidente que su responsabilidad, quiéralo o no, se traslada al terreno del contenido de la Caja, porque el daño sufrido por el Cliente no se refiere a la Caja misma, sino a las cosas que ella contiene[42].

---

[39]   Banco Holandés Unido, Reglamento, Art. 8°.

[40]   Banco Miranda, Reglamento, Art. 10.

[41]   En algunos Bancos existen cláusulas donde el Cliente se compromete a no dejar saber al Banco el contenido de la Caja de Seguridad, tal es el caso del Banco Caracas, que en su Reglamento, en la letra "g" dispone: "El arrendatario se compromete a no tratar de comunicar al arrendador el contenido de la caja, pues es condición expresa que el arrendador entra en este contrato con la condición de no conocer el contenido de la caja arrendada mientras dure el arrendamiento".

[42]   J. Garriges, *Ob. cit.*, pág. 469.

Ahora bien, ¿qué sentido tienen los estatutos y los formularios cuando dicen que el Banco no contrae responsabilidad alguna en cuanto a la naturaleza, a la cantidad, al valor o al demérito de los documentos, títulos u objetos encerrados en la Caja?[43]. En opinión de Joaquín Garriges[44], y nosotros nos hacemos solidarios de esta opinión, no tienen estas cláusulas valor y sentido si el Cliente prueba que la caja contenía tantos títulos de tal clase o valor, o tales documentos que pueden ser identificados, o joyas que también se pueden identificar. Si el Cliente no consigue éxito en esta prueba, ello no significa que el Banco no contraiga responsabilidad: lo que significa es que el Cliente no puede demostrar la realidad del daño y, por tanto, que el Banco, aún siendo responsable, no responde en el caso concreto por defecto de una de las bases de la acción de responsabilidad, que consiste en la perfecta demostración del daño sufrido.

El estudio en concreto de las circunstancias de hecho permitirá decidir si estamos o no en presencia de un caso fortuito que exonera al Banco. No bastará, en efecto, invocar ciertos acontecimientos que constituyen los ejemplos clásicos de caso fortuito o de fuerza mayor, como son el incendio, la inundación, el robo, la huelga, etc. El incendio constituye, en principio, un caso de fuerza mayor, pero puede ocurrir no sólo que haya sido consecuencia de una falta de cuidado del Banco o de sus empleados, sino también que, habiendo sobrevenido fortuitamente, los daños del fuego hayan sido facilitados por la falta de solidez de los materiales empleados por el Banco para la construcción de las Cajas. Otro tanto cabe decir del robo con fractura o mediante el empleo de llaves falsas, ya que, justamente, el servicio de vigilancia que el Banco ofrece y el sistema de seguridad del cierre de la caja son los elementos que han fallado en este caso, siendo el Banco responsable de ese fallo. Para librarse de esa responsabilidad el Banco tendría que demostrar no sólo el hecho del robo, sino que éste no ha podido ser evitado a pesar del perfecto funcionamiento del servicio de vigilancia y del mecanismo de cierre de la Caja.

D. Cláusulas especiales de exoneración de Responsabilidad

En nuestro país, el Banco Mercantil y Agrícola[45], The Royal Bank of Canada[46], el Banco de la Construcción[47] y el Banco Francés e Italiano[48], se exoneran expresamente de responsabilidad por los daños o perjuicios que pueda sufrir el Cliente por la demora o imposibilidad al acceso de la Caja, causadas por el no funcionamiento de las puertas o cerraduras de la Bóveda.

También se exoneran de responsabilidad la mayoría de los Bancos en Venezuela, además del caso de que por caso fortuito ¡a caja sea abierta o retirados los objetos que se encuentren depositados en ella, también, por actos de autoridades judiciales o admi-

---

[43]   Banco Mercantil y Agrícola, Reglamento, Aparte 3°; Banco Miranda, Reglamento, Artículo 10.

[44]   J. Garriges, *Ob. cit.*, pág. 469.

[45]   Banco Mercantil y Agrícola, Reglamento, Aparte, 4°.

[46]   The Royal Bank of Canada, Reglamento, Art. 5°

[47]   Banco de la Construcción, Reglamento, Art. 8°.

[48]   Banco Francés e Italiano, Reglamento, Art. 8°.

nistrativas, ya sean competentes o de facto, por poder usurpado o de cualquier otra clase, ni por daños originados por motín, conmoción civil, revolución o guerra[49].

V. EXTINCIÓN DEL CONTRATO

1. Cumplimiento del término

Teóricamente el contrato se extingue, en primer lugar, por el cumplimiento del término pactado sin necesidad de previo aviso[50]. Pero en la práctica, los formularios de contrato prevén que si vencido el plazo el cliente no devuelve las llaves al Banco, el contrato se entiende prorrogado por un período de tiempo igual al convenido[51]. Otras veces la prórroga tácita puede tener lugar en el caso de que el arrendatario no avise, con determinada antelación al vencimiento, su propósito de dar por terminado el contrato; ni se preocupe de la devolución de las llaves[52].

2. Resolución unilateral

También es posible la terminación del contrato por resolución unilateral del tiempo pactado. El Banco se reserva el derecho de dar por terminado el contrato, en cualquier tiempo, previo aviso remitido por correo al Cliente en la dirección que tenga registrada con el Banco[53]. El arrendatario podrá dar por terminado el contrato en cualquier tiempo [54], retirado el contenido de la caja y entregando todas las llaves al Banco, y pagando las rentas hasta la fecha de dicha remoción y entrega[55].

3. Acción resolutoria

Supuesto el carácter bilateral que tiene el contrato, cabe su resolución por aplicación de la mecánica de las obligaciones recíprocas que se recoge en el artículo 1.167 del Código Civil.

---

[49] Banco Francés e Italiano, Reglamento, Art. 8°. Banco de la Construcción, Reglamento, Art. 8°.

[50] Banco Francés e Italiano, Reglamento, Art. 3°.

[51] Banco Mercantil y Agrícola, Reglamento, Aparte 8°; Banco Caracas, Reglamento, letra "a".

[52] Banco Miranda, Reglamento, Artículo 4°.

[53] Banco Mercantil y Agrícola, Reglamento, Aparte 7°; Banco de la Construcción, Reglamento, Art. 9°; Banco Francés e Italiano, Reglamento, Art. 9°.

[54] Algunos Bancos no permiten que el Cliente de por terminado el contrato en cualquier tiempo, sino que exigen el transcurso de un término determinado. Tal es el caso del Banco Venezolano de Crédito, que en el artículo 6° de su Reglamento, dispone: "El cliente tendrá derecho a cancelar el contrato, luego de transcurridos seis meses de la fecha en que comenzó el arrendamiento, en este caso el Banco le hará la devolución del arrendamiento correspondiente al período no vencido".

[55] The Royal Bank of Canada, Reglamento, Art. 6°; Banco Miranda, Reglamento, Art. 6°.

4. Destrucción

El contrato se extingue también por destrucción de la Caja de Seguridad.

5. Usos prohibidos

Por analogía con el arrendamiento, el contrato puede ser resuelto por el Banco cuando el Cliente destina la caja a otros usos o servicios no pactados que la hagan desmerecer, de conformidad con el artículo 1.593 del Código Civil.

6. No se produce por defunción

En cambio por lo general, no se extingue el contrato, por causa de defunción, ausencia o incapacidad del Cliente. En tales casos el Banco permitirá que sigan usando reglamentariamente de la caja los legítimos causahabientes con arreglo a derecho o las personas que ostenten la representación del usuario con facultades suficientes[56].

VI.   EL EMBARGO DE CAJAS DE SEGURIDAD

De conformidad con el artículo 382 del Código de Procedimiento Civil, el embargo preventivo o precautelativo no podrá ejecutarse sino sobre bienes de que esté en posesión aquel contra quien se libre, es decir, la diligencia de embargo se entiende siempre con el deudor, y si los bienes que se embargan no están en su poder, sino en poder de una tercera persona, se requiere a ésta para que los retenga a disposición del Juzgado. Evidentemente, en el caso de la Caja de Seguridad, los bienes no están ni en posesión completa del deudor ni en posesión completa del Banco. No lo primero porque el titular de la caja necesita la colaboración del Banco para llegar a ella y para abrirla; y no lo segundo porque el Banco no posee materialmente los bienes introducidos en la caja, sino que posee la caja misma. Esto supone que los efectos del embargo no pueden limitarse al deudor, sino que tienen que alcanzar también al Banco, no ciertamente como depositario de bienes ajenos, sino como guardián de la caja que los contiene. Si fuera un mero depositario bastaría con que el Juzgado le notificase el embargo y le ordenase retener a disposición del Juzgado las cosas depositadas. Siendo simple custodio de la integridad de la caja, el requerimiento del Juzgado tendrá que ser en el sentido de que se abstenga de facilitar al deudor el acceso a ella y de cooperar con él a su apertura. Nuestros Bancos suscitan dificultades a esta forma de embargo. La mayoría de ellos no tienen cláusulas expresas para regular la materia; se limitan a tener una cláusula exonerativa de responsabilidad por los actos de la autoridad judicial, sin especificar, la actitud del Banco ante una eventual orden judicial. Sólo The Royal Bank of Canada tiene una cláusula más o menos explicativa. En efecto el artículo 14 del Reglamento del The Royal Bank of Canada dispone: "El arrendatario libera al Banco de

---

[56]   The Royal Bank of Canada, Reglamento, Art. 2°; Banco Miranda, Reglamento, Art. 15.

toda responsabilidad y se obliga a indemnizarlo de todas las costas, pérdidas y gastos en que el Banco pudiera incurrir por razón de cualquier pleito o pleitos relacionados con la caja o el derecho de acceso a la misma o su contenido, o por razón de permitir se cumpla cualquier requerimiento, embargo u orden judicial de cualquier Tribunal, que autorice la apertura o registro en o de la caja".

En la práctica, el embargo del contenido de una caja de seguridad habrá de realizarse teniendo en cuenta la especial situación posesoria de las cosas que se embargan y la ineludible colaboración del Banco, aunque no se le considere como depositario de esas cosas. Los preceptos del Código de Procedimiento Civil aplicables serán los artículos 376 y siguientes, 382 y 460. Se declarará embargado el contenido de la caja existente en el Banco que se designe y cuyo titular sea deudor. Si es posible se indicará el número de la caja. En caso de indicaciones vagas el Banquero puede escudarse bajo el secreto profesional o bancario. Cuando el contenido es conocido se trabará el embargo no precisamente sobre ese contenido, sino sobre los bienes existentes en la caja y que serán individualizados en diligencia judicial. En caso contrario habrá que requerir al deudor para que facilite la apertura de la caja con la llave que posea, a fin de poder reseñar los bienes que en ella se contienen. Asimismo, se oficiará al Banco notificándole el embargo decretado y requiriéndole para que impida el acceso del deudor a la caja de la que es titular. En este requerimiento reside la especialidad del embargo en cuestión[57]. Evidentemente, el Banco tiene la obligación de permitir el uso de la caja a su titular, y a esta obligación corresponde el derecho del cliente a entrar en la cámara acorazada y abrir la caja cuando lo estime oportuno dentro del horario previsto. Pues bien, el cumplimiento de esa obligación por parte del Banco es el que queda prohibido en el requerimiento judicial [58]. Y en último caso, si el deudor no facilita al Juzgado la llave que posee, será menester proceder a la apertura violenta de la caja, reseñándose por el Juez y el Secretario su contenido y acordándose su depósito de conformidad con el artículo 460 del Código de Procedimiento Civil.

En nuestro país, pocos casos se han presentado en relación al embargo de Cajas de Seguridad. No hay jurisprudencia al respecto.

VII.   EL SECUESTRO DE CAJAS DE SEGURIDAD

Los principios generales expuestos en el capítulo anterior con respecto al embargo, lo podemos aplicar, lo mismo que a todas las medidas preventivas o precautelativas, al secuestro de Cajas de Seguridad. Sin embargo, destacaremos en el presente capítulo un caso concreto que se presentó en el Juzgado Cuarto de Primera Instancia en lo Civil[59]. Dicho Juzgado, en un juicio de participación de herencia decretó medida de secuestro

---

[57]   J. Garriges, *Ob. cit.* pág. 473

[58]   De aquí, las cláusulas de exoneración de responsabilidad por actos de la autoridad judicial. Tales cláusulas las encontramos en los siguientes bancos: Banco Miranda, Reglamento, Art. 5°; The Royal Bank of Canada, Reglamento, Art. 14; Banco Holandés Unido, Reglamento, Art. 8°; Banco de la Construcción, Reglamento, Art. 8°; Banco Francés e Italiano, Reglamento, Art. 8°.

[59]   Expediente N° 3.911, contentivo del juicio que por partición de herencia sigue Otilia Wantrai de Salas contra Yolanda Salas de Cacialanza.

sobre una Caja de Seguridad, en el Banco Venezolano de Crédito, que se encontraba a nombre de una Compañía Anónima, de la cual, el de cujus, era su Presidente y principal accionista. Ahora bien, consideramos que el decreto de esa medida es violatorio al artículo 382 del Código de Procedimiento Civil, que dispone que ninguna de las medidas preventivas podrá ejecutarse sino sobre bienes de que esté en posesión aquel contra quien se libre[60]. El objeto del juicio es la herencia del de cujus. Indudablemente que en la Caja de Seguridad se encontraban, además de ciertos bienes de la Compañía, bienes del difunto; pero eso no indicaba que la Caja de Seguridad estuviera en su posesión. La Caja estaba a nombre de la Compañía, persona jurídica totalmente distinta de sus órganos (Presidente, representante legal, etc.) y única poseedora, en el sentido explicado en el capítulo precedente, de la Caja de Seguridad. Pollo tanto, como la poseedora de la Caja de Seguridad es un tercero, persona ajena totalmente al juicio, el decreto de secuestro no debía hacerse sobre esa Caja de Seguridad, pues como el Banco no sabe su contenido, podría resultar que no se encontraran en su interior ningún bien perteneciente al de cujus y sería entonces una medida violatoria al derecho de disfrute exclusivo del Cliente del Banco, o sea de la Compañía Anónima a cuyo nombre se encontraba dicha Caja.

---

[60] El Banco Venezolano de Crédito se opuso a la práctica de dicha medida y "a la apertura de la Caja de Seguridad en razón de que el titular de la misma era la Compañía Anónima I.N.D.S.A., quien es un tercero en este juicio, y además por establecer el Reglamento de Cajas de Seguridad del Banco, que el titular de la misma debe estar presente para abrir la Caja, trayendo consigo la llave correspondiente, que junto con la que tiene el Banco, sirve para abrir la Caja, sin la cual llave habría que violentar la mencionada Caja".

VIII EL PROCESO DE IMPUGNACIÓN EN EL RECURSO DE CASACIÓN

Publicado en *Revista Rayas*, órgano divulgativo de los estudiantes de la Universidad Católica Andrés Bello, N° 7-8, Caracas, Julio-Agosto 1962, pp. 36-45.

I. CONCEPTOS PREVIOS

Casación, no es una Corte de Instancia, sino un Alto Tribunal que conoce del recurso extraordinario, establecido para mantener la unidad de la jurisprudencia en la aplicación de la legislación nacional, y cuya función tiende, por un lado, a sofrenar los posibles excesos de poder de los órganos jurisdiccionales de la justicia, al no acatar ni ceñirse a las normas legales que rigen el proceso, y, por otra parte, a lograr la unidad de la jurisprudencia de los Tribunales todos del país. Es así, que Casación no resuelve controversias, ni entra a conocer o censurar hechos, sino que limita su actividad a velar por la pureza de la norma legal, cuidando de lograr la unidad en su interpretación[1]. Sólo una excepción trae la ley respectiva a ese principio general: el de permitir a la Sala de Casación constatar si los hechos legalmente comprobados en el proceso han sido tergiversados, desnaturalizados o desfigurados en la sentencia recurrida en los casos en que se denuncie por ese motivo, la violación de una regla legal expresa sobre el mérito de las pruebas[2].

De lo dicho se deduce, lógicamente, que la Casación no decide directamente sobre la relación jurídico-procesal sustancial del juicio que se recurre, sino que se limita a realizar las funciones de contralor de la legalidad, corrigiendo y ordenando corregir los errores del juez de Instancia, cometidos en el devenir del proceso, sin extenderse al fondo de la controversia[3]. Esta labor de corrección se circunscribe, tal como lo señala

---

[1] En la relación a la interpretación de las normas legales por la Casación, véase la sentencia de la Corte de Casación de 20 de diciembre de 1960 (Sicla Identificatoria del Instituto de Codificación y Jurisprudencia del Ministerio de Justicia: CC-1 13; 20-12-60).

[2] En este sentido véase la sentencia de la Corte Federal y de Casación de 21 de diciembre de 1949 (G. F. N° 3, pág. 276).

[3] Véase el artículo 435 del Código de Procedimiento Civil.

Carnelutti[4], a constatar una "discrepancia entre lo que el juez de Instancia ha hecho y lo que hubiera debido hacer".

Ahora bien, una vez que Casación ha constatado la existencia de esa discrepancia, ella no hace "lo que el juez hubiera debido hacer", sino que ordena al mismo juez de Instancia que haga lo que "hubiera debido hacer" una vez que declara con lugar el recurso[5].

II. EL RECURSO DE CASACIÓN COMO MEDIO DE IMPUGNACIÓN

1. La Impugnación

Puede entenderse como impugnación, un acto de la parte dirigido a obtener la rescisión de un acto del juez.

Entre los actos procesales, y en especial entre las decisiones del juez, aquéllas respecto de las cuales se hace sentir de modo más imperiosa la necesidad de una impugnación, son las sentencias. Como mediante ellas el juez decide la litis, son estas decisiones cuya gravedad exige un medio de impugnación para comprobar su justicia.

Mediante un mecanismo similar al de las acciones que tienen por objeto la rescisión de un negocio jurídico anulable, los medios de impugnación tienden a restarle a la sentencia o su efecto preclusivo para los jueces o el de fuerza de cosa juzgada, con tal que esta sentencia aparezca viciada de determinados defectos que la hagan anulable.

Sin embargo, y por otra parte, la impugnación no continúa el proceso a que la misma se refiere, sino que le sustituye; da lugar a un proceso distinto, definido por una finalidad específica, que es el proceso de impugnación.

El objeto de este proceso de impugnación no es el mismo que el del proceso en que se dictó la decisión atacada: el proceso de impugnación tiene por objeto, precisamente, una pretensión de impugnación, que puede no referirse a las cuestiones planteadas en el proceso en que se dictó la decisión atacada, y, aunque se refiera a ellas, las mismas aparecen desde una nueva perspectiva.

Por otra parte, esta pretensión que constituye el proceso de impugnación, al referirse a la decisión dictada en otro proceso, guarda con éste una íntima relación y conexión: el objeto del proceso a que se refiere la impugnación opera con gran fuerza en la delimitación del objeto del proceso a que la misma da lugar[6].

---

[4]   Francisco Carnelutti. Instituciones del Nuevo Proceso Civil Italiano. Bosch, Casa Editorial. Barcelona. 1942. Pág. 455 (Traducción de Jaime Guasp).

[5]   Véase el artículo 436 del Código de Procedimiento Civil.

[6]   José González Pérez. La Sentencia Administrativa. Su impugnación y efectos. Madrid. Instituto de Estudios Políticos. 1954. pág. 113; Derecho Procesal Administrativo. Madrid. Instituto de Estudios Políticos. 1958. Tomo III. pág. 190.

En base a estos argumentos, podemos definir el proceso de impugnación, siguiendo a Guasp[7], como aquel proceso especial por razones jurídico-procesales que tiende a la depuración del resultado de un proceso distinto.

2. Clases de Procesos de Impugnación

Tradicionalmente[8], en Venezuela se han distinguido dos tipos de recursos o procesos de impugnación: los ordinarios y los extraordinarios. Sin embargo, la doctrina procesalista española ha añadido una nueva categoría que está constituida por los recursos excepcionales[9], anexión de la que participamos.

En base a estas tres categorías, podemos agrupar los recursos de impugnación que permite nuestra legislación procesal.

A. Recursos Ordinarios

Son aquellos en que no se exige para su admisión causas específicas y no se limitan los poderes del juez ad quem. En el proceso civil está constituida esta categoría, específicamente por la apelación[10].

B. Recursos extraordinarios

Se caracterizan por las siguientes notas: Se exige para su admisión causas taxativamente fijadas en la Ley y el órgano ad quem tiene limitadas sus facultades. En el proceso civil, el ejemplo típico del recurso extraordinario es el Recurso de Casación. Además, podemos incluir en esta categoría: el recurso de reposición por nulidad de actos de procedimiento[11] y el recurso de nulidad contra las decisiones de los jueces de reenvío dictadas en desacuerdo con la decisión de Casación[12]

C. Recursos excepcionales

La característica esencial de los mismos es que se dan contra sentencias firmes[13], es decir, contra sentencias contra las cuales no es posible interponer ningún recurso ordi-

---

7 Jaime Guasp. Derecho Procesal Civil. Madrid, 1956. pág. 1378.

8 Arminio Borjas. Comentarios al Código de Procedimiento Civil. Tomo II. pág. 163.

9 Categoría propuesta por Alcalá-Zamora y Castillo. Estudios de Derecho Procesal. Madrid, 1934. pág. 60 (citado por J. González Pérez. Derecho Procesal Administrativo. *Cit.* Tomo III. pág. 191) y aceptada por la mayoría de la Doctrina española. Guasp. 1381.

10 Artículo 175 del Código de Procedimiento Civil.

11 Artículo 229 del Código de Procedimiento Civil.

12 Artículo 439 del Código de Procedimiento Civil.

13 La expresión que se utiliza normalmente para señalar estas sentencias es "definitivamente firme" en lugar de "firme". Sin embargo, la firmeza de una sentencia implica siempre que es definitiva.

nario o extraordinario; por otra parte, su interposición no es obstáculo a la firmeza de las sentencias. El recurso excepcional típico y único de nuestra legislación es el denominado juicio de invalidación[14].

3. El Recurso de Casación como Proceso de Impugnación

A. Concepto del Recurso de Casación

En armonía con todo lo expuesto, en-tendemos por Recurso de Casación, aquel medio de impugnación jurisdiccional, de carácter extraordinario, tendiente a anular toda decisión judicial ejecutoria que contenga una violación de Ley, como consecuencia de la errónea interpretación o aplicación de la misma, con el propósito principal de conservar la integridad de la legislación, y la uniformidad de la jurisprudencia.

B. El Proceso de Impugnación en Casación: Iudicum rescidens y Iudicum rescissiorum

El proceso de impugnación que se des-arrolla para comprobar la justicia de un proceso, puede distinguirse claramente del proceso que termina con la sentencia impugnada.

Ahora bien, en el proceso de impugnación o de los medios de impugnación, pueden distinguirse siguiendo el criterio de Carnelutti[15]: dos juicios, uno el rescidente y otro el rescisorio. El juicio rescidente tiene por objeto constatar la existencia del vicio invocado. El juicio rescisorio tiene por objeto el sustituir una nueva sentencia por la que ha sido anulada. Esta distinción entre el rescidente y el rescisorio, la encontramos en el procedimiento siempre que se interponga un medio de impugnación, y están especialmente definidos en el recurso de casación.

El juicio rescidente se desenvuelve ante la Corte de Casación[16]. Del juicio rescisorio conocerá la jurisdicción de reenvío que puede ser el Tribunal donde se cometió la infracción para la casación de forma[17] o ante el Tribunal que dictó la sentencia casada, pero con otros jueces[18], en el caso de infracción de fondo[19]. Con tal medio de impugnación, se lleva, pues, ante casación, no inmediata y directamente el conocimiento de la controversia ya decidida por la sentencia impugnada, sino el conocimiento de una controversia diferente concerniente a la existencia de un vicio que constituye un título

---

[14] Artículo 729 del Código de Procedimiento Civil.

[15] Carnelutti, *ob. cit.* pág. 417. F. Carnelutti. Instituciones del Proceso Civil. Ediciones Jurídicas Europa-América. Buenos Aires. 1959. Tomo II. pág. 249 (Traducción de Santiago Sentís Melendo).

[16] Artículo de la Ley Orgánica de la de la Corte de Casación.

[17] Artículo 436 del Código de Procedimiento Civil.

[18] Artículo 67 de la Ley Orgánica del Poder Judicial.

[19] Artículo 436 del Código de Procedimiento Civil.

para la anulación de la preclusión o de la cosa juzgada (juicio rescidente)[20]. Es sólo posteriormente, cuando ya ha sido acordada la anulación y en consecuencia removido el obstáculo que se oponía para la reexaminación de la controversia original, que puede efectuarse esta reexaminación (juicio rescisorio) dentro de los límites en que se dictó la anulación. Ello trae como necesidad, el tener que dictar una nueva sentencia en el lugar de la antigua[21].

III.   EL JUICIO RESCIDENTE EN EL RECURSO DE CASACIÓN

1. Motivos del Recurso de Casación

De conformidad con lo expuesto hasta ahora, compete a la Corte de Casación la rescisión de la sentencia de última instancia[22] impugnada en la fase del juicio rescidente. Pero la rescisión de la sentencia impugnada en casación puede dictarse sólo por ciertas razones que necesariamente consisten en lo ya señalado anteriormente: en una discrepancia entre lo que el juez ha hecho y lo que hubiera debido hacer.

Los motivos de casación están taxativamente delimitados en el Código de Procedimiento Civil, que establece en su artículo 419 que el recurso de casación procederá por infracción de Ley o por quebrantamiento de forma. Las causales por infracción de Ley están determinadas en el artículo 420 ejusdem y las de quebrantamiento de forma en el artículo 421 ejusdem.

[20]   En este sentido la sentencia de 3 de diciembre de 1960 de la Corte de Casación expresa que el poder de control de la Corte se encuentra limitado a la censura de los errores de derecho, "errores iuris in indicando", con la exclusión de las cuestiones de hecho cuya apreciación corresponde soberanamente a los jueces de] mérito, "errores facti in indicando". (Sicla Identificatoria del Instituto de Codificación y Jurisprudencia del Ministerio de Justicia, CC-1 04-5 3-12-60.)

[21]   La sentencia de la Corte de Casación de I de junio de 1953 señala en este sentido: "La declaratoria con lugar de un Recurso de Casación no quita al Juez de Instancia que ha de sentenciar de nuevo, su autonomía para considerar cualesquiera otras circunstancias que no haya sido materia del recurso, y pueden hacer innecesaria o inactual la aplicación de la doctrina de la Corte; o para que, aun aplicando esa doctrina, todavía pueda confirmar el fallo casado, por algunos de sus motivos que hubiese quedado incólume en la censura de casación, si fuese suficiente para sostener el mismo dispositivo (Casación Venezolana. Carlos Hernández Bernal. Bogotá. 1959. pág. 53). En este mismo sentido véanse las sentencias de 30 de abril de 1928, M. 1929, pág. 265 y de 14 de julio de 1943, M. 1944, tomo II, pág. 156.

[22]   En sentencia de 27 de septiembre de 1960 señala la Corte de Casación, que "Es de principio que la Corte de Casación sólo conoce de, los errores en que incurran las sentencias de última Instancia y nunca de las de primera. El formalizante atribuye errores de procedimiento al Tribunal de Primera Instancia de los cuales no puede conocer directamente esta Corte sino si la alzada los hace suyos, y siempre que con fines de remediarlos se denuncie la infracción de disposiciones legales atinentes a la reposición de la causa (Sicla Identificatoria del Instituto de Codificación y Jurisprudencia del Ministerio de Justicia CC-89-2 27-9-69). Siendo de advertir que existe el caso de sentencia dictada en única Instancia (juicio de invalidación) contra la cual no se da recurso ordinario y en cambio sí el extraordinario de casación, y los errores cometidos en esa única instancia pueden ser casables (Auto de la Corte Federal y de Casación, de 10 de marzo de 1949, *Gaceta Forense* N° 1, pág. 193).

Nuestra jurisprudencia de casación[23], ha denominado al recurso por infracción de Ley como recurso por defecto de fondo; y al recurso por quebrantamiento de forma, como recurso por defecto de forma.

Los motivos o errores del juez que dan origen a este recurso son los que la doctrina ha denominado como errores in indicando y errores in procedendo. A este respecto, se sostiene que es exacto distinguir los errores in indicando como errores en el juicio de los errores in procedendo como errores de actividad, pero agregando que los segundos se refieren tan sólo al trámite y los primeros al fondo.

2. Efectos de la declaratoria con lugar del recurso

A. Recurso por defecto de fondo

Cuando se ha declarado con lugar por la Corte de Casación, el recurso de Casación por defecto de fondo, por estar comprendido en algunos de los casos enumerados en el artículo 420, la Corte ordenará en la misma decisión que vuelva a fallar el Tribunal que dictó la sentencia casada. Así lo establece el primer aparte del artículo 436.

Ahora bien, de la letra de este artículo se desprende que la Corte de Casación se limita a constatar la existencia de los vicios de forma o infracción de Ley[24] que contenga la sentencia casada, y si declara con lugar el recurso por existir dichas infracciones, anula la sentencia impugnada. En esto consiste el juicio rescisorio de la casación. El juicio rescidente o la sustitución de la sentencia impugnada por otra nueva, le toca dictarlo al juez de reenvío por orden de la Ley.

Para el efecto de dictar nueva sentencia dispone el artículo 436, se considerarán inhábiles los jueces que sentenciaron antes, y deberá reemplazárselos en aquel juicio rescidente, de conformidad con la Ley Orgánica del Poder Judicial[25].

B. Recurso por defecto de forma

Tal como lo establece el artículo 436, segundo aparte, cuando el recurso por defecto de forma es declarado con lugar por estar comprendidos los errores del juez en alguna de las causales del artículo 421 ejusdem, la Corte mandará reponer el juicio al estado en que se encontraba al incurrirse en la primera instancia, para que se siga de nuevo,

---

[23] Véase la sentencia de la Corte Federal y de Casación de 14 de julio de 1943, M. 1944, tomo II, pág. 156. También, la sentencia de la misma Corte de 30 de abril de 1928, M. 1929, pág. 265.

[24] En este sentido la sentencia de la Corte de Casación de 8 de junio de 1960 dispone: "Conforme a nuestro ordenamiento jurídico objetivo, el Recurso de Casación sólo se concede contra las infracciones legales que contenga la recurrida, esto es, de preceptos sancionados y promulgados por los Poderes Públicos, de modo que no procede contra el desconocimiento de jurisprudencia, principios doctrinarios, ni de usos o costumbres que ella haga, a menos que respecto de estos últimos se denuncie infracción de la regla legal expresada que los autorice (Sicla Identificatoria del Instituto de Codificación y Jurisprudencia del Ministerio de Justicia CC-53-1 8-6-60).

[25] Artículo 67 de la Ley Orgánica del Poder Judicial.

corrigiéndose las faltas de procedimiento, hasta dictar nueva sentencia. En este caso, Casación constata el vicio en el procedimiento, su existencia trae como consecuencia que Casación anule todos los actos de procedimiento posteriores a ese vicio. En esta forma, mandará al juez que cometió el vicio a reponer el juicio al estado en que se encontraba al incurrirse en la primera infracción. Sin embargo, hay una excepción a esa regla, y es la establecida en el artículo 231 del Código de Procedimiento Civil, que dispone que cuando los defectos a que se contrae el artículo 162 del Código de Procedimiento Civil ocurrieren en la sentencia de la última instancia de un juicio en que fuere admisible y se intentare y formalizare el recurso de casación, corresponderá decretar la reposición al estado de dictarse nueva sentencia a la Corte de Casación, al decidir el recurso.

El segundo aparte del artículo 436 no considera inhábiles para conocer del juicio de reenvío a los jueces que sentenciaron antes, cosa que sí hace en su primera parte referente al recurso por defecto de fondo. Sin embargo, la Ley Orgánica del Poder Judicial sí lo establece[26].

C. Efectos del juicio rescidente (recurso de casación) sobre el juicio rescisorio (juicio de reenvío) en materia de casación

En la casación venezolana, la decisión de la Corte tiene una influencia determinante sobre la nueva sentencia del juez de reenvío.

En efecto, establece el artículo 439 del Código de Procedimiento Civil que lo resuelto en la sentencia que declare con lugar el recurso de casación será obligatorio para los jueces que deben fallar nuevamente en la causa o reponer el procedimiento. Declara asimismo la disposición citada, que serán nulos las sentencias y los autos que dictaren los jueces de reenvío en desacuerdo con la declaratoria de casación. Volveremos sobre este punto en el capítulo siguiente.

3. Casación Total

En la Legislación venezolana no existe casación parcial. Anulado el fallo por quebrantamiento de forma o por infracción de la Ley el juez de reenvío tiene jurisdicción, tanto para razonar y dictar el nuevo fallo, como para ejercer cualesquiera otras facultades atribuidas por las leyes a los tribunales del mérito, sin otra limitación que la de acatar lo ordenado por esta Corte al anular la sentencia definitiva o interlocutoria, y cuando llegue la oportunidad, de aplicar la doctrina establecida[27].

---

[26]   Artículo 67 de la Ley Orgánica del Poder Judicial.

[27]   En este sentido véase la sentencia de la Corte de Casación de 2 de mayo de 1956: "Jurisprudencia posterior a la que aparece del fallo transcrito en parte, ha establecido que en nuestra legislación no existe casación parcial; anulado el fallo por quebrantamiento de forma o por infracción de ley, el Juez de Reenvío tiene jurisdicción tanto para razonar y dictar el nuevo fallo como para ejercer cualesquiera otras facultades atribuidas por la ley a los Tribunales del mérito, sin otra limitación que la de acatar lo ordenado por esta Corte al anular la sentencia recurrida, definitiva o interlocutoria, y cuando llegue la oportunidad de aplicar la doctrina establecida. No se justificaría que si el Juez de Reenvío observara infracción de ley de orden público que afectase de nulidad el procedimiento, o aun de disposición que no tuviese tal carácter respecto a la cual se hubiera pedido

IV.   EL JUICIO RESCISORIO EN CASACIÓN

1. El juicio de reenvío

Tal como hemos dejado dicho a lo largo del desarrollo del tema, el procedimiento de este medio extraordinario de impugnación el cual es el recurso de casación, se divide en dos fases, rescidente y rescisoria, cada una de las cuales se confía a un órgano jurisdiccional distinto. La misión del juez de reenvío será sustituir la sentencia casada por una nueva sentencia, es decir, desarrollar el juicio rescisorio.

2. Vinculación del juez de reenvió a la decisión de casación

Ya hemos visto cuál es la misión del juez de reenvío al tratar los efectos de la declaratoria con lugar del recurso de casación, en la parte III de este desarrollo.

Ahora bien, veamos en qué medida el juez de reenvío está vinculado a la decisión de casación.

A. En el recurso por defecto de fondo

Cuando se ha declarado con lugar el recurso por violación de Ley o recurso por defecto de fondo, el juicio de derecho pronunciado por el Tribunal Supremo sobre la cuestión que ha sido objeto del motivo estimado, vincula al juez del reenvío, lo que quiere decir que tiene eficacia de cosa juzgada para la decisión de la litis por éste.

B. En el recurso por defecto de forma

Cuando se ha declarado con lugar el recurso por defecto de forma, el juicio pronunciado por la Corte de Casación, vincula al juez de reenvío en cuanto que está obligado a reponer el juicio al estado de la primera infracción cometida, pero no tiene valor de cosa juzgada sobre la decisión del juez de reenvío, pues no ha sido un juicio de derecho sobre el fondo de la cuestión debatida, lo que ha decidido casación, sino sólo un juicio de derecho sobre defectos en el procedimiento.

C. La doctrina de casación

De lo expuesto en los dos apartes anteriores podemos resumir que el Tribunal de instancia que dictó la sentencia casada está en la obligación tal como lo establece el artí-

reposición para subsanar la falta que ha roto, por ejemplo, la igualdad de las partes, se hallase aquél imposibilitado de subsanar el vicio o error ordenado o cuando menos posiblemente anulable. La recurrido no constituye sentencia definitiva que resuelve el fondo del asunto sino una reposición en la cual no era necesario ni posible aplicar la doctrina de este Tribunal; no se ha incurrido, pues, en desacato y por tanto se declara improcedente el recurso de nulidad analizado" (Segunda Etapa de la Gaceta Forense, tomo XII, pág. 57).

culo 439 del Código de Procedimiento Civil, en todo caso, sentenciar nuevamente, aplicando la doctrina establecida, si la casación es de fondo, o dictando la reposición ordenada si la casación es de forma[28].

Ahora bien, con relación a la noción de doctrina de casación debe aclararse los siguientes puntos:

a)   No puede denunciarse en casación la infracción de jurisprudencia de casa- casación, pues las decisiones de los Tribunales no son Leyes cuya violación puede dar lugar a casación[29].

b)   La Corte de Casación tiene establecido en multitud de fallos, entre ellos los dictados con fecha 13 de abril de 1910 y 10 de febrero de 1922, que sus fallos no son disposiciones legales, sino resoluciones para un caso especial, sin influencia sobre otros aun similares, y lo juzgado sólo es obligatorio en el juicio en que se dicta[30].

c)   No está en las facultades de la Corte aplicar las doctrinas y consecuencias de sus fallos a nuevos casos, aun en la hipótesis de que fueren idénticos a los ya decididos, mientras no hayan ingresado en esa Corte, por la vía y en la forma legal, los respectivos expedientes de esos nuevos asuntos[31].

V. EL RECURSO DE NULIDAD CONTRA LA SENTENCIA DEL JUEZ DE REENVÍO

1. Medio de Impugnación

Hemos dejado establecido que la sentencia que declare con lugar el recurso de casación es obligatoria para los jueces que deban fallar nuevamente el proceso o reponer el procedimiento. Además, declara el artículo 439, que serán nulos la sentencia y los autos que dictaren los jueces de reenvío en desacuerdo con la declaratoria de la Corte de Casación.

Para constatar esa nulidad, establece la Ley un medio de impugnación contra la sentencia contraria a la doctrina fijada por casación.

Este medio de impugnación que da la Ley es el llamado recurso de nulidad contra la sentencia del juez de reenvío.

---

[28]   En este sentido véase la sentencia de la Corte Federal y de Casación de 23 de enero de 1929. M. 1930. pág. 120.

[29]   Véanse las sentencias de la Corte Federal y de Casación de 12 de abril de 1929. M. 1930. pág. 184; de 21 de noviembre de 1944. M. 1945. Tomo II. pág. 272; y Sentencia de la Corte de Casación de 8 de junio de 1960 en Jurisprudencia de Ramírez y Garay. 1er. semestre de 1960. Pág. 247.

[30]   Véase sentencia de la Corte Federal y de Casación de 9 de marzo de 1937. M. 1938. Tomo II. pág. 51.

[31]   Véase sentencia de la Corte Federal y de Casación de 31 de abril de 1937. M. 1938. Tomo II. pág. 255.

2. Requisitos para que proceda el recurso de nulidad

El recurso de nulidad contra las sentencias del juez de reenvío, procede siempre que dicho juez fallare contra lo decidido en casación.

Si casación ha declarado con lugar un recurso por defecto de fondo o infracción de Ley, ordenará en la misma decisión que vuelva a fallar el Tribunal que dictó la sentencia casada (artículo 436), siendo la decisión de casación de cumplimiento obligatorio para dicho juez (artículo 439, Código de Procedimiento Civil).

Ahora bien, si el juez de reenvío al fallar nuevamente no sigue las normas dadas por casación acerca de la cuestión de derecho casada, y se alza contra la sentencia de casación, ese fallo será nulo, y dará lugar a la interposición del recurso de nulidad[32].

En cambio, si casación ha declarado con lugar un recurso por defecto de forma o en el procedimiento, mandará reponer el juicio al estado en que se encontraba al incurrirse en la primera infracción, para que dicho juicio siga de nuevo, corrigiéndose las faltas de procedimiento, hasta que el juez de reenvío dicte nueva sentencia.

Ahora bien, si al recibir los autos el juez de reenvío no repone la causa al estado indicado en casación, esa decisión será nula y dará lugar a la interposición del recurso de nulidad.

3. Labor de la Corte de Casación en el recurso de nulidad

Dispone el artículo 439, apartes 3 y 4, la labor que realizará Casación una vez sustanciado el recurso de nulidad. En efecto, la Corte una vez relacionado el recurso, leerá solamente la sentencia anterior que declaró con lugar el recurso de casación y la nueva sentencia del Tribunal de Instancia o de reenvío, junto con las demás actas que fueren estrictamente necesarias para formar concepto. Si la corte encontrare que efectivamente el juez de reenvío contrarió lo decidido por ella, declarará la nulidad del fallo examinado.

4. Declaratoria con lugar del recurso de nulidad

Una vez que Casación ha constatado la contrariedad del fallo del juez de reenvío con la decisión que casó la sentencia impugnada por el recurso de casación, declarará la nulidad del fallo del juez de reenvío, y le ordenará que dicte nuevamente sentencia, sujetándose a la doctrina establecida en la sentencia que declara con lugar el recurso de casación.

Este desacato del juez de reenvío de la doctrina de casación puede dar lugar a la imposición de sanciones pecuniarias por parte de casación y a la exigencia de responsabilidad personal por parte de las partes al juez de Instancia (artículo 439 C.P.C.).

---

[32] En auto de 3 1 de mayo de 1938, la Corte Federal y de Casación, señala "Como se vé, el recurso de nulidad procede, cuando los Tribunales de Instancia desacaten en su nueva sentencia, el ordenamiento de Casación, pero si cumplida la doctrina de Casación la nueva sentencia incurre en nuevas infracciones procede contra la sentencia Recurso de Casación" (Memoria de 1939, tomo II, pág. 304).

VI. RECURSO DE CASACIÓN CONTRA LA SENTENCIA DEL JUEZ DE REENVÍO O SEGUNDA CASACIÓN

1. La Segunda Casación

A. Noción previa

Se entiende por segunda casación, el recurso de casación que se ejerce contra la sentencia dictada por el juez de reenvío en juicio rescidente.

B. Antecedentes legislativos

En el lapso comprendido entre los años de 1916 a 1926, se produjo en el país una jurisprudencia fluctuante[33] y diversas discusiones doctrinarias[34] acerca de la redacción del artículo 439 del Código de Procedimiento Civil vigente, promulgado el 4 de julio de 1916, sobre si existía o no la segunda casación en Venezuela. En realidad el referido artículo 439 del Código de Procedimiento Civil, que se concerta a pautar el procedimiento del recurso de nulidad, no contiene prohibición expresa de recurrir en un mismo juicio más de una vez, en casación. Ello fue objeto de interpretaciones opuestas. Sin embargo, la discusión fue cortada con la introducción por el legislador de 1925, en el ordinal 1° del artículo 12 de la Ley Orgánica de la Corte Federal y de Casación en la forma siguiente:

> "Cada vez que casado o anulado un fallo se intentare contra la sentencia del Tribunal de Instancia, recurso de nulidad o recurso de casación, la Sala dará a uno u otro recurso la tramitación que le corresponde: en el de casación conocerá de las infracciones de Ley o quebrantamientos u omisión de formas sustanciales de procedimiento en que hubiese incurrido la nueva sentencia sin alzarse contra la doctrina de la Sala. Intentado el recurso de nulidad y subsidiariamente el de casación, la Sala decidirá primero aquél, y si lo declarare improcedente, conocerá luego del de casación.

> En la decisión del recurso de nulidad se aplicarán en cuanto a costas las mismas reglas que rigen para el recurso de casación."

Esta disposición se conservó así en la Ley de la Corte de 1928, y sufrió algunas modificaciones no sustanciales en las reformas de 1941 y 1945. Al reforzarse la Ley Orgánica de la Corte Federal y de Casación en 1953, se dividió en dos Leyes: la Ley Orgánica de la Corte de Casación y la Ley Orgánica de la Corte Federal. La disposi-

---

[33] Véase las sentencias de la Corte Federal y de Casación de 1 de febrero de 1918. M. 1919. pág. 161; de 27 de septiembre de 1918. M. 1919. pág. 358; y de 17 de octubre de 1919. M. 1920. pág. 466.

[34] Trataron este punto, como señala el Dr. Silvestre Tovar Lange, en su trabajo "Observaciones al Proyecto de Código de Procedimiento Civil relacionadas con el Recurso de Casación" (Tipografía Americana. Caracas, 1943. Pág. 28) los doctores J. Armando Mejía, en Revista del Centro de Estudiantes de Derecho, Año I, N° 10, septiembre 1919, pág. 311; Bance en Revista del Centro de Estudiantes de Derecho, Segunda Época, Año I, N° 7, septiembre de 1924, pág. 32; Ibrahim García en Revista de Derecho y Legislación, Año XIII, N° I 63-1 64, noviembre - diciembre 19, pág. 189; y C. Farrera en Revista del Centro de Estudiantes de Derecho, Segunda Época, Año I, N° 5-6, enero-febrero 1925, pág. 206.

ción que comentamos quedó en la Ley Orgánica de la Corte Casación en el ordinal 1°
del artículo 10 con algunas modificaciones en la forma siguiente:

> "Cada vez que casado o anulado un fallo se intentare contra la nueva sentencia del
> Tribunal de Instancia o Recurso de Casación la Corte dará a uno u otro recurso la tramitación
> que le corresponde, conociendo en el recurso de casación de las infracciones de Ley o
> quebrantamiento de formas sustanciales de procedimiento en que hubiere incurrido la nueva
> sentencia sin alzarse contra la doctrina de la Corte. Intentado el recurso de nulidad y
> subsidiariamente el de casación, la Corte decidirá primero aquél y si lo declarare
> improcedente conocerá luego del de casación.
>
> En la decisión del recurso de nulidad se aplicará en cuanto a costas, las mismas reglas que
> rigen para el recurso de casación."

La reforma de la Ley Orgánica de la Corte de Casación de 18 de noviembre de 1959
(G.O. 26.115), dejó el dispositivo con la misma redacción. Esa Ley es la vigente actualmente, tal como lo dispone la disposición décima quinta de la Constitución Nacional, mientras no se dicte la Ley Orgánica de la Corte Suprema de Justicia.

C. Los Proyectos de reforma del Código de Procedimiento Civil
y la Segunda Casación

Observa el Dr. Silvestre Tovar Lange[35], cuyo criterio acogemos, a propósito del proyecto de reforma del Código de Procedimiento Civil preparado por la Comisión Codificadora Nacional[36] en los años de 1941 y 1942 que el lugar de la disposición que
hemos comentado no es la Ley Orgánica de la Corte de Casación, sino su puesto está
en el Código de Procedimiento Civil, junto con las demás disposiciones sobre el recurso de casación y decía: "Se presta a meditación el hecho de que la Comisión Codificadora Nacional no haya aprovechado el Proyecto de reforma al Código de Procedimiento Civil, para trasladar a su texto esta disposición legal".

Las actas de la Comisión[37] demuestran que en la sesión del 16 de diciembre de 1941
en que se estudió la redacción del artículo 439 ni siquiera se hizo alusión a la materia;
pero consideraba Tovar Lange, que los ilustres e ilustrados abogados que formaban la
Comisión no ignoraban las discusiones y la jurisprudencia fluctuante que originó y
terminaron con el injerto en una Ley Orgánica de la Corte de una disposición doctrinal
sobre procedimiento.

---

[35] Observaciones al Proyecto de Código de Procedimiento Civil relacionadas con el Recurso de Casación
y otras materias conexas. Tipografía Americana. Caracas, 1943. pág. 29.

[36] La Comisión que elaboró el proyecto estuvo integrada por los doctores Juan J. Mendoza, Pedro Arismendi Lairet, Carlos Morales, J. M. Reyes, Alonso Calatrava, G. T. Villegas- Pulido, Alejandro Urbaneja
Achelphol, J. R. Ayala y Juan P. Pérez Alfonso. La exposición de Motivos y el Proyecto fueron publicados en
el Boletín de la Comisión Codificadora Nacional. Publicación Extraordinaria. N° 40. Imprenta Nacional.
Caracas.

[37] Publicadas en el Boletín de la Comisión Codificadora Nacional. N° 38, pág. 56.

En esa omisión de la Comisión Codificadora Nacional no incurrió, afortunadamente, la Comisión nombrada en 1956 en el Instituto de Codificación y Jurisprudencia del Ministerio de Justicia para redactar el Proyecto del Código de Procedimiento Civil[38].

En dicho proyecto se incluye una disposición, el artículo 468, del tenor siguiente:

"Pueden ser ejercidos los recursos de nulidad y de casación en un mismo proceso, cuantas veces sea dictada nueva sentencia como consecuencia de recursos de una u otra especie declarados con lugar por la Corte, sea por quebrantamiento de forma, sea por infracción de Ley expresa."

Tanto el proyecto de la Comisión Codificadora Nacional como el de la Comisión del Instituto de Codificación y Jurisprudencia del Ministerio de Justicia debían haber ido a las Cámaras Legislativas, sin embargo no sucedió así. Posteriormente al intento de reforma del año 1956, en el año 1960 ha ido a las Cámaras Legislativas un proyecto de reforma del Código de Procedimiento Civil que a pesar de que fue comenzado a discutir tanto en la Cámara del Senado como en la de Diputados, no pasó de allí. Por otra parte, dicho proyecto no contenía disposición alguna acerca del artículo 439 del Código de Procedimiento Civil vigente.

2. Admisibilidad de la Segunda Casación

A. Cuando la Primera Casación es por defecto de forma

Cuando ha sido declarado con lugar el recurso por defecto de forma, la sentencia recurrida queda casada en su totalidad, de modo que el fallo que se dicte después de la reposición de los autos es totalmente nuevo, ya que los jueces tienen plenitud de jurisdicción para fallar nuevamente. La Corte no hace sino establecer la existencia de un vicio de procedimiento y manda a reponer el juicio, hecho lo cual por el juez de reenvío, es innegable que ha acatado fielmente la decisión de casación. Pero al dictar nueva sentencia, el juez de reenvío puede incurrir en nuevos defectos de forma y fondo, y en estos casos es admisible el recurso de casación tal como lo establece el ordinal 1° del artículo 1° de la Ley Orgánica de la Corte de Casación:

Hay nuevos errores del juez sin "alzarse" en su decisión contra la orden de la Corte, que fue mandar a reponer[39].

---

[38] Dicha Comisión del Instituto de Codificación y Jurisprudencia del Ministerio de Justicia, estuvo integrada al iniciarse el estudio, por los doctores Víctor Sanavia, quien la presidió, Pedro Arismendi Lairet, Nicomedes Zuloaga, José Ramón Ayala y Luis Lo reto; y con posterioridad, por excusa del Dr. Loreto, ocupó su cargo el Dr. José López Borges. La Exposición de Motivo» y el Proyecto, fueron publicado» por el Instituto. Caja de Trabajo Penitenciario. Caracas.

[39] En este sentido véanse las sentencias de la Corte de Casación de 1 7 de julio de 1957 (Sicla del Instituto de Codificación y Jurisprudencia del Ministerio de Justicia CC- 130-1 17-7-57); de 16 de diciembre de 1955 (Gaceta Forense, tomo VIII, pág. 39); de 8 de agosto de 1956 (Sicla del Instituto de Codificación y Jurisprudencia del Ministerio de Justicia CC-76-1 8-8-56); y auto de la Corte Federal y de Casación de 7 de diciembre de 1 944 (M. 1945, tomo II, pág. 379).

B. Cuando la Primera Casación es por defecto de fondo

Cuando ha sido declarado con lugar el recurso por defecto de fondo, la decisión de casación ordenará que el Tribunal que dictó la sentencia casada vuelva a fallar en juicio rescidente. La doctrina sobre las infracciones de Ley sentada por casación es obligatoria para el juez de reenvío que debe fallar nuevamente la causa.

Si dicho juez se alza contra la doctrina de casación, y vuelve a cometer los mismos errores de fondo esa decisión del juez de reenvío será anulable tal como hemos examinado anteriormente.

Si, por el contrario, el fallo del juez de reenvío cumple con la doctrina de casación, pero ha decidido también sobre puntos nuevos no relacionados con la sentencia primeramente censurada, será admisible el recurso de casación[40], tal como lo establece el artículo 10, ordinal 1° de la Ley Orgánica de la Corte de Casación.

Por otra parte, este segundo recurso de casación será por infracción de Ley, si los errores se han cometido al resolver puntos nuevos no relacionados con la sentencia primeramente censurada.

Por defecto de forma será atacable la decisión del juez de reenvío, en casación cada vez que contenga los errores del artículo 162 del Código de Procedimiento Civil.

3. Puntos que pueden considerarse en la Segunda Casación

En un segundo recurso de Casación no podrán presentarse a la consideración de la Corte sino puntos distintos de los que se decidieron en el primer recurso, o los mismos, pero con pruebas que en la primera vez no fueron examinadas, porque la obligatoriedad de la Doctrina de Casación no es sólo para la sentencia de instancia, sino para todo lo que haya de resolverse en cualquier etapa ulterior del mismo proceso[41].

Por el hecho de que un pensamiento profundo suele ser oscuro, se llega fácilmente a creer que todo pensamiento oscuro es profundo.

VERNEAUX

---

[40] En este sentido la sentencia de la Corte de Casación de 13 de julio de 1953 dispone: "Si en algunas legislaciones, como las de Francia e Italia, por no ser de obligatoria observancia en ellas lo decidido en un primer recurso de casación, y por permitírsele al Juez de Reenvío no acoger ese fallo del Alto Tribunal, éste puede reconsiderar y modificar su doctrina anterior y hasta aceptar como bueno el fallo rebelde de instancia, tal cosa no es posible en nuestro país, porque según el artículo 439 del Código de Procedimiento Civil, "lo resuelto en la sentencia que declare con lugar el Recurso de Casación será obligatorio para los jueces que deben fallar nuevamente en la causa o reponer el procedimiento y serán nulos la sentencia y los autos que dictaren en desacuerdo con la declaratoria expresada". Esta obligatoriedad de la doctrina de Casación no es sólo para la nueva sentencia de Instancia, sino se impone para todo lo que haya de resolverse en cualquier etapa ulterior del mismo proceso. En un segundo recurso de Casación no podrían presentarse a la resolución de la Sala sino puntos distintos de los que se decidieron en el primer recurso, o los mismos puntos, pero con pruebas que en la primera vez no fueron examinadas" (Gaceta Forense. Tomo I. pág. 406).

[41] Ver nota N° 39. Ver Carlos Hernández Bernal, *ob. cit.* pág. 53.

IX. CONSIDERACIONES ACERCA DE LA DISTINCIÓN ENTRE DOCUMENTO PÚBLICO O AUTENTICO, DOCUMENTO PRIVADO RECONOCIDO Y AUTENTICADO Y DOCUMENTO REGISTRADO

Publicado en *Revista del Ministerio de Justicia*, N° 41, Año XI, Caracas, Abril-Junio 1962, pp. 187-221; y en *Revista de la Facultad de Derecho*, N° 23, Universidad Central de Venezuela, Caracas, Junio 1962, pp. 347-378

I. INTRODUCCIÓN

Gran confusión reina en la práctica forense venezolana en relación con el uso de los términos documento público, documento auténtico, documento autenticado, documento privado reconocido y documento registrado.

Lograr un acuerdo uniforme, sobre la recta interpretación de dichos términos en relación con nuestra legislación positiva, es tarea difícil, agravada por la falta casi absoluta de correcta doctrina nacional sobre la materia.

El origen de la confusión terminológica radica, por una parte, lamentablemente en nuestro legislador, acostumbrado desde tiempos pasados a la copia ciega y mala traducción de textos legales extranjeros, así como a la innovación infundada o razonada superficialmente. Por otra parte, la confusión tiene su origen en la viciada práctica tribunalicia y registral.

Las causas y justificaciones de esos errores de técnica legislativa e interpretativa, no toca tratarlos en este, desarrollo, pues desnaturalizaríamos el objeto del estudio. Sin embargo, el fin primordial del trabajo pretende ser delimitar conceptos y aclarar la verdadera distinción entre el llamado documento público o auténtico y el documento autenticado o privado reconocido; así como también aclarar la distinción entre esos documentos y el documento registrado en nuestra legislación positiva.

II. EL DOCUMENTO PÚBLICO

1. Documento público y documento auténtico

A. Antecedentes legislativos

Nuestro Código Civil vigente, en su artículo 1.357, al hablar del instrumento o documento público, lo identifica al documento auténtico. Esta innovación tiene su origen en la reforma al Código Civil realizada en 1942, por cuanto, como informa el doctor Antonio Pulido Villafañe en la anotación que hace al citado artículo, en las anotaciones que hace al Código Civil vigente,[1] "la definición de instrumento público no ofrece en su sentido corriente un carácter o elemento sustancial que en la legislación venezolana lo distinga claramente del llamado instrumento o documento auténtico". Esta observación, que además fue el criterio sustentado por el legislador en la última reforma del Código Civil, es correcta si se atiene al sentido general de nuestra legislación civil positiva. Sin embargo, la identificación que se hizo, lejos de precisar la terminología y aclarar los términos, lo que hizo fue hacerlos más confusos, ya que se encuentra en contradicción con el criterio sustentado unánimemente por la doctrina posterior al Código Napoleón y con la etimología de las palabras.

B. Origen de la diversificación

Los Códigos Civiles anteriores a 1942, siguiendo al Código italiano de 1865, utilizaron indistintamente los vocablos documento auténtico y documento público.

El origen de la doble terminología, aceptada después unánimemente por la doctrina italiana, radicó en que el legislador italiano de 1865, tal como nos dice el tratadista Carlos Lessona,[2] no tuvo en cuenta que el "authentique" francés debía traducirse siempre por público, y así se le escapó en una parte y otra del Código el adjetivo auténtico, traducción literal, en lugar del adjetivo público, traducción libre del mismo concepto.

De esta manera, en el Código Napoleón, el documento que nuestros Códigos anteriores a la reforma de 1942 llamaban público, se llama auténtico: y por esto no hay duda de que en Francia "l'acte authentique" equivale al documento público de los códigos de 1916 y 1922. En cambio, en dichos códigos el legislador distinguía entre el documento público y documento auténtico, y mientras prescribía como necesario el primero, **sólo en ciertos casos**,[3] exigía en otras varias ocasiones el documento auténti-

---

[1]   Código Civil de Venezuela, anotado por Antonio Pulido Villafañe. Editorial Andrés Bello. Segunda edición. Caracas, 1952. pág. 208.

[2]   Carlos Lessona. Teoría general de la prueba en Derecho Civil. Editorial Reus. Madrid 1930, Tomo III, p. 138.

[3]   Por ejemplo, el artículo 1006 de los Códigos Civiles de 1916 y 1922.

co; además, daban una precisa definición del documento público[4] y, en cambio, no decía qué se debía entender por documento auténtico.

Con la reforma de 1942 el legislador volvió al origen de la cuestión, identificando, como lo hacía el Código Napoleón (al utilizar sólo la palabra "authentique"), el documento público al auténtico, y pronunciándose en contra de la diferencia establecida en el Código italiano de 1865 y los Códigos Civiles de Venezuela de 1916 y 1922, y después especulada por la doctrina.

C. Precisiones terminológicas

Filológicamente, auténtico es el acto que firman est certam, esto es, cuya certeza legal se conoce y se sabe que emana de la persona a quien se atribuye y por lo que el carácter de la autenticidad de la escritura se refiere a lo extrínseco más que a la parte intrínseca de la escritura misma; y puede surgir o en la misma circunstancia en que se hace la escritura o por efecto de un acto posterior.

El documento público es documento auténtico por excelencia porque su autenticidad existe desde el momento de su formación; y además la autoridad del funcionario público que lo autoriza prueba, aún legalmente, el contenido, o sea, la parte intrínseca del acto mismo del modo que pronto veremos.[5] Por el contrario, la escritura privada, con firma autenticada ante un notario, es documento privado, no público; pero también es documento auténtico por haber adquirido este último carácter por el hecho de la subsiguiente autenticación de la firma.

Concluimos de aquí:

a) El documento público es siempre un documento auténtico. b) En cambio, el documento puede ser auténtico sin ser público. c) Por ello, cuando el legislador se limitaba a exigir la autenticidad del acto, hay que suponer, no ya que había prescrito la necesidad de un documento público, es decir, la autenticidad inicial del acto, (autenticidad del contenido), sino la autenticación de las firmas de la escritura privada (autenticidad de las firmas).

Esta es la verdadera distinción entre documento público y documento auténtico, y que acoge, por otra parte, el Código de Procedimiento Civil. Sin embargo, y lamentablemente, el legislador de 1942 identificó los vocablos y *ubi lex non distinguit, nec nos distinguere debemus*, es decir, cuando la ley no distingue, tampoco debemos distinguir.

Sin embargo, la distinción subsiste: entre el documento público o auténtico y el documento autenticado o privado reconocido, como lo veremos más adelante.

2. Definición del Documento Público

Hemos creído conveniente, aunque no es nuestro fin en el presente estudio, señalar algunos conceptos generales de lo que es el documento público tal como lo entiende actualmente la doctrina. Para ello, nos hemos guiado principalmente por el autorizado

---

[4]   Artículo 1383 de los Códigos Civiles de 1916 y 1922.
[5]   Véase núm. 4, parte II.

criterio que sustenta el gran jurista y notario español Rafael Núñez Lagos,[6] quien por su extensa y fecunda obra en materia de documentos y derecho notarial es considerado como uno de los más brillantes expositores de esta materia.

A. Noción general del documento público

Documento público es, antes que nada, documento; esto es, una **cosa** —en sentido físico corporal— que **docet**, que enseña, que hace conocer. No hay que circunscribir el concepto al papel y menos confundir documento (continente) con título (una clase, entre varias, de contenido). El documento puede ser de níquel o de plata (moneda) o de piedra. El documento enseña lo que pretende representar. Es decir, usando la terminología de Carnelutti, el documento **docet** muestra su contenido representativo: "Documento es una cosa que sirve para representar otra". Es, en definitiva, la representación objetiva de algo.

B. El objeto de la representación del documento

El hecho jurídico. El mundo jurídico está dividido básicamente en dos campos: normas y hechos. Pero si todas las normas jurídicas pertenecen indiscutiblemente al mundo jurídico, la mayoría de los hechos no preocupan al Derecho. Únicamente ciertos hechos son los que interesan al Derecho y estos hechos, no indiferentes al Derecho, son la fuente de los derechos subjetivos: son los hechos jurídicos. Ellos constituyen el objeto de la representación del documento.

C. La existencia del hecho jurídico

La existencia del hecho jurídico es hoy el primer problema para la aplicación del Derecho, pues la existencia de la norma prácticamente dejó de ser problema desde que las leyes se publican en diarios o gacetas oficiales.

Ahora bien, la existencia del hecho jurídico constituye ese problema, pues el Derecho no escapa de las categorías de espacio y tiempo, y por más que un hecho sea ostensible, in rerum natura, al derecho le interesa recogerlo para fijar no sólo su existencia, sino las circunstancias de lugar y tiempo en que fue.

D. Forma de expresión de los hechos jurídicos

La exteriorización o expresión que el Derecho hace del hecho se le puede llamar forma. Es la figura, contorno o perfil con que, el hecho se hace perceptible en el mundo jurídico. La forma, como el lenguaje, es un medio de expresión y comunicación. Lo que la palabra es a la idea, es la forma al hecho jurídico; y precisamente una de las

---

[6]   Rafael Núñez Lagos. Hechos y Derechos en el Documento Público. Publicaciones del Instituto Nacional de Estudios Jurídicos. Madrid, 1950.

formas de expresión de los hechos jurídicos que, realiza el derecho es el documento público.

E. Clases de formas

Hay hechos jurídicos que se pueden expresar y recoger en múltiples formas y el ordenamiento jurídico permite la libertad de formas con tal que la forma elegida esté reconocida y admitida en el derecho. Por el contrario, hay otros hechos que necesitan formas obligatorias de ineludible cumplimiento para que tenga existencia jurídica. Estas las podemos llamar formas de ser, de existir, del hecho jurídico.

Sin embargo, éstas no son las únicas formas, pues el hecho jurídico a través de la forma no sólo debe existir, sino valer. Así, el hecho, para valer, para alcanzar ciertos grados de eficacia, necesita acogerse a formas obligatorias de valer. Estas formas de valer no pertenecen al aspecto "existencia del hecho jurídico", sino al de "valoración" del hecho jurídico. El documento público es una forma de valer.

F. La prueba o persistencia del hecho jurídico

Al Derecho le interesa en sumo grado, como hemos dicho, además de constatar la existencia jurídica en el tiempo y en el espacio, como ser, le interesa que persista ese hecho jurídico en la vida del derecho con una eficacia y valor jurídico indubitable. Para ello existe el documento público.

G. El documento público y la fe pública

La frase fe, pública responde a un concepto histórico, de matices místicos, que para la teoría general del Derecho no tiene otro significado que el de un grado o manera de eficacia de ciertos hechos jurídicos narrados en un texto documental, eficacia atribuida por la ley a una clase de documentos calificados de públicos. Al calificarse de público un documento —que, como hemos señalado, es una cosa corporal, un ente real, perteneciente a la esfera del ser— se le ha señalado una cualidad irreal que en el mundo jurídico significa un grado de eficacia, un valor.

H. La fe pública objetiva.

De la noción elemental y etimológica del documento como cosa, se deriva que esa calificación de público —cosa pública— que le da un valor, un grado de eficacia llamado fe pública, no puede tener nunca un sentido subjetivista, funcionarista, sino objetivo, inherente a la cosa misma. La cosa —prueba— es el objeto valorado o portador de valor. Por eso, la fe pública se ha estudiado siempre entre las llamadas pruebas reales, jamás entre las personales. Nadie, al referirse al funcionario, puede decir que éste tenga fe pública más que en sentido figurado, refiriéndose al autor del documento con fe pública, pues todo documento público, esto es, que hace fe porque lleva en sí fe pública, tiene necesariamente un autor en el ejercicio de una actividad pública.

Por último, debemos observar que la fe pública es la consecuencia y efecto de que exista el documento público con todos los requisitos legales que señalaremos más adelante.

I. El documento público en sí y su contenido

El hecho jurídico documentado —el contenido— es el *thema probandum* sometido directamente a la percepción del juez; el documento se comporta a la evidencia del juez como cosa material.

En los documentos públicos basta la existencia del registro o protocolo para acreditar la existencia y autenticidad externa del documento. Normalmente, entonces el documento, por sí, no es hecho por probar, sino fuente de prueba en cuanto a su contenido. No así los documentos privados, que antes de empezar a ser fuente de prueba (en cuanto a su contenido) son en sí mismos un hecho por probar.

J. Definición del documento público

El documento público, como se desprende de lo visto, es la forma adecuada para dar autenticidad a los hechos y relaciones jurídicas en la normalidad y obtener los efectos adecuados a la naturaleza específica de la relación. Es el medio que ofrece el Poder Público para que las relaciones jurídicas obtengan las garantías necesarias a su desenvolvimiento normal.

En este sentido, y en base a los razonamientos expuestos, entendemos por documento público aquella cosa material que constata la existencia de un hecho jurídico en el espacio y en el tiempo, de tal manera, que hace fe pública de la existencia de ese hecho y que tiene un valor y eficacia de prueba real pública atribuido por la ley, siempre que para su formación se hayan observado las formalidades que indica la ley y haya intervenido una autoridad pública que tenga facultad para formarlo.

Del cumplimiento de las condiciones que nos señala esta definición se deriva la presunción de autenticidad de que goza el documento público.

Por otra parte, y de conformidad con el artículo 1.357 del Código Civil, "documento público o auténtico es el que ha sido autorizado con las solemnidades legales por un registrador, por un juez u otro funcionario o empleado público que tenga facultad para darle fe, pública, en el lugar donde el instrumento se haya autorizado".

3. Condiciones necesarias para la existencia del documento público

Las condiciones que determinan la existencia del documento público, tal como se desprende de las nociones generales de, su definición vistas en el número anterior, podemos dividirlas en condiciones que son presupuesto de, la autorización del documento público, condiciones que suponen la autorización del documento público y condiciones que afectan directamente al documento público.

A. Condiciones que son presupuesto de la autorización del documento público por el funcionario público

a) Que el acto sea autorizado por un registrador, por un juez u otro funcionario o empleado público.

b) Que un funcionario de los anteriormente señalados esté facultado para autorizar semejante clase de documentos, *ratione materiae*, de forma que haga fe pública.

c) Que el documento sea autorizado en el lugar en que el funcionario o empleado público ejerza sus funciones.

Estas condiciones son requisitos de existencia de todos los documentos públicos, ora sean éstos autorizados por un funcionario sin intervención directa de los particulares, como es el caso de la sentencia judicial; ora sean dichos documentos autorizados por un funcionario público a instancia y con intervención de partes, como es el caso de los documentos autorizados por un registrador.

B. Condiciones que suponen la autorización del funcionario público y que consisten en una manera de actuar de éste en el uso de sus atribuciones, mediante el cumplimiento de ciertos actos o solemnidades legales

El cumplimiento de, ciertas formalidades y solemnidades legales en la formación del documento público, también es condición indispensable para su existencia. Sin embargo, esas condiciones o solemnidades legales varían según cuál sea el tipo de, documento que se forme.[7]

Por ello, nos limitaremos a señalar las solemnidades legales que deben observarse en la formación del documento público que otorga un registrador y que, como veremos, es público ab initio, y las solemnidades que debe observar un juez en la formación de

---

[7] En este punto, y a título ilustrativo, conviene citar una jurisprudencia del Juzgado Superior Primero en lo Civil y Mercantil de la Primera Circunscripción Judicial, de fecha 21 de mayo de 1958 (sigla identificatoria 1SC2-34-3 en el Instituto de Codificación y Jurisprudencia del Ministerio de Justicia), que consideramos errada, pues confunde la autenticación de un documento con el carácter auténtico o público del documento, confusión ésta, rechazada por la doctrina de la antigua Corta de Casación (sentencia de la Corte de Casación de 4 de noviembre de 1959, CC-45-3 I. de C. y J.) y por el criterio sustentado en este desarrollo. En efecto, sostiene la sentencia citada del Juzgado Superior Prime, ro: "Las solemnidades legales que se requieren para dar a un documento el carácter de público o auténtico las fija la Ley en cada caso, según los poderes del funcionario que actúa. Así, la Ley de Registro Público nos dice cuáles son las solemnidades que debe revestir el documento público que se otorga ante un Registrador; los artículos 790 y 791 del Código de Procedimiento Civil y el artículo 40 ejusdem, establecen cuáles son las solemnidades que debe revestir, para poder ser calificado de auténtico, un documento que se otorga ante un Juez. Elemento común a los diferentes procedimientos, y parte esencial de todas esas solemnidades es el asiento del documento en uno o más libros que reposan en la Oficina Pública; el artículo 791 del Código de Procedimiento Civil ordena expresamente que dicho asiento "deberá firmarse por los mismos que hayan suscrito la nota original de autenticación". El artículo 1.366 del Código Civil recalca el concepto, ya tan claramente incluido en el texto citado del 1.357, de que para la existencia de un instrumento público, se requiere el cumplimiento de determinadas solemnidades legales; y establece que "se tienen por reconocidos los instrumentos autenticados ante un juez con las formalidades establecidas en el Código de Procedimiento Civil". Basta citar esta parte de dicha sentencia, para darse cuenta de la gran confusión de términos y de disposiciones legales que en ella existe al confundir el documento autenticado con el auténtico.

un documento público, cuyo ejemplo típico en nuestra legislación sustantiva es el acta del matrimonio.

Esas formalidades son principalmente:

a) Presencia del funcionario público que autoriza el acto.

b) Presencia de los otorgantes del documento y, en su caso, de los testigos.

c) Fe de conocimiento de los otorgantes por parte del funcionario público.

d) Juicio sobre la capacidad de los que intervienen en la formación del documento.

e) Calificación del acto.

f) Lectura del documento.

g) Consentimiento de los otorgantes.

h) Dación de fe por parte del funcionario público.

i) Firma de los que intervienen en la formación del documento público.

j) Existencia de un protocolo.

C. Condiciones que afectan directamente al documento.

Estas condiciones también varían según el tipo de documento público de que se trate y pueden agruparse en las siguientes nociones: requisitos de la autorización u otros que hay que designar en el documento; el modo cómo estos requisitos deben constar, esto es, el modo de redactar la escritura, y la estructura externa o modo de escribirla.

4. Valor probatorio del documento público

El valor probatorio del documento público se basa principalmente en una doble suposición:

A. Que el documento, que constituye la prueba, sea realmente genuino del funcionario público cuya firma lleva y que haya veracidad en cuanto a la identidad de los otorgantes.

B. Que la afirmación de este funcionario público, en el ejercicio de sus funciones, sea sincero, es decir, conforme a la verdad.

Ahora bien, estas hipótesis, aun cuando en muchos casos probables no son, sin embargo, por sí mismas absolutamente ciertas. Pero interviene el legislador (sistema de la prueba le* gal) al disponer que el documento público hace plena fe, así entre las partes como respecto de terceros, de una serie de circunstancias que pronto examinaremos.[8] Por consiguiente, la afirmación del funcionario público que consta en el documento, constituye una prueba legal plena; su valor, previamente determinado por la ley es absoluto, erga omnes; un solo medio sustantivo concede excepcionalmente el legisla-

---

[8] Ver núm. 6, parte II. En relación con el valor probatorio de los documentos públicos o auténticos, véase las sentencias de la antigua Corte de Casación de fecha 6 de abril de 1960 (CC-21-3; I. de C. y J.) y 23 de noviembre de 1960 (CC-98-1; I. de C. y J.).

dor para impugnarla, la llamada querella de falsedad, dispuesta en el artículo 1.380 del Código Civil.

5. Efectos del documento público entre las partes y respecto de terceros

La plena fe que la ley concede a la afirmación del funcionario público se limita, evidentemente, a los actos y hechos que el funcionario público ha podido y debido acreditar en la ocasión de tiempo y de lugar, en que se llega a la formación del documento. Por esto es necesario: A. Que el funcionario público haya podido acreditar los hechos y los actos de que se trata, con sus propios sentidos. B. Que los hechos afirmados por él sean de los que por razón de sus funciones, puede él imprimirles el carácter de fe pública. C. Que la declaración del funcionario se refiera al tiempo y al lugar en que se procede al otorgamiento del acto.

Si se han cumplido estos requisitos, el documento público hará plena fe entre las partes como respecto de terceros.

6. Circunstancias de las cuales el documento público hace plena fe

De conformidad con los artículos 1.359 y 1.360, el documento público hace plena fe, así entre las partes como respecto de terceros, mientras no sea declarado falso:

A. De los hechos jurídicos que el funcionario público declara haber efectuado, si tenía facultad para efectuarlos.

B. De los hechos jurídicos que el funcionario público declara haber visto u oído, siempre que esté facultado para hacerlos constar. C. De la verdad de las declaraciones formuladas por los otorgantes acerca del hecho jurídico a que el instrumento se contrae, salvo que en los casos y con los medios permitidos por la ley se demuestre la simulación.

Conviene, ante esta enumeración legal, distinguir en el documento público lo que el funcionario público afirma como sucedido en su presencia, bien porque él mismo lo ha efectuado, bien porque lo ha visto u oído (letras A y B) según el artículo 1.359 del Código Civil; de lo que en el mismo documento resulte declarado y afirmado por las partes (letra C) según el artículo 1.360 ejusdem; porque a estas últimas declaraciones no se extiende el valor absoluto del documento público. En efecto, si las partes llevan ante un funcionario público una declaración referente a hechos pasados o en general a hechos no sucedidos en presencia del funcionario público, éste, al autorizar el documento, podrá sí atestiguar la realidad de la declaración hecha, la realidad de la realización de la declaración, pero no la verdad de los hechos comprendidos en la misma, y por esto, el documento público acreditará de un modo absoluto que la declaración fue hecha en presencia del funcionario que lo autoriza; acreditará la veracidad de la realización de la declaración, pero siempre se podrá, en virtud de la prueba de simulación, impugnar la verdad de lo contenido en dicha declaración.[9] Observamos que los Códi-

---

9   Por otra parte, y en relación a las mencionadas referenciales, la antigua Corte de Casación, en sentencia de 18 de noviembre de 1959, dispone: "Es de principio legal que el documento público hace plena fe, así entre las partes como respecto de terceros, de los hechos jurídicos que el funcionario público declara haber

gos Civiles venezolanos posteriores al de 1896 restringieron a la prueba de simulación la impugnación de esta parte del documento público, que antes podía hacerse por cualquier prueba en contrario.

Un ejemplo nos aclara el razonamiento: si en un documento público de venta de inmuebles, el funcionario público declara que el pago del precio fue hecho en su presencia, no se podrá discutir la verdad del pago, a no ser por el medio sustantivo excepcional de la querella de falsedad.[10] Por el contrario, si el documento público atestigua que los contratantes declaran que el precio de la venta fue entregado en otros tiempos, o de cualquier otro modo hicieron referencia a hechos o convenios anteriormente acaecidos, para impugnar la verdad de tales declaraciones en su contenido, no será necesario recurrir a la querella de falsedad, sino que bastará demostrar en los casos y con los medios permitidos por la ley la simulación, porque el ataque va dirigido, no ya contra la actuación del funcionario público, sino sólo contra la verdad intrínseca de la declaración de los contratantes; de suerte que después de probado que es falsa la aserción de las partes, no por eso será destruida la fe de la declaración del funcionario público, que se limitó a atestiguar auténticamente el hecho de la declaración de los contratantes, sin garantir la verdad intrínseca de, esas declaraciones .

Además, cabe observar que el documento público hace plena fe, así entre las partes como respecto de terceros, de la verdad de las declaraciones formuladas por los otorgantes acerca de la realización del hecho jurídico a que se contrae el instrumento, o lo que es lo mismo, el hecho jurídico que el funcionario público declara haber efectuado, visto u oído. En consecuencia, si las declaraciones de las partes no se refieren al hecho jurídico, contenido del documento, dicho documento no hace plena fe respecto de ellas, ni respecto de las partes ni respecto de terceros.

Apoyando estos razonamientos, dice la antigua Corte de Casación.[11] "Una cosa son las declaraciones que el funcionario público formula en atención a los hechos jurídicos que se hayan cumplido en su presencia, o como dice la ley, que ha efectuado, visto u oído y que, por lo tanto, ha de autorizar, las cuales declaraciones hacen plena fe, no sólo entre las partes inmediatamente interesadas, sino también respecto de terceros, mientras no sean inscritas de falsedad, y otra cosa son los hechos o circunstancias que los interesados en el acto o los concurrentes a él manifiestan al funcionario con el objeto de aquella declaración, de los cuales hechos o situaciones no puede dar el funcionario fe pública por no haber pasado a su presencia en el acto que autoriza. En una

---

efectuado, si tenía facultad para efectuarlos, y de los hechos jurídicos que el funcionario público declara haber visto u oído, siempre que estuviere facultado para hacerles constar. Por manera que el documento público no da fe de las menciones referenciales que contenga, tanto de las hechas por las partes como de las estampadas por el funcionario que lo autoriza. En el caso concreto no pasa de ser una mención referencial la afirmación hecha por el registrador que autorizó el documento señalado en la formalización, de ser comerciante su otorgante, el demandado C., la cual mención, por revestir este carácter, carece de fe pública y puede ser desvirtuada con prueba contraria, entre las cuales la de testigos es admisible" (Revista del Ministerio de Justicia. Año IX, enero-febrero-marzo, 1960. Caracas, Núm. 32. págs. 305 y 307).

[10]   Articulo 1.380 del Código Civil.

[11]   Sentencia de la antigua Corte Federal de Casación de 7 de abril de 1941. (Memoria de 1943. Tomo II. Pág. 101.) José Enrique Machado: Jurisprudencia de la Corte Federal y de Casación. En Sala de Casación, 1924-1942. Editorial Ávila Gráfica S. A. Caracas. 1951. pág. 152.

palabra; una cosa es la verdad formal del documento y otra la verdad de los hechos materiales manifestados por los interesados o por los concurrentes a su formación".

Los primeros (artículo 1.359 C. C.) hacen plena fe hasta que sean declarados falsos conforme al artículo 1.380 del Código Civil; los segundos hacen plena fe, salvo que en los casos y con los medios permitidos por la ley se demuestre la simulación.[12]

Por otra parte, si se trata de circunstancias que no han sido expresadas sino de una manera enunciativa, con tal que la enunciación tenga una relación directa con el acto, el documento público hace plena fe sólo entre las partes y no respecto de terceros, tal como lo determina el artículo 1.361 del Código Civil. Las enunciaciones extrañas al acto sólo pueden servir de principio de prueba.

7. Los documentos públicos: las actas y las escrituras

En relación con el número anterior referente a las circunstancias de las cuales el documento público hace plena fe, la doctrina es unánime en distinguir, refiriéndose a los documentos públicos, entre las escrituras y actas.

Las escrituras tienen por contenido una declaración de voluntad, un negocio jurídico. Las actas, un mero hecho que no sea típicamente declaración de voluntad.

Las escrituras están en relación con la esfera de los hechos y la del derecho, porque en ellas el funcionario público competente, por imponérselo la Ley dentro de sus deberes de funcionario público, ha de desenvolver una actividad técnica de jurista, acomodando sus actuaciones y la voluntad de las partes a los preceptos de fondo exigidos por el ordenamiento jurídico para la perfecta eficacia del acto formalizado. Las actas, por el contrario, sólo exigen del funcionario público una actividad de visu et auditur, suis sensibus, sin entrar en el fondo, adaptándose al Derecho únicamente en cuanto a los preceptos de forma en aquellos casos excepcionales en que la ley lo exigiese: protestos, etc.

En las actas, el funcionario público narra el hecho, patente para sus sentidos, y le deja ser lo que es y como es. La actividad del funcionario no lo manipula ni lo altera. El acta es copia del natural y el hecho queda desnudo, sin que el acta le vista ni le agregue nada. El acta es sólo medio de prueba.

En la escritura el hecho es más complejo: una convención o contrato, un negocio jurídico, una declaración de voluntad; esencialmente una prestación de consentimiento. En este caso, el hecho patente, en su elemental sustancia, consiste, en una presencia de partes ante el funcionario y en una cierta actividad de esas mismas partes: entregas de dinero, declaraciones de voluntad, y de modo expreso y especial la prestación del consentimiento después de la lectura y el enterado de los otorgantes. Más, a su vez, el funcionario ha desempeñado un papel activo en cumplimiento de su deber legal de efectuar y redactar el acto conforme a la ley de fondo y a la voluntad de las partes.

En la escritura, por tanto, el nudo hecho no subsiste como en los supuestos del acta, en su purísima realidad y desnudez; se convierte ex publico officio en un texto docu-

---

[12] Artículos 1.281 y 1.360 del Código Civil.

mental sancionado expresamente por un hecho final, unitario y definitivo: el consentimiento del otorgante.

Esta diferenciación entre escrituras y actas, podemos hacerla en nuestro ordenamiento positivo. En esta forma, escritura pública será la que hace plena fe de los hechos jurídicos que el funcionario público declara haber efectuado, si tenía facultad para efectuarlos (art. 1.359 C. C.). Este, podemos decir, es el documento público en sentido estricto. Ejemplos en nuestra ley son el acto de matrimonio y el documento público que autoriza el registrador.

Por el contrario, serán actas las que hacen plena fe de los hechos jurídicos que el funcionario público declara haber visto u oído, siempre que esté facultado para hacerlo constar (art. 1.359 C. C.); y las que hacen plena fe de la verdad de las declaraciones formuladas por los otorgantes acerca del hecho jurídico a que el documento se contrae (art. 1.360 C. C.). Todos ellos, con los efectos y distinciones que hemos dejado señalados en el núm. 6 de esta parte II del estudio.

8. Relación entre el documento público y la convención en él contenida

Todos los efectos y valor probatorio del documento público hasta aquí examinados, parten del supuesto de que presente todas las condiciones necesarias para su validez, ya señaladas.

Estudiemos la posibilidad de la falta de alguna de esas condiciones. Ciertamente, dicha falta hará que el documento sea nulo como tal y, por consiguiente, si se tratase de convenciones para las cuales se exige la formalidad del documento público ad solemnitatem, (art. 1.355) como la donación (art. 1.439 C. C.), la nulidad del documento público llevará también consigo la de la convención. Lo mismo sucederá cuando la forma del documento público sea obligatoria por expreso acuerdo de las partes, es decir, cuando por convención expresa, no pueda ni deba hacerse más que en documento público; porque entonces, mientras el acto no haya revestido la forma íntegra y legal querida por los contratantes, no existe.[13]

Pero en todos los demás casos en que el documento público no sea exigido ni por la ley ni por la convención como condición esencial de la validez del contrato, éste existirá independientemente del documento que lo contiene, y podrá, por lo tanto, ser probado por otros medios legales, y el documento público, nulo como tal, podrá ser invocado por las partes como prueba de la convención realizada, siempre y cuando, aunque

---

[13] La doctrina no es uniforme con esta opinión. En tal sentido los hermanos Mazeaud expresan, al hablar del recurso voluntario al documento o la solemnidad, lo siguiente: "Decir de un contrato que es solemne puede significar —y, sin duda, la expresión se ha tomado en ese sentido— que tal tipo de contrato, por ejemplo, la donación, no puede perfeccionarse válidamente sin el cumplimiento de una formalidad (redacción de un documento notarial). Pero eso puede significar igualmente que tal contrato, por ejemplo, la compraventa de tal inmueble, ha sido celebrada ante notario. Este último sentido es inexacto: cuando, para otorgar un contrato que es susceptible de formalizarse válidamente solo consensu, se recurre a un notario, ese contrato prosigue siendo consensual: la intervención del notario nada agrega a la validez del contrato (añade solamente a la fuerza probatoria y a la fuerza ejecutiva del acto que lo acredita). De ahí resulta que el contrato es válido, aun cuando fuera nulo como tal el documento notarial (por ejemplo, si hubiera sido otorgado por un notario incompetente)". Henri León y Jean Mazeaud. Lecciones de Derecho Civil. Parte Segunda. Ediciones Jurídicas Europa - América. Buenos Aires, 1960. Volumen I. Pág. 89.

le falten algunas de las condiciones necesarias para tener la fuerza de, documento público, pueda, sin embargo, valer como documento privado por contener el elemento esencial de los instrumentos privados, cual es la firma de las partes, tal como lo prescribe el artículo 1.358 del Código Civil.

III.   EL DOCUMENTO PRIVADO

1. Definición del documento privado

Con el nombre de instrumentos o documentos privados se comprenden todos los actos o escritos que emanan de las partes, sin intervención del registrador, el juez o de otro funcionario público competente y que se refieren a hechos jurídicos a los cuales pueden servir de prueba.[14]

2. Condición de existencia del documento privado

Es condición esencial de la existencia de todo documento privado que esté firmado por la persona a quien se opone: la firma no puede reemplazarse con una cruz, una marca, un sello, etc., aunque se haya estampado en presencia de testigos, La ley, sin embargo, admite que pueda firmar una persona a ruego del otorgante, si éste no supiere o no pudiere firmar y se, tratare de obligaciones para cuya prueba se admiten testigos, de conformidad con el artículo 1.387 del Código Civil y 128 del Código de Comercio.[15]

En este caso, el instrumento deberá estar suscrito por persona mayor de edad que firme a ruego del otorgante y, además, por dos testigos, tal como lo estipula el artículo 1.368 del Código Civil.

Los documentos privados no están sujetos a ningún requisito de forma. Pueden estar escritos en idioma extranjero, omitirse en ellos el lugar y la fecha, dejarse de salvar enmendaturas, interlineaciones, etc.

3. El documento privado como prueba por escrito. Requisitos

Con los documentos privados pueden probarse todos los actos o contratos que por disposición de la ley no requieran ser extendidos en escritura pública o revestir solem-

---

[14] Sentencia de la antigua Corte Federal, de 26 de mayo de 1952. (Gaceta Forense. Tomo XI. Primera etapa. pág, 362). José Hernández Bernal: Casación Venezolana. Jurisprudencia de la Corte Federal y de Casación y de la Corte de Casación. 1947-1957. Editorial "El Gráfico". Bogotá, 1959. pág. 207.

[15] Como ilustración referencial relativa a la prueba de testigos en relación a la prueba documental, citamos la sentencia de 1 de junio de 1960 de la Corte Superior Segunda en lo Civil y Mercantil de la Circunscripción Judicial del Distrito Federal y del Estado Miranda. Jurisprudencia Ramírez y Garay. 1960 Primer Semestre. Caracas. pág. 361. En relación a la firma del otorgante, véase Sentencia de la Corte de Casación de 13 de diciembre de 1960 (C. C. 119-4. Instituto de Codificación y Jurisprudencia). 16 Véase letra C, núm. 1, parte II.

nidades legales. Pero, esa clase de instrumentos no valen por sí mismos nada, mientras no son reconocidos por la parte a quien se oponen, o tenidos legalmente por reconocidos, tal como lo señala el artículo 1.363 del Código Civil. Por tanto, el documento privado, obra exclusiva de un particular, considerado en sí mismo, no puede tener fuerza probatoria sino cuando es verdadero, auténtico, considerando la palabra auténtico en su sentido filológico, antes anotada.[16] Su autenticidad resulta, por tanto, de ser autógrafo, y este carácter debe probarse por quien lo asevere y la prueba puede hacerse o de un modo preventivo o bien ulteriormente.

De un modo preventivo, mediante la intervención notarial por medio de la autenticación. De un modo ulterior, mediante el reconocimiento espontáneo o judicial.

El reconocimiento espontáneo es un hecho normal que no exige aclaraciones; constituye un hecho que deberá ser probado en juicio al modo de todo hecho simple.

El reconocimiento preventivo y el judicial exigen, en cambio, en este, estudio, un ligero examen.

A. El reconocimiento previo o autenticación

El reconocimiento previo consiste en la intervención notarial para dar autenticidad al escrito. A partir del Decreto núm. 14 sobre creación de Notarías Públicas, de fecha 30 de diciembre de 1952, y de conformidad con la letra "a" del artículo 7 y los artículos 8 y 16 de dicho decreto, las funciones de autenticación de documentos atribuidos al juez por el Título IV de la Parte Segunda del Libro Tercero del Código de Procedimiento Civil vigente, pasaron a los notarios públicos especificados en el citado decreto y en el decreto núm. 429 de fecha 28 de septiembre de 1956.

La forma pautada en el Código de Procedimiento Civil, para hacer la autenticación de documentos, está regulada por el artículo 790 ejusdem, que señala que todo documento que, se presente a un notario o juez para ser autenticado se leerá en su presencia por el otorgante o cualquiera de los asistentes al acto, y el notario o juez lo declarará autenticado, extendiéndose al efecto, al pie del mismo instrumento, la nota correspondiente, la cual firmará el notario, o juez, el otorgante u otro que lo haga a su ruego si no supiere o no pudiere,, y dos testigos mayores de edad.

Los notarios, tal como dispone el artículo 791 del Código de Procedimiento Civil, llevarán por duplicado un registro foliado, en el cual, sin dejar claro alguno, insertarán cada instrumento que autentiquen, bajo numeración continua. El asiento deberá firmarse por los mismos que hayan suscrito la nota de autenticación en el original.

Los documentos autenticados ante un notario o juez con las formalidades expresadas, establecidas en el Código de, Procedimiento Civil, se tendrán por reconocidos, tal como lo ordena el artículo 1.366 del Código Civil.

---

[16]   Véase letra C, núm. 1, parte II.

B. El reconocimiento judicial

Si el documento privado no fuera autenticado en virtud de la intervención notarial o si no fuera voluntariamente reconocido, no hay prueba de su verdad. En virtud de esto, aun cuando la ley consienta impugnar como falso el documento privado, sin embargo, no lo presume verdadero y obliga, en cambio, al que lo produce, en caso de falta de reconocimiento, a probar judicialmente la autenticidad de la escritura.

Conforme a las disposiciones pertinentes de nuestro Código de Procedimiento Civil, el reconocimiento judicial de los instrumentos privados puede hacerse en tres ocasiones, delimitadas por la jurisprudencia:

a)   Cuando se produzca el juicio en la forma prevista por el artículo 324 del Código de Procedimiento Civil, en concordancia con el artículo 1.364 del Código Civil, o sea, cuando se traiga a juicio un instrumento privado emanado de una parte o de algún causante suyo, debiendo manifestar si lo reconoce o lo niega formalmente, ya en el acto de la litis contestación, si el instrumento se ha introducido con el libelo, ya en la quinta audiencia siguiente después de haberlo producido posteriormente. El silencio de la parte a este respecto dará por reconocido el documento.

b)   Cuando se solicita el reconocimiento para preparar la vía ejecutiva en los términos previstos en el artículo 526 del Código de Procedimiento Civil, el cual dispone que para preparar la vía ejecutiva puede pedir el acreedor, ante cualquier juez del domicilio del deudor o del lugar donde éste se encuentre, el reconocimiento de su firma extendida en instrumento privado y el juez le ordenará que declare sobre la petición.

c)   Por acción principal, en la cual se observarán los trámites del juicio ordinario conforme al artículo 336 del mismo Código de Procedimiento Civil[17].

En definitiva, para que un documento privado tenga la fuerza probatoria que le atribuye el Código Civil en su artículo 1.363, debe ser un documento privado reconocido judicialmente o un documento privado tenido legalmente por reconocido, como el autenticado (art. 1.366).

4. Precisión terminológica en cuanto al documento autenticado o documento tenido legalmente por reconocido

Nos informa el doctor Pulido Villafañe en la anotación que hace al artículo 1.366 del Código Civil[18], lo siguiente: "Al pretenderse dar a la materia la debida uniformidad y técnica en la legislación venezolana, se invocó la necesidad de establecer de modo expreso que el instrumento autorizado por un Juez" (Notario) "mediante autenticación, reconocimiento, etc., es siempre un instrumento público, aun cuando haya sido antes

---

[17]   Sentencia de 29 de febrero de 1956 del Juzgado Primero de Primera Instancia en lo Civil de la Circunscripción Judicial del Distrito Federal y del Estado Miranda. Instituto de Codificación y Jurisprudencia. Ministerio de Justicia. Jurisprudencia de los Tribunales de la República. Volumen V, 1956. Editorial Sucre. Caracas, 1959. pág. 380.

[18]   Código Civil de Venezuela, anotado por Antonio Pulido Villafañe. Cit. pág. 210.

privado, lo cual hubo de quedar aceptado entonces,[19] pero luego se omitió, tal vez por inadvertencia, considerar en su oportunidad el punto objeto del diferimiento".

Consideramos ante todo, y para ello nos remitimos al principio de este trabajo,[20] que no es posible identificar en forma absoluta el documento público con el documento autenticado (documento privado tenido legalmente por reconocido), tal como lo pretendió el legislador y como se desprende de la anotación transcrita. Consideramos además, que fue afortunado el derecho civil positivo al omitir el legislador transcribir en el texto legal esa pretendida similitud, en ningún caso admitida. Consideramos asimismo, que el origen de la confusión existente en la determinación de la relación entre los diversos tipos de documentos que hemos estudiado, tiene su origen primordial en haber asimilado el legislador el documento público al auténtico[21] en el artículo 1.357 del Código Civil, sin tener en cuenta la etimología de las palabras y en abierta contradicción con ella.

5. Valor probatorio y efectos del documento privado reconocido o autenticado

El instrumento privado reconocido judicialmente o tenido legalmente por reconocido (autenticado), tal como lo dispone e) artículo 1.363 del Código Civil, tiene entre las partes y respecto de terceros, la misma fuerza probatoria que el instrumento público en lo que se refiere al hecho material de las declaraciones, y hace plena fe, hasta prueba en contrario, de la verdad de esas declaraciones. El documento privado reconocido o tenido legalmente por reconocido, hace plena fe sólo del hecho material de la declaración del que lo reconoce. Es decir, deja constancia de que la parte reconoce el documento por medio de una declaración firmada; nada más. En cambio, no da plena fe de los hechos jurídicos contenidos en el documento que se reconoce, como sí la da el documento público.

IV. DISTINCIÓN ENTRE EL DOCUMENTO PÚBLICO Y EL DOCUMENTO PRIVADO

La Ley, en su artículo 1.363 del Código Civil, no hace otra cosa que poner a un mismo nivel, tan sólo en cuanto a la fuerza probatoria, el instrumento privado reconocido o tenido legalmente por reconocido con el instrumento público, sin darle a aquél el carácter de éste, puesto que concede a aquél efecto entre las partes y contra terceros, pero tan solamente ad probationem, al establecer que aquel instrumento tiene contra todos la misma fuerza probatoria que éste, el instrumento público, en lo que se refiere al hecho material de las declaraciones. De modo que se le nivela con el instrumento público concediéndole los efectos de éste, tan sólo como medio de prueba de las obligaciones o contratos no solemnes hasta prueba en contrario, teniendo el artículo 1.363 del Código Civil, cierta concordancia o analogía con la disposición del artículo 1.360

---

[19] Segunda discusión de la Cámara de Diputados sobre la materia, de fecha 23 de mayo de 1942. Diario de Debates, núm. 25.

[20] Véase letra C, núm. 1, parte II.

[21] Ver letra C, núm. 1, parte II.

ejusdem, ya comentado,[22] relativa al instrumento público, que hace plena fe así entre las partes como respecto de terceros de la verdad de las declaraciones formuladas por los otorgantes acerca de la realización del hecho jurídico a que el instrumento se contrae, salvo que en los casos y con los medios permitidos por la ley se demuestre la simulación; mientras el artículo 1.359 ejusdem[23] también relativo al instrumento público, establece que el instrumento público hace plena fe, así entre las partes como respecto de terceros, mientras no sea declarado falso: 1° De los hechos jurídicos que el funcionario público declara haber efectuado, si tenía facultad para efectuarlo; 2° De los hechos jurídicos que el funcionario público declara haber visto u oído, siempre que esté facultado para hacerlos constar. De esto se concluye que el documento público es público ab initio. La fe pública de esta disposición (artículo 1.359 C. C.) se cuestiona con la acción de falsedad; la del artículo 1.360 del Código Civil, con la demanda de simulación, y la del artículo 1.363 ejusdem, con prueba en contrario[24]. He aquí la diferencia entre instrumento público e instrumento privado reconocido o tenido legalmente por reconocido, o sea, instrumento autenticado.

V. EL DOCUMENTO REGISTRADO

1. El documento público y el documento registrado

Ya hemos dicho que el documento público tiene tal carácter, el expresado en el artículo 1.357 del Código Civil, desde su nacimiento, es decir, es público ab initio. La publicidad del instrumento consiste en su autenticidad inicial, o sea, en que su otorgamiento haya sido hecho en toda forma ante el funcionario autorizado para dar fe pública de su contenido y firma.

Ante esta situación, podemos afirmar que en teoría y en doctrina, el documento público por excelencia según lo dispone el artículo 1.357 del Código Civil, es el registrado, el autorizado con las solemnidades legales por un registrador en el lugar donde el instrumento se haya autorizado.

Ahora bien, los efectos entre las partes y respecto de terceros del documento registrado, serán los mismos del documento público según el artículo 1.359 del Código Civil, si el registrador ha efectuado, visto u oído los hechos jurídicos a que el instrumento se contrae. Es decir, el documento registrado hará plena fe,, así entre las partes como respecto de terceros de su contenido, siempre y cuando el registrador que lo ha autorizado declare haber efectuado, visto u oído los hechos jurídicos a que el instrumento se contrae y siempre que el documento no sea declarado falso por los motivos señalados en el artículo 1.380 del Código Civil.

---

[22] Véase núm. 6, parte II.

[23] Véase parte II, núm. 6.

[24] Sentencia de la Corte de Casación de 11 de abril de 1929. (Memoria de 1930. pág. 179). José Enrique Machado: *Ob. cit.* pág. 150.

En estos casos del documento registrado, la publicidad del documento es inicial, la publicidad surge con el nacimiento del documento. Su carácter de documento registrado, y en este caso también público, puede ser cuestionado por los motivos del artículo 1.380 del Código Civil. Y en lo que se refiere a las declaraciones de los otorgantes, referentes al hecho jurídico a que el instrumento se contrae, y que el registrador declara haber efectuado, visto u oído, también el documento registrado y público hará plena fe respecto de las partes y los terceros, siempre y cuando no se demuestre la simulación, de conformidad con el artículo 1.360 del Código Civil. Los medios de impugnación continúan siendo los mismos. El carácter de publicidad que le da el registro al documento público se fusiona al carácter de publicidad del propio instrumento por haber nacido o por haber sido autorizado ab initio en la forma del artículo 1.357 del Código Civil.

2. El documento privado reconocido o autenticado y el documento registrado

Ya nos hemos referido en la parte III de este estudio, al documento privado reconocido o autenticado. Ya hemos visto sus condiciones esenciales de existencia (firma de las partes); sus condiciones para que tenga efectos probatorios legales (reconocimiento judicial y autenticación); y sus efectos legales, en qué consisten y sobre qué hechos o circunstancias recaen.

Ahora bien, si un documento reconocido judicialmente o autenticado, que son documentos privados y no públicos, se lleva a cumplir la formalidad de registro. ¿Será desde su registro un documento público? ¿Tendrá los mismos efectos que un documento público? ¿Habrá de impugnarse por las mismas vías sustantivas que un documento público? Un práctico del derecho, un lego, contestaría de inmediato afirmativamente.

Sin embargo, nosotros no compartimos esa opinión. Consideramos y lo sostenemos, que el documento público, es público ab initio, desde su nacimiento. Y si un documento privado reconocido o tenido legalmente por reconocido se lleva a cumplir las formalidades de registro, no por ello será público con todas sus consecuencias. Nada de eso. Continuará siendo privado, reconocido o autenticado; continuará teniendo sus efectos y su vía de impugnación por la prueba en contrario.[25] El carácter que le da el registro será el determinado por la disposición legal que exija su registro; pero, registrado o no, podrá ser impugnado por cualquier prueba en contrario y ni por las razones de falsedad determinadas en el artículo 1.380, del Código Civil, exclusivas del documento público.

En la práctica forense y registral venezolana, se tiene por costumbre señalar que todo documento registrado es público. Esta afirmación existe no sólo en la práctica forense, como se dijo, sino también en la docente. Muchos alumnos de nuestras escuelas de Derecho la habrán oído más de una vez, como también nosotros la hemos oído.

Trataremos de encontrar el origen de la confusión, examinando los efectos del registro.[26]

---

[25] Artículo 1363 del Código Civil.

[26] Véase letra B, núm. 3, parte V.

3. Documentos registrados

A. Condiciones del documento registrable

Tres condiciones fundamentales exigen nuestra Ley de Registro Público para que un documento pueda ser registrado, a saber:

a. *Idioma castellano y manuscrito*

El artículo 78 de, la vigente Ley de Registro Público, establece que los registradores no podrán aceptar para su registro documentos que no estén manuscritos en idioma castellano. Sin embargo, y de conformidad con el artículo 83 de la citada ley, si se presentaren para ser protocolizados documentos auténticos otorgados en el exterior, y escritos a máquina o en otra forma que no sea manuscrita, el registrador sacará copia certificada de cada documento, la cual inscribirá en los protocolos y estampará, al pie de cada copia, la correspondiente nota de registro. Cuando se presenten para su registro documentos en idioma extranjero, deberán ser traducidos al idioma castellano, por un intérprete público, de conformidad con la Ley de Intérpretes Públicos.

b. *Papel sellado*

Según el artículo 81 de la Ley de Registro Público, los documentos que se lleven a registrar deben ser extendidos en el papel sellado correspondiente a la jurisdicción respectiva; pero los que se presenten para su registro, ya autenticados o registrados en otra jurisdicción, deben estar escritos en el papel del lugar donde hubieren sido otorgados.[27] Sin embargo, si se llevaren a protocolizar documentos antiguos, extendidos en papel común, se inutilizarán tantas hojas de papel sellado cuantas contengan dichos documentos, tal como lo establece el artículo 82 de la ley citada.

c. *Identidad de los otorgantes*

Los otorgantes del documento que se lleve, a protocolizar acreditarán su identidad en la forma y por los medios que establece el aparte segundo del ordinal 59 del artículo 90 de la Ley de Registro Público.[28]

---

[27] 27   La vigente Ley de Timbre Fiscal de 15 de febrero de 1961, con su artículo 8' y ordinal 2" del artículo 9', uniforma las disposiciones referentes al papel sellado al establecer un solo tipo de dicho papel, nacional.

[28]   En este sentido, la sentencia de la Corte Federal de 25 de junio de 1952 (Tomo XI, Gaceta Forense. Primera etapa, pág. 168), establece: "La Ley de Registro Público emanada del Congreso Nacional, priva sobre el Decreto N° 409 reglamentario del Servicio Nacional de Identificación, emanado de la Junta Revolucionaria de Gobierno. Priva asimismo la Ley de Registro Público en cuanto a la forma de identificarse, que en términos precisos ella establece para el acto de protocolización de documentos. De manera que si el otorgante no presenta su Cédula de Identidad, que es un medio legal y general de identificación de las personas, bien puede el registrador atenerse a los dictados de la ley especial que rige o reglamenta sus funciones. Ahora bien: confor-

d. Condición respecto de los documentos privados

Tal como lo establece el artículo 1.923 del Código Civil, los instrumentos privados no pueden registrarse, si la firma de los contratantes, o la de aquel contra quien obran, no han sido autenticadas o comprobadas judicialmente.

e. Condición respecto de documentos extranjeros

Las sentencias y los actos ejecutados en país extranjero deben legalizarse debidamente, como lo establece la disposición del Código Civil antes señalada y en la forma establecida en el artículo 31 de la Ley Orgánica del Servicio Diplomático.

B. Efectos que produce el Registro

En el Título XXII del Libro III de nuestro Código Civil, encontramos las disposiciones referentes al Registro Público. El artículo 1.924 nos establece que los documentos, actos y sentencias que la ley sujeta a las formalidades del registro y que no han sido anteriormente registrados, no tienen ningún efecto contra terceros que, por cualquier título, hayan adquirido y conservado legalmente derechos sobre el inmueble. Y en estos casos, cuando la ley exige un título registrado para hacer valer un derecho, no haya de suplirse aquél con otra clase de prueba, salvo disposición especial.

En efecto, tanto el Código Civil, artículos 1.878, 1.920, 1.921, 1.922 y la Ley de Registro Público en su Título IV, como otras leyes y disposiciones especiales, señalan que determinados actos y documentos deben registrarse, y mientras no se cumpla esa formalidad, no tendrán efecto contra terceros; y mientras no sean registrados, esos actos y documentos no podrán probarse por otros medios de prueba, cuando se exige título registrado para hacer valer el derecho contenido en ellos[29].

Por lo tanto, es muy distinto el carácter y los efectos que tienen en sí y por sí los documentos públicos y los documentos privados reconocidos o autenticados; del carácter que les pueda dar a esos documentos la formalidad de su registro.

La formalidad de registro les dará el efecto de poder obrar contra todo tercero interesado, y de hacer de medio probatorio con el título registrado del derecho que lo requiera, desde el momento de su registro, y no tendrán esos efectos cuando no han sido registrados anteriormente, respecto de terceros que, por cualquier título, hayan adquirido y conservado legalmente derechos sobre el inmueble, si es el caso.

---

me al artículo 90 de dicha ley, el otorgante u otorgantes deben acreditar su identidad con la presentación de la respectiva Cédula de Identidad. Sólo en el caso de que por urgencia o por motivo o circunstancia justificados, a juicio del registrador, no sea posible la presentación de la Cédula de Identidad, el Registrador dará fe de que conoce al otorgante y en caso, de no conocerlo, la identidad se comprobará con los distintos medios taxativamente señalados en la citada disposición. En último término, y cuando tampoco sea posible identificarse por esos medios, procede la presentación de testigos suplementarios que den fe de la identidad del otorgante". Carlos Hernández Bernal. Ob. cit. pág. 412

[29] En este sentido, véase la sentencia de 8 de junio de 1960 de la Corte Superior Segunda en lo Civil y Mercantil de la Circunscripción Judicial del Distrito Federal y del Estado Miranda. Jurisprudencia Ramírez y Garay, 1960. Primer semestre. Caracas, 1960. pág. 141.

C. Efectos del Registro en relación con los efectos del documento en sí

La formalidad del registro no cambia para nada los efectos del documento público y del documento privado reconocido o autenticado que se lleve a registrar, así como tampoco cambian para nada los hechos o circunstancias de los cuales el documento hace plena fe; ni cambian tampoco las vías sustantivas de impugnación de dichos documentos.

A este respecto, podemos distinguir varias hipótesis, para una mejor comprensión del razonamiento.

a.   Instrumento público cuyo contenido es algún acto, al cual la ley le exige, para su validez, la formalidad de registro

Un instrumento público, autorizado con todas las formalidades legales por un funcionario público, de conformidad con el artículo 1.357, produce todos los efectos probatorios legales dispuestos en el artículo 1.359 y 1.360.[30]

Ahora bien, cuando un acto determinado debe registrarse, para que tenga efecto probatorio y efectos contra terceros el derecho en él contenido, por lo general, el mismo acto de registra es el nacimiento del instrumento público, pues el documento se otorga ante el registrador y el acto se realiza también ante él, en las mismas circunstancias de tiempo y lugar. Tal es el caso de las hipotecas, que, según el artículo 1.878 del Código Civil, no tienen efecto si no se han registrado conforme al Título XXII del Libro III del Código Civil.

Sin embargo, cierto tipo de acto, que requiere según la ley la formalidad de registro para surtir efecto, nace por documento público antes de ser registrado. Tal es el caso de la hipoteca judicial que consta de sentencias ejecutoriadas, como lo establece el artículo 1.886 del Código Civil. Un ejemplo nos aclara el razonamiento: si una sentencia ejecutoriada, condena al pago de una cantidad determinada, produce hipoteca sobre los bienes del deudor en favor de quien haya obtenido la sentencia. Así, tenemos una hipoteca judicial que emana de una sentencia. Esta sentencia es un documento público, pues ha sido autorizada por un juez tal como lo establece el artículo 1.357 del Código Civil. Sin embargo, a pesar de ser un documento público que tiene todos los requisitos esenciales de existencia para hacer plena fe de los hechos jurídicos que contiene, la ley, por disposición expresa,[31] hace que dicho documento:

a')   no produzca efectos contra terceros hasta que esté registrado; de manera que si una tercera persona, por cualquier título ha adquirido legalmente derechos sobre el inmueble antes de registrarse la hipoteca judicial, ésta no producirá efectos contra ese tercero;

---

[30]   Véase parte II.

[31]   Artículos 1.879 y 1.924 del Código Civil.

b')   no produce tampoco dicho documento ningún efecto probatorio, contra terceros, de la hipoteca judicial, antes de ser registrado .

Dicho documento (sentencia), sin embargo, sí tendrá la fe pública y la fuerza probatoria del documento público entre las partes.

b. Instrumento privado reconocido o autenticado cuyo contenido es algún acto al cual la ley exige, para su validez, la formalidad del registro

Un documento privado, autenticado de conformidad con las normas del Código de Procedimiento Civil, ante un notario, produce todos los efectos probatorios legales dispuestos en el artículo 1.363 del Código Civil.

Ahora bien, si el acto contenido en dicho documento es de aquellos que la ley, por disposición expresa, exige su registro para que tenga efectos legales y probatorios contra terceros, el documento privado autenticado no registrado no producirá ningún efecto respecto de terceros, hasta que sea registrado.[32]

Un ejemplo nos aclara el razonamiento: Se ha realizado una venta sobre inmuebles por un documento privado. Los otorgantes hacen autenticar el documento ante un notario con todas las formalidades legales. Ahora bien, de conformidad con el ordinal 1° del artículo 1.920 del Código Civil, todo acto entre vivos a título oneroso, traslativo de propiedad de inmuebles debe ser registrado. Por tanto, ese documento privado autenticado:

a')   No producirá ningún efecto contra terceros, que por cualquier título hayan adquirido legalmente derechos sobre el inmueble, hasta tanto no sea registrado;

b')   Además, respecto de terceros, esa venta no podrá probarse con otra prueba, hasta tanto no conste en título registrado.

Dicho documento, sin embargo, tendrá todos los efectos del documento privado autenticado entre las partes otorgantes.

Ahora bien, el hecho de que ese documento privado autenticado se registre, no lo convierte en documento público. De ninguna manera. En efecto, la formalidad del registro no cambia la naturaleza del documento privado autenticado convirtiéndolo en público.[33] No; ya hemos dejado asentado que, el documento público, es público ab initio. El documento privado autenticado registrado, seguirá siendo documento privado autenticado. El registro, lo que ha hecho es hacerle producir efectos contra terceros cuando la ley, por disposición especial expresa, así lo exige. Pero dicho documento

---

[32]   En este sentido, véase la sentencia de 7 de febrero de 1956, de la Corte de Casación. (Gaceta Forense. Tomo XI. Segunda etapa. pág. 31). Carlos Hernández Bernal. *Ob. cit.* pág. 200.

[33]   Este razonamiento lo apoya la sentencia de la Corte de Casación de fecha 4 de noviembre de 1959, que expresa: "Es lo cierto que la protocolización en una oficina subalterna de Registro, de un documento previamente reconocido ante un Juez, no confiere a ese instrumento el carácter de público o auténtico. El documento público es aquel que ha nacido bajo la autoridad del funcionario competente para darle fe pública. Su autenticidad debe existir desde el propio instante de su formación. No es admisible la tesis de que un instrumento privado inicial- mente, se convierta posteriormente, por el acto de la protocolización, en documento público. (CC-45-3: Sigla Identificatoria en el Instituto de Codificación y Jurisprudencia (I. de C. y J.) del Ministerio de Justicia, de esa sentencia).

privado autenticado, registrado sólo producirá respecto de terceros, los efectos que señala el artículo 1.363 del Código Civil, y no los especificados en el artículo 1.359 ejusdem. Además, dicho documento privado autenticado registrado, podrá en todo caso, ser desvirtuado por cualquier prueba en contrario, y no por los motivos de, falsedad establecidos en el artículo 1.380 del Código Civil, exclusivos del documento público.

Caracas, septiembre de 1961.

LIBRO CUARTO:

CURSO DE DERECHO ADMINISTRATIVO II
(Tercer Año) (1963-1964)

En 1963 al regresar de Francia, comencé a dictar simultáneamente los cursos de Derecho Administrativo I y de Derecho Administrativo II.

En este Libro Tercero se publica el Curso de Derecho Administrativo II tal como fue publicado mimeografiado en tres tomos, por la Editorial Mohingo que dirigía Moisés Indriago, la cual se dedicaba a editar apuntes de clase en la Facultad de Derecho de la Universidad Central de Venezuela. Ese curso, por tanto, fue el resultado de la enseñanza que me correspondió impartir sobre dicha materia en el Tercer Año de la Facultad, y fueron publicados como "Anotaciones taquigráficas" del Curso, de las cuales se hicieron cuatro ediciones sucesivas, en noviembre de 1965; octubre de 1996; septiembre de 1968; y julio de 1972.

Se trató en todo caso de los "apuntes de clase" que fueron tomados por mis alumnos entre 1963 y 1964, los cuales una vez revisados, fueron editados, sirviendo de guía de estudio de la materia por muchos años. Los tomos estuvieron precedidos de la siguiente "Advertencia":

"Estas notas han sido elaboradas de acuerdo a anotaciones taquígrafas tomadas del curso del doctor Allan Randolph Brewer-Carías, en los años lectivos 1963-64, 1964-65 y 1965-66, en la Facultad de Derecho de la Universidad Central de Venezuela, siguiendo su programa y completadas con parte de la legislación y jurisprudencia, citados por el profesor, en cada caso"

El Tomo I estuvo precedido de la siguiente "Presentación" redactada por el Editor, M.M. Mohingo, fechada noviembre 1965:

La publicación por parte de la "Editorial Mohimgo" de este Curso de Derecho Administrativo II es evidentemente, de sumo interés - para los alumnos del Tercer Año de las Facultades de Derecho, ya que forma una unidad fundamental sobre la materia, de indispensable - conocimiento, que viene a llenar un vacío existente, por la ausencia de manuales actualizados sobre la misma.

La importancia del Derecho Administrativo y concretamente de la parte del mismo que se enseña en Tercer Año, surge sin mayor dificultad, si se tiene en cuenta que contiene la regulación jurídica de los derechos y deberes de las personas y sus limitaciones por la administración.

Estas notas han sido elaboradas con base en anotaciones taquigráficas de las explicaciones dadas por el Dr. Allan Randolph Brewer C., profesor de la materia en la Facultad de Derecho de la Universidad Central de Venezuela. La elaboración de las mismas se ha hecho — guiándose por el programa del Dr. Brewer que difiere, en cuanto a ordenación, del programa oficial, pero que consideramos que es mucho más perfecto que éste, en cuanto a sistematización y metodología. Las notas han sido completadas, en lo posible, por la indicación de los textos legales y la jurisprudencia en cada caso, citados por el profesor.

Quisiera hablar, como es mi norma, del- Profesor, de cuyas explicaciones de clase surgen estas notas, aunque ello sea de manera resumida.

El Doctor Allan-Randolph Brewer C. comenzó su labor de investigación, siendo aún estudiante, en el Instituto de Derecho Público de la Facultad de Derecho de la Universidad Central de Venezuela, preparando valiosos trabajos que fueron publicados en la Revista del Colegio de Abogados del Distrito Federal, en la del Ministerio de Justicia y en la de la Facultad de Derecho de Caracas. Su tesis dé grado, Las Instituciones Fundamentales del Derecho Administrativo y la Jurisprudencia Venezolana, publicada por la Facultad de Derecho en 1964, fue premiada con la más alta mención que conceden los Reglamentos Universitarios, habiendo sido objeto de elogiosos comentarios entre los estudiosos de la materia.

Una vez terminados sus estudios de Postgrado en París, se incorporó al Personal Docente y de Investigación de nuestra Facultad, donde explica los cursos de Derecho Administrativo de Segundo y Tercer Años desde 1963, y desde donde continúa publicando trabajos jurídicos de indiscutible valor en las Revistas Venezolanas antes indicadas, además de otras como Control Fiscal y Tecnificación Administrativa, y en algunas Revistas Latinoamericanas y Europeas. Con su trabajo El Régimen jurídico Administrativo de la Nacionalidad y Ciudadanía, el Instituto de Derecho Público de la Facultad de Derecho de la Universidad Central de Venezuela, inició su colección de publicaciones este año.

Aun cuando las presentes notas no han sido redactadas por el Dr., Brewer, ya que son anotaciones tomadas de sus explicaciones, reflejan sin embargo el pensamiento del profesor en cuanto a la nueva estructura sistemática del Derecho Administrativo que ha propuesto en su programa, que en las notas se sigue.

Por último, debo señalar que se ha puesto especial empeño en la corrección de los originales, a fin de evitar, en lo posible, el margen de error que generalmente se encuentran en los "apuntes", para dar mayor seguridad al- lector. En todo caso, debe advertirse que estas notas, si bien son de enorme utilidad para los estudiosos de la materia, deben servir fundamentalmente de guía para el estudio de la misma, con la necesaria consulta adicional de los textos legales y bibliografías citadas en cada caso por el Profesor."

PRIMERA PARTE
EL RÉGIMEN JURÍDICO ADMINISTRATIVO DE LOS ADMINISTRADOS

TÍTULO PRIMERO
EL RÉGIMEN JURÍDICO ADMINISTRATIVO DE LOS DERECHOS

Capitulo Primero:
El derecho al libre desenvolvimiento de la personalidad

Sección Primera:
EL PRINCIPIO CONSTITUCIONAL

I. LA NORMA CONSTITUCIONAL

La vigente Constitución de 1961 comienza su Título Tercero, "De los Deberes, Derechos y Garantías" con el artículo 43 que señala: "Todos tienen derecho al libré desenvolvimiento de su personalidad, sin más limitaciones que las que derivan del derecho de los demás y del orden público y social".

Respecto a esta disposición, la exposición de motivos de la Constitución luego de enunciar el contenido de las Disposiciones Generales sobre los Deberes, Derechos y Garantías, señalada que están procedidas "por la afirmación general de que cada uno tiene derecho al libre desenvolvimiento de su personalidad sin más limitaciones que las que derivan del derecho de los demás y del orden público y social, disposición que sustituye el enunciado "tradicional de que todos pueden hacer lo que no perjudique a otro y nadie está obligado a hacer lo que la Ley no ordene si impedido de ejecutar lo que ella no prohíba".

Sin embargo, esta norma constitucional agrega un nuevo elemento a la terminología constitucional que es "el desenvolvimiento de la personalidad".

Ello nos llevará, al analizar la Norma Constitucional, a determinar en qué consiste el libre desenvolvimiento de la personalidad, y cuáles son las implicaciones jurídico-administrativas que conlleva este derecho.

II. ANÁLISIS DE LA NORMA.

1. La Personalidad.

En lenguaje jurídico, la persona es un sujeto de derechos y de obligaciones; es la que vive la vida jurídica; y la personalidad es la aptitud para llegar a ser un sujeto de derechos y de obligaciones. En la actualidad, todo ser humano goza de la personalidad.

Por el contrario, en el mundo antiguo, un número considerable de hombres, los esclavos, no tenían personalidad; y, entre los hombres libres, todos aquéllos que vivían bajo la autoridad del cabeza de familia no gozaban, en la esfera patrimonial, de ninguna personalidad o tan solo de una personalidad reducida, pero que fue ensanchándose en el curso de la evolución. Los extranjeros estaban desprovistos igualmente, en los derechos "antiguos, de personalidad; pero las necesidades del comercio obligaron al legislador a concederles paulatinamente protección.

En esta forma, en 1819, el legislador francés suprimió el derecho mantenido por el Código Civil, que permitía al Estado apoderarse, en algunos casos, de las sucesiones dejadas a los extranjeros o abiertas por su muerte, derecho que era un vestigio de la situación antigua, en que el extranjero no existía jurídicamente. Por último, la ley francesa de 31 de marzo de 1854 suprimió la muerte civil, que alcanzaba a los condenados a penas perpetuas. El muerto civil perdía toda personalidad, sucesión se abría y su matrimonio era disuelto como por la muerte. Pero esa misma ley francesa no ha reconocido la plena personalidad a tales condenados; ha establecido contra ellos una doble incapacidad de disponer y de recibir por testamento o donación.

Sin embargo, en la actualidad y de conformidad con el Código Civil Venezolano todos los individuos de la especié humana son personas naturales y como tales, gozan de personalidad, es decir, de aptitud para llegar a ser sujeto de derechos y de obligaciones. Esto es lo primero que reafirma la Constitución en su artículo 43 que analizamos.

2. Los derechos de la personalidad

La norma constitucional citada consagra también, aunque indirectamente, los llamados derechos de la personalidad.

En efecto, los bienes de la persona que obtiene protección jurídica pueden ser de diversa naturaleza, Hay bienes personales, como la vida, el honor, bienes patrimoniales, que se desenvuelven en la esfera de carácter económico que rodea a la persona, y bienes familiares y sociales, que representan el poder de la persona dentro de las organizaciones en que el sujeto se desenvuelve.

La protección de la primera y más fundamental de estas categorías de bienes de la persona individual se traduce en los llamados derechos de la personalidad.

La tendencia a disciplinar normativamente los derechos de la personalidad responde, básicamente, a la necesidad de proteger ciertos atributos de ésta que resultan objetivados y elevados a la categoría de bienes. El Código Penal, en verdad, consagra normas que protegen ciertos derechos de la personalidad tales como los derechos a la vida, al honor, a la reputación y al secreto epistolar. También las disposiciones de la Constitución garantizan algunos de esos derechos. Así mismo, las disposiciones del Código Civil sobre hechos ilícitos, extensivos a la reparación del daño moral, dan cierta protección al individuo.

No obstante, se acepta que esas normas son insuficientes para lograr la debida protección de la personalidad, especialmente en materia "civil, por ausencia de recursos de carácter preventivo. Por otra parte, la necesidad y oportunidad de disciplinar ese sector de los derechos subjetivos" extra patrimoniales -proviene también de disposiciones Constitucionales, que reclaman para su realización efectiva un conjunto elaborado de preceptos especiales. Ésta fue la idea que movió al Ministerio de Justicia para preparar en 1960, un Proyecto de ley sobre el nombre y la protección de la personalidad.

En todo caso, los derechos de la personalidad si bien son reconocidos implícitamente por la norma constitucional que comentamos, no serán objeto de nuestro estudio por corresponder ello a la teoría del Derecho Privado.

3. El libre desenvolvimiento de la personalidad; La capacidad jurídica.

Pero la norma constitucional consagra- da en el Artículo 43, además de reafirmar la personalidad de "todos" los habitantes de la República y además de reconocer implícitamente la existencia de los llamados derechos de la personalidad, establece fundamentalmente para "todos" los habitantes, el derecho al libre desenvolvimiento de la personalidad, es decir, el derecho al libre ejercicio de los derechos y obligaciones que corresponden a los individuos como personas naturales.

Esta norma consagra entonces, la aptitud de todo habitante para ser sujeto de derechos y obligaciones, y el derecho, también para todo habitante, de ejercer y desarrollar esos derechos y obligaciones.

En definitiva, esta norma consagra el reconocimiento de la capacidad jurídica de los ad ministradores; y es precisamente la capacidad una de las condiciones de las personas físicas que tienen consecuencias especiales en el derecho administrativo, y a la cual dedicaremos este primer capítulo de nuestro estudio.

En efecto, aún cuando la capacidad es una, puede hallarse reglamentada por principios distintos con relación a sus efectos y aplicaciones, en el campo del derecho privado y en el del derecho público. Por ello es necesario hacer aquí las siguientes observaciones:

En primer lugar, en relación con la distinción entre capacidad para ser sujeto de derechos y obligaciones (capacidad jurídica) y la capacidad del ejercicio o cumplimiento de los misma (capacidad de obrar) y su importancia en ambos campos del Derecho. En Derecho privado, la capacidad jurídica es general, mientras que en muchos sujetos la capacidad de obrar no existo o está limitada de diversos modos. En cambio, en el Derecho Público generalmente no existe esta sepa ración, porque siendo las relaciones estrictamente personales, la capacidad jurídica se atribuye sólo a quien puede ejercitarla personalmente. Excepcionalmente puede admitirse la distinción res, pecto de las relaciones exclusivamente patrimoniales (por ejemplo, la obligación de pagar los impuestos).

En segundo lugar, en el Derecho Público no existen normas generales sobre capacidad, referente a todas las relaciones jurídicas, como las que promedian en el derecho privado (sobre mayoría de edad, etc.). Al contrario, una serie de normas particulares, repartidas en distintas yes administrativas, disciplinan la materia para cada categoría de relaciones. Consiguientemente, sean numerosísimas en el Derecho Público, las formas de incapacidad relativa, o sea, limitadas a ciertas categorías do derechos, las que excepcionalmente se encuentran en el campo del derecho privado (por ejemplo, la edad inferior a los treinta años incapacita para ser Magistrado de la Corte Suprema de Justicia).

III.   CONSECUENCIAS

Ahora bien, vista la norma constitucional que consagra el derecho al libre desenvolvimiento de la personalidad y analizado su contenido, debemos analizar la personalidad o más bien la capacidad jurídica de los administrados desde el punto de vista del Derecho Administrativo. Y en este sentido estudiaremos en la Sección Segunda las causas que modifican la capacidad de las personas en el Derecho Administrativo.

Una vez analizado esto, es imprescindible, también desde el ángulo del Derecho Público, el estudio particular de las limitaciones al libre desenvolvimiento de la personalidad. En efecto, el artículo 43 de la Constitución, que comentamos, dispone que "todos tienen derecho al libre desenvolvimiento de su personalidad, sin más limitaciones que las que derivan del derecho de los demás y del orden público y social". Estas limitaciones constituyen la llamada Policía de la Personalidad y que será objeto de nuestro estudio en una Sección Tercera.

Cierto es que la norma del artículo 43 cita do implica el análisis de esos derechos y obligaciones o deberes que configuran la capacidad de los Administrados. Sin embargo, ellos no serán objeto de nuestro estudio en este primer capítulo sobre la Regulación jurídico-Administrativa del derecho al libre desenvolvimiento de la Personalidad, sino en los capítulos sucesivos dedicados al estudio de esos derechos y deberes administrativos en particular.

Sección Segunda:

LAS CAUSAS QUE CONDICIONAN LA CAPACIDAD DE LOS ADMINISTRADOS.

I.   INTRODUCCIÓN

Diversas causas influyen, de manera variada en la capacidad jurídico-administrativa de las personas. Sin embargo, repetimos, estas causas operan de manera distinta que en Derecho Privado, pues la ley no reconoce efectos generales a su existencia, sino que en cada materia determinada tienen relevancia distinta. Así, mientras al ser mayor de edad no basta para ser nombrado Ministro del Ejecutivo, en cambio, a partir de los dieciocho años se pueden obtener, en propiedad, otros muchos empleos del Estado.

Esto quiere decir que la capacidad en Derecho Público hay que constituirla caso por caso, en relación con la materia de que se trate. Y en este sentido múltiples factores entran en juego para determinarla: Por una parte, factores de orden físico debidos a situaciones de la naturaleza humana que no pueden ser alteradas, como por ejemplo, la edad y el sexo. También otro tipo de factores de orden físico contingente, como la enfermedad. Por otra parte determinan la capacidad jurídico-administrativa otros factores de orden natural, como la nacionalidad que en principio tiene su origen en el nacimiento en un determinado - lugar, o determinados padres. Además, la capacidad de derecho público se encuentra condicionada por factores de orden cultural en lo que se refiere, por ejemplo, a la instrucción recibida o a las ideas religiosas.

Finalmente, en el derecho público, además de los factores personales vistos que constituyen verdaderas condiciones de la capacidad, se deben.-considerar muchos otros, que .no se refieren a ésta, sino que son simples condiciones requeridas para entrar en determinadas relaciones con la administración. Tal es el caso, por ejemplo de la idoneidad física requerida para cumplir el Servicio Militar Obligatorio.

Veamos entonces dentro de las causas que condicionan la capacidad de los administrados todos esos factores anotados, con inclusión de los últimos.

II. LA NACIONALIDAD

1. Introducción

La primera de las causas que condicionan la capacidad de los administrados es la nacionalidad, siendo además, un derecho fundamental de las personas.

El propio Código Civil hace la distinción "De las personas en cuanto a su nacionalidad", entre venezolanos o extranjeros, añadiendo que "Las personas extranjeras gozan en Venezuela de los mismos derechos civiles que las venezolanas, con las excepciones establecidas o que se establezcan. Esto no impide la aplicación de las leyes extranjeras relativas al estado y capacidad de las personas en los casos autorizados por el Derecho Internacional Privado".

Ahora, si bien es cierto que en Derecho Privado la capacidad es fundamentalmente la misma para venezolanos y extranjeros, como se desprende de la norma del Código Civil antes anotada, en cambio, en derecho público, la nacionalidad es base fundamental para el ejercicio de los derechos políticos y para el desempeño por ejemplo de funciones públicas, es decir para adquirir la ciudadanía, y por tanto, es uno de los factores que condicionan la capacidad jurídico- pública de los administrados.

Por ello, al hablar de la Nacionalidad es imprescindible estudiar separadamente la Nacionalidad Venezolana por una parte, y el régimen jurídico de los extranjeros en Venezuela, por la otra.

2. Los venezolanos.

Según el esquema que sigue véase en el libro del Dr. ALLAN RANDOLPH BREWER CARIAS *El Régimen Jurídico-Administrativo de la Nacionalidad y Ciudadanía Venezolana*, Publicaciones del Instituto de Derecho Público, N° 1, Caracas, 1965.

A.   Introducción.

B.   La Nacionalidad Venezolana.

  a.   Introducción.

  b.   La Adquisición de la Nacionalidad Venezolana.

a') Conceptos previos.

b') La Nacionalidad Venezolana originaria.

    a")   Concepto.

    b")   La Nacionalidad Venezolana Originaria juresoli.

    c")   La Nacionalidad Venezolana Originaria juresanguinis.

c') La Nacionalidad Venezolana Derivada.

    a")   Concepto.

    b")   La Naturalización común: Carta de Naturaleza.

        a''')   Régimen Ordinario

        b''')   Régimen de facilidades especiales.

    c")   Las Naturalizaciones especiales,

        a''')   Nota previa,

        b''')   Las afinidades familiares.

        c''')   El Régimen de las decía raciones de Voluntad,

    d")   Efectos de la Naturalización

        a''')   En cuanto al tiempo.

        b''')   En cuanto al individuo: efectos personales.

        c''')   En cuanto a los derechos y deberes del naturaliza-do: la igualdad jurídica.

d')   La Pérdida de la Nacionalidad Venezolana.

    a")   Conceptos Previos.

    b")   Pérdida de la Nacionalidad Venezolana Originaria.

        a''')   Nota Previa.

        b''')   La adquisición Voluntaria de otra Nacionalidad.

        c''')   La situación de la venezolana que casarse con ex-tranjero.

    c")   Pérdida de la Nacionalidad Venezolana derivada.

        a''')   La previsión constitucional y el régimen transito-rio.

        b''')   La revocación de las naturalizaciones.

a) Las causales.

b) La decisión.

c''') La situación de la Venezolana por naturalización.

d''') La Recuperación de la Nacionalidad Venezolana — Originaria.

C. La ciudadanía Venezolana.

a. Introducción.

b. El concepto de Ciudadanía.

c. Los derechos y deberes de la Ciudadanía.

a') Introducción.

b') El Derecho Activo del sufragio.

c') El Derecho Pasivo del sufragio.

d') El Derecho a desempeñar funciones públicas.

e') El Derecho a asociarse en partidos políticos.

f') El Derecho a manifestar pacíficamente.

d. La pérdida de la ciudadanía.

3. Los Extranjeros.

A. Introducción, clasificación, domiciliados, transeúntes

El Artículo 3° de la Ley de Extranjeros, establece que los extranjeros que se encuentren en el territorio de la República, son domiciliados o transeúntes.

Los domiciliados están contempla dos en el Artículo 2 del Reglamento de la Ley de Extranjeros, que dice: "La simple declaratoria –que hiciere el extranjero de fijar su domicilio– en el país no tendrá ningún efecto si con ella no concurren las siguientes circunstancias:

1) Haber ingresado y permanecido legalmente en el territorio nacional.

2) Haber residido sin interrupción en el país un año por lo menos.

3) Tener medios lícitos de vida.

Para que el extranjero pueda entrar al país y establecerse en forma definitiva, adquirir el domicilio en el país, es necesario que al llegar a puerto de entrada deposite la cantidad de Bs. 500,00, en moneda venezolana que tenga curso legal en la República (Art. 11 de la Ley de Extranjeros).

Este es el principio general, pero existen excepciones en el Artículo 15 de la nombrada Ley. "Quedan exentos de la obligación del depósito:

1) Los Agentes Diplomáticos y los Cónsules de Carrera acreditados en Venezuela, sus familiares respectivos y las personas que trajeren a su servicio.

2) Los extranjeros domiciliados en la República, siempre que comprueben debidamente esta circunstancia.

3) Los extranjeros menores de 16 años.

4) Los extranjeros que vengan al país como inmigrantes conforme a la Ley de Inmigración y Colonización.

5) Los turistas que desembarquen para volver a tomar el vapor en que arribaren.

6) Los empleados de Empresas o Compañías que tengan contrato celebrado con el Gobierno Nacional o exploten concesiones otorgadas por éste.

7) Los que hayan sido contratados para el desempeño de alguno de los ramos señalados en el Artículo 30 de la presente Ley (Ramos de beneficencia e higiene pública, enseñanza civil o militar, y encargos de ingenieros o mecánicos de los diversos astilleros o en la marina nacional).

8) Los trabajadores que vengan contratados para faenas agrícolas por venezolanos, o extranjeros domiciliados en la República, de suficiente responsabilidad.

9) Las personas que vengan con tratadas por venezolanos o extranjeros domicilia dos en la República, de suficiente responsabilidad, como maestros o institutrices".

Este depósito es teóricamente tan importante que el Cónsul de Venezuela no puede darle la visa a un extranjero para entrar al país si éste no tiene los medios suficientes para cubrir este depósito.

Una vez que el extranjero ha entrado al país, para poder ser extranjero domiciliado es necesario que declare su voluntad de serlo. Para ello tiene que llenar una serie de requisitos: tener más de un ano en el territorio de la República, disponer de medios suficientes para vivir, etc., los cuales una vez llenados, la Administración le concede el domicilio.

Esta condición de extranjero tiene su fin; así, en el Artículo 3° del Reglamento de la Ley de Extranjeros, se establece que la permanencia en el exterior por más de dos años hace desaparecer el domicilio que haya establecido en el país el extranjero, a no ser que se compruebe la existencia de vínculos reales y permanentes que en concepto del Ministerio de Relaciones Interiores hagan presumir la continuidad del domicilio. Es este un acto administrativo discrecional.

El Artículo 4° del Reglamento de la Ley de Extranjeros determina que los extranjeros transeúntes se dividirán en turistas, viajeros de tránsito, visitantes locales o fronterizos y simples transeúntes.

A. Turista, de acuerdo al Artículo 5°, del Reglamento, es el extranjero que ingresa al país con fines exclusivos de recreo. Este concepto está ampliado en la Ley de Turismo, Artículo 2°: Se reputa turistas a los efectos de la presente Ley, a los extranjeros no residentes en el país cuando con el propósito exclusivo de esparcimiento visiten o se propongan visitar a Venezuela, por un tiempo no mayor de seis meses; cuando en calidad de deportistas de cualquier especialidad vengan al país para intervenir en concursos o certámenes y en general cuando ingresen a Venezuela provistos de la carta de turismo expedida -por el respectivo Agente consular de la República en el Exterior-.

Los turistas que ingresen al país gozarán de ciertas facilidades, establecidas en el Artículo 4° de la Ley de Turismo.

a) Si vinieren por una estada no mayor de doce horas, podrán desembarcar sin otro requisito que la lista a que se refiere el Artículo 3° de esta Ley (Las compañías de vapores trasportadores de turistas al país, deberán presentar a la autoridad civil del puerto de arribo una lista de los turistas que vayan a desembarcar), con el compromiso de su reembarco, por parte de la compañía trasportadora.

b) Si viniere por una estadía mayor de doce horas y hasta por ocho días, podrán desembarcar con sólo el requisito, de una tarjeta expedida por la propia compañía trasportadora y en la cual conste el nombre, nacionalidad y las demás especificaciones que se determinen - en la respectiva reglamentación. Dicha tarjeta deberá ser sellada por la autoridad civil del puerto de arribo.

c) Si vinieren por una estadía mayor de ocho días y hasta por seis meses, podrán desembarcar con sólo una carta de turismo, que hará las veces de pasaporte, con las especificaciones que se detallarán en la respectiva reglamentación y que será expedida por el correspondiente Agente Consular de Venezuela, quedando por lo tanto, eximidos de la visa del pasaporte.

Los turistas, para su salida del país, deberán devolver la tarjeta o la carta de turismo al funcionario correspondiente en el puerto de embarque.

También gozan los turistas de una serie de prerrogativas: (Artículo 5°)

a) Exención del depósito requerido a los extranjeros para entrar al país;

b) Exención del pago de impuesto de dos (2) bolívares en estampilla fiscal

c) Exención de los derechos para introducir al país sus prendas del vestido, la casa, la montura, las armas de permitida importación, los instrumentos de su profesión, la máquina de escribir, las cámaras fotográficas y cinematográficas, los libros y demás objetos o útiles que sean de uso personal

d) Exención de los derechos para introducir al país su automóvil, motocicletas, bicicletas y otro vehículo.

El límite de permanencia - en el país no puede exceder de los seis meses, para los extranjeros que entren al país con carta de turismo tampoco pueden ejercer ninguna actividad lucrativa en el país.

B. <u>Viajeros de tránsito</u>. De acuerdo con el Artículo 6° del Reglamento de la Ley de Extranjeros, viajero de tránsito es el extranjero que cruza el territorio nacional para dirigirse a otro país.

Estos viajeros de tránsito, al igual que los turistas, no podrán dedicarse a ninguna actividad remunerada o lucrativa durante su permanencia en territorio nacional. Sin embargo, el Ministerio de Relaciones Interiores, previa la consideración de circunstancias especiales que así lo ameriten podrá permitir que los turistas y viajeros de tránsito se dediquen a alguna actividad profesional después de vencido el lapso reglamentario de su permanencia en el país, justificando la necesidad del trabajo". (Art. 22).

De acuerdo al Artículo 9° del Reglamento nombrado, no podrán permanecer en territorio nacional por más de treinta días el extranjero que haya entrado al país en calidad de viajero de tránsito.

Lo mismo que los turistas, los viajeros de tránsito están exentos del pago de impuestos y derechos de aduana.

C. <u>Visitantes locales o fronterizos</u>. Son los extranjeros que entran al país con el fin de permanecer en los puertos o lugares - fronterizos por un plazo que no exceda de tres días y los residentes en ciudades extranjeras - fronterizas que pasen habitualmente en negocio propio o de paseo a las ciudades venezolanas limítrofes o cercanas a la frontera sin salir de los términos de estas poblaciones ni permanecer en ellas por más de tres (3) días". (Art. 7 Reglamento).

Se les expide permiso especial dado por el Cónsul correspondiente (Art. 16).

d') <u>Simples transeúntes</u>. Son los demás extranjeros que vengan al país y no se encuentren comprendidos en ninguno de los casos especificados en los Artículos anteriores" (Art. 8 Reglamento)

Pueden permanecer en el país hasta tres (3) meses y realizar cualquier tipo de actividad.

B. Situación Jurídica de los extranjeros en relación a los venezolanos.

Para hablar de situación jurídica del extranjero, de su aptitud para tener derecho y obligaciones, hay que hacer una distinción entre los derechos y deberes, entre los derechos políticos y derechos civiles.

La Constitución en su Artículo 45, consagra la igualdad jurídica entre extranjeros y venezolanos respecto a los derechos civiles, regulada también en el Artículo 26 del C. C., en el Articulo 2 de la Ley de Extranjeros y los Artículos 1 y 2 del Código Bustamante de Derecho Internacional Privado.

Respecto a los derechos políticos, los extranjeros carecen de ellos según lo establece el Artículo 45 de la Constitución.' Está regulado en la Ley sobre actividades de los Extranjeros en el territorio de Venezuela, ni pueden ejercer en el territorio nacional ningún derecho político que les confiere las leyes de sus respectivos países.

Con respecto a esto último hay, sin embargo muchos países extranjeros que permiten a sus nacionales que residen en Venezuela, votar para elegir Presidente, y se plantea entonces el conflicto de saber si este derecho es de ejercicio legal o no.

No pueden ejercer el derecho de voto ni ser elegidos.

Respecto al sufragio activo, la. Constitución ha contemplado excepciones. En la de 1947 se consagra que los extranjeros pueden votar en elecciones municipales. En la de 1953 contempló la posibilidad de que los extranjeros ejercieran el sufragio activo en todos los casos. En la Constitución actual se consagra el derecho de los extranjeros de votar en elecciones municipales cuando la Ley lo determine. La vigente Ley Electoral no lo consagra.

Los extranjeros no pueden ocupar cargos públicos en Venezuela, con las excepciones anotadas en el Artículo 30 de la Ley de extranjeros y los jefes o vicarios de las misiones indígenas, que siempre son extranjeros y se consideran funcionarios públicos.

Respecto a los deberes, los extranjeros están obligados a cumplir y obedecer la Constitución y las leyes y los deberes, resoluciones y órdenes que en ejercicio de sus atribuciones, dicten los órganos del poder Público.- (Art. 52 Constitución).

En este sentido, hay una igualdad con los venezolanos, pero los extranjeros están exceptuados de ciertos deberes que son obligatorios para los venezolanos« entre estos deberes están:

El deber de defender la patria.

El deber de cumplir el Servicio Militar Obligatorio.

III. LA EDAD

1. Introducción

La Edad, desde el punto de Vista del Derecho Administrativo. Nos interesa estudiar la edad por sus consecuencias de orden administrativo, fundamentalmente, también en el campo del Derecho Civil y del Derecho Penal.

La primera consecuencia de carácter civil es la consagrada en el Artículo 18 del C.C., que define la mayoría de edad: "Es mayor de edad, quien ha cumplido veintiún años. El mayor de edad es capaz para todos los actos de la vida civil, con las excepciones establecidas por disposiciones especiales.

En el orden penal la principal consecuencia es la aplicabilidad del Estatuto de Menores y el Código Penal. Esto implica que los menores de 18 años tienen el privilegio de tipo penal que es la jurisdicción de menores.

2. Consecuencias de orden administrativo

A.   Ejercicio de los Derechos políticos: derecho al sufragio activo y pasivo. Con respecto al sufragio activo, el Artículo 111 de la Constitución establece que "Son electores todos los venezolanos que hayan cumplido dieciocho años de edad y no estén sujetos a interdicción civil ni a inhabilitación política". La interdicción civil está regulada en el Artículo 393 del C.C.: "El mayor de edad y el menor emancipado que se encuentren en estado habitual de defecto intelectual que los haga incapaces de proveer a sus propios intereses, serán sometidos a interdicción, aunque tengan intervalos lúcidos". La inhabilitación política está contemplada en el Artículo 24 del Código Penal: "La inhabilitación política no podrá imponerse como pena principal sino como accesoria de las de presidio o prisión y produce como efecto la privación de los cargos o empleos públicos y políticos que tenga el penado y la incapacidad, durante la condena, para obtener otros y para el goce del derecho activo y pasivo del sufragio…

Respecto al ejercicio del sufragio pasivo o derecho de ser elegido, la Constitución en su Artículo 112 establece: "Son elegibles y aptos para el desempeño de funciones públicas los electores que sepan leer y escribir, mayores de veintiún años, sin más restricciones que las establecida en esta Constitución y las derivadas de las condiciones de aptitud que, para el ejercicio de determinados cargos, exijan las leyes". Esta disposición tiene sus excepciones: el Artículo 149 que dice que para ser Senador se requiere ser venezolano por nacimiento y mayor de treinta año," y el Artículo 182 que establece que para ser elegido Presidente de la República se requiere ser venezolano por nacimiento, mayor de treinta años y de estado seglar". Al respecto, el Artículo 3° de la Ley Electoral determina que: "todos los venezolanos, hombres y mujeres, mayores de dieciocho años no sujetas por., sentencia definitiva te firme a la interdicción civil ni a condena penal que lleve consigo inhabilitación política, tienen derecho y están en el deber de inscribirse en el Registro Electoral y de votar".

Respecto a los Concejales, la edad fijada para el ejercicio del derecho de sufragio pasivo coincide también con la capacidad civil, o sea, 21 años, tal como establece la Ley Orgánica del Distrito Federal.

El principio general es el establecido en el Artículo 112 de la Constitución, para ejercer funciones públicas, y las excepciones están en los Artículos 195, 213, 201, 219 y 237 de la Constitución: Para ser Ministro, Procurador General de la República, Magistrado de la Corte Suprema de Justicia, Fiscal General de la República y Contralor General de la República, se requiere ser venezolano por nacimiento y mayor de treinta años".

B.   La edad también produce consecuencias de orden administrativo, respecto al cumplimiento de ciertos deberes, sobre todo (l) de tipo Sanitario; por ejemplo, la obligatoriedad, de vacunar contra la viruela a todo niño mayor de seis meses. (2) Otro deber en el cual incide la edad, es uno de tipo cultural, por ejemplo, la obligatoriedad de la educación primaria para toda persona mayor de seis años, (Ley de Educación).

C.   Deberes de tipo militar; todos los venezolanos mayores de 18 años y menores de 45 están obligados a prestar el servicio militar obligatorio, (Ley Orgánica del Servicio Militar Obligatorio).

D.   Situaciones especiales producidas por la edad. A ciertas personas según su edad, se les conceden ciertos privilegios especiales en lo concerniente a la educación, así, la Ley de Educación establece que las personas mayores de 18 años pueden obtener el certificado de instrucción primaria por libre escolaridad y los mayores de 25 años, el título de bachiller.

E.   En el campo militar con respecto a la situación de retiro, (Ley Orgánica del Ejército y de la Armada, en el Artículo 266 establece: "Pertenecerán a la situación de retiro los oficia les del Ejército y la Armada que hayan llegado al límite de edad que establece esta Ley, los que voluntariamente renuncien a la actividad, los incapacitados física o profesionalmente, los sentenciados a presidio y los reincidentes en faltas contra el honor y el decoro militar". Los límites - de edad para pasar a la situación de retiro serán; desde los 35 años para los Subtenientes o Alférez de Navío, hasta los 65 para los Generales en Jefe o Almirantes.

F.   De tipo personal; hay el deber de obtener los documentos personales de identificación -Cédula de Identidad- para todos los ciudadanos mayores de 18 años (Decreto-Ley respectivo).

G.   De tipo laboral: influye la edad para determinar la jubilación de los funcionarios públicos y también para gozar de las ventajas del seguro de vejez, según la nueva Ley del Seguro Social Obligatorio.

3. Protección administrativa especial derivada de la edad.

A.   Pero lo que más interesa destacar - sobre estas consecuencias de orden administrativo, son las protecciones administrativas a los menores de edad y a los ancianos. Respecto a los menores, hay varios trabajos realizados: "La Protección del Trabajo de los Menores" del Dr. Hernández Medina, publicado en la Revista del Trabajo, año VI N°

23, 1956, Folleto de la Comisión de Prevención de la Delincuencia. "Menores con problemas de Conducta", Exposición de Motivos y Proyectos del Código de Menores".

El Estatuto de Menores establece que "Las disposiciones de este Estatuto rigen a todos los menores de 18 años que se encuentren en el territorio de la República, y en cuanto sean aplicables regirán también a los menores de nacionalidad venezolana que se hallen fuera del país. La protección se extenderá al período de gestación"(Artículo 2° del Estatuto).

El Artículo 1° establece que: "El presente Estatuto el derecho que tiene el menor a vivir en condiciones que le permitan llegar a su completo y normal desarrollo físico, intelectual y moral. Al efecto, el Estado le garantiza los me dios y condiciones necesarios:

a) Para que goce del derecho de conocer a sus padres;

b) Para que sea debidamente asistido, alimentado y defendido en su salud hasta su completo desarrollo, dentro de un ambiente de seguridad material y moral, por las personas a quienes legalmente corresponda, y en su defecto, por el Estado;

c) Para que no sea explotado ni en su persona ni en su trabajo, y para que no sufra maltratos morales ni corporales;

d) Para que goce de una educación - integral y orientada a formar el espíritu democrático;

e) Para que sea amparado y juzgado por leyes, disposiciones y tribunales especiales;

f) Para que no sea considerado delincuente, y en consecuencia, para que no sufra penas por las infracciones legales que cometa, debiendo en tales casos ser sometido a procedimientos educativos;

g) Para que la justicia que se le imparta sea absolutamente gratuita;

h) Para que no se le aparte del seno de su familia sino en los casos que constituyan grave peligro para su seguridad material o moral;

i) Para que no sea cometido a prácticas o enseñanzas religiosas distintas de las ejercidas o suministradas en el hogar de sus padres;

j) Para que no sufra calificaciones humillantes en razón de la naturaleza de su naci miento".

El Artículo 75 de la Constitución –establece– "La Ley proveerá lo conducente para que todo niño, sea cual, fuere su filiación, pueda cono, ser a sus padres, para que éstos cumplan el deber de asistir, alimentar y educar a sus hijos y para que la infancia y la juventud estén protegidas contra el abandono, la explotación o el abuso. También es una obligación subsidiaria del Estado, pues el mismo Artículo 75 establece que el Estado compartirá con los padres, de modo subsidiario y atendiendo a las posibilidades de aquellos, la responsabilidad que les incumbe en la formación de los hijos. Esta obligación del Estado no implica que los padres se liberen de la suya, y para impedirlo fue dictada la Ley sobre Delitos de violación de derechos alimentarios, etc. El Consejo Venezolano del Niño es el organismo encargado de la protección de los menores, de acuerdo, al Artículo 11 y 4 del Estatuto de Menores Artículo 11. "El Consejo Venezolano del Niño es el organismo encargado de la protección integral de los menores con el fin de lograr su bienestar por los medios autorizados por la Ley". Artículo 4: "El Estado ejercerá la protección a que se refiere este Estatuto por órgano de los Despachados Ejecutivos y del Consejo Venezolano del Niño, mediante una adecuada labor educativa, asistencia, jurídica y social".

El Estatuto de Menores establece en su Artículo 5° una serie de etapas que rigen la protección de los menores: "La protección y asistencia de la mujer embarazada y del menor hasta los tres años se orientará hacia la defensa de la salud física; la del menor, desde los tres a los catorce años será principalmente educativa y social y desde los catorce a los dieciocho años se dirigirá hasta su preparación profesional". Aquí se destaca la Ley que crea el Instituto Nacional de Cooperación Educativa.

El Estatuto contempla también una serie de disposiciones sobre la protección del menor en el trabajo, sobre su vida intelectual y de tipo correccional. Así-, el Artículo 89 dice que "Se prohíbe en todo el territorio de la República el trabajo a todo menor de catorce años, salvo lo dispuesto en el Artículo 90". El Artículo 90 establece: En los trabajos rurales los mayores de diez años y menores de catorce años no podrán ser ocupados durante el año escolar, salvo cuando no haya medios de proporcionarle educación en el lugar donde habiten o cuando los padres estén imposibilitados de enviarlos a cursar estudios en escuelas de otra localidad".

El Artículo 89 es un desarrollo del principio constitucional, Artículo 93 que dice "La mujer y el menor trabajadores serán objeto de protección especial", y Artículos 103 y 104 de la Ley del Trabajo.

Artículo 103: "Se prohíbe de manera absoluta el trabajo en las empresas, explotaciones y establecimientos industriales, comerciales y mineras, de los niños de uno y otro sexo menores de catorce años. Los demás menores de veinte y un años serán hábiles para el trabajo".

Artículo 104: "La jornada de trabajo de los menores de 16 años y mayores de 14 no podrá exceder de seis horas diarias divididas en períodos de tres horas por los menos, durante el cual los menores podrán retirarse de los edificios o lugares donde trabajen para descansar o tomar alimentos".

Existe otra prohibición en protección del menor con respecto al trabajo, en el Artículo 92 del Estatuto de Menores: "Se prohíbe a los menores de dieciocho años, todo trabajo que perjudique su salud, su vida o su moralidad, que sea demasiado fatigante o exceda sus fuerzas.

El Artículo 95 del Estatuto de Meno res establece que los menores que presten sus servicios en establecimientos industriales o comerciales, no podrán trabajar más de seis horas diarias y de treinta y tres a la semana", (Artículo 93 de la Constitución)

El Estatuto establece también protección respecto a la vida intelectual y moral del menor en el Artículo 103 que estableces " Se prohíbe publicar por la prensa o la radio los nombres, fotografías y otras señales de identificación de los menores de dieciocho años que hayan cometido –delitos o faltas que hayan sido víctimas de violación, corrupción, seducción, o de cualquier otro– delito cuya publicidad pueda dificultar su reeducación o perjudicar su desarrollo intelectual y moral".

Hay otra protección especial en materia de menores es la protección correccional, en el Artículo 110 del Estatuto de Menores: Podrá considerarse en estado de abandono moral o material:

1) A quienes no tengan habitación - cierta;

2) A quienes carezcan de medios de subsistencia,

3) A quienes sin causa justificada se impida su educación,

4) A quienes se prive frecuentemente de alimentos o de las atenciones que requiera su salud

5) A quienes se emplee en ocupaciones prohibidas, contrarias a la moral y a las buenas costumbres o que pongan en peligro su salud o su vida.

6) A quienes frecuenten la compañía de malvivientes o vivan con ellos

Artículo 111 "Podrán considerarse en situación de peligro:

1) Los que incurran en cualquier hecho sancionado por las leyes penales y ordenanzas policiales.

2) Los que se encuentren en cualquiera de las situaciones previstas por la Ley de Vagos y Maleantes; no comprendidas en el Artículo anterior.

Artículo 114: "La libertad vigilada supone la entrega del menor a sus padres o representantes legales, con la obligación de someter se a la vigilancia indicaciones y auxilio del Consejo Venezolano del niño por el tiempo que el Tribunal determine

Artículo 115: La internación en un instituto curativo se acordará por el Tribunal cuan do el estado físico o psíquico del menor lo requiera, donde se le someterá al adecuado tratamiento - médico hasta que se le declare definitivamente curado o readaptado a la vida social si la anomalía fuere permanente.

Artículo 116: "La colocación en familia podrá acordarse por el Juez de Menores en hogar ajeno, cuando el niño o adolescente carezcan de él o el le sus padres no diere las suficientes garantías de custodia o corrección, si se trata de un menor que ha incurrido en infracción punible o que se.; conduce de un modo antisocial o contrario al orden de la sociedad.

Artículo 117: El Juez de Menores decretará la internación del menor en uno de los institutos de reeducación dependientes del Consejo Venezolano del Niño y la aplicación de la medida quedará a cargo de dicho Consejo,

También establece el Estatuto poderes especiales de la Administración con respecto a los menores en el Artículo 96. Los menores de diez y seis años no podrán trabajar en café, con ciertos, cabarets, teatros de revistas, circos o espectáculos en los cuales hayan de realizarse ejercicios de fuerza, peligrosos o de dislocación, o que expongan su salud.

B. Protección a los ancianos; Está establecida en el Decreto 338, del 23-11-49, y la-ejerce oí Patronato Nacional de Ancianos, "Instituto Autónomo Patronato Nacional de Ancianos e Inválidos". En el Artículo 3° de dicho Decreto es tan determinadas las funciones del Institutos

1) Levantar una matrícula de ancianos e inválidos necesitados da protección;

2) Llevar a cabo los estudios necesarios para la organización de un sistema de protección integral al anciano y al inválido;

3) Coordinar e inspeccionar los organismos públicos y privados dedicados a la asistencia de los mismos;

4) Fundar con sus propios recursos instituciones y servicios relacionados con el bienestar de ellos,

5) Procurar que determinadas ocupaciones de carácter sedentario sean reservadas, en cuanto fuere posible, a los ancianos e inválidos, organizando a tal fin una oficina de colocaciones.

6) Propender a la rehabilitación y reeducación de inválidos para trabajos remunerables, etc...".

IV. EL SEXO.

Aquí se deben considerar dos aspectos distintos:

1) La norma que consagra la igualdad jurídica;

2) El Art. 61 de la Constitución señala que "No se permitirán discriminaciones fundadas en la raza, el sexo, el credo o la condición social...".

Hay una equiparación entre el hombre y la mujer, sin embargo, hay una serie de normas regula doras que son excepción al principio general; por ejemplo, las de las Fuerzas Armadas Nacionales, de 5 de marzo de 1957-

Está consagrado en algunos códigos de policía estadales, concretamente en la Ordenanza de Policía Urbana y Rural Art. 8.

Además de la igualdad jurídica de la Constitución en materia de sexo, interesa estudiar ciertas medidas protectoras al trabajo de la mujer, exoneración de determinados deberes.

Respecto al trabajo de la mujer, la Constitución en el Art. 93 establece que la mujer y el menor trabajadores serán objeto de protección especial. Este artículo ha sido desarrollado por ciertas leyes administrativas, especialmente la Ley del Trabajo. Así, el Art. 105 de dicha Ley prohíbe el trabajo nocturno de la mujer, salvo para las labores de enfermería y servicio doméstico 5 periódicos, hoteles, restaurantes, cafés, teatros, que estarán sujetos a reglamentación especial.

Una segunda protección a la mujer, lo constituye la prohibición de emplear mujeres en estado de gravidez en trabajos que por requerir esfuerzos físicos considerables, o por otras circunstancias, sean capaces de producir el aborto, o de impedir el desarrollo normal del feto (Art. 108 Ley del Trabajo).

Hay también una protección de tipo específico, tal es el caso de darle una hora de desean so (dos descansos diarios de media hora cada uno, para amamantar a sus hijos, y que serán fijados por la lactante, durante el período de la lactancia. (Art. 111 Ley del trabajo).

Existe una igualdad respecto al hombre en materia de trabajo, en el Art. 107, al prohibir emplear mujeres y menores hábiles para el trabajo, en empresas que puedan perjudicar su moralidad o sus buenas costumbres o en detales de licores.

Hay otra serie de protecciones asistencias para la mujer, por ejemplo, asistencia social durante el embarazo.

La mujer está exonerada, además, de ciertos deberes administrativos, por ejemplo, el servicio militar obligatorio.

En relación a la igualdad jurídica, con prescindencia del sexo, debe observarse que "En el Código de Comercio, Art. 970, se determina que: "No podrán ser síndicos; (...) Las mujeres, aún cuando sean comerciantes".

Ahora bien, recientemente la Corte Suprema de Justicia, con el voto unánime de sus quince miembros, aprobó una ponencia del doctor Carlos Acedo Toro, Presidente de la Sala de Casación Civil y Mercantil, por la cual se declaró la nulidad de esa disposición del Código de Comercio por ser contraria a expresas normas de la Constitución Nacional.

En realidad, el problema jurídico era sencillo. La demanda había considerado la prohibición a las mujeres de actuar como síndicos en las quiebras contraria a la pauta constitucional en virtud de la cual "no se permitirá discriminaciones fundadas en la raza, el sexo, el credo o la condición social y que era una flagrante contradicción en la igualdad, la libertad y el derecho al trabajo de la mujer. La Corte no necesitó mayor disquisición para dictar su sentencia, concretándose a decir: "No puede haber duda alguna de que la disposición que establece distingo en una situación en la cual hay igualdad entre el hombre y la mujer encierra una discriminación fundada exclusivamente en el sexo. La prohibición es anacrónica en esta época que se caracteriza por la intervención de la mujer en toda clase de actividades públicas y privadas, científicas, profesionales y culturales, etc. Las mujeres son aptas legalmente para desempeñar los más elevados cargos en la Administración, en el Parlamento o en la Judicatura. Por ello resulta absurdo que no puedan desempeñar el simple cargo de síndico de una quiebra, cuando hasta el mismo Juez que hace el nombramiento de ese funcionario puede muy bien ser una mujer".

V. EL DOMICILIO Y LA RESIDENCIA.-

Residencia administrativas Para estudiar la residencia Administrativa es-indispensable distinguir lo que se conoce por domicilio. El Artículo 27 del C.C. dice que "El domicilio de una persona se halla en el lugar donde tiene el asiento principal de sus negocios e intereses".

El concepto de residencia administrativa es distinto al de domicilio. La nota indispensable para distinguir la residencia es el carácter de habitualidad. Aunque son distintos los dos conceptos, ellos se complementan.

Residencia de una persona es el lugar donde ella habitualmente vive. El elemento determinante de ella es la habitualidad de residir, a diferencia del concepto civil de domicilio, cuyo elemento determinante es, según lo especifica el Artículo 27 del C. C., "el lugar donde tiene el asiento principal de sus negocios e intereses" (comerciales, morales, familiares, etc.) y no la habitualidad de residir en un lugar. Puede coincidir con la residencia, pero no necesariamente.

El concepto de residencia se asemeja al de vecindad que existe en algunos códigos, especialmente en el español.

Así, la Ley Orgánica del Distrito Federal habla de vecindad para referirse a los requisitos exigidos para ser elegido concejal: es necesario no sólo tener el domicilio civil en el Distrito Federal sino también residir físicamente en el mismo lugar. En este sentido vemos la influencia que en el Derecho Administrativo tiene el referido concepto.

En principio, la residencia es distinta al domicilio, pero no siempre, porque algunas veces coinciden; el Artículo 31 del C. C. establece que la mera residencia hace las veces de domicilio - respecto de las personas que no lo tienen conocido en otra parte.

Este concepto de residencia administrativa equivale al concepto de vecindad y ha sido utilizado por la legislación española y en la nuestra. Por ejemplo, en la Ley Orgánica del Distrito Federal, Artículo 34: dice que para ser Concejal se requiere ser vecino del Distrito Federal, etc.

El domicilio es interesante destacarlo porque es una nota para el cumplimiento de deberes administrativos (Artículo 33 Ley Orgánica del Servicio Militar Obligatorio).

La Ley "Electoral establece la relación jurídico-administrativa del domicilio, el Artículo 57 de dicha Ley establece que "Los electores deben inscribirse en el lugar de su residencia". También tiene relevancia respecto al ejercicio de determinadas funciones públicas, (Estatuto del Personal del Servicio Exterior).

Otra obligación de residir en el lugar está consagrado en el Artículo 25 de la Ley de Registro Público, que dice que La persona que desempeñe el cargo de Registrador deberá residir, so pena de destitución, en la población en donde funcione la Oficina. También está contemplada "La residencia de los jueces en la Ley Orgánica del Poder Judicial.

También para el desempeño de ciertas funciones públicas referidas al Servicio Exterior, se establece en las respectivas leyes que dichos funcionarios deben residir en el lugar "donde presten su servicio. Igual sucede con los Registradores y los Jueces, quienes deben residir en el lugar donde se halle su Oficina o Tribunal, so-pena de destitución (Ley dé Registro Público y Ley Orgánica del Poder Judicial respectivamente).

VI. LA CONDICIÓN SOCIAL RÉGIMEN JURÍDICO ADMINISTRATIVO DE LOS INDÍGENAS

1. El Principio Constitucional

Nuestra Constitución establece una igualdad absoluta en su Preámbulo cuando contempla que entre sus fines estén los de "mantener la igualdad social y jurídica, sin discriminaciones derivadas de raza, sexo, credo o condición social:" igual cosa asienta en el Artículo 61. "Si bien ella misma prohíbe todo tipo de privilegios o discriminaciones por ese motivo, en el Artículo 77 asienta que: "El estado propenderá a mejorar las condiciones de vida la población campesina. La Ley establecerá el régimen de excepción que requiera la protección de las comunidades de indígenas y su incorporación progresiva a la vida de la Nación." Aquí, pues, la propia Constitución establece una protección especial derivada de la condición social de los indígenas.

2. El Régimen de la personalidad del Indígena.

Si bien el principio general respecto a la capacidad civil es el mismo del Código Civil, la ley directa o indirectamente fija una serie de limitaciones al respecto. Así, en los Estatutos Orgánicos de los Territorios Federales se establecían una serie de limitaciones que modificaban el régimen ordinario en relación a los indígenas, que hoy están derogados.

A. Jurisdicción especial

En el Artículo 5° de la Ley de Misiones, que data de 1915, se establece que deberán crearse misiones separadas de toda otra jurisdicción. Lo aquí contemplado ha sufrido variaciones en cuanto a la "interpretación que ha dado al Estado a su contenido. Se ha dicho que ello significa que sólo el Vicario Superior tenía autoridad en el territorio de la respectiva misión en cuanto se refería a materia civil, penal y administrativa.

En 1944 en una Circular del M.R.I. se reconoció la separación administrativa, penal y civil de las misiones, y en consecuencia, únicamente el él Vicario Superior tenía poder para juzgar penalmente a los indígenas. Asimismo, en la Ley Orgánica de los Territorios Federales hay una separación cierta al expresarse que los gobernadores no pueden intervenir directamente en la protección de los indígenas, sino que en caso de ser ello necesario de- ben comunicarlo al Vicario Superior y si éste no actúa tampoco pueden intervenir sino que deben comunicarlo al Ministerio de Justicia.

Finalmente, debemos decir que en la actualidad la separación referida persiste en materia administrativa, sobre él no tienen competencia ni por razón de materia, de territorio ni de persona, los funcionarios administrativos ajenos al personal de la misión, es decir, en este aspecto la autoridad superior es el Vicario Superior, pero en materia Penal la Consultoría Jurídica del M. de J. ha dictaminado que los indígenas no están sometidos a fuero especial sino que deben ser sometidos a la jurisdicción penal ordinaria.

B. Limitaciones Administrativas

1°) Son limitativas de la libertad de tránsito, tales como:

a) El indígena no puede abandonar el territorio de la Misión sin el consentimiento del Superior. Debe ser controlado por el Vicario o Jefe de la Misión, según se desprende del Artículo 9 de la Ley de Misiones. Esta restricción tiene por fin proteger al indígena tanto desde el punto de vista sanitario: impedir que contraiga enfermedades; como evitarle contactos peligrosos desde el punto de vista educativo como económico.

b) De acuerdo con el Reglamento de la L. de M., el Vicario asignará habitación a aquellos indígenas que abandonen el nomadismo;

c) Limitaciones a la patria potestad: el Vicario podrá ordenar el traslado del indígena menor de edad a otra Misión o lugar aún contra su voluntad, que fuera más adecuado para su educación.

d) Puede el Vicario intervenir en los contratos civiles celebrados entre los indígenas. El Reglamento de la L. de M. establece que el matrimonio entre indígenas (aunque no sean municipales) se consideran como caso de regulación la vida conyugal; asimismo se exime de las formalidades exigidas en el Artículo 70 del C.C. y se aplica, en su lugar, el Artículo 9 de la L de M. Los misioneros tienen facultad para intervenir en las transacciones que puedan celebrar los indios; tanto en la venta de sus frutos, como en el producto de su trabajo o de sus tierras; con el fin de evitar que la ignorancia o la falta de preparación del indígena le convierta en fácil presa de los especuladores.

3. Régimen de las Misiones en Venezuela

El funcionamiento de las Misiones en el territorio nacional está regulado por la Ley de Misiones del 2 de julio de 1915, Decreto N° 250, el Estatuto Orgánico de Ministerios y Decreto Creador de la Comisión Indigenista.

A. Concepto:

La nombrada Ley las define como <u>Organismos Públicos</u> que se presentan con autonomía funcional cuya función consiste fundamentalmente en reducir y tratar de atraer a la vida ciudadana a los indígenas no civilizados del país. La labor civilizadora la realiza el Estado directa mente o por medio de las misiones.

B. Carácter Administrativo:

Son creadas en Venezuela por Resolución del Ejecutivo Nacional por órgano del Ministerio de Justicia como un organismo <u>administrativo</u> sui generis, pues, no obstante que son un organismo administrativo, no dependen de la Administración Pública, sino que funcionan bajo un régimen <u>administrativo especial</u>, lo cual se manifiesta por las razones siguientes:

1°)   Ubicación de las Misiones: La L. de M. (Art. 2°) establece cuales son los lugares donde podrán funcionar (Estado Bolívar, Zulia, Apure, Barinas, Monagas y Territorios Federales),

2°)   Igualmente, el número que podrá funcionar lo fija el Ejecutivo seguir su criterio. (Art. 1°)

3°)   Establecimiento, el personal que trabajará en las Misiones es designado por el Ejecutivo, el cual para tal fin realiza un contrato con el Vicario o Jefe de la Misión, Orden, Congregación, etc., donde se establecen el personal, el lugar donde funcionará, su constitución, etc., y en general, todo cuanto se refiera a los derechos y deberes de Las partes No obstante, no están servidas por personas que integran los cuadros de la Administración Pública Central, se trata de un contrato sui generis en cuanto el co-contratante de la Nación carece generalmente de personalidad legal, aunque si la pueda tener desde el punto de vista estrictamente canónigo.

4°)   También se refleja el carácter administrativo de las Misiones en el hecho de que el régimen presupuestario es fijado, por disposición del Art. 7° de la L. de M., por el Ejecutivo Nacional en la Ley de Presupuesto.

5°)   Según el Art. 8° de la L. de M el Ejecutivo determinará los linderos de cada misión.

C. Régimen Jurídico-Administrativo de los Misioneros

El Misionero es la persona adscrita a una misión y dedicada a las labores propias de dicho organismo.

a) La L. de M. no exige ningún requisito de nacionalidad para ser misionero; única mente exige que el interesado sepa hablar el castellano y tener habilidades y conocimientos suficientes sobre un oficio para poder enseñar y educar al indígena (Art. 2 de la citada Ley).

b) Gozan de protección prerrogativas especial, ya el Art. 4° (L. de M.) dispone que los misioneros pueden entrar libremente por el territorio nacional con destino a sus Misiones y que las Autoridades Civiles, Militares le prestarán toda la ayuda necesaria para el desempeño de sus funciones, pero cuando son extranjeros no pueden desempeñar función u oficio fuera de la respectiva misión.

D. Régimen del Vicario o Superior

Es la Autoridad administrativa superior dentro de la Misión, separada de la Administración general. Este carácter administrativo especial se justifica porque el Vicario o superior es considerado como el representante del Ejecutivo dentro de la Institución, estando investido de los siguientes poderes:

a) Poder de Policía del Vicario o Superior s Tienen la autoridad para mantener el orden entre - los indígenas (art. 3°, L. de M.) y asimismo para impedir que cualquier entidad o persona que pueda perjudicar a la Misión penetre dentro de su territorio; y también para vigilar y velar que los que entren autorizados por el Ejecutivo cumpla con los que entren autorizados con los reglamentos. Pueden solicitar apoyo material y moral de las autoridades civiles y militares.

b) Es funcionario del Registro Civil: deben llevar Registro de las familias, nacimientos, defunciones y matrimonios que se produzcan dentro de las Misiones (art. 12, L. de M.). El carácter de -estos Registros ha variado: unas veces se le ha dado el mismo que tiene el Registro Civil de los Municipios; mientras que otras veces se le ha negado tal carácter en cuanto a sus efectos civiles.

El criterio actual es que no tienen el mismo efecto que el Registro Civil de los Municipios y Autoridades Civiles competentes sino que sólo sirve de prueba supletoria.

c) Deberes del Vicario. Según la L. de M., el Vicario o Superior tiene los siguientes:

a)   Dirigir la Misión en inmediata colaboración con el E. N. por medio del M. de J.

b)   Rendir cuenta anual a la Administración a través del Ministerio de Justicia, de la labor que haya desempeñado en la Misión,

4. Protecciones Especiales a la misión y a los indígenas.

Existe un Decreto de 1951 regula las expediciones y visitas a las Misiones. Así, es necesario obtener un permiso ante el Ministerio de Justicia para la defensa de la patria. En caso de contravención se fijan penas, las cuales han sido aceptadas en la Doctrina de la Pro curaduría General de la Nación, sustentada el 22-4-53, que establece que igualmente en las campañas políticas es también necesario proveer se del permiso previo del M. de J. Los contraventores son sancionados con multas de 1.000 a 15.000.

En la Ley de Territorios Federales, de septiembre de 1948 se especifican las atribuciones y deberes especiales de protección al indígena. Así, se debe proteger y fomentar por medio de la cultura el bienestar del indígena; así mismo, evitar su explotación y su inducción a los vicios; también cuidar que los artículos y mercancías les sean vendidos a justos precios.

Sección Tercera:
LA POLICÍA DE LA PERSONALIDAD

I. INTRODUCCIÓN: CONCEPTO DE POLICÍA.

Es una de las formas en que se manifiesta la actividad de la Administración. Se le define como el conjunto de prescripciones reglamentarías y medidas de carácter individual que establecen limitaciones a los derechos de los administradores con el fin de mantener el orden público.

Analizado este concepto distinguimos en el mismo los siguientes aspectos:

1) Se trata de una actividad exclusiva del Estado;

2) Desarrollada mediante medios específicos;

3) Y con una finalidad específica: mantener el orden público.

a) Se entiende por orden público, en sentido general y tradicional, el mantenimiento de la tranquilidad pública de la seguridad pública y de la salubridad pública. Se equipara el término orden público a tranquilidad, seguridad y salubridad públicas. Así entendido está acogido en Venezuela en la Ordenanza de Policía del Distrito Federal.

Así como existe una policía de la personalidad, existen también otras como la policía de culto que sería toda medida restrictiva de la libertad religiosas una policía educacional que sería toda actividad que tiende a limitar el derecho a la educación; una policía universitaria que sería toda medida de las autoridades universitarias tendientes a regular algún derecho de los educandos.

b) Ya hemos dicho que la actividad de la Administración se desarrolla con una finalidad específica pública, pero no basta este carácter para definirla sino que tiene otros. Esta actividad es realizada por medios jurídicos específicos, como sería la facultad o potestad reglamentaria do la Administración y principalmente la posibilidad material de utilizar la fuerza pública para realizar tales finalidades públicas.

c) Se trata de una actividad exclusiva del Estado que tiene siempre una consecuencia cual es la de limitar un derecho de los particulares o regular un derecho de los mismos. Por ejemplo, cuando limita la garantía constitucional de la libertad de comercio, mediante la creación de las normas sanitarias, etc.

El fundamento legal de esta actividad de policía del Estado radica en el Artículo 43 de la C. N. el cual dices "Todos tienen derecho al libre desenvolvimiento de su personalidad, sin más limitaciones que las que **derivan** del derecho de los demás y del orden público y social".

Los sujetos activos de esta disposición son todos los habitantes de la República y las limitaciones son las que derivan del derecho de los demás y del orden público y social o actividad de policía administrativas.

Una interpretación derivada del lenguaje corriente y que se refiere al concepto de personalidad que es aquella que constituye a una persona, y la distinguen de otra.

En este sentido está compuesto de las siguientes notas: edad, sexo, filiación, residencia, las cuales en su conjunto diferencian a una persona de otra y se resume en la identificación.

Limitaciones a la garantía al libre desenvolvimiento de la personalidad por razón del orden público y social

Estas limitaciones son de dos tipos: generales y especiales, ejercidas por el Estado en su función de policía administrativa. Son generales aquellas actividades de policía de seguridad, o sea, todas las prescripciones reglamentarias y de carácter individual que tienen por objeto el mantenimiento del orden público.

Son actividades de policía administrativa especial aquellas que tienen objetos específicos como son la policía de la identidad para los venezolanos y la establecida para los extranjeros.

II. LA POLICÍA DE LA IDENTIDAD

1. Introducción

Tiene su justificación en el interés que asiste y tiene el Estado de dejar establecidas fehacientemente todas las causas que condicionan la personalidad (edad, sexo, condición social, estado civil, etc.) con respecto a todas "las personas que están bajo su soberanía.

Es una actividad exclusiva del estado que le está atribuida constitucionalmente en el Artículo 136, ordinal cuyo tenor es el siguientes "Es de la competencia del Poder Nacional: ... 5°.- Los servicios de identificación y de policía nacional".

El Estado, por medio del Poder Nacional, desarrolla esta actividad o servicio de identificación mediante dos regímenes: el régimen del Registró Civil, y el régimen de identificación o medidas de identificación personal.

En cuanto a la relación jurídico-administrativa de la identificación respecto a los venezolanos se hace evidentemente necesaria e indispensable para el Estado. Para ello el Estado tiene establecidos dos sistemas.

a) El Registro Civil.

b) La Identificación Personal

Corresponde al Estado lo relacionado a la identificación y dentro del Estado al Poder Nacional, establecido en el Artículo 136, ordinal 5° de la Constitución: "Es de la competencia del Poder Nacional .... Los servicios de identificación y de policía nacional",

2. Registro Civil

Tiene por finalidad la constatación del nacimiento y la defunción de las personas, fundamentalmente, Con el nacimiento surge un nuevo posible titular de derecho y deberes y con la muerte termina ésta.

El nacimiento: La finalidad del registro civil del nacimiento es múltiple.

1) Porque determina la circunstancia del lugar del nacimiento y ello conduce a la nacionalidad de la persona;

2) La circunstancia de tiempo, lo que determinará la edad;

3) La circunstancia de paternidad de las personas que conduce a las características, nombre y filiación.

4) La circunstancia del sexo del recién nacido.

La autoridad competente para extender la partida de nacimiento es la Primera Autoridad Civil de la Parroquia o Municipio y el plazo está establecido en el Artículo 464 del C.C. que dice "Dentro de los veinte días siguientes al nacimiento, se deberá hacer la declaración de éste a la Primera Autoridad Civil de la Parroquia o Municipio, a quien se le presentará también el recién nacido".

El mismo Artículo contempla dos excepciones a esta regla

a) "Cuando el lugar del nacimiento dista más de tres kilómetros del lugar del Despacho de la Primera Autoridad Civil, podrá hacerse la presentación y declaración ante el respectivo Comisario de Policía, quien le extenderá por duplicado en hojas sueltas y entregará uno de los ojera piares al presentante y el otro lo remitirá al Jefe Civil de la Parroquia o Municipio, quien lo insertará y certificará en los libros del Registro respectivos.

b) El funcionario del estado civil podrá, por circunstancias graves, dispensar de la presentación del recién nacido comprobando de cualquier otro modo el nacimiento. Tanto la Primera Autoridad Civil de la Parroquia o Municipio, como el Comisario de Caserío, en sus casos, deberán trasladarse a la casa donde se encuentre un niño de cuyo nacimiento tuvieren noticias, a fin de que se verifique el acto en la propia casa, no pudiendo cobrar ningún emolumento por esta diligencia. Los que no cumplieren con la obligación indicada, serán destituidos de su cargo".

La Ley de Protección Familiar, en su Artículo I° establece un régimen especial del nacimiento, en complemento del Artículo 73 de la Constitución. Dicho Artículo determinas "La presentación del niño y la declaración de su nacimiento cuando éste ocurriere en hospital, clínica, maternidad u otro establecimiento análogo dependiente de la Nación, de las entidades que la integran o de institutos autónomos, podrá hacerse al Director del establecimiento, quien lo extenderá por triplicado en hojas sueltas y entregará uno de los ejemplares al presentante, el otro lo remitirá con la mayor celeridad a la Primera Autoridad Civil de la Parroquia o Municipio en cuya jurisdicción ocurrió el nacimiento, a fin de que esta autoridad la inserte y certifique en los libros del Registro respectivo y el tercero se conservará en el archivo del Instituto..,

Establece además que, a falta de espontánea declaración del nacimiento y de presentación del recién nacido por el padre o la madre, los directores de dichos institutos, procederán a extender el acta de nacimiento de la manera prevista en la primera parte de este articulo, antes de la salida del recién nacido y de la madre del instituto en que ha ocurrido el nacimiento"

La identificación es obligatoria para la madre y para el niño en las Clínicas.

3. La Identificación Personal

A. Identificación de los Venezolanos

Nacida una persona y constatado el nacimiento por el acta respectiva, le interesa al Estado saber que esa persona que circula por su territorio es la misma que ha sido registrada en un registro determinado.

El problema de la identificación personal no se planteó en vida republicana sino hasta 1863. Antes de esta fecha no se contempló como un registrador puede saber si una persona que iba a otorgar un documento era precisamente el titular para hacerlo. Esto permaneció en la misma situación por años hasta que fue reglamentado por la Ley de 26 de agosto de 1943, donde se estableció la cédula de identidad.

B. La Identificación en el Territorio de la Repúblicas: La Cédula de Identidad

La identificación se debe estudiar mediante dos aspectos distintos:

La obligatoriedad de la cédula de identidad, establecida en la Ley de Servicios Nacional de Seguridad del 30 de junio de 1938. Dicha Ley ha sido modificada y actualmente está regulado por el Decreto 409, que reglamenta el "servicio nacional de identificación. El Artículo 12 de dicho Decreto establece los efectos de la cédula de identidad será documento suficiente para probar la identidad, de su titular, en todos los actos públicos o privados en la presente". Esta norma es de orden público y por lo tanto, tal como lo reglamenta el Artículo 6 del C.C., no puede renunciarse ni relajarse por convenios "particulares las leyes en cuya observancia están interesados el orden público o las buenas costumbres".

El de ser de <u>carácter público</u> es una de las principales características de la Cédula de Identidad.

Está habilitada para expedir cédulas de identidad solamente la Dirección de Identificación, dependiente del Ministerio de Relaciones Interiores. Este es un servicio público y *es* te carácter se reafirma porque hay que pagar una tasa de Bs. 2,00 en estampillas fiscales.

Una segunda característica de la cédula de identidad es su <u>obligatoriedad</u>. Así, el Artículo 11 del nombrado Decreto 409, establece que: "La Cédula de Identidad se exigirá obligatoriamente a todo venezolano, mayor de 18 años… Será de obligatoria exigencia a los extranjeros que tengan más de dos meses de residencia en el territorio de la República". Esta obligatoriedad presenta dos obligaciones subsidiarias:

a) La de renovar la cédula cada cinco años, por cuanto hay que constatar una serie de características físicas de la persona y también su cambio de estado civil (Artículo 13 Decreto 409)

b) La obligación de obtener un duplicado en caso de extravío del documento. (Artículo 13 Decreto 409)."

Las infracciones sobre sus características, producen ciertas sanciones administrativas por ejemplo, cuando se desconoce su carácter público, la Administración puede imponer una sanción que puede consistir en una multa de 50 a 100 bolívares o arresto proporcional. (Artículo 14 Decreto 409).

Cuando se desconoce su carácter administrativo, o sea, cuando las personas que al solicitar su Cédula de Identificación proporcionen datos falsos y las que, una vez en posesión - del documento, lo adulteren en cualquier forma, serán penadas con multa de 50 a 200 bolívares o arresto proporcional por el Servicio Nacional de Identificación, sin perjuicio de las penas establecidas en el Código Penal. (Artículo 15 del Decreto 409).

La cédula de identidad, por imperativo constitucional (Artículo 61) no puede tener indicación alguna sobre la filiación.

El Artículo 17 del Decreto 409 establece que, "Es además obligatoria la identidad:

a) En las Casas de Maternidad -para los niños recién nacidos y sus respectivas- madres

b) En los Cuarteles y Guarniciones Militares, aún para los menores de edad; y

c) En las Juntas de Inscripción Militar, para los menores de edad.

Identificación a los fines del Registro Público.

Artículo 90 de la Ley de Registro Público: En la Oficina Subalterna de Registro se observarán las formalidades siguientes: "Ordinal 5° Acto continuo se estampará en ambos ejemplares del Protocolo, a continuación de las firmas de los otorgantes, tana nota con la fecha en letras , en la cual el Registrador y los testigos darán fé, especificadamente de haberse cumplido en su presencia las formalidades de lectura, confrontación y firma (a que se refieren los números anteriores de la exactitud de las copias, de haberse verificado la identificación personal de los otorgantes, con expresión de los medios utilizados para ello, del estado civil y de la nacionalidad declarada - por los otorgantes y de cualquiera otra circunstancia concerniente al acto, título o documento que se registra y que sea necesario o interese expresar. Esta nota será firmada, en el mismo acto, por el Registrador y los testigos. El otorgante u otorgantes acreditarán su identidad con la presentación de la respectiva Cédula de Identidad. Cuando por la urgencia del caso, o por otro motivo o circunstancia justificados, a juicio del Registrador, no sea posible la presentación de la Cédula de Identidad, el Registrador dará fe de que conoce al otorgante, y en caso de no conocerlo la identidad del otorgante u otorgantes se comprobará así:

a) Con la Cédula de Inscripción Electoral;

b) Con la Tarjeta de Identidad Postal;

c) Con un pasaporte expedido por autoridades venezolanas;

d) Con la Libreta Militar de Conscripción|

e) Con una certificación ad hoc, expedida por la Primera Autoridad Civil de la Parroquia o Municipio en que tenga su domicilio el otorgante, debiendo aparecer estampada en dicha certificación, antes de la firma de la autoridad competente, la del otorgante o la del firmante a ruego que haya de firmar los Protocolos,

f) Cuando tampoco sea posible verificar la identificación de los otorgantes por los medios indicados, el Registrador les exigirá que acrediten su identidad con dos testigos suplementarios (que llenen los extremos requeridos en el Ordinal 3° de este Artículo) y quienes, además, puedan ser identificados en la misma forma establecida para los otorgantes. Los testigos suplementarios darán fe de la identidad personal del otorgante u otorgantes, y el Registrador dará fe de la identidad o de la identificación personal de los testigos suplementarios, quienes deberán firmar la nota...".

C. La Identificación fuera del Territorio de la República: El Pasaporte.

La Cédula de Identidad sólo tiene efectos dentro del territorio de la República, y por ello, los Estados han establecido el régimen de Pasaporte como una identificación de carácter internacional.

Sin embargo, por excepción, el pasaporte puede servir para identificar a una persona dentro del territorio nacional y en ausencia de la Cédula.

El régimen jurídico-administrativo del pasaporte está regulado en el Reglamento de Pasaportes

El Artículo 2 del Reglamento establece que: Los Pasaportes venezolanos son:

a)   Diplomáticos;

b)   Especiales;

c)   Comunes;

d)   De emergencia (para extranjeros).

a) El Pasaporte diplomático es expedido por el Ministerio de Relaciones Exteriores, (Artículo 3)- Se podrá expedir:

l)   A los ex-Presidentes do la República, a los Presidentes de las Cámaras Legislativas Nacionales, a los Ministros del Despacho Ejecutivo, al Gobernador del Distrito Federal, a los Vocales de la Corte Federal y de Casación, a los Arzobispos y Obispos venezolanos, al Procurador General de la Nación, al Contralor General de la Nación, al Secretario de la Presidencia de la República, a los Presidentes de los Estados y a los Gobernadores de Territorios Federales;

2)   A los Agentes Diplomáticos venezolanos y a los Agentes Consulares de Carrera, venezolanos

3)   A los miembros de las Misiones Diplomáticas Especiales venezolanas; y a los Representantes de la República en Conferencias o Congresos Internacionales.

4)   El Ministro de Relaciones Exteriores podrá también, a su juicio y en cada caso, expedir Pasaportes Diplomáticos a los parientes inmediatos de las personas indicadas anteriormente, (Artículo 5°. Reglamento de Pasaportes).

Este pasaporte no acredita una función diplomática en manos de su titular; significa un ruego hecho a las naciones para que presten toda la colaboración necesaria.

b) El Pasaporte Especial es ex pedido por el Ministerio de Relaciones Exteriores; y por las Embajadas, Legaciones y Consulares, cuando para tal fin se autorice debidamente, en cada caso, a la respectiva Oficina, por dicho Ministerio. (Artículo 3° Aparte b) del Reglamento).

Este Pasaporte está destinado: a los miembros del Poder Legislativo de Venezuela, a los miembros del Poder Judicial Federal, a los ex-Ministros del Despacho Ejecutivo, a los Cónsules ad-honorem y a los empleados subalternos sin carácter diplomático de las Embajadas, Legaciones y Consulados de la República, y a las personas encargadas por el Gobierno Nacional de alguna misión oficial en el Exterior. Estos pasaportes constatan, además de la nacionalidad, un ruego para que las otras naciones le presten colaboración a su titular.

c) Los Pasaportes Comunes son los que tienen todos los nacionales y no significan un ruego de trato especial en el Exterior. Es expedido por el Ministerio de Relaciones Interiores. Será expedido a) A los ciudadanos venezolanos por nacimiento, b) A los ciudadanos venezolanos por naturalización.

Características de los pasaportes:

a) Duración:

1)   El Diplomático dura mientras dure la misión del funcionario y su titular queda obligado a devolverlo a la terminación de aquella;

2)   El Especial se extenderá por un año, prorrogable por igual lapso. Puede ser renovado por el Ministro, a discreción;

3)   El Común tiene duración limitada de cinco años pero es válido sólo por un año, pudiendo ser prorrogado por igual tiempo,

b) Voluntariedad.

El pasaporte no tiene carácter obliga torio; es eminentemente voluntario. Sin embargo, hay un caso en que si es obligatorio; cuando un juez impone como pena a una persona el extrañamiento del país y sólo puede hacerse cuando se conmuta una pena o a solicitud del mismo reo. Una vez impuesta la pena de expulsión, el juez envía un oficio al Ministro de Relaciones Exteriores para que expida el pasaporte correspondiente. (Artículo 64 de la Constitución y Artículo 9 del Código Penal).

c) Visto Bueno:

Para que el pasaporte tenga plenos efectos tiene que llevar el visto "bueno", que será:

Diplomático, en Pasaporte Diplomático extranjero, para la entrada al territorio nacional,

Diplomático, en Pasaportes venezolanos Diplomáticos y Especiales,

De salida. En Pasaportes Comunes y de Emergencia,

Consular, en Pasaportes Comunes y de Emergencia.

Para dar el visto bueno, hay que constatar si el interesado no tiene ningún impedimento que le permita salir del país y también para entrar al país. Antes, para entrar al país había que sacar visa de entrada en el Consulado respectivo, pero esta disposición quedó prohibida por la Constitución actual. (Artículo 245 Código Procedimiento Civil).

d) Efectos Pasaporte Familiar:

El Pasaporte sólo tiene efectos personales, sin embargo, es posible el pasaporte familiar en que los efectos se extienden a los cónyuges, e hijos menores de 21 años.

D. Identificación del Extranjeros

El régimen jurídico-administrativo del extranjero regula cuatro tipos de documentos:

1) Pasaporte Común,

2) Pasaporte de Emergencia,

3) Cédula de Identidad especial,

4) Cédula de Identidad común.

De acuerdo al Artículo 6° de la Ley de Extranjeros, todo extranjero que venga a Venezuela, para ser admitido en su territorio, deberá estar provisto de un pasaporte expedido por la autoridad competente de su país y visado por el funcionario consular venezolano en el puerto de embarco o en la ciudad fronteriza que corresponda, o por el del lugar más próximo".

Pasaporte de Emergencia, De acuerdo a lo establecido en el Reglamento de Pasaportes, Artículo 3°, Aparte d) el pasaporte de emergencia será expedido por la Oficina Central, de Identificación…".

El Artículo 12 de dicho Reglamento, establece que el Pasaporte de Emergencia sólo se expedirá:

a) A los extranjeros cuyos países no tengan en Venezuela la Representación Diplomática o Consular, o que no puedan obtener su correspondiente Pasaporte por otro motivo justificado, a juicio de la Oficina expedidora;

b) A los extranjeros sin nacionalidad. Dicho pasaporte tendrá siempre una duración limitada y sólo se otorgará en la República para salir del país. Si el extranjero tuviere más de doce meses de residencia en el territorio nacional, se le podrá extender para un viaje de ida y vuelta, quedando a salvo en todo caso lo que estipulen los Convenios Internacionales.

En el exterior el Pasaporte de Emergencia será otorgado, previa autorización del Ministerio de Relaciones Interiores, por los Funcionarios Diplomáticos o Consulares, únicamente con el objeto de ingresar a Venezuela".

La Cédula de Identidad especial, es la expedida por el Cónsul de Venezuela a un extranjero en su país de origen para poder entrar al país. Esta Cédula es expedida por duplicado, de acuerdo a lo establecido en el Artículo 11 del Reglamento de la Ley de Extranjeros, que dice que, todo extranjero que ingrese al país deberá venir provisto de dos ejemplares de la Cédula de Identidad que le expedirá el respectivo funcionario diplomático o consular que otorgue o vise el pasaporte".

Todo extranjero que tenga más de dos meses de residencia en el país tiene que sacar Cédula de Identidad expedida por las autoridades venezolanas (Decreto N° 409) que reglamenta el Servicio Nacional de Identificación).

III. POLICÍA DE EXTRANJEROS.

1. Introducción.

Es una función del Estado. "El Derecho Administrativo estudia no sólo los servicios públicos, sino también la gestión económica, el fomento, y la policía administrativa".

La policía administrativa es el conjunto de medidas legales, reglamentarias y de cualquier índole que imponen limitaciones a las libertades individuales con el fin de asegurar el orden público.

En el Artículo 43 de la Constitución está consagrado el fundamento del poder de policía de la Administración.

Una definición más concreta se puede extraer de algunos textos de carácter general del país, así como de varios Códigos de policía estadales, y del Distrito Federal. De estos Códigos se puede sacar que la policía administrativa destinada a mantener el orden público y a velar por que se cumplan los principios fundamentales de la convivencia social, mediante procedimientos de de coacción. Aquí se distinguen dos elementos esenciales el mantenimiento del orden público y velar por que se cumplan los principios fundamentales de la convivencia social.

No puede haber convivencia social sin limitación de los derechos del individuo cuando la Constitución habla de que el derecho al libre desenvolvimiento de la personalidad tiene su límite en el derecho de las demás, está dando a entender lo que arriba se expone.

Este concepto de policía administrativa es distinto del de policía judicial porque la judicial es de carácter represivo y no puede actuar sino una vez que se haya cometido un delito, la administrativa, en cambio, es fundamental de tipo preventivo aunque también puede ser de carácter represivo, algunas veces.

Dentro de la policía administrativa se habla de: policía administrativa general y especial. La general es la de seguridad, la que busca la "tranquilidad de las calles". La especial es la que tiene un objeto determinado por una norma legal: Policía de extranjeros, de cultos, forestal, etc.

2. Limitaciones a las actividades de los Extranjeros

A. Limitaciones de tipo político

La regulación administrativo referente a este punto se encuentra en el Artículo 3° de la Ley sobre Actividades de los Extranjeros en el Territorio Nacional:

Se prohíbe a los extranjeros:

1) Establecer o mantener cualesquiera asociaciones o agrupaciones de carácter político o que tengan por fin la propaganda o difusión de ideas, doctrinas o normas de acción de partidos políticos extranjeros.

2) Actuar en cualquier forma para ejercer influencia o coacción sobre sus con nacionales o sobre cualquiera otra persona, nacional o extranjera, con el propósito de obligarla o inducirla a adoptar doctrinas o disciplinas de partidos políticos extranjeros.

3) Establecer o mantener periódicos, revistas u otras publicaciones con fines de propaganda extranjera de carácter político, o de índole económica, cultural o social conexa - con fines políticos. Tampoco podrán hacer circular ni difundir publicaciones de tal índole, cualquiera que sea su procedencia. Se extiende esta prohibición a fotografías, películas cinematográficas y cualesquiera otros procedimientos gráficos o fonéticos de divulgación o de propaganda.

4) Pertenecer a sociedad o asociaciones que tengan directa o indirectamente, propósitos políticos o fines sociales o culturales conexos con fines políticos.0

5) Usar, en cualquier forma, distintivos, uniformes, insignias, divisas, o símbolos de partidos políticos extranjeros.

6) Organizar desfiles, asambleas o reuniones de carácter político y tomar en ellos, cualesquiera que sean el número de participantes y los lugares donde se efectúen; y, en

general, ejercer en él territorio de la República, de manera individual o colectiva, actividades que se relacionen o puedan relacionarse directa o in directamente con actividades políticas de cualquier naturaleza.

Existen otras prohibiciones a los extranjeros en La Ley de Extranjeros, Artículo 28: "Los extranjeros deben observar estricta neutralidad en los asuntos públicos de Venezuela y, en consecuencia, se abstendrán:

1) De formar parte en sociedades políticas.

2) De dirigir, redactar o administrar periódicos políticos y de escribir sobre política del país.

3) De inmiscuirse directa ni indirectamente en las contiendas domésticas de la República.

4) De pronunciar discursos que se relacionen con la política del país".

Todas estas prohibiciones son limitaciones a los derechos consagrados en la Constitución.

B. Limitaciones de tipo Civil

Hay otro tipo de limitaciones que son de tipo civil. Tradicionalmente la Ley de Expropiación por causa de Utilidad Pública, y Social (Artículo 17) prohibía a los extranjeros adquirir un derecho de propiedad sobre inmuebles situados a menos de 25 kilómetros de la frontera, de sus costas de mar y de las riberas de los ríos navegables. La Ley está vigente pero el Artículo 17 ha sido derogado por un Decreto-Ley N° 184 de 25 d-e abril de 1959". Sin embargo, en la Ley Orgánica de la Hacienda Nacional, continúa vigente - una prohibición similar, pues los extranjeros no pueden adquirir inmuebles por prescripción, sitúa dos en la zona de 50 kilómetros de ancho paralela a las costas y fronteras. (Artículo 28). En este caso, el tiempo necesario para prescribir es de veinte años, cuando existen justo título y buena fé, y de cincuenta años, cuando falten estos requisitos. La prescripción se interrumpe con el requerimiento de cualquier autoridad".

3. Las Medidas de Policía

A. La Inadmisión de Extranjeros

Medidas de policía puede emplear la Administración: El Artículo 52 de la Ley de Extranjeros establece que; "La inadmisión y expulsión de extranjeros prevista en esta Ley, se considerarán como actos administrativos o medidas de simple policía, y en nada se oponen a la expulsión que, como pena, trae el Código Penal y que sólo puede imponerse en virtud de sentencia de los Tribunales competentes, conforme a los trámites de la legislación venezolana".

Causas de la inadmisión de extranjeros: Estas causas están determinadas en el Artículo 32 de la Ley de Extranjeros, y no son más que causas del[1] acto administrativo. Artículo 32: "Se prohíbe la entrada al territorio de Venezuela:

l) Al extranjero cuya presencia pueda turbar el orden público interior o comprometer las relaciones internacionales de la He pública.

2) Al extranjero que se halle comprendido en alguna de las causas de exclusión de la Ley de inmigración y colonización (Artículo 5). Las personas que no sean de raza blanca? los individuos mayores de sesenta años, a menos que sean el padre o madre, el abuelo o la abuela de una familia que venga con ellos? los que no puedan pro bar a juicio de los funcionarios venezolanos respectivos, antecedentes limpios ni buenas costumbres? los que hayan sido condenados a trabajos forzados o a presidio, aunque hayan cumplido sus condenas los lisiados o inútiles, con incapacidad que los convierta en una carga pública, ni los que padezcan enfermedades contagiosas; los idiotas, los débiles de espíritu, los epilépticos, dementes y personas que hayan sufrido ataques de locura, los ciegos, los alcohólicos, los mendigos, los vagos y todas aquellas personas que según examen médico estén incapacitadas para ganarse la vida, los gitanos, buhoneros y comerciantes de pacotilla, y en general, todos aquellos individuos que ejerzan el comercio sin fijarse de un modo estable, y sin haber abierto previamente un negocio fijo conforme a las leyese aquellas personas que profesen o propaguen ideas contrarias a la forma de Gobierno de la República y a nuestra Constitución; y en general todos los que propugnen ideas contrarias a nuestro ordenamiento jurídico social)

3) Al extranjero depravado, o que carezca de medios de subsistencia o de profesión u otro oficio lícitos para proveer a ella.

4) El extranjero que haya cometido algún delito común que la ley venezolana califique y castigue, mientras no hubiere cumplido su condena y no haya prescrito la acción o pena.

5) Al extranjero menor de 16 años que no venga "bajo la vigilancia de otro pasajero o no debe ser confiado a la protección de persona honesta residente en el país.

6) Al extranjero que pertenezca a sociedades de fines opuestos al orden político o civil, o que propague el comunismo, la destrucción violenta de los gobiernos constituidos o el asesinato de los funcionarios públicos nacionales o extranjeros.

7) Al extranjero atacado de lepra, tracoma, enajenación mental, etc.

8) Los que no hayan cumplido todos los requisitos requeridos para su entrada al país.

Tampoco son admitidos aquellos ex extranjeros que el Presidente de la República considere como inadmisibles. (Es este un acto administrativo discrecional).

Respecto a la ejecutoriedad del acto administrativo, la Ley de Extranjeros en el Artículo 34 dice que: "Las autoridades de la República adoptarán las medidas necesarias para impedir la entrada al territorio de todo extranjero - inadmisible, según el Artículo 32, u ordenarán su inmediata salida, si ya hubiese entrado, practicando al efecto las medidas que fueren necesarias'"

B. La Expulsión de Extranjeros

a. Causas del acto administrativo de expulsión de extranjeros.

Al hablar de las causas de este acto administrativo, hay que distinguir dos situaciones:
1) Cuando se trate del régimen de suspensión de garantías, y
2) Cuando se trate de régimen normal de garantías.

En el primer caso, el Artículo 35 de la Ley de Extranjeros establece que "En caso de suspensión de las garantías constitucionales, conforme al Artículo 36 de la Constitución, podrá el Presidente de la República detener, con finar o expulsar a los extranjeros que sean contrarios al restablecimiento o conservación de la paz". (Es una potestad discrecional del Presidente).

Respeto al régimen normal de garantías, son causas del acto administrativo de expulsión de extranjeros:

l) El hecho de que el extranjero sea considerado como extranjero pernicioso, que de acuerdo al Artículo 37 de la Ley de Extranjeros son:

a) El que se haya radicado en el territorio nacional, eludiendo, defraudando o infringiendo en general las Leyes y Reglamentos sobre admisión;

b) El que comprometa la seguridad o el orden público,

c) El Extranjero radicado en el territorio nacional que haya sido condenado y no haya cumplido su condena o se encuentre Sometido a juicio en otro país por infracciones definidas y penadas en la legislación venezolana, salvo que tales infracciones sean de carácter político,

d) El que turbe las relaciones internacionales,

e) En general, el extranjero que infrinja la neutralidad y viole alguna de las prescripciones de los Artículos 28 y 29 de esta Ley; (Para Artículo 28, ver página N° 76 de estos apuntes) (Artículo 29; "Cuando se editen en la República periódicos por extranjeros, sean en idioma castellano o en otra lengua, sus propietarios, editores directores o redactores, deben dar caución ante los Presidentes de Estado, Gobernador del Distrito Federal o Gobernadores de los Territorios Federales, en sus casos, de que no se violará la neutralidad que están obligadas a observador conforme al Artículo 28, Quienes contra vinieren esta disposición incurrirán en la sanción establecida en el inciso e) del Artículo 37» sin perjuicio de la suspensión del periódico, y sin que tal medida dé lugar, por ningún respecto a reclamación por la vía diplomática ...")

f) El que requerido por las autoridades competentes no pueda identificarse, oculte su verdadero nombre o disimule su personalidad o domicilio,

g) El que use o porte documentos de identidad falsos o adulterados o se negare a exhibir los propios.

2) El extranjero asilado político a quien el Ejecutivo Federal haya designado una población para su residencia o a quien se hubiere prohibido ir a determinados lugares, podrá ser expulsado, si quebranta tales disposiciones (Artículo 38 de la Ley de Extranjeros).

3) Violación por parte del extranjero de las normas de la Ley sobre actividades de extranjeros en el territorio de Venezuela.

4) Los extranjeros condenados en juicio penal podrán ser expulsados de la Re pública después de su liberación, si no han dado pruebas de regeneración moral", (Artículo 39 de Ley de Extranjeros).

b. Ejecutoriedad del acto administrativo de expulsión de extranjeros

El Artículo 46 de Ley de Extranjeros establece que "El extranjero contra quien se haya dictado un decreto de expulsión, puede ser de tenido previamente o sometido a la vigilancia de la autoridad, según el caso, mientras espera su partida del lugar donde se encuentra, o durante su traslación por tierra, o durante su permanencia a bordo hasta que el buque haya abandonado por completo las aguas venezolanas, o hasta que compruebe que es venezolano".

En Venezuela la posibilidad de ejecutar el acto administrativo mediante arresto es excepcional; tiene que haber una norma legal expresa que así lo contemple.

El Decreto de expulsión de que habla el Artículo 46, contiene un plazo de 3 a 30 días; en caso de que no se ejecute en este lapso, la autoridad puede embarcar al extranjero o conducirlo a la frontera. (Artículo 42 Ley de Extranjeros).De acuerdo al Articule 43 de la misma Ley al expulsado no se le obligará a salir del palé por una vía que lo conduzca a territorio de jurisdicción del gobierno que lo persigue".

c. Revisión del Acto Administrativo de expulsión de extranjeros

Cuando esta revisión es hecha a instancia de parte, se deben distinguir dos vías La gubernativa o la jurisdicción contencioso administrativa.

Respecto a los actos administrativos de los extranjeros, la Ley de extranjeros en su Artículo establece que "Contra las medidas que se adopten de conformidad con el Artículo 34 de esta Ley, no se admitirá recurso alguno. Tan poco se admitirá ningún recurso contra el Decreto de Expulsión".

Esta norma ha sido interpretada en Venezuela, generalmente, en forma errónea; lo que la Ley quiere decir es que no se permiten recursos administrativos por vía interna, y esto porque se trata de un acto del, Presidente de la República, el cual no puede ser revisado, pero no niega los recursos contencioso-Administrativos. (Artículo 206 de la Constitución y 215 Ordinal 7).

Además de estos tipos de recursos hay otro cuya naturaleza se ha discutido mucho en Venezuela, son los recursos administrativos impropios; se da cuando, por ejemplo, un Decreto de expulsión se dicte contra una persona y esa persona alegue que es venezolana.

Hay otro supuesto de extinción del acto administrativo que se llama revocación o facultad que tiene el propio Presidente de la República de revocar, según su libre apreciación, de acuerdo a la disposición del Artículo 44 de la Ley de Extranjeros que dice que El Presidente de la República puede revocar en cualquier tiempo el Decreto de expulsión"

4. Las Autoridades de Policía

Estas autoridades tienen ciertas prerrogativas para facilitar su actividad en materia de extranjeros. Así, por ejemplo, los dueños de hoteles y prensiones tienen el deber de avisar a la policía de la llegada a tales establecimientos de extranjeros, con el fin de que las autoridades policiales acudan a hacer las investigaciones conducentes.

Sección Cuarta:

APÉNDICE SOBRE LA EXTRADICIÓN A LA LUZ DEL DERECHO POSITIVO

I. CONCEPTO

Son muy variadas las opiniones que con respecto a la extradición se han dado, y en su mayoría, estas no son más que descripciones.

Georges Vidal la define, como la entrega de un delincuente, antes o después de su condenación, hecha por un Estado en cuyo territorio se ha refugiado, al Estado en cuyo territorio deba ser juzgado o sometido a una pena.

El insigne penalista **Luis Jiménez de Asúa** la define, como la entrega del acusado o del condenado, para juzgarle o ejecutar la pena, mediante petición del Estado donde el delito perpetrase, hecha por aquel país en que buscó refugio.

Así vemos que todas las definiciones coinciden en que puede aplicarse la extradición a un procesado: autor, cómplice o encubridor del delito contra el cual esté autorizada o acordada la prisión -preventiva, o a un condenado por sentencia firme, que debe cumplir-condena.

II. FUNDAMENTO

La legitimidad de la extradición fue negada por algunos autores, pero hoy está universalmente aceptada y establecida. Sin embargo, no ha reinado el acuerdo al tratar de fundamentarla.

Seguidamente analizaremos las principales corrientes que tratan de explicar el fundamento de la extradición.

1. Corriente Negativa

Muchos defensores acérrimos del principió de la libertad personal, la consideran como un peligro de persecución; y afirman que si un fugitivo no ha violado las leyes del país - al cual se acoge, ese Estado al entregarlo, viola o ataca el principió de aquella libertad.

2. Corriente de la Justicia Universal

La extradición es una institución, dice **Garraud**, conforme a la justicia y al interés colectivo de los Estados, pues tiende a prevenir y a reprimir eficazmente las infracciones de la ley penal. Según Grocio, los culpables de un crimen no merecen protección. No entregarlos al Estado que los reclama es desconocer los deberes de solidaridad internacional y defender los crímenes; y debe suceder todo lo contrario, el Estado de refugio debe estimar como si el crimen se hubiere cometido en su territorio.

3. Corriente de la punibilidad del delito

La necesidad de dar eficacia verdadera a la justicia punitiva, condujo a los pueblos civilizados a adoptar una norma a fin de evitar la impunidad de los delincuentes, cuando perseguidos por los representantes de la vindicta pública de una Nación, pretendieren ponerse fuera del alcance de éstos, por el solo hecho de refugiarse en el territorio de otro Estado. Así, éste acto de entrega de los delincuentes debemos considerarlos como un acto de asistencia jurídica entre los Estados, cuando el Estado de refugio cumple prestando su concurso a la Nación que lo pide; y además, en ausencia de tratados, debemos fundamentarla en el deber de reciprocidad que mantiene acuerdos tácitos entre los Estados, de entregarse a su turno, a los malhechores refugiados, y permitir solicitarlos a Estados con los cuales no se ha celebrado convención alguna.

4. Corriente facultativa o de la Soberanía

Esta tesis contraria a la anterior expresa que la extradición es absolutamente facultativa, solo existe en el Estado de refugio, una mera obligación legal de mantener el orden y la tranquilidad en su territorio, y para lograrlo, puede acudir a medidas de expulsión del criminal refugiado o al enjuiciamiento del mismo en su territorio propio. De modo que la extradición, en presencia de los derechos de conservación, de existencia, de soberanía, de independencia, de igualdad internacional y de respeto recíproco, solo puede tener su fuente en un contrato o tratado. Así, en caso de no existir éstos, entregar un criminal fugitivo representa sólo en acto de Cortesía Internacional, -comitas Pentium-; pues la extradición fuera del tratado, es un acto de soberanía y el Estado puede o no concederla.

III.   FUENTES.

Parece indudable que, a pesar de la existencia de viejos tratados, que pueden remontarse al Antiguo Oriente y a Egipto, la extradición tuvo su primer origen en la costumbre y en la reciprocidad, perfeccionándola luego los convenios y tratados Internacionales, junto con las leyes internas.

Analicemos por separado las fuentes principales de la extradición:

1. Tratados y convenios:

Constituyen la regla normal de ésta institución; suelen ser las fuentes ordinarias.

Eugenio Cuello Colón los define como acuerdos verificados entre dos o más Estados, que se comprometen recíprocamente a entregarse determinados delincuentes previo el cumplimiento de ciertas formalidades. Estos celébranse con el sólo fin de señalar una lista de delitos que puedan ser materia de extradición y los trámites- y diligencias que debe recorrer la petición. Si no hay tratado ni convención, no es obligatoria la extradición para el país de refugio, que puede juzgar al delincuente asilado.

Los tratados en Venezuela en vigor son: el celebrado con Bélgica el 13 de marzo de 1884; con Cuba el 14 de julio de 1910; con los Estados Unidos el 19 de enero de 1922; con Brasil el 7 de diciembre de 1938; con las Repúblicas Bolivarianas, Colombia, Panamá, Ecuador, Perú y Bolivia el Acuerdo del Congreso Bolivariano el 18 de julio de 1911.

2. Leyes Internas:

Los códigos penales y procesales o las leyes especialmente destinadas a regular el derecho de extradición producen un doble efecto: solo podrá entregarse por delitos que la ley enumera, y no se harán tratados en oposición a la ley interna.

El tratado se dirige a las Altas Partes Contratantes, y la ley a los que habitan en la Nación, pero a éstos solo les obliga el convenio, en tanto en cuanto se convirtió en ley interna.

Venezuela, inspirada siempre en el supremo ideal de confraternidad y de solidaridad moral, tiene adoptado desde hace años en el Código Penal la institución de la Extradición. En realidad fue con fecha 23 de marzo de 1853, en virtud del tratado concluido con - la República de Francia, cuando se incorporó en el derecho positivo venezolano la institución de la extradición. En las cláusulas de ese tratado se adoptaron principios fundamentales sobre la materia. Se excluyó la extradición de los nacionales (Artículo 1°). Se especificaron los delitos por los cuales aquella no se concedía, principalmente por los crímenes políticos o conexionados con ellos (Artículo 10°). Como elementos básicos del reclamo se requirió la remisión de la sentencia firme condenatoria del asilado o, por lo menos, el - auto de detención dictado en la respectiva causa con indicación de la naturaleza y gravedad de los hechos y la pena aplicable a ellos (Artículo 3°), y así, al ser incorporados estos y otros principios como preceptos del Código Penal de 1897, conservados en los Códigos posteriores de 1904, 1912, 1915 y 1926, vigente el último en la actualidad, quedó adoptada la extradición como parte de nuestro derecho sustantivo.

3. Declaraciones de Reciprocidad:

La extradición regulase también, aunque excepcionalmente, por los llamados convenios o decía raciones de reciprocidad: Puede suceder que un Estado desee obtener la entrega de un delincuente refugiado en otro, con el que no ha celebrado tratado alguno de extradición, o existiendo éste, puede no estar contenido en el tratado el delito perseguido. Entonces se colman estas lagunas mediante las convenciones de reciprocidad, que no son más que acuerdos estipulados entre dos países para la entrega de un determinado o determinados delincuentes. En ellos, el país demandante se compromete para el porvenir con el Estado requerido, a conocer la extradición cuando se presente un caso análogo.

4. Tratados y Leyes-tipo:

Algunos autores, como Frank Von Liszt, propusieron un tratado universal-tipo que fuera paradigma para todos los países. Esta tendencia surge con el fin de allanar las dificultades para la extradición de los delincuentes, debidas generalmente a las diferencias existentes en la legislación penal de los diversos países; así se tiende actualmente a la elaboración de un tratado tipo de extradición que sirva de modelo para los tratados de los diversos estados.

En América, el Tratado de Montevideo celebrado en la VII Conferencia Panamericana de Montevideo el 26 de diciembre de 1933, y el Código de Derecho Internacional Privado o Código Bustamante, han conseguido dar normas sobre la extradición, de índole típica, que han aceptado numerosos países sudamericanos.

IV.   FORMAS, FORMALIDADES Y PROCEDIMIENTO.

La extradición se denomina activa, si atañe al país que reclama el delincuente; y pasiva en relación con el que deba concederla. Seguidamente examinaremos los dos tipos o formas de extradición:

1. Extradición Activa

Estudiaremos el caso concreto de Venezuela, cuando la República es la que solicita la extradición.

1.   Disposiciones Legales;

a. El Código de Enjuiciamiento Criminal, en sus artículos 389 y 390 da las normas a seguir cuando se pide la extradición:

Artículo 389: "Siempre que se hubiere cometido un -delito de los que merecen extradición según los Tratados Público o el Derecho Internacional, y el- Tribunal competente de Primera Instancia tuviere noticias de que el encausado se halla en país extranjero, se dirigirá, concluido el sumario, a la Corte Federal y de Casación con copia de lo conducente. De la misma manera procederán tanto los Tribunales Supremos y Superiores como aquella Corte, cuando conozcan de la causa en que deba pedirse la extradición. El procedimiento señalado en éste artículo deberá seguirse también en el caso de que el reo haya sido sentenciado en última instancia, en tal caso deberá dirigirse a la Corte Federal y de Casación el Tribunal en que curse el expediente, ó la primera autoridad política del lugar en que se encuentre ó Establecimiento Penal del reo, acompañándose copia de lo conducente".

Artículo 390: "La Corte Federal y de Casación declarará si debe ó no solicitarse la extradición, y en caso afirmativo, remitirá copia de lo acordado al Ejecutivo Federal".

Esto según atribuciones que le confiere la Ley Orgánica de la Corte Federal en su Artículo 8°: "Son Atribuciones de la Sala Federal: ord. 2°: Resolver sobre la extradición de algún reo pedida a la República o que ésta deba solicitar del extranjero".

b. El Código Bustamante señala cierto procedimiento a seguir cuando se solicita la extradición:

Artículo 364: "La solicitud de extradición debe -hacerse por conducto de los funcionarios debidamente autorizados para eso por las leyes del Estado requirente".

En Venezuela esto está regulado en la Ley de Ministerios, en el Artículo 14: "Corresponde al Departamento de Relaciones Interiores: ord. 17°: La intervención del Ejecutivo Federal en las solicitudes de extradición que reciba o dirija la República, con excepción de las tramitaciones internacionales que requieran dichas solicitudes."

Artículo 15: "Corresponde al Departamento de Relaciones Exteriores: ord. 9º: La tramitación internacional de las so licitudes de extradición que reciba o haga la República".

El Código Bustamante continúa en su Artículo 365: "Con la solicitud definitiva de extradición debe presentarse:

1. Una sentencia condenatoria ó un documento de igual fuerza, ó que obligue al interesado a comparecer periódicamente ante la jurisdicción respectiva, acompañado de las actuaciones del proceso que suministren pruebas ó al menos indicios racionales de la culpabilidad de la persona de que se trate.

2. La filiación del individuo reclamado ó las señas ó circunstancias que puedan servir para identificarlo,

3. Copia auténtica de las disposiciones que establezcan la calificación legal del hecho que motiva la solicitud de entrega, definan la participación atribuida en él al inculpado y precisen la pena aplicable".

Artículo 366: "La extradición puede solicitarse telegráficamente y, en ese caso, los documentos mencionados en el artículo anterior se presentarán al país requerido o a su Legación o Consulado general en el país requirente, dentro de los dos meses siguientes a la detención del inculpado. En su defecto será puesto en libertad".

Además de todas estas disposiciones legales genera les, se encuentran disposiciones especiales sobre procedimiento en los Tratados celebrados entre los países.

2.　Conclusiones:

Según las deposiciones legales expuestas anteriormente, observamos que el proceso de la extradición tiene dos fases; una judicial y otra administrativa. El legislador venezolano evalúa el acto de la extradición activa como jurisdiccional, prevalentemente judicial, es decir, la Corte Federal declarará si debe o no solicitarse la extradición, he aquí la fase básica y judicial del proceso. Corresponde luego con todas las formalidades expresadas, al Ministerio de Relaciones Exteriores, todas las tramitaciones internacionales de las solicitudes que haga la República, he aquí la fase administrativa o ejecutiva,

2.　Extradición Pasiva:

Sucede cuando la República actúa como requirente.

1.　Disposiciones Legales:

a.　El Código de Enjuiciamiento Criminal, en sus artículos 391 al 393 da las normas a seguir cuando se va a conceder la extradición:

Artículo 391. "Si de parte de un gobierno extranjero se solicitare la extradición de alguna persona que se halle en territorio de Venezuela, el Ejecutivo Federal, procediendo como dispone el Código Penal, pasará la solicitud a la Corte Federal y de Casación con los datos que le fueren presentados. Esta resol verá teniendo en cuenta las disposiciones del artículo 6º de dicho Código, y no podrá conceder la extradición sino mediante decreto judicial motivado de la autoridad extranjera competente".

El Artículo 6º del Código Penal: las disposiciones de éste artículo que se refieren a los casos en que Venezuela no puede conceder la extradición de un extranjero y en las cuales, según el artículo 391 del Código de Enjuiciamiento Criminal, debe basarse la Corte Federal para decidir sobre el particular, las veremos en el siguiente Capítulo, Seguidamente veremos el último aparte del mencionado Artículo 6° referente al procedimiento: "En todo caso, hecha la solicitud de extradición, toca al Ejecutivo Federal, según el mérito de los comprobantes que se acompañen resolver sobre la detención preventiva del extranjero, antes de pasar el asunto a la Corte Federal y de Casación".

El Código de Enjuiciamiento Criminal dispone en su artículo 392; "Si la solicitud sobre extradición se presentare sin datos o antecedentes judiciales que la apoyen, pero con el ofrecimiento de producirlos después y con la petición de que mientras tanto se aprehenda al sindicado, el Ejecutivo Federal, podrá, según la gravedad, urgencia y naturaleza del caso, proceder a la detención precautelativa de aquél, señalando un término perentorio para la presentación de los datos, y así lo comunicará a la Corte Federal y de Casación al pasarle la solicitud".

El Artículo 393 del Código de Enjuiciamiento Criminal dispone:

"La Corte Federal y de Casación oirá o mandará oír sumariamente al detenido, y con vista de los datos- decidirá si hay o no lugar a la extradición, observando para ello lo que dispongan los Tratados Públicos, o en su defecto, las prescripciones del Derecho Internacional que no se opongan a las reglas establecidas en el artículo 391 de este Código".

b.   El Código Bustamante en su Artículo 351 expresa;

"Para conceder la extradición, es necesario que el delito se haya cometido en el territorio del Estado que la pida o que le sean aplicables sus leyes pena les de acuerdo con el libro Tercero de este Código".

2.   Conclusiones:

Así, además de las formalidades expresadas en las disposiciones legales anteriores, hay que hacer notar que el procedimiento para la solicitud es igual que en la extradición activa, tiene dos fases; se hace la solicitud ante el Ejecutivo Federal, encargándome de las tramitaciones internacionales el Ministerio de Relaciones Exteriores, y de las medidas internas de seguridad el Ministerio de Relaciones Interiores (fase administrativa); remitiéndose luego a la Corte Federal y de Casación a su Sala Federal, que es la que decide si se concede o no la extradición (fase judicial).

3.   Apéndice

A.   Además de las disposiciones legales expuestas anteriormente, el Código Bustamante establece en sus artículos 347 al 350, el modo de solucionar las causas de preferencia en solicitudes de extradición del mismo delincuente hechas por dos o más Estados, concediéndola al del territorio de comisión del hecho, por un mismo delito; al del lugar de comisión del más grave, por varios delitos; - al que primero la presente, si los hechos revisten la misma gravedad; al del Estado de origen del delincuente si las peticiones son simultáneas, ó al del domicilio del delincuente; en todo caso, será atendido el Estado que tenga celebrado con el requerido Tratado de Extradición.

B.   Los casos particulares de excepciones y principios generales establecidos en el artículo 6° del Código Penal Venezolano y en los artículos 352 al 359 del Código Bustamante, los veremos en el Capítulo siguiente.

V. CONTENIDO

1. En cuanto a los delincuentes.

A. Regla General:

El Artículo 352 del Código Bustamante nos la da: "La extradición alcanza a los procesados o condenados como autores, cómplices o encubridores de delito". Aunque en épocas - pasadas sólo se concedía la extradición en caso de autores.

B. Nacionales:

Hoy, excepción hecha de Inglaterra y los Estados Unidos, rige casi de modo absoluto la no entrega de los propios nacionales.

a. Disposiciones Legales:

1. El Código Bustamante en su artículo 345 expresa: "Los Estados contratantes no están obligados a entregar a sus nacionales. La Nación que se niegue a entregar a uno de sus ciudadanos estará obligada a juzgarlo",

2. El Código Penal en el primer aparte del Artículo 6° manifiesta: "La extradición de un venezolano no podrá concederse por ningún motivo; pero deberá ser enjuiciado en Venezuela, a solicitud de la parte agraviada o del Ministerio Público, si el delito que se le imputa mereciere pena por la ley venezolana".

b. Fundamentos:

Los argumentos empleados por sus defensores para fundamentarlo son numerosos, entre ellos veremos los siguientes:

1.- La entrega de los ciudadanos es contraria a la dignidad nacional, porque es una abdicación de soberanía.

2.- El Estado tiene el deber de asegurar a sus nacionales la justicia imparcial que no hallarían en el país que los reclama, en donde las pasiones y odios pueden entorpecer la defensa. Señalan la situación desventajosa del ciudadano que compareciera ante un Tribunal extranjero ignorante de la lengua, de las condiciones de vida y de las instituciones procesales y de defensa del país en que hubiera de ser juzgado.

3.- Además de las consideraciones de orden moral y humanitario, encuentran algunos autores, y entre ellos el Dr. Celestino Farrera, que el fundamento jurídico de esa disposición se halla en la propia Constitución Nacional vigente, en su Artículo 69, el cual garantiza a los habitantes de la República, y por ende a los Venezolanos, la seguridad de no ser juzgado por Tribunales ó Comisiones especialmente creados, sino por sus "jueces naturales, ni ser condenados a sufrir pena que no esté establecida por Ley preexistente", ya que cuando nuestro legislador estampó esa frase, se refirió, sin duda, a jueces actuantes en Venezuela y sometidos al imperio de leyes dictadas y promulgadas en Venezuela misma.

Por último, es de observar, que al adoptar nuestra República ese principio expresado en el artículo 6º del Código Penal, lo consagró en forma que el no diere lugar a impunidad de los venezolanos por crímenes cometidos en territorio de otro estado (20).

c. Tendencia actual:

Modernamente se ha reaccionado contra ese principio y cada día son más numerosos los penalistas partidarios de la extradición de los nacionales. El "Institut de droit international" en su reunión de Oxford de 1880, adoptó una resolución favorable a la extradición de éstos, La fuerza de éstos argumentos en favor de la extradición de los nacionales se han impuesto de tal manera, que hoy la opinión científica es francamente favorable a la entrega de los nacionales; sin embargo, las legislaciones y la práctica internacional consagran todavía casi unánimemente el principio opuesto.

C. Extranjeros:

En Venezuela, en varios tratados, se hace la especificación expresa de los delitos por los cuales se puede entregar a los extranjeros); pero el principio general de la extradición respecto a los extranjeros está sometido a excepciones expresas contenidas en el artículo 6º del Código Penal. Así, según esa disposición no podrá concederse la extradición de aquellos:

a.- Por delitos políticos ni por infracciones conexas con esos delitos.

b.- Por ningún hecho que no esté calificado de delito por la Ley venezolana.

c.- Cuando el extranjero esté acusado de un delito que tenga asignada en su país la pena de muerte o una pena perpetúa.

El desarrollo de estos tres casos lo haremos en el aparte siguiente, referido a los delitos.

2. En cuanto a los delitos

1. Delitos Comunes; Las infracciones contenidas en las leyes, tratados y convenciones de extradición son los delitos que integran la denominada criminalidad común: aquellos delitos que a la par que violan la ley jurídica constituyen una violación de la ley moral,

Los viejos tratados suelen tener una larga lista de infracciones por las que puede extraditarse a un delincuente. En los Modernos Tratados se tiende a abandonar el sistema de la enumeración de las infracciones y a sustituirlo por el basado en la cuantía de la pena señalada.

2. Delitos Políticos: Para éstos no se concede la extradición, excepción que se considera como una conquista de la democracia y de la civilización.

A. Disposiciones Legales:

En el Derecho Venezolano está consagrada esta exclusión por el artículo 6° del Código Penal, que dice: "La extradición de un extranjero no podrá tampoco concederse por delitos políticos ni por infracciones conexas con esos delitos, ni por ningún hecho que no esté calificado de delito por la ley venezolana".

El Código Bustamante en su Artículo 355 expresa: "Están excluidos de la extradición los delitos políticos y conexos según la calificación del estado requerido".

El artículo 356 expone: "Tampoco se acordará sise probare que la petición de entrega se ha formulado de hecho con el fin de juzgar y castigar al acusado por un delito de carácter político según la misma calificación".

B. Fundamento:

La no extradición de los delitos políticos tiene, hace más de un siglo, la fuerza de un dogma.

La razón fundamental de tal excepción es la creencia de que esta delincuencia solamente afecta al régimen político contra el que se dirige, y que sólo para este son peligrosos los autores.

Así, generalmente la infracción política es definida como el acto que mediante medios ilegales, se encaminan a atacar el orden público o social existente en un país, determinado, con la marcada intención en su aspecto exterior de lesionar la integridad de su territorio, su independencia y sus relaciones con los demás países; y en el aspecto interior a quebrantar la forma de gobierno, la organización de los poderes públicos, los derechos políticos de los ciudadanos y, en general, la vida corriente y ordinaria de la colectividad.

El Profesor **George Vidal** en su obra "Cours de Droit Criminal et de Science Penitenciaire" expresa: Las infracciones políticas son los crímenes y los delitos que atentan contra el orden político del Estado, sea externo (independencia de la nación, integridad del territorio, relaciones del Estado con otros Estados) o sea interno (forma de gobierno, organización y funcionamiento de los poderes públicos y de los derechos públicos de los ciudadanos).

Lo que distingue al delito político del delito de derecho común, es que el primero solo lesiona al Estado consignado en su organización política, en sus derechos propios, en tanto que el segundo lesiona exclusivamente derechos diferentes a los propios del Estado,

Cuando un delito lesiona a la vez ambas clases de derechos propios es un delito concurrente o un delito político relativo, complejo o conexo,

C. Tendencia restrictiva:

Existe una tendencia actual, que tiende a restringir estas excepciones de extradición por delitos políticos, así sucede en Francia,

Pero por la vía de la restricción, se ha llegado al máximo en el Código Fascista (Código Penal Italiano de 1930) donde no se haya acogido el asilo para la delincuencia política, es decir, que no exceptúa de la extradición los delitos políticos, porque según penalistas del Fascio, en el conflicto entre el Estado y los ciudadanos, debe prevalecer el interés del Estado y prescindirse de la idea de que el delito político sea un delito ficticio un hecho inocente y aún meritorio. Alegan los sostenedores de esta tesis que una gran corriente doctrinal tiende a equiparar el delito político al común.

Sin embargo, según el insigne profesor José Rafael Mendoza, no existe tal marcada corriente doctrinal de equiparación, sino que en leyes y tratados internacionales, se han venido admitiendo excepciones a la negativa de extradición, como por ejemplo el Artículo 337 del Código Bustamante, que dice: "No será reputado delito político, ni hecho conexo, el de homicidio o asesinato del jefe de un Estado contratante o de cualquiera persona que en él ejerza autoridad".

D. Delitos políticos complejos y conexos

a. Disposiciones legales

Como vimos al tratar el punto anterior, el artículo 6° del Código Penal y el artículo 355 del Código Bustamante expresan, que están excluidos de la extradición, los delitos conexos.

b. Conceptos

Según **Jiménez de Asúa** hay que distinguir entre;

1) Delitos políticos puros: son los que se cometen contra la forma de la organización política de un Estado.

2) Delitos políticos complejos; son aquellos que - lesionan a la vez el orden político y el derecho común, como el homicidio de un jefe de gobierno.

3) Delitos conexos; lo son aquellos que se ligan estrechamente al fin político, aunque de por si constituyan un delito común: el homicidio en la revolución.

En cuanto a los delitos políticos conexos, las opiniones doctrinales difieren, mas por regla general, suele atenderse a los hechos que hayan tenido o no lugar en el curso de una revolución -o de una guerra civil, y a que sean o no excusables conforme a los usos de la guerra- en el primer caso no darían lugar a la extradición, mas en el segundo se equipararían a los delitos comunes y sus autores serían entregados. Este punto ha sido reglamentado especialmente por el "Institut de droit International en su reunión de Ginebra de 1892, reglamentación a la que se reconoce gran autoridad.

c. Sistemas:

Para los delitos conexos respecto de la extradición, expresa el profesor **Vidal** se han propuesto los siguientes sistemas:

1) El de la separación; consistente en autorizar la extradición sólo para el delito común. Este sistema ha sido severamente reprochado por considerársele contrario a la naturaleza misma de las cosas, porque el delito común cometido con un fin político forma un todo indivisible y sería imposible aislarlo del elemento político. Tal sistema, sin

embargo, ha sido consagrado por algunas naciones en sus Tratados, como por ejemplo el concluido por Austria, Hungría y Suiza en 1888.

2) El de la predominancia; consistente en examinar cual de las infracciones, la política o la de derecho común constituye por su predominio el hecho principal, y negar la extradición- cuando lo sea la primera, o acordarla cuando lo sea la segunda. Tal sistema fue admitido en Suiza en 1892 y en Brasil en 1911, pero él es también criticado por tener por base la arbitrariedad, pues nada es tan peligroso y difícil como determinar y separar los dos elementos encerrados en un delito.

3) El de los usos de guerra: consagrado por el "Institut de droit international" en su reunión de Oxford de 1880 a proposición de los jurisconsultos americanos e ingleses, consistente en que para apreciar los hechos cometidos en el curso de una rebelión política, de una insurrección o de una guerra civil, es necesario preguntarse si ellos serían o no excusados por los usos de guerra,- Este sistema fue duramente criticado y en virtud de tales críticas, el "Institut" en su sesión de Ginebra de 1892 adoptó una nueva fórmula (delitos políticos, complejos y conexos, Conceptos).

Ahora bien, como de la circunstancia o dificultad para determinar o definir en forma exacta los delitos políticos y aquellos que le son conexos, surge, inevitablemente, el problema referente a la calificación del hecho delictuoso. El asunto se ha resuelto en el sentido de que ello corresponde necesariamente al estado requerido, de conformidad con lo expuesto en el artículo 355 del Código Bustamante,

Esta tesis, en realidad con amplia aceptación, ha sido siempre sostenida por Venezuela y así lo ha hecho constar expresamente en los Tratados Públicos celebrados sobre extradición tales entre otros, el firmado con Bélgica, con Cuba y el concluido con- las Repúblicas Bolivarianas, con motivo del Congreso Bolivariano reunido en Caracas en 1911,

4) Excepción de los Magnicidas: A consecuencia del atentado de Joaquín contra Napoleón III en el año 1854, la Ley Belga de 22 de marzo de 1856 declaró que "no se considerará político, ni hecho conexo a un delito político semejante, el atentado contra la persona del jefe de un gobierno extranjero o contra miembros de su familia, si ese atentado constituye un hecho de asesinato, de homicidio o de envenenamiento.

El Tratado que se celebró entre Francia y Bélgica aquel mismo año es el primero que contiene esa fórmula que desde entonces se conoce como la "Cláusula Belga relativa al atentado".

El Código Bustamante, en su artículo 357 dice; "No será reputado delito político, ni hecho conexo, el de homicidio o asesinato de un jefe de Estado contratante o de cualquiera persona que en él ejerza autoridad".

A pesar de esto, el gran penalista **Luis Jiménez de Asúa**, considera que no hay motivo alguno para semejante excepción. El más característico de los delitos políticos es la muerte dada al tirano, que en la inmensa mayoría de los casos, es el jefe del Estado. Cuando el móvil político cruza el Magnicidio, su autor tiene que recibir asilo.

5) Delitos Sociales; Respecto a éstos, la doctrina es favorable a la extradición de sus culpables.

Se consideran delitos sociales los que tienden a la destrucción o transformación violenta de la actual organización social y de sus órganos e instituciones fundamentales (autoridad familiar, religión, administración de justicia). La razón que suele alegarse a favor de la extradición de esos delincuentes, es la consideración de que no son peligrosos solamente para el país en que delinquen –a diferencia del delincuente político– sino para todos los países, pues la mayoría posee idénticas bases de organización social, e idénticos órganos e instituciones.

Enrique Ferri, denominaba a estos delitos como político-sociales en su proyecto de Código Penal de 1921, y cuyos principales hechos son el anarquismo, el comunismo y el socialismo.

El "Institut de droit international" en la mencionada reunión de Ginebra de 1892, adoptó un acuerdo favorable a la extradición de esos delincuentes. Su redacción textual dice; "No se considerarán como políticos, desde el punto de vista de las reglas que preceden (reglas relativas a la no extradición por delitos políticos) los hechos delictuosos dirigidos contra las bases de toda organización social, y no solamente contra un Estado determinado o contra una determinada forma de gobierno",

6) De l itos Militares; Los tratadistas muéstranse contrarios a la extradición de militares desertores o culpables de otros delitos militares porque estos hechos no suponen perversidad en sus autores quienes por tanto no constituyen peligro alguno para el país de refugio, En la mayor parte de las situaciones son asimilables a la delincuencia política.

Según expresa **Eugenio Cuello Calón** a veces existen entre los países, especialmente entre los Estados vecinos, acuerdos relativos a la recíproca entrega de sus prófugos y desertores, más éstos no constituyen actos de extradición propiamente dicha, no constituyen un auxilio prestado a una jurisdicción extranjera sino un acto de detención y entrega, al estado peticionario, de individuos que mediante la fuga se han sustraído a un servicio obligatorio,

7)   Condiciones de los delitos; Seguidamente, analizaremos las condiciones que deben tener los delitos para que se pueda conceder la extradición:

1.- "*Nulla Traditio sine lege*".

Este principio es consecuencia del muy conocido apotegma: "*nullum crimen nulla pena sine lege*". Fuera del tratado no hay delitos por los que pueda, deba, concederse extradición. Sin embargo, existe la posibilidad de convenios de extradición para la entrega de delincuentes cuyo delito no se haya establecido en tratado, siempre y cuando éste no lo prohíba de modo taxativo (Declaraciones de reciprocidad).

La máxima *nulla Traditio* sine lege puede desdoblarse, a su vez en dos principios:

a. Principio de especialidad; Este principio está consignado en el artículo 377 del Código Bustamante:

"La persona entregada no podrá ser detenida en prisión ni juzgada por el Estado contratante a quien se entregue, por un delito distinto del que hubiere motivado la extradición y cometido con anterioridad a la misma, salvo que consienta en ello el Estado requerido, o que permanezca el extraditado libre en los primeros tres meses de ser juzgado y absuelto por el delito que originó la extradición, o de cumplida la pena de privación de libertad impuesta".

b. Principio de "identidad de la norma"; La mayor parte de las legislaciones, declara que no se concederá la extradición por hecho que no esté calificado de delito por la ley propia. Es decir, que necesita la extradición que el hecho se considere delictivo por la ley de los dos países contratantes.

El artículo 6° del Código Penal en su segundo aparte expresa; "La extradición de un extranjero no podrá tampoco concederse por delitos políticos, ni por infracciones conexas con estos delitos, ni por ningún hecho que no esté calificado de delito por la ley venezolana".

El artículo 353 del Código Bustamante también declara este principio: "Es necesario que el hecho que motive la extradición tenga carácter de delito en la legislación del Estado requirente y en la del requerido".

La identidad debe existir en el momento de cometerse el hecho y en el momento que se hace la entrega.

2.- Gravedad de la infracción; Sólo se pide la entrega del delincuente, y sólo puede concederse cuando el delito por el que se acusa sea de cierta gravedad.

Con respecto a este punto recuérdese que el Código Penal Venezolano en el artículo 6° habla de delitos y no de faltas y que el artículo 354 del Código Bustamante expresa;

> "Asimismo se exigirá que la pena asignada a los hechos imputados, según su calificación provisional o definitiva por el Juez o Tribunal competente del Estado que solicita la extradición, no sea menor de un año de privación de libertad y que esté autorizada o acordada la prisión o detención preventiva del procesado, si no hubiere aún sentencia firme. Esta debe ser de privación de libertad".

Otras condiciones que deben llevar los delitos que la extradición puede conceder, las veremos en el aparte siguiente.

3. En cuanto a la penalidad.

1. Punibilidad: El artículo 6° del Código Penal expresa en su aparte cuarto; "No se acordara la extradición de un extranjero acusado de un delito que tenga asignada en la legislación del país requirente, la pena de muerte o una pena perpetua". Este precepto, según observa el profesor **Mendoza** ha servido para queden el país, puedan vivir libremente los penados que escapan de Cayena después que la sentencia de 20 de septiembre de 1917, inserta en la Memoria de 1918, págs, 132-133, negó la extradición de uno de ellos porque su pena era a perpetuidad.

Expresa **Jiménez de Asúa** que un tanto se modifica la rigidez del principio que el Código Penal adopta, porque el Código Bustamante, que no niega la extradición cuando el delito por el que se pide está, castigado con pena capital, sino que, simplemente dispone en su artículo 378; "En ningún caso se impondrá o ejecutará la pena de muerte por el delito que hubiere sido causa de extradición". Pero el Gobierno Venezolano se reservó la aceptación de este artículo al ratificar el Código de Derecho Internacional Privado,

2. Prescripción; No se concede la extradición cuando prescribió la acción penal para perseguir el delito o para ejecutar la pena, o cuando se extinguió la pretensión penal del Estado por cualquier otra causa.

La guía para determinar la prescripción, la encontramos en el Código Bustamante en el articulo 359 cuando expresa: "Tampoco debe accederse a ella si ha prescrito el delito o la pena conforme a las leyes del Estado requirente o del requerido".

3. Otras excepciones:

a.   La expresada en el artículo 358 del Código Bustamante: "No será concedida la extradición si la persona reclamada ha sido ya juzgada y puesta en libertad, o ha cumplido la pena, o está pendiente de juicio, en territorio del Estado requerido, por el mismo delito que motiva la solicitud".

b.   El Código de Derecho Internacional antes aludido di ce además, en su artículo 346 lo siguiente; "Cuando, con anterioridad al recibo de la solicitud, un procesado o condenado haya delinquido en el país a que se pide su entrega, puede diferirse esa entrega - hasta que se juzgue y cumpla la pena".

NOTA

Algunos Tratados internacionales que ha celebrado Venezuela desde la disolución de la Gran Colombia y que han tenido normas sobre extradición:

Con Francia, el 23 de marzo de 1853 (Aprobación Legislativa: 27 de febrero de 1856. Ratificación Ejecutiva: 28 de febrero de 1856. Canje de ratificaciones en Caracas, el 16 de abril de 1856, Caducidad por denuncia: 15 de noviembre de 1870)

Con Bolivia, el 21 de septiembre de 1883 (Aprobación Legislativa: 10 de junio de 1883. Ratificación ejecutiva: 12 de enero de 1888. Canje de ratificaciones en Caracas, el 27 de enero de 1888. Sustituido por el Acuerdo del Congreso Bolivariano de 18 de julio de 1911.

Con Bélgica, el 13 de marzo de 1884. (Canje de ratificaciones en Caracas, el 5 de febrero de 1885. En vigor).

Con España, el 22 de enero de 1894 (Aprobación Legislativa: 9 de mayo de 1894. Canje de ratificaciones en Caracas, el 1° de mayo de 1895, Caduco).

Con Cuba, el 14 de julio de 1910 (Aprobación Legislativa: 11 de junio de 1912. Ratificación ejecutiva: 10 de diciembre de 1912. Canje ratificaciones en la Habana, el 24 de enero de 1913. En vigor).

Con Ecuador, Bolivia, Perú y Colombia en el Congreso Bolivariano, el 18 de julio de 1911 (Aprobación Legislativa: 18 de Junio de 1912. Ratificación ejecutiva: 19 de diciembre de 1914. En vigor).

Con E.E.U.U., el 19 de enero de 1922 (Aprobación Legislativa: 12 de junio de 1922. Ratificación ejecutiva: 15 de febrero de 1923- Canje de ratificaciones: en Caracas, el 14 de abril de 1923. En Vigor).

Con Brasil, el 7 de diciembre de 1938 (Aprobación Legislativa: 3 de julio de 1939. Ratificación ejecutiva: 17 de agosto de 1939, Canje de ratificaciones: 14 de febrero de 1940. En vigor).

Capítulo Segundo
El derecho a la protección de la salud

Sección Primera:
EL PRINCIPIO CONSTITUCIONAL

I. EL PRINCIPIO CONSTITUCIONAL

De esta materia está consagrado en el Artículo 76 de la Constitución que establece: "Todos tienen derecho a la protección de la salud. Las autoridades velarán por el mantenimiento de la salud pública y proveerán los medios de prevención y asistencia a quienes carezcan de ellos".

II. ANÁLISIS DE LA NORMA.

El análisis de esta norma nos presenta una relación jurídico-administrativa entre el particular y el Estado:

1. La obligación estatal

Esta obligación está consagrada en la parte segunda del Artículo 76 de la Constitución. Esta obligación estatal configura la figura de un <u>servicio público</u>. La prestación de este servicio público de salubridad corresponde al Poder Nacional, según lo establece el Artículo 136, Ordinal 17) "La dirección técnica, el establecimiento de normas administrativas y la coordinación de los servicios destinados a la defensa de la salud pública. La Ley podrá establecer la nacionalización de estos servicios públicos de acuerdo con el interés colectivo".

Además, el Artículo 2 de la Ley de Sanidad Nacional, establece "De conformidad con lo establecido en la Constitución, la suprema dirección del Servicio de Sanidad de la República corresponde al Ejecutivo Federal, quien la ejercerá por órgano del Ministerio de Sanidad y Asistencia Social y al efecto, se declaran de interés público para la salubridad general, la coordinación y cooperación de la Nación, de los Estados y de las Municipalidades, en materia de servicios sanitarios"

Asimismo, en el Estatuto Orgánico de Ministerios, Artículo 25, consagra una serie de normas relativas al fomento, la conservación y la restitución de la salud, y que corresponde al Ministerio de Sanidad y A. S. ponerlas en práctica.

2. La Obligación del administrado.

La obligación del Estado implica también una obligación para los administrados, de acuerdo a lo establecido en el Artículo 57 de la Constitución, que dice: "Las obligaciones que corresponden al Estado en cuanto a la asistencia, educación y bienestar del pueblo no excluyen las que, en virtud de la solidaridad social, incumben a los particulares, Según su capacidad...".

Tales obligaciones pueden ser de tipo general o particular. Una de tipo general puede ser la establecida en el Artículo 1° de la Ley de Defensa contra el Paludismo, "Por su difusión y elevado índice de mortalidad, se declara la ex tinción del paludismo, problema nacional de urgen te solución, y para ello, además de las autoridades, todo ciudadano venezolano o' extranjero residente en el territorio de la República, están en el deber de intervenir y cooperar a este fin. Una obligación del tipo especial está consagrada en el mismo Artículo 7° de la Constitución y conlleva la restricción de ciertas garantías constitucionales. "Todos están obligados a someterse a las medidas sanitarias que establezca la ley, dentro de los límites impuestos por el respeto a la persona humana. Asimismo, el Artículo 62 de la C. establece que "Las visitas sanitarias que hayan dé practicarlas de conformidad con la Ley, sólo podrán hacerse pre vio aviso de los funcionarios que las ordenen o hayan de practicarlas? y el Art. 16 de la Ley de Sanidad Nacional, establece que tales visitas se llevarán a efecto cuando el Ministerio de S. y A.S. lo considere necesario, y en caso de oposición a la visita sanitaria, se hará uso de la fuerza pública, de conformidad con las leyes.

Otras obligaciones de tipo especial se encuentran establecidas en la Ley de Defensa contra el Paludismo, Artículo 5° "Los habitantes de las zonas declaradas palúdicas se someterán, con carácter obligatorio, a los exámenes clínicos y microscópicos cuando se juzguen pertinentes, y al tratamiento profiláctico y curativo que ordene la autoridad sanitaria" y en el Artículo 4 de la Ley de Defensa contra las Enfermedades Venéreas", que declara la obligatoriedad del tratamiento de las enfermedades venéreas.

Sección Segunda
LA REGULACIÓN JURÍDICO ADMINISTRATIVA DEL DERECHO A LA PROTECCIÓN DE LA SALUD

I. RÉGIMEN JURÍDICO-ADMINISTRATIVO DEL MANTENIMIENTO DE LA SALUD DE LAS PERSONAS

1. Normas sobre alimentos

Son estas normas principales en materia sanitaria, pues el control sobre los alimentos es fundamental para la salud.

Tales normas están contenidas en el Reglamento General de Alimentos. En su Artículo 1° se establece que "Corresponde al Ministerio de Sanidad y Asistencia Social, todo lo relacionado con la higiene de la alimentación... y, en general, estudiar y adoptar cualquiera otra medida sanitaria que se considere conveniente para el mejoramiento de la alimentación en el país".

Esta materia es de la competencia discrecional de la Administración, y así se determina en el Artículo 2 del Reglamento: "Cuando en este Reglamento se deja alguna medida, reglamentación o providencia a juicio de la autoridad sanitaria, se entiende que tal medida, reglamentación o providencia debe estar fundamentada en principios, normas, directrices o apreciaciones de c carácter científico o técnico y, de ninguna manera "podrá ser el resultado de una actuación arbitraria".

A. Noción de alimento

"Se entiende por alimento, no solamente las substancias destinadas a la nutrición del organismo humano sino también, las que forman parte o se unen en su preparación, composición y conservación de las bebidas de todas clases y aquellas otras substancias, con excepción de los medicamentos, destinados a ser ingeridos por el hombre". (Artículo 3 Reglamento)

B. Prohibiciones de Importación, Depósito y Venta de Alimentos.

a)   Alimentos alterados: "Se prohíbe la importación, depósito y venta de alimentos alterados, entendiéndose por tales, aquellos que por la acción de causas naturales hayan sufrido averías, deterioros o perjuicios que, a juicio de la autoridad sanitaria, modifiquen su aspecto, calidad, composición o condición higiénica ". (Artículo 6, Reglamento).

b)   Alimentos adulterados. "Se prohíbe la importación, depósito y venta de alimentos adulterados, entendiéndose por tales, aquellos que por hechos imputables a sus fabricantes, importadores, almacenistas, expendedores o a cualquier otra persona, no presenten características idénticas a las que sirvieron de base para la autorización sanitaria, si se trata de alimentos registrados, o no reúnen los requisitos exigidos por el Ministerio de S. y A. S., si se trata de alimentos no registrados". (Artículo 7 Reglamento)

c)   "Se prohíbe la importación, fabricación, depósito y expendio de alimentos cuyo aspecto externo imite o se asemeje a objetos que contengan substancias tóxicas o peligrosas" (Artículo 10 Reglamento).

d)   Alimentos nocivos a la salud. "Todo alimento debe ser de la naturaleza y calidad que solicita el comprador y ofrezca el vendedor; y no podrá ofrecerse a la venta cuando se encuentre en malas condiciones, contravenga lo dispuesto en este Reglamento, o cuando por cualquier otro motivo, pueda ser nocivo a la salud" (Artículo 4 Reglamento).

"Para que un alimento sea considerado como nocivo a la salud, y por consiguiente no sea permitido ofrecerle al consumo, bastará con que la autoridad sanitaria abrigue dudas acerca de su inocuidad, ya sea en sus efectos mediatos o inmediatos". (Artículo 5 Reglamento).

e)   Alimentos cuya venta está prohibida en el lugar de origen. "Queda prohibida la importación y venta en todo el territorio nacional de los alimentos cuyo contenido no esté permitido en el país de origen" (Artículo 41 - Reglamento).

"La importación de alimentos - frescos como carnes, pescados, moluscos, crustáceos, huevos, leche y otros, requieren que cada lote venga acompañado de un certificado de garantía sanitaria expedido por la autoridad competente del país de origen, autenticado por el Cónsul de Venezuela". (Artículo 42 Reglamento).

f)   La carne de cerdo. "Se prohíbe la importación de carne de cerdo que no haya sido previamente sometida a un tratamiento capaz de destruir las triquinas" (Artículo 43 Reglamento)

C. Registro de Alimentos

El Artículo 30 del Reglamento establece que, "Con excepción de los casos especialmente determinados por el Ministerio de S. y A.S, los alimentos nacionales o extranjeros serán sometidos al registro antes de su importación o fabricación, salvo que se tratare de muestras que sean importadas con el fin de solicitar el registro.

La solicitud para obtener el registro a que refiere el Artículo anterior, se dirigirá al Ministro de Sanidad y Asistencia Social .por el productor o persona que legalmente lo represente y deberá contener; nombre y marca del producto; denominación comercial, domicilio y dirección del fabricante y. envasador, cuando sean estas personas distintas; indicación de los ingre dientes que componen el producto, etc. (Artículo 31 Reglamento).

Si la solicitud fuere decidida - favorablemente, se inscribirá el alimento en el Registro correspondiente y se autorizará su consumo mediante Resolución publicada en la Gaceta Oficial (Artículo 35 Reglamento).

La autorización estará sujeta a revisión y podrá ser cancelada en cualquier momento por infracciones de este Reglamento o cuando las autoridades sanitarias tengan cualquier otro motivo justificado para ello.

Cuando el productor o importador de un alimento registrado traspase la propiedad o representación de éste a otra persona, deberá comunicarlo al Ministerio de S. y A. S. (Artículo 36 Reglamento).

D. Establecimiento dedicado a la producción, depósito y venta de alimentos.

"Quedan Sujetos a las prescripciones del Reglamento, los establecimientos, destinados a la producción y depósito de alimentos, los expendios fijos o ambulantes y los vehículos destinados a su transporte, ya sean de propiedad privada o pertenecientes a cualquier entidad oficial", y no podrán funcionar sin el correspondiente permiso de la autoridad sanitaria. Dicho permiso deberá ser reno vado cada año (Artículos 11 y 12 del Reglamento).

a) Utensilios. Los utensilios usa dos en la preparación, conservación o expendio de alimentos no deben contener sustancias capaces de alterarlos. Los equipos y utensilios empleados en la elaboración, depósito y, expendio de alimentos serán sometidos a una rigurosa limpieza y tratamiento bactericida mediante procedimientos aprobados por la autoridad sanitaria local (Artículos 17 y 20 Reglamento).

b) Personal. Todas aquellas personas empleadas en la elaboración, deposito, expendio o transporte, y en general, todas las que tengan contacto con los alimentos, sin ser los consumidores de ellos, deberán estar provistas del Certifica do de Salud. Deberán, además, usar trajes apropia dos a la naturaleza de su trabajo y someterse a las medidas de higiene personal que indiquen las autoridades sanitarias.

2. Normas sobre fabricación, comercio y expendio de medicinas

Al respecto, el Artículo I° de la Ley de Ejercicio de la Farmacia, determina que "El ejercicio de la farmacia comprende la elaboración, tenencia, importación, exportación y expendio de drogas, preparaciones galénicas, productos químicos, productos biológicos, especialidades farmacéuticas y, en general, toda sustancia medicamentosa".

El Artículo 28 del Reglamento de la nombrada Ley, establece que, las droguerías y laboratorios farmacológicos así como también los representantes y fabricantes de productos farmacéuticos de expendio autorizado, sueros, vacunas y otros productos medicamentosos, sólo podrán vender al por mayor y únicamente a los establecimientos de su género, farmacias, expendios de medicinas legales autorizados, hospitales civiles, militares y particulares y otros institutos de beneficencia y al Ministerio de S. y A. S.

Respecto a la venta de medicinas al público, sólo pueden hacerlo las farmacias legalmente establecidas.

El Artículo 4 de la Ley de Ejercicio de la Farmacia, establece la prohibición a las personas autorizadas para el ejercicio de la Farmacia, asociarse para ello con médicos, dentistas o parteras que ejerzan la profesión en el mismo lugar.

La Oficina de Sanidad Nacional sólo autorizará el expendio de medicinas que estén patrocinadas por la firma de un farmacéutico venezolano, legalmente establecido.

La Ley de Estupefactivos reglamenta el comercio, la industria, la prescripción o recetura y toda forma de distribución y uso del opio, morfina, diacetilmorfina, hojas de coca, cocaína, ecgonina, cáñamo de la India, los derivados, las sales, las preparaciones y especialidades farmacéuticas que contengan cualquiera de dichas sustancias.

La disposición fundamental es la de que, tales sustancias quedan limitadas exclusivamente a usos medicinales y científicos y por tanto, se declara ilícito cualquier otro uso de dichas sustancias.

No todas estas sustancias pueden ser importadas al país, pues, de acuerdo al Artículo 5 de la nombrada Ley, quedan absolutamente prohibidos la importación, el comercio, toda forma de distribución y uso, así como el tránsito por el territorio nacional, del Opio, del Cáñamo de la India preparado para fumar, de la resina obtenida del Cáñamo de la India y de las variedades botánicas - similares, de las preparaciones que contengan dicha resina y de los aparatos o utensilios para fumar o absorber cualesquiera de las mencionadas substancias, (Articulo 5 de la Ley).

Tales drogas sólo podrán ser importadas por los puertos de: la Guaira y Maracaibo (Artículo 6 Ley de Estupefactivos).

La importación de dichas drogas sólo lo podrán efectuarla las droguerías y las farmacias legalmente establecidas, que hayan obtenido la matrícula de importación y mediante el cumplimiento de las disposiciones de la presente Ley y su Regla mentó. (Artículo 7 Ley Estupefactivos.). Tal matrícula puede ser negada o anulada mediante Resolución y será válida hasta el 31 de diciembre del año en que se otorgue.

La venta al público de estas drogas, la harán únicamente las farmacias, mediante prescripción o receta del médico.

El control que ejerce el Ministerio de S. y A. S., se lleva a cabo por medio de un libro especial que deben llevar los farmaceutas, de las cantidades vendidas y las personas a quienes han sido vendidas.

La exportación de tales substancias queda terminantemente prohibida por la Ley,

3. Normas sanitarias sobres construcciones

La Ley de Sanidad Nacional, en su Artículo 14 establece que: "La construcción, reparación o reforma, total o parcial, de las obras, edificios, casas, urbanizaciones, bien sean públicos o privados, quedan sometidas a la vigilancia del Ministerio de S. y A. S., en todo cuanto se refiere al cumplimiento de las disposiciones sanitarias contenidas en las leyes y reglamentos de Sanidad".

Las autoridades municipales no otorgarán el permiso requerido para la ejecución de dichas obras, sin que antes sean aprobados por la autoridad sanitaria de la localidad los proyectos de construcción, reparación o reforma en caso contrario el Ministerio de S. y A. S., podrá ordenar la paralización de las obras, e inclusive, ordenar la destrucción cuando ello fuere necesario (Artículo 14 Ley de S. N.).

Disposiciones relativas a esta materia se encuentran también en el Reglamento del Servicio Nacional de Profilaxis de la Fiebre Amarilla en Venezuela, en el Reglamento Sanitario de Casas de Vecindad y en el Reglamento de Clínicas y Casas de Salud.

Sobre las construcciones ya hechas continúa la vigilancia sanitaria, pues bien puede suceder que una obra, construida conforme a las reglas sanitarias, amerite por causa del uso o del tiempo, reparaciones o reformas que la vuelvan de nuevo apta para el uso humano. La autoridad sanitaria puede ordenar dichas modificaciones, resolver la clausura del local, imponer multas al propietario por no ejecutar las modificaciones ordenadas y hasta ejecutarlas por cuenta del Tesoro Nacional cobrando luego al propietario el valor de las mismas.

4. Normas sobre vacunación

Es preocupación fundamental del Estado lograr la inmunización de algunas enfermedades.

En este sentido, la Ley de Vacuna, en su Artículo 1°, establece la obligatoriedad de la vacuna antivariólica, para todo individuo que no haya padecido de viruela y comienza a regir tal disposición a partir de los seis meses de edad y los padres, tutores o encargados de los menores, serán responsables del cumplimiento de esta obligación (Artículo 5 de la Ley de Vacuna).

Pero no sólo es obligatoria en el territorio de la República y en forma general, sino que podrá se ordenada la vacunación ocasional cuando se creyere oportuna o necesaria para prevenir o detener una epidemia de viruela.

La vacunación a una persona sana de virus adecuado con el fin de obtener su inmunización relativa o total de determinada enfermedad, puede ser de varios tipos, desde el punto de vista de la obligatoriedad.

Es obligatoria la vacuna en los sitios donde lo resuelva el Ministerio de Sanidad y Asistencia Social, por haberse declarado una epidemia o se hubiese manifestado una enfermedad de denuncia obligatoria (Artículo 18 del Reglamento sobre enfermedades de Denuncia obligatoria).

Es obligatoria la vacuna para quien se encuentre en determinadas circunstancias: quien fuere mordido, arañado o babeado por un animal sospechoso de estar infectado de rabia, quien debe ser vacunado, si se comprueba que el animal efectivamente está atacado de rabia. (Artículo 17 del Reglamento profiláctico de la rabia).

La obligatoriedad de la vacuna antivariólica, produce la obligación por parte de los administrados de obtener el certificado de salud público, y para ello debe estar vacunado contra la viruela. Todo individuo del ejército y de la armada nacional debe ser vacunado en el momento de su ingreso, a menos que demuestre haber sido vacunado recientemente; lo mismo todo individuo que ingrese en las universidades, colegios, etc. El mismo requisito es exigido para ingresar en oficinas públicas y para ingresar en la República.

De acuerdo a lo dispuesto en el Reglamento sanitario de vacunación, el certificado de vacuna antivariólica es obligatorio para transitar por el territorio de la República.

5. Normas sobre el ejercicio de profesiones liberales conectadas con la salud de los administrados

Es preocupación fundamental del Estado ejercer un control sobre las profesiones liberales relacionadas con la salud pública. Por ello, en las leyes de Ejercicio de la Medicina, Odontología, Farmacia, se establecen requisitos para al ejercicio de la profesiones.

Uno de estos requisitos es el de que, para poder ejercer tales profesiones es indispensable obtener un título universitario.

También es indispensable la colegiación para el ejercicio de tales profesiones, y esto se deduce de la propia Constitución, Artículo 57, Es obligatorio además, para dichos titulares, inscribirse en el registro especial llevado en el Ministerio de Sanidad y Asistencia Social.

Establece también la Constitución que el Estado podrá imponer el deber de prestar ser vicios a éste y en los lugares del interior de la República por un tiempo determinado.

Las leyes antes citadas tienen una serie de disposiciones sobre el ejercicio ilegal de las profesiones a que se refieren y contienen algunas prohibiciones específicas, como lo es la de que, queda terminantemente prohibido ejercer al mismo tiempo la medicina y la farmacia.

II. RÉGIMEN JURÍDICO-ADMINISTRATIVO DEL RESTABLECIMIENTO DE LA SALUD PERDIDA.

l)   En este sentido se estudia el Reglamento sobre enfermedades de denuncia obligatoria. Para restablecer la salud en caso de pérdida de la misma, el Estado debe localizar donde se encuentran ubicadas ciertas enfermedades, entre ellas, el cólera, la encefalitis, la rabia, etc.

Interesa a las autoridades sanitarias el conocer la incidencia de determinadas enfermedades en la población del país. Así, el Reglamento sobre enfermedades de denuncia obligatoria, establece que, los médicos en principio, y, a falta de ellos, el padre de familia, el pariente más cercano o cualquier persona que tenga conocimiento de la enfermedad, está obligado a dar anuncio de ella a la autoridad sanitaria más cercana.

De este modo, pueden tomarse oportuna mente las medidas que fueren necesarias cuando las repetidas denuncias hagan del conocimiento de la autoridad sanitaria que una enfermedad amenaza en forma de epidemia a una porción o a la totalidad de la población nacional.

1. Medidas restrictivas de la libertad personal

El régimen jurídico-administrativo del restablecimiento de la salud perdida conlleva una serie de medidas restrictivas de la libertad personal.

A. Principio constitucional:

El Artículo 76 de la Constitución establece que, todos están obligados a someterse a las medidas sanitarias que establezca la Ley, dentro de los límites impuestos por el respeto a la persona humana.

Dentro de estas medidas se encuentran algunas restrictivas de la libertad personal.

B. Reclusión obligatoria de enfermos:

Puede suceder que una enfermedad quede en cuanto se refiere a su tratamiento, al libre juicio de quien la padece. Pero hay otras en las cuales, por razón de su gravedad, quien las padece se convierte en elemento de peligro, de consideración para la colectividad. Dice el Reglamento en su Artículo 7 que son enfermedades de reclusión obligatoria, por el tiempo y en las condiciones que determinen las autoridades sanitarias respectivas? cólera asiático, fiebre amarilla, lepra, peste, tifus, poliomielitis, viruela, etc. Tal reclusión se hace también a los enfermos mentales en la forma obligatoria, de acuerdo, a lo dispuesto en el Código Penal (Artículos 526 y siguientes).

También es obligatoria la reclusión para los que padecen de enfermedades venéreas, cuando las personas afectadas se nieguen a tratarse.

C. Aislamiento

El aislamiento se distingue de la reclusión porque aquel se hace en el domicilio del enfermo, siempre que éste reúna condiciones higiénicas y no sea un sitio de vivienda colectiva, como hotel, colegio, etc., y se permite para las enfermedades que no revisten la gravedad de las especificadas en el Artículo 7.

D. La Cuarentenas

Consiste en la prohibición de salida de un determinado lugar, de las personas afectadas por algunas de las enfermedades antes especificadas. SI Reglamento de Sanidad Marítima establece esta medida respecto de las personas que se encuentran a bordo de un buque donde ha ya una persona que padezca de alguna de las enfermedades de denuncia obligatoria. También existe la posibilidad de establecer cordones sanitarios en los mismos casos.

2. Medidas restrictivas de la libertad de transitar

El Artículo 11 del Reglamento sobre enfermedades de denuncia obligatoria, prohíbe a las personas que padezcan de tales enfermedades, transitar a pie o en vehículo por la vía pública o cambiar de residencia sin permiso escrito de la autoridad sanitaria.

3. Medidas restrictivas a la inviolabilidad dad del domicilio.

Con respecto a este punto, el Artículo 16 del Reglamento citado, establece que las autoridades sanitarias pueden visitar a cualquier hora del día o de la noche los enfermos o sospechosos de sufrir enfermedades de denuncia obligatoria". (Artículo 62 de la Constitución)".

4. Medidas restrictivas a la propiedad privada.

El Artículo 16 del Reglamento sobre enfermedades de denuncia obligatoria, establece la prohibición de hacer ningún negocio, o transacción sin el correspondiente permiso de la autoridad sanitaria, con los efectos de personas que sufran o hayan sufrido de enfermedades de denuncia obligatoria, esto con el fin de evitar la propagación de la enfermedad.

El Artículo 17 de la Ley de Sanidad Nacional establece que, cuando los propietarios no observaren en sus propiedades las disposiciones de la Higiene Pública, o existan viviendas en condiciones de insalubridad, que puedan constituirla amenaza para la salud pública, el Ministerio de S. y A. S. podrá ordenar todas las medidas que crea necesaria a los fines indicados, incluso la ocupación temporal de la propiedad y hasta su destrucción. Si las medidas tomadas y ejecutadas dieren lugar a indemnización, ésta se determinará en la forma que lo establezca la Ley respectiva.

5. La exención de deberes

Todas estas medidas referidas al establecimiento de la salud perdida, produce la exención respecto a determinados deberes. Así, por ejemplo, son eximidos! de prestar el servicio militar obligatorio, los individuos que sufran de alguna de las enfermedades de denuncia obligatoria.

6. El nacimiento de derechos

Estas normas pueden dar lugar al nacimiento de determinados derechos:

A. Derechos asistenciales

Al respecto, el Artículo 8 de la Ley de defensa contra las enfermedades venéreas, determina que, el Ministerio de Sanidad y Asistencia Social establecerá en toda la República, el mayor número de Dispensarios gratuitos para el diagnóstico y tratamiento de las enfermedades venéreas.

Asimismo, establece que todos los hospitales públicos que funcionan en la República están obligados a destinar para enfermos venéreos en período contagioso el número de camas que se re quieran.

Existe también el seguro social obligatorio.

Existe además, el retiro de determinadas actividades: militares, docentes, etc.

Sección Tercera:

LA POLICÍA SANITARIA

I. CONCEPTOS

Se entiende por policía sanitaria todo el conjunto de medidas coactivas que, impuestas por la autoridad administrativa sanitaria, conlleva una restricción a los derechos individuales.

II. MEDIDAS DE POLICÍA SANITARIA:

1. Respecto a los alimentos

A)   El Artículo 24 del Reglamento General de Alimentos, establece que "Las autoridades sanitarias podrán inspeccionar en cualquier momento los establecimientos en donde se elaboran, depositen o expendan alimentos, así como los vehículos en los cuales se transporten.

Para llevar a cabo dicha inspección, los funcionarios sanitarios encargados de la inspección, deberán portar un documento de identidad que los acredite como tales. Si una vez acreditada su condición les fuera negada u obstaculizada la función inspectora, el funcionamiento podrá recurrir al apoyo de la fuerza pública para lograr el efectivo cumplimiento de su misión.

B)   Clausura de establecimientos. Los establecimientos, expendios y vehículos destinados a la producción y depósito de alimentos ya su transporte, podrán ser clausurados o prohibidos por las autoridades sanitarias, cuando se observen deficiencias e irregularidades que a juicio de las autoridades sanitarias, ameriten tal medida.

C)   El comiso de alimentos. Una de las medidas de policía más típica es el comiso, que consiste, en general, en la pérdida de una cosa mueble por razones de orden públicos seguridad, salubridad, etc. En el presente caso, es la pérdida de los alimentos por razones de salud. Tiene la característica esencial de que se lleva a cabo sin compensación, por lo que reviste el carácter de una sanción administrativa.

Sobre este punto, el Artículo 44 del Reglamento General de Alimentos, establece que, "Los alimentos que se ofrezcan al consumo infringiendo las disposiciones de este Reglamento serán decomisados sin ninguna compensación".

Sin embargo, el mismo Artículo 44 determina que, cuando las causas del comiso hayan sido subsanadas a satisfacción de la autoridad sanitaria y dentro del plazo por ella señalado, podrá se levantado.

Destino de los alimentos decomisados. El Artículo 45 del citado Reglamento, establece lo siguientes "Cuando los alimentos decomisados no sirvan para el consumo humano, pero puedan ser utilizados para otros finos compatibles con el resguardo de la salud pública, a juicio de la autoridad sanitaria local podrán ser devueltos a su dueño previa desnaturalización. En los demás casos procederá a su destrucción.

Pueden ser reexportados cuando esto no constituya peligro" para la salud pública, en caso contrario se procederá a su destrucción.

En estos casos, los particulares tienen recursos administrativos jerárquicos y jerárquicos impropios ante la Corte Suprema de Justicia. Cuando se declare improcedente un recurso, el comiso puede dar derecho a indemnización para el particular.

2. Respecto a las Construcciones

A. Destrucción

Cuando las obras, edificios, casas, urbanizaciones, no se ejecutan en conformidad con las leyes y reglamentos de Sanidad, el Ministerio de Sanidad y Asistencia Social podrá ordenar hasta su destrucción, cuando ello fuere necesario. (Artículo 14 Ley Sanidad Nacional).

B. Ocupación Temporal

Cuando los propietarios no observaren en sus propiedades las disposiciones de la Higiene Pública, o existan viviendas en condiciones de insalubridad, fuentes de agua contaminadas o cualesquiera otras circunstancias que, a juicio de las autoridades sanitarias, puedan constituir una amenaza para la salud pública, el Ministerio de Sanidad y Asistencia Social podrá ordenar todas las medidas que crean necesarias a los fines indicados, incluso la ocupación temporal de la propiedad y hasta su destrucción. (Artículo 17 Ley de S. N.).

C. Clausura

Las autoridades sanitarias podrán ordenar también la clausura total o parcial de cualquier casa o establecimiento público o privado, para evitar la propagación de la enfermedad. (Artículo 14 Reglamento Enfermedades denuncia Obligatoria).

3. Respecto a la vacunación

La obligatoriedad de la vacuna conlleva la facultad para la Administración de actuar en forma coactiva, si es necesario. Ello se deduce de lo establecido en el Artículo 13 de la Ley de Sanidad Nacional: "Cuando hubiere amenaza de invasión de una enfermedad contagiosa o que por su naturaleza sea peligrosa para la comunidad, el Ejecutivo Federal queda facultado para ejecutar y hacer ejecutar las medidas que juzgare necesarias para prevenirla o combatirla, en resguardo de la salud pública".

4. Respecto a la reclusión obligatoria

Cuando se hace necesaria la reclusión de un enfermo, ésta puede hacerse en forma compulsiva a pesar de la oposición del afectado por la enfermedad. Así por ejemplo, en el Artículo 186 de la Ordenanza de Policía Urbana y Rural, se establece que, cuando los funcionarios de policía tengan noticias de que en su jurisdicción existen personas atacadas de lepra (elefantiasis), darán inmediato aviso al respectivo Prefecto por el órgano legal, para que este funcionario haga el denuncio del caso a la Oficina de Sanidad Nacional y procederán a la reclusión del enfermo.

Asimismo, en el Articulo 6 de la Ley de Defensa contra las Enfermedades Venéreas, dispone que las autoridades sanitarias deberán emplear todos los medios de persuasión y de convicción con el fin de lograr la hospitalización de los enfermos que así lo requieran.

5. Las visitas de Policía Sanitaria

Las visitas sanitarias se llevarán a efecto cuando el Ministerio de S. y A. S. lo considere necesario, después de participarlo a los ocupantes de la vivienda u otro establecimiento, y si hubiese oposición a tal visita, so hará uso de la fuerza pública, de conformidad con las leyes.

6. Medidas respecto a los extranjeros.

De acuerdo a la Ley de Extranjeros, Artículo 32, se prohíbe la entrada al territorio nacional a los extranjeros atacados de lepra, tracoma, enajenación mental, epilepsia, o cualquier otra enfermedad que pueda comprometer la salubridad pública.

III. LA AUTORIDAD DE POLICÍA.

El Artículo 19 de la Ley de Sanidad Nacional, determina que los funcionarios autorizados para imponer las penas por las infracciones a las disposiciones de la Leyes El Ministerio de Sanidad y Asistencia Social, los Médicos de las Unidades Sanitarias, los Médicos de Sanidad y los demás funcionarios que expresamente autorice el referido Ministerio.

Capítulo Tercero
El derecho a profesar la fe religiosa y
a ejercitar el culto.

Sección Primeras:
EL PRINCIPIO CONSTITUCIONAL.

I. LA NORMA CONSTITUCIONAL

El principio constitucional respecto a este derecho so encuentra en el Artículo 65 de la Constitución, que establece: "Todos tienen el derecho de profesar su fe religiosa y de ejercitar su culto, privada o públicamente, siempre que no sea contrario al orden público o a las buenas costumbres...".

II. ANÁLISIS DE LA NORMA

Del análisis de la norma se desprenden dos derechos fundamentales:

1) A- El derecho a profesar la fe religiosa, la libertad de conciencia. Este derecho equivale a la libertad que tienen todos los individuos, la libertad de conciencia, el cual está entendido como un derecho ilimitado y absoluto que no puede ser regulado por la legislación.

B- El derecho a ejercitar el culto la libertad de cultos. Ya aquí no existe esa libertad absoluta. De acuerdo a lo expuesto en una Sentencia de la Corte Federal y de Casación, de 2 de Febrero de 1953, la libertad de conciencia no debe confundirse con la libertad religiosas ésta es condicional y relativa por cuanto está limitada por la policía administrativa.

1. Limitaciones a los derechos

A. Respecto al derecho de profesar la fé religiosa.

a) <u>Principio general</u>. La propia Constitución consagra limitaciones a estos derechos, al establecer en el mismo Artículo 65 que, "Nadie podrá invocar creencias o disciplinas religiosas para eludir el cumplimiento de las leyes ni para impedir a otro el ejercicio de sus derechos". Esto constituye una limitación general al derecho de profesar la fé religiosa.

Por ello, no sé permitirán discriminaciones fundadas en el credo de las personas. (Artículo 61 Constitución).

b) <u>La propaganda religiosa</u>. El derecho a profesar la fe religiosa, no implica el derecho a realizar propaganda religiosa o campañas proselitistas. (Sentencia de la Corte Federal y de Casación, citada.

B. Respecto al derecho de ejercitar el culto.

a)   Limitaciones al ejercicio del culto. Existen limitaciones al derecho de ejercitar el culto que se derivan de la propia Constitución, al establecer en su Artículo 65 que, todos tienen el derecho de profesar su fe religiosa y de ejercitar su culto, siempre que no sea contrario al orden o a las buenas costumbres.

b)   Inspección del culto. La policía de cultos tiende a limitar la actividad religiosa. El culto está sometido a la suprema inspección del Ejecutivo Nacional, de conformidad con la Ley (Artículo 65 Constitución). Además la Sentencia de Casación antes citada, establece que, la inspección y vigilancia de todos los cultos, atribuida al Ejecutivo Nacional, no es puramente contemplativa, sino que implica la facultad de tomar medidas que a juicio del Ejecutivo Federal, aconsejen los superiores intereses de la Nación, materiales, morales, políticos, industriales, patrióticos o de cualesquiera otra índole nacional y justa.

Sección Segundas
REGULACIÓN JURÍDICO-ADMINISTRATIVA DEL DERECHO A EJERCITAR EL CULTO

I. REGULACIÓN JURÍDICO-ADMINISTRATIVA DEL CULTO CATÓLICO

1. Introducción

Para su estudio hay que partir del Artículo 130 de la C.N.: "En posesión como está la República del Derecho de Patronato Eclesiástico. Lo ejercerá conforme lo determine la Ley. Sin embargo, podrán celebrarse convenios o tratados para re guiar las relaciones entre la Iglesia y el Estado"

Este Artículo establece como principio general que las relaciones entre el Estado y la Iglesia se rigen por la Ley de Patronato Eclesiástico. El Derecho de Patronato ha sido definido como aquel derecho o privilegio del Estado intervenir en el nombramiento de las autoridades eclesiásticas y en la vigilancia de los bienes eclesiásticos. Pero esto no implica que el Estado no tenga otros derechos como el otorgar o negar el pase de las bulas, la designación de los territorios eclesiásticos, etc.

Este derecho de Patronato fue un privilegio concedido a la Corona española por el Papa para que pudiera intervenir en el nombramiento y vigilancia de la autoridad religiosa. Posteriormente, al proclamarse la Independencia, las ex-colonias españolas se declararon herederas del Derecho de Patronato. Así, en 1824, la Cámara del S£ nado y las Representantes de Colombia (la de Bolívar; no la actual) decretaron el 28 de julio de 1824 la Ley de Patronato Eclesiástico| y un Decreto de la Cámara de Diputados dictado en 1833 declaró vigente y obligatorio el cumplimiento de la citada Ley, la cual continuó rigiendo, teóricamente, las relaciones entre el Estado y la Iglesia hasta 1964, cuando se aprobó un Convenio entre el Estado venezolano y la Santa Sede.

Entre los Considerados del Congreso para dictar la Ley que nos ocupa tenemos que el 1° se dices "Que el Gobierno de Colombia no sólo debe sostener los derechos que tiene como protector de la Iglesia, sino también los que le competen en la provisión de beneficios en razón de la disciplina, bajo la cual se establecieron las iglesias de este territorio, que hasta ahora no ha sufrido alteración". Esto significa que el Estado es patrono y protector de la Iglesia en Venezuela.

Luego de dos considerandos más, el Congreso decretó la Ley en los siguientes términos:

"Artículo 1°.- La República de Colombia debe continuar en el ejercicio del Derecho de Patronato que los Reyes de España tuvieron en las iglesias metropolitanas, catedrales y parroquiales de esta parte de la América.

"Artículo 2°.- Es un deber de la República de Colombia y de su Gobierno sostener este derecho y reclamar de la Silla Apostólica que en nada varíe ni innove; y el Poder Ejecutivo, bajo este principio, celebrará con su Santidad un concordato que asegure para siempre e irrevocablemente esta prerrogativa de la República y evite en adelante quejas y reclamaciones.

"Artículo 3°.- El Derecho de Patronato, el de tuición y protección, se ejercerán: 1° Por el Congreso; 2° Por el Poder Ejecutivo con el Senado: 3° Por el Poder Ejecutivo solos; 4° Por los intendentes; 5° Por los Gobernadores. La Alta Corte de la República y las Cortes Superiores conocerán do los asuntos contenciosos que se suscitaren en esta materia y que se detallarán por esta Ley".

En relación a las prerrogativas del Estado para intervenir en la cuestión religiosa, la actual norma reguladora de las relaciones entre el Estado y la Iglesia, que es el Convenio del 26 de junio de 1964 celebrado entre el Ejecutivo Nacional y la Santa Sede, ha introducido radicales modificaciones, En lo sucesivo vamos a comparar este Convenio con la Ley de Patronato de 1824.

2. Las Bulas sobre disciplina eclesiástica

El Artículo 4° de la Ley de Patronato dice:"Corresponde al Congresos: …Ordinal 8°:

Dar a las bulas y breves que traten de disciplina universal o de reforma y variación de las constituciones de regulares, el pase correspondiente para que sus disposiciones sean observadas en la República, o bien disponer y dictar las reglas convenientes para que no se cumplan ni tengan efecto alguno, siendo contrarias a la soberanía y prerrogativas de la Nación, designando las penas en que in curran los que no las observen y cumplan".

Este Artículo nunca se cumplió. El Cardenal Quintero afirmó en una Pastoral que era contrario a la fe cristiana. El Convenio establece al respecto en su Artículo 2° que "El Estado Venezolano reconoce el libre ejercicio del derecho de la Iglesia Católica de promulgar Bulas, Breves, Estatutos, Decretos, Cartas Encíclicas y Pastorales en el ámbito de su competencia y para la prosecución de los fines que le son propios".

3. La designación de las autoridades eclesiásticas.

En cuanto el derecho del Estado para designar las autoridades eclesiásticas, disponía el Artículo 4° Ordinal 10°, que "Corresponde al Congresos Ordinal 10° "Elegir y nombrar los que han de presentarse a Su Santidad para los arzobispados y obispados." Esto tampoco se llegó a cumplir nunca, pues, la designación se ha realizado mediante acuerdos diplomáticos previos, que luego el Ejecutivo pasaba al Congreso.

El Convenio modificó esta situación así en su Artículo 6° el cual expresa que "Antes de proceder al nombramiento de un Arzobispo u Obispo diocesano, o de un Prelado Nullius, o de sus Coadjutores con derecho a sucesión, la Santa Sede participará el nombre del candidato al Presidente de la República, a fin de que éste manifestase si tiene objeciones de carácter político general que oponer al nombramiento. En caso de existir objeciones de tal naturaleza, la Santa. Sede indicará el nombre de otro candidato para los mismos fines. Las diligencias correspondientes se desarrollarán con la mayor reserva a fin de mantener secretos los nombres de los candidatos hasta que sea publicado el nombramiento definitivo. Transcurridos treinta días desde la comunicación hecha al Presidente de la República, el silencio de éste se interpretará en el sentido de que no tiene objeciones que oponer al nombramiento. En caeos excepcionales, dicho término podrá extenderse hasta sesenta días, de acuerdo con la Nunciatura Apostólica".

El Artículo 16 de la Ley de Patronato, en concordancia con el Artículo 8° de la Ley de Juramento, disponía que "Los nombrados por el Congreso para arzobispados y obispados, antes de que se presenten a Su Santidad por el Poder Ejecutivo, deberán prestar ante éste o ante la persona que delegare al efecto, el juramento de sostener y defender la Constitución de la República, de no usurpar su soberanía, derechos y prerrogativas y de obedecer y cumplir las leyes, ordenes y disposiciones del Gobierno. ..." Al respecto, el Convenio sólo exige en el Artículo 7° que "Los Arzobispos y Obispos diocesanos y sus Coadjutores con derecho a su cesión serán venezolanos", tanto por nacimiento como por naturalización.

Según el Artículo 8° del Convenio, el nombramiento o "la provisión de las dignidades de los Capítulos Metropolitanos y Catedrales está reservada a la Santa Sede. Pero, en atención a lo que dispone el Artículo 11, el nombramiento se comunicará oficialmente al Gobierno de Venezuela antes de la toma de posesión por parte de los investidos. En el caso de creación de nuevas dignidades, tendrá aplicación el Artículo 11 con respecto a ellas, una vez que haya mediado un acuerdo con el Gobierno".

El Artículo 9° del Convenio estipula que "La provisión de las canonjías y beneficios menores de los Capítulos Metropolitanos y Catedrales se hará libremente por la competente autoridad Eclesiástica, de acuerdo con las normas del Derecho Canónigo. El Ordinario del lugar dará comunicación oficial de dichos nombramientos al Ejecutivo Nacional antes de que los nuevos investidos tomen posesión canónica del beneficio. En el caso de creación de nuevas dignidades, tendrá aplicación el Artículo 11 con respecto a ellas, una vez que haya mediado un acuerdo con el Gobierno".

4. La División Territorial Eclesiástica

Según el Artículo 4°, Ordinal 1° de la L. de P. Corresponde al Congresos: 1.- Decretar las creaciones de nuevos arzobispados y obispados; circunscribir sus límites designar el número de prebendas que hayan de tener las Catedrales que se erijan, y destinar los fondos que deban emplearse en la construcción de las Iglesias Metropolitanas y episcopales". El Artículo 5° el Convenio ha modificado esto de la siguiente forma: "La erección de nuevas Arquidiócesis, Diócesis y Prelaturas Nullius y las modificaciones de los límites existentes se harán por la Santa Sede previo acuerdo con el Gobierno./ Ninguna parte del territorio venezolano dependerá de un Obispo cuya sede esté fuera de las fronteras de la República./ Cuando hayan de erigirse nuevas Diócesis o modificarse]os límites de las actuales se procurará que los límites diocesanos coincidan, en lo posible, con las divisiones políticas del territorio nacional".

5. El Control Presupuestario

Acerca de las normas sobre el control de las asignaciones presupuestarias, el Artículo 4, Ordinal 6° de la L. de P. significaba que: "Corresponde al Congresos 6°. Formar los aranceles de los derechos parroquiales y los que deben cobrarse en las curias eclesiásticas; el Ordinal 7° decía: Arreglar la administración e inversión de los diezmos o de cualquier otra renta destinada ya o que en adelante se destinare por el mismo Congreso para los gastos del culto y subsistencia de sus ministros". Igualmente, en el Artículo 6°, Ordinal 11° estable ce que: "Corresponde al Poder Ejecutivo sólo: 11°- "Dictar las providencias oportunas para que los espolios de los arzobispos y obispos se aseguren, se administren y se inviertan en sus debidos usos, y que los encargados de su recaudación y manejo den cuentas". Y el Ordinal 12° dices "Cuidar de que las cuentas de fábrica de las Iglesias Catedrales no se mal viertan ni se distraigan de su debida y legítima inversión, y hacer que los prelados y cabildos eclesiásticos den cuenta de los objetos a que las destinaren anualmente".

Hay también la Ley de 1842, que dispone llevar las cuentas de los ingresos y egresos de las Iglesias ante la Primera Autoridad Civil de la Parroquia.

Sobre esta materia el Convenio establece en su Artículo 11 que "El Gobierno de Venezuela, dentro de sus posibilidades fiscales, continuará destinando un Capítulo del Presupuesto, que seguirá llamándose Asignaciones Eclesiásticas, para el decoroso sostenimiento de los Obispos, Vicarios Genera- les y Cabildos Eclesiásticos./ También se destinará una partida presupuestaria adecuada para ejecutar y contribuir a la ejecución de obras de edificación y conservación de templos, seminarios y lugares destinados a la celebración del culto".

6. La Personalidad Jurídica

En cuanto a la personalidad jurídica de la Iglesia, la L. de P. no reconoce nada, mientras que el Convenio en su Artículo 3° expresa que "El Estado Venezolano reconoce la personalidad jurídica internacional de la Santa Sede y del Estado de la Ciudad del Vaticano./ Para mantener relaciones amistosas entre la Santa Sede y el Estado de Venezuela continuarán acreditados un Embajador de Venezuela ante la Santa Sede y un Nuncio Apostólico en Cara cas, el cual será Decano del Cuerpo Diplomático acreditado ante el Gobierno de Venezuela".

II. REGULACIÓN JURÍDICO-ADMINISTRATIVA DEL CULTO NO CATÓLICOS LA INSPECCIÓN SUPREMA DE CULTOS

Sobre este particular existe una norma general, el Decreto Ejecutivo de 24 de Octubre de 1911, reglamentario del ejercicio de la facultad ejecutiva de la suprema inspección de todos los cultos y en el cual se establecen dos principios:

a) Que para que un culto se establezca en el país requiere la condición de tolerado o "lícita mente establecido".

b) Que en todo caso se ha de aplicar a los cultos católicos la Ley de Patronato Eclesiástico, mediante la interpretación analógica correspondiente, para la cual se encuentran algunas normasen los Artículos 2 y 3 del Decretos

Artículo 2: "En donde la citada Ley de Patronato se refiere a la sede de la iglesia católica o a su pontífice, se entenderá referida, a los efectos del Decreto, la autoridad superior eclesiástica de cada culto no católico, legalmente establecida en el país".

Artículo 3: "En donde la citada Ley de Patronato se refiere a disposiciones canónica y a bulas, breves, rescriptos u otros decretos y resoluciones de jurisdicción eclesiástica, se entenderá hecha referencia, a los efectos de este Decreto, a los reglamentos y leyes por los cuales se rija, para su disciplina interna, cada uno de los cultos tolerados ahora o después en el país, en tanto esas leyes y reglamentos se ajusten a la Constitución y leyes de la República".

Cualquier culto que no sea católico tiene que ser tolerado por el Estado, es decir, tiene que obtener una autorización del gobierno nacional, por intermedio del Ministerio de Justicia.

Sección Tercera:

LA POLICÍA DE CULTOS

I. INTRODUCCIÓN

La policía de cultos rige sólo para el ejercicio exterior de cultos. La Corte Federal y de Casación, en Sentencia del 2 de febrero de 1953, estableció la inspección que tiene el Estado sobre el ejercicio del culto, e implica la facultad de éste de tomar medidas policiales, en razón del orden público y las buenas costumbres (Artículo 65 Const.)

Se debe señalar que el ámbito del concepto de orden público varía según se trate de la religión católica u otro culto cualquiera; la moralidad de la religión católica se presume por estar protegida por el Estado; para ella sólo existen medidas de seguridad, tranquilidad, salubridad.

Su existencia se basa en el Artículo 65 de la C. N. que expresa que "El culto estará sometido a la suprema inspección del Ejecutivo Nacional, de conformidad con la Ley".

Según este Artículo todos los demás cultos, además del católico, están sometidos a la suprema vigilancia del Estado, y por ello deberían estar sometidos a una regulación especial, como lo está la católica. Sólo existe un Decreto sobre el Ejercicio de la Inspección Suprema del Culto, del 24 de octubre de 1811, la cual consta de un único Artículo, que dispone que las relaciones entre el Estado y los cultos tolerados se regirán por la Ley de Patronato Eclesiástico. Todo Culto para poder establecerse en Venezuela requiere ser tolerado o autorizado por el Ejecutivo Nacional, que es el supremo inspector de cultos, lo cual realiza por medio del Ministerio de Justicia, Dirección de Cultos.

En esta materia se puede partir de una sentencia de la antigua Corte Federal y de Casación, que señaló que la inspección o vigilancia del Ejecutivo Nacional no es puramente contemplativa sino que de acuerdo a los supremos intereses de la nación patrióticos, morales, políticos o de cualquier otra índole <u>nacional</u> y <u>justa</u>, podía dictar medidas de <u>policía de cultos.</u> Observamos que esta sentencia establece también límites a esta actividad al decir que los motivos deben ser de índole <u>racional</u> y <u>justa</u>, limites de la <u>discrecionalidad</u> de la Administración en este aspecto.

Esta actividad de policía administrativa de cultos tiene fundamento legal en el Artículo 65 de la C.N., el cual establece que "El culto estará sometido a la <u>suprema inspección</u> del Ejecutivo Nacional, de conformidad con la Ley".

Como estas medidas sólo se refieren a los actos exteriores, se van a estudiar en lo referente

II. LOS AGENTES DEL CULTO

Respecto a los agentes del culto existe - una medida policías respecto a los extranjeros.

Además del control sobre los agentes del culto extranjero, el Estado protege a los agentes que se dediquen a las misiones; así el Artículo 4 de la Ley de Misiones, establece que "Los Misioneros contratados por el Ejecutivo Federal podrán entrar libremente en el Territorio de la República con destino a sus respectivas Misiones, y las autoridades civiles y militares les prestarán todo género de apoyo moral y material en el desempeño de sus deberes".

En Venezuela no existen restricciones para el uso de los hábitos, para ello existe libertad absoluta cualquiera que sea el culto.

III. EL EJERCICIO DEL CULTO

Respecto a las medidas de policía sobre el ejercicio exterior del culto, se dividen en dos tipos:

1. El ejercicio privado del culto

En principio, no es controlable por el Estado; el sacerdote tiene autoridad sobre los fieles cuando el culto se ejerce privadamente. Estos actos de la vida privada guardan relación con el orden jurídico:

a) El Artículo 473 del Código Civil prohíbe asentar en los registros bautismales ninguna partida sin que sea presentada previamente la certificación de haberse extendido la partida de nacimiento o la prueba supletoria correspondiente;

b) El Artículo 45 del mismo Código prohíbe el cumplimiento de los ritos matrimoniales de la religión que profesen los contrayentes sin la presentación previa al ministro del culto, o a quien debe presenciar dichos ritos, de la certificación - de haberse celebrado el matrimonio conforme a las normas establecidas en C. C.

Si bien, en principio, el Estado no tiene intervención en el culto privado, sin embargo, ésta no se hace mientras no sea contrario al orden público y a las buenas costumbres, para lo cual existen normas expresas en la legislación Cuando se trate de actos que estorben, vilipendien, ofendan, ultrajen, perturben o en cualquiera otra forma afee; ten negativamente a cultos o a personas, lugares o cosas relacionadas con los mismos y tales actos son considerados como delitos. (Artículos 168 a 173 del Código Penal).

2. El ejercicio público del culto.

Se deben distinguir

A.- En el interior de las iglesias, a) Ello es posible por el derecho de reunión que tienen todos los ciudadanos, de acuerdo con la Constitución, con tal que sea con fines lícitos y sin portar armas. (Artículo 71 Const.).

Hay limitaciones al derecho de reunión cuando éstas se hacen para fines ilícitos, contrarios a la Ley.

b)   El derecho de expresión del pensamiento. Este derecho deriva de la disposición contenida en el Artículo 66 de la Constitución "Todos tienen el derecho de expresar su pensamiento a viva voz o por escrito y de hacer uso para ello de cualquier medio de difusión, sin que pueda establecerse censura previa; pero quedan sujetas a pena, de conformidad con la Ley, las expresiones que constituyan delito. No se permite el anonimato. Tampoco se permitirá la propaganda que ofenda la moral pública ni la que tenga por objeto provocar la desobediencia de la leyes...",

c)   La vigilancia policial. En todo caso, existe respecto al ejercicio del culto en el interior de las iglesias, tina vigilancia policial, la cual se desprende de los Códigos de Policía de los Estados; por ejemplo, el del Estado Sucre establece que, la policía puede entrar libremente y vigilar los lugares donde se celebren actos públicos, con el fin de evitar la consumación de delitos o de actos contrarios al orden público y a las buenas costumbre.

Las autoridades policiales tienen el poder de intervenir para dejar las puertas abiertas, para impedir tumultos, etc.

B.   En la vía pública. En lo referente al ejercicio público del culto fuera de la iglesia, o sea, en la vía pública, como es el caso de las procesiones, que perturban el libre tránsito de los vehículos y peatones no participantes en ellas, rige la Ley de Partidos Políticos, la cual en su Artículo 37 expresa que: "Las reuniones privadas no están sujetas a las disposiciones de esta Ley"; mientras que para las públicas dice en el Artículo 38 : "Los organizadores de reuniones públicas o manifestaciones deberán participarlo con veinticuatro horas de anticipación, cuando menos, por escrito por duplicado, en horas hábiles, a la primera autoridad civil de la jurisdicción con la indicación del lugar o itinerario escogido, día, hora y objeto general que se persiga. Las autoridades en el mismo acto del recibo de la participación deberán estampar en el ejemplar que entregan a los organizadores, la aceptación del sitio o itinerario y hora".

Hay limitaciones a estas realizaciones. Así, no pueden celebrarse en un régimen de suspensión de garantías constitucionales. Las autoridades pueden evitar ciertos actos que acompañan a la manifestación exterior del culto, como por ejemplo, el Artículo 17 de la Ordenanza Contra Ruidos, dispone que el toque de campanas queda limitado a las horas de 6 a.m. a 6 p.m.

3. La protección al ejercicio del culto

Por otra parte, la policía administrativa tiene el deber de proteger el ejercicio del culto. Al efecto, la Ordenanza de Policía Urbana y Rural, Artículo 26, establece que, el que turbare el ejercicio de algún culto, faltando al orden y respeto debidos, o cometiendo acciones escandalosas, queda bajo la acción de la Policía, la cual impondrá al infractor las penas a que haya lugar.

Otra protección se deduce del Código Penal, Artículo 168 y siguientes, al considerar como delitos los actos que estorben, vilipendien, ofendan, ultrajen, perturben o en cualquiera otra forma afecten negativamente a cultos o a personas, lugares o cosas relacionadas con los mismos.

Por último se señala que determinados actos no pueden realizarse dentro de las iglesias así el Artículo 135 del Código de Procedimiento Civil, prohíbe efectuar citación en el templo.

Capítulo Cuarto:
El derecho a la educación y a la cultura.

Sección Primeras:
LOS PRINCIPIOS CONSTITUCIONALES.

Ha sido preocupación fundamental del Esta do eliminar el analfabetismo y el bajo nivel cultural de las personas. Por ello la Constitución establece en su Artículo 78 que; "Todos tienen derecho a la educación. El Estado creará y sostendrá escuelas, instituciones y servicios suficientemente dota dos para asegurar el acceso a la educación ya la cultura, sin más limitaciones que las derivadas de la vocación y de las aptitudes...".

I. EL DERECHO A LA EDUCACIÓN

La educación como un derecho administrativo de las personas está consagrado en el Artículo 78 de la Constitución, antes citado. Se trata de un derecho público subjetivo de los administradores.

1. Finalidad de la educación

El Artículo 80 de la Constitución establece cual es la finalidad -de la educación en Venezuela "La educación tendrá- como finalidad el pleno desarrollo de la personalidad, la formación de ciudadanos aptos para la vida y para el ejercicio de la democracia, el fomento de la cultura y el desarrollo del espíritu de solidaridad humana. El Estado orientará y organizará el sistema educativo para lograr el cumplimiento de los fines aquí señalados".

II. OBLIGACIONES ESTATALES.

Hay obligaciones a cargo del Estado, de acuerdo a lo establecido en el aparte único del Artículo 80, (El Estado orientará y organizará el sistema educativo para lograr el cumplimiento de los fines señalados en dicho Artículo).

Además, tiene el deber de dictar programas uniformes para los institutos públicos y privados por ello, el Artículo 80 establece la obligación para el Estado de crear y sostener escuelas, instituciones y servicios, suficientemente dotados para asegurar el acceso a la educación y a las culturas.

La obligación del Estado implica el tener libre acceso a los institutos de educación, con las limitaciones establecidas en el Artículo 78 la Ley podrá establecer excepciones respecto de la enseñanza superior y especial, cuando se trate de personas provistas de medios de fortuna-; de allí los exámenes de admisión de los que van a inscribirse en ciertos institutos educacionales.

Consecuencia: gratuidad. La consecuencia de esta obligación del Estado, de crear y mantener servicios educativos, es la gratuidad de la educación en Venezuela. Así, el Artículo 78, establece que, la educación impartida por los institutos oficiales será gratuita en todos sus ciclos.

El principio general es que la educación es gratuita, pero se establece que se podrán exigir matrículas de inscripción a los alumnos que tengan posibilidades económicas.

Este principio de la gratuidad de la enseñanza está consagrado también en los Artículos 8 de la Ley de Educación y 9 de la Ley de Universidades:

Artículo 8: "En los planteles oficiales la educación es gratuita, salvo lo quo se establezca para las Universidades:

Artículo 9: En las Universidades Nacionales los estudios ordinarios son gratuitos; sin embargo los alumnos que deban repetir el curso, total o parcialmente, por haber sido aplazados, pagarán el arancel que establezca el reglamento".

l)   El fomento de la cultura Otra obligación del Estado está establecida en el Artículo 83 de la Constitución: "El Estado fomentará la cultura en sus diversas manifestaciones y velará por la protección *y* conservación de las obras, objetos *y* monumentos de valor histórico o artístico que se encuentren en el país, *y* procurará que ellos sirvan al fomento de la educación".

III. LA LIBERTAD DE ENSEÑANZA.

Otro principio constitucional en materia de educación, es la libertad de enseñanza, está en el Artículo 79 de la Constitución: "Toda persona, natural o jurídica podrá dedicarse libremente a las ciencias o a las artes, y, previa demostración de su capacidad, fundar cátedras y establecimientos educativos bajo la suprema inspección y vigilancia del Estado...".

1. Intervención estatal

A pesar de que existe la libertad de enseñanza, sin embargo, está bajo la suprema vigilancia del Estado. Esta varía especialmente en los institutos educacionales crea dos recientemente.

2. Estimulo y protección estatal

El Artículo 79, aparte único, establece que, el Estado estimulará y protegerá la educación privada que se imparta de acuerdo con los .principios, contenidos en la Constitución y las leyes.

Tal estímulo estatal está también consagrado en el Artículo 114 de la Ley de Educación, que dices "El Estado estimulará la educación priva da, prestándole apoyo moral, material y técnico, en la forma en que lo considere conveniente".

IV. LOS AGENTES DE LA ENSEÑANZA

1. Aptitud

Los requisitos de capacidad están contemplados en el Artículo 81 de la Constitución, en el cual se establece que, la educación estará cargo de personas de reconocida moralidad y de idoneidad docente comprobada, de acuerdo con la Ley.

La Ley de Educación, en sus Artículos 68 y siguientes, establece determinados requisitos para la profesión de la docencia. Así el Artículo 68 dispone que para el ejercicio de la enseñanza se requiere el título profesional correspondiente.

La Ley de Universidades establece en su Artículo 73 que, para ser miembro del personal docente y de investigación se requiere.

a) Poseer condiciones morales y civil cas que lo hagan apto para tal función

b) Haberse distinguido en sus estudios universitarios o en su especialidad, o ser autor de trabajos valiosos en la materia que aspire a enseñar y

c) Llenar los demás requisitos establecidos en la presente Ley y los reglamentos.

2. La protección estatal

El Artículo 81 de la Constitución en su aparte único, establece que, la Ley garantizará a los profesionales de la enseñanza su estabilidad profesional y un régimen de trabajo y un nivel de vida acordes con su elevada misión.

Al efecto, el Artículo 73 de la Ley de Educación, establece que, el personal docente al servicio del Estado gozará de estabilidad en el ejercicio de sus funciones, salvo que por causas de índole profesional o disciplinaria sea necesaria su remoción o destitución. Y el Artículo 102 de la Ley de Universidades, establece que, las Universidades deben protección a los miembros de su personal docente y de investigación, y procurarán, por todos los medios, su bienestar y mejoramiento.

V. LAS OBLIGACIONES DERIVADAS

1. La colegiación

El Artículo 82 de la Constitución establece que: Es obligatoria la colegiación para el ejercicio de aquellas profesiones universitarias qué señale la Ley. En la enseñanza media no es obligatoria esta colegiación.

2. Obligaciones derivadas de solidaridad social

También pueden derivarse obligaciones de la solidaridad social| al efecto el Artículo 57 de la Constitución establece que, las obligaciones que corresponden al Estado en cuanto a la asistencia , educación y bienestar del pueblo no excluyan la que, en virtud de la solidaridad social, incumben a los particulares según su capacidad. La Ley podrá imponer el cumplimiento de estas obligaciones en los casos en que fuere necesario. También podrá, imponer, a quienes aspiren a ejercer determina das profesiones, el deber de prestar servicio duran te cierto tiempo en los lugares y condiciones que se señalen.

Sección Segunda:
EL RÉGIMEN JURÍDICO-ADMINISTRATIVO DE LA EDUCACIÓN.

I. LOS ESTABLECIMIENTOS DOCENTES

l. La supervisión de los establecimientos docentes

El Artículo 2 de la Ley de Educación, establece que, el Estado, por órgano del Ejecutivo Nacional, ejerce la supervisión de los establecimientos docentes a fin de que se cumplan los objetivos que aquél asigna a la Educación, las exigencias del "orden público, la moral, las buenas costumbres, la higiene y los requisitos consagrados por esta Ley y sus Reglamentos. Y el Reglamento de dicha Ley establece que la supervisión de los establecimientos docentes se ejercerá a través del Ministerio de Educación.

Dicho Reglamentó "establece así mismo, que para el mejor ejercicio de la supervisión docente, el Ministerio de Educación podrá distribuir el territorio nacional en zonas geográficas denomina das Distritos Escolares, que serán supervisados por funcionarios denominados Supervisores Escolares, en la forma numero y condiciones que determine dicho Ministerio. (Artículo 2).

2. Las ramas de la educación en los establecimientos docentes.

La educación en Venezuela está dividida en diversas ramas:

A. Educación Preescolar.

Tiene por objeto guiar las primeras experiencias infantiles, suscitar gradualmente las expresiones deseables de la "inteligencia y la sensibilidad y formar buenos hábitos físicos, higiénicos, mentales y sociales, en armonía con el desarrollo integral del niño. (Artículos 19 al 22 de la Ley de Educación).

B. Educación "Primaria. Objeto de la Educación"

Primaria es proporcionar instrumentos básicos de cultura, formar hábitos individuales y sociales que faciliten la incorporación a la vida ciudadana y al trabajo útil y, de acuerdo con las aptitudes, capacitar para la realización de estudios ulteriores.

La educación primaria es obligatoria a partir de los siete años de edad y se cumple en seis cursos sucesivos, denominados grados, cada uno de los cuales durará, por lo menos, un año escolar, salvo las excepciones contenidas en la Ley. (Artículos 23 al 27 de la Ley de Educación).

Es la única rama de la educación que responde al tipo de obligación que establece la Constitución en el Artículo 55.

C. Educación Secundaria.

Tiene por objeto continuar el proceso formativo iniciado en la Educación Primaria, proporcionar a los educandos una cultura general y prepararlos para el ingreso en otras ramas do la enseñanza. A estos propósitos se le divide en dos ciclos el primero, con fines de cultura general; el segundo, para iniciar la especialización de los alumnos en Ciencias o en Humanidades. (Artículos 31 y siguientes de la Ley de Educación).

D. Educación Técnica.

Tiene por objeto capacitar a los alumnos en las siguientes ramas:

a. Educación agropecuaria

Que tiene por objeto capacitar para la realización eficiente y económica de las labores agrícolas o pecuarias, instruir en los métodos de aprovechamiento y conservación de la tierra y de los otros recursos naturales renovables... (Artículo 41 de la Ley de Educación).

b. Educación artesanal

Que tiene por objeto la capacitación manual de individuos en oficios que los hagan económicamente autosuficientes.

Para la educación secundaria y técnica hay un Reglamento N° 441 de 20 de octubre de 1956 Educación industrial, tiene por objeto la capacitación de individuos hábiles para satisfacer técnicamente las necesidades de la industria y para participar eficaz y activamente en la vida económica del país.

c. Educación comercial

Tiene por objeto la preparación de individuos capaces de cumplir las labores administrativas propias de la agricultura, la cría, la industria, el comercio, los servicios públicos y las demás actividades que las requieran.

d. Educación asistencial.

Se ocupa en la preparación de individuos aptos para ayudar a la solución de los problemas sanitarios o sociales del País.

e. La educación para los servicios administrativos.

Tiene por objeto la preparación cívica y técnica de individuos destinados a los servicios que correspondan al Estado.

f. La educación para el hogar

Tiene por finalidad proporcionar a la mujer cultura *general* adecuada a las actividades que está llamada a desempeñar en la familia y en la sociedad haciéndola apta para la satisfacción de sus necesidades económicas.

g. La educación artística

Tiene por objeto el adiestramiento para la aplicación de técnicos de expresión estética o para la creación artística.

E. Formación docente

El propósito de la Formación Docente es preparar maestros y profesores y comprende: La Educación Normal y la Formación de Profesores para la Educación Secundaria, para la Educación Técnica y para la Educación Normal:

a) La Educación Normal, tiene por objeto preparar maestros de Educación Preescolar y Maestros de Educación Primaria

b) La Formación Docente, para la educación secundaria, técnica y normal, tiene por objeto la preparación de Profesores para las ramas de educación secundaria, técnica y normal.

Esta materia está regulada por el Reglamento 439 de 20 de octubre de 1956.

F. Educación militar

La educación militar se cursa en los institutos de educación militar y se rige por las disposiciones de leyes especiales, sin perjuicio del cumplimiento de los preceptos que de la presente Ley le sean aplicables.

G. Educación universitaria

Se cursa ésta en las Universidades y se rige por las disposiciones de la Ley respectiva, sin perjuicio del cumplimiento de los preceptos que de la Ley de Educación le sean aplicables.

3. El idioma oficial

En todas estas ramas de la educación y en todos los establecimientos docentes del País, es obligatoria la enseñanza en idioma castellano, salvo en la enseñanza de idiomas extranjeros. Los profesores de idiomas extranjeros. Los profesores de idiomas extranjeros deberán conocer suficientemente el idioma castellano. (Artículo 4 de la Ley de Educación y 6 de la Constitución).

II. LA CLASIFICACIÓN DE LOS ESTABLECIMIENTOS DOCENTES.

1. Introducción

Según la legislación venezolana, los establecimientos docentes se clasifican en públicos u oficiales y privados.

2. Los establecimientos docentes públicos u oficiales

A. La gratuidad en los ramos de la educación

De acuerdo con "el Artículo 8 de la Ley de Educación, en los planteles oficiales la educación es gratuita, salvo lo que se establezca para las universidades. Este principio está contemplado en la Constitución, Artículo 78, aparte único, en el cual se establece que la educación impartida por los institutos oficiales será gratuita en todos sus oficios.

B. Las Universidades Nacionales: Principios fundamentales.

Dentro de los establecimientos públicos u oficiales tiene especial interés el estudio de los principios fundamentales sobre las Universidades nacionales.

La Ley de Universidades define la Universidad como una comunidad de intereses espirituales que reúne a profesores y estudiantes en la tarea de buscar la verdad y afianzar los valores trascendentales del hombre.

a. Personalidad jurídica.

De acuerdo al Artículo 19 del C.C. las Universidades son personas jurídicas, y por lo tanto, capaces de obligaciones y derechos. Esta personalidad jurídica está definida en el Artículo 7 de la Ley de Universidades al establecer que Las Universidades Nacionales adquirirán personalidad jurídica con la publicación en la Gaceta Oficial del Decreto Ejecutivo Nacional por el cual se crean.

b. Institución autónoma.

La personalidad jurídica de las Universidades que las convierte en instituciones autónomas les confiere una personalidad jurídica distinta de la del Estado y por consecuencia, un patrimonio propio y distinto del Estado.

Como institutos públicos con patrimonio y personalidad jurídica distinta del Estado, las Universidades Nacionales gozarán, en cuanto a su patrimonio, de las prerrogativas que al Pisco Nacional acuerda la Ley Orgánica de la Hacienda Nacional, (Artículo 14 Ley de Universidades).

c. La autonomía.

Las Universidades son autónomas, de acuerdo con lo establecido en la Ley de Universidades (Artículo 8).

Esta autonomía comprende:

1) La autonormación, es decir, dictar sus propias normas reguladoras de la Ley de Universidades, de organizar su personal docente, la disciplina de los alumnos.

2) La autoadministración, administra sus bienes por sí sola, los cuales no estarán sometidos al régimen de los bienes nacionales establecidos en la Ley Orgánica de la Hacienda Nacional;

3) Fiscalización de los ingresos y egresos, se hará por oficinas contraloras propias, y la Contraloría General de la República no tiene ninguna injerencia en ella, a menos que lo solicite así el Consejo Universitario.

El régimen del autocontrol en materia del mantenimiento del orden interno. Conlleva la inviolabilidad del recinto universitario. Según el Artículo 6° de la Ley de Universidades (la Ley está publicada en el N° 16 de la Revista de la Facultad), el cual dispone que la facultad de mantener el orden público dentro de la Universidad es competencia exclusiva de las autoridades universitarias, y que: el recinto universitario sólo puede ser allanado para impedir la consumación de un delito o para el cumplimiento de las decisiones de los tribunales de justicia.

d. La inviolabilidad del recinto universitario.

El recinto universitario se asemeja al hogar doméstico, protegido por el Artículo 62 de la C. N.: "El hogar doméstico es inviolable. No podrá ser allanado sino para impedir la perpetración de un delito o para cumplir, de acuerdo con la Ley, las decisiones que dicten los Tribunales". Pero seguidamente agrega que "Las visitas sanitarias que hayan de practicarse de conformidad con la Ley sólo podrán hacerse previo aviso de los funcionarios que las ordenen o hayan de practicarlas, lo cual plantea el problema de la intervención de la policía general o común y de las policías especiales administrativas. Y ello porque ya sabemos que en caso de negatoria de los administrados a que se practiquen las visitas sanitarias, pueden las autoridades respectivas solicitar el concurso de la policía general para realizarlas. ¿Podrá suceder lo mismo respecto a la Universidad? No. El profesor opina que sobres este punto que la policía general no puede intervenir en la

Universidad, pero qué si pueden hacerlo las demás policías administrativas especiales como la sanitaria, judicial, de tránsito, etc. No sólo <u>pueden</u> hacerlo si no que <u>deben</u> hacerlo pero asimismo no pueden ni deben hacerlo la policía <u>general</u> ni la policía de <u>seguridad</u> del Estado (Digepol), que no tienen ni deben tener ninguna intervención en la Universidad. Ya dijimos que el mantenimiento del orden público y de la moralidad dentro del recinto universitario es competencia <u>exclusiva</u> de las autoridades universitarias.

El recinto de las Universidades por tanto es inviolable. Su vigilancia y el mantenimiento del orden dentro de él son de la competencia y responsabilidad de las autoridades universitarias; no podrá ser allanado sino para impedir la consumación de un delito o para cumplir las decisiones de los Tribunales de Justicia. (Artículo 6 de la Ley de Universidades).

e. La gratuidad de la enseñanza universitaria.

En las Universidades Nacionales los estudios ordinarios son gratuitos; sin embargo, los alumnos que deben repetir el curso, total o parcialmente, por haber sido aplazados, pagarán el arancel que establezca el reglamento.

f. El reconocimiento de los grados, títulos y certificados.

Por tratarse de Universidades Estado, éste reconocerá para todos los efectos legales los grados, títulos y certificados de competencia que otorguen y expidan las Universidades, sin necesidad de que sean refrendados por el Ministro de Educación. (Artículo 16 Ley de Universidades).

3. Los establecimientos docentes privados

En Venezuela existe la libertad de dedicarse a la enseñanza, pero los establecimientos privados para ejercer sus funciones deben llenar los requisitos exigidos por la Ley de Educación, la cual establece en su Artículo 5 lo siguiente:

A. "Las personas naturales o jurídicas que deseen fundar algún establecimiento docente y las que aspiren a que el Estado reconozca los estudios cursados en algún Plantel para que se otorguen Certificados o Títulos Oficiales, deben obtener previamente la inscripción del establecimiento respectivo en el Ministerio de Educación".

Quedan a salvo de lo dispuesto en este artículo los Planteles que, por la Ley o por disposición del Ejecutivo Nacional, estén sujetos a regímenes especiales".

De acuerdo al Artículo 6 de la nombrada Ley, para obtener la inscripción correspondiente, los interesados formularán solicitud escrita ante el Ministerio de Educación, en la cual deben expresarse los datos siguientes:

a)   Lugar, Municipio o Parroquia, Distrito o Departamento y Entidad Federal, donde funcionará el establecimiento;

b)   Ramas o ramas de la educación a cuya enseñanza se dedicará;

c)   Nombre con que se distinguirá el establecimiento docente;

<u>Los Institutos subvencionados.</u>

Los Institutos subvencionados son los que, fundados por particulares, reciben ayuda económica regular y periódica del Estado.

El Ministerio de Educación podrá celebrar convenios escritos con los dueños o representantes de dichos planteles para precisar las obligaciones y otros requerimientos que a los mismos se impongan, como secuela de la subvención acordada.

Estos institutos cumplirán además con los mismos requisitos exigidos para la inscripción de los establecimientos docentes.

A. Las Universidades Privadas.

a. Autorización

El Ejecutivo Nacional, previa consulta al Consejo Nacional de Universidades, podrá autorizar, mediante decreto y en cada caso, el funcionamiento de Universidades fundadas por personas naturales o jurídicas de carácter privado. (Artículo 154 Ley de Universidades).

A los fines de la autorización del Ejecutivo Nacional, el o los promotores de toda Universidad Privada elevarán solicitud al Ministerio de Educación y acompañarán los siguientes documentos: copia certificada del título jurídico por el cual se crea la Universidad, y proyecto del Estatuto Orgánico. (Artículo 155 de Ley de Universidades).

b. Personalidad jurídica

Las Universidades Privadas adquirirán la personalidad jurídica con la -protocolización en la Oficina Subalterna de Registro del lugar donde funcionará, de la solicitud al Ministerio de Educación, los correspondientes documentos determinados en el Artículo 155; y la autorización del Ejecutivo Nacional. (Artículo 156).

c. Régimen

El régimen jurídico de las Universidades Privadas se rigen por la misma Ley de Universidades, según lo dispuesto en los Artículos 158 y siguientes de la nombrada Ley.

> "Las Universidades Privadas tendrán un personal directivo similar al asignado por la presente Ley a las Universidades Nacionales, el cual deberá llenar los requisitos exigidos en los Artículos 27, 28 53, y 60, esto es Artículo 27: "El Rector y el Vice-Rector de las Universidades deben ser ciudadanos venezolanos por nacimiento, de elevadas condiciones morales, poseer título de Doctor de Universidad del país, tener suficientes credenciales científicas y profesionales, y haber ejercido con idoneidad funciones docentes o de investigación en alguna Universidad, durante cinco años por lo menos".

> "Artículo 28: "El Secretario debe ser ciudadano venezolano por nacimiento, de elevadas condiciones morales, poseer título universitario de Universidad del país, y haber ejercido con idoneidad funciones docentes o de investigación en alguna Universidad, durante dos años por lo menos".

Disposiciones similares a las de los Artículos anteriores establecen los Artículos 53, para ejercer el cargo de Decano de la Facultad y el 60, establece que los Directores de las Escuelas deben tener título universitario y pertenecer al personal docente o de investigación.

El personal docente y de investigación de las Universidades Privadas, deberá llenarlas condiciones establecidas en el Artículo 73 de la presente Ley (Ver página de estos apuntes Artículo 159 Ley de Universidades).

Las Universidades Privadas y sus organismos tendrán la misma estructura académica que las de las Universidades Nacionales.

En las Universidades Privadas sólo podrán funcionar las Facultades que apruebe el Consejo Nacional de Universidades.

Las disposiciones de la Ley de Universidades relativas al régimen de la enseñanza y de los exámenes, se aplicarán a las Universidades Privadas.

d. Títulos y Certificados.

Los títulos y certificados que expidan las Universidades Privadas sólo producirán efectos legales: al ser refrendado por el Ejecutivo Nacional, por órgano del Ministerio de Educación. (Artículo 163 Ley de Universidades).

e. Inspección

El Estado ejercerá la inspección de las Universidades Privadas en la forma que al efecto disponga el Ejecutivo Nacional, el cual podrá revocar la autorización de cualquier Universidad Privada, o suspender su funcionamiento o el de cualquiera de sus dependencias cuando en ella no se cumplan las disposiciones legales o reglamentarias que les sean aplicables.

Los interesados podrán apelar de esta decisión por ante la Corte Suprema de Justicia, en un plazo de diez días, a partir de la fecha de publicación oficial de la resolución del Ejecutivo Nacional. (Artículo 164 Ley de Universidades).

III. POLICÍA DE LA EDUCACIÓN

1. Limitaciones a la enseñanza

a)   Existe prohibición expresa por el Artículo 6 de la Ley de Educación, de que en los establecimientos docentes se realice ninguna clase de propaganda política, ni doctrinas contrarias a los principios de la nacionalidad o que ofendan la moral y las buenas costumbres;

b)   Prohibición de clausurar durante el año escolar sin autorización previa del Ministerio de Educación, ninguno de los cursos en los cuales hayan aceptado alumnos regulares.

c)   El idioma obligatorio es el castellano.

2. Medidas de policía

A. La clausura de establecimientos.

Serán clausurados los establecimientos privados que contravengan lo dispuesto en el Artículo 6 de la Ley de Educación.

Asimismo, serán clausurados los planteles privados de educación donde se vulneren los principios fundamentales de la nacionalidad. (Artículo 127 Ley de Educación).

B. Cancelación de inscripción.

Se cancelará la inscripción para el año escolar inmediato siguiente a los planteles privados cuyos propietarios o representantes que clausuren durante el año escolar alguno de los cursos en los cuales hayan aceptado alumnos regulares. (Artículo 128 Ley de Educación).

C. Inhabilitación docente.

Serán inhabilitados indefinidamente para el ejercicio docente y administrativo, los Directores o los Profesores de planteles responsables de los hechos estipulados en el Artículo 6, por el lapso que determine en cada caso el Ministerio de Educación. (Artículo 126).

También quedarán inhabilitados hasta por un año para el ejercicio en cualquier plantel de cargos docentes o administrativos, quienes apliquen a los alumnos castigos corporales o afrentados. (Artículo 129 Ley de Educación).

D. Sanciones pecunarias.

Serán penados con multa de doscientos a quinientos bolívares, los propietarios o representantes de institutos docentes que infrinjan lo dispuesto en el Artículo 4, sobre la obligatoriedad de la enseñanza en idioma castellano. (Artículo 135 Ley de Educación).

Asimismo, serán penados con multa de cien a quinientos "bolívares a quienes ejerzan la dirección de planteles privados inscritos en contravención de lo dispuesto en el Artículo 70, parágrafo único, sobre que tales Directores deben ser venezolanos y poseer credenciales que los capacite para dicha función. (Artículo 136 Ley de Educación).

Serán penados con multa de cien a quinientos bolívares los propietarios o representantes de planteles privados que infrinjan cualquiera de las disposiciones contenidas en el Título IV de la Ley de Educación, relativo a los requisitos de funcionamiento de los institutos docentes privados.

3. Autoridades de Policía

A. El Ministro de Educación.

Las penas establecidas por los Artículos 126, 127, 135 136 y 139 clausura de establecimientos docentes, inhabilitados de directores y profesores y multas, serán impuestas por el Ministerio de Educación. (Artículo 144).

De las penas que se impongan en cumplimiento del Artículo anterior, se podrá apelar libremente para ante la Corte Federal, dentro del lapso de diez días más el término de la distancia, contados a partir de aquel en que fuere notificada al infractor la decisión correspondiente.

B. Directores del Despacho.

Los Directores del Despacho de Educación, de acuerdo al Artículo 145 de la Ley de Educación, tienen potestad para inhabilitar a quienes practiquen a los alumnos castigos corporales o afrentosos.

Esta inhabilitación es por un año para el ejercicio en cualquier plantel de cargos docentes o administrativos. (Artículo 145 Ley de Educación).

De las penas que se impongan en el cumplimiento del Artículo anterior, se podrá apelar libremente para ante el Ministro de Educación, dentro del lapso de diez días más el término de la distancia, contados a partir de aquel en que fuere notificada al infractor la decisión correspondiente. El fallo del Ministro será inapelable.

C. Directores de Establecimiento.

Las penas establecidas por los Artículos 132. En todas las ramas de la Educación, con excepción de la Primaria, el alumno perderá la inscripción en cualquiera de las asignaturas que curse, si el número de sus faltas de asistencia en proporcional de las clases señaladas para todo el año respectivo representare el 25, cualquiera que sea su causa, y 138. Los representantes legales de alumnos inscritos debidamente en la Educación Primaria incurren en falta penada con multa de cinco a diez bolívares, cuando sus representados hayan dejado de asistir por causa injustificada a la escuela quince veces consecutivas en un mes, o treinta veces en un trimestre, aún cuando no sean consecutivas serán impuestas por el Director del Plantel y no tendrán apelación. (Artículo 146 Ley de Educación).

4. Policía Universitaria.

De acuerdo a la disposición del Artículo 6 de la Ley de Universidades, la vigilancia y el mantenimiento del orden dentro del recinto universitario son de la competencia y responsabilidad de las autoridades universitarias. El recinto de la Universidad es inviolable y no podrá ser allanado sino para impedir la consumación de un delito o para cumplir las decisiones de los Tribunales de Justicia.

Medidas respecto a la inasistencia universitaria. Los alumnos están obligados a asistir puntualmente a las clases, trabajos prácticos y seminarios. Se considera que un alumno no ha asistido a clase, cuando no se encuentre a la hora fijada en los salones de clase o cuando se retira del salón sin per miso, antes de determinar la clase.

Se establece la imposibilidad de presentar exámenes finales, parciales, diferidos y de reparación, con un 30% de faltas a clases dictadas, con o sin justificación. En cuanto a los exámenes de prácticas y seminarios, no se pueden presentar con un 15% de faltas a clase (Reglamento de Asistencia a Clases).

Respecto a los profesores, no se establece presunción de ausencia por llegar tarde a clase.

De acuerdo con el Artículo 98, Ordinal 79 Profesores Titulares, Asociados, Agregados y Asistentes, serán removidos de sus cargos docentes o de investigación, por haber dejado de concurrir injustificadamente a más del 15% de las clases que deben dictar en un año electivo, por incumplimiento de las labores de investigación, o por dejar de asistir in justificadamente a más del 50% de los actos universitarios a que fueren invitados con carácter obligatorio en el mismo periodo

Medidas respecto a la disciplina. De acuerdo al Artículo 111 de la Ley de Universidades, los alumnos están obligados a:

1) Mantener un espíritu de disciplina en la Universidad y colaborar con sus autoridades para que todas las actividades se realicen normal y ordenadamente dentro del recinto universitario;

2) Deben tratar respetuosamente al personal universitario y a sus compañeros, cuidar los bienes materiales de la Universidad y ser guardianes y defensores activos del decoro y la dignidad que deben prevalecer como normas del espíritu universitario.

Los alumnos que no cumplan las obligaciones universitarias establecidas en el Artículo 111, serán sancionados, según la gravedad de la falta, con pena de amonestación, de suspensión temporal de pérdida del curso o de expulsión de la Universidad, de acuerdo con lo que establezcan los Reglamentos respectivos. (Artículo 112).

Tales medidas han sido reglamentadas por el Reglamento de Normas Disciplinarias, de 2-1-61:

1) Se prohíbe realizar actos que afecten las actividades docentes o de investigación. La infracción a esta medida es la expulsión. Si tales actividades son realizadas por asociaciones, la sanción consiste en el desconocimiento de tales asociaciones por el Consejo Universitario;

2) Se prohíbe realizar actos que lesionen la Universidad y sus autoridades;

3) Queda prohibida la propaganda política en la Universidad, fijar afiches de tipo político o partidista. La sanción está establecida en el Artículo 112.

4) Queda prohibida dentro de la universidad, la venta de periódicos partidistas. Se prohíbe asimismo, ceder los locales de la Universidad para reuniones de tipo político partidista.

5) Se prohíbe las reuniones de tipo religioso dentro del recinto universitario;

6) Se prohíbe el porte de armas por parte de profesores, alumnos o empleados, dentro de la Universidad. Los que infrinjan esta disposición serán expulsados.

De acuerdo al Artículo 11 del Reglamentó citado, existe un caso concreto de medida de policía para las personas que utilicen sustancias químicas fuera del Laboratorio, que produzcan explosiones.

Los alumnos están obligados a identificarse cuando lo exijan así las autoridades universitarias.

Respecto de los profesores, el Artículo 98 de la Ley de Universidades, establece que, los Profesores Titulares, Asociados, Agregados y Asistentes, serán removidos de sus cargos docentes en los casos siguientes:

a) Cuando individual o colectivamente participen en actividades o manifestaciones que lesionen los Principios consagrados en la Declaración Universal de los Derechos Humanos;

b) Cuando participen o se solidaricen activa o pasivamente con actos o medidas que atenten contra la inviolabilidad del recinto universitario; o privada

c) Por notoria mala conducta pública

d) Por manifiesta incapacidad física;

e) Por incapacidad pedagógica o científica comprobada;

f) Por dejar de ejercer sus funciones sin motivo justificado;

g) Por reiterado y comprobado incumplimiento de los deberes de su cargo.

Medidas de policía de las Autoridades.

De acuerdo con lo dispuesto en el Artículo 30 de la Ley de Universidades, el Rector tiene entre sus atribuciones, Ordinal 12° Adoptar, de acuerdo con el Consejo Universitario, las providencias convenientes para la conservación del orden y la disciplina dentro de la Universidad. En casos de emergencia, podrá tomar las medidas que juzgue convenientes, y las someterá posteriormente a la consideración del Consejo Universitario.

Según lo dispuesto en el Reglamento de Normas Disciplinarias, la vigilancia en el área universitaria, a la entrada y a la salida, sólo puede ser efectuada por el cuerpo de vigilantes y no por los alumnos, como se ha hecho.

Sección Terceras:
EL RÉGIMEN JURÍDICO-ADMINISTRATIVO DE FOMENTO DE LA CULTURA.

I. DESCENTRALIZACIÓN ADMINISTRATIVA

La Administración ha descentralizado todo lo relativo al fomento de la cultura, ha creado para tal fin el Instituto Autónomo de Cultura y Bellas Artes, por Ley de 9 de abril de 1960. Este Instituto tiene patrimonio propio y distinto del Pisco Nacional.

Entre las atribuciones que la Ley atribuye al Instituto del fomento de la creación literaria y artística; la conservación, difusión y estímulo de nuestro folklore, de nuestro arte popular y de nuestra artesanía; la divulgación del conocimiento de las obras literarias y artísticas y de las actividades culturales a toda la población venezolana; la recolección, restauración y divulgación de obras de arte nacionales y extranjeras; etc.

II. LA CONSERVACIÓN Y PROTECCIÓN DE LAS ANTIGÜEDADES Y OBRAS ARTÍSTICAS DE LA REPÚBLICA.

El Instituto Autónomo de Cultura y Bellas Artes, tiene entre sus atribuciones, el ejercicio de todas las atribuciones señaladas al Ejecutivo Nacional, por la Ley de Protección y Conservación de Antigüedades y Obras Artísticas de la Nación.

1. El Patrimonio histórico y artístico de la República.

De acuerdo a lo establecido por la Ley de Protección y Conservación de Antigüedades y Obras Artísticas de la Nación, el patrimonio histórico y artístico de la Nación está constituido por los monumentos históricos y artísticos y demás obras de arte correlacionadas o no con la Historia Nacional, que se encuentren en el territorio de la República o que ingresen a él, quien quiera que sea su propietario. (Artículo 1°).

A. La utilidad pública.

Se declara de utilidad pública la protección y conservación del patrimonio histórico y artístico de la Nación.

Corresponde actualmente al Instituto Autónomo de Cultura y Bellas Artes, velar por la conservación del patrimonio histórico y Artístico de la Nación.

B. La constitución del patrimonio.

(Leer el Artículo 1°)

C. La determinación del patrimonio.

La determinación de los monumentos y demás obras históricas y artísticas existentes en el territorio nacional que formen el patrimonio histórico y artístico de la nación, correspondía a una Junta Nacional Protectora y Conservadora del Patrimonio Histórico y Artístico de la Nación, pero pasó a ser de la competencia del Instituto al crearse éste.

Tenía asimismo facultad dicha Junta para permitir la introducción al territorio nacional de obras artísticas con la facultad de reexportarlas. Pero cuando hayan permanecido diez años en el territorio de la República, podrán ser incorporadas al patrimonio histórico y artístico de la Nación.

El Instituto tiene poder para decidirlas como patrimonio artístico de la República.

Esta derogación parcial crea problemas intertemporales en su relación con la Ley; en la Ley se establece que la decisión de la. Junta, por la cual se incorpore un monumento u obra artística de la Nación, es apelable por ante el Ejecutivo Federal; pero al pasar al Instituto todas las atribuciones al respecto, se pregunta si es posible todavía hacer la apelación correspondiente. En principio, se cree que no es posible, ya que la legislación venezolana no tiene ningún antecedente sobre el caso. Por tanto, de la decisión del Instituto de Cultura, y Bellas Artes, sólo será posible recurrir por la Vía contencioso administrativa ante la Corte Suprema de Justicia.

2. El Patrimonio arqueológico y paleontológico de la Nación

La Ley establece, por otra parte, la constitución de un patrimonio arqueológico y paleontológico de la Nación, y declara que son propiedad del Estado todos los objetos arqueológicos que contengan las huacas, mintoyes, cementerios y cuevas de la época anterior a la dominación española, y los fósiles humanos o animales que fueren descubiertos en cualquier lugar del subsuelo de la República. (Artículo 13 de la Ley de Protección, etc.).

En caso de que la conservación de los cementerios, cuevas, montículos, calzadas y petroglifos impliquen una servidumbre perpetua sobre una propiedad particular, el Estado remunerará a los propietarios del valor correspondiente a dicha limitación.

III LA POLICÍA CULTURAL.

La constitución de estos dos patrimonios conlleva una serie de medidas de policías

l. Limitaciones a las actividades de los administrados.

A. Limitaciones a la propiedad privada.

Existe una limitación genérica a la propiedad privada. De acuerdo con la Ley de Protección, se prohíbe destruir, reformar, reparar, cambiar de destino o de ubicación, los monumentos y demás obras que constituyen el patrimonio histórico y artístico de la Nación, sin el previo consentimiento del Ejecutivo Federal. (Artículo 3).

En lo que respecta al patrimonio arqueológico y paleontológico, la prohibición es más absoluta, al prohibir en absoluto la destrucción de montículos, calzadas o construcciones de la época aborigen y de los petroglifos que se hallen en cualquier parte del territorio.(Artículo 14 de la Ley).

B. Limitaciones al traslado de objetos.

No se permitirá que salgan del país las antigüedades y obras artísticas y restos fósiles a que se refieren los Artículos anteriores, aún cuando fueren de propiedad particular, sin que haya constancia de que han sido ofrecidos en venta a la Nación. Si el Gobierno no juzga conveniente la adquisición de antigüedades y obras artísticas que le fueren ofrecidas en venta, el poseedor podrá disponer de ellas, mediante el consentimiento del Instituto.

2. Medidas de Policía.

La contravención de las disposiciones establecidas sobre las medidas relativas a los patrimonios citados, serán penados con multas de cuatro a diez mil bolívares, que serán impuestas por el Instituto.

Capítulo Quinto
El derecho al libre ejercicio de las actividades lucrativas

Sección Primera:

EL PRINCIPIO CONSTITUCIONAL

I. LA NORMA CONSTITUCIONAL

Está consagrado en el Art. 96 de la C.N.: "Todos pueden dedicarse libremente a la actividad lucrativa de su preferencia, sin más limitaciones que las previstas en esta Constitución y las que establezcan las leyes por razones de seguridad, de sanidad u otras de interés social". La ley dictará normas para impedir la usura, la indebida elevación de los precios y, en general, las maniobras abusivas encaminadas a obstruir o restringir la libertad económica".

II. ANÁLISIS DE LA NORMA

1) Establece como principio general la libertad económica, industrial y de comercio.

2) Determina las limitaciones a este derecho ella misma y las leyes "por razones de seguridad, de sanidad u otras de interés social".

Entre las limitaciones establecidas por la propia Constitución, tenemos las siguientes:

1. Por razones de protección a la economía nacional

El Art. 95: "...El Estado promoverá el desarrollo económico y la diversificación de la producción, con el fin de crear nuevas fuentes de riquezas, aumentar el nivel de ingresos de la población y fortalecer la soberanía económica del país". Es una obligación impuesta al Estado por la propia Carta Fundamental.

2. Por razones de seguridad nacional:

El Art. 133 expresa: "Sólo el Estado puede poseer y usar armas de guerra. Todas las que existan, se fabriquen o se introduzcan en el país pasarán a ser propiedad de la República, sin indemnización ni proceso. La fabricación, comercio, posesión y uso de otras armas serán reglamentados por la ley". Esta reglamentación constituye la Policía Administrativa de Armas y Explosivos, contenida en la Ley de Armas y Explosivos y su Reglamento.

3. Por razones de sanidad:

Remitirse al tema respectivo ya visto.

4. Por razones de protección a la economía nacional:

El Art. 98 establece una obligación para el Estado, el cual "protegerá la iniciativa privada, sin perjuicio de la facultad de dictar medidas para planificar, racionalizar y fomentar la producción, y regular la circulación, distribución y consumo de la riqueza, a fin de impulsar el desarrollo económico del país".

2). Finalmente, el artículo habla de limitaciones por "razones de interés social", entre las cuales figuran las que regulan las actividades crediticias o bancarias y las de seguro.

3) En fin dispone el artículo que la ley protegerá la actividad y la libertad económica para lo cual "dictará normas para impedir la usura, la indebida elevación de los precios y, en general, las maniobras abusivas encaminadas a obstruir o restringir la libertad económica". Entre estas normas estudiaremos la Ley de Regulación de Alquileres, como una medida tendiente a impedir la indebida elevación de los precios.

Sección Segunda:

LA REGULACIÓN JURÍDICO-ADMINISTRATIVA DE LAS LIMITACIONES AL DERECHO AL LIBRE EJERCICIO DE LAS ACTIVIDADES LUCRATIVAS.

Estas limitaciones pueden tener diferentes causas:

I. LIMITACIONES DERIVADAS DE LA PROTECCIÓN DE LA ECONOMÍA NACIONAL

1. Introducción

El Art. 98 de la Constitución, establece que, el Estado protegerá la iniciativa privada, sin perjuicio de la facultad, de dictar medidas para planificar, racionalizar y fomentar la producción, y regular la circulación, distribución y consumo de la riqueza, a fin de impulsar el desarrollo económico del país.

Medidas para regular la circulación de la riqueza, es el régimen del control de la moneda y el régimen del comercio exterior.

2. Régimen Jurídico-Administrativo de los Cambios:

A. Introducción

El Art. 136, ordinal 7° de la C.N. expresa que "Es de la competencia del Poder Nacional: ... "El sistema monetario y la circulación de la moneda extranjera".

Esta regulación puede ser hecha por vía reglamentaria o por vía legislativa, por cuanto no existe una norma expresa al respecto.

La moneda surgió como una interferencia al cambio directo o trueque de bienes directamente, el cual presentaba innumerables inconvenientes, como la determinación de la proporcionalidad, equivalencia etc. (esto se sabe por lo visto en Economía de primer año). Esta injerencia causó el desdoblamiento de las operaciones de cambio directo en dos tipos: bienes por moneda y moneda por bienes.

El régimen jurídico-administrativo del cambio está contenido en la Ley de Monedas del 11 de julio de 1941. En la misma se destacan tres aspectos de la actividad cambiaria:

1° La función jurídica de la moneda;

2° La acuñación de monedas;

3° La emisión de billetes bancarios.

B. Regulación jurídica administrativa de la moneda.

a. Funciones jurídicas de la moneda.

Tiene tres funciones: de ahorros, de pago y de comparación. Propiamente jurídicas tiene dos: función de pago y de comparación.

a' Función contabilizadora.

El artículo 31 de la Ley de Monedas, establece que, en la contabilidad de las oficinas públicas como en la de particulares y en los libros cúyo empleo es obligatorio, de acuerdo con el Código de Comercio, los valores se expresarán en bolívares y en céntimos de bolívares; pero ello no obsta para que puedan asentarse operaciones de intercambio internacional contratadas en monedas extranjeras, cuya mención puede hacerse, aunque llevando a la contabilidad el respectivo valor en bolívares..."

b'. Función de pago (Curso legal): Monedas de curso forzoso; Pago en moneda extranjera; Fluctuaciones en el valor de la moneda

Una de las formas de extinción de las obligaciones es el pago, el cual es obligatorio hacerlo, si es en dinero, en moneda de curso legal.

Sé entiende por moneda de curso legal aquel signo monetario que por imperativo de la ley tiene el poder liberatorio en los pagos.

a)   Las monedas nacionales de oro. De acuerdo al Art. 2 dice que la unidad de moneda de la República es el bolívar de oro, equivalente a doscientos noventa mil trescientos veintitrés millonésimos de gramos (Gr. 0.290323) de oro fino, y se considera dividido en cien partes iguales o céntimos.

b)   Los billetes del Banco Central de Venezuela (Art. 21 de la Ley de Monedas). Los billetes emitidos por el Banco Central serán recibidos a la par y sin limitación alguna en el pago de impuestos, contribuciones o de cualesquiera otras obligaciones públicas o privadas, sin perjuicio de disposiciones especiales de las leyes, que prescriban el pago de impuestos, contribuciones u obligaciones en determinada forma y del derecho, tanto del Gobierno como de los particulares, de estipular modos especiales de pago. (Art. 67 de la Ley del Banco Central).

Estas dos monedas de curso legal tienen un poder liberatorio en los pagos, absoluto; son de obligatorio recibo.

No sucede esto con las monedas de plata que tienen un curso legal relativo, su poder liberatorio es limitado; en moneda de 5, hasta 1.000 bolívares.

Respecto a las monedas de dos, de uno, de un real y de 25 céntimos de bolívar, son de obligatorio recibo hasta la cantidad de cincuenta bolívares.

Las monedas de níquel, hasta la cantidad de diez bolívares.

Las antedichas cantidades rigen en cada acto de pago, salvo que se haya estipulado el pago en moneda determinada.

El curso legal implica que el acreedor que se niegue a recibir la moneda legal, será penado con el duplo de la cantidad cuya aceptación haya rehusado.

Son aquellos signos monetarios que tienen fuerza liberatoria en los pagos y que se refieren a los billetes de banco en cuanto estos no son convertibles en moneda sonante.

En muchos Estados se ha implantado el curso forzoso cuando se presentan situaciones críticas.

Si se comparan los dos tipos de monedas, resulta que, en cuanto a la circulación, ambas la tienen obligatoria; en cuanto al poder liberatorio en los pagos, ambas lo tienen también, pero en cuanto a la convertibilidad, la moneda de curso legal es convertible en el banco y la de curso forzoso no lo es. La moneda de curso forzoso es sustitutiva de la moneda y la de curso legal es representativa de la moneda.

La moneda de curso forzoso es impuesta coactivamente por el Estado y la de curso legal no lo es.

La mayoría de los países después de la segunda guerra mundial, han adoptado la moneda de curso forzoso.

De hecho, los billetes del Banco Central pueden ser moneda de curso forzoso. De acuerdo al Art. 71 de la Ley del Banco Central, los billetes del Banco Central de Venezuela serán convertibles al portador y a la vista, y su pago se efectuará a opción del Banco cualesquiera de la siguientes formas:

1) En barras de oro de aproximadamente ciento por ciento de fino y de un peso no inferior a diez Kilogramos.

2) En letras o giros a la vista extendidos sobre fondos depositados en bancos de primera clase del exterior y de los cuales se pueda disponer libremente.

Además, el Banco Central mantendrá, para los fines de la convertibilidad de sus billetes, un encaje legal que no podrá ser inferior al 33% de sus obligaciones exigibles a la vista y el cual podrá consistir; en oro amonedado nacional o extranjero, y en barras depositadas en sus propias bóvedas; en oro amonedado y en barras depositado en custodia en bancos de primera clase del exterior; y, en depósitos a la vista en bancos de primera clase del exterior y de los cuales podrá disponer libremente.

Existe una noción de curso forzoso desde el punto de vista jurídica, dada en una sentencia del doctor Parra Aranguren, (Revista de la Facultad de Derecho N° 21). Este hace una distinción entre la moneda de curso forzoso y la de curso legal. Dice que una moneda de curso… forzoso debe ser recibida obligatoriamente. Cuando se hacen pactos con monedas de curso forzoso no se pueden hacer con moneda extranjera.

De acuerdo con el Art. 26 de la Ley de Monedas, los pagos estipulados en moneda extranjera se cancelan, salvo convención especial, con la entrega de lo equivalente en moneda de curso legal, al tipo de cambio corriente en el lugar a la fecha de pago.

El Art. 1737 C.C. establece que, la obligación que resulta del préstamo de una cantidad de dinero, es siempre la de restituir la cantidad numéricamente expresada en el con trato. En caso de aumento o disminución en el valor de la moneda, antes de que esté vencido el término del pago, el deudor debe devolver la cantidad dada en préstamo, y no está obligado a devolverla sino en las monedas que tengan cursó legal a tiempo del pago.

b. Acuñación de la moneda.

El Estado se ha reservado la exclusividad de la acuñación de monedas, de acuerdo a lo establecido en el Art. 1° de la Ley de Monedas: "La acuñación de monedas es privativa de la Nación".

Esto trae como consecuencia el que la falsificación de monedas esté penado como delito contra la fe pública por el Código Penal; Arts. 299 y siguientes.

Sin embargo, tendrán curso legal las monedas de oro extranjeras que el Ejecutivo Nacional determine y cuyo respectivo valor señale según el oro puro que contengan.

a'   Procedimiento.

El procedimiento para la acuñación de monedas es el siguiente:

1) Se requiere una previa consulta al Banco Central de Venezuela.

2) Solicitud de autorización del Congreso, en que se determinará la cantidad que deba ser acuñada.

3) El dictamen del Banco Central será llevado en todo caso, a conocimiento del Congreso Nacional. (Art. 14 Ley de Monedas).

4) Queda encargado el Banco Central de gestionar la ejecución de las acuñaciones y sólo pondrá éstas en circulación de acuerdo con las necesidades monetarias del país. (Art. 68 Ley de Banco Central).

b'   Exclusividad.

El Banco Central de Venezuela tendrá derecho exclusivo de emitir y poner en circulación billetes en todo el territorio de la República. (Art. 65 Ley del B.C.).

Ni el Gobierno, ni los otros bancos del país, ni ninguna otra institución privada o pública, cualquiera que sea su naturaleza, podrán emitir billetes u otros documentos que tengan carácter de moneda o puedan circular como tal, (Art. 65 Ley de B.C.)

Por esta razón al Banco Central se le califica de Bancos de Emisión.

Relativo a esta exclusividad, el Art. 32, aparte único de la Ley Monedas, establece que, como billetes de Banco sólo tendrán libre circulación los emitidos por el Banco Central de Venezuela y los otros Bancos cuyas emisiones estén a cargo del mencionado Instituto".

c'   *Procedimiento.*

La iniciativa de la emisión de billetes parte del Directorio del Banco Central. En Reglamento N° 8, de 7 de marzo de 1945, para la emisión de billetes, se establece el procedimiento; forma de estampar las firmas, etc.

C. Régimen Jurídico Administrativo de la circulación de la moneda extranjera:

Anotación sobre la exposición hecha en clase por el Dr. José Gabaldón Anzola, Profesor en la Facultad de Derecho).

De conformidad con el artículo 136 de la Constitución Nacional, es de la competencia del Poder Nacional el sistema monetario y la circulación de la moneda extranjera.

En uso de tal atribución constitucional, (ver Constitución de 1953, Art. 60 ordinal 11; la reforma constitucional de 1945 a la Constitución de 1936, Art. 78°, ordinal 4°; la Constitución de 1936, Art. 77, ordinal 4° etc.), el Poder Nacional ha establecido un régimen especial aplicable a la moneda extranjera y a las funciones que ésta puede cumplir dentro del territorio nacional restringiendo su uso en las distintas maneras que examinaremos a continuación. Las principales disposiciones vigentes en materia de moneda extranjera están contenidas, en primer lugar, en el Código Civil (Arts. 1737 y 1290), la Ley de Monedas de fecha 22 de julio de 1941 parcialmente reformada por ley de 17 de febrero de 1954, la Ley de Banco Central de fecha 5 de diciembre de 1960, y en la serie de Decretos y Reglamentos que indicaremos más adelante al hablar sobre el control de cambios.

Las citadas disposiciones del Código Civil pueden tener en la práctica relación con el pago de una obligación en moneda extranjera (Art. 1290) y con la obligación de restituir la suma recibida en préstamo en la hipótesis especial de aumento o disminución de valor de la moneda en la cual se estipuló el contrato, (Art. 1737). (Piénsese en el caso de una obligación contraída en moneda extranjera como moneda de pago y no simplemente como moneda de cuenta. Ver a este respecto el artículo 26 de la Ley de Monedas). El estudio y análisis detenido de tales artículos es materia que ustedes han visto o verán en sus estudios de Derecho Civil y que habrán tratado también, pero desde el punto de vista del Derecho Administrativo Especial, cuando estudiaron el tema del pago en moneda extranjera.

En la vigente Ley de Monedas encontramos las siguientes normas de gran interés en la materia que nos ocupa:

a)   El artículo 24, según el cual las monedas extranjeras de oro que el Ejecutivo Nacional determine y cuyo respectivo valor señale de acuerdo con el oro que contengan, tendrán curso legal. Hasta el presente el Ejecutivo no ha hecho uso de la facultad que le concede esta norma y en consecuencia, ninguna moneda extranjera de oro ni de ningún otro metal tiene poder liberatorio legal en Venezuela.

b)   Conviene además indicar que la disposición contenida en el artículo 27 encabezamiento, prohíbe la importación de monedas extranjeras que no sean de oro, lo cual implica, consecuencialmente, que está prohibida la circulación de tales monedas en Venezuela, también de conformidad con lo establecido expresamente por el artículo 32 de esta misma ley.

c)   Por otra parte, el propio artículo 32 al establecer que sólo tendrán libre circulación los billetes emitidos por el Banco Central de Venezuela y los de otros bancos cuyas emisiones estén a cargo del mencionado instituto. (En la actualidad el Banco Central de Venezuela es el único autorizado para emitir billetes), niega la posibilidad jurídica de que los billetes emitidos en el exterior, cumplan funciones monetarias corrientes en el mercado nacional de pagos. Sobre billetes extranjeros puede añadirse que la importación de los mismos está gravada por el Arancel de Aduanas y son traídos al país fundamentalmente para cumplir funciones de cambio (personas que vienen del exterior y quieren cambiar sus billetes por moneda nacional o personas que viajan al exterior y quieren llevar parte de sus disponibilidades en billetes, de los países a los cuales se dirigen, operaciones éstas que se verifican, por lo general, a través de los bancos comerciales y las casas de cambio).

En este punto de la exposición, con viene hacer la siguiente precisión: hasta ahora nos hemos referido, al hablar de moneda extranjera, a las monedas metálicas acuñadas en otros países y a los billetes emitidos en ellos; nos hemos referido tan sólo a dos formas de manifestación material de la moneda extranjera; la moneda metálica y el billete, y por otra parte, nos hemos circunscrito a tratar el tema desde el punto de vista de su circulación como medio de pago en transacciones del comercio o tráfico nacional. Pero este tema no tiene su mayor significación de importancia sino cuando se le estudia desde un punto de vista diferente:

a')   la moneda extranjera como medio de pago internacional; y

b')   la moneda extranjera entendida como "divisa", como crédito que sirve para cancelar obligaciones en el país en cuya moneda está expresado el crédito. Este crédito puede hacerse efectivo en la moneda extranjera en la cual se lo ha especificado, cambiándolo, en un banco del país correspondiente, por billetes o por monedas metálicas o por cualquier otro medio de pago como por ejemplo, un cheque.

Digamos unas breves palabras, muy elementales, sobre la moneda extranjera como medio de pago internacional, como divisa. Lo mejor es hacerlo a través de un ejemplos Venezuela recibe de las empresas extranjeras explotadoras de los hidrocarburos, del petróleo y sus deriva dos, en pago de impuestos, de regalías, etc., un cierto número de dólares. Ese pago o pagos los recibe con un cheque o cheques que pueden hacerse efectivos en un banco de los Estados Unidos. Cuando el Banco Central cambia a esas empresas el cheque en dólares por bolívares, está adquiriendo divisas que luego utilizará para venderlas a quienes las necesiten para hacer en el exterior adquisiciones de mercancías, equipos industriales, y otros bienes que no se producen en el país. La adquisición de esas divisas se efectúa a un determinado tipo de cambio, que es el precio de la unidad de esa divisa, por, ejemplo un (1) dólar, expresado en moneda nacional. Así, hoy por hoy, para comprar un dólar es necesario pagar cuatro (4) bolívares con cincuenta (50) céntimos, o dicho en otras palabras, para cambiar un dólar por moneda nacional, es necesario entregar cuatro (4) bolívares con cincuenta (50) céntimos.

Ahora bien, la capacidad de un país para comprar bienes y servicios en el exterior viene dada por cantidad o volumen de divisas que ese país ha adquirido dicho en otras palabras, tal capacidad depende del nivel de sus reservas internacionales. De allí la necesidad de que el Estado, a través de los órganos competentes para la conducción de su política monetaria y la dirección ordenada de su desarrollo económico, tenga el deber de cuidar por el buen uso de sus reservas internacionales, por la conveniencia eco nómico social de la inversión de las mismas y además por tratar de mantener, dentro del término de sus posibilidades, un nivel de reservas internacionales adecuado para poder financiar las necesidades de pagos externos del país, pagos que son la contrapartida de los bienes y servicios que es necesario adquirir o contratar en el exterior.

Cuando en un país existe completa libertad de cambios, o sea, cuando se pueden comprar y vender divisas libremente al tipo de cambio que se establezca en el mercado por la oferta y la demanda, pudiere suceder, sobre todo en los países en vías de desarrollo y por distintas razones de variada índole, cuyo análisis excede el propósito de esta exposición, pudiere suceder, repito, que en un determinado momento, la libertad de las transacciones cambiarías llegare a producir efectos negativos para los intereses de la nación. En efecto, la libertad cambiaria en ciertas circunstancias puede ser causa de variaciones frecuentes en el tipo de cambio, no permite poner freno a la fuga de capitales, permite despilfarro de los medios de pago del país, por ejemplo, en el financiamiento de importaciones suntuarias...etc. etc.

Cuando se da una situación de este tipo y se hace necesario impedir la mala administración de las reservas internacionales ele un país, <u>puede llegar a ser imperiosa la adopción de medidas que restrinjan la libertad de cambios. Una manera de hacerlo es dictar o establecer un régimen de "control de cambios".</u>

El control de cambios tiene por objeto impedir el gasto incontrolado y muchas veces irracional de las divisas de un país y evitar de esta manera que se produzca una verdadera <u>escasez</u> de reservas internacionales. En efecto, el exceso en las importaciones y la fuga de capitales al exterior, sea con motivo de inversiones en otros países, sea por remesas de capital, pueden tener, entre otros, efectos como la merma alarmante en las reservas internacionales del país, y el consecuente desequilibrio en la balanza de pagos, la presión sobre el tipo de cambio y hasta la devaluación del signo monetario.

Ahora bien, para prevenir las consecuencias de una situación de este tipo, en Venezuela y es el ejemplo local más reciente, el Gobierno Nacional intervino el mercado de cambios con el objeto de corregir el persisten te desequilibrio de la balanza de divisas, en la cual las salidas de capital se habían constituido en factores perturba dores del desenvolvimiento económico del país (Memoria del Banco Central 1961 p. 199). Esta intervención se produjo en noviembre de 1960 como veremos seguidamente.

Antes de analizar estas medidas, es conveniente apuntar que en Venezuela -nos referimos exclusivamente a los últimos veinte años- el mercado de divisas ha sido regulado por el Estado mediante disposiciones diversas que persiguieron cada una de ellas en su oportunidad, objetivos y finalidades diferentes, de acuerdo con las condiciones y exigencias del mercado y el interés nacional. Los límites de esta exposición nos impedirán explicar siquiera brevemente la razón de ser cada una las normas que componen la que podría llamarse sin mucha precisión quizás la legislación nacional sobre control de cambios.

<u>Las principales</u> disposiciones legales y reglamentarias sobre control de cambios en este período son las siguientes; (se han omitido expresamente las disposiciones de la Ley de Banco Central, que atribuyen a este disposiciones de la Ley de Banco Central que atribuyen a este Instituto papal de primera importancia en la materia, por considerar que el estudio de las mismas requeriría un análisis más detenido y porque el mismo no resulta imprescindible para llenar el objeto de esta breve exposición):

a. Decreto N° 178 de fecha 15 de agosto de 1944 relativo al régimen de las operaciones de cambio:

Estableció fundamentalmente;

a')   que las divisas originadas por las exportaciones de hidrocarburos y demás minerales combustibles y por las demás actividades de las compañías petroleras, debían ser vendidas al Banco Central de Venezuela por cuenta del Gobierno Nacional, al tipo de cambio de Bs. 3.09 por dólar.

b')   que las divisas provenientes de la exportación de café lavado podían ser vendidas al Banco Central al tipo de cambio de Bs. 4.80 por dólar y los de café trillado y cacao a Bs. 4.25 por dólar.

c')   que los tipos y condiciones de venta de las divisas controladas (ver letras a') y b') serian fijados por el Banco Central, previo acuerdo con el Ejecutivo Nacional. Esta clase de acuerdo se concretaba en un Convenio entre ambos, régimen que se ha mantenido hasta el presente, para fijar los tipos de cambio y las demás condiciones para la compra-venta de divisas.

b. Decreto N° 390 de fecha 8 de noviembre de 1960

Dictado por el Ejecutivo Nacional en consideración de que el drenaje de fondos que producía la demanda extraordinaria de divisas con fines de exportación de capital, afectaba el normal desarrollo de las actividades del comercio y de la industria y la liquidez del sistema bancario, por lo cual se hacía necesario reglamentar el comercio de divisas. Este decreto estableció lo siguiente:

a')   confirmó y amplió las disposiciones del Decreto N° 178 y modificó algunas de sus normas.

b')   obligó a las compañías productoras del hierro y demás minerales no combustibles a vender al Banco Central las divisas provenientes de sus explotaciones y de sus diversas actividades, al tipo de Bs. 3.33 por dólar, sometiéndolas de esta manera a un régimen similar al de las compañías petroleras.

c')   que las divisas adquiridas por el Banco Central, serían vendidas por éste, directamente o por intermedio de la Banca Comercial, de acuerdo con los lineamientos que estableciera el Ministerio de Hacienda, para atender una lista de necesidades "normales de pago" (Art. 4°) entre las cuales figuraban, por ejemplo, todos los pagos oficiales, y ciertos pagos del sector privado, como importación de mercancías, el pago de primas de seguros, fletes, servicios técnicos, mantenimiento de estudiantes en el exterior, remesas moderadas para gastos de subsistencia de familia, pago de intereses, transferencia de dividendos, pago de acreencias y devolución de capitales sólo en ciertas condiciones y supuestos... etc., etc.

Indudablemente que la administración de un régimen cambiaría como éste requirió un número elevado de normas adjetivas y complementarias. Esas normas pueden estudiarse en el texto de este Decreto y en el de su Reglamentó de fecha 9 de noviembre de 1960, ya que, desafortunadamente, ahora no podemos ni siquiera citarlas someramente por la limitación del tiempo de que disponemos.

c   Decretos Nos. 480 de 17 de marzo de 1961 y 492 de 1° de abril de 1961 parcialmente modificado el 14 de abril de 1961.

Estos decretos establecieron un régimen que de acuerdo con sus características más importantes pueden resumirse así:

a')   Se creó el llamado mercado controlado de cambios, cuyos ingresos estaban constituidos por una serie de rubros definidos en el Art. 1° de esos decretos (las divisas compradas por el Banco Central a las petroleras (Bs. 3.09 por dólar), a las compañías del hierro (Bs. 3.33 por dólar), a los exportadores de café y cacao (Bs. 4.80 y 4.25 por dólar)... etc.; y cuyos egresos definidos como las divisas que el Banco Central, de acuerdo con sus disponibilidades suministrase, al tipo de cambio de Bs. 3.35 por dólar, para cubrir ciertas necesidades como: Pagos oficiales, importaciones de mercancías, Acreencias pendientes de pago solo en ciertos casos, repatriación de capitales, mantenimiento de estudiantes en el exterior, fletes y seguros. Ahora bien, la obtención de divisas para pagar esos conceptos estaba sujeta a una serie de requisitos y límites que es imposible analizar aquí. Basta decir, a simple título de ejemplo, qué las remesas (en dólares controlados (Bs. 3.35 por dólar), para estudiantes no podían sobrepasar los 250 dólares, ni los 350 para estudios de post grado (topes cuantitativos); si se necesitaban más dólares, las divisas debían comprarse en el mercado libre de cambios donde el tipo de cambio era, por supuesto superior. Recuerden cuando los dólares se vendieron por ejemplo a Bs. 4.70. En materia de importaciones, se estableció una lista de productos (lista de Importaciones del Mercada Controlado); para los cuales podían obtenerse divisas controladas (límite cualitativo). En relación con pormenores y procedimientos, me remito a las disposiciones contenidas en los decretos, reglamentos y resoluciones correspondientes.

b')   Cabe destacar que el Decreto 480 creó la llamada Oficina de Control dependientes del Banco Central de Venezuela, para administrar el régimen de control de cambios (Art. 16); que el Banco Central quedó facultado para dictar "normas complementarias" a los fines de la aplicación y administración del sistema (Art. 17) y que el Ministerio de Hacienda reglamentó el Decreto N° 480 de fecha 17 de marzo de 1.961.

c')   El mercado libre de divisas a que nos hemos referido antes fue permitido por las disposiciones de estos decretos y, en consecuencia, se permitió la libre negociación de las divisas extranjeras que hubiesen ingresado al país y que no fuesen calificadas como ingresos del mercado controlado.

El precio de venta al público de las divisas del mercado libre era establecido por el Banco Central e igualmente el precio de venta de tales divisas a la Banca Comercial (1 céntimo y 1/2 menos por dólar que el precio de venta al público); (Cláusula 3° del Convenio Banco Central de Venezuela –Ejecutivo Nacional– 16-3-61)

d.   Decreto N° 724 de fecha 2 de abril de 1962

Este decreto modificó una vez más el sistema de cambios, aumentando las disposiciones restrictivas, reduciendo las partidas arancelarias incluidas en la Lista de Importaciones del Mercado Controlado y disminuyendo los impuestos para obtener divisas de dicho mercado. Se conservó, sin embargo, la estructura formal del régimen cambiario creado, por el Decreto N° 480.

e. Decreto N° 1159 de fecha 18 de enero de 1964

Puso fin al régimen de control de cambios creado por el Decreto N° 390 noviembre de 1960, modificado por los demás decretos que hemos citado; mantuvo la obligatoriedad de vender exclusivamente al Banco Central de Venezuela las divisas petroleras y las del hierro, al tipo de cambio que fijó el convenio entre el Banco Central de Venezuela y el Gobierno Nacional, celebrado en esa fecha, tipo que fue de Bs. 4.40 por un (1) dólar. Se conservó el régimen de cambios diferenciales para café y cacao, que hoy por hoy, es prácticamente inoperante y se concedieron unos plazos para obtener aún divisas de acuerdo con el régimen de cambios anterior. Este Decreto puso fin al tipo de Bs. 3.35 dólar y estableció el actual de Bs. 4.50 por dólar. El tipo de Bs. 3.35 por dólar sólo ha sobrevivido para casos muy limitados, y a través del sistema de bonificación a ciertas importaciones de primera necesidad (Tal tipo de cambio conserva vigencia en las relaciones de Venezuela con el Fondo Monetario Internacional, organismo ante el cual la paridad declarada de Bs. 3.35 por 1 USA $ no ha sido modificada de conformidad con los términos del respectivo tratado internacional. Tal régimen de bonificación fue creado por el Decreto N° 1160 de fecha 18 de enero de 1964, acordó la bonificación a una lista de productos entre los cuales podemos citar, leche, trigo, frijoles, caraotas, caucho sintético, sueros, antibióticos, maquinarias y utensilios mecánicos para la Agricultura y la Cría ... etc., etc. Esta lista, en diciembre de 1964 quedó restringida al trigo y a la leche, únicos productos que gozan en la actualidad de tal bonificación.

3. El Régimen del Comercio Exterior

A. Introducción

El régimen del comercio exterior tiene por objeto la regulación del tráfico comercial de la República con otros estados. La regulación fundamental está contenida en la Ley de Aduanas de 11-6-57, la cual establece en su artículo 1°, que "el comercio con el exterior y el cabotaje se regirán por la ley y se efectuarán con la intervención de las oficinas aduaneras, las cuales dependerán del "Ministerio de Hacienda". Se regula entonces el comercio exterior, es decir, las importaciones y exportaciones en la República, regulación que tiene como fundamento la protección a la economía nacional. Por ello, se coloca el régimen del comercio exterior dentro de las limitaciones al libre ejercicio dé las actividades lucrativas por razones de protección de la economía nacional.

B. El Control de Importaciones

a. Principio general.

Si bien el principio general es el de la libertad de importación, la Ley de Aduanas (artículo 121, ordinal c) faculta, al Ejecutivo Nacional para "subordinar al otorgamiento do autorizaciones especiales la importación de determinadas mercancías o de todas o algunas de las originarias o provenientes de determinado país o países". Ello configura las llamadas licencias de importación, que no constituyen otra cosa que un medio de fomento económico, para lograr el desarrollo industrial del país. Otras limitaciones se establecen a la importación:

a')   por razones de sanidad: limitación a la importación de alimentos, medicinas, estupefactivos (Véase Tomo I, págs. 57 y 59);

b')   por razones de seguridad: limitación a la importación de armas.

b. Requisitos generales para la importación.

Por otra parte, la Ley de Aduanas pre prevé una serié dé requisitos generales para la importación de ejercer un determinado control sobre esas actividades. El artículo 7 de la Ley de Aduanas exige que "todo vehículo procedente del exterior con carga, debe ser despachado a puerto venezolano habilitado para la importación, y provisto de los siguientes documentos;

a') Si es por vía marítima; Despacho Consular, sobordo, conocimiento de embarque, facturas consulares,

b') Si es por vía aérea: Despacho consular, declaración general, sobordos, conocimientos de embarque, facturas internacionales de carga,

c') Por las fronteras: factura consular que servirá de guía del cargamento.

Una vez llegada la mercancía a puerto venezolano se procede al reconocimiento de la misma por las autoridades aduaneras y a la liquidación del arancel de aduanas. Aclaración de algunos términos usuales.

Despacho Consular: (Art. 3 Reglamento N° 7 de la Ley de Aduanas). El Despacho consular consiste en una nota que dirigirá el respectivo cónsul al administrador de la aduana en el puerto venezolano de destino, en el cual se expresará el nombre y nacionalidad del buque, nombre del capitán, número de la matrícula, fecha de salida y la constancia de si conduce carga, pasajeros o si el despacho es de lastre. El original de dicha nota se entregará al capitán o a su agente o representante en pliego abierto que exhibirá en los puertos venezolanos de escala y el cual deberá entregar en el puerto venezolano de destino y una copia se remitirá por primer correo al administrador de la aduana.

Sobordos: (manifiestos generales de la carga). (Art. 9 Ley de Aduanas). Los capitanes o agentes de buques que reciban carga para Venezuela deberán presentar al funcionario consular venezolano o quien haga sus veces, en el puerto de embarque, los sobordos de la carga que allí reciban para puertos venezolanos, a los fines de su certificación. Toda carga despachada para cada puerto deberá constar en sobordos separado.

Conocimiento de embarques (guías aéreas) (Art. 9 Ley de Aduanas). Presentarán además (los capitanes o agentes de buques que reciban carga para Venezuela) los conocimientos de embarque que correspondan a cada sobordo los cuales deberán ser sellados por el funcionario consular. (Art. 9 Reglamento 7 de la Ley de Aduanas) "Los conocimientos de embarque, además del sobordo deberán presentar los capitanes, contendrán, en todo caso los siguientes datos: la fecha, el nombre del capitán, el nombre del embarcador y del consignatario, el lugar de la carga y el de su destino, la marca, numeración, clase, cantidad, peso en kilogramos y contenido de los bultos, el número total de bultos, expresado en cifras y el flete convenido.

La presentación de los conocimientos ante el funcionario consular podrán efectuarlas por los capitanes, sus agentes o representantes.

(Art. 10). Los conocimientos de embarque deberán ser firmados el capitán o por su agente o representante y por el embarcador; no se aceptarán conocimientos a la orden o al portador, ni podrán designarse más de un consignatario en un mismo conocimiento de embarque".

Facturas consulares: (Art. 13 Ley de Aduanas). Los embarcadores de mercancías destinadas a Venezuela se deben entregar al funcionario consular venezolano o quien haga sus veces, a los fines de su certificación, un documento que se denominará factura consular, extendido en idioma castellano y debidamente firmado, el cual debe contener el nombre del embarcador y el del consignatario, el nombre del buque y el de su capitán, el puerto venezolano de destino y los demás datos que se indiquen en el Reglamento.

(Art. 14). Las mercancías se declararán en la factura consular con las denominaciones arancelarias que les correspondan.

Declaración general: (vía aérea). (Art. 29 Ley de Aduanas). "Los comandantes o agentes de aeronaves, formularán en el lugar de embarque para cada puerto venezolano internacional, hacia donde conduzcan carga o pasajeros, una declaración general, y las guías aéreas o conocimientos de embarque correspondientes a la carga.

Parágrafo único. Cuando en la declaración general no se incluya el sobordo o manifiesto de carga, el comandante de la aeronave o el agente de ésta deberán formularlo por separado. El comandante formulará también por separado la lista de pasajeros, cuando no esté incluida en la declaración general.

Factura internacional de carga: (Art. 30 Ley de Aduanas). "Los embarcadores formularán una factura internacional de carga para cada envío o despacho que hagan con destino a un mismo importador.

En esta factura las mercancías podrán designarse con la denominación arancelaria o comercial correspondiente...

c. *El Arancel de Aduanas (impuestos de importación).*

El Arancel de Aduanas viene a constituir los impuestos a la importación, que si bien están previstos con límites máximos y mínimos en la Ley, es el Ejecutivo quien lo dicta y modifica. El artículo 121 de la Ley de Aduanas establece autorizaciones para el Ejecutivo para:

a') Aumentar hasta 100% y rebajar hasta 90% los impuestos de importación del arancel;

b') Gravar (dentro de límites) las mercancías incluidas;

c') Subordinar la importación a licencias previas;

d') Prohibir por el tiempo que juzgue conveniente la importación;

e') Regular las relaciones comerciales entre Venezuela y otros países con la celebración de modus vivendi, durante un año.

La Ley prevé por otra parte, la posibilidad para el Ejecutivo de exonerar de los derechos de importación a los funcionarios diplomáticos y a la Administración Pública, En relación a las importaciones de esta última, el Decreto N° 512 de 9-1-59 (compre venezolano) establece que la administración no puede adquirir en el exterior productos cuyos impuestos de importación más un 25% ad valorem, resulten superiores o iguales a los que se pague por artículos similares o sustitutivos venezolanos.

La tendencia actual, es la de eliminar el control de importaciones, y por tanto, unificar el cambio internacional. De ahí el Mercado Común Europeo y la ALALC.

C. Control de Exportaciones.

a. Principio general

Al igual que en materia de importaciones, en las exportaciones también rige el principio de la libertad de exportaciones. Sin embargo, la Ley de Aduanas faculta asimismo al Ejecutivo para cuando lo exijan los intereses generales de la Nación, prohibir, gravar o limitar la explotación de determinadas mercancías, así como para someter su exportación a Ciencias previas. Otras limitaciones se establecen, además de para proteger la economía nacional, para fomentar la cultura: por ejemplo, la restricción a la exportación de antigüedades y obras artísticas que formen parte del patrimonio histórico y artístico de la Nación."

b. Requisitos generales para la exportación

Se establece asimismo un control de las exportaciones exigiendo a los embarcadores si es por vía marítima, la entrega en la Oficina Aduanera del manifieste y del conocimiento de embarque y a los capitanes, la entrega del manifiesto general de carga.

c. Arancel de aduanas (exportación impuestos).

La Ley ha establecido por otra parte un impuesto de exportación con límites máximo y mínimo que establece el Ejecutivo Nacional. Se le atribuye como consecuencia a éste, entre otras cosas, facultad para:

a') Aumentar hasta en un 100% y disminuir hasta un 50% los impuestos de exportación;

b') Prohibir o gravar, limitar la exportación de todas o algunas mercancías de las destinadas a determinado país o países.

D El Contrabando

El artículo 158 de la Ley establece la consecuencia fundamental de la violación del control de importaciones y del control de exportaciones Contrabando, al regular que "cualquiera que realice actos u omisiones dirigidos a eludir la intervención de las oficinas aduaneras en la introducción al país o la extracción fuera de él de efectos de mercancías, así como el que induzca, tenga o haga circular, efectos o mercancías extranjeras, si se comprueba haberlos introducido legalmente o adquirido en licito comercio en el país será penado con multa, arresto o prisión".

II. LIMITACIONES POR RAZONES DE SEGURIDAD: LA POLICÍA DE ARMAS Y EXPLOSIVOS.

1. Prohibición al comercio de armas

Esta materia está regulada por la Ley sobre Armas y Explosivos. Regula todo lo relativo al comercio, importación y uso de armas y explosivos al país. También el Código Penal establece una serie de medidas al respecto.

A. Las armas de guerra.

Es la propia Constitución, en el Art. 133 la que establece que solo el Estado puede poseer y usar armas de guerra. Todas las que existan, se fabriquen o se introduzcan en el país, pasarán a ser propiedad de la República, sin indemnización ni proceso.

El Art. 4 de la Ley establece que, todas las armas de guerra, así como sus respectivas municiones, aparejos y útiles que se encuentren, se introduzcan o fabriquen en el territorio de la República, pertenecen a la Nación. (Ley sobre Armas y Explosivos).

En el Art. 3 de la misma Ley, se define lo que se considera como armas de guerra, que son:

Todas las que se usen o puedan usarse en el Ejército, la Guardia Nacional y demás Cuerpos de Seguridad, para la defensa de la Nación y resguardo del orden público, tales como: cañones, obuses morteros, ametralladoras, fusiles-ametralladoras, fusiles, carabinas y mosquetones; pistolas y revólveres de largo alcance; y en general todas aquellas armas que pudieren ser útiles a la guerra, de todas clases y calibres, de un tiro, de repetición automáticas y semi automáticas y sus respectivas municiones y aparejos para ponerlas en actividad; sables, espadas, espadines, lanzas y bayonetas; aparatos lanzallamas; bombas, granadas de mano; gases y sustancias agresivas, así como las armas y dispositivos que puedan arrojarlos y los envases que puedan contenerlos.

Quedan comprendidas entre las armas de guerra las que sean de la misma especie de las que son actual propiedad de la Nación y de las que se figuran en armamentos de guerra de otras Naciones aún cuando no existan en el Parque Nacional.

El porte de armas de guerra y su introducción acarrea determinadas sanciones, previstas en los Arts. 511 y siguientes del C. Penal. Así el Art. 511, establece que, el que, sin previo permiso dé la autoridad competente, haya establecido una fábrica de armas y municiones de libre comercio, o que, sin sujetarse a las prescripciones legales sobre la materia introduzca en la República más de las que fueren permitidas, será penado con arresto hasta por tres meses o con multa de cincuenta a mil bolívares.

Tales sanciones están previstas en la Ley antes nombradas, al establecer en el Art. 7 que, la importación, fabricación, porte, detención y ocultamiento de las armas y municiones de guerra, por particulares, se castigará de conformidad con las disposiciones pertinentes del C. Penal.

Como excepción, no incurren en la pena prevista en las aludidas disposiciones, las personas que posean colecciones de armas considera das como objetos históricos o de estudio, siempre que para formar, conservar c enajenar tales colecciones, se ciñan a los Reglamentos que dicte el Ejecutivo Nacional.

Además de la sanción penal existe una de carácter administrativo, y que se refiere al decomiso, de acuerdo a lo establecido en el Art. 10 de la Ley: el comercio, la fabricación y la importación de armas, prohibida la importación, fabricación, comercio, porte y detención, así como su porte, detención u ocultamiento, se castigará, con las respectivas penas señaladas en el Código Penal y las armas serán decomisadas con destino al Parque Nacional. La Constitución establece que serán decomisadas sin indemnización ni proceso.

B. Prohibición al comercio armas de ilícito comercio

El Art. 9 de la Ley sobre Armas y Explosivos, establece que, se declaran armas de prohibida importación fabricación, comercio, porte y detención, las escopetas de uno o máscanos rayados para usar balas rasas sean o no de repetición, los revólveres y pistolas de todas clases y calibres, salvo por lo que esto respacta, le dispuesto en el Art. 21; los rifles de cacería de cañón rayado, de largo alcance y bala blindada, de calibre 22 o 5 milímetros en adelante; los bastones-pistolas, puñales, dagas y estoques; los cartuchos correspondientes a las mencionadas armas de fuego; las pólvoras piroxiladas para las cargas de los cartuchos de pistolas, revólveres y rifles de cañón rayado, y los cuchillos y machetes que no sean de uso doméstico, industrial o agrícola.

(Art. 21: "El Ejecutivo Federal podrá, cuando lo juzgue conveniente, y previa presentación de fianza personal por el interesado, autorizar a una persona para importar un arma de fuego que no será nunca de las de guerra, y siempre que su importación y uso a que se destine, se haga de acuerdo con los Reglamentos que aquel dicte sobre la materia. En todo caso, se entiende que la autorización concedida podrá ser revocada cuando lo tenga a bien el Ejecutivo Federal, quien, llegado el caso, recabará alarma respectiva y sus municiones con destino al Parque Nacional. Único. Por ningún respecto se autorizará para importar y hacer uso de las armas de fuego a que se refiere este artículo, a personas comprobados antecedentes criminales, de carácter pendenciero o de malas costumbres).

La prohibición implica, lo mismo que en el caso anterior, sanciones de tipo penal y de tipo administrativo, en este caso, el decomiso, que, de acuerdo al Art. 30 de la Ley, los decomisos de armas de importación, comercio, fabricación, porte o detención ilícitos serán remitidos al Parque Nacional.

Sin embargo, a pesar de que se establece una prohibición del comercio de armas, la Ley establece la posibilidad del porte de armas: toda persona puede portar armas si solicita el permiso correspondiente por ante el Ministerio de Relaciones Interiores, el cual consiste en un acto administrativo de autorización; para ello tiene, además, que prestar una fianza... Este acto es esencialmente revocable. La Ley establece qué en ningún caso se puede permitir el poste de armas a personas con antecedentes penales o con carácter pendenciero o de malas costumbres.

Determinadas personas, sin embargo, pueden portar armas sin permiso; los militares en servicio, conforme a las disposiciones de las Leyes y Reglamentos Militares; los empleados de los Resguardos Nacionales e Inspectorías y Fiscalías de Rentas Nacionales; los funcionarios y agentes de la Guardia Nacional, de Investigación, de la Policía y demás

Cuerpos de seguridad, quienes portarán las que autoricen los Reglamentos de sus servicios, o las órdenes e instrucciones.

No se considera delito de porte de armas el hecho de llevar los dueños, mayordomos, caporales o peones de haciendas, granjas, establecimientos agrícolas o pecuarios, los machetes cuchillos o instrumentos de agricultura, cría o industria, necesarios para el cultivo o explotación, siempre que sean de aquellos cuyo uso permitan los Reglamentos que dicte el Ejecutivo Federal, y que, su porte y uso se efectúen solamente en viaje a los lugares de trabajo y durante la permanencia en éstos. (Art. 25).

También podrán portar cuchillos y machetes apropiados los cazadores, exploradores y excursionistas, durante su viaje y permanencia en los lugares que hayan elegido al efecto. (Art. 25).

En todo caso, no es posible considerar el porte de armas de guerra; sólo las de ilícito comercio.

La ley establece que las armas cuyo porte sea permitido, sólo pueden ser usadas en dos ocasiones: Para su legítima defensa y en defensa del orden público.

2. Prohibición al comercio de explosivos

De acuerdo al Art. 14 de la Ley sobre Armas y Explosivos, se prohíbe el comercio de explosivos. Las sustancias de esta naturaleza que se introduzcan en el país deben venir destinadas a un fin determinado, ya sea industrial, agrícola o de minería, a cuyo efecto, toda solicitud que se haga en este sentido, deberá ir favorablemente informada por el Ministerio de la Defensa...

Sin embargo, la Ley establece la posibilidad de que se importe, se fabriquen o se usen las sustancias explosivas, pero para ello es necesario una autorización expresa del Ministerio de la Defensa. (Art. 12)

Determinadas sustancias explosivas quedan excepcionadas de la necesidad de obtener este permiso o autorización; la pólvora negra para cacería y pirotecnia y de la blanca o densa para uso exclusivo de la cacería.

En la autorización para introducir, fabricar o usar sustancias explosivas, se deben indicar una serie de datos: nombre y apellido del solicitante, su domicilio, el uso que haya de hacer del explosivo, la cantidad, procedencia y destino de este y el puerto por donde va a ser importado.

Los explosivos no podrán ser vendidos, reexportados ni destinados a uso distinto del indicado en la solicitud.

La persona que importa sustancias explosivas, una vez reconocidas y despachadas por la Aduana, tiene la obligación de depositarlas en el lugar que indique el Ministerio de la Defensa. De este depósito previo permiso del Ministerio, podrán sacar la cantidad que vayan necesitando para sus trabajos. (Art. 15).

Los importadores o dueños de explosivos están en la obligación de almacenar los que retiren bajo el permiso, en depósitos que construirán a segura distancia de poblado y de los talleres o sitios donde se congreguen los trabajadores. (Art. 16).

Todo importador de explosivos está obligado a pasar mensualmente al Ministerio de la Defensa, relación de las cantidades que haya consumido, acreditando además que han sido empleados en los objetos para los cuales fueron importados. (Art. 18).

Las sustancias explosivas que se importen sin haberse llenado previamente las formalidades prescritas en la presente Ley, caerán en pena de comiso.

Establece también la Ley, una serie de disposiciones respecto al transporte: Cuando se transporten explosivos en vehículos que presten servicios públicos, las cajas que los contengan llevarán un rótulo que visiblemente lo indique; cuando el transporte sea en buques, deberá hacerse sobre la cubierta, de los mismos. Los vehículos o embarcaciones que transporten explosivos, llevarán cartelones visibles, donde se haga constancia de esta circunstancia, que también se hará conocer de los pasajeros que vayan en ellos. (Art. 19).

Los importadores que depositen explosivos en lugares inadecuados o que los transporten, sin sujetarse a las formalidades establecidas para el caso, serán castigados con multa de doscientos a mil bolívares. (Art. 20). En todo caso, cualquier violación de las disposiciones establecidas en la Ley producen dos tipos de sanción: una penal y otra administrativa.

III.   LIMITACIONES POR RAZONES DE INTERÉS FISCAL

Existen además, otras limitaciones en razones de interés fiscal. El Fisco puede, a veces, tener interés en licitar determinadas actividades de los particulares, con el objeto de obtener determinados ingresos.

De estas limitaciones las más importantes son:

1) La industria del fósforo

2) La industria de cigarrillos

3) La industria de sal.

1)   Respecto a la industria del fósforo, se declara arbitrio rentístico nacional la fabricación, importación y expendio de fósforos en el país, y su ejercicio corresponde exclusivamente al Gobierno Federal, el cual la ejercerá directamente o mediante concesiones otorgadas a particulares.

Todo lo relativo a la administración y recaudación de esta renta estará a cargo del Ministerio de Hacienda.

Por cada caja de fósforo que se produzca, hay un ingreso de un centavo, en cajetilla de 40 fósforos y medio centavo por caja de 20 fósforos

El monopolio fiscal con respecto al fósforo es general en todos los estados.

2)   Limitación a la industria de cigarrillos. Si estado no ha establecido un monopolio de la industria de cigarrillos sino que ha limitado esta facultad por medio de una licencia.

La forma de obtener rentas, se hace por medio del papel con que se fabriquen, el cual llevará un timbre distintivo que consiste en un sello marcado al agua que consistirá en el Escudo de la República.

Los fabricantes de cigarrillos no pueden vender el papel que les ha suministrado el Ministerio.

En todos los países europeos la industria del cigarrillo es monopolio del Estado.

3) Limitación sobre la industria de sal. Para la explotación de salinas, se requiere la autorización expresa del Ejecutivo Federal.

Existen una serie de impuestos sobre la sal, regulados en la Ley Orgánica de la Renta de Salinas (1957). También existen leyes especiales respecto a la sal destinada a la sazón de carnes, etc.

IV. LIMITACIONES POR RAZONES DE SALUBRIDAD

Ver: Derecho a la protección de la salud (Capítulo II).

V. LIMITACIONES POR RAZONES DE INTERÉS SOCIAL

1.   Bajo este título se estudiarán las limitaciones jurídico-administrativas impuestas a la actividad bancaria, a la actividad crediticia y a las empresas de seguros.

2.   Limitaciones jurídico administrativas a la actividad crediticia.

1. El Crédito

1.   Según lo define Octavio Hernández, el crédito es una institución económico-jurídica en cuya virtud una persona entrega a otra un bien presente a cambio de la obligación de que en un tiempo determinado se le devuelva ese bien o un equivalente.

2.   Clasificación del crédito:

Puede tener diversas clasificaciones:

l)   Según el sujeto a quien se otorga el crédito, se habla de:

a) Crédito privado, cuando se otorga a particulares o personas jurídicas particulares:

b) Crédito público, cuando se otorga a empresas o instituciones oficiales o personas públicas.

En Venezuela esta materia está regulada por la Ley de Crédito Público.

2)   Según el tiempo que dura la operación de crédito, se divide en:

a) Crédito a corto plazo, se da en las operaciones comerciales de poca monta;

b) Crédito a mediano plazo existe principalmente para la producción de la mediana y pequeña industria;

c) Crédito a largo plazo, para producciones industriales de gran envergadura y para las operaciones sobre construcción de viviendas.

3)   Según la garantía que asegura el crédito; el crédito puede ser:

a) Personal, cuando la garantía del crédito está en propia persona que lo recibe;

b) Real, cuando no es ya la propia persona quien garantiza la devolución sino que ésta se garantiza por medio de un bien, que puede ser mueble o inmueble. Esto da lugar a dos tipos de crédito real: pignoraticio, cuando el crédito se garantiza con un bien mueble, y crédito hipotecario, cuando se garantiza el crédito con la constitución de una hipoteca sobre un bien inmueble.

c) Importancia económica del crédito.

Las operaciones de crédito tienen una gran importancia económica y esta importancia es la que obliga al Estado a regular esta materia; influye tanto sobre la producción porque por medio del crédito, la persona que no tiene disponibilidades económicas, puede realizar actividades comerciales obteniendo créditos- como en el desarrollo de la economía nacional; influye también sobre el precio de los bienes, ya que tanto otorgar el crédito como recibirlo hace amentar el precio de los bienes: al dar un crédito, el riesgo que se corre se refleja en el precio de las mercancía y en el alza de éstas por cuanto se tiene que pagar un interés.

d) La razón de las limitaciones jurídico-administrativas

La influencia del crédito en la producción y en el precio de los bienes hace que el Estado regule esta materia. Esta regulación la lleva a cabo por la Ley General de Bancos y otros Institutos de Crédito.

2. Clasificación de los Institutos de Crédito

A. Noción previa.

Los Institutos de crédito tienen por objeto realizar las Operaciones de concesión de préstamos, otorgamientos de crédito, descuentos o inversión con fondos obtenidos de manera habitual del público, mediante la recepción de depósitos a la vista, a plazo o de ahorro, o de préstamos o a través de la colocación de obligaciones, etc.

B. Bancos

Los bancos se clasifican oficiales, bancos privados o comerciales y Banco Central, como una tercera categoría única.

a. Banco Central.

Es una institución que tiene por objeto fundamental controlar y regular toda la actividad crediticia, sea pública o privada; es de su competencia toda la actividad crediticia. También regula la política monetaria; la nitidez y la solvencia del sistema bancario. Tiene la facultad de regular la circulación de la moneda.

El Banco Central no existe para obtener una determinada ganancia para los accionistas; sólo tiene finalidades de interés público y sobre todo, como se dijo, el control de toda la actividad crediticia, sea privado por medio del préstamo, o público por medio del control del crédito que se otorga al Estado, figurados en empréstitos, etc.

Ciertas funciones, del Banco Central hacen que este organismo esté controlado por el Estado.

El Banco Central está constituido en forma de compañía anónima; no es, por tanto, un instituto autónomo, sino que es creado por ley en forma de compañía anónima; sin embargo, tiene el carácter de persona jurídico-pública.

En la clasificación general de las personas públicas, hay la división en: personas públicas territoriales y no territoriales.

La primera comprende la República, los Estados Federados y los Municipios;

Entre las segundas estén:

a)   Los establecimientos públicos corporativos o corporaciones. Ej, los colegios profesionales;

b)   Establecimientos públicos fundacionales o fundaciones;

c)   Personas públicas personificadas o institucionales.

d)   Personas públicas de economía mixta, porque el 50% de las acciones pertenecen al Estado y el otro 50% a los particulares. Ej., el Banco Central.

En la Ley de Banco Central, Art. 9, con excepción del Estado, ninguna persona material o jurídica podrá ser propietaria de más de cien acciones del Banco. Esto le da al Estado un control sobre la actividad crediticia del país.

b. Bancos comerciales

Son aquellos institutos de crédito que tienen por objeto negociar operaciones de crédito con el dinero y valores que reciben ya sea del Estado o de los particulares, (Art. 1 de Ley General de Bancos y otros Institutos de crédito).

Los bancos comerciales pueden realizar dos tipos de operaciones: activas y pasivas.

1)   Activas, cuando el Banco se constituye en acreedor de los particulares; es decir, cuando el banco concede un préstamo. Son las operaciones por medio, de las cuales, los bancos invierten el dinero obtenido de sus clientes por medio de los depósitos bancarios y operaciones pasivas; constituyen las operaciones de inversión de la banca. Comprende: descuento, préstamo bancario, adelantos, anticipos, compra de divisas y letras, etc.

2) Pasivas, son las operaciones de la banca mediante las cuales se procuran dinero suficiente para sus necesidades en el mercado. Las principales son: Depósitos, venta de giros, venta de títulos, redescuentos pasivos, etc.

Estas operaciones activas y pasivas se configuran en recibir y prestar dinero, generalmente.

Los bancos comerciales tienen como características esenciales, que el dinero que utilizan para constituirse en acreedores, no es el dinero propio del banco sino el que reciben de los particulares. Por tanto en las operaciones bancarias el banco no utiliza su propio capital sino el de los particulares, y dé allí que el Estado regule la actividad de los bancos.

El dinero del banco no se utiliza, porque va a ser destinado a la garantía de todas las actividades bancarias.

Los bancos comerciales dividen en: Bancos de Depósitos y Bancos Hipotecarios.

1)   Los primeros son aquellos que reciben dinero de capitalista y que el banco a su vez utiliza.

Existe un tipo determinado de depósito que es el de ahorro y que se diferencia de que se deposita en cuenta corriente el que no puede ser retirado sino mediante la presentación personal de la boleta que acredite el ahorro.

2) Bancos hipotecarios son los que tienen por objeto realizar operaciones de crédito a largo plazo con garantía hipotecaria sobre inmuebles urbanos y emitir cédulas hipotecarias.

c. Bancos oficiales.

Son personas públicas que realizan actividades bancarias.

En Venezuela existen: el Banco Agrícola y Pecuario, el Banco Industrial de Venezuela y Banco Obrero. Son estas personas públicas institucionales que realizan sus actividades bajo el dominio del derecho privado.

Estas actividades se refieren fundamentalmente: al desarrolle de la actividad agrícola y pecuaria, a la promoción de la industria del país y a la solución del problema de la vivienda.

Estos institutos son creados por Ley que los regula.

C. Sociedades financieras

Estas sociedades se encuentran reguladas en la Ley de Bancos y otros Institutos de Crédito.

Tienen como objeto principal intervenir en la financiación de la producción y en la colocación de capitales. Sus actividades casi siempre se traducen en operaciones a largo plazo. (Art. 56).

D. Sociedades de capitalización

El Art. 68, establece que las sociedades de capitalización tienen como objeto celebrar contratos de capitalización y hacer inversiones, con los fondos obtenidos mediante dichos contratos.

La capitalización es el acto del cual se integra un capital. Mediante esto los particulares se comprometen con la sociedad a integrar una cantidad fija, con lo cual van formando un capital.

Todas estas instituciones de crédito están regulados por dos tipos de normas: por normas de derecho privado y por normas de derecho público.

3. Limitaciones administrativas a la actividad bancaria

A. Respecto a la promoción de de la empresa.

a. Autorización previa de promoción.

Como una fase previa a la constitución de la empresa está la promoción, para lo cual es necesaria una autorización previa del Ejecutivo Nacional, a través de la Superintendencia de Bancos, que es la que tiene el control administrativo de la actividad bancaria.

Los interesados deben acompañar a la respectiva solicitud, la información siguiente:

a)   Nombre, apellido, profesión, domicilio, nacionalidad y experiencia bancaria o en materia de otros institutos de crédito;

b)   La denominación comercial proyectada y el domicilio de la empresa;

c)   Clase de banco o de instituto de crédito que se propone establecer y un memorándum explicativo de las razones de índole económica que justifiquen dicho establecimiento;

d)   El monto de capital social y su porcentaje de capital pagado con que el instituto comenzará sus operaciones, así como la proporción en que tales fondos serán aportados por venezolanos y por extranjeros; y

e)   El proyecto de documento constitutivo y el de los estatutos.

El Ejecutivo Nacional, estudiará y resolverá las solicitudes, las cuales: podrán ser negadas sin que tenga que dar razón alguna a los interesados. En todo caso, las resoluciones deberán ser dictadas dentro de un plazo máximo de tres meses, a contar de la presentación de la respectiva solicitud. (Art. 8).

Este acto de la Administración por el cual se acuerde o no la promoción de la empresa es un acto administrativo discrecional. Tal acto, de acuerdo con la Ley, no debe ser motivado cuando es denegatorio.

El Ejecutivo Nacional tiene también facultad para comprobar la honorabilidad y solvencia de los solicitantes.

Esto conlleva una prohibición para los Registradores mercantiles, los cuales no podrán inscribir los documentos constitutivos de las empresas bancarias e institutos de crédito, si no se les presenta la respectiva autorización legal de promoción.

b. La autorización de propaganda y ofertas.

Otorgada la autorización de promoción, toda clase de propaganda u oferta deberá ser previamente autorizada por la Superintendencia de Bancos, la cual dispondrá de quince días, en cada caso, para resolver.

B. Respecto al funcionamiento de la empresa

a. Autorización previa de funcionamiento

Para iniciar sus actividades los bancos e institutos de crédito regidos por la presente Ley deberán obtener previamente autorización de funcionamiento del Ejecutivo Nacional, a través de la Superintendencia de Bancos,

Se dividen según que sean empresas venezolanas o extranjeras.

a'. Institutos Nacionales.

La solicitud en este caso debe ser solicitada a la Superintendencia de Bancos, la cual deberá llenar los requisitos siguientes:

1)   Estar constituida la empresa bajo la exclusiva forma de compañía anónima, con acciones nominativas de una misma clase, que no podrán ser convertibles al portador. Por tanto no puede existir en Venezuela ningún instituto de crédito que no esté constituido como compañía anónima;

2)   Poseer un capital pagado en efectivo no menor del indicado en la Ley, para cada uno de los tipos de bancos o institutos de crédito;

3)   Que la compañía esté constituida por lo menos con cinco socios accionistas y una Junta Administradora de cinco miembros si se trata de bancos y tres si de otro instituto de crédito. (Art 6)

El capital pagado en efectivo (N° 2), no menor del indicado; en la Ley, tiene una serie de grados, de acuerdo al tipo de banco o instituto de crédito:

1)   Cuando se trata de bancos comerciales que tienen su asiento principal en el Distrito Sucre del Estado Miranda y el Distrito, deberán tener un capital pagado en dinero efectivo no menor de ocho millones de bolívares;

2)   Si su asiento o sus oficinas están exclusivamente en uno o varios Estados o Territorios Federales de la República, el capital pagado en dinero efectivo no podrá ser menor de cuatro millones de bolívares;

3)   Cuando se trate de bancos hipotecarios, el capital pagado debe ser no menor de diez millones de bolívares;

4)   En el caso de las sociedades financieras, sólo podrán operar con un mínimo de capital pagado en dinero efectivo de cinco millones de bolívares;

5)   Cuando se trate de sociedades de capitalización, sólo podrán ser autorizadas para operar con un mínimo de capital pagado en efectivo de dos millones de bolívares.

Los promotores deberán formalizar la solicitud en un término no mayor de ciento veinte días, a partir de la fecha de la autorización de promoción.

El Ejecutivo Nacional podrá prorrogar el plazo por noventa días adicionales y por una sola vez, cuando a su juicio, los interesados presenten evidencias que justifiquen dicha prorroga.

Vencidos los plazos señalados, sin los interesados hubieren formalizado la solicitud para iniciar operaciones, se entenderá caducada la autorización de promoción concedida y ella no podrá ser solicitada nuevamente hasta después de transcurrido un año. (Art. 7).

La decisión respecto a esta solicitud debe ser dictada dentro de un plazo máximo de tres meses, a contar de la presentación de la respectiva solicitud. La Ley prevé que si la solicitud es negada por el Ejecutivo Nacional, el acto no tiene que ser motivado; por tanto, se trata de un acto discrecional de la Administración.

b'.   Institutos constituidos en el extranjero

Cuando se trata de instituciones bancarias constituidas en el extranjero que van a establecer sucursales en el país, los interesados deberán, además de cumplir los requisitos exigido en la solicitud (Art. 6), presentar copia legal en el idioma castellano, de los siguientes recaudos:

1)   El acta constitutiva de la casa matriz; la autorización legal que ampare su existencia en el país de origen y los estatutos vigentes;

2)   La prueba de que la sociedad solicitante pueda legalmente establecer sucursales en Venezuela.

3)   Los balances generales, cuenta de ganancias y pérdidas e informes anuales de la empresa correspondiente a los últimos cinco años y la porción de su capital asignado para sus operaciones en Venezuela.

Al constituirse una de esta empresas se consideran domiciliadas en el país y debe cumplir con las formalidades señaladas en el Código d Comercio.

b. Ausencia de autorización

Quienes reciban depósitos de dinero con carácter de habitualidad sin estar autorizados, o usen en su firma, razón social o denominación comercial las palabras "Banco", "Sociedad Financiera", etc. sin que hayan obtenido autorización previa del Ejecutivo Nacional, serán penados administrativamente con multa de un mil a 40.000 bolívares.

c. La autorización para la apertura de sucursales y agencias

La autorización de funcionamiento que el Ejecutivo Nacional conceda a un banco o instituto de crédito, no los faculta para abrir sucursales o agencias.

Para abrir una sucursal o agencia es necesario el permiso previo del Ejecutivo Nacional, con la opinión favorable de la Superintendencia de Bancos y después de haber estudiado las condiciones económicas y financieras requeridas. (Art. 10).

El Ejecutivo Nacional podrá condicionar la apertura de nuevas sucursales, agencias o de cualesquiera oficinas de bancos, al aumento de su capital pagado en una cantidad que no podrá ser superior a los 500.000 bolívares, por cada una de ella. Esta condición de apertura queda a juicio del Ejecutivo Nacional por cuanto se trata de un acto discrecional.

d. Suspensión de las autorizaciones

El Ejecutivo Nacional podrá suspender o revocar las autorizaciones de funcionamiento acordadas a las empresas "bancarias o sus sucursales dándoles un plazo prudencial para la liquidación de sus negocios. Tales suspensiones o revocaciones se harán por resoluciones motivadas y tomando en cuenta los informes que al respecto suministre la Superintendencia de Bancos. (Art. 12).

C. Respecto a la propia empresa

Existen limitaciones a la propia empresa como persona jurídica mercantil, como compañía anónima.

Los bancos o institutos de crédito regidos por la Ley, requerirán la previa autorización del Ejecutivo Nacional, a través de la Superintendencia de Bancos, para realizar los siguientes actos: disolución anticipada de la sociedad; fusión con otra sociedad; venta del activo social; reintegro o aumento del capital social; reducción del capital social; cambio del objeto, y reforma de los estatutos (Art. 11).

De acuerdo a lo establecido e en el Art. 131 de la Ley, deberá ponerse en liquidación el banco o instituto de crédito que perdiere el 25% de su capital.

Se establece una obligación legal de liquidar la empresa cuando tenga más del tiempo estatuido.

Existen una serie de privilegios en caso de liquidación de la empresa que modifican sensiblemente los privilegios establecidos en el CC. El Art, 134 de la Ley, establece que, en caso de liquidación o quiebra de la empresa, se pagarán sus obligaciones en el orden siguiente:

1)   Las cédulas hipotecarias y los créditos hipotecarios y privilegiados;

2)   Las cuentas de ahorro hasta la cantidad de diez mil bolívares por persona y los bonos de ahorro;

3)   Las acreencias al Fisco Nacional;

4)   Los excesos de las cuentas de ahorro sobre el límite de diez mil bolívares, junto con los demás depósitos; y

5)   Las demás obligaciones en el orden que establezcan las leyes.

D Respecto a la actividad económica de la empresa.

a. Obligaciones generales

a' El encaje legal.

Los bancos comerciales deberán mantener, como garantía de sus obligaciones, un encaje mínimo igual a la suma de:

1)   El 15% de los depósitos a la vista y demás obligaciones exigibles a plazo igualo menor de 30 días;

2)   El 8% de los depósitos a plazo y demás obligaciones exigibles a término mayor de treinta días; y

3)   El 10% de los depósitos de ahorro. (Art. 16).

Los bancos hipotecarios urbanos y los institutos de crédito, deberán mantener depositada en moneda legal no menor del 8% del monto de tales obligaciones. (Art. 17).

Los bancos y los demás institutos de crédito, deberán mantener depositada en el Banco Central de Venezuela una cantidad no inferior a las dos terceras partes del encaje mínimo señalado. (Art. 18).

La posición de encaje de cada banco o instituto de crédito se establecerá al término de cada semana con base promedio de los saldos diarios durante dicha semana.

Se entiende por depósito a la vista los exigibles a plazo igual o menor de treinta días, y depósitos a plazo, los exigibles a un término mayor de treinta días.

En caso de que el banco contraiga obligaciones superiores, la Superintendencia de Bancos puede poner una multa que oscila entre los mil y los treinta mil bolívares, por cada semana en que sus encajes se mantengan en esa situación. (Art. 136)

La Superintendencia de Bancos puede también: ordenar las medidas de administración, que deba tomar el banco o instituto de crédito, para cubrir dicha proporción, tales como suspender el pago de dividendos, hacer nuevos préstamos e inversiones o cualquiera otra inversión, según las circunstancias que concurran; puede también someter al banco o instituto de crédito a un plan de recuperación en un periodo prudencial; solicitar del Ejecutivo Nacional la aplicación de las medidas previstas en el Art. 12. (Ver pág. 119 de estos apuntes). (Art. 120)

El Art. 126 establece que, el monto del fondo de reserva que como compañía anónima deben separar los administradores de los bancos e institutos de créditos, según las respectivas disposiciones del Código de Comercio, deberá formarse mediante el aporte de una cuota del 20% de los beneficios líquidos hasta que el fondo alcance lo previsto en los Estatuto que no podrá ser nunca menos del cincuenta por ciento del capital social.

Estas proporciones del fondo de reserva pueden ser modificadas por la Administración; así, el Banco Central de Venezuela está facultado para aumentar las proporciones de encaje mínimo establecido en la Ley, o para reducirlas nuevamente hasta los límites fijados. (Art. 22).

Asimismo, la Superintendencia de Bancos queda autorizada para exigir a los bancos o institutos de crédito encajes especiales como garantía de determinadas obligaciones contingentes. (Art. 22)

En principio, el encaje debe estar constituido por moneda de curso legal. Sin embargo, una de las dos terceras partes de dichos encajes que deben mantenerse en el Banco Central, podrá estar representando por Letras del Tesoro de una emisión especial. Estas Letras no devengarán interés mientras constituyan parte de los mencionados encajes.

Otra excepción de que el encaje debe estar constituido por moneda de curso legal, se da cuando el Banco Central ordene que el encaje legal esté en moneda extranjera, en los Bancos.

b'   La Contabilidad.

Los bancos e institutos de crédito tienen la obligación de llevar la contabilidad, según determinados códigos establecidos por la Superintendencia de Bancos. (Art. 100)

c'   Publicación del balance.

En los quince primeros días de cada mes, los bancos o institutos de crédito deberán publicar en un diario de reconocida circulación de la localidad de su asiento principal, un balance de sus negocios durante el mes inmediato anterior, (Art. 101)

d'   Publicación del estado de ganancias y pérdidas.

Deben además, publicar un estado pormenorizado de sus cuentas de Ganancias y Pérdidas, correspondiente al ejercicio semestral inmediato anterior, a fines de junio y de diciembre. (Art. 101) *e'   Suministro de informes.*

Los bancos e institutos de crédito deberán suministrar a la Superintendencia de Bancos cuantos informes verbales o escritos les pida sobre su estado, o sobre cualquiera de sus operaciones.

b. *Prohibiciones generales.*

La ley establece también una serie de prohibiciones generales para los bancos e institutos de crédito. Se dividen en dos grupos.

a'   Derivadas de la moralidad bancaria:

1)   Prohibición de realizar cualquier tipo de operaciones préstamos, descuentos, redescuentos, anticipos o créditos de cualquier clase con su Presidente, Vice-Presidente, Directores, Gerentes, Secretarios u otros funcionarios de rango ejecutivo;

2)   Prohibición de realizaron operaciones con los funcionarios de la Superintendencia de Bancos. Sólo se establece una excepción respecto a la posibilidad de obtener préstamo hipotecario sobre su propia casa de un banco hipotecario;

3)   Tener como presidentes, directores, administradores, funcionarios o empleados principales unidos entre sí por parentesco hasta el cuarto grado de consanguinidad o segundo de afinidad;

4)   Tener como presidente, director, administrador, funcionario o empleado, alguna persona fallida y no rehabilitada legalmente o que haya sido condenada por delito contra la propiedad.

b'   Para el resguardo de la solvencia del banco.

1)   Se prohíbe realizar operaciones con una sola persona natural o jurídica, por cantidades que excedan en su totalidad del diez por ciento del capital pagado y de fondos de reserva del banco o instituto de crédito;

Como excepción, se pueden hacer préstamos directos al Estado que pueden llegar hasta el cincuenta por ciento del capital pagado y fondos de reserva del banco o instituto de crédito;

2)   Realizar operaciones garantizadas con sus propias acciones;

3)   Se prohíbe a los bancos o institutos de crédito, también ser propietario de bienes inmuebles salvo los que necesiten para el asiento de sus propias oficinas, agencias o sucursales. Se establece una excepción: de acuerdo al Art. 128, si recibirlos en garantía. (Art. 124);

4)   Se les prohíbe, asimismo, realizar operaciones, sin garantía especial, a personas de quienes no posean un balance o estado financiero suscrito por el interesado y formulado a lo más con un año de antelación.

c. Prohibiciones especiales

Establece, además, la Ley una serie de prohibiciones especiales para cada instituto de crédito:

a' Bancos comerciales

De acuerdo al Art. 25 de la Ley, queda prohibido a los bancos comerciales;

1)   Tener obligaciones exigibles a la vista o a plazo por una cantidad de seis veces mayor de su capital pagado, más sus fondos de reserva;

2)   Tener obligaciones contingentes por una cantidad de dos veces mayor de su capital pagado más sus fondos de reserva y garantía;

3)   Hacer préstamos por un plazo mayor de dos años y descuentos y redescuentos o anticipos por un plazo mayor de un año;

4)   Invertir cantidad alguna en obligaciones de empresas privadas;

5)   Adquirir acciones en cantidad superior al veinte por ciento de su capital pagado y fondos de reserva;

6)   Tener invertida o colocada en cualquier forma, por cuenta propia, en moneda o valores extranjeros, una cantidad mayor del diez por ciento de su capital pagado y fondos de reserva;

7)   Recibir depósitos en moneda extranjera en una cantidad mayor de cinco por ciento del total de sus depósitos. Sin embargo, la Superintendencia de Bancos podrá autorizar la recepción de depósitos en moneda extranjera en exceso del límite señalado, pero con la obligación de constituir un depósito en el Banco Central, igual al excedente y en las respectivas monedas.

b' Bancos hipotecarios

Según dispone el Art. 55 de la Ley, los bancos hipotecarios urbanos no podrán:

1)   Recibir depósitos de dinero con un plazo inferior a noventa días, con excepción de los depósitos de ahorro con aviso previo de retiro mayor de 30 días;

2)   Emitir cédula hipotecaria por una suma superior a veinte veces su capital y fondos de reserva;

3)   Conceder créditos en cuenta corriente;

4)   Adquirir acciones de compañías privadas en cantidad superior al veinte por ciento de su capital pagado y fondos de reserva;

5)   Adquirir sus propias cédulas a precio inferior de su valor nominal,

c' Sociedades financieras.

El Art. 67 de la Ley establece que las sociedades financieras no podrán:

1)   Recibir depósitos a la vista o de ahorros;

2)   Conceder créditos en cuenta corriente;

3)   Tener obligaciones directas por una suma mayor de seis veces de su capital pagado y fondos de reserva;

4)   Aceptar obligaciones contingentes por una suma mayor de dos veces su capital pagado y fondos de reserva;

5)   Adquirir sus propios bonos financieros a precio inferior a su valor nominal.

d'   Sociedades de capitalización.

A estas sociedades se les prohíbe, de acuerdo al Art. 84 de la Ley;

1)   Mantener un pasivo exigible mayor de veinte veces el importe de su capital pagado y fondos de reserva;

2)   Recibir depósitos a la vista, a plazo de ahorros;

3)   Tomar dinero en préstamos;

4)   Pagar a sus agentes, empleados o funcionarios comisiones mayores que las autorizadas por la Superintendencia de Bancos;

5)   Otorgar fianzas o cauciones.

6)   Cualesquiera de las otras operaciones mencionadas en el Art. 2 de la Ley; (transferir fondos dentro del país, aceptar la custodia de fondos, títulos y objetos de valor, prestar servicios de cajas de seguridad, actuar como fiduciarios y ejecutar mandatos, comisiones y otros encargos de confianza, girar y transferir fondos de escala internacional, comprar y vender divisas y billetes extranjeros, etc.).

Son estas sociedades las que se encuentran más restringidas en cuanto a las actividades impuestas por la ley.

4. El control administrativo de la actividad bancaria

A. El Ministro de Hacienda.

A los fines de la Ley General de Bancos y otros Institutos de Crédito, el órgano del Ejecutivo Nacional será el Ministro de Hacienda, salvo disposiciones expresas en contrario.

Tiene la facultad de autorizar la promoción de una empresa bancaria o un instituto de crédito, de autorizar su funcionamiento, de permitir el traslado de agencias; autorizar las modificaciones a los Estatutos de las compañías.

B. Superintendencia de Bancos

a. Naturaleza.

Es un organismo administrativo, técnico-especial, adscrito al Ministerio de Hacienda.

b. Composición.

Está compuesta por un director y los fiscales. El director es el Superintendente de Bancos y designado directamente por el Presidente de la República, para un período de 3 años; deberá ser venezolano por nacimiento y persona de reconocida experiencia de contabilidad y prácticas bancarias.

No podrá ser removido de su cargo sino en caso de condena penal o por ineptitud o incapacidad plenamente comprobadas.

Puede ser removido inmediatamente de su cargo cuando realice operaciones bancarias con los bancos y demás institutos de crédito, a no ser la de inspección, vigilancia y fiscalización o de simple depositante.

Los fiscales son órganos ejecutores de las órdenes del Superintendente.

c. Funciones.

Tiene entre sus funciones, las siguientes: el más amplio e ilimitado derecho de inspección y fiscalización, inclusive la revisión de todos los libros prescritos o no por el Código de Comercio, correspondencia y documentos de las empresas y personas sometidas a su vigilancia.

Pocas empresas en Venezuela son objeto de tanta fiscalización como estos institutos de crédito, siendo personas privadas. En cambio, existen personas públicas que no tienen ningún control por parte del Estado.

d. Atribuciones y deberes del Superintendente.

Tiene los siguientes deberes y atribuciones:

1)   Inspeccionar, vigilar y fiscalizar los bancos, institutos de créditos y demás empresas que funcionen de acuerdo con la Ley, por lo menos una vez al año;

2)   Vigilar y fiscalizar las personas naturales o jurídicas que se dediquen a este tipo de operaciones;

3)   Informar al Ministro de Hacienda cualquier irregularidad que observe en la actividad bancaria;

4)   Puede tomar las medidas que sean necesarias en resguardo de los intereses del público;

5)   Informar al Ministerio de Hacienda de su gestión sobre el control y vigilancia una vez al año.

C. El control técnico-económico de la actividad bancaria, que realiza al Banco Central.

Control que se deriva de la obligación del encaje legal.

l)   El Banco Central tiene atribución para aumentar o disminuir las proporciones de encaje mínimo;

2) Los bancos y los demás institutos de crédito regidos por la Ley, deberán mantener depositada en el Banco Central una cantidad no inferior a las dos terceras partes del encaje mínimo señalado.

Los depósitos de los bancos comerciales y el encaje legal crea el sistema de las cámaras de compensación, emanadas del Banco Central y controladas por el Ministerio de Hacienda.

La Cámara de Compensación consiste en lo siguiente: a primera hora de cada día debe mandar al Banco Central los cheques que tuviera contra otros miembros de la Cámara. En dichos cheques se estampará un sello del banco remitente que contenga la fecha en que se presentan a la compensación, la cual comenzará al estar reunidos los representantes de los Bancos. Si queda un saldo favorable será cargado a la cuenta que cada banco mantendrá en el Banco Central para tal efecto; si resulta insuficiente se saca del depósito.

El Banco Central tiene también atribución para fijar el máximo de préstamos e inversiones por parte de los bancos. Puede también fijar topes y límites para la misma actividad.

Tiene facultad también para fijar las tasas máximas de interés que han de regir para las operaciones de los bancos, tanto activas como pasivas.

Puede también fijar el límite de las condiciones para los recargos de las actividades bancarias.

Tiene una facultad de tipo indirecto que se refiere a la operación de redescuento, que es la operación por la cual un banco comercial descuenta a su vez la letra qué ha descontado al Banco Central. Antes del vencimiento de la letra, el banco de comercio está obligado a entregar el dinero al Banco Central.

El Banco Central es libre de calificar los títulos que se le presentan para redescuentos; en este sentido puede limitar los títulos de crédito a plazos, o ventas a plazo: es lo que se llama el control selectivo del Banco Central.

Para el redescuento establece la Ley que los títulos deben tener determinados requisitos: que tengan dos firmas, por lo menos, de primera clase, de los cuales una sea bancaria; que el plazo de vencimiento no sea superior a 180 días, contados desde la fecha de su redescuento, etc. (Art. 55, Ord. 6° de Ley de Banco Central).

5. Limitaciones jurídico-administrativa a las actividades de las Empresas de Seguro.

A. Introducción

Nos corresponde comenzar a analizar ahora otras de las limitaciones jurídico-administrativas al libre ejercicio de las actividades lucrativas por razones de interés social, es decir, las limitaciones a las actividades de las empresas de seguros. En efecto, el seguro es un contrato por el cual una parte se obliga mediante una póliza, a indemnizar la pérdidas o los perjuicios que puedan sobrevenir a la otra parte, en casos determinados, fortuitos o de fuerza mayor, o bien a pagar una suma determinada de dinero, según la duración o las eventualidades de la vida o de la libertad de una persona. Tal es la definición que trae el código de comercio sobre el contrato de seguros.

La importancia que ha adquirido en los últimos años la actividad de los seguros, ha producido que el Estado entre a regular esta actividad. Hasta el año 1965, existía en Venezuela la Ley sobre Inspección y Vigilancia de las Empresas de Seguros del 18 de julio del año 38. Sin embargo, el 28 de julio de 1965 se dictó la Ley de las empresas de seguros y reaseguros que trae bastante innovaciones en relación a la Ley derogada; y va a ser esta Ley de 1965, la que nos va a ocupara en nuestro estudio.

Esta Ley tal como lo señala el Artículo 1°, regula la intervención del Estado en las Empresas de seguros y reaseguros; esta intervención dice la misma Ley, se realizará por el Ejecutivo Nacional por órgano del Ministerio de Fomento.

La intervención del Estado o la regulación de las actividades de las empresas de seguros podemos estudiarlas en dos partes netamente diferenciadas: en primer lugar veremos las limitaciones administrativas a las actividades de las empresas de seguros, y en segundo lugar veremos el control administrativo y la forma como el Estado ejerce ese control sobre las empresas de seguros y reaseguros.

B. Limitaciones administrativas a la actividad de las Empresas de Seguro

a. *Respecto a la constitución de la Empresa*

a' *Introducción*

En cuanto a las limitaciones administrativas a las empresas de seguros, o debemos distinguir estas limitaciones en primer lugar respecto a la constitución de la empresa. La Ley exige (art. 2) que para la constitución de las empresas de seguros y reaseguros, y para el ejercicio de las actividades de las mismas se requerirá una <u>autorización previa</u> del Ministerio de Fomento. De esta norma se deduce claramente que la Ley exige dos tipos de autorización: una para la <u>constitución</u> de la empresa y otra para el <u>funcionamiento ejercicio de las actividades</u> de las mismas. La Ley en este sentido sigue los mismos lineamientos de la Ley de Bancos y otras instituciones de crédito al exigir autorización para la promoción y para el funcionamiento de las empresas bancarias.

b' *Requisitos para obtener la autorización para la constitución: Forma, Capital; Acciones; Objeto; Junta Administradora*

Veamos en primer lugar las limitaciones respecto a la constitución y concretamente la autorización a la constitución, y dentro de ella, los requisitos que se exigen para obtener una empresa de seguros esta autorización para la constitución, con la advertencia, por supuesto, de que estos requisitos deben ser cumplidos no sólo por las empresas que van a actuar a partir de haberse promulgado la Ley vigente, sino también, a esos requisitos deben acomodarse las empresas que ya estén funcionando en el país. La Ley en sus disposiciones transitorias, prevé una serie de lapsos dentro de los cuales las empresas constituidas deben cumplir con estos requisitos: con carácter general se prevé para las empresas extranjeras deben cumplir con todos estos requisitos en el lapso de dos años a partir de la publicación de la misma. Estos requisitos para obtener la autorización de constitución, están señalados en el art. 13 de la Ley de Empresas de Seguros y Reaseguros y podemos clasificarlos en la siguiente forma:

En primer lugar, en relación a la forma de la empresa, exige la Ley que las empresas de seguros y reaseguros adopten la forma de sociedad anónima. Se viene a confirmar entonces en la Ley algo que venía exigiéndose como práctica administrativa. En efecto la Ley del año 38 no exigía para la realización de actividades de seguros, que éstas fueran realizadas por compañías anónimas, sin embargo las autoridades administrativas habían venido requiriendo a las personas jurídicas que iban a desarrollar actividades de seguros la forma societaria, tenemos pues, entonces que la Ley del año 65 viene a darle rango legal a esta exigencia, que anteriormente no pasaba de ser una práctica administrativa.

También las empresas de seguros en relación al capital deben cumplir una serie de requisitos para poder obtener la autorización de funcionamiento. En cuanto a la formación del capital, éste ha de ser propiedad en no menos de un 51% de personas venezolanas jurídicas o naturales (venezolanas por nacimiento o por naturalización). Si los propietarios de ese 51% son personas jurídicas venezolanas la Ley exige además que no menos del 51% del capital de esas personas jurídicas propietarias de las acciones en un 51% de la compañía de seguros, pertenezcan también a personas naturales venezolanas.

Las compañías constituidas en Venezuela con anterioridad a la promulgación de la Ley deben cumplir con este requisito dentro de un lapso de 8 años. En relación a las empresas de reaseguros, el límite para el cumplimiento de este requisito es de cinco años.

Para llevar el control respectivo sobre esta formación de capital con ese 51% perteneciente a personas venezolanas, el Ministerio de Fomento debe llevar un registro de accionistas previsto por la Ley. Recientemente, este registro de accionistas ha sido reglamentado por el decreto N° 446 del 14 de diciembre del año 65 publicado en gaceta oficial 27915 del 15 de diciembre del año 65.

La importancia de la exigencia de que el 51% del capital de las empresas de seguros o reaseguros pertenezca a personas venezolanas, es que la Ley, en el art. 19, declara nulos de pleno derecho todos los documentos tendientes a desvirtuar lo exigido por esa norma, es decir, declara nulo de pleno derecho todos los documentos tendientes a probar que una persona extranjera es propietaria de acciones en contravención con la proporción del 51% señalado; y la nulidad se declara para todos los efectos legales, aún cuando estén, los documentos, otorgados fuera del territorio venezolano y aún cuando estos documentos puedan causar o producir efectos legales en el extranjero.

También, en relación al capital, la Ley exige para obtener la autorización de constitución que ese capital sea suscrito en unas proporciones determinadas; en relación a las empresas de seguros, cuando éstas aspiren a operar en seguros generales o seguros de vida, se requiere un capital suscrito de no menos de 3000.000 bolívares. Si se trata de empresas de seguros que aspiren a operar simultáneamente en seguros generales y en seguros de vida, se exige un capital suscrito de no menos de 4000.000 bolívares. Si se trata de empresas también de seguros que aspiren a operaren garantía financiera, se exige un capital suscrito de no menos de 5000.000 bolívares. Por último si se trata también de empresas de seguros que aspiren a operar simultáneamente en seguros general y garantía financiera, se exige un capital suscrito de 8000.000 bolívares. En relación a las empresas de reaseguros, la Ley determina una sola proporción: el capital suscrito de las mismas debe ser no menor de 4000.000 bolívares

El capital suscrito en la forma anteriormente señalada debe haber sido enterado en caja, en dinero efectivo, en no menos de un 50% como mínimo.

También y para obtener la autorización de constitución la Ley exige que las acciones cumplan determinado requisitos. Las acciones de las empresas de seguros deben ser nominativas y no convertibles al portador.

En cuanto al objeto de la compañía, el objeto fundamental debe ser siempre y así ha de estar precisado en sus estatutos respectivos, la realización de operaciones de seguros o de reaseguros.

También se exigen requisitos para obtener la autorización de constitución en cuanto a la Junta Administradora: ésta debe estar integrada por lo menos con cinco miembros que no estén ligados entre sí por parentesco en 3er. grado de consanguinidad y segundo de afinidad. La mayoría de ellos, es decir, por lo menos tres de los cinco, han de ser venezolanos. Se prohíbe en el art. 21 que los promotores, Directores, Administradores y funcionarios de las empresas de seguros y reaseguros, sean personas que hayan sido declaradas en estado de quiebra a menos que hayan sido rehabilitadas. Tampoco podrán ser promotores, directores, administradores o uncionarios de empresas de seguros o reaseguro, aquellas personas que para la época de la cesación de pago e alguna empresa declarada en estado de quiebra fraudulenta o culpable ejerciera funciones de administrador en las mismas.

c'   La autorización para la constitución: Solicitud; Decisión

Ahora bien, una vez cumplidos todos estos requisitos previos para obtener la autorización de constitución, las personas interesadas deben dirigir al Ministerio de Fomento, a través de la Superintendencia de Bancos, una solicitud para obtener esta autorización previa de constitución. A la solicitud deben acompañar, exige el art. 22, el proyecto del documento constitutivo y de los estatutos de la sociedad, asimismo los comprobantes de haber depositado en un banco venezolano el 20% de la garantía que exige el art. 31 de la Ley y que veremos detalladamente más adelante.

La Superintendencia de Seguros, una vez recibida esta solicitud, dentro de los cuatro meses de la recepción de la misma, debe decidir si imparte o no la aprobación a los documentos acompañados, y en consecuencia si autoriza o no la constitución de la empresa. Si no se acompañan todos los recaudos exigidos por la Ley, debe el Ministerio de Fomento, a través de la Superintendencia, devolver el particular con recaudos, teniendo como presentada la solicitud.

La resolución de la decisión por la cual se autorice o niegue la autorización de constitución de la empresa, debe ser motivada. En su caso la negativa puede ser recurrida para ante el Ministerio de Fomento en el lapso de 10 días. Se trata de un típico recurso jerárquico. Firme la resolución negativa, es decir, decidida por el Ministro y no recurrida por la vía contencioso administrativa, pueden los promotores disponer libremente del depósito dado en garantía.

d'   Limitaciones al Registrador Mercantil

La importancia de la obtención de esta autorización de constitución, al igual que lo que sucede en la regulación vista de las empresas bancarias, son las limitaciones impuestas al

Registrador Mercantil. En efecto, en el Registro de Comercio, dice el Art. 2 de la Ley, no se inscribiera ninguno de los documentos relacionados con la constitución de sociedades de seguros y reaseguros, sin la constancia de haber sido otorgada la autorización de constitución a que nos hemos referido anteriormente. De lo contrario, aún cuando los documentos sean registrados, estos se considerarán en virtud de que la Ley lo dice expresamente, como no registrado.

b. Respecto al funcionamiento de la Empresa

a' Nota Previa

En las limitaciones administrativas a las actividades de las empresas de seguros, ya hemos visto las limitaciones que existen respecto a la constitución de la empresa. Pero no solo existen limitaciones respecto a la constitución de la empresa, sino también respecto al funcionamiento de la empresa. Y las limitaciones respecto al funcionamiento podemos estudiarlas bajo dos ángulos distintos. En primer lugar la necesidad para las empresas de obtener una autorización para operar y en segundo lugar la necesidad de que dichas empresas constituyan una determinada garantía para la realización de sus operaciones.

b' Autorización para operar: Solicitud; Decisión; Renovación; Proporción en las acciones; Inicio de operaciones

En cuanto a la autorización para operar, dentro de los 6 meses siguientes a la publicación de la autorización de constitución que hemos visto anteriormente, los administradores de las empresas de seguros deberán presentar a la Superintendencia de Seguros los siguientes documentos acompañados de una solicitud para obtener la autorización de funcionamiento. Estos documentos son: en primer lugar, los instrumentos que acrediten la constitución legal de la sociedad, es decir, copia del registro, del acta constitutiva y estatutos de la sociedad que ha debido inscribirse en el Registro Mercantil. En segundo lugar, la comprobación de la constitución definitiva de la garantía a que se refiere el Art. 31 y cuyo 20% ya debía haberse constituido para poder obtener la autorización de constitución. La regulación concreta de esta garantía se verá más adelante. En tercer lugar deben acompañar los modelos de solicitudes, pólizas, contratos, recibos y en general de cualquier documento que haya de utilizar en sus operaciones de seguros. En cuarto lugar las tablas de primas y arancel de comisiones que por concepto de operaciones de seguros deban ser pagadas a los intermediarios de seguros. En quinto lugar deben acompañarse la estimación de los gastos de instalación y promoción de la empresa. En sexto lugar acompañaran también el método que se adoptara para la amortización de gastos de instalación y promoción; y por ultimo deben acompañar los modelos de solicitudes, pólizas, contratos, etc. y las tablas de primas y arancel de comisiones no se aplica a las empresas de reaseguros.

La falta de presentación de todos estos documentos dentro del plazo señalado de seis meses contados a partir de la publicación de la autorización de constitución, producirá la caducidad de la solicitud. En todo caso la Superintendencia tiene facultad para objetar los documentos acompañados por la empresa de seguro o reaseguro a su solicitud de obtener la autorización de funcionamiento y esta objeción puede hacerla dentro de los seis meses siguientes a la de su presentación. Si la objeción versare sobre el plan técnico, la Superintendencia de Seguros debe indicar a la empresa las normas sobre las cuales deberá ajustarse en la elaboración de dicho plan técnico. La empresa, una vez hecha esta objeción por la Superintendencia de Seguros, podrá presentar los razonamientos que estime convenientes en apoyo de su plan técnico, dentro de un plano no mayor de 30 días contados a partir de la fecha en que la Superintendencia de seguros lo hubiere objetado. Por último la Superintendencia e Seguros, con vista a los razonamientos expuestos por la empresa, decidirá también dentro de un lapso de 3 meses contados a partir de la decisión firme de la Superintendencia de Seguros, para presentar nuevamente los documentos que debe acompañar a su solicitud para obtener la autorización de funcionamiento, ajustado, en este caso, a las normas que le hubiere señalado la Superintendencia de Seguros. La falta de presentación de dichos documentos en el lapso de 3 meses indicado, producirá la caducidad de la aprobación de la solicitud; o sea que la caducidad no solo surge en este caso, por falta de presentación de los documentos, sino también por la falta de presentación de los documentos una vez que hayan sido objetados por la Superintendencia de Seguros.

Cumplidos en todo caso los trámites señalados anteriormente, el Ministerio de Fomento, debe dentro de los 30 días siguientes dictar la resolución que autorice a la empresa solicitante para el ejercicio de la actividad de seguro o reaseguro.

Dicha resolución debe publicación en la Gaceta Oficial de la República de Venezuela al igual que la resolución de autorización para la constitución de la empresa de seguro; y es necesario señalar que, tal como aparece redactado el Art. 29 de la vigente Ley de Seguros y Reaseguros, surge que el Ministerio de Fomento no puede negar la autorización de funcionamiento una vez que se haya otorgado la autorización de constitución. Por ello, esa norma señala que el Ministerio, debe dictar la resolución que autorice la empresa para el ejercicio de la actividad de seguro o reaseguro una vez cumplido con todos los trámites señalados en los Art. 26 a 29. En todo caso, la Ley aún cuando no duce nada al respecto de su Art. 133 se desprende una posibilidad en que puede el Ministerio de Fomento negar la autorización de funcionamiento de la empresa, y es en el supuesto en que exista una previa decisión, por vía de Decreto del Presidente de la República en Concejo de Ministros, en que haya determinado que no se podrán inscribir nuevas compañías de seguros. En efecto ese Art. 133 de la Ley señala que cuando la situación económica del país o cuando las condiciones del mercado lo hagan aconsejable, el Presidente de la República en Concejo de Ministros podrá negar la inscripción de nuevas compañías de seguros, es decir, una vez dictado este acto administrativo por el Presidente de la República en Concejo de Ministros, puede el Ministerio de Fomento negar la autorización de funcionamiento de la empresa en base al Decreto del Concejo de Ministros. Parece, repito, que esta es la única posibilidad que tiene el Ministerio de Fomento de negar la autorización de funcionamiento de una empresa de seguros una vez autorizada su constitución.

Esta autorización puede, sin embargo, ser revocada por diversas causales. En primer lugar tal como lo señala el Art. 10 de la Ley, cuando se observe que la propiedad de las acciones de una empresa de seguros o reaseguros, no guarda la proporción del 51% que exige el Art. 18 de la Ley, puede la Superintendencia de Seguros revocar definitivamente la autorización para operar, es decir, la autorización de funcionamiento como compañía de seguro, y debe procederse de inmediato a la liquidación de la misma de acuerdo con la Ley.

Esto debe comunicarse, por otra parte, al Tribunal correspondiente para los efectos de la liquidación.

Procede también la revocación de la autorización de funcionamiento de acuerdo al Art 78, cuando las empresas de seguro o reaseguros, no inicien sus operaciones dentro de un lapso de 90 días siguientes a la fecha en que se publica en la Gaceta Oficial de la República de Venezuela la autorización de funcionamiento correspondiente, o dentro de la prórroga que por igual plazo puede concederle la Superintendencia de Seguros.

c'. Cesación de operaciones

Asimismo, puede ser revocada la resolución para operar o de funcionamiento, cuando (*omissi*s)

a) de 400.000 bolívares si operan en seguros de vida y en seguros en general;

b) de 500.000 bolívares si operan en el ramo de garantía financiera; y

c) si operan en varios ramos de seguros una garantía equivalente al monto que resulte, de sumar las correspondientes cantidades a que se refieren las letras anteriores, es decir, si operan en varios ramos de seguros generales, por ejemplo y de garantía financiera, la garantía será de 900.000 bolívares para las empresas de reaseguros que deberán mantener, la garantía en el Banco Central de Venezuela, este puede decidir de la empresa depositante, si la garantía podrá ser depositada en su totalidad o en parte en algunos otros bancos comerciales del país.

En todo caso, cuando las compra nías de seguros que tengan, su sede principal en el interior del país, el Banco debe preferir para los efectos de este Art. 31 de la Ley, es decir, para el depósito de la garantía, aquellos institutos bancarios comerciales cuya casa matriz esté operando en la misma jurisdicción regional de la compañía de seguro.

d'. Constitución

En cuanto a la constitución de la garantía en los montos señalados anteriormente, estas deben estar constituidas en un 25% por lo menos en valores emitidos o garantizados por la Nación; y el saldo restante, es decir el 75% como máximo restante debe estar constituido en moneda de curso legal, cédulas hipotecarias o en valores industriales o comerciales nacionales todos a satisfacción de la Superintendencia de Seguros. En relación a la forma como habrán de estar representadas, en estos últimos casos, la garantía, es decir, en valores industriales o comerciales nacionales, hay un Decreto 222 del 5 de febrero del año 60, que implica una reforma para el viejo reglamento de la Ley del 31 de julio de 1948, en el cual se establecen ciertas limitaciones a la constitución, de este saldo de la garantía en valores nacionales, comerciales o industriales, que son perfectamente aplicables a la disposición de la Ley actual.

En este sentido, las empresas aseguradoras no podrán ofrecer para garantizar sus operaciones, acciones; bonos ni otros valores de compañías afiliadas a ellas ni de aquellas a las que esté afiliada la compañía oferente de la garantía. Asimismo, cuando ofrezcan acciones o bonos de empresas particulares, solo se aceptarán por la Superintendencia, dice el Decreto antes señalado, las que hayan pagado dividendos durante los últimos dos años a la fecha del ofrecimiento, salvo lo relativo a las cédulas hipotecarias.

Si bien el principio, el saldo restante de aquel que debe estar constituido en valores emitidos o garantizados por la Nación, debe estar constituido en monedas de curso legal, cédulas hipotecarias o en valores industriales o comerciales nacionales como se ha visto, existe la posibilidad de que, si la Superintendencia de Seguros lo juzga conveniente, ese saldo esté representado en garantías hipotecarias de primer grado sobre predios urbanos edificados, situados en el país, que tengan un valor no menor del doble de la cantidad por la cual debe constituirse la garantía.

Estos bienes, dados en garantía hipotecaria en caso de que sean ofrecidos, a juicio de la Superintendencia de Seguros y con autorización expresa de esta a estos fines. También en relación a la constitución de la garantía hipotecaria, como garantía de las empresas de seguros, hay un reglamento dictado por el Decreto 222 del 5 de febrero de 1960, antes señalado, establece algunas limitaciones. En efecto, además de exigir que la garantía será en todo caso de primer grado y nunca podrá ofrecerse hipoteca de segundo grado, o de inferior grado, se señala que cuando estas garantías versen sobre un inmueble susceptible de destrucción por el fuego o estos deben estar cubiertos contra riesgos contra incendios por pólizas apropiadas.

e' Limitaciones

En cuanto a los bienes que van a constituir estas garantías señaladas, que deben presentar las empresas de seguros, esos no podrán computarse en los bienes que constituyen las reservas, que sean completamente distintos, como veremos más adelante.

f' Privilegio

En todo caso, esta garantía, en caso de liquidación de una empresa aseguradora, tendrá por destino, en primer lugar a satisfacer las reclamaciones de los tenedores de pólizas que no hayan sido pagadas por otros medios. Y si se trata de una empresa de reaseguros, la garantía se destinará a satisfacer las reclamaciones de reaseguro no pagadas asimismo por otros medios. En todo caso la Superintendencia de Seguros no liberará dicha garantía mientras las empresas tengan obligaciones pendientes en el país por razón de sus operaciones.

c. Respecto a la actividad económica de la empresa

a' Introducción

Pero las limitaciones a las actividades de las empresas de seguros no solo se refieren al funcionamiento de las empresas sino también hay otra serie de limitaciones en cuanto a la actividad económica de la empresa. Limitaciones que podemos estudiar bajo dos ángulos distintos: en primer lugar unas limitaciones generales aplicables a todas las empresas de seguro o reaseguro y en segundo lugar, la limitación respecto a la constitución de la reserva que exige la Ley de acuerdo con el ramo de seguros en que opere la empresa, *b' Limitaciones generales: Empresas de seguros; Pólizas y tarifas; Intermediarios de seguros; Propaganda; Idioma Castellano; Contabilidad;*

En cuanto a las limitaciones generales para las empresas de seguros estas deben en primer lugar someter las pólizas y documentos complementarios y las tarifas que usen para ser aprobados previamente por la Superintendencia de Seguros. En relación a estas pólizas sus documentos, estos no podrán ser modificados ni enmendados sin la autorización previa asimismo de la Superintendencia de Seguros salvo cuando el riesgo por asegurar obligue a esto. Las modificaciones, enmiendas y tachaduras hechas en contravención con la norma del Art. 39 de la Ley, es decir, sin la aprobación de la Superintendencia, no beneficiarán a las empresas que lo hicieren, tal como se desprende de esa misma norma. Por otra parte, las empresas de seguros no podrán hacer aumentos ni conceder reducciones o descuentos directos o indirectos, sobre las tarifas de primas aprobadas, sin la previa autorización de la Superintendencia de Seguros generales, la Superintendencia de Seguros ordenará a la empresa que hubiere infringido estas disposiciones a la cancelación de la póliza y la devolución al asegurado de las primas correspondientes al seguro no transcurrido. La empresa no podrá participar en el seguro o reaseguro facultativo de dicho riesgo durante el lapso de dos años. Sin embargo, cuando se trata de seguros de vida, la Superintendencia de Seguros ordenará la devolución al asegurado o el pago por este de la diferencia de primas respectivas.

En estos casos también puede la Superintendencia imponer las sanciones a que hubiere lugar conforme a la Ley. Pero también hay limitaciones generales para las empresas de seguros no solo en relación a las pólizas, tarifas y sus documentos, sino también en relación a los intermediarios de seguros.

Así las empresas de seguros no podrán pagar remuneración alguna por concepto de mediación en las operaciones de seguros a las personas que no estén autorizadas de acuerdo con la Ley para actuar como intermediarios de seguros; y en este sentido solo podrán actuar como intermediarios entre asegurados y empresas de seguros las personas plenamente autorizada por la Superintendencia de Seguros. Esta autorización será acordada por la Superintendencia solamente a agentes que actúen directa y exclusivamente con una empresa de seguros o de corretaje; a corredores que actúen directa y sin relación de exclusividad con una empresa de seguros; y a sociedades de corretaje.

La Ley (Art. 97) trae una serie de limitaciones para la realización de estas actividades de intermediarios de seguros. En primer lugar no podrán actuar como intermediarios de seguros los funcionarios o empleados públicos; los administradores, gerentes y comisionarios y empleados de instituciones bancarias, de crédito, de seguros, de comisionistas, y agentes aduanales, así como las propias instituciones bancarias, de crédito, de comisionistas y de agentes de aduanas; los inspectores de riesgos, ajustadores de siniestros y peritos y avaladores; quienes actúan como intermediarios de reaseguros; las personas no domiciliadas en el país, salvo alguna autorizada expresamente por la Superintendencia de Seguros; y en general, no podrán actuar como intermediarios, quienes habiendo actuado como intermediarios de una empresa de seguros o reaseguros, no hayan cumplido como tales, sus obligaciones legales o contractuales.

Las personas autorizadas para realizar operaciones de corredores de seguros y las sociedades de corretaje, deberán presentar siempre una caución real o personal por la cantidad que determine el reglamento (Art. 99). Dicha caución está también vinculada con privilegio sobre otros créditos en el orden siguiente: Al pago de las obligaciones derivadas del ejercicio de su profesión; y al pago de las penas pecuniarias que puedan imponerse a quien presta la caución. Esta caución, en todo caso, no podrá extinguirse sino a los seis meses después de publicada la Resolución que revoque la autorización de realización de operaciones de intermediarios (Art. 100); y esta revocación puede tener lugar, con la respectiva cancelación de la inscripción para estos intermediarios de seguros: cuando su conducta no se ajuste a la moral o a las prescripciones de la ética profesional; cuando ofrezcan o posean descuentos no previstos en las tarifas aprobadas; cuando cedan total o parcialmente su comisión a los asegurados; cuando ofrezcan a los asegurados condiciones no comprendidas en las pólizas y sus anexos; cuan do encubran cualquier acto de mediación de seguros a una persona no autorizada para realizarlo; cuando cesen en el ejercicio habitual de las operaciones para las cuales han sido autorizados; y cuando dispongan, en su beneficio, del dinero recaudado por concepto del seguro.

Asimismo la declaratoria de interdicción, inhabilitación, estado de atraso o quiebra del intermediario causará, de derecho, la revocatoria de la autorización para operar.

Además de las limitaciones generales a las empresas de seguros en razón a las pólizas y tarifas y de sus aprobaciones, en razón de los intermediarios de seguros, también la Ley (Art. 44) trae algunas limitaciones en relación a la propaganda de las empresas de seguros y reaseguros. Toda propaganda, en efecto, de las empresas de seguros, antes de ser dadas a la publicidad, deberá tener la aprobación de la Superintendencia de Seguros, de acuerdo a las normas que exija el reglamento.

Por otra parte, es obligatorio el empleo del idioma castellano en la contabilidad, registros, informes, carteles, prospectos, pólizas, cuestionarios, certificados, formularios y demás documentos con las operaciones de seguros y reaseguros en Venezuela.

En cuanto a la contabilidad de las empresas de seguros, estas deberán cortar sus cuentas y efectuar sus cálculos y ajustes de las reservas, al 31 de diciembre de cada año. Estas empresas de seguros por otra parte, deberán presentar a la Superintendencia de Seguros dentro de los primeros 90 días de cada año civil el balance y estado de ganancias y pérdidas y un ejemplar de la memoria presentada a sus respectivas Asambleas de accionistas.

La Ley en su Art. 63 atribuye a la competencia del Ejecutivo para, por medio del reglamento establecer los principios y procedimientos de contabilidad, fijar las normas para la evaluación, amortización y depreciación de los rubros del activo de las empresas de seguros.

c'   *Empresas de Reaseguros: Empresas que operen en garantías financieras;*

Las empresas de reaseguros tienen por objeto reasegurar los riesgos asumidos por las empresas de seguros. Al efecto el Art. 64 de la Ley establece que las empresas de seguros que operen en Venezuela, podrán reasegurar ya sea en régimen facultativo o automático, una parte de los riesgos que hayan asumido. Asimismo las empresas de seguros deben informar cada año a la Superintendencia de Seguros la cuantía de las retenciones que se propongan realizar en cada uno de los años en que operen si la parte no reasegurada de los riesgos de una empresa fuere susceptible por su importancia de afectar la estabilidad de la misma. La Superintendencia de Seguros podrá ordenar su modificación en cualquier momento. La Ley establece por otra parte que las empresas de seguros que operen en Venezuela deben comunicar a la Superintendencia las denominaciones y demás características relativas a las sociedades con las cuales mantengan relaciones de reaseguros sobre riesgos situados en el país. Asimismo el Ministerio de Fomento podrá prohibir en resolución razonada a las empresas de seguros que operen en Venezuela la contratación de reaseguros, con determinadas empresas o sociedades. (Art. 67)

Por otra parte, en cuanto a las actividades de reaseguros, la Ley exige la limitación de que las empresas de seguros que operen en el país solo podrán aceptar reaseguros o retrocesiones en aquellos ramos en que operen en seguro directo. Asimismo la Superintendencia podrá limitar o prohibir a una o más empresas de seguros las aceptaciones de reaseguros en uno o más ramos concretos.

En cuanto a las empresas que operan en garantías financieras, la Ley establece que algunas limitaciones generales, aún cuando debe señalarse que de acuerdo al Art. 85 de la Ley, se entiende por operaciones del ramo de garantías financieras, aquella por las cuales una empresa de seguros afianza o avala el cumplimiento de obligaciones de pagar cantidades de dinero a plazo fijo. En cuanto a la realización de actividades de garantía financiera el Art. 20 de la Ley establece que las empresas que operan con seguros de vida no podrán operar en garantía financiera y que las empresas nacionales de reaseguros no podrán aceptar en ningún caso participaciones en riesgo de garantías financieras no pueden asegurar parte de sus riesgos en Venezuela sino solo compañías extranjeras. Para las empresas, por supuesto que venían operando en el ramo de seguros de vida y garantía financiera para el momento en que la Ley se promulgó, estas deben suspender las operaciones de garantía financiera en un lapso no mayor de un año, a contar de la publicación de la Ley (Art. 131). En todo caso la garantía ya contratada continuará en vigor hasta su extinción total.

Para estas empresas que operen en garantía financiera, la Ley faculta a la Superintendencia de Seguros para fijar la capacidad máxima de la cartera en el ramo de garantía financiera, ello con vista al crédito de que goce la empresa aseguradora y su monto, en todo caso, no podrá exceder de 4 veces la cantidad que resulte de sumar el monto del capital pagado y las reservas de capital.

Hay también límites personales, en el sentido de que a unas personas no podrán otorgársele fianzas o avales por una empresa que opere en garantía financiera, por una cantidad superior al 15% del capital pagado de la empresa de seguros que efectúe la operación. A los efectos del Art. 87 que establece esa limitación personal, se presumir como otorgadas a una sola persona las fianzas o avales extendidas para garantizar obligaciones de cualquiera índole en las cuales el avalado o afianzado tenga interés determinante o sea administrador o funcionario.

En cuanto a estas empresas que operan en garantía financiera, exige la Ley (Art. 88) que la cartera de garantía financiera deberá estar respaldada por garantía constituida en su favor de acuerdo con el siguiente régimen:

a)	No más del 20% de la capacidad máxima fijada, con hipoteca de primer grado que versen sobre predios urbanos o rurales cuyo valor venal, sea por lo menos un 80% superior al monto afianzado o avalado;

b)	No más de un 40% de la capacidad máxima fijada, respaldada con cesiones en garantía de acreencias en el Estado Venezolano siempre que el crédito sea por lo menos un 20% superior al monto afianzado O avalado;

c)	No más de un 30% de la capacidad máxima fijada, por prendas sobre títulos públicos o privados de los aceptados con la Superintendencia de Seguros, cuyo valor marcado para el momento de celebrarse la operación deberá ser, por lo menos, un 90% superior del monto afianzado o avalado; y

d)   No más de un 10% de la capacidad máxima fijada garantizado por anticresis, y prenda cobre bienes muebles de fácil realización.

En estos casos el valor de las garantías constituidas deberá ser, superior por lo menos en un 100% al monto afianzado.

En todo caso, el avalado de los bienes sobre los cuales se establezcan las garantías señaladas será obligatorio y deberé realizarse por peritos debidamente autorizados por la Superintendencia de Seguros.

Se establece también como limitación para la realización de operaciones en garantía financieras que las empresas de seguros que operen en este ramo no podrán afianzar o avalar obligaciones de sus accionistas, administradores o funcionarios ni de sociedades o comunidades donde tenga interés las expresadas personas, sin embargo, no se aplicarán las disposiciones de dicho Art. 89 a bienes u obligaciones pertenecientes a la nación o a los institutos autónomos. Por otra parte también en cuanto a las garantías que deben respaldar las operaciones de garantía financieras realizadas por las empresas y que deben estar a su favor, se establece que estas empresas de seguros no podrán aceptar como garantía de los avales o fianzas otorgadas, hipotecas o prendas sobre bienes pertenecientes a sus accionistas, administradores o funcionarios, ni a sociedades o comunidades donde tengan interés las expresadas personas. La violación de estas limitaciones señaladas producirá, de pleno derecho, la caducidad de la autorización para operar de la empresa infractora.

Por último, también en cuanto a las limitaciones establecidas para el ramo de las garantías financieras, los administradores de las empresas de seguros que operan en este ramo, serán en virtud del art. 93 de la Ley, solidariamente responsables de todas las operaciones de fianza y avales realizadas en contravención con lo dispuesto en la Ley de Seguros y Reaseguros,

d' Las Reservas: Nota Previa; Proporción; Deducciones; Forma; Fideicomiso; Medidas Preventivas; Privilegio

Pero las limitaciones a la actividad económica de la empresa, no sólo abarcan las limitaciones generales anteriormente vistas de acuerdo al ramo de seguros en que operen las empresas, sino que también las limitaciones a la actividad económica de las empresas se refieren a la necesidad de que esas empresas tengan mantenida una reserva de acuerdo al ramo en que actúan.

En cuanto a la proporción de esta reserva, la empresa de seguro que opere en el ramo de vida, dice el art. 45 de la Ley, debe constituir y mantener una reserva matemática que se calculará de acuerdo al plan técnico de la empresa a que se refiere el art. 26 de la Ley y que la empresa de seguro ha debido acompañar a su solicitud para obtener la autorización de funcionamiento vista anteriormente. La Ley remite al reglamento para fijar las normas que debe contener el referido plan, técnico en relación con el cálculo de las reservas matemáticas y los beneficios a que tendrán derechos los asegurados en caso de caducidad o rescate de las pólizas.

Ahora bien, para la determinación, en líneas generales de esta reserva matemática ésta debe calcularse en base a la diferencia que existe entre la prisa nivelada que paga el asegurado y lo que debía ser la prima natural. Entonces en cuanto a las reservas matemáticas ésta debe establecerse con la diferencia que surja entre la prima natural que debía cobrarse a los asegurados y la prima nivelada que se establece. En efecto, conviene señalar que la prima natural que debería cobrarse a los asegurados por los seguros contratados, es cada vez mayor a medida que las personas envejezcan. Dicho en otras palabras, las probabilidades de muerte son mayores a medida que avanza la edad, estableciendo progresivamente el peligro; entonces a mayor edad debía pagarse mayor prima y a menor edad menor prima (prima natural). Ahora bien, si mediante la prima nivelada que se establece, todos los pagos anuales son uniformes; es natural que esta prima (nivelada) debe ser en los primeros años mayor que la prima natural debía técnicamente pagar al asegurado. Por tanto, las diferencias pagadas de más deben permanecer en poder de la compañía, acumulando intereses, para que ésta esté en condiciones de suplementar los ingresos cuando el costo de mortalidad exceda, en los años finales, el importe de las primas niveladas. La prima natural pura no es más, en realidad, que el costo de mortalidad cuando el seguro es temporal, año por año, y en este caso no habría necesidad de acumular reservas. Pero en cualquier otro plan de seguros que no sea temporal, por un año, cada póliza debe contar con un fondo de reserva: en el plan ordinario de vida para indemnizar la muerte; en el de pagos limitados, para acumular, además de prima única que proporcionará, al terminar el período de pago de primas, el seguro que luego, como en el ordinario de vida, servirá para indemnizar la muerte, y en el plan total, para entregar, además, el capital asegurado al vencerse la póliza. Podemos decir, que la reserva, en realidad, no es tal cosa en el sentido comercial que implica "excedentes" sino un importe que la compañía debe tener disponible para afrontar sus compromisos y que deriva de las sumas pagadas en cierta forma "demás" por los asegurados con respecto al costo real de mortalidad en los primeros años. Cada póliza cuenta, así: con un fondo que podríamos llamar de "auto seguro" ya que la compañía, al producirse el fallecimiento, lo utiliza, agregándolo a la cantidad que debe pagar en concepto del riesgo que corre por la muerte que se produzca. De esta manera como la compañía tiene en su poder una su más que año tras año va creciendo, debido al aporte de nuevas primas y a la acumulación de intereses, el seguro neto verdadero, o la cantidad en riesgo, disminuye año tras año. Así gracias al juego de la reserva matemática, a medida que la probabilidad de muerte aumente, se reduce la cantidad de seguro (Ver, Salas Subirad, "El Seguro de Vida", cuando habla en el capítulo duodécimo sobre la prima nivelada pura, página 302).

En cuanto a las empresas que operan en seguros generales, la garantía que éstas de ben constituir y mantener para los riesgos en curso, no debe ser inferior al 40% de las primas netas de devolución o anulación correspondientes a su último ejercicio anual.

En cuanto a las empresas que operen en garantía financiera deberán constituir y mantener en este ramo una reserva para los riesgos en curso no inferior al 60% de las primas correspondientes a su último período anual. A este efecto no se tomarán en cuenta las primas devueltas, por anulación o cualquier otra causa.

Asimismo, en las empresas de seguros que operan en garantía financiera, anualmente separarán de los beneficios líquidos una cuota del 20% por lo menos para formar un fondo de reserva de contingentes, diferente a las demás reservas previstas por el Código de Comercio y la Ley, hasta que este fon do alcance una cantidad no interior al monto del capital pagado. El régimen para la inversión de este fondo de reserva será el mismo que se establece para la colocación de los fondos que cubren las reservas matemáticas y de riesgos en curso para las empresas que operen en seguros de vida o seguros general.

En todo caso, el fondo de reserva establecido en este Art. 48 de la Ley, estará afectado preferentemente al cumplí miento de las obligaciones causadas por las operaciones de garantía financiera.

En cuanto a las deducciones, el Art. 50 de la Ley señala que no se admitirá deducción alguna en la constitución de las reservas matemáticas y de las de riesgo en curso, establecidos por la Ley en razón de reaseguros cedidos.

La forma de constitución de las reservas (Art. 53) señaladas, en las proporciones anteriormente indicadas, es la siguiente: en cuanto a las reservas matemáticas y riesgos en cursos, estas deben estar representadas en Venezuela en no menos de un 30% en valores emitidos o garantizados por la Nación, las Entidades Regionales o de las Municipalidades; no más de un 20% en cédulas hipotecarias inmobiliarias, en cédulas hipotecarias industriales o agrarias, en acciones u obligaciones emitidas por sociedades anónimas dé acreditada solvencia constituidas en Venezuela, o que habiéndose constituido en el extranjero tengan en la República el objeto principal de sus negocios o la mayor parte de sus activos; y en no más de un 50% en la siguiente forma: en dinero efectivo, en caja o depositados en bancos domiciliados en el país; en préstamos garantizados con prenda sobre los bienes señala dos anteriormente siempre que estos préstamos no excedan del 70% del valor de cotización de dichos bienes; en préstamos garantizados con hipotecáis de primer grado, sobre inmuebles urbanos situados en Venezuela siempre que no se atribuya a las reservas una cantidad superior al 60% del valor del inmueble: y no más del 30% del porcentaje establecido (de 50%) en predios urbanos edificados situados en Venezuela, libres de hipoteca, enfiteusis y anticresis hasta el 75% del valor de dichos predios, estimados sobre la base del justiprecio efectuado por peritos autorizados por la Superintendencia de Seguros.

En cuanto a las reservas para las empresas que operen en garantías financieras (Art. 51), estas deben estar representadas en Venezuela así: no menos de un 40% en depósitos bancarios a la vista, en cuentas abiertas en bancos domiciliados en el país, no menos de un 10% ni más de un 20% en valores emitidos y garantizados por la Nación; y no más de un 50% en acciones y obligaciones emitidas por sociedades anónimas de acreditada solvencia constituidas en Venezuela o que habiéndose constituido en el extranjero, tengan en Venezuela el objeto principal de sus negocios, y la mayor parte de sus activos, o en acreencias a cargo del Estado venezolano o Institutos Autónomos, debiendo, en todo caso, ser aceptados por la Superintendencia de Seguros.

Los bienes que constituyen estas reservas pueden ser dados en fideicomiso. En efecto, el Art. 52 de la Ley establece que cuando la situación financiera de la empresa diere fundados indicios para suponer que pudiera incurrir en suspensión de pagos o en estado de quiebra, el Ministerio de Fomento, con vista al informe de la Superintendencia de Seguros, podrá ordenar que los bienes que representan las reservas matemáticas o de los riesgos en curso, de contingencia y para siniestros pendientes de liquidación o pago, sea entregado en fideicomiso algún banco venezolano.

Ello con el objeto de proteger a los tenedores de pólizas y a los posibles beneficiados, de las mismas.

En cuanto a la disposición de esta reserva existen otras series de limitaciones. Por ejemplo en caso de que la autoridad judicial decrete alguna medida preventiva o ejecutiva sobre bienes de alguna empresa de seguros, esta debe oficiar preventiva mente a la Superintendencia de Seguros para que esta determine los bienes sobre los cuales será practicada dicha medida, no pudiendo la autoridad judicial practicarla entonces libremente sobre cualquiera de ellos.

Sobre las reservas y los bienes, que constituyen la reserva, los asegurados gozan de un privilegio sobre los mismos, ya que estos bienes que representan la reserva matemática y los riesgos en curso, y demás reservas técnicas, se destinarán en primer lugar a satisfacer las reclamaciones de los tenedores de pólizas que no hayan sido pagadas por otros medios, al igual que también los tenedores de pólizas tienen privilegio sobre las garantías como se vio anteriormente.

e' Limitaciones a la propia empresa: Modificaciones estatutarias; Cesión de la cartera; Fusión de la empresa; Liquidación

Pero además de las limitaciones existentes a la actividad económica de la empresa hay otras limitaciones respecto a la propia empresa, es decir, respecto a la vida jurídica de la empresa como persona jurídica.

En efecto, en primer lugar, en cuanto a las modificaciones del acta constitutiva y estatutos, las empresas de seguros y reaseguros constituidas en el país, deberán participar a la Superintendencia de Seguros cualquier modificación de su documento constitutivo y estatutos (Art. 42).

En cuanto a la cesión de la cartera de seguros en las que actúen las empresas, la Ley establece que para ceder la cartera relativa a uno o más ramos de las empresas de seguros, estas necesitarán la previa autorización de la Superintendencia de Seguros (Art. 73). La Superintendencia de Seguros autorizará la cesión de cartera cuando los bienes transferidos por la empresa cedente sean técnicamente suficientes para la cobertura de los riesgos, o cuando la empresa cesionaria cubra con activos disponibles suficientes las diferencias, si las hubiere. En todo caso, la cesión de la cartera se hará por documento inscrito en el Registro de Comercio, en el cual se hará constar la autorización de la Superintendencia de Seguros. La cesión de derechos y obligaciones comprendidas en la cartera de la empresa cedente, tendrá efecto solo desde la fecha de inscripción en el Registro de Comercio. Si debe señalarse en todo caso que la aprobación de la cesión de la cartera implica, de derecho, la revocación de la autorización otorgada a la empresa cedente para operar en el ramo o ramos cedidos. Dicha autorización no podrá ser otorgada de nuevo en los próximos cinco años.

En cuanto a la fusión de la empresa con otras, la Ley también establece determinada limitaciones. Para la fusión de las empresas de seguros será necesario entonces la previa aprobación de la Superintendencia de Seguros. La resolución por la cual se apruebe la fusión, equivale a la autorización prevista en el Art. 24 relativa a la autorización de funcionamiento. En el caso de que la empresa que se incorpore a otra no hubiera sido autorizada para actuar en el ramo respectivo o si de la fusión sugiere una nueva empresa, la autorización para operar de la empresa que hubiere cesado en sus actividades como consecuencia de la fusión, quedará también revocada de pleno derecho.

Y por último, también hay limitaciones respecto a la propia empresa en cuanto a la liquidación de la misma. Los motivos para liquidar una empresa de seguros o reaseguros tienen lugar cuando el Ejecutivo Nacional revoca la autorización otorga da a la misma. Ya hemos visto cuales son las causales de revocación que establece el Art. 78 así como el Art. 80 de la Ley.

Al quedar firme la revocatoria de la autorización, los administradores de la empresa, deben solicitar dentro de los cinco días siguientes por ante la autoridad judicial competente, la declaratoria de quiebra se esté fuere el caso; y si no lo fuere, es decir, si la liquidación no tiene lugar por haberse declarado la quiebra o por estar en cesación de pago, dentro del lapso de 15 días deberán solicitar por ante la misma autoridad el nombramiento de uno o más liquidadores, aplicándose para la liquidación, en todo lo que no contraviniere a la Ley de Empresas de Seguros y Reaseguro, el procedimiento contenido en el Código de Comercio para la liquidación de las compañías anónimas. Transcurrido dicho lapso sin que los administradores cumplieren con la señalada obligación, la Superintendencia de Seguros procederá a solicitar del Tribunal competente la liquidación que corresponda.

En todo caso la extinción de Una empresa de seguros o la cesión de sus negocios en Venezuela y su subsiguiente liquidación, serán supervigiladas por el Procreador General de la República y por el Superintendente de Seguros por sí o por medio de sus delegados.

En caso de liquidación de una empresa de seguros, los titulares de pólizas de seguros tendrán privilegios sobre los bienes de la empresa, con preferencia a los acreedores quirografarios hasta el monto de los valores que constituyan la respectiva reserva a cuyo efecto dicho liquidador elaborará un plan de liquidación que requerirá la previa aprobación de la Superintendencia de Seguros. Asimismo ya se ha señalado en el Art. 70 de la Ley que los tenedores de pólizas gozan de privilegios sobre los bienes que representen las reservas matemáticas, las cuales deben destinarse en primer término a satisfacer las reclamaciones de los tenedores de esas pólizas que no hayan sido pagadas por otros medios.

Por otra parte en relación a los bienes que constituyen la garantía el Art. 37 de la Ley señala que las garantías establecidas en las proporciones ya señaladas se destinarán en primer término, en caso de liquidación de una empresa aseguradora, a satisfacer las reclamaciones de los tenedores de pólizas, que no hayan sido pagadas por otros medios.

Ya hemos señalado, qué en caso de liquidación, el liquidador debe elaborar un plan de liquidación el cuál deber ser sometido previamente a la aprobación de la Superintendencia de Seguros. Pues bien dentro de un plazo de 60 días a partir de la publicación de la resolución aprobatoria del plan de distribución en la Gaceta Oficial, todo el que tuviere interés en ella podrá objetar dicho plan por ante el Juez que ejerza la jurisdicción mercantil en el domicilio de la empresa. Todas las objeciones presentadas se acumularán en un solo juicio que se trasmitirá siguiendo el procedimiento del juicio ordinario.

C. EL CONTROL ADMINISTRATIVO DE LAS EMPRESAS DE SEGURO Y REASEGURO

a. La Superintendencia de Seguros

El Ministerio de Fomento, tal como lo señala el Art. 6 tiene a su cargo la fiscalización y vigilancia de las actividades de las empresas de seguros y reaseguros y de los intermediarios de seguros y reaseguros; y esta fiscalización y vigilancia la realiza a través de la

Superintendencia de Seguros, organismo que depende del citado Ministerio y que está bajo la dirección del Superintendente de Seguros.

b. Facultades

La Superintendencia tendrá facultad entonces para investigar o inspeccionar cualquier hecho, acto o documento relacionado con la actividad de las empresas de seguros y de las empresas de reaseguros constituidos en el país y de los intermediarios de seguros (Art. 8).

c. Sanciones

Estos funcionarios de la Superintendencia de Seguros que tiene a su cargo esta vigilancia y fiscalización de acuerdo a los Arts. 110 y siguientes de la Ley, tiene facultad para imponer penas y sanciones que van desde la amonestación pública y privada a multas hasta de Bs. 20,000 de acuerdo a la gravedad de la falta.

d. Recursos

En todo caso, contra las decisiones que conforme a la Ley de las Empresas de Seguros y Reaseguros, sean dictadas por el Ejecutivo Nacional o el Ministerio de Fomento, podrá recurrirse por ilegalidad ante los Tribunales de lo contencioso administrativo y en su defecto, ante la Corte Suprema de Justicia dentro del término de 10 días contados a partir de la fecha de la publicación de la resolución en la Gaceta Oficial de Venezuela. Es decir, se establece el recurso contencioso-administrativo ante los órganos respectivos. Como estos no han sido creados, se establece que este recurso ha de interponerse para ante la Corte Suprema de Justicia; pero se reduce el lapso general de 6 meses a 10 días para intentar el referido recurso.

Se prevé también que de las decisiones dictadas por el Superintendente de Seguros podrá apelarse ante el Ministerio de Fomento dentro de término de 10 días contados a partir de la fecha de la publicación de la resolución en la Gaceta Oficial o en su caso de la notificación al interesado. Se consagra en ésta forma el recurso jerárquico ordinario ante el Ministerio de Fomento de todas las decisiones del Superintendente de Seguros.

Con esto concluimos nosotros el estudio de las limitaciones administrativas a las actividades de las empresas de seguros y asimismo el estudio de la primera parte del régimen del derecho al libre ejercicio a las actividades lucrativas; limitaciones que recapitulando son aquellas impuestas por motivos de seguridad y ya vimos las limitaciones al comercio de armas y explosivos; por motivo de salubridad y ya vimos las limitaciones al comercio de alimentos, medicinas y estupefactivos; por razones de protección a la economía nacional y ya analizamos el régimen de los caminos y del comercio exterior; y por razones de interés fiscal vimos las limitaciones a ciertas actividades como a la actividad o a la industria del fósforo. Vimos también limitaciones las actividades lucrativas por razones de interés social y dentro de estas las limitaciones, aquellas impuestas a las actividades bancarias y a las actividades de las empresas de seguros.

Sección Tercera

LA REGULACIÓN JURÍDICO-ADMINISTRATIVA DE LA PROTECCIÓN A LA LIBERTAD ECONÓMICA

I. INTRODUCCIÓN

Corresponde ahora analizar la protección que la Legislación Nacional ha establecido respecto a esta libertad económica. Les señalaba en clases pasadas que ese artículo de la Constitución, el 92, que consagra la libertad de industrias, comercio, además de consagrar esta libertad y además de establecer las limitaciones que se pueden prever por la Ley o por la Constitución a esta libertad de industria y comercio; en su segunda parte esa norma establece que la Ley, dictara normas para impedir la usura, la indebida elevación de los precios y en general las maniobras abusivas encaminadas a obstruir o restringe la libertad económica, es decir, prevé la Constitución que el legislador dicte la norma para proteger la libertad económica de esas personas que esa misma norma constitucional consagra; y de acuerdo a la misma terminología constitucional veamos separadamente en primer lugar las normas dictadas para impedir la usura.

II. NORMAS PARA IMPEDIR LA USURA

Uds. deben conocer que existe por un decreto 247 del 9 de abril del 46 una reglamentación sobre represión de la usura. Vale la pena destacar sin embargo, que se ha pensado recientemente en dictar una Ley contra la usura para sustituir este viejo decreto. Sin embargo el decreto continúa vigente.

Este decreto configura la usura como aquella actividad en la cual cualquier persona, persona intencionalmente, se haga valer de necesidades apremiantes de otro para obtener para sí o para un tercero una ventaja o beneficio <u>notoriamente desproporcionada</u> a la contraprestación. Esta es la definición legal de delito de usura. En estos casos, cuando una persona se valga de las necesidades de otros para obtener ventajas desproporcionadas en relación a la contra prestación, prevé la Ley sanciones de prisión hasta de 2 años y de multas hasta de 2 años y de multas hasta Bs. 10.000.

Se considera constitutivo en el delito de usura, de acuerdo a esta reglamentación, el préstamo de dinero en el cual se estipule o se obtenga un interés que exceda al 1% mensual; o sea todo interés que exceda al 1% mensual, constituye delito de usura y puede ser castigado de acuerdo a las normas que este decreto establece.

También y vale la pena destacarle el decreto de represión a la usura contiene limitaciones de tipo procesal a la práctica de embargo, a la práctica de medidas preventivas: prohíbe el embargo, de sueldos, pensiones y salarios menores de Bs, 400,oo o sea no pueden embargarse por ninguna autoridad judicial, sueldos, pensiones y salarios menores de Bs. 400 y aquellos que oscilan entre Bs. 400 y 1.200 solo podrán ser embargados en una quinta parte. Limita entonces este decreto, (ya no se trata por supuesto de usura), pero vale la pena destacarlo, las medidas preventivas de embargo que puedan establecerse en relación a los particulares.

III. NORMAS PARA IMPEDIR LA INDEBIDA
ELEVACIÓN DE LOS PRECIOS

1. Introducción

La Constitución sería la además, que la Ley debe dictar normas no solo para impedir la usura, sino también para impedir la indebida elevación de los precios. Se establece entonces la autorización al poder nacional para, por Ley, dictar normas que eviten la indebida elevación de los precios. Esta es una materia muy controvertida porque no se ha dictado todavía una Ley que, en general, prevea la limitación de precios. Sin embargo, de una serie de decretos y de normas particulares se deriva la facultad que actualmente ejerce el Ejecutivo Nacional de limitar los precios de los artículos de primera necesidad.

2. La Regulación de Precios

La primera regulación sobre limitación y regulación de precios, surge con motivo de la guerra del 39 al 45, En el Decreto 176 del 15 de agosto del año 44 se creó la Comisión Nacional de Abastecimiento, esta Comisión Nacional de Abastecimiento, por este decreto, tenía la facultad para fijar precios máximos de venta al mayor o al detal de artículos de primera necesidad. Tenía facultad asimismo la Comisión para prohibir determinados usos de esos artículos en ciertas regiones del país; para limitar la circulación, venta y consumo de esos artículos, para establecer cupos de venta y fijar en definitiva bajo otros aspectos, tipos máximos de alquileres. O sea que esta Comisión Nacional de Abastecimiento tenía toda la competencia sobre fijación de precios de artículos en ciertas regiones del país, y también se le atribuía la competencia en materia de fijación de alquileres o fijación del canon de arrendamiento máximo.

Con un decreto el año 52 (Decreto N° 421 de 27-6-52) se eliminó la Comisión Nacional de Abastecimiento y se encomendó al Ministerio de Fomento el ejercicio de todas las atribuciones que tenía la vieja Comisión Nacional de Abastecimiento. Por otra parte, el Estatuto Orgánico del Ministerio que es del año 1950 prevé también, dentro de las atribuciones del Ministerio de Fomento la intervención del Ejecutivo Nacional en materia de fijación de precios, alquileres y tarifas de fletes; abastecimiento y alojamiento.

Estos son en definitiva los fundamentales que actualmente todavía tiene la actividad de regulación y fijación de precios. Hay que tener presente sin embargo que el decreto del año 44 que creó la Comisión Nacional de Abastecimiento, fue dictado a su vez en base a un decreto de suspensión de garantías constitucionales incluyendo las de la industria y comercio. Expresamente, al haber sido suspendidas o restringidas estas garantías en el año 44, se pudo regular los precios, se pudo dictar un decreto que regulara los precios. En esta época tiene su origen las disposiciones en materia cambiaría, de las que ya hablamos. Las primeras regulaciones en materia de control de cambios, de comercio, de divisas datan de esta época del año 44, también fundamentadas en estos decretos de suspensión de garantías. Esto entonces ha planteado un grave problema de interpretación: todavía el Ejecutivo Nacional sigue dictando medidas de fijación de precios con fundamento en el decreto del año 44, que es un decreto dictado en suspensión de garantías; en el decreto del año 52, también dictado en suspensión de garantías y en un reciente decreto del año 61 (el 23 de enero del año 6l) donde también se restringieron varias garantías que todavía permanecen restringida. Entonces, en fundamento a todos estos decretos en suspensión de garantías, se dictaron todas las medidas cambiarías del año 60-61. Algunos opinan que ya estos decretos no están en vigencia por haber desaparecido la suspensión de garantías que les dio origen. La interpretación general en todo caso es que todavía están en vigencia, hasta tal punto de que todavía siguen aplicándose y se sigue fundamentando el Ejecutivo Nacional en esos decretos para dictar medidas de regulación de precios.

Hay también una Ley que es la Ley contra el acaparamiento y la Especulación del año 47 que atribuye competencia al Ejecutivo Nacional para regular precios en determinadas oportunidades de lucha contra el acaparamiento y la especulación en situaciones de escasez. (7 de agosto del 47).

3. La Regulación de Alquileres

A. Introducción

La atribución que como vimos, correspondía a la Comisión Nacional de Abastecimiento, de regular los alquileres, correspondió al Ministerio de Fomento a raíz del decreto del año 52, y permaneció re guiada por ese decreto hasta el año 60 en que se dictó la Ley de Regulación de Alquileres que ustedes seguramente conocen. Esta Ley de Regulación de Alquileres es una de esas manifestaciones de injerencia del derecho administrativo o de invasiones del derecho administrativo en el derecho civil. Originalmente el contrato de arrendamiento, y todavía lo está a partir del año 42, está regulado en el Código Civil. Era vina materia completamente a la autonomía de la voluntad entre las partes. Las partes determinaban los montos de los arrendamientos. Pero, a partir del año 44, se atribuye al Estado, en virtud de una restricción de garantías, la facultad de fijar los cánones máximos de arrendamiento por la Comisión Nacional de Abastecimiento. En el año 52 esta atribución pasa al Ministerio de Fomento, creándose la Dirección de Inquilinato; y a partir del año 60 con la nueva Ley de regulación de alquileres, ya con carácter legal, se reafirma esta facultad de fijar los alquileres máximos, y esta normativa la que ahora nos corresponde estudiar. Vale la pena destacar sin embargo, que en el año 55 fue dictada una Ley de Inquilinato, una Ley que nunca llegó a aplicarse por lo siguiente: es uno de los típicos ejemplos de previsiones de reglamento ejecutivos exhortados vacatio legis: ustedes seguramente se acuerdan de las clasificaciones que vieron de los ejemplos típicos. La Ley del 55 señalaba en uno de sus últimos artículos, que esa Ley debía ser reglamentada por el Ejecutivo Nacional, y que hasta que éste reglamento no fuese dictado la Ley no entraría en vigencia. El reglamento nunca fue dictado y por lo tanto la Ley nunca llegó a aplicarse, y siguieron en vigencia todos los decretos anteriores relativos a la fijación de cánones de arrendamiento. En cuanto a la primera normativa de carácter general que surge sobre alquileres es en el año 60 con la Ley de Regulación de Alquileres que vamos a estudiar.

La jurisprudencia ha reconocido en diversas sentencias el carácter de orden público de la normativa de la Ley de Regulación de Alquileres, que no puede restringirse por la voluntad de los particulares. Jurisprudencia esta, que fue acogida por la actual Ley que establece directamente en el artículo 18 que las normas de la misma de orden público y no pueden por tanto ser relajadas por convenios entre partícula res señalando que son nulas todas las convenciones contrarias a lo que la misma establece. En todo caso repito, se trata de una limitación evidente a la autonomía de la voluntad. En relación a esta materia véase el libro "Comentarios sobre la Ley de Regulación de Alquileres" del Dr. Carlos Angarita Trujillo. Asimismo, en el 64 fue publicado un libro por el Dr. Francisco De Sales Pérez, quien, es actualmente uno de los jueces del Tribunal de Apelaciones de Inquilinato sobre jurisprudencia de dicho Tribunal en materia de Inquilinato. También en lo relativo al procedimiento les recomiendo leerse un trabajo mío sobre la Ley de Regulación de Alquileres del año 60, publicado en la revista N° 113 del Colegio de Abogados del Distrito Federal, que salió meses después de haberse promulgado la Ley de Regulación de Alquile res (N° 113. Julio-Septiembre del año 60, págs, 217 y siguientes).

B. Objeto de la regulación

a. Principio general.

El objeto de la regulación de alquileres está claramente determinado en el Art. 1° de la Ley, es decir, que están sujetos a regulación las viviendas urbanas y sub-urbanas, los locales comerciales e industriales y otros destinados a fines que no sean los especificados, ya sean arrendados totalmente o por partes.

b. Exención.

Quedan exentos de regulación:

1) Los cánones de arrendamiento de los inmuebles pertenecientes a la Nación, los Estados, las Municipalidades o Institutos Oficiales que determine expresamente el Ejecutivo Nacional;

2) Las viviendas unifamiliares cuyo valor, establecido por los Organismos encargados de la regulación, exceda al de Bs. 225.000.

La razón de esta última exención es que una vivienda de ese precio es ya una casa bastante grande que no puede ser objeto de especulación, y las personas que las ocupen no se pueden tener como necesitadas.

Tales excepciones deben constar en una resolución expresa del Ministerio de Fomento, y de la de existir tal excepción cuando estas viviendas uní familiares se destinen para otros fines.

C. Fijación de alquileres

a. Derecho sustantivo.

Como hace el particular para lograr que el Estado fije ese alquiler y cuál es el procedimiento?

a'   Organismo competente.

El organismo competente para ello es la Dirección de Inquilinato del Ministerio de Fomento, en cuya función tiene plena autonomía. Por tanto no puede ser controlado jerárquicamente por el Ministerio ya que esta atribución la tiene el Tribunal de Apelaciones de Inquilinato, Por tanto, la Dirección de Inquilinato es competente para reglamentar la regulación de alquileres en el Distrito Federal y Estado Miranda; en los Estados lo es el Concejo Municipal.

b'   Porcentajes para la regulación.

La Ley establece determinados porcentajes sobre el valor que tenga el inmueble: (Art. 5 L.R.A.).

1)   Cuando se trata de viviendas unifamiliares o bifamiliares:

a)   El porcentaje es del 10% cuando el valor es hasta Bs. 75.000;

b)   Del 9%, de Bs. 75.0001 hasta 150.000;

c)   Del 8%, de Bs. 150.001 hasta 225.000.

2)   Cuando se trata de viviendas multifamiliares, locales comerciales e industriales, el canon máximo se establece con un porcentaje del 12% sobre el valor del inmueble;

3)   Los locales comerciales que formen parte de centros comunales, vecinales y cooperativos planificados como un conjunto, siempre que dichos centros estén conformes a los planes reguladores y de zonificación vigente en las ciudades, el porcentaje es de 13%;

4)   Se considera la posibilidad de aumentar el porcentaje hasta un 30% cuando así lo aconsejen razones de interés público o social.

c'   Determinación del valor del inmueble.

Para la determinación del valor del inmueble se deberán tomar en cuenta los siguientes factores: (Art. 6 LRA. y 43 Reg).

1)   Determinación del valor del terreno:

a)   Su distancia de los centros de servicio metropolitano, comunales y vecinales;

b)   Los precios medios en los últimos diez años;

c)   Los servicios públicos existentes, pavimentación de calles, acueductos, luz, teléfonos y otros de similar carácter;

d)   La zonificación urbana existente.

2)   Para determinar al valor de la edificación:

a)   La magnitud o tamaño del área de construcción;

b)   La edad de la construcción;

c)   El suministro directo a la unidad de viviendas respectivas de los servicios de agua, aseo y otros similares;

d) En el caso de viviendas multifamiliares: la existencia de servicios cooperativos, zonas verdes, parques infantiles, etc.;

e) La relación de área de construcción por unidad de dormitorios.

d' Alquileres máximos de muebles

La Ley prevé la posibilidad de que se alquilen junto con el inmueble, los muebles junto con la vivienda; en este caso el alquiler de estos no podrá ser mayor del uno por ciento mensual sobre el valor por unidad de los muebles. El alquiler de los muebles en ningún caso podrá exceder del quince por ciento del monto del canon fijado al inmueble.

e' Obligatoriedad de la regulación

La consecuencia de que las normas sobre la regulación de alquileres sean de orden público, es que existe la obligatoriedad de regular los inmuebles que se van a alquilar. En tal sentido, la Ley exige que sea fijado el canon de arrendamiento máximo antes de alquilar el inmueble (Art. 4 LRA.).

La Ley establece una excepción: Podrán ser arrendados o sub-arrendados, previa autorización del organismo competente, los inmuebles que aún no hubiesen sido regulados, por un canon de arrendamiento convencional. Si se arrienda por una cantidad superior al canon fijado, el arrendatario tiene derecho a que se le devuelva la diferencia pagada, (Art. 4 y 8 LEA).

La obligatoriedad de la regulación se manifiesta al celebrarse el contrato de arrendamiento; el arrendador está en la obligación de mostrar al inquilino la Resolución en la cual conste el canon de arrendamiento fijado, y en los contratos por escrito se deberá hacer expresa mención de tal Resolución. (Art. 10 LRA).

f' Revisión de la Regulación.

Los cánones de arrendamiento serán revisados, a instancia de parte, por el Organismo encargado, en los dos casos siguientes:

1) Cuando hubieren transcurrido tres años después de cada fijación de alquiler máximo;

2) Cuando se cambie el uso o destino para el cual fue arrendado el inmueble.

b. Derecho adjetivo.

a' Procedimiento constitutivo del acto administrativo: Solicitud para arrendar previamente por un canon convencional; Solicitud para la fijación de Alquileres

En el caso administrativo, se distingue el procedimiento constitutivo y el procedimiento de impugnación del acto.

Requisitos para que el acto administrativo produzca efectos válidos.

En esto se van a distinguir dos tipos de solicitudes y en cada uno un procedimiento particular:

Regulación por canon convencional, esto es, cuando el inmueble no ha sido regulado. Para ello, el interesado debe dirigir una solicitud razonada al Director de Inquilinato, en la cual se debe indicar el canon máximo convencional y solicitar la regulación del inmueble.

La Dirección de Inquilinato debe contestar dentro del plazo de cinco días siguientes a la fecha de la presentación de la solicitud. Si en ese lapso de tiempo no ha obtenido respuesta de la Administración, se considera que la petición ha sido negada.

La Constitución consagra un derecho, el de petición para toda persona, es decir, que toda persona tiene derecho a dirigirse a la Administración y está el deber de contestar toda solicitud que se le haga.

En ciertos casos esta obligación de la Administración se establece en la Ley por el silencio administrativo y se considera tal actitud como una negación de la Administración. En Venezuela, este silencio como denegatorio de la solicitud no está aceptado con carácter general: solo existe en la Ley de Regulación de Alquileres y en la Ley de la Procuraduría.

En el caso en que una persona tenga que demandar a la Nación, por ejemplo, por incumplimiento del pago de arrendamiento de un inmueble, el particular debe, obligatoriamente, seguir un procedimiento previo, antes de demandarla es decir, debe dirigirse primero al Organismo a quien corresponda la materia objeto de la demanda. Si transcurridos 60 días el particular no ha obtenido respuesta de la Administración, se abre para él la vía contencioso-Administrativa.

Si la solicitud hecha por el interesado al Director de Inquilinato es negada expresamente o por medio del silencio administrativo, el particular tendrá derecho de solicitar en escrito motivado, dentro de los cinco días siguientes, reconsideración de su caso. Dicha reconsideración deberá ser resuelta dentro de los diez días siguientes. El silenció en este caso equivaldrá a una nueva negativa y no habrá derecho a otra reconsideración. Este recurso de reconsideración es el único que se da en Venezuela.

A propósito del silencio administrativo, se debe señalar que, aunque en Venezuela no está considerado con carácter general, surge el problema de qué hacer ante un silencio de la Administración cuando esta no está autorizada para ello. En estos casos no existe recurso contencioso-administrativo contra un posible silencio de la Administración. Sin embargo, existe un recurso admisible, el recurso contra la inactividad de la Administración, aun que no esté establecido en ninguna Ley. Para ello, se recurre a la Corte Suprema de Justicia, basado en el Art. 206 de la Constitución, y se pide a la Corte que declara la ilegalidad y la inconstitucionalidad de la inactividad de la Administración, y por vía de consecuencia indirecta obligar a la Administración a dictar el acto; se debe proceder indirectamente porque la Administración no puede ser compelida a dictar el acto)

La solicitud de fijación de alquileres máximos deberá ir acompañada de toda la información necesaria que permita a la Dirección de Inquilinato determinar el valor del terreno y de la edificación. Debe indicarse, además, si el inmueble está desocupado o no, y si fuere posible, identificar a los ocupantes legítimos. (Art. 35 Reglamento)

La Dirección de Inquilinato publicará en el Boletín la solicitud y la notificación a las personas señaladas como ocupantes del inmueble o al arrendador o sub-arrendador y les advertirá que al término de cinco días hábiles contados a partir de la publicación, se procederá a continuar la tramitación. (Art. 36 Reg.)

Vencido el plazo señalado anteriormente, todo interesado tiene el derecho de presentar dentro de los ocho días siguientes a la consideración de la Dirección de Inquilinato, cualesquiera pruebas, opiniones, informaciones, documentaciones o noticias en que fundamente sus pretensiones. (Art. 37 Reg.).

Dentro de los cinco días siguientes al término fijado en el artículo anterior, todo interesado tiene el derecho de contradecir razonadamente cualesquiera pruebas, opiniones, etc., que otro interesado hubiere presentado. (Art. 38 Reg.)

Vencido ese lapso se abrirá vino de 30 días durante los cuales se procederá a determinar el valor del inmueble cuya regulación se hubiere solicitado. La Dirección de Inquilinato podrá extender dicho lapso hasta sesenta días más cuando razones de importancia lo hicieran necesario. (Art. 39 Reg.)

Una vez efectuada la determinación del valor del inmueble, el Director de Inquilinato dictará Resolución en la cual fijará el monto de la Regulación. Esta resolución deberá ser dictada dentro del lapso de los diez días hábiles siguientes a la conclusión del avalúo. Esta resolución debe hacerla motivada, por cuanto la Administración efectúa en este caso un acto de los llamados reglados.

Una vez dictado el acto administrativo, para que produzca efectos es necesario que sea notificado personalmente a los interesados; si no se les puede notificar a los interesados, se debe publicar por medio de carteles. Transcurridos diez días de la publicación se considera que los interesados estén notificados. Solo entonces pueden los interesados proceder al acto de impugnación del acto administrativo.

La legitimación activa corresponde a todo interesado, y se consideran interesados y por lo tanto, hábiles para formular las solicitudes alegar las defensas e interponer los recursos correspondientes, a toda persona natural o jurídica, pública o privada, en quien se de cualquiera de las circunstancias siguientes:

a) Ser propietario del inmueble;

b) Ser arrendador o arrendatario, sub-arrendatario del inmueble o sub-arrendador;

c) Ser titular de algún derecho que le permita el uso, goce o disfrute del inmueble;

d) Aquellos cuyos derechos legítimos, personales o directos, pudieren resultar afectados por la regulación de un inmueble; (Art. 51 Reg.)

Se consideran también interesados a las personas naturales o jurídicas que tengan como actividad habitual la administración de inmueble (Art. 52 Reg.)

b' Procedimiento de impugnación del acto administrativo

Señala el Reglamento que toda decisión de la Dirección de Inquilinato se le oirá apelación,

Procedimiento:

Notificada la decisión, la apelación se interpondrá mediante escrito por ante la Dirección de Inquilinato, dentro de los cinco días hábiles siguientes a la fecha de notificación.

Interpuesto el recurso, la Dirección de Inquilinato remitirá al Tribunal el expediente, el día siguiente al vencimiento del lapso de cinco días.

Recibido el expediente por el Tribunal, se estampará nota de recibo. Dentro de los tres días siguientes al recibo del expediente, el Tribunal le dará entrada al recurso, designará Ponente ordenará la notificación por oficio, al Procurador de la Nación y dispondrá que en la segunda audiencia comparezcan los interesados a exponer lo que estimen conveniente. (Art, 94 Reg.)

El día de la comparecencia de los interesados, el Tribunal oirá sus alegatos y ordenará agregar a los autos los escritos que presentaren. (Art, 95 Reg.)

El procedimiento quedará abierto a pruebas, de pleno derecho, por el término de ocho audiencias, dentro de las cuales las partes podrán promover y evacuar las pruebas que estimen conveniente.

Cuando se trate de experticias para la determinación del valor del inmueble y que no pueda ser realizado en el término señalado, el Tribunal podrá acordar un término extra que no podrá exceder de veinte audiencias.

Transcurrido el término establecido, el Tribunal fijará oportunidad, dentro de la tercera audiencia siguiente a su vencimiento para recibir las conclusiones escritas de los interesados.

El Tribunal dictará sentencia, dentro de la tercera audiencia siguiente a la presentación de las conclusiones escritas de los interesados.

Si no se apela en el lapso de cinco días, el acto queda firme y produce la cosa juzgada administrativa; esto quiere decir que una vez que se ha vencido el plazo de cinco días para la apelación, el acto no puede ser revocado, cuando crea un derecho para particulares.

Si se apela dentro de los cinco días, esta apelación no produce efectos suspensivos en el acto, siendo esto una consecuencia de la ejecutoríe dad del acto administrativo.

En materia contencioso-fiscal esté efecto del acto administrativo la no suspensión está dominado por el principio solve et repete; esto significa que cuando, por ejemplo, la Administración del Impuesto sobre la Renta dicta una resolución sobre impuesto, la persona afectada aún cuando apele el acto tiene que pagar el impuesto. La fórmula quiere decir: paga y después reclama).

La forma de apelación actual ha sido objeto de innumerables controversias y esto se debe a que el Art. 92, que dispone que las decisiones del Tribunal de Apelaciones de Inquilinato, serán apelables ante la Corte Suprema de Justicia, pero esta se ha declarado siempre incompetente para conocer estas decisiones.

Anteriormente el procedimiento de impugnación del acto era el siguiente: de la decisión del Director de Inquilinato se recurría ante el Ministro de Fomento; se trataba de un recurso de un Órgano inferior a uno superior jerárquico; de la decisión del Ministro se podía recurrir .ente la Corte Suprema de Justicia, pero debido al volumen de trabajo, se creó el Tribunal de Apelaciones de Inquilinato ante el cual se recurre actualmente.

La Ley de Regulación de Alquileres lo designa como organismo en general y es el Reglamento el que le da el nombre de Tribunal y le asigna forma jurisdiccional ya que depende del Ministerio de Justicia y los jueces son nombrados de acuerdo al procedimiento seguido para el nombramiento de los jueces en general.

Han surgidos controversias sobre este organismo porque no se sabe si se trata de un organismo jurisdiccional o de un organismo administrativo con forma de Tribunal. La

Procuraduría General de la República ha dicho que es un organismo de procedimiento judicial.

La Corte siempre se ha considerado incompetente por cuanto no admite que de un organismo jerárquico inferior pasen directamente las apelaciones a la Corte.

Anteriormente, el particular tenía dos formas de impugnar el acto, ante el Ministro de Fomento y ante la Corte Suprema de Justicia. Ahora, ante la negativa de la Corte, solo le queda recurrir ante el Tribunal de Apelaciones de Inquilinato.

El Tribunal de Apelaciones no cono ce de un recurso contencioso-administrativo.

D. El Reintegro

a. Derecho sustantivo.

El Art. 8 de la Ley establece que, el arrendatario o sub-arrendatario no estará obligado a pagar alquileres que excedan a la cantidad máxima mensual que haya fijado el Organismo competente. Los pagos que hagan en exceso se considerarán indebidos y estarán sujetos a repetición.

El mismo derecho corresponde a los arrendatarios de inmuebles que hayan pagado en exceso, por cánones convencionales.

b. Derecho adjetivo.

Para obtener el reintegro, el interesado deberá dirigir escrito motivado a la Dirección de Inquilinato. Recibido el escrito, se notificará a la persona o personas señaladas como responsables del reintegro, a fin de que al quinto día hábil después de su notificación, exponga por escrito lo que creyere conveniente. Estas personas podrán convenir en las pretensiones del solicitante y pagar la cantidad correspondiente, dando así fin al procedimiento.

Si se niega a pagar, se entenderá de derecho abierto una articulación de ocho días hábiles para promover y evacuar pruebas. Dentro de los diez días siguientes la Dirección de Inquilinato dictará su decisión.

La decisión de la Dirección de Inquilinato será apelable y consultada de oficio ante el Tribunal de Apelaciones.

La decisión de la Dirección de Inquilinato tiene título ejecutivo y puede recurrirse por la vía ejecutiva sin recurrir al procedimiento ordinario, para pedir el cumplimiento de la obligación.

E. El derecho de preferencia

a. Derecho Sustantivo

La Ley de Regulación de Alquileres en su Art. 22 establece que, el propietario de una vivienda de alquiler está obligado, y también el administrador, a darla en arrendamiento a la persona que con tal fin solicitare y satisfaga los términos de contratación expresados por él en la notificación a que se refiere el Art. 21, salvo que el arrendatario haga uso de su derecho preferente de continuar ocupándola.

Sobre el mismo tema el Art. 3 del Decreto sobre Desalojo de Viviendas, establece que, el inquilino que hubiere tenido que desocupar un inmueble por causa de reparación, modificación o reconstrucción tiene derecho preferente, al quedar terminadas estas, a obtener arrendamiento por el alquiler que le señalare el Organismo regulador.

Y el Art. 4 del mismo Decreto, establece que, el inquilino que tenga suscrito contrato de arrendamiento a plazo fijo, tiene preferente derecho para seguir ocupando el inmueble al vencimiento del plazo, por un canon de arrendamiento no mayor al que le fije el Organismo competente.

b. Derecho adjetivo

El arrendatario o sub-arrendatario de un inmueble que hubiere celebrado contrato de arrendamiento por tiempo determinado o que hubiere tenido que desocuparlo por causas de reparación, modificación o reconstrucción, puede ejercer el derecho preferente que le acuerda la Ley para continuar ocupando dicho inmueble, manifestándolo por escrito ante la Dirección de Inquilinato. (Art. 68 Reg.)

a' Notificación.

Una vez recibido el escrito, la Dirección de Inquilinato notificará al arrendador ex propietario. (Art. 69 Reg.)

b' Contestación.

El arrendador o propietario deberá, en el plazo de quince días, contestar las pretensiones del manifestante. Si no lo hiciere, se presumirá que conviene en ellas. (Art. 70 Reg)

c' Pruebas.

Si el arrendador o propietario contradijere las pretensiones del manifestante, la Dirección de Inquilinato abrirá una articulación de ocho días durante los cuales los interesados promoverán y evacuarán las pruebas que deseen.

d' Decisión.

Dentro de los cinco días hábiles siguientes, la Dirección de Inquilinato dictará decisión.

e' De la decisión de la Dirección de Inquilinato

Se podrá apelar ante el Tribunal de Apelaciones, pero de la sentencia del Tribunal no habrá recurso ante la Corte Federal.

F. La desocupación de inmuebles

a. Derecho sustantivo

a' Causales de desalojo: Falta de Pago; Necesidad de ocupar el inmueble; Demolición o reconstrucción; Usos deshonestos; Deterioros mayores

Cuando haya dejado el inquilino de pagar el canon de arrendamiento después de haber transcurrido quince días consecutivos a contar de la fecha del vencimiento de cada pago.

Cuando el propietario o algunos de sus parientes consanguíneos hasta el segundo grado tienen necesidad de ocupar el inmueble. La ocupación deberá efectuarse dentro del mes siguiente a la fecha de la desocupación y por un plazo no menor de seis meses.

Cuando se trate de demolición, reconstrucción total o reparación que exija el desalojo.

Cuando el inmueble sea destinado a usos deshonestos por el inquilino.

Cuando el inquilino ocasione al inmueble deterioros mayores que los provenientes del uso normal del inmueble.

b' Plazos para la desocupación.

Cuando fuere autorizada la desocupación, el inquilino tendrá un plazo de tres meses para desocupar el inmueble, a contar de la fecha de notificación. Dicho plazo podrá ser prorrogado, a juicio de la Dirección de Inquilinato, por un plazo que no podrá exceder del lapso establecido en el presente artículo. (Art. 2 Decreto)

El plazo previsto no será aplicable cuando la desocupación se fundamente en las causales establecidas en las letras d) y e),

b. Derecho adjetivo.

a' Procedimiento judicial: Primera causal.

Toda demanda de desocupación deberá ser acompañada de la constancia del monto del alquiler. Introducida la demanda el Juez notificará a la persona demandada de que en el plazo de tres días deberá con signar en el Tribunal la cantidad correspondiente a los arrendamientos vencidos. Si no paga en el plazo señalado, puede pedirse secuestro y desaloja inmediata Si no se encontrare al demandado se fijará un Cartel de la notificación a las puertas del inmueble. (Art. 1° Aparte A del Decreto).

b' Procedimiento administrativo:

Otras causales.

El procedimiento es como sigue:

El interesado presentará una solicitud razonada a la Dirección de Inquilinato.

Recibida la solicitud, este Organismo, dentro de los cinco días siguientes, empleará a las personas afectadas por la desocupación para que al quinto día después de su notificación contesten las pretensiones del solicitante.

Si las personas afectadas por la desocupación convienen en el desalojo solicitado, el procedimiento se dará por terminado y se procederá a fijar el plazo para efectuar la desocupación.

Sí las personas afectadas contradijeran las pretensiones del solicitante, se abrirá una articulación de ocho días durante los cuales los interesados podrán promover y evacuar las pruebas que estimen necesarias.

Dentro de los diez días después de terminado el lapso anterior, la Dirección de Inquilinato dictará Resolución en la cual autorizará o no el desalojo y en caso afirmativo, determinará el plazo correspondiente. Esta decisión será apelable en ambos efectos. Sobre esta materia, y la naturaleza de los procedimientos previstos en la Ley de Regulación de alquileres, véase: Allan-Randolph Brewer-Carías, "Estudio sobre la Ley de Regulación de Alquileres de 1° de agosto de 1960" en *Revista del Colegio de Abogados del Distrito Federal*, N° 113, págs. 217 a 234.

Capítulo Sexto

El régimen jurídico-administrativo de la propiedad privada

Sección Primera:

EL PRINCIPIO CONSTITUCIONAL

I. LA NORMA CONSTITUCIONAL.

El Art. 99 de la Constitución garantiza el derecho de propiedad, al establecer que, el Estado protegerá la iniciativa privada, sin perjuicio de la facultad de dictar medidas para planificar, racionalizar y fomentar la producción, y regular la circulación, distribución y consumo de la riqueza, a fin de impulsar el desarrollo económico del país.

II. ANÁLISIS DE LA NORMA.

Del análisis de la norma constitucional se desprenden dos cuestiones fundamentales:

1. El Derecho de propiedad.

A. La propiedad privada.

Se garantiza el derecho de propiedad, entendiéndose como tal, de acuerdo al código civil, como el derecho de usar, gozar y disponer de una cosa de manera exclusiva, con las restricciones y obligaciones establecidas por la Ley. (Art. 545 C.C.)

B. Las propiedades especiales.

Además de la propiedad como se entiende en el código civil, el Estado garantiza las propiedades especiales, como se desprende del Art. 100 de la Constitución, que establece que, los derechos sobre obras científicas, literarias y artísticas, invenciones, denominaciones, marcas y lemas gozarán de protección por el tiempo y en las condiciones que la Ley señale. También lo determina así el artículo 546 del C.C. al establecer que, el producto o valor del trabajo o industria lícitos, así como las producciones del ingenio o del talento de cualquiera persona, son propiedad suya, y se rigen por las leyes relativas a la propiedad en general y las especiales sobre estas materias.

2. La función administrativa de la propiedad

A. El principio.

El Art. 99 Constitución, además de garantizar el derecho de propiedad, establece que este está sometido a las restricciones y obligaciones establecidas por la Ley, en virtud de su función social y con fines de utilidad pública o de interés general.

B. Consecuencia.

En virtud de la función social de la propiedad, estará sometida a una serie de restricciones, limitaciones y contribuciones que la Ley establezca.

Estas restricciones pueden ser de dos tipos:

1) Impuestas por la utilidad pública;
2) Impuestas por la utilidad privada. (Art. 644 CC).

Sección Segunda:

LA REGULACIÓN JURÍDICO-ADMINISTRATIVA DE LA PROPIEDAD PRIVADA: LAS RESTRICCIONES ADMINISTRATIVAS

I. INTRODUCCIÓN.

Se entiende por restricciones a la propiedad, todas aquellas limitaciones administrativas impuestas a cualquiera de los atributos de ese derecho, esto es a las facultades de uso, goce y disposición por parte del propietario de una cosa.

En nuestra materia habla indistintamente de "limitaciones", "restricciones" y hasta de "servidumbres administrativas", por la razón de todos conocida de que el Derecho Administrativo se origina del Derecho Privado y todavía no se ha emancipado íntegramente en cuanto se refiere al léxico jurídico. De allí las numerosas confusiones de los términos y sus significados.

En derecho administrativo, no puede emplearse el término "servidumbre administrativa", por cuanto la servidumbre es una institución voluntaria entre las partes que acceden a limitar sus propiedades, mientras que las restricciones administrativas, aunque siguen formando parte del derecho de propiedad y se les aplica el régimen ordinario civil, son impuestas por la Ley por razones de utilidad pública o social, o privada, según los casos.

II. LAS LIMITACIONES ADMINISTRATIVAS AL EJERCICIO DEL DERECHO DE PROPIEDAD.

1. Introducción

Se debe considerar que en derecho administrativo no debe hablarse de servidumbre; esta es una derogación del régimen normal de la propiedad dada a la libertad de los fundos.

2. Noción previa

El uso es la posibilidad de utilización de la cosa de la cual se es propietario.

Existen múltiples restricciones administrativas a la facultad de uso del derecho de propiedad, pero sólo se van a ver nueve de ellas:

A. Limitaciones por razón de defensa militar.

Al efecto, el Art. 575 de la Ley Orgánica del Ejército y la Armada, establece que, el Comandante de Fortaleza no permitirá que en las inmediaciones de ella se construyan edificios, se abran zanjas, se levanten cercas y parapetos y se amontonen objetos que impidan la vista y obstaculicen los fuegos, poniendo en peligro la seguridad de la fortaleza.

B. Limitaciones por la proximidad del dominio público.

El principio general respecto a esta limitación se encuentra en el Código Civil, Art. 700 "Nadie puede edificar ni plantar cerca de las plazas fuertes, fortalezas iglesias, calles y caminos públicos sin sujetarse a todas las condiciones exigidas por las Ordenanzas y Reglamentos especiales".

El Art. 593 del CC., determina como bienes del dominio público: los caminos, los lagos, los ríos, las murallas, fosos, puentes de las plazas de guerra y demás bienes semejantes.

Para ello es necesario cumplir con algunos requisitos:

1) Respecto a las playas, en el Departamento Vargas no se permitirá a los particulares construcciones de ningún género al norte de las carreteras que vayan desde el río Mamo hasta Anare, sin dejar cuarenta metros libres, por lo menos, entre la construcción y la playa.

2) Es necesario solicitar un permiso al Ministerio de Comunicaciones para poder construir a una distancia de 25 metros de las líneas férreas.

3) En la Ley de Navegación se establece, Art. 113, que, para poder establecer y modificar muelles, malecones, embarcaderos, diques secos, varaderos, astilleros, etc., así como las instalaciones para almacenar petróleo y combustible, en zonas adyacentes a las aguas territoriales, es necesario obtener autorización del Ministerio de la Defensa.

4) Respecto a los ríos, en el Art. 11 de la Ordenanza de Arquitectura y Urbanismo se establece que en las riberas del río Guaire no se permitirán construcciones a una distancia menor de sesenta metros del eje del río.

5) En el Art. 15 de la misma Ordenanza, se establece que, en las actuales y futuras carreteras del Distrito Federal, no se permitirá construcción alguna cuya línea de fachada no sea retirada a 20 metros por lo menos contados a partir del centro de la calzada.

C. Limitación en razón de la seguridad aérea.

El Reglamento de la Ley de Aviación Civil en su Art. 132, establece que, todo aeropuerto terrestre deberá tener fuera del límite de sus pistas una zona de seguridad de 300 metros y una de protección que se cuenta a partir de los linderos del aeropuerto en la dirección del eje de las pistas y en una faja que comprenda todo su ancho, en la cual no se permitirá construir muros, casas o edificaciones, plantar árboles, instalar líneas aéreas, etc.

D. Limitaciones en razón de la conservación del patrimonio arqueológico y paleontológico.

Ya se ha visto que la Ley prohíbe la destrucción de montículos, calzadas o construcciones de la época aborigen y la de los petroglifos que se hallen en cualquier parte del territorio.

Asimismo en el caso en que la conservación de los cementerios, cuevas, montículos, etc., implique una servidumbre perpetua sobre una propiedad particular el propietario de dicho inmueble será indemnizado por el Estado.

E. Limitaciones en razón de la conducción de energía eléctrica.

Está regulado por dos tipos de leyes: leyes generales y leyes esenciales.

El Código Civil, en su Art. 683, establece que, las limitaciones de la propiedad provenientes del transporte de energía eléctrica se regirán por leyes especiales.

En la Ley de Servidumbre de Conductores Eléctricos, se establece que, todo propietario está obligado a dar paso por su fundo a los conductores eléctricos, aéreos o subterráneos, de que quiera servirse quien produzca, use o distribuya de manera temporal o permanente energía eléctrica. Esta servidumbre implica el derecho a establecer los postes o soportes necesarios, y el de pasar para la vigilancia y conservación de la línea.

En la Ordenanza sobre colocación y uso de postes en la vía pública, se establece que las empresas de distribución de energía o de luz eléctrica en la ciudad, por ser consideradas de utilidad pública, tienen derecho de establecer soportes y anclajes para conductores aéreos, sea en los muros o fachadas que dan a la vía pública, sea sobre los techos de los edificios, siempre que las corrientes de que se trate sean de baja tensión y que no ofrezcan peligro alguno para las personas ni edificios.

F. Limitaciones en razón de la protección de zonas agrícolas.

En la Ordenanza sobre Arquitectura, Urbanismo y Construcciones en General, se establece que, dentro de las zonas de reforestación y agrícolas, no se permitirá abrir calles, formar poblaciones, ni levantar construcciones de ninguna clase, salvo aquellas que fueren absolutamente indispensable para la explotación agrícola, forestal, minera o turística, así se encuentren en terrenos de propiedad privada.

G. Limitaciones en razón de Urbanismo.

Esto ha dado lugar a una rama del Derecho: el Urbanismo. De acuerdo con la Ordenanza nombrada, se entiende por Urbanismo el desarrollo adecuado de una ciudad o poblado siguiendo las normas o leyes dictadas al efecto.

Todas las disposiciones referentes al urbanismo, constituyen una limitación al derecho de propiedad.

H. La ocupación temporal.

a) Se trata de la ocupación temporal por causa de utilidad pública.

b) Esta ocupación temporal por causa de utilidad. pública se puede presentar en dos casos:

c) En un forma aislada.

d) Como paso previo a la expropiación de inmuebles.

Esta materia se regula en múltiples leyes:

l) En la Ley de Hidrocarburos se establece el derecho por parte de los concesionarios, de ocupar temporalmente los terrenos que necesitaren para la explotación de hidrocarburos. Asimismo, tienen el derecho de obtener las servidumbres que sean necesarias en los terrenos de propiedad particular, celebrando con les dueños los convenios necesarios.

Para poder ocupar temporalmente los inmuebles es necesario una autorización de la autoridad judicial correspondiente.

2) En materia sanitaria, la Ley de Sanidad Nacional establece que, el Ministerio de Sanidad y Asistencia Social, podrá ordenar la ocupación temporal de inmuebles, cuando los propietarios de dichos inmuebles, cuando los propietarios de dichos inmuebles no observaren las disposiciones de la higiene pública (Art. 17)

3) En la Ley de Expropiación por causa de utilidad pública, Art. 54, se establece que, en los casos de fuerza mayor o de necesidad absoluta, como incendio, inundación, terremotos o semejantes, podrá procederse a la ocupación temporal de la propiedad ajena, y bastará para ello, la orden de la primera autoridad de policía de la localidad.

También existe la posibilidad de ocupar temporalmente un inmueble en los casos de obras per causa de utilidad pública, con el objeto de hacer estudios o practicar operaciones de corta duración que tengan por objeto recoger datos para la formación del proyecto de la obra, También para el establecimiento de estaciones y caminos provisionales, talleres, almacenes de materiales, que requiera la obra para su construcción o reparación.

c) Indemnización. En todo caso de ocupación temporal, deben indemnizarse al propietario de los perjuicios que la cause, a justa regulación de expertos y oyendo previamente al propietario. Tales indemnizaciones están determinadas también en la Ley de Hidrocarburos y en la Sanidad.

d) Duración. La ocupación durará tan sólo el tiempo absolutamente indispensable, no debiendo en ningún caso concederse por un término mayor de seis meses. Sin embargo, puede prorrogarse por igual tiempo y por una sola vez por causa debidamente justificada.

3. Limitaciones administrativas sobre la facultad del disfrute del derecho de propiedad

A. Introducción.

Dentro de las limitaciones administrativas a la propiedad que hemos denominado restricciones administrativas, señalamos que existen limitaciones al ejercicio del derecho de propiedad, a la titularidad del mismo y a la oponibilidad del derecho de propiedad. Pues bien, dentro de las limitaciones administrativas al uso y ahora nos corresponde entrar a estudiar las limitaciones administrativas al disfrute del derecho de propiedad, y con la advertencia de que el disfrute, además de implicar en estos supuestos el uso, consiste el aprovechamiento de los frutos o beneficios de la propiedad.

B. Limitaciones en razón de la construcción de Obras Públicas.

Entre estas limitaciones al disfrute se destaca, en primer lugar, las limitaciones en razón de la construcción de obras públicas. En efecto, en ciertas oportunidades la construcción de obras públicas implica para los dueños de fundos colindante con la misma, ciertas limitaciones que no dan derecho a indemnización y que por tanto, son limitaciones legales a la propiedad. El Art. 17 de la Ley de Ferrocarriles por ejemplo, establece que los propietarios de los predios rurales deberán permitir la extracción de los materiales que existan dentro de sus propiedades, y que fueren necesarios para la construcción y conservación de la vía férrea. En todo caso, prevé la Ley que para determinar los sitios de extracción de dichos materiales debe oírse previamente al propietario respectivo.

C. Limitaciones en razón del curso de las aguas.

También, en relación al disfrute existen limitaciones a la propiedad en razón del curso de las aguas. Así, la misma Ley de Ferrocarriles, establece la obligación para los terrenos colindantes con la vía férrea que no pertenezcan al ferrocarril de recibir las aguas pluviales o filtraciones naturales provenientes de esta zona, sin indemnización. Equivale un tanto esta limitación a aquellas limitaciones legales a la propiedad por el curso de las aguas que establece el Código Civil. En todo caso estas limitaciones están previstas en una Ley especial.

D. Limitaciones en razón de la conservación, fomento y racional aprovechamiento de los recursos naturales renovables.

a. Noción Previa.

Pero además a estas limitaciones a la propiedad por razón de la construcción de obras públicas y por razón del curso de las aguas, que inciden sobre el disfrute de la misma, nos interesa destacar, y es la limitación más importante en cuanto al disfrute del derecho de propiedad, todas aquellas restricciones o limitaciones impuestas a la propiedad en razón de la conservación, fomento y racional aprovecha miento de los recursos naturales renovables.

Los recursos naturales, ustedes lo saben, se dividen en renovables y no renovables. Son denominados Recursos Naturales no Renovables aquellos que una vez utilizados se pierden definitivamente, tal es el caso de las minas y de los hidrocarburos. La conservación, fomento y racional aprovechamiento de los recursos naturales no renovables es objeto de legislación especial, la legislación minera y legislación de hidrocarburos que ustedes estudiarán detalladamente en el curso de cuarto año de esta Facultad. Los recursos renovables, por el contrario, son aquellos que pueden renovarse y mantenerse si se utilizan racional y adecuadamente. El Estado, por ello, se ha reservado la custodia, fomento, utilización y control de los recursos naturales renovables. Pero no sólo eso, sino que la Constitución, en su art. 106, establecen que el Estado debe atender a la defensa y conservación de los recursos naturales de su territorio y que la explotación de los mismos debe estar siempre dirigida primordialmente al beneficio colectivo de los venezolanos.

Desde el año 1920, más o menos, existe en Venezuela una Ley que regula los recursos, naturales renovables, antiguamente denominada Ley de Bosques y Suelos. Esta Ley ha tenido sucesivas reformas hasta la Ley del año 55 vigente hasta el año pasado. En efecto, con fecha 30 de diciembre de 1955 y aparecida en la Gaceta Oficial (N° 997) del 8 de enero de 1966, ha aparecido la nueva Ley Forestal, de Suelos y Aguas. Ley Forestal, que no sólo es una reforma de la anterior, sino que configura materialmente una nueva Ley de la materia, ya que las modificaciones que trae son sumamente importantes.

Esta Ley regula en líneas generales la conservación, fomento y racional aprovechamiento de los recursos naturales renovables. Pero regula estas actividades tanto que la explotación que se realice en terrenos de propiedad privada, como que se realice en terrenos de propiedad pública. Nuestro estudio va a consistir en el análisis de las limitaciones al ejercicio del derecho de propiedad privada en razón de esta conservación, fomento o racional aprovechamiento de los recursos naturales renovables. El régimen del aprovechamiento, fomento y conservación de estos recursos cuando se realicen en dominio del Estado, en público o en dominio privado, será estudiado por nosotros al final del curso cuando tengamos oportunidad de analizar a fondo el dominio público o el dominio privado.

La Ley enumera los recursos naturales renovables regulados. El Art. 4 de la misma establece que sus disposiciones se aplican: en primer lugar a los bosques y sus productos; en segundo lugar a las aguas públicas y privadas; y en tercer lugar a los suelos; y asimismo se aplican a las actividades relacionadas con los recursos señalados. La regulación concreta de cada uno de estos recursos da origen a tres regímenes distintos. En cuanto a la regulación del aprovechamiento, conservación y fomento de los bosques y sus productos, da origen al régimen forestal y a las limitaciones a la propiedad en relación o como consecuencia de este régimen. El fomento, conservación y racional aprovechamiento de las aguas da origen al llamado régimen de las aguas y todas las limitaciones a la propiedad que implica. Y el régimen de conservación y fomento y racional aprovechamiento de los suelos da origen al régimen de los suelos.

Y por tanto, nuestro estudio, al hablar de las limitaciones a la propiedad en razón de la conservación, fomento y racional aprovechamiento de los recursos naturales renovables, tendrá lugar en tres partes, analizando el régimen forestal, el régimen de las aguas y el régimen de los suelos. Sin embargo, antes de entrar a analizar en concreto cada uno de estos regímenes y sus limitaciones a la propiedad, debemos señalar que la Ley declara de utilidad pública ciertas actividades y también trae regulación, cosa que es una innovación en relación a la Ley anterior, sobre algunas actividades que se declaran de interés público.

En primer lugar declara de utilidad pública la protección de las cuencas hidrográficas; las corrientes y caídas de aguas que pudieran generar fuerza hidráulica; y los parques nacionales y los monumentos naturales, las zonas protectoras, las reservas de vírgenes y las reservas forestales. Todas estas actividades son declaradas de utilidad pública. La consecuencia fundamental que trae, en la legislación venezolana, esta declaratoria de utilidad pública, es que puede procederse en caso de que sea necesario, directamente a la expropiación, al decreto de ejecución y no se necesita una nueva declaratoria de utilidad pública, porque esa declaratoria está precisada y determinada expresamente en la Ley.

Una declaración similar de utilidad pública la traía la Ley anterior. Sin embargo, la nueva Ley, en su art. 3, ha agregado la declaratoria de interés público de determinadas actividades. Declara de interés público, en efecto, el manejo racional de los recursos forestales, de las aguas y de los sueldos; la conservación, fomento y utilización racional de los bosques y de los suelos; la introducción y propagación de especies forestales no nativas; la prevención, control y extinción de incendios forestales y es la primera vez que la Ley declara de utilidad pública la actividad de extinción de incendios forestales. Asimismo declara de interés público la repoblación forestal y la realización del inventario forestal.

La Ley no trae ninguna consecuencia concreta de esta declaratoria de interés público. Sin embargo, de la legislación venezolana se deduce, algunas consecuencias importantes. Por ejemplo, la Ley de Telecomunicaciones prevé que las empresas que se dediquen a actividades de interés público podrán obtener una exoneración del pago de tasas de telecomunicaciones. Pues bien, una empresa que se dedique por ejemplo, al control, prevención y extinción de incendios forestales (una asociación de bomberos voluntarios) y que utilice aparatos de radio de comunicación privados, puede obtener, en virtud de esta declaratoria de interés público, esta exoneración que prevé la Ley de Telecomunicaciones vigente.

Señalado esto sobre las actividades declaradas de utilidad pública y de interés público, entremos entonces a analizar separadamente el régimen forestal, el régimen de los suelos y el régimen de las aguas.

b.   El Régimen jurídico-administrativo Forestal.

a'   Introducción.

En relación al régimen jurídico-administrativo forestal, lo estudiaremos en tres fundamentales. En primer lugar veremos las limitaciones al disfrute que implica este régimen; en segundo lugar el aprovechamiento de los recursos forestales, cuando no existen estas limitaciones ni disfrute y veremos por último las obligaciones derivadas del régimen forestal y la regulación concreta de las quemas e incendios forestales.

b'   Las limitaciones al disfrute: Parques Nacionales; Descripción; Declaratoria; Administración; Limitaciones

En relación a las limitaciones al disfrute de la propiedad proveniente de la declaratoria que se haga de una región como parque nacional. Prevé la Ley que serán declaradas parques nacionales, aquellas regiones que por su belleza escénica, natural, o que por la flora y fauna de la importancia nacional que en ella se encuentre, así lo ameriten.

La norma (art. 10) prevé la posibilidad de que el Ejecutivo Nacional, y concretamente el Consejo de Ministros, quien es el que declara los Parques Nacionales, pueda apreciar si una región, o si la existencia de una flora o fauna es de importancia nacional y en todo caso, si todo ello amerita o no que se declare a esa zona concreta como Parque Nacional.

Una vez hecha la declaratoria, por el Consejo de Ministros, de Parque Nacional, esa declaratoria debe guardar una unidad, por tanto no podrá ser segregada parte alguna de la región para objetivos distintos sin la previa aprobación.

La administración de los Parques Nacionales corresponde al Ministro de Agricultura y Cría. Sin embargo, el Ministerio podrá solicitar la colaboración de otros organismos públicos, privados, nacionales o internacionales para la mejor administración de los Parques. En todo caso, los organismos públicos estarán obligados a prestar la colaboración técnica al Ministerio de Agricultura y Cría que sea necesaria.

La declaratoria de una región como Parque Nacional implica una serie de limitaciones a la propiedad. En efecto, los Parques Nacionales en primer lugar, solamente se podrán utilizar para solaz esparcimiento y educación del público, para turismo e investigaciones científicas en las condiciones en que se determine en los Decretos o Resoluciones del Ministerio de Agricultura y Cría que regulen cada uno de estos casos.

Por otra parte, las riquezas naturales existentes en los Parques Nacionales no podrán ser sometidas a intervenciones que perjudiquen las funciones de los parques, ni podrán ser explotadas con fines comerciales. Aquí no sólo encontramos una limitación a la propiedad en cuanto a la prohibición de utilizar los recursos forestales que se puedan encontrar en los parques nacionales, sino que la limitación está destinada también al derecho al libre ejercicio de las actividades lucrativas, ya que no se permite que se utilicen los recursos forestales o de cualquier otra índole que se encuentren en un Parque Nacional con fines comerciales.

Por otra parte el mismo art. 12 de la Ley establece que dentro de estos Parques Nacionales está prohibida la caza, la matanza o captura de especímenes de la fauna y la destrucción y recolección de ejemplares de la flora, excepto cuando tales actividades se realicen por las autoridades de los parques nacionales, por orden y vigilancia de la misma, o para investigaciones debidamente autorizadas por el Ministerio de Agricultura y Cría.

En todo caso la Ley prevé la posibilidad de que en los Parques. Nacionales puedan establecerse determinados servicios, y prevé que el Ministerio de Agricultura y Cría determinará las normas a las cuales habrá de someterse el establecimiento y funcionamiento en los parques nacionales, de hoteles, alojamiento, centros de recreo y parques nacionales, de los servicios complementarios y cualquier otra instalación que a juicio del Ejecutivo Nacional no perjudique los fines del parque (art. 14).

Queda entonces como facultad discrecional del Ministerio de Agricultura y Cría determinar cuando un servicio de este tipo no perjudica los fines del Parque.

En todo caso y esto es quizás una de las innovaciones fundamentales de la Ley, el Art. 15 de la misma señala que las limitaciones que la creación de Parques Nacionales en terrenos de propiedad privada, imponga al ejercicio de los derechos de ésta, no causarán ninguna indemnización a menos que en estos terrenos se realicen actividades agrícolas o pecuarias en cuyo caso, se procederá a la expropiación correspondiente. Es decir, ninguna de las limitaciones al uso y al disfrute o goce de la propiedad que provenga de la declaratoria de parque nacional da derecho al propietario de fundos de propiedad privada que se encuentren dentro de la región declarada como Parque Nacional, a indemnización alguna por parte del Estado. El Estado, por el contrario tampoco está obligado a indemnizar a esos particulares. Solo cuando en estas regiones declaradas como Parques Nacionales, se realicen labores agrícolas o pecuarias, en estos casos debe procederse a la expropiación y en todo caso la indemnización no proviene de la limitación directa que pone la Ley a la propiedad sino de la explotación misma; y en efecto, el Ejecutivo, en estos casos, debe determinar para cada Parque Nacional, cuando lo crea conveniente, las zonas de propiedad privada que habrán de sujetarse al régimen de expropiación por causa de utilidad pública. En tal caso, el pago del precio podrá hacerse por acuerdo entre las partes, lo que equivale a un arreglo amigable previsto en la Ley de Expropiación. Si éste no puede llevarse a efecto, regirá en todo el procedimiento lo que establece la Ley de expropiación por causa de utilidad pública o social y que veremos más adelante.

En todo caso, la Ley Forestal de Suelos y Aguas en cuanto a la expropiación para Parques Nacionales establece una excepción al régimen de la Ley de Expropiación. En efecto, la Ley de Expropiación, al hablar del pago, establece que esto deberá hacerse de inmediato y en moneda de curso legal, estableciéndose como excepción que pueda pagarse en forma diferida y en bonos cuando se trate de expropiación de inmuebles con fines de Reforma Agraria o de ensanche o mejoramiento de poblaciones y en los casos que por graves razones de interés nacional determine la Ley. Esto no sólo lo establece la Ley de Expropiación sino también la Constitución en su art. 101. La Constitución establece textualmente que en la expropiación de inmuebles con fines de reforma agraria o de ensanche y mejoramiento de poblaciones o en los casos que por razones de interés nacional grave determine la Ley podrá establecerse el diferimiento del pago por tiempo determinado y su cancelación parcial mediante la emisión de bonos de aceptación obligatoria y con garantía suficiente. Pues bien, este caso de la Ley Forestal es uno de esos casos de graves razones de interés nacional determinado por la Ley: se ha establecido que el diferimiento en el pago puede tener un lapso de 15 años al contrario de lo que establece, como principio general. La Ley de Expropiación, que fija solamente 10 años como máximo para un diferimiento en el pago.

Aún cuando se establece y se prevé la posibilidad de que el Ejecutivo realice la expropiación de inmuebles donde se realicen o se desarrollen actividades agrícolas o pecuarias, es necesario destacar que el Ministerio de Agricultura y Cría podrá autorizar o condicionar la continuación temporal de aquellas actividades agropecuarias que estuvieren desarrollándose en alguna zona que fuere declarada como parque nacional, siempre y cuando dichas actividades no interfieran las finalidades particulares del parque. Es de destacar que en todo caso, esta autorización o este condicionamiento es temporal y que por tanto, en definitiva, habrá de procederse, para ese fundo donde se desarrollen actividades agrícolas o pecuarias, a la expropiación tal como señala el art. 15 de la Ley.

Debe señalarse por último que el dispositivo del artículo 15 que excluye derechos de indemnización para el propietario, aún cuando la limitación a la propiedad que se establece por la declaratoria de Parques Nacionales sea totalmente justificable y razonable, puede configurar una excepción del principio de la igualdad ante las cargas públicas que se deriva de la propia Constitución.

c' Las zonas protectoras: Descripción legal; Limitaciones; repoblación forestal; Cuencas hidrográficas

Aparte de las limitaciones a la propiedad provenientes da la declaratoria de una zona como parque nacional, también hay limitaciones concretas a la propiedad previstas en la nueva Ley, por la declaratoria de zonas determinadas o de regiones, como zonas protectoras.

La declaratoria de zonas protectoras puede hacerse sea en virtud de la declaración directa que trae la Ley, sea porque el Ejecutivo Nacional, previo los estudios técnicos correspondientes, lo determine.

La Ley en su art. 17 declara directamente como zonas protectoras las siguientes: en primer lugar toda zona en contorno de un manantial o del nacimiento de cualquier corriente de agua y dentro de un radio de 200 metros en proyección horizontal; en segundo lugar una zona mínima de 300 metros de ancho a ambos lados y paralelamente a las filas de las montañas y a los bordes inclinados de las mesetas; en tercer lugar una zona mínima de 50 metros de ancho a ambos márgenes de los ríos navegables y una de 25 para los cursos no navegables, permanentes o intermitentes; y por último establece también como zonas protectoras aquellas Zonas en contorno a los lagos y lagunas naturales dentro de los límites que indique el reglamento de la Ley. Este es el único caso, en el de los lagos y lagunas, en que la Ley no precisa la anchura de la zona protectora sino que establece que la misma ha de ser indicada por el Reglamento de la Ley, Reglamento que aún no ha sido dictado. Esto al contrario de la antigua Ley que sí determinaba para las lagunas una zona protectora directamente de 50 metros.

Pero quizás ésta sea otra de las grandes innovaciones de la Ley, ésta prevé la posibilidad de que otras zonas sean declaradas como protectoras por el Ejecutivo Nacional. En efecto, el Ejecutivo Nacional previó los estudios técnicos correspondientes podrá además, declarar como zonas protectoras a los terrenos que presenten cualquiera de estas características: En primer lugar que estén comprendidos en aquellas zonas de las cuencas hidrográficas y que lo ameriten por su ubicación o condiciones geográficas; en segundo lugar que sean necesarias para la formación de cortinas rompe viento; y en tercer lugar que se encuentren en zonas inmediatas a poblaciones y actúen como agentes reguladores del clima o medio ambiente. En estos casos, repito, puede el Ejecutivo declarar la existencia de zonas protectoras y como consecuencias implicar una serie de limitaciones a la propiedad.

Tal como lo exige el art. 21 de la Ley, cuando el Ejecutivo Nacional declare zona protectora a una determinada porción del Territorio Nacional, -debe en todo caso, determinar su ubicación con la mayor exactitud, y ello, porque como veremos seguidamente, la declaratoria de zona protectora implica la existencia de limitaciones a la propiedad, limitaciones que han de estar enmarcadas en la forma más precisa en la Ley.

En efecto la Ley claramente determina una serie de limitaciones a la propiedad por razón de la declaratoria de zonas protectoras, sea que esta declaratoria se haya hecho directamente por la Ley en el art. 17 o sea porque la declaratoria de zona protectora la haga el Ejecutivo Nacional.

En efecto, en estas zonas declaradas protectoras no se podrá efectuar labor de carácter agropecuario o que implique destrucción de vegetales, sino sólo en los casos previstos por el Reglamento y siempre con sujeción a las normas técnicas que determine el Ministerio de Agricultura y Cría.

La Ley también remite al reglamento la regulación de cómo podrán utilizarse las zonas protectoras pera instalaciones de utilidad pública

Sin embargo, y esta es quizás una de las grandes innovaciones de la Ley, el parágrafo único del art. 19 señala que la declaratoria de zona protectora tiene el carácter de limitación legal a la propiedad privada predial y está destinada a la conservación de bosques, suelos y aguas. Es decir, la Ley directamente considera y así lo denomina, estas limitaciones, como limitaciones legales a la propiedad. Como consecuencia, todas estas limitaciones a la propiedad privada derivadas de la declaratoria de zonas protectoras agrega el art. 20 de la Ley, no ocasionarán obligación alguna para la Nación de indemnizar a los propietarios de las zonas afectadas por dicha declaratoria salvo lo dispuesto en el art. 69 de la Ley de Reforma Agraria. Y si analizamos este art. 69 de la Ley de Reforma Agraria vigente, nos encontramos que sólo hay derecho a indemnización por la declaratoria de zonas protectoras cuando sea necesario reubicar a una población ocupante de la región declarada como zona protectora. Este art. 69 de la Ley de Reforma Agraria establece que la sola circunstancia de existir problemas de conservación de recursos naturales renovables en regiones que hayan sido declaradas como protectoras hará obligatorio con carácter urgente el traslado de la población ocupante de dichas regiones. Por supuesto, en estos casos, el Instituto Agrario Nacional queda obligado a reubicar esa población en lugares aptos de preferente en las mismas regiones, asentándolas en un centro agrario con las indemnizaciones consiguientes.

Por tanto, como conclusión, ninguna de las limitaciones legales a la propiedad provenientes de la declaratoria de zonas protectoras da derecho a indemnización, salvo el caso muy específico previsto en la Ley agraria sobre la reubicación de población campesina que se encuentre en una zona declara da protectora y que sea necesario reubicar en otro lugar, en otra zona. Esta norma por su carácter, podría también considerarse como una excepción al principio de la igualdad ante las cargas públicas que se deduce de nuestra carta Fundamental.

Otras de las limitaciones a la propiedad que surge de la declaratoria de zona protectora es el de repoblación forestal. La Ley autoriza, en líneas generales, al Ejecutivo Nacional, para ordenar cuando así fuere necesario, la repoblación forestal de aquellas regiones del Territorio Nacional que lo requieran. Se trata por consiguiente, de una facultad netamente discrecional en cuanto a la determinación de la necesidad de la repoblación y de las regiones que lo requieran siempre a juicio del Ejecutivo Nacional.

Estas labores de repoblación pueden implicar, repito, limitaciones a la propiedad privada en las zonas declaradas como protectoras. En efecto, el Ministerio de Agricultura y Cría, (art. 41) deberá ordenar labores de repoblación forestal en terrenos de propiedad privada ubicados en zonas críticas declaradas como protectoras. En tales casos, los propietarios quedan obligados a ejecutar las labores de repoblación a sus propias expensas, de acuerdo con normas técnicas en el plazo fijado prudencialmente por la resolución respectiva. Es decir, en las zonas protectoras puede el Ejecutivo Nacional ordenar la repoblación y esta repoblación debe realizarse por cuenta del propietario del inmueble. Cuando los trabajos de repoblación forestal en terrenos de propiedad privada que ordene el Ejecutivo no fueren realizados por el propietario en el plazo señalado en la resolución respectiva, puede el Ministerio de Agricultura y Cría realizarlos por cuenta del mismo, es decir, a costa del propietario, con la autorización en cada caso, del Juez de Distrito de la respectiva jurisdicción, en todo caso, previa audiencia del interesado.

Se prevé, en este caso, uno de los típicos medios de ejecución subsidiaria del acto administrativo: el acto administrativo que ordena la repoblación forestal prevé que ésta debe realizarse por el particular propietario; si éste no la realiza en un lapso determinado, puede la Administración ejecutar el acto por vía subsidiaria, es decir, ejecutar los trabajos de repoblación directamente con sus propios medios, a costa del interesado.

También la propiedad en estos casos del régimen forestal se encuentra limitada por la existencia de cuencas hidrográficas; y en general, las limitaciones al disfrute de la propiedad derivadas del régimen jurídico-administrativo forestal, son las derivadas de la declaratoria de parques nacionales las derivadas de la declaratoria de zonas protectoras como hemos visto; y por último las derivadas de la existencia de cuencas hidrográficas.

En relación a las cuencas hidrográficas, la Ley establece una obligación para el Ejecutivo Nacional de proteger éstas contra los factores que contribuyen o puedan contribuir a su destrucción o desmejoramiento; y agrega la Ley que la permanencia de los habitantes que hagan uso de los recursos naturales renovables en el área crítica de una cuenca hidrográfica, sólo se permitirá cuando estudios integrales así lo determinen. Es decir, en principio, puede, cuando estudios integrales así lo determinen, que los habitantes de regiones declaradas como de cuencas hidrográficas y de protección no pueden explotar los recursos naturales renovables que se encuentren en dichas regiones. En caso de que se autorice, el Estado les proporcionará a estas personas la asistencia técnica y financiera necesaria para garantizar la conservación de dichos recursos. Por tanto, con motivo de la existencia de una cuenca hidrográfica y de la protección de las mismas, puede el Ejecutivo Nacional determinar que en el área crítica de una cuenca no pueden permanecer los habitantes que estaban explotando recursos naturales renovables.

c   El aprovechamiento de los recursos forestales

a'   Introducción

Pero al hablar del régimen jurídico administrativo forestal no sólo nos interesa destacar lo que hasta ahora hemos hecho (las limitaciones al disfrute que implica este régimen jurídico-administrativo forestal derivadas de la declaratoria de parques nacionales, de zonas protectoras o de la existencia de cuencas hidrográficas), sino que nos interesa ahora señalar las limitaciones al aprovechamiento de los recursos forestales cuando éstos puedan hacerse en terrenos de propiedad privada. Es decir, fuera de los casos en que se declare parques nacionales, zona protectora o se encuentre una propiedad en una región de cuenca hidrográfica puede en principio el particular propietario de esos bienes inmuebles explotar los recursos forestales, sin embargo, esta explotación que en principio tiene el propietario, se encuentra limitada. Este aprovechamiento de los recursos forestales se encuentra regulado.

b'   La obligación de comprobar la propiedad

En primer lugar se exige, y así lo señala el art. 6 de la Ley, que toda persona pretenda obtener un permiso, una autorización, una concesión de explotación forestal a comprobar la propiedad. Es decir, toda persona natural o jurídica que pretenda explotar recursos forestales en terrenos de propiedad privada debe acreditar suficientemente el derecho que lo asiste como propietario; en caso de no ser titular de la propiedad, debe presentar ante la autoridad administrativa la autorización que el propietario le hubiere otorgado, todo ello también salvo lo dispuesto en el art. 191 de la Ley de Reforma Agraria. La Ley de Reforma Agraria también, en este sentido establece una excepción: excepción que consiste en la posibilidad que tienen los ocupantes (y es que la Ley protege a los ocupantes) de terrenos de propiedad privada de obtener directamente permiso de roza o de quema con fines agrícolas, aún cuando no son propietarios, siempre por supuesto, con la posibilidad de que el propietario se oponga justificadamente a que se realice la explotación o que se otorgue el permiso. El art. 191 de la Ley de Reforma Agraria a tal efecto señala: Para solicitar permiso de rozar o quemar con fines agrícolas, los ocupantes interesados podrán dirigirse a las autoridades competentes del Ministerio de Agricultura y Cría y sin la autorización previa del propietario o su representado, pudiendo dichas autoridades concederlo salvo oposición justificada del propietario a quien se notificará en todo caso lo conducente. En caso de oposición, el funcionario competente del Ministerio de Agricultura y Cría decidirá al respecto. La oposición deberá ejercerse dentro de los 10 días siguientes a la notificación que se haga al propietario. Pasado dicho lapso el funcionario competente debe evacuar de inmediato la solicitud de permiso. Y éste es entonces la única excepción legal establecida al art. 6 de la Ley forestal, es decir, en principio, el aprovechamiento forestal en terrenos de propiedad privada debe hacerse por el propietario salvo el caso del art. 191 de la Ley de Reforma Agraria que autoriza a los ocupantes de una propiedad rural para desarrollar o para solicitar permiso de rozas, y quemar la propiedad con fines agrícolas.

c' Formas de aprovechamiento: autorización, permiso

Ahora, el aprovechamiento de los recursos forestales, reviste en la Ley Forestal de Suelos y Aguas dos formas claramente precisadas: Puede realizarse este aprovechamiento con autorización previa del Ejecutivo Nacional o con permiso previo del funcionamiento del Ministerio de Agricultura y Cría compete en la jurisdicción. Veamos separadamente cada una de estas formas de aprovechamiento. En primer lugar la autorización previa.

El principio sobre la exigencia de la autorización previa está determinado en el art. 7 de la Ley. Establece esta norma que la reforestación, la tala de vegetación alta o mediana, las rozas o quemas, desmontes, y en general cualquiera otra actividad que implique destrucción de la vegetación, así como también la explotación de productos forestales en terrenos de propiedad privada, no podrá efectuarse sin previa autorización de los funcionarios del ramo, quienes la impartirán de conformidad con los requisitos que establece el reglamento. Esta autorización debe solicitarse por el interesado en papel común sin estampillas.

Esta autorización puede ser negada cuando existan o surjan impedimentos técnicos o reglamentarios que lo determinen.

La Ley también prevé la posibilidad de revocación de la autorización asimismo, cuando surjan impedimentos técnicos o reglamentarios que determinen esa revocación y también, cuando hiciere oposición un tercero y compruebe que es propietario u ocupante de los terrenos objeto de la solicitud. En realidad esta consagración de una revocación cuando se hiciere oposición es en cierta forma un contra sentido ya que la oposición sólo puede hacerse, como veremos más adelante, cuando se solicita la autorización y antes que ésta se dicte; por tanto, no puede hablarse de revocatoria sin que todavía se haya dictado el acto que va a revocarse.

En todo caso, la oposición está regulada en el mismo art. 6 de la Ley que señala que si introducida la solicitud para obtener la autorización de explotación o de aprovechamiento de recursos forestales, surgiere oposición apoyada en justo titulo, debe paralizarse el procedimiento hasta tanto se establezca la procedencia o no de la oposición en conformidad con el Reglamento de la Ley. El reglamento de la nueva Ley no ha sido dictado aún; sin embargo, el art. 129 de la misma Ley señala que hasta que se promulgue el reglamento respectivo queda en vigencia el reglamento de la Ley Forestal y de Aguas del 4 de diciembre del año 1943 y este reglamento del año 43 contiene regulación precisa de que esta oposición en materia de autorización para la explotación de recursos forestales.

La legitimación activa que prevé el Reglamento (art. 52) es para cualquier persona que se crea con derecho; legitimación que ha sido precisada aún más por la Ley, al exigir que la oposición esté apoyada en justo título y entonces el legitimado activo será aquella persona que pueda apoyarse en un justo título para oponerse a que se otorgue la autorización a otra persona.

Una vez introducida la oposición debe notificarse al interesado, al solicitante, para que dentro de 15 días aduzca lo que estime conveniente acerca de las razones expuestas por el opositor.

Si el interesado no contesta la oposición, se entiende que desiste de su solicitud original para obtener la autorización y por tanto, en este caso, se tendrá como nulo todo lo actuado y se ordenará el archivo del expediente. Al contrario, si contesta, el Ministerio de Agricultura y Cría debe decidir en base a los alegatos de las partes, debe estudiar los recaudos y debe solicitar informes complementarios si así lo considera conveniente.

Una vez hecho todo esto debe resolver por resolución motivada en un lapso de 30 días contados a partir de la contestación.

Pero no en todo caso el Ministerio de Agricultura y Cría debe resolver la oposición, hay una previsión concreta en el reglamento (art. 55) en que el Ministerio de Agricultura y Cría puede abstenerse de decidir, y es cuando la oposición estuviere fundada en el alegato de un derecho real y que evidentemente aparecieren presunciones en favor del mismo, o en caso de que se presentaren dudas. En estos supuestos, el Ministerio de Agricultura y Cría debe abstenerse de continuar las diligencias hasta tanto las partes interesadas (el solicitante y el oponente) hayan dilucidado sus derechos ante los tribunales competentes ordinarios, es decir, ante el Tribunal de Primera Instancia en lo Civil de la jurisdicción.

Aparte de la posibilidad de explotación forestal por la autorización, la Ley también prevé una segunda forma y es por medio de permisos previos. El art. 52 de la Ley establece que para la explotación en terrenos de propiedad privada de leña y cartón vegetal destinadas al uso doméstico exclusivamente, de estantes o estantillos para cercas y de productos forestales para construcción a utilizar dentro del mismo fundo, los propietarios interesados deberán obtener solamente un permiso previo, "el funcionario del ramo en su jurisdicción, quien podrá, dice la Ley autorizar, limitar o prohibir dicha explotación en el término que señale el reglamento.

d' Limitaciones al aprovechamiento: Inspección, fiscalización ejecutiva, sujeción a normas técnicas

En todos estos supuestos de aprovechamiento forestal, sea por medio de autorización sea por medio de permiso la Ley establece algunas limitaciones genéricas al aprovechamiento. En primer lugar toda actividad de aprovechamiento forestal de productos o especies forestales efectuadas en terrenos de propiedad privada podrá ser inspeccionada o fiscalizada por los organismos correspondientes del Ministerio de Agricultura y Cría, los cuales tendrán además acceso, a los registros que determine el reglamento de la Ley.

Por otra parte, los particulares no sólo están sometidos a la inspección y fiscalización ejecutiva en cuanto a su aprovechamiento, sino que éste debe realizarse con sujeción a las normas técnicas que establezca el Ministerio. En este sentido la Ley exige que toda persona natural o jurídica que explote o aproveche productos u otras especies forestales, queda obligada a las normas de control, registro e información al Ministerio de Agricultura y Cría que se determine conforme a las disposiciones del reglamento de la Ley.

Entre las normas a las cuales debe sujetarse el particular en la explotación de recursos forestales que se encuentren en terrenos de propiedad privada están las explotaciones de las áreas boscosas que deben destinarse en forma permanente a la producción forestal. En efecto, el art. 73 de la Ley establece que el Ministerio de Agricultura y Cría determinará en cada caso las áreas boscosas en terrenos de propiedad privada que deban destinarse en forma permanente a la producción forestal. El Ministerio de Agricultura y Cría no permitirá el aprovechamiento de los productos forestales en estos terrenos de propiedad privada destinadas en forma permanente a ese fin de producción forestal; y sólo podrá autorizarlo cuando se haga con sujeción a un plan de manejo forestal para cada bosquejo parte de él, debidamente aprobado por las autoridades forestales correspondientes. Por tanto, también en este caso de que se autorice la explotación de áreas boscosas destinadas a producción forestal, esta explotación debe hacerse sólo conforme al plan de manejo forestal que determine la autoridad ejecutiva.

Y agrega la Ley en relación a éste que en caso de que un propietario de un bosque desista de seguir adelante con el plan de manejo forestal autorizado, podrá solicitar al Ministerio de Agricultura ser eximido de su cumplimiento, pero en consecuencia, una vez aceptada su solicitud de ser eximido de su cumplimiento, quedará impedido para cualquier aprovechamiento de los productos del bosque sin perjuicio de sufrir las sanciones legales a que pudiera haberse hecho merecedor por incumplimiento del plan durante su vigencia, salvo la existencia, por supuesto, de causas de fuerza mayor permanentes o justificadas, de acuerdo a lo que se establezca en el reglamento.

Pero en relación al aprovechamiento de los recursos forestales, la Ley no sólo establece la forma de aprovechamiento y las limitaciones al mismo sino que también establece en líneas generales prohibiciones al aprovechamiento.

e'   Prohibiciones al aprovechamiento

Entre esas prohibiciones surge la autorización legal el Ejecutivo Nacional para determinar, mediante resolución, la prohibición de la explotación total o parcial de determinadas especies forestales y otras especies vegetales a término fijo o indefinido; todo ello, con el fin de evitar su extinción o de regular su aprovechamiento. Es decir, puede el Ministerio, aún en los casos de aprovechamiento posible por autorización o permiso, limitar ese aprovechamiento prohibiendo la explotación de determinadas especies.

d   Las obligaciones derivadas

El régimen jurídico-administrativo forestal no sólo regula las limitaciones al disfrute de la propiedad y las formas de aprovechamiento de los recursos forestales, sino que establece unas obligaciones derivadas evidentemente de la función social de la propiedad, ya que es la misma Ley de Reforma Agraria la que determina, en sus primeros artículos, que un fundo de propiedad privada cumple con su función social, cuando se cumplan las disposiciones sobre conservación de los recursos naturales renovables (art. 19 de la Ley Agraria).

Por tanto, una de las obligaciones derivadas de la función social de la propiedad entendida en esta forma, es la obligación que tienen los propietarios de realizar las labores de extirpación de especies forestales cuando así se ordene por el Ejecutivo Nacional. Al efecto el Ejecutivo Nacional está autorizado por el art. 45 de la Ley Forestal para, por disposición del Ministerio de Agricultura y Cría, determinar la extirpación de especies forestales perjudiciales a la agricultura y a la cría y adoptar, en consecuencia, las medidas de carácter técnico que en tal sentido fueren necesarias.

Cuando la extirpación de especies forestales se ordene en terrenos de propiedad privada, esto será objeto de una resolución especial del Ministerio de Agricultura y Cría; resolución donde se determinará la forma como habrá de realizarse esta extirpación en terrenos de propiedad privada, con la aclaratoria legal de que la ejecución de la resolución por la cual se ordene la extirpación de especies forestales en terrenos de propiedad privada, no ocasionará para la Nación obligación alguna de indemnizar a los propietarios de los terrenos en los cuales se ejecute la medida acordada, salvo un perjuicio ocasionado con motivo de la extirpación,

e   La Regulación de las quemas e incendios forestales

a'   Prevención

Por último, el régimen jurídico-administrativo-forestal nos conduce al estudio, en concreto, de la regulación de las quemas y de los incendios forestales, materias a las cuales la nueva Ley les ha puesto especial interés, y quizás en esta materia surgen también grandes innovaciones de la nueva Ley, en relación a la Ley anterior.

En materia de prevención, por ejemplo, la Ley (art. 26) establece que el Ejecutivo Nacional debe adoptar las medidas técnicas necesarias para prevenir, controlar y aún extinguir los incendios forestales. En este sentido, los organismos administrativos, civiles o militares y las personas naturales o jurídicas adoptarán las medidas que determine el reglamento para prevenir los incendios forestales y estarán obligados a prestar la colaboración que fuere necesaria para su control y extinción.

Por otra parte, también establece en materia de prevención, la Ley (art. 27) que en terrenos de vegetación forestal y en sus alrededores no podrá hacerse uso del fuego sin adoptar las disposiciones de seguridad que determine el reglamento.

b'   Regulación de las quemas

Las quemas de vegetación con fines agrícolas o pecuarias (art. 26) están sometidas a las limitaciones que determine el Ministerio de Agricultura y Cría; y ya hemos visto como el art. 7 de la Ley exige, para realizar quemas, la obtención de una autorización previa del Ministerio de Agricultura y Cría; autorización, por otra parte, que se desprende del art. 111 de la Ley al establecer que quienes realicen u ordenen realizar quemas sin estar previstas de esta autorización, y los que autorizados, sean culpables en la propagación del fuego que autorizados, sean culpables en la propagación del fuego por no haber puesto en práctica las precauciones que se ordenen en el reglamento serán penados con arresto de uno a 6 meses.

c'   Extinción

En cuanto a la extinción, la Ley también regula obligaciones especiales. En efecto establece (art. 26) que los organismos administrativos, civiles o militares y las personas naturales o jurídicas, estarán obligados a prestar la colaboración que fuere necesaria para la extinción de incendios. Se establece como obligación también, la colaboración de los particulares en la extinción de incendios: en efecto, el parágrafo único del art. 26 establece que la colaboración que debe prestar la ciudadanía en la extinción perentoria del incendio, le será exigida sólo a los varones en capacidad física comprendidos entre los 16 y los 30 años de edad, por lo tanto la Ley prevé límites de edad.

Establece entonces la Ley, por primera vez, en forma clara, la obligación para la ciudadanía de colaborar en la extinción de incendios forestales y la autorización, para las autoridades ejecutivas, de reclutar y exigir en cierta forma los servicios de la ciudadanía entre las edades señaladas para la extinción de incendios forestales. Como consecuencia, del art. 113 de la Ley establece que quien injustificadamente se negare a colaborar en la extinción de incendios forestales o impida o entorpezca las labores que se realicen con esta finalidad, podrá ser sancionado con arresto de 5 días a 3 meses.

En las labores de extinción tiene enorme importancia la creación o la regulación definitiva por la Ley del Consejo Nacional de Prevención y Extinción de Incendios Forestales, Consejo que fue creado por decreto en 1964 para colaborar en la extinción de incendios forestales como organismo asesor, coordinador y de consulta de la Administración Pública.

Este Consejo Nacional debe actuar como organismo de coordinación de todos los programas, proyectos, presupuestos, de los diferentes organismos de la administración pública que tenga relación con el problema de los incendios forestales (art. 23 y siguientes). Entre las atribuciones principales de este Consejo está el organizar en todo el Territorio Nacional las Ligas contra Incendios, que no son más que organismos generalmente compuestos por voluntarios y que se organizarán a través de todas las entidades regionales, es decir, de todos los estados y municipios, para lo cual el Ministerio del Interior ha prestado ya toda la colaboración necesaria. También en relación a la colaboración para la extinción de los incendios forestales se establece la obligación para los servicios oficiales y privados de telecomunicaciones, la radio y la televisión, de transmitir gratuitamente, y con carácter de urgencia las noticias que recibieren sobre incendios forestales y de las medidas que adopten las autoridades forestales para su control y su extinción. La Ley, sin embargo, ha eliminado tales articulados. Una norma que en mí criterio tenía enorme importancia y era la que consagraba la obligación de la denuncia de incendios forestales. En este sentido el art. 26 de la Ley anterior establecía que toda persona que tuviere conocimiento de haberse producido algún incendio de vegetación de cualquier tipo, estaba obligada a dar aviso a las autoridades más cercanas. Se eliminó, repito de la Ley actual, no sé por qué motivo, la obligación de denuncia de incendios forestales y como consecuencia se eliminó también la sanción que establecía la Ley derogada para el que incumpliera esta obligación de denunciar. Se establecía en el art. 40 de la Ley anterior que quienes se mostraren negligentes en la denuncia de incendios de bosques, matorrales o sabanas o en prestar su colaboración para la localización o extinción de éstos serían castigados con pena de arresto de 5 a 15 días.

d' Sanciones

En cuanto a la regulación de incendios forestales debe señalarse que la Ley, regula y aumenta en cierta forma las sanciones penales que se establecían en la Ley anterior. Para el que realice por ejemplo quemas sin autorización se establece penas de arresto de uno a seis meses. Para el que cause por no haber tomado las medidas de seguridad necesarias, incendios forestales que tengan su origen en una quema autorizada, se establece también un arresto de uno a seis meses. Para los que intencionalmente realicen incendios forestales o inciten a la realización de los mismos se establece prisión de uno (l) a seis (6) años. Cuando el incendio forestal sea culposo, la prisión será de seis (6) meses a tres (3) años y cuando tenga su origen en la inobservancia de normas y reglamentos de seguridad, la prisión es de uno (l) a seis (6) meses.

Con esto concluimos entonces el régimen jurídico-administrativo-forestal y por supuesto las limitaciones administrativas a la propiedad que dicho régimen implica. Ya sabemos que el régimen de la conservación, aprovechamiento y racional de los recursos naturales renovables implicaba no solo la existencia del régimen forestal sino también la existencia del régimen de las aguas; cada uno de estos regímenes, con sus limitaciones específicas a la propiedad.

e. El régimen jurídico-administrativo de los suelos

a' Limitaciones al disfrute

El régimen de los suelos establecido en la Ley implica también una serie de limitaciones a la propiedad. En efecto hay, en relación al aprovechamiento de los suelos, limitaciones, goce al disfrute. En este sentido, los suelos deben usarse, dice el art. 82 de la Ley, de acuerdo con su capacidad agrológica específica. Para ello el Ejecutivo Nacional deberá proceder a la clasificación de las tierras del territorio nacional basada en la pendiente, grado de erosión, fertilidad del suelo y factores de clima. El aprovechamiento de toda clase de suelos deberá, además, ser practicado, en forma tal que se mantenga su integridad física y su capacidad protectora con arreglo a las normas técnicas que al efecto de determinen en el reglamento de la Ley.

El Ejecutivo en este sentido puede también acordar la realización de estudios y trabajos de conservación de los suelos en cualquier porción del territorio nacional.

b' Limitaciones al desmonte: Destrucción de vegetales, actividades urbanísticas

En cuanto a la destrucción de vegetales, toda actividad que la implique en terrenos de propiedad privada, sólo podrá efectuarse previa autorización del Ministerio de Agricultura y Cría (art. 34), en la forma que determine el reglamento. Como aún no se ha dictado el reglamento de la nueva Ley, repetimos, queda en vigencia el Reglamento del año 43, sin embargo este reglamento del año 43 no tiene regulación alguna sobre la materia de suelos, ya que la Ley de aquella época era sólo la Ley de Bosques y Aguas y no traía regulación sobre suelos.

En todo caso cuando se trate de destrucción de vegetales para la apertura de picas ordenadas por la autoridad judicial en juicios de deslindes o necesarias para efectuar los levantamientos topográficos acordados por una autoridad administrativa o judicial, el juez o el organismo administrativo correspondiente sólo notificarán a la autoridad forestal respectiva y no se exigirá la autorización o el permiso previo visto anteriormente.

En caso de realización de actividades urbanísticas que impliquen desmonte, también la Ley trae algunas limitaciones: las labores necesarias, para la realización de las actividades de parcelamiento urbanístico que puedan afectar a los recursos naturales (bosques, suelos, aguas), quedan sometidas a las disposiciones reglamentarias que dicte el Ministerio de Agricultura y Cría.

El reglamento, repetimos, no prevé nada al respecto, pero en relación a esto hay un decreto N° 497 del 30 de diciembre del año 58, que establece la obligación para las personas que realicen actividades de remoción de tierra o deforestación con fines urbanísticos de obtener un permiso previo del Ministerio de Agricultura y Cría; permiso que debe obtenerse presentando una solicitud donde se indique las labores, talas, movimientos de tierras y otras actividades de destrucción de vegetación proyectada.

El Ministerio de Agricultura y Cría puede realizar inspecciones oculares para acordar la autorización o permiso de desmonte con fines urbanísticos y puede negar este permiso por resolución motivada del Director de Recursos Naturales Renovables que puede ser apelada ante el Ministro de Agricultura y Cría.

c'   Limitaciones al pastoreo

También, respecto a la conservación de los suelos, existen limitaciones al pastoreo: el Ministerio puede regular por ejemplo, o prohibir, el pastoreo de cualquier clase de ganado en las zonas donde dicha medida fuere necesaria a juicio del Ejecutivo Nacional.

Asimismo, para fundar por ejemplo hatos de ganado caprino y ovino se requiere la previa obtención de un permiso otorgado conforme al reglamento del Ministerio de Agricultura y Cría, como medidas de protección de los suelos.

f.   Obligaciones derivadas de la función social de la propiedad: el régimen de la Reforma Agraria.

a'   Principios fundamentales

El régimen de los suelos, y quizás esto configura las limitaciones más importantes, también implica para la propiedad una serie de obligaciones derivadas también de su función social, surge entonces en este sentido las limitaciones a la propiedad derivadas del régimen de la Reforma Agraria.

Ya hemos visto en otra oportunidad como el artículo 99 de la Constitución garantiza el derecho de propiedad, pero en virtud de su función social agrega ese mismo artículo, la propiedad estará sometida a las contribuciones, restricciones y obligaciones que establezca la Ley con fines de utilidad pública o de interés social, es decir, la propiedad en razón de su función social está sometida a las limitaciones, restricciones y obligaciones que se establezcan con fines de interés social.

En este sentido el artículo 105 de la propia Constitución declara contrario al interés social el régimen latifundista y por tanto señala programáticamente que la Ley dispondrá lo conducente a su eliminación, a la eliminación del régimen latifundista y establecerá normas encaminadas a dotar a los campesinos y trabajadores rurales que carezcan de ella, así como a proveerlos de los medios necesarios para hacerla producir.

Para el desarrollo de esta normativa del artículo 105, de la Constitución, se dictó la Ley de Reforma Agraria del 5 de marzo del año 60, que no hace otra cosa que desarrollar estos principios constitucionales; y en efecto esta Ley tiene por objeto en primer lugar la transformación de la estructura agraria del país y la incorporación de su población rural al desarrollo económico y social y político de la nación; ello, en segundo lugar, mediante la sustitución del sistema latifundista por un sistema justo de propiedad, tenencia y explotación de la tierra; sistema que, en tercer lugar, debe estar basado en la equitativa distribución de la tierra, la adecuada organización del crédito y la asistencia integral para los productos del campo. Para, por último, que la tierra constituya para el hombre que la trabaja, base de su estabilidad económica, fundamento de su progresivo bienestar social y garantía de su libertad y dignidad. En atención a estos objetivos de la Ley, definidos en el propio artículo 1° de la Ley Agraria, el art. 2 señala que esa Ley:

.a) Garantiza, primero, del derecho de propiedad privada y lo regula conforme al principio de la función social que la misma debe cumplir y a las demás regulaciones que establezcan la Constitución y las leyes;

b) Garantiza, en segundo lugar, el derecho de todo individuo o grupo de población apto para trabajos agrícolas o pecuarios que carezcan de tierras o las posean en cantidades insuficientes, a ser dotados en propiedad de tierras económicamente explotables, preferiblemente en los lugares donde trabajen o habiten"; y

c) Garantiza, en tercer lugar, el derecho de los agricultores de permanecer en la tierra, que están cultivando dentro de los términos y condiciones previstos por la Ley.

Es decir, la Ley garantiza el derecho de propiedad, sometido a su función social, el derecho por parte de grupos de población aptos para trabajos agrícolas, y el derecho, por último, de los agricultores de permanecer en la tierra que están cultivando aún cuando no sean propietarios, en los límites que veremos más adelante.

b' Función social de la propiedad: Fincas incultas u ociosas y de explotación indirecta

En virtud de todos estos principios la propiedad rural, la propiedad agraria, la tierra en general, debe cumplir una función social. Esta función y las obligaciones derivadas de este principio de función social corresponden no sólo a los particulares que poseen tierras, sino también a las tierras del Estado (art. 3°).

En este sentido, a los fines de la Reforma Agraria, el artículo 19 de la Ley considera, que una propiedad privada cumple con su función social, cuando se ajusta a los siguientes elementos esenciales:

a) En primer lugar, la explotación eficiente de la tierra y su aprovechamiento en forma tal que los factores de producción se apliquen eficazmente en ella de acuerdo con la zona donde se encuentre y con sus propias características; de aquí los necesarios estudios agrológicos que veíamos determinados en la regulación de los suelos que trae la Ley Forestal.

b) En segundo lugar, la propiedad privada cumple su función social cuando el trabajo y dirección personal y la responsabilidad financiera de la empresa agrícola se realiza por el propietario de la tierra, salvo en los casos de explotación indirecta eventual por causa justificada.

c) En tercer lugar, se cumple también la función social por cumplimiento de las disposiciones sobre conservación de recursos naturales renovables ; y

d) Por último, también se cumple la función social de la propiedad con el acatamiento de las normas jurídicas que regulen el trabajo asalariado.

La consecuencia fundamental del cumplimiento de la función social por una propiedad rural es la inexpropiabilidad de la misma. En efecto, el Art. 26 señala que son inexpropiables para los fines de la Reforma Agraria los predios rústicos que cumplan con su función social, salvo excepciones, por ejemplo, cuan do agotadas todas las posibilidades de obtener tierras no quedare otro recurso para resolver el problema agrario, sino con la expropiación de tierras inexpropiables. Esta sería la excepción fundamental de la inexpropiabilidad (Art. 27).

Otra consecuencia fundamental del cumplimiento por parte de la propiedad privada de su función social es que el Estado debe crear incentivos para quienes utilicen la tierra de acuerdo con su función social y contribuyan así al desarrollo económico del país (Art. 23).

Pero quizás, el aspecto más importante de la regulación agraria y sus limitaciones a la propiedad, son aquellas consecuencias que se derivan de la contrariedad al principio de la función social de la propiedad.

De manera especial se considera que es contrario al principio de la función social de la propiedad e incompatible, por tanto, con el bienestar y el desarrollo económico del país, la existencia y mantenimiento de fincas incultas u ociosas especialmente en regiones de desarrollo económico (Art. 20); y por tanto se contraría la función social de la propiedad con la existencia de fincas incultas u ociosas.

También se contraría la función social de la propiedad cuando las fincas se explotan indirectamente.

En efecto la Ley (Art. 20) señala que igualmente consideran contrarios al principio de la función social de la propiedad, los sistemas indirectos de explotación de la tierra como los practicados a través de arrendatarios, aparceros, medianeros, pisatarios, y ocupantes.

c'   Consecuencias: Cargas fiscales, Afectación, Expropiabilidad

La consecuencia fundamental de la contrariedad al principio de la función social de la propiedad es que en primer lugar, el Estado, dice el Art. 20 de la Ley, gravará preferentemente las tierras incultas u ociosas o cultivadas indirectamente, mediante cargas fiscales progresivas, sin perjuicio, por supuesto, de que pueda procederse a la expropiación de dichas tierras.

La segunda consecuencia del incumplimiento de la función social de la propiedad es la afectación a los fines de la Reforma Agraria de las tierras que incumplan las obligaciones derivadas de dicha función social; y esta afectación, por tanto, implica que dichas tierras no quedarán amparadas por las causales de inexpropiabilidad qué no son otras que aquella relativas al cumplimiento de la función social de la propiedad.

Por tanto las tierras que incumplen, el principio de la función social de la propiedad quedan afectadas a la Reforma Agraria, no son protegidas por la inexpropiabilidad y como consecuencia, pueden expropiarse por el Instituto Agrario Nacional, ahora bien, si este Instituto para desarrollar actividades, de Reforma Agraria, necesita proceder a la expropiación, en los casos en que no existan baldíos, debe en primer lugar y con preferencia, realizar la expropiación sobre aquellas tierras que no cumplan con su función social, en el siguiente orden de prelación (Art. 27):

En primer lugar, las tierras incultas y entre ellas, las de mayor extensión.

En segundo lugar, las explotadas indirectamente por arrendatarios, medianeros, colonos y ocupantes.

En tercer lugar, las no explotadas durante los últimos cinco años anteriores a la iniciación del proceso de expropiación.

En cuarto lugar, las que destinadas a parcelamientos rurales privados, no hayan sido desarrollados dichos parcelamientos.

Y por último en orden de prelación en cuanto a las tierras expropiables que no cumpla la función social, debe procederse a la expropiación de las tierras de agricultura dedicadas a la ceba de ganado en forma extensiva.

d'   La regulación de los contratos de tenencia

Pero el régimen de las obligaciones derivadas de la función social de la propiedad y las limitaciones a la propiedad derivadas del régimen agrario, no solo implica todas estas limitaciones derivadas directamente del cumplimiento de la función social de la propiedad sino que también la Ley establece otra serie de regulaciones que limitan la propiedad. Regulaciones por ejemplo, en materia de los contratos de tenencia.

Ya hemos visto en otras oportunidades, como el derecho público va progresivamente invadiendo campos que anteriormente eran propios del derecho privado; el derecho privado va publicitándose, y va cortándose poco a poco la autonomía de la voluntad en diversos aspectos. Ya hemos visto como en diversos contratos, la autonomía de la voluntad ha sido sustituida por la consagración de normas de orden público que no pueden violarse por convenios particulares. Pues bien, una invasión similar del derecho público sobre el derecho privado, tiene lugar con esta regulación de los contratos de tenencia; y en efecto, el Art. 142 de la Ley señala claramente que todo contrato relativo a la tenencia de la tierra ya sea de arrendamiento o cualquier otra naturaleza, queda sometido a la Ley; y agrega este artículo una prohibición, en el sentido de que ningún caso se permitirá a partir de la vigencia de esta Ley, la celebración de contratos de arrendamiento o de cualquier tipo que envuelva la explotación indirecta de la tierra ni la prórroga de ellos sobre extensiones iguales o inferiores al mínimo indispensable para el sostenimiento de la familia. En cuanto a los existentes para el momento en que la Ley se dictó, el Instituto Agrario Nacional debe proceder a la dotación en el término más inmediato posible.

En los otros supuestos en los cuales pueda celebrarse contratos de arrendamiento, cuando no envuelven la explotación indirecta de la tierra o cuando por causas justificadas es necesario realizarlo, en todo contrato de arrendamiento que se celebre durante la vigencia de la Ley Agraria se considerará siempre incorporada una clausula de opción de compra en favor del arrendatario.

Se establece por otra parte la nulidad de pleno derecho de una serie de estipulaciones en los contratos de tenencia agraria y de arrendamiento. El Art. 143 señala que son nulas las estipulaciones en los contratos de arrendamientos de predios rústicos que obliguen a recibir el suministro del propietario o arrendatario; a vender los productos del dueño del fundo, o a determinadas personas; a beneficiar los frutos en maquinarias pertenecientes al arrendador o a personas que les indique; a renunciar a los derechos y beneficios que por la Ley se confiere a los arrendatarios; a proveerse de máquinas y otros útiles, ropa y artículos alimenticios de determinadas fábricas, casas de comercio y detal; a realizar ciertas y determinadas siembras que queden en beneficio del fundo, sin que el propietario o el arrendador estén obligados a una contraprestación justa; a pagar el canon en especie o en trabajo; a renunciar a indemnización por daños que animales del arrendador causen en los cultivos del arrendatario; y en general son nulas, de pleno derecho, cualquier otra cláusula en que se pretenda obligar al arrendatario a comerciar con el propietario.

Como puede verse entonces la regulación de los contratos de tenencia lleva al punto de declarar nulas una serie de cláusulas. Por otra parte en esta materia, tal como sucede respecto a los inmuebles urbanos en cuanto a la regulación de alquileres, también los inmuebles rurales están sujetos a regulación en los cánones de arrendamiento.

El Art. 125 de la Ley Agraria exige que el arrendamiento de tierras en beneficio de los pequeños y medianos productores serán regulados de acuerdo con las características especiales de la región y del fundo respectivo. Estas regulaciones debe, ser hecha por el Instituto Agrario Nacional en Caracas.

e'   Limitaciones a la desocupación: Arrendatarios, Ocupantes

Las limitaciones a la propiedad no solo se refieren a los contratos de tenencia en materia agraria, que configuran evidentemente limitaciones al disfrute, ya que no se establece autonomía total para disfrutar, para beneficiarse de los frutos de la propiedad, frutos que pueden ser los cánones de arrendamiento; sino que también las limitaciones a la propiedad, al disfrute de la propiedad, vienen impuestas asimismo por los límites a la desocupación que se establecen en la Ley y que implican protecciones a los ocupantes.

En efecto, la Ley (Art. 148) protege en primer lugar a los arrendatarios, toda persona que durante la vigencia de la Ley agraria, esté explotando en virtud de un contrato de arrendamiento a tiempo fijo o a tiempo indeterminado, predios rústicos, dedicados a la explotación agrícola, pecuaria o mixta, queda amparado por la Ley agraria, no pudiendo ser desalojado sino con la autorización del Instituto Agrario Nacional, quien decidirá si acuerda la autorización solicitada o si procede a la dotación de tierra conforme a lo dispuesto en la misma Ley agraria.

Pero no solo se protege contra los desalojos a los arrendatarios a término fijo o a tiempo indeterminado, sino que también se protege a los ocupantes en general.

Quedan en efecto, igualmente amparados contra los desalojos dice la Ley (Art. 148), los pequeños y medianos productores, ocupantes de terrenos ajenos, durante más de un año, si mantienen un rebaño de ganado o de cría como principal actividad económica o si poseen cultivos, siempre que en uno u otro caso realicen un trabajo efectivo, es decir, los ocupantes de cualquier tipo también quedan amparados, siempre que estén ocupando por más de un año y que por ese tiempo, por lo menos posean cultivos como principal actividad económica, siempre que en todo caso realicen trabajos efectivos. En estos casos, y cuando se cumplen estos requisitos, para ser desalojados también se exige que se obtenga una autorización previa del Instituto Agrario Nacional.

La interpretación de este (Art. 148), sobre todo en su segunda parte ha dado origen a diversas opiniones, sobre todo en relación a la compatibilidad o no de dicha norma, con las reglas previstas en la Legislación Civil sobre interdictos.

Veamos sin embargo, cuál debe ser en nuestro criterio, la interpretación racional de ese artículo 148 de la Ley agraria.

En efecto, el artículo 148 de la Ley de Reforma Agraria vigente, reza textualmente:

> Art. 148. "Toda persona que durante la vigencia de esta Ley este explotando, en virtud de un contrato de arrendamiento a término fijo o por tiempo indeterminado, predios rústicos dedicados a la explotación agrícola, pecuaria o mixta, queda amparado por la presente Ley, no pudiendo ser desalojado sino con la autorización del Instituto Agrario Nacional, quién decidirá si acuerda la autorización solicitada o si procede la dotación de tierra conforme a esta Ley".
>
> "Quedan igualmente amparados contra los desalojos los pequeños y medianos productores, ocupantes de terrenos ajenos durante más de un año si mantienen un rebaño de ganado de cría como principal actividad económica, o si poseen cultivos, siempre que en uno u otro caso realicen un trabajo efectivo".
>
> "A los efectos de la autorización prevista en este artículo, y sin perjuicio de la facultad conferida al Instituto Agrario Nacional para proceder a la dotación de tierra, se establece el siguiente procedimiento:
>
> "El interesado dirigirá al Presidente del Instituto Agrario Nacional o a su Delegación en la respectiva jurisdicción, según el caso, una solicitud razonada, acompañando las pruebas que considere conveniente. Recibida la solicitud se abrirá un lapso de veinte (20) días hábiles consecutivos, durante el cual el funcionario, además de notificar a la contraparte, para que ésta exponga, si bien lo tuviere, sus razones y alegatos contra la solicitud, practique todas las diligencias que considere necesarias para el cabal conocimiento y resolución del caso planteado, inclusive las medidas que, conforme a la equidad, hagan posible el avenimiento entre las partes. Vencido el lapso señalado, dentro de los tres (3) días laborales siguientes al funcionario dictará su decisión, la cual será apelable dentro de los tres (3) días laborales siguientes para ante el Ministerio de Agricultura y Cría. Recibidas las actuaciones por el Ministerio, éste decidirá dentro de los quince (15) días laborables siguientes, pudiendo dictar antes cualquier providencia para lograr otros elementos de juicio que considere convenientes".

La intención de esta norma fue puesta de relieve en la Exposición de Motivos del Proyecto de la Ley de Reforma Agraria, en los siguientes términos:

> "La situación de inestabilidad del arrendatario, especialmente, y del ocupante por causa del desalojo, que entre nosotros se ha hecho crónico, agudizándose últimamente, trae por consecuencia que ellos no exploten racionalmente el suelo, porque ante la perspectiva de un posible despido, su interés radica en obtener a todo trance el mayor rendimiento en el menor tiempo, lo cual estimula la aplicación de inadecuados métodos de cultivo. Esta circunstancia y las peores consecuencias de carácter social que se originan con la generalización de esa dañina práctica en el agro imponen medidas eficaces que procuren asentar al arrendatario y ocupante a la tierra, poniéndolos al abrigo de despidos injustificados". (vid. en "La Ley de Reforma Agraria en las Cámaras Legislativas", N° 1 de la Colección Monográfica de las Publicaciones de las Sección de Información y Prensa e Imprenta del Congreso Nacional, Tomo 1, Caracas, pág. 57).

Ahora bien, de la lectura detenida del Art. 148 de la Ley de Reforma Agraria se desprende claramente su finalidad, aclarada por la Exposición de Motivos: proteger al arrendatario y al ocupante, frente a desalojos que perjudiquen la actividad agrícola y pecuaria. Sin embargo, el mecanismo de la protección tiene lugar en forma distinta según que se trate de un arrendatario o de un ocupante.

En efecto, respecto del arrendatario, que en virtud de un contrato de arrendamiento a término fijo o por tiempo indeterminado, ocupa predios rústicos dedicados a la explotación agrícola, pecuaria o mixta, la protección o amparo de la Ley contra los desalojos comienza desde el mismo momento que entre en vigor el respectivo contrato de arrendamiento. En todo caso, para que el propietario, en su caso, pueda obtener el desalojo de su predio, es necesario que obtenga previamente la autorización del Instituto Agrario Nacional, quien decidirá si acuerda la autorización solicitada o si procede la dotación de tierra.

Por el contrario, en relación a los ocupantes, el amparo que otorga la Ley tiene sus limitaciones. En efecto, el Art. 148 señalado establece que quedan igualmente amparados contra los desalojos los pequeños y medianos productores, ocupantes de terrenos ajenos durante más de un año, si mantienen un rebaño de ganado de cría como principal actividad económica, o si poseen cultivos, siempre que en uno u otro caso realicen un trabajo efectivo".

Aparte de los demás requisitos que exige la norma transcrita, para que los ocupantes puedan gozar del amparo legal frente a los desalojos -amparo que en todo caso consiste en la necesaria obtención de una autorización del Instituto Agrario Nacional- es imprescindible que los ocupantes de terrenos ajenos tengan más de un año en esa situación. Este límite temporal de carácter legal, hace perfectamente posible lograr el desalojo de los ocupantes por medios interdictales, por ejemplo, siempre que la ocupación date de menos de un año, lo que hace que la norma del Art, 148 de la Ley de Reforma Agraria sea perfectamente compatible, en principio, con los Arts. 782 y siguientes del Código Civil.

En efecto, el término útil en principio, para intentar un interdicto de amparo o de restitución, es de un año a contar desde la perturbación o del despojo. Se trata, en efecto, de un terreno de caducidad ya que el transcurso del año produce la caducidad del procedimiento sumario interdictal, haciendo factible el amparo o la restitución solo en juicio ordinario. Por tanto, siendo de un año, contado desde el despojó, el término útil para intentar un interdicto de restitución, transcurrido ese año no podrá lograrse por la vía interdictal el desalojo de un predio, sino solo por la vía del juicio ordinario (artículo 606 del Código de Procedimiento Civil. Por consiguiente, al exigir el Art. 148 de la Ley de Reforma Agraria por lo menos un año de ocupación para amparar contra el desalojo al ocupante de un fundo rural, resulta que transcurrido ese año, no podrán intentarse acciones interdictales, en virtud de lo establecido en el Código Civil. Por el contrario, si no ha transcurrido el término de un año contado desde el despojo o -visto desde otro ángulo- del inicio de la ocupación, puede perfectamente el poseedor intentar su interdicto de restitución y lograr el desalojo sin protección legal alguna para el ocupante, es decir, sin necesidad de obtener autorización previa del Instituto Agrario Nacional.

Conforme, a lo anteriormente expuesto resulta incongruente lo afirmado por el Juzgado Primero de Primera Instancia en lo Civil y Mercantil de la Circunscripción Judicial del Estado Carabobo, en sentencia que se ha acompañado, de fecha 20 de julio de 1965, en la siguiente forma:

"El Art. 200 de la Ley de Reforma Agraria establece que "todo lo relativo al cumplimiento de los fines y objetivos de la presente Ley se declara de utilidad pública y son irrenunciables los derechos consagrados por ella en favor de los beneficiarios de la Reforma Agraria". Muy cierto que las disposiciones del ordenamiento procesal ordinario regulan la materia interdictal, en tal forma que resulta incompatible con el artículo 148 de la Ley de Reforma Agraria citada, pues, por dicha norma se establece que quedan "igualmente amparados contra los desalojos los pequeños y medianos productores, ocupantes de terrenos ajenos durante más de un año, si mantienen un rebaño de cría como principal actividad económica, o si poseen cultivos, siempre que en uno u otro caso realicen un trabajo efectivo". Y como quiera que en el presente interdicto, se ha llegado por las personas contra quienes obra, que ellas están amparadas por dicha norma legal, deben apartarse aquellas normas procesales para dar entrada al artículo 208 de la Ley de Reforma Agraria cuando establece que "las normas generales y particulares de la presente Ley se aplicarán con preferencia a las disposiciones del ordenamiento legislativo nacional que se opongan a ella". De esta guisa, no hace falta ejecutar la medida para resolver la solicitud de los agraviados, tanto por no permitirlo la norma legal antes citada cuanto que, de ejecutarla, se violaría el Art. 148 citado para el supuesto de que los solicitantes puedan ser calificados de pequeños y medianos productores, posean cultivos y realicen un trabajo efectivo".

"Considera el Juzgador, conforme a los Arts. 154 y 156 de la Ley de Reforma Agraria, que el Instituto Agrario Nacional y las Delegaciones creadas por este, tienen la misión de dar cumplimiento a todas las previsiones de la Ley; en consecuencia, investido de esta función tiene autoridad suficiente para calificar qué personas poseen las características jurídicas previstas en el aparte primero del artículo 148 de la referida Ley, calificación que no puede realizar este Juzgado sino el Instituto Agrario Nacional o su Delegación correspondiente. Estando, pues, acreditado que los presuntos despojadores son ocupantes de terrenos ajenos por más de un año, que poseen cultivos y realizan un trabajo efectivo, no pueden ser desalojados por la autoridad judicial; en consecuencia, se declara la nulidad del auto por el cual se admitió la querella interdictal expresada al comienzo de esta decisión, así como el Decreto restitutorio y la ejecución comenzada, por ser consecuencias del auto que se anula, y todo ello por haber sido actuaciones dictadas en contra de las disposiciones de orden público contenidas en los artículos 148, 200 y 208 de la Ley de Reforma Agraria".

En efecto, en el caso decidido por el fallo anteriormente transcrito en forma parcial, la admisión de la querella interdictal no podía efectuarse si el supuesto del artículo 148 existía. Así si los ocupantes lo eran por más de un año, la acción interdictal no era procedente por impedirlo fundamentalmente el Código Civil, y entonces, el auto respectivo era nulo por violación de dicho Código. Por el contrario, si los ocupantes no tenían más de un año en esa situación, la acción interdictal era perfectamente admisible y no tenía aplicación el referido segundo aparte del artículo 148.

En vista de lo anteriormente señalado la interpretación del artículo 148 puede hacerse distinguiendo los siguientes supuestos:

a) Si se trata de arrendatarios a término fijo o por tiempo indeterminado, que ocupen predios rústicos dedicados a la explotación agrícola, pecuaria o mixta, ellos quedan amparados por la Ley y no pueden ser desalojados sino con la previa autorización del Instituto Agrario Nacional, el cual decidirá si acuerda la autorización solicitada o si procede la dotación de tierras conforme a la propia Ley de Reforma Agraria.

b) Si se trata de ocupantes, es necesario distinguir varios supuestos:

a') Si los ocupantes lo son por menos de un año, aún cuando desarrollen un trabajo efectivo, pueden ser desalojados por cualquier medio legal, inclusive interdictal, y por tanto no están amparados por el artículo 148 de la Ley.

b') Si los ocupantes lo son por más de un año pero no mantienen un rebaño de ganado de cría como principal actividad económica, o no poseen cultivos, o si bien poseen el rebaño o los cultivos; mas no realizan en ningún caso un trabajo efectivo, pueden ser desalojados por cualquier medio legal -excepto por la vía interdictal por impedirlo el Código Civil, y por tanto no están amparados por el artículo 148 de la Ley.

c') Si los ocupantes lo son por más de un año, si mantienen un rebaño de ganado de cría como principal actividad económica, o si poseen cultivos, siempre que en uno u otro caso realicen un trabajo efectivo, no pueden ser desalojados sino una vez que el actor haya obtenido con carácter previo la autorización del Instituto Agrario Nacional, el cual decidirá también si procede la autorización solicitada o la dotación de tierras conforme a la misma Ley Agraria; en todo caso, no podrán ser desalojados por la vía interdictal.

d') Si los ocupantes lo son más de un año en las mismas condiciones que los supuestos anterior, pero han iniciado la ocupación haciendo "uso de fuerza contra el legítimo poseedor" (Artículo 606 de Procedimiento Civil), no pueden ser desalojados si no una vez que el actor -legítimo poseedor- haya obtenido también con carácter previo la autorización del Instituto Agrario Nacional, el cual decidirá también si procede la desocupación solicitada o la dotación de tierras conforme a la Ley Agraria; en el primer caso pueden ejercerse las acciones interdictales correspondientes, conforme a lo establecido en citado artículo 606 del Código de Procedimiento Civil.

Es de advertir que en todos aquellos casos en que, conforme a lo expuesto, opera en favor de los ocupantes o arrendatarios la protección consagrada en el artículo 148 de la Ley de Reforma Agraria, y, en consecuencia, no procede el desalojo sino con la autorización del Instituto Agrario Nacional, de cualquier acción judicial dirigida a lograr el desalojo, es decir, que la autorización ha de ser considerada como requisito procesal de admisibilidad de la acción respectiva.

g. El régimen jurídico-administrativo de las aguas

a' Las aguas de propiedad privada

Pero el régimen de las limitaciones a la propiedad en relación de la conservación, fomento y racional aprovechamiento de los recursos naturales renovables, no sólo no ha conducido a analizar el régimen jurídico forestal y sus limitaciones a la propiedad y el régimen jurídico de los suelos y sus limitaciones a la propiedad, sino que también muy principalmente, nos lleva a estudiar el régimen jurídico de las aguas privadas y sus limitaciones a la apropiabilidad de las mismas. En efecto, si bien el artículo 539 del Código Civil establece que los lagos, los ríos y demás bienes semejantes, son bienes del dominio público, sin embargo establece el mismo artículo que las aguas de los ríos pueden apropiarse de acuerdo a lo establecido en el Capítulo II del Título III del Libro II del propio Código Civil, es decir, el Código Civil aparte de considerar con carácter general que determinadas aguas (los lagos, ríos y demás bienes semejantes) son bienes del dominio público, establece la posibilidad de que las aguas sean de los ríos, puedan ser apropiadas por particulares. Nos interesa destacar ahora solamente las limitaciones de las aguas susceptibles de ser apropiadas por los particulares, dejando el estudio concreto del dominio público hídrico, y marítimo para el final de nuestro curso, Pues bien, esta apropiabilidad de las aguas está regulada en el propio Código Civil y limitada también, en parte en el mismo Código Civil.

b'   Limitaciones en virtud del aprovechamiento colectivo

La primera limitación surge en virtud del aprovechamiento colectivo. El art. 650 del C.C. establece muy claramente, que quien tenga un manantial en su predio podrá usar de él libremente y podrá usar de él mientras las aguas transcurran en su predio. Sin embargo, el propio art. 651 del C.C. establece que el propietario de un manantial no puede desviar su curso cuando suministra a los habitantes de una población o caserío el agua que les es necesaria.

Estas normas del art. 650 y 651 del C.C. han sido complementadas por la reciente Ley Forestal, de Suelos y Aguas, la cual en su artículo 90 establece que no se impedirá al propietario del río que nazca en un fundo de propiedad privada disponer de las aguas, siempre que no lesionen derechos de terceros o constituyan un peligro para la salud pública.

Entonces en resumen surge lo siguiente: el propietario de un fundo en el cual nazca un manantial tiene derecho a apropiarse de las aguas de ese manantial mientras transcurra el curso de las aguas dentro de su propio predio. Sin embargo, surgen limitaciones a esta apropiabilidad en cuanto a que en primer lugar no puede desviar el curso del manantial cuando suministra agua a habitantes de una población de caserío, tampoco puede y está limitada la apropiabilidad libre de las aguas en este sentido, cuando se lesionen derechos de terceros, o cuando constituya esta apropiabilidad, un peligro para la salud pública.

c'   Limitaciones respecto al aprovechamiento de aguas subterráneas

También en relación al régimen de las aguas se establece una limitación respecto al aprovechamiento de las aguas subterráneas. En efecto, el art. 94 de la Ley Forestal de Suelos y Aguas, establece para todo propietario del derecho de abrir libremente sus pozos y construir zanjas o galerías dentro de sus fincas, guardando en ellos una distancia que no interfiera la producción de los pozos que existan en los terrenos ajenos. Esta distancia no podrá ser menor de 400 mts. de los pozos que surtan acueductos. En aquellos pozos en los cuales el agua surge naturalmente de la superficie del terreno, (pozos artesianos) deberán los propietarios tomar las medidas adecuadas para regular su producción con objeto de conservar la riqueza de la capa acuífera.

En todo caso, la Ley remite al reglamento para establecer los requisitos técnicos para la perforación de pozos, zanjas o galerías, y las medidas necesarias para evitar la contaminación química y orgánica de las aguas subterráneas. Por tanto, en líneas generales, se pueden apropiar las aguas subterráneas, hay libertad de abrir zanjas, galerías filtrantes y pozos pero debe guardarse una distancia necesaria entre diversos pozos cosa de que no se interfiera la producción de pozos que existan en terrenos vecinos y en todo caso, si se trata de pozos que surtan acueductos, la distancia que deben guardarse ha de ser mayor, siempre, a 400 metros.

d'   Limitaciones en razón de la Reforma Agraria

El régimen jurídico-administrativo de las aguas también implica limitaciones en razón de la Reforma Agraria. En efecto, el art. 42 de la Ley Agraria señala que las aguas de propiedad privada (aquellas susceptibles de ser apropiadas) que hemos visto en los dos supuestos anteriores, que excedan del caudal requerido para un racional aprovechamiento de los terrenos de que las mismas sean parte integrante, quedan afectadas a la realización de la Reforma Agraria. Por, tanto las aguas en exceso de un racional aprovechamiento de los terrenos, quedan, siempre afectadas a la realización de los fines de la Reforma Agraria.

4. Limitaciones administrativas de la facultad de disposición del derecho de propiedad

A.- Sobre este asunto existen muchas limitaciones en la legislación venezolana, por ejemplo, la limitación a la disposición del derecho de propiedad en razón de la conservación y protección de antigüedades y obras artísticas de la República.

B.- Limitaciones en razón de la conservación y protección de antigüedades y obras artísticas

En la Ley de Conservación y Protección de Antigüedades y Obras Artísticas de la República, se establece una prohibición de que tales antigüedades y obras artísticas salgan del país sin que sean ofrecidas en venta al Estado, y si este no acepta, solo así podrán salir del país y ser vendidas. Por tanto, hay una limitación al derecho de propiedad al condicionar su salida del país al ofrecimiento en venta a la Nación.

También se puede deducir de la norma que, para venderlas dentro del país, es preciso solicitar autorización; aunque el legislador no lo establece expresamente en la Ley, se deduce que es ese el espíritu del legislador.

Aparte de ese supuesto, las Leyes establecen numerosas limitaciones. Así tenemos que: En la Ley de Archivos Nacionales del 13 de julio de 1945 se prohíbe la negociación de documentos oficiales históricos, sin la previa constancia de que no pertenecen al Estado y de que han sido ofrecidos en venta al Estado y este los haya rechazado. La Ley declara nulas todas las ventas hechas en contravención a esta disposición.

Hay otras regulaciones especiales que limitan en alguna forma la disposición de bienes, aunque escapan al campo del Derecho Administrativo y van al Derecho Civil. Por esa razón solo las mencionaremos: se trata de la Ley de Venta con Reserva de Dominio, la Ley de Propiedad Horizontal, la Ley de Venta de Parcelas.

III. LAS LIMITACIONES ADMINISTRATIVAS A LA TITULARIDAD DEL DERECHO DE PROPIEDAD.

1. Introducción

Se van a estudiar desde dos puntos de vista: limitaciones a la adquisición del derecho de propiedad y limitaciones que implican la extinción del derecho de propiedad.

2. Limitaciones administrativas respecto a la adquisición del derecho de propiedad.

A. La ocupación como modo de adquirir la propiedad.

Una de las formas de adquirir la propiedad es la ocupación. El Art. 797 del CC. establece que las cosas que no son propiedad de nadie pero que pueden llegar a serlo, se adquieren por ocupación; tal es el caso de los animales que son objeto de la caza y de la pesca, del tesoro y de las cosas muebles abandonadas.

B. El régimen jurídico-administrativo de la caza

a. Las licencias de caza.

Lo relativo a la caza está regulado en la Ley de Caza. En ella se establece que para ejercer cacería, -y esto es el principio general- es necesario una licencia de caza que expide el Ministerio de Agricultura y Cría, o la primera autoridad civil de la localidad. El otorgamiento de esta licencia constituye un poder discrecional de parte de la Administración, ya que ésta es libre de apreciar, la oportunidad o la conveniencia de dar o no la licencia.

También establece la Ley una disposición muy interesante respecto a la teoría del derecho administrativo, y es que se establece en forma específica la posibilidad debe revocar en cualquier momento la licencia de caza. Es esta una de las pocas disposiciones legales de derecho positivo que consagra la posibilidad revocatoria a juicio de la Administración, de un acto administrativo. Tradicionalmente los actos administrativos no pueden ser revocados por la Administración cuando crean derecho a favor de particulares.

La extinción del acto puede surgir por la caducidad del acto, caducidad que proviene de la pérdida del arma que es necesaria para obtener la licencia y que hay que empadronar, también por enajenación del arma o por condena penal del titular de la licencia En esta última causal surge, verdaderamente, la figura de la caducidad del acto administrativo.

b. La prohibición de caza.

La Ley de Caza y el régimen jurídico-administrativo de caza se traduce fundamentalmente en la regulación de la policía de caza y en la prohibición de cazar. Esta prohibición puede surgir por tres motivos:

a' Animales útiles.

El Art. 16 de la Ley establece que se prohíbe la caza de animales beneficiosos, como: los pájaros insectívoros, los batracios, las aves y pájaros cantores y de ornato; aquellos cuyos productos sean aprovechables sin de matar al animal; los animales que sean peculiares de la fauna nacional, o que pertenezcan a especies raras en el mundo; y los animales que no sean comestibles.

b'.   En razón de los métodos de caza.

Se prohíbe la cacería de animales con armas que no tengan suficiente potencia para matar instantáneamente al animal; matar mayor número de animales que los que puedan ser utilizados; ejercer la caza por el sistema de veladeros, salvo que esta se utilice para el resguardo de los cultivos; disparar más de tres personas simultáneamente sobre una misma bandada de aves o manadas; valerse de linternas eléctricas; hacerlo en vehículos de motor; incendiar los bosques, sabanas, matorrales, malezas o pajonales para la cacería; el empleo de venenos, explosivos; utilizar chinas u hondas destruir los nidos o curvas, huevos o crías de los animales útiles; matar las hembras de los venados en todo tiempo o lugar.

c'   Por razones temporales y especiales.

Se prohíbe la cacería por razones temporales o por razones especiales que puedan dictar la autoridad administrativa. Así, el Ministerio de Agricultura y Cría fijará las épocas de veda para cada especie animal. También podrá declarar época generales de veda durante las cuales quedará suspendido el ejercicio de la caza de toda especie de animales silvestres.

No se permite la caza en las zonas declaradas reservas nacionales de cacería; en los parques nacionales; en las zonas declaradas reservas forestales; en los fundos de propiedad privada, sin la previa autorización de los dueños; en los lugares urbanos y suburbanos; en los lugares próximos a los caminos oficinas, tiendas, campamentos, fábricas y demás sitios habitados.

C. El régimen jurídico-administrativo de la pesca.

a.   El permiso de pesca.

Para pescar con fines comerciales, científicos o deportivos, se requiere un permiso del Ministerio de Agricultura y Cría.

También se necesita permiso especial de dicho Ministerio para: la pesca de esponja; la de caimanes; la de quelonios fluviales; la recolección de huevos de quelonios.

Solamente existe excepción cuando se pesca para consumo doméstico, así como también la deportiva cuando se trata de aguas marítimas o de lagos que comuniquen directamente con el mar.

b.   La prohibición de pesca: métodos, veda

Existe prohibición de pescar animales que no hayan alcanzado su pleno desarrollo.

Se prohíbe pescar con determinados sistemas e implementos de pesca. Pescar con dinamita, pólvora u otro explosivo, carburo, cal, azufre, ácido, barbascos y demás elementos químicos o naturales que pueda causar daños a la fauna acuática.

Existe la prohibición de pesca por razones temporales y especiales; para ello el Ministerio de Agricultura y Cría fija épocas vedadas y establece limitaciones y restricciones a la pesca con indicación de especies y zonas lugares.

3. Las prestaciones obligatorias innatura: La extinción de la titularidad del derecho de propiedad

A. Introducción

Son limitaciones administrativas que implican la extinción de la titularidad de derecho de propiedad, obligaciones para los particulares de entregar la propiedad y la cosa objeto de la propiedad del Estado.

B. La expropiación forzosa

a. El principio constitucional

La posibilidad de expropiación está contemplada en la Constitución; el Art. 101 establece que sólo por causa de utilidad pública o interés social, mediante sentencia firme y pago de justa indemnización, podrá ser declarado la expropiación de cualquier clase de bienes.

En la expropiación de inmuebles con fines de reforma agraria o de ensanche y mejoramiento de poblaciones, y en los casos que por graves razones de interés nacional determine la ley, podrá establecerse el diferimiento del pago por tiempo determinado o su cancelación parcial mediante la emisión de bonos de aceptación obligatoria, con garantía suficiente. Esto está determinado tanto en la Ley de Reforma Agraria como en la Ley de Expropiación por causa de utilidad pública.

Esta misma disposición constitucional se encuentra reproducida en el código civil, Art. 54-7, que establece que, nadie puede ser obligado a ceder su propiedad ni a permitir que otros hagan uso de ella, sino por causa de utilidad pública o social, mediante juicio contradictorio e indemnización previa.

La única diferencia entre la norma constitucional y la del código civil es que la norma del código civil incluye la necesidad de un juicio contradictorio para poder expropiar y la Constitución no exige este requisito. La Ley de Expropiación tampoco exige este requisito, ya que puede lograrse la expropiación como un paso previo al juicio, que es el arreglo amigable entre el Estado y el particular.

b. El concepto

Todas estas disposiciones de la Constitución, Código Civil, Ley de Expropiación por causa de utilidad pública, Ley de Reforma Agraria y las establecidas en determinadas leyes especiales, como la Ley de Hidrocarburos, son todas disposiciones de orden público, según lo ha declarado la antigua Corte Federal en sentencia del 5 de agosto de 1956, en la cual establece que, toda disposición que regule la expropiación por causa de utilidad pública o social es de orden público, porque esa potestad del Estado, esa potestad expropiatoria establecida en la Constitución constituye una limitación a otro derecho que ella misma reconoce y garantiza a sus habitantes.

En consecuencia, de este carácter de orden público, es que el quebrantamiento de cualquiera de estas disposiciones no puede subsanarse ni con el consentimiento de las partes, y su nulidad puede y debe ser declarada de oficio por el tribunal, o bien, cualquiera de las partes puede alegar la norma violada. El Tribunal puede anular lo actuado y retrotraer el juicio al estado en que se subsane el vicio que tiene.

a'   Definición.

Clásicamente se ha entendido por expropiación la institución de derecho público, que consiste en transferencia coactiva y obligatoria de la propiedad a la Administración Pública o a un particular, por razón de utilidad pública o de interés social, previo el pago de justa indemnización.

b'   Notas características: La transferencia coactiva de la propiedad; El pago de justa indemnización

Dos elementos surgen de este concepto: la transferencia coactiva y obligatoria de la propiedad, y en segundo lugar el pago de una justa indemnización.

Al respecto, la jurisprudencia ha establecido que la expropiación reviste el carácter de una enajenación obligatoria.

En una sentencia de la Corte Federal y de Casación del 14-3-52, se estableció que no puede decirse, en materia de expropiación, cuando hay arreglo amigable, que se trata de una venta perfectamente voluntaria, es decir, de un consentimiento totalmente libre. La expropiación, dice la Corte, se verifica por las buenas o por las malas, de manera que, prácticamente, es una venta o enajenación obligada a la cual hay que llegar aún cuando el propietario no lo quiera. Por ejemplo, una vez que se declara de utilidad pública una obra y una vez que la Administración dicta un decreto de que se expropien determinados inmuebles para construir esa obra, el particular no puede impedir la expropiación.

El conflicto se podrá presentar en la mayor o menor cuantía de la indemnización, pero la expropiación, como lo expresa la Corte, se verifica por las buenas o por las malas; siempre tendrá el particular que transferir la propiedad por un precio o una indemnización mayor o menor, obligatoriamente,

Jurisprudencia: "La expropiación es una venta obligada, ya que se ejecuta con o sin el consentimiento del propietario del inmueble expropiado".

La Corte Federal de Casación, en sentencia de 14-3-52 estableció:

> "Y es indiscutiblemente ilegal demandar por expropiación a quien no es propietario, y más todavía solicitar expropiación de lo que se haya adquirido por medios lícitos. En concepto restringido refiriéndose a la Ley de Expropiación, ésta ordena que antes de procederse a la expropiación, se gestionará un arreglo amigable con los propietarios; de manera que si éste se ha logrado, no cabe el juicio de expropiación; promoverlo es ir contra el mandato de la Ley, incurrir en ilegalidad".

"Ahora bien, no puede decirse que en materia de expropiación cuando hay arreglo amigable se trata de una venta perfectamente voluntaria, de un consentimiento totalmente libre; la expropiación se verifica por las buenas o por las malas; de manera que prácticamente es una venta obligada, a la cual hay que llegar aún cuando el propietario no quiera; lo único que se logra con el arreglo amigable es evitar parcialmente el proceso eligiendo de común acuerdo uno o tres peritos que avalúen la propiedad; practicado éste queda el asunto o negocio en la situación que contempla el artículo 40 de la Ley de Expropiación por Causa de Utilidad Pública o Social, el cual expresa que avenidas las partes en cuanto al precio de la cosa sobre que versa la expropiación o firme el justiprecio, antes de proceder a la ocupación definitiva del inmueble, el expropiante, consignará el precio ante la Autoridad que conoce el negocio para que sea entregado al propietario, a menos que se: haga constar que éste ya recibió el pago".

A pesar de que la Corte dice que es una venta obligada, la expropiación difiere de la compra-venta. Estas diferencias se pueden deducir de una sentencia de la Corte Federal de 31-5-55.

En primer lugar, existe una diferencia que se deduce del Art. 5 de la Ley de Expropiación, en el cual se establece que, la expropiación se llevará a un efecto aún sobre bienes pertenecientes a personas que para enajenarlas o cederlas necesiten autorización judicial, bien ellas mismas bien sus representantes legales, pues en este caso quedan autorizados sin necesidad de otras formalidades, es decir, sin necesidad de que requieran la autorización judicial.

Al efecto, dice la Corte, que encontrándose pues que entre los dueños, algún menor o alguien demente o entredicho, o cualquier otro expropiado, no tengan la libre disposición de sus derechos, el bien expropiado es adquirido por el expropiante, sea por el Estado o por el concesionario, libre de todo peligro actual y futuro.

Esto trae una segunda consecuencia: en la compraventa el vendedor tiene obligación del saneamiento para que responda de los vicios que aquella cosa pueda tener, sin embargo, en materia de expropiación -dice la Corte-, el adquirente o expropiante queda libre de toda impugnación futura derivada de cualquiera de los anteriores propietarios, en tanto que, quien adquiere el dominio de una cosa mediante una mera convención de compra venta está expuesto a ser llevado a juicio por quien quiera que con razones o sin ellas pretenda derechos sobre el objeto transferido.

El Art. 8 de la Ley de Expropiación señala que no podrá intentarse ninguna acción sobre la cosa que se expropia después que haya sido dictada la sentencia que acuerda la expropiación. Los acreedores sólo podrán hacer valer sus derechos sobre al precio pagado por la cosa expropiada.

Jurisprudencia: Sobre esto, la antigua Corte Federal en sentencia de 31 de mayo de 1955, estableció:

"Estos razonamientos conducen a proclamar que, aún aceptado que el objeto de cuya expropiación se trata, o sea la faja de terreno del fundo "J", hubiera sido donado a la Nación por las compañías petroleras, no puede negarse que el sólo hecho de que la propiedad de los referidos donantes haya sido puesta en tela de juicio por el demandado A.F.R. quien llega al extremo de ofrecer como suya esa faja de terreno, no sólo autoriza sino que obliga a la Nación Venezolana a instaurar el presente juicio de expropiación para procurar la propiedad absoluta e invulnerable del inmueble, con vista de los alcances sobradamente conocidos de la expropiación; sus efectos erga omnes. Y por ello, con el juicio administrativo de expropiación, la Nación Venezolana procura una decisión definitiva que limpie y depure la faja de terreno del fundo "J" de todos los derechos, cualquiera sea su naturaleza, que pudieren tener respecto a ella no sólo el actual sujeto que se dice dueño único, sino todos en general, incluso las compañías petroleras, así como los anteriores propietarios del fundo. A lo que cualquier vicio que afectare la propiedad, queda ipso-jure purgado con la medida de la Ley de Expropiación. La expropiación se llevará a efecto aún sobre bienes pertenecientes a personas que para enajenarlas o cederlos necesitan de autorización judicial, bien ellas mismas o sus representantes legales, pues en este caso quedan autorizados sin necesidad de otra formalidad". Trátese, pues, de que un entre dicho o cualesquiera otro expropiado que no tenga la libre disponibilidad de sus derechos, el bien expropiado es adquirido por el expropiante libre de todo peligro actual y futuro".

"Esta es, precisamente una de las diferencias esenciales entre la expropiación -que es institución de Derecho Público- y el contrato de compra-venta, regido por el Derecho común. En la primera, el adquirente o expropiante queda libre de toda impugnación futura, derivada de cualesquiera deficiencias que pudieran enervar los títulos de uno cualquiera de los anteriores propietarios; en tanto que, quien adquiere el dominio de una cosa mediante la mera convención de compra-venta está expuesto a ser llevado a juicio por quien quiera que con razón o sin ella, pretenda derechos sobre el objeto transferido, y, desde luego, queda sujeto a las rémoras de las medidas cautelares que pudieran practicarse y a las contingencias definitivas del litigio, lo cual no puede ocurrir jamás cuando la cosa se ha adquirido mediante expropiación, porque esta institución tiene la particularidad -como lo enseña la doctrina y lo consagra la ley- de desviar el derecho de los particulares sobre las cosas que caen bajo el imperio de la medida, para hacerlo incidir sobre indemnización que por la cosa expropiada se acuerda. "El caso de la acción reivindicatoria de un tercero es el que mejor pone de relieve, desde el punto de vista del derecho privado, la transformación del derecho real (propiedad) en un derecho personal (la indemnización; pues el tercero reivindicante no puede hacer incidir su acción sobre la propiedad del terreno, sino que ésta se reduce a la obtención del precio o valor del bien expropiado, es decir, a la indemnización".

Esta justa indemnización la debe recibir el expropiado. Esta justa indemnización hace diferenciar esta institución jurídica de otras como es la confiscación y el comiso, en los cuales también se trata de una transferencia coactiva de la propiedad de la Nación, pero sin indemnización. Se producen sobre todo en materia de penas, cuando éstas, si se trata de una confiscación, recaen sobre todo el patrimonio de una persona, y sobre determinados bienes muebles, si se trata de un comiso.

c. Elementos de la expropiación

a' Noción previa.

Estudiaremos estos elementos bajo tres tipos: la legitimación activa, la legitimación pasiva, el objeto de la expropiación, y la finalidad de la expropiación.

b' La legitimación: activa, pasiva, beneficiarios de la expropiación

En principio, corresponde al Estado, en forma concreta a la Administración Pública, en su esfera territorial: la República, los Estados y los Municipios o en su esfera no territorial: los establecimientos públicos y dentro de éstos, los Institutos Autónomos. Por tanto, sólo puede expropiar la Administración central y la Administración autónoma -el Instituto Agrario Nacional, de acuerdo al Art. 26 de la Ley de Reforma Agraria, el Banco Obrero, de acuerdo al Art. 74 de la Ley del Banco Obrero, etc.

La expropiación puede también ser realizada por empresas concesionarias de alguna actividad estatal. Al efecto, el Art. 9 de la Ley de Expropiación por causa de utilidad pública, señala que el concesionario contratante de obras públicas, así como las compañías o empresas debidamente autorizadas por la Administración, se subrogarán en todas las obligaciones y derechos que correspondan a ésta por la presente Ley.

Existen también leyes especiales que confieren a los concesionarios esta facultad expropiatoria; por ejemplo, respecto a los concesionarios de hidrocarburos, la Ley de Hidrocarburos en su artículo 52 les confiere la posibilidad de expropiar; el Reglamento de Obras Públicas, señala en su artículo 89 la posibilidad para estas empresas o contratistas de obras públicas, de expropiar, Ej. el caso de la C.A. Obras de la Avenida Bolívar.

Jurisprudencia: "El hecho de que la Ley haya permitido a los concesionarios la potestad expropiatoria no impide que el Estado ejerza esa potestad cada vez que el concesionario no actúe".

La antigua Corte Federal de Casación en sentencia de 1943 señaló:

"Cuando la Ley de Hidrocarburos da a los concesionarios el derecho de expropiar al propietario del suelo, en manera alguna ha querido el legislador desposeer al Estado de esa tutela, mediante un traspaso de derechos en el sentido de perderlos el Estado mismo. No pudo haber sido la mente del Legislador al otorgar ese derecho de expropiación enajenar esa tutela inalienable del interés público, si no facilitar su ejercicio, por las ventajas de orden público que hay en que sea el concesionario quien se entienda primero amigablemente con el propietario y que, a falta de advenimiento, siga el juicio de expropiación. Pero, frente a ese derecho no exclusivo de los concesionarios, porque tal exclusividad carecería de equivalente y por tanto de fundamento, se alza el interés y el derecho del Estado de afrontarse él mismo, por medio de sus representantes legales, al ejercicio del derecho de expropiación, cada vez que el concesionario, por cualquier motivo, no hubiere querido o podido actuar, poniendo con esta omisión en peligro de ser destruidas o desmejoradas sus explotaciones mineras". Memoria 1944, Tomo 1º, págs. 25 y 26. "La exclusividad del concesionario en el ejercicio de tal derecho, no se comprendería, sino en el caso de haber él iniciado el procedimiento de expropiación, pero no cuando, por cruzarse de brazos, peligran esos intereses vitales del país. El expuesto es el único., sentido que puede tener la facultad de expropiar dada por los artículos 45 de la Ley de Expropiación. En el concesionario existe en potencia el derecho de expropiar, y sólo cuando se ha decidido a hacerlo y ha iniciado el juicio, puede decirse que le favorece o lo perjudica la subrogación". Memoria 1944 Tomo 1º, pág. 26.

Solo puede ser expropiado el propietario del bien que se va a expropiar. La Corte ha señalado en sentencia de 14 de marzo de 1952 que, es indiscutible ilegal demandar por expropiación a quien no es propietario. Por tanto, la legitimación pasiva siempre estará en el propietario del inmueble y sólo éste puede ser demandado en un juicio de expropiación.

No sólo puede ser legitimado pasivo el propietario hábil para vender sino también la persona que para enajenar o vender un bien necesita la autorización judicial (Art. 5 Ley de Expropiación).

Esta legitimación pasiva del propietario indica que sólo el propietario puede reclamar contra la expropiación ilegal. El Art. 4 de la Ley de Expropiación..., señala que todo propietario y sólo a quien se prive del goce de la propiedad, sin llenar las formalidades del decreto, puede ejercer todas las acciones que le da la ley.

Al hablar del legitimado pasivo surge el problema de cuando en el juicio de expropiación se sucede un cambio de titular del derecho de propiedad. La ley en el Art. 6, señala que la traslación del dominio a cualquier título durante el juicio de expropiación, título que puede ser la prescripción, no suspende el juicio, pues el nuevo dueño queda de derecho, subrogado en todas las obligaciones y derechos del anterior.

Puede suceder que una determinada entidad pública solicite la expropiación pero para una tercera persona pública u otra persona, que vendría a ser el beneficiario de la expropiación. En Venezuela no existe regulada en la Ley esta figura de tercera persona jurídica que pueda ser beneficiaría de la expropiación, sin ser entidad expropiante. Normalmente coincide el legitimado activo con el beneficiario pero, sin embargo, y en definitiva, cuando una concesionaria de hidrocarburos, por ejemplo, expropia un inmueble, en definitiva el beneficiario, va a ser el Estado, ya que la Constitución en el Art. 103, establece que, las tierras adquiridas con destino a la exploración o explotación de concesiones mineras, y que sean adquiridas por expropiación, pasarán en plena propiedad a la Nación, sin indemnización alguna, al extinguirse la concesión por cualquier causa. (Art. 103).

En doctrina, esta figura surge en aquellos Derechos en donde se reserva la potestad expropiatoria exclusivamente al Estado, como sucede en el Derecho español. En nuestro Derecho no existe expresamente esta figura, ya que existen otras personas que tienen esta facultad, ya sea por acto constitutivo o por acto concesionario, como ya vimos anteriormente.

Esta figura se presenta cuando una determinada entidad pública solicita la expropiación de un bien o de un derecho a favor de una tercera persona (pública o no) el que no está investida de la facultad expropiatoria, y la cual vendría a ser el beneficiario de la expropiación.

Ya dijimos que en Venezuela no existe regulada en la ley esta figura de tercera persona jurídica que pueda ser beneficiaria de la expropiación sin ser entidad expropiante. Normalmente, coincide el legitimado activo con el beneficiario. Y cuando el expropiante es un concesionario estatal, en definitiva, el beneficiario es el Estado mismo, en virtud del Art. 103 de la Constitución, citado.

c' El objeto expropiado: Bienes de propiedad privada; Bienes patrimoniales del Estado

Pueden ser objeto de expropiación cualquier clase de bienes de propiedad privada. La Constitución, en su artículo 101 señala que la expropiación procederá sobre cualquier clase de bienes muebles, inmuebles, y dentro de los bienes muebles, los derechos, inmateriales, por ejemplo, la Ley sobre Derechos de Autor, art. 1, considera la expropiación sobre derechos de autor. La Ley de Expropiación, sin embargo, solamente regula la expropiación de bienes inmuebles, y en definitiva, todas sus disposiciones se refieren a la expropiación de inmuebles. Por tanto, en Venezuela no existe en la actualidad un procedimiento destinado específicamente a la expropiación de bienes muebles y se aplica la Ley de expropiación por analogía.

Puede darse el caso de expropiación sobre bienes patrimoniales del Estado que puedan ser enajenados. Ello se desprende del Art. 5 de la Ley de Expropiación que establece que, en ningún caso procederá la expropiación sobre bienes pertenecientes a la Nación, a los Estados o a los Municipios, que por sus respectivas leyes nacionales no puedan ser enajenados.

De aquí se desprende que los bienes del dominio público no pueden ser expropiados y son esencialmente inalienables. De esta disposición se deduce por argumento contrario, que si puede ser declarada la expropiación de bienes patrimoniales del Estado cuando éstos puedan ser enajenados.

La diferencia esencial entre bienes del dominio público y bienes del dominio privado es que éstos últimos se regulan, en principio, por el derecho común, por el derecho civil.

La posibilidad de expropiar los bienes patrimoniales del Estado cuando pueden ser enajenados, ha sido declarado por la Corte Federal en sentencia del 31 de mayo de 1955, en la cual se declaró que los bienes pertenecientes a la Nación y demás entes públicos que si puedan ser enajenados, como son, por ejemplo, los bienes patrimoniales regidos por el derecho común, están sujetos al procedimiento extraordinario de la expropiación.

Jurisprudencia: "Por interpretación a contrario del artículo 5 de la Ley de Expropiación, los bienes patrimoniales de la Nación, de los Estados y de los Municipios pueden ser expropiados".

La antigua Corte Federal en sentencia de 31 de mayo de 1955 estableció:

"Por otra parte, la impugnación, relativa a la llamada "autoexpropiación", según la cual, la Nación no puede expropiar la faja de terreno cuestionada por habérsela donado ya a las empresas petroleras, carece de fundamento. Tanto la doctrina universal como el derecho legislado aceptan y autorizan que los Entes Públicos expropien todos aquellos bienes indispensables para determinada finalidad que cede en beneficio común. "Todos los bienes inmuebles existentes en el país pueden ser objeto de expropiación por causa de utilidad pública, sea que pertenezcan a particulares, a entes morales, o que pertenezcan al mismo Estado (bienes patrimoniales). Someter a expropiación estos últimos bienes, encontró cierta objeción en algún viejo escritor para quien parecía absurda la idea de dirigir contra el Estado un poder que es la expresión de su mismo derecho de soberanía; pero de este perjuicio se ha apartado la doctrina moderna. El Estado, como titular del derecho de propiedad, se comporta como cualquier sujeto de derecho privado y no puede sustraerse, por consiguiente, al imperio de las normas que limitan el ejercicio de aquel derecho por lo que respecta a sus bienes patrimoniales. Es un ordenamiento jurídico que permite también la reintegración del derecho lesionado frente a la Administración Pública y que por tanto, somete la misma Administración a los poderes jurisdiccionales ordinarios, no puede haber repugnancia en considerar a la Administración del Estado como sujeto pasivo del procedimiento de expropiación". Pascuale Carugno, "L'Espropiazione per Publica Utilitá". 2a. Edición 1946, págs. 38-39"

"En Venezuela carece de sentido la impugnación de que se trata, es decir, la llamada "autoexpropiación" por el doctor Adrián La Rosa, en atención a los derechos que sobre la zona cuestionada ha adquirido ya la Nación Venezolana por la donación que se le ha hecho. En la propia Ley de Expropiación por Causa de Utilidad Pública o Social encuentra el argumento la merecida réplica: El parágrafo único del artículo 5° de esa Ley estatuye: "En ningún caso procede la expropiación sobre bienes pertenecientes a la Nación, a los Estados o a los Municipios, que según las respectivas leyes nacionales, de los Estados o Municipios, NO PUEDEN SER ENAJENADOS". Por donde se ve, que los bienes pertenecientes a la Nación y demás entes públicos, que sí puedan ser enajenados, como son los bienes patrimoniales, regidos por el derecho común, están sujetos al procedimiento extraordinario de la expropiación pautado en la Ley especial de la materia".

d'   La finalidad perseguida

Sólo puede expropiarse cuando se busca una utilidad pública o un interés social. La misma Constitución establece que sólo podrá expropiarse por causa de utilidad pública o interés social.

El término interés social se reserva a la utilidad pública de carácter social. Ej., la expropiación agraria.

El término utilidad pública empleado por la Constitución y por la ley de Expropiación es sumamente general. Por utilidad pública se puede entender todo aquello que sea ventajoso para el interés general de la colectividad.

Jurisprudencia: La antigua Corte Federal en sentencia de 31 de mayo de 1955 estableció:

> "Si, pues, conforme a la Ley de Expropiación y a la de Hidrocarburos cuando se trata de CARRETERAS, AEROPUERTOS y demás obras enunciadas por la primera, y al transporte de petróleo de que habla la segunda, no se requiere la declaratoria previa de utilidad pública exigida en principio por el artículo 3°, ordinal 1°, del estatuto fundamental en el punto, sino que en tales casos "basta el Decreto de la Autoridad competente" acordando la expropiación, es irrevocable a duda que no existe aquí el vicio apuntado por el expropiando; y consiguientemente, no puede haberse violado la ley al seguirse un procedimiento tal como ella de modo singular lo autoriza. El carácter de "utilidad pública" lo tienen las carreteras independientemente de toda declaratoria por parte del expropiante, porque, como ya se ha dicho y se repite, es el propio legislador, es la propia Ley, es la propia Constitución que se lo ha discernido cuando en el inciso 9° de su artículo 35 dispone que "en virtud de su función social, la propiedad estará sometida a las obligaciones que establezca la ley" y que la expropiación se llevará a cabo DE CONFORMIDAD CON LA MISMA LEY, y puesto que conforme a ésta -a la ley de la materia- no se requiere la declaratoria previa de utilidad pública en los casos como el presente -CARRETERAS- sino que "basta el Decreto de la Autoridad competente", es concluyente que la declaratoria previa pretendida por el demandado habría constituido una redundancia insólita, reñida con la índole de la institución".

En relación a esto, la Consultoría Jurídica del Ministerio de Justicia, en el Dictamen N° 227, de fecha 14 de septiembre de 1961, ha señalado lo siguiente:

> "Los artículos 2° y 3° hacen una diferencia entre "utilidad pública" e "interés público" sin llegar a definir sus diferencias legislativas ni sus efectos jurídicos. La utilidad pública ha sido definida por Pascuale Carugno en su obra "L' espropiazione per Publica utilitá", como "todo aquello que es ventajoso para el interés público". Es decir, que el interés público es el fin que debe perseguir el poder estatal. En consecuencia, la declaración de utilidad pública supone que el bien es necesario para un objeto de interés público. Es por ello que estimamos que -la distinción que hace el proyecto carece de fundamento y de importancia, ya que no se señalan cuales son los efectos de tal distinción".

La determinación de lo que debe entenderse como "ventajoso para el interés público" es facultativo del Estado, pero no es una facultad enteramente discrecional por cuanto se de ben considerar una serie de aspectos en cada caso concreto: el fin social, etc.

d. Procedimiento de expropiación

a' Noción previa.

Es la propia Ley de Expropiación quien da las líneas generales de este procedimiento expropiatorio y cuáles deben ser los pasos a seguir por la autoridad pública o entidad expropiante. El artículo 3 señala que no podrá llevarse a efecto la expropiación de inmuebles si se refiere a los inmuebles, sino mediante los requisitos siguientes:

1) Una declaratoria de utilidad pública;

2) Un decreto de ejecución de la obra que individualice cuales van a ser los bienes expropiados;

3) Que exista un justiprecio;

4) Que exista el pago de una justa indemnización al expropiado.

Dada la importancia de esta institución ya que limita indudablemente el derecho de propiedad, se exige que en el procedimiento de expropiación intervengan todos los poderes del Estado.

En primer lugar, se exige una declaratoria formal de utilidad pública, y en principio, sólo el Poder Legislativo puede declarar la utilidad pública de una actividad a realizarse.

En segundo lugar, se exige un decreto, de ejecución de una actividad o de una obra determinada, donde se individualice el bien; este decreto lo realiza el poder ejecutivo.

En tercer lugar, y en caso de no llegarse a un arreglo amigable, se llevará el asunto a la vía judicial.

b' La declaratoria legislativa de utilidad pública: Noción previa; Declaratoria general; Declaratoria especial; Efectos

Es presupuesto jurídico esencial para que se pueda expropiar un inmueble, que exista la declaratoria formal de utilidad pública de la actividad que se va a realizar, o de la obra que se va a construir.

De acuerdo a lo establecido en el Art. 10 de la Ley de Expropiación por causa de utilidad pública, el Congreso Nacional declarará que una obra es de utilidad pública siempre que en todo o en parte haya de ejecutarse con fondos nacionales, o se le considere de utilidad nacional. De igual manera procederán las Asambleas Legislativas de los Estados, y en su receso, y en casos urgentes, el Poder Ejecutivo de los mismos, cuando se trate de obras que correspondan a la Administración de éstos. En las Municipalidades, la declaratoria de utilidad pública o social, es siempre atribución del respectivo Concejo.

El Ejecutivo Nacional queda facultado para decretar de utilidad pública la posesión por el Estado de aquellos terrenos y construcciones que considere esenciales para la seguridad o defensa de la Nación.

La declaratoria de utilidad pública realizada por el órgano legislativo puede ser de una declaratoria general o puede ser una declaratoria especial de utilidad pública.

Esta declaratoria está establecida en el Art. 11 de la Ley, que dice: Se exceptúan de la formalidad de declaratoria previa de utilidad pública, por ser evidentemente de esta naturaleza, las construcciones de ferrocarriles, carreteras, caminos, edificios para escuelas, urbanizaciones obreras, cuarteles, fortalezas, hospitales, cementerios, estadios y aeródromos;

Los terrenos necesarios para institutos de enseñanza agrícola y pecuaria, las construcciones o ensanche de estaciones inalámbricas o conductores telegráficos;

Así como los sitios para el establecimiento de los postes, torres y demás accesorios de las líneas conductoras de energía eléctrica;

Acueductos, canales y puertos;

Y los sistemas de irrigación y conservación de bosques y aguas, y cualquiera otra relativa al saneamiento, ensanche o reforma interior de las poblaciones;

La colonización de terrenos incultos y la repoblación de yermos y montes.

Asimismo, las caídas de agua para instalación de plantas hidroeléctricas y construcciones anexas, únicamente en beneficio de la Nación, de los Estados, de los Territorios Federales y de las Municipalidades, con el fin de proveer de fuerzas y de alumbrado eléctrico a alguna o algunas de sus poblaciones;

Tampoco se requiere la declaración previa de utilidad pública para, las obras comprendidas en el Plan Regulador de la ciudad de Caracas, o en los planos de acondicionamiento o modernización de otras ciudades o agrupaciones urbanas, siempre que se elaboren y aprueben previamente por las autoridades competentes.

En todos estos casos bastará, el Decreto de la Autoridad a cuya jurisdicción corresponda la obra respectiva.

Puede hablarse de una excepción respecto a la declaratoria de utilidad pública por parte de los Municipios. En efecto, el Poder Nacional en Venezuela tiene tres ramas: legislativa, ejecutiva y judicial, y el poder estatal tiene solamente dos ramas: legislativa y ejecutiva. Las dudas surgen en la doctrina al analizar cual poder poseen los Municipios como último órgano territorial de la República.

Existe en determinadas leyes especiales estas declaratorias de utilidad pública; por ejemplo, en la Ley de Hidrocarburos, Ley del Banco Obrero, Ley de Aviación Civil, Ley sobre conservación y protección de Antigüedades, etc.

Los efectos de la declaratoria es que la calificación de utilidad pública no puede ser discutida por los particulares; nadie puede impugnar o atacar y oponerse a la declaratoria de utilidad pública, porque considere que el bien no es de utilidad pública; sólo son atacables mediante el recurso de inconstitucionalidad de la norma.

Jurisprudencia: "Corresponde a las autoridades legislativas y ejecutivas la calificación de la utilidad pública sin que puedan los jueces revisar la declaratoria".

La antigua Corte Federal ha señalado:

> "La primera defensa, invoca como punto previo, puede sintetizarse así: que hubo de parte de la Asamblea Legislativa abuso de poder, porque consideró obra de utilidad pública lo que no es obra ni de pública utilidad y que, por ello, declararse la nulidad del decreto.
>
> El mayor o menor alcance de las facultades de esta Corte con relación a las oposiciones a la expropiación, hay que buscarlo en la ley especial de la materia. En cada país estas leyes suelen o bien definir el concepto de utilidad pública, o bien dejar esto a cargo del intérprete, o también combinan un concepto general más o menos amplio, para las obras consideradas de utilidad, pública, porque no requieren declaración formal en cada caso.
>
> Por nuestra Ley de Expropiación últimamente derogada, las oposiciones podrían basarse, -entre otras cosas, en los vicios de que adoleciese- la declaratoria de utilidad pública, y en el

exceso de poder al decretarse esa utilidad; esto autorizaba a los jueces a examinar la legalidad del decreto mismo, sin distingo entre sus condiciones extrínsecas y su concepto de utilidad pública o social.

Pero es muy significativo que la Ley que entró a regir desde mil novecientos cuarenta y dos, haya suprimido como motivos de la oposición las expresiones "vicios de que adolezca la declaratoria de utilidad pública" y "exceso de poder". Esta Corte entiende tal reforma en el sentido de que se quiso dejar a la soberana apreciación de las autoridades ejecutivas o administrativas, el concepto de utilidad pública o social, sin posible revisión por el Poder Judicial, limitando la actuación do éste a examinar si hubo incompetencia de la autoridad y violación de la ley, aparte de otros motivos de oposición que no hay para que consignarlos aquí por no venir al caso de esta litis.

No está, pues, en las atribuciones de esta Corte, según la actual ley aplicable, decidir si fue o no acertado el criterio de la Asamblea Legislativa en cuanto a su concepto de utilidad Pública, al dictar el decreto objeto de esta controversia. Así so ha situado nuestro legislador dentro de la doctrina y de la jurisprudencia extranjera, al menos la francesa y la italiana, en las cuales está de muy largo tiempo establecido que, sólo corresponde a la autoridad administrativa o ejecutiva apreciar en cada caso si hay o no ciertamente utilidad pública, en la obra propuesta, no pudiendo este problema plantearse ante los jueces por no estar dentro de los límites de su función propia, y porque en esa materia sólo les incumbe examinar si se aplicaron los preceptos legales (G. Baudry, L'Expropiation, año de 1937. págs. 5 y 6, número 5; Ricci, Derecho Civil, edición italiano de 1907, Tomo 2, número 58, pág. 101).

A mayor abundamiento se observa cómo puede verificarse en la más versadas fuentes, que el concepto de utilidad pública ha ido evolucionando progresivamente y haciéndose cada vez más amplias; el carácter de público se ha extendido hasta lo meramente social, por tanto, no se requiere conexión ninguna con servicios públicos determinados, y se considera que basta para la expropiación que el interés social se manifiesta en la conservación de cosas o reliquias históricas, o dentro de la órbita de lo meramente estético o artístico. En síntesis basta que la expropiación tenga en miras "un interés general de orden material o moral para una colectividad de ciudadanos". (Baudry, obra citada). Sentencia del 8 de mayo de 1945. Tomo l, pág. 224 y 225.

c' Procedimiento administrativo: El decreto de ejecución; Efectos: Ocupación temporal; ocupación previa; El arreglo amigable

No basta que en la ley o en una decisión del poder legislativo se declare que una obra es de utilidad pública. Es necesario referir dicha norma general al casó particular y ello se obtiene mediante la decisión de llevar a cabo una de aquellas obras consideradas de utilidad pública.

Dicha decisión puede provenir o de la propia, administración pública o del particular que hubiere sido autorizado para la ejecución de la obra en referencia.

Esta decisión abarca dos extremos complementarios: la resolución de ejecutar la obra, y la declaratoria de la necesidad de utilizar determinadas propiedades para la ejecución de dicha obra.

Sólo pueden ser expropiadas los bienes necesarios para cumplir la actividad, para realizar la obra o el servicio, y ello se desprende de lo dispuesto en el Art. 3 de la Ley de Expropiación

Excepción. Cuando se trate de la apertura o ensanche de calles, avenidas, plazas o jardines, el Decreto podrá autorizar la expropiación, además de lo indispensable para la obra, de una faja circundante hasta de sesenta metros de fon do limitada por una línea paralela a la del contorno de la calle, avenida, jardín o plaza. (Derecho de Vía).

1)   Que con el se individualizan los bienes expropiados;

2)   Una vez dictado el decreto de ejecución, los particulares están obligados a trasmitir, ipso facto, los bienes al Estado, y así fue declarado en sentencia de la Corte de 14 de agosto de 1962.

El decreto de ejecución tiene una consecuencia esencial en beneficio de la administración expropiante y en perjuicio del expropiado, que se considera como una limitación al derecho de propiedad. En este sentido, la consecuencia es la posibilidad de que la entidad expropiante ocupe los bienes inmuebles que van a ser expropiados y también los que colinden con ellos, refiriéndose en este caso, a la expropiación temporal y a la ocupación previa, que es la posibilidad de que el ente ocupe el inmueble antes de que se dicte la sentencia de expropiación, con el objeto de que se efectúe la obra de inmediato.

Esta ocupación está prevista en el Art. 47 de la Ley de Expropiación..., que establece que, toda obra declarada de utilidad pública lleva consigo el derecho a la ocupación temporal de las propiedades ajenas por parte del que las ejecute, sólo en los casos siguientes:

1) Con objeto de hacer estudios o practicar operaciones facultativas de corta duración que tengan por objeto recoger datos para la formación del proyecto o para el replanteo de la obra.

2) Para el establecimiento de estaciones y caminos provisionales, talleres, almacenes o depósitos de materiales también provisiona les y cualquiera otra más que requiera la obra para su construcción o reparación.

La ocupación durará tan solo el tiempo absolutamente indispensable, no debiendo en ningún caso concederse por un término mayor de seis meses. Puede, sin embargo, prorrogarse por igual término, y por una sola vez, por causa debida mente justificada.

Las formalidades necesarias para llevar a cabo la ocupación temporal son:

1) Una orden escrita del Gobernador del Distrito Federal, del Estado o del Territorio Federal, en que se ejecute la obra.

2) Dicha orden debe ser registrada en el Registro Subalterno que corresponda; esto en previsión de que se efectúe una traslación de inmueble.

3) Antes de acordar la ocupación temporal se le dará al propietario aviso, por lo menos con diez días de anticipación.

4) Esta ocupación temporal, por ser una limitación al derecho de propiedad, trae consigo una indemnización por los perjuicios que le cause, a justa regulación de expertos.

Esta ocupación se lleva a cabo en el inmueble que se va a expropiar, cuando la obra a realizar sea de urgente ejecución.

La Corte Suprema, en Sentencia de 28 de febrero de 1961, ha señalado que la apelación que se haga de esta ocupación previa no suspende la ejecución del acto, pues desmoralizaría el carácter urgente de la ocupación.

Está contemplada en la declaratoria general de utilidad pública en el artículo 11 de la Ley. No procede esta ocupación previa cuando se trate de una declaratoria de utilidad pública cuando procede por vía especial.

La Corte en sentencia dictada, ha señalado que puede proceder la expropiación previa también para fines de reforma agraria.

Esta expropiación previa debe cumplir determinados requisitos o formalidades:

1) Debe hacerse valorar el inmueble antes de la ocupación previa.

2) Esta ocupación debe ser acordada por el Tribunal a quien corresponda conocer del juicio de expropiación.

3) Es necesario que, una vez hecho el avalúo, la entidad consigne la cantidad en que hubiere sido justipreciado el inmueble.

Los efectos fundamentales de esta ocupación previa son:

Si el propietario se conformare con el avalúo realizado y no hubiere oposición justificada, el juicio se dará por concluido. De lo contrario, se sigue el procedimiento por las causa les determinadas.

Diferencias entre la ocupación temporal y la ocupación previa:

1) Respecto al bien ocupado, en la ocupación previa es objeto de esta ocupación el mismo bien que se expropia y en la temporal, son los inmuebles colindantes.

2) Por La finalidad, se ocupa previamente un inmueble cuando hay que realizar urgente e inmediatamente la obra; se efectúa la ocupación temporal para hacer estudios a fin de recoger datos para la formación del proyecto o replanteo de la obra, etc.

3) Respecto al tiempo de ocultación, la ocupación previa es permanente y la temporal es sólo por seis meses.

4) Por la autoridad pública que autorice la ocupación, en la ocupación previa conoce de éste el Juez que va a conocer del juicio de la expropiación; en la ocupación temporal, es el gobernador del Estado, Territorio Federal o Distrito Federal respectivo.

5) Por el plazo, en la ocupación previa no existe plazo determinado para proceder a la ocupación; en la temporal existe un plazo de diez días por lo menos.

6) El objeto de la ocupación previa es evitar retardos en la ejecución de la obra; el objeto de la ocupación temporal es evitar la expropiación de inmuebles colindantes.

7) La ocupación temporal lleva consigo un derecho a indemnización para el propietario del inmueble, y en la previa no existe este derecho por el hecho de la ocupación.

En el artículo 3° de la Ley de Expropiación..., se establece que, antes de procederse a la expropiación se gestionará un arreglo amigable con los propietarios. Esto es un deber legal y no una facultad de la entidad expropiante, de acuerdo a sentencia de la Corte.

Jurisprudencia: "El encargado de solicitar la expropiación tiene, como obligación legal, el deber de gestionar un arreglo amigable con los propietarios del inmueble expropiado".

La antigua Corte Federal y de Casación en sentencia de 14 de marzo de 1952 señaló:

> "Decretada una obra y declarada su utilidad pública quedan obligados ipso facto los propietarios a trasmitir al Estado los bienes, generalmente inmuebles, indispensables para realización de aquélla. No pueden, pues, negarse a esa trasmisión de propiedad la cual, de consiguiente, en principio es siempre forzosa para el dueño y necesaria para la Nación".

> "De manera que en la materia, el acuerdo de voluntades en comprar y vender propiamente lo impone la Ley. Las partes contratantes tienen relativa libertad sólo en cuanto a fijación del precio; si no logran entenderse sobre el particular se procede al juicio de expropiación".

"El Parágrafo Único, artículo 3° de la Ley de Expropiación, dispone que antes de procederse a la expropiación se gestione un arreglo amigable con los propietarios. De manera que no es una simple facultad de procurar un acuerdo amistoso, sino una obligación que se impone al encargado de solicitar la expropiación; de consiguiente, quien esté autorizado para demandar ésta con el fin de que la Nación adquiera el inmueble necesario para la construcción de una obra, lo está también, para lograr la misma finalidad obligada, para evitar el juicio por medio de gestiones amistosas. Quien puede lo más, puede lo menos".

"Las gestiones amigables con los propietarios de que habla el parágrafo citado se limitan, en síntesis, a entenderse respecto al perito o peritos que han de fijar el precio, pues no permite la citada disposición que las partes lo fijen directamente. Esa es razón bastante para que se supriman ciertas formalidades fiscales que pugnarían con la Ley de Expropiación aplicable sobre cualquier otra materia de expropiación".

"Ahora bien, es conocida regla de interpretación que las leyes deben entenderse en el sentido que produzcan algún efecto y no en el que carezcan de finalidad jurídica o práctica. De manera, pues, que las gestiones de arreglo amigable a que se contrae el parágrafo citado, no pueden limitarse a simples divagaciones, a cambios de opinión, sino a realización de actos que eviten el juicio de expropiación, es decir, que produzcan la trasmisión de la propiedad por medio de convenios privados".

"Por mandato de la Ley, este arreglo amigable, ese convenio privado se reduce a entenderse: 1° sobre si el avalúo es practicado por uno o por tres expertos; 2° sobre el experto o expertos a quien se le encomienda practicarlo. Avenidos sobre esos extremos y cumplido por los expertos su encargo, fijado el precio de trasmisión, o sea, la indemnización a que se refiere la ley, nada más hay que hacer: la convención se ha perfeccionado, no hay necesidad de proceder a la expropiación tanto conforme a las disposiciones pertinentes del Código Civil, como a las previsiones de la Ley de Expropiación".

"Se corre el riesgo con tal procedimiento de que los peritos se equivoquen y fijen un precio exagerado o exiguo con perjuicio de compra o vendedor. Tal posible error no cambia la naturaleza o eficacia jurídica del acto; para evitarlo está la previsión de las partes ya en cuanto a la capacidad y honradez de los expertos, o ya realizando actos preliminares o estipulando condiciones que las pongan a cubierto de sorpresas".

El alcance de este arreglo amigable ha sido discutido: si el propietario del inmueble acepta o no la expropiación; si no la acepta se va a la expropiación.

De acuerdo a lo declarado en sentencia de la Corte de 14 de marzo de 1962, en lo que deben ponerse de acuerdo es en el nombramiento de los peritos, que deben ser tres en total, pero no sobre la fijación del precio del inmueble, pues éste debe ser fijado por expertos o peritos.

e Procedimiento judicial

a' Oportunidad.

Si no está de acuerdo con los peritos es necesario que la entidad expropiante recurra ante los órganos jurisdiccionales con lo que se inicia el procedimiento judicial de la expropiación.

Dos motivos fundamentales dan origen a este procedimiento:

1) Cuando el expropiado no está de a cuerdo con el arreglo amigable

2) Cuando se ignora quienes son los propietarios del inmueble que se va a expropiar

b'   Autoridad competente.

La autoridad competente en materia de expropiación vería según sea la entidad expropiante:

1) Si se trata de un Estado, conocerán de los juicios de expropiación los jueces que ejerzan la competencia en lo civil en primera instancia en el lugar de la ubicación del inmueble que se va a expropiar. Lo mismo si se trata de los Municipios, Institutos Autónomos, etc.

2) De las apelaciones y recursos contra sus decisiones, conocerá en segunda instancia la Corte Suprema de Justicia.

3) Cuando la expropiación es solicitada por la Nación, el juicio se intentará directamente ante la Corte Suprema de Justicia, y su decisión no es apelable.

c'   La solicitud de expropiación. Esta solicitud debe indicar:

1)   La cosa objeto de ella y los elementos que contribuyan a su identificación;

2)   El nombre y apellido del propietario o propietarios, poseedores o arrendatarios, si fueren conocidos;

3)   Indicación de si el inmueble objeto de la expropiación tiene gravámenes.

En caso de no haberse acompañado a la solicitud, todos los datos concernientes a la propine dad y gravámenes relativos a la finca que se pretende expropiar, la autoridad judicial ante quien se introduzca la solicitud y dentro del tercer día de su presentación, pedirá a la Oficina de Registro respectiva, tales datos.

d'   El emplazamiento

Una vez recibidos los datos del Registro se emplazará a los dueños, poseedores, arrendatarios, acreedores y en general, a todo el que tenga algún derecho en la finca que se pretenda expropiar.

Sin embargo, todos estos interesados no son legitimados pasivos únicamente lo es el propietario. Sólo se cita a los demás para cumplir con lo establecido en el Art. 8, que dice: No podrá intentarse ninguna acción sobre la cosa que se expropia, después que haya sido dictada la sentencia que acuerda la expropiación; los acreedores sólo podrán hacer valer sus derechos sobre el precio.

La Corte ha establecido que en este caso no se trata de una citación, según sentencia de 12 de mayo de 1959; de acuerdo con la doctrina, la citación y el emplazamiento se diferencian en la forma de comparecencia al tribunal: la citación es en una fecha fija y el emplazamiento no lo es.

El emplazamiento no se hace directamente a la persona, si no que el auto de emplazamiento se publicará en un periódico de los de mayor circulación en la ciudad de Caracas y en alguno de la localidad si lo hubiere, por tres veces durante un mes, con intervalos de diez días.

Los interesados deberán comparecer, dentro de los diez días siguientes a la fecha de la última publicación, al Tribunal, por si o por medio de apoderados, y a los que no comparecieron vencido este término, se les nombrará defensor.

La autoridad judicial remitirá al Registro respectivo, tres ejemplares de los periódicos que contengan la primera publicación para que sean fijadas la solicitud y el emplazamiento en la puerta de su Oficina esto por si un posible adquirente de la propiedad o de algún otro derecho sobre el inmueble, se entere de que ha sido expropiado.

Jurisprudencia: "La citación en el procedimiento de expropiación os una formalidad necesaria para la validez del juicio, y su ausencia produjo de la nulidad de lo actuado".

La Corte Suprema de Justicia en sentencia de 19-2-63 estableció:

"Según el art. 230 del C. de P. O. la nulidad de los actos procesales no debe declararse sino en los casos determinados por la Ley o cuando haya dejado de llenarse en el acto alguno de los requisitos esenciales a su validez. La nulidad así acordada no se extiende a los demás actos sino cuando aquel es fundamental a su existencia, lo que hace procedente la reposición".

"Esta última hipótesis comprende el caso de la decisión recurrida, la cual declara la nulidad tanto del emplazamiento hecho por carteles, por la razón ya expresada, como del acto en que se hizo nuevo señalamiento para la contestación de la solicitud".

"Es de advertir al respecto, que la citación en los juicios de expropiación está sometida a una tramitación especial, en virtud de la cual se emplaza por carteles no solo al propietario del fundo sino a todos aquellos que se crean con derecho para que comparezcan en fecha determinada contada a partir de la última publicación, a contestar la solicitud o a hacer valer sus derechos. Resulta evidente que, si los carteles no han sido consignados oportunamente en los autos, la fecha de la contestación no puede precisarse y las publicaciones hechas carecen de toda eficacia. En cuanto al auto con que se quiso llenar el vacío de los carteles, fijándose una audiencia para la contestación, previa notificación del propietario, cabe advertir que según se ha dicho, el emplazamiento por carteles no va dirigido solamente al propietario sino también a los que se crean con derecho, por lo cual quedarían éstos sin haber sido notificados y el juicio bajo la amenaza de una solicitud de nulidad".

"Ahora bien, siendo la citación una formalidad necesaria a la validez de todo juicio, como lo preceptúa el Art. 133 del C. de P.C. y no habiéndose practicado la de este proceso de una manera eficiente, la nulidad acordada por el Juez de causa y la consiguiente reposición son procedentes, de conformidad con el Art. 133 y 229 y siguientes del mismo Código".

e'   La comparecencia.

La jurisprudencia en sentencia de 12 de mayo de 1959, señala que los días deben ser contados por días de audiencia y ello porque se trata de un lapso de emplazamiento y deben comparecer ante el Juez.

Las personas emplazadas deberán comparecer al Tribunal, por si o por medio de apoderados, dentro de los diez días siguientes a la fecha, de la última publicación. A los que no comparecieran se les nombrará defensor.

f'   La contestación a la solicitud.

La contestación a lo solicitud de expropiación se verificará en la tercera audiencia siguiente al vencimiento del lapso fijado.

En esta contestación, si el propietario conviene en ella, se pasa directamente a sentencia y luego a la fijación del precio. Véase sentencias en páginas 183 y 198.

g' La oposición a la expropiación.

Si al contestarse la solicitud de expropiación se hiciere oposición, se abrirá un lapso de quince días para promover y evacuar las pruebas que fueren pertinentes.

La oposición a la solicitud de expropiación sólo podrá fundarse en dos motivos:

1) Por violación de la Ley;

2) En que la expropiación debe ser total, pues la parcial inutiliza la finca o la hace impropia para el uso a que está destinada.

Esto ha sido ratificado por la Corte en varias sentencias. En una de 24 de abril de 1963, señala que, de conformidad con las normas establecidas, los tribunales no pueden entrar a decidir sobre los alegatos del propietario del inmueble expropiado. En otra sentencia de 13 de mayo de 1958 señaló que los alegatos sobre conflictos de propiedad deben ventilarse en la jurisdicción ordinaria, ante el Juez de Primera Instancia en lo Civil. La oposición a la entrega del precio consignado como valor de la cosa expropiada, de todo aquel que se creyere con derecho, puede hacerse, pidiendo que se deposite. Esto puede hacerse por el mismo Tribunal pero en expediente aparte.

Quiénes pueden oponerse a la expropiación por las causales antes nombradas: Pueden hacer oposición no sólo el dueño de la finca sino cualquiera persona que tuviere un derecho real sobre la misma.

El poseedor sólo tiene derecho a hacerse parte en juicio de expropiación, a fin de que saque del precio la cuota que le corresponda por el valor de sus mejoras y por los perjuicios que se le causen

Para poder hacer oposición es necesario que quien la intente aduzca la prueba de su derecho a la cosa sobre que versa la expropiación. Sin este requisito no podrá hacerse uso de ninguna defensa.

En una sentencia reciente de la Corte, sobre el Parque Nacional de Guatopo, se indicó que la corte es soberana respecto a la apreciación de la prueba, lo que no implica que ella entre a considerar cuestiones netamente civiles.

Una vez realizada la oposición, se abrirá un lapso de quince días para promover y evacuar las pruebas que fueren pertinentes. Así lo declaró la Corte en sentencia del año 1959.

Jurisprudencia: "El expropiado puede convenir en la demanda de expropiación".

La antigua Corte Federal de Casación en sentencia de 26-3-45 estableció:

"Posteriormente se dictó el auto siguiente: "Por cuanto la exposición hecha por el defensor de los rio comparecientes en este juicio, constituye en el fondo un convenimiento, sin que se hayan lineado los requisitos a que se refiere el artículo 417 del Código Civil, se dispone que se cumplan dichas formalidades en los términos prescritos por el citado artículo". En consecuencia, en la audiencia siguiente el defensor de los propietarios pidió se hiciese el nombramiento a que se contrae el auto anterior. Nombrados y juramentados los dos abogados, estos rindieron el siguiente dictamen: "Por cuanto la obra a ejecutarse en el inmueble cuya expropiación ha sido solicitada por el representante legal de la Nación, es de aquellas que la Ley de Expropiación por Causa de Utilidad Pública o Social" considera en su artículo 10 "evidentemente de esta naturaleza, cuales la construcción de un edificio para Escuela; por cuanto la determinación del inmueble que ha de expropiarse, para construir la obra en referencia ha sido objeto de un Decreto expedido por la autoridad nacional competente, cumpliendo así los extremos legales exigidos por la Ley de la materia en su artículo 11, según se evidencia de los recaudos que cursan en este expediente; por cuanto del mismo expediente consta que se han cumplido las demás formalidades y requisitos exigidos por la Ley de Expropiación por Causa de Utilidad Pública o Social, y si el defensor nombrado en este juicio habidas las circunstancias anotadas en nada menoscaba los derechos de su representado conviniendo en la demanda intentada por la autoridad nacional competente, dentro de las atribuciones y facultades señaladas y determinadas por la Constitución Nacional, y en los términos ordenados por la Ley respectiva. Y por cuanto su no convenimiento, no haría sino retardar inútilmente el procedimiento judicial incoado, en detrimento de la buena marcha y celeridad de la administración de justicia, sin ningún beneficio para la parte, en cumplimiento de 1 a función que nos ha encomendado este Alto Tribunal de Casación y en virtud de los razonamientos expuestos, nuestro dictámenes: que el Defensor puede convenir en la presente demanda". Sentencia de 26 de marzo de 1945, Memoria 1946. Tomo 12, pág. 185. Véase Sentencia de 12-12-63 en pág. 198.

h' Relación e informes.

En la audiencia siguiente al vencimiento del lapso probatorio, el Juez comenzará necesariamente la relación de la causa, la cual continuará sin interrupción hasta su terminación. Es el lapso en el cual el Tribunal se ocupará de estudiar el expediente.

El mismo día en que termine la relación, el Tribunal fijará la segunda audiencia para oír los informes de las partes, los que continuarán, si fuere el caso, en audiencias sucesivas hasta su fin.

I' Sentencia.

Dentro de la tercera audiencia siguiente a la realización del acto de informes, el Tribunal debe dictar sentencia.

Esta sentencia tiene como contenido la necesidad de expropiar el inmueble, y el hecho de que no ha prosperado.

El efecto de la sentencia lo ha señalado la Corte en sentencia de julio de 1956 y lo establece el Art. 8 de la Ley de Expropiación... "No podrá intentarse ninguna acción sobre la cosa que se expropia, después que haya sido dictada la sentencia que acuerda la expropiación. Los acreedores sólo podrán hacer valer sus derechos sobre el precio".

La traslación del dominio del expropiado a la entidad expropiante no sucede con la sentencia sino que ésta se verifica con el pago del precio.

En Venezuela, la sentencia no tiene efectos traslativos del dominio del expropiado a la entidad expropiante. Se trata de una sentencia meramente declarativa de si procede o no la expropiación, esto es, declara con o sin lugar las oposiciones intentada contra ella. No es una sentencia constitutiva del traslado del dominio a la entidad expropiante. El traslado referido se produce posteriormente con el pago de la indemnización al propietario. En el lapso que media entre la sentencia y el pago de la indemnización, el bien sigue siendo plenamente de su dueño pero la Ley dispone en su Art. 82 que no podrá intentarse ningún tipo de acciones después de dictada la sentencia y que "los acreedores sólo podrán hacer valer sus derechos sobre el precio".

Más, debe advertirse que lo antedicho sólo rige en el juicio de expropiación ordinaria. En los juicios de expropiación especiales, como en materia agraria, se determina el justiprecio antes de la sentencia; en el juicio ordinario –sabemos–, se determina después. Debería regularse el juicio ordinario en igual forma que el especial para la expropiación con fines do reforma agraria, ya que así se evitarían problemas acerca de la situación jurídica del bien afectado entre el momento de la sentencia y el pago del precio al propietario. Este asunto se planteó recientemente con motivo del desistimiento que hizo la Administración y, en concreto, el Banco Obrero, en el juicio de expropiación de la hacienda La Urbina, en el cual ya se había dictado sentencia definitiva acordando la expropiación, se había fijado el precio por los peritos pero hubo impugnación del mismo y una notable diferencia en cuanto a los peritajes; en vista de estos problemas la Administración desistió formalmente del juicio.

Se sabe que este desistimiento procede únicamente mientras se esté en juicio; luego no. La decisión fue muy discutida. Ahora bien, debemos decir que, conforme a la jurisprudencia de la. Corte Suprema, tal decisión es procedente por cuanto la sentencia no traslada la propiedad a la entidad expropiante, la cual sólo se produce con el pago del precio al propietario, Empero, el desistimiento en ese momento del juicio ocasiona a los afectados una serie de, daños y perjuicios que deben ser indemnizados por la Administración, Pero ya esto es otra cosa ajena al anterior problema.

La Doctrina de la Corte Suprema en este problema tiene ya cierta estabilidad. Hay sentencias del año 56, del 12-12-63 y una muy reciente del 24 de febrero de 1965 sobre la expropiación de La Urbina, cuya lectura se recomienda. Todas se han pronunciado por la teoría de que la sentencia no traslada el dominio, lo cual se produce con el pago del precio o con su consignación en el tribunal de la causa. Luego que este hecho se ha producido no es posible para nadie desistir del juicio.

En cuanto nos interesa a los efectos del punto que ahora estudiamos, la Corte acerca de las formalidades de la expropiación ha señalado lo siguiente en la sentencia de 24 de febrero de 1965:

"En efecto, la expropiación se desenvuelve a través de un procedimiento especial, cuyo objeto esencial es llegar a la transferencia de dominio del bien expropiado o Ahora bien, para obtener ese resultado, y estimar definitivamente consumada la expropiación, se requiere el cumplimiento de todas los requisitos procesales legalmente establecidos. Esas formalidades están consagradas en la "Ley de Expropiación por Causa de Utilidad Pública o Social", y pueden sintetizarse así: A) Fase inicial; B) Fase intermedia; y C) FASE FINAL. Concluye definitivamente el procedimiento judicial expropiatorio, con el pago del precio y la entrega de la cosa al solicitante. En efecto, dice el artículo 40 de la Ley: "avenidas las partes en cuanto al precio de la cosa sobre que verse la expropiación, o firme el justiprecio, antes de proceder a la ocupación definitiva del inmueble, el expropiante consignará el precio ante la autoridad que conoce del negocio (sic), para que sea entregado al propietario, a menos que se haga constar que ya recibió el precio.

"El artículo 41 ejusdem dispone: "Consignada la suma o constancia de haberse realiza do el pago la autoridad que conoce del asunto, ordenará que se dé copia de la sentencia que declara la expropiación, al que la ha promovido, para su registro en la Oficina respectiva y además ordenará, a la autoridad política del lugar, que se haga formal entrega, de la cosa al solicitante.

"Finalmente, el Tribunal, si no hubiere oposición de tercero, ordenará entregar al propietario, el mismo día .de la consignación, el precio respectivo, o la cuota inicial; si fuere el caso, o los bonos certificados o títulos que representen su acreencia. Si notificado a tal efecto, no concurre o no fuere hallado, se depositará el dinero y valores en un instituto bancario o casa de comercio de reconocida solvencia". Así lo dispone el artículo 42.

De acuerdo con lo expuesto, el procedimiento judicial expropiatorio no estará debidamente concluido, mientras no se haya dado cabal cumplimiento a todos los requisitos indicados en cada una de las tres fases que se han analizado, y se llegue en definitiva a la transferencia de dominio del bien expropiado, previo el pago de la respectiva indemnización, que según se ha dicho, es el objeto de este singular proceso".

En cuanto a la procedencia del desistimiento por parte de la Administración (Banco Obrero), expresa la Corte lo siguiente:

> "Sin embargo, conviene antes de dictaminar sobre el caso concreto, detenerse en la consideración de ciertos principios que, de modo especial, rigen la figura del desistimiento en materia de expropiación. En efecto, como expone el autor **Enrique Sayagués Laso** "la declaración de necesidad o utilidad pública, no obliga a ejecutar la expropiación de los bienes afectados, salvo que la ley disponga, expresamente lo contrario. Por las mismas razones, aún después de iniciado el procedimiento expropiatorio, la Administración puede desistir unilateralmente de llevarla adelante. La Ley atribuye a la Administración el poder de expropiar y, por tanto la posibilidad de decidir la forma de ejercer o no ejercer ese poder". (Tratado de Derecho Administrativo, tomo II, página 412. Como sostenedores de este mismo criterio cita el referido autor **Mendivil, Bielsa, Legón, Villegas Basavilbaso, Bielsa,** y otros).

> "Dice el Código de Procedimiento Civil, en el artículo 205 que "en cualquier estado del juicio puede el demandante desistir de su acción y el demandado convenir en la demanda"; y que en tal caso, "el Juez dará por consumado el acto y se procederá cono en sentencia basada en autoridad de cosa juzgada, sin necesidad del consentimiento de la parte contraria".

> "Como aparece en la citada norma el único requisito que se exige para que el demandante pueda válidamente desistir de su acción, o el demandando convenir en ella, es que el juicio se encuentre en "cualquier estado" o sea que no haya concluido.

> "Ahora bien el procedimiento judicial expropiatorio consta de las tres fases que han sido determinadas. Por consiguiente, mientras no se han agotado esas etapas, el juicio no ha concluido; o sea, se encuentre en un estado determinado; y, en tal caso, son procedentes el desistimiento o el convenimiento provistos en el artículo 206 del Código de Procedimiento Civil".

j'   Características del procedimiento judicial expropiatorio: la celeridad

De todo el procedimiento judicial de expropiación surge una característica esencial que es la celeridad de su desarrollo, debido a la necesidad de proceder a la construcción de la obra.

Una de estas manifestaciones es el lapso de prueba que se efectúa en la mitad del lapso civil ordinario.

La celeridad de este procedimiento se manifiesta en dos normas estudiadas:

1) No existe suspensión del juicio de expropiación por cambio de la titularidad del inmueble expropiado, sino que los derechos del antiguo propietario se subrogan en el nuevo propietario.

2) Las acciones reales que se intentaren tampoco interrumpen el procedimiento expropiatorio. Esto ha sido confirmado en sentencia, de la Corte de 12 de mayo de 1959.

f   El avenimiento.

Una vez declarada por la sentencia judicial la necesidad de adquirir el todo o parte de la propiedad o algún otro derecho según lo alegado y probado en autos, y firme la decisión, se señalará día y hora para que las partes concurran a fin de lograr un avenimiento sobre el precio de la cosa objeto de la expropiación.

Si no se logra el avenimiento, el Juez designará una hora de la tercera audiencia siguiente para el nombramiento de peritos que han de hacer el justiprecio. Para tal avenimiento es necesario que las partes o el expropiado tengan capacidad para transigir o enajenar; de lo contrario, debe nombrar un representante. Los defensores no presentes no tienen poder para ejecutar actos de disposición o para transigir, carecen de facultad para este avenimiento.

g   El justiprecio

a'   Oportunidad.

Si no se logra el avenimiento entre las partes para el precio se acude al justiprecio que prevé la Ley. En este caso, el Juez designará una hora de la tercera audiencia siguiente para el nombramiento de peritos que han de hacer el justiprecio de acuerdo a lo establecido en el Código de Procedimiento Civil.

b'   Nombramiento de peritos.

El nombra miento de peritos es el mismo del juicio ordinario; éstos serán uno o tres y su nombramiento se hará por las partes. Cuando una de ellas no concurriese o no pudiere avenirse en el nombramiento del tercero, el Juez hará el nombramiento del que le corresponda a la parte y del tercero, o de éste solamente en sus casos.

c'   Elementos del peritaje: Valor fiscal; valor comercial; valor medio; expropiación parcial; Prohibiciones para los peritos

Tres tipos de elementos deben considerar los peritos en el justiprecio:

En general en el justiprecio de toda finca o derecho que se trate de expropiar total o parcialmente, se especificará su clase, calidad, situación, dimensiones aproximadas, su probable producción y todas aquellas circunstancias que diluyan en las operaciones y cálculos que se hayan hecho para fijar su justo valor.

En sentencia de 29 de noviembre de 1939, la Corte Federal estableció que no sólo se busca establecer el valor del inmueble determinado sino también establecer el valor del inmueble para el futuro, las rentas y frutos que va a dejar de percibir.

Jurisprudencia: En sentencia de 5 de agosto de 1959 la Corte Federal estableció lo siguiente:

"La Corte observa: En el campo del procedimiento civil o penal podrían haber indefensión cuando se priva de defensa a una parte; y esta privación ocurre generalmente cuando, se le niega ilegalmente la admisión de una prueba, o cuando admitida, y pudiendo producir efectos decisivos sobre la decisión, el Juez no la aprecia sin causa justificada. Pero cuando se trata de pruebas aportadas por una de las partes durante una operación de peritaje judicial, no podría decirse igual cosa, porqué los peritos aún sobre aquellos elementos que prescribe la Ley de Expropiación en su artículo 35, que han de ser tomados en cuenta, tienen amplia facultad de apreciación en cuanto se refiere a sus efectos en el justiprecio y así pueden desechar las que aparezcan viciadas por insinceras en cuanto al precio, a la extensión del inmueble o por cualquier otra causa que pueda influir sobre el resultado del avalúo, que en estos casos no determinaría el justo precio. Además, y por lo que se refiere al caso de autos, el citado artículo 35 de la Ley de Expropiación ordena a los peritos tomar en cuenta "los precios medios a que se hayan vendido en los últimos doce meses inmuebles similares". Son, pues, los peritos los que han de decidir, según su amplia facultad de apreciación, cuáles de esos inmuebles vendidos son similares al que han de avaluar. Esa amplia facultad de apreciación de los hechos, que por lógica implica la selección de los que juzgan adecuados al objeto de sus actividades, es tan indispensable como múltiples disímiles y variadas son las situaciones en que han de actuar".

"En efecto la extinguida Corte Federal y de Casación, en Sala Federal, ha dictaminado conforme lo que debe deja expuesto que "Debe tenerse presente que cuando el legislador ordena a los peritos tomar en cuenta determinados factores o elementos para fijar el valor de una cosa, ha querido, sin duda, que en su imparcial facultad de apreciación, dispongan de una orientación para llegar a un avalúo justo, es decir, que tengan presentes los diversos datos, elementos o circunstancias que puedan conducirlos a una exacta fijación del valor o precio, pero en manera alguna les está imponiendo la obligación de fijar como monto de ese precio, el valor que en cualquier forma esté expresado en los aludidos datos; ni tampoco la obligación de hacer constar en forma expresa y categórica el hecho de haber tomado en cuenta tales elementos; para concluir que éstos no fueron considerados sería preciso que los peritos lo expresaren, o que del examen del justiprecio o avaluó se encontrare en manera clara, que los dichos peritos ignoraron, desecharon, pusieron de lado o no tomaren en cuenta los elementos que manda la Ley tener en cuenta" (Sentencia de 20 de junio de 1952). Y en otra ocasión dejó establecido que "Bien pueden utilizar (los expertos) los elementos que existen en el proceso, pero ninguna ley los impide que obtengan nuevos datos, que practiquen mensuras en el propio terreno, hagan u obtengan copias de planos, para llenar a cabalidad su cometido; y las pruebas que aporten en respaldo de sus conclusiones no son extrañas a los autos, sino al contrario, precisos y oportunos elementos de convicción en la incidencia especial". (Sentencia de 12 de agosto de 1952)".

La Ley les exige con carácter obligatorio que deben apreciar por lo menos, tres elementos fundamentales:

Lo que el propietario ha declarado lo aceptado en sus declaraciones de rentas.

En sentencia de 28 de abril de 1960, la Corte señaló que, en el justiprecio del inmueble debe determinarse el valor fiscal, y en caso de no poderlo hacer, debe declarar la imposibilidad para ello. Si se omite este valor fiscal o las razones por las que no se hace, el peritaje está viciado de nulidad.

Se determina el valor establecido en los actos de trasmisión realizados por lo menos seis meses antes del Decreto de expropiación.

De acuerdo con sentencia de la Corte, de 5 de agosto de 1959, los peritos tienen que tomar en cuenta las declaraciones de propiedad por medio del registro y no los que existan por documento privado que no han sido registrados.

Esto es, los precios medios a que se hayan vendido inmuebles similares en los últimos doce meses, a partir del decreto de expropiación; se toman en cuenta operaciones con inmuebles similares al que se va a expropiar.

En sentencia de la Corte de 28 de abril de 1960, se declaró nulo un peritaje porque más de la mitad de los datos de que se valieron los expertos o peritos, para determinar el valor medio del inmueble, no se habían realizado en el término de doce meses.

En otra sentencia de 5 de agosto de 1959, la Corte estableció que los doce meses son anteriores al decreto de expropiación y no a partir del avalúo.

Estos elementos se dan sólo en determinados casos. Se deben tomar en cuenta cuando se expropia un fundo parcialmente.

El artículo 35 establece que, cuando el justiprecio verse sobre parte de una finca o derecho, formará capítulo separado la cantidad en que se estime el perjuicio sufrido por el propietario con la expropiación parcial, teniendo en cuenta el beneficio inmediato y permanente que la construcción de la obra que da lugar a la expropiación, reporte al resto de la finca o derecho de que se trate.

1) Si la estimación del beneficio excediere de la del perjuicio, el exceso se imputará al valor de la parte expropiada. Ej. Que la expropiación parcial sea de Bs. 100.000 surge que existe un perjuicio de Bs. 60.000 y un beneficio de Bs. 40.000.

2) Existen otras indemnizaciones especiales en materia de expropiación parcial; habrá lugar a ella cuando se haya causado daños a los propietarios en el sentido de que se les prive de utilidad o se encuentren gravados por una servidumbre que les produzca una disminución en sus derechos.

Las servidumbres sin daño o sin grave incomodidad para el propietario, no dan derecho a la indemnización.

Las mejoras que durante el juicio de expropiación hiciere el propietario de la cosa que se expropia, no serán apreciadas por los peritos. Sin embargo, el dueño podrá llevarse los materiales y destruir las construcciones en cuanto no perjudique el expropiante. Tampoco serán apreciadas las mejoras que efectúe el propietario de la cosa que se expropia después de la aprobación y publicación del plan general de acondicionamiento o modernización de una ciudad o agrupación urbana a que se refiere el artículo 11 de la Ley.

En ningún caso pueden los pepitos tonar en cuenta el mayor valor de los inmuebles por razón de su proximidad de las obras en proyecto.

d' La impugnación del justiprecio

No se establece ninguna posibilidad de ser impugnado el justiprecio por las partes. Sin embargo, la Corte en sentencias de 25 de febrero de 1952 y 29 de octubre de 1959, señaló que si era posible impugnar el justiprecio aplicando analógicamente el Código de Procedimiento Civil. Para ello se le concede a las partes un lapso de cinco días para impugnar el peritaje.

La misma sentencia establece que, la impugnación de un avalúo, ante el silencio de la ley, debe hacerse dentro de los cinco días siguientes, de acuerdo al C.P.C.

h. La indemnización:

Es el resultado del justiprecio y se debe pagar al propietario del inmueble expropiado y a todo aquél que tenga derecho a ella.

a'   Carácter justo.

Esta indemnización debe ser justa, (Art. 101 de la Constitución). Esta noción de justa indemnización implica el concepto de compensación; es decir, que debe haber un equilibrio económico entre el perjuicio que se causa al propietario y la cantidad a pagar, ya antes de que se le expropie el inmueble. Esta indemnización está destinada a que el propietario permanezca en la misma situación.

La Corte Federal en sentencia de 5 de agosto de 1959, al hablar de la justa indemnización, señaló que la expropiación no puede ser para el expropiado una fuente de ganancia y tampoco puede ser fuente de enriquecimiento para el expropiante en perjuicio del expropiado.

Este criterio fue ratificado en una reciente sentencia del 25 de febrero de 1965. En ella dijo la Corte:

NATURALEZA JURÍDICA DE LA EXPROPIACIÓN: "Así pues, la expropiación no configura una compraventa ni la cantidad que percibe el expropiado es propiamente un precio, aunque así se le denomine en la Ley especial. Cuando la entidad estatal expropia, ejerce un poder jurídico que la Constitución consagra, pero como el ejercicio de ese poder supone un sacrificio en el derecho del propietario, es preciso que se le compense o indemnice por la privación de su propiedad. Por tanto, la suma a pagar debe cubrir exactamente el daño que se irroga al expropiado, sin que éste se empobrezca ni enriquezca, en la medida que tal resultado puede razonablemente alcanzarse. Sólo así quedará cumplido el mandato constitucional que ordena pagar una justa indemnización".

En otra parte de la sentencia, la Corte declara: "Hay que tener en cuenta, finalmente, que, como ya se ha señalado, la expropiación no es una compraventa, ni una negociación especulativa capaz de ocasionar utilidad o ganancia, ya que el expropiado no debe experimentar ni una pérdida ni un incremento de su patrimonio. Al contrario, la expropiación supone una privación coactiva del dominio, un sacrificio del derecho de propiedad; y: por ello la indemnización debe coincidir en lo posible con el daño que ocasiona".

Jurisprudencia: "Para determinar el justo valor debe establecerse una indemnización al propietario despojado de una cosa y no el pago del precio de la cosa expropiada solamente".

La antigua Corte Federal y de Casación en sentencia de 1943 estableció:

"Que no estando previsto el caso de que los peritos dejen de apreciar alguna de las circunstancias que puedan influir en las operaciones y cálculos que practiquen para fijar el justo valor de la cosa expropiada, el reclamo de la parte que se dice perjudicada es en todo caso justo y procedente de conformidad con el artículo 174 del Código de Procedimiento Civil, porque se trata de una indemnización al propietario despojado de una cosa y no del pago del precio de la cosa expropiada solamente".

"En materia de expropiación el criterio dominante es que la indemnización que se da al propietario debe comprender el precio real de la cosa y los daños y perjuicios que le proporciona la ocupación forzosa; por lo cual el propietario tiene el derecho de reclamar un justiprecio mejor". (Memoria 1944, Tomo 12, pág. 22).

Por otra parte, la antigua Corte Federal en sentencia de 5 de agosto de 1959 señaló:

> "Esa amplia libertad que en todas partes deja la ley a los peritos para, tomar en cuenta ciertos elementos no determinados por aquélla, pero que a juicio de los tasadores debieran apreciarse para determinar el justiprecio, ha permitido a la jurisprudencia y a la doctrina internacionales precisar el contenido y alcance de diversos elementos o factores, en relación con la cosa expropiada y la indemnización. Por considerar que ellas se ajustan a las disposiciones legales de la República y a los dictados de la equidad, se acogen aquí algunas de esas decisiones judiciales extranjeras. "La expropiación no puede ser para el expropiado una fuente de ganancias pues su esencia es la compensación justa del valor de lo que se expropia y la reparación del perjuicio que pueda ocasionarse y que sea apreciable en dinero" (cámara de Apelación, Sala 3a de Rosario, Argentina, 15-3-946). "El justo precio ha de referirse en el juicio de expropiación a lo que el inmueble vale en el estado y forma de explotación en que es tomado por el expropiante. Quedan excluidos todas las hipótesis relativas a ganancias hipotéticas y todo lo relacionado con gravamen o perjuicios que no son consecuencia directa de la expropiación. (Cámara Federal de Bahía Blanca, Argentina, 20-12-1946). "Las posibilidades de un fraccionamiento, a objeto de determinar la indemnización, sólo puede considerarse cuando el proyecto de subdivisión responde a un propósito efectivo de realizarlo" (Corte Suprema Nacional Argentina, 5-11-1947). "El daño debe ser medido por el valor en plaza de la tierra en el momento en que se expropia, y no corresponde determinar el valor para una finalidad especificada, sino su valor equitativo en plaza tomando en cuenta todas las finalidades a que está adaptada" (Corte de California, EE.UU. de N. A., juicio Ferrocarril de Sacramento contra Heilbron). "Es su justo valor y el resarcimiento del perjuicio directo, -no posible o futuro-, lo que habrá de compensar la indemnización para que el patrimonio del expropiado no sufra menoscabo" (Corte Suprema de Buenos Aires, 22-10-48). "No puede tomarse en consideración la especulación tenida vista por el expropiado al adquirir el bien" (Corte Suprema Nacional Argentina, 7-5-48)".

Por último, es conveniente precisar que con arreglo a las deficientes disposiciones legales que hoy rigen la materia, no corresponde a esta Corte pronunciarse sobre la influencia económica que en el presente caso, puedan o no tener los hechos invocados, en el resultado del avalúo, pues ello es de la competencia de los peritos; pero sí le está permitido examinarlos desde el punto de vista de su legalidad, o sea, si de acuerdo con las normas legales y principios aplicables pueden o no; ser tomadas en cuenta por los avaluadores, aún dentro del amplio margen de apreciación que la Ley deja a su libre criterio".

b' El pago: Consignación de la indemnización; Forma de pago: pago integro, pago a término; Oportunidad del pago: oposición al pago; deducciones a la indemnización

Una vez que el peritaje está firme, es decir, vencidos los cinco días para la impugnación, o una vez que se ha llegado a un avenimiento, antes de procederse a la ocupación definitiva del inmueble, el expropiante consignará el precio ante la Autoridad que conoce el negocio, para que sea entregado al propietario, a menos que se haga constar que éste ya recibió el pago.

El principio general es que la indemnización debe ser consignada en moneda de curso legal y en dinero efectivo.

Sin embargo, el pago podrá hacerse a término, cuando se trate de la expropiación de inmueble, con fines de ensanche y acondicionamiento de las poblaciones, pero dentro de un plazo que no excederá de diez años, con el interés, ventajas, exoneraciones y condiciones que determine en cada caso el Ejecutivo Nacional.

Cuando se trata de expropiaciones para fines de reforma agraria, también puede hacerse el pago a término, mediante la emisión de bonos.

La Ley determina una serie de casos según el monto de la indemnización y establece diversas clases de pagos: Los inmuebles de un valor inferior a Bs. 100.000 deben ser pagados en dinero efectivo; los de 100.001 a 200.000, son pagados con un 40% en dinero efectivo y el resto en bonos.

Una vez consignado el precio en el Tribunal, y si no hubiere oposición de tercero, ordenará el Tribunal entregar al propietario, el precio respectivo, o la cuota inicial, si fuere el caso, o los bonos certificados o títulos que representen su acreencia.

Jurisprudencia: "El legislador ha establecido taxativamente determinadas formas de pago en materia de expropiación agraria que el Juez debe observar para no incurrir en violación de Ley".

En sentencia de 23-10-63 la Corte Suprema de Justicia sostuvo:

"No obstante esta imprecisión, la Corte juzga que debe entrar a determinar con toda exactitud si el fundo expropiado cumplía o no con su función social, porque tampoco en este punto fue claro el juzgador de la instancia, sino que al contrario fue dubitativo e impreciso; y como consecuencia de ello decidir cobre la procedencia de la expropiación solicitada y en caso afirmativo a determinar la suma que debe pagarse al expropiado y la forma como debe hacerse ese pago; indicando la correspondiente porción en efectivo y la relativa a Bonos de la Deuda Agraria, señalando concretamente la clase de éstos que debe ser utilizada en esta materia de expropiación para fines de Reforma Agraria, puesto que una vez comprobada y declarada la función social de la propiedad ya no tienen como juzgadores, libertad para escoger la forma de pago, sino que deben aplicar lo dispuesto en el artículo 33 de la Ley de Reforma Agraria; de la misma manera que si comprueban y declaran que el fundo no cumple esta función social, por no llenar todos los requisitos previstos en el artículo 19 ejusdem o simplemente por faltar uno de ellos, conforme al artículo 22 ejusdem, no tienen otra alternativa que ordenar el pago al expropiado del porcentaje en bonos que determina el artículo 178 ejusdem y escoger la clase de estos entre Bonos A y B, conforme a lo dispuesto en los numerales 32 y 22 del artículo 174 ejusdem, o sea del modo siguiente: 1) con bonos "B" los fundos destinados a parcelamientos rurales no desarrollados totalmente y los formados por tierras de agricultura dedicado a la ceba de ganado en forma extensiva, conforme a los numerales 22 y 32 del artículo 27 ejusdem; y 2) con bonos "A" todos los demás fundos que no cumplan con su función social y aún las extensiones de tierra inexpropiables que pueden reservarse los propietarios de ellas, conforme a los artículos 29 y 30 ejusdem, cuando siendo agrícolas no se hubiesen cultivado dentro de los tres años siguientes a la expropiación, o siendo de uso pecuario, no se hubiese organizado en ellas una explotación ganadera eficiente, conforme a lo previsto en el artículo 32 ejusdem. Estas son reglas que el Legislador ha establecido y que el juzgador no puede quebrantar sin incurrir en violación de Ley expresa, por más que crea encontrar razones o circunstancias de hecho que a su juicio favorece al expropiado o al expropiante y que pudieran hacer aparecer como más justa una decisión que modifique los porcentajes de bonos y dinero efectivo previstos en la Ley o a la clase de aquellos que deben ser pagados para reducir en algo el plazo de su redención y aumentar también en algo el tipo de intereses que devengan o a la inversa para disminuir dicho plazo y para reducir la tasa de interés.

"Una sentencia equitativa de esta clase y no otra cosa es lo que ha querido dictar el juzgado de la instancia en este caso, cuando a pesar de reconocer que el fundo no cumple su función social para el momento de la expropiación, manda a pagar, sin embargo, el 80% de su valor en Bonos clase "B" en lugar de Bonos clase "A"; o por el contrario suponiendo que si cumplía esa función para setiembre de 1958, cuando se realizó la invasión del fundo, no manda a pagar bonos "C" sino Bonos clase "B". En efecto en la sentencia apelada se lee: "ha quedado plenamente comprobado que a mediados del año 1958 fue invadido el fundo F. y hasta la fecha continúa ocupada por los invasores. Este hecho está corroborado por los testigos presentados por la parte demandante". Sin embargo en ella se afirma "la Ley exige la administración directa para el momento en que es solicitada la expropiación. Por consiguiente no estima el Juzgador comprobado el extremo b) del artículo 19 de la Ley de Reforma Agraria".

Jurisprudencia: "La calificación de un fundo que no cumple una función social tiene suma importancia para determinar la forma y clase de bonos en que se ha de hacer el pago".

En sentencia de 16-10-63 la Corte Suprema de Justicia estableció:

"El artículo 178 de la Ley de Reforma Agraria citado en el fallo, con la salvedad de lo que dispone el artículo 33 de la misma Ley, fija la escala de precios, conforme a la cual deben ser pagados los fundos adquiridos o expropiados por el Instituto Agrario Nacional, pago que tiene que efectuarse con los Bonos que se expresan en el artículo 174, ejusdem, que establece la clasificación, características y aplicación de esos títulos de crédito. Según dicho artículo 174, los Bonos Clase "A" se destinan al pago del precio de los fundos incultos o explotados indirectamente; los de la Clase "B" al de los fundos expropiables no comprendidos en el aparte, anterior y de los adquiridos en negociación o arreglo celebrado entre el Instituto y los propietarios; y los de la clase "C" al financiamiento de otras inversiones propias de la Reforma Agraria y al pago del precio de las tierras que, cumpliendo con su función social, deben ser adquiridas o expropiadas. La procedencia del pago del precio con bonos de la Clase "C" está sujeta a la condición de que el fundo cumpla su función social, lo cual es descartado completamente en el fallo, puesto que allí se expresa todo lo contrario, o sea, que el fundo expropiado está compuesto por tierras económicamente explotables, pero que ellas permanecían incultas u ociosas y explotadas por sistemas indirectos".

"La afirmación de que el fundo "V" de "U" o "N" no cumple una función social tiene suma importancia para la determinación de la forma y de la clase de bonos en que ha de hacerse el pago, ya que, conforme al citado artículo 174, el pago en bonos de la clase "C" solamente procede cuando se trata de inversiones propias de la reforma agraria y para el uso del precio de las tierras en aquéllos fundos que aún cumpliendo su función social, deben ser adquiridos o expropiados conforme al artículo 33 de la Ley, sin perjuicio de lo dispuesto en el mismo artículo 33 en cuanto al pago en efectivo de las bienhechurías útiles existentes, los semovientes y deudas hipotecarias o privilegiadas del fundo expropiado contraídas y aplicadas para su desarrollo y fomento. No estando pues, el fundo expropiado dentro de las mencionadas condiciones, porque no cumple la función social como fue decidido en el fallo apelado, y como tampoco está dentro de las previsiones de la norma del citado artículo 33, mal podía ordenar el Juez a quo que el Instituto expropiante pagara el 80% del saldo del precio que se le fijó al inmueble expropiado, en bonos de la Clase "C". Al hacerlo así, el Juez de la Primera Instancia incurrió en su sentencia en flagrante contradicción y en mala aplicación de la Ley. Así se declara".

Una vez consignado el precio de la indemnización en el Tribunal, éste debe entregar al propietario, el mismo día de la consignación.

Toda persona que se creyere con derecho y acompañe prueba fehaciente de su pretensión, puede oponerse a la entrega del precio consignado como valor de la cosa expropiada, pidiendo que se deposite.

El Tribunal, con vista de las pruebas aducidas acordará o negará el depósito, pudiendo abrir una articulación por ocho días si alguna de las partes lo pidiere.

Cuando la expropiación comprenda mejoras o plantaciones que no pertenezcan al propietario del inmueble, su precio conforme esté determinado en la expertica, se entregará a su dueño, deduciéndose del monto total consignado, siempre que no hubiere oposición de terceros.

Cuando para asegurar los derechos de tercero fuere suficiente sólo una parte del precio, el depósito se limitará a éste; lo mismo se hará cuando la finca estuviere gravada y bastare una parte del precio para cancelar el gravamen.

c' Efectos del pago: Transferencia del dominio; Traslado de gravámenes; Traslado de las acciones reales

El traslado del dominio del expropiado al ente expropiante no se da con la sentencia expropiatoria sino que tiene lugar en el momento en que se entregue el precio. Así lo ha declarado la Corte en diversas sentencias.

Jurisprudencia. "La transferencia de la propiedad en la expropiación se verifica con el pago de la correspondiente indemnización".

La antigua Corte Federal y de Casación en sentencia de 9 de mayo de 1949 sostuvo lo siguiente:

"Caracterizado el pago de la indemnización, jurídicamente, como el hecho que determina la transferencia de la propiedad, es cuando ésta se verifica, que se perfecciona, el procedimiento expropiatorio".

"La sentencia dictada en el juicio expropiatorio no es más que declarativa llegando solo a materializarse la expropiación al ser cumplida la condición esencial de "indemnización previa" exigida en el precepto constitucional que rige la materia. En esto, tesis que resulta acogida por nuestra Ley de Expropiación por Causa de Utilidad Pública y Social al estatuir el artículo 41 de la propia Ley que consignada la suma, la autoridad que conoce del asunto ordenará se dé copia de la sentencia que declara la expropiación al que ha promovido, para su registro en la oficina respectiva y además ordenará a la autoridad política del lugar que haga formal entrega de la cosa al litigante". En ello se fundamentó sin duda la resolución del Tribunal de Sustanciación motivo de la apelación".

"Comportando en consecuencia dicho acto una resolución ajena a los meros actos instructivos del proceso, toda vez que su alcance tiene una relación directa con el fondo de la causa principal no es posible considerar el auto apelado de simple procedimiento y así se declara".

"En lo concerniente al punto que sirvió de base a la Procuraduría General de la Nación para la ampliación de la apelación, o sea en cuanto a que el Tribunal de Sustanciación se reservó el lapso de Ley para resolver la entrega del dinero al depositario nombrado "como lo pide el representante de la Nación", o si se entrega a los mandantes del doctor "A.U" como lo solicita este observa la Sala, que dicha expresión no envuelve resolución alguna sobre la cuestión incidental surgida con ocasión del pago, ni ha creado esta simple aseveración una situación legal concreta, de modo que admitir el recurso en el estado actual del juicio en que se halla todavía en suspenso dicha decisión sería prejuzgar sobré los fines posibles o efectos lejanos y no sobre los inmediatos y directos, dándole entrada por anticipado el remedio de la apelación.

"Por tales razones se declara con lugar la apelación interpuesta por el ciudadano Procurador de la Nación en lo referente a que es la sala a la que le corresponde declarar consumado el proceso expropiatorio dándole efectos legales al hecho del pago conforme al criterio expuesto revocándose en consecuencia lo decidido al respecto por el Juez de Sustanciación y así declara" (Sentencia de 9 de mayo de 1949. *Gaceta Forense*. Año I, N° II, págs. 29 y 30).

Jurisprudencia: "El traslado del dominio de la cosa expropiada no opera ni por el convenimiento del expropiado ni con la sentencia de expropiación, sino solamente con la consignación del precio de indemnización".

La antigua Corte Federal y de Casación en sentencia de 9-5-49 sostuvo lo siguiente:

"En verdad, conforme a lo dispuesto en el artículo 205 del C. de P.C. en cualquier estado del juicio puede el demandado convenir en la demanda y su convenimiento es irrevocable, de modo que el Juez lo dará por consumado, sin necesidad del consentimiento de la parto contraria, y se procederá como en sentencia pasado en autoridad de cosa juzgada".

"Sin embargo, el hecho de que, en el procedimiento expropiatorio, se aplique, supletoriamente, el C. de P.C., no autoriza a confundir uno y otro procedimiento, el conducente a la expropiación y aquél mediante el cual se conducen los juicios entre particulares, disciplinado por el C. de P.C.: tanto por su naturaleza, como por su objeto, entre otros motivos, uno y otro son sustancialmente distintos. Y de ahí que la doble circunstancia de que los derecho habiente sobre las cosas objeto de la expropiación no se oponga a ésta, sino que al contrario, convengan expresamente en ella, y de que su convenimiento sea irrevocable, no puede inferirse como lo pretenden los interesados en el caso de autos, que la propiedad de tales cosas se traslada al expropiante por el hecho mismo del conveniniento y en el propio momento de su ocurrencia. Ello es manifiestamente erróneo",

"En efecto: el artículo 101 de la. Constitución dispone que "solo por causa do utilidad pública o de interés social, mediante sentencia firme y pago de justa indemnización, podrá ser declarada la expropiación de cualquier clase de bienes"; el artículo 547 del C.C, previene que "nadie puede ser obligado a ceder su propiedad, ni a permitir que otros hagan uso de ella, sino por causa, de utilidad pública o social, mediante juicio contradictorio e indemnización previa"; y el artículo 32 de la Ley de Expropiación por Causa de Utilidad Pública o Social establece que "declarada por la autoridad judicial la necesidad de adquirir el todo o parte de la propiedad o algún otro derecho, según lo alegado y probado en autos, y firme la d£ cisión, se señalará día y "hora para que las partes concurran a fin de lograr un avenimiento sobre el precio de la cosa objeto de la expropiación". Por manera que, de acuerdo con la interpretación sistemática de los preceptos trascritos, la propiedad de los bienes, a que la expropiación se contraiga, no se traslada al expropiante ni aún con la sentencia que favorable a éste recaiga en el respectivo procedimiento; pues ello se ha de limitar, exclusivamente, a establecer la procedencia, en virtud de su propia legalidad, de la expropiación solicitada: "la necesidad de adquirir el todo b parto de la pro piedad o algún otro derecho", dice impropiamente la Ley de la materia; pero sí lo suficientemente claro para permitir entender que por la sentencia misma no se traslada el dominio, haya habido convenimiento u oposición a la solicitud de la expropiación. La propiedad so traslada, en la opinión de la Sala conforme a la interpretación expuesta de aquellos mismos preceptos, en el acto en que el expropiante consigna el monto de la indemnización. Entro tanto, el propietario conserva sus derechos, aunque limitados o restringidos en su ejercicio y disponibilidad: una de las varias "restricciones" a que la Constitución somete la propiedad en razón de su función social".

"En consecuencia, la Sala considera improcedente los alegatos examinados, en el sentido en que, por virtud del referido convenimiento la propiedad del inmueble que fuera del ciudadano General E.A.C. se trasladó ipso facto a La Nación. Así se declara". Véase además sentencia de 24-2-65 en pág. 185.

Si existen sobre el inmueble expropiado créditos privilegiados o hipotecas, se trasladarán al precio y se pagarán con éste.

No se podrá intentar ninguna acción sobre el bien que se expropia y los que tengan derechos reales sólo podrán hacer valer su derecho sobre el precio.

i.   Los efectos de la expropiación

a'   Cesión obligatoria de la propiedad.

Los bienes expropiados deben ser trasladados como existen; por eso se trata de una expropiación obligatoria e innatura de la propiedad.

b'   El derecho de preferencia del propietario.

Si por la naturaleza de la obra de utilidad pública o social a realizarse, o por Otras circunstancias, se decidiere enajenar parte de la finca expropiada o su totalidad, se dará preferencia en igualdad de condiciones al expropiado.

c'   La contribución de mejoras por plusvalía: Plusvalía; Contribución por mayor valor: cálculo del mayor valor

Son aquellas que deben pagar los propietarios de los inmuebles colindantes con el inmueble expropiado como una contribución fiscal sobre la valorización que tengan los inmuebles.

Consiste en la valorización del inmueble próximo a los inmuebles expropiados, por razón del valor que puedan adquirir en razón de la construcción do las obras que se proyecten.

La Ley establece para los propietarios de inmuebles colindantes la obligación fiscal de pagar una contribución al Estado, en proporción al mayor valor que obtenido el inmueble. Esta contribución por mayor valor se reduce a los casos de expropiación con motivo de la construcción de obras públicas, como la apertura o ensanche de calles, avenidas, plazas, parques o jardines, caminos, carreteras, obras de riego o de saneamiento.

En tal sentido, los inmuebles que adquiriesen por ese concepto un mayor valor que exceda del diez por ciento, debido a su situación inmediata o cercana a las mencionadas obras, quedarán sujetas al pago de tres cuartas partes de eso mayor valor (plusvalía).

La Ley establece un determinado procedimiento para calcular este mayor valor del inmueble que esté situado en la inmediación. Prevé dos tipos de tasación: una previa y otra posterior a la ejecución de la obra.

Como paso previo, la Administración hará levantar un plano parcelario de las propiedades colindantes o inmediatas a la obra de que se trata, y antes de la ejecución de ésta, hará tasar los inmuebles que según dichos planos sean susceptibles de la aplicación de aquella contribución.

La tasación que resulte será notificada a los propietarios o a sus representantes legales, quienes deberán manifestar en el acto de la notificación o dentro de los cinco días inmediatos, por escrito, si aceptan o no la tasación practicada. Su silencio se tendrá como aceptación.

Después de ejecutada la obra o la parte de ella que causa directamente la plusvalía, se hará una nueva tasación a los propietarios, quienes deberán manifestar por escrito dentro de los cinco días inmediatos su conformidad o disconformidad. El silencio del propietario se tendrá por aceptación.

Una vez aceptada la segunda tasación, se fijará el importe de la contribución, notificándosela a. los propietarios.

Si la primera o segunda, tasación no fuere aceptada o fuere objetada por el propietario, y la Administración no se conformare con las observaciones hechas, o si no fuere posible notificar al propietario por ausencia u otra causa, el valor del inmueble, en cada caso, será fijado sin apelación por una Comisión de Avalúos que estará constituida por tres miembros designados, uno por la Autoridad respectiva, otro por el Juez de Primera Instancia en lo Civil de la jurisdicción y el tercero nombrado de común acuerdo por los dos primeros. En el Distrito Federal, uno de dichos miembros será nombrado por el Colegio de Ingenieros.

El crédito de la contribución de mejoras gozará del privilegio que tienen los créditos fiscales.

Esta contribución será pagada en una sola cuota al contado o en diez cuotas anuales y consecutivas, en cuyo caso el valor de la contribución será aumentado en un veinticinco por ciento.

j   El desistimiento en la Expropiación.

Jurisprudencia: "Contrariamente a lo establecido en el artículo 206 del C.P.C. el desistimiento realizado por el Instituto Agrario Nacional después de la contestación de la demanda no requiere el consentimiento del demandado para que tenga validez". La Corte Suprema de Justicia en sentencia de 27-6-63 ha establecido lo siguiente:

"El efecto del desistimiento del procedimiento previsto en el artículo 206 del C. de P.C., es el de que éste se tenga como definitivamente extinguido, pudiendo ser promovido de nuevo el juicio por la parte renunciante. Diferente es la situación cuando ocurre el desistimiento después del acto de la contestación de la demanda, pues en este último caso se requiere, para que aquél pueda tener validez, el consentimiento del demandado".

"Mas el referido principio legal rige las relaciones entre particulares, en las que con absoluta propiedad de Reforma Agraria, las cuales en sus disposiciones contienen normas expresas de excepción, tanto sustantivas como adjetivas, que tienden a lograr el fin que con ellas se persigue".

"Así, el artículo 105 constitucional consagra: El régimen latifundista es contrario al interés social. La ley dispondré, lo conducente a su eliminación, y establecerá normas encaminadas a dotar de tierras a los campesinos y trabajadores rurales que carezcan de ellas, así como proveerlos dé los medios necesarios para hacerla producir".

"Basada en esos principios generales, la Ley de Reforma Agraria atribuye al Instituto Agrario Nacional la realización de la misma y reglamenta sus funciones. Sería pues contrario a dichos principios, que el Instituto esté sujeto como un particular cualquiera, dentro del juicio civil, al con sentimiento de la parte demandada para poder desistir del procedimiento que ha intentado, cuando razones do orden económico y social lo obligan a ello a determinado juicio de expropiación, habida cuenta de que la finalidad de la negativa del consentimiento por parte del demandado es justamente el de que el proceso continúe y llegue a su término".

"De suerte que, si el Instituto Agrario nacional está facultado por la Ley para iniciar nuevamente el juicio expropiatorio, carece de sentido el que tenga que obtener lo autorización del demandado para poder volver a plantear la acción procesal y que, en el caso contrario, es decir, cuando el demandado niega la autorización para el retiro del procedimiento, el Instituto Agrario Nacional quede absolutamente imposibilitado para demandar otra vez en expropiación".

"Por ello, el Instituto Agrario Nacional puede, a juicio de la Corte, desistir del procedimiento desde el momento en que el interés de la Reforma Agraria así lo aconseje, y puede volver a iniciarlo, si es que las circunstancias han variado y aquél mismo interés público y social así lo determina".

"En virtud, de lo antes expresado, frente a la situación de excepción en que el propio legislador ha colocado al Instituto Agrario Nacional dentro del juicio expropiatorio de fundos agrarios y ante la posibilidad de que éste pueda intentar nuevamente el procedimiento cuando, como en el presente caso, por imperativo de la Ley de Reforma Agraria y con cumplimiento de los fines de utilidad social que con ello se persigue, nuevos y profundos estudios técnicos practicados sobre los fundos cuya expropiación haya sido solicitada, demuestran que no todas las tierras comprendidas en dichas zonas son aptas para el desarrollo de programas de reforma agraria, considera la Corte que tal desistimiento puede operarse válidamente en los referidos procesos, no objetante a la negativa del demandado". Véase además sentencia de 24-2-65 en pág. 186.

C. La Requisición

a. Noción previa.

La requisición ha sido considerada como otra de las figuras que se configuran como una prestación obligatoria in natura de la propiedad.

Ha sido considerada por la doctrina como lona figura afín a la expropiación. Tiene origen castrense, ya que fueron las necesidades militares las que dieron origen a esta institución.

La requisición surge en circunstancias excepcionales cuando se le da validez a ciertos actos de la Administración que estarían fuera de lugar en otras épocas.

Actualmente existe en otros países, además de la requisición militar también la civil, cuando se presenten estados de necesidad pública que así lo exijan.

b Diferencias con la expropiación. La requisición tiene algunas diferencias con la expropiación.

1)   La requisición versa sobre bienes muebles únicamente.

2)   La expropiación requiere que el objeto que se expropia sea determinado o determinable a un propietario a quien se le va a pagar una determinada suma de dinero por indemnización; la requisición, en cambio, solo procede sobre bienes fungibles y no necesita tener un propietario determinado.

c. Concepto.

La requisición se define como aquella restricción a la propiedad privada por razones de orden público y especialmente por interés de orden militar, que tiene por objeto la adquisición coactiva de bienes muebles, en cantidad indeterminada mediante el pago de la indemnización.

d. Las requisiciones militares.

a'   Nota previa.

En principio, en Venezuela solo pueden existir requisiciones militares, que están reguladas en la Ley Orgánica de las Fuerzas Armadas.

b'   Limitación temporal.

En caso de guerra (conflicto internacional), el Ejecutivo Nacional tendrá la facultad de requisicionar los elementos de propiedad particular que puedan ser utilizados en la defensa nacional.

c'   Derecho del Estado para la defensa nacional.

Esta requisición está configura da como un derecho del Estado, pero solo por tiempo de guerra y para la defensa nacional. El Art. 240 de la Constitución establece que, el Presidente de la República podrá declarar el estado de emergencia en caso de conflicto interior o exterior, o cuando existan fundados motivos de que uno u otro ocurran.

d'   Formalidades.

Para toda requisición es indispensable la orden previa del Presidente de la República o de la primera autoridad militar o naval en campaña, dada por escrito y determinando la clase y cuantía de la prestación; deberá darse un recibo inmediato de la misma.

e'   Indemnización.

Toda prestación dará derecho a una indemnización del servicio prestado o del valor requisicionado.

f'   Elementos requisables.

De acuerdo con la Ley, son elementos requisables: aviones, armas, pólvora y explosivos, municiones; víveres, forrajes, reses y cuantos artículos sean necesarios para la alimentación de los hombres y ganado; automóviles, camiones y carruajes de toda clase; máquinas, elementes para alumbrado, combustibles, herramientas, gasolina y petróleo y sus derivados; buques, animales de silla, de tiro y de carga, monturas y aparejos; drogas y, en general, cuantos elementos sean necesarios al ejército y a la armada en campaña.

g'   Requisición de uso.

En este caso no se trata de apoderamiento coactivo sino del uso coactivo y viene siendo una ocupación temporal. En este caso también es posible la ocupación temporal, por razón de interés de orden público. La Ley señala que el Gobierno Nacional tendrá el derecho de aprovechar todas las construcciones e instalaciones, los edificios públicos o privados, para el alojamiento de las tropas o con destino a otros servicios militares o navales.

h'   Las requisiciones civiles.

El derecho comparado ha evolucionado hasta admitir las requisiciones civiles, en caso de otras circunstancias excepcionales que no sean de guerra o conflictos internos o externos. En Argentina y Francia, por ejemplo, procede cuando hay escasez de alimentos, cuando hay acaparamiento de estos.

En Venezuela existe la posibilidad de sanción a los propietarios que no respeten los precios establecidos por el Ministerio de Fomento y puede proceder a la desposesión sin indemnización, por lo que más bien configura un comiso que una requisición.

D. El Comiso

a   Concepto.

Es la privación coactiva de una parte de los bienes muebles de una persona por razones de orden público, sin indemnización alguna

En el comiso la desposesión de los bienes se produce como una sanción y la utilización de tales, bienes muebles no serán destinados a ningún uso público ni a interés general, como sucede en la expropiación y en la requisición. Se produce como una sanción por razones de orden público, sanitario, y por razones de seguridad y tranquilidad pública, y de moralidad.

El comiso se configura como una sanción penal, fiscal y como medida de policía administrativa.

b   El comiso como sanción penal.

Como sanción penal en el Código Penal, entre las penas no corporales, se contempla la pérdida de los objetos o armas con que se cometió el hecho punible, los cuales se decomisan y se destinan al parque nacional, si son armas, y si son otros objetos se rematan por la autoridad pública.

c.   El comiso como sanción fiscal.

Está establecido en gran cantidad de leyes fiscales. En la Ley Orgánica de la Hacienda Pública Nacional aparecen disposiciones al respecto; lo mismo en la Ley de Aduanas y en la Ley Orgánica de la Renta de Licores, etc. Consiste el comiso en la pérdida de objetos sujetos a impuestos, (contrabando).

d. El comiso como medida de policía administrativa.

Es el caso, por ejemplo, de las personas que porten armas sin la autorización correspondiente. También se utiliza como medida de policía sanitaria en materia de alimentos, cuando se infringen las normas sobre estos.

E. La confiscación.

Consiste esencialmente en el apoderamiento de la totalidad de los bienes de una persona.

La prohibición de la confiscación

Antiguamente existía la confiscación como una sanción penal, sobre todo para los casos de delitos de crímenes ordinarios, pero actualmente está repudiada.

El Art. 102 de la Constitución vi gente establece que, no se decretarán ni ejecutarán confiscaciones sino en los casos permitidos por el artículo 250; estos son:

1) Los que dejen de observar la Constitución por acto de fuerza;

2) Quienes se hayan enriquecido ilícitamente al amparo de la usurpación.

Solo el Congreso podrá decretar, mediante acuerdo aprobado por la mayoría absoluta de sus miembros, la incautación de todo o parte de los bienes de tales personas.

IV. LIMITACIONES ADMINISTRATIVAS A LA OPONIBILIDAD DEL DERECHO DE PROPIEDAD POR RAZÓN DE REGISTRO.

1. La traslación del derecho de pro piedad.

La traslación del derecho de propiedad se efectúa por el concurso de dos personas contratantes.

2. La oponibilidad del derecho de propiedad.

A. El carácter erga omnes de la propiedad.

La traslación del derecho de propiedad por el mutuo consentimiento, por cualquier acto jurídico, tiene la característica de ser erga omnes, es decir, que es oponible a todos, tiene efectos respecto a cualquier persona,

B. Las limitaciones a la oponibilidad

a. Noción previa.

Sin embargo, la Legislación Civil y la Administrativa han impuesto ciertas limitaciones a este carácter erga omnes frente a cualquier persona.

b La necesidad del registro.

El Código Civil señala que para que la traslación del derecho de propiedad tenga efectos respecto, de terceros, es necesario que los actos traslativos de la propiedad se registren. El artículo 1920 del CC. hace una especificación de los actos que deben ser registrados, además de los actos que por disposiciones especiales están sometidos a la formalidad del registro.

c. Los efectos del registro inmobiliario.

Al efecto, el Art. 1924 del CC. señala que, los documentos, actos y sentencias que la Ley sujeta a las formalidades del registro y que no hayan sido anteriormente registrados, no tienen ningún efecto contra terceros que, por cualquier título, hayan adquirido y conservado legalmente derechos sobre el inmueble.

d. El tercero registral y el tercero general.

Se supone que el acto traslativo de la propiedad no ha sido registrado y posteriormente es vendido a un tercero que si lo registra. En este caso, no hay efectos contra el tercero registral, pero no puede interpretarse que tal acto no tenga efectos respecto a terceros en general.

3. La institución del Registro Público

A. Introducción.

El Registro Público puede definirse, desde el punto de vista material como aquella actividad de servicio público prestada directamente por el Estado, a través del Ministerio de Justicia, que tiene por objeto salvaguardar la seguridad de determinados actos particulares y respecto a la circulación de determinados bienes, en especial al traslado del derecho de propiedad y de determinados bienes.

B. Organización del Registro Público

La realiza el Ministerio de Justicia a través de la Dirección de Justicia y de Registro Público y por medio de las Oficinas de Registro Público en toda la República.

a. Las Oficinas de Registro: Ubicación; Los Registradores; Control

La institución del Registro Público a que se refiere el Código Civil, funcionará por medio de Oficinas Principales y Oficinas Subalternas de Registro.

Existirán Oficinas Principales de Registro en la capital de la República y en cada una de las capitales de los Estados, y en la ciudad cabecera de cada uno de los Departamentos del Distrito Federal y de cada uno de los Distritos de los Estados, habrá, por lo menos, una Oficina Subalterna de Registro. Funcionará también una Oficina Subalterna de Registro dependiente de la Oficina Principal de Registro del Distrito Federal, en las capitales de los Territorios Federales.

Estas oficinas están a cargo de una Registrador Principal o Subalterno según la Oficina de que se trate, y cuyo nombramiento corresponde al Presidente de la República por órgano del Ministerio de Justicia.

Para el nombramiento de Registrador Principal o Subalterno, debe conocerse perfectamente la persona sobre quién va a recaer el nombramiento, que debe ser venezolano por nacimiento, mayor de veinticinco años, poseer suficientes conocimientos sóbrela materia de registro. Deben, además, estar domiciliadas o residenciadas, por más de seis meses, en la jurisdicción que corresponda, la Oficina.

El requisito más importante es que los Registradores, antes de entrar en ejercicio de sus funciones, deberán otorgar fianza o caución, y en este sentido, se consideran como funcionarios de hacienda ya que tienen a su cargo la percepción de ingresos que van al Tesoro Nacional. Esta fianza es para responder por los perjuicios que puedan ocasionar tanto al Estado como a los particulares, en el ejercicio de sus funciones.

La responsabilidad en la Administración se da forma solidaria con los funcionarios; de allí que el particular puede ir directamente contra la Administración. Si el particular demanda a la Administración directamente, lo que pague la Nación por indemnización constituye un perjuicio para ella y por ello la caución del funcionario responde de tal perjuicio.

Esta fianza se extingue solo después de tres años de haber cesado en el ejercicio de sus funciones el Registrador.

El control de esta actividad de servicio público está a cargo del Ministerio de Justicia a través de la Dirección de Justicia y Registro Público.

Respecto a esta actividad de registro ha habido discusiones de si se trata de una materia propia del Derecho Civil y del Derecho Administrativo. Se considera que es materia propia del Derecho Administrativo y las normas que se encuentren sobre esta materia, en el Código Civil, son solo normas conexas.

b. Las atribuciones de las Oficinas de Registro: Oficinas Principales (protocolización de documentos, archivo de protocolos y documentos); Oficinas Subalternas de Registro (protocolización de documentos; los protocolos: el registro inmobiliario; las prohibiciones)

Estas atribuciones varían según se trate de una Oficina Principal o de una Subalterna.

Estas tienen dos atribuciones fundamentales:

En las Oficinas Principales de Registro se protocolizarán los documentos siguientes:

Títulos de abogados, procuradores, médicos, farmacéuticos, dentistas, parteras, ingenie ros, agrónomos, agrimensores, y demás títulos científicos; títulos eclesiásticos y despachos militares; patentes de navegación; nombramientos de empleados públicos que deban ser registrados; manifestaciones de voluntad de ser venezolanos en los casos en que lo exige la Constitución; y los demás documentos que ordenen registrar en él las leyes.

En las Oficinas de Registro se archivarán, además de los protocolos y libros que se lleven en ella, los duplicados de los Protocolos, índices y demás libros y documentos que deben remitir les las Oficinas Subalternas; los expedientes oficiales concluidos; los duplicados de los Registros Civiles de su jurisdicción; las copias de los asientos de los Registros de Poderes, y en general, todos los demás libros, expedientes y actuaciones de todas las Oficina Públicas, cuya conservación no corresponda a otros archivos por virtud de alguna Ley o disposición especial.

La Oficina Principal del Distrito Federal debe llevar copia de todos los protocolos de las Oficinas Principales de la República.

Las Oficinas Subalternas tienen la función específica de protocolización de determinados documentos, lo cual se lleva a cabo en cuatro protocolos o libros distintos según la materia.

En cada Oficina Subalterna de Registro se llevarán con la debida separación cuatro Protocolos destinados a registrar en ellos los documentos siguientes:

1) Protocolo primero. Los documentos que contengan declaración, trasmisión, limitación, y gravámenes de la propiedad; todo contrato, declaración transacción, partición, adjudicación, sentencia ejecutoriada o cualquier otro acto en que se declare, reconozca, trasmita, ceda o adjudique el dominio o propiedad de bienes o derechos reales o el derecho de enfiteusis o usufructo. Es decir, en este protocolo se lleva el registro sobre traslado de la propiedad inmobiliaria y también todos los documentos que llevan consigo la declaración, trasmisión, extinción, de algún derecho real. Serán registradas asimismo, las declaraciones, denuncios, permisos, los contratos, los títulos, las concesiones, de minas e hidrocarburos, etc.

2) En el Protocolo segundo. Se registran todos aquellos documentos relativos a asuntos de familia: matrimoniales, separación de bienes entre cónyuges; sentencias de divorcio o de separación de cuerpos; adopción de hijos, etc.

3) En el Protocolo tercero. Se registran documentos mercantiles y toda especie de mandato, incluso los poderes otorgados para fijar esponsales o contraer matrimonio; todo contrato o acto que se mande a registrar por alguna disposición del Código de Comerció; para los documentos en que se constituyan, modifiquen, cedan o extingan sociedades mercantiles sobre inmuebles; contratos, transacciones, arbitramentos, de cisiones judiciales, etc.

4) En el protocolo cuarto. Toda especie de testamento o codicilo y para todos los demás documentos o actos sobre sucesiones testadas o intestadas, o que por su naturaleza no correspondan al protocolo primero.

Lo que más interesa destacar respecto a las atribuciones de las Oficinas de Registro, es la prohibición que tienen los Registradores para protocolizar determinados documentos:

1) Escritos o documentos en que el otorgante u otorgantes calumnien o injurien autoridades, corporaciones o particulares, o protesten contra las leyes sancionadas;

2) Títulos o documentos en los que no se exprese el valor de la cosa que es objeto del contrato, con excepción únicamente de los casos en los que por su naturaleza no se puede determinar aquel valor.

Si en un documento no se determina el valor de la cosa objeto del acto que se registra el Registrador tiene facultad para fijar, de oficio, el valor, a los efectos del cobro de los derechos e impuestos respectivos por el Estado;

3) Documentos, cuando les conste de de modo positivo el estado de incapacidad legal, permanente o transitorio, de sus otorgantes o de alguno de ellos;

4) Cualquier documento, bien sea de partición, liquidación o adjudicación de herencias o legados; escrituras de venta, permuta, cesión o hipotecas, o contrato o acto relativo a bienes sobre los cuales tenga, por cualquier título, algún haber el Fisco Nacional, sin la presentación previa del comprobante legal de haberse satisfecho lo que al Fisco corresponda.

5) Aquellos documentos previamente autenticados por un Juez o por cualquier otro funcionario competente, o reconocido judicialmente, si después del acto de la autenticación, dichos documentos hubieran sido alteradas, o modificados;

6) El registro de actos o documentos contra prohibición previa y expresa de un Juez. Ej. cuando un Juez dicta la prohibición de enajenar o gravar algún inmueble;

7) Aquellos documentos traslativos de la propiedad cuando no se expresa el título inmediato de adquisición de aquella propiedad a que se refiere el documento que piensa registrarse.

C. La Publicidad del Registro.

Los Registradores tienen la obligación de mostrar a todo el que lo exija, y sin que por ningún respecto puedan en este caso salir de la oficina en que deben estar custodiados, los Protocolos índices, libros, documentos, expedientes, actas y planos que existan en sus oficinas y permitir además, que saquen las copias simples que deseen.

4. El registro inmobiliario en Venezuela.

A. Introducción.

El registro inmobiliario tiene por objeto fundamental hacer constar el estado jurídico de los bienes inmuebles.

B. Las fallas del sistema venezolano.

El derecho inmobiliario en Venezuela no está regulado en forma específica y especial. Este sistema es altamente deficiente por causa de sus imperfecciones técnicas, que, según opinión del Dr. Antonio Moles Caubet, expuesta en el Proyecto de Ley de Registro Inmobiliario y su exposición de motivos, tienen su origen en haber sido inspirado en un modelo inadecuado como lo fue la Real Pragmática de 31 de enero de 1768, que España misma abandonó años más tarde, además de los cual, y quizás por causa del mismo modelo, el tal sistema de registro adolece de extraordinaria inestabilidad pues en el transcurso de 129 años se han sucedido hasta 15 textos legales diferentes, alcanzando así cada uno una vigencia de apenas ocho años, evidencia de su manifiesta inoperancia".

El régimen de registro inmobiliario vigente adolece de grandes fallas pues deja de cubrir el mínimo razonable de seguridad jurídica, según resulta de las siguientes afirmaciones:

a) No garantiza la medida, los linderos ni siquiera la identidad de la finca. En efecto: "No existe prohibición legal, precisa de registrar un documento en que no consten los linderos del inmueble. (MC. 1927, pág. 48). "Los Registradores deben protocolizar los documentos de venta de inmuebles que se les presenten, aún cuando en los mencionados documentos se les dé a los inmuebles una extensión o cabida mayor de la que en realidad tienen". (MC. 1928, pág. 82). "No es necesario consignar en las escrituras de venta de inmuebles o derechos en porciones comuneras, la expresión de la medida". (MC. 1913, pág. 110).

b) No garantiza la naturaleza jurídica de los actos registrados. En efecto: "El ordinal 2° del artículo 2° de la Ley de Registro no contempla el caso de omisión o inexactitud de algunas de las indicaciones que exige la Ley para la determinación precisa del objeto del contrato". (MC. 1931, pág. 108).

c) No garantiza la legalidad de los actos registrados. En efecto: "Como quiera que la falta de autorización judicial para que como padre verifique operaciones en nombre de sus menores hijos no se encuentra entre las prohibiciones que la Ley señala a los Registradores, éstos deben protocolizar los documentos que se presenten, aún sin la referida autorización".(M. C. 1943, pág. 79).

d) No garantiza la exactitud del título ni por tanto mantiene el tracto sucesivo. En efecto: "Para llenar los fines del artículo 26 de la Ley de Registro, bastará expresar la causa en virtud de la cual se hubo la propiedad de los inmuebles que se enajenan". (M.C. 1912, pág. 69, M.C. 1917, pág. 52 y H.C. 1920, pág. 102). "Los Registradores deben protocolizar aquellos documentos en que la expresión legal título inmediato de adquisición no debe ser tomada en el concepto de documento o escritura material sino en el de causa originaria de él, como en el caso de la sucesión abintestato u otro medio en el que no ha podido intervenir el título inmediato que la Ley de Registro requiere". (M. C. 1928, pág. 77).

"En un documento de venta, la expresión de que la cosa vendida fue adquirida por herencia paterna, llena el requisito del artículo 64 de la Ley de Registro, aunque el otorgante vendedor aluda también a una partición amigable hecha con sus coherederos (M. C. 1933, pág. 48). "Puede registrarse un documento en el cual los vendedores citan como título inmediato de adquisición el de sus herederos de los anteriores propietarios, sus padres, siendo títulos mediatos muchas pequeñas adquisiciones efectuadas por estos últimos. (M. C. 1944, pág. 78). "Los Registradores por razones de equidad, pueden protocolizar los documentos otorgados auténticamente, en los cuales no se exprese el origen de la propiedad, cuando estos documentos hayan sido otorga dos bajo el imperio de una Ley que no imponía tal requisito". (M.C. 1927, pág. 84).

No garantiza el derecho de propiedad del transmitente. En efecto: "No es óbice para la protocolización de un documento de dación en pago de un inmueble, la circunstancia de que quien da en pago, confiese en el Registrador que ese inmueble es el mismo que ha vendido anteriormente a otra persona, pero en cuyo traspaso expresó linderos y situación distintos a los que se consignan en el instrumento que contiene la dación en pago". (M.C. 1943, pág. 89).

He aquí algunas de las consecuencias desprendidas de ese anticuado dispositivo registral conocido con el nombre de "sistema de transcripción" que los diferentes países trataron afanosamente de superar, como sucedió en Francia con la Ley de 24 de julio de 1931 y el Decreto-Ley de 30 de octubre de 1955, mientras los más conspicuos tratadistas propugnan la adopción del régimen registral vigente en Alsacia y Lorena (Ley 1° de junio de 1924) de extracción alemana y tan parecido al que rige actualmente en España. (Ver Planiol, "Tratado práctico de Derecho Civil francés". Trad. española. La Habana, III pág. 549 Jiménez Arnau. "La reforma del sistema inmobiliario francés" en *"Revista Crítica de Derecho Inmobiliario"*. 1941, pág. 321).

El criterio aducido por Roca Sastre resulta certero: "Los efectos de la registración -asegura- son insuficientes para producir plena seguridad en la contratación inmobiliaria. Son efectos puramente negativos que mejor se observan contemplando los desde el punto de los efectos que produce la falta de transcripción. Positivamente solo pueden expresar se como un requisito de oponibilidad contra aquellos a quienes perjudique el acto registrable".

No hay presunción de exactitud en provecho de terceros adquirentes, sino solamente la facultad de estos de rechazar el acto registrable. El Registro no responde a nadie ce que lo que él expresa sea verdad, pues, en rigor, no dice nada más de que un acto ha sido transcrito mediante el depósito de su copia -o la inserción en los libros- en la Oficina correspondiente. Y como no hay hoja registral propiamente dicha, resulta inútil buscar el juego de los principios de legitimación, de república y de tracto. Multitud de acciones de nulidad y de resolución constituyen una perenne amenaza para los adquirentes, sin que el Registro pueda servirles de apoyo alguno.

"Pero no paran aquí las deficiencia que agravan la situación jurídica de los bienes inscritos. No hay calificación registral; el Registrador actúa automáticamente y por tanto no puede negar la transcripción del acto registrable, excepto cuando obstan burdos defectos formales. El sistema de índice es insuficiente, dando lugar a buscas complicadas. Para averiguar el estado jurídico correspondiente a la finca es preciso indicar los nombres de todos los propietarios actuales y pretéritos de la misma, siendo suficiente la menor equivocación en algún nombre o apellido para que todo sea una confusión". (Derecho Hipotecario, Tomo I, pág. 119).

"Si a tantas limitaciones se añade la forma en que los Registros son llevados, a base de la transcripción íntegra de los títulos y el inorgánico folio personal, faltando toda calificación previa que garantice su contenido, llegamos a la conclusión d que todo coopera a que la publicidad se haga difícil e incompleta". (Cossío "Lecciones de Derecho Hipotecario". Ed. Bosch, Barcelona, 1945, pág. 16). (Vid. todo ello en la Exposición de Motivos del Proyecto de Ley de Registro Inmobiliario).

C. El Futuro del Registro Inmobiliario en Venezuela: Principio de Autenticidad; Principio de Legitimación; Principio de fe pública registral; Principio de rogación o de instancia; Principio de legalidad; Principio del tracto sucesivo tracto continuo o de la previa inscripción; Principio de especialidad

En el Ministerio de Justicia (Consultaría Jurídica) y bajo ponencia del Dr. Antonio Moles Caubet, se elaboró un Proyecto de Ley de Registro Inmobiliario, cuyas principales innovaciones desde el punto de vista del derecho material y formal en la materia se destacan de los siguientes párrafos de su Exposición de Motivos;

"La doctrina considera como ejes del sistema registral unos verdaderos axiomas jurídicos conocidos con el nombre de principio de autenticidad, principio de legitimación y principio de fe pública registral, todos ellos pertenecientes al Derecho Material. He aquí como quedan acogidos en el texto de este Proyecto.

La exigencia jurídica de que figure en el Registro únicamente los datos consignados en instrumentos públicos o auténticos, se encuentra elevada a la categoría de principio, que indistintamente se denomina de "autenticidad o de autoridad", y el cual informa el artículo 30 del Proyecto.

En efecto los tratadistas consideran que la inscripción supone el solemne reconocimiento de la integra validez jurídica de aquello que es inscrito, criterio tradicionalmente adoptado por los legisladores al proclamar que, "no debe recibir el sello de un archivo público mas que lo que no deje lugar a dudas de su legitimidad." Exposición de Motivo de la Ley española de 1861).

Todo rigor será escaso para asegurarse de la "legitimidad" del título que haya de inscribirse y ello da lugar a una verdadera función calificadora, por parte del Registrador, pues esto ha de cerciorarse de su eficacia jurídica.

Los documentos privados pueden de una manera excepcional servir para limitadas operaciones registrales, por ejemplo, en algunas anotaciones preventivas y cancelaciones, por lo que se impone en el texto del artículo el segundo inciso tal como aparece.

De todos modos, fuera de casos singulares, la exclusión de los documentos privados continúa siendo una regla general en la mayoría de los sistemas registrales. (Muñoz Morales. "Lecciones de Derecho Hipotecario". T. I, pág. 90).

Los artículos 58 a 60 recogen el "principio de legitimación" que junto con el "de fe pública registral", más adelante relacionado, concurren a constituir el superior "principio de presunción de exactitud del Registro".

En virtud del "principio de legitimación" se confiere al titular del derecho inscrito una situación privilegiada pues establece a su favor una presunción frente a todos los que a su vez pretendan tener un derecho sobre el inmueble, presunción que incluso se convierte en "juris et de jure" cuando el titular es un tercero registral, o hipotecario.

Al margen del orden meramente abstracto que es el Registro se desenvuelve otra realidad jurídica extra registral. Por ello el problema que se plantea es el de encontrar la necesaria concordancia, aún no lograda, ni en el sistema francés ni en el alemán.

El Registro de transcripción -franco- italiano- comprueba o publica los derechos inmobiliarios o actos jurídicos relativos a los mismos, los cuales, a pesar de su registro continúan con el mismo valor o eficacia que les correspondería sin la inscripción. En este sistema el Registro puramente informativo a modo de fichero de derechos o actos inscribibles hasta el punto de resultar casi inútil.

Contrariamente, el sistema alemán, vigente ya antes de regir el Código Civil en Hamburgo, Lubeck, Mecklenburg, y Sajonia mantiene la virtualidad del Registro en contra de la realidad jurídica, constituyendo sus asientos, por si mismos, la única fundamentación jurídica de los derechos inmobiliarios inscritos, siguiendo el llamado "principio de la fuerza probante o eficacia jurídica formal". La inscripción provocada por su sola sustancialidad, la constitución o extinción de los derechos. Entonces el Registro, como una especie de mundo formal, adquiere autonomía, desconectado de las relaciones materiales que le sirven de soporte, de modo que lo que dicen sus asientos, se considera como el único dato; se basta a si mismo pues prescinde de todo elemento extraregistral. (Enneccerus, Kipp y Wolff. T. III, págs. 136, Nussbaum, pág. 25 y 41, Gerónimo González."Principios" pág. 107).

El sistema español seguido en Cuba Puerto Rico y otros países se coloca en una posición equidistante, no pretendiendo que prevalezca la apariencia registral, ni viceversa. Solamente de un modo provisorio o de momento hace prevalecer el conté nido del Registro, de modo que cuando se demuestre que es inexacto se impone la verdad jurídica que como toda verdad ha de ser una. "La inscripción -según afirma Gerónimo González- sin tener la fuerza de la cosa juzgada, produce, mientras no se anule, sus peculiares efectos. Para impugnar el derecho base de la inscripción debe acatarse el mismo asiento y asegurar de este modo el paralelismo entre el Registro y la realidad jurídica".

Es así que en el artículo 59 de este contraproyecto "se presume" que el derecho inscrito "existe y pertenece al titular registral", en ello de acuerdo con lo establecido en los artículos 937 del Código Civil alemán y 937 del Código Civil suizo. Pero semejante presunción de exactitud constituye una presunción "iuris tantum", o sea que "mantiene como verdadera la titularidad inscrita, mientras, una vez puesta en tela de juicio, no se demuestre que no con cuerda con la realidad jurídica. De aquí que el principio de legitimación, por la propia esencia de las presunciones iuris tantum, tenga en el fondo un simple juego procesal o de desplazamiento de prueba: pero con todo tiene valor material, pues mientras la apariencia del derecho subsista, se reputa que responde a la realidad". (Roca Sastre, obra citada Tomo I, pág. 222).

La exposición de Motivos de Ley española de Reforma Hipotecaria, promulgada en 1944, expresa igual doctrina, que se acoge en este proyecto: "El Registro se presumirá exacto e íntegro mientras judicialmente no se declare lo contrario. Igualmente se presume que el derecho inscrito existe y corresponde al titular. De este modo, la presunción iuris tantum de exactitud registral, que solo limitada y taxativa mente se reconocía en la legislación anterior, alcanza a todos los supuestos hipotecarios. El titular según el Registro, gozará asimismo de una justa y adecuada protección al exonerarle de la carga de prueba".

Las presunciones establecidas tienen como cometido "legitimar", para el tráfico jurídico, al titular registral en el sentido como dice Roca Sastre de "tener que ser tratado como propietario titular registral que ser considerado como poseedor del dominio o del referido derecho real".

Tal es el alcance que ha de darse a lo dispuesto en el referido art. 59 cuando preceptúa que, "de igual manera se presumirá que quien tenga inscrito el dominio de los inmuebles y derechos reales de naturaleza inmobiliaria tiene la posesión de los mismos". La interpretación de Roca Sastre es incontrovertible: "La presunción de que el titular registral tiene, a todos los efectos legales, la posesión inherente al dominio o derecho real inscrito a su nombre, le hace un propietario-poseedor o sea un titular del dominio o derecho real completo en el sentido de hallarse en pleno ejercicio, si .bien esto tan solo a los fines legitimadores, es decir, al objeto de que el titular según el Registro sea tratado como poseedor real, en una palabra, como propietario-poseedor. Más ello únicamente en tanto no se demuestre que el Registro es inexacto respecto a la existencia ya la titularidad o pertenencia del dominio o derecho real inscrito, de cuya posesión se trata", (I pág. 261).

Por último, el artículo 60 contiene la consecuencia inversa: "La cancelación de un asiento en el Registro presupone la extinción de derecho al cual aquel se refiere".

Nótese, sin embargo, que aquí se sustituye el verbo "presumir" por "presuponer". Con lo dual "literalmente interpretado este precepto quiere decir que para llegar a la cancelación del derecho, es presupuesto, precedente o requisito previo y necesario la extinción del mismo". (Sanz Fernández, pág. 339).

Por lo demás, el art. 62 del proyectó afirma, para desvanecer cualquier duda, que "la inscripción no convalida los actos o contratos que sean nulos con arreglo a las leyes".

Se contiene en los arts. 61 a 63 del Proyecto. En efecto el sistema propuesto es el mismo qué adopta la legislación alemana, suiza y española, seguida por la mayoría de países.

Ahora se trata, sobre todo, de fijar la situación del tercero, que, como se verá luego, es un tercero especificado en virtud de las peculiaridades que en él concurren y al que por motivos como este, se designa con el nombre de "tercero registral", o de "tercero hipotecario".

El art. 892 del Código Civil alemán establece que, "el contenido del Registro sé reputa exacto en provecho real inmobiliario, salvo que figure registrada una acción real de contradicción o que la inexactitud registral sea conocida por el adquirente". Aún más terminante, el art. 973 del Código Civil suizo dispone que, "Quien adquiera la propiedad u otro derecho real, fundándose de buena fe en una inscripción del Registro es mantenido en su adquisición". De igual manera en España "el contenido del Registro se considera siempre exacto en beneficio del tercero que adquiera en las circunstancias determinadas por la Ley el cual, en consecuencia, puede estar completamente seguro de su adquisición en los términos que el Registro expresa". (Roca Sastre, I, pág. 348).

La reforma de la Ley Hipotecaria española de 1944 plantea con toda claridad el problema en su exposición de motivos, de esta manera: " Objeto de particular estudio ha sido el principio de fe pública registral, elemento básico de todos los sistemas hipotecarios. La presunción legitimadora sería insuficiente para garantía, por si sola, el tráfico inmobiliario, si el que contrata de buena fe apoyando, se en el Registro, no tuviera la seguridad de que sus declaraciones son incontrovertibles. Después de ponderar los inconvenientes que en orden a la aplica del predicho principio rigen en la legislación compara da, se ha considerado pertinente mantener el criterio tradicional español. La inscripción solamente protege con carácter juris et de jure a los que contratan a titulo oneroso, mientras no se demuestre haberlo hecho de mala fé. Los adquirentes en virtud de la Ley, por una declaración jurídica o por causa de liberalidad, no deben ser separados en más de lo que sus propios títulos exigiere. Es preferible que el adquirente gratuito deje de percibir un lucro, a que sufran quebranto económico aquellos otros que, mediante legítima prestaciones, acrediten derechos sobre el patrimonio del transmitente. La ficción jurídica de considerar qué la inscripción es exacta e íntegra, en los casos en que no concuerda con la verdad, solo puede ser mantenida hasta donde lo exija la indispensable salvaguardia del comercio inmobiliario".

En beneficio de este tercero especial -por la especialidad de la relación jurídica- el contenido del Registro se presume verdadero con presunción "juris et de jure" o se finge, por el mecanismo de la ficción, irrebatiblemente exacto, con lo cual proporciona base firme a las transacciones inmobiliarias.

Roca Sastre lo expresa impecablemente así:

"El principio de la *fides* pública registral es a modo de ficción, de veracidad de que la Ley enviste a los asientos practicados que constatan la existencia, rango, extensión y titularidad de los derechos reales registrados, ficción únicamente mantenida en cuanto se trate de proteger a dicho tercer adquirente que lo que sea en virtud de acto jurídico.

Este principio de fe pública tiene una doble función, a saber:

a) El contenido registral se presume exacto de modo que el tercero que adquiere un derecho confiado en lo que el Registro expresa, deviene propietario o titular de tal derecho y con la extensión y contenido con que aparece el mismo registrado, aunque el transferente o titular del derecho de qué se trata, o que este sea en realidad de extensión o contenido distinto. A tal criterio responde el art. 34 de la Ley española que se ha adoptado en la redacción del art. 62 de este Proyecto. Es una presunción positiva de veracidad.

b) El contenido registral se presume Integro de manera que el tercero pueda rechazar cuantos derechos, títulos, acciones o hechos no estén inscritos o reflejados en el Registro, los cuales deben considerarse inexistentes en cuanto puedan perjudicar o afectar al tercer adquirente que contrata fiado en los libros hipotecarios, aunque aquellos existan en la realidad jurídica, pues ante él, el Registro ha de reputarse completo, o sea que agota la realidad jurídica. Es una presunción negativa de veracidad. (Ver Roca Sastre, T. I, pág. 349).

Ambos preceptos responden a la misma idea de que lo no inscrito no perjudica a tercero es decir, que lo que no expresa o revela el Registro de una manera explícita no puede afectar al tercer adquirente protegido. Pero, mientras el art. 62 de este contraproyecto se dirige primordialmente a impedir, que el tercero pierda su adquisición, el art. 61 trata de evitar que el tercero la vea aminorada por la concurrencia de cargas, gravámenes u otras limitaciones.

Se hace imprescindible ahora abordar -siquiera sea sumariamente- el dificultoso concejo de "tercero registral" o "tercero hipotecario" que es una especie de tercero civil.

A tal respecto la Exposición de Motivos de la reforma de la Ley Hipotecaria española promulgada en 1944, afirma muy sensatamente que ni la noción de tercero es privativa de las leyes inmobiliarias ni puede desconocerse que todos los regímenes hipotecarios de tipo intermedio se han visto precisados a regular esta, figura jurídica, precisamente al fijar el ámbito del principio de publicidad. Se trata de una realidad impuesta por la naturaleza de las cosas, que el legislador no puede preferir. Las dudas que motivadas en gran parte por una exagerada exégesis con harta frecuencia se han suscitado sobre el valor conceptual de tercero, han sido allanadas. A los efectos de la fides pública no se entenderá por tercero el poenitus extraneus, sino únicamente el tercer adquirente, es decir, el causahabiente de un titular registral por vía onerosa. Podría, es verdad, haberse sustituido la palabra tercero por la de adquirente; pero se ha estimado mejor mantener un término habitual en el lenguaje legislativo".

Roca Sastre con su característica claridad dice que el tercero hipotecario -o registral- es el destinatario de la protección acordada por el principio de la fe pública, es el que pueda invocar en su favor tal protección", (T. I, pág. 403).

El tercero contractual es aquí tercer adquirente. La Ley de Registró no altera en lo más mínimo el concepto de tercero, pues este es unívoco, sin prejuicio de que pueda aplicarse a diferentes situaciones jurídicas. El Derecho inmobiliario se limita a regular la posición jurídica del mismo desde el punto de vista registral, pero siempre a base de reputar tercero, al que no ha sido parte, o que es extraño al negocio jurídico especialmente contemplado.

Se ha definido, en efecto como tercero, en sentido genérico o sea aplicable siempre a "aquel respecto del cual no se puede oponer un acto jurídico al que es extraño, como no se hayan cumplido ciertas formalidades". Si se transporta esta idea al terreno del Derecho inmobiliario -añade Roca Sastre- y se sustituyen aquellos requisitos de forma pública, fecha cierta, etc., por el de inscripción, resultará que a los efectos del registro los actos, negocios jurídicos o títulos no inscritos, no podrán afectar a tercero, o sea que ante este es inexistente todo cuanto no conste en los asientos. Y así ampliando la idea a todo título, acción circunstancial o elemento, podrá decirse, bajo una concepción técnica registral, que frente al tercero solo existe, en pro o en contra, lo que figura en el Registro. Es decir, que solo debe atenerse al contenido del mismo, reputado, frente a él, como única verdad existente.

Por tanto el adquirente de derechos reales ha de atenerse a esta situación inscrita, que es la que determina su calidad de tercero.

La definición de tercero registral -o hipotecario- queda incluida en el art. 62 de este Proyecto, más para hacerla inequívoca y literal se ha creído conveniente añadir el art. 63, en el que se define de una manera explícita.

Figuran incorporadas al Título III (De las actuaciones del Registro en materia inmobiliaria), que consta de tres capítulos. (art. 64 a 111)

Las distintas operaciones, o "modo de llevar los Registros", se acomodan a la observancia de los principios de "rogación o de instancia" (art. 99) y "de especialidad" (arts. 92 a 95).

Será precisa una manifestación de la voluntad, más o menos formal, por parte de los interesados, para que se proceda a practicar las operaciones procedentes en los libros regístrales" (Cossio, Obra citada, pág. 45). Semejante exigencia obedece al llamado "principio de rogación o de instancia", en virtud del cual el Registrador solamente puede actuar a petición de parte o por mandato de la autoridad judicial o administrativa.

La rogación o instancia, en efecto, impide, ante todo, el registro de aquello que sea contrario al interés de los otorgantes, excluyendo la oficiosidad o la malicia de quien es ajeno al acto inscribible. De otra parte confiere derechos en el procedimiento registral, como deducir peticiones y hasta entablar recursos. Porque el procedimiento lo inicia la presentación de documentos, acabándose con la inscripción o bien con la suspensión o denegación de esta.

Sin embargo, "una vez acreditada la Calidad del interesado, el simple hecho de presentar un título, manifiesta, a modo de facta concludentia, la exteriorización de la voluntad, pues se trata de una declaración recepticia" (Roca Sastre, T. I, pág. 708), sin que sea necesario formalizarla por escrito ni siquiera verbalmente. De aquí la amplitud del ordinal 4°, sin omitir los casos excepcionales en que haya de intervenir la autoridad, recogidos en el ordinal 5° y en el último párrafo del propio artículo.

Iniciado el procedimiento registral con la presentación del título al Registro, ha de culminar en la inscripción pura y simple del mismo, si nada obstara jurídicamente a ella, o bien en una suspensión o denegación según los casos.

Como es obvio, el Registrador no puede limitarse a transcribir los títulos de una manera incondicionada, pues ha de asegurarse, y aún asegurar con una declaración válida para todos, que el título es jurídicamente correcto.

Ya se dijo que la inscripción en el Registro se encuentra dotada de legitimidad y fe pública registral, por donde resulta inexcusable, antes de practicar, examinar y decidir sobre la legalidad del título mismo.

A ello corresponde la inevitable función del Registrador, consecuencia inmediata del llamado "principio de legalidad".

La calificación consiste en "el examen, censura y comprobación que, en la legalidad de los títulos presentados, verifica el Registrador antes de proceder a la registración de los mismos, denegándola o suspendiéndola cuando no están arreglados, a derecho" (Aguirre. "Derecho Hipotecario". La Habana, año 1942).

La función calificadora tiene la naturaleza de un acto de jurisdicción voluntaria, más ejercida por un órgano administrativo "ad hoc" como lo es el Registrador (ver Soca Sastre, T. II, págs. 9 y 11), aún cuando, pon esta misma razón, desprovisto de la fuerza de la cosa juzgada.

"No declara un derecho dudoso o controvertible -advierte Gerónimo González sino simplemente proclama, una vez examinados los documentos, que ha nacido un derecho real o situación jurídica inmobiliaria, autenticando esta afirmación en los libros regístrales. La función calificadora es esencialmente autenticadora. Por esto sus efectos son poco intensos, pues cabe abrir juicio contradictorio sobre el mismo objeto". De aquí que el artículo 98 de este Proyecto la limita a los efectos de extender, suspender o negar la inscripción y no impedirá el procedimiento que pueda seguirse ante los Tribunales ni prejuzgará el resultado del mismo y así, "cuando la ejecutoria que recayera resultara contraria a la calificación el Registrador practicará el asiento solicitado".

¿Que califica concretamente al Registrador, según el texto propuesto en este Proyecto?

a) Su propia competencia.

b) La legalidad de las formas extrínsecas de los documentos de todas clases, en cuya virtud se solicite la inscripción.

c) La capacidad de los otorgantes.

d) La validez de las obligaciones constituidas en los títulos públicos.

e) La identidad personal y real del titular que dispone.

Roca Sastre estudia minuciosamente la extensión y límites de la función calificadora así como los elementos de la calificación. Véanse, en resumen sus implicaciones.

a") Amplitud y límites de la función calificadora.

a'") Legalidad de las formas extrínsecas de los documentos de toda clase, en cuya virtud se solicite la inscripción.

Se califica en sus tres extremos a saber, competencia, requisitos de formalización y autenticidad de la copia o traslado.

Son defectos referentes a las formalidades extrínsecas:

a"") El uso de papel timbrado que corresponda.

b"") La nota de pago de los impuestos exigibles.

c"") En los documentos notariales, la competencia de los Notarios y las formas y solemnidades de la escritura.

d"") Las modalidades de los titules preceptuadas en los arts. 46, 47, 49, 51 y 52 de la Ley.

b'") En los documentos judiciales, a más de la competencia, los requisitos de formalización y autenticidad de la copia certificada o testimonio. Naturalmente, queda excluido apreciar el contenido de las resoluciones ni siquiera el orden riguroso del procedimiento. En cambio, la competencia ha de considerarse en cuanto a la jurisdicción, materia y cuantía.

c'") La capacidad de los otorgantes y sus restricciones, teniendo en cuenta las prohibiciones legales e índole de la representación.

d'") Validez de los actos dispositivos contenidos en el instrumento, examinando si son notoriamente válidos o nulos, tanto en sí mismo como en sus condiciones.

e'") Identidad personal y real. El Registrador ha de comprobar que el titular inscrito y la persona que en el documento transfiere son un mismo objeto.

b") Elementos de calificación.

Como instrumentos para verificar la calificación el Registrador dispone de los documentos presentados y de los asientos del Registro a ellos referibles. Al calificar se ha de atener a estos dos elementos de una manera exclusiva.

No ha de olvidarse la propia competencia del Registrador, sobre todo en razón al acto inscribible y al lugar en que haya de practicarse la inscripción. Por último, el Registrador califica bajo su estricta responsabilidad, sin que pueda liberarla de ella el haber seguido una determinada orientación y hasta un precedente.

Ahora queda pendiente otro punto también importante. ¿Qué ha de entenderse por faltas subsanables e insubsanables?

"La falta subsanable se determina -Roca Sastre- por aquellos defectos que adolece un titulo, que, sin constituir meras faltas reglamentarias y siendo comprobables por el Registrador, provengan de la forma del mismo título o acto que contiene, o las origine el Registro, "siempre que sin provocar la nulidad del referido acto, ni su intrascendencia real inmobiliaria, puedan subsanarse por medio de una nueva redacción documental, reforma u otra medida o formalidad, suspendiendo tan solo la práctica de la inscripción.

Contrariamente, son faltas insubsanables "aquellos defectos de que adolece un título, que sin constituir meras faltas reglamentarias y sien do comprobables por el Registrador, provengan de la forma del mismo título o del acto que contiene, o las origine el Registro, siempre que provocando la nulidad del referido acto, o su intrascendencia real inmobiliaria, no puedan subsanarse de ningún modo, ni enmendar se sin un nuevo otorgamiento substancial, impidiendo en absoluto la práctica de la inscripción solicitada". (Ver T. II, págs. 23 y sig.)

Desde luego el criterio legal adoptado en este contraproyecto, ofrece una excesiva vaguedad pero resulta imposible hacerlo más concreto se apela a la adopción de vina fórmula enumerativa que resultaría inacabable y a pesar de ello siempre deficiente. Más el remedio se encuentra en la garantía de los recursos. En efecto, en los arts. 75 y 78 se dispone que la calificación del Registrador puede dar lugar a un recurso judicial. Entonces el recurso gubernativo no es taxativo sino, al menos hasta cierto punto, optativo. Los interesados escogen la instancia más en definitiva prevalece la vía judicial. Además el recurso gubernativo acaba desembocando a la Corte Federal, (art. 84).

En cuanto a la naturaleza jurídica del recurso gubernativo registral -así denominado por los tratadistas- se han suscitado grandes controversias. Roca lo considera una simple incidencia de la misma calificación. "Tiene el carácter propio de los actos de jurisdicción voluntaria, pero carece, en cambio, de naturaleza judicial contenciosa porque en él no hay contienda ínter partes. Tampoco tiene el carácter de una alzada administrativa, porque ni se trata de ningún supuesto en que se niegue un derecho de índole administrativa, ni puede hablarse de apurar la vía gubernativa, ya que se puede acudir a la vía judicial sin necesidad de utilizar este recurso". (T. II, pág. 43).

De todos modos acentúa este tipo de recurso su calidad administrativa pues se ha dado como una de las muchas medidas protectoras de la Administración a los derechos de carácter privado en virtud de actos de la jerarquía administrativa, -como dice Roca- si se origina en la infracción presunta de una Ley que organiza un servicio público y ello sitúa todos los actos en el ámbito de la jurisdicción administrativa.

La novedad sobre la cual se llama la atención es la de haberse introducido un recurso previo de reforma ante el propio Registrador de quien proceda la calificación (Art. 81), trámite que puede contribuir a desvanecer equívocos datos. De esta manera el recurso gubernativo propiamente dicho no se hace inevitable.

Es en el art. 99 donde se formula tal principio. Toda transmisión de derecho supone el necesario encadenamiento de causante a sucesor ello como consecuencia de la regla jurídica clásica, "nemo dat quod nom habet".

Ahora bien, semejante axioma de Derecho material ha de tener reflejo en el Registro mediante una declaración formal, asegurándose en los libros el ordenado encadenamiento de causante a sucesor, evitando así que pueda registrarse "per saltum". Esto justifica el nombre de "principio de previa inscripción", la cual exige que, "al tiempo de proceder a registrar un acto inscribible resulte, que, la persona que en el mismo aparezca como parte disponente o perjudicada figure previamente inscrita" (Roca T.I, pág 719).

Entonces se logra siempre que el principio de tracto sucesivo opere no sólo para que se conozca el historial jurídico de los inmuebles sino para evitar que se transfiera o grave vina finca o un derecho real por quien carezca de facultades para ella. Tal exigencia es vieja pues se encontraba ya establecida en el artículo 20 del Proyecto de Código Civil español de 1851 y aún antes en el artículo 56 de la Ordenanza hipotecaria de Prusia de 1783. No se trata así de una novedad.

Este se asegura implantando el folio real (arts. 120 a 123).

El cambio radical en la manera de efectuarse las operaciones de registro, propugnado en este Proyecto, responde a tres razones poderosísimas. Primero, a la necesidad de distinguir y discriminar dos funciones heterogéneas, en la Ley vigente con fundidas y hasta mixtificadas, a saber, la protocolización -propia de las Notarías- y la inscripción que corresponde al cometido del Registro. En segundo lugar, resulta ello no sólo más adecuado sino también de una mayor sencillez. Puede ya advertirse con la supresión de un exceso de libros, completamente inútil. Nada menos que catorce, amén del duplicado de los Protocolos, contra ocho, que resultan suficientes. De otra parte se comprueba que la sencillez de las operaciones contribuye pese a las resistencias para toda novedad a simplificar el régimen entero del Registro y disminuir su sobrecargada burocracia, que requiere calidad en vez de cantidad. Por último, se gana evidentemente en seguridad con el sistema adoptado como una secuela o complemento del "principio de determinación" (Regelsberger).

Este principio -que ha de constituir el fundamento de todo auténtico Registro- se manifiesta en tres aspectos, relativos a la finca in matriculada, al derecho inscrito y al titular registral.

En cuanto a la finca -dice Roca- el principio actúa en dos sentidos:

a") El sistéma funciona a base de la unidad registral finca, a cada una de las cuales se abre en los libros el correspondiente folio u hoja registral.

b") En un buen sistema de registro se especifican las partes integrantes de la finca inmatriculada, describiendo la misma con arreglo a sus características".

Por lo que respecta a los derechos inscritos, el principio de especialidad atiende el valor jurídico de los mismos.

En lo relativo a los titulares regístrales, el principio exige determinar el adquirente de una manera precisa.

Sobre todo resalta la necesidad de establecer la finca como unidad básica del Registro, Es indispensable qué la comprobación registral se efectúe a base del historial jurídico de cada finca, unificado en la correspondiente hoja que cada una de ellas se abre al matricularse o sea al irrumpir en el libro. Como observa Gerónimo González "una de las consecuencias lógicas del principio de especialización la constituye la cimentación del sistema sobre la inscripción de superficies deslindadas del globo terrestre, descritas con arreglo a pautas rígidas en asientos numerados correlativamente y extendidos en folios separados. La finca, entidad registral o hipotecaria, es el soporte jurídico de los derechos reales que a ella se refieren y responde a la necesidad de especializarlos o especificarlos. Una de las primordiales exigencias del Registro, derivada del principio de publicidad, es la de que cada finca o entidad hipotecaria, aparezca inscrita bajo folio y número especial, con objeto de que las terceras personas a quienes la inscripción interese sepan donde ha de encontrar cuanto al inmueble haga relación y cuanto defina su situación jurídica, sin temor a las limitaciones consignadas en otros asientos independientes".

Estas palabras del gran maestro son suficientes para justificar la adopción el sistema de folio real que resulta del articulado de este Proyecto. (Vid. en *Revista de la Facultad de Derecho,* N° 16, Caracas 1958, págs. 272 a 288).

5. El Documento Registrado

A. Introducción.

El documento público regulado en el art. 1357 del C.C. lo es, desde su nacimiento, es decir, es público ab initio. La publicidad del instrumento consiste en su autenticidad inicial, o sea en que su otorgamiento haya sido hecho en toda forma ante el funcionario autorizado para dar fe pública de su contenido y firma.

Ante esta situación podemos afirmar que según el Código Civil, el documento público por excelencia según lo dispone el art. 1357 del Código Civil, es el Registrado, el autorizado con las solemnidades legales por un Registrador en el lugar donde el instrumento se haya autorizado.

Ahora bien, los efectos entre las partes y respecto de terceros del documento registrado serán los mismos del documento público según el art. 1359 del Código Civil, si el Registrador ha efectuado, visto u oído los hechos jurídicos a que el instrumento se contrae. Es decir, el documento registrado hará plena fe, así entre las partes como respecto de terceros de su contenido, siempre y cuando el Registrador que lo ha autorizado declare haber efectuado visto u oído los hechos jurídicos a que el instrumento se contrae, y siempre que el documento no sea declarado falso por los motivos señalados en el art. 1380 del Código Civil.

En estos casos del documento registrado, la publicidad del documento es inicial: la publicidad surge con el nacimiento del documento. Su carácter de documento registrado, y en este caso también público, puede ser cuestionado por los motivos del art. 1380 del Código Civil. Y en lo que se refiere a las declaraciones de los otorgantes, referentes al hecho jurídico a que el instrumento se contrae que el Registrador declara haber efectuado, visto u oído también el documento registrado y público hará plena fe respecto de las partes y los terceros, siempre y cuando no se demuestre la simulación, de conformidad con el art. 1360 del Código Civil. Los medios de impugnación continúan siendo los mismos. El carácter de publicidad que le da el Registrador al documento público se fusiona al carácter de publicidad del propio instrumento por haber nacido, o por haber sido autorizado ab initio en la forma del art. 1357 del Código Civil.

Ahora bien, distinto es el caso, del documento privado reconocido o autenticado, que se registra. Podríamos preguntarnos: ¿Si un documento reconocido judicialmente o autenticado, que son documentos privados y no públicos, se lleva a cumplir la formalidad de Registro, será, desde su registro un documento público? ¿Tendrá los mismos efectos que un documento público? ¿Habrá de impugnarse por las mis mas vías sustantivas que a un documento público? Un práctico del derecho, un lego, contestaría de inmediato afirmativamente.

Sin embargo, nosotros no compartimos esa opinión. Consideramos y lo sostenemos, que el documento público, es público ab initio, desde su nacimiento. Y si un documento privado reconocido (autenticado) se lleva a cumplir las formalidades de registro, no por ello será público con todas sus consecuencias. Nada de eso. Continuará siendo priva do, reconocido o autenticado; continuará teniendo sus efectos y su vía de impugnación por la prueba en contrario (Art. 1363 del Código Civil). El carácter que le da el registro será el determinado por la disposición legal que exija su registro; pero registrado o no podrá ser impugnado por cualquiera prueba en contrario y no por las razones de falsedad determinadas en el art. 1380 del Código Civil, exclusivas del documento público.

En la práctica forense y registra venezolana, se tiene por costumbre señalar que todo documento registrado es público. Tomás Polanco, en su libro Derecho Administrativo Especial ha afirmado en ese mismo sentido que hay que establecer "muy cuidadosamente la diferencia entre el documento registrado en el sentido de que el documento público es el género y el documento registrado la especie, por lo que todo documento registrado es público, pero no todo documento público es registrado" (Vid. pág. 127). Sin embargo tal como hemos visto, y como analizaremos más adelante al estudiar los efectos del registro, discrepamos totalmente de esa afirmación. Veamos primero, sin embargo, las condiciones del documento registrable.

B. Condiciones del Documento Registrable

a. Idioma Castellano

Los registradores no podrán aceptar para su registro documentos que no estén manuscritos en idioma castellano. Cuando se presenten para su registro documentos en idioma extranjero, deberán ser traducidos al idioma castellano, por un Intérprete Público, de conformidad con la Ley de Interpretes Públicos.

b. Manuscrito

Hemos señalado que para que el documento sea registrable ha de ser manuscrito. Sin embargo, prevé la Ley de Registro Público (Art. 83) que si se presentaren para ser protocolizados documentos auténticos otorgados en el exterior, y escritos a máquina o en otra forma que no sea manuscrita, el Registrador sacará copia certificada de cada documente} la cual inscribirá en los Protocolos y estampará al pié de cada copia, la correspondiente nota de registre.

c. Papel Sellado

Según el art. 81 de la Ley de Registro Público, los documentos que se lleven a registrar deben ser extendidos en el papel sellado correspondiente a la jurisdicción respectiva; pero los que se presenten para su registro, ya autenticados o registra dos en otra jurisdicción, deben estar escritos en el papel del lugar donde hubieren sido otorgados. Esta norma sin embargo, ha sido modificada por la Ley de Timbre Fiscal, que uniforma las disposiciones referentes a papel sellado, al establecer un solo tipo de dicho Papel Nacional.

Sin embargo, si se llevaren a protocolizar documentos antiguos, extendidos en papel común, se inutilizarán tantas hojas de papel sellado cuantas contengan dichos documentos.

d. Identidad de los Otorgantes

Los otorgantes del documento que se lleve a protocolizar acreditarán su identidad en la forma y por los medios que establece el aparte segundo del ordinal 5a del artículo 90 de la Ley de Registro Público. (Véase dicha norma en el Tomo I, pág. 44).

En este sentido, la sentencia de la Corte Federal de 25 de junio de 1952 (Gaceta Forense tomo 11, primera etapa, pág. 168), señaló que "la Ley de Registro Público emanada del Congreso Nacional, priva sobre el Decreto N° 409 reglamento del Servicio Nacional de Identificación, emanado de la Junta Revolucionaria de Gobierno. Priva asimismo la Ley de Registro Público en cuanto a la forma de identificarse, que en términos precisos ella establece para el acto de protocolización de documentos. De manera que si el otorgante no presenta su cédula de Identidad, que es un medio legal y general de identificación de las personas, bien puede el Registrador atenerse a los dictados de la Ley Especial que rige o reglamenta sus funciones. Ahora bien: conforme al artículo 90 de dicha Ley, el otorgante u otorgantes deben acreditar su identidad con la presentación de la respectiva Cédula de Identidad. Sólo en el caso de que por urgencia o por motivo o circunstancia justificados a juicio del Registrador, no sea posible dará fe de que conoce al otorgante, y en caso de no conocerlo, la identidad se comprobará con los distintos medios taxativamente señalados en la citada disposición. En último término, y cuando tampoco sea posible identificarse por esos medios, procede a la presentación de testigos suplementarios que den fe de la identidad del otorgante".

e. Firma

Tal como lo establece el artículo N° 1923 del Código Civil los instrumentos privados no pueden registrarse, si la firma de los contratantes o la de aquél contra quien obran no ha sido autenticadas o comprobadas judicialmente.

f. Legalización

Las sentencias y los actos ejecutados en país extranjero deben legalizarse debidamente, como lo establece la disposición del Código Civil antes señalada, y en la forma establecida en el artículo 31 de la Ley Orgánica del Servicio Diplomático.

Otros requisitos

El Código Civil en su artículo 1913 exige otros requisitos al establecer que todo título que se lleve a registrar debe designar claramente el nombre, apellido, edad, profesión y domicilio de las partes, y la fecha de la escritura en letras. La designación de les corporaciones o establecimientos se hará bajo la denominación con la cual fueren conocidas con expresión del domicilio o residencia de la dirección del establecimiento.

C. Efectos del Registro sobre el documento público o privado registrado

En el Título XII del Libro Tercero del Código Civil encontramos las disposiciones referentes al Registro Público. El articulo 1924 nos establece, que los documentos, actos y sentencias que la Ley sujeta a las formalidades del registro y que no hayan sido anteriormente registrados, no tienen ningún efecto, contra terceros que, por cualquier título, hayan adquirido y conservado legalmente derechos sobre el in mueble (terceros regístrales). Y en estos casos, cuando la Ley exige un título registrado para hacer valer un derecho, no puede suplirse aquél con otra clase de prueba, salvo disposición especial.

En efecto, tanto el Código Civil (arts. 1878, 1920, 1921 y 1922), como la Ley de Registro Público, y "otras leyes especiales, señalan que determina dos actos y documentos deben registrarse; mientras no se cumpla esa formalidad, no tendrán efecto contra terceros;" y mientras no sean registrados, esos actos y documentos no podrán probarse por otros medios de prueba cuando se exige título registrado para hacer valor el derecho contenido en ellos»

Por lo tanto, es muy distinto el carácter y los efectos que tienen en sí y por sí los documentos públicos y los documentos privados reconocidos o autenticados, del carácter que les pueda dar esos documentos la formalidad de su registro.

La formalidad de registro nos dará el efecto de poder probar, contra terceros interesados (tercero general) y .de hacer de medio probatorio con el título registrado del derecho que lo requiera, desde el momento del registro; y no tendrán esos efectos cuando no han sido, registrados anteriormente, respecto de terceros, que por cualquier título hayan adquirido y conservado legalmente derechos sobre el inmueble (tercero registral), si es el caso.

La formalidad del registro, entonces, no cambia para nada los efectos del documento público o privado reconocido o autenticado que se lleve a registrar; así como tampoco cambia para nada los hechos o circunstancias de los cuales el documento hace plena fe; ni cambian tampoco las vías sustantivas de impugnación de dichos documentos.

A este respecto, podemos distinguir varias hipótesis, para una mejor comprensión del razonamiento:

a) Instrumento público cuyo contenido es algún acto, al cual la Ley le exige para su validez, la formalidad de Registro:

El instrumento público, autorizado con todas las formalidades legales por un funcionario público, de conformidad con el artículo 1357, produce todos los efectos probatorios legales dispuestos en el artículo 1359 y 1360 del Código Civil.

Ahora bien, cuando un acto determina do debe registrarse para que tenga efecto probatorio y efectos contra terceros el derecho contenido en él por lo general el mismo acto de Registro es el nacimiento del instrumento público, pues el documento se otorga ante el Registrador y el acto se realiza también ante él, en las mismas circunstancias de tiempo y de lugar. Tal es el caso de las hipotecas que según el artículo 1878 del Código Civil, no tiene efecto si no se han registrado conforme al Título XXII del Libro III del Código Civil.

Sin embargo, cierto tipo de acto, que requiere según la Ley la formalidad de registro para surtir efecto, nace por documento público antes de ser registrado. Tal es el caso de la hipoteca judicial que consta de sentencia ejecutoriada, como lo establece el Código Civil (Art. 1886). Un ejemplo nos aclara el razonamiento si una ejecutoriada condena al pago de una cantidad determinada, produce hipoteca sobre los bienes del deudor en favor de quien haya obtenido la sentencia. Así tenemos una hipoteca judicial que emana de una sentencia. Esta sentencia es un documento público pues ha sido autorizada por un Juez tal como lo establece el artículo 1357 del Código Civil. Sin embargo, a pesar de ser un documento público que tiene todos los requisitos esenciales de existencia, para hacer plena fe de los hechos jurídicos que contiene, la Ley, por disposición expresa (arts. 1879 y 1924 C.C.) hace que dicho documento:

a') no produzca efectos contra terceros hasta que esté registrado; de manera que si una tercera persona, por cualquier título ha adquirido legalmente derechos sobre el inmueble antes de registrar se la hipoteca judicial, esta no producirá efectos contra ese tercero; y

b') no produce tampoco dicho documento, ningún efecto probatorio contra terceros de la hipoteca judicial, antes de ser registrado. Dicho documentó sentencia sin embargo, si tendrá la fe pública y la fuerza probatoria del documento público entre las partes.

b) Instrumento privado reconocido o autenticado cuyo contenido es algún acto al cual la Ley exige para su validez, la formalidad del registra

Un documento privado, autenticado de conformidad con las normas del Código de Procedimiento Civil ante un Juez o Notario, produce todos los efectos probatorios legales dispuestos en el artículo 1361 del Código Civil.

Ahora bien, si el acto contenido en dicho documento, es de aquellos que la Ley, por disposición expresa, exige su registro para que tenga efectos legales y probatorios contra terceros, el documento privado autenticado no registrado no producirá ningún efecto respecto de terceros, hasta que sea registrado.

Un ejemplo nos aclara el razonamiento: se ha realizado una venta sobre inmuebles por un documento privado (autenticado o reconocido judicialmente). Ahora bien, de conformidad con el ordinal 1° del artículo 1920 del Código Civil, todo acto entre vivos a título oneroso, traslativo de propiedad de inmuebles debe ser registrad. Por tanto, ese documento privado autenticado:

a')   No producirá ningún efecto contra terceros, que por cualquier título hayan adquirido legalmente derechos sobre el inmueble, hasta tanto no sea registrado;

b')   Además, respecto de terceros, esa venta no podrá probarse con otra prueba, hasta tanto no conste en título registrado.

Dicho documento, sin embargo, tendrá todos los efectos del documento privado autenticado o reconocido, entre las partes otorgantes.

Ahora bien, y esto es lo más importante, el hecho de que ese documento autenticado o reconocido se registre no lo convierte jamás en documento público. De ninguna manera. En efecto, la formalidad del registro no cambia la naturaleza del documento privado autenticado o reconocido convirtiéndolo en público. No. Y hemos dicho que el documento público, es público ab initio. El documento privado (autenticado o reconocido) registrado seguirá siendo documento privado. El registro, lo que ha hecho es hacerlo producir efectos contra terceros cuando la Ley por disposición especial, así lo exige. Pero dicho documento privado registrado sólo producirá respecto de terceros, los efectos que señala el artículo 1363 C.C. y no los especificados en el articulo 1359 C.C. Además, dicho documento privado autenticado o reconocido registrado, podrá en todo caso, ser desvirtuado por cualquier prueba en contrario, y no por los motivos de falsedad establecidos en el artículo 1380 C.C., exclusivos del documento público.

Este razonamiento lo apoya la sentencia de la Corte de Casación de fecha 4 de noviembre de 1959, que expresa: "Es lo cierto que la protocolización en una Oficina de Registro, de un documento previamente reconocido ante un Juez, no confiere a ese instrumento el carácter de público o auténtico. El documento público es aquél que ha nacido bajo la autoridad del funcionario competente para darle: fe pública Su autenticidad debe existir desde el propio instante de su formación. No es admisible la tesis de que un instrumento privado inicialmente, se convierta posteriormente, por el acto de la protocolización, en documento público".

Sobre toda esta materia véase: Allan Randolph Brewer C., "Consideraciones acerca de la distinción sobre documento público o auténtico, documento privado reconocido y autenticado y documento registrado", en *Revista del Ministerio de Justicia*, N° 41, pág. 187 a 221; y en *Revista de la Facultad de Derecho* N° 23, págs. 347 a 378.

Sección Tercera:
LA REGULACION JURÍDICO-ADMINISTRATIVA DE LAS PROPIEDADES ESPECIALES

I. EL PRINCIPIO CONSTITUCIONAL

1. La norma constitucional

El principio sobre las .propiedades especiales está consagrado en el Art. 100 de la Constitución, que establece que, los derechos sobre obras científicas, literarias y artísticas invenciones, denominaciones, marcas, y lemas gozarán de protección por el tiempo y en las condiciones que la ley señale.

2. Análisis de la norma: las llamadas propiedades especiales

Como se ve, el artículo de la Constitución no habla de propiedad sino sólo de derechos sobre Obras científicas, etc. Sin embargo, el Código Civil, en el artículo 546, establece que, el producto a valor del trabajo o industria lícitas, así como las producciones del ingenio o del talento de cualquiera persona, son propiedad suya, y se rigen por las leyes relativas a la propiedad en general y las especiales sobre estas .materias.

A. La naturaleza jurídica de las propiedades especiales

Esta disposición del Código Civil de calificar estas propiedades especiales de propiedad, ha sido abandonada -por la doctrina- y ello porque las obras literarias, etc., no sólo tienen contenido patrimonial que califica en esencial el derecho de propiedad, sino que también tiene un contenido moral, una serie de derechos morales. Ej., no sólo existe la propiedad patrimonial de explotar la obra intelectual sino que también existe la facultad moral de destruirla, de no darla a conocer al público, etc.

Este principio doctrinario ha sido acogido en la Ley sobre el Derecho de Autor, venezolana, en la cual se abandonó el término propiedad intelectual y se sustituyó por el de derecho de autor.

B. Características jurídicas de las propiedades especiales:

a. Temporalidad.

Esta característica aparta este derecho de autor del clásico sentido que tiene la propiedad; estos derechos de autor son limitados en el tiempos puede ser por el término de la vida del autor o por un término establecido por la Ley (20 o 30 años).

b. Personalidad.

Tienen estos derechos un acentuado rango personalista, deben siempre pertenecer a una persona, sea el autor, sea una industria, etc.

c. Objeto.

El objeto de este derecho son cosas incorporales, inmateriales, como es el derecho que se puede tener sobre un invento, denominación, marca comercial, etc.

C. Las propiedades especiales.

En Venezuela se consideran propiedades especiales los derechos de autor y la propiedad industrial. El Derecho de autor está regulado por la Ley sobre el Derecho de Autor de -12 de diciembre de 1962, y la propiedad industrial está regulada por la Ley de 12 de septiembre de 1955.

La ubicación de esta materia en el Derecho Administrativo es bastante dudosa, mas bien debiera estar ubicada en el curso de derecho civil de segundo año.

II. EL DERECHO DE AUTOR

1. Introducción

Se puede definir como aquella relación jurídica que se origina entre el autor y sus creaciones intelectuales y artísticas.

La Ley protege todo tipo de creación, así, en el artículo 1° señala que están protegidos los derechos de los autores sobre todas las obras de ingenio, de carácter creador, ya sean de índole literaria, científica o artística, cualesquiera que sea su género, forma de expresión, mérito o destino.

2. Naturaleza jurídica del derecho de autor

Antiguamente se consideraba como propiedad intelectual, pero actualmente se ha abandonado esta acepción y sustituido por el término derecho de autor, por cuanto el anterior no abarcaba una serie de facultades que tiene el autor. En Venezuela la Ley sobre el derecho de Autor, acogió este término, y en su exposición de motivos señala que no es conveniente su aplicación porque el derecho de autor cubre también facultades de orden moral. Se tratara de hacer una distinción entre los elementos patrimoniales y los morales, del derecho de autor, se vería que están íntimamente unidos.

3. El sujeto del Derecho.

La Ley regula este sujeto distinguiendo entre varias categorías de autores:

A. Autores conocidos.

La Ley presume, salvo prueba en contrario, que es autor de la obra la persona cuyo nombre aparece indicado como tal en la obra de la manera acostumbrada, y por ello, goza de la protección de la Ley y de las facultades que ella le confiere.

También presume la Ley como autor de una obra, la persona que es anunciada como autor en la representación de la misma.

También se equipara a la indicación del nombre el empleo de un seudónimo o de cualquier signo que no deje lugar a dudas sobre la identidad de la persona que se presenta como autor de la obra.

B. Autores desconocidos

Mientras el autor no revele su identidad y compruebe su condición de tal, el editor o la persona que haya hecho publicar la obra, queda autorizada para hacer valer el derecho de autor en nombre propio.

C. Los coautores.

Obras hechas en colaboración son aquellas en cuya creación hayan intervenido varias personas, El derecho de autor sobre las obras hechas en colaboración pertenece en común a los coautores. Los coautores deben ejercer sus derechos de común acuerdo. Se presume, salvo prueba en contrario, que cada uno de ellos es mandatario de los otros en relación con los terceros. Cuando la participación de cada uno de los coautores pertenece a géneros distintos, cada uno de ellos los podrá, salvo pacto en contrario, explotar separadamente su contribución personal, siempre que no perjudique la explotación de la obra común.

D. Los autores en la obra compuesta.

Esta presume la existencia de una obra que posteriormente ha sido acomodada dando origen a una nueva. El derecho de autor sobre la obra compuesta corresponde al autor que la haya realizado, pero quedan a salvo los derechos del autor de obra preexistente.

E. Casos especiales.

La Ley contempla dos casos especiales no contemplados en las anteriores leyes respecto al sujeto del derecho de autor:

a. Las obras cinematográficas.

La calidad de autor de una obra cinematográfica corresponde a la persona o personas físicas que realizan su creación intelectual. Estas obras casi siempre se debe a la colaboración de varias personas, por lo que, salvo prueba en contrario, se presume coautores de obra cinematográfica, hecha en colaboración; el autor de la escenificación, el autor de la adaptación, el autor del guión, el autor de la música especialmente compuesta para la obra, y el realizador o director.

b. Las obras radiodifundidas.

Respecto a estas obras, rige el mismo principio que para los coautores, lo mismo, para las obras radiofónicas o radiovisuales. Se considera como autor de tales obras a la persona o las personas físicas que realizan la creación intelectual de dicha obra. Rigen las mismas disposiciones que para las obras cinematográficas.

4. El nacimiento del derecho de autor

A. Protección por el hecho de la creación.

Una innovación importante en la nueva Ley consiste en otorgar la protección al autor de una obra del ingenio por el sólo hecho de su creación, sin necesidad de que cumpla cualquiera otra formalidad administrativa.

a. En las obras de ingenio originales.

Establece la Ley que el autor de la obra de ingenio tiene un derecho por el sólo hecho de su creación, sobre la obra. En este caso, se considera creada la obra, independientemente de su divulgación o publicación, por el sólo hecho de la realización del pensamiento del autor, aunque la obra sea inconclusa.

b. En las traducciones, adaptaciones, etc.

La Ley también protege el derecho de autor sobre las traducciones, adaptaciones, transformaciones o arreglos de otras obras, así como también las antologías o compilaciones de obras diversas que por la selección o disposición de las materias constituyen creaciones personales, aún cuando las obras originales no estén ya protegidas por la Ley o se trate de los textos de las leyes, decretos, reglamentos oficiales, tratados públicos, decisiones judiciales y demás actos oficiales.

B. Independencia del objeto material.

El derecho de autor nace por el hecho de la creación intelectual y con absoluta independencia de la propiedad sobre el objeto material al cual está incorporada la obra. Ej., un pintor puede realizar una obra artística en un inmueble propiedad de cualquiera otra persona, pero el autor tiene todas las prerrogativas que le concede la Ley.

C. Independencia de la divulgación y publicación.

También surge el derecho de autor por el solo hecho de la creación intelectual, con independencia absoluta de la publicación o divulgación de la obra.

5. El objeto del derecho autor

A. Principio General

La Ley señala que pueden constituir el derecho de autor todas las obras de ingenio de cualquier creador; literarios, artísticos, científicos, etc.

Estas obras de ingenio que constituyen el objeto del derecho de autor, se pueden dividir en dos grupos.

B. Obras de ingenio originales.

Se consideran obras del ingenio, originales, especialmente las siguientes los libros, folletos y otros escritos literarios, artísticos y científicos, etc.

C. Obras de ingenio distintas de la original.

Se consideran como tales las traducciones, adaptaciones, transformaciones o arreglos de otras obras, así como también las antologías o compilaciones de obras diversas que por la selección o disposición de las materias constituyen creaciones personales.

Excluye la Ley de la protección del derecho de autor, los textos, reglamentos, trabados públicos y demás actos oficiales.

6. El contenido del derecho de autor

A. Introducción.

La Ley señala en el Art. 5 que, el autor de una obra de ingenio tiene por el sólo hecho de su creación un derecho sobre la obra, que comprende, a su vez, los derechos de orden moral y patrimonial determinados en la presenta Ley.

B. Derecho de orden moral.

Son los que han llevado a considerar el derecho de autor distinto al derecho de propiedad tal como lo considera el Código Civil.

Estos derechos son:

a. Derecho a la divulgación de la obra.

Corresponde solamente al autor de la obra resolver acerca de la divulgación parcial o total de la obra de ingenio o del modo como esa obra ha de divulgarse, y como consecuencia, nadie puede dar a conocer sin el consentimiento de su autor, el contenido esencial o la descripción de una obra sin antes de que aquél haya hecho o se haya divulgado la obra.

b. Derecho a la paternidad de la obra.

En caso de que una obra de ingenio sea divulgada o publicada por otra persona distinta de su autor, éste tiene derecho de ser reconocido como tal, de determinar que la obra lleva indicaciones del autor y, en su caso, la indicación correspondiente. Ello como consecuencia de que la ley presume como autor de la obra a la persona que aparece en la obra como tal.

c. Derecho a la inmutabilidad de la obra.

El autor tiene derecho a que su obra permanezca intacta, incluso, frente al adquirente del objeto material de la obra, tiene el derecho de prohibir toda modificación de la misma que pueda poner en peligro su decoro o reputación.

Una excepción a esta regla la constituye el autor de obras de arquitectura, que no puede oponerse a las modificaciones que se hicieran necesarias durante la construcción o con posterioridad a ella. Pero si la obra reviste especial carácter artístico, el autor tendrá preferencia para el estudio y la realización de esas modificaciones.

d. Derecho de acceso al objeto material.

El autor puede exigir al propietario del objeto material el acceso al mismo, en la forma que mejor convenga a los intereses de ambos, siempre que ello sea necesario para el ejercicio de sus derechos de explotación o de sus intereses de autor general.

C. Derecho de orden patrimonial: El derecho de explotación de la obra

a. Introducción.

Establece la Ley que el autor goza también del derecho exclusivo de explotación de su obra en la forma que le plazca y de sacar de ella beneficio.

b. Contenido.

Este derecho sobre la obra tiene consagrado un privilegio en el sentido de que este derecho es inembargable mientras la obra sea editada, pero los créditos del autor contra los cesionarios de un derecho de explotación o contra quien viole su derecho, pueden ser gravados o embargados.

Este derecho de orden "patrimonial contiene dos sub-especies

a'   El derecho de representación.

La representación consiste en la comunicación directa de la obra al público en forma directa, mediante recitación pública; ejecución lírica, representación dramáticas presentación y exposición pública; difusión, por cualquier procedimiento que sea, de las palabras, de los sonidos y de las imágenes, proyección pública; transmisión de la obra radiodifundida por medio de un altoparlante y, eventualmente, de una pantalla de televisión colocada en lugar público

b'   El derecho de reproducción.

La reproducción consiste en la fijación material de la obra por cualquier procedimiento que permita hacerla conocer al público de una manera indirecta. Puede efectuarse, especialmente, por imprenta, dibujo, grabado, fotografía, modelado o cualquier procedimiento de las artes gráficas y plásticas, registro mecánico o cinematográfico.

c'   Consecuencia.

La consecuencia es que la Ley considera ilícita la representación o reproducción de una obra sin el consentimiento del autor, sea total o parcial, o, en su caso, de los derechos-habientes o causa-habientes de éste.

c.   Límites al derecho de explotación.

a'   Noción previa.

La Ley permite en determinadas oportunidades la utilización lícita de obras sin el consentimiento del autor.

b'   Las representaciones lícitas.

Se considera como tales:

1) Las representaciones verificadas en un círculo cerrado de personas siempre que no se cobre por la entrada.

2) Las representaciones públicas realizadas con fines de utilidad general, siempre que los participantes no obtengan ningún provecho.

c'   Las reproducciones lícitas.

Son reproducciones lícitas:

1) La reproducción de obras para uso personal del lector, realizada por el propio interesado o por otra persona siempre que ésta la efectúe exclusivamente para aquél;

2) La copia de obras de arte efectuada a los solos fines de su estudio;

3) La reproducción de una obra de arte expuesta permanentemente en las calles, plazas u otros lugares públicos, por medio de un arte diverso del empleado para la elaboración del original;

4) La reproducción de retratos por las autoridades competentes y a pedido de éstas, por terceros, a los fines de justicia y de la seguridad pública.

d' Las utilizaciones lícitas.

El autor de una obra musical puede utilizar como letra o libreto de esta, pequeñas partes de un texto literario o poema de extensión reducida después de su publicación, siempre que el texto o poema por su género no deban considerarse escritos especialmente para el fin indicado.

Puede también utilizar una obra siempre y cuando se indique el autor de la misma, ya publicada dentro de una obra científica original con el objeto de aclarar su contenido; la cita de determinadas partes de una obra ya divulgada dentro de una obra original en la cual el autor haya empleado el idioma como medio de expresión.

d. La cesión de los derechos de explotación.

Una característica esencial de estos derechos de orden patrimonial del derecho de explotación de la obra, es que éstos pueden ser cedidos a terceros.

a' Alcance.

La Ley permite al autor ceder sus derechos patrimoniales; establece que el derecho de representación y el derecho de reproducción pueden ser cedidos a título gratuito u oneroso. Esta cesión no implica la cesión de los derechos de autor. Los derechos de explotación volverán a su autor o a sus derecho-Habientes al extinguiese si derecho del cesionario.

b' La revocación de la cesión.

No obstante cualquier estipulación en contrario, el autor, aún después de la publicación de la obra, el derecho de revocar la cesión, pero siempre mediante una indemnización justa por los daños y perjuicios que con ello les cause. Este derecho se extingue con la muerte del autor.

c' La transferencia de los derechos cedidos.

La transferencia de los derechos de explotación por parte del concesionario a un tercero mediante acto entre vivos implica también la transmisión al tercero de las obligaciones del cesionario frente al cedente. Salvo pacto en contrario, la transferencia no puede efectuarse sino con consentimiento del cedente dado por escrito.

e. Los contratos de explotación

a'   Noción Previa.

La forma normal como se ceden estos derechos de explotación es por los llamados contratos de explotación de la obra de ingenio. Son dos los tipos de contratos de explotación que consagra la Ley:

b'   El contrato de representación: Noción; Duración; Alcance; Forma representación

Tiene por objeto la cesión del derecho de representación de la obra.

El contrato de representación puede celebrarse por tiempo determinado o por un número determinado de representaciones públicas. Es libre para el autor escoger cualquiera de las dos formas de duración del contrato.

Salvo estipulación expresa de derechos exclusivos, el contrato no confiere al empresario de espectáculos ningún monopolio de explotación.

El empresario de espectáculos se obliga a que la representación pública de la obra se realice en condiciones técnicas que garanticen el decoro y la reputación del autor.

c'   El contrato de edición: Noción; Alcance

El contrato de edición es aquel por el cual el autor de una obra del ingenio o sus derecho-habientes ceden en condiciones determinadas, el derecho de producir o hacer producir un número de ejemplares de la obra, a una persona llamada editor, quien se asegura la publicación y difusión de la obra por su propia cuenta.

A falta de estipulación expresa, se presume que el derecho del editor tiene carácter exclusivo. Salvo pacto en contrario, sólo confiere al editor el derecho de publicar una edición de la obra.

D. Derecho al empleo del título de la obra (Derecho accesorio)

Aparte de los derechos de orden moral y de orden patrimonial, la Ley consagra un derecho accesorio al derecho de autor, que es el derecho al empleo del título de la obra. No puede emplearse sin el consentimiento del autor el título de una obra que individualice efectivamente a ésta, para identificar otra del mismo género, cuando existe peligro de confusión entre ambas.

Lo particular de este derecho accesorio es que no sólo existe mientras dure el derecho de autor sino que perdura una vez que se ha extinguido ese derecho.

En la Exposición de Motivos se señala que este derecho accesorio al derecho de autor viene siendo uno de los llamados derechos sobre el nombre, la firma y la marca, que contribuyen a la protección del derecho sustancial al identificar o individualizar la existencia y el objeto de dicho derecho.

7. La Duración del Derecho de Autor

Una característica de las propiedades especiales es su temporalidad. Por tanto, el derecho de autor tiene una duración limitada que varía según el tipo de obra que se protege.

A. Obras de autores conocidos.

El derecho de autor de obras conocidas dura toda la vida del autor y se extingue a los cincuenta años contados a partir del primero de enero del año siguiente al de su muerte, incluso respecto de las obras no divulgadas durante su vida. Se incluye en este caso aquellas obras publicadas con seudónimos, cuando éstos ofrecen dudas de quien es su autor.

B. Obras hechas en colaboración.

Para las obras hechas en colaboración, los cincuenta años a que se refiere el número 1, comenzarán a contarse a partir del primero de enero del año siguiente al de la muerte del colaborador que sobreviva a los demás.

C. Obras cinematográficas.

El derecho de explotación de una obra cinematográfica se extingue a los cincuenta años contados a partir del primerio de enero del año siguiente al de su primera publicación o, en defecto de ésta, al de su terminación.

D. Obras de autores desconocidos.

El derecho de autor sobre obras anónimas o seudónimas se extingue a los cincuenta años contados a partir del primero de enero del año siguiente al de su primera publicación. La fecha de ésta se determinará por cualquier medio de prueba y especialmente por el depósito legal de la obra.

8. Derechos afines al Derecho de Autor.

La Ley consagra tres derechos llamados afines;

A. El derecho del editor de obras ajenas: Noción, Duración

Existe este derecho cuando representan el resultado de una labor científica.

El derecho del autor de la edición se extingue a los quince años después de la primera publicación de la misma. Este lapso se cuenta a partir del primero de enero del año siguiente al de la primera publicación.

B. El derecho del divulgador: Noción, Duración

El divulgador de una obra del ingenio que no haya sido hecha accesible al público dentro del plazo establecido en la Ley, tiene el derecho exclusivo de explotar dicha obra.

El derecho del divulgador se extingue a los diez años contados a partir del primero de enero del año siguiente al de la divulgación de la obra.

C. El derecho del fotógrafo: Noción, Duración

Este derecho está también protegido en forma análoga a las obras de ingenio.

El derecho del fotógrafo y de sus derecho-habientes se extingue a los quince años de la divulgación de dichos productos. Y se extinguirá a los quince años de su producción si no hubieren sido divulgados durante este período.

9. El Registro de la Producción Intelectual

A. La obligación de registrar.

Establece la Ley que, las obras del ingenio y demás productos protegidos por ella, deben inscribirse en el Registro Público, en el Protocolo 3° del Registro Subalterno.

B. Indicaciones de la inscripción.

En la inscripción deberá expresarse el nombre del autor, del productor, del divulgador; la fecha de la divulgación o publicación y las de más indicaciones que establezca el Reglamento. Este Reglamento todavía no ha sido sancionado.

En un dictamen de la Consultoría Jurídica del ministerio de Justicia se estableció la necesidad de que el Registrador Subalterno tenga en cuenta las formalidades que establecía la antigua Ley de Propiedad Intelectual. Pero esta es una aplicación más que todo de práctica administrativa, por cuanto no puede decirse que haya analogía ya que es una ley derogada, (Arts. 172 y siguientes de dicha Ley).

C. Efectos del Registro.

Se pregunta si el registro de la producción intelectual tiene efectos declarativos o constitutivos; si nace con el registro o preexiste con el registro. Se concluye que el registro solamente tiene efectos declarativos. Lo que el registro hace es que el autor, productor, etc. se consideran como tal con presunción *juris tantum*, además de que da fe de la existencia de cualquier obra de ingenio.

D. Procedimiento para el registro.

En este caso también remite a las indicaciones que establezca el Reglamento que no ha sido editado todavía; en este caso y de acuerdo a dictamen de la Consultoría Jurídica del Ministerio de Justicia, debe aplicarse las disposiciones de la derogada Ley de Propiedad Intelectual.

E. El depósito de la producción intelectual.

Los autores, productores o divulgadores de las obras y de los productos protegidos por la Ley, debían depositar en la correspondiente oficina de registro un ejemplar o copia de la obra o producto. La omisión del depósito no perjudica la adquisición y el ejercicio de los derechos del autor.

10.   Recursos de Protección.

El titular de los derechos de explotación que tuviere razón para temer la violación de su derecho, podrá pedir al Juez que declare su derecho y prohíba a la otra persona su violación.

La Ley establece que cuando se viole el derecho de protección del autor, éste puede acudir ante un Juez para que le proteja su derecho.

También concede la Ley al Juez la posibilidad de imponer multas a quien viole el derecho de autor, que no excederá de un mil bolívares y es convertible en arresto proporcional de veinte bolívares por cada día de arresto.

El titular de uno de los derechos de explotación lesionado en el ejercicio del mismo, puede pedir al Juez que ordene la destrucción o remoción de los ejemplares o copias ilícitamente reproducidos. Le queda un recurso en el sentido de que pedir que se le adjudiquen dichas obras. El Juez determinará el precio de la adjudicación, del cual se deducirán los daños y perjuicios que se le deben al perjudicado.

Estas medidas no surtirán efectos contra quienes hayan adquirido buena fe y para uso personal los ejemplares o copias ilícitamente reproducidas.

El titular del derecho de representación de una obra puede solicitar del Prefecto del Departamento o Jefe Civil del Distrito que prohíba la representación a quien no le haya cedido por escrito el derecho correspondiente.

Disposiciones de la Ley de Propiedad Intelectual (derogada) sobre el procedimiento de registro de la propiedad intelectual:

"Art. 172. El autor de una obra científica o literaria editada en Venezuela que quiera reservarse sus derechos exclusivos sobre ella, procediendo por sí o por medio de apoderado legalmente constituido, presentará al Registrador Principal del Estado o del Distrito federal que ejerza jurisdicción en el lugar donde se hubiese hecho la edición, o a cualquiera de ellos si la edición fuere de una obra venezolana hecha en el extranjero, una solicitud de inscripción que deberá expresar:

a) Nombre, apellido y domicilio del solicitante:

b) Nacionalidad de éste.

c) Título de la obra.

d) Clase a que ésta pertenece

e) Nombre, apellido y domicilio del autor o traductor.

f) Nacionalidad del éste.

g) Nombre, apellido y domicilio del propietario

h) Nacionalidad de éste»

i) Establecimiento donde se ha hecho la impresión o reproducción y procedimiento empleado al efecto.

j) Lugar y fecha de la primera publicación.

k) Edición y número de ejemplares

l) Formato de la obra.

m) Tomos y páginas de que consta, y todos los demás datos que sirvan para identificar la obra.

Junto con la solicitud referida consignará el postulante cinco ejemplares de la obra, destinados; uno a la Oficina de Registro, otro al Ministerio de R.I., otro a la Biblioteca del Congreso, otro al de Instrucción Pública, y el quinto a la Biblioteca Nacional.

"Art. 173: Tan luego como el Registrador reciba el escrito mencionado en el precedente artículo, hará su inscripción en el Protocolo o Registro correspondiente agregará dicho escrito al legajo de los demás comprobantes similares; y entregará al peticionario un certificado en que conste haber llenado todos los requisitos legales de la inscripción. Este certificado debe llevar el sello de la Oficina que lo expida y estar firmado por el Registrador".

"Art. 174: Las inscripciones de las obras presentadas se harán por riguroso orden cronológico en un Registro encuadernado en pasta y foliado, y rubricado en cada uno de sus folios por el respectivo Registrador"

"Art. 176: El lapso para efectuar el registro de las obras científicas o literarias editadas es de tres años, contados a partir del día 1° de enero del año siguiente al de la primera publicación".

"Art. 177: Cuando una obra conste de varias partes, tomos, entregas o cuadernos, el lapso de registro establecido se empezará a contar a partir del día 1° de enero del año siguiente al de la publicación de cada parte, tomo, entrega o cuaderno".

"Art. 178: Cuando se haya representado o ejecutado una obra dramática o musical, respectivamente, en público, pero no se la haya impreso, bastará para gozar del derecho exclusivo de propiedad intelectual sobre ella mediante registro, presentar un solo ejemplar manuscrito de la parte literaria, y otro de igual clase de las melodías, con su bajo correspondiente en la parte musical".

"Art. 179: El lapso para efectuar el registro de estas obras es de un año contado a partir del día 1° de enero del año siguiente al de la publicación".

"Art. 180: Cuando se trate de registro de cintas cinematográficas nacionales, bastará expresar el título, el argumento detallado, la nómina de los artistas que hayan intervenido en su elaboración y el lugar y la fecha en que ésta se haya efectuado, y deberá depositarse una copia de la primera y última escena de las partes de que se compongan la película".

III.   LA PROPIEDAD INDUSTRIAL

1. Introducción

El principio constitucional está consagrado en el Art. 100: "Los derechos sobre obras científicas, literarias y artísticas, invenciones, denominaciones, marcas y lemas gozarán de protección por el tiempo y en las condiciones que la ley señale".

Y también lo dispuesto en el Art. 546 del C.C. sobre las llamadas propiedades especiales: "El producto o valor del trabajo o industria lícitos, así como las producciones del ingenio o del talento de cualquiera persona, son propiedad suya, y se rigen por las leyes relativas a la propiedad en general y las especiales sobre estas materias".

2. Naturaleza jurídica

La llamada propiedad industrial es una de las propiedades especiales; es menos espiritualizada que la propiedad sobre el derecho de autor.

3. La protección de derecho

Los objetos que se protegen son objetos utilitarios, que tengan aplicación práctica, que sean de beneficio económico; este último es de cariz patrimonial o utilitario.

A. Ámbito de la regulación legal

El ámbito de la regulación legal se encuentra en el Art. 1° de la Ley de Propiedad Industrial. "La Ley regirá los derechos de los inventores descubridores e introductores sobre las creaciones, inventos o descubrimientos relacionados con la industria; y los de los productores, fabricantes o comerciantes sobre las frases o signos especiales que adopten para distinguir de los similares los resultados de su trabajo o actividad".

Esto divide el derecho del inventor en dos grandes grupos; invenciones y marcas.

B. La necesidad de registro de propiedad industrial

a. Principios generales

La Ley exige el registro - de los derechos, la necesidad del registro tanto del derecho de autor como de la propiedad industrial es evidente. Al Estado le interesa saber cual es la persona que tiene derecho a utilizar algún signo distintivo, Marcas, lemas o denominaciones comerciales.

Aquí se plantea el problema de si el registro de la propiedad industrial es traslativa o constitutiva; es un derecho meramente declarativo, según lo ha señalado la Procuraduría General de la República en informe presentado el 15 de febrero de 1962.

b. El registro de la propiedad industrial

El registro de la propiedad industrial establece una presunción; se presume que es propietario de un evento, de una marca, de un lema, etc., la persona que aparece en el registro de la propiedad industrial. Este registro se lleva a cabo en una Oficina Especial en el Ministerio de Fomento.

Si bien es cierto que el registro de la propiedad industrial no tiene carácter constitutivo y por tanto, la ley considera como propietario al primero que registra, sin embargo, la Ley obliga a registrar porque de lo contrario no surtirá efectos a terceros.

4. Las formas de protección del derecho

Estos derechos son de dos clases:

A. Certificados de registro

El Estado otorgará certificados de registro a los propietarios de las marcas, lemas y denominaciones comerciales, que se registren.

B. Patentes

Estas son otorgadas a los propietarios de los inventos, mejoras, modelos o dibujos industriales, y los introductores de inventos, mejoras, que también se registran.

5. Las Patentes

A. Introducción

El Estado protege no sólo a los inventos y descubrimientos sino también a las mejoras, los dibujos industriales, las introducciones de invenciones o mejoras.

B. Diversas clases de Patentes

Se clasifican según su objeto en:

a. Las Patentes de Invención.

a'   Concepto.

Tienen por objeto la protección de los inventos, de las invenciones susceptibles de explotación industrial.

b'.   El objeto de las patentes de invención.

La patente como consecuencia del registro de invento, sólo puede tener por objeto un invento.

El Art. 14 de la Ley de Propiedad Industrial, establece que pueden ser objeto de patente:

1) Todo producto nuevo, definido y útil;

2) Toda nueva máquina o herramienta y todo nuevo instrumento o aparato de uso industrial o de aplicación medicinal, técnica o científica;

3) Las partes o elementos de máquinas, mecanismos, aparatos, accesorios, mediante los cuales se logre mayor economía o perfección en los productos o resultados;

4) Los nuevos procedimientos para la preparación de material u objetos de uso industrial o comercial.

5) Los nuevos procedimientos para la preparación de productos químicos y los nuevos métodos de elaboración, extracción y separación de sustancias naturales;

6) Cualquier otra invención o descubrimiento apto para tener una aplicación industrial.

Esta enumeración de la Ley no es taxativa, ya que puede ser objeto de patente, en general, el resultado del esfuerzo inventivo del ingenio humano con las excepciones que la Ley establece.

c'   Las condiciones de patentabilidad: La invención; La novedad; La industriabilidad

Se desprende de allí determinados requisitos o condiciones de patentabilidad:

Que se trate del esfuerzo inventivo del ingenio humano. Existen diversos grados de invención:

1) Aquélla que consiste en la solución de un problema nuevo;

2) La resolución de un problema industrial ya planteado pero no resuelto todavía;

3) La posibilidad de que exista invención en la elaboración de nuevos procedimientos sobre materia ya explotada pero que da por objeto nuevos resultados.

La Ley exige también la novedad del objeto de la patente, para poder ser registrada. Esta novedad no lo es solamente desde el punto de vista, subjetivo si no que puede ser también objetiva.

Del artículo 14 se desprende que todos estos inventos sean susceptibles de explotación industrial.

d'   Limitaciones a la patentabilidad: por ausencia de actividad inventiva, de novedad, de industriabilidad; por razones de orden público, de legalidad o de interés público

No todo invento que reúna los requisitos señalados puede ser patentado. La Ley establece determinadas licitaciones a la patentabilidad. Estas pueden darse:

No son patentables: el simple uso o aprovechamiento de sustancias o fuerzas naturales, aún cuando sean de reciente descubrimiento; tampoco lo son, el nuevo uso de artículos, objetos, sustancias o elementos ya conocidos o empleados en determinados fines, y los simples cambios o variaciones en la forma, dimensiones o material de que estén formados.

No son patentables los inventos que hayan sido dados a conocer en el país por haber sido publicados o divulgados en obras impresas o en cualquier otra forma, y los que sean del dominio público por causa de su ejecución, venta o publicidad dentro o fuera del país.

No son patentables los inventos simplemente teóricos o especulativos, en los cuales no se haya conseguido señalar y demostrar su practicabilidad y su aplicación industriales bien definidas.

No son patentables los inventos contrarios al orden público, a la moral o buenas costumbres y a la seguridad del Estado.

No son patentables los inventos contrarios a las leyes nacionales.

No son patentables las bebidas y artículos alimenticios, sean para el hombre o para los animales; los medicamentos de toda especie; las preparaciones farmacéuticas medicinales y las preparaciones, reacciones y combinaciones químicas,

b. *Las patentes de mejoras*

a'. *El derecho de mejorar.*

Existe en la Ley un derecho para toda persona de mejorar un invento, y puede a su vez patentar las mejoras sobre el invento.

b'. *El objeto de la patente.*

Ninguna patente podrá versar sino sobre una sola creación, invento o descubrimiento.

c' *Efectos.*

El efecto de esta patente lo establece la Ley en la forma siguientes el que mejora un invento no puede utilizar la invención sin el consentimiento del inventor de la cosa que se mejora, ni el inventor podrá usar la mejora, o mejoras hechas sin el consentimiento del autor de la mejora.

c. *Las patentes de modelo o dibujo industriales.*

a' *Objeto; Dibujo industrial; Modelo industrial*

Puede ser objeto de patente todo nuevo modelo o dibujo de uso industrial. La propia Ley en el Art. 22 define que debe entenderse por modelo o dibujo.

Se entiende por dibujo industrial toda disposición o unión de líneas, de colores y de líneas y colores destinados a dar a un objeto industrial cualquiera una apariencia especial.

Debe presentar caracteres de novedad y originalidad que le confiera fisonomía propia para poder ser patentable.

Se entiende por modelo industrial toda forma plástica combinada o no con colores, y todo objeto o utensilio industrial, comercial o doméstico que pueda servir de tipo para la producción o fabricación de otros y que se diferencia de sus similares por su forma o con figuración distinta. En este caso, también los modelos industriales deben presentar caracteres de novedad y originalidad.

b'   Condiciones de patentabilidad; Novedad; Originalidad; Destino

La Ley establece determinadas condiciones de patentabilidad de los modelos y dibujos industriales. Establece que ellos deben revestir caracteres de originalidad y novedad.

Tanto los modelos como los dibujos industriales deben presentar caracteres de novedad para poder ser patentables. El uso anterior del dibujo o modelo por el solicitante no es obstáculo para el registro de los mismos.

Los modelos así como los dibujos industriales deben ser originales y en esto radica la necesidad de ser distintivos respecto a los otros objetos similares.

La Ley establece además, como condición de patentabilidad el destino que debe dárseles; al efecto, establece que sólo podrán registrarse modelos o dibujos industriales destinados a productos que han de ser fabricados en el país.

Si pasados dos años de la fecha del otorgamiento de la patente no se fabrica el producto en Venezuela, el privilegio caducará.

c'   Limitaciones a la patentabilidad; por ausencia de novedad; por ausencia de originalidad; por razones de orden público; por razones de interés público

Estas condiciones de patentabilidad imponen determinadas limitaciones a las mismas.

No son patentables las figuras que ya hayan sido registradas como marcas o dibujos industriales.

No podrán ser patentados los dibujos o modelos industriales que se parezcan a otros que hayan sido patentados y los que puedan prestarse a confusión.

La Ley prohíbe la patente de modelos o dibujos industriales que sugieran ideas inmorales o sirvan para distinguir objetos inmorales o mercancías de producción o comercio prohibidos.

La Ley prohíbe que se patenten la Bandera, Escudo de Armas u otra insignia de la República, de los Estados o de las Municipalidades, y en general de cualquiera entidad venezolana de carácter público nacional o extranjera; los signos, emblemas o distintivos de la Cruz Roja y de cualquier otra entidad de la misma índole; las caricaturas, retratos, dibujos o expresiones que tiendan a ridiculizar ideas, personas u objetos dignos de respeto y consideración.

d' El objeto de la protección.

Se refiere solamente al aspecto externo del modelo o dibujo y no al producto mismo fabricado ni a la utilidad del objeto fabricado.

d. Las patentes de introducción de invento o mejora

a' El derecho de introducción.

La Ley consagra el derecho de introducir inventos y mejoras al país que ya hayan sido patentadas en país extranjero, mediante el cumplimiento de las formalidades y requisitos legales y sino fueren ya del dominio público.

b' Objeto.

Ninguna patente podrá versar sino sobre una sola creación o invento.

c' La prioridad en la patentabilidad: Lapso; Oposición; Revocación.

La persona que haya obtenido una patente en el exterior tendrá prioridad para obtener-la también en Venezuela.

La Ley concede doce meses para obtener la patente, siguientes a la fecha de la patente extranjera.

El titular de la patente extranjera tiene protegido su derecho en el sentido de que se puede oponer a un tercero que solicite patente de introducción de un invento o mejora que se haga en Venezuela, antes de haber transcurrido el plazo de los doce meses, podrá ser objetada por el titular de la patente extranjera.

La patente de introducción que se obtenga en Venezuela antes de haber transcurrido el plazo establecido puede solicitar la revocación el titular de la patente extranjera que solicite el registro de su invento o mejora en el país, dentro del plazo indicado de doce meses.

d' Duración de la patente.

De acuerdo con la Ley las patentes de introducción tienen una duración de cinco años o por el lapso que falta para extinguirse la patente concedida en país extranjero, si este último término fuere menor.

e' Efectos de la patente.

La Ley consagra también una disposición especial sobre los efectos de las patentes de introducción de invento o mejoras; señala que éstas no dan derecho a sus titulares a impedir que otros importen al país objetos similares a los que abarquen dichas patentes.

C. Efectos de las Patentes.

Todas las patentes, de invención, de mejora, de modelo o dibujo industriales y las de introducción de invento o mejora, confieren a sus titulares el privilegio de aprovechar exclusivamente la producción o procedimiento industrial objeto de la patente.

D. Duración de las Patentes.

Las patentes, de mejora, de invención, de modelo o dibujo industriales se expedirán por cinco o diez años, a voluntad del solicitante, salvo que lo que reste a la patente extranjera sea menor de cinco años. Una vez que se venza este lapso de cinco años o diez, el objeto pasa al dominio público.

E. Procedimiento de Registro.

Este procedimiento está regulado en el artículo 58 y siguientes de la Ley.

a Legitimación.

Señala quienes son los legitimados activos para obtener las patentes. Podrán solicitar patentes los inventores o descubridores de los objetos enumerados en el Art. 14 (Pág. 3).

La Ley establece la posibilidad de que el registro pueda ser hecho por intermedio de Agentes de la Propiedad Industrial debidamente autorizadas.

b Requisitos de la solicitud.

Toda solicitud deberá contener una serie de requisitos 5 entre ellos;

1) Constancia de que el solicitante es realmente el inventor o descubridor del objeto de la patente de invención, mejora o modelo o dibujo industriales:

2) Que el objeto de la patente no ha sido utilizado en ningún caso en Venezuela;

3) La originalidad del modelo o dibujos

4) Nombre, domicilio y nacionalidad del inventor

Debe, además, acompañar a la solicitud;

1) Una memoria en idioma castellano, en la que describa con mayor claridad, el objeto industrial sobre el cual ha de recaer la patente, con especificación completa y exacta de la operación y método de construir, hacer o combinar la correspondiente máquina, manufactura, composición de materia, procedimiento, mejora o modelo industriales;

2) Un clisé del modelo o dibujo industriales;

3) Copia certificada y legalizadas de las letras patentes del país de origen, cuando se trate de patentes extranjeras;

4) Las estampillas fiscales que han de inutilizarse para el pago de impuestos;

Comprobar que la patente extranjera está vigente y el tiempo que falte para vencerse en el país de origen, en caso de solicitud de patente para una invención, descubrimiento, mejora o modelo o dibujo industriales, ya patentados en otro país.

c   Admisión de la solicitud.

Una vez hecha la solicitud, el Registrador como punto previo, puede declararla o admitida o inadmisible.

a'   La inadmisibilidad; la devolución; la negativa de registro

La Ley establece dos formas para declarar inadmisible la solicitud.

Si el solicitante no cumpliere con los requisitos exigidos, el Registrador devolverá al interesado la solicitud que hubiere presentado, con exposición de las razones en que funde la devolución. La devolución de la licitud, no extingue la prioridad de la presentación, si en el plazo de treinta días contados desde la fecha de la devolución, fuere consignada nuevamente la solicitud con las correcciones del caso, En determinados casos, el Registrador puede prorrogar este lapso hasta por tres meses, previa solicitud del, interesado.

Entre les requisitos que debe llenar la solicitud están el de que el solicitante debe cancelar la anualidad que le corresponda, anticipadamente, de acuerdo con el tipo de patente que solicite.

Cuando la solicitud no se encuentre comprendida en los casos de los productos que pueden ser objeto de patente o se encuentre incursa en los productos que no son objeto de patente, se negará su registro mediante resolución del Registrador en la cual indicará la causa de la negativa.

b'   La admisibilidad

Si el solicitante ha cumplido con todos los requisitos, el Registrador declara admisible la solicitud y ordenará su publicación a costa del interesado en uno de los periódicos de circulación diaria de la Capital de la República, tres veces durante treinta días, con intervalos de diez días entre una y otra publicación. Una vez hecha esta publicación en la prensa debe publicarse la solicitud en el Boletín de la Propiedad Industrial del Ministerio de Fomento.

d   La oposición

La importancia de estas publicaciones radica en dar a conocer a los terceros interesados tales solicitudes y pueden hacer oposición a la concesión de la patente.

a'   Oportunidad

La oposición puede hacerse durante el lapso de las publicaciones y sesenta días después de expirado éste.

b'   Motivos

La ley establece que la oposición a la concesión de la patente puede hacerse por los siguientes motivos:

1) Por considerar que el objeto de la patente no es patentable, de acuerdo con la Ley o por estar prohibida su patentabilidad.

2) Quien haya obtenido una patente en el exterior tendrá prelación para obtenerla también en Venezuela, dentro de los doce meses siguientes a la fecha de la patente extranjera.

3) Por considerarse el opositor autor del invento o con mejor derecho que el solicitante. En este caso puede alegarse prioridad en el uso, o cuando se trate de un objeto que ya ha sido patentado.

c'   Procedimiento

La oposición se notificará al solicitante por medio de aviso en el Boletín de la Propiedad Industrial, para que el mismo se de por enterado en el lapso de quince días. Vencido dicho plazo comenzará a correr un lapso de quince días para que el solicitante aduzca lo que estime conveniente a sus derechos.

d'   Decisión de la oposición.

Una vez transcurridos estos treinta días, la decisión no siempre corresponde a la autoridad administrativa pues a veces corresponde a los Tribunales.

Si la oposición se ha hecho alegando que el objeto de la patente no es patentable o por estar prohibida su patentabilidad, el Registrador resolverá la oposición con las pruebas que presenten los interesados, dentro del plazo de treinta días después de vencido el lapso de la oposición.

En cambio si la oposición se hace por los otros motivos aludidos, el Registrador pasará el expediente al Tribunal de Primera Instancia en lo Civil para que éste resuelva la oposición con las pruebas que ante él se presenten según los trámites del juicio ordinario, y suspenderá el procedimiento administrativo de concesión de la patente hasta que el Tribunal decida y la parte interesada gestione nuevamente el asunto,

e. El Registro y la expedición de la patente.

Una vez que el Juez decida que la oposición no tiene lugar, los recaudos vuelven al Registrador para que de lugar a la patente.

a'   La resolución.

Vencido el lapso de oposición sin que haya habido oposición, o desechada ésta, el Registrador procederá a resolver la expedición de la patente, si fuere procedente, efectuará al registro y extenderá el correspondiente certificado. El interesado deberá consignar las especies fiscales exigidas para la expedición de la patente. Si vencidos treinta días después de la publicación de la resolución del Registrador, no se hubiere hecho esta consignación, quedará sin efecto la resolución que acuerda la expedición de la patente y nulas las actuaciones efectuadas.

b'   Requisitos de la patente.

Para ser expedida y registrada, la patente deberá llenar los siguientes requisitos:

1) Nombre y apellido o razón o denominación social del beneficiario.

2) La denominación o una breve descripción de la invención, descubrimiento, mejora, dibujo o modelo industriales, que indique exactamente su naturaleza y objeto.

3) El reconocimiento al interesado, sus herederos o cesionarios del derecho exclusivo de usar, vender y explotar la invención o descubrimiento;

4) El término de su duración

5) La fecha de registro.

c'   Efectos del Registro: sobre el objeto patentado; sobre los productos patentados

Debe indicar claramente que el Estado no garantiza la exactitud, prioridad, ni utilidad de la invención, descubrimiento, mejora, modelo o dibujo patentados.

Crea una obligación para el beneficiario de la patente respecto a los productos patentados tiene la obligación de hacer indicar en los productos el hecho de que ha sido patentado.

6. La extinción de las patentes.

Formas de extinción:

A. Introducción.

La Ley establece que las patentes pueden extinguirse.

B. La anulación.

La nulidad del registro de un invento mejora o modelo o dibujo industriales que hubiere sido concedido en perjuicio de derecho de tercero, podrá ser pedida ante los Tribunales competentes, si el interesado no hubiere hecho la oposición. Esta acción sólo podrá intentarse en el término de dos años, contados a partir de la fecha del certificado. La Ley no establece ante cual organismo debe intentarse esta acción de nulidad, pero debe hacerse ante la Corte Suprema de Justicia, como órgano de la jurisdicción contencioso-administrativa, Esta tiene un lapso de caducidad mayor y por ello permite que se pueda intentar sin que se agote la vía administrativa.

C. La revocación.

Esta es siempre pronunciada por un órgano administrativo. Ahora no se llama revocación sino anulación. La extinción por vía administrativa es una revocación.

a. Formas.

Establece la ley dos formas de revocación:

a' Solicitud de parte interesada.

La patente de introducción que se obtenga en Venezuela antes de haber transcurrido el plazo de doce meses establecido por la Ley, puedo ser revocada a petición del titular de la correspondiente patente extranjera, que solicite el registro de su invento o mejora; caso en el cual la revocación de la patente de introducción podrá ser declarada por el Registrador de la Propiedad Industrial.

De la decisión del Registrador se oirá apelación para ante el Ministerio de Fomento.

b' De oficio.

Establece la Ley la posibilidad de revocar la patente. Al efecto, establece en el Art. 21 que, el Ministerio de Fomento, previo informe del Registrador de la Propiedad Industrial, revocar, mediante resolución razonada, el registro de los inventos, mejoras o modelos o dibujos industriales, obtenidos en contravención de la Ley.

Es este uno de los pocos casos en que se faculta a un órgano administrativo para revocar un acto por violación de la ley.

La parte interesada; podrá interponer recurso de apelación para ante la Corte Federal.

b. Efectos.

La revocación de una patente produce como efecto principal de que el objeto de la patente pasa al uso público.

D. La caducidad: por falta de explotación; por falta de pago de anualidades; por falta de pago de timbres fiscales

Es la extinción de la patente por incumplimiento del beneficiario del acto, por ley.

Cuando el titular de la patente haya dejado transcurrir dos años, sin explotar en Venezuela el invento que las ha motivado, contados desde la fecha de su expedición.

También puede caducar la patente por la interrupción de la explotación por un lapso de dos años, salvo caso fortuito o fuerza mayor, debidamente comprobados.

Respecto a las patentes de modelos y dibujos industriales que deben ser destinados a productos que han de ser fabricados en el país, la patente caducará si no se fabrica el producto en Venezuela dentro de los dos años siguientes a la fecha; del otorgamiento de la patente, o si en cualquier- tiempo el titular lo importa, del Extranjero.

La patente queda sin efecto también, por falta de pago de las anualidades establecidas por la Ley. En este caso, la patente podrá ser rehabilitada por una sola vez, si su titular lo solicita ante la Oficina de Registro de la Propiedad Industrial, dentro de los tres meses siguientes al vencimiento del plazo establecido para el pago de la anualidad, previo el pago al Fisco de la cantidad adeudada más el doble de la misma.

También caduca la patente si vencido treinta días después de la publicación de la resolución del Registrador, no se han consignado las especies fiscales exigidas por la Ley de Timbre Fiscal para la expedición de la patente.

Es efecto de la caducidad es que el objeto de la patente pasa al uso público y se pierde el derecho de explotarlo.

E. El agotamiento.

Una vez vencido el término de duración de la patente, éstas pasan al uso público.

F. La renuncia.

También en este caso las patentes pasan al uso público.

7. Los certificados de Registro

A. Introducción.

El Estado otorgará certificados de registro a los propietarios de las marcas, lemas y denominaciones comerciales, que se registren.

B. Objeto de los Certificados de Registro. Los signos distintivos.

El objeto de los certificados de registro son estos signos distintivos, que son de tres clases:

a   Las marcas comerciales.

Se entiende por tal todo signo, figura, dibujo, palabra o combinación de palabras, leyenda y cualquiera otra señal que revista novedad, usados por una persona natural o jurídica, para distinguir los artículos que produce, aquéllos con los cuales comercia o su propia persona.

b   Las Denominaciones comerciales.

Son las que tienen por objeto distinguir una empresa, negocio, explotación o estable-cimiento mercantil, industrial, agrícola o minero.

c   Los Lemas comerciales.

Es la marca que consiste en una palabra, frase o leyenda utilizada por un industrial, comerciante o agricultor, como complemento de una marca o denominación comercial.

Es necesario destacar que también podrán ser objeto de registro los signos distintivos que tiendan a distinguir cualquier tipo de empresas aunque no tenga signo comercial.

C. Condiciones de registro:
Novedad; Originalidad; Especialidad; Veracidad

Al igual que para las patentes la Ley establece para los signos distintivos determinadas condiciones de registro; entre ellas, cuatro fundamentales.

Como primera condición la Ley exige que la marca debe ser novedosa. Sin embargo, esta novedad debe ser bien entendida, pues aquí se trata de una novedad relativa que tiene por objeto distinguir un producto de otros similares, simplemente, aunque la marca en sí no sea novedosa.

La marca debe ser original en el sentido de que debe distinguirse de otras marcas que se registren.

Esta busca no ya distinguir la marca sino individualizarla dándole un matiz determina-do al producto de la marca en sí.

Estas diferencias son muy sutiles pero más adelante se verán más claramente.

Todo signo distintivo debe ser veraz y no debe tener indicaciones que puedan inducir a error.

D. Limitaciones al registro de marcas.

Estas limitaciones son de diferentes tipos.

a.   Por ausencia de novedad: Vulgarización de la marca

Se prohíbe el registro de las figuras geométricas que no revistan novedad.

a')   Provisión legal. Por ausencia de novedad la Ley prohíbe el registro de los térmi-nos y locuciones que hayan pasado al uso general, y las expresiones comunes empleadas para indicar el género, la especie, naturaleza, origen, cualidad o forma de los productos, que hayan dado origen a la vulgarización de la marca.

b')   Para que tenga lugar esta vulgarización de la marca o sea que haya pasado al uso público, se requiere:

c')   Que se produzca una absoluta asociación de ideas;

d')   Es necesario además, que se produzca en la mayoría de los consumidores.

b. Por ausencia de originalidad.

a') <u>Respecto de las marcas comerciales</u>. No se podrá registrar la marca que se parezca gráfica o fonéticamente a otra ya registrada, para los mismos o análogos artículos.

b') <u>Respecto a los lemas comerciales</u>. Tampoco podrán ser registrados los lemas comerciales que contengan alusiones a productos o marcas similares, o expresiones que puedan redundar en perjuicio de esos productos o marcas.

c. Por ausencia de especialidad.

a') <u>Respecto a las marcas comerciales</u>. Se prohíbe el registro del nombre completo o apellido de una persona natural, sí no se presenta en una forma peculiar y distinta, suficiente para diferenciarlo del mismo nombre cuando lo usen otras personas, aún en este caso, si se trata del nombre de un tercero, si no se presenta con el consentimiento de éste.

b') <u>Respecto a las denominaciones comerciales</u> Respecto a las denominaciones comerciales, la ausencia de especialidad se refleja en que se prohíbe el registro de las denominaciones comerciales meramente descriptivas de la empresa que se pretenda distinguir, salvo que, además de esta parte descriptiva, contengan alguna característica que sirva para individualizarlas, en cuyo caso, el registro sólo protegerá la parte característica.

d. Por ausencia de veracidad.

No puede ser registra da una marca que pueda inducir a terror por indicar una falsa procedencia o cualidad, o la que pueda prestarse a confusión con otra marca ya registrada.

Asimismo, no podrán estamparse en las marcas mencionadas diplomas, medallas, premios y otros signos que hagan suponer la existencia de galardones obtenidos en exposiciones o certámenes, salvo que pueda acreditarse la veracidad de tales galardones.

e. Por razones de orden público.

Se prohíbe el registro de palabras, frases, figuras o signos que sugieran ideas inmorales o sirvan para distinguir objetos inmorales o mercancías de producción o comercio prohibidos.

f. Por razones de interés público.

Se prohíbe el registro de la bandera, el escudo cualquier insignia de la República o de los Estados o de los Municipios, y en general, de cualquier entidad de carácter público. Se prohíbe también el registro de los signos, emblemas y distintivos de la Cruz Roja y de cualquiera otra entidad de la misma índole, las caricaturas, retratos, dibujos o expresiones que tiendan a ridiculizar ideas, personas objetos dignos de respeto y consideración.

E. Duración de la protección.

El derecho de usar exclusivamente una marca registrada, permanecerá en vigor por el término de quince años, contados a partir de la fecha del correspondiente registro.

En este caso si es posible solicitar la renovación. La Ley establece que el registro de una marca será renovable por períodos sucesivos de quince años, siempre que el interesado solicite la renovación dentro de los seis meses anteriores a la expiración de cada período. Cada período de renovación se contará a partir de la fecha de vencimiento del período anterior.

F. El procedimiento de Registro.

a. Legitimación.

La legitimación activa para registrar corresponde a toda persona que tenga interés para ello o por medio de Agentes de la Propiedad Industrial debidamente autorizados.

b. Requisitos de la solicitud.

Para obtener el registro de una marca es necesario llenar una serie de requisitos:

1) La solicitud debe indicar una completa descripción de la marca, en la que se determine con claridad y precisión la parte esencial o su principal signo distintivo;

2) Que se acompase las manufacturas, productos, objetos o artículos que distingue la marca y la clase a que correspondan. Si se trata de una denominación comercial o de un lema comercial, se debe especificar además, la índole del establecimiento o actividad mercantil a que se destina la denominación o la marca;

3) Si la marca ha estado en uso, determinar el tiempo durante el cual hubiere estado en uso;

4) Los fotograbados de la marca que hubiere sido publicada anteriormente.

c. Admisión de la solicitud.

El Registrador al recibir la solicitud estampará al pie de ella, una nota en que haga constar la fecha y hora de presentación.

El Registrador puede declarar inadmisible la solicitud o darle curso a la misma. La declaración de inadmisibilidad se produce por dos vías:

a'   La inadmisibilidad: La devolución; La negativa de registro

Si el interesado no cumple los requisitos exigidos para el registro, el Registrador devolverá la solicitud, con exposición de las razones en que funde la devolución. Esta devolución no extingue la prioridad de la presentación si en el plazo de treinta días, contados desde la fecha de la devolución, fuere reproducida la solicitud con las correcciones del caso. Este plazo puede ser prorrogado por el término de tres meses a solicitud del interesado.

El registro de una marca podrá ser negado cuando la solicitud se encuentre incursa en las prohibiciones establecidas por la Ley para el registro de marcas. Esta negativa debe hacerla el Registrador mediante resolución escrita y razonada.

b'   La admisibilidad.

Si la solicitud ha sido hecha de acuerdo con la Ley, el Registrador le dará curso y ordenará su publicación en un periódico de circulación diaria en la capital de la República y posteriormente en el Boletín de la Propiedad Industrial.

d.   La oposición.

El objeto de la publicación es la posibilidad que se otorga a los terceros de oponerse al registro de una marca, lema comercial o denominación comercial.

a'   Oportunidad.

Durante treinta días contados a partir de la fecha de la publicación en el Boletín, cualquier persona podrá objetar la solicitud y oponerse a la concesión de la marca.

b'   Motivos.

El tercero puede oponerse:

1) Por que considere que la marca se halla comprendida en las prohibiciones contempladas en la Ley;

2) Por considerarse el opositor con mejor derecho que el solicitante.

c'   Procedimiento.

Cuando se trata de oposición por la primera causal señalada, se sigue un procedimiento administrativo: se notificará al solicitante por aviso en el Boletín, para que comparezca a informarse de aquélla en el plazo de quince días hábiles a contar de la publicación. Vencido este plazo, comenzará a correr un lapso de quince días para que el solicitante aduzca lo que estime conveniente a sus derechos.

d'   Decisión de la oposición: por la autoridad administrativa; por la autoridad judicial

En el primer caso, el Registrador resolverá la oposición con las pruebas que presenten los interesados, dentro del plazo de treinta días.

Si se trata de oposición por la segunda causal, el Registrador pasará el expediente al Tribunal de Primera Instancia en lo Civil para que éste resuelva la oposición, y suspenderá el correspondiente procedimiento administrativo hasta que la oposición haya sido decidida judicialmente y la parte interesada, gestione nuevamente el asunto.

e. El registro y la expedición de los certificados.

Una vez que el Juez ha decidido sobre la oposición en el segundo caso, o que el Registrador lo haya, hecho en el caso de la primera causal, el Registrador efectuará el registro de la marca y expedirá el correspondiente certificado.

Una vez ordenado el Registro de la marca, el interesado deberá presentar el timbre fiscal correspondiente, dentro del plazo de treinta días.

G. La extinción de los certificados de registro.

a. Introducción.

La extinción puede darse por varias causas:

b. La anulación.

La Ley señala que la nulidad de una marca que hubiere sido concedida en perjuicios de derecho de tercero, podrá ser pedida ante los tribunales competentes, si el interesado no hubiere hecho la oposición. Esta acción sólo podrá ser intentada en el término de dos años. Se trata de un recurso de anulación del acto administrativo que se intenta ante la Corte Suprema.

c. La revocación.

De toda decisión del Registrador se puede intentar recurso ante el Ministerio de Fomento y éste puede revocar la decisión del acto emitido por el Registrador. En materia de marcas no existe la posibilidad de una revocación de oficio cuando haya habido violación de la Ley.

d. La caducidad: falta de uso; falta de pago de timbres fiscales; falta de renovación

Puede darse por tres motivos:

La Ley establece que el registro de una marca caduca por no haberse hecho uso de la marca durante dos años consecutivos.

Si el interesado no ha pagado los timbres fiscales correspondientes en el plazo de treinta días que establece la Ley, quedará sin efecto la resolución.

Cuando se ha dejado transcurrir el plazo fijado por la Ley sin haberse pedido la renovación.

e. Por renuncia.

El interesado, puede renunciar a este derecho de obtener el certificado de registro.

TITULO SEGUNDO:

EL RÉGIMEN JURÍDICO-ADMINISTRATIVO DE LOS DEBERES ADMINISTRATIVOS DE LOS ADMINISTRADOS

Capítulo Primero:

Nociones Generales.

Los administrados frente a la Administración no sólo son titulares de un interés legítimo o de un derecho público subjetivo, sino que tienen deberes frente al Estado y frente a toda la comunidad.

La Constitución, en los artículos 51 y siguientes señala estos deberes, los cuales van a ser desarrollados por la legislación administrativa.

La Constitución establece:

1) Deber general de respetar y acatar los actos estatales, las decisiones del Poder Legislativo, leyes, decisiones de los órganos jurisdiccionales, las órdenes, siempre que emanen de una organización legítimamente constituida;

2) Deberes de solidaridad social. Someterse a las medidas sanitarias.

En el artículo 51 y siguientes, la Constitución establece 4 deberes:

1. Deber de honrar y defender a la Patria. (Art. 51).

2. Deber de trabajar (Art. 54).

3. Deber de educarse (Art. 55)

4. Deber de contribuir a los gastos públicos (Art. 56)

Capítulo Segundo

El deber de defender a la Patria.

Sección Primera:

EL PRINCIPIO CONSTITUCIONAL.

I. LA NORMA CONSTITUCIONAL:

El Art. 51 de la constitución establece que, los venezolanas tienen el deber de honrar y defender a la patria, y de resguardar y proteger los intereses de la Nación.

II. ANÁLISIS DE LA NORMA

1. Sujetos activos.

Los sujetos activos de ese deber son los venezolanos, y esto es consecuencia de la nacionalidad (del jus avocandi).

2. Contenido.

El contenido de este deber, el objeto de estudio es el régimen de defensa nacional y al del servicio militar obligatorio.

A. Régimen de la defensa nacional.

Al respecto, el Art. 132 de la Constitución establece que, las Fuerzas Armadas Nacionales forman una institución apolítica, obediente y no deliberante, organizada por el Estaco para asegurar la defensa nacional, la estabilidad de las instituciones democráticas y el respeto a la Constitución y a las leyes, cuyo acatamiento estará siempre por encima de cualquier otra obligación.

B. El régimen del servicio militar obligatorio.

El Art. 53 de la Constitución establece que, el servicio militar es obligatorio y se prestará sin distinción de clase o condición social, en los términos y oportunidades que fije la ley.

Sección Segunda

*LA REGULACIÓN JURÍDICO-ADMINISTRATIVA **DE** LA DEFENSA NACIONAL.*

I. REGULACIÓN LEGAL DEL DEBER

El Art. 1° de la Ley de Servicio Militar Obligatorio, establece que, todo venezolano está en el deber de defender a la Patria y de cooperar al sostenimiento de ella en su vida moral, económica y material.

1. Alcance del deber

A. En tiempo de paz.

Consiste en prestar el servicio de las armas a someterse a la instrucción militar.

B. En tiempo de guerra.

En alistarse bajo banderas hasta la edad legal y contribuir con su sangre y sus bienes a la defensa nacional.

2. Duración del deber

La obligación del servicio militar es igual para los venezolanos y dura 27 años, desde los 19 a los cuarenta y cinco años de edad, cumplidos.

II. OBJETO DE LAS FUERZAS ARMADAS.

El Art. 8 de la Ley Orgánica del Ejército y de la Armada, desarrolla el Art. 132 de la Constitución y establece: "El Ejercito Nacional tiene por objeto:

a. Defender la integridad, independencia y libertad de la Nación;

b. Asegurar el cumplimiento de la Constitución y de las leyes 5;

c. Mantener el orden público;

d. Proteger el tráfico, industrias y comercio legales,

e. Apoyar las autoridades; y funcionarios públicos federales legalmente constituidos, y los de los Estados en la forma prevista;

f. Proteger las personas y sus propiedades;

g. Desempeñar las funciones del Servicio Militar a que fuere destinado por el Presidente de la República.

Además:

1. Mantener el orden público en las costas y aguas territoriales de la República.

2. Proteger el tráfico e industrias marítimas legales, haciendo respetar sus intereses y pabellón; y

3. Impedir la piratería, la contravención a las leyes y disposiciones, sobre navegación, comercio y pesca y a los tratados internacionales.

III.   REGULACIÓN JURÍDICO-ADMINISTRATIVA DEL MILITAR.

1. Los deberás de los militares

A. Deber de obediencia

a. Principio.

EL Art. 16 de la Ley Orgánica antes mencionada dispone que, el militar en servicio activo estará obligado a obedecer las órdenes de sus superiores en todo lo relativo al servicio y a cumplir estrictamente lo prescrito en las Leyes y Reglamentos del Ejército y de la Armada.

b. Alcance.

Este deber de obediencia, sin embargo, no es ilimitado en el Art. 19 de la misma Ley se determina que, para las órdenes abusivas, quedará al inferior, después de obedecer, el recurso de queja ante el inmediato superior.

B. El deber de abstención

a. Abstención de murmurar, contra los Poderes Públicos.

Deben abstenerse de murmuraciones contra las Instituciones de la República, ni de los Estados, ni contra las leyes, decretos o resoluciones o medidas dictadas o tomadas por cualquier autoridad legítimamente constituida.

b. Abstención de quejarse.

Los militares no deberán quejarse nunca de las fatigas que sufran ni de las comisiones que se les ordene.

C. El deber de corregir y denunciar.

El militar no deberá por ningún motivo ni consideración, disimular las faltas que cometa un inferior, pues ha de corregirlas por sí, siempre que tenga facultades para ello, o poderlas en conocimiento de quien pueda hacerlo.

2. La situación militar.

A. Principio general

a. Obligación de desempeñar funciones.

De acuerdo a lo dispuesto en el Art. 235 de la Ley Orgánica de Ejército y Armada, están obligados a desempeñar las funciones para, las cuales han sido nombrados, no pudiendo renunciar ni excusarse de servir un empleo sino en los casos excepcionales provistos en la Ley.

b. La jurisdicción militar.

La situación militar implica la sujeción de éstos a la jurisdicción militar.

Todos los miembros de las fuerzas armadas están sometidos a esta jurisdicción, incluso los que son llamados a prestar el servicio militar obligatorio, mientras lo cumplan, también las tropas de marinería mientras estén prestando servicios.

Esta jurisdicción está compuesta por tribunales especiales y hasta por la Corte Marcial.

B. Clasificación de los Oficiales.

La Ley los clasifica en tres categorías:

a) Efectivos,

b) Reserva, y

c) Asimilados.

a) Pertenecen a la categoría efectiva los oficiales permanentes de carrera, ya sean egresados de la Escuela militar o de la escuela Naval, o de establecimientos o de ejércitos extranjeros, o procedentes de los cuerpos de tropa que hayan sido ascendidos.

b) Pertenecen a la categoría de reserva los oficiales sin ejercer la carrera militar o naval de modo permanente, sino de manera eventual, obtengan el Despacho correspondiente por la autoridad competente.

c) Pertenecen a la categoría de asimilados los civiles, profesionales o especialistas que reciban empleo para desempeñar temporalmente funciones de oficial, nombrados por el Presidente de la República.

C. Situación de los oficiales efectivos.

La Ley contempla que los Oficiales efectivos pueden ocupar una de las situaciones siguientes:

a. Situación de actividad.

a' Sujetos.

Estarán en situación de actividad todos los oficiales que ocupan en las fuerzas activas de mar y tierra un empleo de su grados los oficiales que presten servicios en el Ministerio de la Defensa, desempeñan funciones de Agregado Militar o Naval, o presten servicios en cualquier dependencia u organismo militar o naval, los oficiales destinados a cualquier comisión designada por el Presidente de la Repúblicas los oficiales nombrados por el Presidente de la República para ejercer un cargo civil. Asimismo, serán considerados en la actividad los oficiales que hubieren sido hechos prisioneros del enemigo, pudiendo ser reemplazados interinamente en sus cargos.

b' Restricciones.

La situación de actividad implica para los Oficiales una serie de requisitos:

1)   Matrimonio. Para poder contraer matrimonio deban obtener un permiso especial del Ministerio de la Defensa (Art. 437).

2)   Publicaciones. No podrán tampoco, hacer publicaciones por la prensa sobre asuntos profesionales, político sociales, científicos o de cualquier otra naturaleza, sin autorización del Ministerio de la Defensa.

Tal restricción es también aplicable a los civiles sobre asuntos militares.

b. Situación de disponibilidad.

a' Causales.

El pase a la situación de disponibilidad podrá ser movido por:

a) Propia solicitud del interesado

b) Falto de empleo

c) Ausencia del empleo o funciones por más de un año, por enfermedad no causada en actos del servicio o por otras circunstancias no voluntarias;

d) Falta de capacidad profesional.

e) Medida disciplinaria.

f) Licencia de más de seis meses.

g) Sentencia de los Tribunales que imponga pena que entrañe la separación temporal del servicio o la pérdida del empleo, siempre que no se trate de presidio.

b' Formalidades.

Estas causales deben reunir determinadas formalidades el pase a la situación de disponibilidad se efectuará por disposición del Presidente de la República.

c' Duración.

Para los oficiales el pase a la situación de disponibilidad, se dará para aquellos que antes de llegar al límite de edad fijado para pasar al retiro, no desempeñen un empleo en las fuerzas armadas. Después de cuatro años de permanencia en la disponibilidad, el Consejo de Investigación opinará si el oficial que se encuentra en dicha condición. Deberá regresar a la actividad o pasar definitivamente al retiro.

d' Efectos.

El efecto principal es que los oficiales en disponibilidad se hallarán a la disposición del Ministerio de la Defensa.

c. Situación de retiro.

a' Causales.

Pertenecerán a la situación de retiro los oficiales que hayan llegado al límite de edad que establece esta Ley los que voluntariamente renuncien a la actividad; los incapacitados física o profesionalmente; los sentenciados a presidio y los reincidentes en falta contra el honor y el decoro militar.

b' Formalidades.

Para pasar a la situación de retiro, será necesario orden expresa del Presidente de la República y una Resolución del ministerio de la Defensa, cuando se trate del límite de edad o sentencia judicial, sólo se dictará la resolución.

c' Efectos.

La situación de retiro, cuando se aplica como medida disciplinaria, es la situación más grave en que se halla un militar ya que no puede por prohibición expresa de la Ley, volver al servicio.

Sección Tercera:

LA REGULACIÓN JURÍDICO ADMINISTRATIVA DEL SERVICIO MILITAR OBLIGATORIO

I. LOS SUJETOS DEL DEBER.

La regulación jurídico-administrativa del servicios militar obligatorio está en la Ley del Servicio Militar Obligatorio, de 11 de junio de 1946.

1. La norma constitucional.

El Art. 52 de la Constitución establece que, el servicio militar es obligatorio y se prestará sin distinción de clase o condición social, en los términos y oportunidades que fije la ley.

2. La regulación legal: Nacionalidad; Edad

La Ley establece que, es obligatorio e igual para todos los venezolanos el servicio militar obligatorio. Los venezolanos por nacimiento deben ser incorporados para el servicio en las fuerzas activas. Los venezolanos por naturalización deben acudir a los llamamientos que ordene el Presidente de la República. En todo caso, están obligados a inscribirse en el registro de inscripción al año siguiente de la concesión de la nacionalidad, perteneciendo a la clase en que cumplieron 19 años de edad.

La prestación del servicio militar es obligatoria e igual para todos los venezolanos de diecinueve a cuarenta y cinco años de edad cumplidos, y la obligación de inscribirse es para todos los venezolanos que hayan cumplido 18 años de edad hasta el 31 de diciembre del año anterior.

II. EL OBJETO DEL SERVICIO MILITAR OBLIGATORIO.

El servicio militar obligatorio tiene por objeto:

a) Preparar a los venezolanos para la defensa nacional;

b) Preparar una rápida y ordenada movilización;

c) Mantener llenas las filas de las fuerzas armadas, según las necesidades, en la paz y en la guerra.

III.   EL ÁMBITO DEL SERVICIO MILITAR OBLIGATORIO

El ámbito del deber del servicio militar comprende:

a) Servir en tiempo de paz en las fuerzas activas por dos años consecutivos;

b) Servir en tiempo de guerra en las fuerzas armadas Nacionales por el tiempo que fije el Presidente de la República; y

c) Pertenecer a las fuerzas de primera y segunda línea, y a las de la Guardia Territorial, hasta los 45 años cumplidos.

El ejército comprende:

1) Fuerzas de primera línea;

2) Fuerzas de segunda línea; y

3) Guardia Territorial

1) El ejército de primera, línea lo forman las doce clases de 19 a 30 años, inclusive.

2) En el de segunda línea están los de 31 a 40 años;

3) En la tercera línea, los de 41 a 45 años,

El ejército de primera línea se divide en:

a) Fuerzas activas que están compuestas por los oficiales en actividad; y por los suboficiales, clases y soldados que determine anualmente el Presidente de la República.

b) Las fuerzas de complemento están compuestas por los oficiales designados en tiempo de paz; por los suboficiales, clases y soldados licenciados, y por los individuos de las clases de 19 a 30 años, y excedentes de los contingentes llamados a servir en las fuerzas activas.

El ejército de segunda línea está formado por los oficiales designados en tiempo de paz por el Ministerio de la Defensa; por los suboficiales, clases y soldados licenciados hasta de 40 años, y por los ciudadanos que no tengan impedimentos físicos y que pertenezcan a las clases de 31 a 40 años.

La Guardia Territorial se compone de todos los individuos que no estando comprendidos en los anteriores, no pasan de 45 años cumplidos.

IV.   EXCEPCIONES

Los llamados a inscribirse en el Registro Militar, pueden alegar excepciones de dos clases:

1. Absolutas

Quedan exceptuados absolutamente:

a) Los individuos que por defecto físico están incapacitados definitiva y totalmente para llevar armas;

b) Los individuos que padezcan enfermedades incurables, por una certificación médica o un justificativo judicial.

2. Temporales

Existen una serie de excepciones temporales que se dividen en tres categorías:

a) En lo que respecta al ejército de primera línea:

1)   Los miembros del clero regular y secular;

2)   Los profesores y maestros de las universidades, escuelas especiales, colegios y escuelas federales, estadales, municipales y particulares; y

3)   Los profesionales de las distintas facultades.

b) Excepciones temporales respecto a las fuerzas de primera línea activas, pero con obligaciones en las de segunda línea y en la Guardia Territorial:

1)   Los casados antes de la inscripción y mientras hagan vida conyugal;

2)   El hijo único a cuyas expensas vivan sus padres.

3)   El nieto único, sostén de sus abuelos mayores de 60 años, cuando éstos no tengan hijos vivos o estén incapacitados para el trabajo.

4)   El hermano sostén de hermanos menores que no tengan padres.

5)   El que tenga ya un hermano sirviendo en el ejército.

6)   Los alumnos de las universidades y escuelas especiales cuando tengan certificado de instrucción premilitar;

7)   Los bachilleres, cuando tengan certificado de instrucción premilitar

8)   Los empleados públicos que tengan certificado de instrucción premilitar;

9)   Los empleados y obreros de ferrocarriles;

10) Los individuos que hayan prestado, en cualquier condición, más de dos años de servicio en los cuerpos;

11) Los que, en el examen médico verificado antes de la incorporación a las filas, padecieran enfermedades que lo hagan incapaz de prestar servicios en las fuerzas activas.

c) El presidente de la República, los funcionarios nacionales y de los Estados y los que tengan situación oficial por elección, quedan eximidos de todas las obligaciones militares por el tiempo en que desempeñen sus funciones.

3. Fin de las excepciones.

En todo caso, las excepciones quedan canceladas de pleno derecho en caso de movilización sólo quedan válidas las absolutas.

V. LA EXCLUSIÓN DEL SERVICIO MILITAR OBLIGATORIO.

La Ley establece que quedan excluidos del servicio militar o naval los condenados por delitos comunes a pena de prisión de cinco o más años, o a otra mayor, y los que tengan vicios infames.

Capítulo Tercero:
El deber trabajar

Sección Primera:
EL PRINCIPIO CONSTITUCIONAL.

I. LA NORMA CONSTITUCIONAL.

El Art. 54 de la Constitución establece que el trabajo es un deber de toda persona apta para prestarlo.

De acuerdo con lo establecido en el Art. 7 de la Ley del Trabajo, nadie podrá impedir el trabajo a los demás, ni que se dediquen a la profesión industria o comercio que les plazca, siendo licitas.

Sección Segunda:
REGULACIÓN JURÍDICO-ADMINISTRATIVA DEL
DEBER DE TRABAJAR.

I. SUJETOS DE LA REGULACIÓN.

La persona que incumple el deber de trabajar es considerado por la Ley de Vagos y Maleantes como vago y al que realiza un trabajo pero ilícito lo califica de maleante.

La Ley de Vagos y Maleantes establece que los vagos y maleantes, para su corrección y como medida de defensa social, serán sometidos al régimen de seguridad pautado en dicha Ley.

Los sujetos activos de esta reglamentación son los vagos y maleantes:

1. Se consideran vagos:

a) Los que habitualmente y sin causa justificada no ejerzan profesión u oficio lícitos y que por tanto, constituyan amenaza para la sociedad;

b) Los que aún ejerciendo profesión u oficio, o poseyendo bienes o rentas, viviesen a expensas de personas dedicadas a la prostitución, o por el ejercicio de actividades ilegítimas, considerándose como tales, las que tienen por objeto actos generalmente considerados como atentorios de la moral o las buenas costumbres;

c) Los timadores y partidistas de oficio;

d) Los que habitualmente transiten por calles y caminos promoviendo y fomentando la ociosidad y otros vicios;

e) Los que habitualmente pidan limosnas para imágenes, santuarios y otros fines religiosos; y los que con pretextos benéfico y filantrópico especulen con la buena fe del público levantando contribuciones;

f) Los que habitualmente induzcan o manden a sus hijos, parientes o subordinados que sean menores de edad a mendigar públicamente.

g) Los que fingieren enfermedades o defectos orgánicos para dedicarse a la mendicidad,

2. Se consideran maleantes:

a) Los rufianes y proxenetas;

b) Los que hacen de los juegos prohibidos su profesión habitual y los individuos que explotan juegos prohibidos o cooperen con los explotadores, a sabiendas, de esa actividad ilícita;

c) Los que habitualmente, sin llenar los requisitos legales, comercien con armas, drogas, bebidas embriagantes y otros efectos de uso o consumo reglamentado o prohibido;

d) Los que suministren para su consumo inmediato, aguardientes, vinos o en general bebidas espirituosas a menores de dieciocho años;

e) Los que ejerzan de brujos o hechiceros, los adivinadores y todos los que por medio de esas artes ilícitas exploten la ignorancia o la superstición ajena;

f) Los que habitualmente ocurran a la amenaza de algún daño inmediato contra las personas o sus bienes con el objeto de obtener algún provecho;

g) Los condenados dos o más veces por delito contra la propiedad;

h) Los sindicados dos o más veces por delitos contra la propiedad, en cuyo poder se encuentren llaves falsas o deformadas para abrir o forzar cerraduras o descerrajar puertas o ventanas;

i) Los que comercien con objetos pornográficos o los exhiban en público, y los que ofendan el pudor de la mujer y la irrespeten en la vía y lugares públicos con persecuciones y palabras que constituyan ofensa a su delicadeza y sean un desacato al respeto y a la moral;

j) Los que conocida y habitualmente hagan profesión de testificar en juicios;

k) Los pederastas debidamente evidenciados que de ordinario frecuenten las reuniones de menores;

l) Los que habitualmente se dediquen al contrabando;

m) Los que habitualmente sean hallados en las vías y lugares públicos en estado de embriaguez y que sean además, provocadores de riñas;

n) Los que habitualmente detenten, compren, vendan, marquen, señalen o conduzcan ganado o cueros sin llevar los requisitos legales;

o) Los curanderos reincidentes en el ejercicio de alguna de las profesiones médica;

p) Los merodeadores. A los efectos de la Ley se entienden como tales aquellos que habitualmente vagan por el campo viviendo de lo que hurten o se apropien.

La regulación de vagos y maleantes enjuicia no sólo el hecho concreto sino que es necesario que exista habitualidad en el sujeto.

Esta Ley no busca castigo sino reeducación del delincuente.

Aspectos fundamentales, de la Ley: Medidas correctivas y procedimientos que pauta la Ley.

II. MEDIDAS CORRECTIVAS

Para corregir o poner se recaudo los vagos y maleantes las autoridades competentes dictarán y aplicarán en la forma establecida, las medidas que a continuación se expresan:

a) Amonestación, con la obtención de la promesa por parte del amonestado, de corregirse y dedicarse al trabajo;

b) Envío bajo custodia, en los casos que lo requieran, a la ciudad o pueblo de origen, con previo aviso a la autoridad respectiva para su vigilancia;

c) Internación en una casa de reeducación y trabajo;

d) Obligación o prohibición de residir por tiempo conveniente en un lugar y parte determinado del territorio del Estado, Distrito Federal o Territorio Federal, en donde se hubiere tramitado el procedimiento;

e) Internación en una Colonia Agrícola Correccional fija o movible;

f) Internación en una Colonia de Trabajo, fija o movible

g) Sumisión a la vigilancia de la autoridad. La vigilancia tendrá carácter tutelar y de protección y será ejercida por las autoridades designada al efecto;

h) Confinamiento. Esta medida consiste en la obligación de residir, por un tiempo que excederá de tres años, en lugar determinado, bajo la vigilancia de la autoridad que indique el Ministro de Justicia, y podrá aplicarse como accesorias de las medidas previstas en las letras c),e) y f), después de cumplidas éstas.

Estas medidas correccionales serán aplicadas de acuerdo con la peligrosidad del vago o maleante.

El tiempo de aplicación de tales medidas varía según sea confinamiento o internación.

Las medidas correccionales determinadas en las letras c), e) y f), serán aplicadas a los vagos y maleantes por un tiempo hasta de cinco años, según el caso.

Las restantes medidas comprendidas en el Art. anterior (Art. 4) se aplicarán dentro del indicado límite de tiempo, según cada caso.

Las medidas comprendidas en los apartes b) y c) pueden levantarse cuando un ciudadano laborioso quisiera tomar a su cargo a cualquiera persona sometida a tales medidas, pero bajo las condiciones de consignar en una caja de ahorro o en poder de una persona responsable, la tercera parte del sueldo o jornal que devengue la persona sometida a la medida, e informar cada quince días a la autoridad de policía del lugar acerca de la conducta que dicha persona observe.

A los sujetos internados en Colonias Agrícolas o Casas de Corrección o de Trabajo o en Colonias de Trabajo, una vez, que hayan adquirido hábitos de disciplina y de trabajo, podrá la autoridad fijarles una retribución de acuerdo con lo que se disponga en los Reglamentas.

En las Casas de Corrección y de Trabajo se dará ocupación en oficios e industrias a todos los internados.

Además, en cada Colonia Correccional funcionarán las escuelas nocturnas que fueren necesarias para dar enseñanza Primaria a los internados.

III. RÉGIMEN DISCIPLINARIO EN LAS COLONIAS, CASAS DE CORRECCIÓN DE TRABAJO

Las medidas disciplinarias para la conservación y resguardo del orden, serán;

1) Amonestaciones;

2) Rebajas moderadas en los salarios durante cierto tiempo, no mayor de un mes;

3) Aislamiento, fuera de las horas de trabajo, que no exceda de ocho días, privación de diversiones permitidas; y

4) Arresto hasta de quince días, en casos graves.

Tales medidas disciplinarias no podrán consistir nunca y por ningún motivo, en maltratos ni en otras medidas o actos depresivos y ofensivos a la dignidad personal del internado.

IV.   EL PROCEDIMIENTO ADMINISTRATIVO.

El procedimiento a seguir para los vagos y maleantes se efectúa por medio de un acto administrativo por averiguación que precederá de oficio o por denuncia.

La autoridad competente, cuando conozca de alguna acusación, procederá a detener al indiciado y ponerlo a disposición de las autoridades que deban conocer del asunto, a quienes harán saber el motivo de la detención.

Si el caso encuadra en la Ley de Vagos y Maleantes se remite el expediente al prefecto; si es un hecho delictivo, se pasa el expediente a la jurisdicción penal, y si se trata de un menor, se remite al tribunal de menores.

De la decisión dictada por el Prefecto, podrá el indiciado apelar dentro de las veinticuatro horas después de notificado, para ante el Gobernador respectivo, quien revisará el expediente y conformará, revocará o reformará la determinación del Prefecto, dentro de los tres días siguientes a su recibo. Haya o no apelación, toda decisión de primera instancia deberá consultarse con el superior.

El Gobernador deberá pedir dictamen sobre lo actuaciones al Defensor Público de Presos, resolviendo en definitiva con vista a este dictamen.

El Gobernador respectivo una vez que haya sentenciado el asunto, gestionará lo necesario para el traslado del vago o maleante, cuando la sentencia fuere de internamientos

Cuando la medida impuesta por el Gobernador respectivo excediere de seis meses, el expediente pasará a la consideración del Ministro de Justicia, quien aprobará el procedimiento si no encontrare objeción que hacer. En caso contrario, decidirá en definitiva lo conducente. Contra esta última decisión no habrá recurso alguno.

En todo caso, el Gobernador que conozca del recurso enviará copia del expediente al Ministro de Justicia, dentro de los quince días siguientes a la fecha en la cual hubiere decidido.

Capítulo Cuarto:

El derecho a educarse.

Sección Primera:
EL PRINCIPIO CONSTITUCIONAL.

Sección Segunda:
LA REGULACIÓN JURÍDICO-ADMINISTRATIVA DEL DEBER DE EDUCARSE

I. LA NORMA CONSTITUCIONAL.

El Art. 55 de la Constitución, establece que, "La educación es obligatoria en el grado y condiciones que fije la Ley. Los padres y representantes son responsables del cumplimiento de este deber, y el Estado proveerá los medios para que todos puedan cumplirlo".

II. ANÁLISIS DE LA NORMA

1. El deber

Del análisis de la norma se desprende la obligación para todos los habitantes de educarse.

2. Responsabilidad de los padres

También se desprende de la norma la responsabilidad de los padres y representantes por el cumplimiento de este deber.

3. Obligación estatal

También se establece la obligación por parte del Estado de proveer los medios necesarios para que todos puedan cumplir con el deber de educarse.

Capítulo Quinto:
El deber de contribuir a los gastos públicos

Sección Primera:
EL PRINCIPIO CONSTITUCIONAL

I. LA NORMA CONSTITUCIONAL

El Art. 56 de la Constitución establece que, todos están obligados a contribuir a los gastos públicos.

II. ANÁLISIS DE LA NORMA

De este principio se derivan:

1)   La igualdad ante la ley, que se desprende del preámbulo de la Constitución.

2)   En materia tributaria, el Art. 223 de la Constitución establece que, el sistema tributario procurará la justa distribución de las cargas según la capacidad económica del contribuyente, atendiendo al principio de la progresividad, así como la protección de la economía, nacional y la elevación del nivel de vida del pueblo.

Otro principio tributario es el de la legalidad de las contribuciones. Al efecto el Art. 224 de la Constitución establece que, no podrá cobrarse ningún impuesto u otra contribución que no estén establecidos por ley, ni concederse exenciones ni exoneraciones de los mismos sino en los casos por ella previstos.

Debe establecerse un plazo para el pago de la contribución. La Constitución en su artículo 226, establece que, la ley que establezca o modifique un impuesto u otra contribución, deberá fijar un término previo a su aplicación. Si no lo hiciere, no podrá aplicarse sino sesenta días después de haber quedado promulgada.

Otro principio tributario es el de la patrimonialidad. El Art. 225 de la Constitución establece que, no podrá establecerse ningún impuesto pagadero en servicio personal.

Existen determinadas obligaciones por parte de los contribuyentes, como es el de que para ciertos actos se requiere el certificado de solvencia de impuestos; por ejemplo, para salir del país, para realizar la compra de algún inmueble, etc.

SEGUNDA PARTE:

EL RÉGIMEN JURÍDICO-ADMINISTRATIVO DEL DOMINIO DEL ESTADO

TITULO PRIMERO:

INTRODUCCIÓN

Capítulo Primero:

Los bienes en relación, a las personas
a quienes pertenecen

Al respecto el Código Civil, artículo 538, establece que, los bienes pertenecen a la Nación, a los Estados, a las Municipalidades, a los establecimientos públicos y demás personas jurídicas y a los particulares. Es decir, esta disposición señala la posibilidad de que el Estado y las entidades públicas en general puedan ser titulares del derecho de propiedad sobre los bienes.

Se refiere el artículo antes nombrado, a la Nación, a los Estados, a los Municipios y a los establecimientos públicos, entendiéndose como estos últimos, de acuerdo a dicho artículo, lo mismo que las personas públicas no territoriales, al igual que los Institutos Autónomos (o sea, institucionales).

Capítulo segundo:

El dominio del Estado: el dominio público y
el dominio privado

El Código Civil establece además, que el dominio del Estado puede revestir dos formas fundamentales: el dominio público y el dominio privado.

El artículo 539, CC. al efecto, señala que los bienes de la Nación, de los Estados y de las Municipalidades, son del dominio público o del dominio privado. Se excluye de esta disposición a los establecimientos públicos, en razón de que para la época se consideraba que las personas públicas no territoriales no podían ser titulares de bienes del dominio público sino sólo del dominio privado, pero, de acuerdo con la doctrina moderna, tales personas así pueden ser titulares de bienes del dominio público.

El artículo 544 del CC, señala que, las disposiciones del CC. se aplicarán también a los bienes del dominio privado, en cuanto no se opongan a las leyes especiales respectivas.

El dominio público del Estado, en principio, está regulado por el CC., salvo disposiciones especiales que deroguen el CC. (Ej. la Ley de Tierras Baldías); es decir, que tiene la misma categoría que puede tener cualquier particular sobre el dominio. En este sentido, el Estado está sometido a un régimen, jurídico especial.

Está determinado por una serie de notas:

1)   La inalienabilidad de los bienes del dominio público;

2)   La imprescriptibilidad de este dominio.

TITULO SEGUNDO:

EL DOMINIO PÚBLICO.

Capítulo Primero:

Introducción

Por dominio público se puede entender el derecho de propiedad que tiene el Estado sobre determinados bienes, en cuanto éstas están sometidos a un régimen jurídico especial de derecho público o administrativo.

Capítulo Segundo:

El criterio del dominio público.

Sección Primera:

NOCIÓN PREVIA

El Estado es titular tanto del dominio público como del dominio privado; es decir, es propietario simultáneamente de los bienes del dominio público y del privado, y es preciso determinar cuando un bien está sometido al dominio público o al dominio privado; hay que buscar un criterio de distinción y el punto de partida es el Código Civil.

Sección Segunda:

LAS DISPOSICIONES DEL CÓDIGO CIVIL

De las disposiciones del Código Civil puede deducirse este criterio de distinción. Así, el art. 539 señala que son bienes del dominio público; los caminos, los lagos, los ríos, las murallas, fosos, puentes de las plazas de guerra y demás bienes semejantes. Esta enumeración no es taxativa sino meramente enunciativa en la cual figuran bienes de uso directo del público (los caminos, los lagos, los ríos) y bienes destinados al funcionamiento del servicio público de la defensa (las murallas, los fosas, los puentes de las plazas de guerra). El rasgo común de unos y otros es su afectación a una finalidad de utilidad pública.

Son bienes del dominio público por naturaleza, según lo ha denominado la doctrina, son bienes de uso común.

El Art. 540 del CC, establece que, los bienes del dominio público son de uso público o de uso privado de la Nación, de los Estados y de las Municipalidades; y de uso público para todas las personas de la comunidad. Ej., el edificio del Museo de Bellas Artes es un inmueble destinado al uso privado del Estado; en cambio, una carretera es un bien del dominio público de uso público.

El Art, 541 del CC. establece que, los terrenos de las fortificaciones o de las murallas de las plazas de guerra que no tengan ya ese destino, y todos los demás bienes que dejen de estar destinados al uso público y a la defensa nacional, pasan del dominio público al dominio privado.

Sección Tercera:

EL CRITERIO APLICABLE: EL CRITERIO DE LA AFECTACIÓN

La nación para caracterizar el dominio público es, precisamente, esta afectación de que lo hace objeto el Código Civil, tal como lo señala en el Art. 541. De allí se puede determinar que criterio de determinación es el aceptado por la doctrina moderna y por la legislación sobre la afectación. Del Código Civil francés se deduce un posible criterio de los bienes del dominio público por su naturaleza, pero actualmente sólo se acoge el criterio de la afectación es decir, cuando un bien determinado, que pertenece a un ente público territorial no está destinado al uso de la defensa nacional, de los Estados y de los Municipios, pasa al dominio privado y deja de ser un bien del dominio público.

Capítulo Tercero:
Elementos del dominio público

Sección Primera:

NOCIÓN PREVIA.

Hemos visto que el dominio público es una especial relación de propiedad que tiene el Estado sobre determinados bienes; sin embargo, ello no implica que este derecho de propiedad de los bienes del dominio público participe de los atributos de la propiedad que establece el CC. Si bien existe una relación idéntica entre los dos, existen determinados elementos que van a caracterizar el dominio que tiene el Estado sobre determinado bienes.

Estos elementos son:

Sección Segunda:
EL ELEMENTO SUBJETIVO.

Este elemento tiende a determinar que personas jurídicas pueden ser titulares de los bienes del dominio público; sólo la Nación, los Estados, las Municipalidades pueden ser titulares de los bienes del dominio público. (Art. 538 CC).

Cuando dicho artículo establece que pueden ser titulares de bienes, la Nación, los Estados, las Municipalidades, los establecimientos públicos y los particulares. Sobre los establecimientos públicos, ha sido sostenido por la doctrina que éstos no pueden ser titulares de bienes del dominio público, sin embargo, modernamente se ha aceptado que los establecimientos sí pueden ser titulares de bienes del dominio público, sobre todo cuando casos se han creado institutos autónomos para que se ocupen del mantenimiento de bienes de dominio público.

Sección Tercera:
EL ELEMENTO OBJETIVO PARA DETERMINAR CUÁLES BIENES SON DEL DOMINIO PÚBLICO

Es independiente que los bienes pueden ser objeto del dominio público. El origen de la teoría del dominio público está en el Código Civil francés y de allí se deduce que sólo pueden ser bienes del dominio público aquellas porciones de territorio: los bienes inmuebles territoriales. Pero esta, aceptación no es aceptada por nuestro Código Civil puesto que también incluye las murallas, fosos, puentes de las plazas de guerra; es decir, que puede serlo todo tipo de bien inmueble. También se considera que los bienes muebles pueden ser bienes del dominio público en determinadas circunstancias, a pesar de que no se deduzca esto del CC., pero la doctrina sostiene que sí pueden serlo los bienes muebles de carácter histórico, paleontológico, artístico y todo tipo de documentos antiguos que se encuentran en los archivos nacionales.

Sección Cuarta:
EL ELEMENTO TELEOLÓGICO

El criterio para calificar un bien del Estado como bien del dominio público el de la afectación, es decir, que el bien se encuentre afectado, sea a un uso público de los Estados, la Nación, etc., o a. la defensa nacional.

I. LA AFECTACIÓN

1. Noción previa

Se entiende por tal la colocación de una propiedad del Estado dentro del régimen del dominio público, mediante la consagración de aquélla a una finalidad de utilidad pública.

2. El uso público

La afectación que califica a los bienes del dominio público puede ser afectado al uso privado de la República.

El artículo 539 del CC. señala que también se consideran del dominio público los fosos, las murallas, los puentes de las plazas de guerra.

3. El uso privado

El sólo término de privado es sumamente amplio, puede comprender cualquier tipo de actividad de la Administración; sin embargo la doctrina ha restringido el uso privado.

En un dictamen de la Consultoría Jurídica del Ministerio de Justicia, del año 59, se establece que se entiende por bienes del dominio público de uso privado los que se encuentran destinados legalmente al directo cumplimiento de una actividad del Estado. Este dictamen responde a lo que la doctrina llama la relación de inmediatabilidad, es decir, que es necesario que el bien tenga una relación inmediata con la actividad que se va a realizar, hasta tal punto de que no sea posible realizar aquella actividad sin la existencia y conservación de los Bienes del dominio público. Ej., cuando el Estado presta una actividad de ferrocarriles, las vías férreas son del dominio público y es necesario que existan para que pueda funcionar el ferrocarril.

Otra doctrina pretende relacionar este uso privado con el término de bien irreemplazable.

4. La defensa nacional

La afectación de los bienes del dominio público puede estar referido a la defensa nacional, hasta, cierto punto, esto puede considerarse también una manifestación del uso privado de los bienes y afectados con las relaciones de inmediatabilidad e irremplazabilidad.

II. FORMAS DE LA AFECTACIÓN

l. Afectación legal

El Artículo 539 del CC. contiene una afectación legal o general, al establecer que, los bienes de la Nación, de los Estados y de las Municipalidades, son del dominio público o del dominio privado.

2.- Afectación especial

Se da cuando la Administración mediante un acto administrativo afecta un bien determinado de uso público o de defensa nacional. Puede consistir en la conversión de un bien de propiedad privada a un bien del dominio público, o de un bien de uso privado del Estado a un uso público.

III.   LAS MUTACIONES DEMANIALES.

Es necesario además, señalar las llamadas mutaciones demaniales (del dominio público), que son los casos en que un bien perteneciente al dominio público con un fin determinado, es afectado a otro fin también de uso público o de defensa nacional. En este sentido, la titularidad no cambia puesto que sigue el bien perteneciente a la República, sólo cambia de finalidad.

IV. LA DESAFECTACIÓN.

El principio fundamental para calificar los bienes del dominio público es su afectación al uso público, privado o a la defensa nacional. La desafectación se da en el momento en que un bien del dominio público deja de ser de uso público y pasa al dominio privado de la República; en este caso no ha habido cambio de titular.

Esta desafectación tampoco implica un acto formal que desafecte el bien de la finalidad que tenía. Ej., en Venezuela se considera las playas como bienes del dominio público pero si el mar, por cualquier circunstancia, se retira, aquel bien deja de ser del dominio público. En este caso no se ha necesitado de un acto formal. La desafectación es simplemente, una situación de hecho.

El mismo código civil en su art. 541, señala que, los terrenos de las fortificaciones o de las murallas, de las plazas de guerra que no tengan ya ese destino, y todos los demás bienes que dejen de estar destinados al uso público ya la defensa nacional, pasan del dominio público al dominio privado.

Esta situación de hecho puede en determinados casos, producir graves dudas; por ejemplo, cuando un bien del dominio público se desafecta, éste puede ser adquirido por prescripción (terrenos baldíos). Esto se ve claro cuando la desafectación es en un bien del dominio público, pero no cuando se da en bienes del dominio público de uso privado; por tanto, en estos casos es necesario un acto formal que declare la desafectación.

Capítulo Cuarto:

El Régimen Jurídico del Dominio Público

Sección Primera:

NOCIÓN PREVIA

De acuerdo a Fernando Garrido Falla (Tratado de Derecho Administrativo, tomo II), este régimen jurídico está caracterizado por cuatro notas fundamentales; la incomerciabilidad, la publicidad posesoria, la recuperación de oficio, la potestad reguladora y la potestad sancionadora.

Sección Segunda:

LA INCOMERCIABILIDAD.

Se traduce en una indisponibilidad del bien es decir, en una serie de prohibiciones para proteger a los bienes del dominio público de los particulares. Esto se traduce en tres notas esenciales.

La incomerciabilidad constituye una nota esencial del derecho público mientras estos bienes del dominio público no sean desafectados.

I. LA INALIENABILIDAD.

Al efecto, el Art. 543 del CC. Establece que los bienes del dominio público son inalienables. Todo acto o negocio jurídico sobre los bienes del dominio público son nulos.

II. INEMBARGABILIDAD.

La Ley Orgánica de la Hacienda Pública Nacional establece en su Art. 16 que, los bienes pertenecientes a la Nación no están sujetos a embargo ni a ninguna otra medida de ejecución preventiva o definitiva. Se refiere a los bienes pertenecientes a la Nación, sin distinguir entre bienes del dominio público o del dominio privado, lo que quiere decir que esta inembargabilidad se refiere a todo tipo de bienes, sea del dominio público o privado.

III. LA IMPRESCRIPTIBILIDAD:

El Art. 1960 del CC. señala que el Estado por sus bienes patrimoniales y todas las personas jurídicas, están sujetos a la prescripción, como los particulares. Se deduce por argumento contrario, que los bienes del dominio público son imprescriptibles.

Sección Tercera:

LA PUBLICIDAD POSESORIA

Se refiere esto a que el titular de un bien del dominio público Nación, Estados o Municipios, no necesita acudir a las garantías registrales para tener potestad sobre estos bienes del dominio público, para tener efecto respecto a terceros.

Sección Cuarta:

LA RECUPERACIÓN DE OFICIO

Existe la posibilidad de recuperar de oficio los bienes del dominio público; ningún tercero puede adquirir derechos por prescripción porque al Estado siempre los puede recuperar sin necesidad de recurrir a juicio.

Sección Quinta:

POTESTAD REGULADORA Y SANCIONADORA.

La Administración y el Estado en general, puede regular la utilización de los bienes del dominio público, y puede también sancionar la utilización.

Capítulo Quinto:

La regulación jurídico-administrativa de los bienes del dominio público de uso público

Sección Primera:

EL DOMINIO PÚBLICO DE USO PÚBLICO.

Los bienes del dominio público en Venezuela se clasifican en dominio hídrico (respecto *a* los ríos), dominio aéreo (respecto al aire), dominio terrestre (respecto a la tierra) y el dominio marítimo (respecto al mar).

Las aguas en general se clasifican en marítimas y terrestres.

Sección Segunda:

EL DOMINIO HÍDRICO

I. CONCEPTO.

El dominio hídrico comprende el estudio de los ríos y lagos.

El dominio público de uso público se caracteriza porque los bienes que lo componen están a disposición del uso del público. Esta disposición no excluye, sino que implica la necesidad de que el Estado regule ese régimen.

II. EL USO DE LAS AGUAS DEL DOMINIO HÍDRICO. USOS COMUNES, USOS ESPECIALES

1. Nota previa.

Regulación que ha establecido el Estado para el uso de los bienes que componen el dominio hídrico, apunta a dos tipos principales de uso: usos comunes y usos especiales.

La diferencia entre unos y otros está en la índole del aprovechamiento y el contenido de los derechos del usuario cuando realiza un uso común o cuando realiza un uso público de las aguas.

2. Usos comunes

A. Concepto.

Se entiende por uso común de este dominio aquel que corresponde a todos los hombres por la sola condición de tales; es un bien inherente a la naturaleza del hombre (derecho a beber el agua, a bañarse, a nadar, a lavar, etc).

B. Protección legal

Estos diversos usos comunes si bien corresponden a toda persona, sin embargo, el Estado se ha encargado de regular y protegerlos. En la Ley Forestal de Suelos y Aguas, art. 31, se establece una protección legal al señalar que, la utilización de las aguas del dominio público y el aprovechamiento de la flora y de la fauna acuática que en ellas se encuentren, no podrán ser entrabados ni aún por los propietarios o poseedores de terrenos adyacentes.

Asimismo, el Art. 150 del Reglamento de la Ley de Suelos y Aguas establece una prohibición de cercar las aguas del dominio público, cualquiera que sea su naturaleza, impidiendo que sean utilizadas por los vecinos de la localidad.

C. Principales usos comunes.

Entre los principales usos comunes están: 1) la navegación, 2) la pesca y, en general, 3) los aprovechamientos de cualquier industria.

D. Limitaciones

La Ley establece una limitación de tipo general: la prohibición para toda persona que no tenga un derecho adquirido, una concesión, de desviar el cauce de las aguas del dominio público. Esta concesión o derecho dará lugar a los derechos especiales.

El CC. establece la posibilidad de desviar las aguas que no sean del dominio público. Así, el Art. 652 establece que, aquel cuyo fundo está limitado o atravesado por aguas que, sin trabajo del hombre, tienen un curso natural, pero que no son del dominio público, y sobre las cuales no tiene derecho algún tercero, puede servirse de ellas para el riego de su propiedad o para el beneficio de su industria, pero con la condición de devolver lo que quede de ellas a su curso ordinario.

E. Usos individualizados

a. Concepto

Aparte de esta limitación general existe una de tipo especial de uso común que es el uso individualizado que tienen determinadas personas que se encuentran en determinadas situaciones de hecho respecto a las aguas del dominio público.

La doctrina establece la posibilidad de un uso común individualizado; estos se refieren a los propietarios de fundos ribereños para determinados casos.

b. Ribereños de ríos no navegables

El Art. 651 del CC establece que, el propietario de un manantial no puede desviar su curso, cuando suministra a los habitantes de una población el agua que les es necesaria.

c. Ribereños de ríos navegables

El Reglamento de la Ley Forestal, Art. 151, establece que, en los ríos navegables los propietarios ribereños podrán, en sus respectivas márgenes, instalar libremente bombas o cualquier otro artificio destinados a extraer las guas necesarias para el riego u otros usos de sus propiedades, siempre que no causen ningún perjuicio a la navegación.

d. Usos con fines agrícolas e industriales

El CC en su artículo 653, establece al efecto, que, el propietario de un fundo tiene derecho a sacar de los ríos y conducir a su predio, el agua necesaria para sus procedimientos agrícolas e industriales; pero no podrá hacerlo, si la cantidad de agua de los ríos no lo permite.

Este derecho fue limitado posteriormente por la Ley Forestal de Suelos y Aguas, al establecer en el Art. 32 que, los propietarios de los fundos no podrán hacer la desviación de las aguas de los ríos para su utilización con fines agrícolas o industriales, sin que previamente hayan obtenido la aprobación del Ministerio de Agricultura y Cría. Como se ve, no se trata de un permiso sino de una aprobación.

3. Usos especiales

A. Concepto

Se entiende como tal aquel uso que únicamente pueden realizar determinadas personas que se encuentran en una condición también determinada que establece la ley. No se trata de un uso inherente a la naturaleza del hombre sino de usos especiales que establece la ley para determinadas personas que deban cumplir determinados requisitos.

Estos usos especiales pueden tener su origen en dos formas distintas: por un acto de la administración, en forma de concesión de aguas para uso especial, y por el transcurso del tiempo, o derecho adquirido por prescripción.

B. La concesión

a. Concepto.

El artículo 32 de la Ley Forestal de Suelos y Aguas, establece que, fuera del caso previsto en el Art. 653 del CC., el que no tenga derechos adquiridos al aprovechamiento de aguas del dominio público, no podrá desviarlas de su cauce natural sin la previa concesión del Ejecutivo Nacional.

b. Objeto.

El Art. 34 de la Ley Forestal de Suelos y Aguas, establece que, el aprovechamiento del agua materia de la concesión puede tener por objeto:

1)   El aprovechamiento de núcleos de población;

2)   El servicio de riego;

3)   El establecimiento de canales de navegación;

4)   El servicio de empresas ferroviarias, respecto de las cuales la concesión podrá ser por todo el tiempo que dure la concesión ferroviaria;

5)   El servicio de energía hidroeléctrica;

6)   El funcionamiento de cualquiera otra empresa agrícola o industrial.

c. Formas: contractual; contratos a título gratuito; empresa de utilidad pública; medida de fomento administrativo

En todas estas actividades las aguas sólo pueden ser utilizadas mediante una concesión de uso de aguas del dominio público. Esta concesión puede tener forma contractual y de contrato a título gratuito.

Es un típico contrato de concesión que requiere la aprobación de las Cámaras Legislativas para que tenga valor. Lo curioso es que este requisito de aprobación posterior se establezca como un requisito de validez.

El contrato administrativo tiene tres fases: 1) Voluntad de la Administración cuando se requiere la autorización previa: 2) Se incluye también la intervención de organismos contralores y consultores; 3) Una vez que se tengan todas estas formalidades llega el acto de conclusión, una vez que su voluntad está formada. Una vez dado esto el acto queda válido. Puede diferirse la validez del acto a un acto posterior como es la aprobación por parte de las Cámaras Legislativas. Esta aprobación deberá ser un requisito de eficacia y no de validez.

Estos contratos pueden ser a título gratuito u oneroso.

Interesa destacar los que son a títulos gratuito.

En todo caso el Estado debe insistir que las tarifas sean módicas.

d. Duración

La Ley de Suelos y Aguas desarrolla el Art. 97 de la Constitución al establecer en su Art. 35 que, los mencionados contratos sólo podrán celebrarse por un término máximo de 60 años.

Establece una excepción en lo que respecta a las concesiones del servicio de empresas ferroviarias, que pueden durar por todo el tiempo que dure la concesión ferroviaria.

e. Derechos del concesionario

Además del aprovechamiento de las aguas los concesionarios tienen derechos derivados de la posibilidad de utilizar los bienes del dominio privado de la República y dentro de éstos aprovecharse de los productos forestales siempre que éstos sean útiles para la construcción.

f. La adquisición de las obras: utilización de servicios; irresponsabilidad por evicción; adquisición de las obras

Además de otorgar derechos para el concesionario, la concesión otorga determinadas prerrogativas para la Administración:

En los casos en que el Ejecutivo Nacional necesitare de los servicios de la empresa, ésta queda obligada a prestárselos con un descuento del treinta por ciento.

Al respecto, el Art. 35 de la Ley Forestal de Suelos y Aguas, determina que la Nación no responderá por evicción de ninguna especie, resultante de derechos de terceros. Tal disposición aparece también en el Reglamento, Art. 147, Ord. 8). Tampoco por los perjuicios que le sobrevengan al concesionario por falta o disminución del caudal expresado en la concesión.

De acuerdo al Art. 35 de la Ley, una vez concluido el tiempo de duración de la concesión, todas las obras que hubiere hecho el concesionario quedarán en beneficio de la Nación. También lo señala el Art. 147, Ord. 11) del Reglamento.

g. Limitaciones: respecto al otorgamiento de la concesión; respecto al aprovechamiento

La Ley establece una serie de limitaciones:

Lo consagra la Ley en el Art. 33: El Ejecutivo Nacional no otorgará concesiones de aguas de ríos que nazcan en un fundo de propiedad privada, mientras lo atraviesen.

Establece también la Ley que, no se impedirá al propietario del fundo el aprovechamiento de aguas, excepto cuando se trate del abastecimiento de poblaciones.

Dichos contratos no podrán nunca darse con perjuicio de la navegación de los ríos o del abastecimiento de las poblaciones. No pueden hacer en ellos obras que impidan el libre paso de los barcos o balsas, o el uso de otros medios de transporte fluvial. (Arts. 35 de la Ley y 654 del CC).

También debe respetar lo dispuesto en el Art. 653 del CC., en el sentido que el propietario del fundo tiene derecho a sacar de los ríos y conducir a su predio, el agua necesaria para sus procedimientos agrícolas e industriales; pero no podría hacerlo, si la cantidad de agua de los ríos no lo permite, sin perjuicio de los tengan derechos preferentes.

El Reglamento de la Ley dispone que debe establecerse el número de litros por segundo que va a aprovechar el concesionario.

C. La prescripción

El Art. 32 de la Ley Forestal de Suelos y Aguas, establece que, fuera del caso previsto en el artículo 653 del CC., el que no tenga derechos adquiridos al aprovechamiento de aguas del dominio público, no podrá desviarlas de su cauce natural sin la previa concesión del Ejecutivo Nacional. El Art. 33 de la Ley establece que, en toda concesión de aguas del dominio público se hará constar que se dejan a salvo los derechos adquiridos por terceros.

Respecto a la prescripción, el Art. 650 del CC establece que, quien tenga un manantial en su predio podrá usar de él libremente, salvo el derecho que hubiere adquirido el propietario del predio inferior, en virtud de un título o de la prescripción. El mismo artículo señala que la prescripción en este caso no procede sino por la posesión de diez años, si hubiere título, o de veinte, si no lo hubiere, contados estos lapsos desde el día en que el propietario del predio inferior haya hecho y terminado en el fundo superior obras visibles y permanentes.

4. Limitación general al uso del dominio hídrico

El CC, consagra con carácter general la limitación contenida en el artículo 654 que señala que, nadie puede usar del agua de los ríos de modo que perjudique a la navegación, el paso libre de los barcos o balsas, y se halla complementado por el Art. 113 de la Ley de Navegación, al señalar que cualquier construcción o modificación de muelles, malecones, etc., necesitarán de la autorización previa del Ministerio de la Defensa, quien podrá otorgarla o negarla, según los intereses de la navegación o de la defensa y seguridad nacionales.

III. LA POLICÍA DE AGUAS.

En aquella actividad de la Administración que tiende a limitar los derechos de los particulares por medio de la utilización del poder coactivo en interés general. Está determinada en el Art. 4 de la Ley de Navegación que establece: Las aguas territoriales o interiores y sus riberas, así como los terrenos situados a la orilla del mar, lagos, ríos y demás porciones navegables, en una extensión hasta de cincuenta metros medida desde la línea de la más baja marea, hacia adentro, están sometidas a la jurisdicción del Ministerio de la Defensa. Para fines del ejercicio de la autoridad marítima, las aguas territoriales y las costas se considerarán divididas en Capitanías de Puerto.

La Ley Forestal prevé la creación de Jurados de Aguas, con carácter permanente o temporal, en los ríos o zonas de éstos que creyere conveniente. Estos Jurados establecerán los turnos de riego de cada ribereño comprendido bajo su jurisdicción. Sus fallos serán ejecutivos y para la su ejecución se recurrirá al Juez del Distrito o de Departamento de la jurisdicción.

Sección Tercera:
EL DOMINIO MARÍTIMO

I. CONCEPTO

Se entiende por tal el dominio público del Estado sobre el mar territorial, la plataforma continental y las playas. La regulación sobre el mar territorial, la plataforma continental, etc., está en la Ley Aprobatoria de la "Convención sobre el Mar Territorial y la Zona Contigua" de 31 de julio de 1961 y la Ley sobre Mar Territorial, Plataforma Continental, Protección de la Pesca y Espacio Aéreo, de 17 de julio de 1956.

II. COMPOSICIÓN

El dominio marítimo comprende: el mar territorial, la plataforma continental, las aguas interiores y las playas.

1. El Mar Territorial.

A. Concepto

El art. 1 de la Ley de Aprobatoria establece que, la soberanía de un Estado se extiende, fuera de su territorio y de sus aguas interiores, a una zona de mar adyacente a sus costas, designada con el nombre de mar territorial.

B. Extensión

Se establece en la Ley sobre Mar Territorial, Plataforma Continental, Protección de la Pesca y Espacio Aéreo, Art. 1° que el mar territorial de la República, tiene a todo lo largo de las costas continentales e insulares de ésta, una anchura de 22 kilómetros y 224 metros, equivalentes a 12 millas náuticas.

C. Medición

De acuerdo con la Ley Aprobatoria, la medición de esta extensión de mar territorial se realiza por dos tipos de medidas: la línea de bajamar y las líneas de bases rectas.

a. La línea de bajamar

La línea de base normal para medir la anchura del mar territorial es la línea de bajamar a lo largo de la costa.

b. Las líneas de bases rectas

En los lugares en que la costa tenga profundas aberturas y escotaduras o en los que haya una franja de islas a lo largo de la costa situadas en su proximidad inmediata, puede adoptarse como método para trazar la línea de base desde la que ha de medirse el mar territorial, el de las líneas de base rectas que unan los puntos apropiados.

Establece también dicha Ley Aprobatoria que, las aguas situadas en el interior de la línea de base del mar territorial se considerarán como aguas interiores.

D. Derechos del Estado

La soberanía del Estado ribereño se extiende al espacio aéreo situado sobre el mar territorial, así como al lecho y al subsuelo de ese mar (Art. 2° de la Ley Aprobatoria). La Ley sobre Mar Territorial, etc., señala que esta soberanía nacional en el mar territorial se ejerce sobre las aguas, el suelo, el subsuelo y los recursos que en ellos se encuentren.

2. La Plataforma Continental

La Ley Aprobatoria de la "Convención sobre la Plataforma Continental" señala que la Plataforma Continental comprende: a) El lecho del mar y el subsuelo de las zonas submarinas adyacentes a las costas pero situadas fuera de la zona del mar territorial, hasta una profundidad de 200 metros o, más allí de este límite, hasta donde la profundidad de las aguas suprayacentes permita la explotación de los recursos naturales de dichas zonas; b) El lecho del mar y el subsuelo de las regiones submarinas análogas, adyacentes a las costas de islas (Art. 1° de dicha Ley Aprobatoria y 4° de la Ley sobre Mar Territorial, etc.).

3. Las Aguas Interiores

Se consideran como aguas interiores las aguas situadas en el interior de la línea de base del mar territorial. De acuerdo con la doctrina, se comprende entre ellas los puntos salientes, las bahías, etc.

4. Las Playas

Las playas de las aguas interiores marítimas y del mar territorial, son bienes del dominio público.

A. El artículo 4° de la Ley de Navegación

"Las aguas territoriales o interiores y sus riberas, así como los terrenos situados a la orilla del mar, lagos, ríos y demás porciones navegables, en una extensión hasta de cincuenta metros medida desde la línea de la más baja marea, hacia adentro, están sometidas a la jurisdicción del Ministerio de la Defensa". En esta extensión de 50 metros es donde la autoridad administrativa ejerce su jurisdicción, pero esa franja en si misma no es la playa como bien del dominio público.

B. El criterio de la Procuraduría

La Procuraduría ha entendido de este artículo 4° en un dictamen del año 1953 que la costa del mar territorial tiene el carácter de bien del dominio público, pero que la norma del artículo 4° solamente ha señala el límite hasta donde se extiende la jurisdicción de la policía marítima, que debe ser la comprendida dentro de cincuenta metros a partir de la costa.

C. El concepto de playa como bien del dominio público: la jurisprudencia

La Corte Suprema de Justicia en sentencia de 13 de agosto de 1964 sostuvo lo siguiente:

"El apoderado de la querellante, en su escrito de informes, plantea de nuevo, para ser decidido como cuestión previa en el presente fallo, un alegato que ya había invocado en el curso del proceso, y es el siguiente: Que a la Corte Suprema de Justicia solo corresponde conocer, en segunda instancia, de las apelaciones y recursos interpuestos contra las decisiones dictadas en Primera Instancia, en todas las controversias fiscales relativas a Impuestos Federales, y en todas aquellas decisiones en procesos en los cuales la Nación o el Fisco sean partes o intervengan en ella, salvo lo dispuesto en los procedimientos especiales. Y por cuanto la Nación no apeló de la decisión en Primera Instancia, ha dejado de ser parte en el proceso, y por consiguiente, corresponde de pleno derecho el conocimiento del caso en Segunda Instancia, al Tribunal Supremo de la Circunscripción Judicial del Estado Falcón".

"Analizando este alegato, la Corte llega a la conclusión de que es improcedente, por cuanto el hecho de que la Nación no haya apelado de la decisión de Primera Instancia no significa que haya dejado de ser parte interesada en el progreso. Su intervención en este procedimiento ha surgido como consecuencia de que la cuestión ventilada en el mismo atañe al interés nacional; y ello ocurre tanto en la Segunda Instancia como en la Primera. Por consiguiente, la competencia para conocer del presente recurso corresponde a la Corte Suprema de Justicia, Sala Político-Administrativa y así se declara."

"Resuelta en esta forma la cuestión previa planteada por la querellante, pasa la Corte a analizar el problema de fondo, y, para ello observa:"

"De acuerdo con los términos de la demanda, el amparo solicitado se refiere a una extensión de terreno adyacente al mar, y consiste la perturbación, según se alega, en la ejecución de determinados trabajos para el acondicionamiento de la playa con el fin de construir en la misma un balneario, y en la edificación de casas de veraneo y carpas movibles en la misma zona de terreno adyacente al mar. Ahora bien, el Fiscal General de la República, al contradecir la acción propuesta, en su oficio anteriormente citado, alega que, de conformidad con los artículos 538, 539, 540, 541 y 543 del Código Civil vigente, las riberas del mar son bienes del dominio público; y que, por consiguiente, no están sujetas a ocupación ni a posesión legítima, no es procedente, respecto a los mismos, una acción posesoria del tipo de la que ha dado lugar al presente juicio".

"A su vez, los querellados han contradicho la acción interdictal propuesta contra ellos, partiendo del mismo fundamento jurídico que el Representante de la Nación, o sea, que se trata de una extensión de terreno comprendida dentro de la faja de cincuenta metros adyacente al mar, determinada por el artículo 4° de la Ley de Navegación, la cual es un bien del dominio público; y siendo, por tanto, inalienable e imprescriptible, la propietaria del fundo adyacente no puede alegar posesión legítima sobre dicha faja, y por ello la acción interdictal propuesta es contraria a derecho. Aducen, además, los querellados, que su ocupación del terreno en referencia es a título precario, y en virtud de autorización que les ha sido otorgada por las autoridades correspondientes, o sea, que no pretenden ejercer por sí posesión legítima de dichos terrenos".

"Con relación a los argumentos expuestos, la Corte observa:

"Dentro de la permanente controversia que existe, así en la Doctrina como en la Jurisprudencia, sobre la naturaleza y el alcance del derecho de dominio que ejerce la Nación sobre las costas del mar prevalece un consenso general acerca de dos aspectos de la cuestión, que son fundamentales: En primer lugar, se reconoce que las playas son, por su naturaleza, bienes cuyo uso y disfrute debe, en principio, ser mantenido al alcance de todos los individuos que integran la colectividad, o sea, que son bienes del dominio público. Por otra parte, se está igualmente de acuerdo en que, por razones de indiscutible interés público, así en lo que concierne a la defensa del Territorio Nacional en caso de conflicto armado, como también para los fines de la seguridad en la navegación marítima, tanto militar como civil, labores de salvamento, represión del contrabando, control administrativo de la industria pesquera y del aprovechamiento de los productos naturales del mar, y otras funciones análogos, el Estado requiere, a fin de poder cumplir tales funciones."

III.   EL USO DEL DOMINIO MARÍTIMO

Tiene dos usos principales: <u>el régimen jurídico de la navegación y el de la pesca.</u>

1. El régimen jurídico de la navegación

A. Nota previa.

El artículo 1° de la Ley de Navegación señala que, todos los buques mercantes nacionales y los extranjeros en aguas venezolanas, territoriales o interiores, están sometidos a la Ley.

Este principio también está desarrollado en la Ley Aprobatoria.

B. El derecho de paso inocente

a. Introducción.

La Ley Aprobatoria establece el derecho de paso inocente para los buques, en las aguas territoriales de la República y señala que gozan de paso inocente a través del mar territorial.

b. Concepto de paso inocente.

Se considera que el paso es inocente mientras no se perjudicial para la paz, el orden o la seguridad del Estado ribereño.

Establece la Ley Aprobatoria que, los buques de cualquier Estado, con litoral marítimo o sin él, gozan del derecho de paso inocente a través del mar territorial.

c. Concepto de paso.

Se entiende por paso del hecho de navegar por el mar territorial, ya sea para atravesarlo sin penetrar en las aguas interiores, ya sea para dirigirse hacia estas aguas, ya sea para dirigirse hacia altamar viniendo de ellas.

d. Ámbito del derecho.

El paso comprende el derecho de detenerse y fondear, pero sólo en la medida en que la detención y el hecho de fondear no constituyan más que incidentes normales de la navegación o le sean impuestos al buque por una arribada forzosa o por un peligro extremo.

No será considerado inocente el paso de buques de pesca extranjeros que no cumplen las leyes y reglamentaciones dictadas y publicadas por el Estado ribereño, a fin de evitar que tales buques pesquen dentro del mar territorial.

e. La garantía del derecho: Aviso a los navegantes; Limitación de gravámenes;

Señala para la República la obligación de no poner dificultades para el derecho de paso inocente.

El Estado ribereño está obligado a dar a conocer de manera apropiada todos los peligros que, según su conocimiento, amenacen a la navegación en su mar territorial.

No podrán imponerse gravámenes a los buques extranjeros por el solo hecho de su paso por el mar territorial.

No podrán imponerse gravámenes a un buque extranjero que pase por el mar territorial sino como remuneración de servicios determinados prestados a dicho buque, los cuales se impondrán sin discriminación de ningún género;(Caleta y estiba, derecho de pilotaje, etc.).

C. La regulación de la navegación marítima

a. Introducción.

Todos los buques mercantes nacionales y los extranjeros en aguas venezolanas, territoriales o interiores, están sometidos a la Ley de Navegación.

b. El régimen de la nave

a' Concepto

De acuerdo con la Ley, se entiende por buque o nave todas las embarcaciones que tengan medios fijos de propulsión y están destinadas al tráfico por las aguas territoriales o interiores o por el mar libre entre puertos nacionales o del extranjero o entre éstos y aquéllos.

No se consideran como buques sino como accesorios de navegación, las gabarras, botes y diques, casas, embarcaderos y dragas flotantes y demás construcciones sin autonomía de movimiento.

Dentro el concepto genérico de nave se incluye una serie de elementos flotantes que clasifican la Ley en: motonave, lancha de vapor, lancha a motor, etc.

b' La propiedad de la nave: Prueba y Registro

El derecho de propiedad sobre los buques mercantes nacionales sólo podrá ser ejercido por ciudadanos venezolanos, o por empresas nacionales o nacionalizadas legalmente y establecidas en el país. Establece la Ley una excepción respecto a las naves menores de diez toneladas: buques destinados a la pesca, al recreo, los que naveguen en lagos y ríos nacionales sin salir de ellos, etc., los cuales podrán adquirirse por cualquier persona "domiciliada" en el país.

Si se trata de naves pertenecientes a una comunidad sólo serán consideradas como venezolanas y podrán matricularse como tales aquellas que por lo menos en 50% sean de plena propiedad de ciudadanos venezolanos domiciliados en el país.

La prueba del derecho de propiedad sobre un buque mercante se determina: 1) Si el buque ha sido construido en la República, con certificación del constructor, en la cual se expresarán las dimensiones y demás características del buque y el nombre del dueño; 2) Si el buque ha sido construido en el extranjero, con el documento de adquisición a favor de la persona o empresas que soliciten la inscripción del mismo en la Matrícula Nacional.

Los documentos deben registrarse en la Oficina Subalterna de Registro del lugar de la matrícula de la nave, que es su domicilio.

c' La nacionalidad de la nave: Registro; Certificado de Matrícula

Para que un buque goce de la nacionalidad venezolana, debe estar inscrito en el Registro de la Marina Mercante Nacional.

El Certificado de Matrícula es el documento que acredita la nacionalidad venezolana del buque.

Para la inscripción de buques en la Marina Mercante Nacional, es condición indispensable prestar caución para el buen uso del pabellón, que responderá especialmente de las penas pecuniarias que, administrativa o judicialmente se impongan al propietario.

d'   La dirección de la nave: El Capitán; Potestad disciplinaria; de mando; de Autoridad de Registro

La dirección de la nave está a cargo de un Capitán que es la autoridad superior de la misma y a quien están subordinados tanto los tripulantes como los pasajeros. Esta dirección la da al Capitán una serie de poderes:

Es el único que tiene bajo su cargo el mantenimiento de la nave.

Puede exigir por la fuerza la ayuda de cualquier pasajero, en casos urgentes, cuando lo requiera la seguridad del buque, y se presumirá que el Capitán obra a favor del bien común y en defensa de los intereses generales.

El Capitán tiene una potestad determinada de registro civil y también de registro público. Está facultado para celebrar matrimonios en artículo de muerte, expedir partidas de nacimiento, presenciar otorgamiento de testamentos, etc.

c.   La navegación con Pabellón Venezolano

a'   La Patente de navegación

La Patente de navegación es el documento expedido por el Presidente de la República y refrendado por el Ministerio de la Defensa, que autoriza a un buque nacional para navegar por todas las aguas bajo bandera venezolana y por un término de cinco años. Esta Patente es obligatoria: a) Para los buques mayores de trescientas toneladas de registro; b) Para los buques que no excedan de trescientas toneladas de registro que hagan navegación al extranjero fuera de los límites determinado en la Ley.

b'   La licencia de navegación

La Licencia de Navegación es el documento expedido por el Ministerio de la Defensa que autoriza a un buque nacional, menor de trescientas toneladas de registro y por un término de dos años, para efectuar únicamente la navegación entre puertos nacionalidad y entre éstos y las Antillas, de Aruba, Bonaire, Curazao, Trinidad, Granada, Barbados, Guadalupe, Martinica, Santo Domingo y Haití, así como también entre puertos nacionales y las Guayanas y puertos colombianos del Atlántico y de los ríos afluentes del Orinoco.

d.   La navegabilidad

La Ley exige una serie de condiciones de navegabilidad de la nave. Al efecto, establece que, para que un buque mercante pueda salir de puerto o emprender navegación, es necesario que posea el Certificado de Navegabilidad, que es expedido por un Capitán de Puerto autorizado para ello, por el cual se establece que un buque reúne las condiciones necesarias para la seguridad en el mar: aparatos de salvamento, repuestos, aparejos, servicios e instrumentos respectivos y de haberle sido fijada la línea de máxima carga.

e. Las formas de navegar

La Ley establece formas de navegar: todo buque debe izar la bandera de su nacionalidad al entrar a puerto, al tener un buques de guerra nacional a la vista o al pasar frente a fortaleza o puerto militar, y en general, al navegar en aguas territoriales o interiores.

2. El régimen jurídico de la pesca

La Ley de Pesca establece que la pesca en aguas territoriales está sujeta a una serie de restricciones y regulaciones de pesca señaladas en la misma Ley.

Al efecto, el ejecutivo podrá, mediante Resoluciones dictadas por el Ministerio de Agricultura y Cría: a) Fijar épocas de veda y establecer limitaciones y restricciones a la pesca, con indicación de especies de zonas; b) Prohibir la pesca de animales que no hayan alcanzado su pleno desarrollo; c) Prohibir determinados sistemas e implementos de pesca; etc.

IV. LA POLICÍA MARÍTIMA

1. La Autoridad de Policía Marítima.

De acuerdo con el Art. 6 de la Ley de Navegación, la autoridad marítima tendrá especialmente a su cargo la policía, vigilancia y control de las aguas tanto territoriales como interiores, con sus costas, puertos y servicios.

2. Facultades

Es de su incumbencia el conocimiento previo de toda operación que se realice en los buques mercantes de cualquier nacionalidad que se hallen dentro de los límites jurisdiccionales, para atracar a muelle, cambiar de fondeadero, acoderarse, tomar combustible o agua, efectuar reparaciones o ejercer cualesquiera otras operaciones similares en puerto.

3. La actividad de Policía.

Se va a estudiar tomando en cuanta uno de sus elementos.

A. En el Mar Territorial y Aguas interiores

a. Respecto al paso inocente.

La autoridad Marítima puede tomar, en su mar territorial, las medidas necesarias para impedir todo paso que no sea inocente.

b. Respecto a la navegación.

El ejecutivo Nacional, cuando las necesidades de defensa nacional lo requieran o circunstancias especiales lo exijan, podrá prohibir el tráfico de buques en puertos venezolanos.

c.   Respecto a las funciones de policía administrativa: Policía sanitaria, Policía Fiscal y Aduanera

Todo buque que llegue a un puerto venezolano, antes de toda comunicación con tierra, debe ser reconocido por las autoridades sanitarias, quienes verificaran el examen de la Patente de Sanidad. Asimismo, todo buque que se disponga a zarpar para el exterior, antes de embarcar pasajeros y mercaderías, debe esperar la visita de la autoridad sanitaria.

Debe también imponer determinadas medidas de policía sanitaria cuando existan enfermedades contagiosas.

El Art. 56 de la Ley de Navegación establece que ningún buque destinados a conducir pasajeros podrá transportar entre su carga sustancias o productos explosivos, inflamables o corrosivos, sino en la forma y condiciones que expresen las leyes y reglamentos. El Art. 106 señala que, ningún buques mercante nacional podrá embarcar armas de guerra ni municiones para su servicio, sin la autorización respectiva del Ejecutivo Nacional.

B. En la Plataforma Continental

a. Control de las obras.

Tiene el control sobre la exploración o explotación en la plataforma continental.

b. Limitaciones.

Debe cuidar que la exploración de la plataforma continental y la explotación de sus recursos naturales no causen entorpecimiento a la navegación, la pesca o la conservación de los recursos vivos del mar.

También puede tomar todo tipo de precauciones sobre conductores eléctricos, oleoductos, etc.

C. En las playas.

También tiene autoridad en esa extensión de 50 metros a contar de la línea de la más baja marea en donde tiene potestad para controlar y tomar las medidas para el mantenimiento de esa zona.

4. Extensión de la Policía Marítima

A. La zona contigua.

El Estado ribereño podrá adoptar medidas de fiscalización en una zona de alta mar contigua a su mar territorial

a. Finalidad.

Estas medidas de fiscalización serán con el fin de evitar las infracciones a sus leyes de policía aduanera, fiscal de inmigración y sanitaria que pudieran cometerse en su territorio o en su mar territorial; y reprimir las infracciones de esas leyes en tales zonas.

b. Extensión.

La zona contigua no se puede extender más allá de doce millas contadas desde la línea de base desde donde se mide la anchura del mar territorial.

B. Con terrenos ribereños del mar territorial

La Policía extiende también su actividad a los terrenos ribereños en una extensión de cincuenta metro.

C. La Alta Mar.

Se extiende también a la alta mar.

a. Reglamentación de la pesca.

Puede reglamentar la pesca en alta mar. La Ley establece que el Estado fijara una zona para tales fines.

b. Represión de la trata de esclavos.

La autoridad de policía se extiende en materia de trata de esclavos. Todo Estado tiene facultad para apresar cualquier barco y controlar cualquier actividad que se configure como una trata de esclavos.

c. Represión de la piratería.

También se extiende la autoridad de policita respecto a la represión de los actos de pi-rate-ría. Todo Estado está en el deber de perseguir y apresar a cualquier buque pirata.

d. El derecho de persecución.

Todo Estado tiene también facultad de perseguir cualquier buque, así sea en alta mar, cuando esta se ha comenzado en aguas territoriales, en los casos en que el buque haya infringido alguna disposición. Esta persecución termina cuando el buque entre en aguas territoriales de otro Estado.

A MANERA DE EPÍLOGO:
ALGO SOBRE LA HISTORIA DE LA CÁTEDRA DE DERECHO ADMINISTRATIVO

En 2009, con motivo de cumplirse los cien años de la creación de la "Cátedra de Derecho Administrativo, Código de Hacienda, Código de Minas y demás Leyes sueltas é historia del Derecho" en la Universidad Central de Venezuela, los jóvenes profesores Víctor Hernández Mendible y José Ignacio Hernández me solicitaron que elaborara sendos trabajos sobre aspectos de la historia de la Cátedra para su publicación en libros homenaje a la misma. Fue con esa ocasión, que hice las siguientes reminiscencias históricas que se recogen a continuación en las dos primeras Secciones. La Tercera Sección recoge las referencias histótricas formuladas en la Academia de Ciencias Políticas y Sociales en 2013, sobre la relación del profesor español Eduardo García de Enterría con Venezuela desde que lo visité en Madrid en 1963, y quien desde entonces me honró con su amistad.

Sección Primera:

UNA PINCELADA HISTÓRICA SOBRE EL SISTEMA DE ENSEÑANZA DEL DERECHO ADMINISTRATIVO

Este texto recoge básicamente lo expuesto en el documento "El sistema y método de la enseñanza del derecho administrativo en Venezuela," presentado en el Concurso de Opisición a la Cátedra de Derecho Administrativo II, Universidad Central de Venezuela, 1966. Este texto fue publicado en Víctor Hernández Mendible (Coordinador), *Desafíos del Derecho Administrativo Contemporáneo (Conmemoración Internacional del Centenario de la Cátedra de Derecho Administrativo en Venezuela*, Tomo I, Ediciones Paredes, Caracas 2009, pp. 23-78.

I

Los años sesenta del siglo pasado fueron fundamentales en el cambio que se comenzó a operar en el derecho administrativo y, consecuencialmente, en la enseñanza de nuestra disciplina. Después de una larga década de régimen autoritario, a partir de 1958 se comenzó a desarrollar un sistema democrático basado el principio del libre juego de los partidos políticos, aunque sólo de los democráticos, conforme al principio de la representación proporcional y del pluralismo político. En dicho sistema, los principios del Estado de derecho comenzaron a revalorizarse, y entre ellos, el de la separación de poderes, el sometimiento del Estado al derecho (principio de legalidad), y el control judicial de la actividad administrativa mediante la jurisdicción contencioso administrativa, aunque concentrada en la Corte Suprema de Justicia.

A ello hay que agregar la sanción de la nueva Constitución de 1961, que volvió el sistema institucional del país al espíritu organizativo que se había trazado en la Constitución de 1947, pero esta vez no impuesta por una mayoría hegemónica, sino como resultado del consenso logrado entre las fuerzas políticas democráticas como consecuencia del Pacto de Punto Fijo de 1958.

Este esquema democrático no podía dejar de tener sus repercusiones en la enseñanza del derecho administrativo, que es precisamente, un derecho del Estado, ligado a su organización y funcionamiento, y que está montado siempre en la búsqueda de un equilibrio entre los poderes atribuidos a la Administración y los derechos de los particulares.[1]

A lo anterior debe añadirse las nuevas ideas que comenzaron a tomar cuerpo en la Facultad de Derecho de la Universidad Central de Venezuela, con la incorporación a partir de esos años de nuevo y joven personal docente y de investigación, con formación de postgrado en Europa, lo que contribuyó a la penetración en el país, de las nuevas corrientes de la disciplina en Francia e Italia.

En ese contexto se desarrollaron en la Facultad de Derecho de la Universidad Central los primeros *Concursos de Oposición de las Cátedras de Derecho Constitucional, Internacional y Administrativo*, para la incorporación de profesores a tiempo completo al Instituto de Derecho Público, el cual sería en las décadas siguientes, el centro y eje más importante del desarrollo de estas materias en el país, pero particularmente del derecho administrativo. De manera que la trasformación radical de esta disciplina a partir de los años sesenta, se le debe al trabajo realizado en y desde el Instituto, que entonces dirigía el profesor Antonio Moles Caubet, a quien tuve el privilegio de asistir durante sus años de dirección, y luego sustituir en la Dirección del Instituto, a partir de 1978.

En 1966, entonces, ahora hace algo más de cuarenta años, al convocarse el Concurso de Oposición de la Cátedra de Derecho Administrativo II, con base en los tres años de experiencia docente que ya tenía en los cursos de Derecho Administrativo I y II, me inscribí en el mismo y presenté como prueba pedagógica[2] un trabajo sobre *El sistema y*

---

1   Véase Allan R. Brewer-Carías, "El derecho a la democracia entre las nuevas tendencias del derecho administrativo como punto de equilibrio entre los poderes de la Administración y los derechos del Administrado", en *Revista Mexicana "Statum Rei Romanae" de Derecho Administrativo en Homenaje al profesor Jorge Fernández Ruiz*, México 2008.

2   Tal como lo exigía el Reglamento de Concursos Universitarios de la Facultad en 1966, la *Prueba Pedagógica* consistía en la presentación de una exposición escrita sobre el sistema y método de enseñanza que

método de enseñanza del derecho administrativo en Venezuela en el cual tracé las bases documentales para una historia del sistema de enseñanza de la materia en el país.

Ese trabajo ha sido uno de los pocos que desde 1960 hemos escrito, y que ha permanecido inédito, lo que sin duda ha sido una excepción. Quienes conocen mi obra saben de mi siempre voluntad de publicar lo escrito y mi aversión por que los manuscritos que una vez redactados en cualquier circunstancia, permanezcan guardados, sea archivados en papel que progresivamente se va tornando amarillento como antes ocurría, o en discos de los procesadores, que más de alguna vez se pierden. Por haber estado metido en la docencia desde 1963, siempre he pensado que los estudios e investigaciones que realizamos, luego de ser escritos -y yo siempre escribo- son siempre de utilidad a alguien, que embarcado en el mismo tema encuentre que no tiene que recorrer el camino ya trillado, y más bien puede avanzar de allí en adelante.

En mi caso, incluso con los pocos y viejos trabajos inéditos que han quedado archivados, siempre ha llegado el momento, tarde o temprano, de publicarlos o de glosar su contenido, como ahora quiero hacer -ya retirado de la Cátedra- con el mencionado estudio sobre la historia de la enseñanza del derecho administrativo en Venezuela, precisamente con motivo de este Libro *Homenaje a la Cátedra de Derecho Administrativo* que coordina el destacado profesor Víctor Hernández Mendible, siempre atento a nuevas y fructíferas iniciativas. Con esto no pretendo más que tratar de recordar la pincelada que en su momento quise dar sobre la evolución de la enseñanza de la asignatura en la Universidad Central de Venezuela, luego de haber constatado que los programas de los dos cursos que entonces se impartían (Derecho Administrativo I y Derecho Administrativo II), carecían totalmente de sistemática, lo que provocaba deficiencias en la enseñanza de la asignatura.

Esos Programas estaban conformados por un enunciado desordenado de temas que no revelaban la estructura interna de la asignatura. Por ello, decía entonces que una enseñanza desordenada, siguiendo un programa desordenado, necesariamente podía conducir a la formación de una mente también desordenada en el estudiante. En consecuencia, el propósito fundamental de la proposición que entonces formulé era el de estructurar un sistema general de la disciplina para evitar esa falla. Fue para justificar tal proposición que resultó indispensable realizar un análisis histórico de los diversos sistemas de enseñanza seguidos en el país a partir de la creación de la Cátedra de Derecho Administrativo en 1.909, y tratar de evaluarlos. Ese análisis documental que entonces hicimos, es el que básicamente se sigue en estas páginas.

II

Desde la publicación por el parte de Tomás Polanco Alcántara, mi apreciado profesor en el Curso de Derecho Administrativo II de la Facultad de Derecho en el año 1959-1960, de su obra *Derecho Administrativo Especial*,[3] en el ámbito universitario se adoptó la denominación de "Derecho Administrativo Especial" para el Curso de Derecho Admi-

---

cada aspirante consideraba que debían ser adoptados en la asignatura respectiva, y acerca de la cual el Jurado podía pedir las aclaratorias verbales, que juzgare convenientes (Artículo 9, letra 6).

3   Véase Tomás Polanco A, *Derecho Administrativo Especial*, Cursos de Derecho, Facultad de Derecho, UCV, Caracas 1959., 355 pp.

nistrativo II, cuyo contenido, en ese momento, aparentemente no tenía relación alguna con el que se comenzó entonces a llamar también "Derecho Administrativo General." Este último era el que a principios de los sesenta impartía en el Curso de Derecho Administrativo I, Gonzalo Pérez Luciani, mi apreciado profesor en la materia en 1958-1959. Entre uno y otro curso, sin embargo, no existía una idea unitaria y sistemática de la disciplina, sino lo que existía era la parcelación de temas específicos de la materia en dos grandes grupos. Ello, por supuesto, no era culpa de los profesores, sino de los Programas de la Facultad, entre otros factores, por la ausencia de una sola "Cátedra" en la materia.

En este sentido, el propio profesor Polanco, en el inicio de la "Introducción" de su libro, señalaba que bajo la denominación de Derecho Administrativo Especial (Derecho Administrativo II en la terminología de la Facultad) se había comprendido:

> "el estudio y consideración de la Materia Administrativa sea de las situaciones jurídicas que surgen de las relaciones que existen entre la Administración Pública y los particulares, cuando las actividades de éstos, en razón de su repercusión en la vida colectiva, tienen que ser intervenidas, bajo distintas formas, por el Estado a través de los diferentes órganos Administrativos."[4]

Por ello, en el subtítulo de su obra, el profesor Polanco indicó que la misma, consistía en "un Estudio Sistemático de la materia administrativa en la Legislación Venezolana," lo que no impidió que posteriormente, el mismo profesor Polanco hubiera definido al Derecho Administrativo Especial, como "el estudio sistemático de la regulación y protección de los deberes, derechos y garantías."[5]

En todo caso, la orientación de denominar "Derecho Administrativo Especial" como "materia administrativa" conforme a la denominación que se había adoptado por los autores tradicionales españoles,[6] fue criticada por los profesores Antonio Moles Caubet y Luis Henrique Farías Mata de la misma Facultad.

En efecto, el recordado y apreciado Profesor Antonio Moles Caubet, con quien había venido trabajando junto con mi apreciado amigo el profesor Alfredo Arismendi, en nuestra condición de Auxiliares de Investigación en el Instituto de Derecho Público desde 1960; siguiendo fundamentalmente la orientación de Adolfo Merkl,[7] lo que planteó fue distinguir entre un Derecho Administrativo General y varios Derechos Administrativos Especiales, no incluyendo en estos últimos a la "materia Administrativa" como lo había hecho, por ejemplo en España, Aurelio Guaita.[8]

---

4   *Idem*, pág VII.
5   Véase Tomás Polanco A, *Proyecto de Programa de Derecho Administrativo II*, (multigrafiado), presentado al Consejo de la Facultad de Derecho a finales de abril de 1966.
6   Véase. M. Colmeiro, *Derecho Administrativo español*, 4a. ed., Madrid 1876, pp. 284-617, cit. por Aurelio Guaita, "Introducción al Derecho Administrativo Especial" en *Estudios en Homenaje a Jordana de Pozas*, Tomo III, VI, 2, Madrid, 1962, p. 274 nota N° 26.
7   Adolf Merkl no distinguió un Derecho Administrativo General de un Derecho Administrativo Especial; y la llamada "materia Administrativa" la incluía-lógicamente en el Derecho Administrativo General, admitiendo sin embargo, la existencia de *algunos* Derechos Administrativos especiales como el Derecho Minero. Véase A. Merkl, *Teoría General del Derecho Administrativo*, Madrid 1935, *cit.* por Aurelio Guaita, "Introducción al ...", *loc. cit.*, p. 269 Nota N° 15.
8   Véase Aurelio Guaita, *Derecho Administrativo Especial*, 3 tomos, Zaragoza, 1964-1965.

A tal efecto, Moles señaló lo siguiente:

Los términos correlativos general y especial expresan, inclusive etimológicamente, la relación género y especie.

Según enseña la lógica los conceptos pueden referirse a objetos genéricos específicos. Cuando varios objetos con una cualidad común, tienen, además, tras determinaciones que les permiten diferenciarse entre sí se tratará de especies diversas reductibles a un sólo-género. Por ejemplo, el color rosado y otros matices, en tal que especies, se encuentran subordinados al rojo, como el anaranjado, amarillo, verde, azul y violeta son especies respecto al concepto de color en general. Los matices se subordinan a cada color y todos los colores al concepto genérico de color.

De ello resulta una concatenación de especies que constituyen géneros respecto a las inferiores, hasta llegar a las especies íntimas que tienen otras bajo ellas. Por ejemplo, el rojo es especie respecto al color general y es género inmediato respecto a sus matices.

El concepto de color al pasar a los conceptos de las distintas especies de color el espectro solar ve aumentar su contenido por las referencias especiales a las particularidades propias de cada color, y si se sigue descendiendo a los distintos matices, el objeto general color, que ya se había determinado en el primer tránsito, sigue determinándose en diversas direcciones hasta llegar a los ejemplares individuales (Pfander, *Lógica,* pp. 163-168).

Ahora bien, el Derecho Administrativo, según se dijo, agrupa un conjunto de reglas jurídicas cuya característica común les confiere unidad sistemática, con una coherencia interna y una vinculación lógica. El Derecho Administrativo se ha definido adoptando un criterio que permite efectuar la agrupación de reglas jurídicas en virtud de su género próximo. Admítase que las reglas R 1, R 2, R 3, son reglas de Derecho Administrativo; esto implica evidentemente que se da una definición del Derecho Administrativo ,es decir, una característica de sus reglas que contiene igualmente a todas las reglas de los grupos R 1, R 2, R 3 y no por ejemplo, tan sólo a R 1. Si al contrario, se admite que únicamente las reglas de los grupos R 1 y R 2, son reglas de Derecho Administrativo, es también evidente que no debe darse una tal definición de Derecho Administrativo cuyos elementos constitutivos se encuentran asimismo comprendidos en las reglas de los grupos R 3 y R 4 (Eisenmann, *Théories Fondamentales du Droit Administratif,* Cours de Doctorat de l'Université de Paris, 1.952, págs. 18-19).

El sistema de Derecho Administrativo, al basarse en una serie de rasgos o características correlacionados agrupa conforme al género. En suma, se trata de un Derecho Administrativo general.

Toda proposición que implica la idea de una clase o género se basa en una serie de rasgos característicos correlacionados que constituyen las condiciones necesarias y suficientes para describir un determinado género (John Dewey, *Lógica, Teoría de la investigación,* Trad, Española, México 1.950, págs. 297, 393)"

Desde luego, como hace observar A. Merkl, el Derecho Administrativo General es exclusivamente Derecho positivo de un ordenamiento jurídico estatal, por ejemplo, el alemán o el francés, lo mismo que ocurre con los campos acotados del Derecho Administrativo especial.

No cabe por tanto considerar un Derecho Administrativo general como doctrina de los principios abstractos, frente a un Derecho Administrativo especial consistente en una explicación de los textos del Derecho positivo. Siendo igualmente positivo, el Derecho Administrativo especial forma una sub-agrupación, determinada por las particularidades propias de una especie de reglas jurídicas, subordinadas, no obstante, al mismo género inmediato. De esta manera, si, por ejemplo, las peculiaridades propias de las concesiones de hidrocarburos, permiten o aconsejan destacarlas en una unidad jurídica denominada Derecho Minero, ello presupone sin embargo, que quedan vigentes todos los supuestos genéricos, así el concepto de concesión Administrativa, la competencia de los órganos de la administración, los recursos jurisdiccionales y, en definitiva, el sistema de Derecho Administrativo General.

En su consecuencia, el Derecho Administrativo general ha de considerarse como el verdadero Derecho Troncal no sólo del Derecho Minero sino también de otras eventuales ordenaciones que tengan así mismo un carácter especial, como el Derecho Municipal, el Derecho Administrativo Internacional, el Derecho Penal Administrativo, el Derecho Procesal Administrativo, el Derecho Financiero o Finanzas Públicas etc.

Materias pertenecientes sistemáticamente al Derecho Administrativo, van destacándose a medida que la elaboración científica agota sus especificaciones íntimas, hasta adquirir un volumen suficiente para justificar la especialidad. Más dicho de una manera metafórica, las ramas de las distintas especies continúan adheridas al tronco genérico. En este sentido el Derecho Administrativo general es la base de cualquier Derecho Administrativo Especial.

Los rasgos diferenciales a destacar que determinan la especialidad, pueden ser diversos. Así, por ejemplo, unas veces se trata de las características propias de los poderes locales (Derecho Municipal), tras de la naturaleza misma del acto jurisdiccional (Derecho Procesal Administrativo) de las peculiaridades de la infracción del orden Administrativo (Derecho Penal Administrativo).[9]

De lo anterior resultaba que la llamada "materia Administrativa" constituía el propio derecho administrativo general, pues si establecía la relación "género" y "especie" en su acepción correcta, conforme a la lógica, no podría calificarse a esa "materia administrativa" como "Derecho Administrativo Especial".

Todos los anteriores conceptos también los desarrolló Luis Henrique Farías Mata, mi apreciado profesor en las Prácticas de Derecho Administrativo en la Facultad en 1961-1962, al señalar que:

> "la unidad sistemática "Derecho Administrativo" envuelve un conjunto genérico de principios (Derecho Administrativo General) centrados alrededor de un común denominador (La Administración Pública), de los cuales algunos de ellos, si bien perfectamente conectados al género, están a su vez enlazados entre sí por ciertas determinaciones (mejor, quizás, especificaciones), formando pequeños grupos que son especies dentro del género, el cual actúa así como un Derecho común frente a estos Derechos Administrativos Especiales y agrega que en resumen, insistimos, alude el Derecho Administrativo General al género de un sistema de Derecho Administrativo; y los Derechos Administrativos Especiales se refieren a las especies de ese sistema."[10]

De lo anterior resultaba, por tanto, que frente al Derecho Administrativo General en todo caso no habría un Derecho Administrativo Especial, sin muchos.

Como consecuencia de lo anterior, consideré que lo que se estudiaba y debía enseñarse en el curso Derecho Administrativo II no era sino una parte del Derecho Administrativo General, el cual por su extensión, para fines estrictamente didácticos y por razones temporales, había sido dividido en dos partes. Por ello, con razón, el profesor Fa- rías Mata también señalaba que el Derecho Administrativo General (Derecho Común de los Derechos especiales Administrativos), se estudiaba en la Facultad dividido en dos cursos, el primero de los cuales comprendía la Parte General del mismo, y el segundo correspondía

---

9   Véase Antonio Moles Caubet, *Lecciones de Derecho Administrativo (Parte General)*, Editorial Mohingo, Caracas, Septiembre 1964, págs. 80 a 82. Véase asimismo en Luis Enrique Farías Mata, *Derecho Administrativo II, Parte Especial*, Curso 1961-1962 (Versión Taquigráfica de las clases dictadas por el profesor Dr. Luis Enrique Farías Mata en la Facultad de Derecho de la Universidad Central de Venezuela), Introducción p. 1

10   *Vid.* Luis Henrique Farías Mata, *Derecho Administrativo II, Parte Especial Curso 1961-1962* (Versión taquigráfica) *cit.*, pp. 1 y 2.

a la Parte Especial.[11] Por tanto, si se quiere, lo que se podía decir era que el curso de Derecho Administrativo II estudiaba la Parte Especial[12] del Derecho Administrativo General, pero no que estudiaba el llamado Derecho Administrativo Especial.[13]

No debe dejar de mencionarse, sin embargo, que la tendencia de denominar la "materia administrativa" como parte especial del derecho administrativo estaba entonces bastante generalizada, lo que no impidió a Aurelio Guaita, sin embargo, a indicar, a pesar de que tituló su obra como *Derecho Administrativo Especial,*[14] que la misma se refería a la parte especial del derecho administrativo.[15]

Por tanto, dada la situación del derecho administrativo a comienzo de la década de los sesenta, estando en su etapa sistemática como ciencia, como lo señaló el Profesor Moles,[16] se imponía la necesidad de tratar de realizar su construcción científica mediante la elaboración de un sistema que reuniera la temática administrativa como un todo unitario, y no como un amasijo de reglas[17] sin orden ni concierto.

III

En todo caso, con anterioridad, la idea de la unidad del derecho administrativo, aún cuando sin mayor sistemática inicial, había sido una constante hasta los años cuarenta, dada la unidad que tenía la enseñanza de la materia en un solo curso, desde la creación de la *Cátedra de Derecho Administrativo* en 1909, por Decreto Ejecutivo del 4 de enero de ese año,[18] la cual posteriormente, a partir de 1.924, se convirtió en la *Cátedra de Derecho Administrativo y Leyes Especiales.*[19]

En efecto, de las *Lecciones de Derecho Administrativo* que publicó el profesor Federico Urbano, fundador de la Cátedra en la Universidad Central de Venezuela y titular de la misma desde 1.909 hasta 1.912,[20] en diversos números de la *Revista Universitaria*[21], se deriva que el orden material utilizado por él para enseñar la materia fue el siguiente:

Capítulo I.   *Materia del Derecho Administrativo*: que incluía la exposición "todo lo que contribuya a hacer eficaces los derechos políticos de los ciudadanos y a satisfacer aque-

11   *Idem,* p. 2
12   *Cfr.* Fernando Garrido Falla, *Tratado de Derecho Administrativo*, Tomo I, Madrid, 1958, Prólogo, p. XI; Enrique Sayagués Laso, *Tratado de Derecho Administrativo*. Montevideo Tomo I, 1953, pp. 11 y 12
13   *Vid.* Tomás Polanco A., *op. cit.*
14   Véase Aurelio Guaita, *Derecho Administrativo Especial*, 3 vols, Zaragoza, 1964-1965
15   Véase A Guaita, "Introducción al Derecho Administrativo Especial", *loc. cit,* pp. 268 y 269
16   Véase Antonio Moles Caubet, "La Progresión del Derecho Administrativo," en *Revista de la Facultad de Derecho*, Nº 3, Caracas, Abril de 1955, p. 15
17   Véase Luis Henrique Farías Mata, *Derecho Administrativo II, Parte -Especial*, Curso 1961-1962, (versión taquigráfica), *cit.*, p. 1
18   Véase en *Recopilación de Leyes y Decretos de Venezuela*, Tomo XXXII-1909, Caracas 1913, p. Nº 6, Decreto Nº 10.475.
19   Véase J. M. Hernández Ron, "Historia del Derecho Administrativo Venezolano" en *Revista del Colegio de Abogados del Distrito Federal*, Año II, N 6, Caracas, julio de 1938, pp. 96 y 97
20   Véase J.M. Hernández Ron, "Historia del...", *loc. cit.*, p. 93 y 114 y ss.
21   Véase en el número correspondiente a febrero de 1910, año III, p. 62 la nota del anuncio del inicio de dicha publicación. Vid. Asimismo los suplementos de los números de 1910 y 1912 de la *Revista Universitaria*, en la Biblioteca Rojas Astudillo, Caracas

llas necesidades que se originan de la acción colectiva o del desenvolvimiento de las fuerzas - sociales, y que es necesario para la realización del fin racional del Estado."[22]

Capítulo II.　Fuentes del Derecho Administrativo, donde incluía no sólo a la ley, la costumbre, el reglamento sino a la jurisprudencia administrativa "o sea la interpretación que han dado a la ley en casos determinados los magistrados llamados á cumplirla," considerando que era necesario para comprender todos los casos en que la ley sea aplicada, "el buen juicio de los magistrados que fije su sentido en ciertos casos, y determine cómo ha de ser aplicada."[23]

Capítulo III.　Cualidades de la Administración, donde estudiaba la moralidad y la centralización, concluyendo que entre nosotros, era "imposible establecer la total centralización de la administración pública, por cuanto los Estados ejercen todo el poder que expresamente no han delegado al poder central en la carta fundamental."[24]

Capítulo IV.　Órganos Administrativos.

Capítulo V.　Poder Ejecutivo, Presidente de la República.

Capítulo VI.　Ministros del Despacho.

Capítulo VII.　Organización de los Ministerios del Despacho Ejecutivo.

En todos estos capítulos, sin embargo, como resulta de los textos publicados, el Profesor Urbano se limitó a transcribir, con muy pocos comentarios, las normas de derecho positivo que fijaban las atribuciones a dichos órganos de los Ministerios.[25]

Lamentablemente el resto de las *Lecciones* del Profesor Urbano no las pude consultar, pues en los números de la *Revista Universitaria* correspondientes al año 1.911 que reposaban en la Biblioteca Rojas Astudillo, no aparecieron los respectivos suplementos. Existía así, un vacío entre la página 36, hasta donde llegaban los suplementos de los números del año 1.910, cuyo contenido hemos reseñado anteriormente, y la página 85, correspondiente a los suplementos del año 1.912 de la misma *Revista Universitaria*. De esto se lamentaba asimismo el Profesor Hernández Ron, quién ya para 1938 tampoco pudo consultar dichos suplementos.[26]

En todo caso, en la parte correspondiente a los suplementos de la *Revista Universitaria* del año 1912, el Profesor Urbano estudiaba además las siguientes materias: Censo Electoral; Elecciones; Bandera, Escudo, Sello e Himno Nacionales; Orden Público; Cultos, y Registro Público.

La falta de sistema que caracterizó el estudio y enseñanza del derecho administrativo en Venezuela en los primeros años de la fundación de la Cátedra en la Universidad Central, se reflejó también en la *Sinopsis de las Asignaturas de Ciencias Políticas, de conformidad con el Reglamento de Exámenes Nacionales* de 1915.[27] En ella, en lo relativo al derecho administrativo,[28] la misma abarcaba 56 temas o puntos, en la siguiente forma:

1. Noción y origen del Estado; 2. Relaciones del Estado y del Individuo; 3. Concepto del Derecho Administrativo. Su definición; 4. El Derecho Administrativo como ciencia especial.

22　Véase Federico Urbano, *Lecciones de Derecho Administrativo*, *Revista Universitaria*, Suplementos del año 1910, p. 13.

23　Véase Federico Urbano, *Lecciones…*, *loc. cit.*, Suplementos del año 1910, p. 11

24　Véase Federico Urbano, *Lecciones…* , *loc. cit.*, Suplementos del año 1910, p. 16

25　Véase Federico Urbano, *Lecciones…*, *loc. cit.*, Suplementos del año 1910, pp. 16, 18, 22 y 23

26　Véase J.M. Hernández Ron, "Historia…", *loc. cit.*, p. 117, nota N° 31

27　Publicado por la Imprenta Bolívar, Caracas 1915, 128 pp.

28　Véase *Sinopsis de las Asignaturas de Ciencias Políticas, de conformidad con el Reglamento de Exámenes Nacionales*, Caracas, 1915, pp. 29 a 32

Sus relaciones con las demás ciencias y en particular con el Derecho Constitucional; 5. Fuentes del Derecho Administrativo. Su codificación; 6. La Administración como Poder. Naturaleza de la Facultad administrativa en cuanto a los particulares; 7. Caracteres de la Administración como Poder. Principio de la separación de los Poderes, sus limitaciones y excepciones. Aplicación de este principio en materia administrativa; 8. Clasificación de los actos de la Administración como Poder, Potestades Administrativas; actos de Poder y acto de gestión. Importancia de esta última división; 9. Responsabilidad de la Administración Pública, su fundamento, sus límites y la manera de hacerla efectiva; 10. Diferentes sistemas de organización administrativa. De la división territorial del Estado como base de la organización administrativa; 11. De la diversidad y clases de órganos administrativos; y de la jerarquía administrativa y sus consecuencias; 12. De la Personalidad Moral del Estado: Nación, Estados Federales y Municipios. De la personalidad Moral de los Establecimientos Públicos. Definición de estos y su comparación con los establecimientos de utilidad pública; 13. De la Administración General o Central. Presidente de la República, Ministros y demás Funcionarios Nacionales. Del Consejo de Ministros o Gabinete; 14. De la Administración de los Estados. Atribuciones del Ejecutivo de los Estados Federales. Del Secretario General de dichos Estados; 15. Administración Local. El Municipio. Funciones de los Consejos Municipales; 16. Extraterritorialidad de la Autoridad Administrativa. Protección de los ciudadanos en el extranjero; 17. Organización de los diversos Ministerios; 18. Régimen Administrativo del Distrito Federal; 19. Régimen Administrativo de los Territorios Federales; 20. Noción jurídica de la función pública; 21. Responsabilidad de los Funcionarios Públicos en tesis general. Responsabilidad disciplinaria. Responsabilidad penal. Responsabilidad civil; 22. Responsabilidad de ciertos funcionarios públicos. Teoría de la responsabilidad de los funcionarios públicos aplicada a casos concretos. Presidente de la República y Ministros del Despacho. Presidentes de los Estados. Gobernador del Distrito Federal. Gobernadores de los Territorios Federales. Jefes Civiles de Distritos. Cuerpo de Administración; 23. Divisiones de las funciones públicas en cuanto a su objeto o teoría de los Servicios Públicos. Servicios esenciales y servicios facultativos; 24. Clasificación de los servicios esenciales; 25. De los derechos políticos de los ciudadanos en relación con los servicios públicos. Las garantías individuales y la administración pública; 26. Servicios públicos relativos a la vida jurídica del Estado. Orden Público. Régimen Penitenciario; 27. Medidas de Orden Público, consideradas en relación con la propiedad individual, con la libertad de palabra, con la libertad de Imprenta, con la libertad de reunión; 28. Leyes de Policía. Leyes de Imprenta; 29. Servicios Públicos relativos a la vida física del Estado. Policía Sanitaria en general: Policía Sanitaria epidémica; 30. Servicios Públicos relativos a la vida moral del Estado. Régimen de los cultos, en relación con libertad de conciencia; 31. Servicios públicos relativos a la vida económica del Estado. Arbitrios rentísticos. Monopolios del Estado; 32. Medidas de higiene en relación con el derecho de propiedad con la libertad de industrias, y con el ejercicio del comercio. Reglamentación de ciertas profesiones; 33. Servicios Públicos relativos a los medios materiales del Estado. Dominio público, y dominio privado del Estado; 34. Divisiones del dominio público: Terrestre, Marítimo, Fluvial, caminos Públicos. Su mantenimiento y desarrollo. Vías férreas y demás de comunicación. Reglamento de Ferrocarriles. Reglamento de vehículos de tráfico en las Poblaciones; 35. Aguas marítimas, aguas terrestres y su régimen administrativo. Reglamentación de las diferentes clases de pesca; 36. Minas, tierras baldías y montes. Su régimen administrativo; 37. Dominio Privado del Estado. Su división: Nacional, de los Estados Federales y de los Municipios. Sus clases: dominio privado afectado a los servicios públicos y dominio privado no afectado. Acreencias del Estado. Deudas del Estado. Procedimiento y competencia para hacerlas efectivas. Limitación a la libre ejecución de los fallos condenatorios de la Administración Pública; 38. Administración del Dominio Privado del Estado; 39. Servicios relativos a los medios personales del Estado. Defensa. Nacional. Servicio Militar. Servicio Naval; 40. Negociaciones con Estados extranjeros. Tratados Públicos Internacionales; 41. Servicios Públicos relativos a los medios del Estado en relación con sus fines. La Hacienda Pública. Presupuestos y Contabilidad. Rentas y contribuciones. Obras Públicas; 42. El servicio de trabajos públicos en relación con la propiedad particular. Expropiación por causa de utilidad pública. Servidumbres legales de utilidad pública; 43. Servicios facultativos del Estado, Beneficencia Pública e Instituciones de previsión. Pensiones; 44. Servicios públicos facultativos en materia comercial. Cámara de Comercio; 45. Servicios públicos facultativos en materia económica. Bancos del Estado; 46. Servicios públicos facultativos en materia agrícola; 47. Servicios públicos facultativos en materia Intelectual. Institutos de Bellas Artes. Exposiciones; 48. Concesiones de privilegios. Su régimen. Ley de Patentes de Invención y de marcas de Fábrica y de Comercio. Relaciones con el derecho de propiedad individual y con la libertad de Industrias; 49. El Servicio de Instrucción Pública. Diversas clases de enseñanza; 50. El Servicio de Correos y Telégrafos. Su régimen Administrativo; 51. Control de los actos de la Administración. Diferentes clases de control. Control legislativo y control administrativo. La administración ante el Poder Legislativo. El Tribunal de Cuentas; 52. Tribunales de Hacienda y Tribunales llamados Federales. Procedimiento ante unos y otros. Materias de su competencia; 53. Relaciones de la Administración con la Justicia de los Tribunales ordinarios; 54. Procedimientos especiales en materias administrativas reglamentadas por leyes propias; 55. Jurisdicción administrativa autónoma. Concepto de lo contencioso administrativo; 56. Sistemas de los Estados que carecen de jurisdicción administrativa autónoma. Sistema venezolano.

Aún cuando la referida *Sinopsis* carecería, como lo destacó el Profesor Hernández Ron, "de desarrollo armónico,"[29] presentaba sin embargo toda la temática de la asignatura, siguiendo algunos lineamientos de la doctrina francesa conforme a la obra de B. Berthélemy.[30] Es de destacar, por ejemplo, el estudio de los llamados "servicios públicos relativos a la vida jurídica del Estado" (Nos. 26 y sig.) que abarcaba lo que se conoce como actividad administrativa de policía, y que sin embargo, después desapareció de los programas oficiales de la asignatura de comienzos de los años sesenta.

En todo caso, como lo indicó asimismo el profesor Hernández Ron, en la referida *Sinopsis* de 1.915 existía "una mezcolanza de divisiones, reveladora de gran confusión, y de aquí su heterogeneidad."[31] Una crítica similar podía hacerse respecto de la *Sinopsis* de 1917[32] la cual aún cuando se amoldó más a la obra de Berthélemy, también resultaba inarmónica y no exenta de confusiones, pues según el propio Profesor Hernández Ron, acogía "sin método, solamente una de las clasificaciones científicas de los Servicios del Estado admitidos por el notable tratadista francés."[33]

A partir de 1922 se encargó de la Cátedra de Derecho Administrativo y Leyes Especiales, el profesor Federico Álvarez Feo, quien realizó una obra de sistematización que contrastaba en relación con la situación anterior. Ello lo hizo utilizando la distinción básica de la doctrina francesa de la época, que representaba Bérthelémy, y quien distribuía la totalidad de la temática del derecho administrativo entre los llamados "Servicios Públicos esenciales" y "Servicios públicos facultativos",[34] lo que permitió, sin embargo, darle cierta armonía a la disciplina.[35]

29   Véase J. M. Hernández Ron, "Historia...", *loc. cit.,* p. 122

30   Véase H. Berthélemy, *Traité élémentaire de droit administratif,* 11a. edición, Paris 1926.

31   Véase J. M. Hernández Ron, "Historia...", *loc. cit.,* p. 122.

32   Editada por Tipografía Cosmos, Caracas 1917

33   Véase J. M. Hernández Ron, "Historia...", *loc. cit.,* p. 123

34   Véase H. Berthélemy, *Traité élémentaire de droit administratif,* 11a. edición, Paris 1926, p. 262 y s.

35   Véase J. M. Hernández Ron, "Historia...", *loc. cit..,* p. 129.

La labor de sistematización de Álvarez Feo se reflejó en el Programa correspondiente a la asignatura para el año de 1927,[36] y de su trabajo publicado en la *Revista Astrea* bajo el título "Distribución de los Servicios Públicos entre las diversas entidades Administrativas Venezolanas."[37] El Profesor Hernández Ron señaló que la obra de Álvarez nunca fue publicada, dando noticia, por el contrario, de la existencia sólo de unos cuadernos de alumnos que confiesa haber utilizado en muchas de las opiniones y datos que en él aparecen.[38]

En todo caso, el programa del Dr. Álvarez Feo puede resumirse así, respetando la sistematización que hizo:

    I.   El Derecho Administrativo

    II.   El Campo del Derecho Administrativo. 1. *Limitación Teórica de los Servidos que debe prestar el Estado.* 2. *Descripción de los servicios esenciales de Venezuela.* 3. *Descripción de los servicios de carácter facultativo.*

    III.   Principios generales de la Organización Administrativa. 1. *Separación y recíproca independencia de los tres poderes.* 2. *Personalidad moral de las entidades administrativas.* 3. *Naturaleza jurídica de las funciones públicas.* 4. *Nombramiento y remoción de Funcionarios públicos.* 5. *Responsabilidad civil por los perjuicios causados a los particulares en la ejecución de los servicios públicos.* 6. *Responsabilidad penal de los funcionarios públicos.*

    IV.   Servicios Administrativos esenciales. 1. *Primer servicio administrativo esencial:* Organización del Estado, de las Entidades Administrativas subalterna y de los diversos organismos administrativos A. Organización General de la Unión Venezolana. B. Distribución de los servicios públicos entre las distintas entidades administrativas venezolanas. C. Organismos Administrativos subalternos de la Unión Venezolana. D. El Poder Municipal. E. La Estadística y el Censo. 2. *Segundo Servicio público esencial:* Mantener la seguridad exterior por medio del Ejército y de la armada. El Servicio Militar Obligatorio. 3. *Tercer servicio público esencial:* Mantener el orden público interno por medio de la policía. La policía, Armas y Explosivos. 4. *Cuarto servicio público esencial:* Velar por la salubridad pública. A. Nociones Fundamentales. B. Servicios destinados a mejorar las condiciones higiénicas generales. 5. *Quinto servicio público esencial:* La construcción y conservación de las vías de comunicación y demás obras de utilidad general. A. Las obras públicas. B. Las obras y construcciones privadas. C. La construcción de vías férreas. 6. *Sexto servicio público esencial:* La gestión de los bienes de propiedad pública. A. Las minas. B. Las minas de Hidrocarburos y demás minerales combustibles. C. Las tierras baldías. D. Las Salinas. E. Los Ostrales perlíferos. F. Las aguas del dominio público.

    V.   Los servicios públicos facultativos. 1. *Servicios de carácter intelectual.* A. Protección de la propiedad intelectual. B. Suministro de la instrucción por el Estado y supervigilancia de la instrucción suministrada por los particulares. C. Comprobación de los conocimientos adquiridos y expedición de Títulos y Certificados. D. Facilitar y perfeccionar la instrucción. 2. *Servicios de carácter económico.* A. Intervenir en el transporte de personas y mercancías por ferrocarriles. B. Intervención del Estado en el transporte de correspondencia postal, telegráfica y telefónica. C. Intervención del Estado en el transarte de personas y mercancías por vía aérea. D. Intervención del Estado en la navegación y el comercio marítimo lacustre y fluvial. E. Intervención del Estado en la protección, conservación de los bosques y aguas. F.

---

36   Véase en *Anales de la Universidad Central de Venezuela*, Año XV, Tomo XV, Nº 4, octubre a diciembre 1927, Caracas 1927, pp. 301-306

37   Véase Federico Álvarez Feo, "Distribución de los Servicios Públicos entre las diversas entidades Administrativas venezolanas," en *Revista ASTREA*, Año III, No 29 Ciudad Bolívar, mayo 1927, pp. 110-124

38   Véase J. M. Hernández Ron, "Historia...", *loc. cit.*, p. 126, nota No 42.

Intervención y exportación de plumas de garza. G. El Registro Público Venezolano. H. Protección de los inventos mediante la concesión de patentes y privilegios. I. Intervención del Estado en la reglamentación del trabajo. J. Estímulo y protección del comercio. K. Organización del Comercio de Bancos y del crédito en general. L. Protección de las marcas de fábrica y de comercio. M. Establecimiento de un sistema uniforme de pesas y medidas. N. Establecimiento de un sistema uniforme de monedas. Ñ. Fomento del desarrollo económico del país por medio de la inmigración, de la colonización y del resguardo de indígenas. 3. *Servicios de carácter moral*. A. La asistencia pública. B. Intervención en materia de cultos. C. Creación y estímulo de instituciones de previsión Social. D. Estímulo y recompensa de las virtudes públicas por la concesión de honores y recompensas. E. Conservación y estímulos de los sentimientos patrióticos.

VI. Las contenciones administrativas en Venezuela

De este resumen del Programa del profesor Álvarez Feo se puede observar que más que un estudio del derecho administrativo propiamente dicho, se configuraba en un esfuerzo de sistematización de las leyes especiales, sin duda de gran valor.

En todo caso, del análisis de los diversos programas de la asignatura hasta los años sesenta, desde el punto de vista metodológico, puede decirse que el esfuerzo del profesor Álvarez Feo marcó un paso decisivo en la enseñanza y estudio del derecho administrativo venezolano, configurándose en el primer intento serio de construcción científica de la materia.

A partir del año 1931, el profesor J.M. Hernández Ron se encargó de la *Cátedra de Derecho Administrativo y Leyes Especiales* en la Universidad Central. Sus trabajos sobre la historia de los estudios del derecho administrativo en Venezuela, para el momento no tenía parangón, y su obra escrita dio origen al primer libro sobre derecho administrativo en Venezuela,[39] que abarcaba la totalidad de la materia, y que fue elaborado más allí de las notas de clase de un profesor. Lamentablemente, después quedó olvidada, al punto de que en los años sesenta era casi desconocida.

La sistemática empleada por el Dr. Hernández Ron en su obra, en líneas generales, puede decirse que se inspiró en la del programa del Dr. Álvarez Feo, como él mismo lo señaló,[40] pero con el avance fundamental de haberle dado a la Teoría General la importancia que requería en el estudio de la asignatura.

En esta forma el *Tratado* está dividido en cuatro partes como el propio Dr. Hernández Ron lo señaló:

"La primera, comprensiva de los Principios de Derecho Administrativo General y Comparado; la segunda, dedicada a la organización Administrativa Venezolana; la tercera referente a los servicios Administrativos esenciales; y la cuarta a los servicios Administrativos facultativos."[41]

El esquema fundamental de dicha obra fue el siguiente:

Primera Parte: Principios de Derecho Administrativo general y Comparado. Capítulo I. El Derecho Administrativo en Venezuela. Capítulo II. Fuentes del Derecho Administrativo.

39   Véase J. M. Hernández Ron, *Tratado Elemental de Derecho Administrativo*, 2 Vols., Tipografía Americana, Caracas, octubre 1937. La segunda edición fue obra de la Editorial Las Novedades, Caracas 1943, 3 vols
40   Véase J. M. Hernández Ron, "Historia…", *loc. cit.*, p. 12
41   Véase J.M. Hernández Ron, *Tratado Elemental de Derecho Administrativo*, Caracas, 1943 Tomo I, p. 9. Véase asimismo en J. M. Hernández Ron, "Historia…", *loc. cit..*, p. 134

Capítulo III. La Codificación del Derecho Administrativo. Capítulo IV. Principio de la Separación de Poderes. Capítulo V. Los Actos Administrativos. Capítulo VI. La Administración Pública como Poder del Estado. Las Potestades Administrativas. Capítulo VII. Teoría General de los Servicios Públicos. Capítulo VIII. Limitación de los Servicios Administrativos. Capítulo IX. Personalidad moral de los Servicios Públicos. Capítulo X. Los funcionarios públicos. Capítulo XX. Responsabilidad de la Administración. Capítulo XII. Responsabilidad personal de los funcionarios públicos. Capítulo XIII. La centralización y la descentralización administrativas.

Segunda Parte: Organización Administrativa Venezolana. Capítulo I. La división territorial nacional como base de la organización del Poder Administrativo. Capítulo II. La Administración Federal. Capítulo III. Organización de los Estados. Capítulo IV. Los Municipios. Capítulo V. El Distrito Federal. Capítulo VI. Los Territorios Federales.

Tercera Parte: Servicios Administrativos Esenciales. Capítulo I. La defensa nacional como Servicio Públicos. Capítulo II. El servicio militar. Capítulo III. El Servicio de Policía. Capítulo IV. La Policía General de los Extranjeros. Capítulo V. Inmigración, Emigración y Colonización. Capítulo VI. La Policía de Armas. Capítulo VII. El mantenimiento del Orden Público. Capítulo VIII. La Legislación Sanitaria. Capítulo IX. Servicios Administrativos destinados a -evitar la propagación de las enfermedades contagiosas. Capítulo X. Servicios Administrativos destinados a mejorar las condiciones higiénicas generales. Capítulo XI. Intervención del Estado en el Ejercicio de las profesiones médicas. Capítulo XII. Intervención del Estado en la construcción y conservación de obras Públicas. Capítulo XIII. Los Ferrocarriles. Capítulo XIV. La expropiación forzosa por causa de utilidad pública.

Cuarta Parte: Servicios Administrativos Facultativos. Capítulo I. La Estadística. Capítulo II. La población desde el punto de vista Administrativo. Capítulo III. Intervención Administrativa en defensa y fomento de la Agricultura y la Cría. Capítulo IV. Las Tierras Baldías. Capítulo V. Conservación y fomento de los Bosques y de las Aguas. Capítulo VI. La Caza. Capítulo VII. Normas de Derecho rural. Capítulo VIII. Servicios administrativos de carácter industrial. Capítulo IX. Explotación de las Salinas por el Estado Venezolano. Capítulo X. Intervención del Estado en el ejercicio de la pesquería. Capítulo XI. La Pesca de Perlas. Capítulo XII. Servicios Administrativos relacionados -con el ejercicio del comercio. Capítulo XIII. Intervención del Estado en la Legislación relativa a la moneda y su acuñación. Capítulo XIV. Bancos. Capítulos XV. Intervención del Estado en la protección de Marcas de Fábrica. Capítulo XVI. Las Patentes de Invención. Capítulo XVII. Instituciones del Registro Público. Capítulo XVIII. Servicios Administrativos destinados a asegurar las comunicaciones. Capítulo XIX. Intervención del Estado en el Servicio de Telégrafo y Teléfonos y en las comunicaciones inalámbricas. Capítulo XX. Intervención del Estado en la Navegación Aérea. Capítulo XXI. Servicios Administrativos de Orden intelectual. Capítulo XXII. La Propiedad Intelectual. Capítulo XXIII. Intervención del Estado en materia religiosa. Capítulo XXIV. Intervención del Estado en resguardo de las buenas costumbres, y de la moral social. Capítulo XXV. Servicios Administrativos de carácter benéfico y social. Capítulo XXVI. Intervención del Estado en la reducción y civilización de los indígenas. Capítulo XXVII. Intervención del Estado en la organización de los establecimientos penales.

Capítulo Único. La Justicia Administrativa en Venezuela.

De la lectura de este contenido, se desprende que el sistema empleado por Hernández Ron, tuvo clara lógica, habiéndose inspirado, al igual que el Profesor Álvarez Feo, en la misma doctrina de Berthélemy.

Posteriormente, en el año de 1947 el profesor Eloy Lares Martínez se encargó de la *Cátedra de Derecho Administrativo y Leyes Especiales,* habiéndose publicado ese mismo año la prueba del Programa de Enseñanza del respectivo Concurso que ganó, en la *Revista del Colegio de Abogados del Distrito Federal.*[42] Aun cuando el Profesor Lares Martínez señaló al inicio de Programa la idea, ya propugnada anteriormente por todos los profesores de derecho administrativo,[43] de la necesidad de que la enseñanza de la asignatura se dividiera en dos cursos, el Programa que presentó, sin embargo, continuaba respondiendo a la idea señalada de la unidad del Derecho Administrativo.

En efecto el profesor Lares concebía el análisis sistemático de la asignatura dividida en tres partes fundamentales: Teoría General del Derecho Administrativo, la Organización Administrativa Venezolana, y el estudio circunstanciad de los Servicios Administrativos de mayor relieve. Dicho programa de 1947 puede resumirse así:

I.   TEORÍA GENERAL. 1. El Derecho Administrativo y la Administración Pública. 2. Relaciones del Derecho Administrativo con otras Ciencias. 3. Fuentes del Derecho Administrativo. 4. Codificación del Derecho Administrativo. 5. Separación de los Poderes. 6. Los servicios públicos. 7. Los actos jurídicos. 8. El acto administrativo. 9. Condiciones del acto administrativo. 10. El dominio. 11. Concesiones Administrativas. 12. El contrato de obra pública. 13. La personalidad en el Derecho Administrativo. 14. Los Funcionarios Públicos. 15. Responsabilidad de la Administración con ocasión del funcionamiento de los Servicios Públicos. 16. Responsabilidad personal de los Funcionarios Públicos. 17. Lo Contencioso Administrativo. 18. La Justicia Administrativa en Venezuela.

II.   ORGANIZACIÓN ADMINISTRATIVA VENEZOLANA. 19. El régimen presidencial. 20. Las Entidades Federales. 21. Administración Municipal. 22. Administración del Distrito Federal y de los Territorios Federales. 23. Los Institutos Autónomos.

III. PARTE ESPECIAL. SERVICIOS ADMINISTRATIVOS. 24. El servicio de la defensa nacional. 25. Teoría General del Poder de Policía. 26. Policía de Extranjeros. 27. Inmigración y Colonización. 28. El Mantenimiento del Orden Público. 29. Policía Sanitaria. 30. Los Ferrocarriles. 31. La Expropiación forzosa. 32. Las Tierras Baldías y ejidos. 33. Bosques y Aguas. 34. Marcas de Fábrica, de Comercio y de Agricultura. Patentes de invención. 35. Registro Público. 36. Servicio Postal y servicio de telecomunicaciones. 37. La navegación aérea. 38. Policía de Cultos. 39. El servicio de educación. 40. Inspección de empresas de seguro.

El Profesor Lares al explicar el contenido de la Parte Especial de su Programa señaló lo siguiente:

"La tercera Sección se concreta al análisis particularizado de cada uno de los servicios públicos, en su aspecto doctrinario y las normas positivas de carácter fundamental que rigen su organización y funcionamiento. Hemos prescindido de la distinción hecha por el Profesor Berthélemy, que ha llegaba ser clásica, entre Servicios Esenciales y Servicios Facultativos del Estado, porque en nuestros días es difícil hallar un servicio que pueda ser calificado como meramente facultativo. La enseñanza, la asistencia, la previsión, y la protección de la agricultura, que a juicio del eminente Decano de la Facultad de París tenían el carácter de Servicios facultativos, han venido a ocupar en el curso de los últimos años un lugar tan prominente en la vida pública, y especialmente, en nuestro país, que hoy no podría juzgarse potestativo del

42   Véase Eloy Lares Martínez, "Prueba de Enseñanza del concurso de la Cátedra de Derecho Administrativo, Universidad Central de Venezuela," en *Revista del Colegio de Abogados,* N° 9, Caracas, mayo-diciembre 1947, pp. 145-153.
43   Véase por ejemplo, Ángel Francisco Brice, "Lección inaugural de la Cátedra de Derecho Administrativo y leyes Especiales en la Escuela de Ciencias Políticas de Maracaibo" en *Revista del Colegio de Abogados del Estado Zulia,* año 3, N° 30, Diciembre 1937, Maracaibo, pp. 187.

Estado abandonar por entero tales servicios a la iniciativa privada, por conceptuarla apta para la cumplida realización de esas actividades."[44].

Es decir, con buen criterio, pues ya en 1947 la obra de Berthélemy estaba bien superada en el derecho comparado, el Dr. Lares abandonó la sistematización tradicional que se había recogido en los programas anteriores de Álvarez Feo y de Hernández Ron.

IV

A partir de 1953, con motivo de la reapertura de la Facultad de Derecho de la Universidad Central después del cierre temporal que tuvo a comienzos del régimen militar de los años cincuenta, se establecieron dos cursos separados para estudiar la asignatura, después de un breve ensayo de estudio en tres semestres, y fue con tal motivo que se elaboraron en forma autónoma, sendos Programas para cada uno de los cursos, los cuales no tenían mayor relación entre si. Bastaba para darse cuenta de ello, analizar los programas oficiales de Derecho Administrativo I y Derecho Administrativo II, vigentes a partir del curso 1955.

En efecto, para el curso 1955-1956, el programa del *Derecho Administrativo I* era el siguiente:

1. El Derecho Administrativo y la Administración. Conceptos y definiciones del Derecho Administrativo. Su autonomía orgánica. Metodología. Relaciones del Derecho Administrativo con otras disciplinas.

2. El Estado y sus funciones. Legislación. Administración, Jurisdicción. Administración Activa. Actividad jurisdiccional de la Administración.

3. Fuentes del Derecho Administrativo. La Constitución como factor determinante del orden administrativo. Leyes materiales y Leyes formales. Los decretos-leyes.

4. Fuentes de Derecho Administrativo. Los reglamentos. La potestad reglamentaria; su fundamento, extensión y límites. Los decretos y resoluciones.

Fuentes de Derecho administrativo. La doctrina, la jurisprudencia y la costumbre. El problema de la codificación.

5. Los actos jurídicos. Diversas clasificaciones. Las situaciones jurídicas. Actos creadores de situaciones generales creadores de situaciones individuales, actos-condiciones, actos jurisdiccionales. Actos materiales.

6. Clasificación de los actos de la rama ejecutiva. Actos de Gobierno y actos administrativos. Concepto Definiciones y clasificación de los actos administrativos.

7. Validez del acto administrativo. La competencia en el autor del acto. La voluntad en la formación del acto administrativo. Forma del acto. Convalidación de actos administrativos. Ejecutoriedad del acto administrativo.

8. Extinción del acto administrativo. Revocación, anulación y caducidad.

9. Los servicios públicos. Concepto. Definiciones. Caracteres. Clasificación.

10. Modos de prestación de los servicios públicos. Su creación, organización, funcionamiento y supresión.

---

44   Véase Eloy Lares Martínez, "Prueba de Enseñanza...", *loc. cit..*, pp. 147 y 148.

31. Impugnación de actos administrativos. La vía administrativa. Recurso ante la propia autoridad de la que emana el seto. Recurso jerárquico. Disposiciones de la Legislación venezolana. Jurisprudencia.

32. Las contenciones administrativas. Sistemas de organización de la jurisdicción para la decisión de los conflictos administrativos. Evolución ocurrida en Francia. La separación de la autoridad administrativa y la autoridad judicial. Sistema de la justicia retenida y de la justicia delegada. El Consejo de Estado. Sistema belga o judicialista. Sistema alemán.

33. Los recursos de exceso de poder, de desviación de poder y de plena jurisdicción. Tipos de recursos admitidos por el derecho venezolano.

34. Órganos encargados de ejercer la jurisdicción administrativa en Venezuela. La Corte Federal; sus atribuciones en esta materia.

35. Representantes de la Administración ante los órganos jurisdiccionales. El Procurador de la Nación. Los Fiscales de Hacienda. El abogado de la Contraloría. Los Procuradores de los Estados. El Síndico Procurador Municipal. Función de los coadyuvantes de la Administración.

En cuanto al *Programa de Derecho Administrativo II,* para el mismo curso de 1.955-1956, existían dos distintos uno para la Sección A y otro para la Sección B. El de la Sección "A" no era más que un "amasijo de normas," expuesto desordenadamente, por lo que fue abandonado rápidamente, habiendo quedado el de la Sección "B," que tenía una neta superioridad, pues presentaba un cierto orden y se apartaba en buena parte del análisis simple de las leyes especiales, con el siguiente texto:

1. La ubicación de la actividad administrativa dentro de la actuación general del Estado. El acto administrativo. El procedimiento administrativo: preparación, nacimiento, vida y desaparición del acto administrativo.

2. El derecho administrativo y la persona humana: La identidad personal.

3. El cuidado y atención a la persona humana: régimen legal sanitario. La prevención de enfermedades y la conservación de la salud. Reglamentación de alimentos y bebidas. Tratamiento jurídico a las personas que padecen determinadas enfermedades. Control legal de ejercicio de profesiones relacionadas con la salud humana. Disposiciones internacionales.

4 El derecho administrativo y la persona humana: La Educación Pública. La enseñanza primaria obligatoria. Educación suministrada por el Estado y educación suministrada por particulares. Régimen legal de ambas. La educación universitaria. Certificados, títulos profesionales y títulos académicos. La Educación técnica.

5. El derecho administrativo y la vida colectiva: Disposiciones legales sobre moralidad pública, alcoholismo, juegos y espectáculos públicos.

6. El derecho administrativo y los tipos especiales de personas humanas: El indio y las misiones. Carácter especial de la "Misión". Posición jurídica del Misionero.

7. El derecho administrativo y los tipos especiales de personas humanas: El inmigrante. Problemas jurídicos que plantea su ingreso al País y su estada en el mismo. Disposiciones internacionales.

8. El derecho administrativo y el ejercicio .de la libertad de cultos: El régimen de patronato eclesiástico aplicado a la Iglesia Católica y aplicado a otras religiones. El sistema de Concordato.

9. El derecho administrativo y la defensa nacional: Régimen jurídico de las Fuerzas Armadas Nacionales. El Servicio Militar Obligatorio.

10. El derecho administrativo y la conservación del orden público: La Guardia Nacional, funciones y régimen legal de la misma. Los servicios policiales de seguridad y de investigación. Disposiciones sobre vagos y maleantes y uso de armas y explosivos.

11. El derecho administrativo y la propiedad privada. El registro de la propiedad inmobiliaria. Las regulaciones administrativas de la propiedad inmobiliaria: construcción, uso y destrucción de casas y edificios.

12. La situación de algunos tipos especiales de propiedad: La literaria, artística, intelectual y científica

13. Las marcas de fábrica, industria y comercio. Las patentes de invención. Régimen legal y procedimientos administrativos.

14. La expropiación por causa de utilidad pública: La declaración de utilidad pública. El Decreto de expropiación. El justiprecio. El pago en bonos. Expropiación por las Municipalidades y por particulares.

15. El derecho administrativo y las actividades económicas: Régimen de pesas y medidas. El sistema métrico. Control de precios. Control de alquileres. Problemas administrativos y constitucionales.

16. El derecho administrativo y las actividades económicas: Régimen monetario. Régimen legal de los Bancos Régimen legal de las Compañías de Seguros.

17. El derecho administrativo y la conservación y explotación de las riquezas nacionales: Régimen de montes y aguas. Regulación de la caza y de la pesca. La pesca de perlas.

18. El derecho administrativo y las actividades agrícolas y ganaderas.

19. Los sistemas estadísticos aplicados por la administración pública: Censos y catastros.

20. El derecho administrativo y los sistemas y actividades de comunicación y transporte: a) el correo; b) la radiodifusión y televisión; c) carreteras; d) ferrocarriles; e) telégrafos y teléfonos.

21. Consideraciones especiales sobre la navegación marítima y la navegación aérea.

22. La protección al ciudadano desvalido: la beneficencia. La atención al ciudadano meritorio: pensiones, jubilaciones.

23. El estímulo al patriotismo y el premio a las virtudes cívicas: Emblemas patrios. Fiestas Nacionales, Condecoraciones.

Estos dos programas fueron los que se utilizaron en el curso 1956-1957, en la víspera de la revolución democrática de 1958.

En el curso 1957-1958, el Programa de Derecho Administrativo I sufrió una importante variación, pues por primera vez se presentó con una sistemática racional y lógica, pero lamentablemente sin conexión alguna con el programa de Derecho Administrativo II. Dicho programa que apareció firmado por los profesores Eloy Lares Martínez y Gonzalo Pérez Luciani siguió a comienzos de los sesenta, con la siguiente sistemática:

I. TEORÍA DE LA ADMINISTRACIÓN. EL DERECHO ADMINISTRATIVO. 1. Administración Pública. Diversas acepciones. La concepción francesa dominante. La Administración y los servicios públicos. Concepción germánica. Análisis de las funciones del Estado para la determinación del concepto de Administración contrapuesta a legislación y justicia. 2. El Derecho Administrativo. Su contenido, Lugar que ocupa en la sistemática jurídica. Ciencias de la Administración.

II. FUENTES DEL DERECHO ADMINISTRATIVO. 3. Concepto de fuentes de derecho administrativo Diversas acepciones. La ley como fuente de derecho administrativo. La ley formal. La ley material. Características de la ley como fuente de derecho administrativo; su preeminencia la reserva legal Los tratados internacionales. 4. La costumbre. Elementos. Clasificación. Su valoración jurídica. Usos y práctica administrativas. 5. Los reglamentos. Concepto, fundamentos y límites de la potestad reglamentaria. Clasificaciones de los reglamentos.

Publicación de los reglamentos. Sanciones por violación de los reglamentos. 6. Régimen de los decretos-leyes. Concepto. Distintas clases. Contenido de los decretos-leyes. Diversas circunstancias en las cuales aparecen los Decretos-leyes. Decretos-leyes de gobiernos de facto: su fundamento, alcance, vigencia y ratificación. Su control jurisdiccional. 7 La Codificación administrativa. Concepto general de la codificación. Criterios acerca de la codificación administrativa. Dificultades.

III. LA ACTIVIDAD ADMINISTRATIVA. A. Los Actos Administrativos. 8. Situaciones jurídicas generales e individuales. Caracteres, de unas y otras. Actos jurídicos y actos materiales. Criterio para clasificar los actos jurídicos. 9. Actos administrativos. Concepto y definición del acto administrativo. El principio de la legalidad de los actos administrativos. Legalidad formal y legalidad material. Limitaciones de este principio: teorías de los poderes discrecionales y de los actos de gobierno. 10. Clasificación de los actos administrativos. Diferentes criterios de clasificación. 11. Condiciones del acto administrativo. Condiciones formales y materiales. El procedimiento constitutivo de los actos administrativos. El silencio administrativo. 12. Irregularidades de los actos administrativos. Convalidación. 13. Extensión de los actos administrativos. La vía administrativa y la vía jurisdiccional. B. Los Servicios Públicos. 14. Noción de servicio público. Evolución doctrinal y -jurisprudencia francesa. Elementos. Régimen jurídico. Clasificaciones. 15. Creación, organización, funcionamiento y supresión de los servicios públicos. Modos de prestación. C La Contratación Administrativa. 16. Distinción entre los contratos administrativos y los contratos de derecho común que celebra la administración. Modos de celebración de los contratos administrativos. 17. Ejecución de los contratos administrativos. Las obligaciones del cocontratante y los poderes de la administración. Los derechos del contratante. Influencia de los hechos nuevos en la ejecución de los contratos administrativos: teoría de la fuerza mayor, del hecho del príncipe y de la imprevisión. 18. Diferentes especies de contratos administrativos. Contratos de obra pública, de Suministros de empréstito público, de transportes. 19. Las concesiones administrativas. Concesiones de servicios públicos y de obra pública.

IV. ORGANIZACIÓN ADMINISTRATIVA A. Fundamentos de la Organización Administrativa, 20. La personalidad de la Administración. Teorías sobre la personalidad jurídica de la Administración. El fisco. 21. Teoría del órgano. Clasificación de los órganos administrativos. La jerarquía y la subordinación. La competencia de los órganos administrativos. 22. Los órganos y sus titulares. La función pública. Los individuos adscritos a la función pública; sus categorías. 23. Ingreso a la función pública. Situación jurídica de los funcionarios. Deberes. Derechos. Estatuto de funcionarios. Extinción de las relaciones entre la administración y los individuos adscritos al servicio público. Funcionarios de facto. 24. Los sistemas de organización administrativa. La centralización y la descentralización administrativas. Autonomía y autarquía. B. Organización administrativa venezolana. 25. Administración nacional. El Presidente de la República. Sus atribuciones administrativas. Los Ministros del Despacho. Organización de los Despachos Ministeriales. Funciones comunes. Competencia y responsabilidades. 26. Sistemas de control administrativo. Contraloría de la Nación. Organización. Atribuciones. 27. La Administración Consultiva. Enumeración de los Órganos consultivos. Cometidos. Facultades. 28. La Administración de los Estados de la unión. Materias atribuidas a las entidades federativas. 29. La Administración Municipal. Régimen Venezolano. Organización y atribuciones. La Administración del Distrito Federal Territorios y Dependencias Federales. 30. La Administración Autónoma. Los Institutos Oficiales Autónomos. Carácter y régimen de los mismos.

V. RESPONSABILIDADES. 31. Evolución histórica del régimen de responsabilidad extracontractual del Estado. Responsabilidad directa del Estado. Responsabilidad de los agentes. Responsabilidad por riesgo. La falta personal y el hecho del servicio. Cúmulo de responsabilidades.

VI. MATERIA ADMINISTRATIVA. 32. Bienes del dominio público y del dominio privado de las entidades administrativas. Concento del dominio público. Dominio terrestre, marítimo, fluvial, aéreo.

VII. JURISDICCIÓN ADMINISTRATIVA. 33. La jurisdicción administrativa. Unidad o dualidad de jurisdicciones. El sistema judicialista. El sistema contencioso-administrativo. Justicia retenida y justicia delegada. 34. Actos que pueden ser objeto de las contenciones administrativas. Condiciones de recurribilidad de los actos administrativos. Diversos tipos de recursos: por exceso de poder, de plena jurisdicción, de interpretación, de represión. 35. El control jurisdiccional de la Administración en Venezuela La Corte Federal; sus atribuciones sobre la materia.

En cuanto al *Derecho Administrativo II*, el Programa también sufrió, en ese año 1957-1958, una variación sustancial, pues se abreviaron los temas a tratar. En efecto, dicho Programa se concibió así:

Tema 1.   Las normas administrativas sobre la propiedad.- Los registros de propiedades mobiliarias. El registro de la propiedad inmobiliaria. Regulaciones urbanísticas sobre aprovechamiento de la propiedad inmobiliaria. Otras regulaciones administrativas.

Tema 2.   La regulación administrativa de la propiedad horizontal.

Tema 3.   La regulación administrativa de la propiedad horizontal.

Tema 4.   La regulación administrativa de la propiedad intelectual.

Tema 5.   La expropiación por causa de utilidad pública. Aspectos del procedimiento de expropiación. La doctrina jurisprudencial de la Corte Federal.

Tema 6.   Breves nociones sobre la regulación administrativa del ejercicio del comercio, y de las actividades agrícolas y ganaderas.

Tema 7.   La regulación administrativa de los alquileres. Evolución legislativa. Jurisprudencia de la Corte Federal.

Tema 8.   Régimen administrativo del sistema bancario

Tema 9.   Fiscalización y régimen de las empresas de seguros.

Tema 10.   El aprovechamiento de las riquezas naturales y su control por la administración. Las normas sobre bosques, aguas, caza y pesca.

Tema 11.   Principios generales de la intervención del Estado en materia de comunicaciones

Tema 12.   La navegación aérea. Normas nacionales e internacionales.

Tema 13.   La navegación marítima. Leyes. Normas internacionales.

Tema 14.   Otros sistemas de comunicación y sus distintas regulaciones. Importancia de las normas administrativas derivadas de tratados y convenios internacionales. Especial referencia a la radio comunicación y a los servicios de correos

Tema 15.   Nociones sobre la organización y régimen administrativo de las Fuerzas Armadas Nacionales.- El servicio militar obligatorio

Tema 16.   El régimen legal del extranjero. Particular nota sobre el inmigrante, su situación jurídica.

Tema 17.   Breves nociones sobre el régimen administrativo de los servicios sanitarios y de los servicios educativos.

Tema 18.   Breves nociones sobre el régimen administrativos de los cultos y de las misiones.

Tema 19.   Breves nociones sobre el régimen administrativo de los símbolos de la patria y de las condecoraciones nacionales.

Por último, en el curso lectivo 1.958-1.959, el Programa señalado de *Derecho Administrativo II*, sufrió una nueva modificación, y también aisladamente en relación al Derecho Administrativo I (Teoría General), se le intentó dar una sistematización. Tal como afirmamos en otro lugar,[45] este Programa que aparecía firmado por los profesores Tomás Polanco y Luís Henrique Farías Mata y al cual se ajustó el libro del profesor Polanco, *Derecho Administrativo Especial*, se configuró, ciertamente, el primer intento de sistematización del Derecho Administrativo II, la cual, sin embargo, lamentablemente se hizo sin coordinación alguna con el programa del curso de Derecho Administrativo I.

Dicho programa, que fue conforme al cual presenté el Concurso de Cátedra en 1966, presentaba el siguiente orden:

Primera Parte:		RÉGIMEN ADMINISTRATIVO DE LAS PERSONAS

Tesis 1ª.	Determinación administrativa de la personalidad. Régimen administrativo de la identificación: Necesidad jurídica de la identificación. El registro civil de nacimiento. La identificación civil. Sistema de identificación. La identificación del venezolano en el territorio del país: La Cédula de Identidad personal. Sus características jurídicas: carácter administrativo, obligatoriedad, caducidad, extensión, régimen orgánico y características fiscales. La identificación del venezolano fuera de Venezuela. El pasaporte especial, el pasaporte común y el pasaporte de emergencia. Características jurídicas del pasaporte: duración, voluntariedad, obtención. El "visto bueno". El pasaporte familiar. Normas interamericanas sobre pasaportes. Identificación de extranjeros. La identificación a los fines de registro público.

Tesis 2ª.	Análisis de otras notas de la personalidad que tienen relevancia administrativa. Nacionalidad. Edad. Sexo. Domicilio. Residencia. Situación Económica.

Tesis 3ª.	El extranjero. Concepto. Clasificación. Situación jurídica. Notas de derecho comparado.

Tesis 4ª.	Atención administrativa sobre la salud de las personas. Aspectos constitucionales del problema Modalidades administrativas. Clasificación general de los servicios sanitarios. Servicios destinados a la conservación de la salud; normas sobre construcciones; normas sobre vacunación; control de profesiones relacionadas con la salud humana; fabricación, comercio y expendio de medicinas. Servicio destinados a la recuperación de la salud perdida; denuncia obligatoria de ciertas enfermedades; reclusión obligatoria de determinados tipos de enfermos; tratamiento obligatorio de algunas enfermedades; reglamentación de clínicas y casas de salud. La sanidad marítima. Normas internacionales en materia sanitaria.

Tesis 5ª.	Régimen administrativo de las manifestaciones religiosas de las personas.- Materia objeto del tema. Normas referentes a cultos. El patronato eclesiástico y sus aspectos administrativos. Designación de autoridades eclesiásticas. Organización territorial eclesiástica. Personas eclesiásticas con personalidad jurídica. Representación de las personas eclesiásticas y régimen de los bienes de las mismas. Normas referentes a los cultos de católicos.

Tesis 6ª.	Régimen administrativo de la formación cultural de las personas. Objetivos. Obligatoriedad de la enseñanza primaria. Libertad general para las demás ramas de la enseñanza. Gratuidad de la enseñanza suministrada por el Estado. Diferentes tipos de educación.

Tesis 7ª.	Régimen jurídico administrativo de los indígenas. La misión. Su ubicación. Número. Establecimiento. Régimen organizativo. El Misionero: sus funciones públicas. El indio: régimen jurídico a que está sometido.

45	Véase Allan R. Brewer-Carías, *Régimen Jurídico Administrativo de la Nacionalidad y Ciudadanía venezolana*, Publicaciones del Instituto de Derecho Público, Caracas 1965, Nota Introductiva, p. 11.

Tesis 16. Inversión administrativa en determinadas empresas privadas, empresas de Seguros. Introducción. Diferentes clases de normas sobre seguros. Aspectos de la inspección y vigilancia estatal. Instalación de la empresa aseguradora. Funcionamiento de la empresa aseguradora. Cesación de las actividades de la empresa aseguradora. Los agentes de seguros. Organismos administrativos en materia de seguros.

Tercera Parte: DE LAS FORMAS DE COMUNICACIÓN Y TRANSPORTE DE PERSONAS Y COSAS.

Tesis 17. Régimen administrativo de las comunicaciones. Introducción; Normas jurídicas pertinentes. Tipo de comunicaciones. Primer tipo: concepto, control estatal, actividad de los particulares; el correo, concepto de correspondencia, propiedad de la correspondencia y situación fiscal. Segundo tipo de comunicaciones; 1) el medio de transporte, el vehículo, el o los conductores; 2) el objeto de transporte; 3) la vía del transporte; determinación de la vía, determinación de los puntos de partida y llegada; 4) La utilización del transporte: el servicio público de transporte y régimen de sus concesiones

Tesis 18. Régimen administrativo de la navegación. Principios generales. Derecho aplicable. Normas internacionales. Normas nacionales. La autoridad marítima. Las aguas territoriales. Concepto administrativo de la nave; clasificación de las naves; propiedad de las naves. Registro de propiedad de las naves; nacionalidad de la nave; documentos que autorizan la navegación. El gobierno de la nave: el Capitán. Facultades, funciones públicas, relaciones jurídicas.

Tesis 19. Régimen administrativo de la navegación aérea. Principios generales. Derecho aplicable. Problemas jurídicos que plantea. Concepto administrativo de aeronave. Condición jurídica de aeronave. Tipos. Nacionalidad. Derechos aplicables a la aeronave. La aeronave en tierra. La aeronave en vuelo: el despegue: 1) Certificados; 2) Personal. Especial consideración sobre "el Capitán", su autoridad, límites temporales de la misma, su registro de bitácora; 3) Permisos. La aeronave, en vuelo propiamente dicho. El aterrizaje. Otras situaciones jurídicas originadas en la materia aeronáutica; el Registro aéreo; la autoridad aeronáutica. Situaciones de emergencia accidente, abandono y de pérdida; actividades conexas con la navegación aérea.

Cuarta Parte:

Tesis 20. Régimen administrativo de la defensa nacional. Prenotados Normas jurídicas. Organización y competencia de los órganos del Estado encargados de su defensa. Organización y régimen de las Fuerzas Armadas Nacionales Organización de los cuerpos armados Regulación de actividades civiles relacionadas con la defensa nacional, fabricación, comercio y utilización de armas y explosivos; pilotaje, marina mercante y aviación civil; trabajos hidrográficos y de sondeo; trabajos de aerofotografía; adquisición de bienes inmuebles por extranjeros. El servicio militar obligatorio: aspectos históricos. La inscripción. El Sorteo Régimen de las excepciones

Este Programa, como se ha dicho, se elaboró sin referencia ni coordinación alguna con el programa del Derecho Administrativo I (Teoría General), y su propia sistematización presentaba inconvenientes. En efecto, en la primera parte, referente al "Régimen Administrativo de las Personas," se estudiaban una serie de materias referentes a los administrados, cuando las mismas debían haberse ordenado según los derechos de los particulares que se regulaban y limitaban. Por otra parte, y siguiendo este mismo criterio, la parte relativa al "Régimen Administrativo de las Cosas," seguía conceptos propios del derecho civil (personas y cosas), pero su contenido respondía más a regulaciones y limitaciones de los derechos de los administrados (derecho de propiedad, Derecho al ejercicio de las actividades lucrativas). En esta forma, las limitaciones administrativas al derecho de propiedad (lo que el referido programa se englobaba en una sección sobre "Regulación

Administrativa de los Bienes"), debían haberse estudiado también como regulaciones de los derechos de los administrados, pues lo que ahí se estudiaba eran las limitaciones a esos derechos y no los bienes en sí mismos. Lo mismo podía decirse respecto de la sección referente a la regulación administrativa sobre el tráfico de bienes, pues por ejemplo, la regulación de alquileres y las limitaciones a las actividades de las empresas de seguro, antes que tráfico de bienes constituían limitaciones al derecho de propiedad y al derecho al libre ejercicio de las actividades lucrativas.

Por otra parte, en la tercera parte del programa se formulaba un capítulo referente a las formas de las comunicaciones y al transporte de personas y cosas, utilizándose un título mas propio de la sistemática del derecho mercantil que de derecho administrativo, cuando en realidad su contenido no era en general, otra cosa que la regulación de la utilización del dominio público de uso público (dominio terrestre, marítimo, fluvial aéreo) por los particulares, y sus limitaciones.

Por último, y con igual categoría que las tres partes anteriores, se conformaba una cuarta parte referente al régimen de la defensa nacional y a las armas y explosivos, sin ninguna razón lógica ni metodológica aparente, sino más bien como un apéndice que surgía por no encontrarse ubicación en el sistema. En realidad, el contenido de esa cuarta parte constituía la regulación administrativa del deber de defender a la patria y de las limitaciones al derecho al libre ejercicio de las actividades lucrativas por razones de seguridad (armas y explosivos).

En todo caso, en línea con lo antes analizado, también se habían formulado otros programas, como resulta de la llamada *"Sinopsis de Derecho Administrativo I"* firmada por los Decanos de las Facultades de Derecho de Mérida (Dr. Luis Negrón Dubuc), Zulia (Dr. Luís Pinto Salvatierra) y Caracas (Dr. Manuel Graterol Roque), y el *Programa de Derecho Administrativo I* preparado por el Dr. René Lepervanche Parparcen también en la Facultad de Derecho de la Universidad Católica Andrés Bello.

Una excepción en esta línea de separación de los Programas de Derecho Administrativo I y II, lo constituyó, el esfuerzo sistematizador que desarrolló el Profesor Antonio Moles Caubet, en la misma Facultad de Derecho de la Universidad Central, que consistió en la elaboración, con rigurosa lógica, de un sistema que englobaba en un todo, toda la temática del Derecho Administrativo. El Programa que elaboró, sin embargo, no tuvo acogida, sino parcialmente, en los programas oficiales de enseñanza y en las visiones particulares de algunos profesores.

Así, por ejemplo, y en lo que se refirió al Derecho Administrativo II, el profesor Luis Henrique Farías Mata en su curso de la Universidad Central de Venezuela, como él mismo lo dijo, acogió completamente la parte correspondiente del sistema del Profesor Moles.[46]

El sistema del Profesor Moles, integrando en un todo unitario la temática correspondiente al Derecho Administrativo I y al Desarrollo Administrativo II, tal como se desprendía de su programa para el año lectivo 1956-1957, fue el siguiente:

    I. DERECHO ADMINISTRATIVO Y ADMINISTRACIÓN

    A. MÚLTIPLES ASPECTOS DE LA ADMINISTRACIÓN

---

46   Véase Luis Henrique Farías Mata, *Derecho Administrativo II, Parte Especial*, Curso 1961-1962, (versión taquigráfica), *cit.*, p. 4.

Tema 61. f) Otros orígenes de la Administración activa. El Consejo Electoral. Carácter heterogéneo de las operaciones electorales. La Procuraduría General de la Nación. Sus facultades. El control. Control autónomo y autocontrol.

Tema 62. g) La Administración consultiva. Cuerpos consultores generales y especializados. El modelo francés de Consejo de Estado: sus repercusiones. El Consejo de Economía nacional. La administración consultiva venezolana.

C ADMINISTRACIÓN ESTADAL Y ADMINISTRACIÓN MUNICIPAL

Tema 63. Bases de la organización administrativa de los Estados y de las municipalidades. Idea del régimen orgánico.

V. MATERIA ADMINISTRATIVA

Tema 63. a) Contenido materiales de la Administración. Formas y contenido de la actividad administrativa. Métodos definidores (Stein). Plan propuesto: "Status personas", "Status rei". Actividades diversas: funciones administrativas, servicios públicos y empresas administrativas.

A. "STATUS PERSONAE"

Tema 64. a) Capacidad administrativa.- La nacionalidad. Nacionales. Su determinación constitucional. Extranjeros. Derechos deberes e incapacidades.

Tema 65. C) Capacidad administrativa (continuación), La ciudadanía Repercusiones administrativas de la ciudadanía. La residencia o vecindad. La edad. Ciclos en el orden administrativo.

Tema 66. c) Derechos administrativos. Derechos de origen constitucional regulados por leyes administrativas. Derechos estrictamente administrativos. Deberes administrativamente exigibles. Su enumeración constitucional.

Tema 67. d) Obligaciones administrativamente exigibles. Especial referencias a la participación de la defensa nacional. En época de paz: el servicio militar obligatorio. Contenido de la ley. En época de guerra.

B. "STATUS REI".

Tema 68. a) Régimen administrativo de las cosas. El dominio público, el dominio patrimonial y la propiedad privada El dominio público Teorías definidoras (Proudhom, Barthélemy Roland). Examen de las fórmulas legales.

Tema 69. b) Particularidades del dominio público. Clases de uso del dominio público: uso común, uso especial y uso excepcional. Pertenencias del dominio público Su enumeración

Tema 70. c) El dominio marítimo-terrestre - Su amplitud Aguas territoriales Zona de vigilancia Plataformas continental submarina El caso de las playas Usos del dominio marítimo-terrestre.

Tema 71. d) El dominio hidrográfico. Aguas terrestres Aguas públicas y aguas privadas. Régimen legal de las mismas. Usos Concesiones Las aguas subterráneas

Tema 72   e) El dominio aéreo. Su regulación La Convención de Chicago Prescripciones del Derecho interno. Uso del espacio aéreo. Policía aeronáutica. Concesiones. Aeródromos y Aeropuertos.

En lo que se refería a la parte última de dicho Programa, relativa a la llamada "Materia Administrativa", el contenido de la misma la desarrolló el propio profesor Moles, en la forma siguiente:

MATERIAS ADMINISTRATIVA

PROLEGÓMENOS. CONTENIDOS MATERIALES DEL DERECHO ADMINISTRATIVO.

A. La materia administrativa en una exposición sistemática del Derecho Administrativo.-El rigor metodológico en la ordenación de materias no codificadas. Las formas del Derecho Administrativo y sus contenidos materiales. Características respectivas. Factores que influyen en el progresivo crecimiento dé la materia administrativa. Los supuestos culturales de las distintas etapas históricas. El fenómeno de transformación del Derecho Privado. (Duguit Savatier).

B. Intentos de clasificación de las materias propias del Derecho Administrativo. Esquemas correspondientes al tipo de Estado liberal-burgués (Lafarrière). Aportaciones de L. von Stein y de la Escuela vienesa (Merkl). Su examen crítico.

C. Plan adoptado para una exposición sistemática. Experiencias derivadas del carácter interferente y prevalente del Derecho Administrativo. Situación administrativa de personas y de cosas. Ramificaciones de la actividad administrativa.

PARTE I. RÉGIMEN ADMINISTRATIVO CONCERNIENTE A LAS PERSONAS ("Status personae")

I. CONDICIÓN DE LA PERSONAS. (Los particulares). 1. CAPACIDAD CIVIL Y CAPACIDAD ADMINISTRATIVA. Sus diferencias. Modificaciones de la capacidad administrativa. Efectos diversos. 2. LA POBLACIÓN Y SU CÓMPUTO. A. El Censo nacional. Carácter. Contenido. Los Censos nacionales de Venezuela y el Censo de las Américas. Proceso de elaboración. a. Plan censal, b). Recogida de datos. e) Totalización. d). Aprobación. e). Publicación. Vigencia y modificaciones del Censo. Valor jurídico de las inclusiones en el Censo. B. Las estadísticas administrativas. a) La estadística demográfica. Alcance de la misma. b. Otras estadísticas y Censos referidos a la situación de las personas. c) Bibliografía estadística de Venezuela. 3. NACIONALIDAD. Nacionales y extranjeros. Sus diversas categorías a los efectos administrativos. A. La situación jurídica de los nacionales, a) Capacidad básica, b). Protección diplomática c). Registro de nacionales residentes en el extranjero. d). Prescripción. B. Situación jurídica de los extranjeros. a). Régimen común a los extranjeros. Regulaciones del Derecho Internacional. Prescripciones correlativas del Derecho Interno. Normas expresamente referidas a los extranjeros. Incapacidades. Prohibiciones. Meras formalidades, b). Ingreso de extranjeros. Inmigración. Visado de entrada. Sus requisitos. Revisión en la frontera. Presentación personal. Asilados políticos. Registro de extranjeros, c). Régimen especial de extranjeros. Extranjeros deficientemente documentados e inmigrantes clandestinos. Extranjeros peligrosos. Extranjeros de países enemigos. Expulsión de extranjeros. d). Recursos por la violación de derechos. Regulaciones del Derecho interno. Protección en el plano internacional. Responsabilidades de los Estados. e). Naturalización de extranjeros. Su concepto. Cartas de naturaleza y simples manifestaciones de voluntad. Requisitos y trámites correspondientes. 4. CIUDADANÍA. A. Evolución del concepto. a). Derechos clásicamente atribuidos al ciudadano, b) Ciudadanía y nacionalidad. Ciudadanía y electorado, c). Noción moderna de la ciudadanía. B. Determinación de la ciudadanía. a). Condiciones positivas, b). Condiciones negativas, c). Requisitos formales. C. Constancia de la ciudadanía. Registro cívico y Registro electoral. Carácter y cometido. D. Las llamadas "Ciudadanías administrativas" o cuasi ciudadanías. La ciudadanía municipal. Referencias al Art. 80 de la Constitución de 1947. Ejercicio de Derechos sindicales y gremiales. 5 RESIDENCIA. El problema de la domiciliación y de la residencia. A. Domicilio civil y residencia administrativa, a). Domicilio y vecindad en el Derecho comparado, b). Confusión de los conceptos en algunos Códigos hispanoamericanos (Uruguay Colombia, etc.) B. Domicilio civil y residencia administrativa en Venezuela. a). Prescripciones del Código civil. b) La vecindad municipal. c). Otras residencias de carácter administrativo. 6. EDAD. A. La mayor edad civil y sus repercusiones administrativas, a). Pasaportes. Licencias. Trabajo y Milicia, b). Edades especialmente determinadas. B. Prescripciones administrativas concernientes a la edad, a). Infancia Personas sujetas a las medidas de vigilancia, protección y tutela del Consejo Venezolano del Niño, b). Adolescencia. Enseñanza obligatoria y trabajo. c). Juventud. Servicio de las armas. d). Vejez. Retiros y jubilaciones. Excusas legales. Seguros Sociales, etc. 7. SEXO. Proceso histórico de la equiparación de derechos. Importancia de la acción internacional. Diferencias legales subsistentes. Diversas medidas protectoras. Regulaciones sobre la trata de blancas. 8. INSTRUCCIÓN. Prescripciones legales que exigen una instrucción mínima. El analfabeto. Los aborígenes y su protección. Las misiones, y la Comisión Indigenista Nacional. 9. ENFERMEDAD. A. Enfermedades que restringen el ejercicio de derechos. Enfermedades contagiosas. La locura y la lepra. La toxicomanía y el alcoholismo. B. Enfermedades que originan el derecho a la asistencia. Invalideces permanentes. 10. POBREZA. El problema de la indigencia. Precedentes ingleses. El menesteroso y el pobre Excepciones y exoneraciones. Derecho asistencial. La mendicidad.

II. LOS DERECHOS PÚBLICOS Y SU EJERCICIO. A. EJERCICIO DE LOS DERECHOS FUNDAMENTALES (libertades) Derechos fundamentales. Su significación. Derechos fundamentales y garantías institucionales. Regulaciones legales y administrativas. Concepción francesa de la llamada "policía de las libertades". Derechos con fuerza constitucional y Derechos con "fuerza de ley". (Thomas). Los Derechos fundamentales en el régimen federal. 1. LIBERTADES INDIVIDUALES. a). Libertad personal y sus modalidades; Libertad civil, Seguridad individual y libre tránsito. Regulaciones administrativas con especial referencia a las medidas de orden sanitario. Régimen de pasaportes, salvo conductos y visados de salida del país. b). Libertad de conciencia. Libertad de pensamiento de creencias religiosas y científica. c) Libertad de domicilio. Su alcance y limitaciones. d). Propiedad privada. ¿Qué comprende tal concepto? Su protección. Medidas restrictivas. e) Secreto postal. Correspondencia propia. Notas y apuntes. 2. LIBERTADES EN LA VIDA DE RELACIÓN. a) Expresión de ideas y opiniones. Sistemas diversos. Publicaciones, libros, prensa, cinema, radio y televisión..., etc. Propaganda. Regulaciones administrativas. b). Libertad de enseñanza. Antecedentes históricos. Principios dominantes. Sistema venezolano. c). El culto y sus exteriorizaciones. Diversidad de cultos. Régimen de exclusión, de coexistencia y de privilegio. Manifestaciones del culto en el interior y en el exterior de los edificios religiosos. Procesiones. d). Libertad de reunión y manifestación. Reunión: sus característica legales. Reuniones públicas y privadas. Reuniones al aire libre. Manifestaciones. Cortejos, aglomeraciones, tumultos. Régimen administrativo. e) Libertad de Asociación. Historia. Sistemas adoptados en el Derecho extranjero. Asociaciones lícitas e ilícitas. Capacidad jurídica de las asociaciones. Funcionamiento. Control administrativo. Disolución. Asociaciones especiales: asociaciones de utilidad pública. Asociaciones o Congregaciones religiosas. Sindicatos profesionales. Cooperativas y Mutualidades. Asociaciones políticas. Asociaciones extranjeras. f) Libertad de trabajo. Trabajo, industria y comercio. Profesiones liberales. Su reglamentación. Industrias agrícolas, manufactureras, fabriles y comerciales. B. EJERCICIO DE DERECHOS POLÍTICO DEMOCRÁTICOS. Carácter y cometido de los mismos. a) Sufragio igualitario. b) Acceso a cargos públicos. c) Otras facultades. C. EJERCICIO DE DERECHOS MIXTOS. a) Igualdad ante la ley. Su alcance. b) Derechos de petición. Su doble carácter. c) Derecho a prestaciones del Estado. Derecho al trabajo. Derecho a la asistencia y al socorro. Derecho a la Educación. D. SUSPENSIÓN DEL EJERCICIO DE DERECHOS Y GARANTÍAS CONSTITUCIONALES. Casos de suspensión. Procedimiento. Legalidad vigente durante el régimen de excepción. Restitución de los derechos y garantías. E. DERECHOS ESTRICTAMENTE ADMINISTRATIVOS. Titulares de derechos estrictamente administrativos. Características. Derechos e intereses. Interés simple, interés legítimo. Interés individual colectivo. Protección jurídica de derechos e intereses.

III. DEBERES ADMINISTRATIVAMENTE EXIGIBLES. Naturaleza y clasificación de los deberes administrativamente exigibles. A. DEBERES FUNDAMENTALES. Concepto y determinación histórica de los mismos. Deberes fundamentales y deberes legales. Los deberes fundamentales en la Constitución Venezolana y en el Derecho Comparado. a) Deber Militar. Su significación en el Estado democrático. Textos que lo establecen en Venezuela. El servicio Militar obligatorio. 1) Régimen en tiempo de paz. Reclutamiento. Fases: inscripción, alegaciones, excepciones físicas y exceptuaciones exclusivamente legales. Sorteo Contingente militar. Incorporación a filas. Excedentes. Licenciamiento. 2). Régimen en tiempo de guerra.

Obligaciones especiales Movilizaciones generales o parciales. Reservas. b). Funciones Públicas obligatorios Referencias a la función electoral y al desempeño obligatorio de cargo gratuitos. c) Obligaciones tributarias. Su ámbito y afectos. d). Obligaciones de orden educativo. Noción. B. PRESTACIONES PERSONALES OBLIGATORIAS. a) Auxilios de carácter profesional. b) Requisiciones personales diversas. Cuando proceden.

IV. JUSTIFICANTES DE LA SITUACIÓN DE LAS PERSONAS. A. REGISTROS DE PERSONAS Y DE ACTOS PERSONALES. a) Comprobación, verificación y constitución. Registros comprobatorios "ad probandum". Registros constitutivos ("ad sustantiam"). Su respectivo valor jurídico. b) La publicidad de los derechos de las situaciones personales. Fundamento. c) Registros diversos. 1) Registro del Estado civil 2) Registro mercantil. 3) Registro de asociaciones. 4). Registro de antecedentes (penales y de conducta). 5). Registro de actos de última voluntad 6). Identidad e identificación. Cédulas de identidad. 7). Otros registros de personas y actos personales. B. ACTOS DE CERTIFICACIÓN. Autenticaciones y certificaciones.

Parte II. RÉGIMEN ADMINISTRATIVO DE LAS COSAS. (Status rei)

LAS COSAS EN EL DERECHO ADMINISTRATIVO. Los bienes y su clasificación (Código Civil art. 538) Dominio, patrimonio y propiedad. a) Noción de dominio público, Notas positivas y negativas que lo determinan, Su extensión. b) Dominio patrimonial o fiscal. Sus especies. c) Propiedad privada. Alcance de las regulaciones administrativas, a ellas referidas. Plan expositivo.

I. EL DOMINIO PÚBLICO. A. CARÁCTER DE LOS BIENES COMPRENDIDOS EN EL DOMINIO PÚBLICO. a) El dominio público, concepto establecido por la doctrina jurídica moderna. Dificultades de la definición. I. Teoría del poder soberano (Proudhon). 2. Teoría de la naturaleza diferenciada de los bienes (H. Barthélemy). Teoría de la especial afectación de los bienes (Rolland). f. El dominio público como "iura publica realia" (Eisler, O. Mayer). Crítica. b) Determinación legal del dominio público. 1. Fórmulas del Derecho venezolano comparadas con las de Derecho extranjero. Bienes taxativamente enumerados en el art. 539 del Código Civil. Límites. Límites de la extensión análoga. 2. Dominio necesario y dominio accidental. 3. La afectación de bienes al dominio público. La desafectación. Sus consecuencias. c) Administración del dominio público. Operaciones administrativas referidas al dominio público. 1. Acomodamiento de los bienes, construcciones y entretenimiento. 2. Policía del dominio público. Su triple cometido. 3. Utilización de los bienes del dominio público. Usos diversos por parte de los particulares. Uso general. Uso especial. Uso excepcional. Modalidades respectivas. B. PERTENENCIAS DEL DOMINIO PÚBLICO. 1. *Dominio Marítimo*. a) Bienes incluidos y su condición. Prelación de textos jurídicos en esta materia. 1. El mar territorial y su zona suplementaria de seguridad. 2. Aguas interiores. Zona marítima-terrestre. 3. Zona costera. 4. Terrenos abandonados por el mar. 5. El caso de los puertos, muelles, malecones. etc. 6. Deficiencia de los ordenamientos legales. 7. La plataforma continental submarina. b) Administración del dominio marítimo. 1. Obras e instalaciones 2. Policía marítima. Su contenido. 3. Utilización del dominio marítimo. Uso especial. Uso excepcional. La pesca marítima y la explotación de ostrales. 2. *Dominio hidrográfico*. a) Cosas comprendidas en este dominio, las aguas terrestres y su clasificación. 1. El agua corriente como objeto de relaciones jurídicas. 2. Aguas del dominio público. Criterio de la territorialidad y criterio de la utilidad pública. 3. Determinación negativa. Aguas de propiedad privada. 4. Determinación enumerativa. b) Administración del dominio hidrográfico. 1. Obras e instalaciones. 2. Policía del dominio hidrográfico. 3. Uso común. 4. Uso especial. Los jurados de aguas 5. Uso excepcional. Régimen de las concesiones. Registro de aguas. 3. *Dominio Militar*. a) Clases de bienes al mismo adscritos. Su condición jurídica. b) Administración y utilización. 4. *Dominio vial*. a) Bienes incluidos en este dominio y su clasificación. b) Administración del dominio vial. 1. Obras diversas. 2. Actividades de policía 3. Uso común. Uso especial. Uso excepcional. 4. Referencia a las prevenciones sobre urbanismo y régimen de calles, parques y jardines. 5. *Dominio aéreo*. a) Criterio histórico sobre la condición jurídica del espacio aéreo 1. La libertad en la atmósfera 2. Teoría de las zonas aéreas 3. Teoría de la "soberanía" completa exclusiva. b) Las bases del Derecho Público aéreo de la convención de Paris 1919 a la Convención de Chicago de 1944. Los derechos de soberanía y la libertad de tránsito. c) Prescripciones de Derecho venezolano 1. Fuentes jurídicas Vigentes 2. La soberanía del espacio aéreo y sus consecuencias 3. Policía aérea Su cometido. 4. Infraestructura Régimen de Aeródromos y demás instalaciones 5. Autorización y Contratos en materia aérea.

II. BIENES PATRIMONIALES (DOMINIO FISCAL). Noción de patrimonio y condición de los bienes que lo integran. Sus categorías. Normas legales aplicables Diversos modos de adquirir y negociar tales bienes. La denuncia de bienes ocultos. A. BIENES ADSCRITOS A FINALIDADES PÚBLICAS. a) Efectos de la adscripción. Carácter jurídico de los bienes adscritos. b) Enumeración de bienes.- Referencia especial a los siguientes: 1. Bosques de la Nación, reservas forestales..., etc. 2. Minas, hidrocarburos y salinas. 3. Patrimonio histórico, artístico, arqueólogo y paleontológico. Cuarteles, armamentos, naves, aeronaves, etc. 5. Edificios destinados a usos oficiales. 6. Ejidos, bienes de propios y baldíos inalienables. c) Particularidades en la administración de tales bienes. Inventario. Conservación. B. BIENES EN DISPONIBILIDAD. a) Alcance y efectos de la disponibilidad. Negocios jurídicos posibles. b) Enumeración de bienes. Referencia especial a los siguientes. 1. Procedencias de la Corona española. Su transformación jurídica. 2. Bienes mostrencos. 3 Bienes desamortizados. 4. Bienes convertidos. 5. Otras especies incluidos. c) Particularidades en la administración de tales bienes. Operaciones que comprende.

III. REGULACIONES ADMINISTRATIVAS DE LA PROPIEDAD PRIVADA. A. LAS DENOMINADAS "PROPIEDAD ESPECIALES". a) La propiedad intelectual. Qué comprende y régimen de la misma. b) La propiedad industrial. Objeto en ella incluidos. Sistema vigente. Marcas de fábricas y comerciales. B. RESTRICCIONES ADMINISTRATIVAS A LA PROPIEDAD PRIVADA. a) Limitaciones administrativas del derecho de propiedad. Sus diversas clases. Especial referencia a los planes y reglamentos de urbanismo. El régimen agrario. b) Servidumbres administrativas sobre la propiedad privada. Servidumbres en favor del dominio público y demás exigibles. Constitución y extinción. C. EXPROPIACIÓN FORZOSA. a) Previsiones concernientes a la expropiación forzosa. Casos en que puede, promoverse. Garantías jurídicas. b) Procedimiento de expropiación. Trámites diversos, en cada uno de sus períodos. Recursos procedentes. D. REGISTROS CONCERNIENTES A LOS BIENES. a) Registros de concesiones. b) Registro inmobiliario (Registro público). c) Otros registros de cosas. Característica de los respectivos Registros. Valor jurídico de las inscripciones.

Del panorama que resulta de todos los programas de enseñanza del derecho administrativo elaborados desde la época de la fundación de la Cátedra hasta los años sesenta, puede decirse que la concepción metodológica que imperó hasta los años cuarenta, dado que sólo existía un curso de la asignatura, fue el de la unidad del derecho administrativo, la cual se lograba, sin embargo a través de sistemas y clasificaciones que luego quedaron caducos. Y es que para 1947, la realidad administrativa evidentemente que imponía el abandono del sistema de Berthélemy, tal como lo señaló el Profesor Lares Martínez en su prueba del Programa de Enseñanza del Concurso de la Cátedra de Derecho Administrativo y leyes especiales,[47] pues la misma desbordaba dicho sistema y exigía entonces la búsqueda de nuevas concepciones.

---

47 Véase Eloy Lares Martínez, "Prueba de Enseñanza...", *loc. cit.*, pp. 147 y 148.

V

Por tanto, siendo el derecho administrativo una ciencia, el mismo no se debía concebir sin un sistema, ya que la ciencia sin sistema no es ciencia.[48] Por ello, el Profesor Moles Caubet señalaba que para llegar a una concepción científica del Derecho Administrativo, surgía la ineludible necesidad de darle la coherencia unitaria de un sistema.[49] En consecuencia, la realidad administrativa de comienzos de la década de los sesenta, incluso más compleja que la que habían estudiado los Profesores Álvarez Feo y Hernández Ron, ya permitía su sistematización, pues de lo contrario, si el único conocimiento del derecho administrativo que pudiera ofrecerse fuese la antigua exposición inorgánica de las disposiciones legislativas vigentes, hubiera sido irrefutable la negociación de su carácter científico.[50]

Resultaba por tanto necesario insistir en la elaboración de un sistema del derecho administrativo, en el sentido de una unidad de reglas caracterizadas tanto por su coherencia interna y vinculación lógica como por su referencia a la totalidad; es decir, lo contrario a amasijo de reglas,[51] y partiendo del principio de que sin el sistema no podía enseñarse la ciencia. Por ello, consideramos que era válida la afirmación en su momento de Jesús González Pérez, según la cual:

> "Para enseñar, hay primero que conocer. Para enseñar el Derecho positivo, es necesario construir primero el sistema del Derecho positivo. Por eso, si un sistema ha de ser, en primer lugar verdadero en segundo lugar ha de ser comprendido. Como dijo Ortega al comenzar una de sus obras más difundidas (El tema de nuestro tiempo, 5a. ed., 1945 pág 11), lo que más importa a un sistema científico es que sea verdadero; pero la exposición de tal sistema científico impone a éste una nueva necesidad; además de *ser* verdadero es preciso que sea comprendido."[52]

No debe olvidarse que para comienzos de los sesenta, la bibliografía de derecho administrativo aún era escasa. En Venezuela, nos manejábamos con las obras de Marcel Waline, *Droit Administratif* y de Guido Zanobini, *Diritto Amministrrativo*, que el profesor Pérez Luciani nos había presentado. De España, comenzábamos a toparnos con los trabajos de los autores españoles que para esa época ya estaban girando en torno a la *Revista de Administración Pública*, pero que en esos tiempos todavía eran muy poco conocidos. No hay que olvidar que a comienzos de los sesenta todavía era la época de los libros de *Derecho Administrativo* de Álvarez Gendín, García Oviedo, Gascón y Marín y Royo Villanova; época en la cual recién comenzaba a circular el *Tratado de Derecho Administrativo* del muy recordado y querido amigo Fernando Garrido Falla.

Poco después sería cuando comenzarían a circular los respectivos cursos multigrafiados de *Derecho Administrativo* de los profesores Eduardo García de Enterría y de José Luis Villar Palasí. En cuanto a los autores latinoamericanos, básicamente llegaron a

---

48   Véase Jesús González Pérez, El Método en el Derecho Administrativo" en *Revista de Administración Pública*, Nº 22, Madrid 1957, pág 14.

49   Vid Antonio Moles Caubet, "La Progresión...", *loc. cit.*, p. 15.

50   Véase Jesús González Pérez "El Método en el Derecho Administrativo" en *Revista de Administración Pública*, Nº 22, Madrid 1957, p. 15.

51   Vid Luis Henrique Farías Mata, *Derecho Administrativo II, Parte Especial*, curso 1961-1962, (versión taquigráfica....), *cit.*, p. 4.

52   Véase Jesús González Pérez, "El Método......," *loc. cit.*, p. 43.

nuestro alcance las obras de *Derecho Administrativo*, de Enrique Sayagués Lazo, de Sabino Fraga, de Benjamín Villegas Basabilvaso y de Miguel Marienhoff.

Fue precisamente Villegas Basavilbaso en el Prefacio de su obra, *Derecho Administrativo*, quien señalaba, en cuanto al Plan general de exposición de la misma, que debía estar vinculado necesariamente al método empleado para el estudio de la disciplina, de manera que prevaleciendo en su época el método jurídico, sin excluir los métodos histórico-comparativo, era lógico que el plan se hallase subordinado a la metodología y, en consecuencia, era menester alejarse de las tendencias meramente descriptivas para dar predominio a la constructiva, que es la que permite a la sistematización de las instituciones.[53]

El mismo Villegas Basavilbaso, en relación a la construcción sistemática de esta disciplina, señalaba que el derecho administrativo no era un conjunto de leyes administrativas y, por ende, una exposición más o menos exhaustiva de la legislación, lo que consideró como una labor tan fatigosa como estéril para el conocimiento jurídico de la disciplina. En cambio, eran los conceptos y principios de derecho, el análisis de las relaciones entre la administración y los particulares, la naturaleza jurídica de las mismas, la estructura y fisonomía de las instituciones Administrativas, lo que debía preocupar únicamente al jurista.

Cualquier otro criterio, por tanto, era inadecuado para el perfeccionamiento de esta ciencia, cuya sistematización no radicaba en el estudio de una masa heterogénea de leyes y además sujetas a una constante movilidad para satisfacer las exigencias siempre cambiantes de las necesidades sociales.[54] Por ello, agregaba el mismo Villegas, que fuera explicable que en el siglo XIX, los Tratados de Derecho Administrativo, así como los denominados Manuales, tuviesen siempre en cuenta la legislación y hasta los reglamentos. La ausencia de un criterio científico, sin embargo, prevaleció en la mayor parte de aquellos tratadistas, y por ello sus trabajos resultaron con el tiempo infecundos ante el cambio de la legislación, a medida que el método jurídico y la sistematización de las instituciones fue tomando terreno con influencia constructiva. Ello produjo a que la exposición de las leyes administrativas fuera perdiendo interés jurídico, de manera que las obras que comenzaron a ser más consultadas fueron aquellas que se detuvieron en el cxamcn dc los conccptos, de los principios y de las instituciones, y que fueron las que le dieron jerarquía científica al derecho administrativo.[55]

En Venezuela, por tanto, el reto en 1966, era construir una sistemática del derecho administrativo, para lo cual debíamos partir de la aproximación lógica de manera de construir un sistema científico de la disciplina mediante la definición y la división. Como lo recordaba González Pérez, la definición dice lo que es una cosa, la identifica con sus elementos más simples, siendo uno de esos el género, el otro la diferencia específica. Por ello, la división indica a qué formas especiales se extiende el elemento genérico de la cosa definida.[56] Frente a la realidad jurídica, sucede lo mismo: su examen nos permite obtener unos conceptos cuya comprobación dará como resultado grupos homogéneos

---

53   Véase B. Villegas, *Derecho Administrativo*, Tomo I, Buenos Aires, 1949, pp. XVIII
54   Véase B. Villegas Basavilbaso, *op. cit*, Tomo I, p. XIX
55   *Idem*
56   Véase Jesús González Pérez, "El Método…", *loc. cit.*, p. 79

entre los cuales existirán más menos diferencias específicas, y la división nos permite comprobar hasta donde se extiende el elemento genérico.[57]

Por otra parte, partimos del mismo supuesto de que la función esencial que la lección de cátedra desempeña en la docencia jurídica no es otra que dar a conocer al alumno el sistema de la rama del derecho de que se trate.[58] Por ello, si no hay sistema, si no hay una construcción racional de la realidad jurídico-administrativa, mal podía pretenderse que se cumpliera a cabalidad la labor magistral.

De ahí que Francisco Larroyo hubiera señalado que la carencia de método conduce a la improvisación, por lo que es un manifiesto error creer que la falta de todo método y de todo plan constituya una garantía en contra de la rutina. La experiencia demuestra lo contrario, y es que generalmente quienes carecen de método y de planes son los que sucumben más pronto a la rutina.[59] Por ello, Ortega y Gasset, al delimitar la misión de la Universidad, señalaba que las disciplinas de la cultura y los estudios profesionales debían ser ofrecidos en forma pedagógicamente racionalizada -sintética, sistemática y completa-, no en la forma que la ciencia abandonada a sí misma preferiría: problemas especiales, trozos de ciencia, ensayos de investigación.[60]

Por ello, consideraba que dedicar una cátedra para explicar monográficamente algunas instituciones porque se pudieran considerar estas, bajo un ángulo reducido de la profesión, como importantes, era tratar de convertir la cátedra en seminario. Al contrario, la lección de cátedra debía dar al alumno una visión completa del sistema.[61]

En este mismo sentido Héctor Gros Espiell, aún cuando refiriéndose al método en el derecho constitucional, señalaba que la dirección general de la enseñanza debía ser fundamentalmente formativa. Decía:

> "No se trata de lograr una mera acumulación de conocimientos, sino que se intenta primordialmente de que el joven, obtenga una idea clara, precisa y seria de los temas tratados y una aptitud para estudiar y comprender los grandes problemas del Derecho político. La enseñanza debe ser una sólida base formativa, pero fundamentalmente debe dirigirse a formar una mente y un carácter. No se trata, ya que ello es imposible y no tiene sentido, de agotar el estudio de los problemas que se analizan, sino de dar de los mismos una idea clara y poner en posesión del estudiante los medios técnicos, la aptitud mental y la técnica metodológica, para lograr por sí, en cualquier momento, el conocimiento de las cuestiones que la vida profesional universitaria pueden plantearle."[62]

Todo ello, era perfectamente aplicable a la enseñanza del derecho administrativo, lo que sólo podría lograrse cuando este se construye científica y sistemáticamente, y así se lo da a conocer.[63]

---

57 *Idem*
58 *Idem*, p. 91
59 Véase Francisco Larroyo, *Pedagogía de la Enseñanza Superior*, Universidad Nacional Autónoma de México, México 1959, pp. 57 y 58
60 Véase en Francisco Larroyo, *op. cit.*, p. 28
61 Véase Jesús González Pérez, "El método... ", *loc. cit.*, p. 91
62 Véase Héctor Gross Espiell, "El problema del método en el Derecho Constitucional" en *Revista de la Facultad de Derecho y Ciencias Sociales*, Montevideo 1959, N° 3, p. 794
63 Véase en general sobre el tema, José Rodríguez U., "La Enseñanza del Derecho" en *Revista de la Facultad de Derecho*, Universidad de Carabobo N° 13-14, Valencia 1962; Jesús Leopoldo Sánchez, *Características generales de la Enseñanza del Derecho*, Temas de Pedagogía (4ª serie), Publicaciones de la Facultad de Ciencias Jurídicas y Sociales de la Universidad Nacional del Litoral, pp. 95 ss.

Fue teniendo en cuenta todos esos criterios, y en vista de la imperfección que consideraba existía en los programas vigentes en 1966 de las asignaturas de Derecho Administrativo I y Derecho Administrativo II en la Facultad de Derecho de la Universidad Central de Venezuela, en particular en lo que se refería al entonces llamado Derecho Administrativo Especial, desde mi ingreso como docente de la Facultad me propuse realizar un análisis sistemático del derecho administrativo venezolano, para intentar elaborar un sistema que integrara, en una ordenación lógica y metodológica, toda la materia del mismo. La búsqueda y elaboración de ese sistema durante los tres primeros años de docencia (1963-1966) en ambas asignaturas, tal como lo señalamos en otro lugar, [64] me condujo a una primera y principal conclusión, ya recalcada: que era inútil hablar de un "Derecho Administrativo Especial" por contraposición a un "Derecho Administrativo General". Ambas materias se integraban perfectamente, constituyendo un todo integral y uniforme, que sin embargo era acompañado de varios derechos administrativos especiales: derecho minero, derecho municipal, derecho urbanístico, derecho público de la economía, etc.

El tal sentido, el referido sistema que formulé precisamente en el Concurso de la Cátedra, estudiaba el derecho administrativo en cuatro partes fundamentales, las dos primeras para ser explicadas en el curso de Derecho Administrativo I y las otras dos para ser explicadas en el curso de Derecho Administrativo II. En forma sintética, las cuatro partes del sistema tenían el siguiente contenido:

La *PRIMERA PARTE*, que correspondía a la INTRODUCCIÓN AL DERECHO ADMINISTRATIVO, se desarrollaba en tres títulos fundamentales. En el Título Primero, sobre *La Administración y el Derecho Administrativo* se estudiaba el concepto de Administración, sus diversas acepciones y se hacía un análisis de las diversas doctrinas formuladas en torno al mimo, para concluir con una noción jurídica del término, producto de un balance hecho en relación a los aportes de dichas doctrinas. Por otra parte, y con base en lo anterior, se definía el derecho administrativo precisándose su naturaleza y contenido.

En el *Título Segundo* se estudiaban las FUENTES DEL DERECHO ADMINISTRATIVO, ordenadas en forma jerárquica, y su codificación.

Por último, en el *Título Tercero* se estudiaba la RELACIÓN JURÍDICO ADMINISTRATIVA, partiendo del supuesto de que una vez precisado qué es el derecho administrativo, las normas de éste dan origen a diversas relaciones jurídicas, que son precisamente las relaciones jurídico-Administrativas. El estudio de estas conducía al análisis de los derechos públicos subjetivos, de los intereses legítimos y del simple interés que pueden existir en ellas, así como de las Potestades Administrativas y los Deberes Públicos.

En todo caso, el estudio de la Relación jurídico-Administrativa en la última parte de la Introducción nos permitía elaborar las otras tres partes del sistema. Como toda relación jurídica, la relación jurídico-Administrativa surge entre dos sujetos de Derecho por lo menos: La Administración por una parte y los particulares y administrados por otra. Por tanto, el análisis posterior en las dos siguientes Partes del sistema se refería al estudio del Régimen jurídico de esos dos sujetos del Derecho Administrativo: la Administración por una parte (Segunda Parte) y los administrados por la otra (Tercera Parte). La Cuarta Parte se refería al estudio del régimen jurídico de un objeto de esa relación jurídica, los bienes del Estado, en torno a los cuales, por su importancia fundamental y por el uso que de ellos hacen los Administrados exigía un tratamiento aparte.

---

64   Véase Allan R. Brewer-Carías, *El Régimen Jurídico Administrativo de la Nacionalidad y Ciudadanía venezolanas, cit.* p. 7.

En esta forma, la *SEGUNDA PARTE* del sistema estudiaba el RÉGIMEN JURÍDICO DE LA ADMINISTRACIÓN. Al analizar éste consideramos que lo primero que había que precisar, y a ello se dedicaba el *Titulo Primero* era quién configuraba la Administración Pública orgánicamente, es decir, era necesario estudiar las PERSONAS JURÍDICAS PÚBLICAS, su clasificación y la forma como actuaban.

En el *Título Segundo* resultaba necesario precisar qué hacían esos sujetos de derecho o sea las personas jurídico públicas, es decir, EL RÉGIMEN JURÍDICO DE LA ACTIVIDAD ADMINISTRATIVA. Este régimen jurídico, para darle un orden sistemático, se analizaba en cuatro partes: En *primer lugar*, sobre el cómo se desarrollaba esa actividad, es decir, cuáles eran los medios de que se valían las personas públicas para desarrollarla: Actos jurídicos y contratos. Por ello se estudiaba entonces la TEORÍA DE LOS ACTOS ADMINISTRATI-VOS y la TEORÍA DE LOS CONTRATOS ADMINISTRATIVOS, en una forma lógica y metodológica. En *segundo lugar*, era necesario indicar cuáles eran las diversas formas que adoptaba esa actividad realizada por esos medios señalados. Aquí estimaba que era necesario estudiar no solo la actividad de SERVICIO PÚBLICO cómo lo hacía el programa vigente en 1966, basado en la superada doctrina francesa, sino también otras actividades estatales, que quizás ya en esa época eran más importantes, como eran las Actividades Administrativas de POLICÍA, de FOMENTO y de GESTIÓN ECONÓMICA, incluyendo en esta última, todo lo relativo a las empresas del Estado.

Ahora bien, esa actividad Administrativa realizada por los medios señalados y bajo las formas indicadas, podía producir frente a los administrados ciertas consecuencias dañosas que daban derecho a estos, a ser indemnizados por la Administración. De allí el estudio de la TE-ORÍA DE LA INDEMNIZACIÓN EN DERECHO PÚBLICO y de la RESPONSABILIDAD ADMINISTRATIVA.

Por último, y dentro del análisis de la actividad administrativa era necesario estudiar los mecanismos de control puestos a disposición de los particulares para impedir que la Administración actúe ilegítimamente: de allí el estudio de los RECURSOS ADMINISTRATIVOS y de la JURISDICCIÓN CONTENCIOSO-ADMINISTRATIVA.

Por otra parte, dentro de la Segunda Parte del sistema era necesario concluir el régimen Jurídico de la Administración con el estudio de la ORGANIZACIÓN ADMINISTRATIVA donde después de estudiarse los principios jurídicos de la organización administrativa, se analizaba el régimen de la Función Pública y la organización Administrativa Venezolana. Hasta aquí el contenido del derecho Administrativo I.

La *TERCERA PARTE* del Sistema, con la cual se iniciaba el estudio del Derecho Administrativo II, se refería al RÉGIMEN JURÍDICO ADMINISTRATIVO DE LOS ADMINIS-TRADOS el cual se establecía a través de la consideración de la regulación y limitación de los derechos y deberes de las personas. El Capítulo referido a los DERECHOS comenzaba con el estudio del DERECHO AL LIBRE DESENVOLVIMIENTO DE LA PERSONALI-DAD (artículo 43 de la constitución), es decir, al libre ejercicio de la capacidad jurídica de los administrados, analizándose ahí las causas administrativas que condicionaban esa capacidad (nacionalidad, edad, sexo, condición social) y estudiando las limitaciones administrativas de carácter general al respecto: POLICÍA DE EXTRANJEROS Y POLICÍA DE LA IDENTIFI-CACIÓN. En segundo lugar, se estudiaba la regulación del DERECHO A LA PROTECCIÓN DE LA SALUD y la policía sanitaria. En tercer lugar, el DERECHO A PROFESAR LA FE RELIGIOSA y a ejercitar el culto y la policía de cultos. En cuarto lugar, el DERECHO A LA EDUCACIÓN Y A LA CULTURA, con la regulación de la educación y la policía de la educación y el fomento de la cultura.

En quinto lugar se analizaba del DERECHO AL LIBRE EJERCICIO DE LAS ACTIVI-DADES LUCRATIVAS. El régimen de este derecho se estudiaba bajo dos ángulos: En *primer término*, la regulación de las limitaciones al derecho, que de acuerdo a las exigencias constitucionales eran impuestas por la protección de la economía nacional (régimen de los cambios de moneda, y régimen del comercio exterior), por razones de seguridad (armas y explosivos) , por razones de salubridad, por razones de interés fiscal, y por razones de interés social, entre las que se destacaban las limitaciones impuestas a las empresas bancarias y a la empresas de seguro. En *segundo término*, se analizaba la regulación jurídica que tenía por objeto, no ya limitar sino proteger la libertad económica, donde se destacaba el régimen de la represión a la usura y la necesidad de impedir la indebida elevación de los precios. Por último, y en sexto lugar, se analizaba desde el punto de vista jurídico administrativo, el derecho de propiedad, lo que se hacía a través del estudio de las restricciones administrativas a la propiedad y de las llamadas propiedades especiales.

Las RESTRICCIONES ADMINISTRATIVAS DE LA PROPIEDAD se estudiaban según que incidieran sobre el ejercicio del derecho, sobre la titularidad del derecho y sobre la oponibilidad del derecho. En cuanto a las LIMITACIONES AL EJERCICIO DEL DERECHO DE PROPIEDAD, estas se ordenaban según que incidieran sobre la facultad de disposición del derecho de propiedad (entre otras la ocupación temporal), sobre la facultad de disfrute (entre otras las limitaciones en razón de la conservación, fomento y racional aprovechamiento de los recursos naturales renovables), y sobre la facultad de disposición del derecho de propiedad (los objeto culturales antigüedades y documentos históricos). En cuanto a las LIMITACIONES A LA TITULARIDAD DEL DERECHO DE PROPIEDAD se estudiaban según que incidieran en una de las formas de adquirir esa titularidad (la ocupación de los animales y peces) que implicasen la extinción de dicha titularidad (expropiación, requisición, comiso y confiscación). En cuanto a las LIMITACIONES A LA OPONIBILIDAD DEL DERECHO DE PROPIEDAD, se estudiaba el registro público como limitación a la oponibilidad de la propiedad inmobiliaria. Concluido el estudio de las restricciones administrativas de la propiedad privada, se analizaban las llamadas propiedades especiales (Derecho de Autor y Propiedad Industrial).

El régimen de los administrados, luego de estudiados sus derechos, exigía el análisis de sus DEBERES y, por tanto, el *Título Segundo* de dicho régimen abarcaba el estudio del deber de defender a la patria (régimen de la Defensa Nacional y del servicio militar obligatorio) y del deber de trabajar (régimen de los vagos y maleantes).

La *Cuarta Parte* del sistema, luego de analizado el régimen jurídico de la Administración y el régimen jurídico de los Administrados, abarcaba el estudio del RÉGIMEN JURÍDICO DEL DOMINIO DEL ESTADO. Esta materia, ciertamente, podía analizarse tanto en la segunda como en la tercera parte. En efecto, en primer lugar, formaba parte del régimen jurídico de la Administración, pues estudia los bienes del Estado; pero advertíamos que su regulación y sistema fundamental tenían relevancia en cuanto a que esos bienes podían ser usados por los particulares y esa utilización tenía una serie de limitaciones, lo que permitía estudiarlo en la tercera parte relativa al régimen de los administrados (quizás con limitación al derecho de tránsito y circulación libre por el dominio vial, marítimo, territorial y aéreo). Sin embargo, el estudio en cualquiera de las dos partes del sistema anteriormente analizadas, reducía y parcializaba por fuerza de su método, el análisis de todos los conceptos e instituciones que el dominio del Estado abarcaba, de manera que consideramos que era inútil estudiarlo en la segunda parte, cuando todavía no se había visto el régimen de los Administrados, y que no podía ser conveniente estudiarlo en el régimen de los Administrados, cuando se trataba en realidad de bienes del Estado que van a ser utilizados por aquellos. Por ello, y por cuanto el régimen del dominio del Estado participaba fundamentalmente de los dos anteriores (régimen de los bienes estatales y régimen de la utilización de los mismos) adquiriendo una categoría propia, preferíamos estudiarlo en una cuarta parte. Ahí se estudiaba además, de la teoría general del dominio del Estado, el dominio público y el dominio privado. En cuanto al RÉGIMEN DEL DOMINIO PÚBLICO, en él se analizaba fundamentalmente el DOMINIO PÚBLICO DE USO PÚBLICO (dominio hídrico, dominio marítimo, dominio aéreo y dominio terrestre), la utilización por las aguas particulares (uso de las aguas fluviales, la navegación marítima y la aérea navegabilidad, las radiocomunicaciones y el Tránsito y Transporte terrestres)y la policía respectiva (policía de aguas, policía marítima, policía aérea, policía de las Radiocomunicaciones y policía de Tránsito Terrestre). En cuanto a los bienes del DOMINIO PÚBLICO DE

USO PRIVADO se hacía remisión a la asignatura DERECHO MINERO, que era un derecho administrativo especial y que era objeto de una Cátedra separada. En el Título relativo al DOMINIO PRIVADO, se estudiaba entre otras cosas, el régimen de las tierras baldías y el aprovechamiento de los recursos naturales renovables que en ellas se encuentren.

El texto completo y desarrollado de este Sistema, puede consultarse en el Apéndice que con el título "Sistemática del Derecho Administrativo" publicamos en el libro *Derecho Administrativo*, Tomo I, que publicó en 1975 la Facultad de Derecho de la Universidad Central de Venezuela.

La simplificación del sistema que seguimos en la enseñanza de las dos asignaturas Derecho Administrativo I y Derecho Administrativo II durante varios lustros, originó los Programas de las dos asignaturas que se adoptaron durante la década de los setenta, cuando dejé la jefatura de la Cátedra.

Sección Segunda

PERSPECTIVA HISTÓRICA SOBRE EL INSTITUTO DE DERECHO PÚBLICO Y EL DERECHO ADMINISTRATIVO, Y SU ROL EN LA ENSEÑANZA UNIVERSITARIA EN VENEZUELA

Este trabajo fue elaborado para la obra colectiva *Cien años de enseñanza del Derecho Administrativo en Venezuela*, Centro de Estudios de Derecho Público, Universidad Monteávila, Caracas 2009.

I

En el mundo de la enseñanza universitaria del derecho en Venezuela puede decirse que entre todas las disciplinas que conforman el curriculum de las Escuelas del derecho, el derecho administrativo ha sido el que en el último medio siglo ha jugado el rol más determinante; y ello, básicamente, no sólo por su carácter de derecho del Estado, sino particularmente porque este ha sido un tiempo en el cual las relaciones entre el Estado y los administrados comenzaron a intensificarse en el marco de un régimen político democrático. El instrumento básico para que esta disciplina jugara ese rol determinante, además, fue la existencia de un centro de investigación jurídica como el Instituto de Derecho Público de la Universidad Central de Venezuela, que fue el motor fundamental de ese progreso.

El derecho administrativo, como es sabido, por una parte regula a la Administración Pública como complejo orgánico del Estado y, en particular, su funcionamiento y actividad; y por la otra, el marco de las relaciones jurídicas que se establecen entre los sujetos de derecho que actúan por el Estado (personas jurídicas estatales) y los administrados o particulares. Su objeto, por tanto, es normar instituciones de carácter público que persiguen fines públicos y colectivos que están situados por encima de los intereses particulares; pero además, normar las relaciones que las mismas establecen con los administrados, contribuyendo al establecimiento y mantenimiento del necesario equilibrio que en una sociedad democrática tiene que existir entre los poderes o prerrogativas de las instituciones públicas y los derechos de los administrados. En el diseño de este punto de equilibrio, por supuesto, juega un papel determinante el régimen político en el cual se desarrollan las relaciones entre el Estado y el derecho, y entre el Estado y la Sociedad.

En tal sentido, por ejemplo, en el marco de esas relaciones que existieron en el Estado absoluto, el Estado no tenía límites jurídicos en su acción, por lo que era esencialmente irresponsable; sólo había poderes y prerrogativas públicos, y no había derechos de los individuos frente al Estado. En ese marco, el derecho administrativo quedaba reducido a conformar el conjunto de reglas que regían el funcionamiento de algunos de los entes públicos, como las Cámaras y Consejos reales (cameralística), o que regulaban la acción reguladora, controladora y represiva de las autoridades públicas (derecho de policía). En cambio, en un Estado de derecho, esencialmente sometido al derecho (principio de legalidad), con un Estado con poderes limitados y controlados, el derecho administrativo comenzó a ser el derecho que regulaba no sólo la organización y funcionamiento de la Administración Pública, sino el uso de los poderes y prerrogativas del poder público en el marco de la preexistencia de derechos del hombre y del ciudadano, y sus consecuencias (responsabilidad del Estado y sus funcionarios); y, además, el derecho que regulaba las relaciones entre el Estado y los administrados, a los que se reconoció derechos para controlar sus actuaciones.

Este último esquema del Estado de derecho fue el que comenzó a surgir a finales del siglo XVIII con motivo de las Revoluciones Norteamericana y Francesa, y después de un largo y variado desarrollo, llegó a consolidarse a partir de la Segunda Guerra Mundial en el Siglo XX, una vez que los autoritarismos fueron superados, y se consolidó definitivamente el principio de la separación de poderes y su control mutuo.

En Venezuela, en toda nuestra evolución constitucional y política, luego de la fallida evolución post autoritaria de los años treinta y cuarenta del siglo pasado, y la superación del autoritarismo militar de los años cincuenta, el régimen del Estado de derecho puede decirse que realmente se comenzó a configurar a partir de la Revolución democrática de 1958. Por ello puede decirse que fue precisamente a partir de esa fecha cuando el derecho administrativo comenzó a desarrollarse efectivamente, estableciendo límites a la actuación del Estado, asegurando el sometimiento de su Administración al derecho, y sirviendo como instrumento de control de las actuaciones de esta por parte de los administrados a través de órganos judiciales independientes (contencioso administrativo), consolidándose entonces el mencionado punto de equilibrio que tiene que existir en una sociedad democrática, entre los poderes o prerrogativas de las instituciones públicas y los derechos de los administrados.

En la consolidación de este punto de equilibrio entre los poderes del Estado y los derechos de los administrados, que marca el desarrollo y consolidación del derecho administrativo, por supuesto, no sólo fue fundamental la relación entre Estado y derecho, que conllevó al necesario sometimiento del Estado al derecho, sino el desarrollo de un régimen político democrático en el cual se desarrollaron las relaciones entre el Estado y la Sociedad, de tal forma que permitieron que efectivamente se asegurara que el Estado estuviese al servicio del ciudadano y se sometiera al derecho. Ello por lo demás, ocurrió en todo el mundo contemporáneo occidental con la consolidación de los regímenes democráticos, igualmente después de la Segunda Guerra Mundial, una vez que los autoritarismos fueron superados, lo que permitió la consolidación del principio de la separación de poderes.

En el caso de Venezuela, también, fue a finales de los años cincuenta con el comienzo del régimen democrático cuando realmente se comenzó a consolidar el derecho administrativo como el instrumento destinado a garantizar que los administrados pudieran exigir efectivamente al Estado el respeto de sus derechos, la responsabilidad de la Administración, y el control de las actuaciones públicas, mediante el ejercicio de las acciones y recursos judiciales ante tribunales autónomos e independientes capaces de frenar al poder. En ese contexto jurídico político del Estado democrático de derecho, es decir, del Estado sometido al derecho en un régimen político democrático, fue entonces que el derecho administrativo pudo desarrollarse en el país, precisamente durante las cuatro últimas décadas del siglo pasado, como derecho dinámico que estuvo en constante evolución como consecuencia directa de los cambios que se fueron operando en el ámbito social y político del país, derivados de los años de vida democrática.

En ese devenir, el derecho administrativo reflejó la evolución que se produjo en el propio Estado actuando en un sistema económico de economía mixta, con su tradicional e importante participación en la economía dada su condición de Estado petrolero, configurándose en un derecho ordenador referido a un Estado con múltiples tareas: protector, promotor, regulador, planificador y de control, enmarcando sus poderes y prerrogativas para poder hacer prevalecer los intereses generales y colectivos frente a los intereses individuales; pero reflejando también la evolución que tuvo como el derecho garantista que ha sido, del ejercicio de los derechos y garantías de los administrados frente a la Administración, dado el desarrollo del reconocimiento de los derechos constitucionales de las personas.

En esos dos extremos, el derecho administrativo en un régimen democrático reflejó el mencionado y necesario equilibrio que debe existir entre los intereses públicos, colectivos o generales que el Estado debe proteger y garantizar, por una parte; y por la otra, los intereses individuales y privados que también el Estado debe garantizar. Como lo destacó la Sala Político Administrativa del Tribunal Supremo de Justicia de Venezuela, en sentencia N° 1028 del 9 de mayo de 2000, antes de que comenzaran a demolerse en Venezuela las instituciones democráticas:

> "El derecho administrativo se presenta dentro de un Estado social de derecho como el punto de equilibrio entre el poder (entendido éste como el conjunto de atribuciones y potestades que tienen las instituciones y autoridades públicas, dentro del marco de la legalidad), y la libertad (entendida ésta como los derechos y garantías que tiene el ciudadano para convivir en paz, justicia y democracia). En este orden de ideas el derecho administrativo es ante y por sobre todo un derecho democrático y de la democracia, y su manifestación está íntimamente vinculada a la voluntad general (soberanía) de la cual emana" (*Revista de Derecho Público*, N° 82, Caracas, Editorial Jurídica Venezolana, 2000, p. 214: *cfr*. Sentencia de la misma Sala de 5 de octubre de 2006, N° 2189, *Revista de Derecho Público*, N° 108, Editorial Jurídica Venezolana, Caracas 2006, p. 100).

Por tanto, fue la democracia como régimen político, la que precisamente permitió configurar al derecho administrativo en Venezuela como la disciplina jurídica llamada a regular y mantener ese punto de equilibrio entre los poderes del Estado y los derechos de los administrados. Ello, por supuesto, no siempre fue así, y fue el resultado de los sostenidos esfuerzos de los jueces, administradores y ciudadanos de lucha por controlar el poder y las inmunidades del poder (García de Enterría), a los efectos de garantizar en una sociedad democrática los derechos de los administrados. Ello contribuyó a hacer del derecho administrativo, la disciplina jurídica más importante en el desarrollo de la enseñanza del derecho, como instrumento para garantizar, por supuesto, la eficiencia de la acción administrativa y la prevalencia de los intereses generales y colectivos, pero además, para asegurar la protección del administrado frente a la Administración. Y ello ocurrió, es obvio, en paralelo con la evolución del Estado democrático, y de los instrumentos que se fueron configurando en la Universidad para la enseñanza y la investigación jurídicas.

II

Durante las cuatro últimas décadas del siglo pasado, por tanto, en paralelo a la evolución destacada que tuvo el derecho administrativo en Venezuela, y contribuyendo a ello, se fueron desarrollando instrumentos para la investigación y enseñanza del derecho, los cuales también fueron objeto de una importante transformación. El resultado fue que al final de ese período, la disciplina era otra radicalmente distinta a la que existía a comienzos de la década de los sesenta, a lo cual contribuyó, no sólo la sanción de un conjunto de leyes importantes tanto sustantivas como adjetivas que regularon los aspectos sustanciales de la disciplina (la organización de la Administración, el procedimiento administrativo, por ejemplo), sino la progresiva configuración de una jurisdicción contencioso administrativa autónoma e independiente que mediante el control de la actuación de la Administración, contribuyó a la ampliación del nivel de conocimiento y de litigio en la materia. La jurisprudencia administrativa y constitucional, enteramente desconocidas a principios de los sesenta, gracias a los aportes y esfuerzos de los investigadores y profesores universitarios, pasó a ser un instrumento de manejo cotidiano de los abogados y estudiantes; y la doctrina se multiplicó considerablemente, también por el esfuerzo y orientación de las personas que estuvieron vinculadas a los centros universitarios de investigación y docencia, y a las fundaciones e instituciones que orientaron publicaciones periódicas, públicas y privadas, para la difusión del pensamiento jurídico público en el país.

Entre todas las instituciones universitarias que contribuyeron a ese desarrollo del derecho administrativo en el período del Estado democrático de derecho, sin duda, el rol determinante lo jugó el Instituto de Derecho Público de la Facultad de Derecho (luego transformada en Facultad de Ciencias Jurídicas y Políticas) de la Universidad Central de Venezuela, el cual durante buena parte de la segunda mitad del siglo XX, fue la institución que asumió el liderazgo en la materia. Ese proceso, sin embargo, no surgió de la nada sino que tuvo sus raíces una década anterior a la Revolución democrática de 1958, al producirse la primera etapa, aunque fallida, de la democracia contemporánea venezolana (1945-1948).

En efecto, en la Facultad de Derecho de la Universidad Central de Venezuela se crearon, en 1948, tres instituciones de soporte a la investigación jurídica las cuales en sus respectivos campos, serían luego determinantes en el desarrollo de todas las disciplinas jurídicas. Esos centros de investigación, inicialmente denominados "Seminarios" fueron los Seminarios de Derecho Público, de Derecho Privado y de Derecho Penal, los cuales se sumaron al preexistente Seminario de Derecho Financiero que se había creado el año anterior, en 1947.

Esos cuatro Seminarios se conformaron siguiendo el modelo de los Institutos de Investigación que en ese momento tradicionalmente existían en otras Facultades, como la de Medicina. El nombre de "Institutos," sin embargo, no se les dio inicialmente a aquellos centros por no preverlo así el Estatuto Orgánico de Universidades de 1946, que era la ley vigente aplicable a la Universidad Central de Venezuela. Sólo fue con motivo de la sanción de la nueva Ley de Universidades de 1953, cuando se cambió el nombre de los Seminarios, por el de Institutos.

Estos iniciales Seminarios de la Facultad de Derecho se crearon con cuatro objetivos precisos: a. Completar la enseñanza general impartida por las Cátedras, mediante cursos monográficos y trabajos de investigación jurídica; b. Orientar y controlar la elaboración de las tesis de grado; c. Promover y dirigir investigaciones, y preparar el material con vista a su publicación; y d. Contribuir a la formación de egresados para que se dedicasen a la docencia.

III

En el campo del derecho público, hasta comienzos de los años sesenta, esas cuatro funciones puede decirse que se cumplieron a cabalidad, primero en el Seminario de Derecho Público y luego, en el Instituto de Derecho Público, ambos bajo la sabia dirección del Profesor Antonio Moles Caubet, con la asistencia del Profesor Juan D'Stefano, dos destacados universitarios que por diferentes motivos y provenientes de distintos países, afortunadamente llegaron a nuestras tierras a pasar su obligado exilio. Ellos bien sabían de qué se trataba un derecho administrativo propio de un Estado de Derecho, de qué se trataba la libertad del ciudadano frente al Estado, y sabían bien qué era lo que significaba el modelo de Estado autoritario y fascista que en una forma u otra habían conocido o sufrido en España e Italia.

Bajo la conducción de ambos, el Instituto de Derecho Público, durante la década que transcurrió desde su creación como "Seminario" en 1948, hasta finales de la década de los cincuenta, desarrolló a cabalidad la actividad que se le había encomendado completando la enseñanza general impartida por la Cátedras, a través de la organización de cursos monográficos; promoviendo la realización de trabajos de investigación jurídica; orientando y controlando la elaboración de las tesis de grado en materia de derecho público lo cual hasta la sanción de la Ley de Abogados de 1957, eran de obligatoria presentación para la obtención del título universitario (Doctor de ciencias políticas y sociales); contribuyendo a la preparación de material en las diversas materias con vista a su publicación; y comenzando la tarea fundamental de contribuir a la formación de egresados para que se dedicasen a la docencia tanto en materia de derecho administrativo como en derecho constitucional y financiero. Con todo ello, en Venezuela se comenzó a cambiar el ámbito de las materias objeto de estudio y enseñanza del derecho público, con cursos que estuvieron a cargo, básicamente, entre otros, de los Profesores Moles y D'Stefano.

Los trabajos presentados en dichos cursos además, contribuyeron a la identificación de futuros investigadores y profesores, que luego fueron profesores en materias de derecho público. En esa década, por ejemplo, fueron "ayudantes" en el Seminario, entre otros, los Profesores Tomás Polanco Alcántara y Gonzalo Pérez Luciani, quienes luego regentarían las cátedras de derecho administrativo I y II en la Facultad.

Durante la década de los cincuenta, el Instituto tuvo a su cargo lo que desde una perspectiva histórica puede considerarse como la labor más importante en esa época, la cual fue la de orientar y controlar la elaboración de las tesis de grado que entonces se exigían para la obtención del título de Doctor en Ciencias Políticas y Sociales, que era el que otorgaba la Facultad.

En efecto, como se dijo, sólo fue en 1957 cuando con motivo de la entrada en vigencia de la Ley de Abogados de ese año, se eliminó el requisito de la tesis de grado para la obtención del título universitario (Abogado). Hasta esa fecha, por tanto, ese requisito era

indispensable, lo que hizo del Seminario e Instituto de Derecho Público el centro académico de mayor importancia de auxilio a la investigación en la preparación y control de
las tesis de grado. Muchas de ellas, además, sirvieron de vehículo para identificar otros
futuros profesores de la Facultad en los temas de Derecho Público. Debe recordarse, así,
entre otras, las tesis de los Profesores Tomás Polanco Alcántara (La Administración
Pública); Virgilio Tosta (Exégesis del Pensamiento Sociológico y Político de Fermín
Toro); Luis Torrealba Narváez (Concordancia y Diferencias entre el Procedimiento Con-
tencioso-Administrativo y el Procedimiento Judicial); José Guillermo Andueza (La Ju-
risdicción Constitucional en el Derecho Venezolano); Florencio Contreras (Naturaleza
Jurídica de la Junta de Apelaciones del Impuesto sobre la Renta); Juan Porras Rengel
(Universalidad y Necesidad del Derecho); Eduardo Tamayo Gascue (Introducción a la
Sociología del Municipio); Gustavo González Eraso (Aportes de América al Derecho
Internacional Público); Luis Herrera Marcano (Estudio del efecto Jurídico de las Reser-
vas a los Tratados Multilaterales); Fermín Toro Jiménez (El Deber Jurídico); y Gonzalo
García Bustillos (Derecho Internacional. Existencia, Positividad, su fundamentación).
Todos ellos fueron luego profesores en la Facultad, de manera que las tesis de grado
sirvieron para identificarlos, habiendo sido ellos los que guiaron el proceso de desarrollo
del derecho constitucional, administrativo e internacional en las décadas siguientes.

El Instituto, con el estímulo de los trabajos realizados en los cursos monográficos y de
extensión, y en la elaboración de las tesis de grado, así, desarrolló una fenomenal actividad formativa a través del auxilio a la investigación, contribuyendo además a la publicación de los trabajos.

Las cuatro tareas que se habían asignado al Seminario y luego Instituto de Derecho
Público durante esos años, por tanto, como se dijo, se cumplieron a cabalidad, aún cuando la planta permanente del Instituto estuviese reducida a los Profesores Moles y D'Stefano.

IV

A partir de la eliminación del requisito de la tesis de grado para la obtención del título
universitario en derecho, en 1957, el Instituto, que venía cumpliendo una labor fundamental en ese campo donde había centrado su orientación como ente de auxilio a la investigación, en cierta forma comenzó a perder la identidad que se le había construido
como centro de reunión de los tesistas y profesores, y entró en cierta crisis, lo cual se
acrecentó por la crisis general del país y de la Universidad que se produjo a partir de ese
año, al finalizar el régimen militar e iniciarse la Revolución democrática de 1958. Los
años finales de la década de los cincuenta y los de principios de la década de los sesenta,
por tanto, fueron años de redefinición del rol del Instituto, siempre bajo la dirección del
Profesor Moles Caubet.

Eliminada la función de auxilio a la investigación centrada en la asistencia en la elaboración de las tesis de grado, los Institutos de la facultad, y entre ellos, el Instituto de
Derecho Público planeó la necesidad de su propia conversión hacia su constitución en un
centro de investigación jurídica autónomo, con personal propio y permanente y no circunstancial, dedicado a ello a tiempo completo. No se olvide que hasta ese momento el
Instituto no contaba con personal adscrito al mismo, con la excepción de los Profesores
Moles y D'Stefano, por lo que el primer paso que debía darse conforme a la política

definida por la Facultad tenía que ser comenzar a conformar un personal de planta que pudiera contribuir al desarrollo de la investigación jurídica.

Y en efecto, ello comenzó a partir de 1960 con el modesto primer paso de incorporar al Instituto, como personal docente especial, es decir, como auxiliares de investigación, a dos estudiantes que en ese momento cursaban estudios en el tercer año de derecho, quienes fueron, Alfredo Arismendi actual Director del Instituto, y mi persona que lo dirigió entre 1978 y 1987, con lo cual se inició el reclutamiento de personal propio.

Los pasos sucesivos se dieron como consecuencia de la política definida por la Facultad a comienzos de los sesenta para preparar personal de investigación, enviando egresados, como becarios, para continuar estudios de post grado al exterior, con la obligación al finalizarlos, de trabajar en la facultad en labores de investigación jurídica. A tal efecto, en ese tiempo la Universidad había dispuesto como política general, el premiar a los estudiantes sobresalientes con becas de estudios para seguir cursos de especialización en Universidades del exterior.

Ello originó que en los primeros años de los sesenta fueran a Universidades extranjeras a seguir dichos cursos de especialización entre otros, los que luego serían profesores en la Facultad en sus diversas disciplinas: a Alemania fue Jaime Parra Pérez; a Francia fueron Luis Herrera Marcano, Ezra Mizrachi y mi persona; y a Italia fueron Enrique Pérez Olivares, e Hildegard Rondón Sotillo.

A partir de 1963, al regresar del exterior, los primeros profesores que se incorporaron al Instituto fueron Jaime Parra Pérez en el área de derecho financiero; Luis Herrera Marcano en el área de derecho internacional; y mi persona en el área de derecho administrativo, uniéndose todos en el Instituto al Profesor Alfredo Arismendi quien estaba en el área de derecho constitucional, y había seguido en el Instituto después de graduarse. Con todo ello se inició formalmente la constitución de un equipo permanente de investigadores y docentes en el Instituto, siempre bajo la dirección de los profesores Moles y D'Stefano. Con todos esos profesores-investigadores puede decirse que se dio inicio al desarrollo de lo que luego serían las cuatro Secciones básicas del Instituto: derecho financiero, derecho internacional, derecho administrativo y derecho constitucional.

En el campo del derecho administrativo, fue en ese mismo año 1963, cuando al comenzar a tener a mi cargo en la Facultad, la enseñanza conjunta de las dos asignaturas de derecho administrativo (Administrativo I y Administrativo II), al tener por ello una visión global de la materia, inicié el proceso de reforma de los Programas de las asignaturas Derecho Administrativo I y Derecho Administrativo II. En ese momento todos los otros profesores en la materia impartían enseñanza en una u otra de las asignaturas, y ellos eran los Profesores Eloy Lares Martínez, Tomás Polanco Alcántara, Gonzalo Pérez Luciani, Luis Torrealba Narváez, Luis Henrique Farías Mata y Ezra Mizrachi.

V

A partir de 1964 puede decirse que comenzó en el Instituto de Derecho Público el proceso de consolidación de su equipo de investigadores, particularmente en el campo del derecho administrativo con motivo de la decisión adoptada por la Facultad, de abrir los primeros Concursos de Cátedra para el ingreso del personal docente, lo que se dio en muchas disciplinas. En materia de derecho administrativo, en efecto, los Concursos de Cátedra que se abrieron fueron para plazas de profesores que además de la carga docente que podía corresponderles, tenían necesariamente que ser incorporados en la planta do-

cente del Instituto de derecho Público a tiempo completo, y por tanto, vinculando necesariamente la docencia con la investigación. No se trataba por tanto de simples concursos
de Cátedra, sino de cargos de investigadores con funciones docentes como carga obligatoria. Dichos primeros Concursos fueron ganados por el Profesor Mizrachi, y por mi
persona, continuando en el Instituto como profesor a tiempo completo.

Con posterioridad se continuó el proceso progresivo de conformación de la planta
permanente de investigadores del Instituto, con la incorporación de quienes habían sido
auxiliares de investigación en el mismo, y ello sucedió con los profesores Judith Rieber
de Bentata, Magdalena Salomón de Padrón, Nelson Socorro y Manuel Rachadell, algunos de los cuales también viajaron al exterior a seguir cursos de especialización. Así
mismo, se incorporaron al Instituto otros becarios que regresaron de realizar cursos de
especialización en el exterior como Nelson Rodríguez (España), y otros como los profesores Alí J. Venturini, Jesús María Casal e Isidro Morales Paul, además de algunos profesores extranjeros como Sebastián Martín Retortillo, Antonio Linares y Eduardo Carlos
Schaposnik.

Para 1968, el Instituto de Derecho Público ya contaba con un personal fijo de investigadores que, además, impartían clases de derecho administrativo en la Facultad, el cual
se distribuyó en las Secciones que a partir de 1965 fueron formalmente creadas y organizadas, abarcando las señaladas áreas de derecho constitucional, derecho administrativo,
derecho financiero y derecho internacional público, al cual luego se agregó el área de
Integración Latinoamericana. El profesor Alfredo Arismendi asumió la dirección o Relatoría de la Sección de Derecho Constitucional y a mi me correspondió asumir la dirección o Relatoría de la Sección de Derecho Administrativo.

Fueron esas diversas Secciones del Instituto las que por la política diseñada por la Facultad, tuvieron a su cargo, además, la tarea de formación y entrenamiento de los nuevos
profesores que comenzaron a ingresar mediante Concursos, particularmente en los primeros años de Instructores hasta su ascenso a la categoría de Asistentes. Además, las
Secciones del Instituto fueron encargadas por la facultad de la organización de los Seminarios y Cursos Monográficos que debían impartirse en la carrera de derecho en paralelo
a las asignaturas básicas, a los efectos de complementar los programas de enseñanza. Fue
precisamente a través de esos Cursos Monográficos y Seminarios que se fueron abordan-
do temas jurídicos de actualidad jurídica en el país, conforme avanzaba el proceso de
democratización del Estado, de consolidación del Estado de derecho y de control de la
legalidad, en particular por la jurisdicción contencioso administrativa.

VI

La Sección de Derecho Administrativo del Instituto, sin duda por la importancia que la
disciplina tenía en el país, fue la más dinámica y numerosa, pues como se dijo, a partir de
la década de los sesenta, todo el personal profesoral nuevo que se incorporó a la Cátedra
de Derecho Administrativo en la Facultad, lo hizo siempre a través del Instituto, política
que continuó hasta la década de los ochenta. Esto significó que casi todo el programa de
enseñanza de la asignatura, así como todos los Cursos Monográficos y Seminarios en
aspectos específicos vinculados a ella, se hizo desde y por el Instituto, y de allí, el desarrollo de todos los estudios y cursos que se produjeron en las décadas sucesivas, incor-
porándose a esta tarea docente y de investigación, a un gran número de profesores. A
partir de 1975, sin embargo, por la reforma del Reglamento de los Cursos de Extensión y

Seminarios de la Facultad, se redujeron las exigencias de aprobarlos antes de la graduación de los estudiantes, con lo que en esta área, la actividad del Instituto comenzó a disminuir considerablemente.

Para finales de la década de los sesenta el Instituto de Derecho Público ya era el eje fundamental de la actividad de investigación y docencia en materia de derecho administrativo en la Facultad y en el país; correspondiéndole a sus investigadores el haber contribuido al desarrollo de materias específicas que pueden catalogarse como de derecho administrativo especial, tales como las relativas al régimen jurídico de las aguas; al régimen jurídico de las empresas públicas; al derecho de integración económica, en particular el derivado del Pacto Andino; al régimen del control jurisdiccional de la Administración Pública; al derecho municipal; al derecho urbanístico; al régimen de la ordenación del territorio; al régimen de la actividad económica, en particular, el relativo a la intervención del Estado en la economía; al régimen de los procesos de nacionalización, en particular, el relativo a la nacionalización petrolera; al régimen del procedimiento administrativo; y al régimen de salvaguarda del patrimonio público.

En todas esas materias el Instituto desarrolló una labor de extensión única, organizando Conferencias, Seminarios, Coloquios y Cursos nacionales e internacionales de diversa índole sobre temas que para entonces eran nuevos, invitándose a participar en los mismos, además de a los profesores venezolanos, a destacados profesores de Universidades de Europa y América Latina.

También correspondió al Instituto la organización de los Cursos de Derecho Comparado que se desarrollaron bajo mi dirección, lo que se hizo conjuntamente con la *Facultad Internacional para la Enseñanza del Derecho Comparado* de Estrasburgo. Incluso, en 1982, correspondió al Instituto de Derecho Público también bajo mi dirección, llevar adelante la organización del multitudinario *XII Congreso Internacional de Derecho Comparado* de la Academia de Derecho Comparado que se celebró en Caracas en 1982.

Las actividades del Instituto tuvieron particular importancia en el estudio y difusión del conocimiento en todas aquellas áreas en los que se produjeron cambios importantes en la legislación, respecto de los cuales además, realzó una importante labor de difusión de sus investigaciones mediante diversas publicaciones como el *Archivo de Derecho Público y Ciencias de la Administración*, y otros.

Muestra de ello fueron las diversas obras publicadas y que quedaron en cada caso, siendo ahora obras clásicas en nuestra bibliografía, en las cuales se abordaron diversos temas importantes. Así, en la materia relativa a jurisdicción contencioso administrativa, el libro *Contencioso Administrativo en Venezuela*; luego de la publicación de la Ley Orgánica de la Corte Suprema de Justicia, el libro *El Control jurisdiccional de los Poderes Públicos en Venezuela*, Instituto de Derecho Público, Facultad de Ciencias Jurídicas y Políticas, Universidad Central de Venezuela, Caracas 1979; en materia de derecho comparado, el libro *El Derecho Venezolano en 1982, Ponencias al XI Congreso Internacional de Derecho Comparado*, Facultad de Ciencias Jurídicas y Políticas, Universidad Central de Venezuela, Caracas 1982; sobre el procedimiento administrativo después de la publicación de la Ley Orgánica de Procedimientos Administrativos, el libro *El Procedimiento Administrativo, Archivo de Derecho Público y Ciencias de la Administración*, Vol. IV, 1980-1981, Instituto de Derecho Público, Facultad de Ciencias Jurídicas y Políticas, Universidad Central de Venezuela, Caracas 1983; sobre el derecho urbanístico, con ocasión del proyecto de Ley Orgánica de Ordenación Urbanística, *Derecho Urbanístico, Archivo de Derecho Público y Ciencias de la Administración*, Vol. V,

1982, Instituto de Derecho Público, Facultad de Ciencias Jurídicas y Políticas, Universidad Central de Venezuela, Caracas 1983; sobre el régimen de salvaguarda del patrimonio público, *El Régimen Jurídico de Salvaguarda del Patrimonio Público, Archivo de Derecho Público y Ciencias de la Administración*, Vol. VI, 1983, Instituto de Derecho Público, Facultad de Ciencias Jurídicas y Políticas, Universidad Central de Venezuela, Caracas 1985; sobre las Primeras Jornadas colombo-venezolanas de derecho público, el libro *El Derecho Público en Venezuela y Colombia, Archivo de Derecho Público y Ciencias de la Administración*. Vol. VII, 1984-1985, Instituto de Derecho Público, Facultad de Ciencias Jurídicas y Políticas, Universidad Central de Venezuela, Caracas 1986.

A principios de los sesenta, por otra parte, el Instituto pudo iniciar, en el ámbito de las publicaciones de la Facultad, una Colección propia de publicaciones donde su divulgaron algunas de mis obras, producto del trabajo de cátedra y de investigación, como las relativas a *El régimen jurídico de la nacionalidad y ciudadanía venezolanas,*(1965) y la referente a la *Expropiación por causa de utilidad pública y Social (Jurisprudencia, Doctrina, Administrativa, Legislación)* (1966). Sin embargo, la limitación que derivó de la política de la Facultad de sólo publicar libros de texto sin apoyar la difusión de los trabajos monográficos, limitó el desarrollo de la Colección del Instituto, pero encontró solución con la fundación por mi parte, en los años setenta, de la *Fundación Editorial Jurídica Venezolana*, en la cual puede decirse que todos los investigadores del Instituto de Derecho Público y de otros Institutos de la facultad, pudieron publicar sus primeras obras jurídicas.

La *Fundación Editorial Jurídica Venezolana*, en todo caso, desde entonces ha continuado siendo el vehículo para la publicación de obras y trabajos de los nuevos y viejos profesores, quienes han encontrado en ella el canal siempre dispuesto para publicar el resultado de sus trabajos. Además, en 1980 fundé la *Revista de Derecho Público*, la cual en los casi treinta años que han transcurrido, siempre bajo su dirección, ha sido el vehículo periódico con el cual han contado los investigadores de la disciplina para la difusión de sus trabajos.

En la *Revista*, además, menos continuado con la labor de recopilación y sistematización de la jurisprudencia en materia constitucional y administrativa, que se inició con la publicación por el Instituto de Derecho Público y la Editorial Jurídica Venezolana de mi obra sobre *Jurisprudencia de la Corte Suprema (1930-1974) y Estudios de Derecho Administrativo*, 7 Volúmenes Caracas 1975-1979.

VII

Desde comienzos de la década de los setenta, además, el Instituto tuvo a su cargo la organización de los cursos de post-grado o especialización en las diversas materias de su área. Así, a partir de 1970, la Sección de Derecho Financiero se dedicó a la organización de los cursos de post-grado en derecho tributario, y lo mismo hicieron, en años posteriores, la Sección de Derecho Administrativo, respecto de los cursos de especialización en derecho administrativo y la Sección de Derecho Internacional, respecto de los cursos de especialización en derecho internacional público y de la integración económica. Es de destacar, en todo caso, que a partir del inicio de la organización del curso de post-grado en materia tributaria, la Sección de Derecho Financiero desapareció como núcleo de investigación propiamente dicha. No ocurrió así con las otras Secciones.

A partir de 1974, se incorporaron a la planta del Instituto, siempre mediante Concurso de Oposición nuevos profesores, muchos de ellos recién egresados de la Facultad o recién regresados de sus estudios de post-grado en el exterior, como Ana Elvira Araujo, Gustavo Urdaneta, Armando Rodríguez y Ana María Ruggeri.

Todos los profesores del Instituto compartieron las labores de investigación con una carga docente y administrativa que progresivamente se fue haciendo cada vez más importante y absorbente, por lo que inevitablemente comenzó a afectar los resultados de las investigaciones programadas. Por ello, cuando se formuló el Proyecto de Investigación del Instituto para 1975, y consciente de que las tareas específicas no se podían llevar a cabo sólo con el personal fijo del mismo, se propuso la contratación de personal a medio tiempo, pues de lo contrario se prescindía de la colaboración de personas que podían ser de enorme utilidad al Instituto, pero que no podían integrarse al mismo a tiempo completo.

A pesar de la propuesta, sin embargo, la política de la Facultad no varió efectivamente, de manera que no se permitió la contratación de personal a medio tiempo, dándose preferencia sólo al personal a tiempo completo. Ello implicó que muchos de los profesores, por las cargas docentes y administrativas que se les impuso, en muchas ocasiones no pudieron ni siquiera dedicar medio tiempo a la investigación, situación que se comenzó a hacer patente a fines de la década de los ochenta. A ello se agregó, por los cambios en la situación económica del país, la necesidad ineludible que tuvieron casi todos los profesores del Instituto de dedicarse en forma progresiva a algunas actividades profesionales. Por otra parte, a partir de los años ochenta una nueva limitación afectó las labores del Instituto y fue la política de la facultad de no abrir nuevos concursos de cátedra ni de cargos de investigadores, proliferando la contratación de profesores interinos.

VIII

Para 1984-1987, en todo caso, el personal del Instituto estaba formado por Juan D'Stefano, Alfredo Arismendi, Gustavo Urdaneta, Armando Rodríguez, Ana María Ruggeri, Ana Elvira Araujo, Judith Rieber de Bentata, Magdalena Salomón de Padrón, Eloisa Avellaneda Sisto, Pedro Nikken, Héctor Faúndez, Raúl Arrieta, Jesús Caballero Ortiz, Manuel Rachadell, y por mi persona.

En 1978 después de su larga y fructífera labor de treinta años al frente del Instituto, el Profesor Moles Caubet se jubiló de la Dirección del Instituto, habiéndoseme designado para sustituirlo, permaneciendo en el cargo de Director por un período de 10 años hasta 1987, cuando a su vez me jubilé del Instituto después de haberle dedicado 27 años como investigador, buena parte de ellos como profesor a tiempo completo.

Durante esos años en el Instituto, tuve ocasión de disfrutar de mis años sabáticos como profesor visitante y profesor regular en la Universidad de Cambridge, Inglaterra, y al dejar el Instituto, como profesor en la Universidad de Paris II. Seguí posteriormente vinculado a la Facultad de Derecho como profesor de los Cursos de Postgrado, y en labores de investigación y de difusión del derecho administrativo, desde la Fundación Editorial Jurídica Venezolana y desde la Fundación de Derecho Público, y particularmente, desde la dirección de la *Revista de Derecho Público*.

En el Instituto, con posterioridad a 1987, fueron designados como Directores sucesivamente los profesores Gustavo Urdaneta y Jesús Caballero Ortíz, y posteriormente, fue designado como Director el profesor Alfredo Arismendi, quien ha sido el profesor que ha tenido más años de dedicación continua en el Instituto, y quien continúa en la actualidad (2009) su infatigable labor de investigación y docencia en el mismo.

En todo caso, corresponderá a los Directores del Instituto que me sucedieron con posterioridad a 1987, hacer la crónica del funcionamiento del mismo, llegando estas notas históricas sólo hasta cuando dejó su Dirección (1987).

IX

En todo caso, fue durante el período de funcionamiento del Instituto de Derecho Público en particular a partir de los años sesenta del Siglo pasado, cuando se produjo la configuración del derecho administrativo como un régimen jurídico destinado a regular la organización y funcionamiento de la Administración del Estado democrático y social de derecho que tuvimos hasta 1999, y ello tuvo una influencia determinante en la orientación de la enseñanza e investigación del derecho público en Venezuela; teniendo siempre como principio fundamental la búsqueda del necesario equilibrio entre los poderes y prerrogativas del Estado y los derechos ciudadanos, sólo posible de lograr en un régimen democrático donde se pueda asegurar el control del ejercicio del Poder a través de tribunales contencioso administrativos independientes y autónomos.

Y ello precisamente fue lo que pudo asegurar que el derecho administrativo contemporáneo se hubiera desarrollado tan extraordinariamente como ocurrió en las últimas décadas del Siglo XX, tal como también ocurrió en otros países con régimen democrático. Ello dio origen, por ejemplo, a las regulaciones contenidas en las leyes de procedimiento administrativo, las cuales además de regular y formalizar la actividad administrativa, establecen el contrapeso de la garantía de los derechos ciudadanos.

Esas leyes se dictaron siempre no sólo en interés del funcionamiento eficaz de la Administración y del aseguramiento de los intereses generales que gestiona, sino además, en interés de los administrados, para la protección de sus derechos frente al Estado. Ello incluso se declara así en el texto de las propias leyes, como es el caso por ejemplo, del Código Contencioso Administrativo de Colombia en el cual se exige que los funcionarios tengan en cuenta que la actuación administrativa no sólo tiene por objeto el cumplimiento de los cometidos estatales como lo señalan las leyes, y la adecuada prestación de los servicios públicos, sino además, la efectividad de los derechos e intereses de los administrados reconocidos por la ley (art. 2). La Ley General de la Administración Pública de Costa Rica, por su parte, precisa que el procedimiento administrativo se debe desarrollar "con respeto para los derechos subjetivos e intereses legítimos del administrado"(art. 10,1 y 214,1); y en la Ley de Procedimiento Administrativo de Honduras se indica que el procedimiento se regula "como garantía de los derechos de los particulares frente a la actividad administrativa", lo que también se expresa en la Ley de Procedimientos Administrativos del Perú (art. III). De ello resulta que un elemento central de la finalidad del procedimiento administrativo es la satisfacción de los derechos de los particulares, y no sólo asegurar el adecuado funcionamiento de la Administración.

Estos mismos principios fueron los que orientaron, por ejemplo, la regulación del procedimiento administrativo en Venezuela en 1982, al punto de que posteriormente, todavía en tiempos de democracia, se llegó a establecer en la propia Constitución de 1999 que "la Administración Pública está al servicio de los ciudadanos" (art. 141), mención que, por supuesto, el régimen autoritario que ahora padecemos propuso eliminar formalmente con la reforma constitucional sancionada por la Asamblea Nacional en noviembre de 2007, y que afortunadamente fue abrumadoramente rechazada por referendo popular.

Sin embargo, cuando se habla del equilibrio entre las prerrogativas de la Administración y los derechos de los administrados, por ejemplo en materia de regulación del procedimiento administrativo, los derechos que surgen de bulto en las relaciones que se regulan, para el logro del equilibrio con los poderes de la Administración, son básicamente los derechos individuales y más específicamente los concernientes al debido proceso administrativo que son los que más relación tienen con el régimen del procedimiento. Y es por ello, que las leyes de procedimiento administrativo buscan regular con mayor énfasis el derecho de los ciudadanos a gozar de igual trato por parte de la Administración, sin discriminación ni favoritismos a favor de algunos administrados; y además, los derechos a la defensa, a ser notificado, a ser oído, a aportar pruebas, a recurrir, en fin, a que se garantice un debido procedimiento administrativo.

Sin embargo, con el desarrollo de la democracia, otros derechos comenzaron a marcar con mayor fuerza la relación entre Administración y administrados, tal y como ha sucedido, por ejemplo, con el derecho a la participación política más allá del ejercicio del derecho de voto para elegir representantes o para decidir directamente asuntos públicos, mediante mecanismos de democracia directa como los referendos.

Por ello incluso en la Constitución de 1999 el derecho ciudadano a participar en la gestión de las actividades públicas fue constitucionalizado, imponiendo nuevas formas jurídicas que debían haber permitido garantizar el equilibrio entre la acción de la Administración para el cumplimiento de los cometidos públicos y ese derecho ciudadano de participar en la toma de decisiones y la gestión de dichas acciones públicas. Muestra de ello fueron por ejemplo, las regulaciones que se establecieron en la Constitución (artículos 206, 211) para imponer la consulta popular obligatoria de los proyectos de ley, lo que extendió la Ley Orgánica de la Administración Pública de 2001, y la necesaria consulta a las entidades territoriales (Estados) de toda reforma legislativa que concierna al gobierno regional o local. Lamentablemente, sin embargo, ninguna de estas normas se ha podido ejecutar cabalmente por el régimen autoritario que derivó del asalto al poder que ejecutó la Asamblea nacional Constituyente en 1999. Por ello, igualmente la participación directa de la sociedad civil en la elección de los altos funcionarios no electos del Estado mediante unos Comités de Postulaciones integrados exclusivamente por representantes de los diversos sectores de la sociedad como lo exige la Constitución, tampoco se ha podido efectuar, dada la configuración legislativa en fraude a la Constitución, de comisiones parlamentarias en lugar de los mencionados Comités.

X

En definitiva, sin democracia y sin posibilidad de control judicial efectivo del Poder, el derecho administrativo no pasa de ser un derecho del Poder Ejecutivo o de la Administración Pública, como lamentablemente se comenzó a configurar en Venezuela a partir de 1999, y que incluso comienza a estar montado sobre un desequilibrio o desbalance, donde las prerrogativas y poderes de la Administración comienzan a predominar en el contenido de su regulación respecto de los derechos ciudadanos que se encuentran progresivamente inermes; y donde el control jurisdiccional efectivo de la Administración materialmente ha desaparecido. Para tomar conciencia de ello, basta evocar una lamentable situación que afectó incluso personalmente a una de las destacadas profesoras perteneciente a la planta del Instituto de Derecho Público, la profesora Ana María Ruggeri, quien como Magistrada de la Corte Primera de lo Contencioso Administrativo en los inicios del régimen autoritario creyó de buena fe que podía controlar jurisdiccionalmente al Estado. La evocación de este caso, en estas notas sobre el Instituto de Derecho Público y la enseñanza del derecho administrativo es un homenaje que quiero hacer, a través de ella, a todos los profesionales que colaboraron conmigo en el Instituto.

En efecto el 17 de julio de 2003, la Federación Médica Venezolana acudió por ante la Corte Primera de lo Contencioso Administrativo, una de cuyas Magistradas era la profesora Ruggeri, con el fin de ejercer un recurso contencioso administrativo de nulidad, conjuntamente con acción de amparo constitucional alegando violación al derecho a la igualdad y no discriminación, y al derecho al trabajo de los médicos venezolanos, contra el acto administrativo emanado del Colegio de Médicos del Distrito Metropolitano de Caracas, mediante el cual estipuló su cooperación con el Municipio Libertador del Distrito Capital, estableciendo los procedimientos de selección y control de los médicos - venezolanos o extranjeros- que serían contratados por el Municipio en el marco de un plan de atención primaria a la salud denominado "Barrio Adentro," sin que se cumpliera con las exigencias de la Ley de Ejercicio de la Medicina para el ejercicio de la profesión médica.

El 21 de agosto de 2003, la Corte Primera de lo Contencioso Administrativo acordó la medida cautelar de amparo constitucional solicitada, por considerar que existían en autos elementos de juicio suficientes para presumir que el acto impugnado violaba el derecho a la igualdad ante la ley, ordenando la suspensión de los efectos de diversas cláusulas del Acta Convenio, e instruyendo al Colegio de Médicos del Distrito Metropolitano de Caracas que sustituyera a los médicos extranjeros (cubanos) que no cumplían las condiciones para el ejercicio de la profesión médica, por aquellos médicos venezolanos o extranjeros que si cumplieran con los requisitos establecidos en la Ley del Ejercicio de la Medicina y, que manifestasen su interés en ser contratados para el Programa "Plan Barrio Adentro."

Dicha sentencia, sin embargo, no pudo ser ejecutada. El Ministerio de Salud y Desarrollo Social y la Alcaldía del Municipio Libertador la rechazaron e ignoraron; y el propio Presidente de la República señaló que no se ejecutaría. Las entidades estatales referidas, además, el 5 de septiembre de 2003, acudieron por ante la Sala Constitucional del Tribunal Supremo de Justicia ejerciendo una "acción de protección constitucional" de los derechos colectivos e intereses difusos de la sociedad del Municipio Libertador del Distrito Capital, contra las supuestas actuaciones materiales de la Corte Primera de lo Contencioso Administrativo derivadas de la sentencia del 21 de agosto de 2003; solicitando además, que la Sala Constitucional se avocara al conocimiento de la causa. La Sala Constitucional dictó sentencia el día 25 de septiembre de 2003, señalando que en virtud de que los solicitantes habían alegado que la pretensión incoada no correspondía "a la naturaleza de un recurso contencioso-administrativo sino a la de una acción de protección de derechos e intereses colectivos o difusos", la Corte Primera de lo Contencioso-Administrativo no sería entonces competente para conocer de dicha pretensión, por corresponderle a la Sala Constitucional, la cual decidió el caso, anulando el proceso desarrollado por ante la Corte Primera, al decidir avocarse al conocimiento de la causa. En esa forma, la Corte Primera de lo Contencioso Administrativo fue despojada e intervenida en el ejercicio de sus competencias, las cuales le fueron arbitrariamente arrebatadas por la Sala Constitucional, la cual, sin embargo, no adoptó decisión adicional de fondo alguna en el asunto, con lo cual había quedado asegurada la inejecución de la sentencia de la Corte Primera.

Luego vinieron las represalias políticas gubernamentales contra la Corte Primera de lo Contencioso por haber ejercido sus funciones, y creer que podían ejercerla en un régimen autoritario: a fines de septiembre de 2003, la Dirección de los Servicios de Inteligencia y Prevención (DISIP) del Ministerio del Interior y de Justicia, allanó la sede de la Corte Primera, después de haber arrestado a un chofer de la misma con un expediente judicial; y de que el Presidente de la República hubiera calificado de "bandido" al Presidente de dicha Corte. Semanas después, la Comisión Judicial del Tribunal Supremo que funcionaba en paralelo a la Comisión de Funcionamiento y Reestructuración del Poder Judicial, decidiría la destitución de los Magistrados de la Corte Primera, por supuestamente haber cometido un "error inexcusable" al dictar una sentencia en otro caso en 2002. La decisión fue protestada por los gremios de abogados del país e incluso por la Comisión Internacional de Juristas; pero a pesar de ello, la Corte Primera de lo Contencioso Administrativa quedó clausurada por un período de diez meses. Cuando en julio de 2004, el Tribunal Supremo designó a los nuevos magistrados de la Corte Primera y además a los de la Corte Segunda de lo Contencioso Administrativo, estos ya sabían con claridad cómo tenían que comportarse.

Durante esos diez meses, sin embargo, simplemente no hubo justicia contencioso administrativa en Venezuela; situación que se agravó con ocasión de la publicación de la Ley Orgánica del Tribunal Supremo de Justicia en mayo de 2004, la cual derogó todas las normas transitorias de la Ley Orgánica de la Corte Suprema de Justicia de 1976, que regulaban precisamente las competencias de la Corte Primera de lo Contencioso Administrativo y los Tribunales Superiores de lo Contencioso Administrativo. Estos, sin duda, siguieron existiendo y funcionando, pero sin base legal sólida, por la omisión del legislador.

Los Magistrados ilegalmente destituidos demandaron al Estado venezolano ante la Corte Interamericana de Derechos Humanos por violación de sus garantías judiciales consagradas en la Convención Americana de Derechos Humanos, y después de que la Comisión Interamericana interpusiera la querella, luego de cinco años de proceso, dicha Corte Interamericana dictó sentencia en 5 de agosto de 2008" (Caso: *Apitz Barbera y otros ("Corte Primera de lo Contencioso Administrativo") vs. Venezuela*), en la cual decidió que el Estado Venezolano había efectivamente violado las garantías judiciales de los ex Magistrados establecidas en la Convención Americana, al haberlos destituido de sus cargos, condenando al Estado a pagar las compensaciones prescritas, a reincorporarlos en sus cargos o en cargos similares, y a publicar el fallo en la prensa venezolana.

Sin embargo, a solicitud del propio Estado formulada en agosto de 2008 a través de la Procuraduría General de la República que es un órgano dependiente del Ejecutivo Nacional, la Sala Constitucional dictó sentencia Nº 1.939 de 18 de diciembre de 2008 (Caso Gustavo Álvarez Arias y otros –*en realidad era el caso: República de Venezuela vs. Corte Interamericana de Derechos Humanos*–), declarando "inejecutable" en Venezuela la sentencia de la Corte Interamericana "en la que se ordenó la reincorporación en el cargo de los ex-magistrados de la Corte Primera de lo Contencioso Administrativo Ana María Ruggeri Cova, Perkins Rocha Contreras y Juan Carlos Apitz. B." La Procuraduría había argumentado para fundamentar su petición que las decisiones de los "órganos internacionales de protección de los derechos humanos no son de obligatorio cumplimiento y son inaplicables si violan la Constitución," ya que lo contrario "sería subvertir el orden constitucional y atentaría contra la soberanía del Estado," denunciando que la sentencia de la Corte Interamericana violaba "la supremacía de la Constitución y su obligatoria sujeción violentando el principio de autonomía del poder judicial, pues la misma llama al desconocimiento de los procedimientos legalmente establecidos para el establecimiento de medidas y sanciones contra aquellas actuaciones desplegadas por los jueces que contraríen el principio postulado esencial de su deber como jueces de la República."

La Sala Constitucional, para decidir, consideró la petición del Procurador como una "acción de interpretación constitucional ...sobre el alcance e inteligencia de la ejecución de una decisión dictada por un organismo internacional con base en un tratado de jerarquía constitucional, ante la presunta antinomia entre esta Convención Internacional y la Constitución Nacional," A los efectos de adoptar su decisión, la Sala consideró que la Corte Interamericana había intervenido "inaceptablemente en el gobierno y administración judicial que corresponde con carácter excluyente al Tribunal Supremo de Justicia," citando insólitamente como precedente una decisión de 1999 de la Sala Plena del Consejo Supremo de Justicia Militar del Perú, que durante el régimen del Presidente Fujimori también había considerado inejecutable una sentencia de la Corte Interamericana de 30 de mayo de 1999, dictada en el caso: *Castillo Petruzzi y otro.* La Sala Constitucional, en definitiva, concluyó declarando inejecutable que el mencionado fallo de la Corte Interamericana de Derechos Humanos, y en una indebida usurpación de funciones, porque las relaciones internacionales es materia exclusiva del Poder Ejecutivo, instó a que el "Ejecutivo Nacional proceda a denunciar esta Convención, ante la evidente usurpación de funciones en que ha incurrido la Corte Interamericana de los Derechos Humanos con el fallo objeto de la presente decisión." Y así concluyó en Venezuela toda esperanza de poder someter a control judicial efectivo a la Administración Pública, y el derecho administrativo perdió su condición de ser el garante del equilibrio entre las prerrogativas del Poder y los derechos ciudadanos.

XI

El derecho administrativo, sin duda, no es ni puede ser lo mismo en un Estado autoritario que en un Estado democrático. En el primero, lejos de asegurar un equilibrio entre los poderes de la Administración y los derechos de los particulares, lo que conlleva es al establecimiento de un marcado desequilibrio a favor del régimen de la Administración, con pocas posibilidades de garantía de los derechos de los particulares frente a su actividad. En cambio, el equilibrio antes mencionado sólo tiene posibilidad de pleno desarrollo en Estados con regímenes democráticos, donde la supremacía constitucional esté asegurada, la separación y distribución del Poder sea el principio medular de la organización del Estrado, donde el ejercicio del Poder Público pueda ser efectivamente controlado, y donde los derechos de los ciudadanos puedan ser garantizados por un Poder Judicial independiente y autónomo. Nada de ello se encuentra en los Estados con regímenes autoritarios, así sus gobernantes hayan tenido origen electivo, como sucede precisamente con el gobierno autoritario establecido en Venezuela desde 1999, en fraude a la Constitución y a la democracia

Desde la década de los sesenta del siglo pasado, me ha correspondido ser testigo y actor directo en el proceso de transformación del derecho público y, en particular, del derecho administrativo en Venezuela, lo que ha sido un privilegio. Durante ese largo período de casi cinco décadas desde que ingresé en 1960 al Instituto de Derecho Público, he podido constatar con enorme beneplácito que lo que al inicio fue un trabajo desarrollado casi en solitario, como investigador y profesor empeñado en la promoción de la investigación y de la docencia, y como editor y promotor de la publicación de los trabajos de los jóvenes profesores e investigadores; es ahora un trabajo realizado en colectivo, y en un colectivo afortunadamente integrado por un ejército de profesionales destacadísimos, entre los cuales no sólo están mis alumnos y colaboradores inmediatos en el Instituto, sino los alumnos de sus alumnos y los alumnos de estos, todos con una producción jurídica encomiable que ha superado con creces a la de los maestros. Ellos, afortunadamente, han tomado el liderazgo del desarrollo del derecho público, y con el auxilio importantísimo de otras Universidades y de instituciones privadas como la Fundación de Estudios de Derecho Administrativo y la Fundación Editorial Jurídica Venezolana las cuales en cierto aspecto han sucedido al Instituto en algunas de las múltiples tareas que otrora desarrollaba, las han continuado desarrollando en la difusión de nuestra disciplina. Y para seguir en su tenaz labor, incluso en medio de la demolición institucional del Estado de Derecho que hemos sufrido en los últimos 10 años, lo importante es que tienen sembrados los principios democráticos dentro de los cuales se formaron, y que les permitirá no sólo seguir preservando los principios de nuestra disciplina ante las arremetidas autoritarias, sino en su momento acometer la reconstrucción de la misma en el futuro, de manera que se asegure el renacer del derecho administrativo del Estado democrático.

New York, abril 2009

Sección Tercera

SOBRE LA RELACIÓN DEL PROFESOR EDUARDO GARCÍA DE ENTERRÍA Y VENEZUELA

Texto de las palabras preparadas para ser leídas en el Foro sobre "Estado de derecho, Judicatura y democracia," Academia de Ciencias Políticas y Sociales, Caracas 28 de noviembre de 2013.

Quiero comenzar agradeciendo a la Universidad Metropolitana, a la Asociación Acceso a la Justicia y a la Academia de Ciencias Políticas y Sociales, y en especial a la profesora Laura Louza, por el honor que me han conferido al pedirme intervenir en este Foro, para referirme a la relación entre el profesor Eduardo García de Enterría y Venezuela; lo que hago a través del profesor Jesús María Alvarado Andrade, quien ha aceptado leer estas palabras, lo que le agradezco profundamente.

Esa relación de Eduardo García de Enterría con Venezuela, particularmente desde el punto de vista académico y de la formación jurídica, por supuesto no es poca, y basta constatar para ello, el solo hecho en las sentencias de la antigua Corte Suprema de Justicia o del actual Tribunal Supremo de Justicia dictadas en las últimas décadas, el autor extranjero más citado ha sido Eduardo García de Enterría. Sus criterios y opiniones han sido el principal punto de referencia en las sentencias de la Sala Constitucional y de la Sala Político Administrativa, siendo sus obras más utilizadas, *La Lucha contra las inmunidades del Poder* (1959), su *Curso de Derecho Administrativo* escrito con el profesor Tomás Ramón Fernández (1974), y *La Constitución como Norma y el Tribunal Constitucional* (1981), aún cuando, éste último, más por lo que se refiere a la segunda parte del título sobre la Jurisdicción Constitucional que a la primera, pues en el ordenamiento constitucional de nuestros países latinoamericanos la Constitución, desde el siglo XIX tiene arraigo de norma, y no sólo de programa.

Esas citas a la obra de Eduardo, por lo demás, se incrementaron tan pronto comenzó la progresiva censura que los magistrados del Tribunal Supremo impusieron, en paralelo, respecto de casi todos los autores nacionales, particularmente a partir de 1999. Globalmente, si se leen las sentencias del Tribunal Supremo de los últimos lustros, parecería que Venezuela es un desierto doctrinal o un país ágrafo en materia jurídica, pues ninguna cita a obras nacionales encuentra cabida en las mismas. Afortunadamente, sin embargo, para todos los autores nacionales olímpicamente ignorados, pienso que se tienen que sentir más que bien servidos, al leer que, en todo caso, que a falta de las opiniones nacionales, se recurre a las opiniones del maestro Eduardo García de Ente-rría, de las cuales, por lo demás, todos los *ius publicistas* en el país hemos aprendido.

Sin embargo, no hay que dejar de mencionar que la censura respecto de autores nacionales ha sido de tal naturaleza que para apoyarse en una doctrina nacional, pero sin citarla, hay sentencias de los tribunales contencioso administrativo en las cuales se cita efectivamente la doctrina nacional, pero atribuyéndosela impropiamente a la pluma de Eduardo García de Enterría y Tomás Ramón Fernández. Les puede parecer asombroso, pero así es. Como yo leo, en mi carácter de director de la *Revista de Derecho Público*, toda la jurisprudencia que se publica trimestralmente en la misma desde 1980, se podrán imaginar mi asombro al leer, en su momento, una sentencia de la Corte Primera de lo Contencioso Administrativa de 1º de junio de 2000, bajo ponencia del abogado Carlos Enrique Mouriño Vaquero (Caso: Julio Rico), en la cual, para declarar que el acto de imposición de una sanción disciplinaria por un juez contra un abogado litigante en un proceso, sin duda es un acto administrativo recurrible ante la jurisdicción contencioso administrativa, en virtud de que dichos actos no sólo emanan como dice la sentencia "de los órganos de la Administración Pública, sino también de los demás órganos del Estado cuando los mismos actúan en función administrativa," consideró sin embargo la Corte – cito –:

"oportuno citar el concepto de acto administrativo que plantean los autores Eduardo García de Enterría y Tomás Ramón Fernández:" [–y citan como de ellos lo siguiente–]:

"Hemos definido el acto administrativo como toda manifestación de voluntad de carácter sublegal, realizada, primero por los órganos del Poder Ejecutivo, es decir por la Administración Pública, actuando en *ejercicio* de la función administrativa, de la función legislativa y de la función jurisdiccional; segundo, por los órganos del Poder Legislativo (de carácter sublegal) actuando en ejercicio de la función administrativa; y tercero *por los órganos del Poder Judicial actuando en ejercicio de la función* administrativa y de la función legislativa. En todos estos casos, la declaración de voluntad constituye un acto administrativo cuando tiende a producir efectos jurídicos determinados, que pueden ser la creación, modificación o extinción de una situación jurídica individual o general o la aplicación, a un sujeto de derecho de una situación jurídica general". (Subrayado de la Corte).[65]

---

65 Véase en *Revista de Derecho Público*, Nº 82, Editorial Jurídica Venezolana, Caracas 2000, pp 415-416.

Cuando leí aquello me pregunté a mi mismo cómo podía ser posible que mis queridos amigos Eduardo García de Enterría y Tomás Ramón Fernández hubieran escrito exactamente lo mismo que yo, en los mismos términos, sin yo saberlo?

Pero no. Vaga ilusión!! No se trataba de una cita del pensamiento de ellos, sino de una cita de un trabajo mío –honor que me hicieron por supuesto en ponerla en la pluma de ellos, pero falta que cometieron con ellos al ponerlos como autores de algo que no escribieron–; trabajo que estoy seguro muchos de ustedes conocen, sobre "El problema de la definición del acto administrativo" publicado en el *Libro Homenaje al Doctor Eloy Lares Martínez* en 1984.[66]

Pero aparte de esta anécdota, y del estrecho vínculo general de García de Enterría con Venezuela, de haber sido la fuente de inspiración y referencia más importante tanto de nuestra muy amplia y desarrollada doctrina nacional, como de la jurisprudencia administrativa y constitucional, y que lo coloca a él y a su obra en un sitio privilegiado en el mundo del derecho de nuestro país; sobre su relación con Venezuela, no puedo referirme a ella sino desde el punto de vista personal, que es el de los amigos, pues sin duda, entre todos los venezolanos, quien primero entró en contacto personal con Eduardo García de Enterría fui yo, hace precisamente cincuenta años.

Estaba yo terminando de escribir mi tesis de grado en Paris, en los días de Pascua del año 1963, hice un viaje de vacaciones a Madrid, donde pasé pocos días, los suficientes como para, además de conocer esa espléndida ciudad, buscara y contactara a los profesores de derecho administrativo, cuyos trabajos tanto había leído en la preparación de mi tesis, particularmente a través de sus artículos en la *Revista de Administración Publica*, que para ese entonces tenía ya trece años de fundada. Eduardo quien era el Secretario de redacción de la *Revista*, había llegado a Madrid desde Valladolid sólo el año anterior, en 1962, como Catedrático en la Universidad Central, que es la actual Universidad Complutense.

Esa era la Cátedra que antes la habían ocupado profesores nada menos que de la talla de Manuel Colmeiro, Vicente Santamaría de Paredes, José Gascón y Marín, y Luis Jordana de Pozas, a quien Enterría sucedió.

Lo llamé por teléfono, me atendió de inmediato, con su bonhomía de siempre, y desde entonces se entabló entre nosotros una amistad que siempre aprecié, pues fue a través de la misma que su relación con Venezuela se pudo consolidar. Eduardo era dieciséis años mayor que yo, lo que a pesar de que en ese entonces acentuaba la diferencia, no impidió que el Catedrático atendiera a un joven estudiante de postgrado latinoamericano que estaba de

---

[66] La cita, en efecto, proviene de mi trabajo sobre "El problema de la definición del acto administrativo" publicado en el *Libro Homenaje al Doctor Eloy Lares Martínez*, Tomo I, Facultad de Ciencias Jurídicas y Políticas, Universidad Central de Venezuela, Caracas 1984, pp. 25–78, donde se la puede leer así: "En esta forma, hemos definido el acto administrativo como toda manifestación de voluntad de carácter sublegal, realizada, primero por los órganos del Poder Ejecutivo, es decir, por la Administración Pública, actuando en ejercicio de la función administrativa, de la función legislativa y de la función jurisdiccional; segundo, por los órganos del Poder Legislativo (de carácter sublegal) actuando en ejercicio de la función administrativa; y tercero por los órganos del Poder Judicial actuando en ejercicio de la función administrativa y de la función legislativa. En todos esos casos, la declaración de voluntad constituye un acto administrativo cuando tiende a producir efectos jurídicos determinados, que pueden ser la creación, modificación o extinción de una situación jurídica individual o general o la aplicación, a un sujeto de derecho de una situación jurídica general." Ese texto por lo demás, se recogió en mi *Tratado de Derecho Administrativo. Derecho Público en Iberoamérica*, Editorial Thompson-Aranzadi Civitas, Madrid 2013, Tomo III, Actos administrativos y lo pueden leer en la página 143.

pasada y que lo había llamado, sin conocerlo –salvo por sus escritos–; como por lo demás siempre hizo con todos los que lo buscaron.

En aquella reunión, estoy seguro, fue que Eduardo quizás oyó hablar por primera vez algo sobre la situación del derecho en Venezuela, cuando estaba nuestro país iniciando el período democrático. Le hablé de mis investigaciones, sobre todo jurisprudenciales, que estaban en la base de mi tesis de grado. De ello, –y debo decir que de allí comencé a aprender cómo se dirige una Revista jurídica– me pidió que le mandara un artículo con uno de los temas que tenía redactados sobre el control judicial de la Administración. Ese interés, lo vislumbraba como forjador que fue de lo que León Cortiñas Peláez llamó "la Escuela democrática del derecho administrativo" en España, que quince años después de nuestro primer encuentro, a partir de 1978 pudo sentar las bases para la progresiva democratización del Estado español.

El trabajo que le envié de mi tesis para su publicación en la *Revista de Administración Pública* fue uno titulado "Consideraciones sobre la ilegalidad de los actos administrativos en el derecho venezolano," y que fue publicado en el N° 43 de la *Revista* en 1964. Ello lo recordaba el mismo Eduardo en 2008 al expresar en el acto de presentación de mi libro *La Ciudad Ordenada* en Madrid que:

> "Brewer es bastante más joven que los administrativistas españoles que en 1950 nos lanzamos a la magnífica aventura que ha sido la "Revista de Administración Pública", pero ha estado directamente vinculado a nuestro grupo desde que comenzó a estudiar Derecho Administrativo. Así resulta de los índices de la propia Revista, en la que comienza a publicar artículos hace ya más de 40 años, en el número 43, cuando tenía escasos 25 años, pasando a ser uno más entre los colaboradores habituales de la misma."

Dicho trabajo fue además, sin duda, si no el primero, uno de los primeros trabajos de un profesor latinoamericano que apareció publicado en esa prestigiosa *Revista de Administración Pública*; habiendo el propio Eduardo materializado mi vínculo con la misma, al haberme incorporado a su Consejo Asesor, del cual sigo siendo el único miembro hispanoamericano.

A partir de aquel primer encuentro, durante los cincuenta años que transcurrieron, nunca dejamos de estar en contacto. Cada vez que pasé por Madrid, por el motivo que fuera, lo visité, y a través de él, desde aquellos mismos años sesenta, comencé a conocer y tratar personalmente a sus discípulos, todos amigos catedráticos de derecho administrativo, comenzando por los más viejos: Sebastián Martín-Retortillo, Lorenzo Martín-Retortillo, Alejandro Nieto, Ramón Martín Mateo y Ramón Parada Vázquez, y el primero de sus discípulos en la Licenciatura en Valladolid, Tomás Ramón Fernández; todos como Eduardo, amigos de Venezuela.

Por esa relación entre Eduardo y nuestro país, dos de esos primeros discípulos vinieron a vivir un tiempo entre nosotros. Primero, Sebastián Martín Retortillo, quien pasó con nosotros dos años, entre 1964 y 1965, como Director encargado del Instituto de Derecho Público de la Universidad Central de Venezuela durante el año sabático de nuestro Director, el profesor Antonio Moles Caubet. Chano organizó, con la participación de todos los investigadores del Instituto un memorable Seminario sobre Expropiación, lo que luego me inspiró para la organización del trabajo del Instituto como director de la sección de Derecho Administrativo y luego como Director del mismo a partir de 1978, enfocado en temas monográficos.

Retortillo, incluso, en 1965, junto con el profesor Francisco Rubio Llorente –otro destacado profesor español que estuvo mucho tiempo en el Instituto de Estudios Políticos–, los tres elaboramos tres proyectos de importantes leyes que se sometieron a la consideración del Ministerio de Justicia de entonces, las cuales posteriormente, sin duda influyeron en la redacción de los textos de las leyes que luego fueron sancionados. Esos fueron los proyectos de Ley de Procedimientos Administrativos, de Ley de la Jurisdicción Contencioso Administrativa, y de Ley de la Jurisdicción Constitucional de 1965, que luego reformulamos en la Comisión de Administración Pública en 1972.

Como el mayor de los discípulos de Enterría que era, Martín-Retortillo fue sin duda, una vez de regreso a España, un factor fundamental en la consolidación posterior de las relaciones de Venezuela con la Escuela de Enterría. Incluso después de regresar, en los años setenta lo vinculé a los trabajos de la Comisión del Plan de Aprovechamiento de los Recursos Hidráulicos, donde colaboró con nosotros, entre otras cosas en la elaboración del proyecto de la Ley de Aguas. Luego estuvo en el primer gobierno de transición a la democracia de España, como Ministro a cargo de las Administraciones Públicas y de las Autonomías territoriales.

De la misma Escuela de Enterría, otro de sus primeros discípulos quien también vivió y trabajó en Venezuela, fue el profesor Ramón Martín Mateo, quien estuvo varios años durante los años sesenta y setenta como director de un Programa de Naciones Unidas para el Desarrollo en temas relacionados con la ordenación del territorio y el ambiente, conceptos que sin duda, él contribuyó a difundir en el país. Él fue otro factor de consolidación del vínculo de Eduardo García de Enterría con nuestro país, aun cuando no desde Madrid, pues muy pronto iría a Alicante donde incluso fue Rector por muchos años.

En contraste con muchos de sus discípulos que viajaron por toda América Latina, García de Enterría no era muy amigo de los viajes, y menos de los largos como los que tenían como destino nuestro Continente, que trataba de evitar. Por ello, comparado con la enorme influencia de su pensamiento jurídico *ius publicista* en nuestros países, sin embargo no fueron muchos los países de América Latina que visitó. Vino sin embargo, a Venezuela, atendiendo la invitación que le hice, como Director del Instituto de Derecho Público, en noviembre de 1980, para participar en el importante y memorable *Seminario Internacional sobre Derecho Urbanístico* que organicé en Caracas, y en el cual participaron, además, lo más destacado de sus discípulos, todos muy apreciados catedráticos, y con el cual se consolidaron los estudios de derecho urbanístico en nuestro país. Vinieron a Caracas en aquella ocasión, además del mismo Eduardo García de Enterría, Ramón Martín Mateo, Luis Cosculluela Montaner, Luciano Parejo Alfonso, José Ramón Parada Vásquez y Tomas Ramón Fernández. En ese tiempo, además, Eduardo quedó formalmente vinculado a la Academia de nuestro país, al haber sido electo, por esta Academia de Ciencias Políticas y Sociales, como Miembro Correspondiente Extranjero por España.

Ya para esas fechas, luego de instaurada la democracia en España, allí se comenzaron a consolidar los cursos de postgrado en derecho administrativo y constitucional, los cuales comenzaron a competir con los más tradicionales que se daban en Francia, Italia o Alemania. Madrid comenzó a ser, así, el nuevo punto de atracción para nuestros jóvenes graduados para seguir sus cursos de maestría y doctorado, para lo que, de nuevo, Eduardo García de Enterría y todos los profesores de su Escuela comenzaron a recibir y formar la pléyade de jóvenes profesores administrativistas que hoy tenemos y que son orgullo de Venezuela y de América Latina. A todos los puse en contacto directo con Enterría y con los otros profesores españoles, en particular más recientemente con los que dirigieron el Departamento de Derecho Público de la Complutense, entre ellos Lorenzo Martín-Retortillo, quienes siempre los recibieron con toda amabilidad y atención. Igual hizo otro de sus discípulos, Luciano

Parejo Alfonso, desde la Universidad Carlos III de Madrid. El fruto de esa relación no sólo está en las excelentes tesis de grado que todos ellos prepararon y que se han publicado en el país, enriqueciendo nuestra bibliografía, sino en la formación que recibieron.

En ese contexto, el Seminario de Derecho Administrativo que el profesor García de Enterría siempre dirigió en la Complutense, y que se reunía todos los miércoles a las 10,30 de la mañana, comenzó así a tener la presencia regular de muchos de los jóvenes estudiantes venezolanos, a quien Eduardo invitaba muy amablemente a asistir. Además, los profesores de su Escuela siguieron viniendo a Venezuela a participar en diversos eventos, particularmente en los Congresos o Jornadas Internacionales de Derecho Administrativo que organizamos desde el Instituto de Derecho Público y que luego, durante los últimos veinte años, continuó organizando la Fundación de Estudios de Derecho Administrativo bajo la dirección de la profesora Belén Ramírez. En ese marco, vinieron a Caracas a participar en dichas Jornadas, entre 1995 y 2005, además de profesores de la talla de Fernando Garrido Falla, Jesús González Pérez, Jaime Rodríguez Arana, Enric Argullol I Murgadas y Marta Franch; los siguientes profesores de la Escuela de Enterría que indico por orden de comparecencia: Luciano Parejo Alfonso; José Ramón Parada Vásquez, Juan Santamaría Pastor, Sebastián Martín Retortillo, Rafael Gómez Ferrer, Alejandro Nieto, Raul Bocanegra Sierra, Tomas Ramón Fernández, Tomás De La Cuadra Salcedo; y Santiago González Varas.

Sin haber sido yo alumno directo de Enterría, tuve el privilegio de pertenecer a su Escuela, por designación del propio Eduardo, no sólo por nuestra amistad personal desde 1963, sino además, por haber sido alumno de su primer discípulo, Sebastián Martín Retortillo en el Seminario que dictó en el Instituto de Derecho Público en Caracas en 1965. Y fue quizás por ello, que mi asistencia regular a la reunión anual de los profesores de la Escuela que siempre Eduardo impulsó, comenzó precisamente en la reunión que organizó Martín Retortillo en Panticosa, en los Pirineos españoles, en junio de 1978. Desde entonces asistí regularmente a las reuniones anuales, habiendo sido la última en la cual estuvimos juntos, la que se organizó en Zamora, en junio de 2011.

El pensamiento de Eduardo García de Enterría, que moldeó las bases del derecho administrativo y constitucional contemporáneo en España y en el mundo hispanoamericano, afincándose siempre en la historia, podríamos pasar años estudiándolo; y en relación con el mismo, en cuanto al vínculo de García de Enterría con Venezuela, sólo quisiera ahora mencionar su muy arraigado concepto democrático del derecho, que tanto estamos necesitando en estos tiempos, recurriendo a algunas frases de una de sus obras más queridas por él, y por todos los que nos hemos asomado a la historia del derecho público que tanto nos enseñó, que es su libro sobre la *Revolución Francesa y Administración Contemporánea*, publicado en Madrid, en 1972, el cual, por lo demás, fue el antecedente de su otra monumental obra: *La lengua de los derechos. La formación del Derecho Público europeo tras la Revolución Francesa*, originada en su discurso de incorporación a la Real Academia de la Lengua en 1994. Destaco, de la primera obra, sólo estas cuatro frases:

- "Todo el fin del Estado se concreta, pues, al Derecho, y en un Derecho cuyo objeto se reduce a asegurar la coexistencia de las libertades de los súbditos", p. 19.

- "El Derecho es, para esta vasta construcción política, pura y simplemente garantía de la libertad", p. 20.

- "El Estado debe limitarse a dictar leyes generales con ese contenido característico de garantía y límite externo de la libertad", p. 21.

- "El Estado ofrece, pues, un marco puramente formal dentro del cual la sociedad vive de su propio dinamismo espontáneo por la propia concurrencia indefinida de las libertades de sus miembros", p. 22.

Con releer estas frases queda claro el profundo arraigo liberal y democrático del derecho público en el pensamiento de García de Enterría, lo que nos permite comprender las expresiones de alarma que siempre manifestó frente al progresivo desmoronamiento del Estado de derecho y de la democracia en nuestro país en los últimos lustros, situación por la cual siempre se preocupó, expresando su apreciación en todas las ocasiones que tuvo.

Ello explica también, y para concluir, la absoluta solidaridad que tuvo Eduardo para conmigo –y con ello, con los académicos venezolanos– frente a la persecución política de la que he sido objeto desde 2005. Apenas fui injustamente imputado en enero de 2005 de un delito que no cometí, como el de "conspirar para cambiar violentamente la Constitución" por hechos que habían acaecidos tres años antes, García de Enterría enviaba un email el 17 de marzo de 2005, con el siguiente texto:

"Me uno sin reservas y con toda resolución, a la protesta por la injusta persecución de que está siendo objeto por parte de los poderes públicos de su país nuestro colega el Profesor Randolph Brewer Carías, el formidable jurista venezolano, honra de todo el Derecho Público en lengua española, al que los juristas españoles profesamos la mayor y más sincera admiración y afecto."

Y concluía indicándome: "Puedes hacer el uso que proceda de esta resuelta toma de posición en la que represento a todos los *ius publicistas* españoles."

Luego, el 12 de diciembre de 2006, cuando se arreció la persecución en mi contra incluso pretendiendo el Estado utilizar indebidamente a la Interpol en la persecución política, en una carta que me dirigió, me anunciaba que el Seminario de Derecho Administrativo de la Complutense, en la sesión de ese mismo día se había pronunciado "en el sentido de expresar su estimación y su apoyo resuelto al Profesor Allan R. Brewer-Carías, así como manifestar su rechazo total a la injusta persecución de que dicho Profesor ha venido siendo objeto últimamente por las autoridades de su país."

Al día siguiente, 13 de diciembre de 2006, en una carta personal, me reiteró su posición expresándome:

"Muy de verdad me parece obligado en estos momentos manifestarte el gran aprecio y admiración que te tengo, también como amigo, como profesor y como político, y correlativamente el rechazo rotundo a la increíble y arbitraria persecución de que estás siendo objeto en estos momentos por parte de las autoridades políticas de tu país, reiterándote mi estima y afecto, con la vieja amistad renovada."

Por toda esa relación y solidaridad de García de Enterría conmigo y con nuestro país, el mismo día de su fallecimiento, el 16 de septiembre pasado, les escribí a todos los profesores miembros de su Escuela, expresándoles que:

"No olvido, por supuesto, que entre los profesores españoles, quien primero se solidarizó con mi causa en contra del régimen autoritario de mi país, que ha desmantelado a la vista de todo el mundo el sistema democrático que existía, y que me persigue desde 2005, fue precisamente Eduardo, con las manifestaciones de solidaridad de 2005 y 2006 que les adjunto, y que siempre conservé.

Ello, por supuesto, no se me olvida, pues muestran al Hombre Integral, amigo y solidario hasta el final, que fue nuestro querido Eduardo, de quien todos aprendimos y a quien todos lo quisimos."

Y por todo ello, además, todos los que nos ocupamos de esta disciplina, lo recordaremos, como hoy lo ha querido hacer la Academia de Ciencias Políticas y Sociales, la organización Acceso a la Justicia y la Universidad Metropolitana en este acto.

ÍNDICE GENERAL

LIBRO SEGUNDO

PRIMERAS PÁGINAS EN EL INSTITUTO DE
DERECHO PÚBLICO (1960-1961)

LIBRO TERCERO

PRIMEROS ARTÍCULOS DE OPINIÓN UNIVERSITARIA Y OTROS PUBLICADOS CUANDO ESTUDIANTE (1958-1962)

LIBRO CUARTO

CURSO DE DERECHO ADMINISTRATIVO II

Capítulo Primero:

Sección Primera:

Capítulo Segundo:
El derecho a la protección de la salud

Sección Primera:
EL PRINCIPIO CONSTITUCIONAL

Sección Segunda:
LA REGULACIÓN JURÍDICO—ADMINISTRATIVA DEL DERECHO
A LA PROTECCIÓN DE LA SALUD.

Capítulo Sexto
El régimen Jurídico Administrativo de la propiedad privada 566

Sección Primera:
EL PRINCIPIO CONSTITUCIONAL. 566

Sección Segunda:
LA REGULACIÓN JURÍDICO ADMINISTRATIVA DE LA PROPIEDAD PRIVADA: LAS RESTRICCIONES ADMINISTRATIVAS 568

Sección Tercera:
LA REGULACIÓN JURÍDICO ADMINISTRATIVA DE

TÍTULO SEGUNDO:

Capítulo Primero:

Capítulo Segundo:

A MANERA DE EPÍLOGO:

www.ingramcontent.com/pod-product-compliance
Lightning Source LLC
Chambersburg PA
CBHW080334220326
41598CB00030B/4503